CB066538

ENSAIOS SOBRE JURISDIÇÃO FEDERAL

ENSAIOS SOBRE JURISDIÇÃO FEDERAL

Coordenadores

Paulo de Barros Carvalho
Robson Maia Lins

São Paulo

2014

Copyright © 2014 By Editora Noeses
Fundador e Editor-chefe: Paulo de Barros Carvalho
Editora Assistente: Semíramis Oliveira
Gerente de Produção Editorial: Alessandra Arruda
Arte/Diagramação: Denise Dearo
Designer de Capa: Marcos Duarte
Revisão: Semíramis Oliveira

CIP - BRASIL. CATALOGAÇÃO-NA-FONTE
SINDICATO NACIONAL DOS EDITORES DE LIVROS, RJ.

C2538   Ensaios sobre Jurisdição Federal / Paulo de Barros Carvalho... [et al.] - São Paulo : Noeses, 2014.

p. 1.139

Coordenação: Paulo de Barros Carvalho e Robson Maia Lins.

1. Direito. 2. Tributação. 3. Jurisdição. I. Título.

CDU - 340

Novembro de 2014

Todos os direitos reservados

editora
NOESES

Editora Noeses Ltda.
Tel/fax: 55 11 3666 6055
www.editoranoeses.com.br

ÍNDICE

APRESENTAÇÃO XI
SOBRE OS COORDENADORES XVII

Capítulo I

INTERPRETAÇÃO E APLICAÇÃO DO DIREITO

BREVES CONSIDERAÇÕES SOBRE A FUNÇÃO DESCRITIVA DA CIÊNCIA DO DIREITO TRIBUTÁRIO – **Paulo de Barros Carvalho** 3

A IMPORTÂNCIA DO JUSPOSITIVISMO NA APLICAÇÃO DO DIREITO – **Eliana Borges de Mello Marcelo** 17

O DESVIRTUAMENTO DA RETÓRICA COMO INSTRUMENTO DE CONTROLE ESTATAL DAS FONTES JURÍDICAS – **Luciano Tertuliano da Silva** 77

AS ANTINOMIAS NO DIREITO – **Herbert Cornelio Pieter de Bruyn Júnior** 117

A TEORIA DOS VALORES E OS PRINCÍPIOS E SOBREPRINCÍPIOS NA INTERPRETAÇÃO DO DIREITO – **Sylvia Marlene de Castro Figueiredo** 157

HERMENÊUTICA JURÍDICA E TEORIA DA DECISÃO JUDICIAL NA OBRA DO PROFESSOR PAULO DE BARROS CARVALHO: BREVES CONSIDERAÇÕES – **Bianor Arruda Bezerra Neto**.. 209

INTERPRETAÇÃO E A CONSTRUÇÃO DO SENTIDO DA NORMA: LIMITES OBJETIVOS – **Fernando Marcelo Mendes**... 249

Capítulo II
REFLEXÕES SOBRE A FUNÇÃO JURISDICIONAL

A CONCILIAÇÃO À LUZ DO PRINCÍPIO CONSTITUCIONAL DA FRATERNIDADE: A EXPERIÊNCIA DA JUSTIÇA FEDERAL DA PRIMEIRA REGIÃO – **Reynaldo Soares da Fonseca**.. 295

SEPARAÇÃO DE PODERES, ATIVISMO JUDICIAL E DÚVIDAS EXISTENTES ENTRE O RELACIONAMENTO DE AMBOS – **Sílvia Melo da Matta**.............................. 349

A MUDANÇA DA CULTURA DO LITÍGIO PARA A DA CONCILIAÇÃO – **Gustavo Catunda Mendes**............. 371

A JURISDIÇÃO FEDERAL NA EFETIVAÇÃO DE DIREITOS PREVISTOS EM TRATADOS INTERNACIONAIS – UMA INTRODUÇÃO – **Guilherme Andrade Lucci**......... 415

JUDICIALIZAÇÃO DA POLÍTICA, VALOR "DEMOCRACIA" E ARGUMENTO DEMOCRÁTICO – **Bruno Cezar da Cunha Teixeira**.. 449

A FUNÇÃO JURISDICIONAL COMO PRÁTICA (RE)CONSTRUTIVA: É POSSÍVEL UM SISTEMA EFETIVO SEM RISCOS? – **Newton Pereira Ramos Neto**................ 477

O JUIZ DE GARANTIAS DO NOVO PROJETO DE CÓDIGO DE PROCESSO PENAL E SEU REFLEXO NA MAGISTRATURA – **Renata Andrade Lotufo**....................... 515

Capítulo III
ACESSO À JUSTIÇA E DEVIDO PROCESSO LEGAL

DIREITO DE ACESSO À JUSTIÇA: CONCEPÇÃO PÓS-POSITIVISTA, LIMITAÇÕES E POSSÍVEIS SOLUÇÕES – **Rogério Volpatti Polezze** 539

VERDADE JUDICIAL, PROVAS E PACIFICAÇÃO SOCIAL – **Adriana Delboni Taricco** 579

A DEFINIÇÃO DE PESSOA COM DEFICIÊNCIA E O BENEFÍCIO ASSISTENCIAL – **Alessandra Pinheiro Rodrigues D'Aquino de Jesus** 601

MANDADO DE SEGURANÇA NA JUSTIÇA FEDERAL – FIXAÇÃO DA COMPETÊNCIA TERRITORIAL COM BASE NO § 2º, DO ART. 109 DA CONSTITUIÇÃO DA REPÚBLICA – **Raquel Domingues do Amaral** 629

A PRATICABILIDADE E AS GARANTIAS CONSTITUCIONAIS DO CIDADÃO-CONTRIBUINTE – **Madja de Sousa Moura Florencio** 655

MEIOS DE IMPUGNAÇÃO DA COISA JULGADA NOS JUIZADOS ESPECIAIS – **Gustavo Brum** 689

A CORREÇÃO DOS DEPÓSITOS DO FUNDO DE GARANTIA DO TEMPO DE SERVIÇO – **Djalma Moreira Gomes** 707

A RAZOÁVEL DURAÇÃO DO PROCESSO E A INFORMATIZAÇÃO DO PROCESSO JUDICIAL – **Marisa Claudia Gonçalves Cucio** 727

Capítulo IV
TRIBUTOS FEDERAIS E QUESTÕES CORRELATAS

EFEITOS DA DECISÃO DO STF EM MATÉRIA TRIBUTÁRIA NO REGIME DO ART. 543-B DO CÓDIGO DE

PROCESSO CIVIL E O LIMITE DO ART. 170-A DO CÓDIGO TRIBUTÁRIO NACIONAL – **Robson Maia Lins** 759

EXTRAFISCALIDADE TRIBUTÁRIA: ESTRUTURA E FUNÇÃO INSTRUMENTALIZADORA DE POLÍTICAS PÚBLICAS – **Fabiana Del Padre Tomé** 777

ANÁLISE DA INCIDÊNCIA DO ARTIGO 135 DO CÓDIGO TRIBUTÁRIO NACIONAL – **Ana Lya Ferraz da Gama Ferreira** 807

IPI E IMPORTAÇÃO DE PRODUTOS INDUSTRIALIZADOS À LUZ DA REGRA-MATRIZ DE INCIDÊNCIA TRIBUTÁRIA – **Diogo Ricardo Goes Oliveira** 837

A INTERPRETAÇÃO DA ADMINISTRAÇÃO TRIBUTÁRIA DO CRITÉRIO QUANTITATIVO ("VALOR ADUANEIRO") DAS CONTRIBUIÇÕES PARA O PIS/PASEP E COFINS NAS OPERAÇÕES DE IMPORTAÇÃO DE MERCADORIAS ESTRANGEIRAS – **Samuel de Castro Barbosa Melo** 865

Capítulo V
CRIMES FEDERAIS E PROCESSO PENAL

DOLO EVENTUAL E DOLO DIRETO: EFEITOS EQUIVALENTES COMO MEDIDA DE PRESERVAÇÃO DO DOLO – **Renata Andrade Lotufo** 891

A VALORAÇÃO DA PROVA INDICIÁRIA NO SISTEMA DA PERSUASÃO RACIONAL DIANTE DA CRIMINALIDADE TRANSINDIVIDUAL – **Raecler Baldresca** 913

INDICIAMENTO E PERSECUÇÃO PENAL DAS ORGANIZAÇÕES CRIMINOSAS: LIMITES CONCEITUAIS À INCIDÊNCIA DAS NORMAS – **Rosmar Antonni Rodrigues Cavalcanti de Alencar** 933

O PODER GERAL DE CAUTELA NO PROCESSO PENAL: CONSIDERAÇÕES À LUZ DAS ALTERAÇÕES INTRODUZIDAS PELA LEI 12.403/2011 – **Flavia Serizawa e Silva** 977

PRISÃO PREVENTIVA: ESTRITA LEGALIDADE OU USO DE PRECEDENTES – **José Magno Linhares Moraes**..... 1005

O DILEMA DA GRADUAÇÃO DA CAUSA DE DIMINUIÇÃO DA LEI DE DROGAS E O *BIS IN IDEM* VEDADO - A NECESSÁRIA INTERPRETAÇÃO CONFORME A CONSTITUIÇÃO DO PARÁGRAFO 4º DO ARTIGO 33, DA LEI 11.343/2006, PARA VIABILIZAR A DOSIMETRIA DA CAUSA DE DIMINUIÇÃO – **Louise V.L. Filgueiras Borer**............ 1039

O CRIME DE IMPORTAÇÃO DE MEDICAMENTOS SEM REGISTRO NO ÓRGÃO NACIONAL DE VIGILÂNCIA SANITÁRIA COMPETENTE E O EXCESSO NO EXERCÍCIO DA DISCRICIONARIEDADE LEGISLATIVA – **Louise V.L. Filgueiras Borer**.. 1071

APRESENTAÇÃO

O Projeto "AJUFE – Jurisdição Federal" de Mestrado Acadêmico e Doutorado foi promovido pelo Programa de Pós-Graduação em Direito da PUC-SP em convênio com a Associação dos Juízes Federais do Brasil.

Voltado a Juízes e Desembargadores Federais, referida parceria foi firmada em 2012 e objetivou o aprimoramento do saber jurídico, como melhor ferramenta para fazer frente aos desafios do exercício da atividade jurisdicional.

Foram postas à disposição dos interessados vagas nos núcleos de Direito Constitucional, Direito Tributário, Direito Civil, Direito Processual Civil e Direitos Difusos e Coletivos da PUC-SP. A maioria das disciplinas cursadas exigiu a entrega de monografias para avaliação e atribuição de notas ao final do semestre, oportunidade em que nos propusemos organizar esta coletânea de artigos, de forma que os recém-ingressos no Programa de Pós-Graduação pudessem ver publicados seus trabalhos, ao mesmo tempo em que se abriria campo ao interesse daqueles que pretendam, no futuro, fazer parte dos Programas de Mestrado ou de Doutorado.

A presente obra é composta por 34 artigos, assinados por alunos integrantes do "Projeto AJUFE – Jurisdição Federal" e seus professores, divididos em cinco capítulos, que reúnem reflexões sobre as principais questões e perspectivas relacionadas ao atual panorama da Justiça Federal brasileira.

As disciplinas Filosofia e Teoria Geral do Direito ocuparam espaço logo no primeiro semestre do curso, de maneira que as categorias necessárias ao conhecimento e à compreensão da Ciência do Direito e do direito positivo, metalinguagem ali, linguagem-objeto aqui, pudessem ser expostas como condições preliminares ao avanço em direção às áreas específicas de predileção de cada mestrando e doutorando. Tal providência metodológica revelou-se fecunda, com a comprovação empírica da qualidade dos trabalhos apresentados ao público nesta edição.

Eis aí amostra eloquente de que não há distinção entre teoria e prática, entre ciência e experiência: ou se conhece ou não se conhece o objeto. No plano das vivências empíricas, somente podemos falar numa "boa prática" quando as proposições sejam sustentadas por uma teoria que a explique; ao mesmo tempo, nos domínios da teoria, apenas admitimos sua eficácia quando tenha condições de explicitar os fenômenos que ocorrem, apontando horizontes para a experiência. Enfim, os trabalhos produzidos pelos Juízes Federais, longe de se afastarem da prática judicante diária, aprofundaram-se no conhecimento do objeto com o qual trabalham – o direito positivo – nos seus mais diversos subdomínios.

Na vida do direito, é na plataforma das normas individuais e concretas que se sente o fenômeno jurídico mais rente à vida dos homens. É ali onde os comandos abandonam a frieza da conotação para ganhar a riqueza e espantosa complexidade que o real – em sua infinitude irrepetível de aspectos – pode oferecer. Nelas, os sujeitos têm nomes; os fatos, lugar e data; a prestação, expressão devidamente apurada e pormenorizada. É o direito impondo o timbre de sua prescritividade a uma sociedade que já não se faz presente nos vagos traços de abstratas hipóteses, mas nos firmes contornos de provas concretas. Compareçam aqui, além da teoria do sistema jurídico abstrato e da norma jurídica também abstrata, as fundantes categorias dos fatos jurídicos e das correspondentes relações jurídicas intranormativas, de modo que aqueles – os fatos jurídicos – sejam fortemente construídos de acordo com as provas que o próprio direito prescreve; e aquelas – as relações jurídicas – estabeleçam os inevitáveis vínculos que permitem ao ordenamento regular efetivamente as condutas inter-humanas.

Os trabalhos apresentados, ao lado das teorias do ordenamento jurídico, da norma e da incidência, dirigem-se com especial destaque à investigação do fato jurídico, quase que denunciando as dificuldades e limitações que se oferecem a todos que se dedicam à construção da "concretude e individualidade" ínsitas às normas judiciais. É na produção dos fatos jurídicos que o direito, por um lado, se reproduz; e, por outro, cumpre sua finalidade de regular comportamentos intersubjetivos, modalizando-os concretamente quanto à pessoa, tempo, lugar e procedimento. É em nome do fato, situado no antecedente das normas individuais e concretas, que o sujeito competente produz relações jurídicas particularizadas: condena ou absolve réus; prescreve o dever jurídico concreto de pagar o tributo ou de não pagá-lo... É precisamente com o acontecimento do fato que o sistema jurídico se movimenta, movendo também o macrossistema social.

Eis o campo em que, tendo de um lado a fluidez e constante mutação da vida em sociedade, do outro, a rigidez das estruturas normativas, o julgador se locomove e desempenha seu ofício. Trata-se de tarefa marcada pelo traço que garante à ordem jurídica sua unicidade: aquele comando que Kelsen chamou norma jurídica sancionatória, a marca da coercitividade cujo monopólio foi entregue ao Estado, mais precisamente, ao Estado-juiz.

Com efeito, o direito não existe para *coincidir* com a realidade social que se pretende regular, mas para sobre ela *incidir*. Por isso, é precisamente no desencontro das condutas dos homens com os arquétipos normativos que se abre espaço para o movimento jurídico.

Assim sucede porque no suposto da norma secundária está o descumprimento de uma conduta estipulada pela ordem jurídica, de tal modo que o trabalho judicial tem seu nascedouro justamente ali onde os homens parecem se afastar do direito.

A decisão judicial é um chamado, contundente e soberano, em meio à tensão das expectativas frustradas, para que as conturbações ocorridas na vida dos homens não desfaçam a trama que mantêm uma sociedade unida. Dito de modo diferente, cabe ao juiz conduzir a sociedade de volta à trama estabelecida pelo direito.

Por outro lado, a proibição do *non liquet* sugere que, certas vezes, o caminho há de ser o inverso: a sociedade, experimentando seu incessante processo de mutação, não pode ficar à mercê de vazios jurídicos, devendo o julgador servir-se de expedientes como a *analogia* e a *equidade* para estender os padrões do direito às novas dimensões e anseios da coletividade, levando, agora, mais direito à sociedade.

O lugar ocupado pelo Juiz no contínuo embate entre *ordem* e *mudança*, *tradição* e *novidade*, *rotina* e *inovação*, *velho* e *novo*, faz-se ponto decisivo em que essas forças sociais se agitam sob a tutela do Poder Judiciário. Tal espaço, porém, não o ocupa um indivíduo, mas toda a coletividade, que passa a ter no julgador um de seus órgãos. E exatamente porque não é o homem, mas a sociedade que, *organificada*, julga, o critério para nortear as decisões não há de advir das preferências pessoais e de sua subjetividade, mas deve o magistrado buscar sempre a objetividade, ainda que, para isso, precise dessubjetivar-se. Tal como adverte o professor pernambucano Lourival Vilanova, o juiz necessita:

> *"Decidir não segundo um critério pessoal seu, mas segundo medidas objetivas, que não as pode desfazer, importa para o julgador em dessubjetivar-se, também, incorporando-se como membro da comunidade e órgão dela. O juiz, nesse aspecto, impessoaliza-se ao meramente cumprir o direito, como qualquer cidadão, e impessoaliza-se como órgão julgador da comunidade, pois, julgando, é a comunidade por meio dele, juiz, que ajuíza e sentencia."*[1]

---
1. VILANOVA, Lourival. *O Poder de Julgar e a Norma*. In: Escritos Jurídicos e Filosóficos. V.1. São Paulo: IBET/Axis-Mundi, 2002, pp. 337-8.

Daí já se entrevê um dos maiores desafios ao julgador: evitar a confusão do critério jurídico com um critério estritamente pessoal, o que levaria as situações da vida em sociedade rumo ao turbilhão de um casuísmo desenfreado, culminando na ruptura desse tecido social.

Como importante expediente para não perder de vista essa distinção, evitando as armadilhas do singelo – porém perigoso – arbítrio, ao mesmo tempo em que se mantém a sensibilidade para os problemas trazidos pela sociedade aos seus cuidados, deve o julgador primar pelo aprimoramento das categorias epistemológicas e métodos para melhor lidar com o processo de interpretação dos signos jurídicos.

O aperfeiçoamento dessas ferramentas do conhecimento é tarefa que se impõe não apenas aos julgadores, mas a todos os membros da comunidade jurídica e, em especial, àqueles que enveredam pela senda do discurso científico. A precisão do texto, a lucidez das ideias, o rigor no argumento, a desambiguação e a elucidação dos termos, todos esses processos surgem como estratégias para a estabilização do sentido das mensagens legisladas e, ao mesmo tempo, instrumento para lidar, categoricamente, com um mundo em constante mutação.

Para isso, tem o método do Constructivismo Lógico-Semântico contribuído de modo relevante. Providência desse quilate, de cunho epistemológico, permite que a linguagem prescritiva do direito positivo, quer em nível de normas gerais e abstratas, quer no das individuais e concretas, assim também a descritiva, da Ciência do Direito, sejam vivamente potencializadas pela utilização dos instrumentos utilizados pela Semiótica para análise da linguagem, forçando as amarrações conceptuais lógico-semântico-pragmáticas por todos aqueles que tomam o direito positivo como objeto de conhecimento, seja para realizar incidências (agentes competentes), seja para emitir proposições descritivas (cientistas dogmáticos do direito).

Nesse contexto, muito bem-vinda foi a iniciativa conjunta tomada pela Associação Nacional dos Juízes Federais e pela

Pontifícia Universidade Católica de São Paulo, em seu Núcleo de Estudos Pós-Graduados em Direito, para abrir uma linha de pesquisa voltada ao tema da jurisdição federal, submetendo ao crivo da pesquisa científica alguns dos temas mais caros ao ofício do julgador. Trata-se de empreitada cujos frutos ora se entregam à toda a comunidade, sob a forma de avanços registrados nesses textos científicos, mas, especialmente, com a formação de magistrados mais bem esclarecidos para o desempenho da tarefa diária – e tormentosa – de interpretação dos textos jurídicos e da realidade social sobrejacente.

Ficam aqui consignados os resultados iniciais desses estudos, em cada um dos textos de alunos e professores das disciplinas ministradas nos cursos de mestrado e doutorado da PUC-SP. Com eles, ficam gravados os primeiros passos dessa longa marcha e os agradecimentos a todos que têm contribuído para o aprimoramento das pesquisas a respeito da nobre função que é a busca incessante pelos caminhos do Conhecimento e da Justiça.

São Paulo, 10 de outubro de 2014

Paulo de Barros Carvalho
Professor Emérito e Titular da PUC/SP e da USP

Robson Maia Lins
Professor da PUC/SP nos Cursos de Graduação, Especialização, Mestrado e Doutorado

SOBRE OS COORDENADORES

PAULO DE BARROS CARVALHO

É Professor Emérito e Titular da USP e da PUC-SP. Membro Titular da Academia Brasileira de Filosofia. Fundador do IBET Instituto Brasileiro de Estudos Tributários. Presidente e Editor-Chefe da Editora Noeses.

ROBSON MAIA LINS

É Mestre e Doutor em Direito Tributário pela PUC-SP. Professor dos Cursos de Graduação, Mestrado e Doutorado da PUC-SP. Professor nos Cursos de Especialização em Direito Tributário da COGEAE/PUC-SP e do IBET Instituto Brasileiro de Estudos Tributários.

Capítulo I
INTERPRETAÇÃO E APLICAÇÃO DO DIREITO

BREVES CONSIDERAÇÕES SOBRE A FUNÇÃO DESCRITIVA DA CIÊNCIA DO DIREITO TRIBUTÁRIO

Paulo de Barros Carvalho[1]

1. Introdução

Foi publicado texto, recentemente, a respeito da função da Ciência do Direito Tributário, em que o autor[2] conclui pela adoção do assim chamado *Estruturalismo Argumentativo*. Para chegar a esse resultado, firma premissas que envolvem a crítica do *caráter descritivo da atividade científica nos domínios do direito*, consignando, a meu ver, referências isoladas, apressadas, que distam de corresponder ao pensamento dos autores citados, sobre transmitir visão superficial e incorreta de tema tão relevante para a *Epistemologia Jurídica*.

Não serão necessárias muitas linhas para demonstrar a improcedência dos fundamentos oferecidos pelo autor, além,

---

1. Professor Emérito e Titular da PUC/SP e da USP.
2. ÁVILA, Humberto. *Função da Ciência do Direito Tributário: do Formalismo Epistemológico ao Estruturalismo Argumentativo*. In: Revista Direito Tributário Atual, n. 29. São Paulo: IBDT, 2013.

é claro, de certos registros que não poderiam passar despercebidos numa leitura mais atenta de trabalho que se pretende colaborar para o aprimoramento da Ciência.

2. O sentido: aquilo que lá está sem nunca ter estado

Iniciemos pelas citações. Depois de referir-se ao "Círculo de Viena" e a Hans Kelsen como aqueles que "forjaram" a concepção segundo a qual *o discurso científico há de ser meramente descritivo* – o que já começa com uma proposição equivocada, uma vez que a tese é bem mais antiga, passando, com insistência, pelos empiristas ingleses – declara o autor que esse específico paradigma empírico de ciência foi recebido no âmbito da Teoria do Direito no Brasil pela obra de Lourival Vilanova. Tal linha de raciocínio teria "migrado" para a Ciência do Direito Tributário: primeiro, pela obra de Alfredo Augusto Becker, sendo difundida mais tarde por mim mesmo, no *Curso de Direito Tributário*.[3] Contudo, o pensamento do jusfilósofo citado é bem diferente, para não dizer oposto, àquele que o jovem professor anuncia. Para percebê-lo, bastariam dois dedos de paciência e a atenção que escritos de tal profundidade cobram incessantemente do leitor. No livro mencionado, mesma edição, encontramos:[4]

> Se o formal permite a neutralidade do comportamento cognoscitivo do homem, se o homem concreto, em face das formas e de sua articulação em sistema – assim, na Lógica – comporta-se como sujeito puro, quando trava contato com o mundo dos conteúdos sociais e históricos, vem a travar contato consigo mesmo, e, em vez da relação sujeito-objeto, mescla-se essa relação com uma inevitável parcela de atividade prático-valorativa.

---

3. *Curso de Direito Tributário*. 22ª ed. São Paulo: Saraiva, 2010, p. 34.
4. Fundamentos do Estado de Direito. In: *Escritos Jurídicos e Filosóficos*, vol. I. São Paulo: IBET/Axis-Mundi, 2008, p. 82.

A propósito, é conhecidíssimo o ponto de vista de Lourival Vilanova sobre o tema da interpretação do Direito, insistindo na circunstância de que interpretar não é revelar, descobrir, mas, sim, <u>atribuir</u> sentido aos signos do suporte físico, conferindo-lhes significado, concepção totalmente incompatível com o que relata o autor do artigo. Aliás, a trajetória intelectual do professor pernambucano sempre foi marcada, fortemente, pela presença de sólida formação lógica, animada com os influxos do culturalismo da Escola de Baden, o que impediria, desde logo, pensar-se no mero e singelo *descritivismo* – naquele sentido de mera repetição – da Ciência do Direito que a ele se imputa. Não será exagero afirmar, sobre a obra do Professor Vilanova, que é a proclamação farta e solene, do caráter *construtivo* das ciências sociais e, dentro dela, a do Direito.

3. Descritividade *crítico*-explicativa

Acontece, e parece-me ocioso esclarecer, que a *descritividade* empregada em seus escritos é a *crítico-explicativa*, vale dizer, ao adjudicar significações à literalidade textual, o cientista *descreve* seu objeto, no caso, o ordenamento positivo, isso equivale a dizer, por outros torneios, que o termo *descritividade* assume feições semânticas diversas, consoante a qual dentre as quatro regiões ônticas pertença a matéria de suas preocupações, como já o afirmara Edmund Husserl em sua fenomenologia, pensador que muito influenciou os escritos do Prof. Vilanova. Desse modo, tratando-se de (a) objetos físico-naturais, ensejam eles a *explicação* como ato gnosiológico, operando com o método empírico-indutivo, já que estão na experiência, existindo no tempo e no espaço, conquanto se manifestem neutros de valor, o que também ocorre com os (b) objetos ideais. Esses, porém, são irreais e, portanto, não se subordinam às coordenadas de tempo e espaço. Seu ato gnosiológico é a *intelecção* e o método próprio é o racional-dedutivo. Agora, os (c) objetos culturais, entre os quais se aloja o direito, são todos aqueles que estão na experiência, tendo existência real, contudo sempre valiosos, positiva ou negativamente. O ato gnosiológico próprio é a *compreensão* e o método da correspondente ciência é o *empírico-dialético*. Aqui, a *descritividade* adquire outra proporção de significado, precisamente porque a experiência é condicionada por múltiplos fatores, entre eles os econômicos, ideológicos, sócio-políticos, históricos, psicológicos etc. O plano empírico é de avaliação instável, variando muito em função da subjetividade de quem observa e analisa o território de seu interesse. Mesmo assim, para a Epistemologia, é uma conotação válida e os cientistas dela (descritividade) se utilizam para expressar os fenômenos da cultura.[5]

Vê-se que tal posição está longe de imaginar um sentido *pré-constituído* no produto legislado, como supõe o autor servindo-se de citações de Riccardo Guastini. Quem lida com mais intimidade com as categorias da Teoria Geral do Direito, sabe muito bem da crítica acerba de Lourival Vilanova ao surrado conceito da interpretação tradicional como empenho do jurista para fins de <u>extração</u> do sentido, conteúdo e alcance dos textos jurídicos. E, certamente, não haveria de ser uma referência isolada que vai transformar esse quadro de compreensão...

São palavras do mestre de Recife:[6]

> O jurista não pretende, mesmo o mais decididamente objetivo e neutro ante o fato do direito, conhecer por conhecer. Mesclam-se no seu ofício o saber teórico e o saber de manipulação. Pode, numa espécie de ascese intelectual, recurvar-se sobre o seu conhecimento puro: essa a sua atitude

---

5. Completando as quatro regiões ônticas estariam os objetos metafísicos, no entanto, sobre tais objetos não pode falar o discurso científico, porque carece de método apto a deles se aproximar. A discussão sobre os objetos metafísicos assume, portanto, outros foros como os da filosofia ou da teologia.
6. Fundamentos do Estado de Direito. In: *Escritos Jurídicos e Filosóficos*, vol. I. São Paulo: IBET/Axis-Mundi, 2008, p. 415.

intencional. Mas, como que se desprendendo dessa linha direcional, lá adiante retoma o processo sua integridade de aspectos: é a direção preterintencional, que vai além da intenção original, e vemos como estas suas teorias inserem-se nos fatos, passando a compô-los.

Quanto a mim, tanto no *Curso de Direito Tributário*, como nos demais escritos, desde 1997, quando defendi a tese que me garantiu a titularidade na Universidade de São Paulo, venho fazendo questão de deixar consignado que a *descritividade*, no terreno dos objetos culturais, como o direito, por exemplo, tinha acepção diversa daquela das ciências empírico-naturais. Tomemos as primeiras palavras com que ingresso no tema da interpretação, na disciplina do Código Tributário Nacional:[7]

> Colocamo-nos entre aqueles, como Ezio Vanoni, que entendem a integração como pertinente ao processo interpretativo, discordando, todavia, quanto ao feitio desse processo, que se apresenta construtivo e não meramente declaratório. (Os grifos são do original).

Nos *"Fundamentos Jurídicos da Incidência Tributária"*[8] assinalei:

> Não parece excessivo relembrar que a descritividade inerente ao discurso científico adquire uma tonalidade especial sempre que o alvo do conhecimento esteja na região ôntica dos objetos culturais, como é o caso do direito. Posto que tais bens se manifestam sempre carregados de valor, não será suficiente a mera descrição do fenômeno, tornando-se indispensável sua compreensão.

Assim também, no *"Direito Tributário, Linguagem e Método"* não deixei de assentar que *"A neutralidade axiológica*

---

7. *Curso de Direito Tributário*. 22ª ed. São Paulo: Saraiva, 2010, p.109.
8. *Direito Tributário: Fundamentos Jurídicos da Incidência Tributária*. 4ª ed. São Paulo: Saraiva, p.78. Sublinhei.

impediria, desde o início, a compreensão das normas, tolhendo a investigação".⁹ E, mais adiante:

> Mantenho presente a concepção pela qual interpretar é <u>atribuir</u> valores aos símbolos, isto é, adjudicar-lhes significações e, por meio dessas, referências aos objetos.¹⁰

Seguindo a marcha do pensamento, insisti:

> Vê-se, desde agora, que não é correta a proposição segundo a qual, dos enunciados prescritivos do direito posto, extraímos o conteúdo, sentido e alcance dos comandos jurídicos. Impossível seria retirar conteúdos de significação de entidades meramente físicas. De tais enunciados partimos, isto sim, para a <u>construção</u> das significações, dos sentidos, no processo conhecido como "interpretação".¹¹

A reiteração torna-se necessária:

> Segundo os padrões da moderna Ciência da Interpretação, o sujeito do conhecimento não "extrai" ou "descobre" o sentido que se achava oculto no texto. Ele o "<u>constrói</u>" em função de sua ideologia e, principalmente dentro dos limites de seu "mundo", vale dizer, do seu universo de linguagem.¹²

E, para concluir este tópico, que tal o excerto da página 675, do mesmo "*Direito Tributário, Linguagem e Método*"?

> Falar em tom descritivo acerca do ordenamento jurídico é o grande tema da Ciência do Direito em sentido estrito, se bem que o trabalho do intérprete para montar o sistema <u>seja tarefa construtiva</u>, estimulada pela sua subjetividade,

---

9. *Direito Tributário, Linguagem e Método*. 4ª ed. São Paulo: Noeses, 2012, p. 83.
10. *Op. cit.*, p. 80. O destaque é do original.
11. *Op. cit.*, p. 188. Aqui também a sublinha é do original.
12. *Op. cit.*, p. 194.

por suas inclinações ideológicas, por suas vivências psicológicas, por sua vontade, pois <u>o chamado "direito positivo" não aparece como algo já constituído</u>, pronto para ser contado, reportado, descrito. A tessitura em linguagem, todavia, não será ainda o bastante para atribuir-lhe qualificações comunicativas plenas, requerendo que o destinatário o leia e o compreenda. É precisamente nessa função hermenêutica de atribuição de sentido, nesse adjudicar significação, que reside o trabalho do cientista, <u>disfarçado numa descritividade acentuadamente subjetiva</u>, como acontece, de resto, com as ciências sobre objetos da cultura.[13]

É dispensado acrescentar: o autor do artigo que deu ensejo a estas breves considerações leu um diminuto fragmento de texto, entendendo-o suficiente para desdobrar longas e nem sempre bem tecidas notas, não atinando ainda para a circunstância de que o próprio Riccardo Guastini, tantas vezes mencionado, inclina-se nesta mesma linha de pensamento.

4. Imperativo do texto: o cerco inapelável da linguagem

Em sequência, ao desenvolver suas razões expositivas, o professor gaúcho assinala:

> Para o propósito deste estudo, importa apenas dizer que a interpretação no Direito demanda, além de textos, o exame de outros elementos, dentre os quais estão fatos, atos, costumes, finalidades e efeitos.

Tudo faz crer que tais elementos sejam *extratextuais*, mesmo porque o autor o declara peremptoriamente:

> A interpretação doutrinária não envolve apenas textos, mas outros elementos pressupostos ou referidos pelos textos e sem cujo exame o sentido do texto sequer pode ser desenvolvido.

---

13. *Op. cit.*, p. 675. Acresci as sublinhas.

Porém, logo acima, já havia dito algo que contradiz essa feição extratextual dos "fatos", "atos", "costumes", "finalidades" e "efeitos", ao aludir que as mencionadas entidades, "<u>além de deverem ser vertidas em linguagem</u>, somente em concreto podem diretamente ser interpretados".

Ora, se são atividades extratextuais, como serão vertidas em linguagem? Ou há linguagem sem texto e texto sem linguagem? E, nessa mesma linha, passa a referir o modo como se dá a interpretação desses elementos. Vejamos apenas o primeiro, porquanto os demais seguem a mesma trajetória: *"A interpretação de fatos, ao contrário da de textos..."*. Mas, os fatos, atos, costumes, finalidades e efeitos não devem *"ser vertidos em linguagem"*, como acima ficou consignado? Então, é óbvio que estarão consubstanciados em <u>textos</u>, muito embora haja textos sobre o abstrato e textos sobre o concreto. Seria o caso de perguntar se alguém já viu um fato, ato, costume, finalidade ou efeito não expresso em linguagem e, portanto, sem o suporte físico de uma base textual, proposição que vale para toda a realidade, como encarece Tercio Sampaio Ferraz Junior,[14] mas ganha evidência cristalina nos domínios do Direito. Há muitos anos, aliás, está de pé um convite para que os interessados, que se dispuserem, apresentem um, e somente um basta, fato jurídico sem linguagem. Até hoje, nada foi proposto, ainda que não tenha havido falta de procura ou curiosidade por parte dos estudiosos.

Não é de hoje que os estudiosos no campo da semiótica vêm tratando a figura do "texto" como conceito de abrangência maior que a formulação escrita d'uma ideia em expressões idiomáticas. Texto, na acepção que venho considerando em meus trabalhos, extrapola tal definição estreita para abranger *tudo aquilo que se possa interpretar*. Dessa maneira, mesmo os gestos humanos, o vestuário, sinais luminosos, as nuvens no céu, tudo isso é texto, se assim for

---

14. *Introdução ao Estudo do Direito*. São Paulo: Atlas, 1991, p. 245.

tomado como mensagem num processo comunicativo. De fato, explica Ugo Volli que é texto:

> [...] <u>qualquer fragmento do processo que seja tratado como um texto por alguém</u>. Conforme demonstram em particular os casos de <u>significação</u> que discutimos no parágrafo sobre a recepção, é o destinatário que <u>decide</u> tratar como texto determinado fenômeno, extraindo da complexidade do mundo: certa coloração amarelada na pele de um paciente ("ictérico") é isolada de seu processo (o resto do corpo) e considerada pelo médico um sintoma de mal de fígado, enquanto todo o resto é ignorado; uma pequena zona na atmosfera mais rica em poeira em relação ao fundo ("fumaça") é isolada por um bombeiro e considerada um texto cujo conteúdo é a possibilidade de um incêndio. Um transeunte pode preferir tomar a paisagem inteira como um possível objeto de contemplação, logo um texto. Um amigo do doente fica atento ao seu discurso, um amante busca mais ternura no olhar. E assim por diante.[15]

Agora, difícil é compor a rejeição de conteúdos pré-constituídos nos textos do direito positivo com a alternativa da *reconstrução* de significados, a que menciona o autor. É claro que qualquer *reconstrução de significados* pressupõe a existência de algo a ser reconstituído, tese energicamente repelida em seu texto, pois resvala no reconhecimento de matérias constituídas. Eis outro ponto que revela vitanda contradição.

Em suma, o "cerco inapelável da linguagem" reflexão tão cara e decisiva para o chamado "giro linguístico", dentro do cenário próprio da Filosofia da Linguagem, imprescindível para uma tomada de posição estruturalista, é algo pelo qual o autor passa batido, como se não existisse, rompendo a sequência discursiva com exceções esdrúxulas, que não só comprometem a lisura do raciocínio como abrem exceções absurdas e injustificáveis. Não faria senso admitir a noção de estruturalismo fora

---

15. *Manual de Semiótica*. São Paulo: Loyola, 2007, p.79.

do contexto linguístico, ainda que o expositor se dispusesse simplesmente a referir àquele método, sem locomover-se dentro de seus domínios, como acontece no âmbito de sua crítica.

5. Estrutura e argumento

Bem, passemos para a conclusão, onde se demora a proposta do *Estruturalismo Argumentativo*, assentado em três fundamentos: uma *teoria dos sistemas*, uma *teoria das normas* e uma *teoria jurídica da argumentação*. As perguntas são curtas, mas objetivas: 1) como são várias, qual delas é a referida entre as teorias dos sistemas? 2) igualmente, entre as teorias das normas, será, por exemplo, a de Kelsen, a de Hart ou a de Cossio? 3) e o mesmo se diga das teorias da argumentação, posto que todas elas defendem *"uma alteração dos critérios fundamentais de controle argumentativo"*? Ora, como todo o discurso é argumentativo, fica o espaço nebuloso da imprecisão, pedindo, implorando mesmo especificações mais sérias e profundas. A proposta fica solta, adejando sobre a cabeça do leitor, que permanecerá indeciso diante da multiplicidade de caminhos e de combinações de caminhos a respeito do itinerário do projeto.

Nota-se que o autor do texto crítico não lida à vontade com categorias desse tope, tendo-se aventurado num campo bem mais difícil do que imaginara. Tanto assim que utiliza a expressão *Formalismo Epistemológico* para mencionar aquilo que vê como mero e singelo descritivismo do campo objetal. O descompasso é tão grande que não vale a pena ingressar naquele tipo de vertente epistemológica. Ou o autor o desconhece, inteiramente, ou não encontrou os caminhos de sua aplicação. Tratando-se de uma distância abissal, entre o que preconiza e as teses que adoto, pareceu-me bem que contra-argumentar, neste passo, representaria um estipêndio inútil, de tal arte que me dispenso fazê-lo.

6. Síntese conclusiva

Quero encerrar este texto com duas pequenas anotações, à guisa de conclusão:

Primeira: Venho trabalhando, há muitos anos, com a tese do *estruturalismo*, tanto assim que minha livre docência, apresentada em 1981, portanto há 32 anos, baseou-se nos princípios desse método. Ao tecer a introdução, esclareci:

> Todo o empenho se volta à estrutura fundamental do gravame, concebido enquanto entidade exclusiva do universo jurídico. Discorrer sobre as linhas estruturais do tributo, porém, é aludir ao implexo fenômeno que as prescrições legais compõem, na urdidura do direito posto. É dissertar a respeito de uma série de associações que a letra da lei não menciona, rendendo espaço à investigação do cientista. É organizar as unidades normativas de tal modo que possam substanciar proposições coerentes, plenas de sentido, num todo lógico e harmônico.
>
> Entreluzir as estruturas, de fato, é o grande objetivo do saber atual, em todos os ramos da cultura e não é sem propósito a afirmação de que o progresso das ciências, acentuadamente as humanas, tem como fator determinante o conjunto de especulações que se desenvolveram em torno da linguística.
>
> A essa altura já não são poucas as elaborações jurídico-científicas animadas pela metodologia estruturalista, com tônica no primado da linguagem e na sua preponderante função epistemológica, conforme observa Hernandez Gil.

Como sugere o trecho citado, as inclinações estruturalistas é que me proporcionaram travar contato com as obras de Ferdinand de Saussure, Roman Jakobson e Stephen Ullmann, livros que me foram oferecidos por Alfredo Augusto Becker – um deles, até, na casa do grande jurisconsulto Ruy Cirne Lima –, em visita que fizemos acompanhando Geraldo Ataliba, seu grande admirador, discípulo e amigo. Esse intervalo de tempo, preciso dizer, foi precioso para minha formação, sobretudo porque foi sob as luzes do estruturalismo que comecei a me interessar pelas teorias da linguagem e, logo depois, pela semiótica da comunicação jurídica. Ao estruturalismo, devo a abertura, inspiração e, porque não dizer, o entusiasmo por essa perspectiva de análise do fenômeno jurídico. Entretanto, representou tão só o começo. Proclamar o estruturalismo, pura e simplesmente, não é suficiente. Penso que resida na solidão dessa iniciativa muito do desgaste semântico que a expressão veio sofrendo nos últimos anos. E se permanecer isolada, como mero registro histórico, passa a significar muito pouco de seu potencial semiológico. Greimas e Courtés[16] lembram bem que:

> Por causa de seus êxitos, ele (o movimento) se tornou infelizmente de maneira por demais rápida uma espécie de filosofia da moda: como tal, foi atacado, acusado de totalitarismo, de estatismo de reducionismo, etc.

Não deixa de ser, porém, um começo auspicioso, se bem que, à sua frente venha a entreabrir-se um percurso longo e trabalhoso, que passa, inevitavelmente, pela leitura daqueles três livros que Alfredo Augusto Becker me ofereceu e, mais do que isso, instigou-me a leitura.

Segunda: Pois bem, se tomarmos a expressão apenas como referência e juntarmos a esse conceito reduzido e empobrecido de *estruturalismo*, o adjetivo *argumentativo*, pois, como já disse, todo o discurso o é, a expressão fica oca, vazia, pronta para servir a comunicações de má retórica, tal como aquelas utilizadas pelos políticos em horário eleitoral. Daí a expectativa de maiores e melhores esclarecimentos por parte de seus simpatizantes. Quem sabe a locução, submetida ao esmeril de especialistas ilustres, não viesse a adquirir visos de boa procedência! Do modo que o autor anuncia, contudo, não satisfaz ao

---

16. *Dicionário de Semiótica*. São Paulo: Contexto, 2012, p. 190.

menos impertinente fiscal da correção semântica dos termos do discurso. Isso porque o adjetivo que o qualifica – *argumentativo* – ao invés de contribuir, aumenta, substancialmente o teor de imprecisão. O termo *argumento*, que pode ser visto como a expressão verbal do raciocínio, é utilizado frequentemente como forma de justificar, de legitimar, de fundamentar, para fins de convencimento, determinada entidade proposicional. E esse esforço persuasivo está sempre presente, em todos os momentos de nossas manifestações linguísticas, autorizando a asserção segundo a qual *a contrarretórica é também retórica*, empregando-se, aqui, "retórica" como desempenho para convencer.

De quanto foi dito, remanesce a importância do assunto, reaberto em boa hora, o que permite trazer à tona ponderações valiosas para a meditação sobre o papel e a missão do cientista do Direito, na sua tarefa descritiva (*em sentido crítico explicativo, é bom reiterar*) do seu objeto que é a experiência jurídica com o direito posto, colhida em toda a grandeza de sua extensão.

A IMPORTÂNCIA DO JUSPOSITIVISMO NA APLICAÇÃO DO DIREITO

Eliana Borges de Mello Marcelo[1]

Índice: Introdução; 1. Escorço histórico; 2. Breve panorama do juspositivismo; 2.1. Direito natural e jusnaturalismo; 2.2. A doutrina contratualista; 2.3. Direito positivo – juspositivismo; 3. Estado Democrático de Direito, princípio informador e o exercício da jurisdição; 3.1. O que é lei e seus destinatários; 3.2. Princípio da legalidade; 3.3. Espécies normativas previstas no texto constitucional; 3.4. As lacunas da lei; 3.5. Limites de interpretação; 3.6. O poder discricionário do juiz; 3.7. O juiz modifica a lei ou a complementa; Conclusão e Referências bibliográficas.

INTRODUÇÃO

O Poder Judiciário evoluiu no tempo, constituindo-se em um instrumento de grande poder para a defesa dos direitos fundamentais.

Inegável é a sua atuação nesse sentido, tendo o Magistrado um papel de destaque na avaliação, aplicação e transformação

---

1. Juíza Federal e Mestranda em Direito pela Pontifícia Universidade Católica de São Paulo.

do direito posto, em face dos princípios e normas constitucionais, legitimando os direitos conquistados ao longo do tempo, consequência da evolução dos povos, valorando, com um alto grau de criatividade, a realização dos direitos sociais.

Com vistas à observação atenta dessa evolução, este artigo tentará alçar o trabalho do Magistrado na aplicação do direito, cujos poderes lhe são conferidos pela Constituição Federal, fazendo uso da sua independência criativa, cuja atuação, em alguns casos, cria direitos, muitas das vezes fundamentados no senso de "justiça natural".

Para muitos, o Poder do Juiz não vai além do que autoriza a lei e, nesse sentido, não chega a fazer Justiça. Para os que pensam dessa forma, o Direito revela-se como uma ciência exata, o que não é verdade. A interpretação, nesse contexto, tem um papel fundamental, pois caminha com a evolução dos tempos, e essa é a mola mestra para se dizer o direito, porque os interesses defendidos pelo Juiz devem estar comprometidos com os direitos fundamentais dos cidadãos, por sintetizar a atuação do Poder Jurisdicional a emanação de um dos Poderes do Estado Democrático, ao lado dos Poderes Executivo e Legislativo.

Não se pode falar em aplicação da lei sem saber o que ela significa, de onde provém, a quem se destina e como deve ser aplicada, sendo necessária uma breve incursão aos aspectos processuais que envolvem o tema.

Nos dizeres de Mauro Capeletti, "a melhor arte de redação das leis, e mesmo o uso da mais simples e precisa linguagem legislativa, sempre deixam, de qualquer modo, lacunas que devem ser preenchidas pelo juiz e sempre permitem ambiguidades e incertezas que, em última análise, devem ser resolvidas na via judiciária",[2] lacunas cujo preenchimento deve encontrar suporte na Carta Maior.

---

2. *Juízes Legisladores?* 1993, p. 20-21.

Deve-se observar que a evolução antes mencionada acabou por incutir no homem uma nova mentalidade. Valendo-se de vários princípios, como o da igualdade, o homem acabou por mudar preconceitos até então cultuados, exigindo o cumprimento de direitos afirmados e reafirmados no curso da história, inclusive rebelando-se contra as ilegalidades dos governantes por meio de instrumentos processuais próprios e adequados, e é há muito considerado como o único detentor do Poder, afinal o Poder emana do Povo.[3]

Nesse ponto, o papel do Magistrado encontra destaque, na medida em que garante ao vencedor da demanda o direito disputado, mesmo contra a vontade do seu governante, porque a Constituição lhe confere ações com o cunho de coarctar eventuais abusos ou ilegalidades existentes. Não se trata de privilégio, por se embasar em princípios constitucionais estabelecidos.

Para este trabalho e considerando o foco na jurisdição federal, não nos traz importância o papel do Magistrado nas lides discutidas entre particulares, embora não menos importantes, pois o Magistrado se limita, nessa hipótese, a aplicar a lei ao caso concreto ou, quando muito, a utilizar-se da analogia ou princípios gerais de direito, dando solução ao caso concreto, para pacificar essas lides.

As lides voltadas contra o Poder Público, objeto deste trabalho, sim, encontram fundamental interesse quando envolvem a análise e a declaração do direito posto, frente ao ordenamento que não se compatibiliza com o texto constitucional.

É o Magistrado, como órgão do Poder Judiciário, que declara em última instância os direitos invocados em face da Constituição, seja *inter partes* ou *erga omnes*, e a importância da jurisdição federal ressoa quando a legislação, feita pelos governantes, deve ser aplicada contra eles.

---

3. Artigo 1º, § único, da CF: "Todo o poder emana do povo, que o exerce por meio de representantes eleitos ou diretamente, nos termos desta Constituição".

A análise e declaração desses direitos são atribuídas pela Constituição Federal ao Poder Judiciário, consoante estrutura que lhe conferiu, cabendo ao Juiz efetuar a sua análise de forma desapaixonada[4], cujos meandros, em breves linhas, serão analisados.

1. Escorço histórico

Para entender o direito, como norma posta para ser aplicada, devemos saber o que vem a ser Constituição e os direitos que ela confere aos seus povos. Não se pode passar ao largo da história da conquista dos direitos. Ainda que brevemente, traçaremos um restrospecto dessa conquista, com a clara ideia da evolução dos direitos, desde a Antiguidade até os dias atuais em que o homem chegou à lua, num avanço ávido de conquistas tais como as tecnológicas, cujo progresso tende a abalar direitos universais, sendo as leis *lato sensu e stricto sensu* importantes para restringir, coibir e até indicar os direitos que devem prevalecer nessas relações.

Os registros históricos nos mostram que, desde a Antiguidade – época em que prevalecia a dominação entre os povos, retratada pela demonstração de força e poder[5] – os homens já

---

[4]. Nos dizeres de Luís Roberto Barroso: "A *paixão*, que é a expressão de um sentimento ou de uma emoção, sempre intensos, movida pelo inconsciente, é, quando não a *pièce de resistance*, ao menos o tempero necessário à razão científica. O domínio das paixões é muito vasto. Para além da paixão amorosa e da paixão sexual, os sentidos passam pela glória, pelo medo, pela inveja, pelo ciúme, pela cobiça, pela amizade, pela liberdade. A paixão, em si e por si, não é ética, não é politicamente correta, não é engajada. Mas é possível canalizá-la, dar-lhe um sentido valorativo e explorar-lhe as potencialidades. A paixão bem direcionada é uma energia poderosa a serviço da causa da humanidade." (*Temas de Direito Constitucional*, p. 603).

[5]. Paulo Bonavides, quando trata da Teoria do Estado, relata em que consistia o Estado Antigo: "numa extremidade, a força bruta das tiranias imperiais típicas do Oriente; noutra, a onipotência consuetudinária do Direito ao fazer suprema, em certa maneira, a vontade do corpo social, qualitativamente

sentiam a necessidade de leis que os guiassem. Esse sentimento, resultado do crescimento populacional e cultural, transmitido e aumentado através das gerações[6] seguintes, determinou a necessidade de se fixarem limites de atuação, por meio de normativos que mantivessem a ordem, regulando o comportamento humano. Esse limite de atuação denominou-se Constituição, diz J. H. Meirelles Teixeira, citando Jellinek.[7]

Já na Idade Média, fundiam-se a política e a religião, constituindo-se a ideia de Estado[8] uma natureza até então desconhe-

---

cifrado a ética teológica da *pólis* grega ou no zelo sagrado da coisa pública, a *res publica* da *civitas* romana." (*Teoria do Estado*, p. 20).

6. Celso Ribeiro Bastos descreve esse crescimento brilhantemente. Diz ele: "A sociedade evoluiu da *celula mater* (família) para os grupos familiares (clãs), destes para as cidades para os Estados, destes para a nação, e desta para as grandes comunidades internacionais, que nada mais são do que o reflexo do processo de globalização pelo qual está passando o mundo neste final de século." (*Curso de Teoria do Estado e Ciência Política*, p. 19).

7. "Todo o grupo permanente tem necessidade de um estatuto, em cuja conformidade se realiza e se forma a vontade do grupo, observa Jellinek. E acrescenta que a esse estatuto, que fixa os limites da esfera de ação do grupo, e regula, ao mesmo tempo, a situação de seus membros, entre si e em relação à própria comunidade, denomina-se Constituição. Assim, é necessário que cada Estado tenha sua Constituição, mesmo os submetidos a um regime de puro arbítrio, pois a ausência de Constituição seria equivalente à anarquia." (J. H. Teixeira Meirelles, *Curso de Direito Constitucional*, p. 79).

8. "O Estado é a mais complexa das organizações criadas pelo homem. Pode-se até mesmo dizer que ele é sinal de um alto estágio de civilização. Nesse sentido o Estado aparece num momento histórico bem preciso (século XVI). Não se nega que a Antiguidade Clássica (as cidades gregas e o Império Romano) já apresentasse sinais precursores dessa realidade. Todavia, preferem os autores localizar o seu aparecimento no início dos tempos modernos, uma vez que só então, em última análise, se reúnem, nas entidades políticas assim denominadas, todas as características próprias do Estado." (Celso Ribeiro Bastos, *Teoria Geral do Estado*, p. 29).

No mesmo sentido descreve Jorge Miranda *apud* Engels (*A Origem da Família, da Propriedade Privada e do Estado*): "O Estado é um produto da sociedade, quando esta chega a um determinado grau de desenvolvimento; é a confissão de que essa sociedade se enredou numa irredutível contradição consigo mesma e está dividida por antagonismos irreconciliáveis. Para que esses antagonismos, essas classes com interesses econômicos colidentes, cida, concebida, desde a Antiguidade, como a representação da força do faraó, do rei e do imperador sobre os súditos.

Essa evolução revelou um novo relacionamento do indivíduo com o Estado,[9] agora pela existência de uma ordem jurídica, acima dos embates levados a cabo, inclusive contra o próprio governante, cuja soberania,[10] dita por Paulo Bonavides, inaugurou o Estado de Direito, no séc. XVIII, época em que eclodiu a Revolução Industrial, inspirada na era iluminista e ditada pela expansão mercantilista, em franca oposição ao Absolutismo.

Havia a necessidade de subjugar o governante à autoridade da lei e, com isso, novas leis haviam de ser editadas, porquanto as existentes não satisfaziam os anseios da época. Nascia então a ideia de um Estado mínimo, destinado a atuar apenas na satisfação básica dos indivíduos. O Poder do Estado, até então considerado como legitimado pela ordem jurídica,

---

não se devorem e não consumam a sociedade numa luta estéril, torna-se necessário um poder colocado aparentemente acima da sociedade, chamado a amortecer o choque e a mantê-lo dentro dos limites da 'ordem': esse poder é o Estado." (*Manual de Direito Constitucional*, p. 15).

9. Para Santi Romano: "A palavra 'estado' deriva do latim *status*, que significa estado, posição e ordem. Em seu sentido ontológico, Estado significa um organismo próprio dotado de funções próprias, ou seja, o modo de ser da sociedade politicamente organizada, uma das formas de manifestação do poder. Como já foi dito anteriormente, a denominação "Estado" nem sempre foi utilizada para expressar sociedade política, pois essa designação só foi aceita a partir dos séculos XVI e XVII. Por exemplo, na Grécia antiga, usava-se a expressão *polis*, que significa cidade, enquanto os romanos utilizavam a palavra *civitas*." (*Apud* Celso Ribeiro Bastos, op. cit., p. 35).

10. Leciona Paulo Bonavides que a autoridade do Estado encontrava razão de ser na pessoa do governante, dissolvida ao longo do tempo num lento processo, "constelação de poderes desiguais e privilegiados do sistema feudal até se transformar, em época posterior das revoluções do poder do monarca de direito divino, no soberano titular de império incontrastável, no rei absoluto, donde se irradiavam todas as competências e atribuições governativas, rei que se afigurava aos súditos a cabeça, o penhor e a efígie das leis fundamentais do reino, agora repassadas ao centro de uma governança absoluta, de que a soberania era o conceito, e o Estado o órgão, ambos em dimensão abstrata." (Op. cit., p. 22).

devia a ela se submeter de acordo com a vontade dos governados. Era a legitimação de uma nova ordem: a sociedade se organizava fazendo das leis uma ordem para a satisfação social, tutelando os direitos dos cidadãos e não do Estado, mas, ao contrário, para que pudessem se voltar contra ele. Passou-se, assim, a regular a relação do Estado e seus integrantes, garantidora dos direitos individuais e limitadora do arbítrio Estatal.

Instalou-se o Estado constitucional, nascido após a Revolução da Independência Americana e a Revolução Francesa, com a separação dos Poderes, refazendo-se as instituições, sob a premissa de igualdade de todos perante a lei. Institucionalizou-se a igualdade entre os homens e a soberania do povo, ditada pelo regime representativo, conferido pela escolha dos governantes.

Estava posto, nos dizeres de Paulo Bonavides, o reconhecimento clássico do princípio da Separação dos Poderes, comprometida com os direitos políticos e civis, formadores dos direitos fundamentais da primeira dimensão, denominado Estado Liberal.[11]

Nessa evolução, entramos no denominado Estado Neoliberal, formado pela globalização e aproximação dos povos, estando os Estados instados a pautar seus comportamentos nessa relação internacionalizada, de cooperação mútua, respeito aos problemas mundiais apresentados pelo mundo moderno, como a fome, a poluição, a repressão aos crimes organizados e ao desarmamento, inclusive o nuclear, dentre outros, regras que impõem verdadeiro ônus aos não aderentes, como o estabelecido no Pacto de Kyoto, etc. Nessa universalização de direitos ético sociais, a vida do ser humano, conforme alerta Pietro de Jesús Lora Alarcón, citando Siches Recasens, "começou a ser tratada como a da pessoa sujeito da lei moral; o único ser que não tem preço, que não tem um valor somente relativo, senão que tem um valor em si mesmo, sua dignidade, e constitui um autofim".

---

11. Paulo Bonavides, op. cit., p. 31.

Diante desse panorama, cuja evolução dos tempos nos faz concluir serem inerentes à garantia e à satisfação das individualidades dos povos os ordenamentos aptos para essa concreção, denominados Constituição, pode-se afirmar que: "As Constituições positivas serão, portanto, partes vivas da Cultura total, determinações históricas e humanas que representam esse esforço de realização, nas comunidades políticas, mediante técnicas e instituições adequadas à conjuntura sócio-histórica, dos valores supremos de Ordem, Segurança, Liberdade e Justiça, que a filosofia tomista sintetiza, esplendidamente, na noção de Bem Comum".[12]

Esse conceito servirá de guia para as considerações quanto ao papel do magistrado na análise das leis que se voltam contra a Constituição, captado e inspirado em bens maiores do que a literalidade de um texto jamais conseguirá alcançar.

2. Breve panorama do juspositivismo

2.1. Direito natural e jusnaturalismo

O conceito de direito natural será analisado sob a ótica da filosofia de Aristóteles (384-322 a.C.), cuja noção para muitos ainda permanece um enigma, pois suas investigações foram marco importante a diversas disciplinas, como a lógica, a biologia, a psicologia, a estética, a política e a ética, classificando e disciplinando essas disciplinas.

A Ética a Nicômaco (batizada com o nome de seu filho) é a que mais nos interessa, pois desenvolve uma teoria de justiça, não tratada pela sua segunda obra denominada Eudemo (nome de um de seus pupilos). Voltaremos a teoria da justiça em capítulos subsequentes, mas neste tópico nos interessa a visão do direito natural que ele traçou.

---

12. J. H. Meirelles Teixeira, op. cit., p. 77.

Busquemos as lições de Michel Villey para entender o direito natural de Aristóteles. Segundo o conceito desse autor "consiste numa proporção (ison ou aequum) das coisas divididas entre pessoas"[13] – definição que atende ao direito natural, tido como a primeira forma de direito, ou seja, o direito natural preexiste antes de qualquer formulação feita pelo homem, pois se encontra em todas as relações, não importando se essa relação é justa ou não, conforme descreve Aristóteles em seu livro V, Ética a Nicômaco.

Podemos afirmar que todo homem é sociável, vivendo em grupamentos sociais, das quais decorrem relações, e são dessas relações que as normas positivam. Para os naturalistas o direito natural é a causa a partir da qual se formam as normas, diversamente do pensamento dos jusnaturalistas que acreditam possuir o direito natural sob a forma de "máximas escritas".[14] Segundo Villey: "O jurista trabalha a partir de um estado de coisas existente, mas não o confunde com o direito natural. Sua missão continua sendo a de verificar se a proporção efetiva entre os bens de uns e de outros se afasta do justo meio-termo, que é a ordem natural."

Pela obra de Aristóteles já se observa uma preocupação com a política, mas uma política voltada para o povo, colocada de acordo com as necessidades de povos distintos e com estruturas específicas. Seus questionamentos ingressavam em uma espécie de direito constitucional, como o direito das pessoas, ao casamento, à sucessão, de propriedade e de firmarem contratos válidos e oponíveis, segundo os direitos concebidos naturalmente.

Aristóteles percebeu que a constituição de uma cidade depende de sua estrutura social "Politie" – sendo "impossível, então, separar o direito público do direito privado".[15]

---

13. VILLEY, Michel. *Filosofia do Direito – Definições e fins do Direito – Os Meios do Direito*. Tradução Márcia Valéria Martinez de Aguiar. 2. ed. São Paulo: Martins Fontes, 2008, Tomo 2, Título Segundo – Capítulo 3.
14. Op. cit., p. 361.
15. Op. cit., p. 363.

Podemos dizer que o direito natural não foi abandonado ou esquecido e vem sendo estudado no curso da história, dele extraindo-se novas visões, como a análise a partir de Santo Tomás de Aquino, citada por Villey:

> Redescoberto na Idade Média pelos glossadores, vivo sob o Antigo Regime, e obstinadamente conservado pelos juristas da Common Law, o método dos casos começa a ser novamente respeitado. Ele implica o pressuposto de que as fontes primeiras não são os textos, nem os princípios da Razão pura, nem as crenças comuns do grupo – mas que o direito é em primeiro lugar extraído da 'natureza das coisas', ou, como dizia São Tomás acompanhando Aristóteles, de uma consideração da coisa: consideratio rei.[16]

Não podemos esquecer que temos uma ordem natural das coisas, e essa ordem, de direito natural, sobrevive nos dias atuais, equilibrada em uma proporção do justo e do injusto, em relação aos bens hoje tutelados. Essa ordem natural nos permite aferir o que é certo do que é errado.

Atualmente, temos presenciado manifestações nas ruas para reivindicações das mais diferentes causas, a mais recente iniciada por um movimento denominado Passe Livre. A partir desse movimento vemos a adesão de novas reivindicações, engrossando um movimento por todo o país, para pleitos como o do arquivamento da PEC 37 (Projeto de Emenda Constitucional que afasta o Poder do Ministério Público a participar de investigações), do final da corrupção, melhores condições de saúde, educação e serviços públicos condizentes com os impostos pagos.[17]

---

16. Op. cit., p. 369.
17. Essas reivindicações iniciaram a partir do aumento da tarifa dos transportes públicos correspondente a R$0,20 (vinte centavos). A população se expressa publicamente por uma insatisfação latente por melhores condições de vida. A classe média reivindica um país que observe a diminuição das diferenças sociais, sem corrupção política, por um Poder Judiciário mais

Se voltarmos no tempo veremos que as lutas de classes e o poder revolucionário sempre existiram, isso é o direito latente contido no íntimo do cidadão sobre esse senso de injusto. Esse sentido de justiça, podemos buscar no direito natural. Aristóteles já notava essa relação quando discorre sobre esse senso do injusto.[18] Do exemplo antes citado podemos distinguir condutas lícitas e ilícitas, dentro de um mesmo contexto. A

---

efetivo, lutam por um novo Brasil, luta como a qual só tivemos notícias na época em que houve o impeachment do ex-Presidente Fernando Collor de Mello. Não se pode dizer que a reivindicação decorreu de um simples aumento dos transportes públicos, correspondentes a R$ 0,20 (vinte centavos). O que temos visto é a revolução de uma classe média descontente, sem qualquer interferência político partidária, lutando por um país mais organizado, igual e justo.

18. "Em relação à justiça e à injustiça temos de investigar com que tipo de ações precisamente elas estão envolvidas, em que sentido a justiça é a observância de um meio-termo, e quais são os extremos entre os quais aquilo que é justo é o meio-termo...*

Observamos que todo o mundo entende por justiça aquela disposição moral que torna os homens aptos a fazer coisas justas, que os faz agir justamente e desejar aquilo que é justo; e, da mesma forma, por injustiça aquela disposição que faz os homens agirem de modo injusto e desejarem aquilo que é injusto. Tomemos esta definição inicial como sendo correta em geral...

... Os termos "justiça" e "injustiça" são usados em vários sentidos, mas como seus usos equívocos estão intimamente relacionados, a equivocidade não é detectada...

Averiguemos, então, em quantos sentidos se diz que um homem é "injusto". Ora, o termo "injusto" se aplica tanto ao homem que transgride a lei como ao homem que toma mais do que lhe é devido, o parcial. Disso fica claro que o homem obediente à lei e o homem imparcial serão justos. Por conseguinte, "justo" significa o que é lícito e o que é equânime ou imparcial, e "injusto" significa o que é ilícito e o que é não equânime ou parcial.

Por outro lado, como o homem injusto é aquele que toma a parte maior, ele será injusto com referência às coisas boas; nem todas as boas coisas, mas sim aquelas das quais dependem a boa e a má sorte. Embora estas sempre sejam boas num sentido absoluto, nem sempre são boas para uma pessoa determinada. Contudo, são os bens pelos quais os homens rezam e que eles procuram, embora não devessem fazê-lo; deviam sim ao escolher as coisas que são boas para eles rezar que aquilo que é absolutamente bom também possa ser bom para eles." MORRIS, Clarence (org.). *Os Grandes Filósofos do Direito*. Aristóteles, Ética a Nicômaco, Livro V, Martins Fontes: São Paulo, 2002, p. 6.

reivindicação feita por todo o país, pode-se dizer como justa, revelando o poder de expressão e a vontade manifestada como justa em face dos entes políticos. Entretanto, no contexto reivindicatório várias ocorrências dão conta de excessos produzidos por manifestantes, que destoavam da sua grande maioria. Citemos depredações, saques em lojas, danos ao patrimônio histórico e vandalismo. Essas condutas são ínsitas ao direito natural, porém moralmente ilegítimas. Assim, podemos dizer que o direito natural contém uma ordem natural das coisas, repelindo aquelas que não se ajustam às suas proposições.

Voltemos, assim, ao surgimento do direito natural como regra estabelecida. Surge a Escola do Direito Natural ou do Jusnaturalismo, distinta da concepção clássica do Direito Natural aristotélico tomista. Para São Tomás primeiro se dá a "lei" e depois surge o problema, enquanto para a outra doutrina primeiro (Direito Natural) coloca-se o "indivíduo" com o seu poder de agir, para depois se pôr a "lei".

O contratualismo é a alavanca do Direito na época moderna. "O Direito existe, respondem os jusnaturalistas, porque os homens pactuaram viver segundo regras delimitadoras dos arbítrios." "A sociedade é fruto do contrato dizem uns; enquanto que outros, mais moderados, limitarão o âmbito da gênese contratual: a sociedade é um fato natural, mas o Direito é um fato contratual."[19]

Assim, podemos concluir quanto ao direito natural, que o Estado, em uma era primitiva, não produzia leis. As formadoras do direito eram leis naturais que regiam os cosmos, delas se tirava a ideia de justiça, por uma espécie de convenção entre os homens (jus gentium), direito natural que parecia imutável, seriam os direitos regidos pelas leis e costumes próprios e comuns a todos os homens. Assim como os animais irracionais cujas necessidades são ditadas pela natureza, os homens, diferentemente, porém sob o mesmo princípio, como seres racionais,

---

19. REALE, Miguel. *Filosofia do Direito*. 20. ed. São Paulo: Saraiva, 2011. Título XI, Capítulo XLI.

passaram a estabelecer o que seria bom e justo, dentro de uma universalidade, de um critério moral, como pensado por São Tomás de Aquino, cuja teoria não apresentou muitas lacunas, comparadas a outras.

São Tomás tinha uma visão total do mundo. Para ele o "Tratado da Lei Divina tem o cuidado de demonstrar que a 'Lei' do Evangelho não é jurídica e que não inclui preceitos de ordem jurídica *(jiudicialia)* -, que esta lei atua em uma outra esfera."[20] Porém, essa visão do direito como visão cristã permaneceu no pensamento dos jusnaturalistas, diferentemente do atual direito positivo, o qual no curso do tempo passou a ser considerado sob outro aspecto, excluindo o direito natural como direito, o que ocorreu com a passagem da sociedade medieval à formação do Estado moderno.[21]

---

20. VILLEY, Michel. *Filosofia do Direito – Definições e fins do Direito – Os Meios do Direito.* Tradução Márcia Valéria Martinez de Aguiar. 2. ed. São Paulo: Martins Fontes, 2008, Tomo 1, Segunda Seção – Capítulo 1, Artigo III.

21. A sociedade medieval era uma sociedade pluralista, posto ser constituída por uma pluralidade de agrupamentos sociais cada um dos quais dispondo de um ordenamento jurídico próprio: o direito aí se apresentava como um fenômeno social, produzido não pelo Estado, mas pela sociedade civil. Com a formação do Estado moderno, ao contrário, a sociedade assume uma estrutura monista, no sentido de que o Estado concentra em si todos os poderes, em primeiro lugar aquele de criar o direito: não se contenta em concorrer para esta criação, mas quer ser o único a estabelecer o direito, ou diretamente através da lei, ou indiretamente através do reconhecimento e controle das normas de formação consuetudinária. Assiste-se, assim, àquilo que em outro curso chamamos de *processo de monopolização da produção jurídica por parte do Estado.* A esta passagem no modo de formação do direito corresponde uma mudança no modo de conceber as categorias do próprio direito. Estamos atualmente tão habituados a considerar Direito e Estado como a mesma coisa que temos uma certa dificuldade em conceber o direito posto não pelo Estado mas pela sociedade civil. E, contudo, originariamente e por um longo tempo o direito não era posto pelo Estado: basta pensar nas normas consuetudinárias e em seu modo de formação, devido a um tipo de consenso manifestado pelo povo através de um certo comportamento constante e uniforme acompanhado da assim chamada "opinio juris ac necessitatis". BOBBIO, Norberto. *O Positivismo Jurídico Lições de Filosofia do Direito*, Ícone Editora, 2006, p. 27.

Para o direito natural haveria um sistema normativo justo, cuja justiça se basearia em uma ordem moral absoluta. Por essa razão é que os jusnaturalistas se referem a um elemento Divino, como se a origem desse sistema tivesse como ponto central uma razão metafísica (um Deus criador), com valores absolutos e com força transcendental, que obriga a todos e universalmente válidos.

Para os jusnaturalistas a crença reforça a existência de ordem de cunho moral e absoluto e a positivação daí decorrente. É uma premissa ontológica. Essas normas, para o direito natural, seriam comandos do "dever ser", ou seja, pela ordem moral, os indivíduos devem se comportar segundo esse comando vinculante, transcendente e absoluto.

Nesse contexto, ficaria difícil reconhecer a que ordem jurídica absoluta deveríamos recorrer, já que é metafísica, e como se posicionar perante ela. A essa problemática ficaríamos sem respostas, pois haveria dificuldades em reconhecer uma norma moral absoluta entre os seres humanos, o que é moral para um pode não ser para outro. A esse conflito de normas de ordem natural os teóricos procuram dar solução por meio de uma construção epistemológica. Essa premissa encontra fundamento na gnoseologia, segundo a qual os valores do direito natural são absolutos e devem ser conhecidos, não importa a forma.

Assim, para o direito natural o plano transcendental valida a obrigação jurídica, que é a um só tempo obrigação moral e de direito, incindíveis, ou seja, a obrigação jurídica derivaria de um sistema maior tendo como premissa a obrigação moral – absoluta e transcendental.

2.2. A doutrina contratualista

A Doutrina Contratualista teve início com Thomas Hobbes (1588-1679), autor do clássico Leviatã (1651), em referência à época vivida na Inglaterra. Obra criticada e elogiada pelos pensadores políticos daquela época, livro que favorecia a monarquia inglesa pelos seus pensamentos, inclinado a tanto, talvez por ter sido tutor do príncipe de Gales, que posteriormente tornou-se Carlos II.

No 'modelo' hobbesiano a soberania é a alma do Estado – pela premissa cumpra meus mandamentos e obterá proteção. Esse modelo racional eleva a lei em primeiro plano, adquirindo um *status* independente dos 'fatos' da natureza.[22]

---

22. "O *direito de natureza*, que em geral os autores chamam de *Jus Naturale*, é a liberdade que cada homem tem de usar seu próprio poder, como quiser, para a preservação de sua própria natureza, o que vale dizer, de sua própria vida; e, por conseguinte, de fazer tudo aquilo que seu próprio julgamento e razão concebam ser os meios mais apropriados para isso.

Por *liberdade* entende-se, de acordo com o próprio significado da palavra, a ausência de impedimentos externos; impedimentos estes que, com frequência, tiram parte do poder do homem de fazer o que faria; mas que não podem impedi-lo de usar o poder que lhe restou, de acordo com o que seu julgamento e razão lhe ditarem.

Uma *lei da natureza (Lex Naturalis)* é um preceito ou regra geral, descoberto pela razão, pelo qual um homem é proibido de fazer aquilo que pode destruir sua vida ou privá-lo dos meios de preservá-la; e de omitir aquilo que ele pensa que melhor pode preservá-la. Porque, embora aqueles que tratam desse tema costumem confundir *jus* e *lex*, *direito* e *lei*, eles devem ser diferenciados; porque direito consiste na liberdade de fazer ou de abster-se; ao passo que a lei determina ou obriga a uma dessas coisas; de modo que lei e direito se distinguem tanto como obrigação e liberdade, que são incompatíveis quando se referem a uma mesma e única matéria."..... "Quando se faz um pacto em que nenhuma das partes cumpre logo em seguida, mas uma confia na outra, na condição de simples natureza (que é uma condição de guerra de todos os homens contra todos os homens), qualquer suspeita razoável o anula. Mas, se houver um poder comum estabelecido sobre ambos, com direito e força suficiente para obrigar seu cumprimento, ele não é nulo. Porque aquele que cumpre primeiro não tem nenhuma garantia de que o outro cumprirá depois; porque os vínculos das palavras são fracos demais para refrear a ambição, a avareza, a ira e outras paixões dos homens, se não existir o medo de algum poder coercitivo, impossível de ser suposto na condição de simples natureza, na qual todos os homens são iguais, e juízes da justeza de seus próprios temores. Portanto, aquele que cumpre primeiro não faz mais do que entregar-se a seu inimigo, contrariando o direito (que jamais pode abandonar) de defender sua vida e seus meios de vida.

Locke já expõe uma doutrina contratualista e metafísica do jusnaturalismo.[23] A teoria lockiana da propriedade "põe o trabalho no centro da relação entre indivíduo e natureza (e mundo exterior). "O mundo social e as relações de produção giram em torno do fulcro proprietário (individualista): não são resultado de um equilíbrio coletivo preexistente e previamente definido".[24]

Mas, num Estado civil onde existe um poder instituído para reprimir aqueles que, caso contrário, violariam sua fé, esse temor deixa de ser razoável; e, por esse motivo, aquele que pelo pacto deve cumprir primeiro está obrigado a fazê-lo... (Ob. cit., p. 106 e 107).

23. Se o homem no estado de natureza é tão livre como se disse, se é senhor absoluto de sua própria pessoa e de suas posses, igual ao maior de todos e súdito de ninguém, por que abandona sua liberdade, esse império, e se submete ao domínio e controle de algum outro poder? Ao que é óbvio responder que, embora no estado de natureza ele tenha tal direito, ainda assim o gozo dele é muito incerto e está constantemente exposto à violação por parte de outros... "Porém, embora, quando entrem em sociedade, os homens desistam da igualdade, da liberdade e do poder executivo que tinham no estado de natureza, pondo-os nas mãos da sociedade para que deles disponha, por meio do legislativo, conforme o exija o bem da sociedade, ainda assim, como cada um, ao fazer isso, tem apenas a intenção de melhor preservar a si mesmo, à sua liberdade e propriedade (pois não se pode supor que alguma criatura racional mude intencionalmente sua condição para pior), jamais se pode supor que o poder dessa sociedade ou do legislativo por ela constituído se estenda além do bem comum, estando, ao contrário, obrigado a assegurar a propriedade de cada um, prevenindo-se contra aquelas três insuficiências mencionadas anteriormente que faziam o estado de natureza tão inseguro e intranquilo. Assim, quem quer que detenha o poder supremo ou legislativo de qualquer Estado está obrigado a governá-lo por meio de leis fixas estabelecidas, promulgadas e conhecidas pelo povo, e não mediante decretos extemporâneos, por meio de juízes imparciais e probos, aos quais cabe decidir controvérsias seguindo essas leis; e a empregar a força da comunidade no país apenas na execução de tais leis, ou no exterior para impedir ou reparar injúrias estrangeiras e garantir a comunidade contra incursões ou invasões. E tudo isso deve estar voltado para nenhuma outra finalidade senão a paz, a segurança e o bem público do povo." (Ob. cit., p. 149).

24. PALOMBELLA, Gianluigi. *Filosofia do Direito*. Tradução Ivone C. Benedetti. São Paulo: Editora WMF Martins Fontes, 2005. Primeira Parte – item II, p. 33.

Para Locke o Estado é separado em poder legislativo e executivo, sendo o legislativo proveniente da democracia popular,[25] estando garantida a liberdade e impedindo o arbítrio de outrem (da vontade alheia), cujas leis devem ser administradas por juízes previamente constituídos e publicamente investidos de autoridade.

Enquanto para Locke o exercício do poder é o remédio, para Hobbes o poder é 'totalmente' instrumental – absolutamente indisponível.

2.3. Direito positivo – juspositivismo

Não há na história um marco delimitador de passagem, indicando a transposição do direito natural para o direito positivo. Porém, os responsáveis por grandes alterações nesse cenário foram Comte – Schmitt e Kelsen.

O grande evento, que marcou o período em que viveram esses filósofos, foi a Revolução Francesa (Iluminismo), considerando que Isidore Auguste Marie François Xavier

---

25. Embora num Estado constituído, assentado sobre suas próprias bases e agindo de acordo com sua própria natureza, isto é, agindo para a preservação da comunidade, só possa haver um único poder supremo, que é o legislativo, ao qual todos os demais estão e devem estar subordinados, mesmo assim, sendo o legislativo apenas um poder fiduciário para agir visando a certos fins, ainda permanece nas mãos do povo o poder supremo para afastar ou alterar o legislativo quando julgar que age de forma contrária à confiança nele depositada. Pois, uma vez que o poder concedido em confiança para a consecução de um fim, limitado por esse próprio fim, for manifestamente negligenciado ou contrariado, a confiança deve necessariamente ser retirada e o poder devolvido às mãos daqueles que o concederam, que podem colocá-lo de novo onde julgarem melhor para sua segurança e proteção. Desse modo, a comunidade mantém perpetuamente o poder supremo de salvaguardar-se dos intentos e desígnios de qualquer pessoa, até mesmo de seus legisladores, sempre que estes forem tão tolos ou iníquos a ponto de planejar e levar a cabo desígnios contrários às liberdades e propriedades dos súditos... (Ob. cit., p. 151).

Comte (1798-1857) vivia na França na época em que eclodiu a Revolução.

As revoluções Industrial e Francesa permitiram que a filosofia de Comte obtivesse destaque, pois, acima dos embates sofridos no período, Comte defendia a ordem e o progresso.[26]

Foi nessa fase que a ideia de se codificar o direito ganhou destaque, mesmo porque a França não possuía uma codificação simplificada. Pretendia-se que a codificação confusa e antiga cedesse lugar a um direito simples e unitário, fato que remetia ao direito fundado na natureza. Entretanto, o avanço e o desenvolvimento histórico, aliado ao pensamento dos iluministas, permitiram uma racionalização dos ordenamentos. Naquela época já se preocupavam com a multiplicidade

---

26. No século passado, essa concepção levou à ideia de progresso, isto é, de que os seres humanos, as sociedades, as ciências, as artes e as técnicas melhoram com o passar do tempo, acumulam conhecimento e práticas, aperfeiçoando-se cada vez mais, de modo que o presente é melhor e superior, se comparado ao passado, e o futuro será melhor e superior, se comparado ao presente.

Essa visão otimista também foi desenvolvida na França pelo filósofo Augusto Comte, que atribuía o progresso ao desenvolvimento das ciências positivas. Essas ciências permitiriam aos seres humanos "saber para prever, prever para prover", de modo que o desenvolvimento social se faria por aumento do conhecimento científico e do controle científico da sociedade. É de Comte a ideia de "Ordem e Progresso", que viria a fazer parte da bandeira do Brasil republicano.

No entanto, no século XX, a mesma afirmação da historicidade dos seres humanos, da razão e da sociedade levou à ideia de que a História é descontínua e não progressiva, cada sociedade tendo sua História própria em vez de ser apenas uma etapa numa História universal das civilizações.

A ideia de progresso passa a ser criticada porque serve como desculpa para legitimar colonialismos e imperialismos (os mais "adiantados" teriam o direito de dominar os mais "atrasados"). Passa a ser criticada também a ideia de progresso das ciências e das técnicas, mostrando-se que, em cada época histórica e para cada sociedade, os conhecimentos e as práticas possuem sentido e valor próprios, e que tal sentido e tal valor desaparecem numa época seguinte ou são diferentes numa outra sociedade, não havendo, portanto, transformação contínua, acumulativa e progressiva. O passado foi o passado, o presente é o presente e o futuro será o futuro. (CHAUÍ, Marilena. *Convite à Filosofia*. Editora Ática, 2000, p. 59).

de leis, sob a ideia de que a multiplicidade de leis seria fruto da corrupção.

A codificação pretendida tinha como escopo facilitar o trabalho do Poder Judiciário consistente na verificação de um juízo de fato dos casos que lhe fossem apresentados.

Mas para alguns doutrinadores, como Norberto Bobbio, a transposição da teoria natural para o juspositivismo, considerando a história do direito e que este é o imposto pelo Estado, já teríamos o início dessa positivação no Direito Canônico. Porém, é no direito anglo-saxônico que ele conclui que a *common law* deu um passo importante para a consolidação do Estado Parlamentar, citando Thomas Hobbes (que considerou o precursor do positivismo jurídico – para situar sua doutrina de criação do Estado em face do direito comum), pois nela se postulava em face do Estado, para diferenciar o direito comum do poder do Rei, este dito por meio de seus juízes. O rei, ao exercer a *jurisdictio* (por meio de seus juízes), era obrigado a aplicar a *common law*, limitando o poder do soberano. Mas nesse aspecto Bobbio faz uma concepção dual do positivismo, que seria o formalismo e o imperativismo.[27]

---

27. Aquilo que Hobbes diz para justificar sua posição contra o direito comum é muito importante, tanto que pode ser considerado como o direto precursor do positivismo jurídico. Como bom jusnaturalista (como o eram todos os escritores políticos e jurídicos do século XVII), ele estuda a formação do Estado e de suas leis considerando a passagem do estado de natureza para o estado civil. No estado de natureza, segundo Hobbes, existem leis (direito natural); mas, ele se indaga, são tais leis obrigatórias? Sua resposta é digna de ser sublinhada, visto que constitui um raciocínio paradigmático para todos os juspositivistas. Segundo Hobbes, o homem é levado a respeitá-las em consciência (isto é, diante de si mesmo e, se crê em Deus, diante de Deus), mas tem ele uma obrigação diante dos outros? Diante do outro, afirma o filósofo, sou levado a respeitar as leis naturais somente se e nos limites nos quais o outro as respeita nos meus confrontos. Tomemos, por exemplo, a norma "pacta sunt servanda", ou aquela, mais fundamental, "não matar": que sentido teria eu manter os pactos estipulados em relação ao outro se o outro não os mantivesse no confronto comigo? Ou que eu não matasse o outro se este desejasse matar-me? Este comportamento seria razoável, isto é,

Mas o direito, até então, mesmo sob a ótica codificada, com o selo de Napoleão, preparado na época da revolução, apenas racionalizava o direito entre os homens, desde Savigny.

Pode-se dizer que a teoria iluminista (Revolução Francesa), positivou ideais de razão e de direito natural por meio das leis, como projeção da vontade popular nos parlamentos. A codificação do direito e a sacralidade da lei limitariam tanto o poder judiciário quanto o poder do rei. A Constituição francesa de 1791 prescrevera a compilação de um código de leis civis comuns a todo o reino, era a lei constitucional fundamental.

A exigência codificadora ligava-se à pluralidade incontrolada de fontes e à sobreposição de direito consuetudinário – que abria, assim, espaços de discricionariedade à casta dos juízes, o que se tentava evitar.

---

conforme à finalidade para a qual as leis foram estabelecidas? (Notemos como Hobbes coloca o problema em termos de ética utilitarista, referindo-se assim ao cálculo do próprio interesse.) O autor responde que tal comportamento não seria razoável, porque externamente sou obrigado a não matar o outro só se ele não me mata; portanto, se sustento que o outro quer matar-me, o que é razoável não é mais o não matá-lo, mas eu matá-lo antes que ele possa me matar. (É quase nestes termos que se coloca, ou melhor, se colocava antes da recente constituição de organismos internacionais permanentes, o problema do direito internacional e da sua observância nas relações entre os Estados: o Estado agressor não diz jamais que viola o dever de não agredir; pelo contrário, que se defende prevenindo uma agressão por parte do outro Estado).

Portanto, continua Hobbes, nesse estado de natureza, no qual todos os homens são iguais, e no qual cada um tem o direito de usar a força necessária para defender seus próprios interesses, não existe jamais a certeza de que a lei será respeitada por todos e assim a própria lei perde toda eficácia. O estado de natureza constitui um estado de anarquia permanente, no qual todo homem luta contra os outros, no qual, segundo a fórmula hobbesiana, existe um "bellum omnium contra omnes". Para sair desta condição, é preciso criar o Estado, é preciso, portanto, atribuir toda a força a uma só instituição: o soberano. Em tal caso, com efeito, eu posso (e devo) respeitar os pactos, não matar etc., em geral obedecer às leis naturais, porque sei que também o outro as respeitará, visto que há alguém a quem não se pode opor, cuja força é indiscutível e irresistível (o Estado), que o constrangeria a respeitá-las se não o quisesse fazer espontaneamente. Mas esta monopolização do poder coercitivo por parte do Estado comporta uma correspondente monopolização do poder normativo." (Ob. cit., p. 35-35).

Na convicção filosófica de fonte iluminista – A razão se definia em critério e definições jurídicas, normas e instituições ligadas por um vínculo de coerência e de organicidade – impondo-se a povos e territórios (Código Napoleônico[28]).

Após o Iluminismo surgiu a Escola da Exegese. Houve uma sistematização da experiência jurídica, habilitando um positivismo jurídico visto sob outro foco.

O positivismo jurídico concebido tal como pensado por Carls Schmith (1888 – 1985) e Hans Kelsen (1881 – 1973), retratava um sistema fechado e ausente de lacunas, lacunas que para Comte não existiriam, pois deveriam ser objeto de correção no ato interpretativo, conferindo lógica ao contexto normativo.

Para Schmith e Kelsen essa situação não ocorreria, pois eventuais contradições ou lacunas seriam aparentes. A ordem jurídica como um todo seria perfeita e suas significações seriam amplas e genéricas, conferindo ao intérprete uma interação entre os seus significados.

No período em que ambos viveram o direito positivo foi marcada pela Segunda Guerra Mundial, ocorrida entre 1939 a 1945, a partir da qual se tentou destruir o Estado Republicano pelo III Reich, vamos vivenciar uma alteração dos conceitos clássicos do direito positivo.

Carl Schmitt, de origem alemã, filósofo, político e professor universitário, era um dos teóricos do nazismo, que defendia a legalidade dos atos arbitrários praticados por Hitler, por meio de normas impessoais e dotadas de validade, pois estabelecidas

---

28. Gianluigi Palombella defendia que: "O Código Napoleônico representou efetivamente o fruto de um "pensamento" preocupado com a unidade e a universalidade do direito". Nele a equidade aparece como instrumento do magistrado, em matéria civil, "enquanto a razão natural e os princípios de direito natural, como a doutrina, as máximas jurisprudenciais, aparecem como o necessário apoio a um sistema de normas codificadas que não poderia, de modo algum bastar-se a si mesmo." (Ob. cit.).

pelo detentor do Poder Soberano, ou seja, os atos normativos eram o instrumental jurídico à época capaz de obrigar a todos, pois legalmente editados. Nessa visão inexistiria a democracia tal como a conhecemos atualmente. Kelsen, austríaco de origem judia, lançava a sua Teoria Pura do Direito, para o qual, no plano teórico, a validade de uma norma tem como fundamento uma norma hipotética fundamental, ou seja, todas as normas devem derivar dessa norma fundamental, vale dizer, são emanações desta norma fundamental.

François Rigaux, ao discorrer sobre o III Reich, afirma que aqueles poucos anos do regime nazista alemão, dos mais hediondos da história da humanidade, abre "para a ciência do direito e para uma reflexão sobre a deontologia dos juristas um laboratório de excepcional riqueza". Todos os recursos da ciência e da técnica (policiais, militares, médicos e até os juristas) emprestaram "sua perícia à instauração e à consolidação do regime. Talvez menos indispensável que os outros técnicos os juristas serviram para conservar no regime certas aparências de legalidade."[29]

Há divergências, segundo Rigaux, sobre o acesso de Hitler ao poder. "Sua designação como chanceller em 30 de janeiro de 1933 foi perfeitamente regular", aprovada tanto pelos votos dos nazistas como dos conservadores.

O incêndio do Reichstag, provocado pelos próprios nazistas, levanta o rumor de um "complô comunista e permite ao novo chanceler fazer que o Reichspräsident, o Marechal Von Hidenburg assine, em 28 de fevereiro de 1933, o decreto que confere amplos poderes ao governo do Reich", suspendendo "provisoriamente a aplicação de seis artigos da constituição",[30] ato esse considerado legal e já praticado por governos conservadores que o precederam, segundo o artigo 48, alinea 2, da Constituição de Weimar.

---

29. RIGAUX, François. *A Lei dos Juízes*. Tradução Edmir Missio. São Paulo: Martins Fontes, 2000, p. 107.
30. Ob. Cit., p. 108.

Entretanto, acrescenta Rigaux, a diferença dessa época, em relação às anteriores se pode notar pelos descalabros em duas particularidades. Primeiramente, o poder presidencial podia a qualquer momento, ser abrigado pelo Reichstag, por maioria simples, porém muitos representantes da oposição, um mês após a posse do Chanceler já estavam presos ou em fuga. Por outro lado, a própria revisão da Constituição que o nomeou, passou a ser desrespeitada.

Em março de 1933, "o Reichstag vota a lei de habilitação que transfere ao governo o poder de fazer leis".[31] As leis passaram a ser atos de governo, com poucas exceções, como as leis raciais de 1935, adotadas pelo Reichstag. Até novas disposições constitucionais passaram a ser permitidas (artigo 4 da lei 31.11934).

Foram muitas as violações à Constituição de Weimar, sem que as autoridades habilitadas a isso ousassem interpor recurso à Corte de Justiça do Estado (o Staatsgerichtshof), "as mais elementares exigências da legalidade não eram satisfeitas", apesar do "cuidado de cobrir os atos do novo poder com um véu de legalidade aparente".[32]

Os juristas nazistas desmantelaram o Estado Federal. Uma lei de 7 de abril de 1933, preparada pelos ministros competentes, Karl Popitz e o professor Carl Schmitt prevê, no primeiro parágrafo a nomeação de um comissário do Reich para destruir toda democracia representativa além da Prussia, sendo a autoridade competente para essa nomeação o Reichpräsidente, ainda Hindenburg nessa época. Vê-se aí a anomalia de conferir ao Chefe de Estado uma atribuição por "lei" (ou ato) do próprio Estado.

Carl Schmitt, conselheiro desde os últimos governos conservadores e jurista do nazismo até 1937, afirma que Hitler assumiu o poder dentro da legalidade. Isso seria verdade se

---

31. Ob. Cit., p. 109.
32. Ob. Cit., p. 109.

fosse considerado apenas o decreto de 30 de janeiro de 1933 pelo Reichspräsident e não o que se seguiu.

Sobre a legalidade ou não do acesso de Hitler ao poder há opiniões divididas. "A posição oficial do governo sempre foi de sustentar a regularidade do processo, mas recorrendo a uma terminologia ambígua, a de 'revolução legal'".[33]

Admitem os juristas uma nova ordem constitucional, após uma revolução. Um novo regime, o revolucionário, não tem necessidade de ser vincular à ordem jurídica anterior. Porém deveria ser legitimada por ratificação popular (o que não ocorreu) e aí sim, teria sido indiscutível essa suposta ordem constitucional, pois nesse caso a vontade do Führer, era a lei Suprema do Estado.

Rigaux também discorre sobre a manutenção do Estado nazista confrontado com o positivismo jurídico, segundo a teoria pura do direito de Hans Kelsen.

"O III Reich era uma ordem jurídica, pois, segundo Kelsen, a ciência do direito não poderia emitir juízo de valor sobre a legitimidade de um sistema de direito efetivamente coercivo."[34]

Entretanto, há várias maneiras de verificar a conformidade dessa ordem jurídica com o princípio da legalidade. Uma delas é perguntando se a legalidade do sistema foi respeitada. Basta que os juízes tenham falado, segundo uma resposta rigorosamente Kelseniana.[35] Ora, as decisões judiciárias se alinharam ao novo legalismo, sem nenhum questionamento sobre irregularidades na produção da norma.

"Várias questões essenciais permanecem sujeitas a controvérsia. A primeira tem por objeto a incidência da doutrina do positivismo da lei sobre a aplicação incondicional, e em

---

33. Ob. cit., p. 111.
34. Ob. cit., p. 122.
35. Ob. cit., p. 122.

geral até zelosa, do direito nacional-socialista pelos tribunais." "As mais influentes teorias alemãs do direito estavam sob influência positivista", afirmam alguns, "por mais odioso que fosse seu conteúdo."[36] Em contrapartida, há os que indicam a total contradição, com os métodos positivistas, as interpretações dadas a lei, notadamente às leis raciais.

"Um controle mesmo sumário da constitucionalidade e da legalidade das fontes de direito na época do III Reich poderia ter levado a soluções diferentes das que foram escolhidas e mais em harmonia com o rigor geralmente atribuído ao positivismo."[37]

Em contraponto Hans Kelsen, segundo a sua *Teoria Pura do Direito*, a ideia de sistema fechado, marcado pela ausência de lacunas, ganhou caráter de *ficção* jurídica, com o advento da chamada "jurisprudência dos interesses", isto é, o sistema jurídico, considerado como totalidade sem lacunas apenas *per definitionem*. Pois sua teoria, frente ao III Reich, não concebia um sistema fechado com as arbitrariedades cometidas. A partir de então o positivismo apresentou uma nova característica, chamada de "PROCEDIMENTO CONSTRUTIVO E DOGMA DA SUBSUNÇÃO."[38]

Para Tercio Sampaio Ferraz Jr.: "Pelo procedimento construtivo, as regras jurídicas são referidas a um princípio ou a um pequeno número de princípios daí deduzido".[39]

Por sua vez, pelo dogma da subsunção, segundo o modelo da lógica clássica, "o raciocínio jurídico se caracterizaria pelo estabelecimento de uma premissa maior, que conteria a diretiva legal genérica, e de uma premissa menor, que expressaria o caso concreto, sendo a conclusão a manifestação do juízo concreto."[40]

---

36. Ob. cit., p. 122.
37. Ob. cit., p. 123.
38. FERRAZ JR, Tercio Sampaio. *A Ciência do Direito*. 2. ed., 17 reimp. São Paulo: Atlas, 2010. Capítulo II, itens 5 e 6, p. 34.
39. Ob. cit., p. 34.
40. Ob. cit., p. 34.

Para Tercio Sampaio Ferraz Jr. essas duas características marcam significativamente a Ciência do Direito do século XIX.

3. Estado Democrático de Direito, princípio informador e o exercício da jurisdição

3.1. O que é lei e seus destinatários

A lei, em geral, como sinônimo de direito, na visão de Montesquieu, é:

> ...a razão humana, tanto que ela governe todos os povos da Terra, e as leis políticas e civis de cada Nação não devem constituir senão casos particulares em que se aplica essa razão humana.
>
> Elas, as leis, devem ser de tal forma apropriadas para o povo, para o qual são feitas, que será grande coincidência se as leis de uma Nação servirem para outra.
>
> Cumpre correspondam elas à natureza e ao princípio do Governo constituído, ou que se quer constituir, seja por formarem-no, como acontece com as leis políticas, seja por manterem-no, como fazem as leis civis.
>
> Elas devem ter reação com o elemento físico do País; com o clima gelado, ardente ou temperado; com a qualidade do terreno, a sua situação, sua extensão; com o gênero de vida dos povos – agricultores, caçadores, ou pastores.
>
> Elas hão de relacionar-se com o grau de liberdade tolerado pela constituição; com a Religião dos habitantes, com suas inclinações, sua riqueza, seu número, seu comércio, seus usos, suas maneiras.
>
> Enfim, elas guardam relação entre si, e com a sua origem, com o objetivo do legislador, com a ordem das coisas para as quais são estabelecidas.
>
> É sob esses aspectos que precisa considerá-las.[41]

---

41. Montesquieu, *O Espírito das Leis, As Formas de Governo, A Federação, A Divisão dos Poderes, Presidencialismo versus Parlamentarismo*, pp. 83-84.

Essa razão humana, observadas as peculiaridades de cada povo, estabelecendo o comportamento exigido, ou seja, a obrigação de fazer ou deixar de fazer alguma coisa, deve necessariamente vir prescrita em lei. Para nós, trata-se de princípio constitucional pelo qual "ninguém será obrigado a fazer ou deixar de fazer alguma coisa senão em virtude de lei"[42,43], e se destina, de acordo com o preâmbulo da Carta Maior, "**a assegurar o exercício dos direitos sociais e individuais, a liberdade, a segurança, o bem-estar, o desenvolvimento, a igualdade e a justiça como valores supremos de uma sociedade fraterna, pluralista e sem preconceitos, fundada na harmonia social e comprometida, na ordem interna e internacional, com a solução pacífica das controvérsias**". [44,45]

---

42. Art. 5º, inc. II, da Constituição Federal de 1988.

43. Esse princípio o da legalidade se espraia por todo o Texto Constitucional definindo a criação de direitos e deveres, sob vários aspectos e campos do direito material, como o do direito tributário, o do direito penal, sob o Administrativo, conferindo dever à Administração de cumprir as leis e nos seus estritos termos. Princípio que tem como fim último legitimar as relações existentes.

44. "PREÂMBULO: Nós, representantes do povo brasileiro, reunidos em Assembleia Nacional Constituinte para instituir um Estado Democrático, destinado a assegurar o exercício dos direitos sociais e individuais, a liberdade, a segurança, o bem-estar, o desenvolvimento, a igualdade e a justiça como valores supremos de uma sociedade fraterna, pluralista e sem preconceitos, fundada na harmonia social e comprometida, na ordem interna e internacional, com a solução pacífica das controvérsias, promulgamos, sob a proteção de Deus, a seguinte CONSTITUIÇÃO DA REPÚBLICA FEDERATIVA DO BRASIL." (*Constituição da República Federativa do Brasil de 1988*).

45. O preâmbulo de nossa Constituição foi objeto de muita polêmica e faz sentir o contexto histórico em que editado, não é lei, mas parte de uma premissa principiológica informadora de todo o texto constitucional. Jorge Miranda sobre o tema assim se manifesta: "Um preâmbulo ou proclamação mais ou menos solene, mais ou menos significante anteposta ao articulado não é componente necessário de qualquer Constituição; é tão somente um elemento natural de Constituições feitas em momentos de ruptura histórica ou de grande transformação político-social. O seu caráter depende dessas circunstâncias e dessas intenções, bem como da ideologia e que apela o legislador constituinte. E também a sua forma e extensão aparecem extremamente variáveis; desde as sínteses lapidares de estilo literário aos longos arrazoados à laia de relatórios preliminares ou exposição motivos; desde a invocação do nome de Deus ou do título de legitimidade do poder constituinte ao conspecto histórico; desde a alusão a um núcleo de princípios filosóficos-políticos à prescrição de determinados objectivos programáticos." (Op. cit., p. 261).

Conforme defendido e definido por Celso Ribeiro Bastos:

> Este princípio de que ninguém é obrigado a fazer ou deixar de fazer algo senão em virtude de lei surge como uma das vigas mestras do nosso ordenamento jurídico.
>
> A sua significação é dúplice. De um lado representa o marco avançado do Estado de Direito, que procura jugular os comportamentos, quer individuais, que dos órgãos estatais, às normas jurídicas das quais as leis são a suprema expressão. De outro, o princípio da legalidade garante ao particular contra os possíveis desmandos do Executivo e do próprio Judiciário. Instaura-se, em consequência, uma mecânica entre os poder do Estado, da qual resulta ser lícito apenas a um deles, qual seja o legislativo, obrigar os particulares.
>
> Os demais poderes exercem as suas competências dentro dos parâmetros fixados pela lei. A obediência suprema dos particulares, pois é para com o Legislativo. Os outros, o Executivo e o Judiciário, só compelem na medida em que atuam a vontade da lei. Não podem, contudo, impor ao indivíduo deveres ou obrigações *ex nunc*, é dizer, calcados na sua exclusiva autoridade.[46]

Celso Ribeiro Bastos diferencia ainda, naquele trabalho, a legitimidade da legalidade, de forma simples, conferindo à legitimidade um conceito político-jurídico ou ideológico, enquanto, para a legalidade, um conceito técnico-jurídico, e sobre este conceito técnico-jurídico é que vamos nos ater, pois é nela, a "lei"[47], em sentido formal estrito, como ordem emanada do Poder

---

46. Celso Ribeiro Bastos. *Dicionário de Direito Constitucional*, p. 93-94.
47. Maria Helena Diniz, ao traçar algumas acepções do vocábulo lei, promove uma divisão didática do instituto, partindo de uma visão ampla à estrita, nos seguintes termos: "a) *Amplíssima*, em que o termo lei é empregado como sinônimo de norma jurídica, incluindo quaisquer normas escritas ou costumeiras. Hipótese em que, segundo Vicente Raó, a palavra lei possui o sentido compreensivo de toda a norma geral de conduta que define e disciplina as relações de fato incidentes no direito e cuja observância é imposta pelo poder do Estado, como são as normas legislativas, as consuetudinárias e as demais, ditadas por outras fontes do direito, quando admitidas pelo legislador.

competente, determinando condutas gerais e abstratas e imposta a todos, é que vamos enfocar o papel do Magistrado por ocasião de sua análise.

A lei, como regra de conduta, rege as relações jurídicas e deve estar inserida num contexto. Se ela obriga, devemos buscar o seu alcance e destinatários. A quem obriga?[48,49] Porque poderá obrigar a uns e não a outros, como no caso das relações internacionais.

---

b) *Ampla,* sendo o vocábulo lei entendido como oriundo do verbo legere (ler), concebendo-se, portanto, que a lei é, etimologicamente, aquilo que se lê. Tal etimologia se explica porque, na época da República romana, enquanto o costume não era escrito (*jus non scriptum*), conservando-se na memória dos homens, a lei estava escrita (*jus scriptum*), gravada em taboas de mármore, de bronze, etc, que se fixavam em locais públicos. Por exemplo, no *tabularium* do Capitólio, em Roma, para que o povo a lesse e, conhecendo-a, a cumprisse. Em sentido amplo, designa todas as normas jurídicas escritas, sejam as leis propriamente ditas, decorrentes do poder Legislativo, sejam os decretos, os regulamentos, ou outras normas baixadas pelo Poder Executivo. Assim sendo, a legislação, nas palavras de François Gény, compreende todos os atos de autoridade cuja submissão consiste em ditas normas gerais, sob forma de injunções obrigatórias, como são as leis propriamente ditas, os decretos, os regulamentos etc.

c) *Estrita ou técnica,* em que a palavra lei indica tão-somente a norma jurídica elaborada pelo Poder legislativo, por meio de processo adequado." (*Lei de Introdução ao Código Civil Brasileiro Interpretada,* p. 43-44).

48. Maria Garcia abordando a questão, quanto à legitimidade da regra, sob os aspectos da liberdade do cidadão, como uma das causas de uma possível desobediência civil, questiona sob o traço da Deontologia jurídica: "Quais as razões pelas quais nós, que nos temos em conta de seres livres, somos obrigados a nos subordinar a leis que não foram postas por nossa inteligência e por nossa vontade? É lícito contrariar leis injustas? Qual problema que se põe para o juiz ou para o estadista, quando uma lei positiva se revela, de maneira impressionante, contrária aos ditames do justo? Qual o fundamento do Direito na sua universalidade? Repousa ele apenas no fundamento empírico da força? Reduz-se o Direito ao valor utilitário do êxito? Brotará a estrutura jurídica, inexoravelmente, dos processos técnicos de produção, ou representa algo capaz de se contrapor, muitas vezes, às exigências cegas da técnica", para concluir de forma simples e perfeita que: "a razão da obediência e da obrigatoriedade das normas de Direito envolve a legitimidade das leis – antes, até, envolve a *ideia* de lei – a que e por que sinto-me obrigado pela lei." (*Desobediência Civil,* p. 88-89).

49. Ainda em relação ao dever de obediência e aceitação de preceitos legais não podemos olvidar que ela só é aceita quando se conformar com princípios

"A força obrigatória da lei tem fundamento ético e político. Nasce da presunção de que o legislativo, como representante do povo, elabora as normas mais adequadas (justas) em benefício da integralidade desse povo. A lei, na república, não obriga porque provém da autoridade, mas porque a autoridade provém da lei".[50]

Maria Helena Diniz define lei como:

> 2. Norma jurídica, escrita ou costumeira. Em sentido amplíssimo, a lei é toda norma geral de conduta, que disciplina as relações de fato incidentes no direito e cuja observância é imposta pelo poder estatal, como, por exemplo, a norma legislativa, a consuetudinária e as demais, ditadas por outras fontes do direito, quando admitidas pelo legislador. 3. Em sentido amplo, abrange a norma jurídica escrita, seja a lei propriamente dita, decorrente do Poder Legislativo, seja o decreto, o regulamento ou outra norma baixada pelo Poder Executivo. Compreende todo ato de autoridade competente para editar norma geral, sob forma de injunção obrigatória, como: a lei constitucional, a lei complementar, a lei ordinária, a lei delegada, a medida provisória, o decreto legislativo, a resolução do Senado, o decreto regulamentar, a instrução ministerial, a circular, a portaria e a ordem de serviço. 4. Em sentido estrito ou técnico, é apenas a norma jurídica elaborada pelo Poder Legislativo, por meio de processo adequado.[51]

éticos e morais daquele meio social. Para Hans Kelsen "Uma resposta frequentemente aceita é que os homens devem obedecer ao Direito positivo porque e na medida em que ele se conforma aos princípios da moral. Os princípios morais que se referem às atividades humanas criadoras de Direito constituem o ideal de justiça; segundo este ponto de vista, então, o motivo para a validade do Direito é a sua justiça. A questão de como esses princípios morais devem ser determinados, a resposta típica é que eles são, por assim dizer, imanentes à natureza; explorando a natureza podemos encontrar esses princípios, que formam o Direito natural; eles são superiores ao Direito positivo, feito pelo homem." (*O que é Justiça?*, p. 252).
50. Sérgio Sérvulo da Cunha, op. cit., p. 15.
51. Maria Helena Diniz, *Dicionário Jurídico*, p. 82-83.

Assim, desde que o ato provenha do poder competente e esteja de acordo com o processo e procedimento previstos pela Constituição, ou autorizado por ela, como ato complexo que é, sendo informado pelos aspectos da abstração e generalidade, será lei.

3.2. Princípio da legalidade

A força vinculante dos princípios contidos na Constituição é incontestável. Dentre eles, o da legalidade merece destaque, por decorrer da noção de um sistema perfeitamente organizado, ou seja, funda-se por meio de leis.

Os princípios, dentro de um sistema constitucional, objetivam o todo e vinculam de maneira lógica não só o entendimento, como a aplicação das normas que se entrelaçam e se conectam num conjunto jurídico harmônico.

Os princípios, positivados ou não, encarregam-se de dar estrutura e coesão ao ordenamento, dos quais os constitucionais se destacam como os mais importantes. Sendo o princípio fundamento do conjunto de regras da Nação, posiciona-se como informador de todo o ordenamento, permitindo ao juiz, quando diante da interpretação de alguma norma, ante o conflito posto, o balanceamento de valores e interesses para dirimir a questão.

Nesse aspecto, os princípios, como fontes do direito, são guias seguros das atividades interpretativas.

Dada a origem popular do poder, proclamada no art. 1º da Constituição: "Todo o poder emana do povo, que o exerce por meio de representantes eleitos ou diretamente, nos termos desta constituição", o sistema, a partir dele, vai se formando com o direito ao sufrágio, com a liberdade de filiação e partidarização política, dentre outros, implementando uma democracia representativa, por tempo determinado, pela transferência do poder do povo aos representantes que elege, os quais se incumbirão de, em nome do povo, concretizar as leis que o regerá.

Dentro do sistema implementado pela Constituição Federal de 1.988, dita em voz corrente a "Constituição Cidadã", legitimada por um procedimento democrático de eleição popular para a convocação de uma Assembleia Constituinte, através do qual o povo, verdadeiro titular do poder, delegou esse exercício, pode-se afirmar que o princípio da legalidade resulta na outorga popular, aos seus representantes, de efetivação de um Estado de Direito.

Nessa ordem de ideias, deve-se apontar o art. 5º da Constituição Federal como a razão de ser da estrutura do Estado, amparando os princípios e direitos fundamentais.

Diante dele é que se vislumbra a separação de Poderes, fulcro de um Estado de Direito, pois é o informador dos demais institutos e princípios, focalizando o cidadão como o destinatário das leis, tendo a Constituição o papel de nortear os Poderes da República, o modo pelo qual prescreverá como adquirir e exercitar esses direitos.

O princípio da legalidade, tal como preceitua o inc. II do art. 5º da Constituição, pelo qual, "ninguém será obrigado a fazer ou deixar de fazer senão em virtude de lei", traduz-se, na visão de André Ramos Tavares:

> ...a presença de um Estado de Direito, pois, retirando o arbítrio do Estado, exige-se que sua conduta esteja amoldada à lei, como expressão da vontade geral. Ainda mais que ´O princípio da legalidade´ funda-se no princípio da legitimidade, segundo o qual as leis hão de guardar correspondência com os anseios populares, consubstanciados no espírito constitucional.
>
> Pelo princípio da legitimidade exige-se que a lei seja formal apenas no sentido de que emane, em sua formação, dos órgãos representativos. Ademais, tomou-se consciência de que não se pode ignorar seu conteúdo, que também há de

corresponder aos valores consubstanciados no ordenamento jurídico. Abandona-se, pois, como se vê, a noção puramente formal de lei, para ir mais longe e exigir que a lei corresponda, em seus mandamentos, à ideia de justiça encampada pela ordem constitucional, com o respeito à dignidade da pessoa humana, da liberdade etc.

Ao inserir-se, dessa maneira, o princípio da legalidade no contexto da legitimidade do poder, estabelece-se um elo direto entre esse princípio da legalidade e o Estado Democrático de Direito, no sentido de que o não contemplar o princípio da legalidade implica a inexistência de um real Estado Democrático.[52]

Nesse aspecto, a lei deve impor não só obrigações, mas conferir direitos a todos.[53]

Esse princípio não se confunde com o princípio da reserva legal, ao contrário, encampa-o, considerando que a legalidade de que se cuida é a de natureza ampla e deve comportar qualquer ato normativo do Poder Público, enquanto o princípio da reserva legal é a subordinação da Constituição, seus dispositivos, à determinada regulamentação formal, via de regra por meio de lei ordinária.[54] Nos dizeres de Luiz Alberto David

---

52. *Curso de Direito Constitucional*, p. 443-444.
53. Roque Antonio Carrazza, sempre com muita propriedade, ao discorrer sobre a legalidade na tributação manifesta-se sobre o princípio da legalidade dentro de um Estado de Direito, cuja primordial função é a de limitar os poderes públicos.
54. Conforme anotado por Luiz Alberto David Araújo e Vidal Serrano Nunes Júnior, o princípio da reserva legal encontra-se mitigado, em virtude da interpretação do Supremo Tribunal Federal quanto à adoção de Medidas Provisórias para disciplinar questões que, a princípio, estariam sujeitas a lei ordinária. Lecionam que: "Apesar de sólido entendimento doutrinário em sentido contrário, o Supremo Tribunal Federal, ao apreciar medida cautelar em ação direta de inconstitucionalidade, entendeu que as relações tributárias não reclamam o mesmo nível de segurança jurídica que o direito penal. Desse modo, manifestou-se no sentido de que a medida provisória poderia criar tributo, desde que respeitadas as outras garantias tributárias, já que, por mandamento constitucional, teria força de lei e, ademais, constituiria

Araújo e Vidal Serrano Nunes Júnior: "O princípio em pauta tem por objetivo indicar que algumas matérias, por estarem reservadas ao trato da lei em sentido formal, não podem ser disciplinadas por medida provisória ou lei delegada, exigindo, assim, a prévia aprovação pelo Poder legislativo".[55]

A legalidade é também princípio explícito da Administração Pública,[56] sob pena de não se legitimar a atuação administrativa.[57] Embora o magistrado pertença à Administração Pública *lato sensu*, não se encontra sujeito a esse princípio, tal como posto para a Administração Pública, quando decide um caso concreto.

3.3. Espécies normativas previstas no texto constitucional

A Constituição Federal, quando fala em "lei" em seus vários artigos, expressa-se de forma pouco técnica, pois muitas vezes diz "lei especial" disporá sobre isso, "lei orgânica" fará

---

um mecanismo substitutivo do decreto-lei, o qual, dentre outras finalidades, tratava de matéria tributária" (*Curso de Direito Constitucional*, p. 126).

55. *Curso de Direito Constitucional*, p. 124.
56. "A legalidade, como princípio da administração (CR, 37, caput), significa que o administrador público está, em toda a sua atividade funcional, sujeito aos mandamentos da lei e às exigências do bem comum, e deles não se pode afastar ou desviar, sob pena de praticar ato inválido e expor-se a responsabilidade disciplinar, civil e criminal, conforme o caso. (...)

Na Administração Pública não há liberdade nem vontade pessoal. Enquanto na administração particular é lícito fazer tudo que a lei não proíbe, na Administração Pública só é permitido fazer o que a lei autoriza. A lei para o particular significa 'pode fazer assim'; para o administrador público significa 'deve fazer assim'". Luís Roberto Barroso *apud* Hely Lopes Meirelles. "Apontamentos sobre o princípio da legalidade". In *Temas de Direito Constitucional*, p. 167.
57. Art. 37: "A administração pública direta e indireta de qualquer dos Poderes da União, dos Estados, do Distrito Federal e dos Municípios obedecerá aos princípios de legalidade, impessoalidade, moralidade, publicidade e eficiência..." (Redação dada pela Emenda Constitucional n. 19, de 1998).

aquilo, "lei federal" ou "lei estadual" disciplinará a matéria, ou, ainda, compete a "lei complementar", "lei complementar federal" ou "lei complementar estadual" dispor sobre...

Em verdade, a Constituição Federal perfilha as espécies normativas que adotou, conforme já citado, em seu art. 59, a saber: a emenda constitucional, a lei complementar, a lei ordinária, a lei delegada, a medida provisória, o decreto legislativo e a resolução, cada qual com um procedimento específico para sua integração em nosso ordenamento.

3.4. As lacunas da lei

A existência de omissão em qualquer ordenamento é fato incontroverso, já que as leis precedem à existência de um caso a ser apreciado. Por isso o art. 4º da Lei de Introdução ao Código Civil prevê que: "Quando a lei for omissa, o juiz decidirá o caso de acordo com a analogia, os costumes e os princípios gerais de direito".

Conforme avalia Luiz Antonio Rizzatto Nunes:

> Na realidade, por mais que as normas jurídicas – e os legisladores – queiram, elas não conseguem acompanhar a dinâmica de transformação da realidade social. E, até ao contrário, a norma tem entre suas funções a de ser estabilizadora da sociedade, o que contrasta com movimentos contínuos de mudança.
>
> No mundo contemporâneo, o alto grau de complexidade oferece ao indivíduo muitas possibilidades de ação (aliás, mais do que as que ele pode realizar). Com isso, as normas não conseguem dar conta de todo o volume de situações que emergem diuturnamente no meio social.
>
> Dessa forma, haverá casos que não foram previstos pelas normas jurídicas, e nessa hipótese podemos falar que estamos diante de 'vazios' ou 'lacunas' nas normas jurídicas.
>
> Todavia, frise-se, as lacunas não estão no sistema jurídico,

mas nas normas jurídicas.[58] Isto porque, através dos meios de integração, o intérprete colmata as lacunas, preenche os vazios.[59]

Conforme já destacado, a Constituição também é uma lei, e, como tal, deve ser interpretada.

3.5. Limites de interpretação

Tomando por empréstimo as palavras de Eros Roberto Grau, e sob um aspecto amplo:

> ... a interpretação – compreensão, a decisão judicial, segundo Frosini (1991:11), considera e é determinada pelas palavras da lei e pelos antecedentes judiciais; pela figura delitiva que se imputa; pelas interpretações elaboradas pelas duas ou mais partes em conflito; pelas regras processuais; pelas expectativas de justiça nutrida pela consciência da sociedade; finalmente, pelas convicções do próprio juiz, que pode estar influenciado, de forma decisiva, por preceitos de ética religiosa ou social, por esquemas doutrinais em voga ou por instâncias de ordem política. De mais a mais, o juiz,

---

58. Conforme registro da questão feita por Maria Helena Diniz, sob outro ponto de vista: "Hans Kelsen afasta a ideia de existência de 'lacunas' no sistema, pois todo e qualquer comportamento pode ser considerado como regulado – num sentido positivo ou negativo – pela ordem jurídica. Justamente por entender que, 'quando a ordem jurídica não estatui qualquer dever a um indivíduo de realizar determinada conduta, permite esta conduta', regulando-a negativamente, rejeita Kelsen a formulação, feita por alguns autores, de que, ante a impossibilidade das normas regulamentarem todas as ações humanas possíveis, haverá sempre casos em que a aplicação do direito estará excluída, por não haver norma que os prescreva, devendo os juízes criá-las como se fossem legisladores. Daí o caráter da completude ou da plenitude do sistema normativo, na concepção de Kelsen, pois as normas que compõem contêm, em si, a possibilidade de solucionar todos os conflitos levados à apreciação dos magistrados ou órgãos competentes". *Lei de Introdução ao Código Civil Brasileiro Interpretada*. 3. ed. atual. e aum. Editora Saraiva, 1997, p.100.
59. Luiz Antonio Rizzatto Nunes, *Manual de Introdução ao Estudo do Direito*, p. 254.

em verdade, considera o direito todo, e não apenas um determinado texto normativo.

A decisão judicial implica necessariamente elementos emotivos e volitivos, dado que o juiz decide sempre dentro de uma situação histórica determinada, participando da consciência social de seu tempo.[60]

Assim, embora a solução a determinado problema, levando necessariamente à análise de um texto legal, tenha uma carga pessoal de seu prolator, escolhendo a decisão que lhe parece a mais correta frente à norma que se apresenta, deverá o julgador abstrair-se e tentar não absorver as paixões[61] que se lhe mostram na causa, em razão do caráter constitutivo dessa declaração, que produzirá efeitos concretos no plano da realidade.[62]

Delimitando o tema, deve-se salientar que a norma a ser interpretada será feita em face da Constituição. Portanto, a linha de interpretação a ser seguida deverá estar conforme seus ditames e princípios.

---

60. Eros Roberto Grau. *Ensaio e Discurso sobre a Interpretação/Aplicação do Direito*, p. 107-108.

61. "A *paixão*, que é a expressão de um sentimento ou de uma emoção, sempre intensos, movida pelo inconsciente, é, quando não a *pièce de resistance*, ao menos o tempero necessário à razão científica. O domínio das paixões é muito vasto. Para além da paixão amorosa e da paixão sexual, os sentidos passam pela glória, pelo medo, pela inveja, pelo ciúme, pela cobiça, pela amizade, pela liberdade". BARROSO, Luís Roberto. *Temas de Direito Constitucional*. 2. ed. Rio de Janeiro: Renovar, 2002, p. 603.

62. Nos dizeres de Luís Roberto Barroso: "O juiz é o agente da função jurisdicional do Estado. Cabe-lhe, mediante provocação da parte interessada, pronunciar o direito ao caso concreto. A vontade do Estado-juiz tem caráter de definitividade e, após os recursos cabíveis, reveste-se da autoridade de coisa julgada. Princípios destacados na ordem constitucional brasileira são os da independência e imparcialidade dos juízes (CF, arts. 95 e 96). (É bem de ver que o juiz, de regra, desagradará a um dos lados. Estará sempre condenado a conviver com 50% de rejeição. No mínimo, porque às vezes desagradará a todos.) O juiz há de ser o árbitro desapaixonado dos conflitos de interesses". (Op.cit.).

A princípio todas as normas nascem presumidamente constitucionais e só pela interpretação de seus termos é que se concluirá ou não pela sua constitucionalidade.

Para a interpretação de qualquer texto, deve-se buscar a hermenêutica jurídica. Para Peter Härbele:

> ... a interpretação é uma arte. Um processo contínuo, historicamente situado e datado, objetivo e racional pelo qual se dá a criação, renovação, efetivação, segurança e estabilidade do Direito em uma situação concreta específica.
>
> Trata-se de uma arte, pois, a hermenêutica tem por função criar o direito e mantê-lo vivo, latente no seio da sociedade. O intérprete é o renovador inteligente e cauto, o filósofo do Direito. O seu trabalho rejuvenesce e fecunda a fórmula prematuramente decrépita e atua como elemento integrador e complementar da própria lei escrita.[63]

Dessa forma, ao prestar a tutela jurisdicional, tal como uma *arte* na hermenêutica mencionada por Härbele, deverá o magistrado, havendo dúvida sobre a constitucionalidade do texto a ser aplicado, e, em razão da supremacia da Constituição, buscar a exegese que se identifique com os seus termos. Caso seu resultado se mostre incompatível com o Texto Maior, deve declarar a inconstitucionalidade da lei que se pretende ou a não aplicação. Atuará o magistrado, nesse mister, como legislador negativo em função dessa declaração.

Há autores[64] que sustentam a impossibilidade de declaração de inconstitucionalidade de lei, em face da Constituição, pelo juiz singular, argumentando que o juiz apenas deixa de aplicá-la ao caso concreto, por força do contido no art. 97 da

---

63. Rafael Caiado Amaral, *Peter Härbele e a Hermenêutica Constitucional ao Alcance Doutrinário*, p. 72.
64. Dentre os quais Lenio Luiz Streck, em *Jurisdição Constitucional e Hermenêutica, Uma nova crítica do Direito*.

Magna Carta,[65] em razão de recair o conteúdo de sua decisão sobre a relação jurídica analisada.

Trata-se de interpretação restritiva que não encontra suporte em uma prestação jurisdicional ampla.

Ao interpretar o direito, pode e deve o magistrado recusar aplicação ao ordenamento que repute inconstitucional. Agindo assim, deverá declarar os motivos pelos quais não confere legitimidade à lei pleiteada pelos integrantes do processo,[66] cujas razões de decidir não integrarão a coisa julgada, se não fizerem parte do *decisum*.

Para a interpretação de uma determinada lei, deverá o juiz valer-se dos métodos gramatical, histórico, teleológico, filológico, este fundamental para a identificação dos anseios ditados pelo momento em que proclamada a Carta Magna, sistêmico, ou seja, harmonizando o todo, a unidade da Constituição, enfim, a interpretação há de ser consentânea com o mundo circundante e de acordo com a realidade do momento.

---

65. Art. 97: "Somente pelo voto da maioria absoluta de seus membros ou dos membros do respectivo órgão especial poderão os tribunais declarar a inconstitucionalidade de lei ou ato normativo do Poder Público".

66. "Parte é quem figura no processo como autor, réu ou interveniente (assistente, opoente, nomeado à autoria, denunciado à lide, chamado ao processo). O conceito de parte, diz com precisão Clóvis do Coutto e Silva, é meramente formal (*Comentários ao Código de Processo Civil*, p. 489). Sob esse prisma, é indiferente saber se a parte no processo é parte na relação material de direito que se discute; porque, se não o for (ou não tiver nela interesse) será parte ilegítima no processo, mas parte.

Não tendo sido parte no processo, o terceiro "não pode ser prejudicado pela sentença": são ineficazes a seu respeito a condenação, o mandamento, a constitutividade da sentença; se ato executivo é praticado contra terceiro, ele tem direito a embargos (CPC, art. 1046). É impossível proferir decisão judicial cuja execução alcance quem não foi litigante, quem não teve oportunidade de defender-se, provar, expor suas razões, discutir o direito dos fatos. A força obrigatória (efeito vinculante) das decisões judiciais restringe-se aos que foram partes no respectivo processo, mesmo porque "a lei não excluirá da apreciação do Poder Judiciário lesão ou ameaça a direito" (Sérgio Sérvulo da Cunha, op. cit., p. 28-29).

Nesse pensamento, embora a doutrina teime em querer diferenciar a hermenêutica da interpretação jurídica, ambas confundem-se na prática, e poder-se-ia arriscar a dizer que a interpretação está contida na hermenêutica, já que ambas buscam o alcance das normas jurídicas em contextos distintos, sendo a última mais abrangente.

Interpretar é, portanto, aplicar a hermenêutica. Esta descobre e fixa os princípios que regem aquela. Na linguagem de Carlos Maximiliano,[67] hermenêutica é a teoria científica da arte de interpretar.

Interpretar não significa só explicar, esclarecer, mostrar o sentido verdadeiro de uma expressão, mas, sim, revelar o sentido apropriado da norma para a vida real, que levará a uma decisão correta.

Visando à total compatibilidade e aplicabilidade das normas constitucionais e à solução de eventuais conflitos existentes entre as mesmas, faz-se necessário interpretá-las, socorrendo-se o intérprete das regras de hermenêutica, apontadas pela doutrina.

Canotilho enumera diversos princípios e regras interpretativas das normas constitucionais:

> 1) *Da unidade da constituição* – a interpretação constitucional deve ser realizada de maneira a evitar contradições entre suas normas. A constituição forma um todo hierarquicamente equivalente e integralmente válido; 2) *Do efeito integrador* – deve ser dada maior primazia aos critérios favorecedores da integração política e social; 3) *Da máxima efetividade ou da eficiência* – a uma norma constitucional deve ser atribuído o sentido que maior eficácia lhe conceda; 4) *Da justeza ou da conformidade funcional* – os órgãos encarregados da interpretação da norma constitucional não poderão chegar a uma posição que subverta ou altere o esquema organizatório-funcional constitucionalmente

---

67. Carlos Maximiliano, *Hermenêutica e Aplicação do Direito*.

estabelecido pelo legislador constituinte originário; 5) *Da concordância prática ou da harmonização* – exige-se a coordenação e combinação dos bens jurídicos em conflito da forma a evitar o sacrifício total de uns em relação aos outros; 6) *Da força normativa da constituição* – entre as interpretações possíveis, deve ser adotada aquela que garanta maior eficácia e aplicabilidade das normas constitucionais.[68]

Tais princípios seriam completados pelos assinalados por Jorge Miranda: a) de interpretação da Constituição como um todo; b) os segmentos por ela previstos não podem ser interpretados de forma estanque; c) pelo método dedutivo (a partir dos princípios) e pelo método indutivo (a partir de seus preceitos); d) valorização e ponderação dos seus preceitos, em critérios de razoabilidade; e) priorizar ou reduzir determinados princípios frente a outros, coordenando-os ou subordinando-os; f) os conceitos indeterminados devem ser interpretados à luz dos princípios; g) sistematização dos conceitos insertos no texto constitucional, vindos de outros ramos do direito, ou mesmo sendo extra-jurídicos; h) a interpretação da norma constitucional há de ser jurídica, conferindo-lhe o intérprete máxima efetividade e utilidade dentro do ordenamento; i) o 'caráter aberto' das normas programáticas não deve interferir na sua interpretação, com a efetividade e utilidade antes mencionadas; j) os preceitos implícitos devem ser interpretados e conjugados com os explícitos; l) suas normas devem ser tomadas como atuais e não futuras; m) a lei deve ser interpretada de acordo com a Constituição e não o contrário.[69]

3.6. O poder discricionário do juiz

Estará o juiz vinculado à lei?

Essa questão é de difícil resposta.

Valendo-nos dos ensinamentos de Mauro Capeletti, notamos que:

---

68. *Direito Constitucional e Teoria da Constituição*, p. 1209-1212.
69. Jorge Miranda, op. cit., p. 289-292.

> ... o papel do juiz é muito mais difícil e complexo, e de que o juiz, moral e politicamente, é bem mais responsável por suas decisões do que haviam sugerido as doutrinas tradicionais. Escolha significa discricionariedade, embora não necessariamente arbitrariedade; significa valoração e 'balanceamento'; significa ter presentes os resultados práticos e as implicações morais da própria escolha; significa que devem ser empregados não apenas os argumentos da lógica abstrata, ou talvez os decorrentes da análise lingüística puramente formal, mas também e sobretudo aqueles da história e da economia, da política e da ética, da sociologia e da psicologia. E assim o juiz não pode mais se ocultar, tão facilmente, detrás da frágil defesa da concepção do direito como norma preestabelecida, clara e objetiva, na qual pode basear sua decisão de forma 'neutra'...[70]

O mesmo autor, em breve relato sobre as origens do instituto da Cassação, e o Tribunal de Cassação instituído na França em 1º de dezembro de 1.790, faz referência à postura do juiz daquela época, diante das ideologias teorizadas por Rousseau e Montesquieu quanto à prevalência da lei ditada pelo momento, afirmando que, diante da lei e da rígida separação dos Poderes, competia ao juiz "o único dever de aplicar aos casos concretos o texto da lei, um dever concebido como puramente mecânico e em nada criativo".[71] Proceder que não se comporta mais na conjuntura atual.

A questão torna-se ainda de mais difícil resposta quando enfrentamos, dentre alguns, os aspectos políticos como razão de decidir.

Ronald Dworkin, enfocando o tema sob esse aspecto, apresenta a sua visão restritiva, afirmando que os juízes devem basear seus julgamentos em argumentos de princípios políticos, e não em argumentos de procedimento político.[72]

---

70. *Juízes Legisladores?*, p. 33.
71. *O Controle Judicial de Constitucionalidade das Leis no Direito Comparado*, p. 40.
72. Ronaldo Dworkin, *Uma questão de princípio*, p. 6. O autor traça um

Contrapondo-se a essa ideia, Dalmo de Abreu Dallari afirma que as decisões judiciais, como parte do exercício da soberania do Estado, é "expressão do poder político".[73]

---

paralelo entre as decisões proferidas pelos juízes ingleses e os norte-americanos, enfatizando seus fundamentos políticos em razão dos fundamentos técnicos a que estão obrigados. Diz ele: "Os juízes nos Estados Unidos e na Grã-Bretanha tomam decisões políticas? Naturalmente, as decisões que os juízes tomam devem ser políticas em algum sentido. Em muitos casos, a decisão de um juiz será aprovada por um grupo político e reprovada por outros porque esses casos têm conseqüências para controvérsias políticas. Nos Estados Unidos, por exemplo, o Supremo Tribunal tem de decidir questões políticas, como a de determinar se criminosos acusados têm direitos processuais que dificultam mais a aplicação da lei. Na Grã-Bretanha, os tribunais têm de decidir casos que exigem a interpretação do direito do trabalho, como aqueles que dizem respeito à legalidade dos piquetes, quando os sindicatos favorecem uma interpretação e as indústrias britânicas, outra. Quero indagar, porém, se o juízes devem decidir casos valendo-s de fundamentos políticos, de modo que a decisão seja não apenas a decisão que certos grupos políticos desejariam, mas também que seja tomada sobre o fundamento de que certos princípios de moralidade política são corretos. Um juiz que decide baseando-se em fundamentos políticos não está decidindo com base em fundamentos de política partidária. Não decide a favor da interpretação buscada pelos sindicatos porque é (ou foi) do direito do trabalho um membro do Partido Trabalhista, por exemplo. Mas os princípios políticos em que acredita, como, por exemplo, a crença de que a igualdade é um objetivo político importante, podem ser mais característicos de um partido político de que outros."

73. Referido autor consagrando a tripartição dos Poderes, na qual tem o Poder Judiciário papel de destaque, retrocedendo aos aspectos históricos do ofício de dizer o direito, sintetiza essa atuação comparativamente da seguinte forma: "No momento em que foram superados o feudalismo e o absolutismo, os juízes deixaram de ser agentes do rei ou de aristocratas poderosos para se tornarem agentes do povo. Isso ficou definitivamente claro com o aparecimento das Constituições escritas, no século dezoito. Foi transferida para o Estado a soberania, que antes era um atributo pessoal do rei, e se consagrou a tripartição do poder do Estado, entregando-se à magistratura uma parcela desse poder soberano, essencialmente político. Esse é um ponto importante, que não tem sido suficientemente considerado e que pode explicar, inclusive certas divergências teóricas: as decisões judiciais fazem parte do exercício da soberania do Estado, que, embora disciplinada pelo direito, é expressão do poder político.

Por motivos que têm raízes na história, a Inglaterra jamais teve um Judiciário como ramo independente, na organização do Estado. Assim, obviamente, para

Não obstante o poder dos juízes tido como a expressão do poder político, e sob este aspecto sua decisão dar-se-ia sob argumentos políticos, a sua discricionariedade será deduzida de normas já editadas, portanto, gerais e abstratas, e, relativamente a um caso concreto, já acontecido, é que a sua manifestação deverá se adequar.

Voltando à vinculação do juiz à lei, cujos limites da realização do direito posto e sua declaração se encontrariam, teoricamente, condicionados à lei, reportamo-nos às considerações feitas sobre o tema por W. Hassemer:

> ... a ideia de que o veredicto judicial decorreria, inequivocamente da norma codificada, foi, entretanto, superada. Ela deu lugar ao reconhecimento de que o juiz cria direito. Porém, com isto as questões da função da codificação na ação do juiz não estão resolvidas; pelo contrário, elas colocam-se agora de uma forma nova e mais complicada. É justamente aquele que não concebe a tarefa do juiz como absoluta subjugação deste à lei, que tem de perguntar-se

---

os teóricos ingleses não tem sentido falar-se em Poder Judiciário e menos ainda em poder político dos juízes, que, em última análise, são subordinados ao Parlamento. Uma síntese da concepção inglesa do papel do juiz é a frase com que Francisco Bacon inicia seu ensaio Da Magistratura: 'Os juízes devem sempre lembrar-se de que seu ofício é jus dicere e não jus dare, interpretar a lei, não fazer a lei, ou dar a lei'. O juiz não é legislador, como também não é um autômato, um aplicador cego da lei, proibido de interpretá-la.

Na França, a situação não é exatamente a mesma, mas também há muita resistência à concessão de excessivo poder aos juízes e à interferência destes na política. O tratamento dado ao tema da politicidade dos juízes pelos teóricos franceses merece especial consideração pois, embora se possa dizer que a primeira reflexão teórica sobre a separação dos poderes e até mesmo sobre um corpo de magistrados independente se encontra em Aristóteles, não há dúvida de que se deve à influência da oba de Montesquieu, *Do espírito das leis*, a divulgação da ideia e sua adoção por muitas Constituições, a partir do século dezoito. O próprio Montesquieu, como já foi lembrado anteriormente, exerceu durante algum tempo a magistratura, atividade que desenvolveu durante alguns anos no quadro da aristocracia do século dezessete e que lhe deu alguma experiência a respeito das funções públicas, sem, entretanto, despertar o seu interesse" (*O Poder dos Juízes*, p. 90-91).

acerca do significado que a o direito codificado (ainda) tem no processo de decisão judicial.

São várias as concepções matizadas situadas entre a esperança de que o juiz encontraria na lei a resposta inequívoca e completa para as suas dúvidas acerca dos princípios de decisão no caso concreto e a opinião de que o juiz não tem em conta a lei, decidindo segundo a sua sensibilidade jurídica ou segundo os interesses das partes afectadas, tal como ele os entende. (...)

O reconhecimento de que o direito codificado não pode, pelo menos de facto, determinar inteiramente a decisão judicial não é novo. Este reconhecimento pode, talvez, comprovar-se com a experiência empírica de que o conteúdo da jurisprudência se pode alterar profundamente, sem que a lei respectivamente aplicável não tenha sido renovada. (...)

Mesmo as opiniões mais cautelosas que se fundam neste reconhecimento, mantêm o papel dominante do direito codificado face à sentença judicial. Admite-se que as palavras da lei nem sempre dão indicações claras, que elas 'necessitam de ser preenchidas com valores', que são 'porosas' ou 'vagas'. Porém, em contrapartida, são elaboradas novas linhas de defesa: a 'letra' dos conceitos legais ou o 'significado natural das palavras' constituirão, porventura, 'limites de interpretação'; ou então teria que se distinguir entre um 'núcleo do conceito' (duro, inequívoco) e a 'auréola do conceito' (vaga, requerendo interpretação), podendo-se contar pelo menos no primeiro caso, com o poder determinante do direito codificado.[74]

Buscando respostas a indagações como: em que medida a atividade hermenêutica desenvolvida no campo do direito é criativa? Até que ponto é legítimo ao juiz afastar-se da literalidade da lei? Será que existe, de fato, criação judicial em todo ato de aplicação do direito, mesmo nos casos mais simples? Sérgio Nojiri[75] discorre acerca do tema, abarcando posturas

---

74. HASSEMER, Winfried. *Sistema Jurídico e Codificação: a vinculação do juiz à lei*, p. 282-283.
75. NOJIRI, Sergio. *A Interpretação Judicial do Direito*, p.140.

doutrinárias de envergadura, para concluir que toda a aplicação do direito depende de uma anterior interpretação, distinguindo dois momentos, o da interpretação propriamente dito e o da aplicação da lei.

Sob um aspecto ou outro, a lei aplicável deverá ser a que se considere constitucional, pois, ao juiz, nos moldes do modelo norte-americano de magistratura, foi conferido o poder de declarar a inconstitucionalidade de uma lei, e, consequentemente, impedir que seja aplicada.

Para isso, deverá o interessado pleitear essa declaração por meio de um processo, seguindo todas as exigências procedimentais para que isso ocorra.[76] O juiz, nessa hipótese, estará julgando a lei antes mesmo de atingir o caso concreto, por ser uma prejudicial do mérito, cujo pedido pode ou não ser acolhido diante da interpretação que se precederá, nos moldes dos princípios e normas constitucionais.

Para Mauro Cappelletti: "... a lei constitucional é 'mais forte' do que a lei ordinária, o juiz, devendo decidir um caso em que seria relevante uma lei que ele julgue contrária à norma constitucional, deve 'interpretar o direito' no sentido de dar a prevalência à norma constitucional, e não, àquela inconstitucional. Portanto: não *invasão* do juiz na esfera do poder legis-

---

76. "... Para que a jurisdição seja atuante, é necessário provocá-la, daí a observação de Calamandrei, de que não há jurisdição sem ação, não há atuação sem provocação, exceção feita ao arbitramento, ao direito de retenção e a venda coativa por inadimplemento do comprador, que são exceções à função jurisdicional, como monopólio estatal. A função jurisdicional enquadra-se na categoria das garantias jurisdicionais inseridas no quadro das garantias do direito objetivo com base na carta constitucional (Chiovenda, *Instituições*, 2ª ed., p. 4), onde há a intervenção do Estado, por meio do processo, atuando jurisdicionalmente com o objetivo de impor a obediência à ordem jurídica (Mortati, *Istituzioni di Diritto Pubblico*, n. 17, p. 793). Portanto, o exercício da função jurisdicional pressupõe o conflito. É função da soberania do Estado e como tal é preservada, na própria Constituição, quando distribui o seu exercício entre os órgãos (tribunais e juízes)". Roberto Rosas, "Princípios constitucionais aplicáveis ao processo". *Direito Processual Constitucional – Princípios Constitucionais do Processo Civil*, p. 27-28.

lativo, mas, antes, pura e simples não aplicação da lei naquele dado caso concreto".[77]

Para Eros Roberto Grau, o juiz não é dotado de discricionariedade. Para ele todo o magistrado encontra-se vinculado aos textos normativos, portanto, a um juízo de legalidade, enquanto a discricionariedade exercita-se num campo de juízo de oportunidade.[78]

Discordamos desse posicionamento,[79] tendo como suporte a amplitude da interpretação que os textos legais oferecem. Pensar de outra forma seria atribuir à interpretação legislativa uma padronização, situação inconcebível diante de um caso concreto. É certo, porém, que o juiz não poderá se afastar da lei, porque ela é a dirigente das lides, mas, ao lhe conferir determinado significado, atua segundo suas convicções e entendimento.

3.7. O juiz modifica a lei ou a complementa

"O poder se diz na política, na economia, no direito, na cultura, no amor, na ciência, se vê na força, na violência, na persuasão, no convencimento, na vitória, na resistência e até na fraqueza e no desamparo"[80], portanto, o poder encontra-se

---

77. Op. cit., p. 82.
78. Diz o autor: "Todo o intérprete, assim como todo juiz, embora jamais esteja submetido ao 'espírito da lei' ou à 'vontade do legislador', estará sempre vinculado pelos textos normativos, em especial, mas não exclusivamente – é óbvio –, pelos que veiculam princípios (e faço alusão aqui, também, ao 'texto' do direito pressuposto). E cumpre também observarmos que os textos que veiculam normas-objetivo reduzem a amplitude da moldura do texto e dos fatos, de modo que nela não cabem soluções que não sejam absolutamente adequadas a essas normas-objetivo" (*Ensaio e Discurso sobre a Interpretação/Aplicação do Direito*, p. 200).
79. Acompanhando o posicionamento dos seguintes doutrinadores: Mauro Cappelletti, Luís Roberto Barroso, Sérgio Sérvulo da Cunha e Sérgio Nojiri.
80. FERRAZ JR, Tercio Sampaio. *Estudos de Filosofia do Direito, Reflexões sobre o Poder, a Liberdade, a Justiça e o Direito*, p. 30.

em todos os campos do relacionamento humano e representa a imposição da vontade de um sobre o outro. O juiz, na sua atividade primordial de dizer o direito, investe-se, para esse exercício, de parcela do Poder do Estado, sobrepondo-se sobre os jurisdicionados. Nesse ponto não restam dúvidas quanto à sua autoridade e poder para esse fim, porquanto, "em qualquer relação de Poder, os emissores (detentores do poder) são *prima facie* designados como dignos de transmitir o que eles transmitem e, portanto, autorizados a impor sua recepção e a controlar suas inculcações pelas sanções socialmente aprovadas ou garantidas."[81]

Esse poder, emanado da Constituição Federal, revela-se no momento em que é investido da jurisdição, dentro das linhas básicas de organização do sistema judiciário nacional por ela traçado.

Como afirma Pietro Lora Alarcón, "o juiz tem sempre como parâmetro a ordem jurídica e sua fórmula de justo",[82] ordem que se funda no princípio constitucional da tripartição dos Poderes. Nesse exercício, aduz o referido autor, o juiz se inspira no seu raciocínio, aplicando a lei de forma razoável e proporcional.

Partindo-se dessa ideia, vê-se que as decisões judiciais, como não poderiam deixar de ser, fundam-se em uma ordem jurídica constituída, porém, são, sobretudo, frutos da razão humana. Razão que decorre da racionalidade fundada em uma técnica interpretativa já dimensionada.

Apenas a título ilustrativo, tomemos como exemplo o Código Civil Brasileiro, promulgado no início do séc. XX. Referida ordem jurídica, tida por muitos como um código tipicamente rural, por que tinha como parâmetros as necessidades

---

81. Ibidem, p. 58.
82. ALARCÓN, Pietro de Jesús Lora. *Revista Brasileira Direito Constitucional*, n. 2, p. 171, jul./dez. 2003.

da época, quando sequer se cogitava da existência de computador, telefones celulares, internet, dentre outros avanços, dando resposta às controvérsias contemporâneas daquele período. Esse Código, tratando das relações individuais do início daquele século, embora muito didático e rico em princípios gerais, satisfazendo aos interesses de então, já não comportava nem oferecia, sob vários aspectos, as respostas exigidas para a solução de tão diversificados interesses atuais. Porém, as controvérsias surgiam a todo o instante e a evolução dos tempos e as necessidades sociais dos grupos requeriam uma resposta atual e adequada às soluções dos conflitos.

Então, o que fazer com os ordenamentos jurídicos postos à disposição do juiz que não previram determinada situação, tanto na esfera constitucional quanto na esfera infraconstitucional? Como solucionar o caso concreto?

De acordo com nosso estudo, ao juiz é destinado o papel de, pondo fim ao conflito que lhe é apresentado, preservar o direito das partes, definindo quem tem razão e fixando os contornos da lide, em face de um ordenamento maior ditado por princípios que informam as regras vigentes.

Com base nessa premissa maior, orientada por princípios, o juiz, ao delimitar os contornos da lide, ingressará e analisará objetivamente os enunciados legais aplicáveis ao caso, fazendo uma incursão a aspectos sociológicos e políticos para a aplicação do direito. Só assim poderá compatibilizar a controvérsia atual com uma norma tão desatualizada.

Essa foi a razão da menção ao Código Civil, promulgado no início do século passado (1916) e que vigorou até o início deste século (2002).

A nova ordem civil atualizou-se, promovendo, inclusive, a alteração de disposições insertas no Código Comercial de 1850, contudo, não avançou na complexidade das relações humanas deste século, deixando que questões específicas fossem tratadas por leis da mesma natureza, pois, pode-se afirmar não existirem mais relações jurídicas simples, em razão da própria dinâmica imposta pela sociedade, que possam ser tratadas de forma genérica e sem detalhamento.[83]

Por qualquer ângulo que se analise a questão, sempre se verificará que os ordenamentos infraconstitucionais, quando ingressam na ordem vigente, reproduzem as condições verificadas no momento, pois delimitam objetivamente o assunto tratado, diferentemente das regras constitucionais que, de forma ampla, contribuem para que haja a interpretação do texto, em razão dos princípios que inscreve em seu corpo.

Segundo Klaus Stern, "o juiz precisa aplicar, 'implementar', a lei, mas isso significa também que ele não precisa apenas repeti-la, mas interpretá-la, pensá-la até as suas últimas consequências conforme o espírito do Direito, sobretudo do direito constitucional e da ordem de valores que o direito constitucional fornece como orientação prévia".[84]

Tais afirmações decorrem do raciocínio de que nos encontramos num Estado Democrático de Direito, do qual decorrem

---

83. A evolução social e os conflitos trazidos ao Poder Judiciário nos remetem a questões como a da necessidade de ser dirimida a possibilidade de conferir o direito à gestante de efetuar o aborto do feto anencefálico – aquele privado de encéfalo, de cérebro, portanto, destituído de atividade cerebral-, ante a falta de definição legal de aborto de feto portador dessa anomalia, tendo como fundamento a garantia constitucional da preservação do princípio da dignidade da pessoa humana, além de outros princípios, como corolário daquele, para situar questionamentos formulados que envolvam direitos fundamentais do indivíduo.

O princípio da dignidade humana, aplicável na hipótese, conferirá, por abarcar tantos outros, a preservação do direito à saúde e à vida,

Outras questões jurídicas palpitantes ainda merecem menção como o direito à eutanásia, o da proteção do patrimônio genético, a clonagem, as células-tronco, etc.

84. Eros Roberto Grau e Willis Santiago Guerra Filho, "O juiz e a aplicação do Direito". In: *Direito Constitucional. Estudos em homenagem a Paulo Bonavides*, p. 508.

poderes conferidos ao povo, detentores do Poder, como, por exemplo, de elegerem seus representantes, responsáveis pela elaboração das leis que organizarão a vida em sociedade, leis que terão como norte os direitos fundamentais e outros conferidos pela Constituição, cuja preservação, em última análise, competirá ao Poder Judiciário.

Com muita propriedade, Juarez Freitas sintetiza alguns preceitos interpretativos conferidos ao juiz constitucional, destinados a adequar o ordenamento ditado em instâncias inferiores, visando à preservação da abertura e unidade da Constituição, a qual, conforme afirma, é o coração jurídico do país:

> Dentro de um enfoque interpretativo, admite eventual mutação[85] da Constituição, necessária à sua flexibilização.

---

85. Através da mutação ou transição, muda-se o sentido, alcance ou significado da norma, sem mudar o texto.

O conceito de transição ou mutação constitucional não se confunde com alteração constitucional, a qual consiste na revisão formal do compromisso político, acompanhada da alteração do próprio texto constitucional.

Segundo Canotilho, a interpretação da Constituição esbarra em limites, não sendo possíveis mutações constitucionais operadas por via interpretativa. Ressalva o autor, entretanto, que isso não equivale dizer que a Constituição é algo estático e alheio à realidade.

O que o supracitado autor leciona é que a constituição pode, sim, passar por um processo de mutação, diante da evolução da realidade, mas não admite que, em razão disso, surja uma *"realidade constitucional inconstitucional"*. Dizendo de outra forma, a constituição pode ser flexível sem deixar de ser rígida.

Ou seja, "a necessidade de uma permanente adequação dialética entre o programa normativo e a esfera normativa justificará a aceitação de transições constitucionais que, embora traduzindo a mudança de sentido em algumas normas provocadas pela evolução da realidade, não contrariam os princípios estruturais da constituição". A esse fenômeno, Canotilho dá o nome de "mutações constitucionais silenciosas". Concluímos que é admissível a mutação constitucional por via interpretativa, desde que não se contrariem os princípios estruturais e seja respeitado o "espírito" da constituição, devendo os intérpretes, aplicadores da norma, agir com muita cautela, para a

Condensa o autor suas considerações nas seguintes proposições:

1. Todo juiz, no sistema brasileiro, é, de certo modo, juiz constitucional e se afigura irrenunciável preservar, ao máximo, a coexistência pacífica e harmoniosa entre os controles difuso e concentrado de constitucionalidade.

2. A interpretação constitucional é processo tópico-sistemático, de maneira que resulta impositivo, no exame dos casos, alcançar solução de equilíbrio entre o formalismo e o pragmatismo, evitando-se soluções unilaterais e rígidas.

3. Ao hierarquizarmos prudencialmente os princípios, as normas e os valores constitucionais, devemos fazer com que os princípios ocupem o lugar de destaque, ao mesmo tempo situando-os na base e no ápice do sistema, vale dizer, fundamento e cúpula do mesmo.

4. O intérprete constitucional deve ser o guardião, por excelência, de uma visão proporcional dos elementos constitutivos da Carta Maior, não entendida a proporcionalidade apenas como adequação meio/fim. Proporcionalidade significa, sobremodo, que estamos obrigados a sacrificar o mínimo para preservar o máximo de direitos.

5. O intérprete constitucional precisa considerar, ampliativamente, o inafastável poder-dever de prestar a tutela, de sorte a facilitar, ao máximo, o acesso legítimo do jurisdicionado. Em outras palavras, trata-se de extrair os efeitos mais fundos da adoção, entre nós, do intangível sistema de jurisdição única.

6. O intérprete constitucional deve guardar vínculo com a excelência ou otimização da efetividade do discurso normativo da Carta, no que esta possui de eticamente superior, conferindo-lhe, assim, a devida coerência interna, e a não menos devida eficácia social.

7. O intérprete constitucional deve buscar uma fundamentação racional e objetiva para as suas decisões sincrônicas com o sistema, sem adotar soluções 'contra legem', em que pese exercer atividade consciente e assumidamente positivadora e reconhecendo que a técnica do pensamento tópico

---

pretexto de adequarem a constituição à realidade, não acabarem por criar uma ordem constitucional inconstitucional. (*Direito Constitucional e Teoria da Constituição*).

não difere essencialmente da técnica de formação sistemática, ambas facetas do mesmo poder de hierarquizar e dar vida ao sistema, entre as várias possibilidades de sentido.

8. O intérprete constitucional deve honrar a preservação simultânea das características vitais de qualquer sistema democrático digno do nome, vale dizer, a abertura e a unidade, que implica dever de zelar pela permanência na e da mudança.

9. O intérprete constitucional deve acatar a soberania da vitalidade do sistema constitucional no presente, adotando, quando necessário, e com extrema parcimônia, a técnica da exegese corretiva.

10. O intérprete constitucional precisa ter clareza de que os direitos fundamentais não devem ser apreendidos separada ou localizadamente, como se estivessem, todos, encartados no art. 5º da Constituição.

11. O intérprete constitucional, sabedor de que os princípios constitucionais jamais devem ser eliminados mutuamente, ainda quando em colisão ou contradição, cuida de conciliá-los, com maior ênfase do que aquela dedicada às regras, que são declaradas inconstitucionais, em regra, com a pronúncia de nulidade.

12. O intérprete constitucional somente pode declarar a inconstitucionalidade (material ou formal) quando frisante e manifestamente configurada. Dito de outro modo, deve concretizar o Direito, preservando a unidade substancial e formal do sistema em sua juridicidade.[86]

Diante desses conceitos, podemos afirmar que o juiz, ao interpretar a lei, não a modifica nem a complementa.

Num processo racional, o juiz, tendo como pressuposto que o Estado controla as relações sociais, por meio de leis, e cria limites à autonomia dessas relações, promove a interação entre o fato que lhe é apresentado e a lei, cotejando-os com os

---

86. Eros Roberto Grau e Willis Santiago Guerra Filho. "O intérprete e o poder de dar vida à Constituição: preceitos de exegese constitucional. Considerações preliminares". In: *Direito Constitucional. Estudos em Homenagem a Paulo Bonavides*, p. 246-248.

preceitos constitucionais, para determinar a compatibilidade com o texto constitucional.

Ao juiz competirá a adequação e conformidade do ato jurídico apontado, pelo conflito com a Constituição. Nesse sentido, a interpretação dada à norma, em caso de incompatibilidade com a Magna Carta, não significa que ele a altera, modifica ou complementa, considerando que apenas deixa de aplicá-la, em virtude de as normas infraconstitucionais terem como paradigma a própria Constituição.

Conclusão

Considerando os antecedentes históricos quanto à necessidade de os homens serem guiados por determinada ordem instituída, seja pelo direito natural, contratual ou pelo direito positivo, podemos afirmar que as relações sociais não se estabelecem legitimamente sem que tenhamos um entendimento prévio das normas que lhe são inerentes.

A partir do direito natural, encontramos o fundamento de validade dos relacionamentos firmados na moral, moral essa absoluta e transcendental de conhecimento prévio dos seus titulares. Para o direito natural o comportamento, o "dever ser", se conforma com uma norma moral.

Em face da doutrina contratualista, os cidadãos comportam-se de acordo com um pacto previamente firmado com o Estado, aderindo aos seus termos.

E, por fim, pelo direito positivo, entendemos que o direito, disciplinando as relações interpessoais, forma-se a partir de uma norma hipotética fundamental, da qual decorrem as demais normas.

As normas, sejam de que natureza forem, ditam o sistema jurídico, incumbido de estruturar as instituições, estabelecendo o perfil do Estado e regendo suas relações sociais e políticas. Consigne-se que essas normas não podem descurar dos valores e princípios tutelados, regulando os Poderes do Estado em face da sociedade, pois todos a ela devem se sujeitar. Esse sistema de normas, instrumento da ordenação do exercício dos Poderes políticos/jurídicos do Estado, convencionou-se denominar "Constituição", que é o Poder Supremo da Nação.

A Constituição, sob esse enfoque, é a norma jurídica mais importante dentro do sistema jurídico do país. É nela que todas as leis editadas se validam. A Lei Constitucional é suprema e essa supremacia impõe-se sobre toda e qualquer norma.

É desse Poder Supremo que se vale o Poder Judiciário, constituído também sob sua égide, informado por princípios, por garantias, e dotado de competências para declarar o direito das partes posto sob sua apreciação.

Pela jurisdição consagra-se a soberania outorgada pela Constituição ao magistrado para dizer o Direito, que tem como fim assegurar e restabelecer a ordem jurídica e a prevalência de direitos lesados ou ameaçados de lesão, nos termos das regras e princípios por ela traçados.

Pode-se afirmar que, com o exercício da jurisdição, integra-se a vontade da Constituição, satisfazendo-se o princípio do Estado Democrático de Direito.

Referências Bibliográficas

ALARCÓN, Pietro de Jesús Lora. *Revista Brasileira Direito Constitucional*, n. 2, pp. 166, 168 e 171, jul./dez. 2003.

AMARAL, Rafael Caiado. *Peter Härbele e a Hermenêutica Constitucional Alcance Doutrinário*. Antonio Sérgio Fabris Editor, 2004, p. 72.

ARAÚJO, Luiz Alberto David; NUNES, Vidal Serrano, Jr. *Curso de Direito Constitucional.* 9. ed. revista e atualizada. Editora Saraiva, 2005, pp. 29, 124 e 126.

BARROSO, Luís Roberto. *O controle de Constitucionalidade no Direito Brasileiro (Exposição sistemática da doutrina e análise crítica da jurisprudência).* Editora Saraiva, 2004, pp. 73 e 86.

_____. *Temas de Direito Constitucional.* 2. ed. Rio de Janeiro: Renovar, 2002, p. 603

_____. *Apud* Hely Lopes Meirelles. "Apontamentos sobre o princípio da legalidade". In: *Temas de Direito Constitucional,* p. 167.

BASTOS, Celso Ribeiro. *Curso de Direito Constitucional.* 19. ed. Editora Saraiva, 1998, pp. 357-358.

_____. *Dicionário de Direito Constitucional.* Editora Saraiva, 1994, p. 93-94.

_____. *Teoria Geral do Estado.* 4. ed. revista e ampliada, pp. 29 e 35.

BOBBIO, Norberto, *O Positivismo Jurídico – Lições de Filosofia do Direito,* Ícone Editora, 2006, p. 27.

BONAVIDES, Paulo. *Curso de Direito Constitucional.* 7. ed. Malheiros Editores, 1997, pp. 137-138.

_____. *Teoria do Estado.* 4. ed. revista e ampliada, pp. 20, 22 e 31.

CANOTILHO, J.J. Gomes. *Direito Constitucional e Teoria da Constituição.* 6. ed. Almedina, pp. 257, 265, 909, 1209-1212 e 1223.

CAPPELLETTI, Mauro. *O Controle Judicial de Constitucionalidade das Leis no Direito Comparado* (Tradução Aroldo Plínio Gonçalves). 2. ed. – reimpressão. Porto Alegre: Sergio Antonio Fabris Editor, 1999, pp. 33, 40, 67, 82 e 132.

CARRAZZA, Roque Antonio. "O princípio da legalidade. Generalidades". In: *Curso de Direito Constitucional Tributário*, pp. 170-171.

CHAUÍ, Marilena. *Convite à Filosofia*. Editora Ática, 2000, p. 59.

CUNHA, Sérgio Sérvulo da. *O Efeito Vinculante e os Poderes do Juiz*. Editora Saraiva, 1999, p. 15, 28-29.

DALLARI, Dalmo de Abreu. *O Poder dos Juízes*. 2. ed. revista. Editora Saraiva, 2002, p. 90-91.

DINIZ, Maria Helena. *Dicionário Jurídico*. Editora Saraiva, 1988, pp. 82-83.

_____. *Lei de Introdução ao Código Civil Brasileiro Interpretada*. 3. ed. aumentada e atualizada. Editora Saraiva, 1997, p. 43-44.

DWORKIN, Ronald. *Uma Questão de Princípio* (Tradução Luís Carlos Borges). São Paulo: Martins Fontes, 2001, p. 6.

FERRAZ JR, Tercio Sampaio. *A Ciência do Direito*. 2. ed., 17 reimp. São Paulo: Atlas, 2010.

GARCIA, Maria. *Desobediência Civil*. 2. ed. revista, atualizada e ampliada. Editora Revista dos Tribunais, 2004, p. 88-89.

GRAU, Eros Roberto. *Ensaio e Discurso sobre a Interpretação/Aplicação do Direito*. 2. ed. Malheiros Editores, pp. 107-108.

GRAU, Eros Roberto; GUERRA, Willis Santiago, Filho. "O juiz e a aplicação do Direito". In: *Direito Constitucional. Estudos em Homenagem a Paulo Bonavides*, pp. 246-248 e 508.

HASSEMER, Winfried. *"A vinculação do juiz à lei"*. In: KAUFMANN, A.; HASSEMER W. (org). *Introdução à Filosofia do Direito e à Teoria do Direito Contemporâneas* (Tradução Marcos Keel (Capítulos 1-5 e 9) e Manuel Seca de Oliveira (Capítulos 6-8 e 10-15), revisão científica e coordenação António Manuel

Hespanha). Serviço de Educação e Bolsas Fundação Calouste Gulbenkian/Lisboa, 2002, p. 282-283.

MAXIMILIANO, Carlos. *Hermenêutica e Aplicação do Direito*. 19. ed. Rio de Janeiro: Editora Forense, 2002.

MIRANDA, Jorge. *Manual de Direito Constitucional*. Tomo III, "Estrutura Constitucional do Estado". 5. ed. Coimbra Editora, 1998, pp. 15 e 289-292.

_____. *"Jurisdição Constitucional – Breves notas comparativas sobre a estrutura do Supremo Tribunal Federal e a Corte Suprema Norte-Americana"*. In: BONAVIDES, Paulo. *Revista Latino-Americana de Estudos Constitucionais*. Belo Horizonte: Livraria Del Rey Editora, 2003, p. 516-517.

MONTESQUIEU. *O Espírito das Leis, As Formas de Governo, A Federação, A Divisão dos Poderes, Presidencialismo versus Parlamentarismo* (Introdução, Tradução e Notas de Pedro Vieira Mota, Desembargador do Tribunal de Justiça de São Paulo). 5. ed. Editora Saraiva, 1998, p. 83-84.

MORRIS, Clarence (org.). *Os Grandes Filósofos do Direito*. Aristóteles, Ética a Nicômaco, Livro V, Martins Fontes: São Paulo, 2002, p. 6.

NOJIRI, Sergio. *A Interpretação Judicial do Direito*. Editora Revista dos Tribunais, 2005, p. 140.

NUNES, Luiz Antonio Rizzatto. *Manual de Introdução ao Estudo do Direito*. 3. ed. revista, atualizada e ampliada. Editora Saraiva, 2000, p. 254.

PALOMBELLA, Gianluigi. *Filosofia do Direito*. Tradução Ivone C. Benedetti. São Paulo. Editora WMF Martins Fontes, 2005. Primeira Parte – item II, p. 33.

REALE. Miguel. *Filosofia do Direito*. 20. ed. São Paulo: Saraiva, 2011. Título XI, Capítulo XLI.

RIGAUX, François. *A Lei dos Juízes*. Tradução Edmir Missio. São Paulo: Martins Fontes, 2000, p. 107.

ROSAS, Roberto. *Direito Processual Constitucional – Princípios Constitucionais do Processo Civil*. 3. ed. São Paulo: Editora Revista dos Tribunais, 1999, p. 27-28.

STRECK, Lenio Luiz. *Jurisdição Constitucional e Hermenêutica, Uma Nova Crítica do Direito*. 2. ed. revista e ampliada. Editora Forense, 2004.

TAVARES, André Ramos. *Curso de Direito Constitucional*. 2. ed. revista e ampliada. Editora Saraiva, 2003, p. 443-444.

TEIXEIRA, J. H. Meirelles. *Curso de Direito Constitucional* (Organizado e atualizado por Maria Garcia da Pontifícia Universidade Católica de São Paulo). Forense Universitária Biblioteca Jurídica, 1991, pp. 77 e 79.

VILLEY, Michel. *Filosofia do Direito – Definições e fins do Direito – Os Meios do Direito*. Tradução Márcia Valéria Martinez de Aguiar. 2. ed. São Paulo: Martins Fontes. 2008. Tomo 2, Título Segundo – Capítulo 3.

O DESVIRTUAMENTO DA RETÓRICA COMO INSTRUMENTO DE CONTROLE ESTATAL DAS FONTES JURÍDICAS

Luciano Tertuliano da Silva[1]

1. Introdução

Origem e conceito da retórica

De origem grega (rhêtorikê), remontando ao século V a.C., retórica etimologicamente aponta para *rhêtor* – orador, expressando a arte de utilizar a linguagem como instrumento de comunicação eficaz e persuasiva, vindo mesmo a agregar a rotulação de sinônimo de domínio da arte de bem falar. É consubstanciada na habilidade de avaliar os instrumentos particulares de persuadir alguém de algo, adaptando-se o discurso para fim específico.

Retórica é, pois, *"uma forma de comunicação, uma ciência que se ocupa dos princípios e das técnicas de comunicação. Não

---

1. Juiz Federal Substituto – Tribunal Regional Federal da 3ª Região. Mestrando pela Pontifícia Universidade Católica de São Paulo.

é de toda comunicação, obviamente, mas daquela que tem fins persuasivos. Não é, pois, fácil dar à retórica uma só definição. Quando dizemos que ela é a arte de falar bem e a arte de persuadir, a arte do discurso ornado e a arte do discurso eficaz, estamos simplesmente a tentar estabelecer a relação entre duas maneiras de definir a retórica, de ligar o ornamento e a eficácia, o agradável e o útil, o fundo e a forma. Quando os antigos dizem que a retórica é a arte de bem falar, fazem-no na consciência de que, para se falar bem é necessário pensar bem, e de que o pensar bem pressupõe, não só ter ideias e tê-las lógica e esteticamente arrumadas, mas também ter um estilo de vida, um viver em conformidade com o que se crê. Como diz Bourdaloue, 'a lei moral é a primeira e a última de todas, aquela pela qual cada uma das outras se fortifica e completa. É por isso que, com razão, os antigos faziam da virtude a condição essencial da eloquência, definindo o orador como um uir bônus dicendi peritus'. *A arte de bem dizer, arte de persuadir, ater moral, eis os elementos implícita ou explicitamente verificados em quase todas as definições de retórica."*[2]

O surgimento da retórica remete à disputa por propriedades ocorrida em 485 a.C., capitaneada por Gélon e Hierão, numa tentativa de povoar Siracusa mediante transferências forçadas da população, movimento que desencadeou uma reação democrática ocorrida em grandes júris populares nos quais a eloquência era a principal arma no convencimento. Vem daí o viés democrático-político da arte da palavra persuasiva. *"E foi nesse decisivo momento histórico em que a democracia se impôs à tirania, precisamente no tempo em que Atenas conheceu Péricles, que Córax e Tíssias de Siracusa conceptualizaram e publicaram o primeiro manual de retórica".*[3]

De mera aparência de técnica de domínio da linguagem, como qualquer outra, a retórica erigiu-se à categoria de expressão

---

2. ARISTÓTELES. *Retórica*, 25.
3. *Ibidem*, p. 19.

de uma mentalidade argumentativa pregadora da vitória num tribunal não pela força bruta ou violência, e sim pelo poder dos argumentos aduzidos, passando a ser instrumento de justiça social pautada na liberdade frente ao totalitarismo, possibilitando a qualquer das partes valer-se de argumentos para demonstrar seu viés do problema na tentativa de convencer o julgador, um júri popular, os senadores no Conselho, o povo na Assembleia, enfim, os participantes de qualquer espécie de reunião política.

Chaim Perelman[4] enfatiza que *"o orador educava os seus discípulos para a vida activa na sociedade: propunha-se formular homens políticos ponderados, capazes de intervir de forma eficaz tanto nas deliberações políticas como numa acção judicial, aptos, se necessário, a exaltar os ideais e as aspirações que deviam inspirar e orientar a acção do povo"*.

Forte, portanto, o vínculo existente entre a retórica e a democracia, na qual exponenciaram-se a liberdade de discussão e de decisão, tendo vestes de regime político assentado na força da persuasão. Aliás, é justamente seu caráter político e de pertencer à esfera pública de um cidadão a circunstância caracterizadora da arte de bem falar, permitindo o desenvolvimento da participação ativa na sociedade e na condução da administração das cidades, de modo que a vida política cidadã era permeada pela eloquência, deixando de ser algo pautado exclusivamente na tradição e fé.

Em sua gênese visava, assim, persuadir nas mais variadas searas, eminentemente na política. *"As amplas disputas, discussões e debates que permearam todo o século V a.C., no plano da política, no plano das estratégias de guerra, no plano das deliberações legislativas, no plano dos julgamentos nos tribunais populares..., inclusive em virtude da presença e do desenvolvimento das escolas de sofistas, colaboraram no processo de abertura*

---

4. PERELMAN, Chaim. *Tratado da argumentação. A nova retórica*, p. 23.

dos horizontes do pensamento grego. A liberdade de expressão, matiz característico do século de Péricles, aliada ao amor pelo cultivo da oratória e da retórica, ensejou a possibilidade de questionamento da posição particular do homem perante a phisis e como membro participante do corpo político ".[5]

BITTAR e ALMEIDA são argutos ao exporem o contexto de desenvolvimento da retórica na Grécia antiga, na qual "*a praça pública, povoada por homens dotados da técnica (techné) de utilização das palavras, funcionava como oficina da intelectualidade em sua expressão oralizada. Além da praça pública, a muitos interessava o domínio da linguagem (pense-se que os discursos forenses eram encomendados a homens que se incumbiam de escrevê-los para serem lidos perante os juízes – este é o trabalho dos logógraphoi) para estar diante da tribuna, perante os magistrados*".[6]

A Retórica nos mostra que "*desde Homero que a Grécia é eloquente e se preocupa com a arte de bem falar. Tanto a Ilíada como a Odisseia estão repletas de conselhos, assembleias, discursos; pois, falar bem era tão importante para o herói, para o rei, como combater bem. Quintiliano admira sem reservas essa eloquência da Grécia heroica reconhecendo nela a própria perfeição da oratória já a desabrochar. É a oratória antes da retórica; o que naturalmente supõe uma pré-retórica, uma <retórica avant la lettre> bem anterior à sua definitiva configuração como ciência do discurso oratório. O mesmo se passa com os poemas elegíacos e líricos, que se nos apresentam impregnados de estruturas discursivas e inspiração retórica e intenção persuasiva.*"[7]

Górgias, nascido na Sicília em 427 a.C., é intitulado como "fundador da retórica", porém, seu amadurecimento ocorreu

---

5. BITTAR, Eduardo C.B; e ALMEIDA, Guilherme Assis de. *Curso de Filosofia do Direito*, p. 94.
6. *Ibidem*, p. 94.
7. ARISTÓTELES. *Retórica*, p. 17.

com Aristóteles como o primeiro filósofo a apresentar uma teoria da argumentação em suas obras *Tópicos* e *Retórica*, como oportunamente será demonstrado nesse trabalho.

2. A evolução da retórica até sua decadência

O termo "sofista" advém de *sofística* que, originalmente, significava como eram conhecidas as técnicas ensinadas por grupos altamente respeitados de professores retóricos na Grécia Antiga.

Os sofistas tiveram relevante participação na evolução da retórica, pois surgiram na fase pré-socrática, na qual imperava a preocupação do filósofo pela cosmologia, pela natureza e religiosidade. Foram considerados grandes cultores da retórica.

Com grande vocação pedagógica, em sua maioria não eram de Atenas, provindo dos mais variados lugares, a exemplo de Górgias da Sicília. Como estrangeiros, chegaram a Atenas influenciados por outras culturas, circunstância essa que os ajudou a preconizar o ceticismo em virtude do relativismo com o qual analisavam os hábitos, tradições e instituições, passando a tudo contestar e relativizar, não obedecendo a padrões preestabelecidos, dispostos a colocarem tudo em discussão, erguendo a bandeira das novas ideias e dos novos valores. *"Notabilizaram-se por encontrar nas multidões e nos auditórios ávidos por conhecimentos retóricos seu público".*[8]

Mas o ceticismo instrumentalizado pelo relativismo absoluto e o menosprezo pelos padrões já estabelecidos fez o discurso sofista cair em descredibilidade a partir da escola socrática, pois Sócrates era ferrenho antagonista dos sofistas

---

8. BITTAR, Eduardo C.B; e ALMEIDA, Guilherme Assis de. *Curso de Filosofia do Direito*, p. 91.

e dedicara boa parte de seu tempo para provar que nada sabiam, a despeito da expertise autointitulada.

Platão (427-347 a.C.) foi um dos principais filósofos gregos. Discípulo notável de Sócrates e o fundador da Academia, por meio de seus diálogos *Fedro* e *República* (livros IV e X), pregava a virtude como conhecimento e o vício como ignorância existente em função dela mesma, deu continuidade ao antagonismo intelectual socrático transformando-o em compromisso filosófico ao opor diretamente as pretensões da filosofia (essência, conhecimento, sabedoria...) às pretensões dos sofistas (aparência, opinião, retórica...).

A escola platônica rotulou os sofistas como homens desconhecidos das coisas, falsos sábios limitados a tudo contraditar e fomentar debates inócuos e vazios de sentido, contribuindo sobremaneira para o desprestígio da arte retórica sofista.

É nesse meio que *"Aristóteles inicia sua vida intelectual no conflito entre a ontologia de Platão e a retórica dos sofistas. Ainda que discípulo de Platão, admitindo em geral que o objetivo da filosofia é a verdade e seu método de demonstração necessária, Aristóteles atenta para a importância de refletir sobre o âmbito opinativo da experiência humana, a doxa, desprezada por Platão"*.[9]

O discípulo de Platão pregava que retórica não é ciência poética, contrariando a sofística, mas sim técnica fitada não apenas do que é persuasivo, mas também do que parece sê-lo, ocupando-se da credibilidade do orador e relação de afeto entre ele e o ouvinte.

Ocorre que o renomado professor belga Chaïm Perelman[10] argutamente nos demonstra a carência axiológica da retórica

---

9. ADEODATO, João Maurício. *Ética & Retórica. Para uma teoria da dogmática jurídica*, p. 358.
10. PERELMAN, Chaim. *Retóricas*, p. 65.

aristotélica com a verdade, pois *"enquanto, nas* Analíticas, *Aristóteles se preocupa com raciocínios concernentes ao verdadeiro, e sobretudo ao necessário, 'a função da Retórica', diz-nos 'é tratar dos assuntos sobre os quais devemos deliberar e cujas técnicas não possuímos, perante ouvintes que não tem a faculdade de inferir através de inúmeras etapas e de seguir um raciocínio desde um ponto afastado".*

Portanto, *"a retórica teria, segundo Aristóteles, uma razão de ser, seja por causa de nossa ignorância da maneira técnica de tratar um assunto, seja por causa da incapacidade dos ouvintes de seguir um raciocínio complicado. De fato, seu objetivo é possibilitar-nos sustentar opiniões e fazer que sejam admitidas pelos outros. A retórica não tem, pois, como objetivo o verdadeiro, mas o opinável, que Aristóteles confunde, aliás, com o verossímil"*.[11]

O desprezo ao verdadeiro, com amparo eminentemente na ignorância e no provável, provocou um esvaziamento semântico da retórica, não dando espaço a algum juízo de valor e provocou, com isso, seu declínio, eis que passou a marginalizar-se com opiniões enganadoras.

A *Retórica* nem de longe é um texto fácil, porquanto escrita em linguagem densa e emblematicamente elíptica, tornando árdua a tarefa de precisar com rigor o sentido do texto, daí a importância de Perelman que, após anos dedicados aos trabalhos de Aristóteles, muito bem resumiu essa questão ao preconizar: *"em vez e ocupar-se com a retórica e com opiniões enganadoras, não será melhor, amparado na filosofia, procurar conhecer o verdadeiro? A introdução de um juízo de valor muda o aspecto do problema, sendo essa uma das razões pelas quais, hoje, o estudo da retórica poderia ser retomado a partir do zero".*[12]

---

11. *Ibidem*, p. 65.
12. *Ibidem*, p.65.

3. O desvirtuamento da retórica

Indiscutíveis as conclusões do mestre belga acerca da carência axiológica com a verdade, porém, essa concepção é eminentemente aristotélica e distanciada da estrutura de uma retórica digna e comprometida com a virtude científica, filosófica e psicagógica, características que estimularam o conceito e conteúdo original dessa arte de bem falar.

A aferição desse desvirtuamento passa, necessariamente, pela contribuição platônica como originadora do antagonismo ao sofismo, desde lá demonstrando Sócrates a depreciação da retórica sofística, emprestando à arte da persuasão o caráter de instrumento de veiculação do nada saber e da cobrança para ensinar esse nada, prática concretizada pelos sofistas através do mau uso da retórica.

Foi em Platão que a escola socrática melhor materializou-se e possibilitou o conhecimento da verdadeira essência da retórica, conforme se evidencia:

> Platão é considerado o maior escritor da prosa grega. 'um mestre de estrutura, caracterização e estilo'. Os seus diálogos reflectem uma formação retórica esmerada. Mas, para ele, a retórica verdadeira, uma retórica digna dos próprios deuses, é necessariamente filosófica e psicagógica, tendo sempre em vista o estabelecimento e a afirmação da verdade. Esse foi, aliás, o grande conflito travado na Antiguidade: o conflito de competência entre filósofos e retóricos. Enquanto a retórica foi vista apenas como uma doutrina técnica do discurso, entrou em declínio progressivo até que quase por completo se apagou. Mas, quando ela voltou a ser contemplada à luz da sua estrutura e da função filosófica, deu-se o seu ressurgimento e a afirmação renovada da sua importância (...).
>
> (...) A forma é inseparável do fundo. Há, efectivamente, uma retórica filosófica por oposição à puramente técnica dos sofistas; uma retórica que é resultado combinado de natureza, conhecimento e prática. Pois, tanto para a descoberta

da verdade pela via filosófica da dialética como para a exposição persuasiva dessa verdade pela via da retórica é necessária a mesma estrutura lógica (...). Tanto Aristóteles como Platão e Isócrates entendiam a retórica e seu estudo como a articulação íntima da matéria e forma no discurso; que, para os Gregos, o estudo da retórica era um método de educação e, por conseguinte, uma actividade responsável e não a manipulação fácil da linguagem.[13]

Essa passagem lídima, associada à vinculação da retórica com a moral,[14] estruturam a conclusão de que a verdadeira retórica *"define-se como articulação perfeita da mensagem nascida na mente, **sendo de condenar e repudiar a sua transfiguração ou falsificação sofística que, como técnica de aparência, negligencia a verdade profunda das coisas e se contenta com a adesão do auditório a meras opiniões de circunstância ou conveniência"*.[15]

O discípulo de Sócrates e mestre de Aristóteles manifestou a opção pelo viés verídico da retórica quando citou a discussão travada entre seu professor e Caliclés:[16]

> *Eis uma questão resolvida: todas as vezes que estivermos de acordo sobre um ponto, este ponto será considerado suficientemente testado por ambas as partes, sem que haja motivo para examiná-lo de novo. Não poderias, de fato, conceder-mo, por falta de ciência, nem por excesso de timidez, e não poderias, fazendo-o, querer enganar-me; pois és um amigo, dizes. Nossa concordância, por conseguinte, provará realmente que teremos atingido a verdade.*

Inegável a imitação corruptível do modelo original platônico porque distanciou a retórica da veiculação honesta à verdade.

---

13. ARISTÓTELES. *Retórica*, p. 26.
14. Conceito apresentado na página 3.
15. ARISTÓTELES. *Retórica*, p. 27.
16. PERELMAN. *Retóricas*, p. 47.

Ao contemplar a retórica numa perspectiva diferente, Aristóteles distanciou-a da filosofia e da lógica, praticamente contribuindo para o desmantelamento da essência dessa arte, colocando-a num vazio axiológico que a transformou numa técnica exclusivamente persuasiva, a um "tudo é retórico" em contrapartida a um "tudo é filosófico" de seu mestre.

Chaïm Perelman, então, passa a reescrever Aristóteles abrindo caminho a uma nova retórica, fundindo a *Retórica* e os *Tópicos*, inserindo a verbalização do próprio discurso filosófico no campo da retórica, intitulando-a de "novas retóricas" inspiradas na essência da retórica aristotélica.

A consequência inevitável foi privilegiar-se, através da retórica, o componente estético-estilista em detrimento da eficácia argumentativa vocacionada à verdade, numa verdadeira antístrofe da dialética e da filosofia,

A versão aristotélica divide a retórica em uma retórica de elocução e uma retórica de argumentação (novas retóricas), amplamente divulgada por Perelman como teoria da argumentação cuja essência era inspirada no pupilo de Platão. Ela cobre três campos: a teoria da argumentação, seu eixo principal e o ponto nevrálgico da articulação com a lógica demonstrativa e com a filosofia; uma teoria da elocução; e uma teoria da composição do discurso.

De se vê a carência de liame causal da retórica aristotélica-perelmaniana com a filosofia mediante a dialética, transformando a disciplina em fútil e estéril o que contribuiu significativamente para sua decadência por tê-la transmudado em veículo de classificação de figuras em detrimento do sentido filosófico, passando a ser uma arte de expressão convencionada.

E baseado nas lições platônicas que esse trabalho tenta demonstrar a necessidade premente de devolver à retórica o velho *status* de teoria e prática da argumentação persuasiva consentânea com a verdade, corrigindo essa nefasta distorção que a transformou, como se verá, em auspício para ações governamentais deflagradoras de efeitos cívicos, sociais e pátrios deletérios, os quais são causados porque a argumentação distanciada da verdade articula-se nos espaços onde a dúvida se faz presente.

Somente reconstruindo a retórica será possível devolver sua utilidade porque a verdade e a justiça são por natureza mais fortes que os seus contrários.

Permitir a continuidade do desenvolvimento retórico aristotélico-perelmaniano é compactuar com a inevitável possibilidade de a verdade e a justiça serem vencidas, e isso é digno de execrável censura.

É preciso demonstrar que o homem agiu pela escolha, mas a escolha conhecida por ele como verdadeira porque essa verdade chegou até ele através da retórica desobrigada em persuadir o que é imoral.

Como será oportunamente demonstrado, o uso injusto da arte de bem falar pode causar graves danos.

4. Os malefícios da retórica descomprometida com a verdade

A distância da filosofia e da dialética e o desapego à verdade retiraram da retórica a roupagem científica, deixando-a praticamente descamisada, senão pela exclusiva característica persuasiva fitada, no mais das vezes, em preocupar-se unicamente com a credibilidade do orador, visando o prazer dos espectadores e à glória do autor mediante a valorização das sutilezas da técnica de convencimento.

As "novas retóricas" preocupam-se não com a verdade abstrata, categórica ou hipotética, mas apenas com a adesão, tendo como meta, pois, produzir ou aumentar a adesão a certas teses.

Passa a retórica, com o distanciamento platônico, a ser apenas um meio de exposição, um conjunto de expedientes para enganar ignorantes.

É que a retórica, nessa nova roupagem, experimenta uma depreciação semântica por enfatizar axiologicamente a persuasão em detrimento do convencimento, institutos esses muito bem diferenciados por Perelman:[17]

> Uma distinção clássica opõe os meios de convencer aos meios de persuadir, sendo os primeiros concebidos como racionais, os segundos como irracionais, dirigindo-se uns ao entendimento, os outros à vontade... Para quem se preocupa sobretudo com o resultado, persuadir é mais do que convencer: a persuasão acrescentaria à convicção a força necessária que é a única que conduzirá à ação (...). Convencer é apenas uma primeira fase – o essencial é persuadir, ou seja, abalar a alma para que o ouvinte aja em conformidade com a convicção que lhe foi comunicada.

Extrai-se facilmente que o entendimento é uma das entradas por onde as opiniões são recebidas pela alma, e a mais natural, pois sempre se deveria aceder apenas às verdades demonstradas. A outra entrada é a vontade ditada pela persuasão, mais comum, esta via é também baixa, indigna e estranha.

A persuasão fita preconizar a vontade do orador, fundamentando o discurso tão somente em sua natureza particular, daí porque ela é mera aparência na medida em que o princípio do juízo está unicamente no sujeito, apoderando-se mais totalmente do auditório quando considera o indivíduo isolado, acrescentando-lhe algo à convicção.

Sendo a persuasão irracional e o entendimento racional, *"a verdade é que, para todos os racionalistas, certos procedimentos de ação são indignos de um homem que respeita seus semelhantes*

---

17. PERELMAN. *Retóricas*, p.59.

e não deveriam ser utilizados, conquanto o sejam com frequência e a ação sobre o 'autômato' que arrasta sem que ele pense nela".[18]

O brilhantismo das lições do mestre belga permite elucidar a devastadora ação causada pela retórica, desapegada da verdade e cunhada pela persuasão, porque interessada apenas em resultados obtidos mediante procedimentos desrespeitadores aos semelhantes, que são levados a agir pela vontade do retor sem perceberem-se dessa circunstância. É a Ênfase ao engodo.

Esse processo decadencial da retórica encontra no problema político um elemento potencializador do silogismo erístico, transformando a arte em voga num instrumento propriamente sofístico, pois passa a basear-se em premissas, ou chega a conclusões, falsas, emprestando-as aparência de plausibilidade.

Nicolau Maquiavel, do alto do conhecimento oriundo do incessante estudo sobre o Estado e Governo, conhecido como fundador do pensamento e da ciência política moderna, já dizia que obtenção do intento de se manter no trono dependia significativamente do domínio de um instrumento poderosíssimo: a retórica.

A difusão da retórica, na vertente aristotélica-perelmaniana, no meio político é vivaz em função da aplicação de técnicas discursivas que, longe de alterar sua gênese meramente persuasiva, vem lapidá-la e otimizá-la como mecanismo de manutenção no poder.

4.1. Uso da retórica na política brasileira: contexto potencializador de efeitos deletérios

Essa disseminação da retórica semanticamente depreciada lança seus efeitos mundo a fora numa potência invejável,

---

18. PERELMAN. *Retóricas*, p.63.

mormente na política desenvolvida no Brasil, que se consubstancia no objeto primeiro desse trabalho, onde as formas de retórica se multiplicaram simultaneamente aos efeitos maléficos dela advindos.

A retórica na política brasileira é notoriamente conhecida pelo uso das técnicas lapidares negativas já referidas, aparentando ao ouvinte transmissão de segurança no que afirmado pelos detentores de cargos eletivos com convicção, certeza, evidência e pseudo absolutamente correto, sempre despreocupadas com a verdade do conteúdo.

Acionam-se mecanismos de conhecimento do público para se aumentarem as chances de convencimento, transformando defeitos em virtudes mediante a exploração da ignorância da maciça maioria, numa verdadeira retórica negativa amparada na eloquência como arte demagógica, hipócrita, irresponsável e enganadora, numa verdadeira patologia social.

Inegável que esses resultados não teriam sido obtidos, pelo menos não nesse nível sócio-patológico, apenas pela oratória, eis que a retórica vai além da forma falada, perfazendo-se atualmente pelos diversos meios de comunicação inflados, salvo raras exceções, pelo poder econômico e político dos governantes, sempre na tentativa de provocar a mudança de atitude conforme os interesses e as vontades do orador, invariavelmente alguém detentor de cargo público eletivo.

Os meios de comunicação, aliados à velocidade propiciada pela tecnologia, constituem-se em poderosos instrumentos de veiculação das demais formas de retórica, a exemplo da utilização de fatos como forma de ilustração ou exemplificação, notadamente "fatos estatísticos", lugares do preferível que permite justificar as escolhas recorrendo a valores abstratos.

O poderio financeiro, quer de causa particular ou originado pelo cargo ocupado, também apresenta-se como mecanismo tão útil como demasiado eficaz na má utilização da retórica, tendo o efeito de controlar informações e situações sociais, concretizando atitudes "políticas" e interpretações deslegitimadoras e despistadoras do conteúdo que sustenta o domínio normativo dos textos constitucionais.

Outro fator favorável à dimensão da retórica no contexto brasileiro está na forma de governo e no nível de desenvolvimento educacional dos ouvintes.

É que a retórica encontra seu campo fértil na democracia, cuja característica é a predominância do interesse comum em detrimento do ditatorial. De outro norte, a arte de bem falar perde sua capacidade persuasiva na exata medida em que se aumenta o nível de conhecimento e intelectualidade de seus ouvintes – objetos da retórica.

Olvida-se a característica de instrumento de ação social da retórica pelas importantes implicações que determina ou provoca, mormente num Estado Democrático como o nosso, pois é na democracia que se aflora a verdadeira essência da retórica, a qual não tem vez em regimes totalitários nos quais prepondera a força e a truculência em detrimento do direito à manifestação.

A necessidade do nexo entre a retórica platônica – aquela vinculada à moral e à verdade – com a realidade política brasileira é muito bem evidenciada na obra *Retórica* de Aristóteles que, delineando acerca da retórica "sobre as formas de governo", ensina com maestria ímpar:[19]

> O maior e mais eficaz de todos os meios para se poder persuadir e aconselhar bem é compreender as distintas formas de governo, e distinguir os seus caracteres, instituições e interesses particulares. Pois todos se deixam persuadir pelo que é conveniente, e o que preserva o Estado é conveniente. Além disso, é soberana a manifestação do soberano, e as

---
19. ARISTÓTELES. *Retórica*, p. 122.

> manifestações de soberania variam consoante as formas de governo; pois, quantas são as formas de governo, tantas são também as manifestações de soberania. São quatro as formas de governo: democracia, oligarquia, aristocracia e monarquia; de sorte que o poder soberano e o de decisão está sempre em parte dos cidadãos ou no seu todo (...). **Não se deve ignorar o fim de cada uma destas formas de governo, pois as coisas escolhem-se em função de seu fim. Ora o fim da democracia é a liberdade (...).**

A prova de que Aristóteles possa ter seus ensinamentos retóricos desvirtuados ao longo do tempo, mormente pelas técnicas de lapidação negativa da arte de bem falar, está no fato de ser possível extrair de seu próprio texto a magnânima lição de que a retórica deve observar, acima de tudo, a finalidade de cada forma de governo, e na nossa democracia a liberdade é o fim maior a ser atingido, numa demonstração clarividente da necessidade do uso da retórica, na política, como instrumento para se chegar a esse fim – a liberdade.

É dos nortes estabelecidos por inigualável estudioso do tema liberdade, que teve a boa sorte de viver em três democracias com meios de comunicação em grande medida livre (Índia, Grã-Betanha e Estados Unidos), que constata-se o desvirtuamento, em demasia, da retórica no Brasil, justamente na linha deplorada até aqui delineada, pois, com propriedade ímpar, Amartya Sen[20] coloca a liberdade como objetivo principal do desenvolvimento, frisando a necessidade de eliminação de privações de liberdade limitadoras de escolhas e oportunidades de as pessoas exercerem ponderadamente sua condição de sujeito de direitos.

Diante da persistência da pobreza e de necessidades essenciais não satisfeitas, fomes coletivas e crônicas muito disseminadas, violação de liberdades políticas elementares e de liberdades formais básicas, o economista indiano preconiza

---

20. SEN, Amartya. *Desenvolvimento como liberdade*, p. 10.

que *"o crescimento do PNB (PIB) ou das rendas individuais obviamente pode ser muito importante como meio de expandir as liberdades desfrutadas pelos membros da sociedade. Mas as liberdades dependem também de outros determinantes, como as disposições sociais e econômicas (por exemplo, os serviços de educação e saúde) e os direitos civis (por exemplo, as liberdades de participar de discussões e averiguações públicas".*[21]

De pouca valia o desenvolvimento do Produto Interno Bruto – PIB se a liberdade é negada à maioria das pessoas. Ora a ausência de liberdades substantivas *"relaciona-se diretamente com a pobreza econômica, que rouba das pessoas a liberdade de saciar a fome, de obter nutrição satisfatória ou remédios para doenças tratáveis, a oportunidade de vestir-se ou morar de modo apropriado, de ter acesso à água tratada ou saneamento básico. Em outros casos, a privação da liberdade vincula-se estreitamente à carência de serviços públicos e assistência social, como por exemplo a ausência de programas epidemiológicos, de um sistema bem planejado de assistência médica e educação ou instituições eficazes para a manutenção da paz e da ordem locais...".*[22] Daí o motivo de o renomado autor qualificar a visão PIBista e industrializada da economia como uma visão mais restrita.

Restrita porque os governantes brasileiros, mediante a retórica midiática e o uso do poder da máquina pública, valem-se desse índice (PIB) para apresentar aos governados um contexto social e comercial "amplamente favorável", olvidando a desconsideração dos cinco tipos instrumentais de liberdade: *"1) liberdade política; 2) facilidades econômicas; 3) oportunidades sociais; 4) garantias da transparência e 5) segurança protetora".*[23]

Essas liberdades substantivas devem ser visadas pelas políticas públicas como meio de promoção da capacidade

---

21. Ibidem, p. 17.
22. *Ibidem*, p. 17.
23. SEN, Amartya. *Desenvolvimento como liberdade*, p. 25.

humana, pois *"como as liberdades políticas e civis são elementos constitutivos da liberdade humana, sua negação é, em si, uma deficiência"*.[24]

Resta evidente: a expansão do termo "liberdade" proposta por Amartya Sen em nada se distancia da "liberdade" proposta por Aristóteles como norteadora da retórica, máxime porque é através dessa que aquela será atingida.

Aferição exata da causalidade entre os conceitos de liberdade propostos pelos autores já mencionados não pode passar ao largo dos respectivos conceitos das espécies instrumentais de liberdade, e nada melhor do que utilizarmos os conceitos do próprio idealizador do Índice de Desenvolvimento Humano:

> As liberdades políticas, amplamente concebidas (incluindo o que se denominam direitos civis), referem-se às oportunidades que as pessoas têm para determinar quem deve governar e com base em que princípios, além de incluir a possibilidade de fiscalizar e criticar as autoridades, de ter liberdade de expressão política e uma imprensa sem censura, de ter a liberdade de escolha entre diferentes partidos políticos, etc (...). As facilidades econômicas são as oportunidades que os indivíduos têm para utilizar recursos econômicos com propósitos de consumo, produção ou troca. Os entitulamentos econômicos que uma pessoa tem dependerão dos seus recursos disponíveis, bem como das condições de troca, como os preços relativos e o funcionamento do mercado. À medida em que o processo de desenvolvimento econômico aumenta a renda e a riqueza de um país, estas se refletem no correspondente aumento de entitulamentos econômicos da população... Oportunidades sociais são disposições que a sociedade estabelece nas áreas de educação, saúde, etc (...), as quais influenciam a liberdade substantiva de o indivíduo viver melhor. Essas liberdades são importantes não só para a condução da vida privada (como por exemplo, levar uma vida saudável, livrando-se de morbidez evitável e da morte prematura), mas também

---

24. *Ibidem*, p. 33.

para uma participação mais efetiva em atividades econômicas e políticas. Por exemplo, o analfabetismo pode ser uma barreira formidável à participação em atividades econômicas que requeiram produção segundo especificações ou que exijam rigoroso controle de qualidade. De modo semelhante, a participação política pode ser tolhida pela incapacidade de ler jornais ou de comunicar-se por escrito com outros indivíduos envolvidos em atividades políticas (...). <u>As garantias de transparência</u> referem-se às necessidades de sinceridade que as pessoas podem esperar: a liberdade de lidar uns com os outros sob garantias do dessegredo e clareza. Quando essa confiança é gravemente violada, a vida de muitas pessoas – tanto as envolvidas diretamente como terceiros – pode ser afetada negativamente. As garantias de transparência (incluindo o direito à revelação) podem, portanto, ser uma categoria importante de liberdade instrumental. Essas garantias têm um claro papel instrumental como inibidores da corrupção, da irresponsabilidade financeira e de transações lícitas (...). <u>A segurança protetora</u> é necessária para proporcionar uma rede de segurança social, impedindo que a população afetada seja reduzida à miséria abjeta e, em alguns casos, até mesmo à fome e à morte (...).[25]

A conclusão extraída até então não pode ser outra senão a de que a retórica, na vertente platônica, deve ser buscada para realizar a liberdade aristotélica-seniana, porquanto ter mais liberdade melhora o potencial das pessoas para cuidar-se de si mesma, para influenciar no mundo político em que vivem, aumentar diretamente suas capacidades, suplantarem-se mutuamente e reforçar umas às outras através da criação de oportunidades sociais por meio de serviços como educação pública e serviços de saúde. Tanto assim o é que a privação de capacidades individuais está fortemente relacionada a um baixo nível de renda, relação essa que, consoante Sen, *"se dá em vida de mão dupla: (1) o baixo nível de renda pode ser uma razão fundamental de analfabetismo e más condições de saúde, além de fome*

---

25. SEN, Amartya. *Desenvolvimento como liberdade*, p. 58.

e subnutrição; (2) inversamente, melhor educação e saúde ajudam a auferir rendas mais elevadas".[26]

Aflora a gritante sensação de que Amartya Sen teve o Brasil atual por paradigma na elaboração de sua obra *Desenvolvimento como Liberdade*, e isso mediante silogismo com a retórica descomprometida com a vertente aristotélica da liberdade.

A iniciar pelas liberdades políticas, há muito a representatividade dos cidadãos brasileiros foi relegada ao último plano a partir do desvio ético do processo eleitoral, com flagrante violação do direito ao voto.

Valendo-se do poder financeiro como um dos mecanismos da retórica axiologicamente vazia e desapegada da verdade, não são raros casos de desvios comportamentais dos gestores do patrimônio público, mormente daqueles que ascenderam ao poder pela via do mandato eletivo, como meros desdobramentos de alianças que precederam a própria investidura do agente, como bem delineiam Emerson Garcia e Rogério Pacheco Alves:[27]

> Por certo, ninguém ignora que o resultado de um procedimento eletivo não se encontra unicamente vinculado às características intrínsecas dos candidatos vitoriosos. O êxito nas eleições, acima de tudo, é reflexo do poder econômico, permitindo o planejamento de uma estratégia adequada de campanha, com a probabilidade de que seja alcançada maior parcela do eleitorado. Esta receita, por sua vez, é originária de financiamentos, diretos ou indiretos, de natureza pública ou privada...
>
> ...O dinheiro público é injetado em atividades político-partidárias com a utilização de expedientes de liberação de

---

26. *Ibidem*, p. 35.
27. GARCIA, Emerson e ALVES, Rogério Pacheco. *Improbidade Administrativa*, p. 10.

verbas orçamentárias, de celebração de convênios às vésperas do pleito, etc., fazendo que o administrador favorecido aufira maior popularidade, que reverterá para si, caso seja candidato à reeleição, ou para a legenda partidária a que pertença, alcançando os candidatos por ela apoiados...

...Tratando-se de financiamento privado, a imoralidade assume perspectivas ainda maiores. Estas receitas, em regra de origem duvidosa, não consubstanciam mero ato de beneficência ou um abnegado ato de exteriorização de consciência política. Pelo contrário, podem ser concebidas como a prestação devida por um dos sujeitos de uma relação contratual de natureza sinalagmática, cabendo ao outro, tão logo seja eleito, cumprir a sua parte na avença, que normalmente consistirá na contratação de pessoas indicadas pelos colaboradores para o preenchimento de cargos em comissão, na previsão de dotações orçamentárias ou na liberação de verbas destinadas a projetos de interesse dos financiadores, na contratação de obras e serviços sem a realização do procedimento licitatório, ou mesmo com a sua realização em caráter meramente formal, com desfecho previamente conhecido.[28]

Se o financiamento de campanha, pública ou particular, levou à vitória no processo eleitoral, como esperar desses governantes a representação dos verdadeiros interesses dos governados se já se encontram imoralmente vinculados aos financiadores? A linha intelectiva permite projetar, sem perspectiva de erro, o comportamento a ser adotado pelo futuro agente público.

A vinculação referida representa óbice intransponível porque não permite aos eleitores determinarem quem deve governar através da força de seus votos, cuja influência fica demasiado diminuída frente ao poderio financeiro de quem financiou a campanha.

Destaque-se que os próprios membros do Ministério Público carioca, autores da obra apreciada, não olvidaram a

---

28. *Ibidem*, p. 11.

importância da retórica como instrumento de desmantelamento do processo eletivo ao afirmarem que *"tais iniciativas, normalmente encobertas com a retórica de que buscam aperfeiçoar a legislação de regência, bem demonstram os efeitos deletérios de um voto impensado, insensível ao passado do candidato e à sua degeneração moral"*.

Trata-se, pois, de uma verdadeira retórica adscritícia tão vasta a ponto de inviabilizar, em território brasileiro, a liberdade política em virtude da ausência de consciência coletiva desses governantes, que não encontrarão outro meio de atender às pressões de financiadores senão por meio da degradação do interesse público em prol da satisfação do interesse privado, como se a coisa pública fosse de ninguém, fruto indesejado do perverso ciclo de perpetuação da ignorância popular.

O termo ignorância, aliás, remonta necessariamente à análise dos efeitos provocados pela retórica vazia nas *oportunidades sociais* como vertente da liberdade, deixando indubitável Amartya Sen a base de referência dessa liberdade no acesso à educação e saúde.

Na pretensão de valerem-se da retórica para, dentre outros objetivos, perpetuarem-se no poder, a educação de qualidade, aquela capaz de despertar nos educados o senso crítico e a capacidade de insurgência verdadeira, definitivamente não interessa aos governantes.

Como *"o poder de fazer o bem quase sempre anda junto com a possibilidade de fazer o oposto"*[29], os administradores públicos eleitos preferem ver-se não na condição de garantidores das liberdades substantivas dos administrados, mas como mantenedores da pessoa humana em situação de meros recebedores passivos de benefícios.

Exemplo emblemático da imposição da condição social

---

29. SEM, Amartya. *Desenvolvimento como Liberdade*, p. 11.

de recebedor passivo de benefício é enxergado na forma indevida como se veiculam esses tipos de benesses públicas, a exemplo do "bolsa família".

Sem embargo dos benefícios ocasionados pela distribuição de renda, ajudando na erradicação de parte da miséria, ainda que sem prova efetiva disso porque a atuação é pautada apenas em dados estatísticos, a retórica, aqui, está na forma enganadora como esses benefícios são concretizados, pois não o são como política pública, conforme se veicula no discurso, e sim como política eleitoreira, como instrumento inolvidável na manutenção e perpetuação no poder.

Inabalável a característica política-cooptativa na forma de concessão de tais benefícios, os quais transformam-se em moeda de barganha em todos os pleitos eleitorais, oportunidades em que os beneficiários se veem obrigados a votarem no candidato apoiado pela situação sob o auspício da possibilidade de revogação dessas benesses em caso de vitória da oposição.

Essa vinculação velada do voto pela manutenção dos benefícios é concretizada mediante o uso irresponsável da retórica axiologicamente vazia, pois se materializada sob a vagueza do argumento de "combater a miséria e erradicar a pobreza".

Ninguém nega a erradicação da pobreza e da marginalização, bem como a redução das desigualdades sociais e regionais, como fundamentos da República Federativa do Brasil, consoante mandamento constitucional previsto no artigo 3º, III, da Constituição Federal, e jamais deve-se fazê-lo por questões morais e de comprometimento social, sem prejuízos das consequências por ato de ilegalidade e improbidade. O objeto de insurgência está em transformar esse fundamento constitucional em retórica indigna instrumentalizada em meio impositivo de obtenção de votos, como mecanismo de perpetuação no poder.

Fosse outra a pretensão que não a *perpetuatio*, certamente esses benefícios concedidos às classes em tese menos favorecidas seriam erigidos à norma constitucional, ou seja, restariam assegurados diretamente pela Constituição Federal como cláusula pétrea na vertente dos direitos e garantias individuais (artigo 60, IV), pois não há mais discussão acerca da plena possibilidade jurídica de Emendas Constitucionais dilatadoras dos direitos e garantias individuais, só havendo óbice, imposto pela própria cláusula pétrea, de atos normativos pretensiosos em diminuí-los, quando então seria o caso de invocação do princípio da proibição do retrocesso.

Essa medida seria tranquilamente obtida, se realmente desejada pelos detentores do poder, num momento de amplos e irrestritos enxertos constitucionais como o atualmente vivido, onde a Carta Fundamental é diariamente retalhada para incluir interesses outros que não essencialmente públicos.

Colocada a concessão de tais benefícios sob o manto da cláusula pétrea constitucional, toda e qualquer autoridade eleita deverá respeitá-la como política pública de governo, quando então despir-se-á essa distribuição de renda da veste eleitoreira que hoje a fantasia. A partir desse momento, a retórica que veiculasse a concessão dessas benesses distributivas como política de campanha estaria necessariamente apegada à verdade.

Somente a previsão constitucional desses benefícios não basta, a despeito de representar uma conduta norteadora de efeitos indiscutíveis. Para além de empregar-lhe caráter de política de governo, seria necessário incluir os beneficiários em participação obrigatórias, com também obrigatória obtenção de mérito, em cursos – fundamentais, médios e superiores, ou apenas técnicos especializantes – como condição necessária à participação distributiva, sob pena de confundir-se, como ocorre atualmente, política pública de liberdades substantivas com meros repasses de benefícios.

É a educação a garantidora maior da expansão da liberdade do cidadão pertencente às classes menos favorecidas, pois só a partir dela conferir-lhe-á condições indiscutíveis de igualdade cultural, econômico-financeira e de acesso às facilidades econômicas e oportunidades sociais, assegurando-lhe a dilatação na base de referência (conhecimento) para despertar-lhe o senso crítico.

Enquanto o desenvolvimento social e cultural em níveis insatisfatórios dos integrantes das classes desfavorecidas continuar a ser usado como mecanismo eleitoral de êxito infalível, mais extensivos e incessantes serão os efeitos da retórica enganadora, contribuindo à ausência de consciência coletiva e à desintegração da consciência cívica da população, fatores que exigem um processo contínuo de aperfeiçoamento e que somente apresentam resultados satisfatórios a longo prazo.

Da forma simplória e descomprometida com o desenvolvimento cultural como é materializada, a distribuição de riquezas em comento traz efeitos deletérios estigmatizantes dos benéficos, colocando-os em condição de total dependência partidária já constatada.

Além disso, incute o ócio na mente do beneficiário que, acostumado às condições precárias e sem desenvolvimento educacional bastante para vislumbrar melhores horizontes, conforma-se em deixar de exercer qualquer tipo de trabalho para viver exclusivamente da renda oriunda da política distributiva. Aliás, se voltar ao trabalho e obtiver uma remuneração mínima, o que é necessariamente uma consequência, deixará de estar na faixa financeira do programa e, por evidente, será excluído da participação pública de renda.

O que se vê, em verdade, é um programa fundado na retórica de erradicação da pobreza, porém, seu conteúdo demonstra forte índole partidária e motivadora do desemprego voluntário, contexto que só é útil aos fins eleitoreiros e não para expandir as liberdades substanciais a quem tem direito a pessoa humana.

A pessoa humana desprovida de conhecimento educacional vê, em programas de tal jaez, oportunidade para manter um padrão mínimo de vida sem necessidade de trabalhar, quando então passará a ser alvo de outros comportamentos aproveitadores, como ocorre atualmente nos Estados do Norte e Nordeste, onde os principais alvos do tráfico de substância entorpecente são os beneficiários do "bolsa família", porquanto a mente e o tempo desocupados servem de estímulo e oportunidade de cooptação pelos traficantes, passando o povo a depender não somente do Estado, mas principalmente do traficante como credor primeiro dele.

De que vale o recebimento de quantia mensal ínfima oriunda de programas de distribuição de renda que, divorciado de qualquer carga valorativa educacional, exige, como forma de participação, a negação ao trabalho através do desemprego voluntário? De nada, senão para atender interesses políticos, se lembrarmos que o desenvolvimento requer a remoção das principais fontes de privação da liberdade: pobreza, carência de oportunidades econômicas e destituição social, negligência dos serviços públicos e ausência de um sistema bem planejado de assistência médica e educação, ou, ainda, de instituições eficazes para a manutenção da paz e ordem locais.

É curioso constatar a intensidade dos efeitos de uma retórica injusta sobre as classes menos favorecida social e educacionalmente, transformando seus integrantes em verdadeiras massas de manobra cujo norte altera-se exatamente de acordo com os interesses políticos em voga, e isso fica ainda mais evidente em período eleitoral, quando então o pobre, o miserável, o desprovido do mínimo cultural, mais uma vez é utilizado, agora para vender seu voto a troco de objetos de valor ínfimo, mas que a receita mensal recebida não lhe possibilitou comprar, tudo isso terminando por se diluir num ciclo vicioso e numa mistura infalível que será esquecida, novamente, com o passar do tempo e um bom exercício de retórica política, calhando fivelata, mais uma vez, as precisas lições dos Promotores de Justiça demasiado referidas:[30]

> Povo ignorante não se insurge contra o agente corrupto, o agente corrupto desvia recursos públicos e os afasta das políticas de concreção da cidadania, o povo fica mais ignorante e dependente daquele que o lesou, sendo incapaz de romper o ciclo – quando muito, altera os personagens.

Quem sabe esteja aqui a resposta à indagação do porquê de ainda existirem tantas pessoas pobres e miseráveis no Brasil, ou seja, para garantir a manutenção das políticas eleitoreiras.

Se tivéssemos de nos colocar num dilema insolúvel de escolhermos uma entre as cinco vertentes da liberdade para privilegiar, mesmo sabedores da necessidade de assegurá-las conjuntamente, sob pena mesmo de inutilizarmos todas, certamente a educação seria erigida à liberdade-mãe.

Só o implemento de condições propiciantes do desenvolvimento educacional satisfatório permitirá aos cidadãos, além de todos os benefícios já expostos, exigir a necessidade de sinceridade de seus governantes, a liberdade de lidar com eles sob garantia de dessegredo e clareza.

As *garantias de transparência*, como preconizado pelas lições do mestre indiano[31], *"têm um claro papel instrumental como inibidores da corrupção, da irresponsabilidade financeira e de transações ilícitas"*.

Fácil perceber que o despreparo educacional dos administrados objetam-lhes no uso da retórica vazia para se chegar ao fim maior de quem governa com desinteresse na preservação das liberdades substantivas da pessoa humana: a corrupção.

---

30. GARCIA, Emerson e ALVES, Rogério Pacheco. *Improbidade Administrativa*, p. 23.
31. SEN, Amartya. *Desenvolvimento como Liberdade*, p. 60.

Fábio Medina Osório[32] define precisamente a corrupção como *"uso indevido das atribuições públicas para obter benefícios privados"*.

A corrupção indica o comportamento do agente público que transforma o poder lhe outorgado por lei para obter vantagem indevida para si ou terceiros, desprezando a planos últimos a legítima finalidade pública. Daí porque desvio de poder e enriquecimento ilícito são seus elementos caracterizantes.

Essa patologia social consiste na pior face do ato de improbidade, sendo espécie da qual essa é gênero, e não é fruto atual, mas sim reflexo dos desvios comportamentais praticados em situações passadas, constituindo mera continuação, conforme demonstra bem esse trecho doutrinário:

> Especificamente com relação ao Brasil, a corrupção tem suas raízes entranhadas na própria colonização do País. O sistema colonial português foi erguido sobre os pilares de uma monarquia absolutista, fazendo que Monarca e administradores se mantivessem unidos por elos eminentemente pessoais e paternalistas, o que gerou a semente indesejada da ineficácia. Não bastasse isto, tinham por objetivo comum o lucro desenfreado e, como única ação o desfacelamento das riquezas da colônia a si subjugada, sem qualquer comprometimento com ideais éticos, deveres funcionais ou interesses coletivos. Remonta a esta época a concepção de que a coisa pública é coisa de ninguém, e que sua única utilidade é satisfazer os interesses da classe que ascendeu ao poder (...)
>
> (...) No início do Século XVIII, o contrabando douro, sempre acompanhado dos efeitos deletérios inerentes às práticas dessa natureza (v.g.: evasão tributária e corrupção), se disseminou mesmo no meio religioso. Era prática comum, dentre os denominados 'frades renegados', o transporte de outro em pó no interior das estátuas de madeira que portavam, daí a expressão 'santinho do pau oco' (...)

---

32. OSÓRIO, Fábio Medina. *Teoria da Improbidade Administrativa*, p. 28.

(...) Com a chegada da família real ao Brasil, a distribuição de honrarias e títulos de nobreza foi uma das formas encontradas por D. João VI para conquistar o apoio político e financeiro da elite local, variando a importância dos títulos conforme a intensidade do 'apoio' declinado à Coroa. Em apenas oito anos, D. João VI distribui mais títulos de nobreza que Portugal nos trezentos anos anteriores. Essa elite, destituída de valores éticos e movida pelo espírito de 'troca' ('é dando que se recebe'), ascendeu ao poder e sedimentou um verdadeiro cancro na estrutura administrativa. O tesoureiro-mor de D. João VI, Bento Maria Targini, um dos marcos da época, foi nomeado barão e depois visconde, sendo imortalizado nessa célebre quadrinha: 'quem furta pouco é ladrão / quem furta muito é barão / quem mais furta e esconde, passa de barão a visconde' (...)

(...) No início do século XIX as distorções comportamentais não permaneciam adstritas aos detentores de poder, já estando disseminadas no próprio ambiente social. Thomas Lindley assim se referia ao comportamento dos comerciantes baianos da época: 'em seus negócios, prevalece a astúcia mesquinha e valhaca, principalmente quando efetuadas as transações com estrangeiros, aos quais pedem o dobro do preço que acabarão aceitando por sua mercadoria, ao passo que procuram desvalorizar o que terão de obter em troca, utilizando-se de todos os artifícios ao seu alcance. Numa palavra, salvo algumas exceções, são pessoas inteiramente destituídas do sentimento de honra, não possuindo aquele senso geral de retidão que deve presidir a toda e qualquer transação entre os homens'. Como se percebe, ética e honestidade não eram valores que gozavam de grande prestígio à época...

(...) A proclamação da independência preservou o cenário, limitando-se a modificar os atores. O tráfico negreiro, não obstante os múltiplos tratados e atos normativos firmados, por pressão inglesa, com o objetivo de prescrevê-los, passou a dominar a rotina do Império. Eram medidas 'para inglês ver'. Somente em 1850, quando os ingleses literalmente invadiram os portos brasileiros em busca de navios negreiros e ameaçaram afundar as embarcações que aqui aportassem é que o tráfico foi efetivamente abolido...

(...) Proclamada a República, onde os títulos nobiliárquicos foram proscritos, mas os civis do gabinete presidencial graciosamente elevados á categoria de General de Brigada do Exército Nacional (Decreto de 25 de maio de 1890), a paisagem foi dominada pelas fraudes eleitorais. Nesse período, representatividade política e legitimidade democrática não andavam de braços dados, prática que somente um século depois, com a informatização das eleições, começou a ser contida. [33]

Foi justamente a reiteração de tais práticas, e porque não o refinamento delas, até os dias atuais a responsável pela "institucionalização da corrupção", associando a corrupção às instituições.

A corrupção, portanto, não ocorreu do vácuo existente ou do mero acaso, mas é essencialmente cultural. É, tal como o direito, um fato cultural, porém, de gênese negativa causadora de decomposição e apodrecimento do estado padrão normal ou esperado, uma verdadeira devassidão e perversão de hábitos e costumes.

Esse fenômeno setorial rompe fronteiras e expande-se de forma desenfreada, eis que está associada à fragilidade dos padrões éticos dos agentes públicos num contexto social em que a obtenção de vantagens indevidas é vista como prática comum dentre os cidadãos em geral, tornando-se a via mais rápida de acesso ao poder porque alicerçada em cifras.

O combate à corrupção e a respectiva prevenção pressupõe a solidificação dos padrões éticos, o que só ocorre mediante a implementação de uma política educacional apta a atenuar as mazelas atuais e a depurar as gerações vindouras, estando aí o motivo pelo qual elegemos a educação como liberdade-mãe da pessoa humana.

Elevando os padrões educacionais a níveis satisfatórios permitir-se-á ao cidadão descobrir a real dimensão da sua

---

33. GARCIA, Emerson e ALVES, Rogério Pacheco. *Improbidade Administrativa*, p. 4.

relevância na sociedade, passando a atingir um patamar de conhecimento que lhe assegurará melhor uso dos mecanismos colocados à sua disposição para insurgir-se contra a corrupção, pois *"assim como a presença de comportamento corrupto encoraja outros comportamentos corruptos, a diminuição do predomínio da corrupção pode enfraquecê-la ainda mais. Quando se trata de alterar um clima de conduta, é alentador ter em mente o fato de que cada círculo vicioso acarreta um círculo virtuoso se a direção foi invertida"*[34].

5. O controle das fontes jurídicas: finalidade maior da retórica desvirtuada

Desde os idos atenienses a democracia representa "o governo do povo, pelo povo e para o povo".

Sem embargo de o conceito de "governo" e "povo" sofrerem alterações significativas desde sua origem até a democracia contemporânea, não houve mudança de sua essência, apenas passando "o governo" a ser formado por um corpo de representantes eleitos e "o povo" constituído por todos os cidadãos no pleno exercício de seus direitos políticos, migrando essa forma de governo de direta para representativa, e isso em função da dimensão social atual completamente maior daquela então encontrada em Atenas.

Portanto, a essência da democracia é o governo norteado pela vontade do povo manifestada direta ou indiretamente, através de representantes eleitos que, no Brasil, se dá na forma representativa, pois sua gênese está no direito de as pessoas participarem da vida política, ainda que indiretamente.

Na modalidade representativa os cidadãos elegem representantes, delegando-lhes poder de decidir em seu nome as

---

34. SEN, Amartya. *Desenvolvimento como Liberdade*, p. 354.

leis que deverão ser editadas, sempre fitado a atender os direitos do representados, concretizando os direitos fundamentais desses, daí o Estado Democrático de Direito, conceito afivelado a qualquer Estado que se aplica a garantir o respeito das liberdades civis, ou seja, o respeito pelos direitos humanos e pelas garantias fundamentais através do estabelecimento de um proteção jurídica.

O Estado Democrático de Direito é caracterizado, assim, pela constitucionalização dos direitos fundamentais, cuja posse e exercício por parte dos cidadãos devem ser assegurados como forma de evitar o abuso do poder por parte dos governantes.

Tendo por instrumento uma organização estrutural de normas previamente definidas e hierarquizadas, devidamente conjugadas através de limitadores do exercício do poder político, os representantes eleitos buscam um modelo ideal de gerência de poder que servirá de parâmetro e de aval para atuação legítima do Estado, objetivando, sempre, o cumprimento de determinados valores universais como a dignidade humana, a paz social e a plena liberdade e igualdade substancial.

Portanto, é a Lei Fundamental, servindo de fio de condução às leis infraconstitucionais, que dita os limites dos poderes dos representantes políticos, daí a indispensável submissão de todos, incluindo principalmente o representantes, aos comandos normativos, sempre na acepção de que a lei – em todas as suas formas – representa a vontade popular, já que os cidadãos – o povo – são representados por outros cidadãos eleitos a quem é outorgado, dentre outros poderes, o de legislar em nome e no interesse daquele.

> Os homens que detêm o poder são submetidos ao direito e unidos pelo direito, o que representa uma forma de garantir os cidadãos contra os desmandos do Poder Público,

impondo a submissão deste a um quadro normativo geral e abstrato, disposto de forma prévia e que tem a função conformadora da atividade estatal. Identificada a submissão do Estado ao direito, tem-se o que os germânicos denominaram Estado de Direito..., que é o verdadeiro alicerce do positivismo jurídico, encontrando seu fundamento de validade na norma, sendo esta a fonte primária de sua existência e de todos os atos estatais. A esta concepção, no entanto, deve ser acrescido o elemento aglutinador dos valores e das aspirações que emanam do agrupamento, o que é reflexo da identificação do real detentor do poder: o povo. Com isto, integra-se o aspecto legal com os valores que o antecedem e o direcionam, ensejando o surgimento do Estado Democrático de Direito.[35]

Portanto, a democracia, ostentada no Estado Democrático de Direito, exige dos governantes o exercício do governo pelo povo e para o povo, na modalidade representativa, sempre com observância irrestrita de leis editadas em compatibilidade vertical com a Constituição Federal para não desnaturar a essência da lei como vontade popular. É o caráter substantivo do princípio constitucional da legalidade.

Não se pode negar, porém, que a democracia é reflexo de lenta evolução cultural pautada na contínua maturação da consciência popular, conclusão essa conducente à constatação de que o desenvolvimento da democracia tanto é maior quanto o for o nível de satisfatoriedade do desenvolvimento educacional no Estado.

Sem necessitar discussões abissais, é possível denotar, pelo que já dito quanto ao descumprimento das liberdades substanciais, que o Estado Democrático de Direito no Brasil não ultrapassa as barreiras da retórica.

Mas esse tópico ocupa-se da outra vertente do Estado Democrático de Direito: a que obriga a submissão de todos

---

35. *Improbidade Administrativa*, p. 70.

perante a lei, já que ela, originariamente, deve representar a vontade da maioria democraticamente reconhecida e, também, constituir-se na salvaguarda das liberdades individuais frente a eventuais abusos do poder estatal. Assim o é porque *"o Estado Democrático de Direito não se não se compatibiliza com a prática de atos discriminatórios ou arbitrários"*.[36]

No entanto, não é bem assim.

Os reflexos da retórica enganadora, que se dá em desrespeito às liberdades substanciais já mencionadas, atingem em cheio a expressão do Estado Democrático de Direito que impõe a submissão de todos à lei, causando pensadamente a debilidade democrática como instrumento à facilitação e propagação da corrupção mediante o controle estatal das fontes jurídicas para atender interesses pessoais.

Essa debilidade ocorre porque a corrupção, como resultado da não concretização da *liberdade de transparência*, *"aproveita-se das limitações dos instrumentos de controle, da inexistência de mecanismos aptos a manter a administração adstrita à legalidade, da arbitrariedade de poder e da consequente supremacia do interesse dos detentores da potestas pública face ao anseio coletivo (...) Esse estado de coisas, longe de se diluir com a ulterior transição para um regime democrático, deixa sementes indesejadas no sistema, comprometendo os alicerces estruturais da administração pública por longos períodos. Ainda que novos sejam os mecanismos e as práticas corruptas, os desvios comportamentais de hoje em muito refletem situações passadas das quais constituem mera continuação. Afinal, não é incomum a construção da seguinte lógica: se os meus antecessores lucraram, também eu hei de lucrar no poder"*.[37]

Os intoleráveis índices de corrupção no Brasil são meros desdobramentos de práticas que remontam a séculos, daí porque

---

36. MENDES, Gilmar Ferreira. *Direitos Fundamentais e Controle de Constitucionalidade*, p.83.
37. *Improbidade Administrativa*, p. 8.

desde a sua colonização viveu por poucas décadas com práticas democráticas.

A pureza dos ideais da democracia brasileira restou deturpada por agentes que pretendem não apenas perpetuarem-se no poder, mas também, e principalmente, controlar as fontes jurídicas mediante a elaboração de leis ou atos para facilitar a prática corruptiva ou, pior, para atenuar as consequências legais desse comportamento, máxime com o enfraquecimento dos mecanismos de repressão. Logo, não basta deixar de submeter-se ao rigor da lei, sendo necessário aviltar os poderes constituídos e órgãos de investigação para, assim, limpar o caminho para concretização da corrupção, agora com a possibilidade de responsabilização legal diminuída, senão estéril.

Assim é que o quadro de afronta à democracia assume perspectiva ainda mais dramática quando contextualizado no plano da atividade legislativa com o verdadeiro direcionamento da produção normativa por interesses menos nobres. *"As leis, em geral, ontologicamente voltadas ao bem-estar da coletividade, passam a satisfazer os interesses de grupos específicos, que financiam os parlamentares justamente com esse objetivo... Situação igualmente lamentável reside não na obtenção de vantagens indevidas a partir da produção normativa, mas no delinear as leis punitivas de modo a inviabilizar a apuração e a punição dos atos de corrupção anteriormente praticados. Tais iniciativas, **normalmente acobertadas com a retórica de que buscam aperfeiçoar a legislação de regência**, bem demonstram os efeitos deletérios de um voto impensado, insensível ao passado do candidato e à sua degeneração moral"*.[38]

Essa prática é muito bem evidenciada atualmente com a Proposta de Emenda Constitucional n. 37, cujo objetivo é limitar o poder de investigação do Ministério Público, pretensão

---

38. *Improbidade Administrativa*, p. 11.

essa reiterada pelo Poder Legislador em total afronta à decisão do Supremo Tribunal Federal que, anteriormente, já havia se posicionado pela plena constitucionalidade da investigação por aquele órgão.

Por trás da orientação da atividade legislativa está o apavoramento do representante corrupto em desviar-se da responsabilidade, fazendo-se mister lembrar que *"a ausência de reprovação jurídica às condutas consideradas transgressoras ocasiona frustração das expectativas sociais e impunidade, deteriorando os valores democráticos"*.[39]

6. Conclusão

Um Estado cujos governantes, mediante utilização incessante e reiterada da retórica desvirtuada, não só eximem-se da submissão à lei como também direcionam a atividade legislativa em benefícios particulares, inclusive pretendendo enfraquecer os poderes constituídos e órgãos estruturados para investigar e combater a corrupção, em franca ofensa às liberdades constituídas, máxime as *das garantias de transparência*, pode receber qualquer adjetivo, menos o de "Democrático de Direito".

Os governantes, ao não mais virem limites nos atos de desrespeito às liberdades substanciais, certamente estão demonstrando o anseio emprestar ao poder do cargo ocupado vestes de ilimitado e independente, sendo *"importante tornar dependente o poder, e não suportar que aqueles que dele dispõem obrem segundo os seus caprichos, porque a possibilidade de fazer tudo o que se quer impede de resistir às más inclinações da natureza humana"*.[40]

---

39. Teoria da Improbidade Administrativa, p. 62.
40. O *Capitalismo Humanista. Filosofia Humanista de Direito Econômico*, p. 34.

O uso da retórica, na sua modalidade desvirtuada e enganadora, para deixar de veicular a realização da concreção da cidadania através do asseguramento das liberdades substanciais, como já preconizava Aristóteles em período remontado a séculos, transforma a pessoa humana em coisa por violar a base humanista proclamada no manifesto do Círculo de Viena que outorga ao direito a consciência da essência humana, ou seja, do valor do homem e de todos os homens, dotando a todos e ao planeta de dignidade.

Os governantes, utilizadores contumazes da retórica, devem se dar conta de que a ordem jurídica existe para ser respeitada porque tem uma missão sagrada inflada pelo humanismo antropofílico consubstanciado em encorajar o reconhecimento e concretização dos direitos humanos através da materialização das liberdades substanciais, traduzindo-se na máxima de que o país será tanto mais pacífico, civilizado e sustentável quanto mais ampla for a realização dessas liberdades tendo em vista a dignidade universal da pessoa humana, que é ínsita ao incessante e variável *status* evolutivo do homem.

> A pessoa humana não pode ser classificada como coisa, porque não é objeto do poder potestativo de outrem. A liberdade é inata ao homem, tendo em vista que, para Kant, a pessoa humana não se submete, por natureza, à vontade alheia, não sendo, por via de consequência, apropriável. O homem, portanto, não tem preço; pelo contrário, tem a consciência de seu próprio valor, o que lhe confere dignidade – a secularização jurídica da alma humana... As coisas têm preço; as pessoas têm dignidade... O homem é de dotado de valor próprio, não podendo ser transformado em objeto...[41]

Ao ser proclamada a dignidade da pessoa humana, são postas em destaque suas dimensões objetivas de democracia

---

41. *O Capitalismo Humanista. Filosofia Humanista de Direito Econômico*, p. 116.

e de paz – democracia no sentido universal e além do meramente político, mas também civil, econômica, social e cultural, perspectiva essa da qual o uso irresponsável da retórica passa ao largo, acabando mesmo por desvirtuar a própria essência dessa forma de governo.

A retórica axiologicamente vazia se transforma, num contexto político de destituição social sistemática como o do Brasil, em mecanismo eficiente a serviço do mau, que invariavelmente é utilizado com consequências sociais amplamente degradantes.

A sociedade brasileira vive, neste exato momento, um acesso de indignação porque está a se dar conta dos efeitos maléficos da retórica política enganadora, percebendo sua utilização destorcida vocacionada à satisfação dos mais diferentes interesses pessoais.

A sociedade pretende, indos às ruas, mais do que demonstrar a indignação com tantos desvios comportamentais, também ressaltar que *"o direito deixa de ser visto apenas como ato de força estatal. Não basta que as leis, principais veículos introdutores da base das normas jurídicas, sejam exaradas por quem detenha a soberania legislativa. Nenhum órgão estatal detém, sozinho, as fontes jurídicas"*.[42]

Se os direitos humanos *"não admitem o direito como mero ato de autoridade, despido de finalidade e de significado humanístico"*,[43] também não se pode permitir que a retórica – instrumento de concretização daqueles através da realização das liberdades substantivas – o seja.

A retórica é mecanismo eficientíssimo na formação de opiniões e na condução dos interesses públicos, não podendo permitir-se que o esvaziamento ético e depreciação semântica oriunda do seu desvirtuamento a transforme em arma do mau,

---

42. BECHO, Renato Lopes. *Filosofia do Direito Tributário*, p. 236.
43. *Ibidem*, p. 238.

sendo imperioso recuperar sua gênese de imbricação inseparável com a verdade.

Bibliografia

ADEODATO, João Maurício. *Ética & Retórica. Para uma teoria da dogmática jurídica*, 5ª ed. São Paulo, Saraiva, 2012.

ARISTÓTELES. *Retórica*, vol. VIII, tomo I, 2ª ed. Imprensa Nacional-Casa da Moeda, Coimbra, fevereiro de 2005.

BECHO, Renato Lopes. *Filosofia do Direito Tributário*. São Paulo, Saraiva, 2009.

BITTAR, Eduardo C. B. e ALMEIDA, Guilherme Assis de. *Curso de Filosofia do Direito*. 8ª ed. São Paulo, Atlas, 2001.

GARCIA, Emerson e ALVES, Rogéria Pacheco. *Improbidade Administrativa*, 6ª ed., Rio de Janeiro, Lúmen Júris, 2011.

MENDES, Gilmar Ferreira. *Direitos Fundamentais e Controle de Constitucionalidade. Estudos de Direito Constitucional*, 4ª ed. São Paulo, Saraiva, 2012.

OSÓRIO, Fábio Medina, *Teoria da Improbidade Administrativa. Má gestão pública. Corrupção. Ineficiência*, 2ª ed., São Paulo, Revista dos Tribunais, 2010.

PERELMAN, Chaïm e OLBRECHTS-TYTECA, Lucie. *Tratada da Argumentação. A nova retórica*. São Paulo, Martins Fontes, 2005.

PERELMAN, Chaïm. *Retóricas*, São Paulo, Martins Fontes, 2004.

SAYEG, Ricardo e BALERA, Wagner. *O Capitalismo Humanista. Filosofia Humanista de Direito Econômico*, 1ª ed., Petrópolis/RJ, KBR, 2011.

SEN, Amartya. *Desenvolvimento como liberdade*. São Paulo, Companhia de Bolso, 2012.

AS ANTINOMIAS NO DIREITO

Herbert Cornelio Pieter de Bruyn Júnior[1]

RESUMO

Considerado o Direito como um fenômeno cultural, em especial linguístico, este trabalho tem por escopo apontar como essa característica, bem como a natural ambigüidade semântica e a complexidade constitucional, decorrente da adoção de valores – que frequentemente precisam ser balanceados com outros a eles contrapostos – tornam inevitável a ocorrência de antinomias, a despeito de se reconhecer o Direito como um sistema. Também aponta como a implementação das normas gerais e abstratas por numerosas autoridades para isso competentes e o caráter analítico da Constituição brasileira incrementam a possibilidade de surgimento de antinomias. Dissecadas suas origens, são abordados os meios e os critérios ofertados pelo sistema para a solução das antinomias aparentes, assim como para aquelas instaladas entre esses diferentes critérios de resolução. Ao fim, é demonstrada a importância

---

1. Juiz Federal em São Paulo. Doutorando em Direito do Estado, Mestre em Direito Constitucional e Especialista em Direito Público pela PUC/SP. Especialista em Direito Aduaneiro (ESAF) e Direito Tributário (CEEU).

da hermenêutica nessa questão e a necessidade de, em qualquer fenômeno jurídico, atentar-se para os vários aspectos que influenciam a formação da norma legal.

1. Introdução

Embora cedo o aluno se depare com a problemática da antinomia nos cursos jurídicos, logo em seu primeiro ano essa circunstância, longe de traduzir a facilidade ou a tranquilidade do tema, revela, na verdade, o seu caráter fundamental, cujo conhecimento é imprescindível para o aplicador do direito.

Não poucas vezes surgem problemas práticos, complexos, de aplicação do direito posto, que exigem do intérprete – sempre imbuído da pretensão de atribuir a melhor interpretação às normas jurídicas – argúcia e conhecimento para a superação do problema e o estabelecimento do seu significado.

Estruturalmente fechados, os próprios sistemas jurídicos costumam prever os padrões de conduta observáveis nessas situações, com vistas à resolução do dilema. Muitas vezes, todavia, pode ocorrer de os critérios ofertados por um dado ordenamento mostrarem-se insuficientes para a resolução do problema. São momentos delicados, dolorosos para o intérprete, pois, a depender da ideologia abraçada, da acuidade no manejo da técnica e da sutileza do pensar e do sentir do hermeneuta, diverso será o resultado obtido, com suas respectivas consequências.

A dificuldade nessas ocasiões, no entanto, não exsurge apenas da constatação, no interior do sistema, de uma aparente contradição entre dois enunciados jurídicos gerais e abstratos de envergadura semelhante, determinantes de comportamentos opostos e obrigatórios; decorre, principalmente, da necessidade de se implementar, no plano concreto, a conduta neles descrita, a despeito da perplexidade.

Com efeito, como construir uma norma individual e concreta (decisão administrativa ou judicial, *v. g.*) lastreada em comandos gerais e abstratos aparentemente contrários sobre o tema? Ademais, há a imperiosidade de lidar-se com a insegurança jurídica e todas as suas consequências. Essa é a problemática posta.

Nessa apreciação, todavia, é preciso distinguir o âmbito do Direito Positivo, naturalmente prescritivo – a cujo respeito importa apenas a existência de enunciados aparentemente contrários entre si e a construção das normas individuais e concretas pelo operador do direito (juiz, servidor público ou mesmo particular), em consonância com as normas gerais e abstratas (*v. g.*: a sentença, o ato administrativo ou um contrato) –, daquele relativo à Ciência do Direito, eminentemente descritivo, cuja função consiste em apontar, discutir e apresentar as possíveis soluções para o fenômeno. Isso porque, enquanto na Ciência do Direito o sujeito limita-se a contemplar a contradição apenas sob o ponto de vista conceitual, para depois desenvolver sua análise e formular uma conclusão sobre a situação, propondo um meio para a superação do problema, no campo do Direito Positivo o aplicador da lei, ainda que inseguro sobre a conduta a adotar, vê-se forçado a tomar uma decisão antes de construir a norma concreta.

Nesse caso, em que fatalmente atenderá a uma norma para desatender a outra, sua decisão deverá ser tomada em conformidade com os procedimentos previstos no ordenamento jurídico, ainda que, em situações específicas, seja verificada sua insuficiência para a resolução da questão.

Desse modo, a depender da posição ocupada pela pessoa no processo de elucidação da norma aplicável, diversa será sua perspectiva acerca do fenômeno. Uma será a dos observadores externos ao processo: cientistas, cidadãos, etc.; outra será a dos aplicadores da lei. Nada anormal; semelhante realidade apenas ressalta a natureza cultural do direito, o qual, alicerçado sobre linguagem própria, mostra-se apto a diferentes interpretações.

Enquanto, por exemplo, à parte – postulante no processo administrativo ou litigante no judicial – e a seu advogado a visão do fenômeno resume-se, a depender do caso, à perplexidade e à opção pela forma de interpretação mais favorável, para o que a pessoa habilitada fará os arrazoados pertinentes, nada exime o aplicador do direito, a despeito de maior ou menor dificuldade, seja ele autoridade administrativa ou judiciária – obrigado, pelo próprio sistema jurídico –, de determinar a regra individual e particular regente do caso. Afinal, conforme o velho brocardo, o juiz não se escusa de aplicar a lei, sob pretexto da existência de lacuna ou obscuridade.

Em suma, enquanto, na dialética estabelecida, dentro do procedimento de aplicação da norma, incumbe às partes elaborar argumentos a elas favoráveis, lastreados em uma interpretação do direito e dos fatos, a qual deverão comprovar, aos aplicadores do direito, por obrigação legal, cabe construir uma interpretação justa, imparcial, razoável e bem fundada no sistema jurídico, de modo a resolver o problema prático apresentado com a antinomia.

Para terceiros observadores – sejam pessoas interessadas, não participantes da dialética envolvente do processo de construção da norma individual e concreta, sejam leigos, em geral, para os quais a perplexidade será tanto maior quanto mais vívida for a aparente incoerência do sistema, ou, ainda, sejam cientistas do direito, cuja principal tarefa reside em observar o ordenamento e, tiradas as conclusões, apresentar críticas e possíveis soluções para essa espécie de problema –, a visão pode ser outra, bastante distinta.

Basta essa breve visão do fenômeno, sob seu aspecto pragmático, isto é, referente à aplicação das normas, para que se notem alguns de seus traços mais básicos: a dificuldade gerada pela existência de normas determinantes de condutas contrárias; o caráter cultural do direito, que, deduzido em linguagem própria, revela-se passível de interpretações variáveis conforme o sujeito; a existência de determinados critérios, dentro do sistema, tendentes a superá-lo; e, por fim, a impossibilidade de deixar de dar resposta ao problema.

Por isso, para melhor compreensão do fenômeno em estudo, recomenda-se uma análise tridimensional, no âmbito da Semiótica, pela qual, a par da perspectiva pragmática do fenômeno, efetuem-se, outrossim, digressões sobre suas dimensões sintática (normativa) e semântica (significativa), com o fito de obter o maior grau de eficácia possível nessa construção.

2. Enunciado e norma jurídica

É incontroverso, nos tempos atuais, ser a linguagem o esteio sobre o qual se funda a cultura, seu fundamento essencial.[2] Considerada a natureza social do ser humano, já destacada por Aristóteles, diferentes formas de comunicação são construídas, sempre com o propósito de colocá-lo em contato com o "outro": aquele perante o qual o indivíduo precisa ajustar-se, seja com o fito de suprir suas próprias necessidades – biológicas, emocionais, sociais ou econômicas – seja com o fito de fazer frente às dificuldades advindas da natureza ou de outros homens.

Nesse sentido, a partir da linguagem são constituídas a sociedade e a cultura, não se podendo imaginar expressão cultural alguma não assentada sobre ela. É o caso do Direito, que se apresenta como um código de linguagem artificial, porquanto conscientemente construída com alicerces na linguagem natural, com o específico propósito de regular as condutas intersubjetivas verificadas no seu campo de atuação, para direcioná-las a um determinado fim. Por meio de linguagem técnica, o Direito cunha expressões com significado determinado, para possibilitar a convivência do modo mais racional e satisfatório para o ser humano. Nessa linha, sob uma determinada forma, essa linguagem

---

2. ARAUJO, Clarice von Oertzen de. *Semiótica do Direito*, p. 17.

visa estabelecer as condutas de observância ou vedação taxativas, bem como as que, por não revelarem nítido valor ou desvalor em seu âmago, são deixadas ao alvedrio dos cidadãos, para que decidam, por sua vontade, se querem perfilhá-la ou não. Esse é o sentido subjacente à afirmação segundo a qual à estrutura da norma jurídica somente correspondem os modais deônticos "obrigatório", "proibido" e "permitido", ainda que nem sempre a estrutura do enunciado aponte isso de modo imediato.

Em resumo: o Direito posto, ao estabelecer uma linguagem artificial sobre a linguagem comum, modaliza as condutas consideradas obrigatórias, proibidas ou permitidas, com o intuito de regular as relações humanas à luz dos valores considerados fundamentais na sociedade. Bem dissecada a norma jurídica, portanto, certo se avista que, à parte da linguagem que lhe serve de substrato, ela possui sua estrutura fixada a partir de um dos modais deônticos assinalados, à qual se agrega determinado conteúdo (carga semântica), à vista de certos valores.

A mensagem emitida pelas autoridades competentes, todavia, ou seja, o conteúdo da norma, não se apresenta pronta e acabada, a possibilitar sua imediata compreensão. Estruturada por seu emissor segundo a significação própria pretendida por este, em consonância com sua ideologia e experiência, ela é repassada ao destinatário conforme o código comunicativo estruturado na mente do emissor, que, inescapavelmente, age sob o influxo dos fatores apontados. Cabe ao destinatário, influenciado por sua própria maneira de ver o mundo, isto é, sua cosmovisão, recolher a mensagem veiculada e construir seu significado por meio da interpretação. Desse modo, como afirma Aurora Tomazini de Carvalho, o destinatário só tem acesso ao suporte físico, isto é, ao texto bruto no qual se insere o enunciado. Com base neste – seu ponto de partida – ele irá construir e obter, por meio de processos hermenêuticos, a significação contida na mensagem.[3]

---

3. CARVALHO, Aurora Tomazini de. *Curso de Teoria Geral do Direito*, 3ª ed. São Paulo: Noeses, 2013, pp. 162/163.

Evidentemente, porém, como toda expressão linguística, os enunciados jurídicos não escapam da ambiguidade[4], pois, ainda que a Ciência do Direito seja uma ciência, por utilizar-se da linguagem comum sobre a qual estrutura a linguagem de cunho técnico, ela não deixa de se valer de inúmeras expressões hábeis a assumir diferentes significações. Trata-se de consequência natural do uso de linguagem diversa daquelas de índole lógica e codificada, como as encontradas no âmbito das Ciências Exatas, nas quais, por isso, são extremamente raras as possibilidades de equívocos dessa natureza.

A esse respeito, afirma Juan Ramón Capella:

> Interpretar consiste em estabelecer uma relação o mais unívoca possível entre uma série de signos e uma série de significados. O direito se expressa em uma linguagem comum e só parcialmente técnica. As 'reconstruções dos fatos' se expressam em linguagem comum. Pois bem: em qualquer linguagem não completamente técnica apresentam-se sempre amplas zonas de indeterminação e elasticidade, de vaguidade conceitual e ambiguidade sintática. A respeito do significado preciso de certas normas um intérprete dotado de autoridade pode experimentar vacilações ou vários intérpretes especulativos podem diferir entre si, em ambos casos razoavelmente.[5]

Daí porque toda proposição jurídica requer, imprescindivelmente, um processo de interpretação,[6] ainda que, por vezes, dada sua simplicidade, ele possa ser concluído de maneira

---

4. CARVALHO, Aurora Tomazini de, op. cit., p. 281.
5. CAPELLA, Juan Ramón. *Elementos de Análisis Jurídico*. Madrid: Editorial Trotta, 1999, p. 137 (tradução livre).
6. Sobre esse entendimento, hoje dominante, salienta Carlos Maria Cárcova: "Sabemos, há muito tempo, desde Wittgenstein, desde Eco e sua 'Obra Aberta', que toda mensagem precisa ser interpretada e que isso implica a necessidade de tornar compatíveis os códigos do emissor e do receptor". (CÁRCOVA, Carlos Maria. *Opacidade do Direito*. Tradução de Edílson Alkmin Cunha. São Paulo: LTr, 1998, p. 41).

quase imediata. E, ao realizá-lo, isso há de ser feito tomando-se não apenas o conjunto de palavras componentes do próprio enunciado, mas tendo em consideração, também, a totalidade do sistema jurídico, uma vez que as normas jurídicas não se apresentam isoladas, mas sempre em relação de coordenação e subordinação com as demais normas. É o que a doutrina denomina de "dialogismo": a relação de sentido firmada entre dois textos que se impõem pesquisar, quando se busca estabelecer o sentido e o alcance de determinada proposição.[7] É nesse contexto que Gregorio Robles Morchón estabelece somente ser possível determinar o significado do sistema como conjunto de proposições, se estas forem investigadas em sua relação recíproca, tal como as regras só são inteligíveis pela construção do significado do sistema e vice-versa.[8]

Muitas vezes, a tarefa não é fácil, pois, à parte as dificuldades naturais de comunicação (sempre existentes), decorrentes de eventuais diferenças entre as experiências e as ideologias do emissor e do intérprete, bem como a ambiguidade das palavras, há, ainda, inúmeros fatores que, cada vez com maior insistência, vêm incrementá-las. Nesse ponto, quanto maior a complexidade da vida social, mais eles se avolumam, a dificultar a tarefa hermenêutica. É o que decorre, por exemplo, da institucionalização de um efetivo respeito ao pluralismo em todas as suas vertentes (cultural, econômica, política), das rápidas mutações tecnológicas e dos costumes, bem como da globalização, a encurtar distâncias e disseminar novas visões de mundo. São todos fatores que se retroalimentam cada vez mais incisivamente.

Nessa linha, conclui-se serem realidades fáticas distintas o texto bruto – suporte físico sobre o qual restam inscritos os

---

7. CARVALHO, Aurora Tomazini de, op. cit., p. 167.
8. MORCHÓN, Gregorio Robles. *As Regras do Direito e as Regras dos Jogos: Ensaio sobre a Teoria Analítica do Direito*. São Paulo: Noeses, p. 91.

enunciados jurídicos estabelecidos pela autoridade competente em conformidade com o procedimento formalmente previsto no sistema – e a norma jurídica, formada a partir da interpretação desses enunciados pelo destinatário.[9]

Mais especificamente, consoante aponta a corrente do construtivismo lógico-semântico, que tem por base a teoria da linguagem, tratar-se-ia de quatro realidades distintas:

a) O plano dos enunciados prescritivos responsáveis por expressar fisicamente o Direito Positivo, isto é, o "conjunto estruturado de letras, palavras, frases, períodos e parágrafos graficamente manifestados nos documentos produzidos pelos órgãos de criação do direito (S1)";[10]

b) O plano das proposições, ao qual se galga após proceder às primeiras interpretações do conjunto de símbolos inseridos no texto bruto, de modo a atribuir algum sentido aos índices gráficos. Por se tratar de interpretações incipientes, não é nesse plano que se estruturam os significados prescritivos, deônticos; para tanto, é preciso, ainda, como ensina essa doutrina, estruturá-los sob a forma hipotético-condicional – dada a hipótese H, deve ser a consequência C (S2);

c) O plano das proposições estruturadas de forma hipotético-condicional, correspondente às normas jurídicas em sentido estrito (S3);

---

9. Ressalte-se, uma vez mais, a ambiguidade que também cerca a expressão "norma jurídica": aplicável, para Gregorio Robles Morchón, tanto para os enunciados como às significações construídas pelo intérprete (*apud* CARVALHO, Aurora Tomazini, op. cit., pp. 281/282); Ricardo Guastini aponta-lhe inúmeros significados, antes de sugerir que se reserva à "norma" o sentido de conteúdo significativo, dependente da interpretação dos enunciados (Guastini, Riccardo. *Distinguiendo, Estúdios de Teoria y Metateoria del Derecho*. Barcelona: Gedisa Editorial, 1999, pp. 100/101). Assumimos, aqui, a posição dessa autora, bem como a de Paulo de Barros Carvalho (In: *Direito Tributário, Linguagem e Método*. 5ª ed. São Paulo: Noeses, 2013, pp. 85 e 128).

10. CARVALHO, Aurora Tomazini de, op. cit., pp. 240/241.

d) O plano do sistema, correspondente à significação atribuída à proposição pelo intérprete, após observar os vínculos, de coordenação e subordinação, por ela estabelecidos com as demais normas existentes no sistema (S4).

Simplificando, Paulo de Barros Carvalho denomina os dois primeiros planos (S1 e S2) de "norma jurídica em sentido amplo" e os dois últimos (S3 e S4) de "norma jurídica em sentido estrito". A primeira, referente ao suporte físico do texto e seus significados isolados, é ainda incapaz de expressar um conteúdo deôntico completo; a segunda, correspondente à sua significação resultante da articulação de significações decorrentes da análise do sistema, exprime uma mensagem deôntica completa.[11]

Isso porque, como se sabe, para o alcance de sua função, nunca as normas jurídicas existem isoladamente; inserem-se, sempre, em um contexto no qual *coexistem* com outras, embora de diferentes funções e com distinta posição hierárquica, perante as quais adquirem um significado.[12]

Todavia, saliente-se que, se a formulação linguística, cunhada à luz de um valor, é um dos aspectos sobre os quais se estrutura a norma jurídica, é impossível olvidar dos demais aspectos vinculados à sua forma.

3. Breves noções sobre a estrutura da norma jurídica

Evidentemente, se a pretensão é estabelecer o real significado de uma antinomia, situando-a em meio ao fenômeno jurídico, para, a partir daí, discutir a maneira de tratá-la, não se poderia olvidar do caráter linguístico existente na norma, bem como da forma pela qual essa linguagem se apresenta,

---

11. CARVALHO, Aurora Tomazini de, op. cit., pp. 283/284.
12. CARVALHO, Paulo de Barros, op. cit., p. 137.

independentemente do seu conteúdo material. Nesse passo, como já adiantado, a proposição jurídica nunca teria caráter descritivo, próprio das Ciências, mas índole prescritiva, na medida em que atribui certas consequências às condutas esperadas nas relações interpessoais.

Trata-se, também, de um juízo, porquanto representa uma tomada de posição – uma decisão – sobre determinados fatos sociais, aos quais se imputa, na hipótese de sua ocorrência, certa consequência. Por isso, afirmava Kelsen, a norma jurídica corresponderia a um juízo hipotético condicional: descreveria hipóteses fáticas possíveis de ocorrer na sociedade, para, a partir delas, determinar as consequências previstas.[13] É para lograr esse resultado que ela utiliza a fórmula deôntica, isto é, do dever-ser (dado H, deve ser C).

Em sua primeira fase de pensamento, Kelsen idealizava a norma jurídica como um duplo juízo hipotético: tratar-se-ia, assim, de uma estrutura binária, composta por uma norma primária e outra secundária, esta subordinada àquela. Nessa formulação, a verdadeira norma seria a primária, correspondente à sanção; a outra, apontando a conduta desejada (norma secundária), estaria implícita na primária.

Muito combatida essa hierarquização, porquanto o que ordinariamente ocorreria seria o espontâneo acatamento da norma e não a aplicação da sanção, Kelsen acabou por rever seu posicionamento para considerar principal – ou seja, a primária – aquela que determina comportamentos e secundária a que é sancionatória, assim como para reconhecer seu caráter imperativo; sem isso, ter-se-ia apenas Ciência do Direito.

Noutra linha, partindo da formulação de Kelsen, o jurista argentino Carlos Cossio veio ressaltar sempre haver, em

---

13. DINIZ, Maria Helena. *Conceito de Norma Jurídica como Problema de Essência*. São Paulo: RT, 1979, p. 73.

qualquer norma, a alternativa do seu cumprimento ou da sua violação. A seu ver, portanto, haveria um juízo hipotético disjuntivo (decorrente da conjunção "ou"), no qual a norma primária (de conduta) e a norma secundária (sancionatória) constituiriam uma só. A nomenclatura por ele utilizada, no entanto, é diversa da de Kelsen, por chamar de endonorma aquela prescritiva de conduta e de perinorma a definidora da sanção.[14]

Brotaram algumas críticas a essa posição, como a de Jorge Millas, sob o argumento de que, ocorrente a proposição disjuntiva, não poderiam subsistir, simultaneamente, duas relações antagônicas: só poderia haver o cumprimento ou a sanção; nunca os dois juntos. Por isso, para ele, ao contrário, a norma jurídica constituiria uma "coordenação conjuntiva de duas proposições hipotéticas", pois sempre o desdobramento ocorreria em duas fases: uma relativa ao dever-ser decorrente da conduta exigida e outra pertinente ao dever-ser da perinorma, a implicar o dever-ser da conduta principal. Simplificando, consistiria dizer: se é A, deve ser B; e, se não é B, deve ser S.[15]

Naturalmente, não se pretende, no estreito âmbito deste trabalho, tecer mais aprofundadas discussões acerca da natureza da norma jurídica do ponto de vista de sua estrutura lógica; elas refugiriam à sua finalidade. O importante, no caso, é a noção da norma como um juízo hipotético condicional, no qual se enlaçam tese e consequência por meio da cópula lógica do *dever-ser* (dada a hipótese H, deve ser a consequência C; se não implementado C, deve ser a sanção S), bem como seu caráter imperativo, capaz de se impor, sob os auspícios do Estado, coercitivamente.

Nesse passo, independentemente do cumprimento, pelo indivíduo, da conduta prescrita na norma geral e abstrata, o

---
14. DINIZ, Maria Helena, op. cit., pp. 75/76.
15. DINIZ, Maria Helena, op. cit., p. 79.

que nela há é a previsão de uma relação de implicação – análoga àquelas de causalidade, próprias das Ciências Exatas – segundo a qual, implementado o fato descrito na hipótese, a consequência deverá ser, sempre, o estabelecimento de uma relação jurídica nos moldes preconizados pela norma jurídica. Atendida a norma, forma-se o vínculo nela descrito; desatendida, essa circunstância forma o antecedente da norma secundária, que "implica" o surgimento de outro tipo de relação jurídica, dessa feita pertinente à sanção aplicável ao citado descumprimento.

Para que tal se imponha, isto é, para que a norma jurídica alcance sua finalidade, tem-se que nada mais do que três modalidades de condutas sejam estabelecidas: as obrigatórias, as proibidas e as facultadas (ou autorizadas), que, no plano lógico-formal, serão representadas pelos modais deônticos O (obrigatório), V (proibido; vedado) e P (permitido). É o dever-ser irradiado a partir desses modos que constitui a estrutura formal da proposição deôntica; sem ela, faltaria estrutura à norma.[16]

Assim posta a questão, cabe atentar que jamais semelhantes juízos estarão desvinculados de uma apreciação axiológica sobre o fato social considerado. Por se tratar de uma ciência cultural, profundamente impregnada pelo modo de pensar, sentir e agir de uma certa comunidade em determinada época,[17] forçosamente cada opção – seja na escolha do fato a ser disciplinado juridicamente, seja na decisão sobre a conduta mais recomendável ou, ainda, sobre a melhor maneira de se aplicar a norma geral e abstrata ao fato concreto – sempre conterá um juízo de valor profundamente impregnado

---

16. VILANOVA, Lourival. *As Estruturas Lógicas e o Sistema do Direito Positivo.* São Paulo: Max Limonad, 1997, p. 72.

17. Referimo-nos à definição de cultura ofertada por Guy Rocher, catedrático das Universidades de Quebec e Montreal, a partir da definição de E. B. Tylor (ROCHER, Guy. *Sociologia Geral.* 3ª ed. Lisboa: Presença, 1977, p. 198).

pela ideologia preponderante naquela sociedade à época, assim como pela ideologia perfilhada pelo legislador ou intérprete da norma, no que importam, também, suas vivências pessoais.

Não é por outra razão que o inesquecível Miguel Reale, jusfilósofo de alcance internacional, ao formular sua *Teoria Tridimensional do Direito*, conferia especial realce à dimensão axiológica do Direito em contraposição à norma e ao fato, suas outras dimensões. Não que sejam destacáveis, como ele deixa claro que não são, mas trata-se de elementos correlacionados dialeticamente entre si dentro de uma unidade integrante.[18] Em sua concepção culturalista, "o direito não é puro fato, nem pura norma, mas é o fato social na forma que lhe dá uma norma racionalmente promulgada por uma autoridade competente, segundo uma ordem de valores".[19] Por isso, após apontar a impossibilidade de compreender o Direito, isoladamente, por apenas um de seus elementos, seja o fático, o técnico-formal ou o axiológico, e os equívocos que tal visão geraria, Reale destaca que, por ser uma projeção do espírito humano, o Direito é o lugar onde se atualiza a justiça.[20]

Mesmo Kelsen, em sua fase mais adiantada, admitiu claramente, sem maiores subterfúgios, a importância dos valores no Direito. A esse respeito, embora reconheça a dificuldade de a Teoria Pura do Direito responder sobre a justiça ou a injustiça de uma lei, por ser impossível fazê-lo cientificamente, deixa claro que, paralelamente a essa questão – que revelaria um juízo subjetivo de valor quanto à ordem jurídica ou à conduta dos criadores da lei (o valor de justiça) – haveria o

---

18. REALE, Miguel. *Teoria Tridimensional do Direito*. São Paulo: Saraiva, 1968, p. 64.
19. REALE, op. cit., p. 75, em autocitação da obra *Fundamentos do Direito*. São Paulo, 1940, pp. 301-302.
20. REALE, Miguel. *Filosofia do Direito*. São Paulo: Saraiva, 2º vol., 1969, pp. 614/615.

julgamento de valor que qualifica a conduta de uma certa pessoa como lícita (correta) ou ilícita (errada).[21]

De outra parte, importa salientar que não só normas gerais e abstratas, isto é, classes de hipóteses idealizadas, suscetíveis de inúmeras confrontações com o mundo fático, nas quais se constata sua obediência ou não pela generalidade das pessoas (de modo impessoal), compõem o sistema.[22] Também normas individuais e concretas são de relevo, por permitirem a mediação entre o dever-ser colocado em um plano mais elevado, abstrato, pertinente à idealização de uma possível ocorrência fática, e o dever-ser mais concreto, estabilizador de uma relação jurídica perfeitamente individualizada entre dois sujeitos.

Com efeito, não há apenas regras dirigidas à generalidade da nação com base em juízos hipotéticos e abstratos (*v. g.*, normas legais que determinam que, obtendo aprovação em concurso público, com observação das condições prescritas na legislação e no edital, o indivíduo poderá ser nomeado para o cargo público correspondente); há, outrossim, normas pertinentes à relação entre pessoas determinadas, editadas pelo agente competente diante da constatação de se haver implementado o fato previsto na norma geral e abstrata, que vem criar relações jurídicas concretas (*v. g.*, quando, considerada a aprovação no concurso e obedecidos os requisitos legais, a autoridade nomeia o aprovado para o cargo "x", a partir da data "y"). Nesse último caso estão os atos administrativos, as sentenças, os contratos, dentre outros.

4. As antinomias no sistema jurídico

Não obstante, quando se fala em sistema jurídico, o primeiro

---

21. KELSEN, Hans. *Teoria Geral do Direito e do Estado*. 2ª ed. São Paulo: Martins Fontes, 1992, p. 51.
22. GUASTINI, Riccardo. *Distinguiendo, Estúdios de Teoria y Metateoria del Derecho*. Barcelona: Gedisa Editorial, 1999, p. 95.

pensamento a vir à tona é sempre aquele pertinente ao conjunto de regras jurídicas aplicáveis em determinado momento e em certo território, numa visão estática; portanto, não se pode perder de vista, como advertia Kelsen, a necessidade de se vislumbrar o fenômeno também sob o prisma dinâmico, referente à modificação das normas ao longo do tempo. É o que ocorre quando as autoridades legalmente autorizadas, ou seja, competentes, criam enunciados prescritivos que se juntam aos já existentes ou, ainda, quando se opera a revogação de um enunciado anteriormente válido, substituindo-o ou não por outro. Transmuda-se, pois, a visão estática, metaforicamente sugerida como uma fotografia do sistema no momento A, para uma perspectiva dinâmica, procedimental, na qual o ordenamento encontra-se em contínua mutação, como em um filme. Por isso, diz Kelsen, enquanto o sistema estático limita-se a apontar as regras de conduta exigíveis em um dado momento, o dinâmico pode demonstrar o fundamento de validade das normas no sistema.[23]

Certamente, em decorrência dessa dinâmica, potencializa-se a possibilidade de contraporem-se comandos variados, não só pela diversidade de autoridades validadas, em maior ou menor grau e extensão, a exercerem poderes normativos, como, também, pela contínua modificação do sistema, cada vez que uma norma nele ingresse ou dele saia. Não há só o legislador ordinário, vinculado a um órgão, editando as normas gerais e abstratas do sistema. Há, ainda, o constituinte, originário e derivado – circunstância que adquire assaz relevo em um país como o Brasil, cuja Constituição apresenta-se sobremaneira analítica –, e as autoridades administrativas e judiciais competentes para a emissão, em especial (embora não só), de normas individuais e concretas, bem como, considerado o sistema federativo, as autoridades estaduais, no Legislativo, Executivo e

---

23. KELSEN, Hans. *Teoria Pura do Direito*. 6ª ed. São Paulo: Martins Fontes, 1999, p. 219.

Judiciário, e, ainda, as municipais, cada qual podendo compor, segundo sua esfera de competência, tanto normas gerais e abstratas quanto normas individuais e concretas, com o fim de regular a conduta social.

Nesse contexto, portanto, é perfeitamente plausível pensar a possibilidade de coexistirem, em determinado momento, duas normas contrapostas, determinando condutas diversas. É o que se denomina de "antinomia": a contradição entre duas normas simultaneamente válidas no sistema.

Como já afirmava Bobbio, a dificuldade é tradicional no Direito. Sua existência, inclusive, amiúde tem servido para embasar os argumentos daqueles que advogam não consistir o Direito um sistema, pois, se assim fosse, seriam intoleráveis as antinomias. Todavia, a questão é antiga, como expõem duas constituições de Justiniano no Digesto, quando, utilizando textualmente a expressão "antinomia", ele afirma não existirem, nessa obra, normas incompatíveis entre si.[24]

A grande questão, portanto, é se pode um sistema apresentar incoerências em seu interior e, caso o possa, qual das normas eliminar, se não ambas, para possibilitar a ordenação do fato social subjacente.

A resposta, a esse respeito, somente pode ser uma: em decorrência da dinâmica do Direito e da pluralidade de órgãos competentes, nos termos da legislação, para o estabelecimento de normas, são perfeitamente comuns as antinomias no sistema. Nessas condições, nem mesmo o fato de elas supostamente derivarem de uma norma hipotética fundamental (o que as conectaria com um princípio unificador), consoante admitiu Kelsen, basta para afastar a probabilidade de sua ocorrência, pois, a despeito da relativa racionalidade inerente às diferentes

---

24. BOBBIO, Norberto. *Teoria do Ordenamento Jurídico*. 10ª ed., Universidade de Brasília, 1999, p. 81.

formas de linguagem, "não se pode naturalmente negar-se a possibilidade de os órgãos jurídicos efetivamente estabelecerem normas que entrem em conflito umas com as outras". O exemplo ofertado pelo mestre é o de uma norma determinar que o adultério deve ser punido e outra regrar que não o seja, ou uma determinar que o furto seja punido com a morte e outra, com a prisão.[25]

Assim, o que, na verdade, responde à questão aventada, qual seja, se pode um sistema jurídico apresentar antinomias, é a constatação de que não se trata de um sistema lógico, perante o qual diante de uma norma verdadeira a outra só pode ser falsa, mas de algo representativo de um objeto cultural, ao qual não se aplica a bipolaridade verdadeiro/falso, apenas a bipolaridade válido/inválido. Verdadeiro ou falso são atributos de uma linguagem descritiva, própria das Ciências, não de um objeto cultural, considerado à luz da metalinguagem de uma Ciência. Quanto a isso, não obstante o jurista possa constatar perfeitamente a categoria do dever-ser como inerente ao Direito Positivo, para ele, tomado em um vislumbre fugaz, menos profundo (sem a verificação dos elementos componentes da norma jurídica), a classe das normas, como um todo, não passa de um objeto, um ser sobre o qual se debruça sua ciência. É sob esse pressuposto que, para ele, as normas apenas existem ou não e são válidas ou não.

Assim considerado, obviamente o sistema do Direito Positivo, portanto, não estaria isento de contradições, como muito bem expôs Kelsen na seguinte passagem:

> Este conflito não é, como anteriormente demonstramos, uma contradição lógica no sentido estrito da palavra, se bem se costume dizer que as duas normas se 'contradizem'. Com efeito, os princípios lógicos, particularmente o princípio

---

25. KELSEN, Hans. *Teoria Pura do Direito*. 6ª. ed., São Paulo: Martins Fontes, 1999, p. 228.

da não-contradição, são aplicáveis a afirmações que podem ser verdadeiras ou falsas; e uma contradição lógica entre duas afirmações consiste em que apenas uma ou a outra pode ser verdadeira... Uma norma, porém, não é verdadeira nem falsa, mas válida ou não válida.[26]

Soam expressivas as afirmações de Kelsen, pois, a rigor, como visto, a avaliação de verdadeiro ou falso só pode ser feita no âmbito da Ciência do Direito, eminentemente descritivo em relação ao seu objeto, às regras jurídicas; não no campo do Direito Positivo, em face do qual as normas simplesmente existem ou não e são válidas ou não.

Desse modo, ainda que se reconheça que o Direito Positivo esteja pautado em certa racionalidade estribada sobre determinadas regras estruturais e fundadoras, podendo-se chegar até à norma hipotética fundamental de Kelsen, deve-se afastar a possibilidade de uma estrita aplicação do princípio lógico da não contradição ao Direito Positivo. É apenas por ele ser claramente aplicável no âmbito da Ciência do Direito que, indiretamente, surge o reflexo na quadra do direito posto, porquanto, necessariamente dirigido este a um fim – a ordenação da vida social segundo os valores básicos da sociedade – torna-se um sem-sentido remeter, simultaneamente, a duas normas jurídicas determinantes de consequências diametralmente opostas: o A e o não A.[27]

Em suma, ainda que não se possa reconhecer a aplicabilidade do princípio lógico da não contradição à esfera do Direito Positivo, à vista de sua gênese e da necessária submissão dos seus enunciados ao procedimento interpretativo, consoante exposto, nem por isso há de se deixar de procurar a racionalidade do sistema para que este logre alcançar sua finalidade.

---

26. KELSEN, Hans, op. cit., p. 229.
27. KELSEN, Hans, op. cit., p. 229.

5. Pressupostos da antinomia

Analisados os pressupostos suficientes para o surgimento de uma antinomia, observa-se que, em princípio, para sua ocorrência, bastam, cumulativamente, os seguintes fatores:

a) A existência de duas ou mais normas jurídicas válidas, pertencentes a um mesmo sistema;

b) A contemporaneidade dessas normas no sistema;

c) A contradição entre seus comandos, de forma que, para idêntica hipótese, as consequências formuladas mostrem-se incompatíveis entre si; e

d) A situação insustentável do receptor da norma, a quem fica impossível atender a um desses preceitos sem desatender ao outro.

No tocante ao primeiro desses fatores, pode-se dizer que, caso os enunciados se situem em planos diversos, o do ser e o do dever-ser, não há, como apontam Kelsen e Lourival Vilanova, como impor-se a contradição entre uma proposição descritiva (da Ciência do Direito) e outra normativa (do Direito Positivo).[28] Por igual motivo, tampouco é possível a antinomia entre uma norma jurídica e uma norma moral, por pertencerem a sistemas diversos, ou entre normas jurídicas de sistemas distintos, enquanto dirigidas a distintos destinatários.[29] É possível a antinomia, no entanto, entre normas de direito internacional, aplicáveis ao mesmo destinatário no caso concreto. Antes de mais nada, portanto, as normas devem pertencer a um mesmo sistema, o que significa dizer que têm de ser emitidas por autoridades competentes perante o ordenamento e dirigidas aos mesmos destinatários.[30]

---

28. VILANOVA, Lourival. *As Estruturas Lógicas e o Sistema do Direito Positivo*. São Paulo: Max Limonad, 1997, p. 74.
29. FERRAZ JR., Tercio Sampaio. *Introdução ao Estudo do Direito*. 2ª ed. São Paulo: Atlas, 1994, p. 209.
30. FERRAZ JR., op. cit., p. 209.

Por outro lado, embora seja espinhoso o debate acerca do conceito de validade, devido às discussões a seu respeito, a verdade é que – embora com as devidas escusas pela simplificação, justificável apenas à vista dos estreitos limites deste trabalho – há, basicamente, duas maneiras de encará-lo. Uma, considerando-o como o vínculo de pertinência da norma ao sistema, isto é, sua conformação às regras estruturantes, reguladoras da dinâmica desse sistema (ainda que implícitas). Outra, distinguindo o plano da existência do plano da validade, de tal modo que a validade consistiria no atributo da norma, que, editada pela autoridade competente, guarda observância aos procedimentos de produção de normas jurídicas previstas no próprio sistema (daí seu caráter autopoiético).

Embora se trate de posições deveras distintas do ponto de vista ôntico, sob o aspecto enfocado, quanto às antinomias, é certo que essa diferenciação nada as afeta, porquanto, ao requerer sua análise a estrita observância ao critério da pertinência ao sistema, pressupõem-se, sempre, a existência e a validade da norma, independentemente do entendimento esposado a respeito.

Com efeito, para a antinomia, não basta a existência da norma, nos moldes considerados pela segunda corrente básica de pensamento. É preciso, ainda, confrontar o conteúdo das normas questionadas com outras, superiores, que lhes servem de fundamento.

Assim, necessariamente, o primeiro pressuposto para a ocorrência da antinomia é o de que ambas as normas jurídicas, pertencentes ao mesmo sistema, sejam válidas, no sentido de guardar pertinência aos critérios estabelecidos pelas normas dele estruturantes, isto é, que tenham sido produzidas pela autoridade para isso competente, de acordo com as regras estipuladas para esse fim. Por se tratar de uma validade presumida, desde a inserção da norma no sistema, tem-se que, mesmo ao ser posteriormente constatada a invalidade, isso não significará sua inexistência nem, muito menos, a impossibilidade do reconhecimento dos efeitos dela irradiados.

A respeito, é oportuno notar que, ao tratar dos âmbitos de validade da norma, Bobbio distingue quatro deles – o temporal, o espacial, o pessoal e o material –, para afirmar só existir antinomia se houver coincidência com relação, ao menos, a cada um desses âmbitos.[31] Assim, por exemplo, como alude o mestre, não haveria antinomia nos seguintes casos: entre uma norma que proíbe fumar das 5h às 7h e outra que o permite das 7h às 9h (temporal); entre a que proíbe fumar na sala de cinema e a que o permite na sala de espera (espacial); entre a que proíbe o fumo aos menores de 18 anos, mas o permite àqueles acima dessa idade (pessoal); entre a que proíbe fumar charutos e a que permite fumar cigarros (material).[32]

Quanto ao segundo pressuposto, relativo à contemporaneidade, significa que, para ser possível o surgimento da contradição, as normas do sistema devem ser capazes de produzir efeitos simultaneamente. A problemática, portanto, não se restringe às normas vigentes, pois, ainda que uma delas possa estar revogada, nada impede que ambas irradiem seus efeitos no mesmo âmbito espacial e territorial. É o que ocorre, por exemplo, nas hipóteses de aplicação retroativa ou ultra-ativa da norma. Há uma situação desse tipo, *v. g.*, quando se publica uma lei penal mais rígida para determinado delito, com sanção mais elevada, e se deve prosseguir aplicando a lei pretérita com relação aos fatos verificados ao tempo de vigência da lei revogada. Nesse caso, ao aplicar a lei penal, o juiz deverá escolher uma dentre duas normas: a lei atual, com sanção mais severa, ou a anterior, mais branda. É somente pelo fato de o sistema prever, nessa situação, a norma aplicável – a anterior, para os fatos ocorridos sob sua égide – que se soluciona essa antinomia aparente.

---

31. BOBBIO, Norberto, op. cit., pp. 87/88.
32. BOBBIO, Norberto, op. cit., p. 88.

Relativamente ao terceiro fator assinalado, isto é, a contradição entre os comandos, foi observado não ser a antinomia jurídica uma contradição lógica. Também, leciona Tércio Sampaio Ferraz, não o é semântica, decorrente de incoerências ocultas na estrutura do pensamento ou da linguagem, que levam à carência de sentido (*nonsense*),[33] por não ser o que costuma ocorrer no ordenamento jurídico, conforme assinala o citado mestre, que exemplifica com o paradoxo de as normas constitucionais de reforma da Constituição estarem, em princípio, sujeitas aos procedimentos nelas próprios previstos para serem alteradas, sendo que, alteradas elas, outro passa a ser o procedimento.[34]

No Direito, portanto, o que haveria seriam as antinomias pragmáticas, cujo centro gravita em torno da situação de insustentabilidade em que fica o destinatário da norma, que queda sem saber qual dos preceitos, postados em direções diversas, deve ser obedecido, pois, se cumprir um, desobedece ao outro e vice-versa.[35]

A contrariedade, nesse sentido, somente ocorrerá diante de determinadas condições lógicas, relativas ao ato comissivo ou omissivo, ou seja, só haverá contradição se as normas tiverem conteúdos que neguem uns aos outros. Consideradas todas as combinações deônticas possíveis entre os operadores, O (obrigatório), P (permitido) e V (proibido), é o que ocorre nas seguintes situações:

1) Uma norma que obriga fazer (O) e outra que proíbe fazê-lo (V);

---

33. Existente, por exemplo, quando alguém afirma "eu estou mentindo", em que o enunciado só é verdadeiro se for falso e só é falso se for verdadeiro: se estiver mentindo, dirá a verdade; se não o estiver, está mentindo (FERRAZ JR., Tercio, op. cit., p. 207).
34. FERRAZ JR., Tercio, op. cit., pp. 206/207.
35. FERRAZ JR., Tercio, op. cit., p. 208.

2) Uma norma que obriga fazer (O) e outra que permite não fazer (permissão negativa: P-);

3) Uma norma que proíbe fazer (V) e outra que permite fazer (permissão positiva: P+).

Obviamente, nunca duas normas permissivas serão contraditórias, por ser possível permitir, ao mesmo tempo, a ação omissiva e a ação comissiva (isto é, são compatíveis tanto P+ com P+ quanto P+ com P-). Também não há contradição em obrigar (O) e permitir fazer (P+), ainda que o âmbito da primeira norma seja mais largo que o da segunda. Noutro giro, sempre a norma que obriga (O) uma conduta há de ser contraditória com a que a veda (V).[36]

A contrariedade, portanto, entre as seis combinações possíveis, sempre estará naquelas três acima assinaladas.

6. Espécies de antinomia

Considerada a teoria das classes, que ensina, para efeitos científicos e didáticos, a utilidade de agrupar os objetos do mundo segundo critérios baseados nos atributos comuns a certos grupos deles, que, por isso, diz-se pertencerem à mesma classe, tem-se a distribuição dos objetos em classes, segundo determinadas semelhanças existentes entre eles. A partir de um gênero distinguem-se os bens que apresentam uma diferença específica, agrupando-os com os semelhantes, e, com isso, determina-se a espécie.[37] A finalidade é eminentemente utilitária, pois é sabido que, assim ordenadamente agrupados, torna-se mais eficaz e eficiente a análise desses objetos.

---

36. BOBBIO, Norberto, op. cit., pp. 82/86; FERRAZ JR., Tercio, op. cit., pp. 209/210.
37. CARVALHO, Paulo de Barros, op. cit., p. 117.

Não é diferente no caso das antinomias, a cujo respeito a doutrina tem apontado para algumas classificações, capazes de lançar luz sobre alguns de seus aspectos.

Quanto ao âmbito de validade da norma, como assinala Bobbio, ou extensão da contradição, como diz Maria Helena Diniz,[38] ambos na esteira da doutrina de Alf Ross, a antinomia pode ser *total-total*, se for impossível aplicar uma sem contradizer a outra (*v. g.*, uma permite fumar na sala de cinema das 5h às 7h e a outra o proíbe no mesmo lugar e espaço de tempo), *parcial-parcial*, quando a antinomia subsiste só para uma parte comum, havendo, no entanto, um campo em que é possível aplicar ambas (*v. g.*, uma proíbe aos adultos fumar cachimbo e charuto das 5h às 7h na sala de cinema e a outra permite-lhes fumar charuto e cigarro das 5h às 7h nesse local; situação em que a antinomia só ocorre com relação ao charuto, sendo cada uma delas, no entanto, plenamente aplicável quanto a cachimbos e cigarros) ou *total-parcial*, se o âmbito de validade das normas é idêntico numa parte, mas uma possui campo mais restrito, de modo que, nessa parte, a antinomia é apenas parcial (*v. g.*, uma proíbe aos adultos fumar das 5h às 7h na sala de cinema e a outra permite fumar, nesse mesmo horário e local, somente cigarros). Mais à frente discutir-se-á um possível modo de superação dessa antinomia.[39]

Costuma-se, também, classificar as antinomias em *aparentes* e *reais*. As primeiras seriam aquelas para as quais o próprio ordenamento apresenta critérios de solução suficientes para sua resolução. As segundas, aquelas cujo problema persiste insolúvel, situação em que a resolução deverá ser feita segundo os "parâmetros ideológicos do aplicador",[40] tendo em

---

38. Tácio Lacerda Gama fala em "âmbito de vigência" (GAMA, Tácio Lacerda. *Competência Tributária – Fundamentos para uma teoria da nulidade*. São Paulo: Noeses, 2009, p. 138).
39. BOBBIO, op. cit., pp. 88/89.
40. CARVALHO, Aurora Tomazini de, op. cit., p. 515.

vista que, assim como o juiz não se escusa de aplicar a lei, a pretexto das lacunas e antinomias, tampouco o administrador exime-se de aplicá-la ao caso concreto, sempre que presente o suporte fático para tanto. Parte-se do pressuposto de que tais critérios correspondem a normas pertencentes ao sistema; caso contrário, as antinomias sempre seriam reais[41] e o sujeito ficaria em posição de insustentabilidade sobre o comportamento a seguir.

Por outro lado, poder-se-ia dizer que as *aparentes* não seriam verdadeiras antinomias, por estar o modo de sua solução previsto no ordenamento. Nessa linha, somente haveria antinomia se esta fosse real, ou seja, se estivesse presente lacuna sobre o critério para sua solução,[42] só superável pela interpretação. Nesse ponto, porém, é de ser ressaltado: não é porque é viável essa forma de superação que não há antinomia real, pois, ainda que o ordenamento – mediante o art. 4º da Lei de Introdução ao Código Civil (DL n. 4.657/1942) – apresente critérios de colmatagem das lacunas, por eles serem aplicáveis somente aos casos concretos, o problema persiste no plano normativo.

Quanto ao conteúdo, por sua vez, fala-se em antinomias *próprias* e *impróprias*. As *próprias* são aquelas resultantes de razões formais; por exemplo, uma conduta é ao mesmo tempo permitida e proibida, na esteira do que já foi examinado. As *impróprias* são aquelas decorrentes do conteúdo material das normas. Dividem-se entre as antinomias: a) de princípios, quando as normas protegem valores opostos (*v. g.*: liberdade e segurança); b) de valoração (quando, por exemplo, se atribui pena mais leve para delito mais grave); c) teleológicas, em que há incompatibilidade entre os fins propostos por uma norma e os meios apresentados por outras normas, para atender a esses fins.[43] Exemplo

---

41. FERRAZ JR., Tercio Sampaio, op. cit., p. 211.
42. FERRAZ JR., Tercio Sampaio, op. cit., p. 212.
43. FERRAZ JR., Tercio, op. cit., p. 212; DINIZ, Maria Helena. *Compêndio de Introdução à Ciência do Direito*. 12ª ed. São Paulo: Saraiva, 2000, pp. 470/471; BOBBIO, op. cit., p. 90/91.

interessante de antinomia de princípios é o levantado por Engish, com respeito às normas editadas na Alemanha em momento posterior a 1945 (*lex posterior*), em relação aos princípios inscritos na legislação nacional-socialista, ainda formalmente vigentes antes da reforma dessa legislação.[44]

Por fim, fala-se, também, em antinomias de direito interno (entre seus diferentes ramos), de direito internacional e entre direito interno e internacional.[45]

7. Critérios de solução das antinomias

Fundamentalmente, os critérios essenciais usualmente adotados pelos ordenamentos para a solução das antinomias, desenvolvidos pela jurisprudência ao longo dos séculos[46], mas, com frequência, inscritos nos textos normativos atuais com o propósito de prestigiar os princípios da coerência e da unidade do ordenamento jurídico, são três: o cronológico, o hierárquico e o da especialidade.

Esses critérios têm por base regras controladoras do funcionamento de outras regras (portanto, regras de estrutura), sem aptidão para retirar a eficácia, a vigência e a validade de uma das normas em conflito, mas apenas para regulá-lo, a despeito da expressão disposta no art. 2º, § 1º, da Lei de Introdução ao Código Civil, segundo a qual "*A lei posterior revoga a anterior quando expressamente o declare, quando seja ela incompatível ou quando regule inteiramente a matéria de que tratava a lei anterior*",[47] porquanto, o que verdadeiramente ocorre, no caso da "revogação tácita" à qual aludiria o dispositivo, é,

---

44. ENGISH, Karl, *Introdução ao Pensamento Jurídico*. 7ª ed. Lisboa: Fundação Calouste Gulbenkian, 1996, p. 323.
45. Ver DINIZ, Maria Helena, op. cit., p. 471.
46. ENGISH, Karl, op. cit., p. 313.
47. CARVALHO, Aurora Tomazini de, op. cit., p. 516.

mais exatamente, a não aplicação, no caso concreto, de um enunciado, o qual, mediante processo de interpretação, o aplicador entendeu superado. É que, na realidade, o dispositivo supostamente "revogado" permanece no sistema, nada impedindo que outro intérprete, em outra situação concreta, assim não veja e venha a aplicar seu conteúdo.

7.1. O critério cronológico – pelo qual, diante de duas normas antagônicas, prevalece a posterior sobre a anterior (*lex posterior derogat priori*), tem por pressuposto a ideia de que, consistindo a norma numa mensagem do agente competente dirigida a certos destinatários, presume-se prevalecer a manifestação posterior da vontade sobre a anterior, supostamente fundada em fatos já ultrapassados. Permite, pois, a adaptabilidade do Direito positivo às alterações sociais. É, basicamente, o critério previsto no aludido art. 2º, § 1º, da LICC.

7.2. O critério hierárquico – vincula-se à hierarquia segundo a qual o sistema jurídico se apresenta estruturado (na concepção de Kelsen em forma piramidal) a partir da norma hipotética fundamental: aquela sobre a qual se alicerçam todas as demais, a começar pela Constituição, que representa, dentre as normas formais, aquela de nível mais alto, por derivar do poder constituinte do Estado, a quem ela atribuiu determinados fundamentos, objetivos e diretrizes básicas (no nosso caso, expostos nos artigos 1º a 5º da Constituição), dentre as quais a de que ninguém é obrigado a fazer ou deixar de fazer algo senão em virtude de lei (art. 5º, II, CF). Destarte, esse critério apresenta íntima conexão com a questão atinente ao fundamento de validade das normas, segundo a qual, para que possuam juridicidade, isto é, sejam válidas e, portanto, pertencentes ao sistema jurídico, essas normas devem fundar-se sempre, quer sob o aspecto formal (obediência às normas de competência e procedimento), quer sob o material (conteúdo conforme o autorizado), em outra superior. O critério guarda correlação, ainda, em conjunto com o imperativo da *certeza do direito*, com a inexorável unidade do sistema, necessária para que este atinja sua finalidade. Fácil é vislumbrar essa hierarquização na obrigatória subordinação dos Decretos e demais atos infralegais à lei;[48] Bobbio exemplifica a situação, também, com a subsidiária aplicação dos costumes, que, considerados, tanto na Itália quanto Brasil, dentro de certas balizas, fontes do Direito, devem, todavia, ser sempre consoantes à lei (*secundum legem*) e jamais contra ela (*contra legem*).[49] Aplicável a todas as normas, é impossível falar em sistema – que pressupõe relações de coordenação e subordinação (em especial das normas individuais e concretas às normas abstratas e gerais, que lhes apontam a diretriz a seguir na aplicação do Direito) – sem pressupor-lhe a hierarquia, que constitui verdadeiro axioma,[50] o qual, por isso, não precisa ser provado, mas apenas aceito, por ser sua percepção até mesmo intuitiva.

7.3. O critério da especialidade – corresponde ao critério pelo qual, incompatíveis duas normas, sendo uma geral e outra mais específica ou de caráter excepcional, prevalece esta última para o caso concreto nela relatado (*lex specialis derogat generali*). A razão de tal proceder subsiste no fato de que, ocorrente situação fática específica, claramente descrita no antecedente normativo de uma norma, que lhe prevê o surgimento de consequências igualmente particulares, a lógica impõe a aplicação dessa norma específica, em detrimento da mais genérica, por ser ela uma exceção da norma geral, de conceito mais abrangente, que se estende para toda uma categoria de fatos dos quais aquele, retratado na norma específica, é, como diz o nome, mera espécie. A não aplicação da norma genérica, de maior extensão, para a incidência da específica, menos extensa, corresponde, no dizer de Bobbio, a um preceito de justiça, o qual determina que, situadas as pessoas em

---

48. Vide art. 5º, II, c/c art. 84, IV, CF/88.
49. BOBBIO, op. cit., pp. 94/95, que reconhece, ainda, o costume *praeter legem* (além da lei).
50. CARVALHO, Paulo de Barros, op. cit., p. 223.

posição de desequilíbrio, elas devem ser tratadas desigualmente, na justa medida de sua igualdade. Nesse passo, diz o autor: "*a persistência na norma geral importaria em tratamento igual de pessoas que pertencem a categorias diferentes e, portanto, numa injustiça*"[51]. No ordenamento jurídico pátrio, aparece na regra do art. 2º, § 2º, da Lei de Introdução ao Código Civil (DL n. 4.657/1942).

Aponta Aurora Tomazini de Carvalho que o termo especial pode relacionar-se a duas características: a) a *especificidade* – em que um dos preceitos trata determinado tipo de conduta de forma particular, específica; e b) a *especialidade* – quando a regra contém todos os elementos da geral, mais alguns outros de natureza objetiva. A seu ver, no primeiro caso não haveria perfeito conflito, pois a materialidade de uma seria diversa da materialidade da outra e, assim, a subsunção do fato à norma far-se-ia de acordo com a específica. A esse respeito, traz o exemplo da aplicabilidade, no tocante aos executivos fiscais, da Lei de Execução Fiscal (LEF) em relação às disposições do Código de Processo Civil, a eles aplicados apenas subsidiariamente, conforme previsto na própria LEF.[52] No segundo caso, o termo especial significaria a "diferença específica" em relação ao gênero: a norma especial contemplaria todos os elementos da categoria, mais algumas prescrições objetivas, de modo que o especial estaria contido no geral, com certas peculiaridades. Assim, uma é gênero e a outra, espécie. Cita, como exemplo, a Lei Complementar n. 116/2003, que estipula regras gerais para o ISS como gênero, em relação à qual as leis municipais sobre esse tributo são especiais, ao instituí-rem-no em seus respectivos âmbitos territoriais.[53]

É preciso ver que, na aplicação desse critério, não se há de falar em eliminação da norma incompatível nem em sua

---

51. BOBBIO, op. cit., p. 96.
52. CARVALHO, Aurora Tomazini de, op. cit., p. 521.
53. CARVALHO, Aurora Tomazini de, op. cit., pp. 521/522.

revogação. O que ocorre, em verdade, é a inaplicação da norma geral, para que se aplique a especial, por mais adequadamente se subsumir aos fatos.

Não se pode perder de vista que, justamente por não se tratar de procedimentos aptos ao saneamento das invalidades e à revogação, não será a utilização desses critérios – efetuada tão somente para o fim de se aplicar o direito ao caso concreto – que acarretará a extirpação de uma das normas do sistema. Como adverte Lourival Vilanova, ambas continuam a existir e são válidas: tanto as leis ordinárias contraditórias com a Constituição (formal ou materialmente) quanto os regulamentos colidentes com as leis ou mesmo as sentenças *contra legem* prosseguem no sistema, enquanto não anulados judicialmente ou, no último caso, enquanto não reformadas pelos procedimentos específicos nele previstos. Tanto que, configurando coisa soberanamente julgada (da qual não cabe ação rescisória), as sentenças, em regra, adquirem validade definitiva, ainda que apliquem normas individuais contrapostas às gerais que a elas se superpõem.[54]

Situação interessante, catalogada pela jurisprudência como de aplicação do critério da especialidade, é a verificada no conflito da regra do art. 15 da Lei n. 9.311/1996, que vedava o parcelamento da Contribuição Provisória sobre Movimentações Financeiras – CPMF, com a norma, posterior, da Lei n. 11.941/2009, a qual permitia o parcelamento de débitos relativos a quaisquer tributos com especiais benefícios. Obviamente, tratando-se de duas leis ordinárias, não havia de se falar em critério de hierarquia. Não era impossível, todavia, dúvida sobre qual fosse a lei especial: a Lei n. 9.311/1996, específica do tributo CPMF e que vedava seu parcelamento, ou a Lei n. 11.941/2009, posterior e específica para os parcelamentos do REFIS, que possibilitava esse particular benefício, segundo as condições da lei, para *todos* os tributos, sem discriminação? A opção

---

54. VILANOVA, Lourival, op. cit., p. 207.

jurisprudencial foi no sentido da primeira ser a especial, por versar apenas sobre a CPMF[55], e não a posterior, que era especial quanto à possibilidade de suspensão e extinção do crédito tributário, com determinados benefícios. No entanto, se a solução podia ensejar dúvida, a percepção de que a CPMF devida, via de regra, estaria em poder das instituições financeiras (ressalvados os casos nos quais os contribuintes se eximiram de pagá-la por força de liminares) – responsáveis legais pela retenção na fonte do montante devido e seu posterior recolhimento – levaria à conclusão de que não seria justo permitir o parcelamento desses débitos, os quais, retidos pelos bancos, depois de descontados de terceiros, não teriam sido repassados à União. Não eram débitos próprios.

7.4. Antinomias de segundo grau – existente conflito entre os próprios critérios de resolução das antinomias, tem a doutrina apontado para os seguintes metacritérios, para o fim de obter a solução:

a) **Entre o critério hierárquico e o cronológico** – prevalece o hierárquico, mais forte do que o cronológico, por dizer respeito ao fundamento de validade da norma, ou, no dizer de Maria Helena Diniz, pelo fato de a competência apresentar-se mais sólida do que a sucessão do tempo;[56]

b) **Entre o critério da especialidade e o cronológico** – prevalece o da especialidade, pois nem sempre a lei posterior, geral, irá derrogar a especial pretérita; isso dependeria do caso concreto;[57]

---

55. TRF-3ª Região, AC 2005.03.00.013863-0, 6ª Turma, Rel. Des. Fed. Consuelo Yoshida, DJ 26/01/2011; TRF-3ª Região, AMS 2007.61.00.009787-8, 3ª Turma, Rel. Des. Fed. Cecília Marcondes, DJ 10/05/2010; TRF-3ª Região, 3ª Turma, monocrática, AI 0019325-53.2011.4.03.0000/SP, Rel. Des. Fed. Carlos Muta, DJ de 25/08/11; TRF-3ª Região, 6ª Turma, monocrática, AI 443745, Rel. Des. Fed. Mairan Maia, DJ de 16/08/11.
56. DINIZ, Maria Helena. *Compêndio de Introdução à Ciência do Direito*, p. 474.
57. DINIZ, Maria Helena, idem, p. 475. Ver a respeito, também, BOBBIO, op. cit., p. 108.

c) **Entre o critério hierárquico e o da especialidade** – não é possível estabelecer um predominante, estando a depender do intérprete, no caso concreto. É o caso de uma norma superior geral incompatível com a inferior especial. A gravidade da situação corresponderia, no dizer de Bobbio, ao fato de, em tese, tratar-se de um conflito entre a ordem (hierarquia) e a justiça (especialidade). Teoricamente, deveria prevalecer o hierárquico, pois, caso contrário, poder-se-ia pensar no esvaziamento dos princípios constitucionais (normas gerais superiores) por leis ordinárias especiais. Na prática, porém, já se viram soluções diversas.[58]

7.5. A insuficiência de critérios – consoante visto, por vezes, esgotam-se os critérios sem que, com isso, resolva-se a antinomia. Haveria, pois, o que Engish denominou "lacuna de colisão", por se tratar da ausência de norma sobre o critério utilizável na hipótese daquela antinomia.[59]

Segundo Bobbio, havendo antinomia do tipo total-total ou parcial-parcial (pois a total-parcial resolver-se-ia mediante o critério da especialidade) entre normas de um mesmo código, por exemplo, cair-se-ia numa situação de insuficiência, em que nem o critério cronológico nem o hierárquico resolveriam.

A única possibilidade seria, nesse caso, a reportada por Bobbio, que atenta para a forma das normas: se imperativas (no sentido de criar uma obrigação), proibitivas ou permissivas. Assim, menciona, estabelecido conflito entre uma norma imperativa ou proibitiva e outra permissiva, a solução seria em favor da permissiva, por corresponder ao cânone segundo o qual, em caso de ambiguidade ou incerteza, deve-se fazer preponderar a interpretação mais favorável em vez da odiosa, que pode corresponder, por exemplo, àquela que cria uma obrigação, seguida de sanção para seu descumprimento.[60] Nem sempre,

---

58. BOBBIO, op. cit., p. 109.
59. ENGISH, op. cit., p. 315.
60. BOBBIO, op. cit., p. 99.

porém, o critério seria evidente diante das obrigações bilaterais. Nesse caso, alude Bobbio, o mais adequado pode ser procurar a situação mais justa no caso concreto.[61] Tudo, portanto, é uma questão de interpretação. Possibilidades desse tipo são a interpretação *pro misero* e, também, a constatação, em um regime de Estado de Direito, de que, ao cidadão, o que não estiver expressamente proibido é permitido.

Por sua vez, na hipótese de confronto entre a norma proibitiva e a imperativa, uma possibilidade aventada pelo autor seria a de fazer prevalecer a terceira possibilidade, ou seja, a da norma permissiva, deixando-se de aplicar as demais. De todo modo, como conclui, nada há que permita aferir maior legitimidade de um critério sobre outro; assim, a solução ficaria ao arbítrio do intérprete, ao qual cumpriria, com arrimo em todas as técnicas de interpretação existentes, eleger, para o caso concreto, a melhor solução, deixando de aplicar uma, as duas ou, ainda, conservando as duas normas, eliminando apenas a incompatibilidade, introduzindo alguma modificação no texto (interpretação corretiva), com vistas a conciliar as normas incompatíveis.[62] A conciliação das normas, assim, seria o único modo de prestigiar o sistema e o princípio de autoridade do qual ele deriva.

No entender de Maria Helena Diniz, no tocante à insolubilidade da antinomia, é preciso verificar o critério de justiça.[63]

Na verdade, a solução, nesses casos, após prudente manuseio de todos os critérios possíveis, somente pode ser alcançada mediante percuciente ponderação dos fatos e valores envolvidos, que permita optar pela mais adequada à situação concreta.

---

61. Idem, p. 99.
62. BOBBIO, op. cit., pp. 102/103.
63. DINIZ, Maria Helena. *Lei de Introdução ao Código Civil Interpretada*. São Paulo: Saraiva, 1996, p. 77.

8. Conclusão

Diante do exposto, é inegável a existência das antinomias, a tornar necessário buscar os meios adequados para sua solução.

De fato, embora o direito positivo consubstancie um sistema – conjunto de elementos articulados entre si por um complexo de relações de coordenação e subordinação à vista de um fim, a ordenação da vida humana – ele não é uma entidade lógico-matemática, mas um fato cultural sujeito às vicissitudes do mundo. Assim, se sua pretensão é a de prevenir e solucionar potenciais conflitos, cabe-lhe acompanhar o desenvolvimento social e econômico da coletividade, para dar-lhe resposta. No entanto, quase sempre a evolução do Direito não acompanha a da sociedade com a mesma rapidez.

Nesse contexto, e, ainda, por ser a linguagem do Direito construída sobre a linguagem comum, tão frequentemente sujeita à ambiguidade, assoma a possibilidade de colisão entre os princípios decorrentes da Constituição.

De fato, por ela encimar o sistema e todas as normas terem, em algum grau, força normativa, naturalmente também as normas constitucionais produzem certos efeitos imediatos, ainda que mínimos, os quais se espargem por todo o sistema, por meio de outras normas que nelas encontram seu fundamento de validade. Mais do que uma estrutura piramidal, porém, trata-se de uma teia com capilaridade (formada a partir das normas gerais e abstratas), cujas pontas buscam, tanto quanto possível, influir em todos os aspectos julgados relevantes na vida humana. Por sua vez, a conferir maior complexidade à situação, há as normas programáticas, frequentes nos Estados erigidos sobre bases democráticas e pluralísticas, decorrentes dos variados interesses que influenciaram sua estabilização, muitos deles contrapostos e iluminados por valores diversos.

Diante de semelhante quadro, não raro os enunciados normativos – estabelecidos sob a forma de um juízo hipotético condicional, o qual vem utilizar, com o propósito de condicionar as condutas, os modais deônticos obrigatório (O), proibido (V) ou permitido (P) – apontam para direções conflitantes, de modo a gerar a antinomia.

Esta só virá a lume se, cumulativamente: a) existirem duas ou mais normas jurídicas válidas pertencentes a um mesmo sistema; b) forem elas contemporâneas, isto é, com condições de produzirem efeitos em um mesmo e determinado instante; c) houver contradição entre seus comandos, de forma que, para idêntica hipótese, as consequências formuladas sejam incompatíveis entre si; e d) o receptor da norma ficar em posição insustentável, por ser impossível atender a um desses preceitos sem desatender ao outro. Presentes somente os três primeiros requisitos, diz-se que a antinomia é aparente, pois, inexistente a situação de insustentabilidade do destinatário da ordem, o próprio sistema oferta solução para o problema. Ocorrente, no entanto, nessa situação, ter-se-á a antinomia real, assim denominada aquela para a qual o sistema não aponta clara solução.

Relativamente às antinomias aparentes, há três critérios para sua solução, veiculados por regras de estrutura: o cronológico, o hierárquico e o da especialidade.

Consoante o primeiro, presentes duas normas antagônicas, prevalece a posterior sobre a anterior (*lex posterior derogat priori*), por presumir-se estar aquela calcada em premissas mais atuais, que recomendam a superação da anterior. Possibilita, com isso, a adaptação do Direito às alterações sociais. É, basicamente, o previsto no art. 2º, § 1º, da LICC.

Em consonância com o segundo, existentes duas normas conflitantes, uma de hierarquia superior, outra de hierarquia inferior, prefere-se a primeira, por fundar-se em autoridade superior. Trata-se de critério intimamente conectado com as concepções de estrutura hierárquica do direito positivo e de sua certeza, que levam à da unidade sistêmica, cuja coesão é necessária para o alcance de sua finalidade.

De outro modo, pelo critério da especialidade, se incompatíveis duas normas, uma geral e outra específica ou excepcional, prevalece esta última (*lex specialis derogat generali*). A razão decorreria do fato de que, presente situação fática específica, claramente descrita no antecedente normativo de uma norma, impõe-se, por rigor lógico, sua aplicação, por se tratar de exceção à hipótese descrita na norma geral, de conceito mais abrangente, estendido a toda uma categoria de fatos, dos quais o retratado na norma específica é mera espécie. Corresponde, em última análise, à aplicação da justiça. No ordenamento jurídico pátrio, aparece na regra do art. 2º, § 2º, da Lei de Introdução ao Código Civil (DL n. 4.657/1942).

Em nenhum dos casos de eliminação de antinomia há revogação ou anulação da norma incompatível, que prossegue no sistema. Há, tão somente, sua não aplicação, ao menos enquanto não houver sua anulação judicial, a autoridade competente não revogar uma delas ou, ainda, a sentença incompatível com o sistema não for reformada.

Existente conflito entre esses critérios, diz-se haver antinomia de segundo grau, para o qual, via de regra, apontam-se as seguintes soluções:

a) **Entre o critério hierárquico e o cronológico** – prevalece o hierárquico, mais forte do que o cronológico, por dizer respeito ao fundamento de validade da norma;

b) **Entre o critério da especialidade e o cronológico** – prevalece o da especialidade, pois nem sempre a lei posterior, geral, irá derrogar a especial pretérita; depende do caso concreto;[64]

---

64. DINIZ, Maria Helena, idem, p. 475. Ver a respeito, também, BOBBIO, op. cit., p. 108.

c) **Entre o critério hierárquico e o da especialidade** – caso em que não há um critério predominante, dependendo do intérprete no caso concreto. No dizer de Bobbio, haveria conflito entre a ordem (hierarquia) e a justiça (especialidade), em que, teoricamente, deveria prevalecer a hierarquia, sob pena do risco de esvaziamento dos princípios constitucionais (normas gerais superiores) por leis ordinárias especiais. Na prática, porém, já se viram soluções diversas.[65]

Esgotados os critérios sem resolução da antinomia, ter-se-ia o que Engish denominou "lacuna de colisão", por se tratar da ausência de norma sobre o critério utilizável na hipótese daquela antinomia.[66] Seria o caso, por exemplo, de antinomia entre as normas de um mesmo código, em que nem o critério cronológico nem o hierárquico mostram-se suficientes. Uma possibilidade, reportada por Bobbio, seria a que atenta para a forma das normas: se imperativas (no sentido de criar uma obrigação), proibitivas ou permissivas. Estabelecido conflito entre uma norma imperativa ou proibitiva e outra permissiva, esse autor conclui em favor da permissiva, pois em caso de ambiguidade deveria preponderar a interpretação mais favorável em vez da odiosa.[67] Nem sempre, porém, o critério seria evidente diante das obrigações bilaterais, caso em que, segundo Bobbio, caberia procurar a situação mais justa no caso concreto,[68] o que, no fundo, é questão de interpretação. É nesse contexto que surge a interpretação *pro misero*, a *pro trabalhador* ou a *pro consumido*, sendo que, em situações um pouco diversas, em um regime de Estado de Direito, tem peso o princípio pelo qual tudo o que não estiver expressamente proibido ao particular lhe é permitido.

Com base em raciocínio similar, o autor aponta, para a hipótese de confronto entre a norma proibitiva e a norma

---

65. BOBBIO, op. cit., p. 109.
66. ENGISH, op. cit., p. 315.
67. BOBBIO, op. cit., p. 99.
68. Idem, p. 99.

imperativa, a prevalência da norma permissiva, ainda que deixe claro que, em última análise, tudo dependerá do intérprete no caso concreto.

De todo modo, no tocante às antinomias reais, conquanto todos esses critérios, sempre presentes nas Constituições dos Estados Democráticos de Direito, venham a servir de norte, não há, do ponto de vista abstrato, prevalência de um sobre o outro. Só diante do caso concreto o intérprete, com arrimo nas técnicas disponíveis e percuciente ponderação dos fatos e valores envolvidos, bem como da totalidade do sistema, poderá construir a solução mais adequada à situação, deixando de aplicar uma, as duas, ou, ainda, conservando as duas normas e eliminando apenas a incompatibilidade, dando ao objeto interpretado uma adequada significação (interpretação corretiva), de modo a conciliar as normas incompatíveis; com isso estará a prestigiar o sistema e o princípio de autoridade do qual ele deriva.

Bibliografia

ARAUJO, Clarice von Oertzen de. *Semiótica do Direito*. São Paulo: Quartier Latin, 2005.

BOBBIO, Norberto. *Teoria do Ordenamento Jurídico*. 10ª ed. Brasília: Universidade de Brasília, 1999.

CAPELLA, Juan Ramón. *Elementos de Análisis Jurídico*. Madrid: Editorial Trotta, 1999.

CÁRCOVA, Carlos Maria. *Opacidade do Direito*. Tradução de Edílson Alkmin Cunha. São Paulo: LTr, 1998.

CARVALHO, Aurora Tomazini de. *Curso de Teoria Geral do Direito*, 3ª ed. São Paulo: Noeses, 2013.

CARVALHO, Paulo de Barros. *Direito Tributário, Linguagem e Método*. 5ª ed. São Paulo: Noeses, 2013.

DINIZ, Maria Helena. *Conceito de Norma Jurídica como Problema de Essência*. São Paulo: RT, 1979.

_____. *Lei de Introdução ao Código Civil Interpretada*. São Paulo: Saraiva, 1996.

_____. *Compêndio de Introdução à Ciência do Direito*. 12ª ed. São Paulo: Saraiva, 2000.

ENGISH, Karl. *Introdução ao Pensamento Jurídico*. 7ª ed. Lisboa: Fundação Calouste Gulbenkian, 1996.

FERRAZ JR., Tercio Sampaio. *Introdução ao Estudo do Direito*. 2ª ed. São Paulo: Atlas, 1994.

GAMA, Tácio Lacerda. *Competência Tributária – Fundamentos para uma teoria da nulidade*. São Paulo: Noeses, 2009.

GUASTINI, Riccardo. *Distinguiendo, Estúdios de Teoria y Metateoria del Derecho*. Barcelona: Gedisa Editorial, 1999.

KELSEN, Hans. *Teoria Geral do Direito e do Estado*. 2ª ed. São Paulo: Martins Fontes, 1992.

_____. *Teoria Pura do Direito*. 6ª ed. São Paulo: Martins Fontes, 1999.

MORCHÓN, Gregório Robles. *As Regras do Direito e as Regras dos Jogos: Ensaio sobre a Teoria Analítica do Direito*. São Paulo: Noeses.

REALE, Miguel. *Teoria Tridimensional do Direito*. São Paulo: Saraiva, 1968.

_____. *Filosofia do Direito*. São Paulo: Saraiva, 2º vol., 1969.

ROCHER, Guy. *Sociologia Geral*. 3ª ed. Lisboa: Presença, 1977.

VILANOVA, Lourival. *As Estruturas Lógicas e o Sistema do Direito Positivo*. São Paulo: Max Limonad, 1997.

A TEORIA DOS VALORES E OS PRINCÍPIOS E SOBREPRINCÍPIOS NA INTERPRETAÇÃO DO DIREITO

Sylvia Marlene de Castro Figueiredo[1]

"Se retivermos a observação segundo a qual o direito, por ser objeto cultural, carrega sempre valores, e se pensarmos que todo nosso empenho se dirige para construir as significações a partir de um extrato de linguagem, não será difícil concluir que para conhecer o direito e, em última análise, compreendê-lo, interpretá-lo, conferindo conteúdo, sentido e alcance à mensagem legislada, é necessário o envolvimento do exegeta com as proporções inteiras do todo sistemático, incursionando pelos escalões mais altos e de lá regressando com os vetores axiológicos ditados por certas normas, como é o caso dos chamados "princípios fundamentais".[2]

Índice: 1. Introdução. 2. A Teoria dos Valores. 2.1. Sobre os valores. 2.1.1. O vocábulo "valor": dificuldades conceituais. 2.1.2. Definição do vocábulo "valor". 2.2. A teoria dos valores de Johannes Hessen. 2.3. A teoria dos valores de Miguel Reale. 2.4. Características do valor. 2.5. Os valores e o Direito: o Direito na sua dimensão axiológica. 3. Direito e Interpretação. 3.1. Interpretação e semiótica do Direito:

---

1. Doutoranda em Direito pela PUC-SP e juíza federal.
2. CARVALHO, Paulo de Barros. "Princípios Sobreprincípios e Interpretação do Direito", in http://ibet.provisorio.ws/download/Princ%C3%ADpios%20PBC.pdf, p. 04.

texto e contexto. 3.2. A influência da lógica e da filosofia na interpretação jurídica. 3.3. Direito e Semiótica: a Semiótica Jurídica. 3.4. Direito Positivo como objeto cultural e a forma de interpretá-lo. 4. Princípios, Sobreprincípios e Valores. 4.1. Amplitude Semântica do vocábulo Princípio. 4.2. Princípios e Valores. 4.3. O Sobreprincípio da Segurança Jurídica enquanto Valor. 4.4. Violação do Sobreprincípio da Segurança Jurídica. 5. Conclusões. 6. Bibliografia.

1. Introdução

Antes de ingressar no assunto objeto do presente estudo, pensamos seja interessante a apresentação da metodologia deste trabalho, isto é, de que modo e por quais caminhos iremos percorrer, para que seja viável a articulação de suas complexidades, a reflexão sobre elas e a construção de conclusões consistentes.

O objeto primordial deste trabalho diz respeito ao exame da Teoria dos Valores e dos Princípios e Sobreprincípios na Interpretação do Direito.

Partiremos das dificuldades conceituais do vocábulo "valor", fixando, posteriormente, sua definição.

Abordaremos a Teoria dos Valores de Johannes Hessen e de Miguel Reale.

Reafirmaremos algumas características da Teoria dos Valores, a qual nos permitirá concluir que o plano dos conteúdos normativos é valorativo.

Sob o enfoque dos valores e o Direito, examinaremos o Direito na sua dimensão axiológica.

Estudaremos Direito e Interpretação, oportunidade na qual discorreremos a respeito da atividade de intérprete, o qual não se limita a encontrar a significação preexistente no texto, mas iremos demonstrar que, através da interpretação, o sentido de um texto é construído por meio de um ato de valoração do intérprete.

Pretendemos enfocar que o intérprete constrói o conteúdo textual. A significação (conteúdo do texto) é atribuída pelo intérprete e condicionada as suas tradições culturais. O texto (em sentido estrito) é significativo, mas não contém, em sim mesmo, significações (conteúdo).

Revelaremos, por consequência, que não existe texto sem conteúdo e que também não existe conteúdo sem o ser humano, na medida em que o conteúdo está no homem, apenas é atribuído ao texto.

Em seguida, demonstraremos como a lógica e a filosofia influenciam na interpretação jurídica. Após, mostraremos como a Semiótica Jurídica auxilia o intérprete na atividade cognoscitiva do Direito.

Investigaremos que o Direito, entendido como fenômeno cultural, admite uma investigação jurídica voltada para os valores e uma investigação do Direito como realidade positivada.

Veremos que, para conhecer, compreender e interpretar o Direito, dando conteúdo, sentido e alcance à mensagem legislada, é necessário o envolvimento do exegeta com a unidade do sistema jurídico, o qual deve adentrar aos seus altos escalões normativos, com a finalidade de regressar com os vetores axiológicos ditados pelos princípios fundamentais.

Apreciaremos, em seguida, a importância dos princípios como vetores interpretativos.

Neste passo, passaremos a abordar a amplitude semântica do vocábulo princípio.

Teceremos considerações sobre os princípios e valores.

Constataremos que todo princípio atua para implantar valores.

Destacaremos que os princípios assumem importância vital para os ordenamentos jurídicos, pois aparecem como pontos axiológicos de alto destaque e prestígio com que fundamentar na Hermenêutica dos Tribunais a legitimidade dos preceitos da ordem constitucional.

Discorreremos sobre os comandos normativos, os quais tecem uma rede complexa de dados axiomáticos que se sobrepõe, dando razão a verdadeiros "sobreprincípios", oportunidade na qual analisaremos o sobreprincípio da segurança jurídica enquanto valor.

Por fim, falaremos algumas palavras sobre o aspecto pragmático dos princípios jurídicos, principalmente quanto à possibilidade de violação do sobreprincípio da segurança jurídica.

2. A Teoria dos Valores
2.1. Sobre os valores
2.1.1. O vocábulo "valor": dificuldades conceituais

Inicialmente, precisamos ter em mente o que seria "valor" para compreender a Teoria Geral dos Valores, ou a Axiologia do Direito.

Ocorre que a tarefa de definir "valor" representa uma das grandes dificuldades da filosofia.

Devemos dizer que o homem é um ser que faz planos e dirige sua vida voltada para atingir determinados fins.

A escolha desses fins é feita conforme os valores que elege.

Portanto, a ideia de valor está ligada às necessidades do homem.

Fabiana Del Padre Tomé[3] relata que a dificuldade em conceituar o vocábulo "valor" existe, mas não a ponto de

---

3. TOMÉ, Fabiana Del Padre. "A Prova no Direito Tributário". São Paulo: Noeses, 2005, p. 239.

inviabilizar a definição e estudo do conceito de "valor", como pensa Johannes Hessen,[4] segundo o qual o valor não admite definições, sendo possível apenas classificar ou revelar o seu conteúdo, como veremos em tópico próprio.

2.1.2. Definição do vocábulo "valor"

Tercio Sampaio Ferraz Júnior[5] diz que os valores são preferências por núcleos de significação.

De acordo com Paulo de Barros Carvalho,[6] valor é um vínculo que se institui entre o agente do conhecimento e o objeto, tal que o sujeito movido por uma necessidade não se comporta com indiferença, atribuindo-lhe qualidades positivas ou negativas.

O mesmo autor[7] assinala que "(...) os valores, no Direito, são enunciados deônticos prescritores de condutas, prescindindo da configuração lógica das unidades normativas (norma, aqui, no sentido estrito)."

Discorrendo sobre a compreensão do que seja valor, Angeles Mateos García destaca que "(...) o mérito da obra de Reale consiste na genial aplicação da categoria do dever ser na explicação axiológica, transformando-se no elemento chave que conduzirá até a determinação da sua natureza." [8]

---

4. HESSEN, Johannes. *Filosofia dos Valores*. Coimbra: Almedina, 2001, p. 35.
5. FERRAZ JÚNIOR, Tercio Sampaio. "Introdução ao Estudo do Direito". São Paulo: Atlas, 1991, p. 111, *apud* CARVALHO, Paulo de Barros. "Direito Tributário: Linguagem e Método", 5ª edição, São Paulo: Noeses, 2013, p.175.
6. CARVALHO, Paulo de Barros. "Direito Tributário: Linguagem e Método", 5ª edição, São Paulo: Noeses, 2013, p. 175.
7. CARVALHO, Paulo de Barros. "Direito Tributário: Linguagem e Método", 5ª edição, São Paulo: Noeses, 2013, p. 175.
8. MATEOS GARCÍA, Angeles. "A Teoria dos Valores de Miguel Reale: fundamento de seu tridimensionalismo jurídico." (Tradução: Tália Bugel) – São Paulo: Saraiva, 1999, p. 18.

Segundo referido autor, citando lição de Miguel Reale:

> Compreender o que seja o valor implica situar-se nessa segunda perspectiva, porque só a partir do plano do dever ser é possível apreender sua essencialidade e consistência. A realidade humana, insiste Reale, pode ser analisada a partir dessas duas categorias fundamentais, como duas posições primordiais do espírito perante o real: "**As coisas são vistas enquanto são ou enquanto valem; e porque valem devem ser.** Não existe uma terceira posição equivalente. Todas as demais situações são redutíveis a essas duas, e, através delas, ela se ordenam. [9] (Grifo nosso).

Fabiana Del Padre Tomé, por sua vez, para definir o vocábulo "valor", parte do princípio de que toda ação humana implica uma decisão, baseada em um Juízo de preferência, o que resulta numa escolha.

Referida autora se identifica com os postulados do subjetivismo axiológico, segundo o qual os valores são inerentes ao homem.

Segundo a mesma autora:[10]

> Os valores são sempre atribuídos pelo homem, quer pelo legislador, ao eleger fatos para compor a hipótese normativa e escolher relações para figurarem como correspondente conseqüência na causalidade jurídica, quer pelo aplicador do direito, ao interpretar as normas gerais e abstratas, os fatos alegados e provas apresentadas, fazendo-o a partir de suas vivências, de suas preferências, ainda que inconscientes, construindo, com base na combinação desses fatores, normas individuais e concretas.

---

9. REALE, Miguel. "Filosofia do Direito", p. 188; *apud* MATEOS GARCÍA, Angeles. "A Teoria dos Valores de Miguel Reale: fundamento de seu tridimensionalismo jurídico." (Tradução: Tália Bugel) – São Paulo: Saraiva, 1999, p. 18.
10. TOMÉ, Fabiana Del Padre. "A Prova no Direito Tributário". São Paulo, Noeses, 2005, p. 242.

Feita a transcrição doutrinária supra, infere-se que o valor não está nas coisas, mas no ser humano, como sujeito cognoscente. É essa força que gera a preferência, propicia a escolha, ditando a conduta a ser tomada.

Assim, surge a bipolaridade: bem x mal, numa implicação mútua entre ambos.

A norma jurídica constitui objeto cultural, porque originária da conduta humana. Por isso, está impregnada de valores.

Portanto, Fabiana Del Padre Tomé identifica-se com o subjetivismo axiológico: os valores são inerentes ao homem. São atribuídos pelo homem, seja legislador, seja aplicador, que sempre operam no plano de suas vivências, de suas preferências, ainda que inconscientes, construindo, com base na combinação desses fatores as normas gerais e abstratas ou individuais e concretas, conforme o caso.

Nesta esteira, respaldados nas considerações doutrinárias acima transcritas, adotaremos a Teoria sobre a axiologia do direito, encampada pela Teoria Dualista, ramificada pelo subjetivismo axiológico, segundo a qual "(...) as coisas não são por si valiosas e todo valor se origina de uma valoração prévia, consistente em uma concessão de dignidade e hierarquia que o sujeito faz às coisas segundo o prazer ou desprazer que lhe causam, (...)".[11]

Nesta linha de raciocínio, podemos concluir que toda ação humana está ligada ao valor e que o valor está no ser humano, no sujeito cognoscente.

Por conseqüência, pensamos ser cristalino que as normas jurídicas não têm um valor em si, independente da ação e apreciação humana, sendo os valores sempre atribuídos pelo

---
11. TOMÉ, Fabiana Del Padre. "A Prova no Direito Tributário". São Paulo: Noeses, 2005, p. 241.

homem, de forma que, ao interpretar as normas gerais e abstratas, o aplicador do direito constrói normas individuais e concretas, fruto de sua ideologia, de suas vivências e preferências, ainda que inconscientes.

Nesse prisma de ideias, Fabiana Del Padre Tomé[12] ensina que:

> O valor pode ser definido como a não-indiferença de um sujeito em relação a determinado objeto. É ele, portanto, bipolar, de modo que a um valor se contrapõe um desvalor, e o sentido de um exige o outro, num vínculo de implicação recíproca. Dada essa dualidade, o valor importa sempre uma tomada de posição do ser humano, que lhe confere sentido. Cada valor aponta a um fim específico, exigindo, do sujeito cognoscente, o ato de preferir a um em vez do outro (...).

Dessa forma, com respaldo na transcrição doutrinária supra, adotaremos o posicionamento doutrinário acima, para o fim de fixar a definição de valor como a não-indiferença de um sujeito em relação a determinado objeto.

2.2. A teoria dos valores de Johannes Hessen

Johannes Hessen,[13] ao questionar o que é "valor" e qual é a essência dos valores, destaca que, para responder a esta pergunta, se pode partir:

– do mundo das vivências: o valor será aquilo que como tal nos aparece, estando nós assim caídos de novo no psicologismo axiológico, cujas últimas consequências são o 'relativismo' e o 'subjetivismo' dos valores;

---
12. TOMÉ, Fabiana Del Padre. "A Prova no Direito Tributário". São Paulo: Noeses, 2005, p. 252.
13. HESSEN, Johannes. *Filosofia dos Valores*. Coimbra: Almedina, 2001, p. 35.

– do mundo do ser natural: consideramos o valor como uma determinação particular do ser, ou um seu 'modus essendi'. A consequência será que toda a distinção entre ser e valor, entre ser e dever-ser, ficará comprometida e erigida uma concepção 'naturalista' dos valores;

– do ser essencial: serão entes 'in se' eles próprios; não serão qualidades, mas figuras. Esta é a concepção característica do ontologismo axiológico;

– da esfera lógica: podemos interpretar a essência do valor, sob a visão lógica. Teremos o Logicismo axiológico, característico do neokantismo.

Hessen assinala que a tendência é no sentido de rejeitar as concepções extremistas e todas as teorias unilaterais, concluindo que é no terreno axiológico que 'a contemporaneidade nos trouxe, com relação à Antiguidade e à Idade Média, algumas ideias essenciais inteiramente novas'.

Nesta esteira, Hessen chega a afirmar a impossibilidade de definição do vocábulo valor, destacando que o conceito de valor "pertence ao número daqueles conceitos supremos, como os de "ser, existência", etc., que não admitem definição. Tudo o que pode fazer-se a respeito deles é simplesmente tentar uma clarificação ou "mostração" do seu conteúdo."

Johannes Hessen[14] ensina que a Filosofia se subdivide em três disciplinas fundamentais: A Teoria da Ciência, a Teoria dos Valores e a Teoria da Realidade.

Ao examinar o significado e a importância da Teoria dos Valores, Johannes Hessen[15] assinala que só na Filosofia o espírito humano medita sobre o sentido e alcance das atividades de moralidade e de religião e, neste passo, o espírito humano reflete sobre suas próprias atividades e atitudes teoréticas.

---

14. HESSEN, Johannes. *Filosofia dos Valores*. Coimbra: Almedina, 2001, p. 20.
15. Op. cit, p. 19.

O mesmo autor elucida que a disciplina mediante a qual o espírito humano efetua este autoexame, questionando o que seria ciência, o que seria conhecimento, o que seria verdade, chama-se Teoria da Ciência e abrange a Lógica e a Teoria do Conhecimento.[16]

Johannes Hessen[17] também destaca a disciplina denominada Teoria dos Valores, Axiologia, através da qual o mesmo espírito humano reflete sobre as suas funções e atividades não-teoréticas, ao indagar sobre qual seria a essência dos valores éticos, estéticos, religiosos.

Referido autor explica que a Teoria dos Valores, Axiologia, abrange, por seu lado, a Ética, a Estética e a Filosofia da Religião.

Johannes Hessen[18] revela que a Teoria da Realidade é uma disciplina da Filosofia, mediante a qual o espírito humano efetua um autoexame e uma autocontemplação do Espírito, associada à concepção-do-mundo.

Nesta esteira, a Teoria da Realidade se subdivide em Metafísica, na qual se discute os problemas da essência, da íntima conexão e princípio de todas as coisas, e em Teoria das Concepções do Mundo, a qual trata dos problemas de Deus, da liberdade e da imortalidade humanas.

Johannes Hessen[19] ressalta qual o significado da Teoria dos Valores, distinguindo dentro desta uma Teoria Geral e uma Teoria Especial.

Referido autor reconhece que a Teoria especial de valores é composta pela Ética, Estética e Filosofia religiosa.

---

16. Op. cit., p. 19.
17. Op. cit., p. 19.
18. Op. cit., p. 20.
19. HESSEN, Johannes. *Filosofia dos Valores*. Coimbra: Almedina, 2001, p. 20.

Por sua vez, o mesmo autor refere que a Teoria geral tratará do valor e do valer em si mesmo, servindo, por consequência, de fundamento à Teoria especial.

A Teoria Geral dos Valores, também denominada Teoria dos Valores ou Filosofia dos Valores, constitui o fundamento das várias disciplinas axiológicas, sendo seu significado de extrema importância tanto para as diferentes disciplinas axiológicas como para a teoria da nossa própria concepção-do-mundo.[20]

Johannes Hessen explica que toda a concepção-do-mundo implica uma "concepção da vida" e que o sentido da vida humana reside na realização dos valores.

O mesmo autor revela que "(...) a plena realização do sentido da nossa existência dependerá também, em última análise, da concepção que tivermos acerca dos valores."[21]

De acordo com referido autor,[22] a Teoria dos valores dará à consciência do homem uma claridade maior, tornando-a mais firme e mais rica, além de permitir, na relação com o outro, que possamos conhecer os homens quando conhecemos os critérios de valoração a que eles obedecem, já que dos valores dependem o caráter e o comportamento do homem em face das situações da vida.

Johannes Hessen,[23] ao discorrer sobre a estrutura hierárquica, diz que a ordem dos valores apresenta-nos igualmente uma estrutura escalonada. Os valores admitem graus; são suscetíveis de mais ou de menos. Todo o valor está nestas condições.

O mesmo autor destaca que os valores se acham entre si numa determinada relação de hierarquia.

---

20. Op. cit., p. 22.
21. HESSEN, Johannes. *Filosofia dos Valores*. Coimbra: Almedina, 2001, p. 22.
22. Op. cit., p. 24.
23. Op. cit., p. 60.

O autor supracitado cita Scheler, o qual nos forneceu cinco critérios para determinar a altura dos valores:

1. Os valores são tanto mais altos quanto maior for a sua duração: os valores mais baixos serão os mais transitórios e de menos duração; os mais altos serão só os eternos;

2. Os valores são tanto mais altos quanto menos divisíveis forem: é da essência de tais valores serem ilimitadamente comunicáveis sem sofrerem divisão ou diminuição;

3. O valor que ser de "fundamento" a outros é mais alto que os que se fundam nele;

4. Os valores são tanto mais altos quanto mais profunda é a satisfação que a sua realização produz em nós;

5. Diferente grau da sua relatividade.

Johannes Hessen[24] concebe a Teoria dos Valores como uma disciplina relativamente recente.

Citado autor pondera que toda a vez que um novo domínio de fenômenos se abre para a Filosofia, é sabido que a primeira coisa que há a fazer é situá-lo na Realidade, fixando-se qual a esfera de objetos a que deve adjudicar-se a nova região descoberta, onde esta terá o seu lugar, a sua pátria.

Referido autor assinala que o valor é diferente do ser.

Johannes Hessen[25] aponta, resumidamente, as principais doutrinas da moderna Filosofia dos valores acerca da situação ôntica destes últimos, como verificamos a seguir:

(1) Psicologismo axiológico ("Psyché" ou alma humana) (vivência): o ser dos valores se resume no seu "serem

---

24. HESSEN, Johannes. *Filosofia dos Valores*. Coimbra: Almedina, 2001, p. 32.
25. Op. cit., p. 33-34.

experimentados", vividos – no seu próprio processo de vidência. Esta doutrina encontra-se superada;

(2) Cosmologista (Aristóteles e da Escolástica) (ser natural): os valores são assimilados à natureza, pois o ser valioso não se distingue do ser natural. Segundo essa corrente, a verdadeira pátria dos valores deve ser procurada no próprio Cosmos, ou seja, o valioso das coisas coincide com o ser essencial delas, num ponto de vista metafísico;

(3) Logificação dos valores (Neokantismo): pretende naturalizar os valores. O mundo interno e mundo externo formam, no seu conjunto, a Realidade, a ordem do ser real. A esta ordem contrapõe-se a ordem "ideal" que constitui a esfera ou o mundo das coisas que "valem", em oposição ao mundo das coisas que "existem". Tudo aquilo que tem qualquer valer ou validade é nessa esfera que se situa, chamando-se "valor". Os conceitos de valer, ser válido, e de valor, vêm assim a coincidir uns com os outros, podendo se falar em logificação dos valores. O logicismo extremo da escola neokantiana é considerado, cada vez mais, insuficiente e unilateral;

(4) Ontologificação dos valores (N. Hartmann): o mundo dos valores pode ser considerado um mundo ou esfera à parte do ser, como esfera independente, assentando sobre si mesma. Os valores passam a ser neste caso entres "in se", não no sentido duma existência real, mas no de um "ser ideal objetivo". O Ontologismo de N. Hartmann quase não encontra adeptos.

Não obstante Johannes Hessen[26] tenha apresentado as principais doutrinas da moderna Filosofia dos valores, ao questionar o que é valor, qual é a essência dos valores, conclui no sentido de que nenhuma das teorias filosóficas citadas encontra

---

26. HESSEN, Johannes. *Filosofia dos Valores*. Coimbra: Almedina, 2001, p. 35.

resposta satisfatória para definir o que é valor e qual é a sua essência.

Segundo Hessen, o valor não é produto do Juízo, nem se relaciona com o critério finalístico, como pensa Miguel Reale. Para ele, os valores existem e são objetos ideais.

O mesmo autor adota uma visão metafísica sobre os valores, na medida em que o Juízo depende do agente, mas há algo maior por trás do homem supra individual.

Hessen questiona se o valor é um dever-ser, ou se o dever-ser é um valor, uma vez que o dever-ser origina um valor e o valor origina um dever-ser. Segundo ele, essa relação se trata de fundamentação circular, em que o valor origina o dever-ser e o dever-ser retroalimenta o valor.

2.3. A teoria dos valores de Miguel Reale

Angeles Mateos García destaca que "(...) o mérito da obra de Reale consiste na genial aplicação da categoria do dever ser na explicação axiológica, transformando-se no elemento chave que conduzirá até a determinação da sua natureza." [27]

Segundo referido autor, citando lição de Miguel Reale:

> Compreender o que seja o valor implica situar-se nessa segunda perspectiva, porque só a partir do plano do dever ser é possível apreender sua essencialidade e consistência. A realidade humana, insiste Reale, pode ser analisada a partir dessas duas categorias fundamentais, como duas posições primordiais do espírito perante o real: "**As coisas são vistas enquanto são ou enquanto valem; e porque valem devem ser**. Não existe uma terceira posição equivalente.

---

27. MATEOS GARCÍA, Angeles. "A Teoria dos Valores de Miguel Reale: fundamento de seu tridimensionalismo jurídico." (Tradução: Tália Bugel) – São Paulo: Saraiva, 1999, p. 18.

Todas as demais situações são redutíveis a essas duas, e, através delas, ela se ordenam.[28] (Grifo nosso).

Angeles Mateos García revela que seu âmbito de estudo é o dever ser, em que são apreendidos na sua atualização, como "objetos valiosos", sobretudo enquanto "objetos culturais".[29]

Os valores não são nem podem ser realidades ou objetos do "mundo do ser", na medida em que são objetos valiosos, que se projetam como "objetos culturais", tanto como os demais.[30]

Angeles Mateos García anota que "(...) O ser pode ser abordado a partir de dois pontos de vista: enquanto ele é e enquanto ele deve ser, sendo que a segunda consideração implica sempre a presença de algum valor. Dever ser implica uma estimativa da parte do sujeito que valora a realidade, pontos de referência axiológicos, a liberdade como foco constitutivo de valores, o marco histórico-cultural como cenário contextual do real (...), em última instância, uma nova interpretação da realidade, na qual a axiologia ocupa um lugar transcendental, desvinculando-se dos objetos ideais e passando a constituir uma ciência autônoma."[31]

---

28. REALE, Miguel. "Filosofia do Direito", p. 188; *apud* MATEOS GARCÍA, Angeles. "A Teoria dos Valores de Miguel Reale: fundamento de seu tridimensionalismo jurídico." (Tradução: Tália Bugel) – São Paulo: Saraiva, 1999, p. 18.
29. REALE, Miguel. "Experiência e Cultura", São Paulo, Grijalbo/Edusp, 1977, p. 171, *apud* MATEOS GARCÍA, Angeles. "A Teoria dos Valores de Miguel Reale: fundamento de seu tridimensionalismo jurídico." (Tradução: Tália Bugel) – São Paulo: Saraiva, 1999, p. 19.
30. REALE, Miguel. "Filosofia do Direito", p. 189, *apud* MATEOS GARCÍA, Angeles. "A Teoria dos Valores de Miguel Reale: fundamento de seu tridimensionalismo jurídico." (Tradução: Tália Bugel) – São Paulo: Saraiva, 1999, p. 19.
31. REALE, Miguel. "Verdade e Conjetura", p. 94 e "Paradigmas da Cultura Contemporânea", p. 75, *apud* MATEOS GARCÍA, Angeles. "A Teoria dos Valores de Miguel Reale: fundamento de seu tridimensionalismo jurídico." (Tradução: Tália Bugel) – São Paulo: Saraiva, 1999, p. 110.

De acordo com a teoria dos objetos – naturais, ideais e culturais – a cultura compreende aquilo que o homem conhece do ser enquanto ser e tudo aquilo que o homem conhece, faz ou realiza, colocando o ser em função do dever,[32] "(...) com a consequente implicação do dever ser com a axiologia, porque toda ação cultural implica conseguir um valor."[33]

Miguel Reale explica que o valor desempenha uma tripla função:

a) Função ôntica: o valor constitui o ser de certos objetos. Exemplo: objetos estéticos ou jurídicos;

b) Função gnoseológica: existem serem cujo conhecimento só é possível através do valor, ou seja, de um juízo axiológico;

c) Função teleológica ou prática: os valores são projetados no plano da ação e da praxe, implicando uma relação de meios e fins.[34]

A explicação da realidade é vinculada inteiramente com a cultura e a axiologia como seu fundamento último, motivo pelo qual essa concepção é conhecida como "historicismo axiológico".

Angeles Mateos García, discorrendo sobre o novo paradigma na interpretação da realidade, ao examinar o culturalismo

---

32. REALE, Miguel. "Paradigmas da Cultura Contemporânea", p. 77, *apud* MATEOS GARCÍA, Angeles. "A Teoria dos Valores de Miguel Reale: fundamento de seu tridimensionalismo jurídico." (Tradução: Tália Bugel) – São Paulo: Saraiva, 1999, p. 111.
33. MATEOS GARCÍA, Angeles. "A Teoria dos Valores de Miguel Reale: fundamento de seu tridimensionalismo jurídico." (Tradução: Tália Bugel) – São Paulo: Saraiva, 1999, p. 111.
34. REALE, Miguel. "Verdade e Conjetura", p. 99-100, *apud* MATEOS GARCÍA, Angeles. "A Teoria dos Valores de Miguel Reale: fundamento de seu tridimensionalismo jurídico." (Tradução: Tália Bugel) – São Paulo: Saraiva, 1999, p. 42-43.

como paradigma filosófico, diz que "Reale parte da constatação de que o termo 'cultura' está transformando-se me 'paradigma', no sentido de que T. Kuhn atribui a essa palavra, (...). (...), as diferentes 'concepções do mundo', entre as quais estão incluídas teorias, crenças, metodologias e técnicas de pesquisa, conjunto de problemas... etc., que marcam um determinado período científico." [35]

Nesta seara, vale frisar que, havendo mudanças de paradigmas, as concepções da realidade, do homem, da história, da filosofia, etc. também se alteram.

Nesse prisma de ideias, Miguel Reale apresenta novo paradigma filosófico, ao oferecer sua própria concepção do mundo, no qual a "cultura" é um marco genérico atual de acesso à compreensão do mundo e da vida; daí a expressão "culturologia filosófica".

Angeles Mateos García anota que o "culturalismo" é "corrente de pensamento que reconhece a importância decisiva do paradigma apontado"[36] e assinala que a cultura tem importância fundamental, assim como sua relação com a história e a axiologia, na concepção do mundo e do conhecimento, de forma que "(...) o que o mundo é hoje para o homem, o seu sentido, a interpretação da sua existência, a justiça, o direito. Isto não pode ser entendido sem levar em conta o papel da cultura nas suas diversas manifestações histórico-axiológicas".[37]

---

35. MATEOS GARCÍA, Angeles. "A Teoria dos Valores de Miguel Reale: fundamento de seu tridimensionalismo jurídico." (Tradução: Tália Bugel) – São Paulo: Saraiva, 1999, p. 103.
36. REALE, Miguel. "Paradigmas da Cultura Contemporânea", p. 83, *apud* MATEOS GARCÍA, Angeles. "A Teoria dos Valores de Miguel Reale: fundamento de seu tridimensionalismo jurídico." (Tradução: Tália Bugel) – São Paulo: Saraiva, 1999, p. 104.
37. REALE, Miguel. "Paradigmas da Cultura Contemporânea", p. 83, *apud* MATEOS GARCÍA, Angeles. "A Teoria dos Valores de Miguel Reale: fundamento de seu tridimensionalismo jurídico." (Tradução: Tália Bugel) – São Paulo: Saraiva, 1999, p. 104.

A diferenciação das ciências físico-naturais das culturais reside no fato de que, nestas últimas, suas afirmações básicas têm como conteúdo um ou mais valores.[38]

Miguel Reale sintetiza, dizendo que "de forma geral, o valor atua sempre como categoria hermenêutica, mas ele só representa o ingrediente da realidade observada quando essa realidade é de caráter espiritual ou cultural 'qua tale'".[39]

Angeles Mateos García[40] destaca que Miguel Reale defende concepção culturalista-personalista da axiologia, segundo a qual "O mundo da cultura é, em suma, o mundo que "é", que se torna realidade, em função do ser do homem, e "deve ser" em razão da sua valia primordial, realizando-se ao longo do processo histórico."[41]

Em sendo assim, para Miguel Reale, os valores não podem ser limitados à consideração da análise do ser, mas apenas se pode dizer deles é que eles são.

O valor não é um item, é um valente. Ele irá qualificar qualquer objeto – ideal, físico, que é produto de um Juízo de Valor.

Numa perspectiva cultural, o Juízo de Valor será finalístico, permitindo concluir sobre a qualidade (positiva ou negativa) do objeto, conforme a finalidade.

---

38. MATEOS GARCÍA, Angeles. "A Teoria dos Valores de Miguel Reale: fundamento de seu tridimensionalismo jurídico." (Tradução: Tália Bugel) – São Paulo: Saraiva, 1999, p. 116
39. REALE, Miguel. "Paradigmas da Cultura Contemporânea", p. 10, *apud* MATEOS GARCÍA, Angeles. "A Teoria dos Valores de Miguel Reale: fundamento de seu tridimensionalismo jurídico." (Tradução: Tália Bugel) – São Paulo: Saraiva, 1999, p. 117.
40. MATEOS GARCÍA, Angeles. "A Teoria dos Valores de Miguel Reale: fundamento de seu tridimensionalismo jurídico." (Tradução: Tália Bugel) – São Paulo: Saraiva, 1999, p. 120.
41. REALE, Miguel. "Paradigmas da Cultura Contemporânea", p. 108, *apud* MATEOS GARCÍA, Angeles. "A Teoria dos Valores de Miguel Reale: fundamento de seu tridimensionalismo jurídico." (Tradução: Tália Bugel) – São Paulo: Saraiva, 1999, p. 120.

Não se confunde o valor com o ser. A qualidade do ser que será examinada, se positiva ou negativa, e não o próprio ser.

O Juízo de Valor é precedido do Juízo de Realidade. Entretanto, o Juízo de Realidade poderá influenciar seu Juízo de Valor.

Um conjunto de valores forma a ideologia.

Diversamente de Miguel Reale, Hessen, o qual apresenta visão metafísica, ao falar em Juízo médio, pensa que o valor não é produto do Juízo, nem está relacionado com o critério finalístico, como sustenta Reale.

Diferenciam-se, assim, as correntes dos jusfilósofos, pois, para Hessen, o juízo depende do agente, havendo o homem supra individual, em que há algo superior ao homem.

Pode-se dizer, na esteira dos ensinamentos de Miguel Reale, que finalidade é um valor tomado como razão de ser da conduta.

O valor, então, pode ser definido como a finalidade. O valor é a finalidade.

2.4. Características do valor

De acordo com Paulo de Barros Carvalho, o valor é um vínculo que se institui entre o agente do conhecimento e o objeto, tal que o sujeito movido por uma necessidade não se comporta com indiferença, atribuindo-lhe qualidades positivas ou negativas.

Referido autor anota que Miguel Reale logrou dar "status" autônomo à Axiologia ou Teoria dos Valores.

Segundo o mesmo autor, são quatorze os elementos sobre valores, que constituem suas características:

a) Bipolaridade: apenas possível entre os objetos metafísicos e culturais, que é marca obrigatória dos valores;

b) Implicação recíproca: Onde houver valor, haverá, como contraponto, o desvalor, de tal modo que os valores positivos e negativas implicam-se, mutuamente, daí a implicação recíproca;

c) Referibilidade: o valor importa sempre uma tomada de posição do ser humano perante alguma coisa, a que está referido;

d) Preferibilidade: as estimativas são entidades vetoriais, apontando uma direção determinada, para um fim, e denunciando, com isso, preferibilidade;

e) Incomensarubilidade: não sendo passíveis de medição, os valores são incomensuráveis. É o sem-sentido semântico que representaria estabelecer proporções de medida aos valores;

f) Tendência à graduação hierárquica: os valores se acomodam em ordem escalonada, tomando como referência o mesmo sujeito axiológico;

g) Objetividade: os valores não se revelam sem algo que os suporte e sem uma ou mais consciências às quais se refiram. A objetividade é consequência da particular condição ontológica dos valores. "Objetividade" é o atributo intrínseco a todos os valores, a despeito de sua verificação cognoscitiva processar-se mais emocional do que racionalmente;

h) Historicidade: os valores são construídos na evolução do processo histórico e social, o que lhes dá o timbre de historicidade;

i) Inexauribilidade: exibe, a cada passo, que os valores sempre excedem os bens em que se objetivam;

j) Atributividade: aspecto que enaltece o ato de valoração, deixando acesa a lembrança de que os valores são preferências por núcleos de significação ou centros significativos que expressam uma preferibilidade por certos conteúdos de expectativa;

k) Indefinibilidade: é o elemento que reforça, nos valores, o não poderem ser circunscritos semanticamente, a atitude exegética inalcançável em decorrência da própria natureza do objeto-valor;

l) Vocação dos valores em se expressar em termos normativos: os valores, no Direito, são enunciados deônticos prescritores de condutas, prescindindo da configuração lógica das unidades normativas (norma, aqui, no sentido estrito);

m) Associatividade: é fazendo associações mentais que chegamos ao domínio satisfatória de seu conteúdo. A ideia do valor a que pretendemos ter acesso vai se formando, lentamente, em nosso espírito, até atingir o nível que a intuição emocional recomendar;

n) modo de acesso aos valores: é deixando vibrar nossos sentimentos que as noções vão surgindo e, associativamente, se estruturando para compor manifestações axiológicas expressivas.

Apresentadas as características dos valores, cumpre abordar, no próximo tópico, a relação dos valores com o Direito, bem como apresentar o Direito, em sua dimensão axiológica.

2.5. Os valores e o Direito: o Direito na sua dimensão axiológica

Paulo de Barros Carvalho[42] diz que, ao construir os objetos culturais como síntese do ser e dever-ser, o homem pretende

---

42. CARVALHO, Paulo de Barros. "Direito Tributário: Linguagem e Método", 5ª edição, São Paulo: Noeses, 2013, p.174.

alcançar um fim que é um valor tomado enquanto razão do ser da conduta.

Segundo supracitado autor, o dado valorativo está presente em toda configuração do jurídico, desde seus aspectos formais (lógicos), como nos planos semântico e pragmático.

Ali onde houver o Direito, haverá o elemento axiológico.

Ao regular a conduta entre os sujeitos postos em relação deôntica, os modais "obrigatório" e "permitido" trazem a marca de um valor positivo. O "proibido" manifesta valor negativo.[43]

Paulo de Barros Carvalho diz que o valor está na raiz mesma do dever-ser, isto é, na sua configuração lógico-formal.

Foi Rudolf Hermann Lotze introduziu a categoria valor na problemática da filosofia moderna.[44]

Haveria uma ordem dos valores distinta da ordem do ser, como o mundo das validades irreais, de uma objetividade puramente espiritual.

Paulo de Barros Carvalho[45] cita Newton Sucupira, o qual apresenta alguns princípios gerais que norteavam a teoria de Lotze e que se encontram na filosofia dos valores do neokantismo de Baden e em outros filósofos:

1) Os valores repousam sobre validades irreais;

2) Constituem campo autônomo junto e sobre o ser concreto;

3) O valor é sempre uma relação ligada a um sujeito;

4) Não é atividade puramente teórico, mas uma faculdade prática que nos conduz à apreensão do valor.

---

43. Op. cit., p.174.
44. Op. cit., p.175.
45. Op. cit., p.175.

Luiz Fernando Coelho, com base em opiniões filosóficas para o niilismo dos valores, assinala que os valores não têm expressão ôntica, ou seja, eles não são, mas valem, e só se pode predicar sua existência como algo aderente ao ser, e não como alguma coisa que tenha um ser.

Entretanto, com o impacto da noção fenomenológica de objeto como correlato intencional da consciência cognitiva, os valores podem ser objetivamente pensados como ser-em-si.

Podemos, então, focalizar a justiça como dado supremo para o direito, a igualdade, a segurança, a boa-fé e assim por diante.

Os valores seriam aquelas entidades cujo modo específico de ser é o valer. Eles são na medida em que valem.[46]

Por outro lado, as ideologias constituem prismas, critérios de avaliação de valores.

A valoração ideológica tem por objeto imediato os próprios valores. Paulo de Barros Carvalho[47] assinala que "toda vez que houver acordo, ou que um número expressivo de pessoas reconhecerem que a norma "N" conduz um vector axiológico forte, cumprindo papel de relevo para a compreensão de segmentos importantes do sistema de proposições prescritivas, estaremos diante de um "princípio". Quer isto significar que, por outros torneios, "princípio" é uma regra portadora de núcleos significativos de grande magnitude influenciando visivelmente a orientação de cadeias normativas, às quais outorga caráter de unidade relativa, servindo de fator de agregação para outras regras do sistema positivo.

---

46. CARVALHO, Paulo de Barros. "Direito Tributário: Linguagem e Método", 5ª edição, São Paulo: Noeses, 2013, p.176.
47. CARVALHO, Paulo de Barros. "Princípios Sobreprincípios e Interpretação do Direito", in http://ibet.provisorio.ws/download/Princ%C3%ADpios%20PBC.pdf, p. 12.

Advirta-se, entretanto, que ao aludirmos a "valores" estamos indicando somente aqueles depositados pelo legislador (consciente ou inconscientemente) na linguagem do direito posto.

Paulo de Barros Carvalho diz não acreditar que exista uma "região de valores", existentes em si, ou qualquer tipo de sistema suprapositivo de valores, ao modo de algumas vertentes jusnaturalistas.

O mesmo autor destaca se ocupar de centros significativos abstratos, positivados no ordenamento.

Se tais observações forem procedentes, Paulo de Barros Carvalho cogita de uma hierarquia de valores jurídicos ou, de outra maneira, de uma classificação hierárquica das normas do direito positivo, elegendo-se como critério a intensidade axiológica nelas presente.

Essa hierarquia pode mudar de pessoa para pessoa, na medida em que, devido ao dado axiológico inerente ao "existir" do homem no mundo, não há neutralidade na experiência, sendo impossível desagregá-la da ideologia e dos valores consolidados pelas vivências do intérprete.

Fabiana Del Padre Tomé[48] diz que "(...) o valor está no ser humano e é ser-geratriz: gera a preferência, propicia a escolha, ditando a conduta a ser tomada."

Assim, pensamos que a hierarquia dos valores é variável, já que está vinculada a ideologia, que atua como um critério catalisador dos valores, variando, portanto, de pessoa para pessoa, conforme as experiências de vida de cada um.

Fabiana Del Padre Tomé[49] assinala que "dentre os objetos susceptíveis de conhecimento pelo homem está o direito, na qualidade de ente cultural, sujeito a elevado grau de valoração."

---

48. TOMÉ, Fabiana Del Padre. "A Prova no Direito Tributário". São Paulo: Noeses, 2005, p. 239.
49. Op. cit., p. 240.

No nosso entender, a norma jurídica é um objeto cultural, já que é proveniente da conduta humana, constituindo-se, portanto, por elementos valorativos.[50]

Pensamos que os valores interferem na produção, interpretação e aplicação da norma jurídica.

Por sua vez, Paulo de Barros Carvalho assinala que "(...) os valores, no Direito, são enunciados deônticos prescritores de condutas, prescindindo da configuração lógica das unidades normativas (norma, aqui, no sentido estrito)."

O mesmo autor revela não acreditar que exista uma "região de valores", existentes em si, ou qualquer tipo de sistema suprapositivo de valores, ao modo de algumas vertentes jusnaturalistas.

Referido autor destaca se ocupar de centros significativos abstratos, positivados no ordenamento.

Paulo de Barros Carvalho cogita de uma hierarquia de valores jurídicos ou, de outra maneira, de uma classificação hierárquica das normas do direito positivo, elegendo-se como critério a intensidade axiológica nelas presente.

O mesmo autor destaca que não se pode admitir a separação entre princípios e normas, como se fossem entidades diferentes, já que os princípios são normas, com todas as implicações que esta proposição apodítica venha a suscitar.[51]

Aurora Tomazini de Carvalho[52] concebe o Direito como um objeto cultural, produzido para alcançar certas finalidades,

---

50. Op. cit., p. 240.
51. CARVALHO, Paulo de Barros. "Princípios Sobreprincípios e Interpretação do Direito", in http://ibet.provisorio.ws/download/Princ%C3%ADpios%20PBC.pdf, p. 12.
52. CARVALHO, Aurora Tomazini. Curso de Teoria Geral do Direito (O Constructivismo Lógico-Semântico). São Paulo: Noeses, 2013, p. 270.

ou seja, certos valores que a sociedade deseja implementar e, para isso, o legislador recorta do plano social as condutas que deseja regular valorando-as com o sinal positivo da licitude e negativo da ilicitude ao qualificá-las como obrigatórias, permitidas ou proibidas.

Com efeito, reconhecemos ao Direito Positivo a condução de objeto cultural, por exemplo, quando o legislador valora fatos e condutas, tecendo o conteúdo de significação das normas jurídicas.

O Direito Positivo é formado por normas jurídicas, apresentando todas o mesmo esquema sintático (implicação), ainda que saturadas com enunciados semânticos diferentes.

Como construção do ser humano, o Direito é um produto cultural e é portador de valores, ou seja, carrega consigo uma porção axiológica que há de ser compreendido pelo sujeito cognoscente o sentido normativo, indicativo dos fins (Thelos), que com ela se pretenda alcançar.

Por essa breve explanação, conclui-se que o Direito é objeto cultural e, por conseqüência, carrega valores, motivo pelo qual acreditamos que não possa haver direito positivo sem valor, pois o valor é inerente ao direito e o valor está presente em toda sua extensão (sintática, semântica e pragmática).

3. Direito e Interpretação

3.1. Interpretação e semiótica do Direito: texto e contexto

Georges Kalinowski afirma que *"Interpretar é atribuir um sentido determinado a um signo linguístico."*[53 – 54]

---

53. FERREIRA, Aurélio Buarque de H; FERREIRA, Marina Baird; "Dicionário Aurélio Eletrônico – versão 2.0", Regis Ltda e J.C. M. M. Editores Ltda., 1996: *"Verbete: Signo linguístico. Ling. Signo da linguagem falada; palavra.".*
54. KALINOWSKI, Georges. "Concepto, Fundamento y Concrecion del Derecho – Estudio Preliminar de Carlos Ignacio Massini", Buenos Aires:

Consoante o Dicionário Latino-Português: *"Interpretor (...).*
1. Interpretar; explicar. Traduzir. 2. Compreender; conjecturar;
julgar; avaliar; reconhecer; concluir; decidir; determinar."[55]

De Plácido e Silva[56] anota que: "INTERPRETAR. Examinar, perquirir e fixar o sentido ou a inteligência do texto legal, ou do teor do escrito, para que se tenha sua exata significação ou sentido."

Nas palavras de Karl Larenz: *"Interpretar é, (...), uma actividade de mediação, pela qual o intérprete traz à compreensão o sentido de um texto que se lhe torna problemático."*[57]

Refere Celso Bastos[58] que: *"Interpretar é extrair o significado de um texto."*

Maria Helena Diniz[59] ensina que: *"Interpretar é descobrir o sentido e alcance da norma, procurando a significação dos conceitos jurídicos."*

Em face dos conceitos acima transcritos, pensamos que interpretar consiste em atribuir um significado a determinado signo linguístico.

Paulo de Barros Carvalho[60] concebe a hermenêutica, de forma genérica, como critérios, meios e esquemas interpretativos.

Abeledo-Perrot, p. 109: *"(...) interpretar es atribuir un sentido determinado a un signo linguístico."* (Tradução livre da autora).

55. TORRINHA, Francisco, "Dicionário Latino-Português", 3ª edição, Porto: Edições Marânus, 1945, p. 442.

56. SILVA, De Plácido e, "Vocabulário Jurídico", Atualizadores: SLAIBI FILHO, Nagib; ALVES, Geraldo Magela, 16ª edição, Rio de Janeiro: Editora Forense, 1999, p. 445.

57. LARENZ, Karl, "Metodologia da Ciência do Direito", 3ª edição, Lisboa: Fundação Calouste Gulbenkian, 1997, p. 439.

58. BASTOS, Celso Ribeiro, "Curso de Direito Constitucional", 13ª edição, São Paulo: Editora Saraiva, 1990, p. 96.

59. DINIZ, Maria Helena, "Lei de Introdução ao Código Civil Brasileiro Interpretada", 3ª edição, São Paulo: Editora Saraiva, 1997, p. 144.

60. CARVALHO, Paulo de Barros, "Curso de Direito Tributário", 13ª edição, São Paulo: Editora Saraiva, 2000, p. 94.

O mesmo autor leciona que o vocábulo <u>interpretação</u>, "há de ser entendido como a atividade intelectual que se desenvolve à luz de princípios hermenêuticos, com a finalidade de construir o conteúdo, o sentido e o alcance das regras jurídicas."[61]

Entendemos que a hermenêutica é a ciência da interpretação como um todo, é a técnica jurídica, em que os distintos métodos interpretativos estão reunidos e são colocados à disposição do exegeta, para que efetue a interpretação, que, por sua vez, é a atividade na qual o intérprete buscará fixar o alcance e o sentido do signo lingüístico, em nosso caso, da norma jurídica.

3.2. A influência da lógica e da filosofia na interpretação jurídica

Para Georges Kalinowski, "a interpretação jurídica é uma das espécies de interpretação."[62]

Segundo o mesmo autor, a interpretação, ao passar pelo processo cognitivo do intérprete, pode ser exata ou inexata.

A interpretação é exata, quando intérprete e emissor extraem o mesmo significado do signo linguístico. Não havendo essa reciprocidade, tem-se a interpretação inexata.

A exatidão ou inexatidão da interpretação pode variar conforme a espécie de interpretação e o objeto interpretado, tanto que "(...) se interpreta de forma diferente um poema ou uma novela do que um texto da Bíblia, assim como a descrição de uma experiência física, de uma fórmula matemática ou o discurso de um filósofo."[63]

---

61. Op. cit., p. 94.
62. KALINOWSKI, Georges. "Concepto, Fundamento y Concrecion del Derecho – Estudio Preliminar de Carlos Ignacio Massini", Buenos Aires: Abeledo-Perrot, p. 109: *"La interpretación jurídica es una especie de interpretación."* (Tradução livre da autora).
63. KALINOWSKI, Georges. "Concepto, Fundamento y Concrecion del

A interpretação de um texto científico e a de um texto filosófico visam transmitir o conhecimento do cientista e do filósofo, respectivamente, ao passo que a interpretação de um texto jurídico é prática, porque o intérprete deve saber, por exemplo, como se comportar diante daquela situação regulada pela norma, objeto da interpretação, sendo, dessa forma, inescusável que um juiz se abstenha de decidir determinado caso concreto, mesmo que seja lacunoso, pois Direito é prática: "Há que se tomar decisões, cumprir atos, adotar comportamentos."[64]

Como preleciona o mesmo autor, a interpretação jurídica é prática, porque seu objeto de interpretação são os textos legislativos.

A lei visa regular a vida em sociedade.

Logo, todas as pessoas, indistintamente, estão submetidas ao seu alcance, do que se extrai a praticidade da interpretação jurídica, pois os indivíduos, por meio da interpretação, extraem o significado das normas jurídicas, com o escopo de saberem qual comportamento é legalmente permitido ou proibido.

Assim, todos os cidadãos podem efetuar a interpretação jurídica, ao almejarem conhecer as regras jurídicas que regulam suas vidas em sociedade.

Entretanto, tendo em vista a indeterminação e a abstração dos conceitos jurídicos, o magistrado é obrigado a interpretar as normas jurídicas, para atingir a solução dos casos concretos submetidos à sua jurisdição.

Derecho – Estudio Preliminar de Carlos Ignacio Massini, Buenos Aires: Abeledo-Perrot, p. 111:*"Es evidente que se interpreta en forma diferente un poema o una novela que un texto de la Biblia, así como también la descripción de una experiencia física, de una fórmula matemática o el discurso de un filósofo."* (Tradução livre da autora).

64. KALINOWSKI, Georges. "Concepto, Fundamento y Concrecion del Derecho – Estudio Preliminar de Carlos Ignacio Massini", Buenos Aires: Abeledo-Perrot, p.112: *"Hay entonces que tomar decisiones, cumplir actos, adoptar comportamientos."* (Tradução livre da autora).

Citado autor sustenta que a interpretação jurídica consiste num conjunto de operações, em que os homens interpretam os textos legislativos, encontrando, ou não, as regras procuradas.

Caso as regras jurídicas não sejam encontradas, os próprios homens devem dar as diretivas almejadas, "(...) fazendo-as entrar de bom ou mau gosto no sistema jurídico em vigor."[65]

Por outro lado, a busca e o respectivo encontro da regra adequada geram duas situações distintas:

a) a regra jurídica encontrada satisfaz o fim colimado e é aplicada;

b) a regra encontrada não satisfaz a finalidade visada e o operador do direito a modifica, adaptando-a as circunstâncias e às exigências de sua consciência.

Ao conjunto das operações supra descritas, Kalinowski denomina interpretação jurídica. Esta depende, de um lado, da lógica e, de outro, da filosofia.[66]

A interpretação jurídica é influenciada pela filosofia, na medida em que seu fim supremo é ação humana, a qual só é alcançada por meio de uma tomada de posição filosófica[67] e

---

65. KALINOWSKI, Georges. "Concepto, Fundamento y Concrecion del Derecho – Estudio Preliminar de Carlos Ignacio Massini", Buenos Aires: Abeledo-Perrot, p. 113: *"En caso negativo es necesario que ellos mismos se las den, haciéndolas entrar de buen o de mal grado en el sistema jurídico en vigencia."* (Tradução livre da autora).

66. KALINOWSKI, Georges. "Concepto, Fundamento y Concrecion del derecho – Estudio Preliminar de Carlos Ignacio Massini", Buenos Aires: Abeledo-Perrot, p. 109: *"Proponemos una doble reflexión sobre la interpretación jurídica: una reflexión lógica y una reflexión filosófica. Porque desearíamos dêmostrar de qué manera la interpretación jurídica depende, por una parte de la lógica y por otra parte de la filosofía."*

67. KALINOWSKI, Georges. "Concepto, Fundamento y Concrecion del Derecho – Estudio Preliminar de Carlos Ignacio Massini", Buenos Aires: Abeledo-Perrot, p. 118.

depende da lógica, uma vez que o intérprete, na atividade interpretativa, não pode deixar de se valer de regras de raciocínio e argumentos, que pertencem à lógica.[68]

Nesta esteira, Celso Bastos[69] menciona que a interpretação jurídica não é teórica, tendo em vista repercutir na liberdade de cada indivíduo, uma vez que tem como ponto de partida a lei, a qual regula a vida em sociedade e se aplica, sem distinção, a todos.

Do mesmo modo, ao nosso ver, interpretação, lógica e filosofia são searas que se encontram em conexão, pois, como diz Kalinowski, "à filosofia corresponde estabelecer o melhor possível em relação ao fim a alcançar",[70] ao passo que à lógica jurídica compete o estudo de princípios e regras relativos a operações intelectuais, efetuadas pelo jurista, na elaboração, interpretação, aplicação e estudo do direito.

3.3. Direito e Semiótica: a Semiótica Jurídica

Consoante o Dicionário Aurélio:

> Semiótica, do grego "semeiotiké", isto é, "téchne semeiotiké", 'a arte dos sinais', é a denominação utilizada, principalmente pelos autores norte-americanos, para a ciência geral do signo; semiologia.[71]

---

68. KALINOWSKI, Georges. "Concepto, Fundamento y concrecion del derecho – Estudio Preliminar de Carlos Ignacio Massini", Buenos Aires: Abeledo-Perrot, p. 119.

69. BASTOS, Celso Ribeiro, "Hermenêutica e Interpretação Constitucional", São Paulo: Celso Bastos Editor, 1997, p. 26.

70. KALINOWSKI, Georges. "Concepto, Fundamento y Concrecion del Derecho – Estudio Preliminar de Carlos Ignacio Massini", Buenos Aires: Abeledo-Perrot, p. 122: "(...); a la filosofía, corresponde establecer lo mejor posible el fin a alcanzar." (Tradução livre da autora).

71. FERREIRA, Aurélio Buarque de H, FERREIRA, Marina Baird, "Dicionário Aurélio Eletrônico – versão 2.0", Regis Ltda e J.C. M. M. Editores Ltda.,

Convém, também, examinar o conceito de Semiótica, constante do Dicionário de Filosofia.[72]

André Franco Montoro[73] deduz que: *"Semiótica ou semiologia (do grego "semeion", sinal) é a teoria ou ciência geral dos sinais: sejam eles línguas, códigos, sinalizações, etc."*

Para Lúcia Santaella, "o nome Semiótica vem da raiz grega semeion, que quer dizer signo. Semiótica é a ciência dos signos.' (...) 'A Semiótica é a ciência geral de todas as linguagens.'"[74]

O uso da língua falada ou escrita não constitui a única e exclusiva forma de linguagem, para que possamos nos comunicar com os outros, pois, como lembra a mesma autora,[75] não é possível esquecer que desenhos, pinturas, esculturas, ou, por outro lado, hieróglifos, pictogramas e ideogramas, são criações de linguagem.

1996: *"Verbete: semiologia: [De semi(o)- + -log(o)- + -ia.] S. f.. 1. Ciência geral dos signos, segundo Ferdinand de Saussure [v. saussuriano], que estuda todos os fenômenos culturais como se fossem sistemas de signos, i. e., sistemas de significação. Em oposição à linguística, que se restringe ao estudo dos signos linguísticos, ou seja, da linguagem, a semiologia tem por objeto qualquer sistema de signos (imagens, gestos, vestuários, ritos, etc.); semiótica [q. v.] 2. Semiótica (4).*

72. BLACKBURN, Simon, "Dicionário Oxford de Filosofia", Rio de Janeiro: Jorge Zahar Ed., 1997, p. 355: *"O estudo geral dos sistemas simbólicos, entre eles a linguagem. A disciplina é tradicionalmente dividida em três áreas: a sintaxe, o estudo abstrato dos signos e de suas inter-relações; a semântica, o estudo da relação entre os signos e os objetos a que se aplicam; e a pragmática, o estudo das relações entre os que utilizam o sistema e o próprio sistema. (...)."*

73. MONTORO, André Franco, Filosofia do Direito I – *in* "Apostila Dados Preliminares de Lógica Jurídica", Aulas do curso de pós-graduação na PUC-SP, 1999, p. 30.

74. SANTAELLA, Lúcia, "O que é Semiótica", 1ª edição, 17ª reimpressão, São Paulo: Brasiliense, 2001, Coleção Primeiros Passos: 103, p. 07.

75. SANTAELLA, Lúcia, "O que é Semiótica", 1ª edição, 17ª reimpressão, São Paulo: Brasiliense, 2001, Coleção Primeiros Passos: 103, p. 11.

Todo e qualquer fato cultural, atividade ou prática social constituem-se como práticas de produção de linguagem e de sentido, isto é, práticas significantes, uma vez que todo fenômeno cultural é um fenômeno de comunicação e, consequentemente, de linguagem.[76]

A Semiótica possui três enfoques: sintático, semântico e pragmático[77] e, como o Direito Positivo pode ser visto como

---

76. Lúcia Santaella apresenta a distinção entre duas ciências da linguagem, a Lingüística e a Semiótica. A primeira constitui a ciência da linguagem verbal, enquanto a segunda, a ciência de toda e qualquer linguagem.

Diz que a Semiótica tem três origens simultâneas no tempo, embora distintas no espaço e paternidade, advindo uma nos Estados Unidos da América, outra na União Soviética e a última na Europa Ocidental, e adota a corrente norte-americana, defendida por C. S. Peirce, cientista e filósofo que, acima de tudo, consagrava a lógica, porque entendia que "(...), entender a Lógica das ciências era, em primeiro lugar, entender seus métodos de raciocínio."

O edifício filosófico concebido por Peirce é formado pela Fenomenologia, Ciências Normativas e Metafísica. Estética, Ética e Semiótica ou Lógica são componentes das Ciências Normativas. Dentro da Semiótica ou Lógica encontram-se: gramática pura, lógica crítica e retórica pura.

A mesma autora observa que "a semiótica peirceana, concebida como Lógica, não se confunde com uma ciência aplicada. O esforço de Peirce era o de configurar conceitos sígnicos tão gerais que pudessem servir de alicerce a qualquer ciência aplicada."

Esclarece que "(...) o signo é uma coisa que representa uma outra coisa: seu objeto. Ele só pode funcionar como signo se carregar esse poder de representar, substituir uma outra coisa diferente dele. (...). Ora, o signo só pode representar seu objeto para um intérprete, e porque representa seu objeto, produz na mente desse intérprete alguma outra coisa (um signo ou quase-signo) que também está relacionada ao objeto não diretamente, mas pela mediação do signo." (SANTAELLA, Lúcia, "O que é Semiótica", 1ª edição, 17ª reimpressão, São Paulo: Brasiliense, 2001, Coleção primeiros passos: 103, p. 15-18 e 55-58).

77. CARVALHO, Paulo de Barros, Visão Semiótica na Interpretação do Direito. "Revista da Associação dos Pós-Graduandos da Pontifícia Universidade Católica de São Paulo – PUC-SP", Ano VI, Número 2, Especial de Direito, São Paulo: Associação dos Pós-Graduandos da Pontifícia Universidade Católica de São Paulo, 1997, p. 12: *"No nível sintático, pesquisaremos as relações que os símbolos jurídicos mantêm entre si, sem qualquer alusão ao mundo exterior ao sistema. No semântico, examinaremos de que modo aqueles símbolos se*

um sistema linguístico, deve ser interpretado como um sistema de linguagem.

A Semiótica Jurídica possibilita que o intérprete se valha de cortes metodológicos para extrair o significado da norma jurídica, através da investigação sob nível sintático (relação signo-signo), semântico (relação signo-objeto/denotação-conotação) e pragmático (signo na relação com os emissores (utentes)/receptores (destinatários)).

Robson Maia Lins diz que "fixada a ideia de que o direito é um corpo de linguagem cuja função é prescrever condutas intersubjetivas, é chegada a hora de descer a maiores detalhes dos planos da linguagem. Três são eles: o sintático, o semântico e o pragmático." [78]

Segundo o mesmo autor:[79]

> O plano sintático traça as regras de arrumação da seqüência frásica dos signos, de forma que seja possível estabelecer-se relação comunicativa. Assim, o plano sintático é um 'prius' em relação ao semântico e pragmático.
>
> O plano semântico tem a ver com a significação dos signos empregados. Neste nível a investigação gira em torno das possíveis significações das palavras, frases e orações. No discurso jurídicos, é comum o estudo desse plano para construir os sentidos possíveis dos enunciados normativos. (...).
>
> O plano pragmático é aquele em que a relação utente/signo é analisada. Na comunicação, mesmo a científica, o plano

---

relacionam com os objetos significados, no direito, com os fatos e com as condutas. O direito qualifica fatos para alterar normativamente a conduta. Por fim, no pragmático, vamos estudar as formas segundo as quais os utentes da linguagem empregam os símbolos na comunidade do discurso e na comunidade social para motivar comportamentos. Como incentivar a conduta, realizando os valores da ordem jurídica, é o grande tema da pragmática."

78. LINS, Robson Maia. "Controle de Constitucionalidade de Norma Tributária – Decadência e Prescrição". São Paulo: Quartier Latin, 2005, p. 47.
79. Op. cit., p. 47.

pragmático tem grande importância na determinação das significações construídas (princípio da predominância do planto pragmático), sendo, pois, decisivo para precisar o plano semântico.

Robson Maia Lins destaca que os planos da linguagem não estão isolados, uma vez que um interfere no outro, principalmente o plano pragmático no semântico e vice-versa, tendo ambos o plano sintático como condição necessária.[80]

Embora não ocorra sob o prisma sintático, os planos semântico e pragmático, entretanto, possibilitam abertura à linguagem normativa, pois as inúmeras vicissitudes a que se sujeitam os signos jurídicos, empregados pelos usuários, determinam alterações no seu teor significativo.

Assim, essa mutabilidade de cunho semântico-pragmático acarreta aumento ou redução do campo de abrangência das regras postas em relação à realidade social sob a qual incidem, independentemente de qualquer alteração no processo de elaboração normativa.[81]

Paulo de Barros Carvalho registra que a visão semiótica na interpretação do Direito constitui um excelente instrumento de conhecimento, já que resolve os signos e suas relações, oferecendo-os ao observador agrupadamente e reconhece que "(...) não há exclusividade deste ou daquele enfoque no esforço

---

80. LINS, Robson Maia. "Controle de Constitucionalidade de Norma Tributária – Decadência e Prescrição". São Paulo: Quartier Latin, 2005, p. 48.
81. CARVALHO, Paulo de Barros, Visão Semiótica na Interpretação do Direito. "Revista da Associação dos Pós-Graduandos da Pontifícia Universidade Católica de São Paulo – PUC-SP", Ano VI, Número 2, Especial de Direito, São Paulo: Associação dos Pós-Graduandos da Pontifícia Universidade Católica de São Paulo, 1997, p. 11: *Pouco, adianta, então, manter o legislador inalterados os textos legais, com o objetivo de não permitir mutações no produto legislado, porquanto permanecerão eles sempre susceptíveis de modificações de sentido.*"

analítico de extração do conteúdo, sentido e alcance da norma jurídica interpretada."[82]

Diante dessas considerações, temos por certo que a Semiótica exerce um relevante papel na atividade cognoscitiva do direito pelo intérprete, na medida em que os planos semântico e pragmático possibilitam que as regras postas se adaptem à realidade social em relação as quais incidem, promovendo, assim, constante atualização dos preceitos normativos através da interpretação.

3.4. Direito Positivo como objeto cultural e a forma de interpretá-lo

Segundo Paulo de Barros Carvalho,[83] "o direito é fato da cultura, sendo, como todo objeto cultural, uma síntese entre valor e mundo natural, admitindo, por esse modo, uma investigação jurídica voltada para os valores e uma investigação do direito como realidade positivada. Sobremais, ele ter uma forma específica, o que justifica plenamente um estudo ontológico dessa entidade."

Anote-se, outrossim, que, aonde houver objeto cultural haverá valores que o ser humano implanta para concretizá-lo.

O mesmo autor assinala que "(...) o procedimento de quem se põe diante do direito com pretensões cognoscitivas há de ser orientado pela compreensão e, numa atividade dialética, deve perceber a compostura material do fato, recoberta com os con-

---

82. CARVALHO, Paulo de Barros, Visão Semiótica na Interpretação do Direito. "Revista da Associação dos Pós-Graduandos da Pontifícia Universidade Católica de São Paulo – PUC-SP", Ano VI, Número 2, Especial de Direito, São Paulo: Associação dos Pós-Graduandos da Pontifícia Universidade Católica de São Paulo, 1997, p. 12.
83. CARVALHO, Paulo de Barros. "Princípios Sobreprincípios e Interpretação do Direito", in http://ibet.provisorio.ws/download/Princ%C3%ADpios%20PBC.pdf, p. 04.

teúdos de significação dos textos normativos, tudo inspirado pelos valores que o legislador depositou em sua linguagem prescritiva."[84]

O Direito, por ser objeto cultural, carrega valores e para compreender e interpretar o Direito, dando conteúdo, sentido e alcance à norma, é preciso o envolvimento do intérprete com o sistema, "(...) incursionando pelos escalões mais altos e lá regressando com os vetores axiológicos ditados por certas normas, como é o caso dos chamados princípios fundamentais."[85]

Paulo de Barros Carvalho explica que "(...) o direito positivo pode ser tomado com camada de linguagem prescritiva que se projeta sobre a região material das condutas intersubjetivas para discipliná-las e orientá-las na direção de certos valores que a sociedade quer ver implantados, ele, direito posto, aparece como construção do ser humano. Não está entre os "(...) dados, mas, sim, entre os "construídos". Nesse sentido, dista de ser algo simplesmente ideal, não lhe sendo aplicável, também, as técnicas de investigação do mundo natural."[86]

Referido autor[87] conclui, dizendo que o direito é algo complexo, que abrange, a um só tempo, (i) uma linguagem prescritiva, (ii) um substrato sociológico expresso pela vida comunitária que manifesta seu consentimento em relação àquela linguagem e (iii) um aspecto axiológico, sua dimensão de idealidade, imanente à natureza de objeto cultural. E finaliza, ao relatar que nem sempre se preserva o isolamento entre os três lados do problema do direito.

Segundo Fabiana Del Padre Tomé,[88] a norma jurídica é

---

84. CARVALHO, Paulo de Barros. "Princípios Sobreprincípios e Interpretação do Direito", in http://ibet.provisorio.ws/download/Princ%C3%ADpios%20PBC.pdf, p. 03.
85. Op. cit., p. 04.
86. Op. cit., mesma página.
87. Op. cit., mesma página.
88. TOMÉ, Fabiana Del Padre. "A Prova no Direito Tributário". São Paulo, Noeses: 2005, p. 240.

um objeto cultural, visto que proveniente da conduta humana. Constitui-se, pois, por elementos valorativos, o que possibilita falarmos em uma teoria axiológica do direito, direcionada ao estudo dos valores que interferem em sua produção, interpretação e aplicação.

Outrossim, na hipótese normativa, há a redução do direito a dois valores factuais (lícito e ilícito), presentes na hipótese normativa, e três valores relacionais (obrigatório, permitido, proibido), situados na posição sintática do consequente. É com o emprego destes cinco valores e com as relações que se estabelecem entre eles que o direito cumpre seu papel, como objeto cultural, de disciplinar condutas intersubjetivas.

Nesta seara, vale frisar que o direito positivo apresenta a condição de objeto cultural e, dessa forma, é portador de valores, cabendo ao intérprete do Direito incursionar pelos altos escalões do sistema jurídico, retornando com os vetores axiológicos ditados pelos princípios fundamentais.

4. Princípios, Sobreprincípios e Valores

4.1. Amplitude Semântica do vocábulo Princípio

Etimologicamente, a palavra "princípio", do latim *principium principii*, quer dizer começo, origem, base, causa, fonte.

Nas palavras de Celso Antônio Bandeira de Mello:[89]

> Princípio – (...) – é, por definição, mandamento nuclear de um sistema, verdadeiro alicerce dele, disposição fundamental que se irradia sobre diferentes normas compondo-lhes o espírito e servindo de critério para sua exata compreensão

---

89. BANDEIRA DE MELLO, Celso Antônio, "Curso de Direito Administrativo", 13ª edição, revista, atualizada e ampliada, São Paulo: Malheiros Editores, 2001, p. 771.

e inteligência exatamente por definir a lógica e a racionalidade do sistema normativo, no que lhe confere a tônica e lhe dá sentido harmônico. É o conhecimento dos princípios que preside a intelecção das diferentes partes componentes do todo unitário que há por nome sistema jurídico positivo.

Neste passo, vale frisar que os princípios são normas de forte cunho axiológico, irradiando sua influência por diversos setores do ordenamento jurídico.

Celso Antônio Bandeira de Mello observa que "violar um princípio é muito mais grave que transgredir uma norma qualquer. (...). Isto porque, com ofendê-lo, abatem-se as vigas que o sustêm e alui-se toda a estrutura nelas esforçada."[90]

O dado axiológico aparece em toda a extensão do princípio, cabendo destacar que seu aspecto pragmático aparece especialmente quanto à possibilidade de violação deste.

Os princípios constitucionais, quer implícitos, ou explícitos, são valores, pois todo princípio atua para implantar valores.

Paulo de Barros Carvalho[91] assinala que "toda vez que houver acordo, ou que um número expressivo de pessoas reconhecerem que a norma "N" conduz um vector axiológico forte, cumprindo papel de relevo para a compreensão de segmentos importantes do sistema de proposições prescritivas, estaremos diante de um "princípio". Quer isto significar que, por outros torneios, "princípio" é uma regra portadora de núcleos significativos de grande magnitude influenciando visivelmente a orientação de cadeias normativas, às quais outorga caráter de unidade relativa, servindo de fator de agregação para outras regras do sistema positivo.

---

90. Ibid., p. 772.
91. CARVALHO, Paulo de Barros. "Princípios Sobreprincípios e Interpretação do Direito", in http://ibet.provisorio.ws/download/Princ%C3%ADpios%20PBC.pdf, p. 12.

Advirta-se, entretanto, que ao aludirmos a "valores" estamos indicando somente aqueles depositados pelo legislador (consciente ou inconscientemente) na linguagem do direito posto.

O valor se diferencia da norma, principalmente sob o enfoque da atributividade, pois as normas jurídicas não têm um valor em si, independente da ação e apreciação humana, enquanto os valores são sempre atribuídos pelo homem, quer pelo legislador, ao eleger fatos para compor a hipótese normativa e escolher relações para figurarem como correspondente conseqüência na causalidade jurídica, quer pelo aplicador do direito, ao interpretar as normas gerais e abstratas, os fatos alegados e provas apresentadas, fazendo-o a partir de suas vivências, de suas preferências, ainda que inconscientes, construindo, com base na combinação desses fatores, normas individuais e concretas, como nos diz Fabiana Del Padre Tomé.[92]

4.2. Princípios e Valores

Inicialmente, vale destacar que todo princípio atua para implantar valores.

Como vimos em tópico anterior, os valores aparecem como centros significativos que expressam uma preferência por determinados conteúdos de expectativa, ou melhor, por determinados conjuntos de conteúdos abstratamente integrados num sentido consistente.

Ao lado desses símbolos de preferência por ações indeterminadas permanentes,[93] paira a função das ideologias, como

---

92. TOMÉ, Fabiana Del Padre. "A Prova no Direito Tributário". São Paulo: Noeses, 2005, p. 242.
93. FERRAZ JR., Tercio Sampaio. "Introdução ao Estudo do Direito", São Paulo: Atlas, 1988, p. 109, *apud* CARVALHO, Paulo de Barros. "Princípios

conjunto de avaliação dos próprios valores e que constituem mecanismo integrador de núcleos significativos abstratos.

Segundo Paulo de Barros Carvalho,[94] as ideologias operam como sistemas rígidos e limitados, que hierarquizam os valores, organizando-os e permitindo que os identifiquemos.

Referido autor conclui, dizendo que "toda vez que houver acordo, ou que um número expressivo de pessoas reconhecerem que a norma "N" conduz um vector axiológico forte, cumprindo papel de relevo para a compreensão de segmentos importantes do sistema de proposições prescritivas, estaremos diante de um "princípio". Quer isto significar, por outros torneiros, que "princípio" é uma regra portadora de núcleos significativos de grande magnitude influenciando visivelmente a orientação de cadeias normativas, às quais outorga caráter de unidade relativa, servindo de fator de agregação para outras regras do sistema positivo."[95]

Em face do exposto, Paulo de Barros Carvalho destaca que podem ser extraídas duas conclusões sobre os princípios e valores: "(...) a) o próprio saber se uma norma, explícita ou implícita, consubstancia um "princípio", é uma decisão inteiramente subjetiva, de cunho ideológico; e b) no que concerne ao conjunto dos princípios existentes em dado sistema, a distribuição hierárquica é função da estrutura axiológica daquele que interpreta, equivale a reconhecer, é função da sua ideologia."

Pensamos que os princípios são, enquanto valores, a pedra de toque ou o critério com que se aferem os conteúdos

---

Sobreprincípios e Interpretação do Direito", in http://ibet.provisorio.ws/download/Princ%C3%ADpios%20PBC.pdf, p. 11.
94. CARVALHO, Paulo de Barros. "Princípios Sobreprincípios e Interpretação do Direito", in http://ibet.provisorio.ws/download/Princ%C3%ADpios%20PBC.pdf, p. 11.
95. Op. cit., p. 11-12.

constitucionais em sua dimensão normativa mais elevada, segundo ensina Paulo Bonavides.[96]

Por fim, vale frisar que os princípios assumem importância vital para os ordenamentos jurídicos, na medida em que aparecem como pontos axiológicos de mais alto destaque e prestígio com que fundamentar na Hermenêutica dos tribunais a legitimidade dos preceitos da ordem constitucional.[97]

4.3. O Sobreprincípio da Segurança Jurídica enquanto Valor

A segurança jurídica é um dos fundamentos do Estado e do Direito, ao lado da justiça e do bem-estar social.

Recebe-se em segurança aquilo que se concede em liberdade.

Consagrada no art. 2º da Declaração dos Direitos do Homem e do Cidadão, de 1789, como um 'direito natural e imprescritível'.

A segurança está positivada como um direito individual na Constituição de 1988, ao lado dos direitos à vida, à liberdade, à igualdade e à propriedade e é proclamada, no preâmbulo constitucional, como "um dos valores supremos da sociedade brasileira".

Consta, expressamente, do artigo 5º, *caput*, da Constituição Federal de 1988.

José Joaquim Gomes Canotilho diz que o princípio da segurança jurídica, sem sentido amplo, abrange a ideia de proteção da confiança, conceituando-o como o direito do indivíduo de "(...) poder confiar em que aos seus actos ou às decisões públicas

---

96. BONAVIDES, Paulo. "Curso de Direito Constitucional", 11ª edição, São Paulo: Malheiros Editores, 2001, p. 254.
97. Op. cit., p. 260.

incidentes sobre os seus direitos, posições ou relações jurídicas alicerçadas em normas jurídicas vigentes e válidas se ligam os efeitos jurídicos previstos e prescritos por essas mesmas normas."[98]

Luis Roberto Barroso afirma que a idéia de segurança jurídica sofre uma crise de identidade nesse novo século, pois a Constituição fica sujeita ao impacto de que cada governante quer um texto à sua imagem e semelhança.[99]

Robson Maia Lins assevera que "(...) o princípio da segurança jurídica classifica-se como valor de superior hierarquia, que é aferida pelo nível constitucional dos enunciados, ainda que implicitamente. É um sobrevalor cuja função é criar nos destinatários, de forma geral, a expectativa de como as normas jurídicas regulam as condutas, gerando uma certa previsibilidade."[100]

Referido autor revela que "o legislador busca a segurança jurídica por meio da previsão de ação-tipo (abstração) inserta nos enunciados prescritivos. Essa ação-tipo, junto com a certeza do direito, garante a generalidade, no sentido de que a norma abarca todos os comportamentos iguais."[101]

O mesmo autor conclui, dizendo que "a certeza do direito é um 'prius' em relação à segurança jurídica. Está intimamente ligada ao mecanismo de eficácia jurídica dos fatos jurídicos ocorridos."[102]

Como vimos no tópico anterior, todo princípio atua para implantar valores.

---

98. CANOTILHO, José Joaquim Gomes. "Direito Constitucional e Teoria da Constituição", 2ª edição, Coimbra: Livraria Almedina, 1998, p. 250.
99. BARROSO, Luis Roberto. "Temas de Direito Constitucional", São Paulo: Renovar, 2001, p. 50.
100. LINS, Robson Maia. "Controle de Constitucionalidade de Norma Tributária – Decadência e Prescrição". São Paulo: Quartier Latin, 2005, p. 140.
101. LINS, Robson Maia. "Controle de Constitucionalidade de Norma Tributária – Decadência e Prescrição". São Paulo: Quartier Latin, 2005, p. 141.
102. Op. cit., p. 142.

Segundo Paulo de Barros Carvalho, há, contudo, conjunto de princípios que operam para realizar, além dos respectivos conteúdos axiológicos, primados de maior hierarquia, aos quais o autor chama de "sobreprincípios".

Entre esses sobreprincípios, exemplifica o postulado da "segurança jurídica", em que se verifica a coalescência de diretrizes como o da legalidade, da igualdade, da irretroatividade, da universalidade da jurisdição, anterioridade, etc., dele dizendo que abriga o sobreprincípio da segurança jurídica em matéria tributária.

Pensamos, dessa forma, que o valor da segurança jurídica resguarda aos contribuintes não sejam surpreendidos com exigência tributária inesperada, preservando-se o vetor axiológico do princípio da anterioridade.

Da mesma forma, o princípio da irretroatividade das leis não se compatibiliza com dispositivo que pretenda ser aplicado retroativamente.

E assim também o é com o princípio da legalidade, limite objetivo que presta, ao mesmo tempo, para oferecer segurança jurídica aos cidadãos, na certeza de que não serão compelidos a praticar ações diversas daquelas prescritas por representantes legislativos, e para assegurar observância constitucional da tripartição dos poderes.

Paulo de Barros Carvalho concebe a segurança jurídica como um sobreprincípio, o qual repousa, principalmente, sob a ótica estática da norma, nos princípios da legalidade, anterioridade e irretroatividade.

No plano pragmático da linguagem jurídico-normativa, reputa que "de nada adiantam direitos e garantias, se os órgãos a quem compete efetivá-los não o fizerem das maneiras que o bom uso jurídico requer."[103]

---

103. CARVALHO, Paulo de Barros. "O princípio da segurança jurídica em matéria tributária", *in* "Cadernos de Direito Tributário" n. 61/74-90.

Para nós, em face dos ensinamentos doutrinários acima elencados, o princípio da segurança jurídica constitui um sobreprincípio, que abriga, em suas dobras, o princípio da legalidade, igualdade, anterioridade, irretroatividade, livre acesso ao Poder Judiciário, boa fé e razoabilidade, estando encartado no Título II, da Constituição Federal, que trata dos Direitos e Garantias Fundamentais, o qual não pode ser malferido, sob pena de restar maculado o próprio Estado Democrático de Direito, que tem como fundamento, entre outros, a dignidade da pessoa humana.

4.4. Violação do Sobreprincípio da Segurança Jurídica

Concebemos a Constituição como um sistema que admite a idéia de processo, ou seja, de alteração, através da interpretação constitucional, da mutação constitucional e das emendas constitucionais, que, no entanto, não se compadece com pretensas modificações ao Texto Magno, que maculem sua unidade sistêmica e supremacia.

Cremos, portanto, que emendas constitucionais não têm o condão de malferir cláusulas pétreas consagradas no Texto Fundamental.

Assim, reputamos que emendas constitucionais que ofendam direitos e garantias asseguradas constitucionalmente, dentre eles o direito adquirido, desprestigiando situações jurídicas consolidadas, ferem o princípio da segurança jurídica.

Portanto, não existirá o valor da segurança jurídica, sempre que os princípios que o realizem forem violados.

Anote-se que a circunstância de que um princípio seja transgredido, uma ou mais vezes, pouco diz sobre sua eficácia. Impende saber se os mecanismos de recomposição, previstos pelo sistema, funcionam a ponto de restabelecer os valores ofendidos. Em caso afirmativo, teremos a manifestação de sua efetividade.

5. Conclusões

(1) A tarefa de definir "valor" representa uma das grandes dificuldades da filosofia.

(2) A definição de valor pode ser fixada como a não-indiferença de um sujeito em relação a determinado objeto.

(3) As normas jurídicas não têm um valor em si, independente da ação e apreciação humana, sendo os valores sempre atribuídos pelo homem, de forma que, ao interpretar as normas gerais e abstratas, o aplicador do direito constrói normas individuais e concretas, fruto de sua ideologia, de suas vivências e preferências, ainda que inconscientes.

(4) A Teoria dos Valores de Johannes Hessen: o mesmo espírito humano reflete sobre as suas funções e atividades não-teoréticas, ao indagar sobre qual seria a essência dos valores éticos, estéticos, religiosos. Para o mesmo autor, os valores existem e são objetos ideais.

(5) Para Miguel Reale, os valores não podem ser limitados à consideração da análise do ser, mas apenas se pode dizer deles é que eles são.

(6) Miguel Reale defende a tese de que os valores são criados pelas experiências e culturas humanas, inserindo-se para sempre no contexto cultural da comunidade, pois foram realizados de forma semelhante aos fatos historicamente ocorridos.

(7) Numa perspectiva cultural (Miguel Reale), o Juízo de Valor será finalístico, permitindo concluir sobre a qualidade (positiva ou negativa) do objeto, conforme a finalidade. Não se confunde o valor com o ser. A qualidade do ser que será examinada, se positiva ou negativa, e não o próprio ser. O Juízo de Valor é precedido do Juízo de Realidade. Entretanto, o Juízo de Realidade poderá influenciar seu Juízo de Valor. Um conjunto de valores forma a ideologia.

(8) Diversamente de Miguel Reale, Hessen, o qual apresenta visão metafísica, ao falar em Juízo médio, pensa que o valor não é produto do Juízo, nem está relacionado com o critério finalístico, como sustenta Reale.

Diferenciam-se, assim, as correntes dos jusfilósofos, pois, para Hessen, o juízo depende do agente, havendo o homem supra individual, em que há algo superior ao homem.

(9) São características dos valores: bipolaridade, implicação recíproca, referibilidade, preferibilidade, incomensurabilidade, tendência à graduação hierárquica, objetividade, historicidade inexauribilidade, atributividade, indefinibilidade, vocação dos valores para se expressar em termos normativos, associatividade, modo de acesso aos valores.

(10) Paulo de Barros Carvalho[104] diz que, ao construir os objetos culturais como síntese do ser e dever-ser, o homem pretende alcançar um fim que é um valor tomado enquanto razão do ser da conduta.

(11) A norma jurídica é um objeto cultural, já que é proveniente da conduta humana, constituindo-se, portanto, por elementos valorativos.[105]

(12) Os valores interferem na produção, interpretação e aplicação da norma jurídica.

(13) A hermenêutica é a ciência da interpretação como um todo, é a técnica jurídica, em que os distintos métodos interpretativos estão reunidos e são colocados à disposição do exegeta, para que efetue a interpretação, que, por sua vez, é a atividade na qual o intérprete buscará fixar o alcance e o sentido do signo lingüístico, em nosso caso, da norma jurídica.

---

104. CARVALHO, Paulo de Barros. "Direito Tributário: Linguagem e Método", 5ª edição, São Paulo: Noeses, 2013, p.174.
105. Op. cit., p. 240.

(14) Interpretação, lógica e filosofia são searas que se encontram em conexão, pois, como diz Kalinowski, "à filosofia corresponde estabelecer o melhor possível em relação ao fim a alcançar",[106] ao passo que à lógica jurídica compete o estudo de princípios e regras relativos a operações intelectuais, efetuadas pelo jurista, na elaboração, interpretação, aplicação e estudo do direito.

(15) A Semiótica possui três enfoques: sintático, semântico e pragmático e, como o Direito Positivo pode ser visto como um sistema linguístico, deve ser interpretado como um sistema de linguagem.

(16) A Semiótica exerce um relevante papel na atividade cognoscitiva do direito pelo intérprete, na medida em que os planos semântico e pragmático possibilitam que as regras postas se adaptem à realidade social em relação as quais incidem, promovendo, assim, constante atualização dos preceitos normativos através da interpretação.

(17) O Direito, por ser objeto cultural, carrega valores e para compreender e interpretar o Direito, dando conteúdo, sentido e alcance à norma, é preciso o envolvimento do intérprete com o sistema, "(...) incursionando pelos escalões mais altos e lá regressando com os vetores axiológicos ditados por certas normas, como é o caso dos chamados princípios fundamentais."[107]

(18) Na hipótese normativa, há a redução do direito a dois valores factuais (lícito e ilícito), presentes na hipótese normativa,

---

106. KALINOWSKI, Georges. "Concepto, Fundamento y concrecion del derecho – Estudio Preliminar de Carlos Ignacio Massini", Buenos Aires: Abeledo-Perrot, p. 122: "(...); a la filosofía, corresponde establecer lo mejor posible el fin a alcanzar." (Tradução livre da autora).
107. CARVALHO, Paulo de Barros. "Princípios Sobreprincípios e Interpretação do Direito", in http://ibet.provisorio.ws/download/Princ%C3%ADpios%20 PBC.pdf, p. 04.

e três valores relacionais (obrigatório, permitido, proibido), situados na posição sintática do consequente. É com o emprego destes cinco valores e com as relações que se estabelecem entre eles que o direito cumpre seu papel, como objeto cultural, de disciplinar condutas intersubjetivas.

(19) Através dos princípios, o sistema constitucional possui a unidade de sentido e adquire a valoração de sua ordem normativa. Violá-lo significa abalar todo o arcabouço jurídico em que se encontra inserido.

(20) Os princípios assumem importância vital para os ordenamentos jurídicos, na medida em que aparecem como pontos axiológicos de mais alto destaque e prestígio com que fundamentar na Hermenêutica dos tribunais a legitimidade dos preceitos da ordem constitucional.

(21) Segundo Paulo de Barros Carvalho, há, contudo, conjunto de princípios que operam para realizar, além dos respectivos conteúdos axiológicos, primados de maior hierarquia, aos quais o autor chama de "sobreprincípios". Entre esses sobreprincípios, exemplifica o postulado da "segurança jurídica", em que se verifica a coalescência de diretrizes como o da legalidade, da igualdade, da irretroatividade, da universalidade da jurisdição, anterioridade, etc., dele dizendo que abriga o sobreprincípio da segurança jurídica em matéria tributária.

(22) O valor da segurança jurídica resguarda aos contribuintes não sejam surpreendidos com exigência tributária inesperada, preservando-se o vetor axiológico do princípio da anterioridade. Da mesma forma, o princípio da irretroatividade das leis não se compatibiliza com dispositivo que pretenda ser aplicado retroativamente. E assim também o é com o princípio da legalidade, limite objetivo que presta, ao mesmo tempo, para oferecer segurança jurídica aos cidadãos, na certeza de que não serão compelidos a praticas ações diversas daquelas prescritas por representantes legislativos, e para assegurar observância constitucional da tripartição dos poderes.

(23) Paulo de Barros Carvalho concebe a segurança jurídica como um sobreprincípio, o qual repousa, principalmente, sob a ótica estática da norma, nos princípios da legalidade, anterioridade e irretroatividade.

No plano pragmático da linguagem jurídico-normativa, reputa que "de nada adiantam direitos e garantias, se os órgãos a quem compete efetivá-los não o fizerem das maneiras que o bom uso jurídico requer."[108]

(24) O princípio da segurança jurídica constitui um sobreprincípio, que abriga, em suas dobras, o princípio da legalidade, igualdade, anterioridade, irretroatividade, livre acesso ao Poder Judiciário, boa fé e razoabilidade, estando encartado no Título II, da Constituição Federal, que trata dos Direitos e Garantias Fundamentais, o qual não pode ser malferido, sob pena de restar maculado o próprio Estado Democrático de Direito, que tem como fundamento, entre outros, a dignidade da pessoa humana.

6. Bibliografia

BANDEIRA DE MELLO. Celso Antônio. "Curso de Direito Administrativo". 13ª edição, revista, atualizada e ampliada, São Paulo: Malheiros Editores Ltda, 2001.

BARROSO, Luís Roberto. "Temas de Direito Constitucional". São Paulo: Editora Saraiva, 2001.

BASTOS, Celso Ribeiro. "Curso de Direito Constitucional". 13ª edição, São Paulo: Editora Saraiva, 1990.

_____. "Hermenêutica e Interpretação Constitucional". São Paulo: Celso Bastos Editor, 1997.

---

108. CARVALHO, Paulo de Barros. "O princípio da segurança jurídica em matéria tributária", *in* "Cadernos de Direito Tributário" n. 61/74-90.

BLACKBURN, Simon. "Dicionário Oxford de Filosofia". Rio de Janeiro: Jorge Zahar Editor, 1997.

BONAVIDES, Paulo. "Curso de Direito Constitucional". 11ª edição, São Paulo: Malheiros, 2001.

CANOTILHO, Joaquim José Gomes, "Direito Constitucional e Teoria da Constituição", 2ª edição, Coimbra: Livraria Almedina, 1998.

CARVALHO, Aurora Tomazini de. "Curso de Teoria Geral do Direito (O Constructivismo Lógico-Semântico)". São Paulo: Noeses, 2013, p. 270.

CARVALHO, Paulo de Barros. "Direito Tributário: Linguagem e Método", 5ª edição, São Paulo: Noeses, 2013.

_____. "Curso de Direito Tributário". 13ª edição, São Paulo: Editora Saraiva, 2000.

_____. O princípio da segurança jurídica em matéria tributária. "Cadernos de Direito Tributário", volume 61, p. 74-90.

_____. A Visão Semiótica na Interpretação do Direito. "Revista da Associação dos Pós-Graduandos da Pontifícia Universidade Católica de São Paulo – PUC-SP", Ano VI, Número 2, Especial de Direito, São Paulo: Associação dos Pós-Graduandos da Pontifícia Universidade Católica de São Paulo, 1997.

_____. "Princípios Sobreprincípios e Interpretação do Direito", in http://ibet.provisorio.ws/download/Princ%C3%ADpios%20PBC.pdf.

DINIZ, Maria Helena. "Lei de Introdução ao Código Civil Brasileiro Interpretada". 3ª edição, São Paulo: Editora Saraiva, 1997.

FERREIRA, Aurélio Buarque de H, FERREIRA; Marina Baird. "Dicionário Aurélio Eletrônico – versão 2.0". Regis Ltda e J.C. M. M. Editores Ltda., 1996.

MATEOS GARCÍA, Angeles. "A Teoria dos Valores de Miguel Reale: fundamento de seu tridimensionalismo jurídico." (Tradução: Tália Bugel) – São Paulo: Saraiva, 1999.

HESSEN, Johannes. "Filosofia dos Valores – Ontologia dos Valores". Coimbra: Almedina, 2001.

KALINOWSKI, Georges. "Concepto, Fundamento y Concrecion del Derecho – Estudio Preliminar de Carlos Ignacio Massini". Buenos Aires: Abeledo-Perrot.

LARENZ, Karl. "Metodologia da Ciência do Direito". 3ª edição, Lisboa: Fundação Calouste Gulbenkian, 1997.

LINS, Robson Maia. "Controle de Constitucionalidade de Norma Tributária – Decadência e Prescrição". São Paulo: Quartier Latin, 2005.

MONTORO, André Franco. "Apostila Dados Preliminares de Lógica Jurídica". Aulas do curso de pós-graduação na PUC-SP, 1999.

SANTAELLA, Lúcia. "O que é Semiótica", 1ª edição, 17ª reimpressão, São Paulo: Brasiliense, 2001, Coleção Primeiros Passos: 103.

SILVA, De Plácido e. "Vocabulário Jurídico". Atualizadores: SLAIBI FILHO, Nagib; ALVES, Geraldo Magela. 16ª edição, Rio de Janeiro: Editora Forense, 1999.

TOMÉ, Fabiana Del Padre. "A Prova no Direito tributário". São Paulo: Noeses, 2005.

TORRINHA, Francisco. "Dicionário Latino-Português". 3ª edição, Porto: Edições Marânus, 1945.

HERMENÊUTICA JURÍDICA E TEORIA DA DECISÃO JUDICIAL NA OBRA DO PROFESSOR PAULO DE BARROS CARVALHO: BREVES CONSIDERAÇÕES

Bianor Arruda Bezerra Neto[1]

RESUMO: O presente texto trata de aspectos da teoria do direito desenvolvida pelo Professor Paulo de Barros Carvalho a partir do construtivismo lógico-semântico, com enfoque na visão do autor a respeito da epistemologia jurídica, da hermenêutica jurídica e da teoria da decisão judicial.

1. INTRODUÇÃO

Gostaria de iniciar este artigo com uma assertiva tanto **instigante** quanto **provocativa**: o juiz não examina, não conhece, nem nunca conhecerá, os eventos sociais que dão origem aos fatos que julga, sejam aqueles relacionados a uma simples demanda trabalhista, na qual um empregado busca o reconhecimento de horas-

---

1. Juiz Federal na 5ª Região. Mestre e Doutorando em Direito pela PUC/SP.

-extra, sejam aqueles relacionados a uma demanda cível, na qual alguém busque indenização decorrente de acidente de trânsito, sejam aqueles relacionados com uma demanda criminal de grande complexidade, como aquela julgada pelo STF na Ação Penal n. 470, popularmente conhecida como o "Caso do Mensalão".

Tudo o que o magistrado faz é **decodificar** a linguagem através da qual os fatos são construídos e lhes são apresentados, interpretá-la e constituir a realidade que será objeto do seu julgamento. Nada além. É que o **fato**, segundo a perspectiva teórica com a qual trabalha o **construtivismo lógico-semântico**, não passa de uma narrativa, erigida através linguagem descritiva do **evento** que o origina. Assim, acerca do evento, que ocorreu no passado e jamais se repetirá, só se sabe o que se ouve ou que se lê dele, ou seja, **os fatos e suas variadas versões**. E tudo que se ouve ou que se lê só ganha sentido, porque o leitor ou o ouvinte é capaz de **interpretar** os signos da linguagem através da qual se fala ou se escreve. E como toda interpretação, segundo a visão do construtivismo lógico-semântico, implica na atribuição de sentido à linguagem que se interpreta, todo intérprete, e o juiz é um deles, cria, ou constitui, a realidade que julga.

A realidade, todavia, é hipercomplexa, porquanto composta por uma cadeia de eventos que são constituídos em fatos e fatos espelham sempre e apenas uma parte dos eventos, porquanto são **recortes parciais destes**. Além disso, os fatos são produtos da cultura e, portanto, possuem na sua composição, ou constituição, valores, crenças e interesses, o que os tornam figuras multifacetadas, assumindo forma diversa dependendo da posição do seu observador e, portanto, **sujeitos a versões**.

Criar ou constituir a realidade, advirta-se, não é tarefa reservada apenas aos juízes, antes é a maneira como os seres humanos, **através da cultura**, dão sentido ao mundo físico, a si mesmo e a tudo quanto vivenciam, sentem e produzem.

Julgar, atividade do juiz, é, portanto, lidar com a **realidade**, esse construto de máxima complexidade, criado através da linguagem. Porém, mais que isso: julgar é **qualificar** essa mesma realidade, o que é feito a partir das normas jurídicas, estas também fatos, qualificação que gera **consequências** jurídicas e sociais, em relação às quais o magistrado deve estar sempre muito atento.

Mas o direito se pretende um instrumento **conformador** da realidade, produtor de **segurança**, a qual se materializa através da ordem social, da garantia das expectativas e da previsibilidade dos efeitos dos fatos juridicizados. Apesar dessa sua faceta mais evidente, o direito também não pode ser blindado às **transformações** da realidade passada, nem da realidade presente, de maneira que o valor segurança é obrigado a conviver, lado a lado, com o valor **mudança** e, toda mudança possui sua carga de imprevisibilidade.[2]

O juiz, assim, como detentor da função estatal de "dizer o direito" quando este, o direito, se apresenta em seu momento mais **crítico**, qual seja, o do conflito intersubjetivo, deve espelhar e dar **consecução** a esse postulado de segurança. Ao julgar a realidade, portanto, o juiz, em meio à dialética na qual se desenvolvem os processos judiciais, deve garimpar, encontrar e considerar fatos bem definidos, bem como qualificá-los de forma segura a partir de normas que ele, o juiz, precisa também interpretar e conferir sentido. Seria possível tal **precisão** ou o Poder Judiciário, como diz o ex-ministro Eros Roberto Grau, é uma máquina "produtora de **insegurança** jurídica"?[3] Haveria uma resposta correta (ou adequada) para todo e qualquer caso apresentado ao Poder Judiciário, como prega o Professor Ronald Dworkin,[4] que no Brasil, é, entre outros,

---

2. CAMPILONGO, Celso Fernandes. *Política, Sistema Jurídico e Decisão Judicial*. São Paulo: Max Limonad, 2002, p. 72.
3. GRAU, Eros Roberto. *Por que Tenho Medo dos Juízes*. São Paulo: Malheiros, 2013, p. 16.
4. DWORKIN, Ronald. *Império do Direito*. São Paulo: Martins Fontes, 1999, pp. 3/10.

seguido pelo Professor Lênio Streck,[5] ou devemos nos conformar com o arbítrio do juiz ou tribunal em cada caso? Se não devemos nos conformar com o arbítrio do juiz e o "decisionismo"[6] que ele gera, haveria algum método seguro capaz de evitar esse arbítrio e, ao mesmo tempo, operar sem a impossível pretensão de encontrar a única resposta certa ou adequada para a solução do caso?

Nesse ponto, não devemos esquecer que também é exigido do juiz que seja um **observador sensível** das transformações sociais e que as leve em conta ao lidar com as realidades em constante criação e transformação. Em tais termos, como deve ele lidar com essa exigência e, ao mesmo tempo, ser um zelador da segurança jurídica, valendo lembrar que, tanto esta, a segurança jurídica, quanto as transformações sociais, são exigências da democracia[7], pilar do sistema político calcado na liberdade e que se desenvolve através da constante dialética do poder e do interesse, as quais fazem os ventos do valor da justiça nunca pararem de soprar. E, se o direito é norma, ele é antes de tudo, justiça através da norma.

Ao longo das próximas linhas, o objetivo deste texto é incursionar pelo universo do construtivismo lógico-semântico e pela teoria do Direito que o Professor Paulo de Barros Carvalho erigiu a partir do referido marco teórico, explorando seus conceitos sobre ordenamento jurídico, sistema jurídico, fato, fato jurídico, norma, direito, realidade, justiça e, especialmente, hermenêutica e decisão judicial. Ao final, espera-se, esta introdução de ideias seja inteiramente compreendida e sua premissa inicial, qual seja, aquela que afirma que o juiz não

---

5. STRECK, Lenio Luiz. *Hermenêutica Jurídica em Crise*: uma exploração hermenêutica da construção do Direito. Porto Alegre: Livraria do Advogado, 2009, pp. 360/367.
6. Termo associado a decisões judiciais baseadas, preponderantemente, na consciência do magistrado, nas quais a norma fica em segundo plano.
7. CAMPILONGO, Celso Fernandes. *Política, Sistema Jurídico e Decisão Judicial*. São Paulo: Max Limonad, 2002, p. 73.

examina, não conhece, nem nunca conhecerá, os eventos sociais que dão origem aos fatos que julga, plenamente esclarecida.

2. O construtivismo lógico-semântico: aspectos gerais

O construtivismo lógico-semântico é uma **teoria** que tem como premissa a ideia de que a **realidade**, tal como percebida pelo ser humano, é construída, toda ela, mediante o uso da **linguagem**. Isso não significa que os eventos físicos não existam sem a presença do ser humano, mas que eles somente adquirem algum **sentido** para nós quando organizados através da linguagem, de maneira que, sem a linguagem, os eventos não têm sentido para o homem e, portanto, existência **relevante**.

Segundo essa teoria, inspirada na **fenomenologia** de Husserl e fundada na **filosofia da linguagem**, as informações que o ser humano capta, seja através dos sentidos, seja através da intuição, são todas decodificadas em linguagem e, a partir desta, ganham individualidade, relação de causalidade, características e, portanto, sentido e existência. O conhecimento, portanto, é sempre um conhecimento a partir da linguagem. Por sua vez, através da linguagem, a realidade é constituída. Nas palavras do Professor Paulo de Barros Carvalho:[8]

> O mundo da vida, com as alterações ocorridas no campo das experiências tangíveis, é submetido à nossa intuição sensível, 'naquele caos de sensações' a que se referiu Kant. O que sucede neste domínio e não é recolhido pela linguagem social não ingressa no plano por nós chamado de 'realidade', e, ao mesmo tempo, tudo que dele faz parte encontra sua forma de expressão nas organizações linguísticas com que nos comunicamos; [...].

---

8. CARVALHO, Paulo de Barros. *Direito Tributário, Linguagem e Método.* São Paulo: Noeses, 2013, pp. 7 e 8.

Em contraposição à mencionada visão do mundo, há outra, segundo a qual a realidade não é constituída pelo homem através da linguagem, mas existe **independentemente** do ser humano. A este cabe, através dos sentidos e da intuição, acessar essa realidade, apreendê-la e captar-lhe a **essência**, esta que seria **permanente** e **imutável** ("metafísica do objeto"). Uma vez que tal se dê, diz-se que o homem **descobriu** ou **encontrou** a realidade, passando, assim, a conhecê-la. Esse processo de conhecimento, importante ser frisado, dar-se-ia não apenas através dos sentidos e da intuição, mas também através de processos mais elaborados como a dialética platônica e o silogismo aristotélico.

A visão de que o mundo é constituído pela linguagem também se opõe a outra forma de pensar, que é aquela que compreende a realidade como fruto da **pura** construção subjetiva do sujeito do conhecimento. Nesse modelo, o sujeito individual é o centro da realidade e é ele quem a cria a partir de seu **gênio** e de sua capacidade de **raciocinar** ("metafísica da consciência" ou "filosofia da consciência"). Da mesma forma como ocorre com a filosofia das essências dos objetos, também aqui o ser humano acessaria o objeto, porém não para conhecer-lhe sua essência imutável e fundamental, mas para dar-lhe uma (essência), segundo sua própria **subjetividade**.

Assim, na corrente trabalhada pelo construtivismo lógico-semântico, o sujeito do juízo não tem **acesso** aos objetos, mas apenas à linguagem que o constrói. De outro lado, ao contrário do que ocorre na "filosofia da consciência", forjada a partir do que se convencionou chamar de "**sujeitocentrismo**", o sujeito do juízo não opera, exclusivamente, a partir de sua subjetividade, mas através de códigos comuns, os quais compõem o sistema de comunicação do grupo onde vive e que recebe o nome de linguagem[9]. Esses códigos, como resta evidente, não

---

9. ARAUJO, Clarice von Oertzen de. *Semiótica do Direito*. São Paulo: Quartier Latin, 2005, p. 19.

se apresentam como propriedades, nem são relacionados com especificidades dos sujeitos. Muito ao contrário, antes pertencem ao grupo e são forjados pela tradição, de maneira que pertencem à história, à cultura, à tradição em que inserido o sujeito.

Por fim, deve ser observado que a linguagem cumpre relevante papel em todas as três visões acima apresentadas, uma vez que é através dela que o ser humano se expressa e se localiza no mundo. Na "metafísica do objeto" e na "metafísica do sujeito", contudo, a linguagem funciona como elemento **mediador** entre o ato humano de conhecer e o objeto do conhecimento. A linguagem é, assim, um instrumento através do qual o ser humano acessa à realidade. Na "metafísica do objeto", a linguagem funciona como espelho ou mecanismo reprodutor da realidade, em uma espécie de **isomorfismo**, na qual os termos têm a mesma essência dos objetos que designa, cabendo ao ser humano descobri-la na realidade e expressá-la na linguagem adequada. Na "metafísica do sujeito", ocorre o inverso. Cabe ao ser humano criar a linguagem capaz de expressar a essência dos objetos. Através da linguagem criada é que a essência dos objetos pode ser **captada**. Para Descartes, a matemática seria uma linguagem capaz de captar, por indução, a essência do universo e produzir conhecimento científico, pois, a partir dela, tudo poderia ser descrito e medido através do uso da razão ("racionalismo filosófico"). Porém, para esse mesmo filósofo, também a linguagem comum poderia cumprir esse papel, desde que seguido seu método analítico, o qual chamou de "itinerário da dúvida". Por sua vez, na "filosofia da linguagem", como dito, o papel da linguagem não é a de mediadora do conhecimento, como algo que liga o sujeito ao objeto, mas de **"matéria-prima"** deste último.

Nas palavras de Autora Tomazini de Carvalho:[10] *"Temos*

---

10. CARVALHO, Aurora Tomazini. *Curso de Teoria Geral do Direito*: o construtivismo lógico-semântico. São Paulo: Noeses, p. 18.

para nós que a realidade não passa de uma interpretação, ou seja, de um sentido atribuído aos dados brutos que nos são sensorialmente perceptíveis. Não captamos a realidade, tal qual ela é, por meio da experiência sensorial (visão, tato, audição, paladar e olfato), mas a construímos atribuindo significado aos elementos sensoriais que se nos apresentam. O real é, assim, uma construção de sentido e como toda e qualquer construção de sentido dá-se num universo linguístico. É neste contexto que trabalhamos com a afirmação segundo a qual a linguagem cria ou constrói a realidade".

Essa visão da realidade a partir da linguagem foi, paulatinamente, sendo construída na filosofia de fins do Século XIX e início do Século XX e encontra seu ápice com o chamado **"giro linguístico"**,[11] movimento filosófico que pretendeu abandonar a "filosofia da consciência "e partir para o desenvolvimento da chamada "filosofia da linguagem", onde esta, a linguagem, ocupa o centro de investigação e, portanto, é considerada **chave** de resposta das eternas perguntas filosóficas sobre a teoria do conhecimento, a ética, a estética e a metafísica.

Para operacionalizar seus conceitos teóricos a partir da filosofia da linguagem, o construtivismo lógico-semântico trabalha com **categorias** dessa forma de pensar e, assim, vale-se dos ramos do conhecimento onde elas são desenvolvidas, como, especialmente, a linguística, a semiótica e a lógica.[12]

Da **linguística**, o construtivismo lógico-semântico vai enfatizar a estrutura da linguagem escrita, com seus grafemas, palavras, expressões, sintagmas, orações, períodos, frases e discursos, bem como os planos da linguagem, quais sejam, sintático, semântico e pragmático.

Na **semiótica** ou teoria dos signos, o construtivismo lógico-semântico lança seu foco para a noção de signo como **unidade**

---

11. CARVALHO, Paulo de Barros. *Direito Tributário, Linguagem e Método*. São Paulo: Noeses, 2013, pp. 159/161.
12. *Ibidem*, p. XXV/XVVIII.

básica de significado construtor da linguagem e, portanto, da realidade. É da linguística que surge a importante noção de **enunciado** linguístico, mas é a partir da semiótica que brota a ideia de **proposição**, fundamento central de toda a filosofia da linguagem e do construtivismo lógico-semântico e porta pela qual o sistema da filosofia da linguagem permitirá a abertura do seu universo linguístico para axiologia e, portanto, para uma teoria hermenêutica sólida.

Por fim, é através da **lógica**, com seus postulados clássicos da identidade, da não contradição e do terceiro excluído, bem como com a sua capacidade de produzir a sua precisa linguagem **formalizada**, que o construtivismo lógico-semântico busca alcançar apuro na sua forma de organizar e expressar suas ideias e conceitos.

3. O construtivismo lógico-semântico: Teoria do Direito

Aplicando-se a teoria do construtivismo lógico-semântico e as categorias da filosofia da linguagem à teoria do Direito, o Professor Paulo de Barros Carvalho ergueu uma sólida teoria do direito, na qual, através da linguagem da Ciência do Direito, definiu de forma precisa seu objeto, o direito positivo, compondo uma epistemologia jurídica a partir da qual, ao mesmo tempo, revela-se o que nela se entende pelo ato de interpretar o direito e seus limites, e os caminhos para uma teoria da decisão judicial.

No seu "Império do Direito", Ronald Dworkin inicia suas considerações chamando a atenção para a delimitação precisa do seu objeto de estudo, o Direito. No Capítulo 1, ele diz que um dos grandes problemas das discussões em Teoria do Direito e a da Filosofia do Direito é a dificuldade que, muitas vezes, os interlocutores têm de debater sobre o mesmo objeto, pois, apesar de estarem tratando do direito, não possuem a mesma compreensão acerca do significado deste, o que leva a um diálogo estéril, como se os interlocutores não falassem a mesma língua: "Ou os advogados, apesar das aparências, realmente aceitam, em linhas gerais, os mesmos critérios para decidir quando uma afirmação sobre o direito é verdadeira, ou não pode existir absolutamente nenhum verdadeiro acordo ou desacordo sobre o que é o direito, mas apenas a estupidez de pessoas pensando que divergem porque atribuem significados diferentes ao mesmo som".

Para o construtivismo lógico-semântico aplicado à Teoria do Direito, a partir do desenvolvimento que recebeu como decorrência dos estudos do Professor Paulo de Barros Carvalho, o direito é somente aquele positivado através das normas jurídicas emanadas das fontes reconhecidas pelo próprio direito positivado, ou seja, pelas normas que tratam sobre as fontes normativas. Não há direito[13], portanto, fora do direito positivo. Há história, há ética, há política, há sociologia, mas direito, não.

Em tais termos, a questão da validade do direito é puramente uma questão de coerência, compatibilidade e simetria com a norma que traz as regras acerca das fontes normativas e seus modos de produção.[14] O ordenamento jurídico, pois, nesta concepção, é formado pelo conjunto de normas válidas e o que lhe dá sistematicidade é a unidade do critério de validade presente. Nesse ponto, portanto, o direito positivo tal qual compreendido pelo construtivismo lógico-semântico se assemelha muito ao modelo de Kelsen, na "Teoria Pura do Direito", de Hart, em "O Conceito de Direito", de Bobbio, em "A Teoria do Ordenamento Jurídico" e Joseph Raz, em "O Conceito de Sistema Jurídico".[15] Cada um desses modelos trabalha com um

---

13. CARVALHO, Paulo de Barros. *Curso de Direito Tributário*. São Paulo: Saraiva, 2009, pp. 2 e 11.
14. *Ibidem*, p. 13.
15. Para Kelsen, "a norma fundamental", para Hart, a "norma de reconhecimento" e para Raz, a "última regra jurídica".

critério diverso de validade, porém todos eles operam a partir da unidade do critério como elemento a dar sistematicidade ao ordenamento jurídico. No construtivismo lógico-semântico, assim como em Kelsen, Raz e Bobbio, opera-se com o critério da hierarquia normativa, no qual as normas inferiores retiram sua validade das superiores. Contudo, Aurora Tomazini de Carvalho adverte que o construtivismo lógico-semântico opera a partir de uma visão comunicacional do direito, de modo que, em tais bases, normas não geram normas, mas, sim, as autoridades e instituições por elas designadas, o que é feito através da chamada enunciação: "Nesse contexto, chamamos de fundamento de validade as normas jurídicas tomadas como base para a produção de outras normas jurídicas, que acabam por legitimar a autoridade e o procedimento enunciativo como próprios para produção daquelas normas jurídicas."[16]

A Ciência do Direito[17], por sua vez, é um ramo do conhecimento jurídico que tem como objeto de estudo esse direito positivo a que aludimos, composto pelo ordenamento jurídico, ou seja, o conjunto de normas sistematicamente organizado sob um fundamento de validade comum. No construtivismo lógico-semântico, a organização do conhecimento em torno do objeto "direito", ou seja, sua epistemologia jurídica, é calcada sobre as categorias da filosofia da linguagem antes referidas, de maneira que, de forma circular, é a Ciência do Direito quem acaba definindo o que é o direito positivo e este, como objeto definido por esta, acaba confinando a Ciência do Direito nos limites do objeto construído. E assim ocorre, porque, como será visto adiante, no plano da semiótica, a significação é uma proposição obtida a partir do significado de referência, porém todo significado é uma significação obtida a partir de significado anterior, compondo uma semiose sem fim.

---

16. CARVALHO, Aurora Tomazini. *Curso de Teoria Geral do Direito*: o construtivismo lógico-semântico. São Paulo: Noeses, p. 735.
17. CARVALHO, Paulo de Barros. *Curso de Direito Tributário*. São Paulo: Saraiva: 2011, p.13.

Todavia, equivoca-se completamente quem já está a imaginar ser o direito que emerge do construtivismo lógico-semântico um direito árido, restrito à letra fria da lei, insensível aos problemas sociais e fechado àquilo que o ser humano tem de mais precioso, sua vasta cultura, com suas crenças, valores, costumes e normas éticas e morais.[18]

O direito positivo e a ciência do direito que emergem do construtivismo lógico-semântico, muito ao contrário, são tão ricos quanto a cultura onde eles florescerem e tão sensíveis aos problemas sociais quanto se possa ser,[19] porém a ciência é vincada em método seguro, capaz de construir um objeto bem definido e, assim, proporcionar a segurança jurídica, que é função primordial de todo ordenamento jurídico, e ao mesmo tempo conceder a possibilidade de esse mesmo ordenamento jurídico enxergar as mudanças sociais e não ser imune nem fechado a elas. Não deve ser esquecido que a epistemologia jurídica resultante de determinada teoria define o objeto da ciência, mas não só, como dito linhas atrás, ela define a própria forma de se o interpretar, pois, na medida em que define seu objeto ela o constrói.

Assim, se, para o construtivismo lógico-semântico, o direito é um sistema sintaticamente fechado, porque opera sob uma linguagem deôntica que lhe é própria, dentro um universo de validade restrito, semântica e pragmaticamente ele possui inú-

---

18. Humberto Ávila, em artigo publicado na *Revista Direito Tributário Atual*, n. 29, intitulado "Função da Ciência do Direito Tributário: do formalismo epistemológico ao estruturalismo argumentativo", passou ao largo da compreensão que o construtivismo lógico-semântico, base da Teoria do Direito na obra do Professor Paulo de Barros Carvalho, possui de que interpretar é atribuir sentido ao objeto da interpretação, bem como de que a linguagem não é instrumento de mediação da relação sujeito-objeto, mas, ela própria, é a matéria-prima de criação da realidade.
19. CARVALHO, Paulo de Barros. *Breves considerações sobre a função descritiva da Ciência do Direito Tributário*. Disponível em <http://www.conjur.com.br/2013-out-01/paulo-barros-breves-consideracoes-funcao-descritiva-ciencia-direito-tributario>. Acesso em: 09 de outubro de 2013.

meras portas abertas para o ingresso de valores e linguagens de outros sistemas, como é o político, o ético e o econômico.[20]

4. Dos eventos aos fatos comuns: linguagem e realidade

Nenhum ser humano pode conhecer e tomar consciência daquilo que não consegue representar através da linguagem. Nenhum ser humano pode decodificar e interpretar uma linguagem que lhe seja desconhecida.

Tomemos três pessoas em frente ao motor exposto de um carro: um iletrado agricultor, um advogado e um engenheiro mecânico. Se convidados a descrever aquele objeto, cada um dos três o fará de maneira tão diferente a ponto de parecer que estão a descrever objetos distintos. A maneira como cada um é capaz de compreender e, por conseguinte, descrever o objeto é compatível com o seu respectivo "universo linguístico". Por óbvio, somente o engenheiro mecânico será capaz de compreender o objeto em questão, qual seja, o motor, em toda sua complexidade. Os outros dois, que facilmente podem ser ludibriados pelo engenheiro acerca daquela realidade, não possuem sequer o vocabulário necessário para compreender a fala do engenheiro. O engenheiro, por exemplo, pode enganá-los a respeito da função das principais peças e do seu modo de funcionamento. Ao ouvirem a explicação do experto, mesmo na hipótese de este fazer uma descrição precisa e sem engodos, os outros dois, ainda que tentassem repetir as palavras e expressões proferidas pelo engenheiro, jamais saberiam do que falavam sem terem a aptidão para compreender o sentido delas. Aquele objeto físico, portanto, composto por diversas peças de materiais variados, interligadas e componentes de um todo, somente adquire sentido pleno através da linguagem que o engenheiro possui. Assim, a realidade do motor, para o engenheiro, é bastante diversa da realidade do motor para o agricultor e para o advogado.

---

20. CARVALHO, Paulo de Barros. *Direito Tributário, Linguagem e Método*. São Paulo: Noeses, 2013, pp. XXV/XXVIII.

Mais um exemplo. Três pessoas estão assistindo, pela televisão, a uma das sessões de julgamento do Supremo Tribunal Federal acerca de uma controvérsia envolvendo o caso popularmente conhecido como "mensalão". Neste exemplo, temos um homem adulto maduro, comerciário e com baixa escolaridade, um jornalista de redação que se define "de direita" e um advogado criminalista. A cena em questão mostra um dos ministros definindo o crime de quadrilha. Pedimos para os três descreverem aquela realidade. O comerciário, se nada lhe for explicado antes sobre aquela cena, talvez fique mudo e apenas sorria diante do interlocutor que o indaga acerca daquela realidade. Se o ministro for daqueles que possuem grande exposição midiática, ele pode até fazer um comentário elogioso ou depreciativo sobre a pessoa do julgador, mas sem ter, minimamente, a ideia do que se passa ali naquela sessão de julgamento e, provavelmente, da ideia que acabara de exprimir sobre o ministro. O jornalista, por sua vez, talvez diga que se trata de um julgamento de cartas marcadas, no qual os juízes, por sua maioria, vão absolver políticos importantes, vinculados à determinada autoridade que ele entende seja a responsável pela nomeação desses mesmos juízes. O advogado, a seu turno, talvez, descreva aspectos técnicos do Direito Penal. A realidade em questão foi construída de maneira muito diversa por cada um dos personagens acima, de acordo com o universo linguístico de cada um deles. Nenhum deles, certamente, chega a constituir, sobre aquela sessão, a mesma realidade, uma vez que são pessoas com diferentes capacidades linguísticas e, portanto, com diferentes "horizontes de compreensão".

Para o construtivismo lógico-semântico, antes da linguagem, o que se tem são apenas eventos e objetos, os quais fornecem aos sentidos e à intuição informações a serem convertidas em linguagem.[21] Assim, é somente através da linguagem que os eventos se tornam fatos e os objetos ganham identidade, constituindo uma realidade.

---

21. CARVALHO, Aurora Tomazini. *Curso de Teoria Geral do Direito*: o construtivismo lógico-semântico. São Paulo: Noeses, pp. 529/534.

Em tais termos, antes que alguém descreva um acidente de trem, por exemplo, ali não se tem um fato, mas apenas um evento. É o fato totalmente composto de linguagem, posto que o evento já faz parte do passado. Todos aqueles que, dali em diante, se referirem ao acidente, não mais falarão do evento, mas do fato, tal como sua cultura e seu contexto permitirem construí-lo. Outro exemplo: imagine-se um observador diante de uma foto da via láctea ou de uma cotidiana radiografia de pulmão. Nada nestes dois objetos pode ser representado na mente do observador que faça algum sentido, a menos que seja astrônomo ou médico. Portanto, para eles, trata-se de uma realidade obscura, que nada lhes revela.

Está claro que a realidade varia muito entre aqueles que examinam o objeto a partir da linguagem do senso-comum e aqueles que o fazem a partir da linguagem técnica, científica ou filosófica. É que o **nível de linguagem** fará com que varie, às vezes radicalmente, a percepção do indivíduo acerca dos planos **sintático**, **semântico** e **pragmático** da linguagem. Essa variação, decerto, tem grande implicação na constituição da realidade e, portanto, na forma como os problemas a ela afetos são encarados e resolvidos.

Além da linguística, a semiótica também é utilizada pelo construtivismo lógico-semântico para edificar sua teoria da realidade como produto da linguagem, especialmente aquela desenvolvida pelo filósofo americano Charles Sanders Peirce, pelo suíço Ferdinand Saussure e pelos alemães Rudolf Carnap e Edmund Husserl.

Na semiótica de Husserl,[22] a unidade básica da linguagem é o signo e este é a resultante de uma relação triádica entre três elementos componentes do processo de construção, pelo indivíduo, da representação dos objetos. Os três elementos são: (i) o suporte físico, que é qualquer meio material através do

---
22. *Ibidem*, p. 163.

qual o objeto do conhecimento se manifesta; no caso de um objeto físico, por exemplo, é o próprio objeto e, no caso de uma norma, é o meio material através do qual o texto está inscrito; (ii) o significado, que é o padrão ou referência que o indivíduo relaciona ao objeto do conhecimento; (iii) e a significação, que é a ideia que o indivíduo forma em sua mente como resultado da vinculação entre o objeto do conhecimento e a referência a ele associada.

Quando, por exemplo, alguém lê a palavra coelho, o processo semiótico de Husserl para a atribuição de sentido pode ser examinado, de forma analítica, da seguinte maneira: (i) o suporte físico é o livro, o jornal, a placa ou qualquer outro meio material onde a palavra coelho esteja escrita; (ii) imediatamente ao ler a palavra coelho, o indivíduo associa essa palavra ao padrão que ele tem desse animal; (iii) como resultado, o indivíduo cria a imagem do coelho em sua mente. Nesses termos, se o personagem do exemplo nunca tivesse visto um coelho na vida, ao vivo, em foto, em desenho ou vídeo, ao ler a palavra coelho, jamais seria capaz de criar a imagem desse animal. Assim, se, em vez da palavra coelho isoladamente, o indivíduo a lesse no contexto de uma norma, como, por exemplo, é proibida a caça de coelho, ele jamais poderia criar, em sua mente, o fato descrito abstratamente por essa norma. Se, ao contrário, ele lesse a palavra coelho em um texto literário que descrevesse esse animal, certamente, imaginaria como deveria ser esse animal. Todavia, essa imagem poderia ser muito distante daquela do coelho como ele realmente se apresenta na natureza.

Willard Van Orman Quine, em artigo intitulado "A Relatividade Ontológica", publicado no dia 7 de abril de 1968 dentro da tradição do "giro linguístico", sobre a interação entre linguagem e realidade, enfatiza a ideia de que as palavras e, portanto, a linguagem, não retratam o evento ou o objeto a que se referem em razão de uma espécie de relação fixa e imutável entre eles, ou seja, entre palavra e objeto, entre linguagem e evento, como se as palavras estivessem de alguma forma ligadas aos seus objetos por compartilharem uma essência comum, em uma espécie de isomorfismo. Para Quine, as palavras vinculam-se aos objetos a que se referem por pura convenção social, a qual é sempre instável, posto que sempre em construção, como a cultura. Assim, diferentes culturas vinculam diferentes termos a objetos semelhantes e, mesmo dentro de certa cultura, os termos, ao longo do tempo, podem ser alterados, não havendo garantia alguma de que o significado de certa palavra ou expressão vai se manter o mesmo durante certo tempo.

Para ilustrar sua ideia, Quine, no texto citado, apresenta o seguinte exemplo, o qual descrevo com a inclusão do nome do personagem, não existente na versão original: João está em um país estrangeiro e se senta junto a um grupo de nativos, os quais falam uma língua desconhecida para ele. Em dado instante, um coelho aparece e um dos nativos diz: "gavagai". João suspeita de que a palavra "gavagai" se refere ao coelho. Outros coelhos surgem e, cada vez que isso ocorre, um dos nativos diz: "gavagai". João, então, passa a ter a certeza de que pode traduzir a palavra "gavagai" em coelho. Quine, todavia, diz que João pode estar muito enganado, pois "gavagai" pode significar: "oh, vejam, jantar". Ou então: "vejam, uma criatura fofa". Para saber, João teria que procurar mais informações nesse sentido, apontando para outras criaturas fofas ou outros itens do cardápio e pronunciar "gavagai". Após isso, prossegue Quine, mesmo que João obtenha a certeza de que o que eles chamam de "gavagai", nós chamamos de coelho, ainda assim, não poderia haver ainda a certeza da correlação plena dos dois termos, pois "gavagai" poderia significar coelho que vive no bosque, lebre ou, até mesmo, uma oração a ser dita sempre que um coelho aparece. Quine diz que uma solução radical, seria João aprender toda a língua nativa, mas, segundo ele, isso poderia não resolver porque, mesmo assim, João não seria capaz de compreender totalmente aquela cultura e poderia não ter a certeza sobre o exato sentido do misterioso termo "gavagai". Em suma, conclui Quine, há uma correlação entre linguagem e realidade e a linguagem, toda ela, é culturalmente referenciada e convencionada. Bem antes de Quine, Ferdinand de Saussure, nos lembra Aurora Tomazini de Carvalho,[23] já havia destacado a diferença entre linguagem, língua e fala, enfatizando que a linguagem é composta pela língua, que "é um sistema de signos artificialmente constituído por uma comunidade de discurso" e fala, que "é um ato de seleção e atualização da língua, dependente da vontade do homem e diz respeito às combinações pelas quais ele realiza o código da língua com o propósito de constituir seu pensamento".

Por fim, deve ser dito que os eventos e os objetos possuem aspectos vastíssimos de realidade e que a linguagem, ao constituí-la em relação a eles, o faz de forma bastante limitada, contemplando apenas alguns desses aspectos. Um acidente de trânsito, por exemplo, possui aspectos econômicos, psicológicos, médicos, físicos, químicos até, eventualmente, criminosos. Todavia, a sua realidade, mesmo para os envolvidos, pode se restringir aos aspectos materiais a serem reparados. Assim, o que se deseja ressaltar é a riqueza com que a realidade pode ser construída, mas também a singeleza como ela pode tomar parte na mente das pessoas.

5. Dos fatos comuns aos fatos juridicizados: o texto da norma

A norma jurídica, por sua vez, não opera a partir da consideração de fatos e objetos concretos, antes labora no plano da abstração. Todavia, quando descreve um fato abstratamente, ela não faz outra coisa a não ser também criá-lo através da linguagem, e mais, ela o descreve e o cria apenas de forma parcial, ou seja, levando em conta apenas certos aspectos de suas possíveis realidades, nunca todos, dado que seria impossível, tal qual visto acima, no item anterior.

---

23. *Ibidem*, pp. 161/162.

Por exemplo: o Código Civil não torna nulo contrato, caso uma das partes se dê conta de que poderia ter realizado uma avença muito melhor com outra pessoa. Não foi, portanto, juridicizado o fato de que propostas melhores podem ser descobertas após a assinatura de um contrato e que isso poderia ser invocado por um dos contratantes para desfazer o ajuste, de maneira que esta circunstância não pode ser considerada pelo julgador caso uma demanda seja apresentada sob esse fundamento. Adiante, voltar-se-á ao tema.

Para o Construtivismo Lógico-Semântico, a norma, em sua dimensão linguística, é um enunciado prescritivo de condutas, estruturado, basicamente, em duas partes: um antecedente, o qual apresenta um fato "f" qualquer, e um consequente, o qual apresenta um fato "c". Este fato "c" deverá ocorrer, ainda que coercitivamente, em razão da ocorrência do fato "f". A relação entre os fatos "f" e "c" é de causalidade: se "f", então "c"[24].

Essa causalidade, evidentemente, não é física, mas jurídica, o que implica dizer que "c" deve ocorrer por força do caráter prescritivo da norma, não em razão de alguma conexão física. Embora a causalidade física não determine, necessariamente, a causalidade jurídica, esta não pode ir de encontro àquela, sob pena de inefetividade.

A causalidade normativa é modalizada por três situações: permitido, proibido e obrigatório. Cada um desses modais indica os limites e a maneira como o fato "c" deve ocorrer[25].

O fato "f", assim, apesar de juridicizado, possui uma nota de imprevisibilidade quanto ao seu modo de "vir a ser", porquanto sua existência não se dá, necessariamente, sempre da mesma forma. Sequer sua existência é certa, já que o fato "f"

---

24. CARVALHO, Paulo de Barros. *Direito Tributário, Linguagem e Método*. São Paulo: Noeses, 2013, p. 137.
25. CARVALHO, Paulo de Barros. *Direito Tributário*: fundamentos jurídicos da incidência. São Paulo: Saraiva, 2007, pp. 10/11.

pode nunca ocorrer. O contrário, no entanto, ocorre com o fato "c", já que modalizado, ou seja, restrito pela causalidade jurídica, e de ocorrência certa: se "f", então "c".

Quanto mais complexos os fatos oriundos da causalidade física e por mais que sobre eles pesem leis naturais que definam seu "vir a ser", o existir deles ocorre dentro de uma infinidade de possibilidades. Da mesma forma ocorre no âmbito dos fatos juridicizados, de sorte que, por mais que o fato "f" esteja descrito normativamente de forma mais ou menos precisa, a existência dele poderá dar-se em meio a uma gama extensa de possibilidade. No crime de homicídio, por exemplo: são infinitas as possibilidades de como "f" pode ocorrer e, caso ocorra, ou seja, seja concretizado o fato "f", o fato "c", a consequência, em razão da causalidade jurídica, deve efetivar-se.

Com as reflexões acima, quer-se destacar que, por mais que a ciência do direito tente encapsular em conceitos os fatos juridicizados pela norma, por mais que tenhamos a sensação de que a realidade deles é menos complexa e já está toda ela posta pela norma, tal não é verdadeiro. Por mais que a norma limite os fatos que devam ser considerados pelo direito, através da descrição normativa, a riqueza da realidade que será construída sobre ele é tão grande que torna a interpretação da norma em abstrato, por vezes, tão complexa quanto a interpretação dos próprios eventos ou fatos concretos.

Ainda do ponto de vista linguístico, a norma pode ser examinada através da análise dos termos que compõem a sua estrutura frásica. Pode-se, portanto, decompor a norma em cada um dos seus termos e analisá-los isoladamente dentro do contexto do enunciado normativo.[26]

Essa análise pode ocorrer do ponto de vista **sintático**, quando o foco será o exame da classe gramatical e da função

---

26. CARVALHO, Paulo de Barros. *Direito Tributário, Linguagem e Método*. São Paulo: Noeses, 2013, p. 36.

que o terno possui na estrutura comunicacional do sintagma, da oração, do período ou da frase. Assim, identificados os artigos, nomes, pronomes, adjetivos, verbos, advérbios, preposições, numerais, conjunções e interjeições, ver-se-á se eles cumprem uma das funções relacionadas ao conjunto dos "termos essenciais da oração" (sujeito, predicado, predicativo e verbo), ao conjunto dos "termos integrantes da oração" (complemento verbal, direto e indireto, complemento nominal e agente da passiva, ao conjunto dos "termos acessórios da oração" (adjunto adverbial, adjunto adnominal e aposto) ou, se, simplesmente, trata-se de um vocativo.

Essa análise também pode ocorrer sob o ponto de vista **semântico**, ocasião em que os termos componentes das orações, períodos e frases já não serão analisados segundo sua classe gramatical e sua função na estrutura da linguagem, mas segundo seu conteúdo ou significado possível.

Assim, na norma que diz "todos são iguais perante a lei", sabe-se que o termo "iguais", do ponto de vista sintático, é um adjetivo que qualifica "todos" e, portanto, é predicado desse sujeito, qual seja, "todos". Todavia, do ponto de vista semântico, o que significa o termo "iguais" no contexto? A análise semântica irá trabalhar justamente com essa busca de significados.

Uma forma mais apurada de buscar o sentido dos termos é denominada de **pragmática**. Enquanto na análise semântica, o intérprete busca o sentido do termo no universo da língua em que inserido, bem como no contexto em que localizado, na pragmática, o analista vai perquirir com que sentido o termo investigado costuma ser utilizado em determinada comunidade, em certas circunstâncias e por determinados agentes.

Mais uma vez, advirta-se que essa visão da norma, aliada à ideia acima já apresentada de que o direito positivo é a norma posta, não torna o fenômeno jurídico fechado às questões sociais, nem congelado frente à rica diversidade cultural, antes o torna parte desta e aberto àquelas, na medida em que os aspectos semântico e pragmáticos dos termos espelham a diversidade cultural e estão abertos, através dos valores constantes no sentido dos termos, às mudanças sociais que forem capazes de atingir as instituições e todos aqueles que operem o direito.[27]

Feita essa advertência, retornemos à análise da norma sob o ponto de vista, justamente, de sua relação com a realidade.

Uma norma, como visto, fala de fatos e fatos, como também visto, são eventos que foram dotados de sentido pela linguagem. Eventos, portanto, não têm sentido até que, através da linguagem, os seres humanos deem um a ele. Esse sentido atribuível é parido do universo cultural e linguístico do indivíduo e seu grupo. Uma norma, em tais termos, se fala de fatos, é, também ela, restrita a esse universo cultural e linguístico.

A linguagem comum, no entanto, também pode ter por objeto não eventos brutos, mas outros fatos, portanto, outras linguagens e, assim, sucessivamente. Imagine-se um acidente de trem nas cercanias da pequena cidade X. É um evento. Alguém o testemunhou e contou para cinco pessoas. Essas cinco pessoas, por sua vez, nada viram acerca do acidente. Sequer conhecem o local onde ele ocorreu. Nunca viram uma foto desse local, nem da locomotiva. No entanto, elas também relatam esse acidente a outras 25 pessoas e assim sucessivamente. Assim, esse relato, digamos secundário em relação ao evento, já não fala dele, antes e apenas, fala dos fatos narrados pela única testemunha do evento.

Se a linguagem comum pode ter objeto o evento, mas não necessariamente, a linguagem da norma, por sua vez, nunca tem o evento como objeto, uma vez que trata de fatos e apenas deles, e mais, no plano puramente abstrato. Dessa forma, não

---

27. CARVALHO, Paulo de Barros. *Direito Tributário*: fundamentos jurídicos da incidência. São Paulo: Saraiva, 2007, p. 159.

seria incorreto dizer-se que a linguagem da norma tem sempre por objeto outras linguagens estruturantes de fatos, mas nunca eventos.

A pretensão da linguagem comum, pois, é espelhar todas as circunstâncias do evento e, assim, criar o fato. Mas qual é a realidade? O evento ou fato? Desde que o evento não significa nada para o ser humano antes que esse possa compreendê-lo e expressá-lo através da linguagem, parece que, sob essa perspectiva, a realidade, para o ser humano, é mesmo o fato, não o evento. Assim, para ser capaz de expressar, através dos seus termos, todos os aspectos do evento e, assim, criar a realidade em toda sua plenitude, a linguagem comum deve ser capaz de exprimir todos os aspectos do evento. Seria isso possível?

Sim, seria, mas, provavelmente, nunca por meio de uma só pessoa. No acidente do trem, por exemplo, existem aspectos econômicos, políticos, jurídicos, químicos, físicos, religiosos, todos passíveis de serem expressos através da linguagem. Um mesmo evento, portanto, pode ser expresso através de variados fatos. Se ele ocorrer em uma comunidade humilde e não tiver maiores repercussões, será um evento que nunca será expresso através de um fato econômico, por exemplo. Esse fato econômico, consistente, por exemplo, no alto grau de risco do acidente em função da decisão econômica de não dotar a locomotiva de certo e caro aparato de segurança, talvez nunca venha a existir fora da sala da fábrica onde engenheiros e executivos da companhia tomaram essa decisão e, portanto, criaram um fato que, diante do acidente, teria a composição linguística para criar mais um aspecto da realidade daquele evento: um fato econômico.

Assim também vai ocorrer com a linguagem da norma. O fato "f" e o fato "c" constantes da estrutura da norma serão apenas aqueles que essa mesma norma for capaz de expressar. Se o evento do acidente do trem e sua realidade fática forem levados a um tribunal, ou mesmo se, simplesmente, forem analisados por um professor em uma escola de Direito, talvez o fato econômico acima mencionado, por não constar de nenhuma norma jurídica, também não venha jamais a existir.

Em tais termos, os fatos existem apenas na medida em que se fala deles e, como visto, nem todos os seres humanos têm capacidade para falar acerca do fato em toda sua plenitude. Da mesma maneira ocorre na norma: se o fato não existir na linguagem comum, nunca será conhecido pelo direito, mesmo que a norma a ele se refira em abstrato. E, acaso tenha existido tal fato, mas a norma a ele não tenha aludido, esse fato nunca será levado em conta pelo Direito.

Em conclusão: para a norma, somente existem os fatos a que ela se refira, o fato que fora juridicizado. E se o direito é norma, e se a norma alude a fatos e os fatos são construídos pela linguagem, a norma e o direito são também linguagens.[28]

Portanto, a análise da norma como linguagem, através das categorias da linguística e da semiótica, ajuda a compreender e a identificar muitos dos problemas que desafiam a jurisprudência e a ciência do direito.

6. Do texto da norma à norma jurídica

Uma das maiores contradições do Direito, pelo menos no que diz respeito às visões positivistas, nas quais a validade da norma depende de sua compatibilidade, formal e material, com outra norma superior que lhe dê fundamento é que, sendo guiado pela justiça, não é dentro dele que ela pode ser encontrada. Em outro giro verbal, a justiça, sendo um conceito ético, não pode ser encontrada dentro do ordenamento jurídico e seu conjunto de normas sistematizado pelo critério da validade.

---

28. *Ibidem*, pp. 150/157.

Dessa contradição já advieram inúmeros problemas, desde confundir norma e justiça, à maneira da Escola da Exegese, até confundir justiça com norma, como parece ocorrer com certas compreensões do que vem a ser o neoconstitucionalismo.

Mas onde está, afinal, a justiça? Onde ela pode ser encontrada? Há lugar para ela dentro do positivismo jurídico? E dentro do construtivismo lógico-semântico?

Para a doutrina do professor Paulo de Barros Carvalho, fala-se do direito sob duas acepções principais:[29] o direito enquanto ordenamento jurídico e seu conjunto sistematizado de normas (direito positivo) e o direito enquanto ciência, que seria um ramo do conhecimento humano dedicado a estudar, cientificamente, o primeiro. Essa divisão está posta na obra de Paulo de Barros Carvalho.

Enquanto ordenamento jurídico, o direito pode ser visto sob dois pontos de vista, o estático e o dinâmico. Segundo a visão adotada pelo construtivismo lógico-semântico, do ponto de vista estático, o ordenamento jurídico é o conjunto de normas posto pelas fontes reconhecidas pelo próprio direito, através de sua lei de maior hierarquia, conjunto este que se encontra sistematizado através do critério comum da validade, esta também dada pelo próprio direito, através de sua lei de maior hierarquia. Essas normas todas, na forma assim estruturada, estariam à disposição das instituições políticas, bem como dos cidadãos e suas organizações privadas, para reger os atos e negócios jurídicos da vida social. Esse é o direito sob o ponto de vista estático. Na sua acepção dinâmica, o que se apresenta é o direito em seu pleno funcionamento, qual seja, sendo interpretado e aplicado na prática, seja pelos Poderes da República, seja pelos particulares em seus negócios privados.[30]

---

29. CARVALHO, Aurora Tomazini. *Curso de Teoria Geral do Direito*: o construtivismo lógico-semântico. São Paulo: Noeses, pp. 95 e 646.
30. *Ibidem*, pp. 644/645.

Quando, portanto, o Poder Legislativo está elaborando suas leis, está trabalhando, basicamente, com o direito enquanto norma estática. Por sua vez, quando um professor de direito está explicando os requisitos necessários para a formação de um contrato, ele também está trabalhando, preponderantemente, com o direito enquanto norma estática, mas a partir da visão da ciência do direito. Quando a administração pública aplica as normas do ordenamento para fazer o lançamento tributário e constituir o crédito respectivo, opera com o direito enquanto norma dinâmica, pois, a cada decisão administrativa, nova norma é criada, enriquecendo o ordenamento.[31] Nesse exemplo, a administração também opera com um sistema de verificação de fatos por meios de prova, mas com muito pouca, ou quase nenhuma, ciência do direito, posto que as diretrizes para a aplicação da norma são todas dadas pela própria administração, através das chamadas normas infralegais ou normas secundárias, tornando automatizado o ato de operação com o ordenamento dinâmico. Por fim, quando um juiz ou tribunal está aplicando o direito, no exercício de sua jurisdição, para resolver um conflito de interesses que lhe foi apresentado, ele operará com o ordenamento dinâmico, com a ciência do direito e ainda com um vasto e complexo sistema de verificação de fatos por meios de prova, e o que é mais importante, também com a missão de aplicar o direito com justiça, porquanto, como visto acima, a justiça é valor guia do direito.

Sobre o direito enquanto norma dinâmica, necessária uma pergunta: sabendo-se que o direito enquanto norma dinâmica implica na aplicação do direito enquanto norma estática, é correto se dizer que as normas são coincidentes ou, ao contrário, uma é a norma estática, outra é a norma dinâmica?[32] Em outras palavras, a norma posta, geral e abstrata, é a mesma norma concretizada pela aplicação, pelo magistrado, ao caso

---

31. GUASTINI, Ricardo. *Distinguiendo*: estudios e teoría y metateoría del derecho. Barcelona: Gedisa, 1999, pp. 356/361.

32. *Ibidem*, pp. 356/361.

judicializado? Se a resposta for afirmativa, qual é a razão pela qual existem tantas decisões divergentes a respeito da solução de casos idênticos? Se a resposta for negativa, o que existe entre a estática e a dinâmica que faz com que a norma, em sua acepção dinâmica, se faça diferente daquela estática?

Não é preciso mais justificativas para que se vislumbre que a decisão judicial é o momento mais rico e complexo de todo o direito.

Antes de prosseguir com as respostas às perguntas acima, bem como com o esboço de uma teoria da decisão judicial na obra do Professor Paulo de Barros Carvalho, ainda um pergunta: ao interpretar, descobrimos o sentido das palavras, orações, períodos e frases ou atribuímos um sentido a elas?

Vou tentar responder a esta pergunta, primeiro, através de um exemplo onde a linguagem não está expressa através de um texto, mas de palavras faladas.

Três executivos de certa companhia paulista foram assaltados na cidade de São Paulo, quando, juntos, caminhavam em direção ao restaurante onde almoçariam naquela tarde. Após o almoço, passaram na delegacia, registraram a ocorrência e, em seguida, foram para o aeroporto, onde cada um tomou avião para uma cidade diferente. No curso das investigações, surgiu o indício de que o bandido tratava-se de perigoso meliante que, naquele mesmo dia, supostamente, teria sido o responsável por bárbaro assassinato, sem testemunha ocular, ocorrido nas cercanias do restaurante, mas sem qualquer conexão com o assalto em questão. Em razão disso, cada uma das vítimas foi notificada para comparecer à delegacia de sua cidade e descrever o assaltante para um agente local, especialista na confecção de retrato falado, o que foi levado a termo. Quando o delegado paulista responsável pelas investigações recebeu os três retratos-falados lamentou pela inocuidade daquele instrumento de investigação: os três desenhos eram tão diversos que em nada ajudariam.

O exemplo acima demonstra que, cada uma das vítimas, diante do mesmo objeto descrito, fez uma descrição diferente. Por mais assemelhada que tenha sido a descrição, elas muito dificilmente seriam rigorosamente idênticas. Além disso, cada um dos desenhistas interpretou de um modo as descrições da vítima que se lhe foi apresentada. A probabilidade de que, nessas três hipóteses, os três desenhistas, por mais capacitados que fossem, fizessem desenhos idênticos é totalmente nula.

No exemplo acima, tínhamos o mesmo objeto de descrição, o bandido, três descritores, as vítimas, e três desenhistas, os agentes policiais.

Traduzindo o exemplo em linguagem semiótica, ter-se-ia o seguinte: **PONTO DE VISTA DAS TESTEMUNHAS**: (i) o suporte físico é a figura do assaltante vista pelas três testemunhas; essas três pessoas viram, cada uma de ângulo, cada uma por determinada fração de tempo, cada uma segundo seu estado emocional, cada uma com seus preconceitos e valores, a figura de um ser humano que lhes causou alguma violência; (ii) neste caso, em razão da pré-compreensão de cada um, as testemunhas, no momento de descrever o assaltante para o desenhista, trabalharam com o significado ou padrão das imagens descritas; (iii) durante a descrição, cada uma das testemunhas elaborou sua própria proposição ou significação da cena descrita. **PONTO DE VISTA DOS DESENHISTAS**: (i) para eles, o suporte físico foi a palavra falada de cada um das testemunhas descritoras daquela realidade; (ii) o significado utilizado por eles para associar cada uma das ideias que lhes foram passadas foi o padrão de formas e cores que cada um deles possui; (iii) a partir dos vários significados produzidos na mente a partir do relato de cada testemunha, cada desenhista, a partir de sua própria interpretação, apresentou as significações em relação aos objetos descritos.

Vilém Flusser, citado por Aurora Tomazini de Carvalho, apresenta-nos uma imagem bastante interessante do processo semiótico que ocorre no interior da mente do intérprete. Ele "compara o intelecto a uma tecelagem, que usa palavras como fios, mas que tem uma antessala na qual funciona uma fiação que transforma algodão bruto (dados sensoriais) em fios (palavras). Os dados inarticulados dispersam-se, apenas naqueles transformados em signos tornam-se por nós conhecidos".[33]

Da mesma forma, ocorre com um ator que interpreta um personagem, um cantor que interpreta uma canção e, até mesmo, com um pianista que interpreta uma partitura escrita em linguagem objetiva, ao executar uma sinfonia ou uma sonata.

E no caso do direito? Seria possível que intérpretes diferentes chegassem sempre aos mesmos fatos descritos nas diversas linguagens que falam sobre ele no processo? Seria possível que diferentes intérpretes chegassem à mesma conclusão acerca dos fatos gerais e abstratos descritos nas normas aplicáveis ao caso?

Respondendo negativamente às perguntas acima, isso significa que o direito está entregue ao arbítrio do juiz, em uma espécie de consagração do realismo jurídico, no sentido de que o direito é o que os juízes disserem que ele seja, então tratemos de conhecer os juízes?

Sob o ponto de vista do construtivismo lógico-semântico, a resposta há de ser negativa também, porquanto, por mais que a "filosofia da linguagem" compreenda a realidade como construída pela linguagem e compreenda o ser humano como o artífice principal desse processo de construção, destacando sua subjetividade, esta composta pelas limitações, valores e crenças de cada indivíduo, o homem aqui já não é visto como o sujeito solipsista da modernidade, aquele que Descartes imaginou que pudesse encontrar a verdade por meio da razão

---

33. CARVALHO, Aurora Tomazini. *Curso de Teoria Geral do Direito*: o construtivismo lógico-semântico. São Paulo: Noeses, p. 19.

e através do itinerário da dúvida, nem aquele sujeito transcendental que Kant imaginou pudesse encontrar a verdade através da razão e por meio da capacidade de formular juízos sintéticos "a priori", a partir de certas categorias lógicas, bem como juízos sintéticos "a posteriori", a partir das categorias lógicas aliadas à experiência.

No âmbito do construtivismo lógico-semântico, o sujeito é o construtor da realidade, porém ele o faz não através de sua razão apenas, mas, sim, por meio da linguagem, a qual, carregada de crenças, valores e limitações, já não lhe pertence como fruto do seu gênio individual, do "cogito" cartesiano, mas pertence à sua cultura, a qual, em alguma medida, é totalmente compartilhada com a comunidade na qual está inserido, de sorte que, quando este sujeito utiliza da linguagem para construir a realidade, está utilizando matéria-prima a todos disponível e que não foi fruto de sua criação, mas da tradição na qual está contextualizado.[34]

Assim, no exemplo do retrato-falado, a não ser por engano, nenhuma das vítimas poderá descrever o assaltante como negro, se ele for branco, e vice-versa. Também não poderão dizer que ele possui cabelo longo, quando este é curto. Dessa forma, para o construtivismo lógico-semântico, o evento e os objetos limitam a construção da realidade nos exatos termos em que a linguagem que utilizamos para descrevê-los também está limitada. Todavia, ainda no exemplo do assalto, é perfeitamente possível que uma das vítimas descreva o assaltante como tendo cerca de 30 anos, enquanto outra aponte que ele possui cerca de 40 anos, porquanto, nos domínios da interpretação dos

---

34. Fernando Luiz Vieira, em sua dissertação de mestrado, orientada por Lenio Luiz Streck, erroneamente, classifica a Teoria do Direito do Professor Paulo de Barros Carvalho como orientada pelo modelo da "filosofia da consciência". A respeito dessa observação, conferir a obra "Teoria da Decisão Judicial: dos paradigmas de Ricardo Lorenzetti à resposta adequada à Constituição de Lenio Streck", mais especificamente a página 107, publicada pela Livraria do Advogado.

suportes físicos dos signos, a limitação, se existe, nunca será capaz de torná-la unívoca, e esta realidade, pensamos, jamais poderá ser negada.

Da mesma maneira, ocorrerá com a norma jurídica. Se, para o positivismo, o direito é norma e esta deve ser respeitada nos limites de suas descrições e de seus comandos, através do construtivismo lógico-semântico compreende-se que, por mais que um juiz não possa inverter o sentido de um mandamento normativo, jamais será possível impedir que dois ou mais juízes tenham a mesma compreensão do significado, por exemplo, de um termo semanticamente impreciso como, por exemplo, a igualdade ou a dignidade da pessoa humana.

Assim, por mais que os juízes devam conhecer a tradição jurídico-cultural de sua comunidade, por mais que devam conhecer a história das constituições do seu país, por mais que estejam atentos à tradição decisória da Corte Suprema do seu país, ainda assim, é operar no nível da ingenuidade[35] entender que todos os juízes são capazes de chegar ao mesmo entendimento a respeito do significado de todos os termos que compõem todas as regras constitucionais, para ficarmos apenas no plano desse tipo de norma.

Em suma, interpretar implica uma atividade criativa da realidade, de maneira que interpretar é atribuir sentido ao objeto da interpretação, e não descobri-lo. Nesse processo, diante do mesmo objeto de interpretação, no caso o texto da norma jurídica, é possível que diferentes intérpretes alcancem diferentes interpretações, pois, apesar de os limites da interpretação serem dados pelo próprio objeto e seu contexto, nem todos os intérpretes possuem igual capacidade linguística, semelhante "horizonte interpretativo" e, portanto, condição de possibilidade para construir a mesma realidade em relação

---

35. CARVALHO, Aurora Tomazini. *Curso de Teoria Geral do Direito*: o construtivismo lógico-semântico. São Paulo: Noeses, p. 237.

aos fatos comuns envolvidos na realidade tocada pela norma, a mesma realidade em relação aos fatos referidos abstratamente nas jurídicas e, no caso dos magistrados, a realidade dos fatos descritos nas peças processuais e representados nas provas apresentadas. Dessa maneira, texto e norma jurídica não se confundem e é exatamente isso que faz a dinâmica do ordenamento jurídico: " Mantenho presente a concepção pela qual interpretar é atribuir valores aos símbolos, isto é, adjudicar-lhes significações e, por meio dessas, referências a objetos."[36]

Partindo desse pressuposto, o professor Paulo de Barros Carvalho, propõe o seguinte itinerário de construção e interpretação do fato, da norma geral e abstrata e da norma concreta e individual, que é a norma de decisão. Esse procedimento analítico que, a nosso ver, se apresenta como base para a construção de uma sólida teoria da decisão judicial será a seguir a apresentado.

7. Da norma jurídica à norma de decisão

Como temos visto ao longo do trabalho, a operação de julgar implica no conhecimento, pelo juiz, dos fatos componentes do conflito intersubjetivo a ser decidido por ele, bem como das normas existentes no ordenamento jurídico que se relacionem com os aludidos fatos e que, portanto, devam ser aplicadas para dirimi-los. Também vimos acima que a relação entre os fatos postos a julgamento e determinadas normas do ordenamento dá-se em razão de que esses fatos foram considerados, de maneira genérica e aproximada, pelas normas jurídicas em questão. Por último, deve ser lembrado também que a própria norma é um fato, na medida em que constituída por pura linguagem.

---

36. CARVALHO, Paulo de Barros. *Direito Tributário, Linguagem e Método*. São Paulo: Noeses, 2013, p. 181.

Em tais termos, vê-se que o juiz, na sua atividade de julgar, vai operar, basicamente, interpretando linguagem, reproduzindo fatos e criando realidades: a realidade dos fatos objeto da controvérsia, a realidade dos fatos gerais previstos na norma e a realidade do resultado do seu julgamento, quando os fatos são qualificados pela norma e a eles é dada uma direção específica: parte deles é considerada contra a norma jurídica e parte deles é considerada compatível com ela, daí emergindo obrigações, proibições e permissões, condicionando a conduta dos envolvidos exatamente na forma modalizada com que o direito (a norma) trabalha.

Essas operações de interpretação e criação da realidade não se dão, necessariamente, de forma sucessiva e irrepreensivelmente ordenada, tal qual opera um autômato, mas fazem parte de um só operação complexa, na qual o juiz considera simultaneamente a linguagem desses fatos e encontra seu veredicto, com maior ou menor precisão metodológica, com maior ou menor rigor na sua apreciação. O que importa enfatizar é que, deveras, há uma linguagem constituidora da realidade dos fatos componentes da lide, uma linguagem constituidora dos fatos juridicizados e uma linguagem constituidora da decisão judicial, esta composta através da correlação estabelecida entre as duas primeiras, ou seja, entre a generalidade e abstração dos fatos da norma e a especificidade e concretude dos fatos postos a julgamento.

Em cada um desses planos, o professor Paulo de Barros Carvalho sugere a análise da atividade mental do intérprete em quatro etapas, as quais compõem um "percurso gerador de sentido" [37], que ele chama de S1, S2, S3, e S4. Em cada uma dessas etapas, o intérprete, partindo dos enunciados ou informações de pura linguagem vai avançando na construção da realidade e isso ocorre, porque, à medida que vai interpretando-a e dando vida

---

37. *Ibidem*, pp. 184/189.

a essa linguagem, vai considerando toda a riqueza cultural nela encerrada. Essa espiral de construção da realidade é possível em função do perpasso pelos aspectos sintático, semântico e pragmático dos termos, palavras, expressões, orações, períodos e frases, e, consequentemente, pela atribuição, pelo intérprete, de sentido à linguagem, sentido este que vem carregado de valores, crenças, ideologias, e que analisa os objetos em sua individualidade, mas também em suas relações com os demais objetos envolvidos. Ao final, surge a realidade completa dos fatos sob julgamento, dos fatos considerados pela norma e dos fatos sob julgamento modalizados pela norma e que compõem o resultado da decisão judicial.

O plano S1 é o plano dos enunciados, do exame dos textos pelo intérprete, podendo ser o texto de uma petição inicial, que narra os fatos concretos e de forma individualizada, como o texto das normas, que descreve ou alude a fatos de maneira geral e abstrata, como ainda o texto de decisões judiciais anteriores, às quais também podem constituir referência. Os enunciados são compostos por linguagem e esta é formada por símbolos que estão a espera de decodificação pelo magistrado. Os enunciados podem ser analisados sob os pontos de vista sintático, semântico e pragmático e, depois que o intérprete os considera e interpreta, começa a criar a realidade, dentro de si, que aqueles textos procuram exprimir. Essa atividade gera as proposições.

O plano S2 é o plano das proposições. Aqui, o intérprete deu vida à linguagem dos enunciados, atribuiu sentido aos seus termos e, como dito, criou a realidade a que eles, os enunciados, procuraram remetê-lo. O intérprete cria a realidade que lhe foi possível criar, pois esta depende de seu horizonte cultural e de sua capacidade, ou disponibilidade, de considerar os enunciados segundo os seus aspectos sintático, semântico e pragmático. Como dito em outra passagem deste artigo, a realidade é complexa, porque formada por valores, crenças, preconceitos e ideologias. Todos esses aspectos brotam na realidade criada pelo intérprete, a partir dos enunciados. Estão todos eles presentes nas proposições.

No plano S3, o intérprete põe as proposições segundo a função da linguagem com que foram escritos os enunciados. No caso da narrativa dos fatos concretos e individualizados, as proposições se apresentam descritivas e, portanto, sujeitas a juízos apofânticos de verdade ou falsidade. No caso da descrição normativa dos fatos gerais e abstratos, as proposições se apresentam na forma deôntica ou prescritiva, sujeitas a juízos de validade ou invalidade.

Por fim, no plano S4, o intérprete sistematiza a realidade criada através de sua interpretação, fazendo uma série de correlações lógicas entre os fatos concretos narrados e os demais fatos que é capaz inferir a partir de outros enunciados ou informações colhidos ou observáveis dentro ou fora do processo judicial. O juiz realiza seu juízo de verdade ou falsidade em toda a extensão que lhe é possível. Da mesma forma, as proposições deônticas são sistematizadas no âmbito da complexidade do ordenamento jurídico, bem como posta em relação com a realidade do fato concreto posto a julgamento. É nessa fase que o magistrado vai produzir sua norma de decisão, condicionando os fatos concretos segundo as normas jurídicas produzidas a partir do texto normativo. Também é nessa fase, ao produzir sua norma de decisão, que o magistrado faz seus juízos de justiça, e isso com base nos valores que pode apurar ao criar a realidade através de suas proposições em S2. Ao fim, o juiz pode alterar suas proposições normativas, destacando ou suavizando, determinado aspecto sintático, semântico ou pragmático do enunciado normativo, com a finalidade de produzir uma proposição normativa que ele entenda deva ser mais aproximada do valor justiça que ele compreende estar abarcado pelo ordenamento jurídico em que está operando.

Na sua atividade interpretativa, portanto, o magistrado dá vida aos textos e, como resultado, cria novo texto, no qual fixa a realidade dos fatos, a realidade da norma, a realidade da norma de decisão e a realidade, enfim, do caso como um todo. A atividade interpretativa, portanto, consiste em um grande diálogo entre os textos descritivos apresentados pelas partes, a linguagem das provas produzidas e os textos prescritivos das normas invocadas e daquelas efetivamente consideradas pelo magistrado. O resultado é a sentença judicial, a qual se apresenta como a síntese produzida a partir dessa intertextualidade[38]. Nesse ponto, o que releva notar é que o fato concreto apresentado pela linguagem descritiva constante das petições e provas, agora, passa a ser o fato concreto construído pelo texto do magistrado, bem como que o texto da norma jurídica é diferente da norma que o texto do juiz dele extraiu[39], porquanto, como vimos, o juiz cria a realidade com a sua linguagem, não se limitando a reproduzir a realidade criada nos textos que lhe são apresentados.

Assim, partindo dos enunciados descritivos que entende provados, dos enunciados prescritivos que entende válidos, chega o magistrado a sua norma de decisão, a partir da atribuição de sentido a cada termo deles e da consequente criação da realidade factual e jurídica do caso. Todavia, uma vez que a linguagem que o magistrado utiliza é compartilhada por sua cultura, uma vez que respeite os textos normativos, porém sem se violentar por não considerar o valor justiça, nos limites que o direito positivo o permitir, seguir a teoria do Professor Paulo de Barros Carvalho oferece itinerário seguro para uma teoria da interpretação e da decisão judicial, a guiar magistrados durante sua solitária navegação pelos mares dos eventos, objetos, valores e realidade:

> Esclarecemos, porém, que adotar a postura de serem as normas jurídicas construção do intérprete, não importa situar o direito no plano das subjetividades (instrassujeito)

---

38. *Ibidem*, p. 190.
39. *Ibidem*, p. 188.

e nem limitá-lo à vontade do intérprete. Adotamos uma posição culturalista perante o direito ao concebê-lo como instrumento linguístico susceptível de valoração e utilizado para implementar certos valores, mas ao mesmo tempo, positivista ao considerar que tais valores objetivam-se no texto positivado e que todas as valorações do sujeito interpretante estão restritas a ele.[40]

O texto que apresentamos neste artigo oferece apenas uma pequena amostra da rica produção intelectual do Professor Paulo de Barros Carvalho, mas suficiente para demonstrar o calibre da sua teoria do direito e sua visão da hermenêutica e da justiça.

Lembro-me que, em um de nossos encontros, perguntei ao Professor Paulo de Barros Carvalho sobre sua visão de justiça. Ele, honestamente, disse que esta não era a pergunta principal a ser feita, pois, desde que não haja único modelo de justiça, cada juiz que encontre, a partir de seu critério de verdade e nos limites do direito posto, o seu modelo de justiça, sem, contudo, transformar o direito nela.

A justiça é guia da norma, mas a norma é quem dita as possibilidades da justiça. Para o professor, a justiça está fora do direito e ela nele ingressa através da interpretação dos textos e da realidade que lhe é subjacente e, sendo ela um valor, desde que se parta do pressuposto de que não existem essências e verdades eternas, os valores componentes da justiça são compatíveis com as verdades possíveis dentro de certo sistema ético ou certa tradição compartilhada por certa comunidade, em certo tempo.

Em tempos de pluralismo ético, político e moral, parece mais honesto trabalhar com o pluralismo das visões de justiça e, desde que esta é valor, e desde que o ato de interpretar jamais

---

40. CARVALHO, Aurora Tomazini. *Curso de Teoria Geral do Direito*: o construtivismo lógico-semântico. São Paulo: Noeses, pp. 234/235.

será imune a ele, fico com a lição do construtivismo lógico-semântico, no sentido de que não há a decisão judicial adequada e única para cada caso, mas, certamente, uma vez que a interpretação tem limites no próprio objeto da interpretação, na linguagem compartilhada, na tradição e no contexto do objeto interpretado, é possível, mas não sempre, dizer-se que uma interpretação seja mais adequada que outra.

E aqui está a beleza do direito, bem como a complexidade da atividade jurisdicional. Finalizo, citando as palavras do Professor Celso Campilongo: "A democracia é o pressuposto para a manutenção da complexidade, visto que continuamente reproduz as possibilidades de escolha, garante a reversibilidade das decisões e está sempre aberta à renovação de temas. [...] Governar a complexidade significa selecionar e escolher entre alternativas. Isso produz decepções".[41]

8. Considerações finais

A proposta hermenêutica que o Professor Paulo de Barros Carvalho apresenta em sua obra entrega ao cientista, ao filósofo, ao advogado e ao juiz, em meio a toda complexidade do fenômeno social e jurídico, um método seguro e eficaz, livre, tanto quanto isso seja possível, do voluntarismo e da arbitrariedade, para identificar, demarcar, compreender e utilizar esse produto cultural multifacetado a que damos o nome de direito.

Em sua sapiência e serenidade, o Professor Paulo de Barros Carvalho reconhece a complexidade social, as limitações humanas, os múltiplos critérios teórico utilizados e o caráter reducionista de toda teoria, por isso não propugna por respostas certas, não escarnece as teorias alheias, nem tripudia das fraquezas e limitações do indivíduo, seja o que julga, o que

---

41. CAMPILONGO, Celso Fernandes. *Política, Sistema Jurídico e Decisão Judicial*. São Paulo: Max Limonad, 2002, p. 73.

ensina ou o que comenta o direito. Sua fortaleza não está na destruição do que se lhe opõe, ideias ou pessoas, mas na oferta de uma proposta de construção, que possa dialogar com tantas outras que se apresentam, rumo à construção da cultura jurídica, esta entendida por ele, na companhia de Reale, como valor objetivado, valores que vêm, vão, voltam e formam nossas ideologia e nossa pré-compreensão, determinam nosso agir e são determinados por nossas limitações.

INTERPRETAÇÃO E A CONSTRUÇÃO DO SENTIDO DA NORMA: LIMITES OBJETIVOS

Fernando Marcelo Mendes[1]

I – Introdução

Nos últimos anos, o Poder Judiciário vem assumindo um papel político decisivo na conformação dos direitos e garantias fundamentais e na definição do perfil do Estado brasileiro, o que faz – *e está fazendo* – a partir da releitura da legislação posta e do próprio Texto Constitucional pelas lentes dos princípios e dos valores.

E por que isso estaria ocorrendo? Do ponto de vista político, talvez a explicação se dê na velha máxima de que o poder não admite o vácuo, de forma que a inércia e o receio de o Poder Legislativo[2] enfrentar temas complexos – *seja pela falta de um*

---

1. Juiz Federal. Mestre em Direito Administrativo e Doutorando em Direito pela PUC-SP.
2. Ao analisar a atuação do Supremo Tribunal Federal, agindo em substituição ao legislador, o Ministro Luis Roberto Barrosos escreveu: "(...) é possível concluir que o Judiciário se expande, sobretudo, nas situações em

consenso político nessas matérias, seja pelo temor de desagradar parcela do eleitorado, seja, ainda, pela própria perda da autoridade moral do Congresso – fez com que o Supremo Tribunal Federal assumisse esse protagonismo[3] político definindo questões fundamentais para o Estado brasileiro, como a não-recepção da Lei de Imprensa, o direito à interrupção da gestação nos casos de anencefalia, a proibição ao nepotismo, pesquisas com células-tronco embrionárias, a perda de mandato por desfiliação partidária, demarcação de terras indígenas[4] e, de

---

que o Legislativo não pode, não quer ou não consegue atuar. Aqui se chega ao ponto crucial: o problema brasileiro atual não é excesso de judicialização, mas escassez de boa política (...). Enquanto não vier a reforma política necessária, o STF terá de continuar a desempenhar, com intensidade, os dois papéis que o trouxeram até aqui: o contramajoritário, que importa em estabelecer limites às maiorias; e o representativo, que consiste em dar uma resposta às demandas sociais não satisfeitas pelas instâncias políticas tradicionais". In: *O novo direito constitucional brasileiro. Contribuições para a construção teórica e prática da jurisdição constitucional no Brasil.* Belo Horizonte: Editora Fórum, 2013, p. 41-42.

3. Perguntado sobre o ativismo do STF, o Ministro Lewandowski respondeu: "Não gosto da palavra ativismo. Entendo que a Corte ultimamente vem tendo um protagonismo maior com relação aos anseios da sociedade. Agora, mais e mais, ela vem exercendo o papel que foi reservado ao tribunal pela Constituição de 1988. É preciso destacar que, em paralelo ao crescimento do Judiciário, o Ministério Público também cresceu em importância. Hoje temos um MP ativo, que bate às portas do Supremo buscando respostas. Nós temos dado essas respostas. Além disso, vários novos instrumentos foram colocados à disposição dos jurisdicionados, como o Mandado de Injunção e o Habeas Data, além de inúmeros mecanismos de controle de constitucionalidade das leis. Tudo isso exige uma atitude mais proativa do Judiciário, que vem assumindo um lugar de muito maior relevo do que ocupava no passado." (Aline Pinheiro, "Justiça Precisa Saber Onde e Como Chegar", Entrevista com Ministro Ricardo Lewandowski, 07 de fevereiro de 2010, Portal Consultor Jurídico disponível em: <http://www.conjur.com.br/2010-fev-07/entrevista--ricardolewandowski- ministro-stf-tse>. Acesso em 30, mar, 2014).

4. Em entrevista ao jornal *Valor Econômico*, o jurista J.J. Gomes Canotilho, que defende a ideia de que a Constituição tem de ser um programa para o país e que o Brasil precisava de um para a Nova República, apontou o problema de o programa definido pela Constituição de 1988 estar sendo conduzido pelo STF, questionando se seria função do Judiciário resolver questões como reservas indígenas, infidelidade de políticos aos seus partidos e uso de algemas pela

um modo geral, a implementação de diversos direitos sociais veiculados no Texto Constitucional pelas chamadas normas de eficácia limitada.

Se é certo que estamos vivendo a fase da Supremocracia,[5] nossa preocupação aqui não será discutir as vantagens ou benefícios que esse papel ativo do Supremo Tribunal Federal traz à sociedade brasileira, tampouco os eventuais problemas políticos e sociais que essa hipertrofia de um dos Poderes da República poderá acarretar. A pergunta que tentaremos responder é a seguinte: haveria algum limite objetivo ao Supremo Tribunal Federal quando atua na construção do sentido da norma jurídica?

A comunicação jurídica se encerra com a positivação da interpretação que o Supremo Tribunal Federal adota como sendo o sentido definitivo de um texto jurídico. Mas também é certo que o aplicador, ao objetivar suas escolhas, deve relacionar os conteúdos significativos construídos a enunciados prescritivos do sistema: em tese, seria esse o limite objetivo da interpretação.

---

polícia: *"meus amigos do Supremo me disseram que, quando as políticas não se movem, eles fazem as políticas de acordo com a Constituição"*. A amizade que tem com os ministros não o impediu de questionar o papel do Supremo por meio de estudo de suas decisões mais recentes pelo qual concluiu que o STF segue metodologia única no mundo: o Supremo não julga partindo de normas; procura agir a partir de problemas concretos e tenta encontrar soluções práticas. (*Valor Econômico*, 4 de novembro de 2009, p. A5).
5. Oscar Vilhena Vieira, professor da Escola de Direito da Fundação Getúlio Vargas, afirma que o país convive hoje com uma "supremocracia", uma vez que nos últimos anos o STF ampliou seu poder sobre as instâncias inferiores do Judiciário, e está atuando nas lacunas deixadas pelo Legislativo:*"Com a omissão do Parlamento em tomar decisões sobre questões fundamentais e a perda da autoridade moral do Congresso, há uma expansão dos demais poderes"*, diz ele.*"Tradicionalmente, no Brasil, essa expansão era do Executivo. A partir dos últimos quatro ou cinco anos, o Supremo passou a ser o poder que mais expande sua autoridade."* Omissão do Legislativo dá espaço à "supremocracia", Ana Flor e Flávio Ferreira, FSP, 04/05/2009, disponível em <http://www1.folha.uol.com.br/fsp/brasil/fc0405200902.htm. Acesso em 30, mar, 2014).

Estariam os juízes pautando suas decisões por essa limitação objetiva ou a estariam ultrapassando, assumindo, por vezes, o exercício de função estatal que não lhes seria própria? Noutro falar, estariam produzindo normas jurídicas que desbordam dos limites da moldura positivada que o poder competente para prescrever regras de condutas desenhou? Mais ainda: estariam ultrapassando os próprios limites do Texto Constitucional?[6]

Peguemos um exemplo. No julgamento da ADI 4.277 e da ADPF 132, o Supremo Tribunal Federal reconheceu que em face da:

> Possibilidade de interpretação em sentido preconceituoso ou discriminatório do art. 1.723 do Código Civil, não resolúvel à luz dele próprio, faz-se necessária a utilização da técnica de 'interpretação conforme à Constituição'. Isso para excluir do dispositivo em causa qualquer significado que impeça o reconhecimento da união contínua, pública e duradoura entre pessoas do mesmo sexo como família. Reconhecimento que é de ser feito segundo as mesmas regras e com as mesmas consequências da união estável heteroafetiva.[7]

Mas o art. 1723 do Código Civil que teve seu alcance normativo *ampliado* pela decisão proferida no controle concentrado

---

6. "Se o texto constitucional não resolve casos constitucionais difíceis, parece incontestável que os intérpretes do documento precisam considerar outros fatores além das palavras para realizar seu trabalho. Essa ideia se afigura a muitos inevitável e intolerável, isso porque ameaça o *status* da Constituição como lei. Significa que a interpretação do texto constitucional deve ser baseada em princípios externos às palavras da Constituição. Esses princípios precisam ser criados e não encontrados; a Constituição não vem com as instruções para ser interpretada (e, caso viesse, precisaríamos de princípios para compreendermos). Se os princípios exegéticos devem ser criados pelos magistrados, parece, a muitos, que a Constituição poderia significar praticamente nada, não sendo lei de forma alguma" (SUNSTEIN, Cass R. *A Constituição Parcial*. Belo Horizonte: Editora Del Rey, 2009).
7. ADI 4.277 e ADPF 132, Rel. Min.Ayres Britto, j. 5-5-2011, Plenário, *DJE* de 14-10-2011.

de constitucionalidade não estaria desde sempre – permita-me a liberdade – *conforme* o que dispõe o Texto Constitucional em seu art. 226, § 3º?[8] O Supremo Tribunal Federal foi além dos limites que o Poder Constituinte e o Poder Legislativo traçaram para a união estável como entidade familiar?

É o que vamos tentar responder, analisando qual seriam os limites objetivos na construção do sentido da norma jurídica pelo Judiciário e até que ponto eles estariam sendo respeitados. Se é que estariam.

II – O neoconstitucionalismo

Podemos ver no chamado *"Estado de Direito"* a consagração, em um modelo jurídico, de duas ordens de pensamento político: a igualdade perante a lei (Rousseau) e o controle do exercício do poder (Montesquieu).[9]

Embora a ideia de separação dos poderes governamentais já pudesse ser encontrada nas lições de Aristóteles e não fosse estranha aos mais avançados juristas medievais, foi com Montesquieu que ela ganhou aceitação na doutrina política do mundo ocidental.[10]

Se o homem que detém o poder tende a dele abusá-lo, a

---

8. Art. 226 § 3º, CF – Para efeito da proteção do Estado, é reconhecida a união estável entre o homem e a mulher como entidade familiar, devendo a lei facilitar sua conversão em casamento.

9. Segundo Afonso Rodrigues Queiró, a própria a ideia rousseauniana de superioridade da lei *"postula a existência duma repartição orgânica das funções do Estado, pois só se concebe que a lei seja revestida de superioridade quando há órgãos que na realização das suas funções lhe devam obediência. Quere dizer: Rousseau é insuficiente por si. E só ao lado de Montesquieu o seu pensamento adquire relevância para a ciência do direito público"* (A teoria do desvio de poder em direito administrativo. RDA, vol. VI, p. 47).

10. Black, Henry Campbell. *American Constitucional Law*. St. Paul, Minn: West Publishing Company, third edition, 1910.

solução para controlar o exercício do poder estatal, que é uno, é distribuí-lo entre três funções[11] básicas ao modelo de Estado Constitucional. Nas palavras de Black:[12]

> Governo constitucional é um governo legal. O papel do Estado é o de estabelecer e manter as leis. Mas a aplicação da lei ao indivíduo se apresenta sob três aspectos: é algo a ser ordenado, administrado, interpretado e aplicado. Há, assim, uma divisão natural tripla do poder e funções estatais na ideia do governo sob a lei. Primeiro, há o poder de ordenar ou prescrever leis, o qual inclui, incidentalmente, o poder de alterar, emendar, ou ab-rogar qualquer lei existente. Este é o chamado poder *"legislativo"*. Segundo, há o

---

11. Importante, nesse sentido, a lição de Gordillo: *"Es de cierta importancia recordar que en el pasado a veces se incurría en el error de suponer que la división de poderes significaba que cada uno de los tres poderes era "soberano en su esfera", es decir que cada poder legislaba, administraba y juzgaba en lo relativo a su propia actividad. Tal concepción es completamente errada, pues lo esencial de la teoría analizada es la división de funciones y no sólo la división en órganos: una división en órganos no acompañada de una división de funciones no es verdaderamente garantía de libertad ni responde a la finalidad buscada. De tal modo, la división de poderes significa que cada poder, cada órgano del Estado, tenga a su cargo una sola función del Estado...* (Tratado de derecho administrativo. T. 1º, Parte General. Belo Horizonte y San Pablo: Editora Del Rey y F.D.A, 1ª edición brasileña, 2003).

12. No original: *"Constitutional government is a government by law. The office of State is to establish and maintain laws. But law in its application to the individual presents itself in three aspects. It is a thing to be ordained, a thing to be administered, and a thing to be interpreted and applied, There is, therefore, a natural threefold division of the power and functions of the state in the idea of government by law. First, there is the power to ordain or prescribe the laws, which includes, incidentally, the power to change, amend, or repeal any existing laws. This is called the "legislative" power. Second, there is the power to administer the laws, which means carrying them into practical operation and enforcing their due observance. This denominated "executive" power. Third, there is a power to apply the laws to contests or disputes concerning legally recognized rights or duties between the state and privet person, or between individual litigants, in cases properly brought before the judicial tribunal, which includes the power to ascertain what ate the valid binding laws of the state, and to interpret and construe them, and to render authoritative judgments. This is called "judicial" power".* (Black, Henry Campbell. *American Constitucional Law*. St. Paul, Minn: West Publishing Company, third edition, 1910).

poder para administrar as leis, o que significa colocá-las em prática e impor o seu devido cumprimento. Este é o denominado poder "executivo". Terceiro, há o poder de aplicar as leis em controvérsia ou disputas relacionadas a deveres ou obrigações legalmente reconhecidos entre o Estado e pessoas privadas, ou entre litigantes individuais, nos casos levados a um Tribunal Judicial, o qual inclui o poder de verificar quais são as leis válidas do Estado, interpretá-las e definir-lhes o sentido, e fornecer julgamentos autorizados. Este é o chamado poder "judiciário". (*Tradução nossa*).

Embora não seja nossa preocupação aqui avaliar de maneira mais aprofundada a classificação das funções estatais,[13]

---

13. Enquanto a função legislativa é definida como aquela de criação de normas gerais de conduta e a função jurisdicional como aquela que decide, de forma definitiva, o conflito entre partes, dizendo o direito aplicável, para se definir função administrativa, se tentou, de forma fracassada, a utilização do critério orgânico ou subjetivo (é aquela realizada pelo Poder Executivo), o critério negativo (função administrativa é a atividade estatal que sobra uma vez excluídas as funções legislativa e jurisdicional) e o critério material (é atividade prática que o Estado desenvolve para cuidar, de modo imediato, dos interesses públicos). Às três, Celso Antônio Bandeira de Mello ainda acrescenta uma função que denomina como sendo "política" ou de "governo" que reuniria o exercício daqueles atos que não se alocassem satisfatoriamente em nenhuma das funções do Estado, atos como os de iniciativa de propostas de lei, sanção, veto, decretação de calamidade pública, declaração de guerra etc. Parece-nos que o único critério válido para diferenciar as três funções estatais é o formal, sendo classificadas as funções como administrativa, legislativa ou jurisdicional conforme o regime jurídico que se lhe apliquem. Outrossim, é necessário também reconhecer que cada um dos poderes estatais não exerce com exclusividade quaisquer das funções, e sim as exerce em uma relação de mera preponderância, que, nas palavras de Renato Alessi, traduzem-se no exercício típico ou atípico da função pelo poder. Quanto à função governamental a que referem alguns autores, entendemos que não seria ela uma quarta função estatal, mas muito mais uma faceta da função administrativa que teria por diferencial o fato de que os atos praticados no seu exercício encontrariam fundamentação jurídica diretamente no Texto Constitucional, sendo um exemplo típico de seu exercício realmente a decretação da calamidade pública, a decretação de Estado de sítio ou de defesa, a declaração de guerra. Todavia, ao contrário do quanto sustentado por Celso Antônio, parece-nos que não seria próprio identificar atos como os de iniciativa de propostas de lei, sanção e veto à função governamental ou

tampouco, pôr em discussão a adequação científica[14] dessa divisão de funções e do seu exercício ao modelo positivo do chamado Estado Social Democrático Direito,[15] sem dúvida que

---

política. Essas três hipóteses não são outras coisas que não a uma etapa da função legislativa, no caso exercida atipicamente pelo Executivo. Com efeito, não parece fazer sentido entender que a votação de um processo de lei no âmbito do Legislativo caracterize o exercício da função legislativa enquanto o início desse processo – *proposição* – e o seu final – *sanção ou veto* – sejam tidos como atos estranhos à sua natureza.

14. Benoit sustenta que a classificação das funções estatais em *administrativa, legislativa e jurisdicional* não tem qualquer validade científica que pressuporia a fiel expressão do direito positivo, ao passo que a lição de Montesquieu *"ne procédait pás à une analyse de réalités positives, mais décrivait – sous le couvert da la constitution de l'Angleterre et em empruntant largement à louvre de Locke – ce que lui paraisait devoir entre le régime politique idéal (...). L'analyse de Montesquier n'est doc qu'une vue de l'esprit; elle n'est pás l'expression des réalités du droit positif a um moment donné. Elle relève de l'art politique."* (*Le Droit Administratif Français*. Paris: Dalloz, 1968).

15. Escrevendo sobre a *princípio da divisão dos poderes* anotou Paulo Bonavides que, não obstante a sua importância na formação do Estado Constitucional, deveria agora ser abandonado no museu da Teoria do Estado dado à sua incapacidade de responder aos anseios do Estado Social: *"Um desses esquemas foi o da divisão de poderes, que tinha como objeto precípuo servir de escudo aos direito da liberdade, sem embargo de sua compreensão rigorosamente doutrinária conduzir ao enfraquecimento do Estado, à dissolução de seu conceito, dada a evidente mutilação a que se expunha o princípio básico da soberania, uma de cujas características, segundo Rousseau, era a indivisibilidade. No entanto, no anseio de proteger eficazmente a liberdade levava ao esquecimento dessa contradição, sem que se suspeitasse sequer da necessidade de retificar o princípio, com as correções que lhe foram feitas, posteriormente, em ordem a atenuar o rigor de suas conclusões. A lição dos povos que padeceram os abusos do absolutismo explica, por conseguinte, a elaboração daquela técnica sedutora que imperou, por mais de século, no constitucionalismo clássico. Devemos entendê-la, pois, como arma de que se valeu a doutrina para combater sistemas tradicionais de opressão política. Visceralmente antagônico à concentração de poder, foi, portanto, princípio fecundo de que se serviu para a proteção da liberdade o constitucionalismo moderno, ao fundar, com o Estado jurídico, o governo da lei, e não o governo dos homens, ou seja, a government of law not a government of men, conforme asseverou judiciosamente, numa locução já histórica, o insigne John Adams, dissertando acerca da Constituição americana. Mas nunca se deve perder de vista que o afamado princípio se gerou também na ideia peculiar ao liberalismo de limitação máxima dos fins do Estado. (...) Com o moderno Estado social cresceram, porém, os fins do Estado.*

o exame da atuação do papel do Juiz na concretização do sentido da norma, especialmente a constitucional, implica a avaliação do quanto o exercício atual da função jurisdicional estaria ou não dentro dos limites que tradicionalmente definiam o próprio Poder Judiciário.

Pois bem. Pedro Lessa já descreveu o Poder Judiciário como sendo o *Poder que teria por missão aplicar contenciosamente a lei a casos particulares*.[16]

É certo que muito mudou desde então. Oscar Vilhena Vieira[17] em obra importante para a análise do papel político do Supremo Tribunal Federal em 1994 já escrevia:

> A conclusão desse estudo é que o Brasil adotou a partir de 1988, no plano normativo, um modelo de democracia constitucional super-rígido, sendo atribuídas ao Supremo Tribunal Federal as funções de defesa da ordem democrática, defesa da Constituição face aos poderes executivo e legislativo, garantia da eficácia da Constituição pós-liberal e defesa de direitos e valores fundamentais face ao poder constituinte reformador.

Ora o princípio de Montesquieu, como vimos, compadecia-se com a diminuição, e não com o alargamento, daqueles fins. Daí outro motivo para determinar o recuo necessário, se não o abandono a que se acha exposto, na doutrina política de nossos dias, mencionado princípio, notadamente depois que as necessidades do mundo moderno impuseram ao poder estatal a ampliação de seus fins e o aumento contínuo da esfera de suas responsabilidades". (*Do Estado liberal ao Estado social*. São Paulo: Malheiros, 7ª edição, 2001).

16. "§ 1º. O poder judiciário é o que tem por missão aplicar contenciosamente a lei a casos particulares. A três se reduzem os principais caracteres distintivos do poder judiciário: 1º) as suas funções são as de um árbitro; para que possa desempenhá-las, importa que surja um pleito, uma contenda; 2º) só se pronuncia acerca de casos particulares, e não em abstrato sobre normas ou preceitos jurídicos, e ainda menos sobre princípios; 3º) não tem iniciativa, agindo – quando provocado, o que é mais uma consequência da necessidade de uma contestação para poder funcionar". *Poder Judiciário*, edição fac-similar, Brasília: Senado Federal, 2003, p. 1.

17. *Supremo Tribunal Federal. Jurisprudência Política*. São Paulo: Editora RT, 1994, p. 146.

Não há qualquer dúvida hoje quanto ao fato de o Supremo Tribunal Federal ter assumido o papel de protagonista dentre os Poderes estatais, o que faz definindo pautas e políticas públicas que o Estado Brasileiro tem de enfrentar e adotar.

Mas qual seria a base teórico-jurídica que fundamentaria essa atuação do Poder Judiciário? A nosso sentir, o fortalecimento do Poder Judiciário frente aos demais poderes estatais se explica particularmente pelo movimento de teorização e aplicação do Direito Constitucional denominado *neoconstitucionalismo*.[18]

A ideia de que a Constituição substitui os Códigos,[19] no sentido de que cabe ao intérprete buscar na força normativa dos princípios constitucionais a solução de justiça material para

---

18. Max Möller, ao propor uma teoria geral para o neoconstitucionalismo, chama a atenção para o seguinte problema: "o primeiro dos pontos a ser enfrentado na análise do modelo neoconstitucionalista está na própria definição do termo neoconstitucionalismo. A que tipo de objeto nos referirmos quando tratamos de neoconstitucionalismo? Uma nova teoria do direito? Um movimento ideológico? A tradução do pensamento jurídico contemporâneo? Algo novo ou uma simples volta da teoria iusnaturalista? Um elo de religação do direito com a moral? Uma evolução do conhecido direito alternativo? Uma nova forma de aplicação de normas jurídicas? Uma nova forma de organização dos poderes do Estado, onde está caracterizada uma supremacia judicial? Enfim, verificando as diversas repercussões que podem ter a aplicação de algumas teorias relacionadas a esse neoconstitucionalismo, observar-se que o próprio termo pode referir-se a fenômenos distintos". *Teoria Geral do Neoconstitucionalismo – bases teóricas do constitucionalismo contemporâneo*. Porto Alegre: Livraria do Advogado, 2011.

19. Segundo Barroso, a frase "Ontem os Códigos; hoje as Constituições" foi pronunciada por Paulo Bonavides ao receber a medalha Teixeira de Freitas, no Instituto dos Advogados Brasileiros, em 1998. O complemento foi feito por Eros Roberto Grau, ao receber a mesma medalha, em 2003, em discurso publicado em avulso pelo IAB: "Ontem, os códigos; hoje, as Constituições. A revanche da Grécia sobre Roma, tal como se deu, em outro plano, na evolução do direito de propriedade, antes justificado pela origem, agora legitimado pelos fins; a propriedade que não cumpre sua função social não merece proteção jurídica qualquer", *in O Novo Direito Constitucional brasileiro – Contribuições para a construção teórica e prática da jurisdição constitucional no Brasil*. Belo Horizonte. Editora Fórum, 2013 – nota 8 – p. 32.

os casos submetidos ao Judiciário, tem hoje no jurista e Ministro do Supremo Tribunal Federal, Luis Roberto Barroso, um de seus principais doutrinadores.

Barroso[20] sustenta que no quarto final do século XX, houve no Brasil um cenário de superação de concepções do pensamento jurídico clássico, o que se justificaria na mudança de três paradigmas que abalaram a interpretação constitucional tradicional, que seriam: a) *a superação do formalismo jurídico*, com a lógica de que a solução dos problemas jurídicos não se encontra pré-estabelecida no ordenamento jurídico, devendo ser construída argumentativamente pelo intérprete, com recurso a elementos externos ao sistema normativo; b) *advento de uma cultura jurídica pós-positivista*, que não retira a importância da lei, mas parte do pressuposto de que o Direito não cabe integralmente na norma jurídica; o direito precisa se aproximar da filosofia moral, em busca da justiça e de outros valores, e da filosofia política, em busca da legitimidade e da realização dos fins públicos que promovam o bem comum e c) *a ascensão do direito público e a centralidade da Constituição*, é dizer, toda interpretação jurídica deve ser feita à luz da Constituição, de seus valores e princípios: como consequência, toda interpretação jurídica é, direta ou indiretamente, constitucional.

Barroso diz que o *positivismo*, que pretendeu ser uma teoria do direito, resultou mais em uma *ideologia*, por se traduzir não apenas em um modo de ver o direito, mas de *querer* o direito, que se sob fetiche da lei e do legalismo acrítico, teria servido de disfarce para autoritarismo de matizes variados.[21]

---

20. *O novo direito constitucional brasileiro. Contribuições para a construção teórica e prática da jurisdição constitucional no Brasil*. Belo Horizonte: Editora Fórum, 2013.
21. "Sem embargo da resistência filosófica de outros movimentos influentes nas primeiras décadas do século XX, a decadência do positivismo é emblematicamente associada à derrota do fascismo na Itália e do nazismo na Alemanha. Esses movimentos políticos e militares ascenderam ao poder

A possibilidade de o Judiciário extrair diretamente da Constituição Federal a solução para os casos concretos, buscando realizar aquilo que define como Justiça,[22] sem ficar preso a regras formais do ordenamento jurídico, segundo Humberto Ávila[23] estaria assentada em quatro *fundamentos*: a) *o normativo,* pelo qual as regras cederiam lugar aos princípios; b) *metodológico,* pelo qual o juízo de subsunção seria substituído pelo de ponderação e c) *axiológico,* a justiça particular substituindo a justiça geral e d) *organizacional,* o Poder Judiciário ganhado primazia em relação ao Poder Legislativo:

> Nesse quadro, o ponto zero estaria na positivação e na aplicação exclusiva ou preponderante, dos princípios no lugar das regras. Da preferência normativa ou teórica por determinado tipo de norma (princípios) decorreria um método diferente de aplicação (a ponderação), do qual, por

---

dentro do quadro da legalidade vigente e promoveram a barbárie em nome da lei. Os principais acusados de Nuremberg invocaram o cumprimento da lei e a obediência a ordens emanadas da autoridade competente. Ao fim da Segunda Guerra Mundial, a ideia de um ordenamento jurídico indiferente a valores éticos e da lei como uma estrutura meramente formal, uma embalagem para qualquer produto, já não tinha mais aceitação no pensamento esclarecido." *O Novo Direito Constitucional Brasileiro – Contribuições para a construção teórica e prática da jurisdição constitucional no Brasil.* Belo Horizonte: Editora Fórum, 2013.

22. "Nesse sentido, a corte não tem uma função meramente negativa, de afastar legislação contrária à Constituição, mas de articular o debate público em torno dos essenciais constitucionais. Assumindo a teoria da adjudicação apresentada por Dworkin, Rawls compreende que o papel primordial dos tribunais é interpretar a constituição da melhor forma possível, por intermédio do seu texto, precedentes e princípios. Aqui, Rawls vai mais além de Dworkin, propondo que os juízes fundamentem suas decisões, quando necessário, também numa "concepção política de justiça" tal e qual a por ele formulada". Oscar Vilhena Vieira *in* "A moralidade da constituição e os limites da empreitada interpretativa, ou entre Beethoven e Bernstein". *Interpretação Constitucional.* Virgílio Afonso da Silva (organizador). São Paulo: Malheiros, 2007, p. 239-240.

23. *Neoconstitucionalismo: entre a ciência do direito e o direito da ciência.* Revista Eletrônica de Direito do Estado – número 17, janeiro/fevereiro/março de 2009 (www.direitodoestado.com.br).

sua vez, adviria tanto a preponderância de uma perspectiva distinta de avaliação (individual e concreta), quanto ao predomínio de uma dimensão específica da justiça (a particular), os quais, a seu turno, conduziriam à dominância de um dos Poderes (o Judiciário) e de uma das fontes (a Constituição).

Mas as coisas não são tão simples como se poderia imaginar. Na doutrina, algumas vozes começam a se levantar contra a tendência que vem se desenhando de o Judiciário, de forma geral,[24] e o Supremo Tribunal Federal, de forma particular, adotarem os princípios constitucionais como valores que possam a vir justificar qualquer tipo de decisão.

Elival da Silva Ramos,[25] ao estudar o ativismo judicial, critica fragilidade teórica do chamado neoconstitucionalismo, chamando-o mais de um modismo intelectual:

> Na verdade, os neoconstitucionalistas brasileiros são antipositivistas (e não pós-positivistas), mas preferem dedicar um epitáfio ao positivismo jurídico do que (*sic*) se afirmar em combate com essa variante teórica, que continua influente no campo da Ciência do Direito (mera estratégia deslegitimadora, portanto, que não faz jus ao brilho intelectual dos

---

24. "A portaria 344/98, indubitavelmente um ato administrativo que restringe direitos, carece de qualquer motivação por parte do Estado e não justifica os motivos pelos quais incluem a restrição de uso e comércio de várias substâncias, em especial algumas contidas na lista F, como o THC, o que, de plano, demonstra a ilegalidade do ato administrativo. Sem motivação, tal norma fica incapaz de poder complementar a norma penal do art. 33, caput, da lei 11343/06. Ademais, ainda que houvesse qualquer justificativa ou motivação expressa do órgão do qual emanou o ato administrativo restritivo de direitos, a proibição do consumo de substâncias químicas deve sempre atender aos direitos fundamentais da igualdade, da liberdade e da dignidade humana." (Processo: 2013.01.1.076604-6, Vara: 604 – Quarta Vara de Entorpecentes do Distrito Federal, http://s.conjur.com.br/dl/sentenca-juiz-trata-proibicao--maconha.pdf) – grifei.

25. *Ativismo Judicial. Parâmetros Dogmáticos*. São Paulo: Editora Saraiva, 1ª edição, 2013, p. 281.

que a utilizam). Nesse ponto, não tiveram a coragem e a capacidade teórica de Dworkin, que não apenas assume o seu antipositivismo, como, também, oferece-lhe uma alternativa teorética (o direito como integridade), da qual se pode (e, a meu ver, se deve) discordar, mas não se pode negar a consistência. Vislumbram-se no esboço propositivo neoconstitucionalista as tintas de um fluído moralismo jurídico, que não despreza o direito posto, mas que o descarta, se necessário for, para que prevaleça a ordem objetiva de valores a que prestam vassalagem. Cuida-se sim de um jusnaturalismo mitigado, em que se propugna o distanciamento de categorias metafísicas ou do subjetivismo axiológico, para buscar na racionalidade argumentativa (à Alexy) ou na experiência histórica (à Dworkin) um mínimo de objetividade ética que permita a superação (em determinadas circunstâncias, apenas), da objetividade do direito legislado.

Se Humberto Ávila aponta os quatro fundamentos que identificariam o neoconstitucionalismo como modo peculiar de teorização e aplicação do Direito Constitucional, é certo que o faz para criticar essa concepção:[26]

> (...) Não é exato declarar, pois, que se passou das regras para os princípios, nem que se deve passar ou é necessariamente bom que se passe de uma espécie para outra. O que se pode afirmar é, tão-só, que a Constituição é um complexo de regras e princípios com funções e eficácias diferentes e complementares. Não se pode, em segundo lugar, dizer que a subsunção cede lugar à ponderação como método exclusivo ou prevalente de aplicação do ordenamento jurídico brasileiro. Como a Constituição de 1988 é composta basicamente de regras, e como ela próprio atribui, em inúmeras situações, ao Poder Legislativo a competência para editar regras legais, sempre que esse poder exercer regulamente a sua liberdade de configuração e de fixação de premissas dentro dos parâmetros constitucionais, não poderá o aplicador simplesmente desconsiderar as soluções legislativas.

---

26. *Neoconstitucionalismo: entre a ciência do direito e o direito da ciência.* Revista Eletrônica de Direito do Estado – número 17, janeiro/fevereiro/março de 2009 (www.direitodoestado.com.br).

(...) Não se pode, em terceiro lugar, sustentar que a justiça particular deve prevalecer, em extensão ou importância, sobre a justiça geral. As regras desempenham funções importantes numa sociedade complexa e plural, que são as de estabilizar conflitos morais ou reduzir a incerteza e a arbitrariedade decorrente de sua inexistência ou desconsideração, servindo, por isso, de valiosos instrumentos de justiça geral, pela uniformidade de tratamento e estabilidade das decisões que ajudam a produzir. (...) Não é correto, em quarto lugar, asseverar que o Poder Judiciário deve preponderar sobre o Poder Legislativo (ou Executivo). Numa sociedade complexa e plural, é o poder Legislativo o Poder, onde, por meio do debate, se pode respeitar e levar em consideração a pluralidade de concepções de mundo e de valores, e o modo de sua realização. Em matérias para as quais não há uma solução justa para os conflitos de interesses, mas várias, não um só caminho para a realização de uma finalidade, mas vários, é por meio de Poder Legislativo que se pode obter melhor a participação e a consideração da opinião de todos.

Independentemente da existência ou não da consistência teórica na chamado neoconstitucionalismo – discussão que aqui não será aprofundada – é fora de dúvida que ele dá uma base jurídica para um modelo de aplicação do direito pelo qual o Poder Judiciário assume uma posição privilegiada em face dos demais Poderes do Estado, informando sua atuação pela preferência dos princípios em relação às regras, pela ponderação em substituição à subsunção – como forma de realizar a Justiça individual – o que faz, por outro lado, que se abra um espaço extraordinário para uma grande subjetividade judicial que encontra no campo amplo e indeterminado dos princípios constitucionais sempre alguma causa de justificação para uma determinada decisão: qual decisão jurisdicional hoje não poderia vir fundamentada no princípio da dignidade humana? Exemplifico: com base no princípio da dignidade da pessoa humana, a Justiça Federal já autorizou o levantamento de saldo do FGTS para o pagamento de pensão alimentícia.[27]

---

27. O Fundo de Garantia por Tempo de Serviço (FGTS) pode ser utilizado

E essa é a nossa preocupação: como controlar o subjetivismo judicial quando a aplicação de uma norma é pautada pela ponderação de valores? Deve ter mais peso no exame de um caso concreto o princípio da legalidade e o da segurança jurídica ou o fundamento da dignidade da pessoa humana é suficiente para afastar uma regra expressa editada pelo Poder Legislativo que, ao disciplinar o Fundo de Garantia por Tempo de Serviço, estabeleceu quais seriam as hipóteses de levantamento do saldo pelo titular da conta?

Eros Roberto Grau[28] estuda o fenômeno explicando, de início, que ao tentar revisar obra que havia escrito sobre o tema da interpretação e aplicação do direito,[29] percebeu a necessi-

---

para pagamento de pensão alimentícia. Esse foi o entendimento reafirmado pela Turma Nacional de Uniformização dos Juizados Especiais Federais (TNU) na sessão de julgamento realizada nesta quarta-feira (12/3/14), em Brasília. O colegiado decidiu restabelecer uma sentença que havia autorizado a expedição de alvará para levantamento do saldo do FGTS para que um trabalhador de Santa Catarina pudesse pagar montante decorrente de pensão homologada em ação de investigação de paternidade. Conforme o artigo 20, da Lei 8.036/90, o Fundo de Garantia só pode ser utilizado em determinados casos, como despedida sem justa causa; extinção da empresa; aposentadoria; falecimento do trabalhador; pagamento de prestações de financiamento habitacional; quando o trabalhador permanecer três anos ininterruptos fora do regime do FGTS; entre outras situações. No entanto, o relator do processo na TNU, juiz federal Gláucio Maciel, explica que esses critérios têm caráter meramente exemplificativo, já que o saque do Fundo pode ocorrer em outras hipóteses não previstas na legislação. "Entre elas, segundo o entendimento do Superior Tribunal de Justiça, está a obrigação alimentícia devida pelo titular da conta vinculada a seus dependentes, em <u>decorrência dos princípios constitucionais da proporcionalidade e da dignidade da pessoa humana</u>", fundamentou o magistrado em seu voto. Ainda segundo o relator, o acórdão da Turma Recursal de Santa Catarina destoou da decisão do STJ, que deve prevalecer, porque as hipóteses legais são apenas exemplares e a necessidade de alimentos é consequência do direito à vida, o qual é assegurado pela Constituição Federal. Processo 5000194-75.2011.4.04.7211 (fonte: www.jf.jus.br) (*destaquei*).

28. *Por que tenho medo dos juízes* (a interpretação/aplicação do direito e os princípios). 6ª edição refundida do ensaio e discurso sobre a interpretação/aplicação do direito. São Paulo: Malheiros Editores, 2013.

29. *Ensaio e discursos sobre a interpretação/aplicação do direito*. São Paulo: Malheiros Editores, 2002.

dade de reescrever todo o livro, tanto pelo fato de ter passado seis anos como juiz do Supremo Tribunal Federal, como também porque se deu conta que tudo que pensava sobre princípios deveria ser revisto, dado que passou a temer juízes que, usando e abusando de princípios – parafraseando Roberto Carlos – *sem saber o que é direito, fazem suas próprias leis.* Diz o autor:

> A chamada ponderação entre princípios coloca-nos amiúde em situações de absoluta insegurança, incerteza. (...) A recente exposição de Habermas [2012:142] a respeito da ideia de dignidade da pessoa humana *como dobradiça que liga o conteúdo universalista igualitário da moral ao direito positivo* diz o suficiente, em síntese perfeita. Não obstante, permito-me transcrever pequeno trecho de voto que proferi, no STF, na ADPF 153:
>
>> "Estamos, todavia, em perigo quando alguém se arroga o direito de tomar o que pertence à dignidade da pessoa humana como um seu valor (valor de quem se arrogue a tanto). É que, então, o valor do humano assume forma na substância e medida de quem o afirme e o pretende impor na qualidade e quantidade que mensure. Então o valor da dignidade da pessoa humana já não será mais valor do humano, de todos quantos pertencem à Humanidade, porém de quem o proclame conforme o seu critério particular. Estamos então em perigo, submissos à tirania dos valores (...) quando um determinado valor apodera-se de uma pessoa, tende a erigir-se em tirano único de todo o *ethos* humano, ao custo de outros valores, inclusive dos que não lhe sejam, do ponto de vista material, diametralmente opostos."

Faz ainda critica ao que chama de <u>tirania dos valores</u>, ao dizer que:

> A submissão de todos nós a essa tirania é tanto mais grave quando se perceba promiscuidade dos valores que, por força de ponderações que os revalorizam, ocorre no plano da aplicação do direito. Refiro-me, reiteradamente, às ponderações entre princípios que os juristas – em especial os

juízes – operam visando a impor os seus valores, no exercício de pura discricionariedade, em regra não se dando conta de que o fazem.

Carlos Ari Sundfeld[30] também é outro autor que critica a pretensa onipotência do Judiciário idealizada na ideia de que lhe caiba a função de construir *todo e qualquer direito*, argumentando que muito embora a Constituição Federal os tenha previsto de forma indeterminada e aberta, em parte importante, se dirige apenas ao legislador e administrador público, que seriam os órgãos competentes para implementá-los.

Mas o Judiciário acaba assumindo esse protagonismo e a construção desses direitos na via judicial se faz normalmente pela aplicação de princípios na solução de casos concretos.

Em face desse cenário, a pergunta que se pode fazer é a seguinte: haveria limites para a construção do sentido da norma jurídica pelo Poder Judiciário?

III – A construção do sentido da norma jurídica

Paulo de Barros Carvalho,[31] ao estudar o direito como sistema comunicacional, ensina que a linguagem é o instrumento

---

30. "A compreensão disso tem sido obscurecida pela suposição de que em qualquer caso seria viável ao Judiciário assegurar direitos sem extrapolar os limites de sua missão. É uma postura de onipotência judicial em relação aos direitos: se há direito envolvido, sempre uma ação o assegura e um juiz pode realizá-lo. É a visão clássica sobre a função jurisdicional, em descompasso com o mundo contemporâneo (...) O Judiciário tem, claro, seu papel no controle das falhas e omissões das autoridades legislativas e administrativas, mas ele não é o Legislativo nem a Administração, e não pode substituí-los em tudo. Por isto não há solução judicial para todos os problemas jurídicos: o Judiciário não tem como construir todo e qualquer direito; não lhe cabe construir, não é adequado que construa" (*Direito Administrativo para Céticos*. São Paulo: Malheiros Editores, 2012, pp. 71-72).
31. *Direito Tributário, Linguagem e Método*. 5ª edição. São Paulo: Noeses, 2013, pp. 162-163.

que o legislador tem de utilizar para, em dada realidade social, motivar os destinatários da regra jurídica, levando-os a realizar as expectativas normativas. Pondera, por outro lado, que o poder retórico pode fazer com que o discurso jurídico-prescritivo assuma ares de autonomia em relação à linguagem da realidade, verificando-se, no direito positivado, casos de discrepância entre a proposição prescritiva e a situação do mundo recolhida como conteúdo da linguagem ordinária.

Daí, segundo o autor, decorrerem consequências importantes para a compreensão do fenômeno jurídico: a) o discurso normativo, para reger o comportamento entre pessoas, não pode se ater, pura e simplesmente, à linguagem mediante a qual aquelas condutas se efetivam no meio social, sob pena de ficar tolhido pelos mesmos fatores que o condicionam; por isso mesmo, ele pode tanto confirmar proposições factuais como alterá-las pela negação, total ou parcialmente, de acordo com a vontade do legislador, com o que se constrói o plano da facticidade jurídica; b) uma configuração semiótica distinta entre os dois *corpus*, vale dizer, realidade factual e jurídica, com suas peculiares dimensões sintáticas, semânticas e pragmáticas, que são diferentes; c) o intervalo dessa diferença é ocupado por construções em que o autor dos preceitos normativos opera com liberdade, vigiada pela Lógica Deôntica e pelos imperativos do próprio sistema.

Mas cabe aqui também a pergunta feita por Paulo de Barros Carvalho:

> Até que ponto o editor da norma jurídica pode desprender-se das formas usuais encontradas no tecido social, sob o pretexto de disciplinar os comportamentos interpessoais? Que expedientes retóricos estaria ele credenciado a empregar? Como funcionariam esses recursos que, no final das contas, outorgam tal supremacia à linguagem do legislador?

O Juiz, ao relatar o evento, imputando-lhe efeitos jurídicos, cria e insere no sistema uma norma individual e concreta. As normas jurídicas operam-se por decisões jurídicas. Isto porque são atos de linguagem, de fala, realizados por autoridade competente que pressupõem sempre a tomada de decisão sobre a produção do ato e de seu conteúdo. Ensina Gregorio Robles:[32]

> Sempre que nos deparamos com uma norma, haverá uma decisão que a tenha gerado. A norma que chamamos de lei (como, por exemplo, o Código Civil) existe como tal porque o legislador decidiu promulgá-la e decidiu sobre o seu conteúdo em detrimento de outros. A norma que chamamos de sentença forma parte do ordenamento em razão de o juiz tê-la gerado mediante sua decisão, se o juiz não tivesse decidido, a sentença não existira como tal sentença ou teria conteúdo diferente.

O juiz para decidir valora, porquanto *"Quem decide colocar no sistema um novo enunciado escolhe uma opção possível entre as existentes, excluindo as demais alternativas. Pressupõe, portanto, valoração."*[33]

A tomada de posição do juiz sobre o fato e sobre a norma a ser aplicada conquanto seja um ato valorativo, <u>não é um ato desregrado</u>. O juiz tanto *não pode* construir o fato jurídico com base em elementos diversos dos constantes na linguagem das provas como *não pode* construir a norma a ser aplicada sem a devida fundamentação jurídico-positiva.

É na construção da norma que o juiz tem de demonstrar: [i] a *fundamentação jurídica*, apontando a legislação tomada como base para a construção da norma aplicada e [ii] a *justificação jurídica*, que é a exposição das razões que o levaram a aplicar uma legislação e não outra.

O problema da limitação objetiva ao poder de interpretar se evidencia particularmente quando o juiz, na justificação jurídica, aplica um *princípio-valor* jurídico em detrimento a uma legislação específica.

---

32. *Teoria Del Derecho – Fundamentos de teoria comunicacional del derecho*. Civitas Ediciones, 14ª edição, 2006.
33. TOME, Fabiana Del Padre. *A Prova no Direito Tributário*. São Paulo, Noeses, 2005.

Estudando a interpretação do direito, Aurora Tomazini de Carvalho[34] ensina que compete ao aplicador construir o sentido do texto jurídico a ser aplicado, passando da linguagem dos fatos (*descritiva*) para a linguagem do direito (*prescritiva*).

A aplicação do direito depende da construção do sentido dos textos jurídicos pelo aplicador porquanto não é o suporte físico que se enquadra no caso concreto e sim o *conceito normativo* que incide sobre os conceitos do fato e da relação. O que se aplica é o sentido (*norma jurídica em sentido estrito*) construído pelo intérprete.

Fazendo uma analogia entre interpretação e tradução e reportando-se às lições de Vilém Flusser, Aurora Tomazini de Carvalho explica que como existe um vazio (nada) entre uma tradução e outra, se a linguagem do aplicador é que diz a norma jurídica, antes da linguagem *não há um sentido positivado*, há o suporte físico e a infinidade de significações: *entre a linguagem do direito e a linguagem do aplicador, o que se vê é um vazio*.

O sistema atribui competência para o aplicador positivar o sentido construído, tornando autêntica a interpretação adotada; a interpretação autêntica só poderá ser modificada quando outro sentido ao texto for atribuído por aplicador que o sistema atribua grau maior de competência.

No direito brasileiro, a comunicação jurídica se encerra com a interpretação acolhida pelo Supremo Tribunal Federal, que é a autoridade competente para fixar de modo definitivo o sentido de um texto jurídico.

Mas o aplicador, ao objetivar suas escolhas, deve relacionar os conteúdos significativos construídos a enunciados prescritivos do sistema: *é o limite objetivo da interpretação*.

E aqui chegamos ao ponto que nos propusemos a estudar: a construção do sentido da norma pelo Supremo Tribunal Federal estaria observando os limites do texto legal?

---

34. *Curso de Teoria Geral do Direito (O Constructivismo Lógico-Semântico)*. São Paulo: Noeses, 2012, p. 490.

IV – O STF e os limites do texto

Muito embora o Supremo Tribunal Federal tenha assumido o papel de protagonista no cenário político nacional decidindo questões de grande repercussão para a sociedade brasileira e assim construindo, a partir da Constituição Federal e sem a intermediação do Poder Legislativo, normas jurídicas que tratam de temas como a perda de mandato por desfiliação partidária,[35] a proibição do nepotismo,[36] a demarcação de terras

---

[35] "(...) 6. A fidelidade partidária é corolário lógico-jurídico necessário do sistema constitucional vigente, sem necessidade de sua expressão literal. Sem ela não há atenção aos princípios obrigatórios que informam o ordenamento constitucional. 7. A desfiliação partidária como causa do afastamento do parlamentar do cargo no qual se investira não configura, expressamente, pela Constituição, hipótese de cassação de mandato. O desligamento do parlamentar do mandato, em razão da ruptura, imotivada e assumida no exercício de sua liberdade pessoal, do vínculo partidário que assumira, no sistema de representação política proporcional, provoca o desprovimento automático do cargo. A licitude da desfiliação não é juridicamente inconseqüente, importando em sacrifício do direito pelo eleito, não sanção por ilícito, que não se dá na espécie. 8. É direito do partido político manter o número de cadeiras obtidas nas eleições proporcionais. 9. É garantido o direito à ampla defesa do parlamentar que se desfilie de partido político. 10. Razões de segurança jurídica, e que se impõem também na evolução jurisprudencial, determinam seja o cuidado novo sobre tema antigo pela jurisdição concebido como forma de certeza e não causa de sobressaltos para os cidadãos. Não tendo havido mudanças na legislação sobre o tema, tem-se reconhecido o direito de o Impetrante titularizar os mandatos por ele obtidos nas eleições de 2006, mas com modulação dos efeitos dessa decisão para que se produzam eles a partir da data da resposta do Tribunal Superior Eleitoral à Consulta n. 1.398/2007. 11. Mandado de segurança conhecido e parcialmente concedido." MS 26604/DF – Relator(a): Min. Cármen Lúcia. Julgamento: 04/10/2007. DJe-187. DIVULG 02-10-2008, PUBLIC 03-10-2008.

[36] Súmula Vinculante n. 13 – "*A nomeação de cônjuge, companheiro ou parente em linha reta,colateral ou por afinidade, até o terceiro grau, inclusive, da autoridade nomeante ou de servidor da mesma pessoa jurídica investido em cargo de direção, chefia ou assessoramento, para o exercício de cargo em comissão ou de confiança ou, ainda, de função gratificada na administração pública direta e indireta em qualquer dos Poderes da União, dos Estados, do Distrito Federal e dos Municípios, compreendido o ajuste mediante designações recíprocas, viola a Constituição Federal.*"

indígenas,[37] o direito à interrupção da gravidez nos casos de anencefalia,[38] o financiamento público de campanha,[39] vamos

---

37. "(...) As chamadas condições ou condicionantes foram consideradas pressupostos para o reconhecimento da validade da demarcação efetuada. Não apenas por decorrerem, em essência, da própria Constituição, mas também pela necessidade de se explicitarem as diretrizes básicas para o exercício do usufruto indígena, de modo a solucionar de forma efetiva as graves controvérsias existentes na região. *Nesse sentido, as condições integram o objeto do que foi decidido e fazem coisa julgada material. Isso significa que a sua incidência na Reserva da Raposa Serra do Sol não poderá ser objeto de questionamento em eventuais novos processos. 4. A decisão proferida em ação popular é desprovida de força vinculante, em sentido técnico. Nesses termos, os fundamentos adotados pela Corte não se estendem, de forma automática, a outros processos em que se discuta matéria similar. Sem prejuízo disso, o acórdão embargado ostenta a força moral e persuasiva de uma decisão da mais alta Corte do País, do que decorre um elevado ônus argumentativo nos casos em se cogite da superação de suas razões.*" Pet 3388 EDRR. Relator (a): Min. Roberto Barroso. Julgamento: 23/10/2013. DJe-023. DIVULG 03-02-2014. PUBLIC 04-02-2014.

38. ESTADO – LAICIDADE. O BRASIL É UMA REPÚBLICA LAICA, SURGINDO ABSOLUTAMENTE NEUTRO QUANTO ÀS RELIGIÕES. CONSIDERAÇÕES. FETO ANENCÉFALO – INTERRUPÇÃO DA GRAVIDEZ – MULHER – LIBERDADE SEXUAL E REPRODUTIVA – SAÚDE – DIGNIDADE – AUTODETERMINAÇÃO – DIREITOS FUNDAMENTAIS – CRIME – INEXISTÊNCIA. MOSTRA-SE INCONSTITUCIONAL INTERPRETAÇÃO DE A INTERRUPÇÃO DA GRAVIDEZ DE FETO ANENCÉFALO SER CONDUTA TIPIFICADA NOS ARTIGOS 124, 126 E 128, INCISOS I E II, DO CÓDIGO PENAL. ADPF 54 / DF – Relator(a): Min. Marco Aurélio. Julgamento: 12/04/2012. DJe-080. DIVULG 29-04-2013 PUBLIC 30-04-2013.

39. Na ADI 4650-DF proposta pelo Conselho Federal da OAB contra dispositivos das Leis 9.096/95 e 9.504/97 que dispõem sobre financiamento de partidos políticos e campanhas eleitorais, o Ministro Teori Zavascki, votou pela improcedência do pedido, estando o julgamento suspenso pelo pedido de vista do Ministro Gilmar Mendes. O voto do Ministro Teori enfrenta a necessidade da existência de um marco normativo na matéria, mas vê um certo *messianismo judicial* no papel do STF pretender construí-lo a partir de princípios constitucionais quando esse seria função do Poder Legislativo: (...) *3. A segunda constatação – essa no estrito domínio normativo e, portanto, mais sensível ao juízo a ser feito na presente ação – é a de que a Constituição Federal não traz disciplina específica a respeito da matéria. Essa constatação resulta claramente estampada na própria petição inicial, que, para sustentar a inconstitucionalidade dos preceitos normativos atacados, invocou ofensa a princípios constitucionais de conteúdo marcadamente aberto e indeterminado: o princípio democrático, o princípio republicano, o princípio da igualdade. Há,*

aqui delimitar nossa análise ao julgamento da ADI 4.277 e ADPF 132, no qual o Supremo Tribunal Federal reconheceu que, para efeito de proteção do Estado, às uniões contínuas de pessoas do mesmo sexo deve ser dado o mesmo tratamento jurídico que a Constituição Federal expressamente prevê apenas para a união estável entre homem e mulher como entidade familiar.[40]

Desde logo esclareço que aqui não vai ser analisar a correção da decisão da Suprema Corte a partir da ótica moral ou ética. A questão que se coloca é a seguinte: do ponto de vista estritamente jurídico, o Supremo Tribunal Federal poderia ter

---

na Constituição, apenas duas referências à influência do poder econômico em seara eleitoral, ambas em parágrafos do art. 14, inserido em capítulo que trata dos direitos políticos (...) Paradoxos à parte, convém deixar claro que também esse fato real (o alto custo das campanhas), não pode, por si só, ser invocado como fundamento para um juízo de procedência da presente ação direta. Não há parâmetros normativos que permitam esse juízo, pois nem as normas impugnadas, nem a Constituição tratam da matéria. O que se proíbe, na Constituição, é o abuso do poder econômico, cláusula que, todavia, não está necessariamente relacionada com o custo das atividades partidárias. (...) Cumpre desde logo registrar que o "diálogo interinstitucional" proposto constituiria, na verdade, apenas um monólogo unidirecional: o STF "exortaria" o Congresso a legislar em determinado sentido, num certo prazo, sob pena de, não o fazendo, ficar essa incumbência transferida ao Tribunal Superior Eleitoral. É, como se percebe, uma proposta inovadora, estranha e, no meu entender, incompatível com os modelos constitucionais de solução de omissão ou insuficiência da atividade legislativa, especialmente no âmbito de ação direta de inconstitucionalidade (...) Em suma, não há como desconhecer que, no Brasil, já passou da hora de prover medidas no sentido de alterar esse crônico estado das coisas, em que campeiam práticas ilegítimas de arrecadação de recursos, de excessos de gastos e de corrupção política. Todavia, mostra-se uma alternativa pouco afinada com a nossa experiência histórica imaginar que a corrupção eleitoral e o abuso do poder econômico sejam produto do atual regime normativo e que isso seria razão ou pretexto suficiente para declará-lo inconstitucional, propiciando assim a volta ao regime anterior, em que se proibia o aporte de recursos por pessoa jurídica. <u>Só por messianismo judicial se poderia afirmar que, declarando a inconstitucionalidade da norma que autoriza doações por pessoas jurídicas e, assim, retornar ao regime anterior, se caminhará para a eliminação da indevida interferência do poder econômico nos pleitos eleitorais</u> (...). In: http://s.conjur.com.br/dl/voto-teori-zavascki-financiamento.pdf.

40. ADI 4.277 e ADPF 132, Rel. Min. Ayres Britto, j. 5-5-2011, Plenário, *DJE* de 14-10-2011.

ido além do limite do texto constitucional igualando uniões estáveis que a própria Constituição desigualava?

Noutro falar, para deixar as coisas ainda mais claras: poderia ler *homem-homem* ou *mulher-mulher* no texto que diz expressamente *homem-mulher*?

A noção clássica da interpretação do direito é aquela que a traduz como sendo o processo pelo qual se *extrai* ou se *descobre* o sentido da norma jurídica. Na lição de Carlos Maximiliano[41] interpretar:

> Consiste em procurar descobrir o sentido e o alcance de expressões do Direito sem o auxílio de nenhum elemento exterior, com aplicar ao dispositivo em apreço um conjunto de regras tradicionais e precisas, tomadas de empréstimo à Lógica legal. Pretende do simples estudo das normas em si, ou em conjunto, por meio do raciocínio dedutivo, obter a interpretação correta.

A ideia de que a norma contém um sentido previamente definido pelo legislador e que cumpre ao intérprete apenas o papel de desvendá-lo, sabemos, não mais é aceita pelos padrões da moderna Ciência da Interpretação. O intérprete não abre a tampa da norma e de dentro dela libera o sentido que o legislador, ao produzir o texto, lhe inculcou. O sentido da norma é, na verdade, construído pelo intérprete. É o que ensina Paulo de Barros Carvalho:[42]

> (...) o sujeito do conhecimento não extrai ou descobre o sentido que se achava oculto no texto. Ele o constrói em função de sua ideologia e, principalmente dentro dos limites do seu mundo, vale dizer, do seu universo de linguagem.

---

41. MAXIMILIANO, Carlos. *Hermenêutica e Aplicação do Direito*. 20ª edição. Rio de Janeiro: Forense, 2011.
42. *Direito Tributário, Linguagem e Método*. 5ª edição. São Paulo: Noeses, 2013, p. 197.

Exsurge, com muita força, o axioma da inesgotabilidade do sentido – ao lado da intertextualidade – que opera não só no território do direito posto, mas o transcende, na direção de outros segmentos do saber.

Embora a interpretação permita que o sentido da norma seja construído pelo intérprete, isso não quer dizer que não exista um limite objetivo para essa liberdade criadora, e esse limite é o próprio texto.[43]

Ana Carolina Carvalho Dias,[44] ao estudar os limites à interpretação das normas tributárias com base nas lições de Paulo de Barros Carvalho, explica que o processo de interpretação, pelo qual se constrói o sentido dos textos jurídicos, compreende quatro planos, sendo o primeiro deles o da literalidade:

> O primeiro plano é o plano da literalidade, do suporte físico, do texto legal. É o conjunto de enunciados prescritivos que forma o sistema do direito positivo, do qual o intérprete parte para realizar a construção do sentido dos textos jurídicos. É nesse plano que se realizar o primeiro ato do processo de interpretação, que é a leitura, ou seja, o ato de travar contato com o ato legislado (texto legal) por meio dos sentidos. Nesse momento, o intérprete analisa o eixo sintagmático dos textos legais, ou seja, analisa a estrutura do texto lega, como as palavras se organizam, se relacionam na frase (análise do aspecto sintático do texto legal – interpretação literal).

---

43. "Os predicados da inesgotabilidade e da intertextualidade não significam ausência de limites para a tarefa interpretativa. A interpretação da norma toma por base o texto: nele tem início, por ele se conduz e, até o intercâmbio com outros discursos, instaura-se a partir dele. Ora, o texto de que falamos é o jurídico-positivo e o ingresso no plano de seu conteúdo tem de levar em conta as diretrizes do sistema". Paulo de Barros Carvalho, *in Direito Tributário, Linguagem e Método*. 5ª edição. São Paulo: Noeses, 2013, p. 197.

44. *Vilém Flusser e Juristas. Comemoração dos 25 do Grupo de Estudos de Paulo de Barros Carvalho.* – <u>Os limites à interpretação das normas tributárias: transformação do texto em norma</u>. Coordenação Florence Haret e Jerson Carneiro. São Paulo: Noeses, 2009, p. 711.

Não se está querendo dizer que a interpretação se esgota no plano da literalidade. Longe disso. Mas não se pode negar que ele – sim – estabelece um limite objetivo para o intérprete construir o sentido da norma.

Cass R. Sunstein[45] que defende a tese de que o texto constitucional não resolve os chamados casos difíceis e que *a interpretação dos texto constitucional deve ser baseada em princípios externos às palavras da Constituição*, reconhece que:

> Qualquer sistema de interpretação que despreze o texto constitucional não merece qualquer apoio, e isso não é um mero axioma e depende de alguns argumentos políticos substantivos: a exigência de se manter adstrito ao texto constitui uma forma vital de disciplinar os magistrados e impedir o exercício arbitrário do poder judicial (...) O texto constitucional, lido à luz de princípios semânticos e substantivos, sobre os quais reina um consenso geral, imporá realmente restrições à interpretação.

Oscar Vieira Vilhena,[46] para quem o papel do intérprete da Constituição é o de construir o sentido da norma que permita a realização de uma ordem constitucional justa, da mesma maneira não despreza a importância da literalidade do texto:

Assim, sem abrir mão da literalidade da constituição, das indicações que o próprio texto fornece para o preenchimento do conteúdo aberto dessas cláusulas, da doutrina e dos precedentes, deve o intérprete constitucional recorrer aos princípios da argumentação racional para ter a devida compreensão do conteúdo das cláusulas jusfundamentais, pois constituem aspirações a uma ordem justa, incorporadas pela própria constituição.

---

45. *A Constituição Parcial*. Belo Horizonte: Editora Del Rey, 2009, p. 150-151.
46. *Interpretação Constitucional*. Organizador: Virgílio Afonso da Silva. A moralidade da Constituição e os limites da empreitada interpretativa, ou entre Beethoven e Bernstein. São Paulo: Editora Malheiros, 2007, 1ª edição, 2ª tiragem, p. 252.

E aqui não estamos defendendo nada diferente do que o próprio Supremo Tribunal Federal já decidiu em julgamentos anteriores. No julgamento do Recurso Extraordinário nº 166.772-RS[47] o Ministro Marco Aurélio afirmou que:

> De início, lanço a crença na premissa de que o conteúdo político de uma Constituição não pode levar quer ao desprezo do sentido vernacular das palavras utilizadas pelo legislador constituinte, quer ao técnico, consideradas institutos consagrados pelo direito. Toda ciência pressupõe a adoção de escorreita linguagem, possuindo os institutos, as expressões e os vocábulos que a revelam conceito estabelecido com a passagem do tempo, por força dos estudos acadêmicos e pela atuação dos pretórios. Já se disse que as questões de nome são de grande importância, porque, elegendo um nome ao invés do outro, torna-se rigorosa e não suscetível de mal--entendido uma determinada linguagem. A purificação da linguagem é uma parte essencial da pesquisa científica, sem a qual nenhuma pesquisa poderá dizer-se científica.

Como se vê, o Supremo Tribunal reconheceu nesse julgado a importância do sentido *vernacular* das palavras utilizadas

---

47. INTERPRETAÇÃO – CARGA CONSTRUTIVA – EXTENSÃO. Se é certo que toda interpretação traz em si carga construtiva, não menos correta exsurge a vinculação à ordem jurídico-constitucional. O fenômeno ocorre a partir das normas em vigor, variando de acordo com a formação profissional e humanística do intérprete. No exercício gratificante da arte de interpretar, descabe "inserir na regra de direito o próprio juízo – por mais sensato que seja – sobre a finalidade que "conviria" fosse por ela perseguida" – Celso Antonio Bandeira de Mello – em parecer inédito. Sendo o Direito uma ciência, o meio justifica o fim, mas não este àquele. CONSTITUIÇÃO – ALCANCE POLÍTICO – SENTIDO DOS VOCÁBULOS – INTERPRETAÇÃO. O conteúdo político de uma Constituição não é conducente ao desprezo do sentido vernacular das palavras, muito menos ao do técnico, considerados institutos consagrados pelo Direito. Toda ciência pressupõe a adoção de escorreita linguagem, possuindo os institutos, as expressões e os vocábulos que a revelam conceito estabelecido com a passagem do tempo, quer por força de estudos acadêmicos quer, no caso do Direito, pela atuação dos Pretórios. (...). (RE 166772/RS – RECURSO EXTRAORDINÁRIO. Relator(a): Min. Marco Aurélio – Julgamento: 12/05/1994 – Órgão Julgador: Tribunal Pleno – Publicação DJ 16-12-1994. PP-34896. EMENT VOL-01771-04. PP-00703. RTJ VOL-00156-02. PP-00666).

pelo Constituinte. Todavia, o mesmo Ministro Marco Aurélio ao ler o art. 226, 3º da Constituição Federal no julgamento da ADPF 132 afirmou:

> Consubstancia objetivo fundamental da República Federativa do Brasil promover o bem de todos, sem preconceitos de origem, raça, sexo, cor, idade e quaisquer outras formas de discriminação (inciso IV do artigo 3o da Carta Federal). Não é dado interpretar o arcabouço normativo de maneira a chegar-se a enfoque que contrarie esse princípio basilar, agasalhando-se preconceito constitucionalmente vedado. Mostra-se inviável, porque despreza a sistemática integrativa presentes princípios maiores, a interpretação isolada do artigo 226, § 3º, também da Carta Federal, no que revela o reconhecimento da união estável entre o homem e a mulher como entidade familiar, até porque o dispositivo não proíbe esse reconhecimento entre pessoas de gênero igual.

Sem querer recorrer ao Originalismo de Bork,[48] método de interpretação que vincula o intérprete ao sentido da norma que lhe deram os legisladores quando de sua edição, o certo é que o Supremo Tribunal Federal ao dar tratamento igualitário

---

48. Cass R. Sunstein explica que "em *The Tempting of America*, Roberto Bork apresenta uma abordagem distintiva da interpretação do texto constitucional com um argumento direto. Alguns magistrados são 'neutros'; eles seguem a letra da lei. Outros são políticos, pois compactuam com uma 'heresia maior', ou seja negam 'que os juízes estão vinculados à lei'. A linha entre ambos depende de o juiz 'estar ou não vinculado pelo único ponto a que se pode chamar de direito, os princípios do texto, seja ele a Constituição ou outro diploma legal, tal como geralmente entendido quando da promulgação". (*A Constituição Parcial*. Belo Horizonte: Editora Del Rey, 2009, p. 120). Já Miguel Nogueira de Brito define o originalismo como uma abordagem interpretativista da constituição, por oposição a uma abordagem não interpretativista. O interpretativismo envolve a decisão das questões constitucionais com base nas normas explicitamente contidas na constituição ou naquelas que podem considerar-se claramente implicadas no seu texto; o não-interpretativismo sustentaria a vigência de normas constitucionais que não podem ser descobertas "*within the four corners of the document*" (Originalismo e Interpretação Constitucional. *In Interpretação Constitucional*. Organizador: Virgílio Afonso da Silva. São Paulo: Editora Malheiros, 2007, 1ª edição, 2ª tiragem, p. 55-56.

para fins do reconhecimento da unidade familiar entre pessoas do mesmo sexo, não considerou a vontade do constituinte que, por opção política – *certa ou errada, atual ou já superada, a questão aqui não é essa* – entendeu importante limitar essa proteção constitucional específica à relação entre homem e mulher.

Um argumento importante que foi usado na defesa da tese dos autores da ação e que foi acolhido na fundamentação dos votos que fixaram o entendimento da maioria[49], foi o de que o art. 226 §3º da Constituição Federal visava afastar a dis-

---

49. "**O eminente** Professor (e Advogado) Luís Roberto Barroso,*por sua vez*, **expondo** esse *mesmo* entendimento **e ao também afastar** a objeção **fundada** *na estrita literalidade* do texto normativo inscrito **no § 3º** do art. 226 da Constituição (**que se refere** à união estável *"entre o homem e a mulher"*), **expendeu**, *a meu juízo*, **considerações** *que corretamente enfatizam* que essa alusão à **diversidade** de gênero *"não traduz uma vedação de extensão* **do mesmo** *regime às relações homoafetivas"*, **pois** – *segundo assinala* esse ilustre jurista -, *"Extrair desse preceito tal consequência* **seria desvirtuar** *a sua* natureza: **a de uma norma de inclusão**. De fato, **ela foi introduzida** na Constituição para superar a discriminação que, historicamente, incidira sobre as relações entre homem e mulher **que não decorressem** do casamento" (**grifei**). E aduz, ainda, em seu douto magistério: "**Insista-se**, para que não haja margem a dúvida: **não tem pertinência** a invocação do argumento **de que o emprego da expressão** 'união estável entre o homem e a mulher' **importa**, 'a contrario sensu', **em proibição** à extensão **do mesmo** regime **a uma outra** hipótese. **Tal norma foi o ponto culminante de uma longa evolução** que levou à equiparação entre companheira e esposa. **Nela não se pode vislumbrar uma restrição** – e uma restrição preconceituosa – **de direito. Seria como condenar alguém** com base na lei de anistia. **O Código Civil**, por sua vez, **contém apenas uma norma de reprodução**, na parte em que se refere a homem e mulher, **e não uma norma de exclusão. Exclusão que**, de resto, **seria inconstitucional.**" (**grifei**). Nessa perspectiva, Senhor Presidente, entendo que a extensão, às uniões homoafetivas, do mesmo regime jurídico aplicável à união estável **entre** pessoas de gênero distinto *justifica-se e legitima-se* **pela direta incidência**, *dentre outros*, **dos princípios constitucionais** da igualdade, da liberdade, da dignidade, da segurança jurídica **e do postulado constitucional implícito que consagra** o *direito à busca da felicidade*, **os quais configuram**, numa *estrita* dimensão que privilegia o *sentido de inclusão* decorrente **da própria** Constituição da República (art. 1º, III, e art. 3º, IV),**fundamentos autônomos e suficientes** aptos a conferir *suporte legitimador* à qualificação das conjugalidades entre pessoas **do mesmo** sexo **como espécie** do gênero *entidade familiar*" (Min. Celso de Mello – ADPF n. 132-RJ).

criminação contras as companheiras, consolidando, assim, um entendimento jurisprudencial construído ao longo dos anos.

Mas teria havido no art. 226, § 3º da CF o chamado silêncio eloqüente? Noutro falar, a Constituição ao reconhecer expressamente apenas à união estável entre homem e mulher a natureza de entidade familiar quis com isso deixar claro que as uniões homoafetivas não receberiam a mesma proteção do Estado e que não teriam, assim, a facilitação de sua conversão em casamento?

Uma resposta para essa questão talvez pudesse ser obtida pela pesquisa das discussões que informaram a construção do sentido da norma pelo *"criador"* do texto que a veiculou, quem seja, o constituinte. Não se trata aqui da defesa prevalência do critério interpretação histórica sobre os demais. Contudo, se estamos estudando quais seriam os limites objetivos para a interpretação, vale dizer, para a construção do sentido da norma, é importante lembrar a lição de Laurence H. Tribe[50] que sustenta que seria disparatado interpretar o texto constitucional dando-lhe um sentido totalmente diferente do que lhe foi dado pelos que escreveram, leram ou o ratificaram ao tempo em que foi concebido.

Mas foi o que o Supremo Tribunal Federal acabou fazendo ao dar ao art. 226 § 3º sentido totalmente diverso do que lhe

---

50. No original: *"Regardlles of how committed one might be to the notion of the Constituion as fluid and evolving, it seems clear that interpretation of its provisions – or, indeed, of its design – must at least begin with the question of what those provisions, or that design, meant at the time they were conceived and, later, at the time they became law. Absent some extremely persuasive justification, it would be nonsensical to begin by treating a phrase in the Constitution as meaning one thing when, to whose who wrote o ratified or read it at the time, it would have meant something entirely different. At a minimum, the linguistic community within which a piece of constitutional text is initially composed, communicated, and understood must provide the frame of reference with which interpretation starts"*. <u>American Constitutional Law</u>. Third Edtion- Volume one. New York: Foundation Press, 2000, p. 49.

quis emprestar o constituinte originário, fato esse lembrado pelo Ministro Lewandoswki em seu voto no julgamento da ADPF 132:

> Verifico, ademais, que, nas discussões travadas na Assembleia Constituinte a questão do gênero na união estável foi amplamente debatida, quando se votou o dispositivo em tela, concluindo-se, de modo insofismável, que a união estável abrange, única e exclusivamente, pessoas de sexo distinto. Confira-se abaixo:
>
>> "O SR. CONSTITUINTE GASTONE RIGHI: – Finalmente a emenda do constituinte Roberto Augusto. É o art. 225 (sic), § 3º. Este parágrafo prevê: 'Para efeito da proteção do Estado, é reconhecida a união estável entre homem e mulher como entidade familiar, devendo a lei facilitar sua conversão em casamento' Tem-se prestado a amplos comentários jocosos, seja pela imprensa, seja pela televisão, com manifestação inclusive de grupos gaysés do País, porque com a ausência do artigo poder-se-ia estar entendendo que a união poderia ser feita, inclusive, entre pessoas do mesmo sexo. Isto foi divulgado, por noticiário de televisão, no showástico, nas revistas e jornais. O bispo Roberto Augusto, autor deste parágrafo, teve a preocupação de deixar bem definido, e se no §º: 'Para efeito de proteção do Estado, é reconhecida a união estável entre o homem e a mulher como entidade familiar, devendo a lei facilitar sua conversão em casamento'. Claro que nunca foi outro o desiderato desta Assembleia, mas, para se evitar toda e qualquer malévola interpretação deste austero texto constitucional, recomendo a V. Exa. que me permitam aprovar pelo menos uma emenda.
>>
>> O SR. CONSTITUINTE ROBERTO FREIRE: – Isso é coação moral irresistível.
>>
>> O SR. PRESIDENTE (ULYSSES GUIMARÃES): – Concedo a palavra ao relator.
>>
>> O SR. CONSTITUINTE GERSON PERES: – A Inglaterra já casa homem com homem há muito tempo.
>>
>> O SR. RELATOR (BERNARDO CABRAL): – Sr. Presidente, estou de acordo.

O SR. PRESIDENTE (ULYSSES GUIMARÃES): – Todos os que estiverem de acordo permaneçam como estão. (Pausa). Aprovada (Palmas)."

Os constituintes, como se vê, depois de debaterem o assunto, optaram, inequivocamente, pela impossibilidade de se abrigar a relação entre pessoas do mesmo sexo no conceito jurídico de união estável. Não há, aqui, penso eu, com o devido respeito pelas opiniões divergentes, como cogitar-se de uma de mutação constitucional ou mesmo de proceder-se a uma interpretação extensiva do dispositivo em foco, diante dos limites formais e materiais que a própria Lei Maior estabelece no tocante a tais procedimentos, a começar pelo que se contém no art. 60, § 4º, III, o qual erige a "separação dos Poderes" à dignidade de "cláusula pétrea", que sequer pode ser alterada por meio de emenda constitucional.

O Ministro Gilmar Mendes, que também reconheceu a procedência do pedido formulado na ADPF 132, mas por fundamentação diversa, chamou atenção para o fato de que o Supremo Tribunal Federal, sob pena de se deslegitimar, não pode simplesmente ler no Texto Constitucional aquilo que sabidamente nele não está escrito:

> Nesse ponto, é importante retomar o argumento dos limites e possibilidades de utilização, neste caso, da técnica de interpretação conforme à Constituição. É que a nossa legitimação como Corte Constitucional advém do fato de nós aplicarmos a Constituição, e Constituição enquanto norma. E, para isso, não podemos dizer que nós lemos no texto constitucional o que quisermos, há de haver um consenso básico. Por isso que essa questão é bastante sensível, porque, se abrirmos o texto constitucional, no que diz respeito a essa matéria, não vamos ter dúvida ao que se refere o artigo 226, § 3º, multicitado:
>
>> "§ 3º Para efeito da proteção do Estado, é reconhecida a união estável entre o homem e a mulher como entidade familiar, devendo a lei facilitar sua conversão em casamento".
>
> Logo, a expressão literal não deixa dúvida alguma de que nós estamos a falar de "união estável entre homem e mulher".

A partir do próprio texto constitucional, portanto, não há dúvida em relação a isso. Por isso, a meu ver, a solução que aponte como fundamento suficiente para o caso apenas uma leitura interpretativa alargada do dispositivo mencionado seria extravagante à atuação desta Corte e em descompasso com a técnica de interpretação conforme à Constituição. É essencial que deixemos devidamente explicitados os fundamentos constitucionais que demonstram por que estamos fazendo esta leitura diante de um texto tão claro como este, em que se diz: a união estável é a união estável entre homem e mulher. E isso é relevante, diante do fato de alguns entenderem, aqui, menos do que um silêncio, um claro silêncio eloquente, no sentido de vedar o reconhecimento almejado. Portanto, parto da premissa de que aqui há outros fundamentos e direitos envolvidos, direitos de perfil fundamental associados ao desenvolvimento da personalidade, que justificam e justificariam a criação de um modelo de proteção jurídica para essas relações existentes, com base no princípio da igualdade, no princípio da liberdade, de autodesenvolvimento e no princípio da não discriminação por razão de opção sexual. Daí decorre, então, um **dever de proteção**. Mas é preciso mais uma vez dizer isso de forma muito clara, sob pena de cairmos num voluntarismo e numa interpretação ablativa, em que, quando nós quisermos, nós interpretamos o texto constitucional de uma ou outra maneira. Não se pode atribuir esse arbítrio à Corte, sob pena de nos deslegitimarmos.

A conclusão a que se chega é que o Supremo Tribunal Federal foi além do texto constitucional estendendo à relação entre pessoas do mesmo sexo o tratamento constitucional que o constituinte originário havia reservado às relações heteroafetivas. E o fez partir da chama visão neoconstitucionalista do direito pela qual o intérprete se sente habilitado a construir, a partir dos princípios constitucionais, o sentido da norma que entende ser correto, ainda que os parâmetros expressos do Texto Constitucional indiquem que a solução jurídica caminhasse para o lado contrário.

O seguinte trecho do voto do Ministro Luiz Fux na ADPF 132 bem sintetiza essa ideia que estamos defendendo, pois assenta no que chama de *princípio constitucional do reconhecimento*, o fundamento para o Judiciário impor políticas públicas ao Estado:

> Muito embora pudéssemos ficar apenas no ângulo jusfilosófico, que já seria extremamente convincente, como é esse enxerto de alguns princípios pétreos da Constituição Federal, a realidade é que inúmeros princípios constitucionais, quase que a Constituição como um todo, conspiram em favor dessa equalização da união homoafetiva em relação à união estável. Eu citaria – como aqui já o fez o Ministro Ayres – o princípio da isonomia, o princípio da liberdade, o princípio da dignidade da pessoa humana, o princípio da proteção que o Estado deve a essas minorias e números outros princípios que aqui eu poderia enunciar. E como nós sabemos, hoje, a análise de qualquer drama humano – que passa por essa ponte onde trafegam todas as misérias e todas as aberrações, que é a ponte da Justiça -, esses dramas humanos, hoje, eles não podem ser resolvidos sem perpassarem pelo tecido normativo da Constituição Federal. (...) Por outro lado, numa visão pós-positivista, surge no cenário jurídico um novel princípio, principalmente em relação a essas minorias que não gozam de uma posição majoritária socialmente – daí a discriminação e afronta a essas cláusulas pétreas -, que não é senão o princípio do reconhecimento. O Estado tem de empreender o reconhecimento a essas minorias, no afã, exatamente, de propiciar-lhes juridicidade na situação fática em que elas se encontram para que possam ser atendidas nas suas pretensões, em caso, a pretensão da equiparação da união homoafetiva à união estável.

V – Realismo jurídico?

O julgamento da ADPF 132 pelo Supremo Tribunal Federal, embora não seja o único, talvez consubstancie o melhor e mais autorizado exemplo do poder de que hoje dispõem os juízes, com base no neoconstitucionalismo, para construir o sentido da norma jurídica.

Mas uma outra questão pode ser examinada: admitida a possibilidade de os juízes dizerem o direito no caso concreto com base em uma particular valoração do direito posto, estariam eles motivando adequadamente suas decisões, justificando porque tais ou quais princípios e valores devem prevalecer na construção da norma individual?

Os exemplos aqui analisados parecem indicar que não. Quando o princípio da dignidade da pessoa humana é utilizado tanto para justificar o levantamento do saldo de FGTS para o pagamento de pensão alimentícia como para relativizar a proibição do consumo de substâncias químicas, é forçoso concluir que embora o poder de construir o sentido da norma pelo Juiz venha sendo aplicado com ampla margem de liberdade, esse exercício não vem sendo devidamente fundamentado.

Quando o legislador estrutura um sistema específico de proteção ao trabalhador, mediante a criação de um fundo com regras que estabelecem as hipóteses de ingresso e saída de seus recursos, ou quando fixa uma política pública de controle do uso de substâncias químicas e esses marcos legais são afastados pelo juiz pela simples invocação do princípio da dignidade da pessoa humana ou de outros princípios constitucionais correlatos é porque certamente as coisas não estão no devido lugar.

O Juiz tem o ônus de fundamentar o exercício dessa competência constitucional que lhe é atribuída e essa fundamentação não pode se limitar à simples descrição de um rol de princípios constitucionais que justificariam o sentido da norma construído no caso concreto.

Não havendo fundamentação adequada, abre-se o espaço para o voluntarismo judicial. É a crítica que faz Carlos Ari Sundfeld:[51]

> Mas o que interessa destacar aqui não é tanto esse problema, que é bem conhecido, e sim que o uso retórico de princípios muito vagos vem sendo elemento facilitador e legitimador

---

51. SUNDFELD, Carlos Ari. *Direito Administrativo para Céticos*. São Paulo: Malheiros Editores, 2012, p. 80.

da superficialidade e do voluntarismo. E por que facilitador e legitimador? Porque belos princípios ninguém tem coragem de refutar, e muita gente se sente autorizada a tirar conclusões bem concretas apenas recitando fórmulas meio poéticas (aliás, de preferência muitas delas – como se enfileirar princípios, todos muitos vagos, aumentasse a força da conclusão). A verdade é que motivações e discussões que ficam nesse plano de generalidades são insuficientes para conclusões concretas. A razão é óbvia: nesse plano, quase todo mundo tem alguma razão no que diz.

A exigência da fundamentação e da vinculação do intérprete ao texto da norma interpretada são condições básicas para se garantir um mínimo de segurança jurídica, princípio constitucional nem sempre sopesado com a devida importância nas decisões judiciais.

Se essas cautelas não forem adotadas – e exigidas -, podemos estar caminhando para uma espécie de realismo jurídico da que fala Guastini,[52] em que o *direito* é o simples fruto da decisão política do juiz.[53]

---

52. "Ora, é preciso observar que há, na cultura jurídica contemporânea (ao menos) duas versões de positivismo científico: o normativismo e o realismo. (...) O normativismo supõe que o direito seja produto da legislação (em sentido lato) e que os juristas encontram as normas já feitas e acabadas, suscetíveis de conhecimento; supõe que a interpretação jurídica seja conhecimento de normas. Segundo o realismo, ao contrário, o direito não é outra coisa senão resultado da interpretação e da aplicação, de sorte que não existem absolutamente normas antes e independentemente da prática judicial e administrativa" (GUASTINI, Ricardo. *Das fontes às normas*. Trad. Edson Bini – Apresentação: Heleno Taveira Torres – São Paulo: Quartier Latin, 2005).

53. A maior ou menor disposição dos juízes para usar princípios como base de decisão tem a ver com o papel político que, em cada hipótese, escolheram para si, não somente com questões de racionalidade. Os profissionais do Direito sabem disso. Para discutir com os juízes se um texto determinado tem, ou não, valor normativo, e qual deve ser sua aplicação, vale pouco argumentar com teorias. Juízes são práticos: medem as dificuldades de decidir e de justificar e vislumbram as conseqüências do que vão fazer. O que precisamos exigir deles é a revelação sincera do que os move e o permanente aprofundamento de sua análise (SUNDFELD, Carlos Ari. *Direito Administrativo para Céticos*. São Paulo: Malheiros Editores, 2012).

VI – Conclusão

Ao iniciarmos este trabalho, tínhamos uma preocupação principal: definir se há para o intérprete um limite objetivo no processo de construção do sentido da norma. É certo que a concepção do que seja o limite objetivo da interpretação depende diretamente da própria definição do papel do intérprete, o que não é exatamente um ponto pacífico na dogmática jurídica.

Canotilho[54] ao estudar o contexto teorético-político da interpretação constitucional sustenta a existência de duas grandes correntes: a *interpretativista*, pela qual a competência do juiz, ao construir o sentido da norma, vai apenas até onde o texto claro da interpretação lhes permite, e a ***não-interpretativista***, que defende a possibilidade de os juízes invocarem e aplicarem valores e princípios substantivos na defesa de um projeto de Constituição.

A diferença entre as concepções interpretativistas e não interpretativistas da leitura da Constituição pelo juiz é assim resumida por Posner:[55]

---

54. "Da enunciação das premissas básicas, alicerçadoras de posições interpretativistas, intui-se uma diferença fundamental quanto à compreensão da constituição e da interpretação das normas constitucionais. Esta diferença radica, por sua vez, em pré-compreensões substancialmente diversas de democracia, direito, maioria/minorias, teorias morais. Uma interpretação objectiva, previsível, democrática, vinculada às regras precisas da constituição é o tema do interpretativismo; uma interpretação – dizem os não interpretativistas – de uma constituição concebida como um projecto de ordenação inteligível e susceptível de consenso, dirigida ao futuro, formada por regras concretas e princípios abertos e valorativos, dotada de lacunas e incompletudes, é necessariamente um processo de argumentação principal e objectivamente, juridicamente concretizado, a cargo de uma instância jurisdicional (CANOTILHO, J.J. Gomes. *Direito Constitucional e Teoria da Constituição*. Coimbra: Almedina, 4ª edição, p. 1161).
55. POSNER, Richard A. *Problemas da Filosofia do Direito*. Martins Fontes: São Paulo, 2007, p. 362-363.

Há uma diferença, ainda que apenas de tom ou atitude – mas essas diferenças podem ser importantes – entre uma abordagem interpretativa que enfatiza a fidelidade ao passado e outra que enfatiza a adaptação ao futuro (o que deve ser feito?). É a diferença entre uma abordagem tradicionalista e abordagem pragmática do direito. Um pragmatista reconhecerá a propensão à interpretação das leis da descrição feita por W.H. Auden (em seu poema "In Memory of W. B. Yeats") da interpretação de um poema: "As palavras de um homem morto/Modificam-se nas entranhas dos vivos". A abordagem do significado evidente da interpretação das leis exclui a consideração das condições atuais; a abordagem pragmática vê uma lei como um recurso para se lidar com problemas do presente, o que equivale a dizer com o futuro da lei. Do ponto de vista pragmático, não faz diferença se o texto é superficialmente claro (isto é, claro sem levar em conta o mundo), obscuro ou, como no exemplo militar, nitidamente incompleto (uma forma particularmente transparente de falta de clareza).

O fenômeno da interpretação constitucional também pode ser avaliado pelo paradigma filosófico que estabelece que as palavras não têm um significado ontológico, vale dizer, a realidade não é apreendida, mas construída pelo intérprete, ao passo que é a linguagem cria o objeto, ou, na lição de Wittgenstein[56] *"os limites da minha linguagem significam o limite do meu mundo"*.

Mas independentemente da metodologia a ser empregada pelo intérprete, é necessário que ele não perca de vista um valor fundamental nessa sua função que é a de garantir a previsibilidade do direito.

Embora os conceitos das funções estatais sejam abertos e, ao longo do tempo, oscilem naturalmente em uma espécie de movimento pendular – hoje vivemos a quadra do predomínio

---

56. *Tractatus Logico-Philosophicus*, p.111, *in* CARVALHO, Aurora Tomazini de. *Curso de Teoria Geral do Direito* (O Constructivismo Lógico-Semântico). São Paulo: Noeses, 2012, p. 13.

do Poder Judiciário – não pode o intérprete da lei simplesmente pretender, a pretexto de construir o sentido de Justiça ou o projeto de Constituição que lhe pareça ser o mais adequado, desprezar regras estabelecidas pelo poder competente para ditar normas gerais e abstratas, o Legislativo.

Até pode existir um vazio entre a linguagem do direito e a do aplicador, na analogia que se faz à lição de Flusser quando fala na existência de vazios entre as traduções. Mas pode não haver, pois o texto às vezes é delimitador do campo de liberdade do aplicador.

Embora não exista mais dúvida de que o nosso sistema jurídico deva garantir às minorias as mesmas proteções constitucionalmente estabelecidas, e entre elas as que tratam das uniões estáveis, e conquanto não se desconheça o papel de força contramajoritária que é próprio de uma Corte Constitucional, a verdade é que matérias como essa têm sido resolvidas democraticamente no Parlamento.

Desprezar por vezes os limites claros para o exercício do controle judicial sobre os atos legislativos, não relacionando os conteúdos significativos construídos aos enunciados prescritivos do sistema jurídico, antes enfraquece do que fortalece o exercício da função jurisdicional. É o que ensina Vilanova:

> Um certo fastio pela precisão dos conceitos jurídicos, a justificada (em parte) rebelião contra a petrificação do direito escrito – sobretudo o codificado – que não se ajusta à mobilidade social de um século e transformações rápidas, tudo explica que muitos exijam um direito plástico, cuja ductibilidade se acomode às sinuosidades do fluxo social. Um direito social brotando do pluralismo inquieto das fontes do direito – a despolitização ou desestatitazação das fontes de produção de normas -, o direito feito de conceito dóceis, elásticos, que permitem preencher o eventual vazio normativo, ou ampliar analogicamente – até em matéria penal ou tributária – os preceitos, um direito sem tipos rígidos, ou acolhendo prodigamente o atípico. Dentro de um direito

assim, o magistrado, desprovido do excesso de normas, ou não encontrando normas rígidas, atua, senão como arbítrio, pelo menos munido de largo poder discricionário. Um conceito gelatinoso, resistente, dúctil, é, por exemplo, o de que o são o sentimento de justiça do povo é diretriz da interpretação e da aplicação jurisprudência do direito. Tal ocorreu no período do nacional-socialismo alemão. O exemplo vem a esmo, somente para sublinhar que não reforça a função jurisdicional instalando-a num sistema jurídico impreciso. O direito implica precisão, certeza no delinear o comportamento lícito e o comportamento ilícito, precisão e certeza e no momento sancionador, a fim de se prever o comportamento não só dos indivíduos-membros, mas dos órgãos do Estado: o que cada um pode fazer ou omitir licitamente. A previsibilidade normativa do comportamento é a condição existencial da vida em comum, que requer segurança, limitação do arbítrio de cada um em benefício da liberdade igual de todos.[57]

Bibliografia

ÁVILA, Humberto. *Teoria dos Princípios – da definição à aplicação dos princípios jurídicos*. São Paulo: Malheiros, 14ª. Edição, 2013.

_____. *Neoconstitucionalismo: entre a ciência do direito e o direito da ciência*. Revista Eletrônica de Direito do Estado – número 17, janeiro/fevereiro/março de 2009. (www.direitodoestado.com.br)

BARROSO, Luís Roberto. *O Novo Direito Constitucional Brasileiro*. Editora Fórum: Belo Horizonte, 2013.

BENOIT, Francis-Paul. *Le Droit Administratif Français*. Paris: Dalloz, 1968.

---

57. VILANOVA, Lourival. *Escritos Jurídicos e Filosóficos*. Volume I. São Paulo: IBET/Axis Mundi, 2003, p. 364.

BLACK, Henry Campbell. *American Constitucional Law*. St. Paul, Minn: West Publishing Company, third edition, 1910.

BONAVIDES, Paulo. *Do Estado liberal ao Estado social*. São Paulo: Malheiros, 7ª edição, 2001.

CANOTILHO, J.J. Gomes. *Direito Constitucional e Teoria da Constituição*. Coimbra: Almedina, 4ª edição.

CARVALHO, Aurora Tomazini de. *Curso de Teoria Geral do Direito (O Constructivismo Lógico-Semântico)*. São Paulo: Noeses, 2012.

CARVALHO, Paulo de Barros: *Direito Tributário, Linguagem e Método*. São Paulo: Noeses, 5ª edição, 2013.

DIAS, Ana Carolina Carvalho. Os limites à interpretação das normas tributárias – transformação do texto em norma. In: *Vilém Flusser e Juristas. Comemoração dos 25 do Grupo de Estudos de Paulo de Barros Carvalho*. Coordenação Florence Haret e Jerson Carneiro. São Paulo: Noeses, 2009.

FERRAZ, Tércio Sampaio. Interpretação Jurídica: interpretação que se comunica ou comunicação que se interpreta? In: *Vilém Flusser e Juristas. Comemoração dos 25 do Grupo de Estudos de Paulo de Barros Carvalho*. Coordenação Florence Haret e Jerson Carneiro. São Paulo: Noeses, 2009.

FLUSSER, Vilém. *Língua e realidade*. São Paulo: Annablume, 2005.

GRAU, Eros Roberto. *Por que tenho medo dos juízes (a interpretação/aplicação do direito e os princípios)*. 6ª edição refundida do ensaio e discurso sobre a interpretação/aplicação do direito. São Paulo: Malheiros Editores, 2013.

GUASTIN, Riccardo. *Distinguiendo. Estúdios de teoria y metateoria del derecho*. Barcelona: Gedisa Editorial, 1999.

_____. *Das Fontes às Normas*. São Paulo: Quartier Latin, 2005.

HABERMAS, Jurgen. *Verdade e Justificação*. São Paulo: Loyla, 2000.

HARET, Florence e CARNEIRO, Jerson. *Vilém Flusser e Juristas – Comemoração dos 25 anos do Grupo de Estudos de Paulo de Barros Carvalho*. Noeses: São Paulo, 2009.

HESSEN, Johannes. *Filosofia dos Valores*. Livraria Acadêmica. São Paulo: Saraiva, 1946.

GORDILLO, Agustín. *Tratado de Derecho Administrativo*. T. 1º, Parte General. Belo Horizonte y San Pablo: Editora Del Rey y F.D.A, 1ª edición brasileña, 2003.

GUASTINI, Ricardo. *Das Fontes às Normas*. Trad. Edson Bini – Apresentação de Heleno Taveira Torres, São Paulo: Quartier Latin, 2005.

MELLO, Celso Antônio Bandeira de. *Curso de Direito Administrativo*. 15ª edição. São Paulo: Malheiros, 2002.

MÖLLER, MAX. *Teoria Geral do Neoconstitucionalismo – bases teóricas do constitucionalismo contemporâneo*. Porto Alegre: Livraria do Advogado, 2011.

MORCHÓN, Gregorio Robles. *As Regras do Direito e as Regras dos Jogos – Ensaio sobre a Teoria Analítica*. (Tradução Pollyana Mayer). São Paulo: Noeses, 2011.

_____. *Teoria Del Derecho – Fundamentos de teoria comunicacional del derecho*. Civitas Ediciones, 14ª edição, 2006.

MOUSSALLEM, Tárek. *Revogação em Matéria Tributária*. São Paulo: Noeses, 2005.

POSNER, Richard A. *Problemas da Filosofia do Direito*. Martins Fontes: São Paulo, 2007.

QUEIRÓ, Afonso Rodrigues. *A Teoria do Desvio de Poder em Direito Administrativo*. RDA, vol. VI e VII.

RAMOS, Elival da Silva. *Ativismo Judicial*. 1ª edição, 3ª tiragem. Editora Saraiva: São Paulo, 2013.

SILVA, Virgílio Afonso (organizador). *Interpretação Constitucional*. São Paulo: Malheiros, 1ª edição, 2ª. tiragem, 2007.

SUNDEFELD, Carlos Ari. *Direito Administrativo para Céticos*. São Paulo:Malheiros Editores, 2012.

SUNSTEIN, Cass R. *A Constituição Parcial*. Belo Horizonte: Editora Del Rey, 2009.

TOMÉ, Fabiana Del Padre. *A Prova no Direito Tributário*. São Paulo: Noeses, 2005.

TRIBE, Laurence. *American Constitutional Law. Third-edition-volume one*. New York. Foundation Press, 2000.

VILANOVA, Lourival. "O Poder de Julgar e a Norma". In: *Escritos Jurídicos e Filosóficos*. Volume I. São Paulo: AXIS MVDI/IBET, 2003.

VILHENA, Oscar Viera. *Supremo Tribunal Federal. Jurisprudência Política*. São Paulo: Editora RT, 1994.

Capítulo II
REFLEXÕES SOBRE A FUNÇÃO JURISDICIONAL

A CONCILIAÇÃO À LUZ DO PRINCÍPIO CONSTITUCIONAL DA FRATERNIDADE: A EXPERIÊNCIA DA JUSTIÇA FEDERAL DA PRIMEIRA REGIÃO

Reynaldo Soares da Fonseca[1]

"Os obstáculos para a harmonia da convivência humana não são apenas de ordem jurídica, ou seja, devidos à falta de leis que regulem esse convívio; dependem de atitudes, mais profundas, morais, espirituais, do valor que damos à pessoa humana, de como consideramos o outro" – Chiara Lubich.

Índice: Introdução. 1- Vista d'olhos sobre o jus-humanismo normativo. 2- O princípio da fraternidade como categoria jurídica. 3- Nova leitura do princípio do devido processo legal, diante do constitucionalismo fraternal e do jus-humanismo normativo. 3.1- Reconstrução histórica do *due process of law*. 3.2- Ligeira digressão sobre a dinâmica entre regras e princípios (regra – meta-regra e meta-meta-regra). 3.3- O princípio do devido processo legal. 4- A conciliação à luz do princípio da fraternidade: breves reflexões sobre a experiência da Justiça Federal da Primeira região no âmbito cível. 5- O desafio do princípio da fraternidade no Direito Penal: uma provocação inicial à conciliação. 6- Conclusão. Referências.

---

1. Mestrando em Direito pela PUC-SP. Desembargador Federal do Tribunal Regional Federal da 1ª Região.

Introdução

O presente trabalho nasceu das seguintes perplexidades: o princípio da fraternidade é uma categoria jurídica? Em caso positivo, como viabilizá-lo no Sistema Justiça e quais suas implicações com os demais princípios constitucionais envolvidos? Pode ser aplicado também no Direito Penal? E no âmbito da Justiça Federal?

A trilha proposta tem início com a mais antiga indagação do Direito: dentre as várias clássicas teorias do Direito, é possível assegurar, de forma coerente, a aplicação de somente uma delas e sustentar a sua validade e completude para todos os ramos jurídicos?

Propõe-se, com efeito, ligeiramente, o percurso pelos jusnaturalismo, pelo positivismo e pelo realismo jurídico, e opta-se pelo adensamento proposto pelo jus-humanismo normativo.

Em seguida, será abordado o caráter jurídico do princípio da fraternidade e seu reconhecimento no rol dos direitos humanos e na positivação da legislação alienígena e no texto constitucional brasileiro, desde o seu preâmbulo.

Com essa estruturação, serão examinadas as dimensões do princípio do devido processo legal, dando-lhe nova roupagem em face do chamado constitucionalismo fraternal.

Após esse itinerário, será analisada a conciliação, como expressão do sobreprincípio da fraternidade e como meio alternativo de solução das controvérsias judiciais ou pré-processuais, com a finalidade de articular a cultura do diálogo/conciliação, na qualidade também de corolário concretizador do princípio do devido processo legal na República brasileira.

Será examinada, logo após, a experiência da Justiça Federal da Primeira Região, com dados oficiais e com a demonstração da consolidação da conciliação no âmbito cível. Chegar-se-á, então, ao exame da possibilidade de aplicação, ou não, do princípio da fraternidade no Direito Penal.

O tema em debate é, no mínimo, instigador. Não se pretende, é lógico, exaurir a matéria, mas apenas fazer uma provocação inicial.

1. Vista d'olhos sobre o jus-humanismo normativo

O conceito de Direito continua sendo disputado por diversas linhas filosóficas. Para que se possa compreender a opção feita nesta monografia, pelo jus-humanismo normativo, é necessário, preliminarmente, tecermos brevíssimas referências às três linhas filosóficas clássicas: jusnaturalismo, positivismo e realismo jurídico.

Para o **jusnaturalismo,** "no momento da concretização do Direito, devem-se pautar as decisões nos valores superiores, oriundos da natureza humana e esse direito é antecedente ao direito positivo. O homem vive em sociedade com normas positivadas mas independentemente segue uma ordem natural e imutável pautada pelo senso de justiça." (MATSUSHITA, 2012, p. 30). Existem, pois, regras/princípios que independem da norma jurídica estatal.

Mais recentemente, pode-se afirmar que o direito natural foi redescoberto, através dos chamados direitos humanos, que assumiu seu papel transformador.

Negando a existência do direito natural, o **positivismo** defende que uma regra pertencerá ao sistema jurídico, criando direitos e obrigações para os seus destinatários, desde que emane de uma autoridade competente para criação de normas e desde que seja gerada de acordo com o procedimento previsto legalmente para edição de novas normas, respeitados os limites temporais e espaciais de validade, assim como as regras que resolvem as chamadas antinomias. Nessa perspectiva, o Direito é uma ciência que se constitui como um sistema de normas coativas, alicerçado em uma norma fundamental e na lógica sistemática das demais normas jurídicas (HANS KELSEN, 1999).

É verdade que os próprios teóricos do positivismo jurídico divergem bastante sobre o fundamento de validade da norma jurídica. Para uns, os fatos sociais definem o Direito; para outros, a vontade do legislador ou a vontade do aplicador do direito ou a eficácia social, ou, ainda, o reconhecimento pelas autoridades e pelos cidadãos ou, por fim, a existência de uma norma pressuposta.

Por sua vez, o construtivismo lógico-semântico, de raiz juspositivista, entende que tudo é linguagem ou, como bem disse Wittgenstein, em seu *Tractatus Logico-Philosophicus* (1995), *"os limites da minha linguagem são os limites do meu mundo"*. Nesse contexto, a interpretação deixa de assumir o papel de técnica de extração de sentido dos textos, sob o prisma da filosofia da consciência, e passa ao papel de verdadeira construtora dos objetos, que passam a só existir quando expressos através de linguagem. Texto é linguagem.

A construção do sentido dos textos jurídicos, na visão extraordinária de Paulo de Barros Carvalho (2011), se faz através de quatro planos: o plano S1 é o chamado plano dos significantes, ou do suporte físico (ex. o texto de lei), onde há um dado objetivo – a materialidade física da linguagem – que será analisada pelo intérprete, para dar início à interpretação (toda interpretação tem início em um dado objetivo significante); o plano S2 é o plano das significações dos signos constantes no suporte físico – é um plano intermediário entre o suporte e o mínimo deôntico – onde há também a construção de proposições jurídicas dotadas de um mínimo semântico; no plano S3 é que as proposições vão se articular, constituindo normas jurídicas dotadas do esquema deôntico mínimo e irredutível (na forma "hipótese => consequência"), podendo, a partir daí, regular condutas; por fim, no plano S4 irão se estabelecer as relações de coordenação e subordinação entre as normas construídas no plano S3, dando ares de sistema ao conjunto das normas jurídicas.

O **realismo jurídico** é uma linha filosófica surgida nos Estados Unidos na primeira metade do século XX, que centraliza o estudo do direito na atuação do juiz, considerando o Direito aplicado concretamente – e não a moral, a justiça ou as normas jurídicas, o objeto central de pesquisa do jurista.

O realismo jurídico entende que a ciência do Direito deve se ocupar de duas grandes questões: o que o juiz decide em determinado caso, e o que ele irá decidir em uma situação sobre a qual ele ainda não se pronunciou?

Com efeito, os realistas sustentam que o Direito é fruto de decisões judiciais, e a ciência do Direito deve se ocupar tanto em analisar decisões judiciais tomadas (direito presente) quanto em prever como certas questões serão decididas (direito provável). A norma é apenas uma referência a partir da qual o juiz, em face de um caso concreto, irá dizer o que é o Direito.

No tópico, Thiago Matsushita (2012) defende um fator de balanceamento do realismo. Incrementa o círculo que envolve o realismo jurídico, colocando a doutrina como elemento participante dessa aplicação do Direito. Assim, o Direito passaria a ser fruto da doutrina produzida pelos magistrados e pela academia.

Acontece que, dentre as várias teorias do Direito conhecidas, não é possível assegurar, de forma coerente, a aplicação de somente uma delas e sustentar a sua validade e completude para todos "os ramos do Direito".

A partir de tal constatação, um grupo de juristas brasileiros, inspirados no mexicano Eduardo Garcia Máynes – intersecção de três círculos, onde o primeiro é o direito positivo, o segundo o direito natural e o terceiro o realismo jurídico – e no francês Michel Villey,[2] passou a desenvolver o chamado **jus-humanismo normativo**.

Tal corrente filosófica criada pelo Professor Ricardo Sayeg e sistematizada por ele e pelo Professor Wagner Balera, defende que a decisão mais justa é aquela que acontece da intersecção do texto (direito positivo) com o metatexto (realismo jurídico, incrementado o círculo com a doutrina) e o intratexto (direitos humanos).

Surgiu na disciplina Direito Econômico da PUC-SP: "é necessário formular uma teoria jus-humanista de regência jurídica da economia e do mercado que, sem abominar este último e, pelo contrário, recomendando-o, proponha-se a estruturar um direito planetário imanente, consagrador do Planeta Humanista de Direito." (SAYEG; BALERA, 2011, p. 17).

Todavia, por sua característica universal e transversal, a teoria do jus-humanismo normativo deve ser aplicada como teoria geral do Direito. Baseando-se sempre nos direitos humanos imanentes de uma sociedade fraterna, o jus-humanismo normativo vem resgatar a fraternidade (seres humanos livres, iguais, mas, sobretudo, irmãos), que é seu marco teórico.

A grande novidade desse novo olhar é não excluir, mas, sim, agregar o que de bom há nas vertentes do jusnaturalismo, do positivismo e do realismo jurídico. O jus-humanismo normativo reconhece, portanto, uma multidimensionalidade que deve ser levada em consideração no momento da concretização do Direito, com o objetivo claro de satisfação integral do ser humano, correspondente especialmente à dignidade da pessoa humana em suas dimensões objetivas da democracia e da paz.

---

2. Notadamente em sua obra "O Direito e os direitos humanos" (2007).

O Direito não pode mais ser analisado apenas em cada um dos grandes modelos de teoria do direito, mas deve ser refletido em um sistema complementar que possa viabilizar o adensamento e evoluir em cada corrente filosófica inclusive.

2. O princípio da fraternidade como categoria jurídica

A Revolução Francesa de 1789 recepcionou a liberdade, a igualdade e a fraternidade como princípios universais, que influenciaram e vão continuar influenciando as instituições, as normas jurídicas e os ideais no mundo contemporâneo.

A sociedade hodierna convive, pois, com a dicotomia dos valores liberdade e igualdade e não questiona sua ambientação jurídica. Já a fraternidade tornou-se um princípio esquecido do Direito, como esclarece o festejado filósofo italiano Antonio Maria Baggio (2009).

Nesse sentido, "da tríade francesa, obtiveram relevância jurídica exclusivamente a *liberdade*, com os direitos fundamentais dela decorrentes (direitos civis e políticos) e a *igualdade*, também na condição de princípio constitucional e os consequentes direitos sociais, econômicos e sociais, exigência do *Welfare State*" (MACHADO, 2013, p. 64).

Provavelmente, o esquecimento da fraternidade como categoria jurídica decorreu da clássica característica da norma jurídica: *força coercível,* pois é evidente que a fraternidade é livre, espontânea e não pode ser imposta.

Todavia, tal panorama de esquecimento jurídico não pode mais prevalecer. As experiências históricas de realização da igualdade à custa da liberdade (totalitarismo) ou do sacrifício da igualdade (de oportunidades, inclusive) em nome da liberdade (sentido especialmente econômico: mercado) revelam o desastre de uma tentativa de transformação social não alicerçada na fraternidade.

Assim, a redescoberta do princípio da fraternidade apresenta-se como um fator de fundamental importância, tendo em vista a complexidade dos problemas sociais, jurídicos e estruturais ainda hoje enfrentados pelas democracias ocidentais.

Nessa linha de raciocínio, após as duas guerras mundiais, surge a Declaração Universal dos Direitos Humanos (1948) reconhecendo, com clareza solar, em seu art. 1º, a fraternidade como valor universal: *Todas as pessoas são dotadas de razão e consciência e devem agir em relação umas às outras com **espírito de fraternidade**.*

Com efeito, a fraternidade não exclui o direito e vice-versa, mesmo porque a fraternidade enquanto valor vem sendo proclamada por diversas constituições modernas, ao lado de outros valores também historicamente consagrados como a igualdade e a liberdade.

Tanto é que, entre o final do século XX e o início deste século, despontaram estudos sobre a fraternidade no campo do Direito, especialmente na Itália, na Áustria, na Argentina e no Brasil, aqui com o pioneirismo da doutrina do Ministro Carlos Ayres Britto nas obras *Teoria da Constituição (2003)* e *O humanismo como categoria constitucional (2007).*

Nessa mesma perspectiva, do Movimento dos Focolares, de inspiração cristã, fundado em 1943, em Trento, na Itália, por Chiara Lubich, que vive o ecumenismo e proclama a espiritualidade da unidade, nasce uma inundação chamada Comunhão e Direito, que objetiva encontrar uma visão do Direito e da Justiça a partir de uma estreita relação com os pontos que advêm da mensagem evangélica e da prática concreta da "regra de ouro", presente em todas as grandes religiões ("não fazer ao outro o que não gostaria que fosse feito a si"). A fraternidade passa a ser, então, um instrumento de transformação social.

A propósito, disse a saudosa Chiara Lubich: "*a fraternidade é a categoria de pensamento capaz de conjugar a unidade e a distinção a que anseia a humanidade contemporânea."* (LUBICH, 2008).

No caso brasileiro, a Constituição vigente absorveu os três valores da Revolução de 1789 ao registrar como o primeiro objetivo da República Federativa a construção de uma sociedade livre (liberdade), justa (igualdade) e solidária (fraternidade) – art. 3º.

Já no Preâmbulo da CF/88, proclamou-se:

> *Nós, representantes do povo brasileiro, reunidos em Assembléia Nacional Constituinte para instituir um Estado Democrático, destinado a assegurar o exercício dos direitos sociais e individuais, a liberdade, a segurança, o bem-estar, o desenvolvimento, a igualdade e a justiça como valores supremos de uma **sociedade fraterna**, pluralista e sem preconceitos, fundada na harmonia social e comprometida, na ordem interna e internacional, com a solução pacífica das controvérsias, promulgamos, sob a proteção de Deus, a seguinte CONSTITUIÇÃO DA REPÚBLICA FEDERATIVA DO BRASIL.*

Nesse diapasão, o constitucionalismo moderno pátrio ultrapassa o liberalismo (constitucionalismo liberal – dimensão política) e a social-democracia (constitucionalismo social – dimensão social), enveredando pelo chamado constitucionalismo fraternal (ou altruístico). Resgata-se, pois, o direito natural, com raiz no humanismo cristão, segundo Nalini (2010, p. 193), e como "virtude da cidadania, que supera as fronteiras da pátria ou da nação (cidadania interna), numa perspectiva universal da pessoa humana (cidadania global)", segundo Machado (2013, p. 79).

No tópico, o Ministro Ayres Britto pondera que o constitucionalismo fraternal é sua terceira e última fase. É o constitucionalismo do futuro. *"Depois que ele assumiu uma feição liberal ou libertária, uma função social ou igualitária, agora chega a terceira fase, que é a fraternidade, para ombrear todas as pessoas em termos de respeito, referência e consideração."* (*apud* MACHADO, 2013).

Ressalte-se, a propósito, que uma sociedade fraterna não se limita a ações distributivas (plano econômico). É uma sociedade sem preconceitos e pluralista, que busca a integração comunitária verdadeira, que é muito mais que inclusão social.

No dizer de Ricardo Hasson Sayeg, da PUC/SP (2011, p. 101), a sociedade fraterna é uma *"vindicação constitucional à antropofilia, isto é, uma sociedade que supera o antropocentrismo e descola o homem do centro do universo para o meio difuso de todas as coisas, estabelecendo, entre todos e tudo uma conexão universal, que já vem admitida na mais aceita teoria física do início do universo, a do Big Bang, ao reconhecer a partícula elementar que os cientistas apelidaram de 'Partícula de Deus'. Essa conexão quanto à vida também está confirmada pela biologia na decodificação do DNA."*

Em suma, vivemos em uma sociedade complexa, multifacetada, que, há muito tempo, abandonou a roupa velha da vingança privada. Optamos pelo chamado constitucionalismo fraternal (CF/88, art. 3º.) – expressão tão bem defendida, como visto, no Brasil, pelo ex-Presidente do Supremo Tribunal Federal, Ministro-Poeta Britto, em que os princípios da fraternidade, da solidariedade e da paz são valores indispensáveis.

A mudança de paradigma, de cultura, não é fácil. O processo de *satanização* de pessoas e/ou de instituições me faz lembrar SARTRE: "o inferno é o outro", que, na verdade, quer dizer, "o inferno é o ego", pois o outro é a diversidade, a mundividência, seu peculiar modo de conceber e praticar a vida. É necessário, portanto, como diz Britto, ocorrer "o eclipse do ego" para surgir a luz.

Assim, precisamos de um sistema de justiça eficiente e célere, que acompanhe as transformações sociais, mas que, ao mesmo tempo, garanta os direitos humanos fundamentais, propiciando sempre a abertura para uma sociedade fraterna.

Efetivamente, a Carta Política de 1988 consagrou a fraternidade como categoria jurídica. Logo, cabe aos operadores do Direito dar aplicabilidade e eficácia, tornando-a força viva e não objeto de decoração ou de mera promessa.

Felizmente, os exemplos do constitucionalismo fraternal na jurisprudência do Supremo Tribunal Federal já existem e merecem destaque.

Veja-se, inicialmente, o fundamento central utilizado pelo então Presidente do Supremo Tribunal Federal, Min. Gilmar Mendes, para manter o sistema de cotas para ingresso especial na Universidade de Brasília:

> ***ADPF 186 MC/DF – DISTRITO FEDERAL***
>
> ***MEDIDA CAUTELAR EM ARGUIÇÃO DE DESCUMPRIMENTO DE PRECEITO FUNDAMENTAL***
>
> ***Relator(a): Min. RICARDO LEWANDOWSKI.***
>
> ***Julgamento: 31/07/2009***
>
> *Trata-se de arguição de descumprimento de preceito fundamental, proposta pelo partido político DEMOCRATAS (DEM), contra atos administrativos da Universidade de Brasília que instituíram o programa de cotas raciais para ingresso naquela universidade.*
>
> *Alega-se ofensa aos artigos 1º, caput e inciso III; 3º, inciso IV; 4º, inciso VIII; 5º, incisos I, II, XXXIII, XLII, LIV; 37, caput; 205; 207, caput; e 208, inciso V, da Constituição de 1988.*
>
> *[...]*
>
> ***Não posso deixar de levar em conta, no contexto dessa temática, as assertivas do Mestre e amigo Professor Peter Häberle, o qual muito bem constatou que, na dogmática constitucional, muito já se tratou e muito já se falou sobre liberdade e igualdade, Mas pouca coisa se encontra sobre o terceiro valor fundamental da Revolução Francesa de 1789:***

*a fraternidade (**HÄBERLE**, Peter. Libertad, igualdad, fraternidad. 1789 como historia, actualidad y futuro del Estado constitucional. Madrid: Trotta; 1998). E é dessa perspectiva que parto para as análises que faço a seguir.*

*No limiar deste século **XXI**, liberdade e igualdade devem ser (re)pensadas segundo o valor fundamental da fraternidade. Com isso quero dizer que a fraternidade pode constituir a chave por meio da qual podemos abrir várias portas para a solução dos principais problemas hoje vividos pela humanidade em tema de liberdade e igualdade.*

Vivemos, atualmente, as consequências dos acontecimentos do dia 11 de setembro de 2001 e sabemos muito bem o que significam os fundamentalismos de todo tipo para os pilares da liberdade e igualdade. Fazemos parte de sociedades multiculturais e complexas e tentamos ainda compreender a real dimensão das manifestações racistas, segregacionistas e nacionalistas, que representam graves ameaças à liberdade e à igualdade.

Nesse contexto, a tolerância nas sociedades multiculturais é o cerne das questões a que este século nos convidou a enfrentar em tema de liberdade e igualdade.

Pensar a igualdade segundo o valor da fraternidade significa ter em mente as diferenças e as particularidades humanas em todos os seus aspectos. A tolerância em tema de igualdade, nesse sentido, impõe a igual consideração do outro em suas peculiaridades e idiossincrasias. Numa sociedade marcada pelo pluralismo, a igualdade só pode ser igualdade com igual respeito às diferenças. Enfim, no Estado democrático, a conjugação dos valores da igualdade e da fraternidade expressa uma normatividade constitucional no sentido de reconhecimento e proteção das minorias.

A questão da constitucionalidade de ações afirmativas voltadas ao objetivo de remediar desigualdades históricas entre grupos étnicos e sociais, com o intuito de promover a justiça social, representa um ponto de inflexão do próprio valor da igualdade.

Diante desse tema, somos chamados a refletir sobre até que ponto, em sociedades pluralistas, a manutenção do status quo não significa a perpetuação de tais desigualdades.

Se, por um lado, a clássica concepção liberal de igualdade como um valor meramente formal há muito foi superada, em vista do seu potencial de ser um meio de legitimação da manutenção de iniquidades, por outro o objetivo de se garantir uma efetiva igualdade material deve sempre levar em consideração a necessidade de se respeitar os demais valores constitucionais.

Não se deve esquecer, nesse ponto, o que Alexy trata como o paradoxo da igualdade, no sentido de que toda igualdade de direito tem por consequência uma desigualdade de fato, e toda desigualdade de fato tem como pressuposto uma desigualdade de direito (ALEXY, Robert. Teoría de los derechos fundamentales. Madrid: Centro de Estudios Políticos y Constitucionales; 2001). Assim, o mandamento constitucional de reconhecimento e proteção igual das diferenças impõe um tratamento desigual por parte da lei. O paradoxo da igualdade, portanto, suscita problemas dos mais complexos para o exame da constitucionalidade das ações afirmativas em sociedades plurais. Cortes constitucionais de diversos Estados têm sido chamadas a se pronunciar sobre a constitucionalidade de programas de ações afirmativas nas últimas décadas. No entanto, é importante salientar que essa temática – que até certo ponto pode ser tida como universal – tem contornos específicos conforme as particularidades históricas e culturais de cada sociedade.

O tema não pode deixar de ser abordado desde uma reflexão mais aprofundada sobre o conceito do que chamamos de "raça". Nunca é demais esclarecer que a ciência contemporânea, por meio de pesquisas genéticas, comprovou a inexistência de "raças" humanas.

Os estudos do genoma humano comprovam a existência de uma única espécie dividida em bilhões de indivíduos únicos: "somos todos muito parecidos e, ao mesmo tempo, muito diferentes" (Cfr.: PENA, Sérgio D. J. Humanidade Sem Raças? Série 21, Publifolha, p. 11.).

[...]

Assim, por ora, não vislumbro qualquer razão para a medida cautelar de suspensão do registro (matrícula) dos alunos que foram aprovados no último vestibular da UnB ou para qualquer interferência no andamento dos trabalhos na universidade.

Com essas breves considerações sobre o tema, indefiro o pedido de medida cautelar, ad referendum do Plenário.

[...]

Ministro GILMAR MENDES – Presidente (art. 13, VIII, RI-STF). Negritei.

Com efeito, a questão das ações afirmativas, por exemplo, não pode ser resolvida apenas com base nos princípios da liberdade e da igualdade. Sem o toque da fraternidade não é possível ser compreendida e encaminhada.

Confiram-se, a propósito, outros precedentes que são emblemáticos quanto à concretude do princípio da fraternidade no ordenamento jurídico pátrio, fazendo letra viva a força normativa do preâmbulo e dos princípios da Constituição:

> **DIREITO CONSTITUCIONAL E ADMINISTRATIVO. RECURSO ORDINÁRIO EM MANDADO DE SEGURANÇA. CONCURSO PÚBLICO. CANDIDATO PORTADOR DE DEFICIÊNCIA VISUAL. AMBLIOPIA. RESERVA DE VAGA. INCISO VIII DO ART. 37 DA CONSTITUIÇÃO FEDERAL. § 2º DO ART. 5º DA LEI N. 8.112/90. LEI N. 7.853/89. DECRETOS N.S 3.298/99 E 5.296/2004.**
>
> 1. O candidato com visão monocular padece de deficiência que impede a comparação entre os dois olhos para saber-se qual deles é o "melhor".
>
> 2. A visão univalente -- comprometedora das noções de profundidade e distância -- implica limitação superior à deficiência parcial que afete os dois olhos.
>
> 3. *A reparação ou compensação dos fatores de desigualdade factual com medidas de superioridade jurídica constitui política de ação afirmativa que se inscreve nos quadros da sociedade fraterna que se lê desde o preâmbulo da Constituição de 1988.*
>
> 4. Recurso ordinário provido.
>
> (RMS 26071, Relator(a): Min. CARLOS BRITTO, Primeira Turma, julgado em 13/11/2007, DJe-018 DIVULG 31-01-2008 PUBLIC 01-02-2008 EMENT VOL-02305-02 PP-00314

RTJ VOL-00205-01 PP-00203 RMP n. 36, 2010, p. 255-261). Negritei.

AÇÃO DIRETA DE INCONSTITUCIONALIDADE. ART. 39 DA LEI N. 10.741, DE 1º DE OUTUBRO DE 2003 (ESTATUTO DO IDOSO), QUE ASSEGURA GRATUIDADE DOS TRANSPORTES PÚBLICOS URBANOS E SEMI-URBANOS AOS QUE TÊM MAIS DE 65 (SESSENTA E CINCO) ANOS. DIREITO CONSTITUCIONAL. NORMA CONSTITUCIONAL DE EFICÁCIA PLENA E APLICABILIDADE IMEDIATA. NORMA LEGAL QUE REPETE A NORMA CONSTITUCIONAL GARANTIDORA DO DIREITO. IMPROCEDÊNCIA DA AÇÃO.

1. O art. 39 da Lei n. 10.741/2003 (Estatuto do Idoso) apenas repete o que dispõe o § 2º do art. 230 da Constituição do Brasil. A norma constitucional é de eficácia plena e aplicabilidade imediata, pelo que não há eiva de invalidade jurídica na norma legal que repete os seus termos e determina que se concretize o quanto constitucionalmente disposto.

2. Ação direta de inconstitucionalidade julgada improcedente.

(ADI 3768, Relator(a): Min. CÁRMEN LÚCIA, Tribunal Pleno, julgado em 19/09/2007, DJe-131 DIVULG 25-10-2007 PUBLIC 26-10-2007 DJ 26-10-2007 PP-00028 EMENT VOL-02295-04 PP-00597 RTJ VOL-00202-03 PP-01096). Negritei.

PRISÃO CIVIL. Depósito. Depositário infiel. Alienação fiduciária. Decretação da medida coercitiva. Inadmissibilidade absoluta. *Insubsistência da previsão constitucional e das normas subalternas. Interpretação do art. 5º, inc. LXVII e §§ 1º, 2º e 3º, da CF, à luz do art. 7º, § 7, da Convenção Americana de Direitos Humanos (Pacto de San José da Costa Rica). Recurso improvido. Julgamento conjunto do RE n. 349.703 e dos HCs n. 87.585 e n. 92.566. É ilícita a prisão civil de depositário infiel, qualquer que seja a modalidade do depósito.*

(RE 466343, Relator(a): Min. CEZAR PELUSO, Tribunal Pleno, julgado em 03/12/2008, DJe-104 DIVULG 04-06-2009 PUBLIC 05-06-2009 EMENT VOL-02363-06 PP-01106 RTJ VOL-00210-02 PP-00745 RDECTRAB v. 17, n. 186, 2010, p. 29-165). Negritei.

No mesmo diapasão: HC 94.163-0/RS – Rel. Min. Ayres Britto (02.12.2008 – 1ª Turma – unânime; ADI 2.649-6/DF – Rela.

Min. Carmem Lúcia (08.05.2008 – Pleno – unânime; RE 477554 AgR, Relator(a): Min. Celso de Mello, Segunda Turma, julgado em 16/08/2011, DJe-164, Divulg 25-08-2011, Public 26-08-2011, Ement VOL-02574-02, PP-00287, RTJ, VOL-00220- PP-00572; ADI 3510, Relator(a): Min. Ayres Britto, Tribunal Pleno, julgado em 29/05/2008, DJe-096, Divulg 27-05-2010, Public 28-05-2010, Ement VOL-02403-01, PP-00134, RTJ vol-00214- PP-00043; e HC 111017, Relator(a): Min. Ayres Britto, Segunda Turma, julgado em 07/02/2012, processo eletrônico DJe-124, Divulg 25-06-2012, Public 26-06-2012.

Nessa ordem de ideias, a construção de uma sociedade fraterna não depende apenas de regras jurídicas. Como disse a inesquecível Chiara Lubich, *"os obstáculos para a harmonia da convivência humana não são apenas de ordem jurídica, ou seja, devidos à falta de leis que regulem esse convívio; dependem de atitudes, mais profundas, morais, espirituais, do valor que damos à pessoa humana, de como consideramos o outro"* (apud MACHADO, 2012, p. 27).

Portanto, o horizonte da fraternidade é o que mais se ajusta com a efetiva tutela dos direitos humanos fundamentais. A certeza de que o titular desses direitos é qualquer pessoa, só por ser pessoa, deve sempre influenciar a interpretação das normas e a ação dos operadores do Direito e do Sistema Justiça. Logo, ainda que as normas jurídicas não possam impor a fraternidade, pode a atuação dos operadores do Direito testemunhá-la.

3. Nova leitura do princípio do devido processo legal, diante do constitucionalismo fraternal e do jus-humanismo normativo

O princípio do devido processo legal é tido por parcela da doutrina como o mais fundamental dos princípios do qual decorrem, enquanto corolário, todos os outros princípios e regras no âmbito processual. Surgido na tradição anglo-saxã do Direito no sentido do *due process of law,* ou mais primordialmente *law of the land*, tal princípio adquiriu caráter basilar nos mais diversos sistemas jurídicos, a ponto de ser garantido na Declaração Universal dos Direitos do Homem e ser incorporado no patrimônio jurídico-político da humanidade como um todo, ultrapassando, por certo, o foro do Direito Processual para informar e condicionar todos os ramos jurídicos.

Sua ligação, portanto, com o sobreprincípio da fraternidade é indiscutível, pois é ele que viabiliza o diálogo nos conflitos judicializados ou não.

Nessa esteira, o ordenamento jurídico brasileiro acolhe o devido processo legal na qualidade de princípio constitucional, ao afirmar que *"ninguém será privado da liberdade ou de seus bens sem o devido processo legal"* (CF, art. 5º, inciso LIV), o que, nos termos do Estado Democrático de Direito que constitui a República Federativa do Brasil (art. 1º, CF), é concebido em dupla dimensão, por ser direito fundamental: (i) a **subjetiva**, em que dá posições de vantagem aos indivíduos em face do Estado, ou até mesmo no escopo da sociedade civil; justamente por conta da dimensão (ii) **objetiva**, definida como uma ordem objetiva de valores que condiciona os Poderes Executivo, Legislativo e Judiciário, bem como a própria sociedade (eficácia horizontal dos direitos fundamentais), via constitucionalização do Direito e força normativa da Constituição.

A partir desse panorama, é preciso abordar ligeiramente a reconstrução histórica do *due process of law*; breve digressão sobre a dinâmica entre regras e princípios no Estado de Direito hodierno, bem como o significado atual do princípio constitucional do devido processo legal, entendido a partir de uma visão genérica, ulteriormente especificada em suas vertentes substancial (*substancial due process of law*) e processual (*procedural due process of law*), de maneira a explicitar a relevância que tal princípio tomou no pensamento jurídico contemporâneo em vias práticas e teóricas.

Nesse sentido, embora desde já se retire não existir neste trabalho qualquer pretensão exauriente, objetiva-se com a reflexão ora proposta estabelecer contornos conceituais razoavelmente delimitados, a fim de permitir a operacionalização do artefato semântico em aspectos estruturais, como se diria à luz da teoria dos sistemas (LUHMANN, 1980), como também evitar ao máximo o risco de sua utilização icônica, nos termos da teoria estruturante do Direito (MÜLLER, 2009).

Após esse itinerário, será possível discutir a conciliação, como expressão do sobreprincípio da fraternidade e como meio alternativo de solução de controvérsias, com a finalidade de articular a cultura do diálogo/conciliação, na qualidade também de corolário concretizador do princípio do devido processo legal na República brasileira.

3.1. Reconstrução histórica do *due process of law*

A primeira notícia do devido processo legal no Direito positivo, por assim dizer, dá-se na *Magna Carta*, do ano de 1215. Dentre as limitações exigidas pela casta nobiliárquica ao poder real, havia referência à observância do *law of the land* (art. 39). De inspiração jusnaturalista, correspondia a uma noção de que os direitos naturais eram invioláveis e só poderiam sofrer interferência através da "lei da terra" (CASTRO, 2005, p. 7). Demais disso, a expressão *"due process of law"* é noticiada a partir do *Statute of West-minister of the Liberties of London*, em 1354 (NERY JUNIOR, 2010, p. 80).

A despeito da originalidade do conceito caber à Inglaterra, é nos Estados Unidos que se dará sua inovação em direção ao que se concebe hoje como *due process of law*. Já tendo sido prevista em diversas constituições estaduais anteriormente à Constituição Federal americana, na "Declaração de Direitos" de Maryland, em 1776, tem-se a formulação do trinômio vida--liberdade-propriedade como valores fundamentais de toda sociedade política. Exatamente nesse sentido, o postulado é incorporado à Constituição de Filadélfia, por via das Emendas 5ª e 14ª, valendo, a partir de então, como princípio de foro constitucional para todos os Estados federados (NERY JUNIOR, 2010, pp. 80/81).

> Uma vez incorporada formalmente ao Direito Constitucional norte-americano, através da 5ª e da 14ª Emendas, a cláusula *due process of law* cumpriu um longo itinerário exegético. Em razão de seu enunciado elástico e amoldável às exigências cambiantes daquela sociedade vocacionada ao progresso e à evolução dos costumes, a garantia do *devido processo legal* experimentou profundas variações no tratamento jurisprudencial. Tornou-se, ao lado do princípio da isonomia (*equal protection of law*), o principal instrumento de argumentação de que lançou mão a doutrina e a jurisprudência no vibrante processo de transformação do Direito Constitucional nos Estados Unidos da América. (CASTRO, pp. 31-32.)

Como se vê, a *due process clause* é uma criação emanada do *Common Law*, o que, logicamente, repercutiu no desenvolvimento do conceito, a ponto de "Para muitos autores, a referência ao princípio faz sentido apenas no Direito Constitucional norte-americano [...] já que a Constituição daquele país é essencialmente principiológica" (TAVARES, 2012, p. 73). Porém, a influência da noção de *due process* foi tamanha a ponto de ser incorporada no rol de direitos do homem (art. XI, n. 1, DUDH) especialmente quanto à condução do processo penal. Por conseguinte, conjuntamente ao caráter principiológico do pós-positivismo, torna-se pouco sustentável, *data venia*, a defesa da exclusividade ao contexto norte-americano da referência à *due process clause*.

Assim, não é à toa a inclusão do princípio do devido processo legal no Direito positivo brasileiro, com *status* constitucional, no espaço relativo aos direitos e garantias individuais (art. 5º), elevados, ainda, à condição de cláusula pétrea (art. 60, § 4º, inc. IV, CF).

3.2. Ligeira digressão sobre a dinâmica entre regras e princípios (regra – meta-regra e meta-meta-regra)

No pensamento de Robert Alexy (ALEXY, 2008, pp. 85-120), tem-se que a distinção entre regras e princípios, à luz do pós-positivismo, é de natureza basilar na fundamentação da teoria dos direitos fundamentais, bem como pivô na solução de problemas de cunho dogmático relativos àquela teoria. Tal contexto adquire especial relevância dada a abertura do Direito à Moral, visto que o Direito positivo, por si só, padece de falta de legitimidade no paradigma do Estado Democrático de Direito. Em outras palavras, há abertura para a correção material enquanto elemento do conceito de Direito.

O jurista alemão percebe como errôneos os critérios de generalidade e dos casos de aplicação como distintivos das duas categorias jurídicas. Na verdade, em primeiro lugar, Alexy reputa princípios e regras como espécies do gênero das normas. Logo, ambas são razões para juízos concretos de dever-ser, ainda que apresentem significativas distinções. Assim, filia-se ao grupo doutrinário que sustenta a possibilidade de distinção entre regras e princípios, demais disso não em questão de grau, mas com diferenciações qualitativas.

Em termos explicitamente sintéticos, pode-se dizer que a diferença entre regras e princípio se dá no âmbito das possibilidades jurídicas que se abrem quando em face de colisão. Nesse sentido, as regras seriam aplicadas em lógica binomial, visto que regem ou não a situação jurídica, sem possibilidade de gradações, já os princípios são entendidos como mandatos de otimização, isto é, realizam-se ao máximo na medida do possível. Ademais, os princípios são admitidos *prima facie*, ao passo que as regras se dão em caráter definitivo, até serem excepcionadas.

Para o jus-humanismo normativo, por sua vez, a relação regra x princípios é a seguinte: dimensão discursiva (texto);

real-cultural (metatexto) e humanismo antropofilíaco (intratexto). Avança, portanto, para além do neopositivismo, com o reconhecimento da regra (texto escrito), meta-regra (princípios) e meta-meta-regra (sobreprincípio, que existe independentemente de positivação).

Há, com efeito, divergências e convergências várias em relação ao pensamento de Alexy, mas dessa discussão, o que fundamentalmente importa, aqui, é o enquadramento do devido processo legal na fisionomia dos princípios. Desse modo, o princípio constitucional do devido processo legal, a ser conceituado seguidamente, é norma e por isso, deve ser observada como razão dos juízos concretos de dever-ser no ordenamento jurídico brasileiro, dada sua qualidade de mandato de otimização, entendido como sua realização em nível ótimo nos liames das condições jurídicas (proporcionalidade em sentido estrito) e fáticas (adequação e necessidade).

3.3. O princípio do devido processo legal

Antes de tudo, deve-se ter em mente que a expressão *due process of law*, quando traduzida para o português na forma de devido processo legal, gerou, de plano, ambiguidades, dado que os três nomes que a compõem apresentam múltiplos significados na língua portuguesa. Sendo assim, cabe precisá-la como "garantias previstas juridicamente" à luz do pensamento de André Tavares (TAVARES, p. 73), bem como, noutras palavras, como um justo modo de produção do Direito.

Nessa ordem de ideias, tal fórmula importa em um conjunto de garantias constitucionais com dupla função, a saber, (i) assegurar às partes o exercício de suas faculdades e poderes processuais e (ii) auxiliar fundamentalmente o correto exercício da jurisdição, revestindo-se, então, de não apenas interesses particulares, mas, também, da qualidade de direitos públicos subjetivos, componentes da própria salvaguarda do processo, isto é, atuar como fator legitimador do exercício da jurisdição (CINTRA; GRINOVER; DINAMARCO, 1995, p. 82).

Ademais, é exatamente para administrar essas garantias, com o fito de salvaguardar os direitos dos cidadãos, que o Judiciário detém a qualidade de Poder político do Estado (art. 2º, CF), porquanto "as garantias das pessoas dependem, em última análise, das garantias dos juízes, o que se traduz na independência dos órgãos da magistratura." (MOREIRA NETO, 1999, p. 63).

No desenvolvimento jurisprudencial desse princípio, houve sua bifurcação em duas dimensões: a processual e a substancial. A primeira está associada ao acesso à ordem jurídica justa, ao passo que a segunda abrange o imperativo de razoabilidade das leis. Neste artigo, esse princípio está enfocado na perspectiva processual.

Na lição de Alexandre Freitas Câmara, tem-se que a dimensão processual do devido processo deve ser entendida como "a garantia de que todos os titulares de posições jurídicas de vantagem possam ver prestada a tutela jurisdicional, devendo esta ser prestada de modo eficaz, a fim de se garantir que a já referida tutela seja capaz de efetivamente proteger as posições de vantagem mencionadas." (CÂMARA, 2012, p. 44).

Vale ressaltar que esse aspecto do princípio possui maior escopo do que o simples acesso ao Judiciário, como pressupõe uma perspectiva estritamente formalista. Na verdade, trata-se de mandamento derivado da instrumentalidade do processo que importe na possibilidade de o cidadão ter acesso a resultados justos, independente dos órgãos que os promovam, isto é, os resultados podem advir de vias judiciais ou extrajudiciais, estatais ou paraestatais, bastando consonância ao Estado Democrático de Direito brasileiro, nos termos da Constituição e do resgate dos direitos humanos como expressão moderna do direito natural.

4. A conciliação à luz do princípio da fraternidade: breves reflexões sobre a experiência da Justiça Federal da Primeira região no âmbito cível

Uma das formas de vivenciar a fraternidade é fomentar, através da nova leitura do princípio do devido processo legal, as soluções dos conflitos sociais e judiciais pela via da conciliação, nas suas mais variadas formas (conciliação, mediação e arbitragem).

No marco sócio-político brasileiro, com a entrada em vigor da Constituição da República Federativa do Brasil, em 1988, ocorre uma conferência vultosa de poderes constitucionais ao Poder Judiciário, a fim de que este atue como fiador da democracia e garantidor dos direitos fundamentais. Na realidade, tem-se explicitamente um quadro de disfuncionalidades do Poder judicante, isto é, há uma diferença abissal entre o que o Poder constituinte positivou na Carta Maior e a atividade jurisdicional que, de fato, o Judiciário presta, à luz das possibilidades jurídicas e fáticas observáveis na concretude histórica. Essa situação tomou tamanha proporção a ponto de parcela da doutrina referir-se a ela como "crise do Poder Judiciário".

No Direito processual, identificam-se três ondas de acesso à Justiça. Essas ondas estariam no sentido de remoção dos obstáculos à resolução de litígios. A primeira onda refere-se à remoção de obstáculos econômicos, tendo como marco a assistência judiciária gratuita. Seguidamente, a segunda onda se traduz na remoção de obstáculos de cunho individualista, logo se criaram mecanismos de proteção de interesses transindividuais. Por fim, a terceira onda é referente a obstáculos qualitativos, então se tem a reforma do Poder Judiciário, desformalização e meios alternativos de resolução dos conflitos.

Demais disso, diante da problemática hodierna de carência de recursos, com causas de cunho estrutural, conjuntural, processual e cultural, torna-se inevitável desautorizar o velho dogma de que o monopólio estatal da jurisdição emana da manifestação do juiz na via processual, através principalmente do procedimento ordinário. Nesse diapasão, noticia-se a imprescindibilidade das resoluções alternativas de disputa – em termos gerais, a arbitragem, a conciliação e a mediação – para a manutenção do Poder Judiciário como instituição funcional na dinâmica do Estado e, mais amplamente, da sociedade civil.

Nesse panorama insere-se a categoria jurídica da conciliação como meio de tratamento dos conflitos de interesses, marcado por caráter autocompositivo, no qual um terceiro desinteressado, por intermédio de técnicas adequadas aprendidas em curso de capacitação, atua, em momento pré-processual ou processual, no sentido de estimular as partes a chegarem a um acordo. Nesse sentido, diferentemente da mediação, a conciliação está centrada nos resultados, e não no tratamento da lide sociológica por várias sessões com eventual acerto entre as partes.

Recorde-se, então, brevemente: I) <u>negociação</u>: não há (em regra) um terceiro envolvido no decorrer do procedimento; as partes em conflito se autoavaliam e chegam a uma solução plausível para ambas através dos diálogos por elas mesmas estabelecidos; II) <u>conciliação</u> – um terceiro imparcial auxiliará as partes na busca por um entendimento, podendo interferir, sugerindo, inclusive, soluções para o caso. Pode ser judicial ou extrajudicial; III) <u>mediação</u> – o terceiro procura não interferir, sendo desaconselhável sua influência nas possíveis soluções. A mediação visa à construção de um consenso mútuo, onde as próprias partes, e somente elas são legitimadas a encontrar a melhor solução. Há quem defenda a mediação como sinônimo da conciliação em sentido estrito; IV) <u>arbitragem</u> – mecanismo extrajudicial de conflitos, instituído pela Lei 9.307, de 23 de setembro de 1986, por meio do qual as partes, em comum acordo, apresentam a controvérsia a um terceiro, imparcial, que deverá julgar a lide. O terceiro recebe poderes de uma convenção privada, decidindo com base nela, sem intervenção estatal. Trata-se de um procedimento heterocompositivo.

É verdade que, na fase inicial, a conciliação tem sido implementada pelo Poder Judiciário brasileiro com a presença dos conciliadores, mas com a participação também dos juízes, a fim de que sua cultura seja consolidada no imaginário social, com segurança e entusiasmo.

O que importa, neste trabalho, é o estudo transformador da conciliação (gênero), que busca no conflito a possibilidade de mudança no relacionamento das partes (terapia do reencontro – Warat, 2001, p.84), com a melhoria dos diálogos e a construção de uma solução consensual.

Seja como for, cada meio de solução de controvérsias tem suas peculiaridades e por efeito, benefícios e pontos negativos. Mas o que interessa é a construção de uma travessia que viabilize a resposta às promessas constitucionais de 1988.

Com isso em mente, o Conselho Nacional de Justiça editou a Resolução CNJ 125, de 29 de novembro de 2010, a qual dispõe sobre a Política Judiciária Nacional de tratamento adequado dos conflitos de interesses no âmbito do Poder Judiciário e dá outras providências, tendo em vista "a necessidade de se consolidar uma política pública permanente de incentivo e aperfeiçoamento dos mecanismos consensuais de solução de litígios" e que "a conciliação e mediação são instrumentos efetivos de pacificação social, solução e prevenção de litígios".

Nos dizeres dos ministros do Superior Tribunal de Justiça Nancy Andrighi e Sidnei Beneti, "A experiência conciliatória, como meio de evitar o processo e de solucionar os já em andamento, tem encontrado espaço cada vez maior nos ordenamentos jurídicos de todos os países, em face de sua comprovada eficiência." (ANDRIGHI; BENETI, 1996, pp. 42-43).

Em termos empíricos, o Índice de confiança na Justiça brasileira, elaborado pela Fundação Getúlio Vargas de São Paulo (CUNHA *et al.*, 2012, p. 15), apontou que 59% dos entrevistados que enfrentaram alguma das situações de conflito possíveis de serem vivenciadas pela população não procuraram o Judiciário para a resolução da controvérsia por acreditarem que esta via demoraria muito, que seria cara ou porque não confiavam no Judiciário para a solução dos conflitos. Tal apontamento é gravíssimo na medida em que o Poder judicante só se legitima democraticamente por meio da administração de conflitos em conformidade com a Constituição e legislação de maneira eficaz e eficiente.

De outra banda, o mesmo estudo perguntou aos entrevistados "se, na hipótese de enfrentarem algum tipo de conflito, eles aceitariam tentar um acordo reconhecido pelo Judiciário, mas decidido por outra pessoa que não um juiz." (CUNHA et al., 2012, p. 16). Nesse contexto, 71% dos entrevistados responderam positivamente à questão, sendo que os meios alternativos apresentaram maior adesão entre os jovens, com maior renda e escolaridade. De ressaltar-se que a taxa de aceitação foi maior entre as pessoas que já haviam utilizado o Judiciário.

Infere-se que há aceitação da sociedade aos meios adequados de tratamento dos conflitos de interesses como um dos fatores corretivos das disfuncionalidades hodiernamente apresentadas na prestação jurisdicional.

No tópico, é preciso recordar, uma vez mais, que, no preâmbulo da Constituição de 1988, há o compromisso da sociedade brasileira *"na ordem interna e internacional com a solução pacífica das controvérsias."* Logo, a opção pela composição dos conflitos via conciliação encontra amparo na Carta Política nacional e também na legislação infraconstitucional (Código de Processo Civil, por exemplo). E tal opção, quanto aos conflitos jurisdicionalizados, não objetiva apenas desafogar o Judiciário, limpar as prateleiras etc. Pretende, na verdade, encontrar a *melhor* solução para os litígios apresentados à Justiça, procurando sempre utilizar uma ferramenta eficaz (conciliação em sentido amplo) para a implementação da tão almejada e ameaçada pacificação social.

Como é sabido, o exercício da jurisdição, como atividade substitutiva do Estado, resolve a disputa, o litígio, mas não elimina o conflito subjetivo entre as partes. Na maioria das vezes, incrementa ainda mais a disputa interpessoal, pois não acabam a animosidade, as mágoas e os ressentimentos. Há sempre vencedor e vencido, nos termos da lei aplicada pelo Estado.

De outra parte, a realidade concreta do Poder Judiciário nacional é assustadora. Segundo o Conselho Nacional de Justiça, existiam, em 2012, 92,2 milhões de processos em tramitação, sendo 64 milhões em ações pendentes de julgamento e 28,2 milhões de demandas novas. Nesse mesmo ano, foram julgadas 27,8 milhões de processos (Justiça em números). Logo, o estoque de feitos pendentes é impressionante.

De igual forma, o acervo processual da Justiça Federal brasileira, em 2012, ultrapassava 11 milhões de feitos, com julgamento (3.001.036) inferior aos casos novos (3.114.670 processos), o que evidencia, no mínimo, o caos na saída da Justiça Federal.

No ponto, vale a pena conferir as estatísticas da Justiça Federal, referente ao período de 1997 a 2011, segundo o Conselho da justiça Federal:

a) **Processos/ recursos em tramitação na Justiça Federal em dezembro/2011:**

- Juizados Especiais Federais: 1.482.472

- Varas comuns e especializadas: 6.027.779

- Tribunais Regionais Federais: 1.119.632

- Turmas Recursais: 740.765

- T.N.U: 12.288

- Total geral: 9.382.936

b) **Processos/recursos de 1997/2011 – nos TRFs**

- **Distribuídos:**

    1ª. Região: 1.410.767.

    2ª. Região: 666.927

    3ª. Região: 2.080.175

    4ª: Região: 1.696.233

    5ª. Região: 654.426

    Total geral: 6.511.346

- **Julgados:**

    1ª. Região: 1.202.793

    2ª. Região: 810.929

    3ª. Região: 1.971.970

    4ª: Região: 1.426.066

    5ª. Região: 611.990

    Total geral: 6.011.725

- **Tramitação:**

    1ª. Região: 387.837

    2ª. Região: 96.050

    3ª. Região: 475.702

    4ª: Região: 89.777

    5ª. Região: 69.266

    Total geral: 1.119.632

c) **Processos/recursos em 2011 – Varas – Jefs e T.R.s**

- **Distribuídos:**

    1ª. Região: 1.223.245

    2ª. Região: 402.836

    3ª. Região: 752.008

    4ª. Região: 955.956

    5ª. Região: 688.386

    Total geral: 4.022.431

- **Julgados:**

    1ª. Região: 1.053.300

    2ª. Região: 442.840

    3ª. Região: 732.892

    4ª: Região: 952.304

    5ª. Região: 659.596

    Total geral: 3.840.932

- **Tramitação:**

    1ª. Região: 2.187.240

    2ª. Região: 1.168.918

    3ª. Região: 2.394.036

    4ª: Região: 1.144.215

    5ª. Região: 748.497

    Total geral: 7.642.906

Com efeito, o acesso ao Poder Judiciário não pode ser apenas formal. Deve incluir, sobretudo, a saída do Estado-Juiz, de forma célere e justa.

Nessa ordem de idéias, deseja-se uma mudança de paradigma. É preciso lutar por uma cultura da conciliação, como a primeira e melhor técnica para solução das controvérsias. Tal luta é indiscutivelmente a concretização do terceiro princípio da tríade francesa (liberdade, igualdade e fraternidade).

No âmbito cível, além das experiências do Direito de família e do Direito do trabalho, já encontramos a consolidação da experiência da conciliação, na perspectiva da fraternidade como categoria jurídica e como instrumento efetivo de pacificação social.

Veja-se, por exemplo, a experiência da Justiça Federal da Primeira Região, nas áreas da habitação, previdência social, servidores públicos, conselhos profissionais, questões ambientais etc.

A partir de 2002, os Juízes Federais de primeiro grau passaram a desenvolver iniciativas na perspectiva da conciliação, especialmente nos processos do Sistema Financeiro da Habitação (financiamento da casa própria). Contaram com o decisivo apoio da Empresa Gestora de Ativos – EMGEA e da Caixa Econômica Federal. Os resultados alcançados especialmente em Minas Gerais, no Pará, no Maranhão e no Distrito Federal foram extremamente positivos e estimularam a reflexão do Tribunal para a sistematização de um projeto maior de conciliação.

Em maio de 2005, a Presidência do Tribunal Regional Federal da 1ª Região editou a Resolução n. 100-14, de 25/05/2005, autorizando a sistematização e implantação de um projeto de conciliação na Primeira Região, inclusive quanto aos processos em grau de recurso, nos quais se discutem contratos de mútuo vinculados ao Sistema Financeiro da Habitação. No ano seguinte

(2006), a então Presidente, hoje Ministra Assusete Magalhães, elegeu como uma das prioridades de sua administração a efetiva implantação da cultura da conciliação na Primeira Região, obtendo resultados impressionantes (mais de 70% de acordos, com a ajuda de mais de 100 magistrados voluntários). Sua Excelência ampliou, ainda, o projeto, enveredando pela área previdenciária, em parceria com o INSS (Resolução PRESI n. 600-04, de 06/03/2008).

Assim, quando a eminente Ministra Ellen Gracie, então Presidente do Supremo Tribunal Federal e do Conselho Nacional de Justiça, lançou, em 2006, o Movimento Nacional pela Conciliação, o TRF da 1ª Região tornou-se, de imediato, parceiro do Conselho Nacional de Justiça, colaborando muito para a consolidação da cultura da conciliação no país.

Com o passar do tempo, o trabalho frutificou, alcançando os contratos comerciais da Caixa Econômica Federal, as execuções de servidores públicos, os processos referentes aos sistemas educacionais e de saúde, os executivos que envolvem especialmente os Conselhos Profissionais, a utilização de estradas federais etc. O Sistema de Conciliação da Primeira Região (Resolução PRESI n. 2, de 24/03/2011) já implementa, hoje, a estratégia da conciliação pré-processual.

De igual forma, as demais Regiões da Justiça Federal vêm apresentando resultados fantásticos. O movimento é, na verdade, nacional.

A cultura da conciliação, como fruto do princípio da fraternidade, não pode mais ser resumida em apenas uma semana, é lógico. É um trabalho diário e incessante, a fim de trazer segurança e tranquilidade aos jurisdicionados. No ponto, os Juizados Especiais Federais, exercitam diariamente a prática da conciliação, em parceria com a CEF, EMGEA, INSS e União. Os Juizados Federais Itinerantes tornaram visíveis os "invisíveis", demonstrando, inclusive, a responsabilidade social do Judiciário.

Merece destaque, ainda, o tema ambiental. Embora o ordenamento jurídico pátrio seja repleto de regras e princípios ambientais, a violação de tais normas é constante. Assim, na busca pela proteção ambiental, procura-se o Judiciário, que não tem sido capaz de dar uma resposta célere e eficaz para os litígios socioambientais, que envolvem quase sempre disputas políticas e conceitos contraditórios de desenvolvimento.

Enquanto isso o meio ambiente vai sendo destruído e o futuro da humanidade vai sendo comprometido dia após dia.

É preciso lembrar que a legislação ambiental brasileira tem um ordenamento moderno e de grande destaque no cenário internacional e o país é possuidor da maior reserva de água potável e da maior floresta mundial.

Nessa linha de raciocínio, a postura de desenvolvimento sustentável torna-se indispensável tanto aos entes governamentais quanto à sociedade civil. Logo, a temática ambiental e a necessidade de recuperação dos bens ambientais requerem meios de soluções de conflitos hábeis a tornar a proteção constitucional efetiva, rápida e eficaz.

Efetivamente, os conflitos socioambientais têm características próprias, que não podem ser esquecidas: I) é grande a quantidade de polos e de atores sociais envolvidos: sociedade civil, governos, organizações não governamentais, órgãos ambientais, mercado, a mídia, o Ministério Público e o Poder Judiciário, com interesses convergentes e divergentes; II) impossibilidade de interferência nas disposições legais. Assim, a validação dos acordos mediados passam necessariamente pelos limites formais e materiais da norma protetiva, decorrente da meta-regra: "meio ambiente ecologicamente equilibrado". Trata-se de bem metaindividual, difuso e de titularidade coletiva – relação continuada homem-natureza-sociedade; III) os conflitos ambientais exigem sempre interdisciplinaridade, por envolverem as ciências naturais e questões econômicas, culturais, políticas e sociais.

Assim, indaga-se: é possível a utilização dos meios consensuais de resolução de disputas (ADR) na seara ambiental?

A resposta é positiva. A conciliação (sentido amplo) tem sido uma técnica célere e eficaz, que traz satisfação das partes. É mais econômica para os envolvidos, dando plena eficácia ao art. 5º, LXXVIII da C,F/88, com a redação dada pela Emenda Constitucional n. 45/2004. As partes sentem-se incluídas e passam a se sentir valorizadas por terem sido importantes para a solução do problema. A legitimação da decisão e manutenção dos acordos são bem maiores.

De outra parte, a conciliação passa a ser um instrumento efetivo de auxílio na preservação ambiental, pois ajuda a avaliação dos valores das partes na busca de pontos de interseção de maneira a construir um consenso, em torno sempre de soluções em prol da natureza, ainda que com o desenvolvimento sustentável.

Aliás, a jurisprudência nacional admite a conciliação nas ações civis públicas (ambientais) desde que não haja renúncia à disposição do Direito. Relembre-se, no tópico, por exemplo, o famoso caso da carne importada da Europa suspeita de contaminação pelo acidente nuclear da usina de Chernobyl, quando se fez um acordo após a realização de estudos científicos e técnicos, demonstrando sua adequação ao consumo humano (RESP 8714, Rel. Min. HÉLIO MOSIMANN, STJ – Segunda Turma, DJ. DATA:10/02/1992. PG:00856. RSTJ. VOL.00029. PG:00405).

De igual forma, o chamado Termo de Ajustamento de Conduta – TAC é um instrumento da cultura da conciliação, previsto em lei e que exige do Ministério Público (como protagonista da tutela dos direitos ao meio ambiente) e do Judiciário uma mudança de paradigma e de postura (muito mais ativa), em busca da efetividade dos princípios ambientais existentes na Carta Magna Nacional.

A literatura internacional é rica em métodos de apoio à negociação, conciliação, mediação e arbitragem na seara ambiental.

A conciliação ambiental e as abordagens cooperativas têm sido utilizadas no mundo contemporâneo independentemente do sistema jurídico do país (*civil law ou common law*). A propósito, Celso Simão Bredariol (2004, p. 02) recorda:

> (...) a literatura internacional é rica em métodos de apoio à negociação ou sobre a mediação de conflitos. A primeira mediação de conflito nos EUA é relatada por McCormick em 1973, Binghan (1996) avalia a década de mediação de conflitos ambientais, Amy (1987) faz um estudo crítico da experiência americana de mediação, Susskind (1996) é um entusiasta da mediação. Outros autores, com base na Teoria dos jogos desenvolvem a análise de confrontos (Howard 1999), a teoria do Drama (Bryant, 1998), o hypergame Bennet (1998) e vários outros métodos de apoio à resolução de conflitos.

Com efeito, em matéria ambiental, o Judiciário deve disseminar modelos de conduta e auxiliar a construção de um imaginário em prol da natureza, pois a indiferença ambiental é uma enfermidade.

Na mesma direção, disse recentemente o Papa Francisco, em sua viagem ao Brasil (2013): *"entre a indiferença egoísta e os protestos violentos sempre há uma opção possível: o diálogo, o diálogo entre as gerações, o diálogo entre o povo e todos somos povo, a capacidade de dar e receber, permanecendo abertos à verdade. Um país cresce quando suas diversas riquezas culturais dialogam de maneira construtiva"*.

Em consequência, o processo de conciliação-mediação é também um facilitador para efetivação dos princípios ambientais, porque é inclusivo e democrático e é um importante caminho em busca da paz social e da preservação ambiental.

Por fim, apenas para ilustrar, no período de 2003/2010, os JEFs das cinco Regiões pagaram mais de 8 bilhões de reais. No triênio 2011/2013, a Primeira Região homologou cerca de

280 mil acordos cíveis, o que alcança mais de um milhão e duzentas mil pessoas, se considerarmos a média da família brasileira (5 membros). Na última semana do mês de março/2013, 50 novos Juízes Federais implementaram em dois dias, como parte do seu curso de treinamento e formação, 1.000 audiências agendadas. Logo, a contribuição da cultura da conciliação causa, igualmente, desenvolvimento social e humano.

Portanto, a cultura da fraternidade no Sistema Justiça já é uma realidade concreta no âmbito cível. Ainda incipiente, é claro. Mas ruma ao caminho da consolidação.

5. O desafio do princípio da fraternidade no Direito Penal: uma provocação inicial à conciliação

Na esfera penal, o desafio da fraternidade é ainda maior. As situações vivenciadas (gravidade dos crimes, rancor ou revolta da vítima, reação da comunidade etc.) tornam mais distantes a experiência fraterna.

É verdade que as reformas da codificação penal e processual penal têm tido uma preocupação grande com a temática referente à finalidade da pena, havendo, aliás, previsão normativa para a conciliação e penas alternativas nas hipóteses de ilícitos de menor potencial lesivo.

Acontece que, como já dito, o crime é uma das esferas mais difíceis de lidar numa perspectiva fraterna. A vítima e a sociedade devem ser protegidas pelo Estado, a fim de que possamos continuar a caminhada humana As regras jurídicas, democraticamente aprovadas pelo Parlamento, devem ser aplicadas pelo Estado-Juiz. Mas o criminoso, seja quem for ele ou a gravidade do ato praticado, é membro também do tecido social e não pode ser afastado do princípio da dignidade da pessoa humana.

Adverte, aliás, Zaffaroni que o direito penal é um "ramo do saber jurídico que, mediante a interpretação das leis penais, propõe aos juízes um sistema orientador de decisões que contém e reduz o poder punitivo, para impulsionar o progresso do estado constitucional de direito" (ZAFFARONI *et al.*, 2003, p. 40). Nessa perspectiva, o direito penal é um saber dos juristas com objetivo de orientar decisões judiciais que sejam racionais. Logo, o objeto não se restringe a oferecer orientações, mas busca, também, fazê-lo de forma sistemática, através das interpretações das leis penais, que se identificam na figura da pena. Daí que o conceito de pena deve ser amplo o suficiente para cobrir as penas lícitas e as ilícitas à luz do constitucionalismo. Enfim, a finalidade desse sistema é conter e reduzir o poder punitivo.

Segundo Habermas (1997, p. 9):

> Há uma premissa segundo a qual o modo de operar de um sistema político, constituído pelo Estado de Direito, não pode ser descrito adequadamente, nem mesmo em nível empírico, quando não se leva em conta a dimensão de validade do direito e a força legitimadora da gênese democrática do direito.

Com efeito, não é possível mais entender a pena apenas na visão retribucionista tradicional (reduzida), como se fosse um fim em si mesmo, como vingança, castigo, compensação ou reparação do mal provocado pelo crime. Na verdade, a pena tem uma justificação ética e um ideário ressocializante (reinserção, reintegração). E a estratégia de reinserção social acentua a necessidade de políticas públicas que combatam os fatores criminógenos. É a busca da Justiça restaurativa.

Nesse sentido, a experiência cristã oferta respostas que não se limitam ao castigo, mas caminham para a reconciliação e a construção da paz. No dizer do magistrado português Pedro Maria Godinho Vaz Patto, o crime passa a ser entendido como uma ferida que deve ser curada através da reparação do mal causado à vítima, da assunção de responsabilidades e da "restauração" dessas relações (2013, p. 22).

A lógica do "olho por olho, dente por dente" é incapaz de realizar a Justiça. É necessária a retribuição, mas com a complementação da reconstrução e do próprio perdão, que não é sinal de fraqueza, esquecimento nem indiferença. É o novo modelo fraterno da Justiça penal. Cumpre-se a norma de forma retributiva, mas sua superação é a restauração.

No ponto, vale a pena relembrar a mensagem de João Paulo II para o Dia Mundial da Paz de janeiro de 2002:

> Não há paz sem justiça, não há justiça sem perdão (...) O perdão não se opõe de modo algum à justiça, porque não consiste em diferir as legítimas exigências de reparação da ordem violada, mas visa sobretudo àquela plenitude de justiça que gera a tranquilidade da ordem, a qual é bem mais que uma frágil e provisória cessação das hostilidades, porque consiste na cura em profundidade das feridas que sangram nos corações. Para tal, justiça e perdão são essenciais. (*Apud* PATTO, p. 25).

Nessa ordem de ideias, o perdão e a fraternidade ultrapassam as exigências da justiça, sem anulação dessas exigências. Querem a verdade e a memória dos fatos. Opõem-se ao rancor e à vingança, não à justiça. Têm uma dimensão social e não puramente individual, moral ou religiosa. Pressupõem a reconciliação entre o agente do crime e a sociedade, com as condições mínimas para a reeducação e reinserção social do infrator. São, na realidade, instrumento de transformação social; fonte de libertação e de pacificação tanto para o agente como para a vítima e para a sociedade.

Assim, é desejável, sempre que possível, a pena de prestação de serviços à comunidade. O agente do delito é reconhecido como útil ao tecido social e o trabalho realizado salda, simbolicamente, uma dívida para com a comunidade, recompondo, aos poucos, a relação que foi quebrada com a prática do crime.

Sobre o tema, vale a pena conferir alguns precedentes do Supremo Tribunal Federal que, na área penal, reafirmam a fraternidade como categoria jurídica, sem qualquer reforço à impunidade, mas com o compromisso de um direito penal humanizado. A propósito:

HABEAS CORPUS. EXECUÇÃO PENAL. PROVIMENTO MONOCRÁTICO DE RECURSO ESPECIAL DO MINISTÉRIO PÚBLICO. OFENSA AO PRINCÍPIO DA COLEGIALIDADE. LIVRAMENTO CONDICIONAL. FALTA GRAVE (FUGA). DATA-BASE DE RECONTAGEM DO PRAZO PARA NOVO LIVRAMENTO CONDICIONAL. ORDEM CONCEDIDA.

1. Além de revelar o fim socialmente regenerador do cumprimento da pena, o art. 1º da Lei de Execução Penal alberga um critério de interpretação das suas demais disposições. É falar: a Lei 7.210/84 institui a lógica da prevalência de mecanismos de reinclusão social (e não de exclusão do sujeito apenado) no exame dos direitos e deveres dos sentenciados. Isto para favorecer, sempre que possível, a redução das distâncias entre a população intramuros penitenciários e a comunidade extramuros. Tanto é assim que o diploma normativo em causa assim dispõe: "O Estado deverá recorrer à cooperação da comunidade nas atividades de execução da pena e da medida de segurança" (Art. 4º), fazendo, ainda, do Conselho da Comunidade um órgão da execução penal brasileira (art. 61).

2. Essa particular forma de parametrar a interpretação da lei (no caso, a LEP) é a que mais se aproxima da Constituição Federal, que faz da cidadania e da dignidade da pessoa humana dois de seus fundamentos (incisos II e III do art. 1º). Mais: Constituição que tem por objetivos fundamentais erradicar a marginalização e construir uma sociedade livre, justa e solidária (incisos I e III do art. 3º). Tudo na perspectiva da construção do tipo ideal de sociedade que o preâmbulo de nossa Constituição caracteriza como "fraterna".

3. O livramento condicional, para maior respeito à finalidade reeducativa da pena, constitui a última etapa da execução penal, timbrada, esta, pela idéia-força da liberdade responsável do condenado, de modo a lhe permitir melhores condições de reinserção social.

4. O requisito temporal do livramento condicional é aferido a partir da quantidade de pena já efetivamente cumprida. Quantidade, essa, que não sofre nenhuma alteração com eventual prática de falta grave, pelo singelo mas robusto fundamento de que a ninguém é dado desconsiderar tempo de pena já cumprido. Pois o fato é que pena cumprida é pena extinta. É claro que, no caso de fuga (como é a situação destes autos), o lapso temporal em que o paciente esteve foragido não será computado como tempo de castigo cumprido. Óbvio! Todavia, a fuga não "zera" ou faz desaparecer a pena até então cumprida.

5. Ofende o princípio da legalidade a decisão que fixa a data da fuga do paciente como nova data-base para o cálculo do requisito temporal do livramento condicional. 6. Ordem concedida.

(HC 94163, Relator(a): Min. CARLOS BRITTO, Primeira Turma, julgado em 02/12/2008, DJe-200 DIVULG 22-10-2009 PUBLIC 23-10-2009 EMENT VOL-02379-04 PP-00851). Negritei.

HABEAS CORPUS. PRINCÍPIO DA LEGALIDADE PENAL. TIPICIDADE PENAL. JUSTIÇA MATERIAL. JUÍZO DE ADEQUAÇÃO DE CONDUTAS FORMALMENTE CRIMINOSAS, PORÉM MATERIALMENTE INSIGNIFICANTES. SIGNIFICÂNCIA PENAL. CONCEITO CONSTITUCIONAL. DIRETRIZES DE APLICABILIDADE DO PRINCÍPIO DA INSIGNIFICÂNCIA PENAL. ORDEM CONCEDIDA.

1. O tema da insignificância penal diz respeito à chamada "legalidade penal", expressamente positivada como ato-condição da descrição de determinada conduta humana como crime, e, nessa medida, passível de apenamento estatal, tudo conforme a regra que se extrai do inciso XXXIX do art. 5º da CF, literis: "não há crime sem lei anterior que o defina, nem pena sem prévia cominação legal". É que a norma criminalizante (seja ela proibitiva, seja impositiva de condutas) opera, ela mesma, como instrumento de calibração entre o poder persecutório-punitivo do Estado e a liberdade individual

2. A norma legal que descreve o delito e comina a respectiva pena atua por modo necessariamente binário, no sentido de que, se, por um lado, consubstancia o poder estatal de interferência na liberdade individual, também se traduz na garantia de que os eventuais arroubos legislativos de irrazoabilidade e

desproporcionalidade se expõem a controle jurisdicional. Donde a política criminal-legislativa do Estado sempre comportar mediação judicial, inclusive quanto ao chamado "crime de bagatela" ou "postulado da insignificância penal" da conduta desse ou daquele agente. Com o que o tema da significância penal confirma que o "devido processo legal" a que se reporta a Constituição Federal no inciso LIII do art. 5º é de ser interpretado como um devido processo legal substantivo ou material. Não meramente formal.

3. Reiteradas vezes este Supremo Tribunal Federal debateu o tema da insignificância penal. Oportunidades em que me posicionei pelo reconhecimento da insignificância penal como expressão de um necessário juízo de razoabilidade e proporcionalidade de condutas que, embora formalmente encaixadas no molde legal-punitivo, materialmente escapam desse encaixe. **E escapam desse molde simplesmente formal, por exigência mesma da própria justiça material enquanto valor ou bem coletivo que a nossa Constituição Federal prestigia desde o seu principiológico preâmbulo. Justiça como valor, a se concretizar mediante uma certa dosagem de razoabilidade e proporcionalidade na concretização dos valores da liberdade, igualdade, segurança, bem-estar, desenvolvimento, etc. Com o que ela, justiça, somente se realiza na medida em que os outros valores positivos se realizem por um modo peculiarmente razoável e proporcional. Equivale a dizer: a justiça não tem como se incorporar, sozinha, à concreta situação das protagonizações humanas, exatamente por ser ela a própria resultante de uma certa cota de razoabilidade e proporcionalidade na historicização de valores positivos (os mencionados princípios da liberdade, da igualdade, da segurança, bem-estar, desenvolvimento, etc). Donde a compreensão de que falar do valor da justiça é falar dos outros valores que dela venham a se impregnar por se dotarem de um certo quantum de ponderabilidade, se por este último termo (ponderabilidade) englobarmos a razoabilidade e a proporcionalidade no seu processo de concreta incidência. Assim como falar dos outros valores é reconhecê-los como justos na medida em que permeados desse efetivo quantum de ponderabilidade (mescla de razoabilidade e proporcionalidade, torna-se a dizer). Tudo enlaçado por um modo sinérgico, no sentido de que o juízo de ponderabilidade implica o mais harmonioso emprego do pensamento e do** *sentimento do julgador na avaliação da conduta do agente em face do seu subjetivado histórico de vida e da objetividade da sua concreta conduta alegadamente delitiva.*

4. É nessa perspectiva de concreção do valor da justiça que se pode compreender o tema da insignificância penal como um princípio implícito de direito constitucional e, simultaneamente, de direito criminal. *Pelo que é possível extrair do ordenamento jurídico brasileiro a premissa de que toda conduta penalmente típica só é penalmente típica porque significante, de alguma forma, para a sociedade e a própria vítima. É falar: em tema de política criminal, a Constituição Federal pressupõe lesão significante a interesses e valores (os chamados "bens jurídicos") por ela avaliados como dignos de proteção normativa.*

(...).

7. O desafio do intérprete da norma é encontrar aqueles vetores que levem ao juízo da não-significância penal da conduta. Vetores que decolam de uma leitura pluridimensional da figura da adequação típica, principiando pelo ângulo do agente; quero dizer: da perspectiva do agente, a conduta penalmente insignificante deve revelar muito mais uma extrema carência material do que uma firme intenção e menos ainda toda uma crônica de vida delituosa. Pelo que o reconhecimento da irrelevância penal da ação ou omissão formalmente delituosa passa a depender de uma ambiência factual reveladora da extrema vulnerabilidade social do suposto autor do fato. Até porque, sendo o indivíduo uma realidade única ou insimilar, irrepetível mesmo na sua condição de microcosmo ou de um universo à parte, todo instituto de direito penal que se lhe aplique há de exibir o timbre da personalização. Logo, tudo tem que ser personalizado na concreta aplicação do direito constitucional-penal (sobretudo os institutos da pena e da prisão), pois é a própria Constituição que se deseja assim orteguianamente aplicada (na linha do "Eu sou eu e as minhas circunstâncias", como luminosamente enunciou Ortega Y Gasset).

8. Já do ângulo da vítima, o exame da relevância ou irrelevância penal deve atentar para o seu peculiarmente reduzido sentimento de perda por efeito da conduta do agente, a ponto de não experimentar revoltante sensação de impunidade ante a não-incidência da norma penal que, a princípio, lhe favorecia. Espécie da mais consentida desreificação ou auto-apeamento de situação jurídico-subjetiva. Sem que estejamos a incluir nesse vetor aquelas situações atinentes aos bens de valoração apenas no psiquismo da vítima, porquanto de valor tão-somente sentimental (uma bijuteria que pertenceu a importante familiar falecido ou muito admirado, por exemplo).

9. Sob o prisma dos meios e modos de realização da conduta, não se pode reconhecer como irrelevante a ação que se manifesta mediante o emprego de violência ou ameaça à integridade física, ou moral, tanto da vítima quanto de terceiros.

(...).

11. Por fim, e invertendo um pouco a visão até hoje prevalecente na doutrina e na jurisprudência brasileiras acerca do furto e demais crimes contra o patrimônio, o reconhecimento da atipicidade material da conduta há de levar em consideração o preço ou a expressão financeira do objeto do delito. Ou seja: o objeto material dos delitos patrimoniais é de ser conversível em pecúnia, e, nessa medida, apto a provocar efetivo desfalque ou redução do patrimônio da vítima. Reversamente há de propiciar algum enriquecimento do agente. Enriquecimento sem causa, lógico, apto à estimulação de recidiva e à formação do juízo malsão de que "o crime compensa". É dizer, o objeto material do delito há de exibir algum conteúdo econômico, seja para efetivamente desfalcar ou reduzir o patrimônio da vítima, seja para ampliar o acervo de bens do agente.

12. As presentes diretivas de aplicabilidade do princípio da insignificância penal não são mais que diretivas mesmas ou vetores de ponderabilidade. Logo, admitem acréscimos, supressões e adaptações ante o caso concreto, como se expõe até mesmo à exclusão, nesses mesmos casos empíricos (por exemplo nos crimes propriamente militares de posse de entorpecentes e nos delitos de falsificação da moeda nacional, exatamente como assentado pelo Plenário do STF no HC 103.684 e por esta Segunda Turma no HC 97.220, ambos de minha relatoria).

*13. No caso, a **tentativa de subtração de protetores solares**, a todo tempo monitorada pelos seguranças do estabelecimento comercial de grande porte e pelo sistema de vigilância eletrônica, se amolda à ponderabilidade de todas as diretivas listadas. O que legitima ou autoriza a aplicação do princípio da insignificância, pena de se provocar a mobilização de uma máquina custosa, delicada e ao mesmo tempo complexa como* é o aparato de poder em que o Judiciário consiste, para, afinal, não ter o que substancialmente tutelar.

14. Ordem concedida.

(HC 111017, Relator(a): Min. AYRES BRITTO, Segunda Turma, julgado em 07/02/2012, PROCESSO ELETRÔNICO DJe-124 DIVULG 25-06-2012 PUBLIC 26-06-2012). Negritei.

Há, também, diversos outros pontos que devem passar pela reflexão do direito penal moderno e da Justiça restaurativa. Veja-se, a propósito, trecho da bela e corajosa declaração do Desembargador Federal TOURINHO NETO (2013), em recente manifestação na lista de discussão dos associados da AJUFE, justificando sua postura chamada "garantista":

> Sou garantista porque procuro assegurar os direitos fundamentais de todo cidadão brasileiro ou estrangeiro, seja indiciado, acusado ou condenado, independente da cor, crença, sexo, opção sexual, profissão (sem profissão), convicção filosófica ou política, de ter ou não moradia, da situação econômica (pobre ou rico), de ter ou não poder político ou econômico. Entendo que o indiciado, acusado ou preso devem ser respeitados em sua dignidade, integridade física e moral. Sou garantista porque cumpro a Constituição.
>
> Assim:
>
> **I – Sou a favor:**
>
> **1)** do princípio da insignificância para qualquer crime, desde que: **(a)** seja mínima a ofensividade da conduta do agente **(b)** não haja nenhuma periculosidade social da ação, **(c)** haja reduzidíssimo grau de reprovabilidade do comportamento e **(d)** seja inexpressiva a lesão jurídica provocada. (Ex. contrabando de cigarro, de gasolina, de moeda falsa etc.).
>
> Os crimes que não causam nenhum transtorno à sociedade, por constituírem uma insignificância, não devem ser punidos. A pena de nada adiantaria para a sociedade nem para o réu.
>
> (...)
>
> **3)** da prisão preventiva, mas, como medida excepcional. A decisão deve explicitar fundamentos consistentes e individualizados em relação a cada um dos cidadãos investigados (CF, arts. 93,

IX, e 5º, XLVI), não ser baseada em conjeturas, suposições, como, por ex. o investigado mora em zona de fronteira e pode a qualquer momento fugir, não tem emprego.

É ilegal a prisão preventiva decretada para garantia da ordem pública, baseada **tão somente** na gravidade do fato, na hediondez do delito ou no clamor público; decretada para garantir a credibilidade da justiça.

A prisão preventiva, como exceção à regra da liberdade, somente pode ser decretada mediante demonstração cabal de sua real necessidade.

4) da prisão temporária, desde que seja imprescindível, indispensável, quando for absolutamente necessária. A imprescindibilidade deve ser demonstrada concretamente e que seja real. A imprescindibilidade não pode ser confundida com utilidade. Imprescindível é o que não se pode dispensar. O útil é o que auxilia, otimiza, mas não é essencial.

II – Sou contra:

1) pena exacerbada. A pena tem que ser proporcional ao crime, ser justa.

A mídia induz o povo a acreditar que a questão da violência se resolve aumentando as penas e mandando o criminoso para a cadeia. Incute a idéia de que a paz se consegue aumentando-se o número de figuras delituosas.

É preciso desmistificar a idéia de que o direito penal (principalmente, a prisão) é a solução para a contenção da onda de criminalidade que invade, domina e sufoca a sociedade.

2) que se prenda para depois apurar o delito.

3) a prisão preventiva como antecipação da pena, com a finalidade tão-só de dar satisfação à sociedade e à imprensa.

(...)

6) decreto de prisão preventiva feito por meio de documento-padrão, repetindo o que diz o art. 312 do CPP, sem dizer nada de concreto, baseado somente em conjecturas ("é possível que venha reiterar na prática delituosa." (...)

Tais aspectos, todavia, merecem estudos e aprofundamento. Por enquanto, trata-se apenas de uma provocação inicial rumo à conciliação na esfera penal.

Em suma, a justiça restaurativa não ignora as exigências de reparação da ordem violada. Até acentua essas exigências na perspectiva dos direitos da vítima e, especialmente, da vida comunitária (danos sociais), restaurando, por fim, os laços fraternos mesmo com o criminoso. A pena humanizada não é, em rigor, violência destinada a dominar quem é punido. A execução da pena não pode inviabilizar a possibilidade de conciliação e de reconciliação. O princípio da fraternidade é viável no direito penal e é semente de transformação social.

6. Conclusão

A intenção deste trabalho é resgatar o princípio esquecido da fraternidade, como fator de equilíbrio entre a liberdade e a igualdade, e demonstrar que sua concretude no Sistema Justiça é viável, seja na esfera cível, seja na esfera penal.

Para tanto, é preciso, em primeiro lugar, agregar as clássicas correntes filosóficas existentes sobre o Direito e reafirmar a possibilidade de tal adensamento, através do chamado *jus--humanismo normativo*.

Com efeito, o positivismo, o direito natural, revisitado como direitos humanos, e o realismo jurídico, visto como doutrina dos juízes e da academia, ficam adensados no *jus-humanismo normativo*, que será o método adequado para se alcançarem os institutos da fraternidade, da dignidade da pessoa humana e da proporcionalidade, positivados ou não.

Nessa ordem de ideias:

a) O princípio da fraternidade é uma categoria jurídica e não pertence apenas às religiões ou à moral. Sua redescoberta apresenta-se como um fator de fundamental importância, tendo em vista a complexidade dos problemas sociais, jurídicos e estruturais ainda hoje enfrentados pelas democracias. A fraternidade não exclui o direito e vice-versa, mesmo porque a fraternidade enquanto valor vem sendo proclamada por diversas Constituições modernas, ao lado de outros valores historicamente consagrados como a igualdade e a liberdade.

No caso brasileiro, a Constituição vigente absorveu os três valores da Revolução de 1789 ao registrar como primeiro objetivo da República Federativa a construção de uma sociedade livre (liberdade), justa (igualdade) e solidária (fraternidade) – art. 3º. Já no Preâmbulo da CF/88, proclamou-se: um *Estado Democrático, destinado a assegurar o exercício dos direitos sociais e individuais, a liberdade, a segurança, o bem-estar, o desenvolvimento, a igualdade e a justiça como valores supremos de uma* **sociedade fraterna**, *pluralista e sem preconceitos, fundada na harmonia social e comprometida, na ordem interna e internacional, com a solução pacífica das controvérsias (...).*

Assim, o constitucionalismo moderno pátrio ultrapassa o liberalismo (constitucionalismo liberal – dimensão política) e a social-democracia (constitucionalismo social – dimensão social), enveredando pelo chamado constitucionalismo fraternal (ou altruístico). Resgata-se, pois, o direito natural, com raiz no humanismo cristão e como virtude da cidadania, que supera as fronteiras da pátria ou da nação (cidadania interna), numa perspectiva universal da pessoa humana (cidadania global).

Na realidade, com base nos eixos simbólicos do iluminismo francês (liberdade, igualdade e fraternidade), o Judiciário brasileiro contemporâneo deve superar o modelo meramente protetivo da liberdade (inclusive nas relações civis) ou a conformação interventiva, que viabiliza até mesmo a definição e a implementação de políticas públicas pelo Estado do bem-estar social. Passa a ser, na verdade, um Estado-Juiz mediador, estimulador do senso de comunidade e da fraternidade, através do próprio tecido social. A preocupação não é apenas com a efetividade, mas também com a legitimidade e com a vivência de uma sociedade fraterna.

b) O princípio do devido processo legal passa a ter uma nova leitura prática, diante do constitucionalismo fraternal e do humanismo normativo.

O princípio do devido processo legal, tido por parcela da doutrina como o mais fundamental dos princípios do qual decorrem, enquanto corolário, todos os outros princípios e regras no âmbito processual. Surgido na tradição anglo-saxã do Direito no sentido do *due process of law*, ou mais primordialmente *law of the land*, tal princípio adquiriu caráter basilar nos mais diversos sistemas jurídicos, a ponto de ser garantido na Declaração Universal dos Direitos do Homem e ser incorporado no patrimônio jurídico-político da humanidade como um todo, ultrapassando, por certo, o foro do direito processual para informar e condicionar todos os ramos jurídicos.

Sua ligação, portanto, com o sobreprincípio da fraternidade é indiscutível, pois é ele que viabiliza o diálogo nos conflitos judicializados ou não.

Para o jus-humanismo normativo, a relação regra x princípios é a seguinte: dimensão discursiva (texto); real-cultural (metatexto) e humanismo antropofilíaco (intratexto). Avança, portanto, para além do neopositivismo, com o reconhecimento da regra (texto escrito), meta-regra (princípios) e meta-meta-regra (sobreprincípio, que existe independentemente de positivação).

c) Uma das formas de vivenciar a fraternidade é fomentar as soluções dos conflitos sociais e judiciais pela via da conciliação, nas suas mais variadas formas (conciliação, mediação e arbitragem).

Como é sabido, o exercício da jurisdição, como atividade substitutiva do Estado, resolve a disputa, o litígio, mas não elimina o conflito subjetivo entre as partes. Na maioria das vezes, incrementa ainda mais a disputa interpessoal, pois não acabam a animosidade, as mágoas e os ressentimentos. Há sempre vencedor e vencido, nos termos da lei aplicada pelo Estado.

Com efeito, deseja-se uma mudança de paradigma. É preciso lutar por uma cultura da conciliação, como a primeira e melhor técnica para solução das controvérsias. Tal luta é indiscutivelmente a concretização do terceiro princípio da tríade francesa (liberdade, igualdade e fraternidade).

A propósito, os dados colhidos nesta pesquisa, especialmente no âmbito da Justiça Federal da Primeira Região, demonstram que a cultura da fraternidade e da conciliação no Sistema Justiça já é uma realidade concreta no âmbito cível. Ainda incipiente, é claro. Mas ruma ao caminho da consolidação.

d) É possível concretizar, igualmente, a cultura da (re) conciliação, com alicerce no princípio da fraternidade, no âmbito penal, através da chamada justiça restaurativa, do respeito aos direitos humanos e da humanização da aplicação do próprio direito penal.

A propósito, recorde-se: "não há paz sem justiça, não há justiça sem perdão (...) O perdão não se opõe de modo algum à justiça, porque não consiste em diferir as legítimas exigências de reparação da ordem violada, mas visa sobretudo àquela plenitude de justiça que gera a tranquilidade da ordem, a qual é bem mais que uma frágil e provisória cessação das hostilidades. (...)" – Papa João Paulo II.

REFERÊNCIAS

ADEODATO, João Maurício. *Ética e retórica: para uma teoria da dogmática jurídica*. 5. ed. São Paulo: Saraiva, 2012.

ALEXY, Robert. *Teoria dos Direitos Fundamentais*. Trad. Virgílio Afonso da Silva. São Paulo: Malheiros, 2008.

ANDRIGHI, Fátima Nancy; BENETI, Sidnei. *Juizados Especiais Cíveis e Criminais*. Belo Horizonte: Del Rey, 1996.

AQUINO, Tomás de. *Sobre o ensino (De magistro). Os sete pecados capitais.* 2. ed. São Paulo: Martins Fontes, 2004.

BREDARIOL, Celso Simões. *O aprendizado da negociação em conflitos ambientais.* Anais do II encontro associação nacional de pós-graduação e pesquisa em ambiente e sociedade – ANPPAS. Indaituba: São Paulo, 2004. Disponível em: http://wwww.anppas.org.br/encontro_anual/encontro2/GT/GT17/gt17_celso_bredariol.pdf. Acesso em: 20 set.2013.

BAGGIO, Antonio Maria. A redescoberta da fraternidade na época do "terceiro 1789". *In* BAGGIO, Antonio Maria (org.). *O princípio esquecido/1:* fraternidade na reflexão atual das ciências. São Paulo: Cidade Nova, 2008.

_____. *Fraternidade e reflexão politológica contemporânea.* In BAGGIO, Antonio Maria (org.). *O princípio esquecido/2:* Exigências, recursos e definições da fraternidade na política. São Paulo: Cidade Nova, 2009.

BECHO, Renato Lopes. *Filosofia do Direito Tributário.* São Paulo: Saraiva, 2009.

BRITTO, Carlos Ayres. *Teoria da Constituição.* Rio de Janeiro: Forense, 2003.

_____. *O humanismo como categoria constitucional.* Belo Horizonte: Fórum, 2007.

CÂMARA, Alexandre Freitas. *Lições de Direito Processual Civil: Volume 1.* 23. ed. São Paulo: Atlas, 2012.

CARVALHO, Aurora Tomazini de. *Curso de Teoria Geral do Direito (O construtivismo Lógico-Semântico).* São Paulo: Noeses, 2013.

CARVALHO, Paulo de Barros. *Fundamentos jurídicos da incidência.* 8. ed. São Paulo: Saraiva, 2010

_____. *Direito Tributário, linguagem e método.* 4. ed. São Paulo: Noeses, 2011.

_____. *Curso de Direito Tributário*. 24. ed., São Paulo, Saraiva, 2012.

CASTRO, Carlos Roberto Siqueira. *O Devido Processo Legal e os Princípios da Razoabilidade e da proporcionalidade*. 3. ed. Rio de Janeiro: Forense, 2005.

CINTRA, Antonio Carlos de Araújo; GRINOVER, Ada Pellegrini; DINAMARCO, Cândido R. *Teoria Geral do Processo*. 11. ed. São Paulo: Malheiros, 1995.

CUNHA, Luciana Gross et al. *Relatório ICJBrasil – 2º e 3º trimestre 2012*. Disponível em: <http://bibliotecadigital.fgv.br>.

CUNHA, Paulo Ferreira da. *Filosofia do Direito*. Coimbra: Almedina. 2006.

FERRAZ JR, Tercio Sampaio. *A ciência do direito*. 2. ed., 17. reimp. São Paulo: Atlas, 2010.

GUERRA FILHO, Willis Santiago. *Processo Constitucional e Direitos Fundamentais*. 4. ed. rev. e ampl. São Paulo: RCS Editora. 2005.

HABERMAS, Jürgen. *Direito e democracia: entre facticidade e validade*. Rio de Janeiro: Tempo Brasileiro, 1997. V. 2.

KELSEN, Hans. *Teoria pura do direito*. 6. ed. São Paulo: Martins Fontes, 1999.

LINS, Robson Maia Lins. *O Supremo Tribunal Federal e Norma Jurídica: aproximações com o Construtivismo Lógico-Semântico*. In: Vilém Flusser e Juristas. São Paulo: Noeses, 2009.

LUBICH, Chiara, 2008. Mensagem ao I Congresso Nacional sobre o tema "Direito e Fraternidade". (Mariápolis Ginetta 25-27 jan). Disponível em: <http://groups.google.com/group/comunhao-e-direito/files?hl=pt-BR>. Acesso em 8 dez 2008.

_____. *A unidade e Jesus Abandonado*. São Paulo: Cidade Nova, 1985.

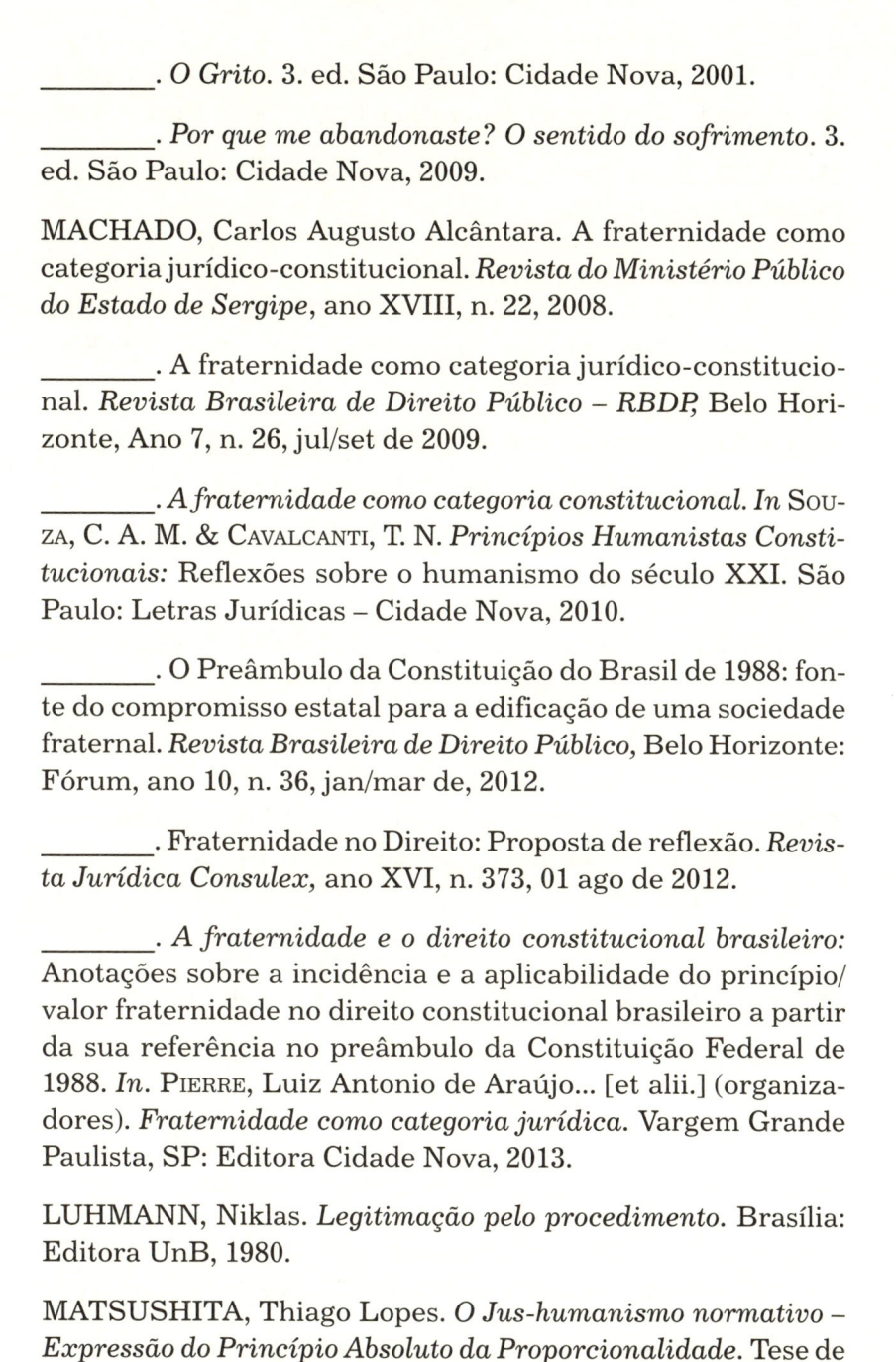

_____. *O Grito*. 3. ed. São Paulo: Cidade Nova, 2001.

_____. *Por que me abandonaste? O sentido do sofrimento*. 3. ed. São Paulo: Cidade Nova, 2009.

MACHADO, Carlos Augusto Alcântara. A fraternidade como categoria jurídico-constitucional. *Revista do Ministério Público do Estado de Sergipe*, ano XVIII, n. 22, 2008.

_____. A fraternidade como categoria jurídico-constitucional. *Revista Brasileira de Direito Público – RBDP,* Belo Horizonte, Ano 7, n. 26, jul/set de 2009.

_____. *A fraternidade como categoria constitucional*. In SOUZA, C. A. M. & CAVALCANTI, T. N. *Princípios Humanistas Constitucionais:* Reflexões sobre o humanismo do século XXI. São Paulo: Letras Jurídicas – Cidade Nova, 2010.

_____. O Preâmbulo da Constituição do Brasil de 1988: fonte do compromisso estatal para a edificação de uma sociedade fraternal. *Revista Brasileira de Direito Público*, Belo Horizonte: Fórum, ano 10, n. 36, jan/mar de, 2012.

_____. Fraternidade no Direito: Proposta de reflexão. *Revista Jurídica Consulex,* ano XVI, n. 373, 01 ago de 2012.

_____. *A fraternidade e o direito constitucional brasileiro:* Anotações sobre a incidência e a aplicabilidade do princípio/valor fraternidade no direito constitucional brasileiro a partir da sua referência no preâmbulo da Constituição Federal de 1988. *In.* PIERRE, Luiz Antonio de Araújo... [et alii.] (organizadores). *Fraternidade como categoria jurídica*. Vargem Grande Paulista, SP: Editora Cidade Nova, 2013.

LUHMANN, Niklas. *Legitimação pelo procedimento*. Brasília: Editora UnB, 1980.

MATSUSHITA, Thiago Lopes. *O Jus-humanismo normativo – Expressão do Princípio Absoluto da Proporcionalidade*. Tese de Doutorado. São Paulo: PUC/SP.

MOREIRA NETO, Diogo de Figueiredo. *O Sistema Judiciário Brasileiro e a Reforma do Estado.* São Paulo: Celso Bastos, 1999.

MÜLLER, Friedrich. *Teoria estruturante do Direito.* 2. ed. São Paulo: Editora RT, 2009.

NALINI, José Renato. *Ética e humanismo na Carta Cidadã. In*: Souza, C. A. M. & CAVALCANTI, T. N. *Princípios Humanistas Constitucionais:* Reflexões sobre o humanismo do século XXI. São Paulo: Letras Jurídicas – Cidade Nova, 2010.

NERY JUNIOR, Nelson. *Princípios do processo na Constituição Federal.* 10. ed. São Paulo: Revista dos Tribunais, 2010.

NEVES, Marcelo. *Transconstitucionalismo.* Martins Fontes: São Paulo, 2009.

PALOMBELLA, Gianluigi. *Filosofia do Direito.* Tradução Ivone C. Benedetti. São Paulo: Martins Fontes. 2005.

PATTO, Pedro Maria Godinho Vaz. *O princípio da fraternidade no direito: instrumento de transformação social. In* Pierre, Luiz Antonio de Araújo... [et alii.] (organizadores). *Fraternidade como categoria jurídica.* Vargem Grande Paulista, SP: Editora Cidade Nova, 2013.

RADBRUCH. Gustav. *Filosofia do direito.* Tradução: Marlene Holzhausen. 2. ed. São Paulo: Editora WMF Martins Fontes, 2010.

REALE, Miguel. *Filosofia do Direito.* 20. ed. São Paulo: Saraiva, 2011.

Resolução PRESI n. 100-14, de 25/05/2005, publicada no Boletim de Serviço n. 90, de 27/05/2005. Disponível em:

<http://portal.trf1.jus.br/lumis/portal/file/fileDownload.jsp?fileId=2C908248370FC67201371097B8C26DEA>

Resolução PRESI n. 600-04, de 06/03/2008, publicada no Boletim de Serviço n. 45, de 10/03/2008. Disponível em:

<http://portal.trf1.jus.br/lumis/portal/file/fileDownload.jsp?fileId=2C908248370FC67201371107DFB95BA2>

Resolução PRESI n. 2, de 24/03/2011, publicada no Boletim de Serviço n. 55 de 28/03/2011. Disponível em:

<http://portal.trf1.jus.br/lumis/portal/file/fileDownload.jsp?fileId=2C908248370FC67201371168EDB965B1>

RIGAUX, François. *A lei dos juízes*. Tradução Edmir Missio. São Paulo: Martins Fontes, 2000.

SAYEG, Ricardo Hasson. *O capitalismo humanista no Brasil*. In: MIRANDA, J. & SILVA, M. A. M. *Tratado luso-brasileiro da dignidade humana*. 2. ed. São Paulo: Quartier Latin, 2009.

_____. & BALERA, W. *O capitalismo humanista:* Filosofia humanista de Direito Econômico. 1. ed. POD. Petrópolis: KBR, 2011.

SEN, Amartya. *A ideia de justiça*. Tradução Denise Bottman, Ricardo Doninelli Mendes. São Paulo: Companhia das Letras, 2011.

TAVARES, André Ramos. *Manual do Poder Judiciário Brasileiro*. São Paulo: Saraiva, 2012.

TOURINHO NETO, Fernando da Costa. *Coletânea de artigos jurídicos*. Brasília: TRF/1ª Região, 2000.

VILANOVA, Lourival. *Escritos jurídicos e filosóficos*. Vol. I. São Paulo: ΛXIS MVNDI / IBET, 2003.

_____. *Escritos Jurídicos e Filosóficos*. Vol. II. São Paulo: ΛXIS MVNDI/IBET, 2003.

VILLEY, Michel. *Filosofia do Direito: Definições e fins do Direito – Os meios do Direito*. Tradução Márcia Valéria Martinez de Aguiar. 2. ed. São Paulo: Martins Fontes. 2008.

_____. *O Direito e os direitos humanos*. Tradução Maria Ermantina de Almeida Prado Galvão. São Paulo: Martins Fontes, 2007.

WARAT, Luís Alberto. *O ofício do mediador*. Florianópolis: Habitus, 2001.

WITTGENSTEIN, Ludwig. *Tratado lógico-filosófico / investigações filosóficas*. 2. ed. Lisboa: Fundação Calouste Gulbenkian, 1995.

ZAFFARONI, Raúl; BATISTA, Nilo; ALAGIA, Alejandro; SLOKAR, Alejandro. *Direito Penal Brasileiro:* primeiro volume – *Teoria Geral do Direito Penal*. 3. ed. Rio de Janeiro: Revan, 2003.

SEPARAÇÃO DE PODERES, ATIVISMO JUDICIAL E DÚVIDAS EXISTENTES ENTRE O RELACIONAMENTO ENTRE AMBOS

Sílvia Melo da Matta[1]

1. INTRODUÇÃO

Pretendemos com o presente artigo levantar algumas questões sobre o que tem sido debatido no meio acadêmico sobre a divisão de poderes e o ativismo judicial.

Não é de nossos dias esta discussão, não obstante possamos dizer que nos últimos tempos tem sido cada dia mais frequente, inclusive, pela imprensa de forma não técnica ou especializada.

O termo "ativismo" possui inúmeros significados, ele é polissêmico, ou seja, cada doutrinador, ou operador do direito, utiliza-o de acordo com o seu entendimento e muitas vezes sem que haja especificação com relação à definição adotada, o que pode gerar mais dúvidas do que esclarecimentos.

---

1. Juíza Federal. Mestranda em Direito pela PUC-SP.

Com isso, resolvemos começar o trabalho relembrando a clássica teoria de separação de poderes para então depois começarmos a questionar se ela ainda seria tão rígida como no momento em que foi formulada.

Faremos um corte epistemológico para possibilitar a análise da questão do que é o ativismo, no qual colocaremos vários questionamentos e dúvidas que pretendemos compartilhar e fomentar a discussão. Posteriormente, examinaremos duas decisões do Supremo Tribunal Federal e se estas seriam ou não decorrentes de ativismo judicial.

Por fim, já na conclusão, chegamos a algumas considerações com base na teoria de Kelsen sobre o ativismo, bem como a sua legitimidade constitucional, sem adentrar no mérito se este (ativismo) é salutar ou prejudicial ao regime democrático de direito e ao nosso ordenamento.

Também ponderamos que a instituição magistratura, a qual possui maior notoriedade em nossos tempos na figura do Supremo Tribunal Federal, renova-se constantemente, seja por meio de alteração de seu quadro, seja pelo amadurecimento de ideias e posicionamentos, razão pela qual sua atuação nos últimos vinte e cinco anos não pode ser resumida em apenas uma diretriz.

E como não poderia deixar de ser, finalizamos ressaltando a necessidade de maior reflexão sobre o tema em âmbito nacional.

2. SEPARAÇÃO DE PODERES

De há muito se encontra consolidado no constitucionalismo brasileiro, bem como no constitucionalismo ocidental, que no tocante à organização governamental vige a tão tradicional e conhecida regra de separação de poderes, ou divisão funcional do poder.[2]

---

[2]. Conforme nos ensina o professor Manoel Gonçalves Ferreira Filho (*Curso de Direito Constitucional*, 36ª ed. São Paulo: Saraiva, 2010).

Este se caracteriza pela repartição do poder político por órgãos diferentes e independentes e a atuação de cada um pode ser freada pelos outros (sistema de freios e contrapesos). Esta busca impedir o arbítrio, haja vista a tendência inerente a quem possui o poder de abusá-lo, bem como o risco de ser corrompido.

Desta forma, convencionou-se chamar as funções estatais de legislar, administrar e julgar em Poder Legislativo, Poder Executivo e Poder Judiciário. Neste sentido, o professor Lourival Vilanova ensina:

> Sabemos que todos os órgãos do poder, num sistema de poderes repartidos e compartilhados, estão no mesmo plano. Todos ostentam o mesmo grau e tão enérgico é o vínculo que os agrupa que nenhum é sem o outro, que o ser si próprio inclui esse momento de alteridade: o ser para o outro. Sem a existência do Judiciário, as normas emitidas pelo Legislativo ficariam à mercê da observância espontânea dos indivíduos, mas quando desatendidas ficariam insuscetíveis de aplicação. Ou então seriam impostas por mão própria, que nem sempre distribui a exata fração de justiça que a controvérsia requer. Por sua vez, sem agente habilitado para prefixar em regras gerais de comportamento humano o que é devido e o que não é devido fazer, o agente que julgasse a controvérsia ficaria sem critério objetivo para dizer, o caso, o justo.[3]

A Constituição Federal de 1988, já em seu artigo 2º, proclama que são Poderes da União, independentes e harmônicos entre si, o Legislativo, o Executivo e o Judiciário.

Assim, de forma muito geral e sem análise crítica mais acurada, pois não é objeto do presente feito o estudo pormenorizado de cada função estatal, cabe ao Poder Legislativo a elaboração das normas, nos termos dos artigos 48 e 49 da

---

3. "O Poder de Julgar e a Norma". In: *Escritos Jurídicos e Filosóficos*. Vol. I, p. 355.

Constituição Federal, observado o processo adequado para tanto. Ao Poder Executivo incumbe a administração do Estado, conforme prevê o artigo 84 da mesma Carta. Já o Poder Judiciário ficou responsável por processar e julgar os litígios de acordo com a competência de cada órgão jurisdicional, dito de outra forma, ele aplica a lei ao caso concreto (artigo 102 e seguintes da Constituição Federal).

Como bem apontado por Hart:

> Existe evidentemente uma longa tradição europeia, e uma doutrina da divisão de poderes, que enfatizam a distinção entre Legislador e Juiz e insistem no fato de que o Juiz sempre é aquilo que realmente é quando o direito existente é claro: uma espécie de "porta-voz" de uma lei que ele não cria nem modela – "la bouche de la loi.[4]

Contudo, verificamos que esta divisão de funções não é assim tão rígida, pois o Poder Legislativo em algumas situações julga, como previsto no artigo 52, inciso I da Carta Magna (crime de responsabilidade do Presidente), o Poder Executivo pode legislar (via medidas provisórias, nos termos do artigo 62 da Constituição Cidadã) e o Poder Judiciário se autoadministra (sua organização, exemplo no artigo 96 da Constituição Federal), ou seja, há uma interpenetração entre os poderes.

O mais correto, então, seria dizer que há funções preponderantes de cada poder, o qual em caráter secundário também pode desempenhar a função de outro poder. Na realidade, seria muito mais uma divisão do trabalho.

Podemos concluir que, na realidade, é importante uma independência entre os três poderes para que um possa atuar dentro de sua esfera de atuação e, ao mesmo tempo, fazer o controle constitucional dos demais.

---

4. HART, H.L.A. *O Conceito de Direito*. 1ª ed, 2ª tiragem. São Paulo: WMF Martins Fontes, 2012, p. 353/354.

O princípio da separação de poderes como concebido em sua origem estava, portanto, no esteio do momento histórico de sua época, atrelado ao liberalismo econômico em face do absolutismo das monarquias então no poder das nações europeias.

Contudo, hoje, em uma sociedade complexa, na qual as transformações sociais ocorrem de forma tão veloz, caberia ainda pugnar pela tradicional teoria de separação de poderes? Ou, seria esta apenas um modelo didático de natureza jurídica que não reflete a realidade? Ou, ainda, cada Estado possui hoje seu próprio arranjo institucional para distribuir as funções aos seus órgãos? Podemos falar em um Poder Judiciário neutro, como mero aplicador da Lei? O que se entende por interpretação e aplicação da Lei? O juiz exerce o ativismo judicial quando assim procede? Afinal, o que seria este ativismo?

São muitas perguntas e não possuímos a pretensão de esgotá-las no presente artigo, pois o descaracterizaria. Pretendemos focar a questão na atuação do Poder Judiciário, ou seja, na sua função precípua de aplicar a lei ao caso concreto, por meio da interpretação e o pretenso ativismo.

3. PARÂMETROS DE ANÁLISE

De acordo com a Escola Exegética Francesa, nascida no século XVIII, o juiz, representando o Poder Judiciário, era, ou deveria ser, um mero aplicador da lei. Com a clareza da Lei não havia necessidade de interpretação para sua aplicação.

A aplicação e a interpretação da Lei só ocorreriam quando esta fosse malfeita, ou se houvesse alguma obscuridade sobre os fatos, pois caso contrário o juiz apenas reconheceria a norma aplicável ao caso concreto e nunca criaria uma norma nova. Portanto, haveria apenas uma única decisão correta.[5]

---

5. ADEODATO, João Maurício. *A Retórica Constitucional*. São Paulo: Saraiva, 2009, p. 157.

Desta forma, presente a preponderância do Poder Legislativo sobre o Poder Judiciário. Este último seria um órgão neutro, já que apenas faria a subsunção da norma ao caso concreto.

Se adotássemos ainda hoje o entendimento desta Escola, toda e qualquer interpretação que o Poder Judiciário, notadamente o Supremo Tribunal Federal, desse aos dispositivos legais, haveria uma invasão na seara do Poder Legislativo.

No entanto, se adotarmos o entendimento da escola positivista, notadamente a doutrina defendida por Kelsen, a situação muda de figura.

Segundo este,[6] o aplicador do direito, o juiz, seja em primeiro ou em segundo grau, antes de utilizar qualquer norma para fundamentar sua decisão deve fixar o sentido da mesma, ou seja, há necessidade de sua interpretação.

As normas de escalão superior são o arcabouço das normas inferiores e assim sucessivamente até se chegar à execução. Logo, podemos dizer que as normas superiores fixam os aspectos pelos quais devem ser aplicadas. Contudo, esta determinação não é completa, há uma margem de apreciação por parte do aplicador. Este é o motivo que fundamenta a premissa da qual Kelsen extrai que a norma possui o caráter de um quadro ou de uma moldura a ser preenchida pelo juiz quando da aplicação concreta da lei.

Assim, continua o doutrinador em sua teoria, dentro desta moldura há várias possibilidades de aplicação, desde que esteja conforme o direito posto. *In verbis*:

> Sendo assim, a interpretação de uma lei não deve necessariamente conduzir a <u>uma única solução</u> como sendo a

---

6. KELSEN, Hans. *Teoria Pura do Direito*. 8ª ed., 3ª tiragem. São Paulo: WMF Martins Fontes, 2012, p. 387 e seguintes.

única correta, mas possivelmente, a várias soluções que têm igual valor, se bem que apenas uma delas se torne direito positivo no ato do órgão aplicador.

Dizer que uma sentença judicial é fundada na lei, não significa, na verdade, senão que ela se contém dentro da moldura ou quadro que a lei representa – não significa que ela é a norma individual, mas apenas que é uma das normas individuais que podem se produzidas dentro da moldura da norma geral. (Grifo nosso).

Kelsen, desta forma, sustenta que os juízes, ao aplicarem a lei abstrata e geral, criam normas individuais e concretas para solucionar o conflito.

Talvez a partir deste momento doutrinário – com os positivistas – a ideia de separação de poderes, da forma como então era defendida começou a se enfraquecer, como nos aponta o professor Adeodato.[7]

Dito isto, concluiríamos que os juízes seriam ativistas ao realizarem a interpretação da norma ao caso concreto dentro da margem de interpretação possível dela? Estariam os aplicadores do direito a exercer o ativismo ao criarem a norma individual e concreta?

4. ATIVISMO JUDICIAL

Voltamos para a questão do que é o ativismo.

Há muitas definições. Vejamos algumas.

De acordo com o professor Dimoulis o ativismo é um:

> (...) indicativo da intensificação das intervenções judiciais, principalmente no âmbito do controle de constitucionalidade.

---

7. ADEODATO, João Maurício. *A Retórica Constitucional*. São Paulo: Saraiva, 2009, p. 164.

Objeto principal de nosso interesse será a justificativa jurídica que permite ao Poder Judiciário contrariar decisões de outras autoridades estatais, alegando que destoam do texto constitucional ou de normas infraconstitucionais.[8]

Segundo o professor Krell, *apud* Leal:

(...) uma 'posição de preeminência' do Poder Judiciário, no sentido que ele viria 'assumindo a hegemonia no arranjo político constitucional delineado pelo constitucionalismo contemporâneo' como expressão de um 'nítido engrandecimento' e uma 'profunda alteração' (...) frente ao poder de controlar a atividade dos demais Poderes (...).[9]

Na mesma linha o professor Ramos:

Ao se fazer menção ao ativismo judicial, o que se está a referir é à ultrapassagem das linhas demarcatórias da função jurisdicional, em detrimento principalmente da função legislativa, mas, também, da função administrativa e, até mesmo, da função de governo. Não se trata do exercício desabrido da legiferação (ou de outra função não jurisdicional), que, aliás, em circunstâncias bem delimitadas, pode vir a ser deferido pela própria Constituição aos órgãos superiores do aparelho judiciário, e sim da descaracterização da função típica do Poder Judiciário, com incursão insidiosa sobre o núcleo essencial de funções constitucionalmente atribuídas a outros Poderes.[10]

O professor Barroso expõe:

A ideia de ativismo judicial está associada a uma participação mais ampla e intensa do Judiciário na concretização

---

8. DIMOULIS, Dimitri. "Ativismo judicial e segurança jurídica". *Revista Acadêmica EMAG da 3ª Região*, ano II, n. 3, jan-jun 2011, p. 40.
9. KRELL, Andreas J. "Direitos sociais e controle judicial no Brasil e na Alemanha". *Os (des)caminhos de um direito constitucional "comparado"*. Porto Alegre: Sergio Antonio Fabris Editor, 2002, p. 98.
10. RAMOS, Elival da Silva. *Ativismo Judicial. Parâmetros Dogmáticos.* 1ª ed., 2ª tiragem. São Paulo: Saraiva, 2010, p. 116-117.

dos valores e fins constitucionais, com maior interferência no espaço de atuação dos outros dois Poderes. A postura ativista se manifesta por meio de diferentes condutas, que incluem: (i) a aplicação direta da Constituição a situações não expressamente contempladas em seu texto e independentemente de manifestação do legislador ordinário; (ii) a declaração de inconstitucionalidade de atos normativos emanados do legislador, com base em critérios menos rígidos que os de patente e ostensiva violação da Constituição; (iii) a imposição de condutas ou de abstenções ao Poder Público, notadamente em matéria de políticas públicas.[11]

Percebemos que não há consenso entre as definições, pois as duas primeiras são demasiadamente muito amplas, tanto na abrangência (alcance) do instituto, como na forma de sua caracterização, enquanto as duas últimas são mais restritas. Este fato já demonstra a polissemia da palavra e seus significados, o que torna mais premente a necessidade de fixar a sua definição antes de utilizá-la em qualquer contexto acadêmico.

Antes de tomar posicionamento sobre qual será a definição de ativismo adotada neste artigo, abordaremos alguns outros pontos referentes à Constituição Federal de 1988.

Trata-se de constituição aberta, permeada por princípios e valores, normalmente vagos e abstratos, como se fossem fórmulas valorativas.[12]

Os valores são fatores de ponderação dos direitos, não podemos nos olvidar disto, e devem ser utilizados na interpretação e na aplicação, sob o risco de permanecerem apenas como peças decorativas na Carta Constitucional.

---

11. BARROSO, Luis Roberto. *Judicialização, ativismo judicial e legitimidade democrática*, p. 6. Disponível em: <http://www.oab.org.br/editora/revista/users/revista/1235066670174218181901.pdf>. Acesso em: 12 jun 2013.

12. KRELL, Andreas J. *Direitos sociais e controle judicial no Brasil e na Alemanha. Os (des)caminhos de um direito constitucional "comparado"*. Porto Alegre: Sergio Antonio Fabris Editor, 2002.

Entretanto, verificamos que a Constituição Cidadã não oferece *"amarras precisas à interpretação, bem como expõe o juiz à pressão imediata para concretizar programa que a Constituição delineou sem eficácia normativa imediata."*[13]

Nesta toada, percebemos uma demanda muito grande e uma cobrança da sociedade para a concretização de sucessivas gerações de direitos, pois durante muito tempo estes foram apenas declarações, direitos reconhecidos pelo ordenamento, mas sem efetividade prática. Os três Poderes, cada um na sua esfera de atribuição, possuem deveres de concretizá-los, torná-los reais.

Verificamos uma carência grande de efetivação com relação principalmente aos direitos sociais no Brasil. É patente que, nos últimos vinte e cinco anos, ou seja, depois da Constituição de 1988 a situação melhorou, conforme constatamos pelos números apresentados pelos medidores sociais, seja por órgãos internos, como o Instituto Brasileiro de Geografia e Estatística – IBGE,[14] como externos, exemplo o Banco Mundial.[15]

As mudanças sociais ocorreram e ocorrem ainda, mas há uma pressão para que o juiz seja o intermediador destes interesses sociais, quais sejam, do Estado ao implementar políticas

---

13. PEREZ, Carlos Alberto Navarro. "Relação entre o ativismo judicial e a atuação deficiente do Poder Legislativo. Altruísmo a desserviço da democracia". *Revista de Direito Constitucional e Internacional*. São Paulo, vol. 78, ano 20, p. 115-149, jan-mar 2012, p. 129.
14. Os dados do IBGE referentes ao crescimento da população e da taxa de emprego podem ser pesquisados na página eletrônica: <http://www.ibge.gov.br/home/mapa_site/mapa_site.php#indicadores>. Acesso em 14 jun 2013.
15. Consta no sítio eletrônico do Banco Mundial os indicadores do Brasil referente a escolaridade, índice de pobreza, expectativa de vida, acesso à água, entre outros, a demonstrar que o país evoluiu socialmente, haja vista a inclusão de um número cada vez maior da população a estes serviços públicos, sendo que a expectativa de vida diz respeito à saúde pública – <http://data.worldbank.org/country/brazil> Acesso em 14 jun 2013.

públicas e a fruição destas pelo cidadão, como agente de mudança social.

Desta forma, há um avanço do Poder Judiciário sobre o Poder Legislativo e até mesmo sobre o Poder Executivo, haja vista a ineficiência e a crise do Parlamento para a produção normativa adequada e condizente com as necessidades sociais e a morosidade do segundo para a implementação de suas políticas.

Cabe lembrar que o Supremo Tribunal Federal como guardião da Constituição Federal pode e deve verificar a atuação dos demais Poderes em face da Carta Cidadã.

Feitas estas breves observações, adotamos como ativismo judicial a definição trazida pelo professor Ramos, como acima transcrita, ou seja, em apertada síntese, este ocorrerá toda vez que houver a descaracterização da função típica do Poder Judiciário, com incursão insidiosa sobre o núcleo essencial de funções constitucionalmente atribuídas a outros Poderes.

Neste aspecto, importante não esquecer que o Poder Judiciário não possui capacidade para planejar políticas públicas, tampouco tem meios de obrigar o Poder Legislativo a cumprir a sua função básica – legislar, ou, ainda, o Poder Executivo a executar alguma política pública, ou a adotar alguma postura, se não houver norma jurídica a respaldá-lo.

No entanto, não consideramos ativismo judicial a interpretação que o juiz pode dar as normas existentes no ordenamento jurídico, pois, como bem pontua Kelsen, o aplicador da lei pode agir dentro da moldura, ou quadro normativo e, dentro das inúmeras interpretações possíveis, escolher uma para aplicação ao caso concreto, o que não significa que seja a única existente.

Nesta função de intérprete da Lei Magna, o Poder Judiciário não pode se afastar do compromisso assumido pela

Constituição de 1988 com o valor justiça e os demais nela positivados, o que significa que a interpretação e a aplicação desta é e será valorativa, sob pena de maculá-la.

Além disso, a criação de norma concreta e individual, o que muitas vezes é considerada como ativismo, é muito diferente da criação de leis gerais e abstratas. São duas situações absolutamente distintas.

Assim, as observações feitas pelo professor Vilanova no seguinte trecho parecem-nos ultrapassadas, pois não condizentes com a sociedade complexa de nossos tempos e a nossa Constituição atual com tantos termos vagos e imprecisos impregnados de valores:

> E há, ainda, outra via para se descaracterizar a função do magistrado, atirando-o perigosamente na posição de juiz-legislador, um colegislador equiparado ao legislador. Assenta isso em uma tendência do pensamento contemporâneo. Um certo fastio pela precisão dos conceitos jurídicos, a justificada (em parte) rebelião contra a petrificação do direito escrito – sobretudo o codificado – que não se ajusta à mobilidade social de um século de transformações rápidas, tudo explica que muitos exijam um direito plástico, cuja ductibilidade se acomode às sinuosidades do fluxo social. Um direito social brotando do pluralismo inquieto de fontes do direito.[16]

Ademais, após alguma reflexão, acreditamos que se o constituinte de 1988 assim agiu, o fez porque não queria engessar a interpretação a ser realizada pelo Poder Judiciário, o qual poderia atualizar-se e manter-se sempre em coerência com a sociedade e anseios de seu tempo, tendo em vista que a sociedade não é estanque, tampouco pode ser o direito, pois este é reflexo daquela.

---

16. "O Poder de Julgar e a Norma". In: *Escritos Jurídicos e Filosóficos*. Vol. I, p. 364.

Desta maneira, se a Constituição de 1988 prevê a delegação de poderes legislativos limitados ao Poder Executivo, o que é uma característica comum às democracias modernas, não constatamos ativismo quando o Poder Judiciário interpreta as normas constitucionais de forma concreta e individual.

Entretanto, podemos nos demandar qual o limite desta interpretação, qual a sua elasticidade. E, então, talvez cheguemos a algumas situações limites, onde a linha divisória será muito tênue ou de difícil constatação entre a atividade de interpretação e de ativismo, no sentido de invasão de esfera de função típica e do núcleo essencial do Poder Legislativo.

5. ANÁLISE DE CASOS CONCRETOS

Passemos a análise de duas decisões, relativamente recentes, do Supremo Tribunal Federal, para analisarmos mais concretamente se houve interpretação ou ativismo.

A primeira diz respeito ao reconhecimento da união homoafetiva.

A Corte Constitucional assim decidiu em sede de arguição de descumprimento de preceito federal (ADPF 132), conforme consta em seu sítio eletrônico o acórdão prolatado:

> 1. ARGUIÇÃO DE DESCUMPRIMENTO DE PRECEITO FUNDAMENTAL (ADPF). PERDA PARCIAL DE OBJETO. RECEBIMENTO, NA PARTE REMANESCENTE, COMO AÇÃO DIRETA DE INCONSTITUCIONALIDADE. UNIÃO HOMOAFETIVA E SEU RECONHECIMENTO COMO INSTITUTO JURÍDICO. CONVERGÊNCIA DE OBJETOS ENTRE AÇÕES DE NATUREZA ABSTRATA. JULGAMENTO CONJUNTO.
>
> Encampação dos fundamentos da ADPF n. 132-RJ pela ADI n. 4.277-DF, com a finalidade de conferir "interpretação conforme à Constituição" ao art. 1.723 do Código Civil. Atendimento das condições da ação.

2. PROIBIÇÃO DE DISCRIMINAÇÃO DAS PESSOAS EM RAZÃO DO SEXO, SEJA NO PLANO DA DICOTOMIA HOMEM/MULHER (GÊNERO), SEJA NO PLANO DA ORIENTAÇÃO SEXUAL DE CADA QUAL DELES. A PROIBIÇÃO DO PRECONCEITO COMO CAPÍTULO DO CONSTITUCIONALISMO FRATERNAL. HOMENAGEM AO PLURALISMO COMO VALOR SÓCIO-POLÍTICO-CULTURAL. LIBERDADE PARA DISPOR DA PRÓPRIA SEXUALIDADE, INSERIDA NA CATEGORIA DOS DIREITOS FUNDAMENTAIS DO INDIVÍDUO, EXPRESSÃO QUE É DA AUTONOMIA DE VONTADE. DIREITO À INTIMIDADE E À VIDA PRIVADA. CLÁUSULA PÉTREA.

O sexo das pessoas, salvo disposição constitucional expressa ou implícita em sentido contrário, não se presta como fator de desigualação jurídica. Proibição de preconceito, à luz do inciso IV do art. 3º da Constituição Federal, por colidir frontalmente com o objetivo constitucional de "promover o bem de todos". Silêncio normativo da Carta Magna a respeito do concreto uso do sexo dos indivíduos como saque da kelseniana "norma geral negativa", segundo a qual "o que não estiver juridicamente proibido, ou obrigado, está juridicamente permitido". Reconhecimento do direito à preferência sexual como direta emanação do princípio da "dignidade da pessoa humana": direito a auto-estima no mais elevado ponto da consciência do indivíduo. Direito à busca da felicidade. Salto normativo da proibição do preconceito para a proclamação do direito à liberdade sexual. O concreto uso da sexualidade faz parte da autonomia da vontade das pessoas naturais. Empírico uso da sexualidade nos planos da intimidade e da privacidade constitucionalmente tuteladas. Autonomia da vontade. Cláusula pétrea.

3. TRATAMENTO CONSTITUCIONAL DA INSTITUIÇÃO DA FAMÍLIA. RECONHECIMENTO DE QUE A CONSTITUIÇÃO FEDERAL NÃO EMPRESTA AO SUBSTANTIVO "FAMÍLIA" NENHUM SIGNIFICADO ORTODOXO OU DA PRÓPRIA TÉCNICA JURÍDICA. A FAMÍLIA COMO CATEGORIA SÓCIO-CULTURAL E PRINCÍPIO ESPIRITUAL. DIREITO SUBJETIVO DE CONSTITUIR FAMÍLIA. INTERPRETAÇÃO NÃO-REDUCIONISTA.

O caput do art. 226 confere à família, base da sociedade, especial proteção do Estado. Ênfase constitucional à instituição da família. Família em seu coloquial ou proverbial significado de núcleo doméstico, pouco importando se formal ou informalmente constituída, ou se integrada por casais heteroafetivos ou por pares homoafetivos. A Constituição de 1988, ao utilizar-se da expressão "família", não limita sua formação a casais heteroafetivos nem a formalidade cartorária, celebração civil ou liturgia religiosa. Família como instituição privada que, voluntariamente constituída entre pessoas adultas, mantém com o Estado e a sociedade civil uma necessária relação tricotômica. Núcleo familiar que é o principal lócus institucional de concreção dos direitos fundamentais que a própria Constituição designa por "intimidade e vida privada" (inciso X do art. 5º). Isonomia entre casais heteroafetivos e pares homoafetivos que somente ganha plenitude de sentido se desembocar no igual direito subjetivo à formação de uma autonomizada família. Família como figura central ou continente, de que tudo o mais é conteúdo. Imperiosidade da interpretação não-reducionista do conceito de família como instituição que também se forma por vias distintas do casamento civil. Avanço da Constituição Federal de 1988 no plano dos costumes. Caminhada na direção do pluralismo como categoria sócio-político-cultural. Competência do Supremo Tribunal Federal para manter, interpretativamente, o Texto Magno na posse do seu fundamental atributo da coerência, o que passa pela eliminação de preconceito quanto à orientação sexual das pessoas.

4. UNIÃO ESTÁVEL. NORMAÇÃO CONSTITUCIONAL REFERIDA A HOMEM E MULHER, MAS APENAS PARA ESPECIAL PROTEÇÃO DESTA ÚLTIMA. FOCADO PROPÓSITO CONSTITUCIONAL DE ESTABELECER RELAÇÕES JURÍDICAS HORIZONTAIS OU SEM HIERARQUIA ENTRE AS DUAS TIPOLOGIAS DO GÊNERO HUMANO. IDENTIDADE CONSTITUCIONAL DOS CONCEITOS DE "ENTIDADE FAMILIAR" E "FAMÍLIA".

A referência constitucional à dualidade básica homem/mulher, no §3º do seu art. 226, deve-se ao centrado intuito de não se perder a menor oportunidade para favorecer relações jurídicas horizontais ou sem hierarquia no âmbito das sociedades domésticas. Reforço normativo a um mais eficiente combate à renitência patriarcal dos costumes brasileiros. Impossibilidade de uso da letra da Constituição para ressuscitar o art. 175 da Carta de1967/1969. Não há como fazer rolar a cabeça do art. 226 no patíbulo do seu parágrafo terceiro. Dispositivo que, ao utilizar da terminologia "entidade familiar", não pretendeu diferenciá-la da "família". Inexistência de hierarquia ou diferença de qualidade jurídica entre as duas formas de constituição de um novo e autonomizado núcleo doméstico. Emprego do fraseado "entidade familiar" como sinônimo perfeito de família. A Constituição não interdita a formação de família por pessoas do mesmo sexo. Consagração do juízo de que não se proíbe nada a ninguém senão em face de um direito ou de proteção de um legítimo interesse de outrem, ou de toda a sociedade, o que não se dá na hipótese sub judice. Inexistência do direito dos indivíduos heteroafetivos à sua não-equiparação jurídica com os indivíduos homoafetivos. Aplicabilidade do §2º do art. 5º da Constituição Federal, a evidenciar que outros direitos e garantias, não expressamente listados na Constituição, emergem "do regime e dos princípios por ela adotados", *verbis*: "Os direitos e garantias expressos nesta Constituição não excluem outros decorrentes do regime e dos princípios por ela adotados, ou dos tratados internacionais em que a República Federativa do Brasil seja parte".

5. DIVERGÊNCIAS LATERAIS QUANTO À FUNDAMENTAÇÃO DO ACÓRDÃO. Anotação de que os Ministros Ricardo Lewandowski, Gilmar Mendes e Cezar Peluso convergiram no particular entendimento da impossibilidade de ortodoxo enquadramento da união homoafetiva nas espécies de família constitucionalmente estabelecidas. Sem embargo, reconheceram a união entre parceiros do mesmo sexo como uma nova forma de entidade familiar. Matéria aberta à conformação legislativa, sem prejuízo do reconhecimento da imediata autoaplicabilidade da Constituição.

6. INTERPRETAÇÃO DO ART. 1.723 DO CÓDIGO CIVIL EM CONFORMIDADE COM A CONSTITUIÇÃO FEDERAL (TÉCNICA DA "INTERPRETAÇÃO CONFORME"). RECONHECIMENTO DA UNIÃO HOMOAFETIVA COMO FAMÍLIA. PROCEDÊNCIA DAS AÇÕES.

Ante a possibilidade de interpretação em sentido preconceituoso ou discriminatório do art.1.723 do Código Civil, não resolúvel à luz dele próprio, faz-se necessária a utilização da técnica de "interpretação conforme à Constituição". Isso para excluir do dispositivo em causa qualquer significado que impeça o reconhecimento da união contínua, pública e duradoura entre pessoas do mesmo sexo como família. Reconhecimento que é de ser feito segundo as mesmas regras e com as mesmas consequências da união estável heteroafetiva." (STF, Tribunal Pleno, ADI 4277 / DF, RELATOR MIN. AYRES BRITTO, DJe-198 DIVULG 13-10-2011 PUBLIC14-10-2011).[17]

Conforme a definição adotada no presente trabalho, após leitura atenta do acórdão supra transcrito, concluímos que neste caso houve ativismo judicial por parte do Supremo Tribunal Federal, haja vista que a norma produzida é geral e abstrata, ou seja, não está restrita as partes da demanda; pode ser invocada por qualquer um dentro do ordenamento jurídico e não há como negar que a Corte ao assim fazê-lo alterou o dispositivo constitucional que apenas previa a união estável entre o homem e a mulher, consequentemente, a lei ordinária, qual seja, o Código Civil, que a regulamenta.

Não obstante a necessidade de interpretação das normas constitucionais de acordo com os valores nela insculpidos, porque esta não pode ser interpretada como qualquer Lei, já que é uma expressão do Poder Constituinte e, logo, poder político, não cabia ao Supremo Tribunal Federal regulamentar como o fez, ao utilizar a interpretação conforme, pois desta forma avançou na seara de atribuição do Poder Legislativo. Cabia a este, por meio de Emenda Constitucional, alterar o texto para adequá-lo a nova realidade social e ao dinamismo natural de qualquer sociedade, razão pela qual a Corte Constitucional não poderia ter decidido como o fez, ainda que para integrar o ordenamento.

A segunda refere-se aos parâmetros e diretrizes gerais fixadas pela Corte Constitucional após a audiência pública n. 04,

---

17. Brasil (2013). Supremo Tribunal Federal. Disponível em < http://redir.stf.jus.br/paginadorpub/paginador.jsp?docTP=AC&docID=628633>. Acesso em 13 jun 2013.

referente ao fornecimento de medicamentos, na Suspensão de tutela antecipada n. 175 – AgR/CE.[18] A ementa do julgado é a seguinte:

> Suspensão de Segurança. Agravo regimental. Saúde pública. Direitos fundamentais sociais. Art. 196 da Constituição. Audiência Pública. Sistema Único de Saúde – SUS. Políticas públicas. Judicialização do direito à saúde. Separação de poderes. Parâmetros para solução judicial dos casos concretos que envolvem direito à saúde. Responsabilidade solidária dos entes da Federação em matéria de saúde. Fornecimento de medicamento: Zavesca (miglustat). Fármaco registrado na ANVISA. Não comprovação de grave lesão à ordem, à economia, à saúde e à segurança públicas. Possibilidade de ocorrência de dano inverso. Agravo regimental que se nega provimento.

Constaram da referida decisão as seguintes balizas quando da concessão de medida judicial para fornecimento de medicamentos:

1. A existência ou não de política estatal que abranja a prestação de saúde pleiteada pela parte. Neste último caso, a não prestação decorre de:

a) Omissão legislativa administrativa;

b) Decisão administrativa de não fornecê-la;

c) Vedação legal a sua dispensação, como a inexistência de registro do fármaco perante a Agência Nacional de Vigilância Sanitária – ANVISA.

2. A existência de motivação para o não fornecimento de determinada ação de saúde pelo Sistema Único de Saúde – SUS, tendo em vista que:

---

18. BRASIL (2013). Supremo Tribunal Federal. Disponível em < http://redir.stf.jus.br/paginadorpub/paginador.jsp?docTP=AC&docID=610255 >. Acesso em 13 jun 2013.

a) Há tratamento alternativo, ou

b) Não tem tratamento específico para determinada patologia.

Vamos analisar a situação descrita no item 1.

Se há política estatal para respaldar a prestação de saúde pretendida pela parte e por algum motivo não está sendo cumprida, verificamos que não há ativismo judicial, nos termos do entendimento acolhido para o presente trabalho, tendo em vista que o Poder Judiciário neste caso está a fiscalizar o cumprimento de normas já pré-estabelecidas pelo ente competente para tanto.

Agora se **não** há política estatal decorrente de omissão legislativa e/ou administrativa, decisão administrativa de não fornecê-la ou vedação legal para a dispensação haverá sim ativismo por parte do aplicador da norma, pois então invadirá núcleo de atuação diverso do seu básico.

No item 2, letra "a", caso o Poder Judiciário determine o fornecimento de determinada ação de saúde pelo SUS diferente da existente perante este sistema, por opção diversa do paciente, também haverá ativismo, pelos mesmos fundamentos supra expostos.

No tocante ao mesmo item, letra "b", também resta claro que haverá ativismo, pois não há tratamento específico e, desta forma, o juiz fará as vezes tanto do Poder Legislativo, quanto do Poder Executivo, pois criará a norma e ainda a executará.

Há muitos outros casos que poderiam ser analisados a miúde na jurisprudência do Supremo Tribunal Federal,[19] notadamente, após o ano 2000, quando a Corte teve sua composição

---

19. Exemplos: greve dos servidores públicos (MI n. 670-9/ES, 708-0/DF e 712/PA), aborto de fetos anencéfalos (ADPF 54/DF) e pesquisa com células-tronco (ADI 3510/DF).

alterada de forma quantitativa expressivamente, bem como a forma de analisar a interpretação, além é claro das inúmeras reformas constitucionais que alargaram a atuação da Suprema Corte.

Entretanto, acreditamos que estes dois casos ilustram bem a necessidade de fixarmos parâmetros doutrinários antes de fazermos a análise das situações fáticas, sob pena de argumentação falha ou inconsistente, ou ainda problemas de interpretação ou de linguagem, para não se correr o risco de uma generalização não condizente com a realidade.

6. CONCLUSÃO

Adotado o critério de interpretação como exposto por Kelsen, concluímos que quando há criação de norma individual e concreta para o caso específico entre duas partes não há que se falar em ativismo, via de regra. O juiz age nestes casos dentro da elasticidade permitida pelo quadro legal.

Contudo, nos casos de controle abstrato de constitucionalidade, quando o Supremo Tribunal Federal se manifesta e produz normas gerais e abstratas há sim o ativismo judicial, o qual encontra respaldo na própria Constituição Federal, ou seja, sua legitimidade decorre da norma hierarquicamente mais alta do ordenamento e assim agindo o faz com autorização constitucional.

Esta postura mais ativa do Poder Judiciário pós Constituição de 1988, principalmente a partir de 2000, remete-nos a mais dois questionamentos: qual é a função do Poder Judiciário hoje em nossa sociedade? Seria a suplementação do poder político?

Por fim, acreditamos que não basta "importar" as soluções encontradas e desenvolvidas em outros países para os nossos problemas concretos, pois há necessidade de reflexão sobre a nossa realidade (cultural, moral, valores), tendo em vista que o direito é apenas um dos instrumentos de reciclagem de informações da sociedade, como a moral e a religião, além de ser também complexo e resultado do objeto cultural de seu povo.

7. BIBLIOGRAFIA

ADEODATO, João Maurício. *A Retórica Constitucional*. São Paulo: Saraiva, 2009.

BARROSO, Luis Roberto. *Judicialização, ativismo judicial e legitimidade democrática*. Disponível em:

<http://www.oab.org.br/editora/revista/users/revista/1235066670174218181901.pdf> Acesso em: 12 jun 2013.

BANCO MUNDIAL. (2013). Disponível em: http://data.worldbank.org/country/brazil>. Acesso em: 14 jun 2013.

BRASIL. (2013). Instituto Brasileiro de Geografia e Estatística – IBGE. Disponível em: <http://www.ibge.gov.br/home/mapa_site/mapa_site.php#indicadores>. Acesso em: 14 jun 2013.

_____. Supremo Tribunal Federal. Disponível em:

< http://redir.stf.jus.br/paginadorpub/paginador.jsp?docTP=AC&docID=610255>. Acesso em 13 jun 2013.

DIMOULIS, Dimitri. "Ativismo judicial e segurança jurídica". *Revista Acadêmica EMAG da 3ª Região*, ano II, n. 3, jan-jun 2011, p. 39-57.

FERRAZ JR., Tercio Sampaio. *Introdução ao Estudo do Direito. Técnica, decisão, dominação*. 6ª ed. São Paulo: Atlas, 2012.

FERREIRA FILHO, Manoel Gonçalves. *Curso de Direito Constitucional*, 36ª ed. São Paulo: Saraiva, 2010.

HART, H.L.A. *O Conceito de Direito*. 1ª ed, 2ª tiragem. São Paulo: WMF Martins Fontes, 2012.

HESSEN, Johannes. *Filosofia dos Valores*. Coimbra: Almedina, 2001.

KELSEN, Hans. Teoria Pura do Direito. 8ª ed., 3ª tiragem. São Paulo: WMF Martins Fontes, 2012.

KRELL, Andreas J. *Direitos sociais e controle judicial no Brasil e na Alemanha. Os (des)caminhos de um direito constitucional "comparado"*. Porto Alegre: Sergio Antonio Fabris Editor, 2002.

PEREZ, Carlos Alberto Navarro. "Relação entre o ativismo judicial e a atuação deficiente do Poder Legislativo". Altruísmo a desserviço da democracia. *Revista de Direito Constitucional e Internacional*. São Paulo, vol. 78, ano 20, p. 115-149, jan-mar 2012.

RAMOS, Elival da Silva. *Ativismo Judicial. Parâmetros Dogmáticos*. 1ª ed., 2ª tiragem. São Paulo: Saraiva. 2010.

RIGAUX, François. *A Lei dos Juízes*. 1ª ed. São Paulo: Martins Fontes, 2000.

STRECK, Lenio Luiz. *O ativismo judicial existe ou é imaginação de alguns?* Disponível em: <http://www.conjur.com.br/2013-jun-13/senso-incomum-ativismo-existe-ou-imaginacao-alguns>. Acesso em: 13 jun 2013.

TAVARES, André Ramos. *Paradigmas do Judicialismo Constitucional*. São Paulo: Saraiva, 2012.

VERÍSSIMO, Marcos Paulo. "A Constituição de 1988, vinte anos depois: Suprema Corte e ativismo judicial 'à brasileira'". *Revista Direito GV*. Vol. 8, São Paulo, p. 407-440, jul-dez. 2008.

VIEIRA, Oscar Vilhena. "Supremocracia". *Revista Direito GV*. Vol. 8, São Paulo, p. 441-463, jul-dez. 2008.

VILANOVA, Lourival. "O Poder de Julgar e a Norma". In: *Escritos Jurídicos e Filosóficos*. Vol.1, Axis Mundi/IBET, 2003.

A MUDANÇA DA CULTURA DO LITÍGIO PARA A DA CONCILIAÇÃO

Gustavo Catunda Mendes[1]

Índice: Introdução. 1- Evolução legislativa. 2- Fundamentação teórica. 3-Precedentes jurisprudenciais. Conclusão. Referências bibliográficas.

INTRODUÇÃO

A partir das normas que se encontram previstas no ordenamento jurídico brasileiro, é possível se verificar a constante preocupação do constituinte e do legislador em dispor ao cidadão direitos e garantias voltados para o exercício de seu direito de ação. Na Constituição Federal de 1988, na legislação ordinária e mesmo em disposições infralegais e súmulas de jurisprudência emanadas dos Tribunais pátrios, infere-se o arcabouço normativo de que dispõe a sociedade brasileira para que seus direitos sejam preservados, reconhecidos ou mesmo restabelecidos através da provocação da atividade jurisdicional prestada pelo Poder Judiciário.

---

1. Mestrando em Direito pela PUC-SP e juiz federal.

Sobretudo em virtude do princípio da inafastabilidade do controle jurisdicional previsto no art. 5º, inciso XXXV, da Constituição Federal – segundo o qual "a lei não excluirá da apreciação do Poder Judiciário lesão ou ameaça a direito"-, têm sido cada vez mais recorrentes os casos em que a concretização de direitos, a solução de controvérsias e a definição de condutas são objeto de litígios submetidos à apreciação e julgamento pelo Poder Judiciário.

É certo que a pacificação social constitui objetivo superior que se visa alcançar através da atuação do Poder Judiciário, que, no exercício da jurisdição que lhe compete e mediante a evolução da marcha processual e suas formalidades, possui como mister precípuo a resolução de controvérsias e a aplicação do direito.

Ocorre que, não obstante o Poder Judiciário tenha dentre os fundamentos legitimadores de sua existência e atuação, inclusive, a pacificação social, tem sido crescente na sociedade a consciência de que tal propósito não é alcançável, nem se faz presente, tão somente por intermédio de sentenças, que, muitas vezes, são proferidas após longas e desgastantes batalhas judiciais. Isto porque, o instituto da conciliação tem crescentemente se revelado mecanismo de solução de controvérsias hábil e efetivo a conferir às partes aquilo que de fato almejam quando do ingresso em Juízo: seu direito reconhecido ou mesmo seu caso definitivamente resolvido.

Em verdade, o incentivo à conciliação não se destina de maneira alguma a ofuscar o relevante papel social atribuído ao Poder Judiciário de exercício da jurisdição. Cuidam-se a promoção de conciliação e a existência de litígio de realidades que podem conviver na mais perfeita harmonia, sobretudo considerando que ambos visam, em última *ratio*, que de fato os conflitos sejam dirimidos e a paz prevaleça na sociedade.

Contudo, o que se verifica é resistente manutenção no meio social de uma cultura voltada para o litígio, para a instalação de demandas e o embate em Juízo na medida em que surgem controvérsias das mais diversas modalidades e sobre diferentes matérias, enquanto a tentativa de conciliação entre as partes acaba por ficar em segundo plano e sendo realizada tão somente em decorrência da existência de disposições legais que a estabelecem como formalidade a ser observada no curso do processo judicial.

Assim, justamente em virtude dos inúmeros benefícios relativos à conciliação – seja ela realizada antes da instalação do litígio (extraprocessual) ou mesmo no curso da ação já existente (endoprocessual) -, tanto em favor das partes como do Poder Judiciário, tais como a efetiva contribuição dos interessados mediante concessões mútuas, o desinteresse recursal sobre o decidido e o curto espaço de tempo e relativo baixo custo para a solução da controvérsia, tem se imposto a necessidade de mudança da cultura do litígio para a da conciliação, que tem recebido constantes incentivos dos Tribunais e sido atualmente a tônica quando se debate questões diversas relacionadas ao futuro e à efetividade do Poder Judiciário em atender sua função constitucional.

Portanto, o presente estudo tem como propósito trabalhar a mudança da cultura do litígio para a da conciliação a partir da análise da evolução verificada no ordenamento jurídico brasileiro e na doutrina em prol da realização da conciliação como importante mecanismo alternativo de resolução de controvérsias.

1. EVOLUÇÃO LEGISLATIVA

A **Constituição Federal** trata dos princípios da inafastabilidade da jurisdição no **art. 5º, inciso XXXV**, nos seguintes termos:

> Art. 5º Todos são iguais perante a lei, sem distinção de qualquer natureza, garantindo-se aos brasileiros e aos estrangeiros

residentes no País a inviolabilidade do direito à vida, à liberdade, à igualdade, à segurança e à propriedade, nos termos seguintes:

(...)

XXXV – <u>a lei não excluirá da apreciação do Poder Judiciário lesão ou ameaça a direito</u>;

(...)

LIV – ninguém será privado da liberdade ou de seus bens sem o **<u>devido processo legal</u>**;

LV – **<u>aos litigantes, em processo judicial ou administrativo</u>**, e aos acusados em geral são **<u>assegurados o contraditório e ampla defesa</u>**, com os meios e recursos a ela inerentes; (...). (Grifou-se).

Note-se que, dentre os denominados "Direitos e Garantias Fundamentais" constantes da Constituição Federal, constam de forma expressa princípios que remetem à litigiosidade entre as partes e garantias que preservam o efetivo exercício do direito à ampla defesa e ao contraditório no devido processo legal, sem, contudo, ter sido feito referência ao instituto da conciliação como forma de resolução de conflitos entre partes, seja previamente à demanda judicial, ou mesmo após seu curso.

Ocorre que, ao ser promulgada a Constituição Federal de 1988, constou do preâmbulo referência expressa a uma sociedade "fundada na harmonia social e comprometida, na ordem interna e internacional, com a solução pacífica das controvérsias", da seguinte forma:

> Nós, representantes do povo brasileiro, reunidos em Assembleia Nacional Constituinte para instituir um Estado Democrático, destinado a assegurar o exercício dos direitos sociais e individuais, a liberdade, a segurança, o bem-estar, o desenvolvimento, a igualdade e a justiça como valores supremos de uma **<u>sociedade fraterna, pluralista e sem preconceitos, fundada na harmonia social e comprometida, na ordem interna e internacional, com a solução</u>**

pacífica das controvérsias, promulgamos, sob a proteção de Deus, a seguinte CONSTITUIÇÃO DA REPÚBLICA FEDERATIVA DO BRASIL. (Grifou-se).

E, dentre os princípios que regem as relações internacionais da República Federativa do Brasil, consta na **Constituição Federal, art. 4º, inciso VII**:

> Art. 4º A República Federativa do Brasil rege-se nas suas **relações internacionais pelos seguintes princípios**: (...)
> VII – **solução pacífica dos conflitos**; (...). (Grifou-se).

Por oportuno, ressalta-se que o termo "conciliação" consta da atual redação da Constituição Federal tão somente quando da definição da competência dos Juizados:

> Art. 98. A União, no Distrito Federal e nos Territórios, e os Estados criarão:
>
> I – **juizados especiais**, providos por juízes togados, ou togados e leigos, **competentes para a conciliação, o julgamento e a execução de causas cíveis de menor complexidade e infrações penais de menor potencial ofensivo**, mediante os procedimentos oral e sumariíssimo, permitidos, nas hipóteses previstas em lei, a transação e o julgamento de recursos por turmas de juízes de primeiro grau; (...). (Grifou-se).

Isto porque, as extintas "Juntas de Conciliação e Julgamento" deixaram de integrar o rol dos "órgãos da Justiça do Trabalho" então previsto no art. 111, da Constituição Federal, a partir da Emenda Constitucional n. 24, de 1999, que as substituiu pelos "Juízes do Trabalho" no inciso III.

Por oportuno, a **EC n. 45/2004** introduziu na **Constituição Federal** o princípio da duração razoável do processo no **inciso LXXVIII, do art. 5º**, o que implica sobremaneira o incentivo à cultura da conciliação como forma de resolução dos conflitos judiciais para a abreviação de seu tempo de duração:

Art. 5º (...)

LXXVIII – <u>a todos, no âmbito judicial e administrativo, são assegurados a razoável duração do processo e os meios que garantam a celeridade de sua tramitação</u>. (Incluído pela Emenda Constitucional n. 45, de 2004). (Grifou-se).

O **Código de Processo Civil**, por sua vez, a respeito do poder de conciliar do juiz, prevê:

> DO JUIZ
>
> **Seção I**
>
> **Dos Poderes, dos Deveres e da responsabilidade do Juiz**
>
> Art. 125. <u>O juiz dirigirá o processo</u> conforme as disposições deste Código, **competindo-lhe**:
>
> I – assegurar às partes igualdade de tratamento;
>
> II – velar pela rápida solução do litígio;
>
> III – prevenir ou reprimir qualquer ato contrário à dignidade da Justiça;
>
> <u>**IV – tentar, a qualquer tempo, conciliar as partes**</u>. (Incluído pela Lei n. 8.952, de 1994). (Grifou-se).

E, ainda, o **Código de Processo Civil** cuida da conciliação em audiência no procedimento sumário e no ordinário:

> CAPÍTULO III
>
> DO PROCEDIMENTO SUMÁRIO
>
> (...)
>
> Art. 277. O juiz designará a <u>**audiência de conciliação**</u> a ser realizada no prazo de trinta dias, citando-se o réu com a antecedência mínima de dez dias e sob advertência prevista no § 2º deste artigo, determinando o comparecimento das partes. Sendo ré a Fazenda Pública, os prazos contar-se-ão em dobro. (Redação dada pela Lei n. 9.245, de 1995)
>
> § 1º <u>**A conciliação será reduzida a termo e homologada por sentença, podendo o juiz ser auxiliado por conciliador**</u>. (Incluído pela Lei n. 9.245, de 1995) (...)

Art. 278. Não obtida a **conciliação**, oferecerá o réu, na própria audiência, resposta escrita ou oral, acompanhada de documentos e rol de testemunhas e, se requerer perícia, formulará seus quesitos desde logo, podendo indicar assistente técnico. (Redação dada pela Lei n. 9.245, de 1995).

(...)

TÍTULO VIII

DO PROCEDIMENTO ORDINÁRIO

(...)

Da Audiência Preliminar

Art. 331. Se não ocorrer qualquer das hipóteses previstas nas seções precedentes, e versar a causa sobre direitos que admitam transação, o juiz designará audiência preliminar, a realizar-se no prazo de 30 (trinta) dias, para a qual serão as partes intimadas a comparecer, podendo fazer-se representar por procurador ou preposto, com poderes para transigir. (Redação dada pela Lei n. 10.444, de 2002).

§ 1º **Obtida a conciliação, será reduzida a termo e homologada por sentença.** (Incluído pela Lei n. 8.952, de 1994).

§ 2º Se, por qualquer motivo, **não for obtida a conciliação**, o juiz fixará os pontos controvertidos, decidirá as questões processuais pendentes e determinará as provas a serem produzidas, designando audiência de instrução e julgamento, se necessário. (Incluído pela Lei n. 8.952, de 1994). (Grifou-se).

E, de maneira geral, dispõe o **Código de Processo Civil** sobre o cabimento da conciliação no processo civil nos seguintes termos:

Seção II

Da Conciliação

Art. 447. Quando o litígio versar sobre direitos patrimoniais de caráter privado, o juiz, de ofício, determinará o comparecimento das partes ao início da audiência de instrução e julgamento.

Parágrafo único. **Em causas relativas à família, terá lugar igualmente a conciliação, nos casos e para os fins em que a lei consente a transação.**

> Art. 448. <u>Antes de iniciar a instrução, o juiz tentará conciliar as partes</u>. Chegando a acordo, o juiz mandará tomá-lo por termo.
>
> Art. 449. <u>O termo de conciliação, assinado pelas partes e homologado pelo juiz, terá valor de sentença</u>. (Grifou-se).

Ainda, nos termos do art. 475-N, inciso III, do **Código de Processo Civil**, "a sentença a <u>sentença homologatória de conciliação</u> ou de transação, ainda que inclua matéria não posta em juízo", constitui "título executivo judicial". (Grifou-se).

E, ao tratar dos "embargos do devedor" no "Processo de Execução", prevê o art. 740, do **Código de Processo Civil** que:

> Art. 740. Recebidos os embargos, será o exequente ouvido no prazo de 15 (quinze) dias; a seguir, o juiz julgará imediatamente o pedido (art. 330) ou designará <u>audiência de conciliação</u>, instrução e julgamento, proferindo sentença no prazo de 10 (dez) dias. (Redação dada pela Lei n. 11.382, de 2006). (Grifou-se).

No **Código Civil**, o termo conciliação surge ao tratar-se da "guarda" dos filhos no direito de família:

> Art. 1.584. A **guarda**, unilateral ou compartilhada, poderá ser: (Redação dada pela Lei n. 11.698, de 2008).(...)
> § 1º Na <u>audiência de conciliação</u>, o juiz informará ao pai e à mãe o significado da **guarda compartilhada**, a sua importância, a similitude de deveres e direitos atribuídos aos genitores e as sanções pelo descumprimento de suas cláusulas. (Incluído pela Lei n. 11.698, de 2008). (Grifou-se).

Mas o **Código Civil** dispõe sobre o instituto da transação, de maneira geral, nos seguintes termos:

> **Da Transação**
>
> Art. 840. <u>É lícito aos interessados prevenirem ou terminarem o litígio mediante concessões mútuas</u>.

> Art. 841. **Só quanto a direitos patrimoniais de caráter privado se permite a transação.**
>
> Art. 842. A **transação** far-se-á por escritura pública, nas obrigações em que a lei o exige, ou por instrumento particular, nas em que ela o admite; **se recair sobre direitos contestados em juízo, será feita por escritura pública, ou por termo nos autos, assinado pelos transigentes e homologado pelo juiz.**
>
> Art. 843. **A transação interpreta-se restritivamente, e por ela não se transmitem, apenas se declaram ou reconhecem direitos.**
>
> Art. 844. **A transação não aproveita, nem prejudica senão aos que nela intervierem, ainda que diga respeito a coisa indivisível.** (...). (Grifou-se).

Em, em relação às **leis em sentido estrito**, no ordenamento jurídico brasileiro constam as seguintes disposições sobre a conciliação:

• **Lei n. 10.259/2001, art. 10, parágrafo único**: "Os representantes judiciais da União, das autarquias, das fundações e das empresas públicas federais, bem como os indicados na forma do *caput*, ficam autorizados a conciliar, transigir ou desistir nos processos da competência dos Juizados Especiais Federais" (Grifou-se).

• **Lei n. 9.099/1995, art. 2º**: "processo orientar-se-á pelos critérios de oralidade, simplicidade, informalidade, economia processual e celeridade, **buscando, sempre que possível, a conciliação ou a transação**". (Grifou-se).

Em virtude da controvérsia que já se estabeleceu em relação à necessidade de prévia tentativa de resolução de conflitos em sede administrativa, previamente ao ingresso em litígio, houve inclusive a edição de súmulas e enunciados:

• **Súmula n. 213 do extinto Tribunal Federal de Recursos**: "O exaurimento da via administrativa não é condição para a propositura de ação de natureza previdenciária."

• **Súmula n. 9 do Egrégio Tribunal Regional Federal da 3.ª Região**: "Em matéria previdenciária, torna-se desnecessário o prévio exaurimento da via administrativa, como condição de ajuizamento da ação."

• "**Enunciado FONAJEF 77** – O ajuizamento da ação de concessão de benefício da seguridade social reclama prévio requerimento administrativo."

• "**Enunciado FONAJEF 78** – O ajuizamento da ação revisional de benefício da seguridade social que não envolva matéria de fato dispensa o prévio requerimento administrativo."

• **Enunciado n. 35 das Turmas Recursais do Juizado Especial Federal de São Paulo**: "35 – O ajuizamento da ação de concessão de benefício da seguridade social reclama prévio requerimento administrativo."

E, sobre a efetiva necessidade de prévio exaurimento administrativo como forma alternativa de resolução de conflito previamente ao ingresso no Poder Judiciário, a matéria é pacífica em relação às lides desportivas, conforme a **Constituição Federal**:

> **DO DESPORTO**
>
> **Art. 217.** É dever do Estado fomentar práticas desportivas formais e não-formais, como direito de cada um, observados:
>
> (...)
>
> § 1º – <u>O Poder Judiciário só admitirá ações relativas à disciplina e às competições desportivas após esgotarem-se as instâncias da justiça desportiva, regulada em lei</u>.
>
> § 2º – <u>A justiça desportiva terá o prazo máximo de sessenta dias, contados da instauração do processo, para proferir decisão final</u>. (Grifou-se).

No propósito de estimular a prática da conciliação no Poder Judiciário, o **Conselho Nacional de Justiça** editou, dentre outros, os seguintes atos normativos:

- **Resolução n. 125/2010**: que "dispõe sobre a Política Judiciária Nacional de tratamento adequado dos conflitos de interesses no âmbito do Poder Judiciário" e instituiu a "Política Judiciária Nacional de tratamento dos conflitos de interesses, tendente a assegurar a todos o direito à solução dos conflitos por meios adequados à sua natureza e peculiaridade", tendo sido levado em consideração, inclusive que:

> (...) <u>cabe ao Judiciário estabelecer política pública de tratamento adequado dos problemas jurídicos e dos conflitos de interesses, que ocorrem em larga e crescente escala na sociedade</u>, de forma a <u>organizar, em âmbito nacional, não somente os serviços prestados nos processos judiciais, como também os que possam sê-lo mediante outros mecanismos de solução de conflitos, em especial dos consensuais, como a mediação e a conciliação</u>; (...)
>
> a <u>necessidade de se consolidar uma política pública permanente de incentivo e aperfeiçoamento dos mecanismos consensuais de solução de litígios</u>; (...)
>
> a <u>conciliação e a mediação são instrumentos efetivos de pacificação social, solução e prevenção de litígios, e que a sua apropriada disciplina em programas já implementados nos países tem reduzido a excessiva judicialização dos conflitos de interesses, a quantidade de recursos e de execução de sentenças</u>; (...)
>
> <u>ser imprescindível estimular, apoiar e difundir a sistematização e o aprimoramento das práticas já adotadas pelos tribunais</u>; (...)
>
> <u>a relevância e a necessidade de organizar e uniformizar os serviços de conciliação, mediação e outros métodos consensuais de solução de conflitos</u>, para lhes evitar disparidades de orientação e práticas, bem como para <u>assegurar a boa execução da política pública, respeitadas as especificidades de cada segmento da Justiça</u>; (...)
>
> a <u>organização dos serviços de conciliação, mediação e outros métodos consensuais de solução de conflitos deve servir de princípio e base para a criação de Juízos de resolução alternativa de conflitos, verdadeiros órgãos judiciais especializados na matéria</u> (...). (Fonte: sítio eletrônico do

Conselho Nacional de Justiça: http://www.cnj.jus.br/atos-administrativos/atos-da-presidencia/resolucoespresidencia/12243-resolucao-no-125-de-29-de-novembro-de-2010 – Grifou-se).

Nos termos da **Resolução n. 125/2010**:

> Art. 1º Fica instituída a **Política Judiciária Nacional de tratamento dos conflitos de interesses, tendente a assegurar a todos o direito à solução dos conflitos por meios adequados à sua natureza e peculiaridade**.
>
> Parágrafo único. **Aos órgãos judiciários incumbe, além da solução adjudicada mediante sentença, oferecer outros mecanismos de soluções de controvérsias, em especial os chamados meios consensuais, como a mediação e a conciliação, bem assim prestar atendimento e orientação ao cidadão**. (...)
>
> Art. 3º **O CNJ auxiliará os tribunais na organização dos serviços mencionados no art. 1º, podendo ser firmadas parcerias com entidades públicas e privadas**.
>
> (...)
>
> Art. 4º **Compete ao Conselho Nacional de Justiça organizar programa com o objetivo de promover ações de incentivo à autocomposição de litígios e à pacificação social por meio da conciliação e da mediação.**
>
> Art. 5º **O programa será implementado com a participação de rede constituída por todos os órgãos do Poder Judiciário e por entidades públicas e privadas parceiras, inclusive universidades e instituições de ensino**." (Fonte: sítio eletrônico do Conselho Nacional de Justiça: http://www.cnj.jus.br/atos-administrativos/atos-da-presidencia/resolucoes-presidencia/12243-resolucao-no-125-de-29-de-novembro-de-2010 – Grifou-se).

Segundo constou de matéria publicada no site do **Egrégio Supremo Tribunal Federal**:

> (...) **Resolução 125/2010**

(...) **o CNJ aprovou no ano passado [em 2010] a Resolução 125, que criou as bases de implantação de uma política nacional de conciliação**. São basicamente **dois objetivos a serem perseguidos**. **Em primeiro lugar firmar entre os profissionais do Direito entendimento de que para os agentes sociais é mais importante prevenir e chegar a uma solução rápida para os litígios do que ter de recorrer sempre ao Judiciário, cada vez mais sobrecarregado pelo excesso de processos**.

Em segundo lugar, oferecer instrumentos de apoio aos tribunais para instalação de núcleos de mediação e conciliação que, certamente, terão forte impacto sobre a quantidade excessiva de processos apresentados àquelas Cortes.

Esses **núcleos devem funcionar como centros para atender cidadãos que buscam as soluções de seus conflitos dirigindo-os para a conciliação e mediação pré-processuais ou em processos já iniciados** e, até mesmo, conduzindo-os ao órgão competente se a questão estiver fora da atribuição dos centros ou da própria Justiça da qual façam parte. Para isso, os **núcleos deverão ser como órgãos administrativos dos tribunais com a função de supervisão das atividades relacionadas aos métodos consensuais de solução de conflitos**. (Fonte: sítio eletrônico do Supremo Tribunal Federal: http://www.stf.jus.br/portal/cms/verNoticiaDetalhe.asp?idConteudo=182850&caixaBusca=N – Notícia de 28.06.2011 – Grifou-se).

E, segundo afirmam Paulo Afonso Brum Vaz e Bruno Takahashi:

O professor **Kazuo Watanabe** resume com precisão os pontos mais importantes dessa Resolução:

"a) atualização do conceito de acesso à justiça, não como mero acesso aos órgãos judiciários e aos processos contenciosos, e, sim, como acesso à ordem jurídica justa (destaque no original); b) direito de todos os jurisdicionados à solução dos conflitos de interesses pelos meios mais adequados à sua natureza e peculiaridade, inclusive com a utilização dos mecanismos alternativos de resolução de conflitos, como a mediação e a conciliação; c) obrigatoriedade de oferecimento de serviços de orientação e informação e de mecanismos alternativos de resolução de controvérsias, além da solução adjudicada por meio de sentença; d) preocupação com a boa qualidade desses serviços de resolução de conflitos, com a adequada capacitação, o treinamento e o aperfeiçoamento permanente dos mediadores e conciliadores; e) disseminação da cultura de pacificação, com apoio do CNJ aos tribunais na organização dos serviços de tratamento adequados dos conflitos, e com busca de cooperação dos órgãos públicos (destaque nosso) e das instituições públicas e privadas da área de ensino, com vistas à criação de disciplina que propiciem o surgimento da cultura da solução pacífica dos conflitos de interesse; (...) (Política pública do Poder Judiciário Nacional para o tratamento adequado dos conflitos de interesses. In: PELUZO, Antonio Cezar; RICHA, Morgana de Almeida (coord.). Conciliação e Mediação: estruturação da política judiciária nacional. Rio de Janeiro: Forense, 2011. p. 4). "(VAZ, Paulo Afonso Brum; TAKAHASHI, Bruno. *Barreiras da conciliação na seguridade social e a Política Judiciária Nacional de tratamento adequado dos conflitos*. Revista de Doutrina da 4ª Região, Porto Alegre, n. 46, fev. 2012. Disponível em: < http://www.revistadoutrina.trf4.jus.br/artigos/edicao046/vaz_takahashi.html> – Último acesso em: 02 dez 2013).

• **Resolução n. 126/2010**: "Dispõe sobre o Plano Nacional de Capacitação Judicial de magistrados e servidores do Poder Judiciário", e prevê como disciplina inerente ao "núcleo básico mínimo das matérias a serem ministradas na formação inicial dos Magistrados", dentre outras, a de "Técnicas de Conciliação – apresenta as mais modernas e eficazes formas de se obter a solução negociada das demandas judiciais". (Fonte: sítio eletrônico do Conselho Nacional de Justiça: http://www.cnj.jus.br/atos-administrativos/13538:resolucaon12622fevereiro2011 – Grifou-se).

• **Resolução n. 106/2010**: "Dispõe sobre os critérios objetivos para aferição do merecimento para promoção de magistrados e acesso aos Tribunais de 2º grau" (Fonte: sítio eletrônico do

Conselho Nacional de Justiça: http://www.cnj.jus.br/atos-administrativos/12224:resolucao-no-106-de-06-de-abril-de-2010 – Grifou-se).

Valorizando à prática da conciliação como parâmetro para avaliação da produtividade e da presteza dos magistrados, dispõe a **Resolução n. 106/2010**:

> Art. 6º <u>Na avaliação da produtividade serão considerados os atos praticados pelo magistrado no exercício profissional, levando-se em conta os seguintes parâmetros</u>:
>
> (...)
>
> II – <u>Volume de produção, mensurado pelo</u>:
>
> (...)
>
> b) <u>número de conciliações realizadas</u>;
>
> (...)
>
> **Parágrafo único.** Na <u>avaliação da produtividade</u> deverá ser considerada a média do número de sentenças e audiências em comparação com a produtividade média de juízes de unidades similares, utilizando-se, para tanto, dos institutos da mediana e do desvio padrão oriundos da ciência da estatística, <u>privilegiando-se, em todos os casos, os magistrados cujo índice de conciliação seja proporcionalmente superior ao índice de sentenças proferidas dentro da mesma média</u>.
>
> (...)
>
> Art. 7º <u>A presteza deve ser avaliada nos seguintes aspectos</u>:
>
> (...)
>
> I – <u>dedicação, definida a partir de ações como</u>:
>
> (...)
>
> h) <u>medidas efetivas de incentivo à conciliação em qualquer fase do processo</u>; (...). (Fonte: sítio eletrônico do Conselho Nacional de Justiça: http://www.cnj.jus.br/atos-administrativos/12224:resolucao-no-106-de-06-de-abril-de-2010 – Grifou-se).

• **Resolução n. 67/2009**: "Aprova o Regimento Interno do Conselho Nacional de Justiça e dá outras providências", e, ao tratar "Dos Conselheiros" do CNJ, dispões acerca: "Das Atribuições do Relator (...) Art. 25. São atribuições do Relator: (...) § 1º O **Relator poderá, nos pedidos de providências e nos procedimentos de controle administrativo, propor, a qualquer momento, conciliação às partes em litígio, em audiência própria, reduzindo a termo o acordo, a ser homologado pelo Plenário**." (Fonte: sítio eletrônico do Conselho Nacional de Justiça: http://www.cnj.jus.br/atos-administrativos/12182:resolucao-no-67-de-03-de-marco-de-2009 – Grifou-se).

E, também no objetivo de regulamentar a boa prática da conciliação, o **Tribunal Regional Federal da 3ª Região** editou, dentre outros, os seguintes atos normativos:

• **Resolução n. 258, de 01/12/2004**: "Implantação do Programa de Conciliação na 3ª Região, a incidir sobre os processos relativos à discussão de contratos de financiamento, realizados pelo Sistema Financeiro de Habitação", em que se levou em consideração:

> (...) **a conveniência da solução de processos pela via conciliatória, com economia, celeridade e efetividade na prestação jurisdicional**;
>
> (...) **que o Código de Processo Civil, no artigo 125, incisos II e IV, c.c. artigo 331, recomenda a rápida solução do litígio e a conciliação e que não existem óbices à sua efetivação, inclusive às pessoas jurídicas de direito público, no âmbito do Judiciário Federal**;
>
> (...) **as experiências bem-sucedidas na Justiça Federal, com solução mais ágil e efetiva, visando à pacificação de conflitos** (...). (Fonte: sítio eletrônico do Egrégio Tribunal Regional Federal da 3ª Região: http://www.trf3.jus.br/trf3r/index.php?id=1149 – Grifou-se).

• **Resolução n. 309, de 09/04/2008**: "Estabelece procedimentos a serem adotados no Programa de Conciliação".

• **Resolução n. 392, de 19/03/2010**: "Amplia o Programa de Conciliação e cria a Central de Conciliação no âmbito da Justiça Federal da 3ª Região", tendo considerado, inclusive:

> (...) a **necessidade do incremento e ampliação da conciliação ou mediação, tanto na fase processual como na fase pré-processual, garantindo a celeridade e efetividade da prestação jurisdicional** (...). (Grifou-se).

Destinou-se a **Resolução n. 392/2010**, inclusive, a:

> Art. 1º **Ampliar o Programa de Conciliação, no âmbito do Tribunal Regional Federal da Terceira Região e da Justiça Federal de Primeira Instância**, que lhe é afeta, **visando à busca da conciliação, tanto na fase pré-processual, como na fase processual, dos litígios relativos à discussão de direitos patrimoniais disponíveis, bem como daqueles que pela natureza do direito em discussão à lei permite a transação**.
>
> Art. 2º **Criar**, para funcionamento nas Seções e Subseções da Justiça Federal de Primeiro Grau da Terceira Região, **Centrais de Conciliação**, e para funcionamento de forma itinerante, a **Central Itinerante de Conciliação**. (...)
>
> Art. 3º **As Centrais de Conciliação destinam-se a buscar através da mediação e ou conciliação solucionar as questões cíveis que versem sobre direitos patrimoniais disponíveis e questões que por sua natureza a lei permita a transação**, observadas as regras desta Resolução. (...)
>
> § 2º **Instalada a Central de Conciliação, todos os Magistrados das respectivas áreas envolvidas, no local de sua implantação, dela participarão, inclusive, como mediadores e ou conciliadores, conforme a necessidade, podendo tal atribuição recair sobre conciliadores voluntários devidamente credenciados**, nos termos desta Resolução. (...) (Fonte: sítio eletrônico do Egrégio Tribunal Regional Federal da 3ª Região: http://www.trf3.jus.br/trf3r/index.php?id=1149 – Grifou-se).

• **Resolução n. 247, de 15/03/2011**: "Dispõe sobre a instalação de Centrais de Conciliação".

• **Resolução n. 423/2011**: "Institucionaliza e disciplina a função do conciliador como responsável pela realização de audiências de tentativa de conciliação nos processos em tramitação na Justiça Federal da Terceira Região e disciplina o procedimento do Programa de Conciliação, como método de prevenção e solução consensual de conflitos", em que considerou-se, inclusive:

> **O propósito de aprimorar os trabalhos prestados pelo Poder Judiciário Federal da Terceira Região em decorrência da criação e ampliação do Programa de Conciliação.**

E, sobre a "Atividade Técnica de Conciliação", dispõe a **Resolução n. 423/2011**:

> **Da Atividade Técnica de Conciliação**
>
> Art. 1º Para os fins desta resolução, **conciliação é a atividade técnica exercida por pessoa, integrante do quadro de servidores ou voluntária, objetivando a solução de conflitos por meio da obtenção de mútuas concessões entre as partes contrapostas.**
>
> § 1º **A utilização da atividade técnica de conciliação é cabível em toda matéria que admita conciliação, reconciliação, transação, ou acordo de outra ordem, para os fins que consinta a lei civil ou penal.**
>
> § 2º **A conciliação é judicial ou extrajudicial, podendo versar sobre todo o conflito ou parte dele.**
>
> § 3º **Em qualquer tempo ou grau de jurisdição, recomenda-se buscar convencer as partes da conveniência de se submeterem à conciliação extrajudicial, ou, com a concordância delas, designar conciliador, suspendendo o processo pelo prazo de até 3 (três) meses, prorrogável por igual período.**
>
> **Dos Conciliadores**
>
> Art. 2º **Pode ser conciliador qualquer servidor do quadro da Justiça Federal da Terceira Região ou qualquer pessoa**

<u>capaz e que tenha formação técnica ou experiência adequada à natureza do conflito, admitida na forma desta resolução, como voluntária.</u>

§ 1º No desempenho de sua função, <u>o conciliador deverá proceder com imparcialidade, independência, aptidão, idoneidade, zelo e discrição, bem como deverá observar todos os deveres e obrigações atribuídas aos servidores públicos, quando voluntário.</u> (...) (Fonte: sítio eletrônico do Egrégio Tribunal Regional Federal da 3ª Região: http://www.trf3.jus.br/trf3r/index.php?id=1149 – Grifou-se).

2. FUNDAMENTAÇÃO TEÓRICA

Sobre a conciliação, assevera **Jorge Trindade**:

> <u>O processo judicial tem por finalidade a comprovação de uma hipótese fática para a aplicação de uma consequência jurídica específica. É inquestionável que o principal objetivo da jurisdição, a sua essência, é seu caráter de pacificação</u>. Nesse sentido, <u>é salutar que se encontrem fórmulas de consenso para que a pretensão resistida chegue a bom termo, atingindo-se o ideal de justiça das partes</u>. (...)
>
> <u>A jurisdição, enquanto atividade meramente substitutiva, irá dirimir este litígio do ponto de vista dos seus efeitos jurídicos, mas na imensa maioria das vezes não resolve o conflito interno dos envolvidos</u>. (...)
>
> Diante desse contexto, **muito te se falado sobre os métodos alternativos para solução de controvérsias**. Surgidos no meio dos negócios, mostram-se uma **forma eficaz de finalizar demandas de complexidade variada, de forma mais célere e necessariamente com a participação efetiva das partes, o que acarreta uma forma satisfatória de autocomposição dos conflitos**. (...)
>
> **As formas autocompositivas fazem parte de um contínuo no qual varia o grau de autonomia das decisões dos envolvidos, dentre os quais se destacam**: mediação, **conciliação**, negociação e arbitragem.

(...)

> Trata-se, na verdade, de uma **forma de heterocomposição, dependente da intervenção de um terceiro imparcial, junto aos litigantes, com o intuito de leva-los à autocomposição**. Na **conciliação**, além da **administração do conflito por um terceiro neutro e imparcial**, este mesmo **conciliador tem a prerrogativa de poder sugerir um possível acordo, trazendo alternativas de resoluções das questões controvertidas**.
>
> Essa é a **lógica que rege o mecanismo da conciliação: a realização de acordos, podendo ser no âmbito extraprocessual ou endoprocessual, diminuindo substancialmente o tempo de duração da lide (princípio da celeridade processual), as altas despesas com os litígios judiciais, a redução da animosidade, característica da 'derrota judicial', uma vez que na conciliação são as próprias partes que resolvem o litígio tornando-se responsáveis pelos compromissos que venham assumir e regatando, tanto quanto possível, a capacidade de relacionamento**." (TRINDADE, Jorge; TRINDADE, Elise Karam e MOLINARI, Fernanda. *Psicologia Judiciária: para a carreira da magistratura.* Porto Alegre: Livraria do Advogado Editora, 2010, p. 63-65 e 74-75 – Grifou-se).

Conforme leciona **José Maria Garcez**:

> Os mecanismos tradicionais como a força, o poder e a autoridade perderam, assim, o espaço, no mundo contemporâneo, cedendo lugar aos **métodos negociais**, em que **cada vez mais se tem consciência da necessidade de se obter consentimento da outra parte como método construtivo e de resultados duradouros para a produção de contratos e a resolução de controvérsias**. Sobretudo **houve uma mudança de paradigmas, passando-se da metodologia do confronto e da manipulação para a teoria dos métodos cooperativos** (*in* TRINDADE, Jorge; TRINDADE, Elise Karam e MOLINARI, Fernanda. *Psicologia Judiciária: para a carreira da magistratura.* Porto Alegre: Livraria do Advogado Editora, 2010, p. 65 – Grifou-se).

E, segundo os ensinamentos de **Wagner Giglio**:

A **conciliação**, como direito material, **é um negócio jurídico, um contrato, como tal ontologicamente o mesmo, quer seja firmado em juízo ou fora dele**, apresentando **duas espécies: bilateral, geralmente formal, oneroso e comutativo imperfeito, se resultante de transação; e unilateral imperfeito e geralmente formal, se decorrente de renúncia ou de reconhecimento**. Sob o **aspecto do processo, a conciliação pode ser classificada, quanto à oportunidade, em prévia ou processual; quanto à iniciativa, em espontânea ou provocada; quanto à obrigatoriedade, em obrigatória ou facultativa, podendo ser esta regulamentada ou não regulamentada**; e **quanto ao momento de sua formulação, em inicial ou final**. (*in* TRINDADE, Jorge; TRINDADE, Elise Karam e MOLINARI, Fernanda. *Psicologia Judiciária: para a carreira da magistratura*. Porto Alegre: Livraria do Advogado Editora, 2010, p. 75 – Grifou-se).

Acerca do espírito da conciliação, pondera **João Baptista de Mello e Souza Neto**:

> **O espírito de conciliação deve nortear os envolvidos nas disputas judiciais**, uma vez que, **por melhores que sejam as leis e a prestação da atividade jurisdicional, ninguém decide os conflitos mais adequadamente aos respectivos interesses do que os próprios litigantes**. (...) **O aperto da mão ao término da audiência, em que a conciliação foi atingida, representa o retorno das partes à normalidade social. O que mais poderiam pretender advogados e Juízes?** (*in* TRINDADE, Jorge; TRINDADE, Elise Karam e MOLINARI, Fernanda. *Psicologia Judiciária: para a carreira da magistratura*. Porto Alegre: Livraria do Advogado Editora, 2010, p. 63 – Grifou-se).

A respeito do conflito e as técnicas autocompositivas, afirma **André Goma de Azevedo**:

> Na sua obra de **1973**, o **professor Morton Deutsch** estabeleceu um marco teórico segundo o qual **o conflito, se abordado de forma apropriada (com técnicas adequadas), pode ser um importante meio de conhecimento, amadurecimento e

aproximação de seres humanos. (...) o **conflito pode e deve ser percebido como um fenômeno natural e potencialmente positivo entre quaisquer seres vivos, e especialmente entre seres humanos.** (...) **ao se abordar o conflito com o referido enfoque positivo, criam-se contextos fáticos entre as parte que, se aliados a técnicas autocompositivas apropriadas, podem efetivamente projetar perante a sociedade a imagem do Direito como o eficiente ordenador de relações sociais por meio do qual se realizam ou se satisfazem os interesses dos jurisdicionados**. (...). (*in* Coordenadores GONÇALVES Jr., Gerson Carneiro e MACIEL, José Fábio Rodrigues. *Concurso da Magistratura: Noções gerais de direito e formação humanística*. São Paulo: Saraiva, 2011, p. 106-107 – Grifou-se).

Ao tratar da resolução de conflitos, assevera o professor de negociação na Faculdade de Direito de Harvard e que dirige o Projeto de Negociação de Harvard **Roger Fischer**:

> **Um número cada vez maior de ocasiões requer negociação; o conflito é uma indústria em crescimento. Todos querem participar das decisões que lhes afetam; um número cada vez menor de pessoas aceita decisões ditadas por outrem. As pessoas diferem e usam a negociação para lidar com suas diferenças. Seja nos negócios, no governo ou não família, as pessoas chegam à maioria das decisões através da negociação. Mesmo quando recorrem aos tribunais, quase sempre negociam um acordo antes do julgamento.** (...)
>
> **Há uma terceira maneira de negociar, uma maneira que não é áspera nem afável, mas antes áspera e afável. O método da *negociação baseada em princípios*, desenvolvido no Projeto de Negociação de Harvard**, consiste em **decidir as questões a partir de seus méritos, e não através de um processo de regateio centrado no que cada lado se diz disposto a fazer e a não fazer**. Ele **sugere que você procure benefícios mútuos sempre que possível e que, quando seus interesses entrarem em conflito, você insista em que o resultado se baseie em padrões justos, independentes da vontade de qualquer dos lados. O método da negociação baseada em princípios é rigoroso quanto**

aos méritos e brando com as pessoas. Não emprega truques nem a assunção de posturas. A negociação baseada em princípios mostra-lhe como obter aquilo a que você tem direito e, ainda assim, agir com decência. Permite-lhe ser imparcial, ao mesmo tempo que o protege daqueles que gostariam de tirar vantagem de sua imparcialidade. (FISCHER, Roger; URY, William e PATTON, Bruce. *Como chegar ao sim: negociação de acordos sem concessões*. 2ª ed. rev. e ampl. Rio de Janeiro: Imago Editora, 2005, p. 15-16 – Grifou-se).

Segundo afirma **Ada Pellegrini Grinover**:

A eliminação dos conflitos ocorrentes na vida em sociedade pode-se verificar por obra de um ou de ambos os sujeitos dos interesses conflitantes ou por ato de terceiro. Na primeira hipótese, um dos sujeitos (ou cada um deles) consente no sacrifício total ou parcial do próprio interesse (autocomposicao) ou impõe o sacrifício do interesse alheio (autodefesa ou autotutela). Na segunda hipótese, enquadram-se a defesa de terceiro, a mediação e o processo. (*in* Coordenadores GONÇALVES Jr., Gerson Carneiro e MACIEL, José Fábio Rodrigues. *Concurso da Magistratura: Noções gerais de direito e formação humanística*. São Paulo: Saraiva, 2011, p. 105 – Grifou-se).

Sobre a matéria, argumentam Paulo Afonso Brum Vaz e Bruno Takahashi:

No modelo tradicional de solução de conflitos empregado pelo Poder Judiciário, as partes encontram-se em um verdadeiro duelo, uma vez que predispostas em lados antagônicos no processo judicial, acirrando o preexistente estado de tensão em que um ganha e o outro perde, quando ambos não perdem. Na autocomposição, inverte-se essa lógica, pois o que se tem é o chamado "ganha-ganha": ambas as partes saem vencedoras.

Com a conciliação, abre-se uma nova e mais eficaz técnica de gestão do processo, que é a consensual, possibilitando ao Poder Judiciário prestar um serviço mais qualificado e

melhorar o atendimento e o nível de satisfação dos seus usuários.

A conciliação, enquanto via integrativa e democrática de solução de conflitos, para além de reduzir a demanda de processos, o que é apenas uma consequência, apresenta a vantagem da verdadeira pacificação social.

O grande problema que se tem a enfrentar é a reinante cultura de litigância. Incutir a mentalidade consensual é um trabalho de longo prazo. Deveria haver preocupação com essa questão desde o ensino fundamental ou, ao menos, no ensino jurídico, que não educa para a pacificação social, mas para litigar, dever-se-iam estudar, como disciplina obrigatória, as formas consensuais de solução dos conflitos ou de autocomposição. Sobretudo, **precisa o Poder Judiciário compreender que fazer justiça não pressupõe necessariamente predispor as partes na condição de vencido e vencedor; que é mais importante restaurar a harmonia entre as partes do que acirrar seus conflitos e ressentimentos. É de fundamental importância a cooperação entre os diversos atores envolvidos no sistema judicial, incentivando a implantação de novos métodos de solução de conflitos, em especial a conciliação, antes ou depois de ajuizada a ação. Além da mudança de cultura, faz-se mister que os usuários da Justiça revejam suas orientações criando também políticas institucionais de incentivo e incremento das conciliações.** E mais, precisam preparar seus quadros funcionais, notadamente seus prepostos, representantes e procuradores, para enfrentar essa nova realidade que se apresenta como via inequivocamente mais racional e democrática para a prevenção e a solução de litígios. (...)

Para que haja uma mudança de postura, a conciliação não deve ser vista meramente como mecanismo para resolver a crise numérica de processos, algo mecânico e artificial. Seu papel mais importante é a pacificação social, com resolução tanto da lide processual, como, principalmente, da lide sociológica, ou seja, não se deve limitar àquilo que está nos autos.

(...) **para os juízes, os esforços no sentido de obter um acordo entre as partes para pôr fim ao litígio mediante solução consensual deixaram de ser uma faculdade para se tornarem uma obrigação que a todos vincula com caráter cogente. Passam a ser um dever inerente ao cargo**

Como bem observa **Carreira Alvim**, "É pena que os juízes togados não deem à conciliação a importância que deveriam dar e, mesmo quando a 'promovam', façam-no de forma mecânica e tão artificial, que mais parece o cumprimento de um ritual para se chegar mais rapidamente ao fim do processo e à sentença". E arremata: "**No dia em que os juízes entenderem que a função conciliatória é tão eficaz quanto a função jurisdicional, talvez ela se mostre mais eficaz, cumprindo o seu efetivo papel de via alternativa na resolução de conflitos**". (ALVIM, J. E Carreira. Juizados Especiais Federais. Rio de Janeiro: Forense, 2002. p. 33-4).

(...) **no âmbito da conciliação, também deve existir a cooperação das partes, incluso aí o dever de lealdade**. É certo que, **antes de homologar um acordo, o juiz deve zelar para que a transação não seja injusta ao ponto de se traduzir em uma renúncia desproporcional de direitos por uma das partes. Da mesma forma, o juiz também deve zelar para que o acordo seja legítimo, pautado nos parâmetros legais e adequado ao caso concreto**. O advogado do segurado, por sua vez, pelo dever de lealdade entre as partes, igualmente deve zelar para que não sejam cometidas fraudes por intermédio de transações simuladas.

(...) há um desprezo, em relação à audiência, com o momento por excelência do convite às partes para uma composição amigável. O que se observa é que **muitas vezes o dever de impulsionar o processo, o mais rápido possível, para uma solução adjudicada por sentença relega a audiência para um ato secundário e simplesmente de instrução**. (...). (VAZ, Paulo Afonso Brum; TAKAHASHI, Bruno. *Barreiras da conciliação na seguridade social e a Política Judiciária Nacional de tratamento adequado dos conflitos*. Revista de Doutrina da 4ª Região, Porto Alegre, n. 46, fev. 2012. Disponível em: < http://www.revistadoutrina.trf4.jus.br/artigos/edicao046/vaz_takahashi.html > Último acesso em: 02 dez 2013).

Citando **Kazuo Watanabe**, prosseguem Paulo Afonso Brum Vaz e Bruno Takahashi:

Na lição do professor **Kazuo Watanabe**, "**a 'cultura da sentença' traz como consequência o aumento cada vez maior da quantidade de** recursos, o que explica o congestionamento não somente das instâncias ordinárias, como também dos Tribunais Superiores, e até mesmo da Suprema Corte. Mais do que isso, **vem aumentando também a quantidade de** execuções judiciais, **que sabidamente são morosas e ineficazes e constituem o calcanhar de Aquiles da Justiça**" (Política pública do Poder Judiciário Nacional para o tratamento adequado dos conflitos de interesses. In: PELUZO, Antonio Cezar; RICHA, Morgana de Almeida (coord.). Conciliação e Mediação: estruturação da política judiciária nacional. Rio de Janeiro: Forense, 2011. p. 4). (VAZ, Paulo Afonso Brum; TAKAHASHI, Bruno. *Barreiras da conciliação na seguridade social e a Política Judiciária Nacional de tratamento adequado dos conflitos*. Revista de Doutrina da 4ª Região, Porto Alegre, n. 46, fev. 2012. Disponível em: < http://www.revistadoutrina.trf4.jus.br/artigos/edicao046/vaz_takahashi.html> Último acesso em: 02 dez 2013).

E, segundo **Terence Dornelles Trennepohl** afirma:

> **Cândido Rangel Dinamarco informa, citando a pesquisa de Mauro Cappelletti e Bryant Garth, sobre o problema do acesso à justiça, os movimentos (chamadas 'ondas') pelo qual passa o Estado moderno no intento de oferecer justiça aos seus cidadãos.** (DINAMARCO, Cândido Rangel. *A Instrumentalidade do Processo*. São Paulo: Malheiros, 2002, p. 336.).
>
> A primeira onda representa a assistência judiciária, e a superação dos obstáculos decorrentes da pobreza; a segunda onda diz respeito às formas para legitimar e tutelar os interesses difusos (consumidor e meio ambiente); e **a terceira onda é relativa aos procedimentos mais simples, mais acessíveis e participativos, tendo como principal exemplo a conciliação.**

Esclarece o processualista:

> **Falar em instrumentalidade do processo ou em sua efetividade significa, no contexto, falar dele como algo posto à disposição das pessoas com vistas a fazê-las mais felizes (ou menos infelizes), mediante a eliminação dos conflitos**

> **que as envolvem, com decisões justas**. Mais do que um princípio, o acesso à justiça é a síntese de todos os princípios e garantias do processo, seja a nível constitucional ou infraconstitucional, seja em sede legislativa ou doutrinária e jurisprudencial. Chega-se à ideia do acesso à justiça, que é o pólo metodológico mais importante do sistema processual na atualidade, mediante o exame de todos e de qualquer um dos grandes princípios. (DINAMARCO, Cândido Rangel. *A Instrumentalidade do Processo*. São Paulo: Malheiros, 2002, p. 372.)
>
> Com esse prisma, vê-se claramente a abertura do processo moderno às influências políticas, sociais e econômicas, sempre tendo em vista a realização da prestação jurisdicional mais célere, bem administrada, justa, correta e que atenda à demanda das partes. (*in* "ASPECTOS TEÓRICOS SOBRE O CONTRADITÓRIO E A DIALÉTICA NO PROCESSO CIVIL MODERNO" – Terence Dornelles Trennepohl – REVISTA ESMAFE: Escola de Magistratura Federal da 5ª Região. Recife: TRF 5ª Região, n. 13. Março 2007 – Grifou-se).

E, acerca da mudança de paradigmas que se observa, pondera **André Goma de Azevedo**:

> A sociedade claramente sinaliza a **necessidade de um magistrado que aborde questões como um solucionador de problemas ou um pacificador – a pergunta a ser feita deixou de ser 'quem e como devo julgar' e passou a ser 'como devo abordar essa questão para que os interesses pleiteados sejam atingidos de modo mais eficiente.** (...)
>
> **Em um moderno sistema processual, constata-se que o operador do Direito, e em especial o magistrado, deve passar também a: a) preocupar-se com a *litigiosidade remanescente*, b) voltar-se, em atenção ao princípio do emponderamento, a um modelo preventivo de conflitos na medida em que capacita as partes a melhor compor seus conflitos educando-as com técnicas de negociação e mediação, e c) dirigir-se como instrumento de pacificação social para que haja uma maior humanização do conflito (*i.e.* compreensão recíproca), em atenção ao princípio da validação ou princípio do reconhecimento recíproco de sentimentos.**

(...) **os operadores da área do Direito estão deontologicamente ligados à pacificação social e à preservação e aperfeiçoamento de relações sociais**. (...).

Diante da **teoria de conflito existente, não cabe mais ao operador desses processos de resolução de disputas – e em especial aos magistrados – se posicionarem atrás de togas escuras e agir sob um manto de tradição para permitir que as partes, quando busquem auxílio do Estado ou de uma instituição que atue sob os seus auspícios para a solução de conflitos recebam tratamento que não seja aquele voltado a estimular maior compreensão recíproca, humanização da disputa, manutenção da relação social e, por consequência, maior realização pessoal, bem como melhores condições de vida**. (*in* Coordenadores GONÇALVES Jr., Gerson Carneiro e MACIEL, José Fábio Rodrigues. *Concurso da Magistratura: Noções gerais de direito e formação humanística*. São Paulo: Saraiva, 2011, p. 116-119 – Grifou-se).

Conforme classifica **Jorge Trindade**:

A conciliação subdivide-se conforme o momento em que foi implementado o acordo em:

a) A **conciliação extraprocessual**, também denominada informal, ocorre nas hipóteses de conflitos ainda não jurisdicionalizados (...).

b) A **conciliação endoprocessual**, também denominada processual, ocorre quando já foi instaurada a lide, ou seja, é uma modalidade de procedimento inerente à jurisdição. (TRINDADE, Jorge; TRINDADE, Elise Karam e MOLINARI, Fernanda. *Psicologia Judiciária: para a carreira da magistratura*. Porto Alegre: Livraria do Advogado Editora, 2010, p. 75-76- Grifou-se).

Nos termos do **Conselho Nacional de Justiça – Movimento pela Conciliação**, a "conciliação extraprocessual":

(...) se constitui um **método de prevenção de litígios e funciona como opção alternativa ao ingresso na via judicial,**

objetivando evitar o alargamento do número de demandas nos foros e a abreviação de tempo na solução das pendências, sendo acessível a qualquer interessado em um sistema simples ao alcance de todos. (...) A **principal característica** dessa modalidade de conciliação é a **promoção de encontros entre os interessados, nos quais um conciliador buscará obter o entendimento e a solução das divergências por meio da composição não adversarial** e, pois, **ainda antes de deflagrada a ação**. (...) **É bem-vinda a participação e a integração a essa atividade dos profissionais e dos setores qua atuam na área social (equipes multidisciplinares), possibilitando o entrosamento entre os vários serviços existentes**. (...) Vale destacar, **obtido o acordo em sede de conciliação pré-processual (informal), tem lugar a lavratura do instrumento particular de composição do conflito**, ou seja, do **ajuste celebrado entre as partes, o qual pode se constituir, desde logo, quando for o caso, em título executivo extrajudicial (art. 585, II, do CPC), com a assinatura de testemunhas, nada obstando, onde seja admitido, haja encaminhamento à homologação judicial**. (*in* TRINDADE, Jorge; TRINDADE, Elise Karam e MOLINARI, Fernanda. *Psicologia Judiciária: para a carreira da magistratura*. Porto Alegre: Livraria do Advogado Editora, 2010, p. 75-76 – Grifou-se).

E, a respeito da **"conciliação endoprocessual"**, ensina **Athos Gusmão Carneiro**:

> (...) **a conciliação judicial marca um ponto de encontro entre a 'autocomposição' e a 'heterocomposição' da lide. É a autocomposição porque as próprias partes tutelam seus interesses, fixando livremente o conteúdo do ato que irá compor o litígio**; mas tal **ponto de convergência é encontrado por iniciativa e sob as sugestões de um mediador qualificado, que buscará conduzir as partes no sentido de uma composição consoante com a equidade** (...). (*in* TRINDADE, Jorge; TRINDADE, Elise Karam e MOLINARI, Fernanda. *Psicologia Judiciária: para a carreira da magistratura*. Porto Alegre: Livraria do Advogado Editora, 2010, p. 76 – Grifou-se).

Sobre a distinção entre conciliação, mediação e arbitragem, ensina **Jorge Trindade**:

(...) **Na conciliação, o terceiro propõe alternativas de resoluções, o que denota sua maior intervenção e responsabilidade para solucionar o conflito.** Embora o acordo jamais possa ser imposto, a participação do conciliador na composição do litígio é mais efetiva, mostrando às partes envolvidas possibilidades de se chegar a um consenso. Salienta-se que a consensualidade das partes é inerente à conciliação.

No que concerne à **mediação**, vislumbra-se que **as partes atuam de uma forma efetiva para solucionar o conflito, desempenhando o mediador um papel de facilitador da negociação. Existe uma maior participação dos envolvidos na solução do conflito transferindo a eles a confiança, autodeterminação e responsabilidade para compor o litígio, o que naturalmente facilita na elaboração, aceitação e posterior cumprimento do acordo firmado**. (...)

Diferentemente da Mediação e da Conciliação, que são mecanismos autocompositivos de solução de controvérsia, onde as próprias partes acordam entre si, a arbitragem é um meio compositivo, uma vez que o terceiro, denominado árbitro, resolve o conflito.

É um processo alternativo, voluntário e extrajudicial, entre pessoas físicas e jurídicas capazes de contratar, no âmbito dos direitos patrimoniais disponíveis, sem necessidade de tutela do Poder Judiciário. (TRINDADE, Jorge; TRINDADE, Elise Karam e MOLINARI, Fernanda. *Psicologia Judiciária: para a carreira da magistratura*. Porto Alegre: Livraria do Advogado Editora, 2010, p. 77-78 – Grifou-se).

E leciona **Carlos Alberto Carmona**:

> **O conciliador age no sentido de conduzir as partes a um consenso, sem afastar a sua vontade, sendo delas próprias a vontade que conduz ao acordo que põe fim ao conflito; na arbitragem, o árbitro age no sentido de substituir, pela sua, a inteligência e a vontade das partes, sendo que a sentença põe fim ao conflito, agindo o consenso apenas como móvel determinante da arbitragem. Na conciliação, a eficácia da decisão depende do consenso das partes; a arbitragem, esse consenso lhe é anterior, pois a sentença prescinde dele.** (*in* TRINDADE, Jorge; TRINDADE, Elise

Karam e MOLINARI, Fernanda. *Psicologia Judiciária: para a carreira da magistratura*. Porto Alegre: Livraria do Advogado Editora, 2010, p. 85-86 – Grifou-se).

Aduz **Fernando Tavares** sobre a mediação:

> Outro aspecto da <u>**mediação**</u> é a <u>**contínua e intensa discussão**</u> <u>**sobre o conflito. Aqui não se objetiva apenas a consecução do acordo, mas o melhoramento e a continuação do relacionamento dos mediados**</u>. (...) <u>**Seus objetivos não atingem apenas os problemas, refletindo seus efeitos nos mediados e na sociedade, fortalecendo e preservando o relacionamento existente entre as pessoas**</u> (*in* TRINDADE, Jorge; TRINDADE, Elise Karam e MOLINARI, Fernanda. *Psicologia Judiciária: para a carreira da magistratura*. Porto Alegre: Livraria do Advogado Editora, 2010, p. 77-78 – Grifou-se).

Ainda afirmam Paulo Afonso Brum Vaz e Bruno Takahashi que:

> <u>**No Brasil há um ensino jurídico moldado pelo sistema da**</u> contradição <u>**(dialética) que forma guerreiros, profissionais combativos e treinados para a guerra, para a batalha, em torno de uma lide, onde duas forças opostas lutam entre si e só pode levar a um vencedor. Todo caso tem dois lados polarizados. Quando um ganha, o outro tem de perder**</u>" (BACELLAR, Roberto Portugal. O Poder Judiciário e o paradigma da guerra na solução dos conflitos. In: PELUSO, Antonio Cezar; RICHA, Morgana de Almeida (coord.). Conciliação e Mediação: estruturação da política judiciária nacional. Rio de Janeiro: Forense, 2011. p. 31). (VAZ, Paulo Afonso Brum; TAKAHASHI, Bruno. *Barreiras da conciliação na seguridade social e a Política Judiciária Nacional de tratamento adequado dos conflitos*. Revista de Doutrina da 4ª Região, Porto Alegre, n. 46, fev. 2012. Disponível em: < http://www.revistadoutrina.trf4.jus.br/artigos/edicao046/vaz_takahashi.html> – Último acesso em: 02 dez 2013).

Acerca da utilização da conciliação como instrumento de redução de demandas, registram Paulo Afonso Brum Vaz e Bruno Takahashi:

O **Manual de Conciliação da Procuradoria Federal Especializada do** INSS insere a **conciliação no contexto do** Projeto de Redução de Demandas Judiciais. A conciliação permite "uma otimização da atividade processual da Procuradoria Federal Especializada junto ao INSS, com a finalidade de concentrar energias em teses que possam, efetivamente, merecer acolhida nos Juízos e Tribunais pátrios". **Inegavelmente, há uma relação direta entre a conciliação e a redução de demandas, uma vez que, com a conciliação, evita-se a interposição de recursos e o prolongamento do processo** e, consequentemente, do trabalho do Procurador Federal. Além disso, o mesmo Manual ressalta a importância da conciliação para melhorar a imagem do INSS e da Procuradoria Federal Especializada perante a sociedade e o Poder Judiciário. (VAZ, Paulo Afonso Brum; TAKAHASHI, Bruno. *Barreiras da conciliação na seguridade social e a Política Judiciária Nacional de tratamento adequado dos conflitos.* Revista de Doutrina da 4ª Região, Porto Alegre, n. 46, fev. 2012. Disponível em: < http://www.revistadoutrina.trf4.jus.br/artigos/edicao046/vaz_takahashi.html > – Último acesso em: 02 dez 2013).

3. PRECEDENTES JURISPRUDENCIAIS

Acerca da conciliação, consta da jurisprudência do **Egrégio Superior Tribunal de Justiça**:

> **PROCESSUAL. AÇÃO CIVIL PÚBLICA. QUESTÃO AMBIENTAL**. CONEXÃO DE AÇÕES. **HOMOLOGAÇÃO DE ACORDO**. DECISÃO ISOLADA. NULIDADE. INOCORRÊNCIA. 1. **As partes podem, no curso da demanda, conciliar seus interesses, devendo o juiz tentar a conciliação a qualquer tempo (CPC, art. 125)**. (...) 4. Recurso especial conhecido e provido, para afastar a nulidade decretada e determinar o julgamento do mérito da apelação. (RESP 199600701601, PEÇANHA MARTINS, STJ – SEGUNDA TURMA, DJ 22/03/1999 – Grifou-se).

No mesmo sentido, sobre a conciliação, extrai-se da jurisprudência do **Egrégio Tribunal Regional Federas da 2ª Região**:

ADMINISTRATIVO. EXECUÇÃO HIPOTECÁRIA. **AUDIÊNCIA DE CONCILIAÇÃO**. DISPENSA ANTE O PROGNÓSTICO JUDICIAL DE SUA **INOCUIDADE**. POSSIBILIDADE. INFIRMAÇÃO DO VALOR DA DÍVIDA. EMBARGOS REJEITADOS. QUESTÃO PRECLUSA. 1) <u>**O juiz não está vinculado ao esgotamento exaustivo das possibilidades de conciliação, se as circunstâncias concretas indicarem a sua inocuidade, nos termos do art. 131, do CPC. A aplicação da regra que impõe ao juiz tentar a conciliação entre as partes, "a qualquer tempo" (art. 125, IV, do CPC), deve passar pelo crivo da razoabilidade, in concreto, sob pena de condicionar-se todo e qualquer momento decisório à oportunização conciliatória prévia, o que inviabilizaria o próprio processo, indo de encontro com o próprio sentido jurídico da regra**</u>. (...) 5) Dou parcial provimento ao recurso. (AC 200150010102954, Desembargador Federal POUL ERIK DYRLUND, TRF2 – OITAVA TURMA ESPECIALIZADA, DJU 19/03/2009 – Grifou-se).

Nos termos conceituados pelo **Tribunal de Arbitragem do Estado de São Paulo**, cuida-se a conciliação de:

> <u>**Uma forma de resolução de controvérsias na relação de interesses administrada por um Conciliador investido de autoridade ou indicado, pelas partes, a quem compete aproximá-las, controlar as negociações, a aparar as arestas, sugerir e formular propostas, apontar vantagens e desvantagens, objetivando sempre a composição do litígio pelas partes**</u>" (*in* TRINDADE, Jorge; TRINDADE, Elise Karam e MOLINARI, Fernanda. *Psicologia Judiciária: para a carreira da magistratura*. Porto Alegre: Livraria do Advogado Editora, 2010, p. 74 – Grifou-se).

Conforme bem asseverou a Eminente Relatora **Juíza Federal Márcia Hoffmann** em r. decisão proferida no Agravo de Instrumento n. 0015619-62.2011.4.03.0000, do **Egrégio Tribunal Regional Federal da 3ª Região**:

> (...) <u>razoável que se prestigiem, também, '(...) soluções alternativas para os conflitos inter ou supraindividuais,</u>

reputadas como legítimos caminhos para a pacificação social sem todo o custo social e os desgastes econômicos e psicológicos que são inerentes ao processo. Integra a onda renovatória em curso, na qual se propugnam soluções negociadas e coexistenciais, o prestígio à autocomposição mediante a conciliação que evite o processo ou ponha fim a ele.' (Cândido Rangel Dinamarco. "Acordos judiciais e a perícia arbitral no processo civil brasileiro". Fundamentos do processo civil moderno. V. II. 3. ed. São Paulo: Malheiros, 2000, p. 965-966). (...)

(...)

Especificamente em sede de ação civil pública, os estudiosos do assunto não têm se esquivado em admitir que '**as inovações processuais civis, sobrevindas no bojo da reforma por que vem passando o CPC, laboram no sentido de ser prestigiada a auto-composição pelas partes, como se vê do incentivo à conciliação (inciso IV do art. 125, acrescentado pela Lei 8.952/94)**; o mesmo se diga quanto à **força executória de que se reveste o 'instrumento de transação referendado pelo Ministério Público, pela Defensoria Pública ou pelos advogados dos transatores' (art. 585, II)**; a **possibilidade de a transação versar 'matéria não posta em juízo' (art. 584, III, redação da lei 10.352/ 01)**; e, enfim, superando antigas resistências, **a Lei 8.953/94 veio possibilitar que o título executivo extrajudicial possa ter por conteúdo uma obrigação de fazer ou de não fazer, inclusive com multa diária (arts. 632 e 645)**", destacando-se que "**essas técnicas sinalizam para o ideal da composição dos conflitos com justiça, na perspectiva de uma jurisdição integral**", harmonizando-se, outrossim, "com a proposta por um processo civil de estrutura cooperatória onde, segundo Ada Pellegrini Grinover, '**a garantia da imparcialidade da jurisdição brota da colaboração entre partes e juiz. A participação dos sujeitos no processo não possibilita apenas a cada qual aumentar as possibilidades de obter uma decisão favorável, mas significa cooperação no exercício da jurisdição. Para cima e para além das intenções egoísticas das partes, a estrutura dialética do processo existe para reverter em benefício da boa qualidade da prestação jurisdicional e da perfeita aderência da sentença à situação de direito material subjacente**' (Defesa, contraditório, igualdade e 'par condicio' na ótica do processo de estrutura cooperatória. *In* 'Novas tendências do direito processual', Rio de Janeiro: Forense Universitária, 1990, p. 2, 3)." (Rodolfo de Camargo Mancuso, *In*: *Ação civil pública: em defesa do meio ambiente, do patrimônio cultural e dos consumidores*. 9ª ed. rev. e atual., São Paulo: RT, 2004, p. 337-338).

(...) **incontestes "as vantagens do processo de conciliação caracteristicamente mais breve, mais econômico, mais adequado às relações continuadas e mais participativo do que a solução imposta por terceiro. A única solução compatível com a lógica de acesso à Justiça no Estado Democrático de Direito é que os conflitos envolvendo direitos difusos, desde quando possível, possam se beneficiar de todas as vantagens apresentadas pelo instituto da conciliação**", pois, afinal, "**seguramente o maior benefício proporcionado pela conciliação às partes de um conflito é configurar uma alternativa ao processo, ou à continuidade do mesmo. É uma forma mais econômica de solucionar litígios porque poupa, totalmente ou parcialmente, a movimentação da dispendiosa máquina jurisprudencial**. Sob outra perspectiva **a conciliação também se afigura bastante vantajosa porque tem o condão de acomodar melhor as desavenças dos envolvidos no conflito, que se sentem sujeitos da decisão e não objeto de um decreto de um terceiro, que por sua origem exógena sempre corre o risco de ter a pecha de injusto, e gerar uma insatisfação latente, ainda que o conflito tenha sido aparentemente dirimido**. Não que acordos não possam ser injustos, mas o fato da participação da parte mitiga a sensação da injustiça, o que faz a conciliação ser denominada pelos franceses de 'justice douce'. Por isso, **é fundamental que na conciliação as partes estejam em uma situação a mais próxima possível da igualdade material, de modo que possam desempenhar com desenvoltura o papel de sujeito da solução negociada** (...)" (Geisa de Assis Rodrigues, *In Anotações sobre a conciliação na ação civil pública e na ação popular que tutelam o meio ambiente*. Revista Brasileira de Direito Ambiental, vol. 14, abril/junho de 2008, p. (...). (*in* Revista TRF 3ª Região n. 108, jul. e ago./2011 – p.241-249 – AGRAVO DE INSTRUMENTO 0015619-62.2011.4.03.0000 (2011.03.00.015619-6) – Juíza Federal Convocada MÁRCIA HOFFMANN – Grifou-se).

E, a partir de trabalho voltado à formação de novos juízes, em estímulo à conciliação como forma de resolução de litígios, a **Desembargadora Federal Daldice Santana, do Egrégio Tribunal Regional Federa da 3ª Região**, afirmou:

> Quando instada para falar aos novos juízes sobre SFH, imediatamente não me veio à mente nenhum assunto teórico a respeito, mas as <u>**vantagens de uma decisão homologatória de conciliação, fruto da negociação entre as partes**</u>.
>
> Isso porque há muitas teorias sobre o direito à habitação, muitas polêmicas sobre o sistema de habitação, sem a correspondente materialização nem solução rápida dos conflitos. <u>**Invocar o direito é fácil, dizer como materializá-lo é difícil, especialmente num país de incontáveis carências**</u>.
>
> <u>**A conciliação tem o mérito de dispensar a teorização da matéria, seja pelas partes ou pelo juiz. A resolução da lide é dada à luz da verdade material/real das partes**</u>. <u>**O mutuário propõe, na negociação da dívida, o *quantum*, o modo e o tempo entendidos necessários para pôr fim ao litígio, e o agente financeiro aceita, ou não, essas condições**</u>, além de poder apresentar contraproposta, inclusive com alteração contratual, a exemplo da dilatação do prazo de financiamento e da incorporação de prestações vencidas ao saldo devedor. <u>**Se houver acordo, o conflito será definitivamente solucionado.**</u>
>
> <u>**Frustrada a conciliação entre as partes, a decisão judicial será dada à luz de fatos e documentos trazidos aos autos**</u>. <u>**Será ela formal e, por isso, muitas vezes não resolverá o conflito**</u>. Extinto apenas *aquele* processo sob análise, outros poderão emergir.
>
> <u>**O Código de Processo Civil permite a conciliação a qualquer tempo (art. 125, IV)**</u>. Assim, <u>**a despeito da fase em que se encontre o processo, a conciliação pode ser tentada**</u>.
>
> (...)
>
> <u>**A final, repiso, a conciliação é a solução mais adequada**</u> aos <u>**conflitos do SFH**</u>. (SANTANA, Daldice. *Material-SFH* – Grifou-se).

Conforme consta em matéria veiculada no site oficial do **Egrégio Tribunal Regional Federal da 3ª Região**, a conciliação tem sido permanentemente estimulada para resolução dos feitos processuais, inclusive com a proposta de que a utilização de acordos pré-processuais seja elevada:

> **GABINETE DA CONCILIAÇÃO DO TRF3 FOCARÁ ACORDOS PRÉ-PROCESSUAIS**
>
> Objetivo é resolver conflitos que envolvam o Sistema Financeiro de Habitação e outros antes que cheguem à via processual da Justiça Federal da 3ª Região.
>
> A nova gestão do Gabinete da Conciliação do Tribunal Regional Federal da 3ª Região (TRF3) quer **privilegiar trabalhos que resultem em acordos pré-processuais sem que as ações sejam iniciadas na Justiça Federal**. Servidores, conciliadores formados pela Emag (Escola de Magistratura do TR3) e juízes atuariam de uma maneira preventiva para evitar que litígios começassem via judicial, principalmente os casos de renegociações de dívidas do Sistema Financeiro de Habitação (SFH).
>
> Este é o objetivo almejado pela desembargadora federal Daldice Santana, coordenadora do Gabinete da Conciliação. Para ela, **todos os envolvidos devem ganhar com essa iniciativa. "Os custos de uma ação judicial são muito elevados para as partes. A Justiça também ganha, porque deixaria de julgar uma grande demanda de processos que dificulta o andamento dos seus trabalhos**", justifica.
>
> **O foco dessa atuação é evitar que surjam novos processos relativos ao Sistema Financeiro de Habitação, ou seja, não haveria necessidade de novas ações distribuídas na Justiça a um juiz togado. O assunto seria resolvido pelos conciliadores, mas homologado pelo Judiciário**. (...)
>
> (...) **A atitude de conciliações pré-processuais evitaria a busca pela resolução via judicial**. (...)
>
> **A iniciativa pode também incluir a solução de possíveis conflitos que envolvam os conselhos regionais de classes, como CREA (engenheiros e arquitetos) e CRM (médicos). A ideia é que não seja ajuizada uma ação antes da conciliação pré-processual. Hoje há cerca de 130 mil processos tramitando na Justiça Federal da 3ª Região**. (...). (Fonte: sítio eletrônico do Tribunal Regional Federal da 3ª Região:

http://www.trf3.jus.br/trf3r/index.php?id=11&op=noticia&id_materia=2658 – Data de Publicação: 26/03/2012 – Último acesso em 02.12.2013 – Grifou-se).

Em matéria publicada na **"Revista Legal"**, do **Conselho da Justiça Federal**, sob o título "Tribunais federais recebem prêmio Conciliar é Legal", registrou-se o benefício das práticas de conciliação, seja em favor da população em geral, seja em prol do próprio magistrado, que, segundo sustentou a então Corregedora Nacional de Justiça Ministra Eliana Calmon, "fica mais humano porque passa a participar diretamente da vida do jurisdicionado" (*in* Revista Via Legal – Ano IV – número XII – set./dez. 2011 – Fonte: sítio eletrônico do Conselho da Justiça Federal: http://www.jf.jus.br/cjf/comunicacao-social/informativos/revista-via-legal/revista_ViaLegal_ed12_web.pdf/view – Grifou-se).

O **Prêmio "Conciliar é Legal"** foi concedido pelo **Movimento pela Conciliação**, coordenado pelo **CNJ**, e tem como objetivo identificar, premiar e disseminar experiências que contribuam para a pacificação de conflitos, modernização, rapidez e eficiência da Justiça brasileira.

E, conforme matéria constante do site do **Egrégio Supremo Tribunal Federal**:

> Ministro Gilmar Mendes participa de **seminário sobre conciliação**
>
> Após a exposição da jurista portuguesa Paula Costa e Silva sobre a aplicação da conciliação, mediação e arbitragem em Portugal e nos países da Europa, o **ministro do Supremo Tribunal Federal (STF) Gilmar Mendes salientou a importância das práticas de conciliação e mediação de conflitos**.
>
> Para ele, **é fundamental que se pense em tais práticas "tendo em vista a convicção que todos nós colhemos, ao longo do tempo, quanto à inviabilidade desse nosso modelo excessiva e exclusivamente judicialista**", declarou o ministro (...)

O ministro Gilmar Mendes ressaltou que a**s ideias esboçadas, tanto na mediação, conciliação e eventualmente na arbitragem setorizada, consistem em um instrumento importante para a solução de conflitos**. "**Nós temos que estar convictos de que não há alternativa, senão na busca de modelos extrajudiciais, para a solução de conflitos**", concluiu." (Fonte: sítio eletrônico do Supremo Tribunal Federal: http://www.stf.jus.br/portal/cms/verNoticiaDetalhe. asp?idConteudo=182871&caixaBusca=N – Notícia de 28.06.2011 – Último acesso em 02.12.2013 – Grifou-se).

Por sua vez, afirma o **Ministro do Egrégio Superior Tribunal de Justiça Jorge Mussi**, a respeito da "mudança de cultura do litígio":

> **Temos que repensar o Judiciário antes que seja tarde, porque os limites da paciência e tolerância da sociedade estão se esgotando**." O alerta foi feito pelo do ministro do Superior Tribunal de Justiça (STJ) Jorge Mussi, em encontro com advogados de Santa Catarina, seu estado de origem.
>
> Mussi afirmou que **o Judiciário brasileiro passa por um momento muito difícil** e que **"a sociedade reclama, com toda razão, da demora na entrega da prestação jurisdicional**". O ministro disse que **atualmente tramitam no Brasil 86 milhões de processos judiciais, volume impossível para o contingente de 15 mil juízes**. Por isso, ele **defende a união de advogados e magistrados para estimular a mudança da cultura do litígio e buscar a conciliação**. (...) (*in* "Jorge Mussi: a sociedade está perdendo a paciência com o Judiciário" – Publicado em 05.03.2012 – Fonte: sítio eletônico do Superior Tribunal de Justiça: http://www.stj.jus.br/portal_stj/publicacao/engine. wsp?tmp.area=398&tmp.texto=104935 – Notícia de 05.03.2012 – Acesso em 02.12.2013 – Grifou-se).

Na qualidade de então **Coordenador do Gabinete da Conciliação do Egrégio Tribunal Regional Federal da 3ª Região**, o **Desembargador Federal Antonio Cedenho** expôs que:

> **A conciliação é o resultado da necessidade de uma nova cultura de paz, que alterasse a noção tradicional de uma**

Justiça conflituosa, em que nunca ambas partes saem convencidas de terem seus direitos devidamente reconhecidos, pois sempre haverá quem se acreditará injustiçado.

A conscientização da sociedade brasileira, principalmente da população de menor renda, de sua cidadania, de seus direitos individuais e coletivos proporcionados pela Constituição Federal de 1988, aumentou sobremaneira o número de demandas no Judiciário. Dessa forma, **a conciliação passa a representar uma solução inadiável dessa população que, cada vez mais, recorre – e deve recorrer – às soluções alternativas para a solução de seus conflitos.**

A valorização do diálogo, da negociação e da autonomia das partes, que pactuam o que entendem melhor para si, diminuem sobremaneira a possibilidade de descontentamento e são consideradas condições essenciais para se chegar à resolução satisfatória dos litígios.

A conciliação, antes de tudo, tem proporcionado às partes o efetivo acesso à Justiça, visto que as mesmas participam diretamente no resultado apaziguador do conflito. Assim sendo, ela, **além de despertar no cidadão o sentimento de segurança e confiança, encorajando-o na defesa de seus direitos, devolve, por sua vez, credibilidade, eficiência e, sobretudo rapidez na prestação jurisdicional.** (Fonte: sítio eletrônico do Egrégio Tribunal Regional Federal da 3ª Região: http://www.trf3.jus.br/trf3r/index.php?id=1152 – Grifou-se).

CONCLUSÃO

Verifica-se que se faz premente a necessidade de mudança da cultura do litígio para a da conciliação, tendo em vista esta constituir-se importante mecanismo alternativo de resolução de controvérsias, e que detém qualidades e produz resultados que permitem se atingir a tão almejada pacificação social.

E isso sem que seja necessária a atuação do Poder Judiciário para a solução de litígios, ressaltando-se a particularidade de que através de sentenças que julgam pela procedência ou não de demandas judiciais nem sempre se proporciona, mesmo à parte exitosa, a plena satisfação plena de seus interesses. Isto porque, ordinariamente, ao se deparar com a sentença aparentemente lhe favorável, a parte a princípio vitoriosa ainda está sujeita à denominada *litigiosidade remanescente*, que consiste no estado de descontentamento que lhe acomete mesmo tendo logrado êxito em uma ação judicial, em virtude da negativa bagagem emocional que persiste em relação à parte contrária.

Assim, diante das múltiplas qualidades inerentes à conciliação, sua promoção tem sido permanentemente incentivada pelos Tribunais brasileiros, sobretudo em decorrência de seu grande potencial de por termo às inúmeras contendas que tem assoberbado os gabinetes dos juízes de complexos processos pendentes de julgamento, e inclusive pelo fato de controvérsias poderem ser dirimidas antes mesmo da instauração do litígio, sendo, por conseguinte, muito menos onerosa às partes e ao Estado.

Por tais motivos, observa-se a crescente difusão de atos administrativos dos órgãos do Poder Judiciário incentivando a prática da conciliação, sendo constante a elaboração de artigos doutrinários e a publicação de notícias originárias de fontes diversas promovendo a conciliação como instrumento de resolução de controvérsias, visto que capaz de diminuir o montante de ações judiciais que aguardam julgamento no Poder Judiciário e ainda conter a avalanche de demandas tem sido propostas dia-a-dia.

Por óbvio, não se cuida da inauguração de novo instituto no ordenamento jurídico brasileiro, mas da mudança de paradigmas a partir da valorização de mecanismo de solução de conflitos já existente e, lamentavelmente, ainda pouco explorado diante de todo o contexto de litigiosidade que envolve os anseios das partes, a atuação dos advogados e a atividade dos juízes no cumprimento do mister precípuo do Poder Judiciário.

É preciso mudar, mudar para melhor, mudar para resolver, mudar para conciliar, mudar para que seja efetivamente alcançada a tão almejada pacificação social e fazer com que seja concretizada a sociedade fundada na harmonia social e comprometida com a solução pacífica das controvérsias referida no preâmbulo da Constituição Federal de 1988, que inaugurou a ordem jurídica vigente.

De fato, a partir da implementação pelo Conselho Nacional de Justiça – CNJ da Política Judiciária Nacional de tratamento adequado dos conflitos de interesses, através da Resolução n. 125, de 01/12/2010, as conciliações passaram a ser a técnica preferencial de solução dos conflitos, sejam judicializados ou não.

Contudo, a conciliação como mecanismo de resolução de controvérsia, seja extraprocessual ou endoprocessual, não atingirá seu escopo superior, qual seja, a efetividade da pacificação social, tão somente em virtude da existência do maior número de disposições legais e infralegais a respeito da matéria, mas, certamente, na medida em que houver a adoção de uma nova forma de pensar na sociedade, através da quebra dos paradigmas de litigiosidade e, enfim, a partir da mudança da cultura do litígio para a da conciliação.

REFERÊNCIAS BIBLIOGRÁFICAS

FISCHER, Roger; URY, William e PATTON, Bruce. *Como chegar ao sim: negociação de acordos sem concessões*. 2ª ed. rev. e ampl. Rio de Janeiro: Imago Editora, 2005.

GONÇALVES Jr., Gerson Carneiro e MACIEL, José Fábio Rodrigues. *Concurso da Magistratura: Noções gerais de direito e formação humanística*. São Paulo: Saraiva, 2011.

TRINDADE, Jorge; TRINDADE, Elise Karam e MOLINARI, Fernanda. *Psicologia Judiciária: para a carreira da magistratura*. Porto Alegre: Livraria do Advogado Editora, 2010.

Sítio eletrônico oficial do Supremo Tribunal Federal: http://www.stf.jus.br/portal/cms/listarNoticiaUltima.asp

Sítio eletrônico oficial do Superior Tribunal de Justiça: http://www.stj.jus.br/portal_stj/publicacao/engine.wsp

Sítio eletrônico oficial do Conselho Nacional de Justiça:

http://www.cnj.jus.br/atos-administrativos/atos-da-presidencia/resolucoespresidencia

Sítio eletrônico oficial do Conselho da Justiça Federal: http://columbo2.cjf.jus.br/juris/unificada/?

Sítio eletrônico oficial do Tribunal Regional da 3.ª Região: http://www.trf3.jus.br/trf3r/index.php?id=1150

Sítio eletrônico oficial da Revista Eletrônica de Jurisprudência do Tribunal Regional da 3.ª Região:

http://www.trf3.jus.br/trf3r/fileadmin/docs/revista/re/2011/Rev-108.pdf

Sítio eletrônico oficial da Revista de Doutrina do Tribunal Regional da 4.ª Região:

http://www.revistadoutrina.trf4.jus.br/

Sítio eletrônico oficial da Revista de Doutrina do Tribunal Regional da 5.ª Região:

http://www.trf5.jus.br/index.php?option=com_content&view=article&id=41&Itemid=151

Sítio eletrônico oficial da Revista de Doutrina do Tribunal Regional da 2.ª Região:

http://www.trf2.gov.br/emarf/

Sítio eletrônico oficial da Revista de Doutrina do Tribunal Regional da 1.ª Região:

http://www.trf1.jus.br/default.htm

Sítio eletrônico oficial da Revista Via Legal – CJF:

http://www.jf.jus.br/cjf/comunicacao-social/informativos/revista-via-legal/revista_ViaLegal_ed12_web.pdf/view

Sítio eletrônico oficial da Presidência da República Federativa do Brasil: http://www2.planalto.gov.br/presidencia/legislacao

A JURISDIÇÃO FEDERAL NA EFETIVAÇÃO DE DIREITOS PREVISTOS EM TRATADOS INTERNACIONAIS – UMA INTRODUÇÃO

Guilherme Andrade Lucci[1]

RESUMO

Este trabalho objetiva analisar o papel e as possibilidades de atuação da Justiça Federal brasileira no que concerne à concretização, por meio do exercício ordinário da jurisdição federal, de direitos previstos em tratados internacionais de que o Brasil seja signatário. Considera a ausência de meios internacionais de coerção material à disposição dos jurisdicionados nos casos concretos submetidos à Justiça Federal brasileira, para assim examinar a atuação do magistrado federal brasileiro também como agente político garantidor da efetividade, no caso concreto, de direitos previstos em tratados internacionais e garantidor dos compromissos assumidos internacionalmente pela República.

---

1. Mestrando em Direito pela PUC/SP. Especialista em Direito Processual Civil pela Escola Paulista da Magistratura. Graduado pela UFPR. Ex--Procurador Federal. Juiz Federal vinculado ao Tribunal Regional Federal da 3ª Região.

INTRODUÇÃO

As relações internacionais havidas entre pessoas nacionais de Estados soberanos diversos, dentre elas as econômicas e sociais, desenvolvem-se na mesma intensa velocidade com que esses Estados também estabelecem relações jurídicas internacionais entre si, numa realidade global cada vez mais unitária.

A maior facilidade de circulação de pessoas, bens, serviços, informação e capitais entre pessoas de países diferentes e a interdependência dos diversos sistemas monetários e financeiros nos tempos atuais cria uma realidade social pautada pelo surgimento de fatos jurídicos cujos reflexos extrapolam o alcance da incidência exclusiva do direito nacional de cada Estado. A atividade legislativa nacional, assim, além de não acompanhar a dinâmica com que as relações internacionais se desenvolvem, mostra-se naturalmente inapta a dar solução jurídica a questões cuja normatização exige necessariamente o exercício da soberania de Estado estrangeiro.

Nesse contexto, atua o Direito Internacional como instrumento jurídico de normatização das interações ocorridas entre pessoas de nacionalidades diversas em relações não limitadas a um único território nacional. O Direito Internacional, portanto, apresenta-se como regramento jurídico 'ultrafronteiriço', por meio de cuja incidência também o magistrado brasileiro, no exercício de jurisdição nacional, poderá dar solvência a conflitos sociais que lhe são apresentados em processos sob sua presidência.

Nesse particular, o inciso III do artigo 109 da Constituição da República estabelece que compete ao juiz federal brasileiro julgar "as causas fundadas em tratado ou contrato da União com Estado estrangeiro ou organismo internacional".[2]

---

2. *Constituição da República Federativa do Brasil de 1988.*

Essa cláusula constitucional, em última análise atribui ao magistrado federal brasileiro, no exercício ordinário da jurisdição federal, destacado papel de agente político aplicador e garantidor dos direitos contidos em tratados internacionais de que o Brasil seja signatário. Atribui-lhe ainda e mais gravemente, por decorrência, o papel de garantidor do próprio cumprimento pela República do compromisso internacional por ela assumido em relação a outros Estados independentes ou em relação a organismos internacionais.

Dentro dessa gama de direitos assim garantidos, não se incluem exclusivamente os qualificados como direitos humanos, senão também outros diversos desse destacado grupo, como aqueles pertinentes ao regramento de relações comerciais, tributárias ou financeiras.

De todo modo, a regra de competência acima disposta atribui à jurisdição federal brasileira e, pois, aos juízes federais, a alta incumbência de exercer o controle de subsunção de certo fato jurídico (causa de pedir fática) à norma de direito internacional (causa de pedir jurídica) anuída pela República. Atua o magistrado federal, por consequência, como autoridade judiciária eleita pelo Estado brasileiro, autorizada pela Constituição da República, como aquela competente à análise da incidência de norma jurídica colhida de pacto internacional de que o Brasil seja subscritor. Resta excluída, assim, a competência de magistrados de outros ramos do sistema brasileiro de Justiça nessa hipótese.

O presente estudo, dessarte, visa a explorar esse particular cometimento de competência ao juiz federal brasileiro, buscando tratar das questões jurídicas e funcionais que lhe são decorrentemente afetas.

1. MUNDIALIZAÇÃO DO DIREITO

O Direito, assim como os demais ramos da ciência social e da atuação humanas, também tem nitidamente experimentado os influxos da incidência da chamada mundialização, ou globalização.

Segundo Ricardo Antonio Lucas Camargo:[3]

> Globalização econômica é o nome que se dá à homogeneização jurídica das relações travadas em mais de um campo territorial, tomada em consideração mais especificamente a homogeinização das relações jurídico-econômicas.

As relações humanas globais estão cada vez mais aproximadas pela eficiência dos meios de comunicação, de informação e de transporte, bem como por decorrência da interdependência dos mercados nacionais antes independentes entre si. Nesse momento, os eventos econômicos, sociais, jurídicos, etc. capazes de alterar a realidade social de um determinado local e de uma determinada sociedade nacional são os mesmos também vocacionados a modificar a realidade vivenciada em outro país bastante distante. Aponta Sidney Guerra:[4]

> Assim, quando o sistema social mundial põe-se em movimento, modernizando-se, vai-se transformando numa espécie de aldeia global. De repente, tudo se articula em um vasto e complexo todo moderno, modernizante, modernizado.
>
> Em decorrência desse processo, percebe-se claramente o fenômeno da globalização, que estabelece novos paradigmas acerca da questão, propiciando a intensificação das relações sociais em escala mundial, que ligam localidades distantes de tal maneira que acontecimentos locais são modelados por eventos ocorrendo a muitas milhas de distância, e vice-versa.

Tal aproximação entre Estados e tal unificação de interesses globais, portanto, ensejam efeitos que podem ser verificados

---

3. *Direito, Globalização e Humanidade*, p. 25.
4. *Curso de Direito Internacional Público*, p. 454.

também no campo da ciência jurídica e, assim, reflexos em cada um dos diversos ordenamentos jurídicos nacionais.

O Direito passou a transpor fronteiras nacionais e a servir de instrumento de regulação de relações entre países e entre pessoas de países diferentes, pautando espaços econômicos, sociais e jurídicos mútuos. O papel desenvolvido pelo Direito Internacional ganhou, dessa maneira, relevância nos diversos sistemas jurídicos internos, na medida em que veicula um concerto entre Estados em busca de uma regulação comum a questões que lhe são também comuns.

Sobre o tema pertinente a esse fenômeno de mundialização também do direito, doutrinam Yves Dezalay e David M. Trubek:[5]

> As forças e as lógicas que podem ser observadas na economia, no Estado e na ordem internacional também estão funcionando dentro do campo jurídico, de maneira que a lógica do campo jurídico constitui um 'microcosmo homólogo' de um grande fenômeno social.

Consequência dessa nova realidade e dessa crescente demanda globalizada é o grande intercâmbio internacional de normas jurídicas, por múltiplas vias e em diversas direções e sentidos, formando um verdadeiro direito cosmopolita de âmbito mundial. A propósito, discorrem Julie Allard e Antoine Garapon:[6]

> *De plus en plus, les règles qui organisent notre vie commune auront été conçues ailleurs, et celles qui auront été conçues ici serviront à leur tour à bâtir du droit dans des pays étrangers. L'opinion l'ignore le plus souvent, mais c'est déjà le cas dans de très nombreux domaine. Notre bien commun national*

---

5. *Direito e Globalização Econômica*, p. 31.
6. *Les juges dans la mondialisation: la nouvelle révolution du droit*, p. 5.

> *a priori le plus spécifique – la maniére dont nous décidons collectivement de régler les relations entre les hommes et de délimiter le permis et l'interdit – est devenu perméable aux influences étrangères.*[7]

Trata-se, ao fim e ao cabo, de direitos transnacionais, mundialmente difusos. Por tal razão, o cenário de aproximação entre os Estados está a impor uma homogeneidade de tratamento ou, ainda, um tratamento único internacional às questões jurídicas que lhe são comuns.

A referida homogeneização não promove necessariamente uma uniformização de regimes jurídicos nos países envolvidos. Contudo, certamente estimula que essa uniformização ocorra naturalmente, de modo a simplificar e a atribuir segurança à realização das relações jurídicas havidas entre os envolvidos.

Tal mundialização do direito, pois, evidentemente não deve ser confundida com uma proposta de unificação, em um único sistema de direito e de justiça, dos diversos sistemas jurídicos nacionais existentes. A globalização também do direito traz consigo a relativização da noção de autossuficiência do direito nacional, sem contudo lhe negar a existência e a eficácia. A mundialização, assim, opera como meio de aproximação e de inter-relação dos diversos sistemas jurídicos, partindo da premissa de exercício da soberania de cada Estado na aceitação de normas internacionais como meio de atender aos anseios comuns aos povos, fazendo interagir entre si Direito

---

7. "Cada vez mais, as regras que organizam nossa vida comum terão sido concebidas em outros países, e aquelas que terão sido concebidas aqui servirão por seu turno a edificar o direito dos países estrangeiros. Essa questão é seguidamente ignorada, mas já é verificada em renomados domínios. Nosso bem comum nacional, *a priori* o mais específico – a maneira segundo a qual nós decidimos coletivamente regrar as relações entre os homens e delimitar o que é permitido e o que é proibido – tornou-se permeável às influências estrangeiras." (Tradução nossa).

Constitucional e Direito Internacional, em simbiose jurídica de proteção de direitos humanos.

Isso provoca uma interdisciplinaridade entre o Direito Constitucional e o Direito Internacional, de que resulta um 'Direito Constitucional Internacional'. Nas palavras de Flávia Piovesan:[8]

> Por Direito Constitucional Internacional subentende-se aquele ramo do Direito no qual se verifica a fusão e a interação entre o Direito Constitucional e o Direito Internacional, interação que assume um caráter especial quando esses dois campos do Direito buscam resguardar um mesmo valor – o valor da primazia da pessoa humana –, concorrendo na mesma direção e sentido. Ao tratar da dinâmica da relação entre a Constituição brasileira e o sistema internacional de proteção dos direitos humanos, objetiva-se não apenas estudar os dispositivos do Direito Constitucional que buscam disciplinar o Direito Internacional dos Direitos Humanos, mas também desvendar o modo pelo qual este último reforça os direitos constitucionalmente assegurados, fortalecendo os mecanismos nacionais de proteção dos direitos da pessoa humana.

Enfim, a mundialização do direito é uma realidade por intermédio da qual os sistemas jurídicos nacionais devem entender-se harmonicamente de modo a amparar os interesses legítimos que lhe dão causa.

2. O PAPEL DOS DIREITOS HUMANOS NO PROCESSO DE MUNDIALIZAÇÃO DO DIREITO

A atuação do juiz federal brasileiro na ampla garantia da implementação de direitos albergados por tratados internacionais está, a propósito, diretamente relacionada com a relevância crescente atribuída aos direitos humanos.

---

8. *Direitos Humanos e o Direito Constitucional Internacional*, pp. 72-73.

A respeito disso, cumpre observar que o processo de mundialização do direito ganha força, sem dúvida, a partir da consolidação, nas relações internacionais, da teoria dos direitos humanos.

A doutrina dos direitos humanos recebe maior relevância a partir de 1948, com a Declaração Universal dos Direitos do Homem. O ser humano passa a destinatário primeiro do Direito e tal premissa passa a integrar e a nortear os sistemas constitucionais. Ainda, o surgimento e a atuação das Nações Unidas e de seus mecanismos ainda incipientes de garantia efetiva dos direitos humanos agem em especial a servir de parâmetro sobretudo na relação entre Estado e o indivíduo.

Segundo Antonio Cassese[9], com o advento da doutrina dos direitos humanos surgem:

> *Parametri di azione, per gli Stati e per gli individui: i precetti internazionali sui diritti umani impongono linee di comportamento, esigono dai governi azioni di um certo tipo e nello stesso tempo legittimano gli individui a levare alta la voce se quei diritti non vengono rispettatti.*[10]

Como consequência, atribui-se evidência à atividade jurisdicional no atendimento e garantia desses direitos, conforme destaca Renato Lopes Becho:[11]

> A dogmática dos direitos humanos reconhece nos magistrados e nos tribunais operadores efetivos dos direitos da pessoa humana, notadamente conferindo-lhes instrumentos

---

9. *I diritti umani oggi*, p. 04.
10. "Parâmetros de ação, para o Estado e para os indivíduos: os preceitos internacionais sobre direitos humanos impõem linhas de comportamento, exigem dos governos ações de um certo tipo e ao mesmo tempo legitimam os indivíduos a elevarem a voz se aqueles direitos não são respeitados". (tradução nossa).
11. *Filosofia do Direito Tributário*, pp. 239-240.

de interpretação condizentes com suas atividades pró-ativas na construção de um a sociedade plural e respeitosa. Na concepção atual, o Judiciário ocupa posição de destaque, em tudo ombreando com o Poder Legislativo ou com o detentor da função legislativa, independentemente de quem o seja. Vemos os julgadores, no mínimo, como *legisladores negativos*. Como parlamentares e juízes recebem da mesma fonte seus poderes, suas funções, os magistrados devem controlar o respeito à estrutura dos direitos humanos. Se não lhes cabe, em regra, uma atuação ativa, no sentido de não ser esperado deles que *ponham* as normas no sistema jurídico, no sentido de colocação das normas inaugurais de direitos, eles possuem o dever significativo de retirar desse sistema as normas que não sejam compatíveis com a finalidade de amplo respeito aos direitos do homem, nas relações particulares e diante do Estado.

A escola dos direitos humanos, portanto, libertou a interpretação do Direito das amarras formais contidas nos preceitos expressos e estritamente técnicos criadas pelo Estado como ente senhor e dominador das relações jurídicas e sociais até então estabelecidas. Os direitos humanos recolocam o ser humano no núcleo de destinação do sistema de Direto. As normas jurídicas passam a ser interpretadas a partir dos valores apuráveis diretamente da Constituição e dos tratados internacionais, não mais apenas das leis nacionais isoladamente consideradas.

Sobre o protagonismo assumido pelos direitos humanos na configuração de um novo Direito Internacional, voltado ao homem, e sobre a mudança havida no regramento das relações entre os diversos povos, discorre Linos-Alexandre Sicilianos,[12] Juiz da Corte Europeia de Direitos Humanos:

> *Cepependent, au-delà de ces évolutions particulières, les droits de l'homme créent une dynamique plus générale qui apporte*

---

12. *L'influence des droits de l'homme sur la structure du droit international*, pp. 6-7.

> *au droit international un nouveau souffle. L'individu, les grupes d'individus et les peuples deviennent peu à peu porteurs de droits et d'obligations en vertu de l'ordre juridique international. Le droit international cesse d'ignorer le facteur humain et évolue en une branche de plus en plus anthropocentrique. L'érection de l'individu, des minorités, des autochtones et plus généralement des peuples en 'sujets' ou, mieux, en 'usagers' du droit international s'est inévitablement accompagnée de changements importants dans la structure même de l'ordre juridique international.*[13]

Nesse contexto de grande relevância dos direitos humanos, ganhou maior destaque a percepção da ideia de sua universalidade e de sua supraestatalidade. Doutrina André Ramos Tavares:[14]

> A internacionalização pressupõe, do ponto de vista dos fundamentos dos direitos do Homem, uma retomada da clássica reivindicação de seu caráter universal e supraestatal. Este último é inegável. E dele se pode facilmente caminhar para o caráter universal.

Nessa medida de maior exigência de respeito e de observância aos direitos humanos, o Poder Judiciário assumiu atividade essencial, tornando-se organismo de efetiva defesa e de máxima aplicação desses direitos. A atuação de cada juiz em busca da materialização de direitos humanos abstratamente previstos e genericamente assegurados em tratados internacionais

---

13. "No entanto, para além de suas evoluções particulares, os direitos humanos criam uma dinâmica mais geral que traz ao direito internacional um novo sopro. O indivíduo, os grupos de indivíduos e os povos se tornam pouco a pouco titulares de direitos e de obrigações em virtude da ordem jurídica internacional. O direito internacional deixa de ignorar o fator humano e evolui como um ramo cada vez mais antropocêntrico. A elevação do indivíduo, das minorias, dos autóctones e mais genericamente dos povos em sujeitos ou, melhor, em usuários do direito internacional é inevitavelmente acompanhado de mudanças importantes na própria estrutura da ordem jurídica internacional". (Tradução nossa).
14. *Curso de Direito Constitucional*, p. 553.

desacompanhados de mecanismos efetivos e prontos de coerção a casos intersubjetivos concretos, é valioso meio de realização desses direitos. Note-se, a propósito, que a força da jurisdição nesses casos incide justamente porque decerto houve um desatendimento prévio a tais direitos – circunstância que impôs o exercício do direito de ação pelo jurisdicionado lesado –, no mais das vezes ensejado por ação ou omissão intolerável do próprio Estado brasileiro, por um de seus órgãos e agentes.

Quanto a essa valiosa função garantidora exercida pelo Poder Judiciário, doutrina André Ramos Tavares:[15]

> Assim, o Judiciário aponta no horizonte como não apenas um organismo direcionado a resolver conflitos de interesses surgidos na sociedade, mas também como ordenador da respeitabilidade dos direitos humanos fundamentais, seu garante último, inclusive contra o próprio Estado-administrador, ou Estado-legislador ou, ainda, estado-Executivo.
>
> A construção da cidadania brasileira, portanto, passa pela reconstrução do próprio Poder Judiciário e de toda a cultura jurídica que se forma em seu entorno e em seu interior, já que se trata do organismo legitimado constitucionalmente para proceder à tutela, quando necessário, dos direitos humanos fundamentais.

Nesse passo, não há como negar a natureza política da atividade judicial, nem tampouco a carga valorativa contida em suas decisões. A esse Poder cumpre sempre mirar a guarda dos direitos humanos, internalizados ou não.

3. O JUIZ COMO AGENTE POLÍTICO E DE MUNDIALIZAÇÃO DO DIREITO

Diante dessa realidade de sistemas mundializados, inclusive no campo do Direito, os juízes nacionais – no caso brasileiro

---

15. *Manual do Poder Judiciário Brasileiro*, p. 38.

mais especificamente os juízes federais, por força do inciso III do artigo 109 da Constituição da República – não devem se olvidar da plena incidência dos tratados internacionais ratificados pela República Federativa do Brasil. Devem, assim, incluir no rol dos atos normativos aptos a serem eleitos como fundamento de solução do caso concreto a extensa relação de direitos concebidos nesses tratados.

Com efeito, o juiz federal brasileiro assume o papel de aplicador e de garante do direito internacional subscrito pelo Brasil. Por consequência natural do desencargo dessa atuação, esse magistrado assume um significativo posto de agente político de mundialização do direito e de transformação da realidade local de acordo com a realidade global. Sobre esse ponto, Julie Allard e Antoine Garapon[16] referem: *"Longtemps cantonnés à l'interprétation rigoureuse du droit, le juges sont peut-être aujourd'hui les agents les plus actifs de sa mondialisation et, partant, les ingénieurs de sa transformation"*.[17]

Sobre ser também o Judiciário um Poder politizado, assim entendido como aquele que deve legitimamente cumprir relevante função política de Estado e até mesmo de Governo, doutrina Eugenio Raúl Zaffaroni:[18]

> *En principio, los poderes judiciales no pueden dejar de estar 'politizados' en el sentido de que cumplen funciones políticas. [...] siempre que se habla del judicial se está mentando una rama del gobierno, y hasta etimológicamente sería absurdo pretender que hay una rama del gobierno (que no puede menos que ejercer un poder público, estatal) que no sea política en el sentido de 'gobierno de la polis'. No se concibe una rama del gobierno que no sea política, justamente porque es gobierno.*

---

16. *Les juges dans la mondialisation: la nouvelle révolution du droit*, p. 6.
17. "Após muito tempo limitados à interpretação rigorosa do direito, os juízes são possivelmente hoje os agentes mais ativos de sua *[do direito]* mundialização e, dessa forma, os engenheiros de sua transformação." (Tradução nossa).
18. *Estruturas Judiciales*, p. 112.

> [...]. *Cada sentencia es un servicio que se presta a los ciudadanos, pero también es un acto de poder y, por ende, un acto de gobierno, que cumple la importante función de proveer a la paz interior mediante la decisión judicial de los conflictos. La participación judicial en el gobierno no es un accidente, sino que es de la esencia de la función judicial: hablar de un poder de estado que nos sea político es un contrasentido.*[19]

A atividade referida, de valoração normativa, é das mais relevantes.

Cuidar de valores jurídicos, fixar-lhes o exato sentido e extensão e ainda torná-los efetivos, são atividades jurisdicionais de feição política por excelência. Tal plexo de competência exige eleição de valores jurídicos e sociais pelo magistrado, o qual deve ponderá-los e atribuir-lhes máxima eficácia a uns e a outros.

Sobre a realização dos valores e a relevância da percepção de sua eficácia no plano existencial, pondera Johannes Hessen:[20]

> O sentido da vida humana reside, precisamente, na realização dos valores. (...). Se, de facto, o sentido da vida se acha dependente dos valores a que está referida, através da qual estes alcançam a sua objectivação, é evidente que a plena realização do sentido da nossa existência dependerá, também,

---

19. "Em princípio, os poderes judiciais não podem deixar de estar 'politizados' no sentido de que cumprem funções políticas. [...] sempre que se fala do poder judicial se está pensando num ramo do governo (que não pode senão exercer um poder público, estatal) que não seja política no sentido de 'governo da polis'. Não se concebe um ramo do governo que não seja político, justamente porque é governo. [...]. Cada sentença é um serviço que se presta aos cidadãos, mas também é um ato de poder e, por consequência, um ato de governo, que cumpre a importante função de prover a paz interior mediante a decisão judicial dos conflitos. A participação judicial no governo não é um acidente, senão que é da essência da função judicial: falar de um poder que não seja político é um contrassenso." (Tradução nossa).
20. *Filosofia dos valores*, pp. 22-23.

em última análise, da concepção que tivermos acerca dos valores. [...] todo aquele que conhecer os verdadeiros valores e, acima de todos, os do bem, e que possuir uma clara consciência valorativa, não só realizará o sentido da vida em geral, como saberá ainda achar sempre melhor decisão a tomar em todas as suas situações concretas.

Nesse passo, a atuação do Poder Judiciário na eleição e na realização de valores fundamentais consagrados é atividade política que deve ser ordinariamente levada a efeito, porque absolutamente legitimada pela Constituição da República e ínsita à aplicação das normas de direito internacional.

O Judiciário não mais é um Poder cuja atuação seja exclusivamente residual ou secundária em relação à atuação dos outros dois Poderes da República. Ao Poder Judiciário ora se atribui, como nunca, a grave competência de exercer função de poder político, atuando em papel central, ombreando com os Poderes Legislativo e o Executivo na apuração do interesse constitucional, na condução dos caminhos políticos a serem adotados pela República, no cumprimento efetivo de compromissos assumidos em tratados internacionais e, assim, na atividade de honrar a vontade expressada pelo país diante de outros sujeitos de direito internacional.

Assim, o próprio Poder Judiciário, por cada um de seus magistrados, deve lembrar-se diariamente dessa sua missão central política sem o injustificado e exacerbado pudor de admiti-la publicamente. A respeito disso, as Nações Unidas[21] assim exortam:

> Os juízes são também leões sob o trono, mas cujo assento não é ocupado, a seu ver, por um Primeiro Ministro, mas pela lei e sua concepção de interesse público. É a essa lei e a essa concepção que deve aliar-se. Nisso consistem sua força e sua fraqueza, seu valor e sua ameaça.

---

21. *Comentários aos Princípios de Bangalore de Conduta Judicial*, pp. 46-47.

Sobre tal comportamento politicamente ativo esperado do magistrado, discorre Leandro Paulsen:[22]

> O Juiz, no exercício da jurisdição, investe-se do poder soberano do Estado. Como consequência, tem de saber tornar eficazes as suas decisões, usando, com bom senso e firmeza e em conformidade com o direito, os meios necessários para tanto.

E na sequência, o mesmo autor registra pertinente crítica:

> Ocorre, seguidamente, que o Judiciário cerceia a sua própria atuação. Por vezes, ele se autolimita desnecessária e erroneamente. Isso quando interpreta de forma equivocada e restritiva certas normas, retirando dos Juízes, deles próprios, os poderes e instrumentos necessários à efetivação da tutela jurisdicional nos diversos campos.
>
> Esse equívoco, cometido não por medo de tomar posições e assumir responsabilidades, mas por receio de extrapolar a esfera de atuação reservada ao Poder Judiciário, prejudica os jurisdicionados, na busca de seus direitos, o País, como Estado democrático, e o Poder Judiciário na sua dignidade e importância. Há de se lembrar, aqui, que cada Poder do Estado tem de ocupar integralmente o seu espaço na estrutura política, a fim de manter o equilíbrio e a harmonia necessários ao desenvolvimento da sociedade. E ocupar seu espaço significa dar cumprimento efetivo e integral a suas incumbências.

Enfim, a Constituição da República entrega ao juiz federal brasileiro a grave competência de, no julgamento do caso concreto, fazer incidir o conteúdo dos tratados internacionais ratificados pelo Brasil. Tal encargo, mais do que de natureza técnico-jurídica, tem também, e sobretudo, natureza política. O magistrado federal age, nesse momento, como agente político 'acreditado' de seu próprio País, na defesa da eficácia dos direitos contidos em acordos internacionais e da própria

---

22. *Justiça Federal: propostas para o futuro*, pp. 24-25.

soberania nacional expressada ao aceitar a avença com outros sujeitos de direito internacional.

Em seu discurso de abertura da reunião multilateral do Conselho da Europa, havida em 1995 em Bucareste, Gaby Tubach,[23] diretora dos negócios jurídicos desse Conselho, assim evidenciou o papel dos juízes nessa atividade de aplicação eficaz do direito internacional, permeável às relações internacionais dos Estados:

> *En effet, le respect du principe de la prééminence du droit doit nécessairement nous amener à l'idée que le droit international n'est plus ou n'est plus seulement une affaire pour diplomates mais qu'il doit être administré par tous ceux qui, à l'intérieur de l'Etat, sont destinés à faire respecter le droit et, en premier lieu, les juges.*[24]

Também a propósito desse mesmo fundamental papel do magistrado brasileiro na atuação dos direitos veiculados em avenças internacionais de que o Brasil seja parte, discorre Francisco Rezek:[25]

> A interpretação dos tratados no âmbito interno das potências pactuantes raramente se exprime numa lei do parlamento. Nas mais das vezes ela é governamental, quando expressa em ato da responsabilidade do poder Executivo, ou judiciária, quando levada a efeito por tribunais e juízes no exame do caso concreto.

Portanto, tanto quanto os agentes diplomáticos, que politicamente atuam no sentido de observar e de aplicar as normas

---

23. *Le juge et le droit international*, p. 10.
24. "Com efeito, o respeito ao princípio da preeminência do direito deve necessariamente nos levar à ideia de que o direito internacional não é mais ou não é mais somente um assunto para diplomatas mas que ele deve ser administrado por todos aqueles que, na estrutura do Estado, são encarregados de fazer respeitar o direito e, pois, em primeiro lugar, os juízes". (Tradução nossa).
25. *Direito Internacional: Curso Elementar*, p. 93.

de direito internacional anuídas pelo Brasil, também os juízes federais, nos processos jurisdicionais de sua competência, devem fazer cumprir a vontade soberana do Estado brasileiro manifestada pela assinatura e pela ratificação do tratado internacional. Ambas as atividades são decorrentes eminentemente do exercício de parcela do poder estatal, para o qual, cada qual no seu universo de atuação funcional, está credenciado a atuar.

4. INEFICÁCIA DOS MECANISMOS DE PROTEÇÃO INTERNACIONAL E ATUAÇÃO JUDICIAL

A atuação do magistrado federal na garantia da incidência dos direitos assegurados em tratados internacionais se destaca na medida da ineficácia dos mecanismos internacionais de proteção desses direitos, sobretudo no caso a caso, quando discutidos no bojo de um específico processo judicial com efeitos interpartes. Nessas hipóteses, acaso não atue o magistrado federal na aplicação intransigente dos direitos consagrados em tratados internacionais pertinentes, outro meio eficaz não haverá a socorrer o jurisdicionado na garantia daqueles direitos.

Ademais, cumpre ter sempre sob consideração que a atuação dos órgãos de Estado nacional, que deveria observar o dever de implementar e garantir direitos, pode reduzir ou mesmo anular a eficácia de direitos assegurados em tratados. Nesse contexto, cumpre ao Judiciário a incumbência de fazer com que esses direitos sejam respeitados.

Conforme analisa Gherardo Colombo,[26] *"Il diritto internazionale, infatti, soccombe spezzo alla forza dei songoli governi, e non ha la capacità di farsi rispettare da tutti, in particolare dagli stati economicamente o militarmente più potenti"*.[27]

---

26. *Sulle regole*, p. 109.
27. "O direito internacional, de fato, sucumbe frequentemente à força dos governos nacionais, e não tem a capacidade de se fazer respeitar por todos,

No que concerne a essa problemática no Brasil, de desatendimento pelo próprio Poder Público de direitos consagrados — fato que mais destaca a necessidade da atuação do magistrado federal brasileiro na purgação dessa postura estatal —, doutrina a professora Flávia Piovesan:[28]

> Contudo, para que o Brasil se alinhe efetivamente à sistemática internacional de proteção dos direitos humanos, em relação aos tratados ratificados, é emergencial uma mudança de atitude política, de modo que o Estado brasileiro não mais se recuse a aceitar procedimentos que permitam acionar de forma direta e eficaz a *international accountability*. Superar a postura de recuo e retrocesso – que remonta ao período de autoritarismo – é fundamental à plena e integral proteção dos direitos humanos no âmbito nacional. Nesse sentido, é prioritária no Estado brasileiro a revisão de declarações restritivas elaboradas, por exemplo, quando da ratificação da Convenção Americana. É também prioritária a reavaliação da posição do Estado brasileiro quanto a cláusulas e procedimentos facultativos – destacando-se a urgência de o Brasil aceitar os mecanismos de petição individual e comunicação interestatal previstos nos tratados já ratificados. Deve ainda o Estado brasileiro adotar medidas que assegurem eficácia aos direitos constantes dos instrumentos internacionais de proteção.

A atuação dos mecanismos de proteção dos direitos albergados em tratados internacionais, portanto, mesmo quando não se mostram inexistentes, apresentam-se não efetivos no que se refere às questões submetidas a uma demanda judicial em curso no sistema interno de Justiça brasileiro.

Ocorre que, conforme destacadam Gian Carlo Caselli e Livio Pepino:[29] *"la giustizia non può attendere. La sua ineffetività*

---

em particular por aqueles estados econômica ou militarmente mais potentes." (Tradução nossa).
28. *Direitos Humanos e o Direito Constitucional Internacional*, p. 457.
29. *A un cittadino che non crede nella giustizia*, p. XII.

e il suo sfascio incidono profondamente sulle condizioni di vita delle persone e della collettività producendo, talora, effetti secondari pericolosi per la stessa convivenza democratica".[30]

Diante dessa realidade, com maior fundamento deve o magistrado federal brasileiro atuar na concreção dos direitos contidos nos tratados internacionais. Valendo-se da norma de competência inscrita no artigo 109, inciso III, da Constituição da República, deve em seu exercício jurisdicional fazer incidir com máxima eficácia os direitos previstos em tratados internacionais de que o Brasil seja parte.

5. ATUAÇÃO DO MAGISTRADO FEDERAL BRASILEIRO NA GARANTIA DE DIREITOS CONTIDOS EM TRATADOS INTERNACIONAIS

Conforme já referido, a atividade jurisdicional moderna transcende a mera atuação do Poder Judiciário de fazer ecoar o quanto consta expressamente do texto da lei.

Ao magistrado, agente político atento ao seu papel essencial transformador não apenas da consciência do jurisdicionado (que não se contenta em apenas saber que é titular de direito), cumpre operar os instrumentos jurídicos, tanto materiais quanto processuais, úteis a essencialmente transformar a realidade e a condição de vida do jurisdicionado titular de direito. Deve, enfim, dar concretude aos direitos humanos fundamentais, especialmente os de natureza social.

Nesse aspecto, doutrina André Ramos Tavares (2012, p.70):

---

30. "A justiça não pode esperar. A sua ineficácia e o seu fracasso incidem profundamente sobre as condições de vida das pessoas e da coletividade produzindo, por vezes, efeitos secundários perigosos para a própria convivência democrática." (Tradução nossa).

> Ao juiz constitucional cumpre o papel didático de orientação geral do estado no cumprimento e implementação de direitos fundamentais. Opções políticas de não implementação ou da (tradicional) situação de violação são ilegítimas do ponto de vista da Constituição e devem sofrer a 'intervenção' do juiz constitucional. Isso também não significa que este deva se autoproclamar como instância exclusiva e autossuficiente na implementação da Constituição e dos direitos fundamentais.

A convivência republicana e democrática impõe ao juiz o caro papel de garante da efetividade dos direitos, em especial dos direitos sociais. O protagonismo do magistrado federal brasileiro na aplicação e na concretização de direitos, inclusive daqueles previstos em instrumentos internacionais ratificados pelo Brasil, é verdadeira representação de um relevante instrumento institucional republicano.

Nesses termos, tendo sido o magistrado provocado a dizer a respeito do direito e de seu exercício material efetivo, cumpre-lhe atuar incontinenti. Deve fazê-lo de modo a atribuir concretude a tais direitos não atendidos ou não observados pelo Estado-administrador, pelo Estado-legislador e pelo particular, mormente quando não se identificar a adoção de ações administrativas mínimas a dar solução ao estado de desatendimento ou de violação do direito invocado.

Da mesma forma se observa em relação aos direitos consagrados em tratados internacionais ratificados pelo Estado Brasileiro. Caberá ao magistrado federal brasileiro a alta tarefa de fazer aplicar os termos desses instrumentos, dando efetividade aos direitos por eles veiculados. Cumpre nunca perder de vista tratar-se de direitos reconhecidos pela República mediante exercício regular de parcela de sua soberania, manifestada ao ratificá-los e ao se compromissar com Estados estrangeiros e com organismos internacionais. Dessa forma, terá por dever funcional o magistrado federal exercer a curadoria[31] da efetividade dos tratados internacionais ratificados pelo Brasil.

---

31. Termo ('curadoria') tomado de empréstimo, extraído de outra expressão

Tal competência se extrai da já referida cláusula constitucional constante do artigo 109, inciso III:

> Art. 109. Aos juízes federais compete processar e julgar: [...]
>
> III – as causas fundadas em tratado ou contrato da União com Estado estrangeiro ou organismo internacional;

No exercício dessa competência constitucionalmente prevista, cumpre pois ao magistrado federal assegurar a plena e concreta incidência dos direitos previstos em tratados internacionais ratificados pelo Brasil. Essa competência vem destacada também pelo disposto nos incisos V e V-A, bem assim no parágrafo 5º, todos do mesmo artigo 109 da Constituição da República, evidenciando essa atuação da jurisdição federal também em caso de grave violação de direitos humanos:

> V – os crimes previstos em tratado ou convenção internacional, quando, iniciada a execução no País, o resultado tenha ou devesse ter ocorrido no estrangeiro, ou reciprocamente;
>
> V-A – as causas relativas a direitos humanos a que se refere o § 5º deste artigo;
>
> ...
>
> § 5º Nas hipóteses de grave violação de direitos humanos, o Procurador-Geral da República, com a finalidade de assegurar o cumprimento de obrigações decorrentes de tratados internacionais de direitos humanos dos quais o Brasil seja parte, poderá suscitar, perante o Superior Tribunal de Justiça, em qualquer fase do inquérito ou processo, incidente de deslocamento de competência para a Justiça Federal.

('curadoria constitucional'), esta utilizada por André Ramos Tavares (in: *Paradigmas do Judicialismo Constitucional*, p. 35) ao se referir ao papel do juiz constitucional de "proteger e implementar as normas constitucionais".

6. PRECEDENTES SOBRE FIXAÇÃO DA COMPETÊNCIA DA JUSTIÇA FEDERAL EM CASOS ENVOLVENDO APLICAÇÃO DE TRATADOS INTERNACIONAIS

6.1. Convenção de Haia sobre aspectos civis de sequestro internacional de crianças

> PROCESSO CIVIL. CONFLITO NEGATIVO DE COMPETÊNCIA. AÇÃO PARA DEFINIÇÃO DE GUARDA E REGULAMENTAÇÃO DO REGIME DE VISITAS A MENOR. CONEXÃO COM AÇÃO DE BUSCA E APREENSÃO, PROPOSTA PELA UNIÃO, COM FUNDAMENTO NA CONVENÇÃO DE HAIA SOBRE ASPECTOS CIVIS DE SEQUESTRO INTERNACIONAL DE CRIANÇAS. RISCO DE DECISÕES CONFLITANTES. RECONHECIMENTO DA COMPETÊNCIA DA JUSTIÇA FEDERAL. 1. A conexão afigura-se entre duas ou mais ações quando há entre elas identidade de objeto ou de causa de pedir, impondo a reunião das demandas para julgamento conjunto, evitando-se, assim, decisões contraditórias. 2. Demonstrada a conexão entre a ação de busca e apreensão de menores e a ação de guarda e regulamentação do direito de visitas, impõe-se a reunião dos processos para julgamento conjunto (arts. 115, III; e 103 do CPC), a fim de se evitar decisões conflitantes e incompatíveis entre si. 3. A competência absoluta da justiça federal para julgamento de uma das ações, que visa o cumprimento de obrigação fundada em tratado internacional (art. 109, I e III, da CF/88) atrai a competência para julgamento da ação conexa. 4. Conflito de competência conhecido para declarar a competência do Juízo da 1ª Vara e Juizado Especial Criminal de Cascavel – SJ/PR.[32]

6.2. Convenção Internacional sobre os Direitos da Criança

> AGRAVO REGIMENTAL EM RECURSO ORDINÁRIO EM HABEAS CORPUS. 1. PEDOFILIA. ART. 241-A DO ECA. COMPETÊNCIA DA JUSTIÇA FEDERAL. BRASIL SIGNATÁRIO DE TRATADO QUE VISA COMBATER

---

32. STJ. Conflito de competência n. 118351, 201101740211. Segunda Seção. Relatora a Ministra Nancy Andrighi, DJE 05/10/2011.

MENCIONADO DELITO. ART. 109, V, DA CF. 2. DIVULGAÇÃO DE FOTOS E VÍDEOS PELA REDE MUNDIAL DE COMPUTADORES. PATENTE TRANSNACIONALIDADE. CONCLUSÃO DAS INSTÂNCIAS ORDINÁRIAS EMBASADA NO ARCABOUÇO CARREADO AOS AUTOS. INVIÁVEL O REVOLVIMENTO DE FATOS E PROVAS NA VIA EXÍGUA DO MANDAMUS. 3. AGRAVO REGIMENTAL IMPROVIDO. 1. O Brasil comprometeu-se a combater mediante tratado internacional o crime de pedofilia, circunstância que atrai a competência da Justiça Federal, nos termos do art. 109, inciso V, da Constituição Federal. 2. Além de se tratar de delito praticado por meio da rede mundial de computadores, o que por si só já revela o caráter transnacional do delito, tem-se que as próprias instâncias ordinárias chegaram a essa conclusão, com base em fatos e provas carreadas aos autos, elementos esses que não podem ser revistos na via exígua do *mandamus*. 3. Agravo regimental a que se nega provimento.[33]

CONFLITO DE COMPETÊNCIA. CRIMES RELACIONADOS À DIVULGAÇÃO DE MATERIAL PORNOGRÁFICO ENVOLVENDO CRIANÇAS E ADOLESCENTES POR MEIO DA INTERNET. INEXISTÊNCIA DE ELEMENTOS DE INTERNACIONALIDADE. COMPETÊNCIA DA JUSTIÇA ESTADUAL. PRECEDENTES DO STJ. 1. O fato de o suposto crime praticado contra menores ter sido cometido por meio da rede mundial de computadores (internet), não atrai, necessariamente, a competência da Justiça Federal para o processamento do feito. 2. Para se firmar a competência da Justiça Federal, além de o País ser signatário de acordos e tratados internacionais, deve-se demonstrar que a divulgação das cenas pornográficas envolvendo crianças e adolescentes efetivamente ultrapassou as fronteiras do Estado Brasileiro. 3. A hipótese dos autos demonstra ser apenas a troca de mensagens eletrônicas entre pessoas residentes no Brasil, por meio de correio eletrônico e de comunidades virtuais de relacionamento como MSN, sem transpor a fronteiras do Estado Brasileiro, ausente o requisito da transnacionalidade, motivo pelo qual deve ser

---

33. STJ. Agravo Regimental no Recurso Ordinário em Habeas Corpus n. 29850, 201100531720. Quinta Turma. Relator o Ministro Marco Aurélio Bellizze. DJE de 15/02/2013.

apurada pela Justiça estadual. 4. Conflito conhecido para declarar competente o Juízo de Direito da Vara Criminal de Rolândia/PR, o suscitado.[34]

6.3. Acordo internacional sobre importação de medicamentos

> CONFLITO NEGATIVO DE COMPETÊNCIA. PENAL. IMPORTAÇÃO E TRANSPORTE DE MEDICAMENTOS DESTINADOS A FINS TERAPÊUTICOS OU MEDICINAIS (CYTOTEC, PRAMIL E DIGRAM) E MUNIÇÕES. ART. 273, § 1-B, INCISO I, DO CP E ART. 18 DA LEI 10.826/2003. COMPROVAÇÃO DO CARÁTER INTERNACIONAL DO DELITO. COMPETÊNCIA DA JUSTIÇA FEDERAL. 1. Caracterizada a internacionalidade da conduta tipificada no art. 273, § 1º-B, inciso I, do Código Penal, porquanto os medicamentos de origem estrangeira e proibidos no território nacional foram adquiridos no Paraguai, a competência para processar e julgar o feito será da Justiça Federal. 2. Da mesma forma, quanto ao tráfico internacional de munição, a competência também será da Justiça Federal, em razão do que dispõe o art. 109, inciso V, da Constituição Federal, tendo em vista que este crime está inserido em tratado internacional de que o Brasil é signatário. 3. Conflito conhecido para declarar competente o Juízo Federal da 1ª Vara e Juizado Especial Criminal de Foz do Iguaçu – SJ/PR, o suscitado.[35]

6.4. Protocolo contra a fabricação e o tráfico ilícitos de armas de fogo, suas peças e componentes e munições.

> PENAL. CONFLITO DE COMPETÊNCIA. INQUÉRITO POLICIAL. APREENSÃO DE MUNIÇÕES. INDÍCIOS QUE APONTAM PARA O CRIME DE TRÁFICO INTERNACIONAL DE ARMAS (ART. 18 DA LEI N. 10.826/2003).

---

34. STJ. Conflito de Competência n. 121215, 201200363338. Terceira Seção. Relatora a Desembargadora convocada do TJ/PE Alderita Ramos de Oliveira. DJE de 01/02/2013.

35. STJ. Conflito de Competência n. 122740, 201201061488. Terceira Seção. Relator o Ministro Marco Aurélio Bellizze. DJE de 30/08/2012.

ILÍCITO PREVISTO EM TRATADO INTERNACIONAL. INCIDÊNCIA DO ART. 109, V, DA CF. COMPETÊNCIA DA JUSTIÇA FEDERAL. 1. A teor do disposto no art. 109, V, da Constituição Federal, compete à Justiça Federal processar e julgar os crimes previstos em tratado ou convenção internacional, quando, iniciada a execução no País, o resultado tenha ou devesse ter ocorrido no estrangeiro, ou reciprocamente. 2. *In casu*, trata-se de inquérito policial instaurado, inicialmente, com vistas a apurar os crimes tipificados nos arts. 289, § 1º, e 334 do Código Penal e 14 da Lei n. 10.826/2003. Arquivado o procedimento no tocante aos crimes de contrabando e moeda falsa, remanesceu a apuração da conduta relativa à posse de munições. 3. Embora sem denúncia ofertada, os elementos dos autos apontam para prática do crime tipificado no art. 18 da Lei n. 10.826/2003. 4. Em se tratando de provável tráfico internacional de munições, cumpre firmar a competência da Justiça Federal para conhecer do tema, já que o Estado brasileiro é signatário de instrumento internacional (Protocolo contra a Fabricação e o Tráfico Ilícitos de Armas de Fogo, suas Peças e Componentes e Munições – complementando a Convenção das Nações Unidas contra o Crime Organizado Transnacional -, promulgado pelo Decreto n. 5.941, de 26/10/2006), no qual se comprometeu a tipificar a conduta como crime. 5. Conflito conhecido para declarar a competência do Juízo Federal da 2ª Vara de Joinville – SJ/SC, o suscitado.[36]

6.5. Aplicação do parágrafo 5º do artigo 109 da Constituição da República

INCIDENTE DE DESLOCAMENTO DE COMPETÊNCIA. JUSTIÇAS ESTADUAIS DOS ESTADOS DA PARAÍBA E DE PERNAMBUCO. HOMICÍDIO DE VEREADOR, NOTÓRIO DEFENSOR DOS DIREITOS HUMANOS, AUTOR DE DIVERSAS DENÚNCIAS CONTRA A ATUAÇÃO DE GRUPOS DE EXTERMÍNIO NA FRONTEIRA DOS DOIS ESTADOS. AMEAÇAS, ATENTADOS E ASSASSINATOS CONTRA TESTEMUNHAS E DENUNCIANTES. ATENDIDOS

---

36. STJ. Conflito de Competência n. 121372, 201200453843. Terceira Seção. Relator o Ministro Sebastião Reis Júnior. DJE de 25/05/2012.

OS PRESSUPOSTOS CONSTITUCIONAIS PARA A EXCEPCIONAL MEDIDA. 1. A teor do § 5.º do art. 109 da Constituição Federal, introduzido pela Emenda Constitucional n. 45/2004, o incidente de deslocamento de competência para a Justiça Federal fundamenta-se, essencialmente, em três pressupostos: a existência de grave violação a direitos humanos; o risco de responsabilização internacional decorrente do descumprimento de obrigações jurídicas assumidas em tratados internacionais; e a incapacidade das instâncias e autoridades locais em oferecer respostas efetivas. 2. Fatos que motivaram o pedido de deslocamento deduzido pelo Procurador-Geral da República: o advogado e vereador pernambucano MANOEL BEZERRA DE MATTOS NETO foi assassinado em 24/01/2009, no Município de Pitimbu/PB, depois de sofrer diversas ameaças e vários atentados, em decorrência, ao que tudo leva a crer, de sua persistente e conhecida atuação contra grupos de extermínio que agem impunes há mais de uma década na divisa dos Estados da Paraíba e de Pernambuco, entre os Municípios de Pedras de Fogo e Itambé. 3. A existência de grave violação a direitos humanos, primeiro pressuposto, está sobejamente demonstrado: esse tipo de assassinato, pelas circunstâncias e motivação até aqui reveladas, sem dúvida, expõe uma lesão que extrapola os limites de um crime de homicídio ordinário, na medida em que fere, além do precioso bem da vida, a própria base do Estado, que é desafiado por grupos de criminosos que chamam para si as prerrogativas exclusivas dos órgãos e entes públicos, abalando sobremaneira a ordem social. 4. O risco de responsabilização internacional pelo descumprimento de obrigações derivadas de tratados internacionais aos quais o Brasil anuiu (dentre eles, vale destacar, a Convenção Americana de Direitos Humanos, mais conhecido como "Pacto de San Jose da Costa Rica") é bastante considerável, mormente pelo fato de já ter havido pronunciamentos da Comissão Interamericana de Direitos Humanos, com expressa recomendação ao Brasil para adoção de medidas cautelares de proteção a pessoas ameaçadas pelo tão propalado grupo de extermínio atuante na divisa dos Estados da Paraíba e Pernambuco, as quais, no entanto, ou deixaram de ser cumpridas ou não foram efetivas. Além do homicídio de MANOEL MATTOS, outras três testemunhas da CPI da Câmara dos Deputados foram mortos, dentre eles LUIZ TOMÉ DA

SILVA FILHO, ex-pistoleiro, que decidiu denunciar e testemunhar contra os outros delinquentes. Também FLÁVIO MANOEL DA SILVA, testemunha da CPI da Pistolagem e do Narcotráfico da Assembleia Legislativa do Estado da Paraíba, foi assassinado a tiros em Pedra de Fogo, Paraíba, quatro dias após ter prestado depoimento à Relatora Especial da ONU sobre Execuções Sumárias, Arbitrárias ou Extrajudiciais. E, mais recentemente, uma das testemunhas do caso Manoel Mattos, o Maximiano Rodrigues Alves, sofreu um atentado a bala no município de Itambé, Pernambuco, e escapou por pouco. Há conhecidas ameaças de morte contra Promotores e Juízes do Estado da Paraíba, que exercem suas funções no local do crime, bem assim contra a família da vítima Manoel Mattos e contra dois Deputados Federais. 5. É notória a incapacidade das instâncias e autoridades locais em oferecer respostas efetivas, reconhecida a limitação e precariedade dos meios por elas próprias. Há quase um pronunciamento uníssono em favor do deslocamento da competência para a Justiça Federal, dentre eles, com especial relevo: o Ministro da Justiça; o Governador do Estado da Paraíba; o Governador de Pernambuco; a Secretaria Executiva de Justiça de Direitos Humanos; a Ordem dos Advogados do Brasil; a Procuradoria-Geral de Justiça do Ministério Público do Estado da Paraíba. 6. As circunstâncias apontam para a necessidade de ações estatais firmes e eficientes, as quais, por muito tempo, as autoridades locais não foram capazes de adotar, até porque a zona limítrofe potencializa as dificuldades de coordenação entre os órgãos dos dois Estados. Mostra-se, portanto, oportuno e conveniente a imediata entrega das investigações e do processamento da ação penal em tela aos órgãos federais. 7. Pedido ministerial parcialmente acolhido para deferir o deslocamento de competência para a Justiça Federal no Estado da Paraíba da ação penal n. 022.2009.000.127-8, a ser distribuída para o Juízo Federal Criminal com jurisdição no local do fato principal; bem como da investigação de fatos diretamente relacionados ao crime em tela. Outras medidas determinadas, nos termos do voto da Relatora.[37]

---

37. STJ. Incidente de deslocamento de competência nº 02, 200901212626. Terceira Seção. Relatora a Ministra Laurita Vaz. DJE de 22/11/2010.

6.6. Protocolo de Palermo. Convenção das Nações Unidas contra o Crime Organizado Transnacional. Finalidade de tráfico de pessoas

> PENAL E PROCESSO PENAL. CONFLITO DE COMPETÊNCIA. JUÍZO COMUM ESTADUAL E FEDERAL DE PRIMEIRA INSTÂNCIA. DELITO DE TRÁFICO DE MULHERES (ART. 231, CP). VÍNCULO MATERIAL E PROBATÓRIO COM OS DELITOS DE CASA DE PROSTITUIÇÃO, FAVORECIMENTO DA PROSTITUIÇÃO E EXTORSÃO. NÃO OCORRÊNCIA. INEXISTÊNCIA DE CONEXÃO. CONFLITO CONHECIDO. SEPARAÇÃO DOS PROCESSOS. COMPETÊNCIA DO JUÍZO FEDERAL EM RELAÇÃO AO DELITO DO ART. 231. COMPETÊNCIA DO JUÍZO ESTADUAL EM RELAÇÃO AOS DEMAIS. 1. Ao teor do disposto no artigo 109, inciso V, da Constituição da República, a Justiça Federal é competente para o processo e o julgamento dos crimes previstos em tratado ou convenção internacional, como é o caso do tráfico de mulheres, artigo 231, CP ("tráfico de pessoas", depois da Lei 11.106/2005). 2. Uma vez inexistente a conexão entre o tráfico de mulheres e outros delitos narrados na denúncia, quais sejam; extorsão, casa de prostituição e favorecimento da prostituição, tanto pela ausência de vínculo teleológico quanto pela não ocorrência de relação probatória, não há que se falar em unidade dos processos impondo-se, ao contrário, sua separação. 3. Conflito conhecido para definição da competência do Juízo Estadual, da Comarca de Curitiba, Paraná, para o processo e o julgamento da Ação Penal em relação aos crimes de extorsão, favorecimento da prostituição e casa de prostituição (artigos 158, § 1º; 228, *caput*; e 229, CP).[38]

7. PRECEDENTES SOBRE APLICAÇÃO PELA JUSTIÇA FEDERAL DE DIREITOS PREVISTOS EM TRATADOS INTERNACIONAIS

---

38. STJ. Conflito de competência n. 47634, 200401792956. Terceira Seção. Relator o Ministro Paulo Medina. DJ de 27/08/2007, p. 188.

7.1. Acordos internacionais em matéria previdenciária. Reconhecimento de tempo de serviço prestado em países estrangeiros para fim de obtenção de benefício previdenciário no Brasil

> PREVIDENCIÁRIO. AVERBAÇÃO DE TEMPO DE SERVIÇO PRESTADO NO EXTERIOR PARA FINS DE APOSENTADORIA. MAGISTÉRIO. ACORDO BILATERAL CELEBRADO ENTRE BRASIL E ARGENTINA. DECRETO LEGISLATIVO N. 95/82. O Acordo de Previdência firmado entre Brasil e Argentina viabiliza o reconhecimento do tempo de labor prestado no exterior para fins de aposentadoria por tempo de serviço, ainda que a legislação do país de regência não anteveja a possibilidade do jubilamento desatrelado a uma idade mínima. Isso porque a exegese mais apurada do artigo VII do acordo, diz que a legislação do local de prestação do serviço rege o cômputo de períodos de serviço – e não o direito ao cômputo destes períodos para efeitos de concessão dos benefícios.[39]

> ADMINISTRATIVO E PROCESSUAL CIVIL. SERVIDOR PÚBLICO. CÔMPUTO DO TEMPO DE SERVIÇO PRESTADO NA ARGENTINA. ACORDO PREVIDENCIÁRIO. EFEITOS. 1. Nos termos do Acordo Brasil/Argentina, depreende-se descabida a exigência do recolhimento das contribuições previdenciárias, eis que o autor já as recolheu na Argentina, pois o mencionado acordo prevê o acerto entre entidades gestoras de cada país – art. XIV. Impõe-se, ainda, o reconhecimento do tempo de serviço prestado na Argentina, para fins de aposentadoria, expedindo-se a respectiva certidão. No regime do Estado de Direito não há lugar para o arbítrio por parte dos agentes da Administração Pública, pois a sua conduta perante o cidadão é regida, única e exclusivamente, pelo princípio da legalidade, insculpido no art. 37 da Magna Carta. Por conseguinte, somente a lei pode condicionar a conduta do cidadão frente ao poder do Estado, sendo nulo todo ato da autoridade administrativa contrário ou extravasante da lei, e como tal deve ser declarado pelo Poder Judiciário quando lesivo ao direito individual. Nesse sentido, também, a lição de Charles Debbasch e Marcel Pinet, verbis: "L'obligation de respecter

---

39. TRF4. Apelação Cível n. 9704529546. Sexta Turma. Relator o Desembargador Federal Alcides Vettorazzi. DE de 18/02/2009.

les lois comporte pour l'administration une double exigence, l'une négative consiste à ne prendre aucune décision qui leur soit contraire, l'autre, positive, consiste à les appliquer, c'est-à-dire à prendre toutes les mesures réglementaires ou individuelles qu'implique nécessairement leur exécution. (*In Les Grands Textes Administratifs*, Sirey, Paris, 1970, p. 376: 2. Precedentes da Corte. 3. Provimento da apelação do autor e improvimento da apelação do INSS e da remessa oficial.[40]

7.2. Matéria tributária

PROCESSUAL CIVIL E TRIBUTÁRIO. PRELIMINAR DE INCOMPETÊNCIA DA JUSTIÇA FEDERAL REJEITADA. BACALHAU IMPORTADO DE PAÍS SIGNATÁRIO DO GATT. RECONHECIMENTO DE ISENÇÃO DE ICMS ATÉ 30/04/1999, DATA DE EXPIRAÇÃO DO CONVÊNIO 60/91. 1. O colendo Superior Tribunal de Justiça já pacificou o entendimento de que: "Compete à Justiça Federal de Primeiro Grau, e não ao STJ, apreciar e julgar mandado de segurança, no qual se discute a isenção de ICMS sobre o bacalhau importado de país signatário do GATT". (MS 199700708772, GARCIA VIEIRA, STJ – PRIMEIRA SEÇÃO, DJ DATA:17/08/1998). Preliminar rejeitada. 2. Embora seja de competência dos Estados e do Distrito Federal instituir tal tributo, a lei permite que a União, por tratado ou convenção internacional, garanta que o produto estrangeiro tenha a mesma tributação do similar nacional, devendo ser aplicada. Os princípios informadores desse entendimento estão sintetizados nos verbetes das Súmulas nos 20/STJ e 575/STF, cujos pressupostos têm lugar nas prescrições ditadas pelo mencionado acordo internacional. 3. Em abril de 1999, expirou o Convênio 60/91, pondo fim a autorização dos Estados isentarem de ICMS os pescados em negociações internas e os similares oriundos de países signatários do GATT. Assim sendo, considerar-se-á aplicada a Súmula 71, do STJ somente no que tange as relações ocorridas até abril de 1999 (Precedentes do STJ e desta Turma Suplementar).

---

40. TRF4. Apelação Cível n. 2003.71.00.021669-5. Terceira Turma. Rel. Desembargador Federal Carlos Eduardo Thompson Flores Lenz. DE de 06/06/2007.

4. Tendo a sentença garantido a manutenção da isenção perquirida em relação às importações realizadas em março do ano de 1999, é a mesma de ser mantida. 5. Apelação e remessa oficial tida por interposta desprovidas.[41]

8. CONCLUSÃO

Diante de um cenário de mundialização das relações humanas, inclusive das relações jurídicas envolvendo pessoas de Estados independentes diversos, o Direito não se mantém inerte, cerrado em ordenamentos nacionais incomunicáveis e autossuficientes.

A mundialização também do Direito é processo que se verifica nos dias atuais e que enseja a adoção, pelos Estados soberanos, de regramentos jurídicos semelhantes acerca de diversas questões comuns aos povos. O Direito Internacional serve de meio de interação das vontades comuns, atribuindo tratamento jurídico às relações havidas além das fronteiras de um determinado país. Os seres humanos dos diversos países integrantes da comunidade internacional demandam regramentos comuns, como forma de estabelecer parâmetros seguros às relações humanas cada vez mais mundializadas e dinâmicas.

O Brasil, como sujeito de Direito Internacional, participa desses acertamentos com outros Estados e com os Organismos Internacionais, de forma a amparar os interesses de seus nacionais e de estreitar as relações econômicas, sociais, monetárias, etc. com esses demais sujeitos de Direito Internacional. Nessa medida, o país assina e ratifica tratados internacionais, no livre exercício de sua soberania.

Tais compromissos internacionais, portanto, passam a dever ser cumpridos também dentro do território nacional

---

41. TRF1. Apelação Cível n. 200001000818513. Quinta Turma Suplementar. Relator o Juiz Federal Wilson Alves de Souza. E-DJF1 03/05/2013, p. 704.

brasileiro, inclusive em relações havidas entre nacionais. Exemplo disso é a relação havida entre o INSS e um segurado da Previdência Social que haja trabalhado em país estrangeiro que mantenha acordo bilateral com o Brasil garantindo o tempo de serviço prestado no outro país.

A não observância dos direitos veiculados em Tratados Internacionais pelos nacionais, em particular pelos próprios entes políticos ou entidades administrativas, deve ser coibido como forma de se fazer respeitar uma vontade soberana da República, exercida na aceitação dos termos dos tratados e exigíveis até que essa República, pela via e autoridade legítima próprias, denuncie sua participação em tal acertamento internacional. Antes disso, porém, o que deve prevalecer é a aplicação do tratado, cujos termos foram anuídos pelo Estado brasileiro mediante exercício de soberania.

Nesse contexto, cabe aos juízes federais brasileiros, autoridades judiciárias investidas de parcela do poder estatal e competentes pelo processamento e julgamento de "causas fundadas em tratado ou contrato da União com Estado estrangeiro ou organismo internacional", conforme artigo 109, inciso III, da Constituição da República, além das previsões pertinentes previstas nos incisos V, V-A e parágrafo 5º, fazer observar os direitos e obrigações previstos nos tratados internacionais, quando provocados em processo judicial de que sejam presidentes.

A atuação do juiz federal brasileiro, portanto, deve acompanhar essa demanda de mundialização do Direito e de garantia daqueles direitos contidos em tratados internacionais. Os juízes, especialmente os federais, são agentes protagonistas dessas mudanças, pois.

Essa atuação demanda postura ativa e cuidadosa do magistrado federal, que a deve exercer com o destemor de enfrentar o desafio ainda muitas vezes dificultado por órgãos dos próprios entes políticos nacionais.

O pleno exercício dessa atividade, tal qual a aceitação da mundialização do direito, ainda encontra sérias resistências, pois. A propósito, conforme pontualmente observaram Julie Allard e Antoine Garapon,[42] "cette nouvelle mondialisation est loin d'être un long fleuve tranquille".[43]

REFERÊNCIAS BIBLIOGRÁFICAS

ALLARD, Julie; GARAPON, Antoine. *Les juges dans la mondialisation: la nouvelle révolution du droit*. France: Seuil et La République des Idées, 2005.

BECHO, Renato Lopes. *Filosofia do Direito Tributário*. São Paulo: Saraiva, 2009.

BRASIL. Constituição (1988). *Constituição da República Federativa do Brasil*. Disponível em: <http://www.planalto.gov.br/ccivil_03/Constituicao/Constituiçao.

CASELLI, Gian Carlo. PEPINO, Livio. *A un cittadino che non crede nella giustizia*. Bari: Editori Laterza, 2005.

CASSESE, Antonio. *I diritti umani oggi*. Bari: Editori Laterza, 2012.

COLOMBO, Gherardo. *Sulle regole*, 4ª ed. Milano: Feltrinelli, 2012.

DEZALAY, Yves; TRUBEK, David M. *A reestruturação global e o Direito*. In: *Direito e Globalização Econômica*, 1ª ed. FARIA, José Eduardo (Org.). São Paulo: Malheiros, 2010.

GUERRA, Sidney. *Curso de Direito Internacional Público*, 7ª ed. São Paulo: Saraiva, 2013.

---

42. *Les juges dans la mondialisation: la nouvelle révolution du droit*, p. 9.
43. "Essa nova mundialização está longe de ser um longo rio tranquilo". (Tradução nossa).

HESSEN, Johannes. *Filosofia dos valores*. 3ª ed. Coleção Studium. Coimbra: Armênio Amado Editor, 1967.

NAÇÕES UNIDAS (ONU). *Comentários aos Princípios de Bangalore de Conduta Judicial*/Escritório Contra Drogas e Crime; tradução de Marlon da Silva Maia, Ariane Emílio Kloth. Brasília: Conselho da Justiça Federal, 2008.

PAULSEN, Leandro. *Justiça Federal: propostas para o futuro*. Porto Alegre: Livraria do Advogado, 1996.

PIOVESAN, Flávia. *Direitos Humanos e o Direito Constitucional Internacional*, 13ª ed. São Paulo: Saraiva: 2012.

REZEK, Francisco. *Direito Internacional: Curso Elementar*. São Paulo: Saraiva, 2010.

SICILIANOS, Linos-Alexandre. *L'influence des droits de l'homme sur la structure du droit international*. In: RGPID avril-juin/2012. Paris: A. Pedone, 2012.

TAVARES, André Ramos. *Curso de Direito Constitucional*, 9ª ed. São Paulo: Saraiva, 2011.

_____. *Paradigmas do Judicialismo Constitucional*. São Paulo: Saraiva, 2012.

_____. *Manual do Poder Judiciário Brasileiro*. São Paulo: Saraiva: 2012.

TUBACH, Gaby. *Le judge et le droit international*. Alemanha: Conseil de l'Europe, 1998.

JUDICIALIZAÇÃO DA POLÍTICA, VALOR "DEMOCRACIA" E ARGUMENTO DEMOCRÁTICO

Bruno Cezar da Cunha Teixeira[1]

1. INTRODUÇÃO

Hodiernamente, direitos fundamentais e a temática da democracia penetram-se reciprocamente de tal forma que não se pode conceber exista democracia onde não haja, por outro lado, respeito àqueles direitos.[2] Quando o Estado Democrático de Direito se encontra fortalecido, a liberdade de consciência, expressão, religião e associação ficam amparadas, da mesma forma que, em democracias legítimas, o direito a julgamento justo e o acesso à informação e aos serviços públicos são inequivocamente ampliados.

---

1. Juiz Federal.
2. Diz o Artigo 8º da Carta Democrática Interamericana, aprovada no âmbito da OEA: "O exercício efetivo da democracia deve assegurar a todas as pessoas o gozo de suas liberdades fundamentais e os direitos humanos constantes da Declaração Americana dos Direitos e Deveres do Homem, da Convenção Americana sobre Direitos Humanos, do Protocolo de San Salvador sobre direitos econômicos, sociais e culturais e dos demais instrumentos interamericanos em matéria de direitos humanos".

Dadas as complexidades atuais do Estado e da sociedade, constatar ou visualizar a democracia é tarefa indubitavelmente mais fácil do que defini-la cientificamente. Ao que nos parece, por uma razão até certo ponto simplória: não se poderia fazê-lo, ao menos se com certa exatidão, segundo Giovanni Sartori, abstraindo-se do sentido que a expressão "democracia" possui para uma dada coletividade histórica.[3] Apenas para exemplificar, a democracia grega era restringida sobremaneira na prática e consoante as lentes de *standards* atuais, não por hipotético funcionamento retraído das instituições, consideravelmente efetivas e avançadas para a época – mormente no período correspondente ao auge pericliano –, senão pela concepção restrita que tinham os povos helênicos sobre a cidadania.[4]

É necessário assumir o desafio de bem compreender a democracia e seus parâmetros mínimos, sobretudo na atual madureza do ativismo judicial. O alcance das questões jurídicas tem sido maximizado, em certo sentido, para contornar debilidades inerentes ao jogo democrático de eleições-representantes-representados. Manoel Gonçalves Ferreira Filho diz que a "judicialização da política" consiste em atribuir ao Judiciário decisões de caráter político, sendo que assim o seriam porque afetam os destinos da comunidade ou orientam a máquina governamental em direção a objetivos determinados que, nos termos da doutrina clássica da separação dos poderes, incumbiriam ao Executivo e ao Legislativo.[5] A partir desse arranjo é

---

3. SARTORI, Giovanni. *A teoria democrática revisitada*, volume I, Tradução de Dinah de Abreu Azevedo. São Paulo: Ática, 1994, p. 14.
4. Estrangeiros e escravos não eram considerados cidadãos e, portanto, excluíam-se do processo político. Quanto a estes, o próprio Aristóteles os teria definido como uma "propriedade instrumental provida de alma". TOUCHARD, Jean (org.). *História das Idéias Políticas*, Volume 1, Tradução de Mário Braga, Publicações Europa-América, 1970, pp. 30-42.
5. FERREIRA FILHO, Manoel Gonçalves. "A Constituição de 1988 e a judicialização da política", *in Revista da Procuradoria-Geral da República*, n. 9, Ed. Revista dos Tribunais, p. 141.

que vai forte o argumento de que careceria ao Judiciário *legitimidade democrática inerente*, pois, a rigor, a atuação política típica seria atribuição do Legislativo, na criação das normas primárias – ao menos em leitura estrita do princípio da separação dos Poderes –, e do Poder Executivo, na definição e execução de programas e metas governamentais.

O trabalho destina-se a analisar, com a brevidade que o caracteriza, a tortuosa combinação do avanço político-institucional do Poder Judiciário com a debilidade da democracia majoritária enquanto fórmula ou "regra do jogo" em uma dada linguagem jurídica.[6] Num cenário em que o ativismo judicial – desenfreado ou não, eis outro ponto de análise – é um dado fatual, também o é que a regra do jogo democrático adaptou-se semanticamente para além do princípio majoritário, com a nota de que o direito de ação em uma Justiça capaz de tomar decisões proficientes tende a ser, historicamente, uma forma de participação política exercida por meio da ação e exaurida na decisão.[7] Tal realidade pode ser arriscada à convivência dos sistemas político e jurídico, mas nem sempre é daninha de fato.

---

6. "O jogo é uma forma de comunicação inter-humana (...). A forma de comunicação que todo jogo representa se manifesta em um conjunto de regras constitutivas do jogo, que tornam possível a ação de jogo e, portanto, a participação no mesmo. (...) certo é que não se pode pensar em jogos sem regras, e dado que estas se constituem mediante alguma forma de linguagem, podemos afirmar sem vacilar que todo jogo possui uma dimensão linguística iniludível. E esta dimensão é tão importante que é possível dizer que definir um jogo é o mesmo que definir suas regras". ROBLES, Gregorio. *As regras do direito e as regras dos jogos: ensaios sobre a teoria analítica do direito*. São Paulo, Noeses, 2011, p. 15.

7. ROSANVALLON, Pierre. *La Démocratie Inachevée – Histoire de la Souveraineté du Peuple em France*, Éditions Gallimard, 2000, apud ARAÚJO, Gisele Silva. *Participação através do direito: a judicialização da política*, VIII Congresso Luso-afro-brasileiro de Ciências Sociais, Coimbra, 2004. O autor francês entende que o "direito de petição", no qual se vê abrangido o direito democrático à prestação jurisdicional, no sentido do texto-referência, configurou-se historicamente como complemento ao direito de sufrágio, sendo que o mesmo, nesse mister, incluiu no processo político as mulheres muito antes de o voto o fazer.

Apresentamos aqui singelas reflexões, admitindo que o tema traz a lume, no fundo, o desafio de administrar os riscos (ao Estado Democrático e à Constituição) e as paixões (à política e às normas constitucionais) suscitados.

2. DEMOCRACIA INEFICIENTE E O PODER JUDICIÁRIO NA POLÍTICA

Diante da comum desconfiança na política, por vezes se quer enxergar no Poder Judiciário a salvação segura para os problemas da sociedade. Isto não é inédito: nem a falta de rumos que a política majoritária por vezes relega ao povo, o que tem ocorrido de tempos em tempos, nem a crença no Poder Judiciário como algo de "guia" político. Ao grande entusiasmo que se pode avistar em que o Judiciário faça o que os outros Poderes não fizeram contrapõe-se o sentimento de que, a se confiar em um simples mecanismo de transferência de responsabilidades ou, até, poderes, o Estado-juiz se transforme, em célebre expressão de Ingeborg Maus, no "superego de uma sociedade órfã",[8] cuja orfandade possa torná-la incapaz de mobilizar-se politicamente.

Óbvio que terão de ser impostos limites para a atuação jurisdicional em campos novos, pois não se pode jamais conceber que os magistrados surrupiem a capacidade de mobilização política do povo, ou, quanto menos, apropriem-se da fundamentação por simples conveniência política que caracteriza os outros Poderes. Mas a justificação razoável do fenômeno da judicialização da política decorre até certo ponto (ainda cinzento) da renúncia à ideia de que há uma forma institucional acabada, sacralizada de democracia, por trás da invocação da soberania popular como fundamento último de legitimação do direito.

---

8. MAUS, Ingeborg. *Judiciário como superego da sociedade*: o papel da atividade jurisprudencial na sociedade "órfã", Novos Estudos CEBRAP n. 58, novembro de 2000.

Entre os que se debruçaram sobre o tema da soberania popular está Pérez Luño, ressaltando que o positivismo de Hans Kelsen concebeu a norma hipotética fundamental (*Grundnorm*) como pressuposto lógico-transcendental da validez objetiva (validade) do sistema jurídico; a tese realista de Alf Ross reduziu essa mesma validade à pura *eficácia*; ao tempo em que a atitude mediadora de Herbert Hart, se bem concebe o direito como um sistema normativo, repousou seu fundamento de validade *no dado fático* da regra de reconhecimento;[9] assevera o espanhol, refutando-os, que não seria necessário recorrer a uma presunção absoluta contrafatual da normatividade ou apelar a um dado puramente fático sem significação normativa para buscar essa tal 'validade última' do sistema: no ordenamento jurídico, não fora dele, poder-se-ia encontrar o derradeiro fundamento do direito no princípio da soberania popular[10] – propõe. O problema está em que isso não nos dá respostas, nem mesmo orientações, *a respeito do que se pode fazer e o que não se pode fazer* numa dada democracia, até porque muito de trágico já foi – e vem sendo – feito em nome dela ou do "povo", outra expressão polissêmica extremamente controversa.

A intenção deste texto certamente não é dar uma definição emoldurável de democracia, nada da espécie. Estamos nos propondo a analisar o risco democrático, a legitimação democrática e a democracia como um valor e o que isso representa na legitimidade da atividade jurisdicional, com a dimensão cabível a este trabalho, frente à judicialização do fenômeno político.

É certo que não está claro do princípio da soberania popular, norma posta que chancela a democracia (*v.g.*, no art. 1º,

---

9. Vide a respeito, KELSEN. *Teoria Pura do Direito*. Martins Fontes, 8ª Ed., Martins Fontes, 2009. ROSS, Alf. *Direito e Justiça*, 2ª Ed., Edipro, 2007 e HART, H. L. A. *O Conceito de Direito*, 1ª Ed. Martins Fontes, 2009.
10. PÉREZ LUÑO, Antonio-Enrique. Soberanía Popular y Estado de Derecho. In: *Constitución: problemas filosóficos*. (Org) LAPORTA, Francisco J. Centro de Estudios Políticos e Constitucionales, Madrid, 2003, pp. 70-71.

parágrafo único da CRFB/88[11]) – e nem em qualquer lugar –, que o Judiciário seja inerentemente um órgão esvaziado por completo de legitimidade democrática, para (ou por) ser revestido de uma espécie superior de "legitimação constitucional" que a tudo venceria: a questão séria remanesce no plano da opção constitucional pela democracia, e a legitimidade democrática do Poder Judiciário, malgrado conviva diuturnamente com a *dificuldade contramajoritária* no exercício da jurisdição constitucional,[12] será, como pensamos, tanto maior ou menor de acordo com a maneira como se porta, a propósito das decisões que é dado a tomar.

A democracia tem sofrido constante adaptação semântica porque a fórmula em si contém os valores fundamentais das próprias fórmulas, mas nunca os contornos. Por isso o trabalho de definição é, mesmo que importantíssimo, quase sempre pretensioso ou presunçoso. Como bem diz o norte-americano Robert Post:

> Há no presente uma grande confusão a respeito do significado da democracia. Aos olhos de muitos teóricos, alguns dos quais bastante sofisticados, democracia significa regra da maioria. Mas a política majoritária é um método de agregação de preferências e de tomada de decisões. Isso não explica por que devemos utilizar tal regra de tomada de decisões. Democracia é um valor que contém dentro de si uma explicação, tal que aderimos à regra da maioria porque acreditamos na democracia, não o inverso.[13]

---

11. "Todo o poder emana do povo, que o exerce por meio de representantes eleitos ou diretamente, nos termos desta Constituição".

12. Dificuldade contramajoritária, ou *countermajoritarian difficulty*, foi expressão cunhada por Alexander M. Bickel no clássico *The least dangerous branch* (a 1ª edição é de 1962; consultou-se a edição de 1986), designando justamente o fato de um órgão não eleito pelo voto popular ter de interferir nas decisões dos poderes eleitos democraticamente. BICKEL, Alexander M. *The least dangerous branch*. New Haven: Yale University Press, 1986.

13. POST, Robert. *Dignity, autonomy and democracy*, Working Paper 2000-11, p. 5. Disponível em: <http://www.igs.berkeley.edu>. *"There is at present*

É corrente a percepção de que inexistiria a democracia não pela só concepção de que o Judiciário é instado a agir no lugar do Parlamento ou dos governos, se o faz desenfreadamente, mas também na hipótese grave de o mesmo Estado-Juiz negar decisão concreta sobre as necessidades existenciais dos cidadãos ou sobre questões em que, como o que se deu com o direito de greve do servidor público, subtraem-se direitos constitucionais por inércia em regulamentação. Aliás, o resultado seria, nesta última hipótese, deixar-se boa parte do substrato essencial da Constituição e, em certos casos infaustos, a sorte do povo que dele depende à ventura da voluntariedade política dos representantes, que muitas vezes é insuficiente para a concretização de princípios e valores sobre os quais a Constituição repousou.

O problema da colocação central está em se enfrentar o fato de que as decisões políticas devam manifestar a vontade popular, e que o Poder Judiciário na maior parte dos países não é composto por membros eleitos pelo povo, embora já não se possa obtemperar que o processo judicial em si mesmo e em sua interação com o conjunto do sistema político, por suas implicações abrangentes, constitui um meio de articulação de conflito e uma forma de exercício da autoridade política extremamente importante nas democracias constitucionais.[14] Eis, em suma, o grave problema do *argumento democrático* subjacente ao ativismo judicial – que pode servir para defende-lo ou para atacá-lo a depender da opção conceitual que se faça a propósito da democracia.

---

a great deal of confusion regarding the meaning of democracy. In the eyes of many theorists, some of whom are quite sophisticated, democracy means the rule of a majority. But majoritarianism is a method of preference aggregation and decisionmaking. It does not explain why we would use this rule of decisionmaking. Democracy is a value that contains within it such an explanation, for we adhere to majoritarianism because we believe in democracy, and not the reverse". Tradução livre de Bruno Cezar da Cunha Teixeira.
14. CASTRO, Marcus Faro de. "*O Supremo Tribunal Federal e a judicialização da política*". Revista Brasileira de Ciências Sociais, vol. 12, nº 34, p. 147.

Para alguns, embora a escolha dos juízes não se dê pela via eletiva, também eles exercem certo *poder representativo da soberania popular*, e não comprometeria a legitimidade do regime democrático que uma parcela do poder público, pela natureza de sua destinação, fosse impingida a cidadãos escolhidos por critérios outros que não o sufrágio político. É importante ressaltá-lo porque a inefetividade das instituições majoritárias – toda demanda social que não envolva interesse suficiente ou agregue alto custo, seja político, econômico ou social, certamente encontrará dificuldade para ser efetivada nas duras lutas parlamentares ou perante os governos – figura como uma precondição (empírica) do fenômeno da judicialização da política, tal o que observado por Chester Tate.[15] Vale dizer, alguns tribunais, diante da inércia dos políticos e da impossibilidade de negarem decisão, são obrigados a pôr um fim em conflitos que haveriam de ser resolvidos no âmbito político[16], sendo o incremento da judicialização não um fenômeno espontâneo, portanto, mas um sintoma crítico da democracia.

Nesse aspecto, o argumento democrático como censura à judicialização padece de uma ligeira "falha" de percepção, se não for compreendido o alcance semântico da democracia na atualidade: mais permanece fiel à ideia de que ela se realiza pela ocorrência orgânica da representação popular, como assim se frustraria, na outra mão, por qualquer usurpação dela, que à ideia de uma *dimensão valorativa* da própria noção de democracia, que tem rumado tendencialmente para além da concepção politológica da representatividade. Em verdade aqui fazemos nossa opção metodológica: um tal ideal democrático alicerça-se não apenas no princípio majoritário ou nos processos

---

15. Cf. TATE, Chester Neal, "Why the Expansion of Judicial Power?" In: TATE, C. Neal e VALLINDER, T. *The Global Expansion of Judicial Power.* New York: New York University, 1995.
16. CARVALHO, Ernani Rodrigues de. "Em busca da judicialização da política no Brasil: apontamentos para uma nova abordagem". *Revista de Sociologia e Política*, Curitiba, n. 23, nov. 2004, p.120.

de formação da vontade, por mais complexos e deliberativos possam ser, mas igualmente em determinado substrato axiológico imprescindível, cujo núcleo será ocupado pelos direitos fundamentais, condicionadores tanto "do que não se deve decidir" como "do que se deve decidir obrigatoriamente".[17]

O mesmo argumento democrático pode proporcionar, inclusive, subsídios para a defesa daquilo a que ele se propõe numa apressada análise a atacar. Isso porque teríamos que admitir em certo sentido as decisões dos juízes estariam mais aptas (em tese) a dirimir questões entre os direitos das minorias que colidam com decisões majoritárias ou com direitos das maiorias se comparadas às dos legisladores, pois aqueles seriam mais isentos que estes para garantir a equidade em ditas questões. Na prática, pouco importa, do ponto de vista essencial ou ontológico, se o que legitimou o aborto (citemos como um mero exemplo) foi uma decisão judicial de cúpula ou uma do legislador: trata-se de uma deliberação política, independente de quais argumentos (políticos ou não, eis outra discussão controvertida) tenham sido utilizados para se atingir a decisão,[18] que se poderá criticar ou aplaudir. Isso também ocorreria porque os entraves e tensões provenientes das próprias *regras do jogo* democrático denunciados por Bobbio, enquanto resultado do comportamento eleitoral[19] – como, por exemplo, a submissão da concepção pessoal à do partido político e, no

---

17. CRUZ, Rodolfo Moreno. "Democracia y derechos fundamentales en la obra de Luigi Ferrajoli". Universitas. *Revista de Filosofía, Derecho y Política*, n. 3, 2006, pp. 3-39.
18. Diz Dworkin que o argumento pressuporia que o público consegue distinguir ontologicamente as decisões políticas tomadas pelo legislador daquelas tomadas pelos tribunais, e que acredita, como se pudesse desapegar-se do aproveitamento ou desfrute do resultado das tais decisões políticas, que as primeiras são legítimas e as segundas, não, o que estaria equivocado. DWORKIN, Ronald. "Os juízes políticos e o Estado de Direito". In: *Uma questão de princípio*, São Paulo: Ed. Martins Fontes, 2000, p. 30.
19. BOBBIO, Norberto. "Os vínculos da democracia". In: *O futuro da democracia*, Ed. Paz e Terra, 2000, p. 67.

ponto antípoda, a questão da infidelidade partidária, bem como a necessidade responsiva perante o eleitor, que reduziria o espaço da política à necessidade de ascender ao poder ou de nele se manter –, sobre os juízes e tribunais não devem hipoteticamente ser sentidos.

Nesse caso, alguns doutrinadores propõem que a judicialização da política seja interpretada como um importante *aperfeiçoamento* das instâncias democráticas e não como uma agressão apriorística. Nesse pé, e em interessante abordagem, Thamy Progrebinschi fala de modo cabal em uma adaptação conceitual da representação política, para recepcionar o temário da judicialização:

> A fim de adaptar-se a contextos fortemente contingentes e explicar sociedades cada vez mais complexas, a democracia requer uma abordagem realista e não essencialista, que se assuma como falível e não se apoie em dogmatismos, e que possua fundamentos tão provisórios quanto sua capacidade de responder a eles através de uma revisão constante de seus significados (...)
>
> A ampliação do conteúdo semântico do conceito de representação política revela-se necessária, a fim de que ele possa responder seja aos paradoxos que cercam a prática dos sistemas eleitorais e dos partidos políticos, seja aos dilemas colocados pela crescente atividade política de instituições não majoritárias e de atores não eleitos, seja aos desafios impostos pelas abundantes experiências participativas e deliberativas que vêm sendo levadas a efeito pela sociedade civil.[20]

O tema não é lateral porque entendemos, de fato, que há valores por trás da noção de democracia e não apenas um "invólucro procedimental". Se a definição se contentasse apenas com um conjunto de regras de procedimento para definir-se,

---

20. POGREBINSCHI, Thamy. *Judicialização ou representação? Política, direito e democracia no Brasil*. Elsevier: Rio de Janeiro, 2011, pp. 166-167.

então decisões seriam democraticamente legítimas se o *iter* procedimental fosse respeitado, independentemente do conteúdo da decisão tomada ao fim e ao cabo. Mas por vezes será o próprio conteúdo de uma decisão que a tornará democraticamente ilegítima, dentro de nossa visão, como no caso de uma decisão que é essencialmente autoritária não no processo de formação ou *input* (independente de que tipo de decisão se esteja a tratar), mas no resultado (*output*), quando, *v.g.*, venha a cercear direitos de liberdade ou negar direitos sociais de modo injustificado e arbitrário.

Diz-se que sobretudo em países cujas estruturas políticas tradicionais mostram-se democraticamente frágeis, o ativismo judicial pode ser algo vital para o resguardo de direitos fundamentais, os quais não apenas asseguram direitos subjetivados, mas também princípios objetivos da ordem constitucional e democrática.[21] O inerente déficit de legitimidade democrática do Poder Judiciário, nesse sentido, parece ser mais contornável do que lhe imputam, porque esse *argumento democrático*, como freio qualitativo ao ativismo, o que parece em si bastante razoável, precisa compreender que a democracia não se encapsula na regra majoritária, mas traz essencialmente noções *valorativas* que norteiam conteúdos e que tipo de opções devem ser feitas, inclusive a propósito da decisão judicial, que tem penetrado um campo de legitimação político-jurídica que até então não lhe era próprio.

Goyard-Fabre de certa forma desmistifica – se não chega mesmo a desqualificar – esse "deslocamento" dos fatores de legitimação política entre Poderes, assumindo ser muito mais significativa que ele a própria crise das instituições vigentes,

---

21. HESSE, Konrad, Bedeutung der Grundrechte, In: BENDA, Ernst, MAIHOFER, Werner e VOGEL, Hans-Jochen, Handbuch des Verfassungsrechts, Berlim, 1995, vol I, p. 127 (134)., *apud* MENDES, Gilmar Ferreira. *"Os direitos fundamentais e seus múltiplos significados na ordem constitucional"*. *Revista Diálogo Jurídico*, Salvador, CAJ – Centro de Atualização Jurídica, v. 5, nº 10, janeiro, 2002.

percebida quando indivíduos ou grupos não reconhecem mais suas aspirações e suas motivações nas instâncias que criaram e na legislação que, pensavam eles, deveria ser a expressão de sua própria vontade:

> Seja como for, interpretar a crise de legitimação vivida pela maioria das democracias contemporâneas como o deslocamento da legitimidade de um aparelho de Estado para outro aparelho de Estado é insuficiente. Na verdade, o bloqueio das instituições vigentes é mais significativo que o 'deslocamento' dos fatores de legitimação, muitas vezes apresentado, aliás, como uma superação da situação presente. Ele indica que as estruturas normativas que as instituições representam não são mais congruentes com as necessidades e os ideais da sociedade civil.[22]

O problema de afirmações como essa – a de que o deslocamento dos fatores de poder é menos importante que a paralisia e a crise democrática – reside em que se aproximam de uma espécie de "maquiavelismo", isto é, a ideia de que os fins justificam os meios. Aí, quando atentarmos, tendo confiado no novo mecanismo cerebral de superação da "crise da democracia" pela singela transferência de poder ao Judiciário, o monstro poderá ser imbatível e incontrolável, dando-nos crise possivelmente maior. Por isso é que o Judiciário sempre será devedor da compreensão de seu próprio papel, cabendo-lhe transitar eficazmente entre o ativismo e a autocontenção e não apenas eleger um ou outro como guia ou pauta metodológica.

Note-se. Aceitando que a democracia tem um aspecto substantivo ou valorativo essencial e inerente, decisões judiciais ativistas que os realizassem, com um forte argumento constitucional, tenderiam a gozar de legitimidade democrática mesmo que invasivas sobre outros Poderes, mas decisões autocontidas tenderiam a serem ilegítimas sob a percepção da democracia

---

22. GOYARD-FABRE, Simone. *O que é a democracia?* São Paulo: Martins Fontes, 1ª ed., 2003, pp. 283-84.

que é dada por esse alcance valorativo. Já aceitando a opção por uma democracia procedimental ou formal, decisões judiciais ativistas que pretensamente realizassem escolhas por valores constitucionais sobre o espaço de outros Poderes seriam ilegítimas do ponto de vista democrático, mas seriam democraticamente legítimas as decisões autocontidas quando este, não o outro, for o alcance conceitual aceito.

  Trata-se, no entanto, de tendências, porque mesmo a opção metodológica pela existência de um valor "democracia", ou uma definição a partir de conteúdo, não pode estar desapegada da noção de que o valor é uma estrutura bivalente (valor-desvalor), consistente no *ato psicológico de valorar*, segundo o qual atribuímos a objetos qualidades positivas e negativas. Isso parece essencial. O que nos dá acesso ao mundo dos valores é, segundo Paulo de Barros Carvalho, a intuição emocional; porém, tomados isoladamente, tais atributos assumiriam a feição de objetos metafísicos: a beleza em si, a justiça em si. Os valores não são, mas "valem"; são entidades cujo modo específico de ser é, pois, o valer.[23] Assim sendo, o valor democrático não pode, como preferência de decisão, orientar uma escolha puramente pessoal, mas uma que esteja lastreada no substrato de preferências elencado pela Constituição.

  Há um outro dado: a democracia pode até ser também um valor ou ter também um *conteúdo*, mas o que seria valor? Tercio Sampaio Ferraz Júnior afirma, com brilho, que os sistemas sociais conhecem nos valores núcleos significativos que expressam uma preferibilidade (abstrata e geral) por certos *conteúdos de expectativa*; são eles, diz, símbolos de preferência para ações indeterminadamente permanentes, representando o *sentido do consenso social*.[24] Por essa razão, não outra, é que

---

23. Vide CARVALHO, Paulo de Barros. *Direito Tributário, Linguagem e Método*. São Paulo: Noeses, 2011, capítulo 3.

24. FERRAZ JÚNIOR, Tercio Sampaio. *Introdução ao Estudo do Direito*: técnica, decisão, dominação. São Paulo: Atlas, 7ª ed., 2013.

o magistrado ou as cortes, a pretexto de realizar os direitos e valores constitucionais, jamais podem atuar como um Hércules[25] solipsista, decidindo monologicamente (de si para consigo) com base na certeza de que seus livros, ou sua concepção própria do bom direito, em desprezo ao Parlamento e por fetiche a uma argumentada "paixão constitucional" que suponham ter, os conduzirão ao deferimento ou não do pedido, ou à declaração ou não de inconstitucionalidade, com visões muitas vezes ideologizadas, outras tantas permeadas de opções morais e religiosas (in)disfarçadas. Esse é, no fundo, o real risco democrático do ativismo judicial.

Vale dizer: embora certos de que a democracia em si contém marcos valorativos inelutáveis, temos ressaltado que em nome de valores não podem ser feitas escolhas pessoais de juízes, ainda que inconfessadamente, sobretudo porque, se assim for, estarão sua postura e sua decisão deslegitimando-se, mesmo com os olhos sobre uma definição segura de *valor*. Daí que o argumento de que a "legitimidade constitucional" do Poder Judiciário resolveria o problema da carência de legitimidade democrática inerente, de fato, não o resolve, funcionando quando muito como argumento de autoridade. Por sinal, a exacerbação do ativismo está na descompensação desse processo: juízes tendentes a acreditar em si próprios mais do que nos outros e, daí, a desconsiderar que há espaços razoáveis de autocontenção na praxe judiciária passam a ser autênticos *tutores sociais*, e não estarão contribuindo, pelas respostas que dão ou através das decisões que tomam, com a correção dos pressupostos vícios, defeitos da democracia representativa, mas potencialmente agravando-os, num círculo ritual de infantilização social.

Afinal, por que melhorar a política, tornando a classe dirigente responsiva – como funciona nas democracias maduras

---

25. Trata-se da célebre metáfora de Dworkin, utilizada em sua explanação sobre a resolução judicial dos *"hard cases"*. Conferir em DWORKIN, Ronald, *Levando os direitos a sério*. São Paulo, Martins Fontes, 2002, pp. 127-203.

–, se os juízes e a Suprema Corte têm tomado decisões que supostamente são aquelas que o povo espera sejam tomadas no Parlamento ou nos governos? Que tipo de controlabilidade real, efetiva nos restará – e a que custo – frente a um conjunto amplo de decisões morais do STF ou ao trânsito em julgado de uma demanda em que o juiz de primeiro grau, de *per si*, definiu uma política pública pretensamente continuativa? E se um tal dia, partindo da premissa de que hoje há mais acertos que erros, inverterem-se os lastros no pêndulo?

Nesse diapasão, o ativismo judicial, se tiver como pressuposto originário realizar a dimensão valorativa da democracia,[26] só será democraticamente legítimo se a decisão pública do Judiciário se assemelhe, tanto quanto possível, considerando-se os *valores sociais momentâneos*, com a que seria aproximadamente tomada pelas instâncias deliberativas,[27] como forma ou *modus* de efetivamente ligar os valores fundamentadores dos princípios e regras vindicados no processo de aplicação do direito ao consenso social que caracteriza o núcleo de significação de um dado valor.

Ou, ainda melhor, diríamos: sem que haja uma simples imposição dos valores e da moralidade política do próprio julgador como inconfessada *ratio decidendi* por trás da fundamentação jurídica desvelada na decisão judicial, em detrimento da busca desse mesmo *consenso social*. Não poderia um juiz entusiasta do socialismo político acreditar que o Estado tudo controle, por tudo seja responsável e, então, decidir que de tudo seja devedor em termos jurídicos; nem poderia outro pretor, dizendo-se libertário, acreditar que o Estado não deve atrapalhar nem servir de suporte social, decidindo que nada

---

26. Apenas assumamos, para a dimensão própria deste trabalho, não ser apenas a regra da maioria, mas também ter determinados direitos de liberdade e direitos sociais como elementos da definição.
27. Ver a respeito, ADEODATO, João Maurício. *Ética e retórica: para uma Teoria da Dogmática Jurídica*. 2ª ed., São Paulo: Saraiva, 2006, pp. 78-92.

deve de direitos. Sob a batuta de Constituição ideologicamente heterodoxa como a nossa, serão ambas, sem sombra de dúvidas, escolhas ilegítimas, porque é das normas constitucionais – e não da escolha político-ideológica pessoal ou dos juízos morais do julgador – que provêm os núcleos de significação, isto é, os valores.

A fórmula mais segura para assegurar a identificação do valor constitucional na escolha da decisão jurisdicional é o respeito às características do processo judicial, como a imparcialidade e o princípio do contraditório. Como bem se sabe, a legitimidade da atividade judicial, assevere-se, advém da própria Constituição (o que obviamente não quer dizer – vide *supra* – que o juiz tenha "legitimidade constitucional" e, portanto, esteja isento de perscrutar qualquer legitimação democrática de sua decisão), residindo sua autoridade em que o constituinte originário estabelecera de antemão o papel institucional dos órgãos de magistratura. Mas a idoneidade do Poder Judiciário para seu papel nunca está associada a aptidões morais especiais dos juízes, senão a três qualidades comezinhas do processo, e seriam elas: i) a independência funcional, na medida em que assegura, de maneira profícua, a necessária imparcialidade do julgador; ii) o contraditório, na medida em que o princípio propicia não apenas a ciência bilateral dos atores sobre os atos do processo, mas também, e principalmente, a possibilidade de participarem ativa e democraticamente da decisão pública que se esboça;[28]

---

28. O fato de o Poder Judiciário ser instado a se manifestar com base nas normas constitucionais, através de demandas a ele dirigidas, é prova de um processo inequívoco de abertura – preciso argumento democrático do jurista alemão Peter Häberle, que inegável influência exerceu sobre o constitucionalismo moderno –, permitindo que cidadãos, partidos políticos, organizações não-governamentais, associações, etc. integrem o círculo de intérpretes indiretos da Constituição na medida em que requeiram um provimento jurisdicional de índole constitucional (HÄBERLE, Peter. "La jurisdicción constitucional en la fase actual de desarrollo del Estado Constitucional", *UNED – Revista Teoría y Realidad Constitucional* n. 14, 2º semestre de 2004,

e iii) a necessidade de fundamentação público-racional da decisão judicial.[29]

Não se pode negar, em verdade, que o magistrado possui um papel além do "pronunciador" da pré-leitura do texto jurídico que o antecede. A centralidade normativa dos princípios, cuja maior abstração obriga a uma maior racionalidade da decisão, mudou o papel do juiz no ordenamento jurídico, já que não lhe cabe uma função de conhecimento mecânico voltada para explicitar a solução contida no enunciado textual normativo, mas também tornar-se coparticipante do processo de criação do Direito, completando, no que faz valorações de sentido para as cláusulas abertas e realiza escolhas entre soluções possíveis, o trabalho do legislador ordinário.[30]

O mero reconhecimento de tal verdade não nos parece comprometer a autonomia ou autodeterminação coletiva. Não se está pura e simplesmente advogando o arbítrio do ativismo extremado, seguidos os trilhos das advertências antes feitas. Mauro Cappelletti é um dos conhecidos defensores de maior criatividade judiciária. No entanto, na medida em que tenha respeito ao "modo" próprio do processo jurisdicional: à imparcialidade, à inércia e à justiça concreta. O autor crê, quanto ao

---

pp. 168-169). A ciência da importância de tal papel faz deles agentes não menos importantes que os representantes populares, enquanto falemos em uma 'reformatação democrática da função jurisdicional'. Cf: HÄBERLE, Peter. *Hermenêutica Constitucional. A sociedade aberta dos intérpretes da Constituição.* Tradutor: Gilmar Ferreira Mendes. Ed. Sérgio Antonio Fabris, Porto Alegre.

29. "No âmbito da teoria democrática, o caráter dialógico da racionalidade prática leva a que se valorize a formação de um espaço público autônomo (do aparato burocrático estatal) em que as pretensões normativas sejam objeto de intenso debate. A democracia é entendida, portanto, como participação, e não como mera representação". SOUZA NETO, Cláudio Pereira de. *Jurisdição Constitucional, democracia e racionalidade prática*, Rio de Janeiro: Renovar, 2002.

30. BARROSO, Luís Roberto. "Neoconstitucionalismo e constitucionalização do direito", *in Revista de Direito Administrativo* n. 240.

conteúdo político, que não é possível distinguir uma escolha legislativa de uma decisão judicial,[31] mas esta, para que não se transforme em mais uma atividade política típica, deve máxime respeito aos limites procedimentais intrínsecos à atividade judiciária.[32] Vale dizer, se a legitimidade democrática do Poder Judiciário não é obtida pela forma de composição orgânica de seus quadros, deve sê-lo pela participação de atores sociais e pelo contraditório, assim como pela racionalidade argumentativa da decisão que o órgão está em vias de tomar.[33]

3. LIMITES E POSSIBILIDADES DA JUDICIALIZAÇÃO DA POLÍTICA

Resta-nos indagar: o que pode o Judiciário fazer quando os outros Poderes não o fazem? Num sentido material ou puramente valorativo, não será antidemocrático que o juiz decida a política pública do caso concreto se assim possibilita uma maior realização dos direitos fundamentais. Entretanto, eventual obsessão não se permite, pois o órgão judicial tornar-se-ia, por trás de sua supervalorização como agente de transformação da sociedade, uma "válvula de escape" social, mas não o ultimador da vontade abstrata da norma jurídica no litígio concreto, isto o que seria, a propósito, o que dele se supõe ser, num sério processo de fragilização social no qual a sociedade relegue suas reclamações e seus anseios, sem exigir adequada e enfaticamente dos governos e dos parlamentos, à arena judiciária.

Não pode haver tábuas de salvação num arranjo democrático ideal, mas instituições sólidas e responsáveis. Há que se ter

---

31. CAPPELLETTI, Mauro. *Juízes legisladores?* Trad. Carlos Alberto Álvaro de Oliveira. Porto Alegre: Sergio Antonio Fabris, 1999, pp. 73-81.
32. Ibidem, pp. 130-132.
33. BARCELLOS, Ana Paula de. *A eficácia jurídica dos princípios constitucionais – o princípio da dignidade da pessoa humana*, Rio de Janeiro: Renovar, 2002, pp. 231-232.

cuidado para que os juízes não se transformem em verdadeiros governantes judiciais,[34] calcados na suposta crença em um Judiciário pronto a dar vazão a toda e qualquer expectativa fundada nos direitos fundamentais. Os sistemas do direito e da política de fato se relacionam e não são estanques, mas essa inter-relação pode atingir um ponto tão grave que, muitas vezes, acaba-se por desnaturar a forma de operação própria de cada qual, em daninha contaminação recíproca. Com enfoque interessante na teoria dos sistemas, Celso Campilongo bem explicita o risco da aventura judiciária na metodologia da política:

> (...) Mas nada indica que um maior ativismo judicial (...) implique ruptura da imparcialidade. Do mesmo modo, não é uma incontida sede de substituição da legalidade pela equidade que atribui ao juiz papéis inéditos de mediador, árbitro, pacificador ou gestor de conflitos, mas, ao contrário, é a própria legalidade que lhe contempla essas funções. Finalmente, não é a vaidade de um protagonismo gratuito que compele a magistratura ao centro das questões políticas: é o alargamento das esferas de ação pública que impõe o crescimento das instituições de controle do poder.
>
> (...) O problema central do acoplamento estrutural entre o sistema político e o sistema jurídico reside no alto risco de que cada um deles deixe de operar com base em seus próprios elementos (o Judiciário com a legalidade e a política com a agregação de interesses e tomada de decisões coletivas) e passe a atuar com uma lógica diversa da sua e, consequentemente, incompreensível para as autorreferências do sistema.[35]

---

34. Não devem ser jamais tomadas pelos juízes decisões de mera conveniência política sobre a promoção do bem-estar geral (DWORKIN, Ronald, Os juízes políticos e o Estado de Direito, in *Uma questão de princípio*, São Paulo: Ed. Martins Fontes, 2000, p. 101). Concebe-se na ciência política que a promoção do bem-estar geral é tarefa da governança. Sem embargo da academicidade do exemplo, o Poder Judiciário jamais poderá condenar uma municipalidade a colocar placas de coloração verde contendo os nomes de ruas no lugar das azuis já afixadas na cidade, porque o julgador as entenda visualmente mais aprazíveis e, portanto, benéficas à coletividade e, utilizando-se do argumento utilitarista.
35. CAMPILONGO, Celso Fernandes. *Política, sistema jurídico e decisão judicial*. Saraiva, 2ª ed., São Paulo, 2011, pp. 62-63.

Porque não é um mal *a priori* o maior ativismo judicial, o embate entre ele e a autocontenção judicial quase sempre é uma questão que depende da conscientização (e não apenas da consciência) do julgador. O material com o qual opera o magistrado brasileiro – um rol extenso de direitos fundamentais – pode lhe oferecer caminhos sedutores para que decida com base na equidade ou seus juízos políticos e morais, fazendo supostamente desses direitos panacéia para a solução de todos os problemas da sociedade, como se o Poder Judiciário pudesse, rogando-se o papel de depositário de confianças políticas irrealizadas, realmente resolver carências coletivas através de liminares, sentenças ou acórdãos em geral.[36] Devem os juízes e as Cortes ater-se a fundamentar argumentativamente a decisão do caso específico, de forma que esta seja hábil a atingir, ao menos tendencialmente, o consenso social – pois a consensualidade é exigência não apenas da democracia enquanto fórmula, mas também do Estado de Direito enquanto princípio geral de limitação do poder –, e que, além do mais, preserve a interação democrática entre os cidadãos.

É justamente na promoção desse contexto e na garantia desses direitos que o Judiciário pode desempenhar um papel primordial na defesa da democracia. Menos será pouco, mais poderá ser muito. Sua decisão não poderá jamais extrapolar a esfera de imparcialidade política, de forma tal que a consensualidade democrática do sistema seja preservada: por exemplo, no âmbito das políticas públicas, o Poder Judiciário atua como figura ativa na *realocação de recursos estatais públicos*, daí que o órgão julgador não deva indiscriminadamente impor, quando não o fim jurídico, os meios – políticos – para o atingimento de tal fim, substituindo escolhas políticas típicas por suas próprias.

Corriqueiramente se afirma que o Judiciário não deve ser o campo natural da *definição da política*, seja este o subjacente

---

36. ARAGÃO, Alexandre Santos de. "Serviços públicos e direitos fundamentais". *RFD – Revista da Faculdade de Direito da UERJ*, v.1, n. 19, jun./dez 2011.

às grandes questões morais da sociedade, seja o que define uma política pública como condição necessária à concretização de direitos. A afirmação, se o mundo nela se encapsulasse, seria verdadeira e a defesa do contrário um absurdo. De fato, a política – como definição dos rumos da *Polis* – não é de ser tratada senão pela regra da maioria como fórmula, que exprime o sentimento programático da maioria momentânea, sendo que o Estado Constitucional incumbe ao Judiciário a função da defesa de Constituição e controle do abuso do poder, sobretudo quando se exerce suprimindo direitos fundamentais das minorias.

Mesmo em campos de muito tênue separação entre o sistema político e o sistema jurídico, o Judiciário sempre tem de dar uma resposta quando instado a agir. Não se conseguiu definir uma linha segura entre os dois pontos antípodas que são o do ativismo e o da autocontenção (esta tida como deferência a que as questões políticas e os meios de concretização dos direitos sejam escolhidos e definidos por aqueles que democraticamente eleitos); não trago propostas, mas o sinal de um rico desafio, que será evitar que a crise da democracia[37] culmine na *contaminação crítica* do Poder Judiciário e da função jurisdicional, independente de ser "mitológica" sua plena neutralidade, pelo método típico da política, que é o conflito de interesses permeado pelo choque entre programas morais e/ou ideológicos.

Quando se pensa na criação de uma política pública, pressupõe-se a continuidade temporal, o prévio conhecimento técnico e o apanhado estatístico que a embasa; quando numa política moral, na identificação de valores sociais momentâneos

---

37. Paul Magnette a identifica num tripé: i) a crise de confiança nas instituições políticas; ii) a crise de responsabilização dos agentes políticos ou crise de *accoutability* e, relacionada aos outros dois pontos, iii) a crise de representação ou a crise do sentimento de "sentir-se representado". MAGNETTE, Paul, Governance without government: a paradigm shift for democratic theory? *Revista Internacional de Estudos Políticos* – RIEP, nº 2, V. 3.

a justificar que a opção seja esta, não aquela. Aí, caberá ao Poder Legislativo organizar somenos as grandes linhas da política; e ao Poder Executivo, sua execução. Tribunais e juízes não estão mais aptos a executá-las ou formulá-las, o que justifica que sua atuação seja supletiva e não ordinária no campo do fenômeno ou fato político. Em um interessante estudo da Universidade de Yale, Peter Schuck afirmou que não apenas o Poder Judiciário é estruturalmente formatado para preocupar-se com a estrita solução do caso concreto, mas também a formação dos magistrados condiciona sua dificuldade em gerenciar todas as informações que uma análise política competente vindicaria:

> Juízes são treinados como advogados generalistas, usualmente como litigantes, não como especialistas em política. É pouco provável que adquiram ou saibam como explorar os tipos de informação que uma análise política competente demanda. Poucos litigantes possuem os recursos necessários para aduzir esta informação à Corte, e à maioria falta incentivo de fazê-lo, sendo a própria informação uma espécie de utilidade pública frequentemente marginal ou mesmo prejudicial a sua causa. Apenas uma fração dos muitos interesses sociais afetados por uma regra legal estão representados pelas partes perante a corte, a os relativamente poucos casos que vão a julgamento provavelmente não são representativos da realidade social que uma política pública deve endereçar.[38]

---

38. SCHUCK, Peter H. *The Judicial Power in a Democracy*. Paper apresentado no *"Seminario en Latinoamérica de Teoría Constitucional y Política"* (SELA), 2004, p. 14. Disponível em <http://islandia.law.yale.edu/sela>. Acesso em: 14 de julho de 2013. *"Judges are trained as generalist lawyers, usually as litigators, not as policy specialists. They are unlikely to acquire, or know how to exploit, the kinds of information that a competent policy analysis requires. Few litigants possess the resources needed to adduce this information for the court, and most lack the incentive to do so, such information itself being in the nature of a public good and often marginal or even harmful to their cause. Only a fraction of the many social interests affected by a legal rule are represented by the parties before the court, and the relatively few cases that reach trial are unlikely to be representative of the social reality that a policy must address"* (tradução livre).

Retomo a ideia inicial. Vê-se que o espaço de busca conceitual cumpre, mais do que uma função lateral, um papel central na linguagem jurídico-política; afinal, quem dirá se algo é democrático ou satisfaz exigências de legitimação democrática senão, antes de tudo, a própria conceituação de democracia para um dado discurso corrente? Como convencer e ser convencido, se o termo "democracia" é valorativo para uns mas apenas uma fórmula de agregação da vontade da maioria para outros? Paulo de Barros Carvalho assevera, com precisão, que o caráter retórico como elemento da função pragmática da linguagem é que definirá a quais objetos se estará fazendo referência em uma dada comunicação (referentes semânticos):

> Acontece que o caráter retórico, como aspecto pragmático da linguagem, é indissociável de toda comunicação que se pretenda, de algum modo, persuasiva, não incorrendo, com esta afirmativa, no mau vezo de atribuir somente a ela o dado registro. Sim, porque toda a função linguística exige o timbre retórico, sem o qual a mensagem não se transmite do enunciador ao enunciatário. Enganam-se aqueles que admitem a retórica apenas como expediente da função persuasiva, estruturada para facilitar o convencimento de quem recebe o impacto da enunciação. Inexiste a 'não-retórica', de tal sorte que a contra-retórica é retórica também. Resta saber qual a intensidade e os limites de sua utilização nos diversos tipos de linguagem. [39]

É por isso que, pensamos, o conceito de democracia precisa necessariamente ser trabalhado em qualquer análise profunda sobre a judicialização da política. Porque apenas com base nessa mesma análise é que se fará outra, tão importante quanto, a respeito de *parâmetros possíveis sobre o ativismo e a autocontenção judiciais*.

Conclui-se, assim, ser evidente que não se pode tapar o sol com uma peneira, nem deixar-se a descoberto diante dele,

---

39. CARVALHO, Paulo de Barros. *Direito Tributário, Linguagem e Método*. São Paulo: Noeses, 2011, pp. 421-422.

porque a crise da democracia representativa possui reflexos vigorosos sobre a efetivação dos direitos constitucionais. Em países em que o Estado fornece atendimento às necessidades públicas de maneira razoável e eficiente, ou mesmo em que a igualdade material e a renda digna propiciem o atingimento de tais necessidades, ou em que o processo político não sofra de tão forte paralisia e malfazeja corrupção,[40] poderíamos propor, com mais justeza, que o Estado-juiz simplesmente não enfrentasse o tensionamento natural entre os Poderes do Estado para dar aquilo que lhe é pedido através da ação judicial. Noutros, como o Brasil, o justicialidade não parece mera ousadia: pode ser a garantia da vida ou da existência do demandante ou dos substituídos processuais em nome dos quais se está litigar, ou a única salvaguarda frente a questões de extrema iniquidade moral.

Importante aqui assentar, na falta de respostas – categóricas ao menos –, que o juiz deve compreender que não cabe impor seus juízos morais e sua visão político-ideológica a pretexto de aplicar o direito porque, além de afrontar parâmetros democráticos quando se distancia da consensualidade social, preciso sentido dado pela axiologia jurídica aos valores, não é, funcional e teoricamente, o mais apto órgão a atuar em tal seara, embora não deva silenciar sua imprescindível *consciência constitucional*. A única verdade cabal, de modo trágico, é que o equilíbrio razoável entre o ativismo e a autocontenção não vem ao julgador como fórmula mágica, quer explícita, quer secretamente.

BIBLIOGRAFIA

ADEODATO, João Maurício. *Ética e retórica: para uma Teoria da Dogmática Jurídica*. 2ª ed, São Paulo: Saraiva, 2006.

---

40. "*No interior das estruturas do sistema político tradicional, ou seja, no Estado, o Poder Judiciário passa a ser percebido como a instância aparentemente habilitada a superar a paralisia, a ineficácia e a corrupção do sistema político*". CAMPILONGO, Celso Fernandes. Ibidem, p. 59.

ARAGÃO, Alexandre Santos de. "Serviços públicos e direitos fundamentais". *RFD- Revista da Faculdade de Direito da UERJ*, v.1, n. 19, jun./dez. 2011.

ARAÚJO, Gisele Silva. *Participação através do direito: a judicialização da política*, VIII Congresso Luso-afro-brasileiro de Ciências Sociais, Coimbra, 2004.

BARCELLOS, Ana Paula de. *A eficácia jurídica dos princípios constitucionais* – o princípio da dignidade da pessoa humana, Rio de Janeiro: Renovar, 2002.

BARROSO, Luís Roberto. *O direito constitucional e a efetividade de suas normas*, 6ª ed. atualizada, Renovar, 2002.

BICKEL, Alexander M. *The least dangerous branch*. New Haven: Yale University Press, 1986.

BOBBIO, Norberto. *O futuro da democracia*, Ed. Paz e Terra, 2000.

CAMPILONGO, Celso Fernandes. *Política, sistema jurídico e decisão judicial*. Saraiva, 2ª Ed., São Paulo, 2011.

CAPPELLETTI, Mauro. *Juízes legisladores?* Trad. Carlos Alberto Álvaro de Oliveira. Porto Alegre: Sergio Antonio Fabris, 1999.

CARVALHO, Ernani Rodrigues de. "Em busca da judicialização da política no Brasil: apontamentos para uma nova abordagem". *Revista de Sociologia e Política*, Curitiba, n. 23, nov. 2004.

CARVALHO, Paulo de Barros. *Direito Tributário, Linguagem e Método*. São Paulo: Noeses, 2011.

CASTRO, Marcus Faro de. O Supremo Tribunal Federal e a judicialização da política. *Revista Brasileira de Ciências Sociais*, vol. 12, n. 34.

CRUZ, Rodolfo Moreno. "Democracia y derechos fundamentales en la obra de Luigi Ferrajoli", Universitas. *Revista de Filosofía, Derecho y Política*, n.º 3, 2006.

DWORKIN, Ronald. *Uma questão de princípio*. São Paulo: Ed. Martins Fontes, 2000. FERRAZ JÚNIOR, Tercio Sampaio. *Introdução ao Estudo do Direito*: técnica, decisão, dominação. São Paulo: Atlas, 7ª ed., 2013.

FERREIRA FILHO, Manoel Gonçalves. "A Constituição de 1988 e a judicialização da política", *in Revista da Procuradoria-Geral da República*, n. 9, Ed. Revista dos Tribunais.

FREITAS, Ricardo de Brito A. P. "Mutações do Estado Brasileiro: repercussões na organização judiciária e construção da nação", *Boletim Científico – ESMPU* (Escola Superior do Ministério Público da União), ano I, n. 3, abr./jun. de 2002.

GOYARD-FABRE, Simone. *O que é a democracia?* São Paulo: Martins Fontes, 1ª ed., 2003.

HÄBERLE, Peter. Hermenêutica Constitucional. A sociedade aberta dos intérpretes da Constituição. Tradutor: Gilmar Ferreira Mendes. Porto Alegre: Ed. Sérgio Antonio Fabris.

HÄBERLE, Peter. "La jurisdicción constitucional en la fase actual de desarrollo del Estado Constitucional", *UNED – Revista Teoría y Realidad Constitucional* n. 14, 2º semestre de 2004.

HART, H. L. A. *O Conceito de Direito*, 1ª ed. São Paulo: Martins Fontes, 2009.

KELSEN, *Teoria Pura do Direito*. Martins Fontes, 8ª ed., 2009.

MAGNETTE, Paul. "Governance without government: a paradigm shift for democratic theory?" In: *Revista Internacional de Estudos Políticos – RIEP*, n. 2, v. 3.

MAUS, Ingeborg. "Judiciário como superego da sociedade: o papel da atividade jurisprudencial na sociedade 'órfã'". In: *Novos Estudos CEBRAP* n. 58, novembro de 2000.

MENDES, Gilmar Ferreira. "Os direitos fundamentais e seus múltiplos significados na ordem constitucional". In: *Revista*

Diálogo Jurídico, Salvador, CAJ – Centro de Atualização Jurídica, v. 5, n. 10, janeiro, 2002.

PÉREZ LUÑO, Antonio-Enrique. "Soberanía Popular y Estado de Derecho". In: *Constitución: problemas filosóficos*. (Org). LAPORTA, Francisco J. Centro de Estudios Políticos e Constitucionales, Madrid, 2003.

POGREBINSCHI, Thamy. *Judicialização ou representação? Política, direito e democracia no Brasil*. Rio de Janeiro: Elsevier, 2011.

POST, Robert. *Dignity, autonomy and democracy*, Working Paper 2000-11, p. 5. Disponível em: <http://www.igs.berkeley.edu>. Acesso em 14 de julho de 2013.

ROBLES, Gregorio. *As regras do direito e as regras dos jogos: ensaios sobre a teoria analítica do direito*. São Paulo, Noeses, 2011.

ROSS, Alf. *Direito e Justiça*, 2ª ed., Edipro, 2007.

ROSANVALLON, Pierre. "La Démocratie Inachevée – Histoire de la Souveraineté du Peuple em France". Éditions Gallimard, 2000, apud ARAÚJO, Gisele Silva. *Participação através do direito: a judicialização da política*, VIII Congresso Luso-afro-brasileiro de Ciências Sociais, Coimbra, 2004.

SARTORI, Giovanni. *A teoria democrática revisitada*, volume I, Tradução de Dinah de Abreu Azevedo, São Paulo: Ática, 1994.

SCHUCK, Peter H. *The Judicial Power in a Democracy*. Paper apresentado no "Seminario en Latinoamérica de Teoría Constitucional y Política" (SELA), 2004. Disponível em <http://islandia.law.yale.edu/sela>. Acesso em: 14 de julho de 2013.

SOUZA NETO, Cláudio Pereira de. *Jurisdição Constitucional, racionalidade prática e democracia*. Rio de Janeiro: Renovar, 2002.

STRECK, Lenio Luiz. *Jurisdição constitucional e hermenêutica*: uma nova crítica do direito. Porto Alegre: Livraria do Advogado, 2002.

TATE, C. Neal e VALLINDER, T. *The Global Expansion of Judicial Power*. New York: New York University, 1995.

TOUCHARD, Jean (org.). *História das Ideias Políticas*, Volume 1, Tradução de Mário Braga, Publicações Europa-América, 1970.

A FUNÇÃO JURISDICIONAL COMO PRÁTICA (RE)CONSTRUTIVA: É POSSÍVEL UM SISTEMA EFETIVO SEM RISCOS?

Newton Pereira Ramos Neto[1]

1. Introdução

Em 1889, no famoso caso *Riggs* contra *Palmer*, um tribunal de Nova Iorque foi chamado a deliberar acerca da possibilidade de um herdeiro nomeado no testamento do avô ser parte legítima para a percepção da herança.

Havia que se considerar ter ele assassinado seu ascendente exatamente com o objetivo de receber sua parte nos bens. No caso, o avô havia feito um testamento legando para o neto sua propriedade. Porém, ao resolver casar-se novamente e elaborar novo testamento, teve a vida ceifada como forma de evitar uma nova sucessão formal dos bens.

---

1. Doutorando em Direito pela Pontifícia Universidade Católica de São Paulo – PUC/SP. Mestre em Direito, Estado e Constituição pela Universidade de Brasília – UnB. Professor da UFMA e UNDB. Juiz Federal.

Não existia controvérsia quanto ao fato de que o Direito das Sucessões não havia expressamente previsto a hipótese, especialmente a possibilidade de limitar-se o direito à herança quando o óbito fosse decorrente de ato praticado pelo próprio herdeiro.

A corte entendeu que a interpretação literal do Direito norte-americano, capaz de impedir qualquer limitação à eficácia do testamento, concederia ao herdeiro a possibilidade de perceber a herança. Todavia, considerou que qualquer lei ou contrato deveria ser limitado na sua execução e nos seus efeitos por cláusulas gerais e fundamentais. Havia de se prestigiar uma pretensão do Direito que atribuísse ênfase às condutas imbuídas de boa-fé e que não afrontassem os princípios vigentes, de modo que não seria admissível a percepção da herança por aquele que praticou fato ilícito do qual resultou a morte da pessoa sucedida, embora essa fosse a solução sugerida por uma interpretação literal do Direito formal posto.

A coerência do sistema jurídico, assim, exigia que a cláusula geral segundo a qual não é dado a ninguém prevalecer-se de sua própria torpeza deveria limitar a resposta aparentemente simples que derivava da aplicação isolada do Direito das Sucessões.

A solução de casos como este, que não encontram resposta mediante a simples consulta aos textos legais, é tema que ainda hoje angustia os tribunais e os juristas em geral.

Nesse sentido, indaga-se se o magistrado deve ter uma postura comedida, limitado a uma interpretação mecânica e meramente subsuntiva das leis, ou se deve buscar a solução que melhor se ajuste aos ideais de justiça da sociedade, mesmo que para isso seja necessário sacrificar-se o sentimento de segurança jurídica tão caro aos defensores da visão do Direito como um sistema jungido a uma lógica de vinculação semântica às normas que estão expressamente previstas no ordenamento.

A solução para esta indagação é simples e difícil ao mesmo tempo.

Simples porque parece ser inquestionável o reconhecimento de que, diante de um sistema de princípios, cabe ao intérprete da norma buscar a solução mais afinada com as exigências de justiça do mundo contemporâneo; difícil porque essa alternativa torna extremamente complexa a tarefa de aplicação do Direito, na medida em que os chamados casos difíceis passam a ser enfrentados a partir de normas não extraídas de maneira silogística da ordem jurídico-formal estabelecida.

Para isso se impõe uma superação de paradigmas,[2] o que não se realiza sem perplexidades e desconfianças, oriundas do compreensível receio quanto à busca de novos horizontes que não se apresentam acompanhados de um ponto claro de chegada.

Essa dificuldade, aliás, decorre primordialmente da circunstância de que os paradigmas são herdeiros de nossa percepção de mundo, de nossas crenças, valores e experiências, frutificando-se através de regras de vida e interpretação da

---

2. Sobre a noção de paradigma, no âmbito da filosofia da ciência Thomas Kuhn o definiu como um mecanismo de compreensão das transformações científicas e seus fenômenos, caracterizando-se como descobertas universalmente reconhecidas que, num determinado marco temporal, fornecem soluções para os problemas de uma comunidade de cientistas. No âmbito das ciências jurídicas, Jürgen Habermas considera que os paradigmas do Direito definem um modelo de sociedade capaz de explicar como direitos e princípios devem ser concebidos e implementados para que, num dado contexto, realizem as funções que normativamente lhes dão razão de existir. Sobre o tema, vide KUHN, Thomas S. *The Structure of Scientific Revolutions*. 2. ed. Chicago and London: University of Chicago Press, 1970. Há uma versão em português: *A estrutura das revoluções científicas*. 7. ed. São Paulo: Perspectiva, 2003. Vide, ainda: HABERMAS, Jürgen. *O discurso filosófico da modernidade*. Trad. Ana Maria Bernardo et al. Lisboa: Dom Quixote, 1990; e *Direito e democracia:* entre facticidade e validade. V. II. Rio de Janeiro: Tempo Brasileiro, 2003.

sociedade. Mudá-lo – o paradigma – é romper com o estabelecido, é fugir da posição confortável que nos sugerem as pré-compreensões fenomênicas. Porém, não é dado ao observador renunciar à crítica pela simples ausência prévia de soluções alternativas; antes, cabe a ele refletir sobre aquilo que lhe é imposto como afirmação científica a fim de desvencilhar-se das amarras de uma postura de pretensa neutralidade e indiferença diante do conhecimento estabelecido.

Uma pré-compreensão que inspira este singelo trabalho é a ideia de que, com as radicais mudanças na sociedade e no papel do Estado, a prestação jurisdicional hoje possui uma função muito mais impactante, já que se deposita no exercício da jurisdição, através de um processo democrático,[3] a realização concreta de diversos direitos e garantias assegurados no texto constitucional sob um prisma generalizante.[4]

---

3. O caráter aberto do ordenamento torna mais relevante ainda o estudo do processo e sua função no Estado Democrático, uma vez que é através dele que se materializam as decisões garantidoras de direitos, razão pela qual fica a seu encargo preservar a participação efetiva dos afetados a fim de garantir a legitimidade decisória. Sobre o tema, vide, entre outros, LEAL, Rosemiro Pereira. Processo e democracia – a ação jurídica como exercício da cidadania, *RePro*, vol. 161, jul. 2008. Ademais, o reconhecimento desse nexo etiológico entre pretensões materiais e tutela jurisdicional impõe a necessidade da existência de uma dimensão processual adequada para garantir a eficácia dos direitos, o que só é possível através da concepção de técnicas afinadas com a complexidade do fato social. No ponto, recomendamos a leitura dessa obra já considerada um clássico da literatura jurídica nacional: BEDAQUE, José Roberto dos Santos. *Direito e Processo*. Influência do direito material sobre o processo. 6. ed. São Paulo: Malheiros, 2011.

4. Essa abertura processual para atividade do julgador pode ser ilustrada, dentre outras, pela regra do art. 461 do CPC vigente, inserida pela Lei n. 8.952/94, que facultou ao magistrado a adoção de providências voltadas ao alcance de resultado prático equivalente ao adimplemento de obrigação específica, inclusive através de medidas executivas atípicas (§5º). Para além do dispositivo mitigar consideravelmente a concepção clássica de congruência entre o pedido e a decisão judicial, como reconhece abalizada doutrina, trata-se de norma que prestigia a atividade jurisdicional voltada à materialização efetiva de direitos. Sobre o tema vide, entre outros, DIDIER JR, Fredie; CUNHA, Leonardo Carneiro da; BRAGA, Paula Sarno; e OLIVEIRA, Rafael Alexandria. *Curso de Direito Processual Civil*. 5. ed. V. 5. Salvador: Juspodivm, 2013, p. 455.

Estabelecidas essas premissas, o grande desafio da hermenêutica contemporânea é o estabelecimento de formas a partir das quais, sem transigir-se com a busca pela efetividade do sistema jurídico, o Direito pode tornar-se uma experiência viva na realidade social a partir de parâmetros realmente democráticos.

A análise realizada neste ensaio parte da teoria do Direito como integridade, gestada pelo jusfilósofo estadunidense Ronald Dworkin, cuja aplicação entre nós pode contribuir para a elaboração de uma teoria da argumentação jurídica no Brasil capaz de possibilitar a realização dos direitos fundamentais sem invasão da esfera de atribuição dos demais poderes, mas também sem que haja um apego a uma visão excessivamente rígida e restritiva do papel do Judiciário nesta seara. Essa delimitação teórica, ademais, não será feita sem socorro às incontestáveis contribuições de autores como Jürgen Habermas, Friedrich Müller, Klaus Günther e outros para a hermenêutica constitucional contemporânea, sempre em busca da atribuição de um maior caráter científico ao Direito e às soluções que ele apresenta para os problemas que acometem a sociedade moderna.

Finalmente, sempre que possível faremos alusão ao Projeto de Novo de Código de Processo Civil ora em tramitação no Congresso Nacional. Isto nos parece pertinente na medida em que referido diploma, no quadro atual do desenvolvimento da ciência jurídica brasileira, tende a ser erigido à condição de verdadeiro "código da decisão judicial", em virtude dos princípios que incorpora e das diretrizes que estabelece em busca da legitimidade democrática dos atos emanados do Poder Judiciário.

2. A efetividade dos princípios na via jurisdicional *versus* o paradigma do Estado Democrático de Direito: concepções antagônicas ou complementares?

A necessidade de dar-se ao Direito um caráter científico levou o positivismo a identificá-lo com proposições descritivas moralmente neutras. O Direito era então visto como um catálogo de regras que permitia a enunciação de juízos de fato cuja veracidade poderia ser atestada pela verificação da equivalência entre o resultado dessa interpretação e a norma-objeto descrita. Tratava-se de um sistema fechado, segundo o qual as decisões jurídicas podiam ser inferidas por meios lógicos a partir das regras predeterminadas. Qualquer decisão fora desses parâmetros baseava-se em padrões extrajurídicos, oriundos da política ou moral.[5]

O objeto do Direito, assim, foi isolado do objeto das demais ciências. Com isso buscou-se dar a ele pureza científica, que passaria a ter diretrizes próprias e independentes, buscando-se, ainda, a segurança jurídica no processo de interpretação através de recurso a categorias semânticas. Imaginava-se que a garantia de uma jurisdição democrática repousava na crença de que os juízes apenas podiam declarar a vontade concreta da lei.

Nesse contexto, o positivismo rejeita a ideia de que direitos possam existir independentemente de qualquer forma legislativa. Noutras palavras, rejeita a ideia de que direitos possam ser reconhecidos judicialmente para além do conjunto de regras explícitas presentes em uma dada comunidade, o qual constituiria a totalidade dos direitos dessa mesma comunidade.[6] Diante da ausência de uma regra clara, estabelecida

---

5. Essa descrição do positivismo baseia-se nos argumentos expostos na 1ª edição da Teoria Pura do Direito. Como se sabe, a partir da 2ª edição Kelsen propôs uma teoria bifásica da interpretação. Primeiramente, haveria um *ato de conhecimento*, através do qual o jurista descreve as possibilidades interpretativas do texto. Num segundo momento, haveria um *ato de vontade*, segundo o qual o jurista faz opção por uma das interpretações cabíveis, ao sabor de suas preferências pessoais, de modo a não existir, nesse momento, qualquer mecanismo de controle do ato judicial, que, por isso mesmo, caracterizava-se como decisionismo. De forma semelhante, Hart irá defender a ideia da existência de uma discricionariedade judicial (HART, Herbert L.A. *Conceito de Direito*. 2. ed. Lisboa: Fundação Calouste Gulbenkian, 1994, p. 139).
6. Cf. DWORKIN, Ronald. *Levando os direitos a sério*. Tradução por Nelson Boeira. São Paulo: Martins Fontes, 2002, p. XIV.

previamente pelo Estado, a possibilidade de reconhecimento de direitos preexistentes nada mais é do que uma ficção. Nesses casos, o juiz legisla novos direitos, a partir do uso de um suposto poder discricionário, aplicando-os retroativamente.[7]

Subjacente a esse discurso está a ideia de segurança jurídica que o positivismo jurídico poderia pretensamente garantir. Haveria segurança jurídica apenas quando o direito oferecesse certeza, o que seria possível através da positividade. É dizer, o direito deve estar previamente fixado. As características da lei devem se determinar do modo mais exato possível, sem recurso ao arbítrio.

Mas a busca por essa segurança no processo interpretativo irá sucumbir historicamente diante do reconhecimento, no campo das ciências sociais e jurídicas, da impossibilidade de completa apreensão científica dos fatos. É que o "mundo da vida" não é, em si, acessível. Ao conhecer algo, o ser humano automaticamente transforma a coisa. O conhecimento é uma espécie de transformação do real. Para conhecer algo, eu devo iluminá-lo, mas a luz transforma o objeto de conhecimento, como diria Kant.[8] Assim é que o objeto não existe como evento

---

7. DWORKIN, Ronald. *Op. cit.*, p. 128. "Se a codificação napoleônica foi a racionalização do direito, racional concebia-se o ato de julgar para repetir, sem sabor, o esquema cansado e gasto [o silogismo entre a premissa maior e a menor, sendo esta o caso concreto] (...). A vontade geral imputável à nação era a vontade majoritária da nova classe, que destruiu as estruturas aristocráticas. E o ato jurisdicional, por mais apertado que fosse o cerco legalista, movia-se numa margem de discricionariedade insusceptível de ser eliminada." (VILANOVA, Lourival. O Poder de Julgar e a Norma. *Escritos Jurídicos e Filosóficos*. São Paulo: Axis Mundi/IBET, 2003, p. 360).

8. "O que sucede neste domínio e não é recolhido pela linguagem social não ingressa no plano por nós chamado de 'realidade', e, ao mesmo tempo, tudo que dele faz parte encontra sua forma de expressão nas organizações linguísticas com que nos comunicamos; exatamente porque todo o conhecimento é redutor de dificuldades, reduzir as complexidades do objeto da experiência é uma necessidade inafastável para se obter o próprio conhecimento." (CARVALHO, Paulo de Barros. *Direito Tributário, Linguagem e Método*. 5. ed. São Paulo: Noeses, 2013, p. 8).

naturalístico, na medida em que só adquire relevância a partir de sua conversão através da linguagem, no âmbito da qual, obviamente, inclui-se a percepção, os valores daquele que observa. Em sentido epistêmico, objeto equivale ao conteúdo de uma forma de consciência.

> Assim, as incertezas e os riscos em relação ao futuro passam a ser a pedra de toque na evolução da ciência, especialmente em razão da impossibilidade de obtermos respostas universalizantes para os problemas humanos diante do pluralismo dos modos de vida. Hoje, sabe-se que a ciência é um conhecimento precário e provisório, que necessita de fundamentação contínua.[9]
>
> Ainda quando uma lei pretenda esgotar a situação de aplicação, não há situação de aplicação no mundo que não seja única, que não requeira do aplicador imenso trabalho para que uma injustiça não seja cometida. O ordenamento é necessariamente complexo porque se existe o princípio da publicidade há o da privacidade. E tenho de estar sempre muito preocupado com o oposto daquilo com que estou trabalhando, porque é assim que a situação poderá me dizer o que vou regulamentar, como vou proceder. Princípios opostos, dada a sua abertura para a vida, não apenas se excluem mutuamente como concorrem entre si para a regência das situações concretas e, assim, são, na verdade, normativamente constitutivos um do outro, são intrinsecamente complementares no terreno da aplicação. A ideia central é precisamente não abrirmos mão do conhecimento que podemos ter agora em razão da nossa própria experiência prática e da vivência histórica acumulada. É óbvio que pode ser recomendável uma racionalização principiológica das leis, mas é preciso que abdiquemos do excesso de pretensão racional que marcou a experiência da codificação clássica. Nunca iremos esgotar a complexidade da vida mediante a elaboração de leis detalhadas e que busquem nos liberar da tarefa árdua de aplicá-las. (...) Nossa racionalidade é limitada e é profundamente contrária ao

---

9. COSTA, Alexandre Bernardino. *Desafios da Teoria do Poder Constituinte no Estado Democrático.* 2005. 279 f. Tese (Doutorado) – Curso de Direito, Ufmg, Belo Horizonte, 2005, p. 36-37.

atual conceito de ciência a pretensão de um saber que se queira absoluto.[10]

Daí afirmar-se que não podemos mais ser vítimas de uma pretensão da ciência como mecanismo de descoberta da verdade.[11] A lei geral e abstrata não integra um ordenamento harmônico, lógico, acabado e fechado, mas, ao contrário, pressupõe sempre uma densificação dos princípios da liberdade e igualdade, que, em tese, podem se encontrar em tensão com outras normas igualmente válidas. Tudo isso ocorre no âmbito de um ordenamento que exige complementaridade e não antagonismo, uma vez que tais normas estão dirigidas à regulação de hipóteses concretas, necessariamente mais intricadas que as previsões abstratas, não dispensando, pois, a atividade própria e específica daquele incumbido de aplicá-las.[12]

Por essa razão, pode-se afirmar que a mensagem jurídica emanada da norma é construída pela aplicação do texto, seu substrato linguístico, em um determinado contexto. Esse contexto é formado por todos os enunciados com os quais um texto se relaciona. Nenhum texto pode ser interpretado isoladamente, na medida em que está inserido em um processo comunicacional. Assim, para apreendermos seu sentido é preciso perceber as relações que ele mantém com outros textos. Esse processo é chamado de "dialogismo", que é o princípio construtivo dos textos.[13]

---

10. CARVALHO NETTO, Menelick. Racionalização do ordenamento jurídico e democracia. *Revista Brasileira de Estudos Políticos*, Belo Horizonte, MG, v. 88, p. 81-108, dez. 2003, p. 104-105.

11. Por essa razão, ao tratar do movimento denominado "giro linguístico", ressalta Paulo de Barros Carvalho que "a cada dia, com o cruzamento vertiginoso das comunicações, aquilo que fora tido como 'verdade' dissolve-se num abrir e fechar de olhos, como se nunca tivesse existido, e emerge nova teoria para proclamar, em alto e bom som, também em nome da 'verdade', o novo estado de coisas que o saber científico anuncia." (*Op. cit.*, p. 159).

12. HABERMAS, Jürgen. *Direito e democracia:* entre a factidade e a validade. Trad. Flávio Beno Siebeneichler. V. I. Rio de Janeiro: Tempo Brasileiro, 1997, p. 23.

13. CARVALHO. Aurora Tomazini de. *Curso de Teoria Geral do Direito* (O Constructivismo Lógico-Semântico). São Paulo: Noeses, 2013, p. 167.

Na perspectiva do pós-positivismo, pois, o Direito deve ser reconhecido como uma prática construtiva, calcada em argumentos racionais e, por consequência, controláveis. Nesse contexto, a simples ausência de uma regra clara não impede o reconhecimento de direitos, razão pela qual, mesmo nos denominados casos difíceis, o magistrado continua a possuir o ônus de descobrir os direitos das partes. Desse modo, embora reconhecendo que o Direito não se esgota nas regras claramente estabelecidas, a visão aqui defendida pretende apresentar-se como uma ferramenta capaz de evitar um subjetivismo que deságue no próprio autoritarismo.

Reconhecido o Direito como um sistema de princípios, é possível separarem-se as escolhas jurídicas das escolhas propriamente políticas. Nessa leitura não se propõe, como poderia parecer no primeiro momento, a substituição do catálogo de regras por um rol exaustivo de princípios. Na verdade, os princípios não se encontram dados no sistema, sendo controversos e modificáveis ao longo da história da humanidade, dependendo sua afirmação de interpretações da prática jurídica cotidiana.

Nesse campo, aliás, em nome de princípios de moralidade política a sociedade clama inclusive por soluções contramajoritárias. Com efeito, na medida em que os princípios não se constituem em padrões metajurídicos, como queria o positivismo, sua aplicação torna-se obrigatória no âmbito do sistema jurídico, de modo que os juízes estão jungidos à elaboração da melhor interpretação do caso, devendo aferir a existência dos direitos mesmo diante das lacunas que as regras estabelecidas possam impor. O Direito, assim, revela-se como uma teia inconsútil,[14] um sistema capaz de dar resposta a todos os casos a partir de sua interpretação coerente.

Em uma comunidade de princípios, por outro lado, afasta-se a rígida separação entre Direito e Moral, já que o sistema

---

14. DWORKIN, Ronald. *Op. cit.*, p. 180.

jurídico extrapola o âmbito das regras para buscar solução em cláusulas abertas que impõem ao intérprete um maior esforço hermenêutico.[15] Nesta comunidade, os indivíduos atuam como agentes morais, sempre sensíveis aos princípios compartilhados, e não apenas às regras previamente fixadas em uma dada carta política.

Dworkin chama essa concepção de integridade do Direito, para a qual o sistema é visto como um todo harmônico e coerente.[16] Para o autor, essa perspectiva assume um papel decisivo no controle do arbítrio judicial, especialmente pela importância que se deve atribuir aos precedentes, os quais exercem força gravitacional em relação a decisões futuras que envolvam os denominados *hard cases*.[17]

---

15. Por isso Lourival Vilanova já advertia há certo tempo que "no final de tudo, na lei, no ato administrativo, na sentença (ato culminante do julgamento), é um só protagonista que se exprime numa só linguagem, a diferença provindo nos atos unicamente do modo de relacionamento desse personagem com o seu mundo, que é o mundo social e o mundo físico entrando pelas perspectivas do social." (*Op. cit.*, p. 356).

16. Como ressalta Menelick de Carvalho Netto, *"essas reflexões de Dworkin marcam o emergir de um novo paradigma que vem, enquanto tal, de forma cada vez mais difundida e internalizada se afirmando através da constituição de um novo senso comum social, de um novo pano-de-fundo para a comunicação social, no qual são gestadas pretensões e expectativas muito mais complexas, profundas e rigorosas no que respeita ao Direito, seja como ordenamento ou esfera própria da ação comunicativa, do reconhecimento e do entendimento mútuo dos cidadãos para o estabelecimento e a implementação da normativa que deve reger sua vida em comum, seja como simples âmbito específico de conhecimento e exercício profissionais. E esse novo paradigma que tem sido denominado pela Doutrina "Estado Democrático de Direito" e que, no Brasil, foi inclusive constitucionalmente consagrado."* (CARVALHO NETTO, Menelick de. A interpretação das leis: um problema metajurídico ou uma questão essencial do Direito. De Hans Kelsen a Ronald Dworkin. In: *Cadernos da Escola do Legislativo*. N. 05, jan/jun 1997, p. 55).

17. Essa diretriz está consagrada no Projeto de Novo Código de Processo Civil ainda em tramitação no Congresso, que reservou um capítulo inteiro ao tema. Em linhas gerais, dispõe o Projeto que "Art. 520. Os tribunais devem uniformizar sua jurisprudência e mantê-la estável. Parágrafo único. Na forma e segundo as condições fixadas no regimento interno, os tribunais devem

Ao afirmar a existência de um direito fundamental, deve o juiz demonstrar a coerência dessa afirmação com precedentes anteriores, bem assim com os princípios constitucionais, que funcionam como "barreiras de fogo", revelando os direitos das partes, e não os inventando, como num passe de mágica, com efeitos retroativos a um fato passado.[18]

Afasta-se, portanto, a busca incessante do positivismo por uma solução segura capaz de eliminar os problemas de interpretação. Em vez de eliminá-los, o pós-positivismo assume o fato de que esses problemas são inerentes à vida em sociedade e busca apenas formas de lidar com eles. Assim, a teoria da integridade do direito parte da premissa de que não existem procedimentos mecânicos capazes de demonstrar os direitos das pessoas. Ao contrário, os casos difíceis são inerentes ao mundo em que vivemos, tanto no âmbito da política quanto do

---

editar enunciados correspondentes à súmula da jurisprudência dominante. Art. 521. Para dar efetividade ao disposto no art. 520 e aos princípios da legalidade, da segurança jurídica, da duração razoável do processo, da proteção da confiança e da isonomia, as disposições seguintes devem ser observadas: I – os juízes e tribunais seguirão as decisões e os precedentes do Supremo Tribunal Federal em controle concentrado de constitucionalidade; II – os juízes e os tribunais seguirão os enunciados de súmula vinculante, os acórdãos e os precedentes em incidente de assunção de competência ou de resolução de demandas repetitivas e em julgamento de recursos extraordinário e especial repetitivos; III – os juízes e tribunais seguirão os enunciados das súmulas do Supremo Tribunal Federal em matéria constitucional, do Superior Tribunal de Justiça em matéria infraconstitucional, e dos tribunais aos quais estiverem vinculados, nesta ordem; IV – não havendo enunciado de súmula da jurisprudência dominante, os juízes e tribunais seguirão os precedentes: a) do plenário do Supremo Tribunal Federal, em matéria constitucional; b) da Corte Especial ou das Seções do Superior Tribunal de Justiça, nesta ordem, em matéria infraconstitucional; V – não havendo precedente do Supremo Tribunal Federal ou do Superior Tribunal de Justiça, os juízes e órgãos fracionários de tribunal de justiça ou de tribunal regional federal seguirão os precedentes do plenário ou do órgão especial respectivo, nesta ordem; VI – os juízes e órgãos fracionários de tribunal de justiça seguirão, em matéria de direito local, os precedentes do plenário ou do órgão especial respectivo, nesta ordem."

18. DWORKIN, Ronald. *Levando os direitos a sério*, p. 127.

Direito, sendo certo que juristas criteriosos divergirão acerca desses direitos.

Nesse contexto, afigura-se possível que inclusive uma regra deva ceder passo para um princípio. Nessa hipótese, nem todo princípio pode ser invocado para justificar a mudança. É preciso que existam princípios com maior importância e cuja definição não pode ficar a cargo dos juízes, sob pena de todas as regras perderem sua obrigatoriedade. A modificação da perspectiva jurídica acerca de dado tema deve, assim, levar os magistrados a considerarem padrões jurídicos relevantes, como uma deferência limitada ao Poder Legislativo e a própria observância dos precedentes, que, em dados casos, poderá conduzir a uma inclinação em favor do *status quo*.[19]

Por outro lado, é essa construção teórica que permitirá ao julgador encontrar a chamada resposta correta,[20] considerada como a melhor resposta possível obtida a partir de um processo argumentativo racional. Essa opção, por óbvio, não impede que diferentes magistrados cheguem a conclusões distintas sobre as mesmas questões morais ou políticas, a partir de

---

19. DWORKIN, Ronald. *Levando os direitos a sério*, p. 60.
20. A tese da resposta correta comumente é mal interpretada. Veja-se que, com essa visão, Dworkin não defende a ideia de consenso entre os juristas acerca de um dado tema, nem a possibilidade de encontrar-se uma resposta "matemática" e objetiva para casos controversos. A tese do autor pauta-se no chamado ponto de vista interno do intérprete, isto é, na circunstância de que os participantes da prática interpretativa – inclusive o juiz – defendem seus pontos de vista considerando que, de fato, estes são os mais corretos. Daí a necessidade de que o jurista se esforce ao máximo para demonstrar a validade de seus argumentos. A vitória, portanto, estará reservada para a tese que se mostrar mais convincente no âmbito do debate jurídico. Em conclusão, uma proposição jurídica será verdadeira na medida em que fornecer melhores argumentos que a proposição contrária (DWORKIN, Ronald. *Uma questão de princípio*, São Paulo: Martins Fontes, 2005, p. 211). Daí se pode concluir que a tese da resposta correta não está focada no conteúdo da decisão, mas sim no procedimento adotado para sua obtenção. É esse caminho percorrido que lhe empresta legitimidade.

suas próprias visões de mundo, mas os tornam mais responsáveis pelos juízos que emitem.[21] Torna, outrossim, reprovável a tomada de decisões que pareçam certas isoladamente, mas que não se insiram em uma teoria abrangente de princípios compatível com outras decisões igualmente consideradas corretas.[22]

Portanto, a solução para os problemas jurídicos nos casos em que ausente uma regra clara não está na adoção de procedimentos mecânicos de interpretação, os quais seriam capazes de supostamente levar a uma resposta quase automática. Em verdade, os juízes irão divergir sobre quais os direitos efetivamente existem e qual a extensão de cada um deles, do mesmo modo que os cidadãos divergem sobre política, moral ou religião.

Assim, é preciso fugir de uma visão clássica segundo a qual a compreensão do Direito é serva dos textos normativos estabelecidos, funcionando sempre à sombra da legislação, de forma que os juízes devem se limitar a aplicar a norma evidente criada por outras instituições.

---

21. DWORKIN, Ronald. *Domínio da vida*. Aborto, eutanásia e liberdades individuais. São Paulo: Martins Fontes, 2009, p. 197. Inspirado nesse novo olhar da jurisdição o Projeto do NCPC enfatiza sobremodo a necessidade da fundamentação adequada das decisões judiciais. Daí o art. 499 do Projeto, em seu § 1º, dizer que "não se considera fundamentada qualquer decisão judicial, seja ela interlocutória, sentença ou acórdão, que: I – se limita à indicação, à reprodução ou à paráfrase de ato normativo; II – empregue conceitos jurídicos indeterminados sem explicar o motivo concreto de sua incidência no caso; III – invoque motivos que se prestariam a justificar qualquer outra decisão; IV – não enfrentar todos os argumentos deduzidos no processo capazes de, em tese, infirmar a conclusão adotada pelo julgador; V – se limita a invocar precedente ou enunciado de súmula, sem identificar seus fundamentos determinantes nem demonstrar que o caso sob julgamento se ajusta àqueles fundamentos; VI – deixar de seguir enunciado de súmula, jurisprudência ou precedente invocado pela parte, sem demonstrar a existência de distinção no caso em julgamento ou a superação do entendimento". Diz, ainda, em § 2º, que, "no caso de colisão entre normas, o órgão jurisdicional deve justificar o objeto e os critérios gerais da ponderação efetuada", o que, pelo menos a princípio, visa combater o decisionismo judicial que, baseado na invocação abstrata de princípios, muitas vezes acaba por fazer valer o subjetivismo do julgador.
22. DWORKIN, Ronald. *Levando os direitos a sério*, p. 137.

Essa pretensão, embora ideal, revela-se utópica na prática. Diversas questões impedem sua implementação no mundo fenomênico, entre as quais está a vagueza dos textos normativos, que impõem um esforço de interpretação para viabilizarem sua aplicação a casos concretos, bem como a existência de problemas novos na sociedade, os quais não eram previsíveis ao tempo da edição dos textos que se pretendem aplicáveis a estes casos.

Se assim ocorre, é forçoso reconhecer que, dadas certas circunstâncias, os juízes devem sim criar direitos novos, seja essa criação dissimulada ou explícita.[23] Essa assertiva, todavia, não prejudica a ideia de que os juízes devem uma deferência limitada às instituições legislativas, já que o processo de interpretação tem seu início – embora nem sempre tenha o seu fim – no labor daqueles eleitos pela população para dirigir seu destino e editar as leis a que ela se subordinará.

Por outro lado, mesmo partindo dessas premissas não é possível imaginar-se uma imunidade judicial ao erro. Por óbvio, os tribunais podem extrair conclusões equivocadas sobre os direitos implícitos que reconhecem. Mas essa possibilidade está longe de ser um defeito exclusivo de uma atividade tida por original dos tribunais. Ao contrário, a possibilidade de erro é imanente à tarefa interpretativa, mesmo para aqueles que se consideram tolhidos de qualquer competência inovadora.[24]

Mas qual o limite dessa função judicial, preocupação essa essencial para que a atividade dos magistrados não se confunda com a dos legisladores?

Nesse ponto, Dworkin trabalha com uma importante distinção entre argumentos de princípio e argumentos de política.[25]

---

23. DWORKIN, Ronald. *Levando os direitos a sério*, p. 128.
24. DWORKIN, Ronald. *Levando os direitos a sério*, p. 135.
25. *"Os argumentos de política justificam uma decisão política, mostrando que a decisão fomenta ou protege algum objetivo coletivo da comunidade como*

Assim, para fugirem à pretensão de atuar como legisladores, os juízes devem evitar a argumentação própria da seara política, adotando como razões de decidir questões que envolvam o bem-estar social e a realização de interesses coletivos, debate este próprio da arena dos representantes do povo.[26] Ao contrário, diante de um caso a solucionar, devem os juízes investigar se existem direitos a ser tutelados exclusivamente à luz dos princípios inseridos explícita ou implicitamente no ordenamento jurídico. Na hipótese de conclusão negativa caberá ao Judiciário relegar ao plano político a solução do problema a ele apresentado.

Nesse contexto, os argumentos de princípios se dirigem à tutela de direitos individuais, já que os próprios princípios estão voltados à descrição de direitos; os argumentos de política estão destinados a estabelecer um objetivo coletivo, porque a política descreve exatamente objetivos desta natureza e se liga a metas coletivas que estimulam as trocas de benefícios e encargos no seio de uma sociedade.

Mas essa distinção nem sempre é clara e fácil de ser percebida na realidade concreta, de modo que uma decisão, muitas vezes, pode estar baseada tanto em um fundamento como em outro. A legitimidade da decisão estará exatamente na possibilidade de sustentar-se à luz de direitos que possam ser reconhecidos como pertencentes a pessoas ou grupos numa dada hipótese concreta.

Exemplificativamente, é possível, em tese, sustentar-se que um benefício fiscal deve ser assegurado a uma categoria

---

um todo. (...) *Os argumentos de princípio justificam uma decisão política, mostrando que a decisão respeita ou garante um direito de um indivíduo ou de um grupo.*" (*Ibidem*, p. 129).

26. Sobre a inclusão de questões políticas no discurso judicial, ressalta Dworkin também que a corte deve tomar decisões acerca de princípios e não de políticas, decisões sobre quais direitos as pessoas possuem no âmbito do sistema constitucional ao invés de decisões acerca de como o bem-estar geral é promovido (sobre o tema, vide o texto: DWORKIN, Ronald. The Forum of Principle. *In New York University Law Review*, n. 56, 1981).

econômica por exigência do princípio da isonomia. De outro giro, é possível afirmar-se que esse benefício deve ser estendido a outras categorias porque isso assegura uma política mais eficaz na medida em que fomenta a produção de dados produtos no mercado nacional. Uma decisão judicial, nos termos da diretriz aqui acolhida, somente será legítima se, diante do caso concreto, puder sustentar-se em argumentos da primeira natureza mencionada.

Examinado o debate sob esta luz, pode-se concluir que o argumento da ausência de representatividade popular dos juízes se aplica bem à segunda hipótese – decisão baseada em argumentos de política – mas não à primeira – quando o ato judicial encontra-se sediado na tutela de princípios.

Com efeito, pensado o direito como política – como um compromisso de pessoas em busca do bem-estar geral, que passa exatamente pela delimitação dos mecanismos que serão preferencialmente utilizados a fim de se alcançarem aqueles objetivos –, não se pode fugir à conclusão de que as decisões devem estar submetidas a um processo político capaz de constituir-se no espelho fidedigno dos diferentes interesses que devem ser levados em conta no momento da definição das estratégias governamentais.

Mas, diante do caso que deve ser solucionado à vista de argumentos de princípio, o magistrado encontra-se em melhor posição para dar a devida definição da matéria, já que não está ele, a princípio, sujeito às pressões da maioria política, devendo basear sua decisão tão somente na investigação da existência do direito vindicado, o qual não estará adstrito aos interesses e necessidades distribuídos pela comunidade como um todo.

Relevante, aqui, recordamos a dicotomia elaborada por Klaus Günther, que distingue os discursos de justificação dos discursos de aplicação a partir da ideia de separação entre questões referentes à validade da norma (*dimensão da validade*) e questões referentes ao seu âmbito de aplicação (*dimensão da adequabilidade*).[27]

Parte-se da premissa de que nenhuma norma é perfeita, no sentido de ser capaz de aprioristicamente regular suas condições de aplicação,[28] de forma que, por ocasião da materialização do ato normativo, há de se considerar os sinais característicos da hipótese concreta.

Num primeiro momento, cuida-se de examinar se determinada norma é válida, partindo-se da premissa de que se trata de norma construída num ambiente de decisão em que todos os possíveis destinatários do regramento possam a ele assentir na qualidade de participantes de discursos racionais, segundo a lógica habermasiana.[29] É dizer, a validade da norma estará condicionada ao fato de serem levados em consideração, nos debates que precedem a elaboração do regramento abstrato, os interesses de todos os envolvidos. É nessa seara que se fala em discurso de justificação, no qual cabe definir, a partir de uma ação comunicativa com a participação dos possíveis afetados, quais os interesses que devem ser protegidos na via estatal por ação do Poder Legislativo. Nesse âmbito, aliás, cabem argumentos pragmáticos, éticos, políticos e morais que possam influenciar a decisão tomada.

Num segundo momento, é possível falar-se no discurso de aplicação, no âmbito do qual cabe definir qual a norma adequada que deve ser aplicada a uma dada hipótese concreta – única e irrepetível – dentre as diversas normas válidas elaboradas a partir dos discursos de justificação.

---

27. Sobre o tema, vide GÜNTHER, Klaus. *The sense of appropriateness*: application discourses in morality and law. Trad. Jonh Farrell. New York: State University of New York, 1993, p. 11 e ss.
28. GÜNTHER, Klaus. Uma concepção normativa de coerência para uma teoria discursiva da argumentação jurídica. *Cadernos de filosofia alemã*. São Paulo, n. 6, 2000, p. 87.
29. GÜNTHER, Klaus. *Teoria da argumentação no Direito e na Moral*: justificação e aplicação. Trad. Cláudio Molz. São Paulo: Landy Editora, 2004, p. 67.

Aqui cabe lembrar que, diante de um caso concreto, diversas normas apresentam-se como aplicáveis *a priori*. No momento da aplicação efetiva, porém, é preciso considerar todas as circunstâncias que individualizam o caso concreto, de modo a encontrar a fundamentação que melhor justifique a resposta apresentada. Assim, a validade de uma norma abstrata não significa sua aplicação generalizada, porque no plano da justificação e fundamentação as normas concorrem com outras normas igualmente válidas. Nessa atividade de materialização, deve-se considerar todas as variáveis que, a partir de uma argumentação consistente, justifiquem determinada solução concreta.

> O discurso de aplicação é proposto como forma de complementar a norma válida com considerações sobre os efeitos colaterais não antecipados ou desconsiderados no discurso de justificação, porque somente diante da singularidade do caso é que se pode, e ainda com reservas, determinar todos os possíveis efeitos de uma norma. Uma norma válida descreve os fatos a partir de condições iguais e previsíveis. Esta noção, no entanto, não garante sua aplicação sob quaisquer circunstâncias. Assim, a situação de aplicação, antecipada pela norma válida em condições normais, deve ser suplementada por uma completa descrição da situação que considere também as circunstâncias variáveis não antecipadas pela descrição normativa.
>
> O discurso de aplicação parte da existência de normas válidas e aplicáveis *prima facie* que deverão ser adequadas a um determinado caso. Uma norma aplicável *prima facie* é aquela cuja aplicação não deve ser determinada, exclusivamente, pela identidade semântica entre os fatos hipoteticamente descritos na disposição normativa e aqueles utilizados na descrição do caso concreto e singular. É também necessário considerar os fatos não previstos.[30]

---

30. MARTINS, Argemiro Cardoso Moreira; OLIVEIRA, Cláudio Ladeira. A contribuição de Klaus Günther ao debate acerca da distinção entre regras e princípios. *Revista Direito GV*, São Paulo, v. 1, n. 3, jan./jun. 2006, p. 245.

Não se trata, pois, de discutir no plano abstrato a validade de normas aparentemente conflitantes – o que deve ser feito no âmbito do discurso de justificação. Em verdade, o conflito entre normas *prima facie* aplicáveis é apenas aparente porque a incidência de uma norma válida em dado caso concreto dotado de singularidade afasta a aplicação de outras normas também válidas.

Nesse ponto, importa considerar que a construção da norma concreta a partir da textura aberta não prescinde da necessidade de ampla participação das partes na condução do processo e na formação do convencimento judicial.[31] Não basta influenciar no momento da promulgação do texto, na medida em que a legitimidade democrática da norma construída para o caso particular depende da observância, na maior extensão do possível, do direito fundamental ao contraditório.[32-33] A fundamentação da sentença, pois, pressupõe o atendimento de dois

---

31. Por pertinente, vejamos as seguintes passagens do Projeto do Novo CPC, que demonstram a necessidade de participação dos interessados em todos os atos do processo, bem como a consideração pelo juízo de todos os argumentos expostos: "Art. 8º. Todos os sujeitos do processo devem cooperar entre si para que se obtenha, em tempo razoável, decisão de mérito justa e efetiva. Art. 9º. Não se proferirá decisão contra uma das partes sem que esta seja previamente ouvida. Art. 10. Em qualquer grau de jurisdição, o órgão jurisdicional não pode decidir com base em fundamento a respeito do qual não se tenha oportunizado manifestação das partes, ainda que se trate de matéria apreciável de ofício."

32. Em sentido semelhante, MARINONI, Luiz Guilherme; MITIDIERO, Daniel. *O projeto do CPC*. Críticas e proposta. São Paulo: Revista dos Tribunais, 2010, p. 19.

33. O Projeto do CPC, aliás, amplia extraordinariamente a possibilidade de utilização da figura do *amicus curiae*, exatamente com a pretensão de dotar o processo de maior dialética: "Art. 138. O juiz ou o relator, considerando a relevância da matéria, a especificidade do tema objeto da demanda ou a repercussão social da controvérsia, poderá, por decisão irrecorrível, de ofício ou a requerimento das partes ou de quem pretenda manifestar-se, solicitar ou admitir a manifestação de pessoa natural ou jurídica, órgão ou entidade especializada, com representatividade adequada, no prazo de quinze dias da sua intimação."

critérios: o interno, através do qual o juiz demonstra o caminho lógico-jurídico que o faz chegar a dada conclusão; e o externo, através do qual examina a atividade processual das partes.[34]

Essa perspectiva, de outro giro, afasta a noção de segurança jurídica presente no ideal positivista, que se centrava numa possível previsibilidade de resultados baseada na expectativa de comportamentos já definidos no ordenamento formal, para compreender-se, hoje, como uma garantia do direito de participação nos processos decisórios do Estado[35] e – por que não dizer – de soluções judiciais alcançadas por uma argumentação exaustiva que leve em consideração os diversos interesses em jogo.

Com efeito,

> Se uma norma válida requer um complemento coerente com todas as outras normas que podem ser aplicadas *prima facie* à situação, então o significado da norma está se alterando em cada uma das situações. Desta maneira, dependemos da *história*, cada momento encaramos uma situação que não poderíamos prever e que nos força a alterar nossa interpretação de todas as normas que aceitamos como válidas.[36]

Desse modo, na medida em que as cláusulas abertas estipulam princípios morais que juristas e juízes devem aplicar exatamente como princípios morais, sua limitação interpretativa está no sentimento geral de coerência e integridade com as decisões judiciais e a tradição política do passado.

---

34. MITIDIERO, Daniel. *Colaboração no Processo Civil* – Pressupostos Sociais, Lógicos e Éticos. 2. ed. São Paulo: Revista dos Tribunais, 2011, p. 139.
35. HABERMAS, Jürgen. *Facticidad y validez*. Sobre el derecho y el Estado democrático de derecho em términos de teoria del discurso. Tradução por Manuel Jiménez Redondo Madrid: Trotta, 2005, p. 291.
36. GÜNTHER, Klaus. *Uma concepção normativa de coerência para uma teoria discursiva da argumentação jurídica*, p. 97.

Os juízes, nesse contexto, estão, como qualquer autoridade pública, sujeitos à responsabilidade política. Assim, devem tomar decisões apenas quando estas possam se justificar no âmbito de uma teoria que também justifique outras decisões que venham a tomar. Inadmissível, pois, as decisões que pareçam certas isoladamente, mas que não se coadunam com os princípios gerais que norteiam a prática judicial do prolator da decisão.[37]

Por outro lado, impõe-se que o juiz tenha em mente que a estrutura constitucional somente deixa a seus cuidados certos direitos políticos básicos e estruturais. Embora o juiz possa considerar que a igualdade assegurada constitucionalmente deva importar em fornecimento de recursos que facilitem a vida dos deficientes, como a garantia de lazer etc., não é possível daí se extraírem direitos subjetivos sem considerar os diversos aspectos de cada caso particularizado e os direitos materializados no texto constitucional, sob pena de enveredarmos para o campo das convicções pessoais.

Não há margem, portanto, para a discricionariedade judicial[38], que conduziria o magistrado – aqui sim – a atuar como legislador, ferindo a separação de poderes e a autonomia

---

37. Cf. DWORKIN, Ronald. *Levando os direitos a sério*, p. 137.

38. Cabe diferenciar a discricionariedade judicial em seus sentidos forte e fraco. Na primeira hipótese, refere-se à possibilidade de que os juízes não estejam vinculados a padrões de nenhuma autoridade para decidir casos difíceis, possuindo a liberdade de escolha a partir de critérios políticos, morais etc. Na segunda hipótese, refere-se à capacidade do sujeito de interpretar o direito segundo suas próprias convicções. Embora se deva rechaçar a primeira situação, já que não há uma discricionariedade nesse sentido à vista da completude do sistema jurídico, compreendido como um conjunto de regras e princípios, a segunda abrange tão somente a noção de que o ato de decidir depende do próprio discernimento daquele que julga, definição que é inerente a essa atividade intelectiva. Assim, nessa última concepção a discricionariedade nada mais é do que a capacidade de julgar, já que a aplicação dos padrões estabelecidos nem sempre se dá mecanicamente, especialmente quando o contexto não é por si só esclarecedor (DWORKIN, Ronald. *Levando os direitos a sério*, p. 51-55).

pública, uma vez que a criação de regras casuísticas usurpa a função legislativa do próprio cidadão, a ser exercida direta ou indiretamente por seus representantes eleitos.

Daí a afirmação de Oscar Vilhena Vieira no sentido de que, ao trazer os princípios para o sistema jurídico, Dworkin demonstra que não há a liberdade para o magistrado tão temida pelos positivistas, já que estão eles limitados pelos próprios elementos estruturantes do sistema jurídico, que não se confundem com seus próprios valores.[39]

Do mesmo modo, afasta-se a ideia de que os juízes poderiam usar estratégias de interpretação politicamente neutras. Com efeito, implicitamente a este discurso está a possibilidade de que os juízes ocultem até de si próprios a inevitável influência de suas convicções. Numa perspectiva que admite a leitura moral da Constituição, ao contrário, exige-se que os juízes exponham seus juízos de moralidade política e estimula-se a efetiva demonstração dessas bases decisórias, na esperança que as decisões sejam construídas a partir de argumentos sinceros, fundamentados em princípios, permitindo-se à comunidade política participar de modo mais eficaz do debate.[40]

Nesse sentido, uma teoria interpretativa que venha a ser utilizada como forma de negar direitos, expectativas e costumes que já se encontram arraigados a nossa cultura, como a necessidade de reconhecimento das uniões homoafetivas, não atende aos reclamos da sociedade moderna. Isto porque, ao partir de uma interpretação presa à literalidade do texto[41] – se a

---

39. VIEIRA, Oscar Vilhena. *A Constituição e sua reserva de justiça*: ensaio sobre os limites materiais ao poder de reforma. São Paulo: Malheiros, 1999, p. 198.
40. Cf. DWORKIN, Ronald. *O direito da liberdade*. **A leitura moral da Constituição norte-americana**. São Paulo: Martins Fontes, 2006, p. 57.
41. Nesse sentido parece caminhar a doutrina de Lênio Streck, que propugna pela necessidade de edição de uma emenda constitucional com vistas ao reconhecimento do referido direito. Vide, para tanto, STRECK, Lênio. *Verdade e consenso*. Rio de Janeiro: Lumen Juris, 2006.

Constituição não previu expressamente é porque assim não desejou –, colide frontalmente com a busca da equidade e a noção de um sistema coerente de princípios que deve nortear a hermenêutica.

Aqui é importante ressaltar que eventual postura de deferência excessiva do STF para com o Legislativo importaria em manifesta incompatibilidade com a tendência ativista que aquela Corte vem demonstrando nos últimos anos, inclusive em hipóteses que não se justificam do ponto de vista da democracia, porque não se baseiam na simples tutela de direitos e princípios.[42]

Registre-se, também, que o argumento segundo o qual determinados direitos não foram previstos na Constituição e nas leis pelos criadores da norma, bem como que legitimar-se essa pretensão fora das hipóteses positivamente previstas seria inventar direitos não previstos, deve passar pelo seguinte filtro interpretativo: o legislador intencionou prever esse direito? A resposta a essa pergunta depende do que se compreende por "intencionar". Nesse caso, a resposta pode ser positiva se ultrapassarmos os fatos meramente linguísticos e históricos para chegarmos a uma outra indagação: que tipo de Constituição nosso país deveria ter?[43]

---

42. Exemplificativamente, no julgamento da ADin 3510/DF, referente ao uso em pesquisas de células-tronco, diversos votos proferidos naquela instância foram no sentido de acrescer condições relativas à possibilidade de utilização dos embriões. Tais adições justificar-se-iam como forma de aprimorar a lei, tornando-a compatível com o sistema constitucional. Por seu turno, no RE 91.707/MG o STF, mesmo sem um parâmetro constitucional objetivo, procedeu à alteração de percentual de multa tributária (de 100 para 30%) em face de seu caráter confiscatório. Desses casos tratei em: RAMOS NETO, Newton Pereira. A construção do direito na jurisprudência do Supremo Tribunal Federal: limites e possibilidades no uso das sentenças aditivas. *Observatório da Jurisdição Constitucional*. Brasília: IDP, Ano 3, 2009/2010. Disponível em http://www.portaldeperiodicos.idp.edu.br/index.php/observatorio/article/viewFile/255/211. Acesso em: 25 jan. 2014.
43. O argumento está em analogia com a posição de Dworkin (DWORKIN, Ronald. *Domínio da vida*, p. 165).

Nesse contexto, a Constituição – e o que ela constitui – pode ser interpretada de várias maneiras. Primeiro, é possível imaginar-se a Constituição como ordens abstratas dirigidas ao governo para que respeite os princípios mais fundamentais de liberdade e igual consideração e respeito por todos os cidadãos. Assim, é possível vislumbrar-se uma Constituição de *princípios* de grande alcance geral, que devem ser desvendados pelos estadistas e juízes à vista dos mais variados casos concretos e a partir da melhor e mais exata compreensão da liberdade e da igualdade. Ou, por outro lado, é possível conceber-se a Constituição como se apenas exprimisse as expectativas muito específicas e concretas dos estadistas que participaram de sua elaboração, ou melhor dizendo, uma Constituição de *detalhes* – um conjunto de pontos de vistas históricos e independentes sem unidade ou coerência geral.[44]

A primeira visão do texto constitucional é atraente. Traz consigo, porém, o símbolo da incerteza e da insegurança, já que suas sutis abstrações, quando examinadas sob a perspectiva de fatos concretos, gerarão sempre respostas controversas a partir do ponto de vista de cada um dos intérpretes e dos destinatários da norma. Essa visão, na verdade, atribui aos juízes o grande poder de decidir difíceis questões de moralidade política que os filósofos, políticos e cidadãos, depois de séculos de disputas, ainda não conseguiram resolver.

Parece mais cômodo, assim – e mais democrático, para alguns, do que deixar que juízes não eleitos imponham suas convicções sobre filosofia política –, pensar na Constituição como aquilo que seus elaboradores imaginaram quando de sua redação. Questões como o aborto, nesse contexto, seriam simplesmente resolvidas ao se responder à pergunta se os "pais fundadores" desejaram prever esse direito dentro do contexto histórico em que viviam. Mas essa posição, por outro lado, a par de oferecer uma visão bem menos nobre da Constituição,

---

44. *Ibidem*, p. 166-167.

conduz ao risco da perda de legitimidade do texto constitucional, na medida em que é possível questionar-se por que somos obrigados a observar o que pessoas muito diferentes de nós pensaram em outro momento do mundo.[45]

Ademais, conceitos como "liberdade" e "igualdade" não podem estar remetidos apenas ao contexto em que promulgada determinada cláusula, mas devem se referir ao que realmente é fundamental. Os juízes, assim, não devem fugir à responsabilidade de emitir opinião sobre o tema, ainda que se trate de questões controversas sobre as quais ainda não se vislumbra qualquer perspectiva de consenso.

Mas as resistências à Constituição de princípios derivam mais das insatisfações de determinadas classes com o resultado da interpretação do que em razão de argumentos juridicamente válidos sobre o poder que ela atribui aos juízes. Como ressalta Dworkin, uma Constituição colocada em prática por juízes independentes não é antidemocrática, na medida em que uma das precondições da democracia legítima encontra-se na imposição de que os governos tratem seus cidadãos como iguais e respeite suas liberdades fundamentais. Sem isso não é possível falar-se em verdadeira democracia. O grande anseio da sociedade moderna mundial, assim, parece ser não o de reger-se por homens e mulheres, mas sobretudo por um governo guiado por princípios.[46]

Nesse contexto, a segurança que a Constituição de detalhes traria nada mais é do que uma falsa segurança, já que não sugere mais do que a ilusão de um controle absoluto sobre as decisões judiciais. É óbvio que deve haver controle sobre as ações dos juízes. Mas esse controle se encontra muito mais na exigência de justificativa das decisões adotadas a partir de argumentos de princípio e integridade, expondo essas decisões

---

45. Cf. Dworkin, Ronald. *Domínio da vida*, p. 170-171.
46. DWORKIN, *Domínio da vida*, p. 172.

à crítica da opinião pública, do que numa concepção estreita do texto constitucional.[47]

A Constituição, pois, exige que os juízes deem o melhor de si para, ao longo do tempo e da história, reinterpretar o conteúdo da liberdade e da igualdade, impondo-se o abandono de restrições semânticas e buscando o limite da atividade interpretativa no único lugar cabível: a própria argumentação.[48] Deve-se aceitar o fato de que os juristas, mesmo quando atuam de boa-fé, irão discordar profundamente acerca das exigências da igualdade e liberdade e de quais direitos são consectários lógicos daqueles princípios. O erro das más decisões, portanto – das quais não podemos nos livrar diante da própria abertura constitucional e da falibilidade humana -, está nas argumentações e convicções equivocadas, de modo que o único mecanismo de controle adequado do poder judicial está no debate nas mais variadas instâncias em torno dessas decisões. Elas – as más decisões -, por si mesmas, são inevitáveis, não havendo fórmulas mecânicas que impeçam sua ocorrência. Desse modo seremos capazes de estar em um contínuo processo de aprendizado, buscando a tão desejada maturidade constitucional.

A Constituição, conclusivamente, deve ser vista como um sistema de princípios abrangente, que ordena tanto a igualdade de consideração quanto as liberdades básicas, que irão constituir-se nos pilares da afirmação dos direitos individuais. A garantia desses direitos, em toda a extensão que se apresentar necessária, já está contida na própria Constituição, salvo algum aspecto que tenha sido rejeitado de forma decisiva pela própria história constitucional.[49] E caberá aos juízes, em nossa democracia, declarar quais são as exigências concretas para o asseguramento efetivo da liberdade e da igualdade de consideração,

---

47. *Ibidem*, p. 173.
48. DWORKIN, Ronald. *O império do Direito*, p. 202.
49. No mesmo sentido, DWORKIN, Ronald. *O direito da liberdade*, p. 117.

embora isso implique em atribuir a eles um grande poder de responder a perguntas controversas e profundas sobre moralidade política que muitas vezes não encontram solução na própria filosofia ou mesmo na política.

Os riscos, portanto, são evidentes. Mas a busca por uma sensação de segurança jurídica aparente não nos autoriza a ver a questão de outra forma. De fato, a busca pela verdade não exclui a contradição e o dissenso, que são inerentes à ciência. Os questionamentos estão exatamente a serviço da busca cooperativa dessa verdade, já que todo saber é precário. A correção pressupõe apenas aceitação racional a partir de bons argumentos, isto é, o resultado produzido a partir de condições adequadas de comunicação e debate.[50]

O controle desse poder atribuído aos juízes – liberais e conservadores,[51] diga-se de passagem – somente cabe à própria história. Mas daí não é possível dizer-se, como querem alguns, que os juízes que insistem em ver a Constituição como uma carta de princípios abstratos são, em verdade, seus usurpadores, que buscam decidir a partir do "direito natural". A usurpação estaria realmente em apequená-la, caso considerássemos que ela se limita a uma lista antiquada de direitos que foram concebidos noutro momento da própria história, que haverá de certificar o acerto ou o erro das decisões judiciais.

Por outro lado, afirma-se que a decodificação dos textos abstratos presentes na Constituição passa pela indagação

---

50. Nesse sentido, HABERMAS, Jürgen. Apêndice a facticidade e validação: réplica às comunicações em um simpósio da Cardozo Law School. In: _____. *A inclusão do outro:* estudos de teoria política. São Paulo: Loyola, 2002, p. 299-384. Lembrando mais uma vez do Projeto do CPC: "Art. 7º. É assegurado às partes paridade de tratamento no curso do processo, competindo ao juiz velar pelo efetivo contraditório."

51. Conservadores também, porque os influxos culturais e morais exercem seu poder sobre qualquer ato considerado decisório, que nada mais é do que a manifestação de pensamento e da vontade humana. De fato, a decisão judicial, como objeto cultural, expressa preferebilidade por certos conteúdos, do que não estão imunes mesmo as posições tidas por conservadoras.

acerca das pretensões daqueles que redigiram ou votaram a favor de dada cláusula constitucional. Insiste-se, aqui, numa distinção que se revelará inócua entre direitos enumerados e direitos não enumerados.[52] A distinção – um esquema semântico mal compreendido[53] – baseia-se no critério da expressa catalogação dos direitos individuais pelo legislador constituinte, gerando o questionamento relativo à possibilidade dos juízes reconhecerem a existência de outros direitos que não aqueles expressamente mencionados no texto constitucional.

Para os que defendem que a interpretação deve limitar-se ao exame dos denominados direitos enumerados, permitir-se aos juízes que atuem fora dos "quatro cantos" da Constituição significaria inviabilizar qualquer possibilidade de controle dos atos judiciais. A distinção parece relevante quando se trata de interpretar regras casuísticas, onde cabe indagar, a partir de um pressuposto semântico, por exemplo, se uma determinada lei ou regulamento abrangeu hipóteses que ali não foram expressamente previstas.[54] Todavia, em matéria de direitos constitucionais consubstanciados através de princípios amplos e abstratos de moral política, como é próprio das cartas de direitos modernas, essa distinção não se justifica, já que a correta interpretação destes princípios depende mais da percepção moral do intérprete do que de fatos linguísticos.[55] Realmente, essas declarações de direitos abarcam, sob uma forma extremamente abstrata, todas as dimensões da moralidade

---

52. Sobre a irrelevância da distinção, vide DWORKIN, Ronald. Unenumerated rights: Wheter and How Roe Should be Overruled. In: **University of Chicago Law Review**, Chicago, n. 59, 1992.

53. DWORKIN, Ronald. *O direito da liberdade*, p. 122.

54. Imaginemos que uma lei, por exemplo, proíba o consumo de uma lista específica de substâncias psicotrópicas. No caso, haveria razão para indagar-se se a proibição abarca outras substâncias que, a par de causarem os mesmos efeitos alucinógenos, por assim dizer, não foram expressamente enumeradas pelo legislador. Em sentido análogo, DWORKIN, Ronald. *O direito da liberdade*, p. 123-124.

55. Cf. DWORKIN, Ronald. *Domínio da vida*, p. 181.

política que singularizam nossa cultura jurídica e política ao longo dos tempos e que são capazes de justificar os direitos individuais, de modo que, em sua aplicação, o que está em jogo não é uma referência textual, mas uma compreensão adequada, do ponto de vista histórico e cultural, desses catálogos de direitos.[56]

Não se pode confundir, assim, como dito antes, leitura do texto com sua interpretação:

> Quando juristas falam e escrevem sobre 'a' constituição, referem-se ao texto da constituição; quando falam 'da' lei, referem-se ao seu teor literal. Mas um novo enfoque da hermenêutica jurídica desentranhou o fundamental conjunto de fatos de uma não-identidade de texto da norma e norma. Entre dois aspectos principais o teor literal de uma prescrição juspositiva é apenas a 'ponta do iceberg'. Por um lado, o teor literal serve via de regra à formulação do programa da norma, ao passo que o *âmbito da norma* normalmente é apenas sugerido como um elemento co-constitutivo da prescrição. Por outro lado a *normatividade*, pertencente à norma segundo o entendimento veiculado pela tradição, não é produzida por esse mesmo texto. Muito pelo contrário, ela resulta dos dados extralinguísticos de tipo estatal-social: de um funcionamento efetivo, de um reconhecimento efetivo e de uma atualidade efetiva desse ordenamento constitucional para motivações empíricas na sua área; portanto, de dados que mesmo se quiséssemos nem poderiam ser fixados no texto da norma no sentido da garantia de sua pertinência. (...) Não é o teor literal de uma norma (constitucional) que regulamenta um caso jurídico concreto, mas o órgão legislativo, o órgão governamental, o funcionário da administração pública, o tribunal que elaboram, publicam e fundamentam a decisão regulamentadora do caso, providenciando, quando necessário, a sua implementação fáctica – sempre conforme o fio condutor da formulação linguística dessa norma (constitucional) e com outros meios metódicos auxiliares de concretização.[57]

---

56. Cf. DWORKIN, Ronald. *O direito da liberdade*, p. 124.
57. MÜLLER, Friedrich. *Métodos de trabalho de direito constitucional*. 3. ed. Rio de Janeiro: Renovar, 2005, p. 38-39.

Desse modo, apesar de toda a construção teórica que objetiva reduzir o papel dos juízes na democracia sob o pálio de uma suposta necessidade de segurança jurídica e proteção da separação de poderes, é forçoso reconhecer que não há como fugirmos da controvérsia na interpretação da Constituição e na definição do que ela realmente diz. Acaso podemos evitar as controvérsias que giram em torno da extensão da liberdade de expressão e da liberdade de imprensa? Das controvérsias acerca do que exatamente significa o princípio da não discriminação? Das dúvidas que suscita a ideia de liberdade de crença? É possível, assim, termos uma visão simplista da Constituição, quando seu destinatário é uma sociedade complexa e em constante evolução?

Ao intérprete, portanto, cabe buscar a coerência interna do sistema. Isto é, a decisão judicial deve sempre refletir os principais princípios e direitos tutelados na Constituição, notadamente a liberdade e a igualdade. A interpretação seguirá um trabalho de reconstrução da realidade, ao que se adicionarão as tradições culturais e os vínculos mentais que o juiz estabelece entre o caso, a norma e o mundo que o envolve. Não há como abstrair essas condicionantes a partir de um pensamento formalista que privilegie o procedimento, já que o resultado da jurisdição será sempre um impacto sobre o mundo fenomênico. Qual na literatura, caberá ao juiz reconstruir o texto à luz de uma interpretação consentânea com a trama, tendo como norte o conteúdo moral transmitido a partir da Constituição, qual seja, o tratamento igual entre os cidadãos.[58] A legitimidade da decisão decorrerá exatamente de sua coerência, que, acaso existente, conduzirá à consistência dos argumentos invocados.

Trata-se, portanto, de uma incessante busca pelo necessário equilíbrio entre a igualdade e a liberdade. Como ressalta

---

58. Cf. GADAMER, Hans-Georg. *Verdade e método*. Traços fundamentais de uma hermenêutica filosófica. 3. ed. Petrópolis: Vozes, 1999, p. 581.

Dworkin, a melhor forma de democracia é aquela que tem mais probabilidade de produzir as decisões substantivas que tratem todos os membros da comunidade com igual consideração.[59] Esse princípio, denominado de igual relevância, bem como o princípio da responsabilidade especial, constituem a base do "individualismo ético".[60]

Por outro lado, é importante perceber que não há um real conflito entre estes dois núcleos essenciais do constitucionalismo moderno – igualdade e liberdade[61] –, mas uma necessidade de identificação do valor que deve ser defendido no caso concreto.

Assim, a intervenção jurisdicional está autorizada sempre que estejamos diante de leis e atos do Poder Público que, mediante tratamento discriminatório, violem a igualdade assegurada constitucionalmente. Nesses casos, deve prevalecer a igualdade sobre a liberdade, uma vez que aquela se encontra situada num espaço público que exige a materialização das opções coletivas. É que não se pode falar em liberdade individual quando se trata de deliberar acerca de questões que atingem a coletividade.

Ao contrário, no âmbito de questões que envolvam a necessidade de prestígio à liberdade individual, identificada como um conteúdo moral reservado e, por isso mesmo, individual, a autodeterminação da pessoa humana deve prevalecer. Isso ocorre, em verdade, sempre que a restrição à liberdade individual não se encontra amparada em interesse coletivo relevante. É o caso, por exemplo, das uniões homoafetivas aqui já mencio-

---

59. DWORKIN, Ronald. *A virtude soberana*, p. 255.
60. *Ibidem*, p. 15. Segundo o princípio da responsabilidade especial, a pessoa deve ser responsável por suas próprias escolhas, não endossando o princípio nenhum valor ético, uma vez que valoriza apenas o fato de que as opções humanas não devem ser impostas por terceiro a partir de padrões abstratos concebidos comunitariamente.
61. Sobre o tema, vide DWORKIN, Ronald. What is Equality? Part 3: The Place of Liberty. *Iowa Law Review*, vol. 73, p. 1-54, 1987, p. 1-54.

nadas. Subjacente a essa discussão não há, por certo, qualquer interesse legítimo sob a perspectiva coletiva que justifique uma restrição estatal, já que tradições culturais, religiosas etc., ainda que prevalecentes em um dado corpo social, não podem aniquilar a liberdade legítima do indivíduo, na medida em que não há substrato jurídico para a prevalência dos interesses de um grupo pelo simples fato de constituir uma maioria histórica.[62]

Assim, se os interesses, valores e crenças dos grupos majoritários pudessem prevalecer sobre a liberdade individual em qualquer circunstância, sem necessidade de se submeter esse desejo da maioria ao exame da legitimidade da justificativa para a imposição às minorias de seus anseios, seria perfeitamente possível imaginar que, caso a maioria começasse a pensar que a manutenção da gravidez em casos de deformação fetal ofende a santidade da vida, o Estado estaria legitimado a exigir das mulheres o aborto, mesmo que isso contrariasse as convicções de ordem pessoal dessas mulheres.[63]

O problema, pois, repousa em investigar se dada legislação promove ou amesquinha os princípios da igualdade e liberdade, especialmente no tange às expectativas das minorias sub-representadas no plano político, na medida em que o conteúdo dos direitos fundamentais irá servir exatamente como trunfo diante da vontade das maiorias.[64] Aqui cabe a intervenção jurisdicional, conquanto contramajoritariamente, que busque prestigiar, sobretudo, a igualdade entre todos, como antes se demonstrou.

3. Conclusão

A partir das premissas acima estabelecidas, conclui-se que o princípio da separação dos poderes não pode ser com-

---

62. Nesse ponto, parece ter andado bem o Supremo Tribunal Federal quando do julgamento da ADin 4277 e da ADC 132.
63. DWORKIN, Ronald. *Domínio da vida*, p. 222.
64. DWORKIN, Ronald. *Levando os direitos a sério*, p. 127.

preendido sob um prisma exclusivamente formal, no sentido das funções estatais serem compartimentos estanques e incomunicáveis entre si. Sua observância não está ligada a uma correspondência absoluta entre a decisão judicial e o conteúdo literal da norma jurídica – que não é capaz de regular suas condições de aplicação -, mas sim à utilização de argumentos consistentes que se voltem para a defesa de direitos específicos a partir do exame das peculiaridades que cercam cada caso concreto submetido ao crivo dos tribunais.

Essa noção, aliás, afeta sensivelmente o exercício da jurisdição, no sentido de que atribui aos juízes o encargo de uma interpretação imparcial e universalizante dos preceitos normativos. É dizer: a par dessa perspectiva atual da jurisdição implicar o reconhecimento de que cabe aos juízes emprestar sentido real às normas jurídicas quando de sua aplicação no mundo dos fatos, impõe-se atribuir a eles o encargo de dar ao ordenamento um sentido de coerência que permita a materialização do ideal de igual consideração e respeito por todos. Para isto, deverão partir do exame de todos os interesses envolvidos em uma controvérsia concreta, bem como da história institucional e de seus próprios precedentes, sem prejuízo da subordinação de seus argumentos às críticas oriundas da esfera pública.

Por outro lado, logicamente que esse olhar acerca do exercício da jurisdição acarreta para os juízes uma maior responsabilidade política perante a comunidade afetada. Mas a segurança jurídica não deve ser buscada tendo em vista um possível consenso interpretativo, que amesquinhe direitos oriundos de um sistema harmônico e coerente, porém aberto e extremamente plural. Ao contrário, a instabilidade interpretativa é algo próprio da multiplicidade de interesses presentes na sociedade moderna, que não deve ser sufocada a partir de um ideal positivista, mas sim harmonizada no contexto de um discurso racional, que leve em consideração as diversas expectativas das pessoas ou grupos envolvidos. Com isso, a segurança decorrerá não da busca de verdades absolutas, mas da aceitação das decisões proferidas em virtude de se encontrarem norteadas por critérios transparentes e pelo exame exaustivo das diversas pretensões em conflito.

BIBLIOGRAFIA

BEDAQUE, José Roberto dos Santos. *Direito e Processo.* Influência do direito material sobre o processo. 6. ed. São Paulo: Malheiros, 2011.

CAPPELLETI, Mauro. *Juízes Legisladores?* Porto Alegre: Sérgio Antônio Fabris, 1993.

CARVALHO, Paulo de Barros. *Direito Tributário, Linguagem e Método.* 5. ed. São Paulo: Noeses, 2013.

CARVALHO, Aurora Tomazini de. *Curso de Teoria Geral do Direito* (O Constructivismo Lógico-Semântico). São Paulo: Noeses, 2013.

CARVALHO NETTO, Menelick. A interpretação das leis: um problema metajurídico ou uma questão essencial do Direito. De Hans Kelsen a Ronald Dworkin. In: *Cadernos da Escola do Legislativo.* N. 05, jan/jun 1997.

_____. Racionalização do ordenamento jurídico e democracia. *Revista Brasileira de Estudos Políticos,* Belo Horizonte, MG, v. 88, p. 81-108, dez. 2003.

COSTA, Alexandre Bernardino. *Desafios da Teoria do Poder Constituinte no Estado Democrático.* 2005. 279 f. Tese (Doutorado) – Curso de Direito, Ufmg, Belo Horizonte, 2005.

CHAMON JUNIOR, Lúcio Antônio. *Filosofia do Direito na Alta Modernidade: incursões teóricas em Kelsen, Luhmann e Habermas.* 3. ed. Rio de Janeiro: Lumen Juris, 2010.

DIDIER JR, Fredie; CUNHA, Leonardo Carneiro da; BRAGA,

Paula Sarno; e OLIVEIRA, Rafael Alexandria. *Curso de Direito Processual Civil*. 5. ed. v. 5. Salvador: Juspodivm, 2013.

DWORKIN, Ronald. *O Império do Direito*. Tradução por Jefferson Luiz Camargo. São Paulo: Martins Fontes, 2003.

_____. *Levando os direitos a sério*. Tradução por Nelson Boeira. São Paulo: Martins Fontes, 2002.

_____. The Forum of Principle. *In New York University Law Review*, n. 56, 1981.

_____. *O direito da liberdade*. A leitura moral da Constituição norte-americana. São Paulo: Martins Fontes, 2006.

_____. *Uma questão de princípio*. São Paulo: Martins Fontes, 2005.

_____. *Domínio da vida*. Aborto, eutanásia e liberdades individuais. São Paulo: Martins Fontes, 2009.

_____. *Unenumerated rights*: Wheter and How Roe Should be Overruled. In.: University of Chicago Law Review. N. 59, 1992.

FERRAJOLI, Luigi. El papel de la funcíon judicial en el Estado de Derecho. In: ATIENZA, Manoel; FERRAJOLI, Luigi. *Jurisdiccíon y argumentacíon en el Estado Constitucional de derecho*. México: UNAM, Instituto de Investigaciones Jurídicas, 2005.

GADAMER, Hans-Georg. *Verdade e método*. Traços fundamentais de uma hermenêutica filosófica. 3. ed. Petrópolis: Vozes, 1999.

GÜNTHER, Klaus. *The sense of appropriateness*: application discourses in morality and law. Trad. Jonh Farrell. New York: State University of New York, 1993.

_____. Uma concepção normativa de coerência para uma teoria discursiva da argumentação jurídica. *Cadernos de filosofia alemã*. São Paulo, n. 6, 2000, p. 85-102.

_____. *Teoria da argumentação no Direito e na Moral:* justificação e aplicação. Trad. Cláudio Molz. São Paulo: Landy Editora, 2004.

HABERMAS, Jürgen. *Facticidad y validez.* Sobre el derecho y el Estado democrático de derecho em términos de teoria del discurso. Tradução por Manuel Jiménez Redondo Madrid: Trotta, 2005.

_____. *O discurso filosófico da modernidade.* Trad. Ana Maria Bernardo et al. Lisboa: Dom Quixote, 1990.

_____. *Direito e democracia:* entre a factidade e a validade. Trad. Flávio Beno Siebeneichler. v. I. Rio de Janeiro: Tempo Brasileiro, 1997.

_____. *Direito e democracia:* entre faticidade e validade. Trad. Flávio Beno Siebeneichler. V. II. Rio de Janeiro: Tempo Brasileiro, 2003.

HART, Herbert L.A. *Conceito de Direito.* 2. ed. Lisboa: Fundação Calouste Gulbenkian, 1994.

KUHN, Thomas S. *The Structure of Scientific Revolutions.* 2. ed., enlarged. Chicago and London: University of Chicago Press, 1970.

_____. *A estrutura das revoluções científicas.* 7. ed. São Paulo: Perspectiva, 2003.

LEAL, Rosemiro Pereira. Processo e democracia – a ação jurídica como exercício da cidadania, *RePro,* vol. 161, jul. 2008.

LUHMANN, Niklas. La costituzione come acquisizione evolutiva. In: ZAGREBELSKY, Gustavo. PORTINARO, Pier Paolo. LUTHER, Jörg (org.). *Il futuro della costituzione.* Torino: Einaudi, 1996.

MARINONI, Luiz Guilherme; MITIDIERO, Daniel. *O projeto do CPC.* Críticas e proposta. São Paulo: Revista dos Tribunais, 2010, p. 19.

MARTINS, Argemiro Cardoso Moreira; OLIVEIRA, Cláudio Ladeira. A contribuição de Klaus Günther ao debate acerca da distinção entre regras e princípios. *Revista Direito GV*, São Paulo, v. 1, n. 3, jan.-jun. 2006.

MITIDIERO, Daniel. *Colaboração no Processo Civil* – Pressupostos Sociais, Lógicos e Éticos. 2. ed. São Paulo: Revista dos Tribunais, 2011.

MÜLLER, Friedrich. *Métodos de trabalho de direito constitucional*. 3. ed. Rio de Janeiro: Renovar, 2005.

RAMOS NETO, Newton Pereira. A construção do direito na jurisprudência do Supremo Tribunal Federal: limites e possibilidades no uso das sentenças aditivas. *Observatório da Jurisdição Constitucional*. Brasília: IDP, Ano 3, 2009/2010. Disponível em http://www.portaldeperiodicos.idp.edu.br/index.php/observatorio/article/viewFile/255/211. Acesso em: 25 jan. 2014.

STRECK, Lenio Luiz. *Verdade e consenso*. Rio de Janeiro: Lumen Juris, 2006.

VIEIRA, Oscar Vilhena. *A Constituição e sua reserva de justiça*: ensaio sobre os limites materiais ao poder de reforma. São Paulo: Malheiros, 1999.

VILANOVA, Lourival. O Poder de Julgar e a Norma. *Escritos Jurídicos e Filosóficos*. São Paulo: Axis Mundi/IBET, 2003.

O JUIZ DE GARANTIAS DO NOVO PROJETO DE CÓDIGO DE PROCESSO PENAL E SEU REFLEXO NA MAGISTRATURA

Renata Andrade Lotufo[1]

1. Introdução

Atualmente o juiz criminal dois polos equidistantes: de um lado a acusação, e em casos mais tormentosos, o apoio da massa da população no coro pela punição a qualquer preço. De outro lado está o acusado que no Brasil pode ter o mais variado tipo e qualidade de defesas, porque diante do sistema processual tal como é, as defesas muitas vezes se utilizam do manejo de muitos recursos e alegações de nulidade.

Cabe ao juiz que atua na esfera penal situar-se neste cenário: não se deixar influenciar por eventual sanha persecutória da população, nem consentir com artifícios processuais cujos objetivos finais são o tumulto do processo em si. Hoje em dia é um exercício difícil, porém ainda possível.

---

1. Juíza Federal Titular da 4ª Vara Criminal Federal de São Paulo/SP.

Diante o pleito de parte da comunidade jurídica, ingressa no novo projeto de Código de Processo Penal a figura do "juiz de garantias". Analisaremos de onde veio essa pretensa introdução na nossa legislação e a origem do conceito. Será que os mecanismos atuais não respondem aos problemas apontados? A deficiência é da lei, ou seja, é assunto mesmo do Legislativo ou os problemas até então levantados não poderiam ser resolvidos pelo próprio Judiciário? Se positiva a última resposta, então estaria havendo uma ingerência do Legislativo no Judiciário?

Defendemos a desnecessidade deste modelo importado às cegas para o nosso sistema.

2. A inspiração no modelo francês

A inspiração do projeto de lei brasileiro advém do modelo francês, onde é previsto para o processo penal o *Juge des Libertés et de la Détention (JLD)* e o juiz de instrução.

De fato, nosso sistema judicial é semelhante ao francês, pois ambos somos *civil law*, de origem latina, com clara influência da Revolução Francesa no nosso direito. Mas, isso não autoriza que façamos importações literais de outros sistemas. Cabe lembrar, em primeiro lugar, que na Constituição francesa de 1958, atualmente vigente, por mais ilógico que pareça, o Judiciário francês não é um Poder independente e autônomo como o nosso.[2] Isso porque a Corte Constitucional francesa é mais limitada que a brasileira já que apenas pode fazer o controle de constitucionalidade *preventivo*. Outrossim, como bem

---

2. DIREITO, Carlos Gustavo. *Uma Justiça em "xeque": breve análise do "Affaire d´Outreau"*. Disponível em: < http://www.cis.puc-rio.br/cedes/PDF/06julho/uma%20justica%20em%20cheque.pdf> acesso em 27/11/2013. Vide também: PINTO, Flávia de Souza Dantas Pinto. *O Judiciário Francês sob a ótica de um juiz brasileiro*, p. 114.

observado por Zaffaroni, o Judiciário francês não tem autonomia, é ligado ao Ministério da Justiça, portanto ao **Executivo** e, as garantias dos magistrados são asseguradas pelo Presidente da República:

> O artigo 64 da Constituição de 4 de outubro de 1958 começa declarando enfaticamente que 'o presidente é o garantidor da independência da autoridade judiciária', para agregar (art. 66) que os juízes são garantidores de todas as liberdades, do que resulta que, em caráter transitivo, o presidente é garantidor de todas as liberdades. (...) A dependência do ministério público ao executivo completa o panorama de submissão centralizadora, que permite afirmar que na França não é concebível o poder judiciário como poder independente.[3]

Segundo este modelo francês, o *juiz de garantias* seria o responsável pelo nosso equivalente ao inquérito e incidentes ocorridos até a fase da denúncia, tais como buscas e apreensões, pedidos de prisões cautelares, interceptações telefônicas dentre outros. Ao *juiz de instrução* caberia tão somente a condução da parte processual. No sistema de *juizado de instrução* francês, "o juiz exerce papel de investigador, colhendo as provas necessárias para que haja a delimitação de autoria e da materialidade, visando, assim, à descoberta da verdade real dos fatos".[4] O Ministério Público tem uma participação mitigada no sistema francês, apesar de ser titular da ação penal tal como aqui no Brasil (art. 129, I da CF/88), já que seus membros sequer gozam das mesmas garantias e estabilidade dos magistrados. Assim, fica claro que o *juiz de instrução* tem uma intervenção clara e direta no processo, fazendo com que seja mesmo necessário o *juiz de garantias* posto que sua atuação se funde com o papel que era esperado do Ministério Público.

---

3. ZAFFARONI, Eugenio Raúl. *Poder Judiciário, crise, acertos e desacertos*, pp. 172-173.
4. GARCIA, Monique Julien. *A origem do Ministério Público e sua atuação no direito comparado*, p. 146.

Não nos cabe neste momento discorrer qual metodologia é melhor para o processo penal, se a brasileiro ou a francesa. É certo apenas que a pretensão do novo projeto de lei é fazer um recorte de uma parte do modelo francês e, *sem alterar* o nosso modelo – bem como a forma de tripartição de Poderes e atribuições constitucionais do Ministério Público -, introduzir o *juiz de garantias* na ordem jurídica atual. Os sistemas jurídicos têm harmonias próprias, ou seja, não há como utilizar um instituto do sistema inglês, outro do português, e um terceiro do italiano sem antes adaptar ao regime jurídico brasileiro como um todo.

3. O Projeto de Lei do Senado n. 156, de 2009[5]

O projeto de lei logo no início do novo código deixa bem evidente e declara literalmente que a estrutura do processo penal é *acusatória*. O artigo 4º preceitua ainda que está *"vedada a iniciativa do juiz na fase da investigação e a substituição da atuação probatória do órgão de acusação"*.

No sistema inquisitivo puro, ranço da época medieval, o juiz tinha a função concentrada de *acusar, julgar e defender*,[6] o que é absolutamente incompatível com o estado democrático de direito acolhido pela nossa atual Constituição. A partir daí parte da doutrina defende que após a Constituição o nosso atual Código de Processo Penal de 1941 passou a ser misto, já que a Carta acolheu implicitamente o sistema acusatório ao declarar que a propositura de ações penais é atividade privativa do Ministério Público (art. 129, I, da CF). A reforma tópica do CPP[7]

---

5. Íntegra do texto final aprovado pela Comissão Temporária do estudo da Reforma do Código de Processo Penal: disponível em < http://www.senado.gov.br/atividade/materia/getPDF.asp?t=85509&>. Acesso em 27/11/2013.
6. MARQUES, Frederico. *Elementos de Direito Processual Penal*, Vol. I, p. 48.
7. Reforma parcial do CPP através das Leis n. 11.689/2008 (júri), 11.690/2008 (provas), 11.719/2008 (procedimentos) e 11.900/2009 (videoconferência).

reforçou este entendimento, ao mudar, por exemplo, a redação do artigo 212 do CPP permitindo o *cross examination*, ou seja, que as partes perguntem diretamente à testemunha e o juiz faça perguntas adicionais se sentir necessidade.[8]

Assim, não é necessário que o artigo 4º do projeto de lei informe o óbvio: que o Brasil adota o sistema acusatório. Do mesmo modo, a segunda parte do artigo é redundante, já que no Brasil o juiz não tem iniciativa nem na fase da investigação nem da ação penal.[9] E ainda, a parte final do dispositivo poderá gerar mais questionamentos do que pacificações, já que, para muitos, a vedação de "substituição da atuação probatória" do Ministério Público poderá significar o fim de toda e qualquer busca da verdade real pelo magistrado.

Esse engessamento do juiz criminal em nada favorece o processo penal. É claro que o magistrado brasileiro não atua como investigador como ocorre na França, mas tem e é salutar que tenha um mínimo de atividade probatória, como avocar testemunhas do juízo, por exemplo (art. 209 do CPP atual). O que o juiz almeja com a busca da verdade, nada mais é do que *"cumprir justa e eficazmente a função jurisdicional"*, respeitando, evidentemente o direito processual das partes.[10] Como afirmou Bedaque, deve ficar claro ainda que:

> Quando o juiz determina a realização de alguma prova, não tem condições de saber, de antemão, seu resultado. O aumento do poder instrutório do julgador, na verdade, não favorece qualquer das partes. Apenas proporciona uma

---

8. SILVA JUNIOR, Walter Nunes. *Reforma tópica do Processo Penal: inovações aos procedimentos ordinário e sumário, com o novo regime das provas e principais modificações no júri*, pp. 39-48.
9. Mesmo quando um juiz entende que a testemunha mentiu em algum depoimento, extrai-se cópias que são enviadas para o Ministério Público ou polícia, sem qualquer envolvimento futuro.
10. SOUZA, Artur César de. *O ativismo judicial no processo penal e a imparcialidade do juiz*, p. 433.

apuração mais completa dos fatos, permitindo que as normas de direito material sejam atuadas corretamente.[11]

Do mesmo modo, é impreciso afirmar que isso infligiria o princípio da presunção da inocência e do *in dubio pro reo*. O *in dubio pro reo* é uma regra de julgamento, uma escolha de política criminal do Brasil que nada mais significa que: se o juiz estiver em dúvida é melhor absolver um culpado do que condenar um inocente. Conforme bem fundamentou Artur César de Souza:

> *A atividade probatória* ex officio, *por sua vez, desenvolve-se em momento anterior àquele no qual se pode aplicar o princípio do* in dubio pro reo, *razão pela qual, durante a fase instrutória não há falar em dúvida objetiva. (...) O princípio da presunção de inocência não é um obstáculo para a iniciativa probatória do juiz, ao contrário, significa, isso sim, que nas hipóteses em que depois de realizadas todas as medidas necessárias e legítimas para se apurar os fatos inseridos no âmbito da relação processual penal* (pro reo *ou* pro societatis), *inclusive ex officio, não for possível chegar a uma conclusão definitiva, deve prevalecer a presunção de inocência e seu corolário* in dubio pro reo *como regra de julgamento.*[12]

O grande problema do legislador brasileiro muitas vezes é pretender o melhor dos mundos sem uma uniformização geral e uma combinação lógica destes mundos. O sistema acusatório puro, ou *adversary* é o anglo saxão, teve como berço a Inglaterra e depois levado aos Estados Unidos. Neste sistema, a atividade probatória cabia apenas aos litigantes, que tinham o papel de convencer os jurados. O juiz era o mediador, presidia o julgamento zelando pela ordem. Segundo Antonio Magalhães Gomes Filho, mesmo no sistema *adversarial* anglo-americano tem-se diminuído os casos de júri e concentrado mais

---

11. BEDAQUE, José Roberto dos Santos. *Poderes instrutórios do juiz*, p. 80.
12. *Ibidem*, pp. 448-449.

poderes nas mãos do juiz togado, já que tem deixado de ser mero árbitro para ser o responsável elo acertamento dos fatos. Daí porque, segundo ele, *"não é mais possível conceber, nos dias atuais, um juiz que seja espectador totalmente passivo diante da atividade das partes, principalmente na justiça criminal, em que as desigualdades sociais se refletem dolorosamente no processo"*.[13]

A disposição do artigo 4º do PLS 159/2009 na verdade, em vez de trazer mais garantias democráticas ao processo penal pode se revelar perigosa ao importar um misto do sistema anglo-saxão e francês para o nosso processo penal. Como bem salientou Paccelli:

> *O juiz* inerte, *como é regra no denominado* sistema de partes *do direito norte-americano*, normalmente classificado pela doutrina como modelo acusatório *puro*, encontra fundamentação em premissas e postulados valorativos absolutamente incompatíveis, não só com a nossa realidade atual, mas com a essência do processo penal. Em sistemas como este, o juiz *inerte*, á que se conviver em maior ou menor grau, coma possibilidade de condenação de alguém pela insuficiência defensiva, reputada *a priori*, igual à atividade acusatória.[14]

O Capítulo II do PLS 159/2009 tem como título "Do juiz de garantias", e em seu artigo 14 e seguintes define que este juiz é *"responsável pelo controle da legalidade da investigação criminal e pela salvaguarda dos direitos individuais cuja franquia tenha sido reservada à autorização prévia do Poder Judiciário"*.

A nova figura judicial é assim justificada na Exposição de Motivos:

---

13. GOMES FILHO, Antonio Magalhães. *Provas – Lei 11.690, de 09.06.2008*, pp. 258-259.
14. PACELLI, Eugênio. *Curso de Processo Penal*, p. 13.

III

Para a consolidação de um modelo orientado pelo princípio acusatório, a instituição de um juiz de garantias, ou, na terminologia escolhida, de um juiz das garantias, era de rigor. Impende salientar que o anteprojeto não se limitou a estabelecer um juiz de inquéritos, mero gestor da tramitação de inquéritos policiais. Foi, no ponto, muito além. O juiz das garantias será o responsável pelo exercício das funções jurisdicionais alusivas à tutela imediata e direta das inviolabilidades pessoais. A proteção da intimidade, da privacidade e da honra, assentada no texto constitucional, exige cuidadoso exame acerca da necessidade de medida cautelar autorizativa do tangenciamento de tais direitos individuais.

O deslocamento de um órgão da jurisdição com função exclusiva de execução dessa missão atende a duas estratégias bem definidas, a saber: a) a otimização da atuação jurisdicional criminal, inerente à especialização na matéria e ao gerenciamento do respectivo processo operacional; e b) manter o distanciamento do juiz do processo, responsável pela decisão de mérito, em relação aos elementos de convicção produzidos e dirigidos ao órgão da acusação.

Evidentemente, e como ocorre em qualquer alteração na organização judiciária, os tribunais desempenharão um papel de fundamental importância na afirmação do juiz das garantias, especialmente no estabelecimento de regras de substituição nas pequenas comarcas. No entanto, os proveitos que certamente serão alcançados justificarão plenamente os esforços nessa direção.

Diante tais metas, segundo o projeto de lei, este magistrado tem por atribuições todos aqueles incidentes que antecederam a denúncia, e estando o investigado preso só poderá prorrogar uma única vez a duração do inquérito por até 15 (quinze) dias (Art. 14, Parágrafo único). Além disso, suas decisões não vinculam o juiz do processo que depois de oferecida a denúncia *"poderá reexaminar a necessidade das medidas cautelares em curso"* (artigo 15, §2º).

Em primeiro lugar, vale ressaltar que o nome *juiz de garantias* já empobrece toda a magistratura e o estado democrático de direito. Todo magistrado brasileiro é juiz de garantias, todo juiz tem por dever e prometeu solenemente obedecer a Constituição e leis do país com imparcialidade. Como bem ressaltou Abel Fernandes Gomes, esta denominação *"configura verdadeira tautologia, do momento em que expressa discurso vicioso, inútil e repetitivo, porquanto a existência do juiz, já é, histórica e essencialmente, senão a mais importante, uma das mais relevantes garantias conquistadas pela humanidade, na medida em que se trata da investidura do cidadão na autoridade pública de julgar segundo leis constitucionais e leis editadas pelo Poder Legislativo, tudo dentro de uma concepção tradicionalmente consagrada por Montesquieu sobre a divisão harmônica dos poderes"*.[15]

Como se não bastasse, esse *juiz de garantias* tem uma atividade muito mais amarrada do que os demais, com um rol taxativo do que pode e não pode fazer. Como exemplo, o fato de que só lhe é permitido por uma única vez prorrogar o inquérito de réu preso (art. 14, Parágrafo único). A questão das prorrogações de inquéritos deve ser analisada caso a caso, diante da complexidade do fato concreto. Evidentemente a decisão deverá ser fundamentada, já que *"sem dúvida nenhuma, a melhor maneira de preservar a imparcialidade do magistrado é submeter sua atividade ao princípio do contraditório e impor-lhe o dever de motivar suas decisões"*.[16] Essa decisão, assim, é passível de *habeas corpus* na hipótese de discordância da parte (Ministério Público ou indiciado). Nesta hipótese, a questão poderá ser abordada além do juiz de primeira instância, por mais três magistrados, com pensamentos e formações ideológicas diferentes, pois como afirmou Zaffaroni, *"não há outra imparcialidade humana além da que provém do pluralismo, e este só é possível dentro de um modelo democrático de magistratura*

---

15. GOMES, Abel Fernandes. *"Juiz de Garantias": inconsistência científica; mera ideologia – como se só juiz já não fosse garantia*, p. 100.
16. BEDAQUE, José Roberto dos Santos, op. cit., p. 80.

que permita agrupamentos democráticos e espontâneos, e o controle recíproco dentro de sua estrutura".[17]

Ademais, o § 2º do artigo 15 do PSL 159/2009 ao afirmar que o juiz da instrução poderá reexaminar tudo o que foi decidido pelo *juiz de garantias*, além de falar o óbvio, o faz de uma forma que indiretamente amesquinha e diminui não só o juiz de garantias, como também todo o Judiciário. Explicamos.

É certo que num processo onde atue mais de um juiz é possível (e até normal) os juízos de retratação. Entendimentos diferentes sobre o mesmo tema são relativamente comuns e, para tais casos, se faz necessário que a segunda decisão também seja motivada e comumente passível de recurso ou ação constitucional. Preceituar claramente esse *reexame* torna o *juiz de garantias* um *meio-juiz*. Ele já tem um rol taxativo do que pode ou não decidir, não pode prorrogar inquérito mais de uma vez e, além disso, suas decisões serão revistas pelo seu colega de *igual* hierarquia. O dispositivo legal traz um desconforto, já que a revisão de decisões judiciais ocorre via de regra, *verticalmente*, por tribunal superior àquele que proferiu a decisão reformada. A reforma *horizontal* vai contra o sistema jurídico brasileiro e acaba por trazer além dessa diminuição da atividade jurisdicional, grande insegurança jurídica.

Além disso, a duplicidade de juízes (*juiz de garantias e juiz da instrução*) pode ocasionar mais morosidade processual, de encontro ao princípio constitucional da duração razoável do processo previsto no inciso LXXVIII do artigo 5º da Constituição Federal. Isso porque, geraria mais dificuldades na fixação da competência do juiz, em descompasso com a norma do artigo 83 do CPP (fixação da competência por prevenção).[18]

Ainda, a criação do *juiz de garantias* dificulta sobremaneira os casos de competência originária dos tribunais superiores

---

17. ZAFFARONI, Eugenio Raúl, *op. cit.*, p. 93.
18. SAMPAIO, Alexandre Buck Medrado. *Investigação de organizações sob a ótica do juiz de garantias*, p. 255.

no processamento de ações penais. Neste caso, quem estaria impedido de também atuar como *juiz de instrução*? Apenas o desembargador/ministro *das garantias* ou a câmara, turma ou o pleno, em se tratando do Supremo Tribunal Federal?

É certo que os artigos 16 e 748 do PLS 159/2009[19] pretendem resolver esta e outras questões preceituando as hipóteses de exceção, mas há de se lembrar do motivo pelo qual existem ações penais com competência originária dos tribunais superiores. O constituinte elegeu as hipóteses de competência originária dos tribunais superiores nos artigos 102, I (Supremo Tribunal Federal), 105, I (Superior Tribunal de Justiça), e 108, I (Tribunais Regionais Federais), utilizando-se para esta fixação critérios concernentes à matéria, função e pessoa.[20] Isso porque o constituinte entendeu que tais matérias tinham tamanha importância e impacto político e social que deveriam ser julgadas por mais de um juiz. Também, a importância política da função exercida pelo acusado nesta ação penal originária do tribunal faz com que seja necessário o julgamento por juízes de instância superior para não obrigar, por exemplo, um juiz de primeira instância a julgar criminalmente o Presidente da República (art. 102, I, "b") em desarmonia com as respectivas posições políticas. Assim, neste caso, o próprio colegiado e sua pluralidade e diversidade característica já são garantia da imparcialidade do julgamento. Se o pleno do Supremo julga procedente uma ação penal, é sinal de que mais de cinco magistrados concluíram pela culpabilidade. Assim, se fosse admitido

---

19. **Art. 16.** O juiz que, na fase da investigação, praticar qualquer ato incluído nas competências do art. 14 ficará impedido de funcionar no processo, observado o disposto no art. 748.
Art. 748. O impedimento previsto no art. 16 não se aplicará:
I – às comarcas ou seções judiciárias onde houver apenas 1 (um) juiz, enquanto a respectiva lei de organização judiciária não dispuser sobre criação de cargo ou formas de substituição;
II – aos processos em andamento no início da vigência deste Código.
20. FERNANDES, Antonio Scarance. *Processo Penal Constitucional*, p. 149.

neste caso o *juiz de garantias*, privilegia-se a ausência de julgamento (*non liquet*)²¹ a pretexto de se conquistar uma imparcialidade que já existe. O colegiado, neste caso, é a própria garantia da imparcialidade, como já afirmou Carnelutti: *"no colegiado, não se busca juntar um juiz ao outro, como as parcelas em uma adição, mas o consenso entre eles, a formação de uma unidade, como se expressa em latim,* vertere plures in unum (...) *o princípio do colegiado judiciário é, realmente, um remédio contra a insuficiência do juiz em um único sentido: se não a elimina, pelo menos a reduz."*.²²

Neste passo, não se verifica a justificativa da Exposição de Motivos no sentido da ocorrência da *"otimização da atuação jurisdicional criminal, inerente à especialização na matéria e ao gerenciamento do respectivo processo operacional"*.

4. A questão da imparcialidade judicial por presunção

A crítica mais contundente, porém, é a de que a criação do *juiz de garantias* tal como previsto no PLS 159/2009 não passa de uma presunção de imparcialidade.

Conforme sustentado com veemência por Abel Gomes, *"com todo respeito aos argumentos que procuram sustentar a afirmação – até certo ponto preconceituosa – de que todo juiz que decide medidas provisórias estará contaminado para sempre por este contexto decisório, tais assertivas não se revestem de nenhuma base científica"*.²³

---

21. "O juiz escrupuloso, que antes de decidir pensa três vezes e talvez não durma à noite por causa das dúvidas que o assaltam é preferível, por certo, ao juiz sempre seguro de si, que se acha infalível e, por isso, decide com desenvoltura. Mas também nos escrúpulos é bom não ir longe demais. Toda opção é um ato de coragem, e se depois de meditar longamente o juiz não souber optar, tornar-se-á um tímido que tem medo de sua responsabilidade." CALAMANDREI, Piero. *Eles os juízes, visto por um advogado*, p. 265.
22. CARNELUTTI, Francesco. *As misérias do processo penal*, pp. 50-51.
23. GOMES, Abel Fernandes, *op. cit.*, p. 102.

Os defensores do *juiz de garantias* se fixam no ponto de que o juiz, ao examinar as medidas processuais da fase do inquérito policial ficaria contaminado[24], sem explicar o porquê desta *contaminação*, como se o juiz fosse maniqueísta a ponto de ter como certo que o indiciado já é culpado. Sem os indícios de autoria presentes na fase do inquérito, não haveria ação penal. Se existem tais indícios, é indiferente quem vai instruir, pois o ponto de partida de qualquer processo penal é a presença dos indicativos de autoria.

Além disso, o juiz ao representar o Estado, não tem interesse na condenação ou na absolvição. Ao iniciar a ação penal ele desconsidera as informações até então reveladas, sendo absolutamente imprescindível que por ocasião da sentença leia tudo com outros olhos, voltado para a profundidade dos fatos. Esse processo cognitivo justamente porque o juiz tem maturidade o suficiente para diferenciar indícios de autoria e a prova de sua autoria. Além do mais, o magistrado sabe que muitas vezes, pelo sistema processual penal tem de absolver culpados (art. 386, VII do CPP): o preço da segurança jurídica. E o faz sem sentimentos, sem "contaminação", é o seu papel e o seu dever, já que antes de tudo tem que *garantir* o cumprimento do estado democrático de direito.

Para os casos particulares, as causas e modo de aferição e julgamento das suspeições e impedimentos do juiz já estão previstas no artigo 95 e seguintes do atual Código de Processo Penal e art. 53 e seguintes do PSL 159/2009. São aptas para aferir a imparcialidade do juiz, já que pela motivação ou sua ausência já é o suficiente perquirir a propalada *imparcialidade*.

---

24. Defensores: SCHREIBER, Simone. *O juiz de garantias no projeto do Código de Processo Penal;* MAYA, André Machado. *Outra vez sobre o juiz de garantias: entre o ideal democrático e os empecilhos de ordem estrutural;* e, GIACOMOLLI, Neru José. *Juiz de Garantias – um nascituro estigmatizado.*

Mas vale aqui ressaltar: de qual imparcialidade estamos nos referindo? O juiz é um ser apático, robótico, sem sentimentos, e formação cultural? Cremos que não. O juiz imparcial é aquele que sabe o seu papel dentro do jogo. Zaffaroni critica sabiamente esta imagem do *juiz asséptico,* ou *eunuco político:*

> No meio da tremenda pugna de poder, que sempre ocorreu em torno do judiciário, caiu-se em uma caricatura da imparcialidade, identificando-a com uma imagem altamente empobrecida do juiz, estereotipada e cinza, concebendo-o sem ideias próprias e desvinculado dos problemas da comunidade e da própria sociedade, que algumas vezes chamamos de 'juiz asséptico' (...) O 'juiz eunuco político' de Griffith é realmente uma ficção absurda, uma imagem inconcebível, uma impossibilidade antropológica. A tarefa de interpretar a lei para aplicá-la ao caso concreto é árdua, equívoca e discutível. (...) Como bem se tem assinalado, 'nem a imparcialidade nem a independência pressupõem necessariamente a neutralidade. Os juízes são parte do sistema de autoridade dentro do Estado e como tais não podem evitar de serem parte do processo de decisão política. O que importa é saber sobre quê bases são tomadas essas decisões'.[25]

Cabe precipuamente ao magistrado julgar e cuidar da legalidade do processo e dos princípios constitucionais. Em cada fase processual ele o faz com um grau de conhecimento diferente, mirando para objetivos diversos. É plenamente possível perquirir a necessidade de uma interceptação telefônica no início das investigações diante da presença de *indícios* de cometimento de um crime, sem ficar seguro que de fato houve o crime praticado por aquela pessoa. Neste momento a cognição judicial volta-se apenas para a parte circundante do problema posto, sem alcançar o cerne da questão e concluir coisa alguma sobre o mérito. Apenas por ocasião da sentença toda a prova é levada em conta na construção da indubitabilidade

---

25. ZAFFARONI, Eugenio Raúl, *op. cit.,* pp- 91-92.

e, apenas com a certeza de que o conjunto *inteiro* demonstra a autoria ou não do acusado, é que o juiz forma a sua convicção e pronuncia seu julgamento.

É de se observar que para a construção da certeza na mente do julgador é essencial que se apresentem as versões das verdades das partes que interpretam – sob suas óticas – as provas dos autos. Isso porque, *"do ponto de vista interno do processo, o julgador não busca a verdade, como alguém busca um objeto no escuro. Sua tarefa é resolver o conflito entre as várias narrações sobre a verdade, apresentadas pelos participantes do processo. (...) Os elementos da prova são apresentados como potências, como eventuais e* possíveis *vetores de uma verdade"*.[26]

Quando se afirma que a posição do juiz na relação processual é *super partes* não equivale a afirmar que está hierarquicamente acima das partes. Ao contrário, sua posição é *além dos interesses das partes* já que no estado democrático de direito, pela própria acepção da palavra *democracia*, a exigência é no sentido de que os sujeitos do poder (Judiciário e Legislativo) se assumam ideologicamente.[27]

A imparcialidade do juiz nada mais é do que uma postura do Poder Judiciário como um todo. Se ao Legislativo cabe escutar e legislar os reclamos da população, o Judiciário deve ter seu compromisso com a observância da forma prescrita em lei e a verdade final obtida na dialética processual. A imparcialidade é mais institucional do que pessoal, pois *"a crença na imparcialidade sustenta o sistema Judiciário e o mito do estado. Ou melhor, produz a confiança imprescindível à existência do sistema jurisdicional e, nesse sentido, o estrutura e o conforma"*.[28]

---

26. LUNARDI, Soraya e DIMOULIS, Dimitri. *A verdade e a justiça constituem finalidades do processo judicial?* pp. 183-184.
27. COUTINHO, Jacinto Nelson de Miranda. *O papel do novo juiz no processo penal*, p. 11 e 47.
28. BAPTISTA, Bárbara Gomes Lupetti. *Paradoxos e ambiguidades da*

Assim, sendo, vale atentar para o fato de que se considerarmos a imparcialidade um atributo do Poder Judiciário como um todo, a criação do *juiz de garantias* é despicienda. Segundo Sidnei Benetti, em comentários à pesquisa sobre o Judiciário,[29] mesmo com duras críticas dos meios de comunicação e demais poderes, a avaliação ainda é positiva. Vejamos.

> Nessa matéria, a suspeita habita os julgamentos, alimentada pelas partes, que sempre temem o comprometimento do julgador; pelos advogados, que além de participarem do mesmo temor, é claro que, ainda que o seja inconscientemente, serão tentados a justificar a própria derrota verbalizando contra a idoneidade do magistrado. E pelos próprios magistrados, curioso tipo de gente que, dada a individualidade inerente a proferir julgamentos pessoais, acredita na própria isenção absoluta, mas cultiva a dúvida sistemática a respeito de tudo, inclusive quanto à idoneidade alheia, salvo o caso em que o envolvido já tenha alçado ao grau de notoriedade de imparcialidade que o firme no meio jurídico. (...) Note-se que a respeito desse quesito de imparcialidade, a Justiça brasileira se destaca de modo positivo, se comparada com o resto do mundo (...) a avaliação negativa dos tribunais superiores quanto à imparcialidade influencia-se muito pela imagem negativa da influência política decorrente da forma

---

imparcialidade judicial. Entre "quereres" e "poderes", p. 266. NOTA: A autora sustenta que esta sua tese de doutorado teve como método a "etnologia" que, com a influência da antropologia consubstanciou-se em entrevistas com vários operadores do direito. Ressalta-se, ainda dentre suas conclusões: *"De fato, a imparcialidade judicial é vista, para alguns operadores, como equidistância, ou seja, o dever do juiz de se manter igualmente distante de ambas as partes; outros que ela representa o dever de neutralidade; outros a veem como garantia de igualdade; outros, como uma obrigação de compensar a desigualdade social por meio do processo. Mas estes distintos vieses, todos os interlocutores consideram-na essencial ao sistema e estruturante do Judiciário. (...) O discurso da imparcialidade, reproduzido como crença (e, portanto, sem correspondência empírica), e difundido no campo sob a forma de função jurisdicional, se torna, nesse contexto, fundamental para justificar a expropriação da justiça pelo aparelho de estado* (pp. 262 e 553).

29. Obra organizada por Maria Tereza Sadek com base em pesquisa realizada pela AMB (Associação dos Magistrados Brasileiros) em 2005.

de nomeação, o que, de resto, se apresenta em todos os países sob os mais variados sistemas, e em razão de serem tribunais que fatalmente se destinam a ser juízes de juízes, reformando decisões destes, isto é, contrariando posições tomadas na convicção de serem certas.

Buscam-se soluções genéricas para problemas pontuais. Os juízes inflamados e parciais não representam a magistratura e, diante de situações como estas, medidas específicas devem ser estudadas, pois, conforme André Ramos Tavares, *"um sentimento generalizado e constante de desconfiança em relação à magistratura é insustentável do ponto de vista do paradigma de Estado Constitucional de Direito."*[30]

O magistrado, seja na fase do inquérito, processo, execução penal, júri ou e também em qualquer outra matéria, deve se pautar pelos princípios constitucionais e direitos fundamentais assegurados: individuais, sociais, do desenvolvimento, da paz, meio ambiente, democracia, pluralismo e informação[31]. O juiz utiliza de regras de hermenêutica para assegurar os direitos, repita-se: sem interesse no deslinde do processo. E, quando não há interesse, fica muito mais difícil conceber a "contaminação".

5. Conclusões

Sob a alcunha da modernidade e da oxigenação do sistema acusatório e democrático no processo penal, pretende-se incluir a figura do *juiz de garantias* no Projeto de Lei do Senado n. 156/2009. Inspirado no modelo francês, com pinceladas do sistema acusatório anglo-americano, surge o *juiz de garantias*, que só pode atuar até o oferecimento da denúncia. Sua

---

30. TAVARES, André Ramos. *Paradigmas do Judicialismo Constitucional*, p. 21.
31. BONAVIDES, Paulo. *Curso de Direito Constitucional*, p. 635.

função é limitada em um rol taxativo, o próprio inquérito de réu preso só pode ser prorrogado uma única vez, e todos os seus atos podem – e ao que tudo indica -, serão revistos pelo juiz da instrução.

Cria-se um *novo juiz* que já faz o que o juiz criminal faz hoje em dia. E para fundamentar sua necessidade, desenha-se a figura de um juiz criminal que se funde com o Ministério Público, e quiçá com a própria polícia. Um juiz, como a doutrina favorável gosta de se referir "contaminado".

Mas, o que está realmente viciado é o casuísmo brasileiro: sempre procurando soluções genéricas para problemas pontuais. Se existem juízes imparciais, justiceiros que não sabem o valor e o significado da toga que vestem, deve o Judiciário todo pagar este preço? Deve-se com isso criar mais ritualismo desnecessário para criar mais e mais causas de anulação de processos?

Há de se ter coragem para assumir que muitas mudanças legislativas no campo penal e principalmente processual penal buscam isso: mais causas de anulação.

O que se observa é que o juiz hoje em dia, de um modo geral é sim garantista. Comprometido com os direitos fundamentais, a Constituição e o juramento que fez. Mas, ainda assim, por mais que se assegure tudo o que for possível para o direito de defesa; por mais que seja até permissivo, o que se nota de parte dos legisladores, na verdade, é propiciar a não-punição pelo manejo da *nulidade*. Criar mecanismos para o processo ir e voltar, anular e recomeçar. Com isso, a prescrição – a eterna sombra negra do tempo – aplaca tudo, finda o direito de punir do Estado (Polícia/Ministério Público), para ao final se afirmar que o Judiciário fomenta a impunidade.

Não precisamos de mais juiz de garantias, não necessitamos de mais ritualismos. Temos nossa Constituição, tratados e leis que garantem os direitos fundamentais, basta deixar o

Judiciário fazer o seu papel: aplicar a lei, sem interesse nas partes, focando apenas no processo justo, legal, e que o conduza o mais perto possível da verdade dos fatos.

6. Referências

BAPTISTA, Bárbara Gomes Lupetti. *Paradoxos e Ambiguidades da Imparcialidade Judicial. Entre "quereres" e "poderes"*. Porto Alegre: Sergio Antonio Fabris Editor, 2013.

BEDAQUE, José Roberto dos Santos. *Poderes instrutórios do juiz*. 2ª ed. São Paulo: Revista dos Tribunais, 1991.

BENETTI, Sidnei. *Falam os juízes da pesquisa da AMB*. In Magistrados – uma imagem em movimento. Coord. Maria Tereza Sadek. Rio de Janeiro: Editora FGV, 2006.

BONAVIDES, Paulo. *Curso de Direito Constitucional*. 28ª ed., São Paulo: Malheiros, 2013.

CALAMANDREI, Piero. *Eles, os juízes, vistos por um advogado*. São Paulo: Ed. Martins Fontes, 2000.

CARNELUTTI, Francesco. *As misérias do processo penal*. Campinas: Servanda Editora, 2010.

COUTINHO, Jacinto Nelson de Miranda. *O papel do novo juiz no processo penal*. In Crítica à Teoria Geral do Direito Processual Penal. Rio de Janeiro: Ed. Renovar, 2001.

FERNANDES, Antonio Scarance. *Processo Penal Constitucional*. 7ª ed. São Paulo: Revista dos Tribunais, 2012.

GARCIA, Monique Julien. *A origem do Ministério Público e sua atuação no Direito Comparado*. Revista Jurídica da Escola Superior do Ministério Público de São Paulo, v. 2, 2012. Disponível em: <http://esmp.sp.gov.br/revista_esmp/index.php/RJESMPSP/article/view/44>. Acesso em 28/11/2013.

GIACOMOLLI, Nereu José. *Juiz de garantias – um nascituro estigmatizado*. In Setenta anos do Código de Processo Penal Brasileiro: balanços e perspectivas de reforma. Coord. Diogo Malan e Flávio Mirza. Rio de Janeiro: Lumen Juris, 2011.

GOMES, Abel Fernandes, *"JUIZ DAS GARANTIAS': inconsistência científica; mera ideologia – como se só juiz não fosse garantia"*. Revista CEJ, Brasília, Ano XIV, n. 51, p. 98-105, out./dez.2010.

GOMES FILHO, *Provas. Lei 11.690, de 09.06.2008*. In As Reformas no Processo Penal – As novas leis e os projetos de reforma. Coord. Maria Thereza Rocha de Assis Moura. São Paulo: Revista dos Tribunais, 2009.

LUNARDI, Soraya Gasparetto e DIMOULIS, Dimitri. *A verdade e a justiça constituem finalidades do processo judicial?* Revista Sequência, n. 55, p. 175-194, dez. 2007.

MARQUES, José Frederico. *Elementos de direito processual penal*, vol. I. Campinas: Millenium Editora, 3ª atualização, 2009.

MAYA, André Machado. *Outra vez sobre o juiz de garantias: entre o ideal democrático e os empecilhos de ordem estrutural*. Boletim IBCCRIM – Ano 18 – n. 215, outubro – 2010, p. 14.

PACELLI, Eugênio. *Curso de Processo Penal*. 17ª ed. São Paulo: Editora Atlas, 2013.

PINTO, Flávia Souza Dantas. *O Judiciário Francês sob a ótica de um juiz brasileiro*. Revista da ESMARN – Mossoró – v.8, n. 1, p. 109-106 – jan/jun 2008.

SAMPAIO, Alexandre Buck Medrado. *Investigação de organizações criminosas sob a ótica do juiz de garantias*. In Direito e Processo Penal na Justiça Federal, doutrina e jurisprudência. Coord. Eugênio Pacelli de Oliveira. São Paulo: Editora Atlas, 2011.

SCHREIBER, Simone. *O juiz de garantias no projeto do Código de Processo Penal*. Boletim IBCCRIM – Ano 18 – n. 213, agosto – 2010, pp. 2-3.

SILVA JUNIOR, Walter Nunes. *Reforma tópica do processo penal: inovações aos procedimentos ordinário e sumário, com o novo regime das provas e principais modificações do júri*. Rio de Janeiro: Renovar, 2009.

SOUZA, Artur César de. *O ativismo judicial no processo penal e a imparcialidade do juiz*. Revista dos Tribunais, Ano 97, volume 868, fevereiro 2008, pp. 429-452.

TAVARES, André Ramos. *Paradigmas do Judicialismo Constitucional*. São Paulo: Saraiva, 2012.

ZAFFARONI, Eugenio Raúl. *Poder Judiciário, crise, acertos e desacertos*. Tradução: Juares Tavares. São Paulo: Revista dos Tribunais, 1995.

Capítulo III
ACESSO À JUSTIÇA E DEVIDO PROCESSO LEGAL

DIREITO DE ACESSO À JUSTIÇA
CONCEPÇÃO PÓS-POSITIVISTA, LIMITAÇÕES E POSSÍVEIS SOLUÇÕES

Rogério Volpatti Polezze[1]

Índice: 1. Introdução. 2. Pós-positivismo. 3. Princípios. 4. Acesso à Justiça: aos direitos e ao Judiciário. 5. Limitações – fragilidades. 6. Sugestões para melhoria do acesso à Justiça. 7. Considerações finais. Referências bibliográficas.

1. INTRODUÇÃO

Inegável haver uma constante tensão entre direito e moral. Possível afirmar que, além de histórica, tal tensão mostra-se também presente nos dias atuais.

Ao longo da evolução dos povos, há momentos de verdadeira confusão entre direito e moral; em outros momentos, o direito tentou afastar-se por completo da moral; então, adiante, ainda que em outra roupagem, o direito parece ter procurado uma reaproximação com a moral.

---

[1]. Juiz Federal Substituto em São Paulo (SP). Mestrando em Direito pela PUC/SP.

O campo – que, às vezes, apresenta-se movediço – entre direito, moral (e, por conseguinte, no que se acredita ser justiça) evidencia-se, ao estudar o direito natural,[2] o positivismo jurídico e, mais recentemente, o pós-positivismo.

O direito natural serviu de combustível às profundas transformações sociais, promovidas pelos ideais iluministas:

> O *jusnaturalismo* passa a ser a filosofia natural do Direito e associa-se ao iluminismo na crítica à tradição anterior, dando substrato jurídico-filosófico às duas grandes conquistas do mundo moderno: a tolerância religiosa e a limitação ao poder do Estado.[3]

Todavia, diante do Estado liberal, o *jusnaturalismo* cede diante do positivismo:

> O advento do Estado liberal, a consolidação dos ideais constitucionais em textos escritos e o êxito do movimento de codificação simbolizaram a vitória do direito natural, o seu apogeu. Paradoxalmente, representaram, também, a sua superação histórica. No início do século XIX, os direitos naturais, cultivados e desenvolvidos ao longo de mais de dois milênios, haviam se incorporado de forma generalizada aos

---

2. Utilizando-se do termo, bom lembrar a seguinte lição: "O rótulo genérico do *jusnaturalismo* tem sido aplicado a fases históricas e a conteúdos heterogêneos, que remontam à antiguidade clássica e chegam aos dias de hoje, passando por densa e complexa elaboração ao longo da Idade Média. A despeito das múltiplas variantes, o direito natural apresenta-se, fundamentalmente, em duas versões: a) a de uma lei estabelecida pela vontade de Deus; b) a de uma lei ditada pela razão. O direito natural moderno começa a formar-se a partir do século XVI, procurando superar o dogmatismo medieval e escapar do ambiente teleológico e que se desenvolveu. A ênfase na natureza e na razão humanas, e não mais na origem divina, é um dos marcos da Idade Moderna e base de uma nova cultura laica, consolidada a partir do século XVII." (BARROSO, Luís Roberto. *O novo direito constitucional brasileiro: contribuições para a construção teórica e prática da jurisdição constitucional no Brasil*. 2ª reimpressão. Belo Horizonte: Fórum, 2013, p. 114).
3. BARROSO, 2013, p. 115.

ordenamentos positivos. Já não traziam a revolução, mas a conservação. Considerado metafísico e a anticientífico, o direito natural é empurrado para a margem da história pela onipotência positivista do século XIX.[4]

O positivismo que se experimentou com força em seguida procurou impor distância entre Direito e Moral:

> O positivismo jurídico foi a importação do positivismo filosófico para o mundo do Direito, na pretensão de criar-se uma *ciência* jurídica, com características análogas às ciências exatas e naturais. A busca de objetividade científica, com ênfase na realidade observável e não na especulação filosófica, apartou o Direito da moral e dos valores transcendentes. Direito é norma, ato emanado do Estado e com caráter imperativo e força coativa. A ciência do Direito, com todas as demais, deve fundar-se em juízos *de fato*, que visam ao conhecimento da realidade, e não em juízos *de valor*, que representam uma tomada de posição diante da realidade. Não é no âmbito do Direito que se deve travar a discussão acerca de questões como legitimidade e justiça.[5]

As características do positivismo são bastante conhecidas. Seu apogeu normativo confunde-se com a doutrina do jurista Hans Kelsen. Oportuno, de qualquer forma, fazer referência sintética a sua essência:

> Correndo o risco das simplificações redutoras, é possível apontar algumas características essenciais do positivismo jurídico: (i) a aproximação quase plena entre Direito e norma; (ii) a afirmação da estatalidade do Direito: a ordem jurídica é uma e emana do Estado; (iii) a completude do ordenamento jurídico, que contém conceitos e instrumentos suficientes e adequados para a solução de qualquer caso, inexistindo lacunas; (iv) o formalismo: a validade da norma decorre do procedimento seguido para a sua criação, independendo do

---

4. Ibidem, p. 117.
5. Ibidem, p. 118.

conteúdo. <u>Também aqui se insere o dogma da subsunção,</u> herdado do formalismo alemão.[6] (Destacou-se).

A despeito de o positivismo jurídico – em sua pureza – não dever ser visto como estágio atual nos ordenamentos jurídicos dos dias de hoje, a influência que se seguiu, especialmente, no século XX, é evidente.

A partir da força do positivismo, explica-se, talvez, a visão – talvez, um pouco ingênua – da facilidade de distinção entre Direito e moral.

A moral e o direito têm um nítido fundamento ético em comum[7] e ambas regulam as condutas humanas.[8] Vicente Rao destaca que, em verdade, a distinção não é difícil:

> A distinção entre a Moral e o Direto pode ser formulada muito simplesmente: a Moral fornece o critério para a apreciação de nossos interesses, enquanto o Direito marca os limites dentro dos quais nossos interesses se realizam. Destacar um critério para apreciação de nossos interesses é a função da Moral; determinar os princípios de sua recíproca limitação, é função do Direito. As demais distinções decorrem desta, que é fundamental, o que também justifica a harmonia que deve reinar entre a Moral e o Direito.[9]

Cumpre notar que a moral fornece diretrizes essenciais ao direito:

> Se em todos os tempos se proclamou que o Direito, ao se concretizar em normas obrigatórias, há de respeitar os

---

6. Ibidem, p. 118/119.
7. RAO, Vicente, "O direito e a vida dos direitos" – 5ª edição anotada e atualizada por Ovídio Rocha Barros Sandoval – São Paulo: Editora Revista dos Tribunais, 1999, p. 72.
8. Ibidem, p. 73.
9. Ibidem, p. 72, citação na nota 9.

princípios da Moral, hoje mais do que nunca se acentua a tendência que as normas morais revelam no sentido de sua transformação em normas jurídicas; acentua-se, isto é, a <u>tendência para a moralização do Direito</u>.[10] (Destaquei).

Entretanto, a distinção não se mostra tão simples.

Ora, moral é um conceito obviamente aberto, que traz, ademais, dificuldades a mais em torno de seu entendimento. É que, em nossa sociedade, existe uma gama enorme de influências que terão reflexos sobre noções relacionadas à moral.[11] [12]

---

10. Ibidem, p. 74.

11. Perry faz análise acerca da sociedade americana plenamente aplicável à brasileira: "The moral culture of the United States is pluralistic: American society comprises many diferente moral communities, including religious communities. Some observers think that this state of affairs makes the United States a City of Babel p that productive moral discourse among all or even most of the various moral communities is impossible to achieve because the basic moral beliefs of many communities are fundamentally different from those of many others. Even if it does not make the United States a City of Babel, the pluralistic character of American moral culture gives rise to a number of serious problems concerning the relation of morality and religion to politics and law, which is the aim of this book to address." (PERRY, Michael J. *Morality, politics and law*. New York: Oxford University Press, 1990, p. 3/4).

12. Perry faz destaque ao papel da moral na aplicação do direito, chamando ao debate tema de grande controvérsia no constitucionalismo americano: "Perhaps the most controversial issue that has been debated this Bicentennial season has been the one I address in the final chapter of this book: what it means, or should mean, to 'interpret' the Constitution. In American political-legal culture everyone, or almost everyone, seems to agree that courts should resolve constitutional conflicts on the basis of the Constitution, and that therefore courts should and even must interpret the Constitution. But there is widespread disagreement about what it means to 'interpret' the Constitution. There are those – like William Rehnquist, the president Chief Justice of the United States Supreme Court, Edwin Meese, the present Attorney General of the United States, and Robert Bork, formely a law professor at Yale and presently a judge of the United States Court of Appels for the District of Columbia Circuit – who argue that the Constitution ought to mean *no more* today than it meant in the past, and that to 'interpret' the Constitution, therefore, is simply to uncover its *original* meaning. On the

A derrocada[13] do positivismo jurídico – ao menos, em sua versão pretensamente pura – faz prova da dificuldade de distinção plena entre direito e moral:

> Com o tempo, o positivismo sujeitou-se à crítica crescente e severa, vinda de diversas procedências, até sofrer dramática derrota histórica. A troca do ideal racionalista de justiça

---

other side of the dispute are those, like Willian Brennan, the most senior Justice of the United States Supreme Court, who argue that, happily, the Constitution often means *more* today than it meant in the past, and that to 'interpret' the Constitution, therefore, is to discern its *present* meaning. Whereas Chief Justice Rehnquist, Attorney General Meese, Judge Bork, and many others want the courts to retreat to the relatively small role of uncovering and enforcing the *narrow* original meaning of the Constitution, many others insist with Justice Brennan that it is important that courts maintain the larger role of discerning and enforcing the *broad* present meaning of the Constitution. In chapter 6 I elaborate the fundamental differences between, on the one side, the general position associated with Chief Justice Rehnquist, Attorney General Meese, and Judge Bork, and, on the other, the position associated with Justice Brennan. I then defend the latter position." (PERRY, 1990, p. 5/6).

13. De qualquer forma, inegável a contribuição do positivismo, como bem lembrado por José Afonso da Silva:

"A teoria de Kelsen prestou enorme serviço à ciência jurídica, incluindo a ciência do direito constitucional. Mas sua purificação do direito, que expurgou dele certo ranço naturalista, psicologista e sociológico, desnudou a norma jurídica de tal modo que ela ficou reduzida a um tipo de *lógica jurídica* estritamente forma, num processo de formalização absoluta, bem descrito por Carlos Cossio: 'Kelsen desenvolve o tema da pureza metódica sobre a base de duas purificações. A primeira contrapõe o ser da Natureza ao dever ser em sentido amplo, sem mais apoio do que a tradição kantiana [...]. Esta purificação tende a eliminar todo o naturalismo da ciência jurídica. A Biologia, a Psicologia, a Sociologia ficam expulsas; Kelsen fica com o dever ser. Mas logo vem uma segunda purificação; agora, dentro do próprio dever ser, que contrapõe o dever ser lógico ao dever ser axiológico. Essa outra purificação tende a eliminar toda axiologia da ciência jurídica. A Religião, a Moral, a Política ficam expulsas. Kelsen busca uma categoria vazia, um conceito puro em sentido Kantiano [...]. Kelsen fica com o dever ser lógico: a imputação é a verdadeira categoria do conhecimento jurídico.'" (SILVA, José Afonso da. *O ser das regras, das normas e dos princípios constitucionais. In:* Interesse Público – IP, n. 67, maio/jun. 2011. Belo Horizonte: Editora Forum, 2011, *versão digital*).

pela ambição positivista de certeza jurídica custou caro à humanidade.[14]

Luís Roberto Barroso explica, em poucas linhas, tanto o fim do apogeu positivista quanto a abertura para uma nova visão sobre o Direito:

> O positivismo pretendeu ser uma *teoria* do direito, na qual o estudioso assumisse uma atitude cognoscitiva (de conhecimento), fundada em juízos de fato. Mas resultou sendo uma *ideologia*, movida por juízos de valor, por ter se tornado não apenas um modo de *entender* o direito, como também de *querer* o Direito. O fetiche da lei e o legalismo acrítico, subprodutos do positivismo jurídico, serviram de disfarce para autoritarismos de matizes variados. A ideia de que o debate acerca da justiça se encerrava quando da positivação da norma tinha um caráter legitimador da ordem estabelecida. Qualquer ordem.
>
> Sem embargo da resistência filosófica de outros movimentos influentes nas primeiras décadas do século, a decadência do positivismo é emblematicamente associada à derrota do fascismo na Itália e do nazismo na Alemanha. Esses movimentos políticos e militares ascenderam ao poder dentro do quadro de legalidade vigente e promoveram a barbárie em nome da lei. Os principais acusados de Nuremberg invocaram o cumprimento da lei e a obediência a ordens emanadas da autoridade competente. Ao fim da Segunda Guerra Mundial, a ideia de um ordenamento jurídico indiferente a valores éticos e da lei como uma estrutura meramente formal, uma embalagem para qualquer produto, já não tinha mais aceitação no pensamento esclarecido.
>
> A superação histórica do jusnaturalismo e o fracasso político do positivismo abriram caminho para um conjunto amplo e ainda inacabado de reflexões acerca do Direito, sua função social e sua interpretação. O *pós-positivismo* é a designação provisória e genérica de um ideário difuso, no qual se incluem a definição das relações entre valores, princípios e regras, aspectos da chamada *nova hermenêutica* e a teoria dos direitos fundamentais." (Op. cit, p. 120/121).

---

14. BARROSO, 2013, p. 119.

Eis, de uma forma bem sintética, o momento em que nos encontramos: além das normas postas, além de uma operação quase exata de subsunção; numa etapa histórica de reencontro do Direito com valores éticos (deixados pelo positivismo somente a cargo da moral), e com operações para fazer valer princípios e regras nas complexas relações jurídicas da sociedade atual.

Neste contexto, o acesso à justiça emerge com força e especial importância: "Dignidade da pessoa humana expressa um conjunto de valores civilizatórios incorporados ao patrimônio da humanidade. O conteúdo jurídico do princípio vem associado aos direitos fundamentais, envolvendo aspectos dos direitos individuais, políticos e sociais. Seu núcleo material elementar é composto do *mínimo existencial*, locução que identifica o conjunto de bens e utilidades básicas para a subsistência física e indispensável ao desfrute da própria liberdade. Aquém daquele patamar, ainda quando haja sobrevivência, não há dignidade. O elenco de prestações que compõem o mínimo existencial comporta variação conforme a visão subjetiva de quem o elabore, mas parece haver razoável consenso de que inclui: renda mínima, saúde básica e educação fundamental. Há, ainda, um elemento instrumental, que é acesso à justiça, indispensável, para a exigibilidade e efetivação dos direitos."[15]

2. PÓS-POSITIVISMO

Como se viu, é no mundo do pós-guerra que se desenvolve um retorno a padrões éticos. Retorno relativo, vez que não trata de adotar, mais uma vez, o *jusnaturalismo*. Diz respeito a reconhecer a insuficiência do positivismo jurídico. Mais: trata-se de reconhecer – uma admissão de culpa da sociedade? – os riscos patentes de adoção rigorosamente formalista, pela hierarquização,

---

15. Ibidem, p. 129.

competência na emissão de normas jurídicas, deixando de considerar o homem, o ser humano (com necessidades próprias pelo simples fato de existir).

Não à toa, o pós-positivismo vem representado com força cristalina no princípio da dignidade da pessoa humana.[16]

A propósito, a idéia de dignidade da pessoa humana não é exatamente nova, mas certamente resulta de lenta evolução das esferas pública versus privada.[17] Inegável seu uso nos dias

---

16. Como dito acima, a inserção do princípio no direito ganhou força no século XX: com menção expressa em textos internacionais (v.g., Carta da ONU, 1945, e Declaração Universal dos Direitos do Homem, 1948).

Ilustrativo fazer destaque ao teor do preâmbulo da Declaração Universal dos Direitos do Homem, 1948:

"Considerando que o <u>reconhecimento da dignidade inerente a todos os membros da família humana</u> e de seus direitos iguais e inalienáveis é o fundamento da liberdade, da justiça e da paz no mundo, Considerando que <u>o desprezo e o desrespeito pelos direitos humanos resultaram em atos bárbaros que ultrajaram a consciência da Humanidade</u> e que o advento de um mundo em que os homens gozem de liberdade de palavra, de crença e da liberdade de viverem a salvo do temor e da necessidade foi proclamado como a mais alta aspiração do homem comum,

Considerando essencial que os direitos humanos sejam protegidos pelo Estado de Direito, para que o homem não seja compelido, como último recurso, à rebelião contra tirania e a opressão,

Considerando essencial promover o desenvolvimento de relações amistosas entre as nações,

Considerando que <u>os povos das Nações Unidas reafirmaram, na Carta, sua fé nos direitos humanos fundamentais, na dignidade e no valor da pessoa humana e na igualdade de direitos dos homens e das mulheres, e que decidiram promover o progresso social e melhores condições de vida em uma liberdade mais ampla,</u>

Considerando que os Estados-Membros se comprometeram a desenvolver, em cooperação com as Nações Unidas, o respeito universal aos direitos humanos e liberdades fundamentais e a observância desses direitos e liberdades,

Considerando que uma compreensão comum desses direitos e liberdades é da mais alta importância para o pleno cumprimento desse compromisso" (preâmbulo, destacou-se).

17. Hannah Arend ("in" *A condição humana*. 10ª Edição. Rio de Janeiro:

atuais, inclusive, com exageros, tendendo a banalizá-lo, com sua menção, por exemplo, em discussões "mais mundanas" ("como o uso obrigatório de cintos de segurança, o custo do aquecimento residencial e as regras de serviço social").[18]

Forense Universitária, 2007) chamava a atenção para o fato de que a esfera particular não era estranha ao conhecimento na Antiguidade, mas seu significado não se confundia com o que veio a ser estabelecido modernamente: "Embora o erra de interpretação e o equacionamento das esferas política e social sejam tão antigos quanto a tradução latina de expressões gregas e sua adaptação ao pensamento romano-cristão, a confusão que deles decorre agravou-se no uso moderno e na moderna concepção da sociedade. A distinção entre uma esfera de vida privada e uma esfera de vida pública corresponde à existência das esferas da família e da política como entidades diferentes e separadas, pelo menos desde o surgimento da antiga cidade-estado; mas a ascendência da esfera social, que não era nem privada nem pública no sentido restrito do termo, é um fenômeno relativamente novo, cuja origem coincidiu com o surgimento da era moderna e que encontrou sua forma política no estado nacional." (p. 37).

E continua:

"O que distinguia a esfera familiar era que nela os homens viviam juntos por serem a isso compelidos por suas necessidades e carências. A força compulsiva era a própria vida – os penates, os deuses do lar, eram, segundo Plutarco, <<os deuses que nos fazem viver e alimentar o nosso o corpo>>, e a vida, para sua manutenção individual e sobrevivência como vida da espécie, requer a companhia de outros. O fato de que a manutenção individual fosse a tarefa do homem e a sobrevivência da espécie fosse a tarefa da mulher era tido como óbvio; e ambas estas funções naturais, o labor do homem no suprimento de alimentos e o labor da mulher no parto, eram sujeitas à mesma premência da vida. Portanto, a comunidade natural do lar decorria da necessidade: era a necessidade que reinava sobre as atividades exercidas no lar.

A esfera *polis*, ao contrario, era a esfera da liberdade, e se havia uma relação entre as duas esferas era que a vitória das necessidades da vida em família constituía a condição natural para a liberdade na *polis*." (p. 39-40).

Arremata:

"A *polis* diferenciava-se da família pelo fato de somente conhecer <<iguais>>, ao passo que a família que a família era o centro da mais severa desigualdade. Ser livre significava ao mesmo tempo não estar sujeito às necessidades da vida nem ao comando de outro e também não comandar. Não significa domínio, como também não significava submissão." (p. 41).

18. BARROSO, Luís Roberto. *A dignidade da pessoa humana no direito constitucional contemporâneo: a construção de um conceito jurídico à luz da jurisprudência mundial*. Belo Horizonte: Fórum, 2013, p. 23.

Pode-se enxergar, todavia, que a banalização é aparente, pois vem apenas evidenciar o norte essencial da dignidade da pessoa humana em relação aos demais direitos fundamentais:

> A dignidade da pessoa humana é um dos princípios constitucionais que orientam a construção e a interpretação do sistema jurídico brasileiro.
>
> Segundo os ensinamentos de José Afonso da Silva, 'é um valor supremo que atrai o conteúdo de todos os direitos fundamentais do homem, desde o direito à vida'.[19]

Ronald Dworkin reconhecidamente teceu crítica profunda à positividade do Direito e deixa claro que não basta sua positivação para alcançar-se plena exigibilidade, sendo, caso a caso, necessário verificar se atende à consciência de todos.[20] [21]

Os positivistas não aceitam a aplicação de princípios da moral no direito. E explicam a carência de regras e soluções adequadas com base em fatos sociais.[22]

Dworkin assinalava que o positivismo, contudo, não explicava o movimento dos juízes em direção da moral de forma a julgar casos extremamente difíceis (como chamava, tradução

---

19. ARAÚJO, Luiz Alberto David. *A proteção constitucional do transexual*. São Paulo: Saraiva, 2000, p. 102.

20. Seu posicionamento gerou uma controvérsia muito estudada: com críticas em relação à obra de Hart. Tanto por isso, diz-se de um verdadeiro debate entre Hart e Dworkin (SHAPIRO, SCOTT J. *The "Hart-Dworkin" debate: a short guide for the perplexed*. Public Law and Legal Theory Working Paper Series, working paper n. 77, March 2007, *in http://ssrn.com/abstract=968657*).

21. A propósito de tal debate (Hart-Dworkin): "According to Raz, therefore, when pedigreed standards run out, judges are under a legal obligation to look to moral principles to resolve the case at hand. Furthermore, in such cases, judges are exercising strong discretion insofar as they are obligated to look beyond the law and apply these extralegal principles to the case at hand. Strong discretion does not, therefore, entail the existence of "extra-legal principles [a judge] is *free* to apply if he *wishes*." Rather, judges are legally constrained to apply certain extralegal principles, namely, the morally best ones." (SHAPIRO, 2007, p. 21/22).

22. SHAPIRO, 2007, p. 24.

livre, *hard cases*).[23] E, apesar de propostas, tendentes a explicar tal movimento, é certo que as respostas permanecem abertas, demonstrando o quão atual é o debate moral-direito. Isto, apesar de opiniões no sentido de que tal espécie de controvérsia perdeu razão de existir, após adoção em regras positivadas de tantos princípios, em princípio, de ordem moral.

Tanto por isso, no contexto de leis duvidosas, Dworkin apresenta três possíveis posicionamentos: (i) a despeito de entendimento diverso, qualquer um deverá conformar-se com a posição da autoridade constituída, deixando de lado sua própria consciência; (ii) diante de lei duvidosa, discordando do comando legal, caberá deixar de cumpri-lo, na pendência de decisão judicial, que trate de confirmar sua exigibilidade. Contudo, após decisão judicial – em relação ao descontente ou outra pessoa –, no sentido de confirmar a lei, não lhe restará opção, senão seu cumprimento; (iii) ainda, diante de lei duvidosa, mesmo após decisão judicial (inclusive, da Corte Constitucional), confirmando sua exigibilidade, seria possível ao descontente insistir em descumprir a norma legal.[24]

O jurista conclui como melhor opção a terceira. E, diante do descumprimento de norma legal, poderá haver situações, nas quais seja aconselhável deixar de aplicá-la, mas, ao reverso, preferir alterá-las ou modificar as decisões, de forma a acomodar os aparentes infratores.[25]

Clara a ruptura em relação às normas positivadas, promovida por Dworkin.

Abre-se, portanto, com o pós-positivismo um panorama indeterminado, menos preso à rigidez das leis postas. Baseado em questões axiológicas. De um lado, torna o Direito menos

---

23. Ibidem, p. 36.
24. DWORKIN, Ronald. *Taking rights seriouly*. Cambridge: Harvard University Press, 1978, p. 210/211.
25. Ibidem, p. 222.

óbvio, menos exato e, talvez, por isso, mais rico e consonante com a complexidade da sociedade.

Ocorre, entretanto, que a abertura que se coloca não implica facilidade de aplicação de tais nortes axiológicos. Pelo contrário. É que – se a operação de subsunção identifica-se com o positivismo jurídico – com a ascendência dos princípios, tal operação não se mostra mais suficiente. E, então, novos debates ganham força. Agora, considerando a força normativa dos princípios, formas de aplicá-los aos casos concretos.

3. PRINCÍPIOS

Como se viu acima, aceitável dizer que estamos na "era dos princípios": num momento da sociedade, no qual se ultrapassam as normas positivadas, indo de encontro a outras variáveis, abertas e ricas de valor.

Se, no positivismo jurídico, era mais simples aplicar, ou não, determinada norma, considerando um raciocínio matemático – presentes as condições previstas no comando normativo, a norma tinha sua incidência ao caso concreto (ou, não presentes, a norma não vinha aplicada concretamente) – no pós-positivismo, a operação intelectual mostra-se mais complexa. Diz-se a aplicação exata de uma norma (totalmente ou nada, de acordo com a presença, ou não, das condições normativas), chamando-se de subsunção. Tanto por isso, tal operação é marco próprio de uma norma positivada (nos moldes vistos pelo positivismo jurídico).

Para o positivismo jurídico, podia-se falar, em verdade, de regras (levando-se com conta tal faceta objetiva).

Pois, então, oportuna a distinção entre as regras e princípios.[26] Vejamos.

---

26. A explicação dada por Alexy na distinção entre princípios e regras não é,

O jurista Virgílio Afonso da Silva, reconhecidamente seguidor de Robert Alexy, destaca o que segue:

> O princípio traço distintivo entre regras e princípios, segundo a teoria dos princípios, é a estrutura dos direitos que essas normas garantem. No caso das *regras*, garantem-se direitos (ou se impõem deveres) definitivos ao passo que no caso dos *princípios* são garantidos direitos (ou são impostos deveres) *prima facie*.
>
> (...)
>
> No caso dos *princípios* não se pode falar em realização sempre total daquilo que a norma exige. Ao contrário: em geral essa realização é apenas parcial. Isso, porque no caso dos princípios há uma diferença entre aquilo que é garan-

---

claro, unanimidade. José Afonso da Silva discorda da colocação dos princípios no mesmo nível de regras, como espécies de normas. Para o jurista: "O termo *princípio*, no plano ontológico, se refere a algo só captável intuitivamente, qual seja, aquela *ideia-germe* e *ideia-força das instituições jurídicas*, *idéia-geratriz* das regras jurídicas que formam determinada instituição jurídica. Idéia que só se revela, concretamente, depois da formação da respectiva instituição jurídica (plano da linguagem), razão por que, não raro, se pensa que ela não é precedente, mas conseqüente, ou seja, que não é dessa idéia que vêm as regras institucionais, mas destas é que se induz aquela. Há aqui uma inversão de planos. O plano da linguagem pode até explicitar o ser dos princípios que está no plano ontológico. A experiência jurídica, no entanto, prova que a idéia da instituição é precedente.

(...)

Como os princípios fundamentam a existência das regras, é fácil de concluir que sua natureza é a mesma das regras, por isso, aos três tipos de regras, correspondem três tipos de princípios, ou seja: a) *princípios constitucionais ônticos*, começo, fontes e fundamentos das regras ônticas; b) princípios constitucionais de procedimento, começo, fontes e fundamentos das regras técnicas de procedimento; c) princípios constitucionais deônticos, começo, fonte e fundamentos das regras deônticas. Nessa teoria, a distinção entre princípios e regras não aquele cavalo de batalha da teoria de Alexy, porque a distinção sai tranqüila da relação entre o fundamento e o ser fundamentado." (SILVA, José Afonso da. *O ser das regras, das normas e dos princípios constitucionais. In:* Interesse Público – IP, Belo Horizonte, ano 13, n. 67, maio/jun. 2011. Disponível em: http://www.bidforum.com.br/bid/PDI0006.aspx?pdCntd=73622).

tido (ou imposto) *prima facie* e aquilo que é garantido (ou imposto) definitivamente.[27]

Exatamente porque os princípios são observados na medida do possível (e não no todo ou nada, como normalmente sucede com as regras), Alexy[28] denomina-os de mandamentos de otimização:

> O ponto decisivo na distinção entre regras e princípios é que os *princípios* são normas que ordenam que algo seja realizado na maior medida possível dentro das possibilidades jurídicas e fáticas existentes. Princípios são, por conseguinte, *mandamentos de otimização*, que são caracterizados por poderem ser satisfeitos em graus variados e pelo fato de que a medida devida de sua satisfação não depende somente das possibilidades fáticas, mas também das possibilidades jurídicas. O âmbito das possibilidades jurídicas é determinado pelos princípios e regras colidentes.
>
> Já as *regras* são normas que são sempre ou satisfeitas ou não satisfeitas. Se uma regra vale, então, deve se fazer

---

27. SILVA, Virgílio Afonso da. *Direitos fundamentais: conteúdo essencial, restrições e eficácia*. 2ª edição. São Paulo: Malheiros Editores, 2011, p. 45.

28. Esclarecedor sobre a complexidade do tema saber que Alexy não é tido de forma unânime como pós-positivista, a despeito de sua teoria sobre princípios:

"Perante o paradigma pós-positivista do direito, não se pode mais confundir texto normativo com norma. Assim, o texto normativo é o programa da norma, representa o enunciado legal (lei, súmula vinculante, portaria, decreto), sai constituição é *ante casum* e sua existência é abstrata. A norma, por sua vez, é produto de um complexo processo concretizador em que são envolvidos o programa normativo e o âmbito normativo. Daí, ser positivista todo o conceito semântico de norma tal qual o oferecido por Robert Alexy, em que a normal é identificada em abstrato subdividindo-se em regras e princípios.

No pós-positivismo, a norma é fruto de conhecimento vivo proveniente da atividade interpretativa criadora do jurista. Diante da hermenêutica filosófica, a interpretação e a ciência são algo mais que a utilização de um método seguro e pré-definido, do mesmo modo que a aplicação do direito é sempre algo mais que a simples subsunção de um enunciado legislativo ao caso concreto." (Nery Junior, Nelson e Abboud, Georges. *Noções fundamentais sobre pós-positivismo e direito*. In Revista de Direito Privado, ano 14, vol. 53, Revista dos Tribunais, 2013, p. 18).

exatamente aquilo que ela exige; nem mais, nem menos. Regras contêm, portanto, *determinações* no âmbito daquilo que é fática e juridicamente possível. Isso significa que a distinção entre as regras e princípios é uma distinção qualitativa, e não uma distinção de grau.[29]

De um modo geral, Dworkin é criticado por atribuir uma natureza moral ao Direito, como se houvesse retorno ao *jusnaturalismo*.[30] Em sua obra, verifica-se facilmente a vinculação que defendia com a moral.[31]

Bom de ver que Alexy, ainda que por outra vertente, tenha sido criticado por questão relativamente à moral. Refiro-me à crítica de Habermas, destacada por Marcelo Neves:

> Habermas parte de que os princípios como 'normas mais elevadas, à luz das quais outras normas podem ser justificadas,

---

29. ALEXY, Robert. *Teoria dos direitos fundamentais*. Tradução de Virgílio Afonso da Silva da 5ª edição alemã. São Paulo: Malheiros Editores, 2012, p. 90.
30. "Neste particular, a questão que se põe em relação à teoria de Dworkin refere-se à possibilidade de tratar-se de mais um modelo jusnaturalista: os princípios jurídicos seriam deduzidos de mandamentos morais universais. Parece-me que esse argumento não procede." (NEVES, Marcelo. *Entre Hidra e Hércules: princípios e regras constitucionais como diferença paradoxal do sistema jurídico*. São Paulo: Editora WMF Martins Fontes, 2013, p. 54).
31. "I just spoke of 'principles, policies, and other sorts of standards'. Most often I shall use the term 'principle' generically, to refer to the whole set of these standards other than rules; occasionally, however, I shall be more precise, and distinguish between principles and policies. Although nothing in the present argument will turn on the distinction, I should state how I draw it. I call a 'policy' that kind of standard that sets out a goal to be reached, generally an improvement in some economic, political, or social feature of the community (though some goals are negative, in that they stipulate that some present feature is to be protected from adverse change). <u>I call a 'principle' a standard that is to be observed, not because it will advance or secure an economic, political, or social situation deemed desirable, but because it is a requirement of justice or fairness or some other dimension of morality</u>. Thus the standard that automobile accidents are to be decreased is a policy, and the standard that no man may profit by his own wrong a principle." (DWORKIN, 1978, p. 22, destaquei).

possuem um sentido deontológico, ao passo que os valores têm um sentido teleológico'. Com base nessa premissa, ele critica o modelo dos princípios como mandamento de otimização, porque ele seria antes adequado a um modelo de ponderação de valores. Estes, como preferências compartilhadas intersubjetivamente, são suscetíveis de sopesamento orientado para fins, implicando tensões e concorrências por primazia. Princípios como normas seriam válidos ou inválidos, não comportando 'poderações' e contradições entre si, antes devendo pertencer a uma conexão coerente de sentido, ou seja, a um 'sistema'. Eles não determinam o que é preferido ou que é bom para nós (ou para mim), como os valores, mas sim o que é devido para toda e qualquer pessoa.[32]

Talvez, o "pecado" de Alexy tenha sido de prever sempre a ponderação para os princípios, relativizando-os em sua aplicação. Parece ter sido esta a crítica principal, esposada por Humberto Ávila, que, sem prender-se no modelo fixo de princípios *versus* regras de Alexy, chamou atenção para questão de todo importante: a força (normativa) dos princípios. E como pode ser perigoso pensar que todo e qualquer princípio pode vir a ser afastado por ponderação.

Ávila enfatiza o que segue:

> Aqui o ponto essencial: as normas – quer princípios, quer regras – estatuem prescrições gerais e, como tais, devem ser interpretadas, não podendo o aplicador relativizar esse aspecto *constritor* e *heterolimitador*. O simples fato de a aplicação de qualquer norma – seja um princípio, seja uma regra – depender de conexões valorativas entremostradas no ordenamento jurídico e requerer um processo discursivo e argumentativo de avalição de razões e contrarrazões para a determinação do seu conteúdo não quer dizer que o intérprete possa desprezar o modo como a Constituição escolheu normatizar a conduta humana – se por meio da estatuição de regra ou de um princípio. Assim, quando estatui regras ou determinados princípios, como aqueles

---

32. NEVES, 2013, p. 73.

que preveem condições estruturais do exercício do poder ou parâmetros permanentes de aplicação, não cabe ao intérprete relativizar esses comandos em nome da ponderação (no sentido estrito de afastabilidade mediante priorização concreta), como se os princípios fossem normas descartáveis e, por isso, desprovidas de normatividade. Cabe-lhe, em vez disso, coerentemente respeitar a normatividade escolhida pela Constituição.[33]

Pois bem, ainda que seja extremamente difícil haver unanimidade, mas soa razoável defender que o grande legado deixado por Dworkin tenha sido a vinculação dos princípios com moral. Não se trata de defender, como alerta Marcelo Neves, o retorno ao jusnaturalismo. Não. De qualquer forma, tem-se uma visão clara no sentido de que os princípios – e, aí, com apoio na visão já destacada de José Afonso da Silva (ver nota 25) – expressam conteúdo axiológico, até então, renegado pelo positivismo jurídico.

Ou seja, não se refuta a classificação de Alexy no que diz respeito à forma de entendimento e aplicação de regras e princípios. Mas é certa a dificuldade de concordar com a cisão que o jurista faz tão fortemente entre regras e princípios.

Se a classificação, adotada e defendida por Alexy, tem a vantagem de traduzir a maneira mais comum de aplicação de regras e princípios, pode-se concluir que – porque o princípio revela enorme carga axiológica – tal valor, da mesma forma, deverá compor as regras.

Pelo menos, em grande parte, tal sintonia será evidente.

No ponto, a despeito de muitas e importantes vozes contrárias, observa-se a vantagem de aceitar a aproximação, sugerida por Dworkin, entre direito e moral, ao admitir uma natureza "moral" dos princípios. A leitura – como ora suge-

---

33. ÁVILA, Humberto. *Teoria dos princípios: da definição à aplicação dos princípios jurídicos*. 14ª edição. São Paulo: Malheiros Editores, 2013, p. 141.

rido – é que tal natureza revela a carga axiológica dos princípios.[34] E, por esta singela razão, tem-se clara a importância de sua lição.

Bom observar que não se refuta a inegável contribuição de Alexy. A noção de mandamentos de otimização tem o mérito de demonstrar a carga valorativa relativa dos princípios. Mesmo assim, acredito que os princípios não possam ser sintetizados em modalidade única. No ponto, entendo pertinente a noção já destacada de José Afonso da Silva.[35] Ainda, mesmo que não ocorra na totalidade dos princípios, parece-me que norte para entendimento do alcance dos princípios é não perder de vista o caráter axiológico que, comumente, estará presente.

E, sim, tal contexto evidencia uma grande margem de subjetivismo ao julgador.

Mas isso não é desejável? A pureza do direito, sua exatidão matemática e certeza das regras incorporadas na lei não era uma fantasia do positivismo? Por que desejar retornar àquele sistema tão fracassado?

Afinal, a subsunção – como operação exata de aplicação de normas jurídicas a partir de textos normativos –, nem ela própria, é tão perfeita e exata assim.

---

34. Ainda que, ao final, repita a distinção de Alexy, soa interessante a relação, lembrada por Pardo: "A teoria dos princípios torna possível relacionar os direitos fundamentais com os valores. Os direitos constitucionalmente garantidos à pessoa humana têm como base ou aspecto comum o objetivo de resguardar os valores *dignidade, liberdade* e *igualdade*. Os direitos fundamentais são a tradução normativa desses valores. Nesse sentido, o termo *valores* não quer fazer referência a elementos imutáveis de uma hipotética natureza humana universal. Pelo contrário: se os direitos fundamentais são informados pelos valores da *dignidade, liberdade* e *igualdade*, constituem eles, conforme ensinamento de Rudolf Smend, um sistema de valores concretos, 'um sistema cultural que resume o sentido da vida estatal contida na Constituição'." (PARDO, David Wilson de Abreu. *Os direitos fundamentais e a aplicação judicial do direito*. Rio de Janeiro: Editora Lumen Juris, 2003, p. 106).
35. Ver nota 25.

Então, diante de mandamentos mais abertos, consonantes com valores maiores, como querer alcançar completa objetividade?

Ora, será o modelo jurídico – especialmente, do Judiciário –, adotado por cada Estado, que ditará a forma de solução de aparente subjetivismo. É única forma de, ao mesmo passo, respeitar direitos fundamentais (tão açodados por regimes autoritários) e atribuir uma razoável segurança jurídica nas decisões judiciais por meio da respectiva fundamentação (que deverá ser mais cuidadosa à medida que o julgador estiver diante de conceitos abertos).[36]

Tal contexto e observações nos fazem refletir sobre o acesso à justiça. Veremos a seguir.

4. ACESSO À JUSTIÇA: AOS DIREITOS E AO JUDICIÁRIO

Numa visão bem atual: "O acesso à justiça pode, portanto, ser encarado como o requisito fundamental – o mais básico dos direitos humanos – de um sistema jurídico moderno e igualitário que pretenda garantir, e não apenas proclamar os direitos de todos."[37]

---

36. "Habermas admite que a positivação implica a diferença entre direito e moral, assim, como a fundamentação direta das normas jurídicas em princípios jurídicos. Não obstante, ele relaciona o princípio da positivação ao princípio da fundamentação. O direito precisa ser justificado, nessa perspectiva, no âmbito de uma moral pós-convencional ou universalista. No âmbito da tensão entre 'faticidade' e 'validade', a instrumentalidade política do direito tem como contraponto a sua indisponibilidade moral. Superado o seu 'fundamento sacro', o direito precisa ser legitimado por procedimentos racionais, moralmente justificáveis. Esse modelo pode ser concebido como um modelo de fundamentação." (NEVES, 2013, p. 114).
37. CAPPELLETTI, Mauro. *Acesso à justiça*. Tradução de Ellen Gracie Northfleet. Porto Alegre: Fabris, 1988, p. 12.

Conceito, contudo, que ultrapassa seu caráter instrumental:[38][39][40]

---

38. Como se comprova por rápida leitura de alguns dispositivos da Constituição Brasileira de 1988, trazendo luz sobre a importância do acesso à justiça e extensão (que não se resume, em verdade, a alcançar o Poder Judiciário):
- Dignidade da pessoa humana (art. 1, III); construção de sociedade livre, justa e solidária, erradicando pobreza e marginalização com promoção do bem de todos, sem preconceitos de qualquer ordem (art. 3, I, III e V);
- Vários preceitos do art. 5: direito de petição (XXXIV), inafastabilidade do controle jurisdicional (XXXV), assistência jurídica integral e gratuita a necessitados (LXXIV), razoável duração do processo e os meios que garantam celeridade da tramitação (LXXVIII);
- Defensoria pública na orientação jurídica e defesa de necessitados (art. 134);
- Fundamentação de decisões judiciais (art. 93, IX).

39. Pode-se afirmar com segurança que o acesso à Justiça é verdadeiro direito explícito na Constituição Federal de 1988: "O texto da Constituição do Brasil de 1988 é pródigo de exemplos de preceitos que decisivamente demonstram a intenção do constituinte de favorecer o acesso de todos os homens ao benefício da Justiça, a partir do art. 1º, que estabelece como fundamento da República do Brasil a dignidade da pessoa humana – inc. III. E sem a via aberta ao Judiciário, nenhuma pessoa terá reconhecida em plenitude sua dignidade, quando vulnerada em seus direitos. Irradiando-se pelo art. 3º, já invocado, a enunciar que constitui objetivo fundamental da República do Brasil a construção de uma sociedade livre, justa e solidária, erradicando a pobreza e a marginalização e promovendo o bem de todos, sem preconceitos de origem, raça, sexo, cor, idade e quaisquer outras formas de discriminação – incs. I, III e IV." (NALINI, José Renato. *O juiz e o acesso à Justiça*. São Paulo: Revista dos Tribunais, 1994, p. 27). Em seguida, o autor menciona expressamente o direito de petição, inafastabilidade do controle jurisdicional de qualquer lesão ou ameaça a direito, entre outros, para, mais à frente, defender o que segue: "Existe destinação expressa do Judiciário, por vontade do constituinte, a atender ao maior número de reclamos. Não é necessário recorrer-se a interpretações sofisticadas para concluir que os responsáveis pela Justiça institucionalizada têm compromisso consistente com a multiplicação de portas de acesso à proteção dos direitos lesados. E diante de textos de tamanha abrangência, não se pode afirmar que a Constituição tenha deixado de fornecer ao juiz fundamentos positivos para tornar o acesso à Justiça uma concreção, uma realidade fenomênica, não mera aspiração doutrinária." (p. 28).

40. Gustavo Amaral destaca: "Por isso a Constituição, atualmente, é o grande espaço, o grande locus, onde se opera a luta jurídico-política. O processo

- Significado de disponibilização de meios de solução de conflitos (atuação positiva do Estado): judiciais (acesso ao Judiciário) e extrajudiciais (meios alternativos de solução de conflitos);

- *"Acesso aos direitos"*, ou seja, significado mais amplo (conteúdo axiológico): ingresso a uma determinada ordem de valores e direitos fundamentais;

- Acesso "efetivo", entendido como solução adequada em tempo razoável.

Ou seja, ainda que, mais comumente, entenda-se acesso à justiça como acesso ao Judiciário, na verdade, o princípio pode receber extensão maior[41]: além de significar o acesso ao Poder Judiciário, significa promoção de acesso de todos os direitos (por mais novos que sejam) a quaisquer pessoas. Implica, dessa forma, numa relação imediata com educação da Sociedade, que, assim, passa ser ciente de seus próprios direitos, e, então, sabendo que poderá reclamá-los, se for necessário.

---

constituinte é um processo que se desenvolve sem interrupção, inclusive após a promulgação, pelo poder constituinte, de sua obra. A luta, que se travava no seio da Assembléia Constituinte, transfere-se para o campo da prática constitucional (aplicação e interpretação). Afirmar esta ou aquela interpretação de determinado dispositivo constitucional, defender seu potencial de execução imediata ou apontar a necessidade de integração legislativa constituem comportamentos dotados de claríssimos compromissos ideológicos que não podem sofrer desmentido." (AMARAL, Gustavo. *Direito, escassez e escolha*: em busca de critérios jurídicos para lidar com a escassez de recursos e as decisões trágicas. Rio de Janeiro: Renovar, 2001, p. 13).

41. "À vagueza do termo acesso à justiça, notabilizada pelos estudos acadêmicos, é atribuído um duplo sentido (RODRIGUES, 1994, p. 29). No primeiro, a 'justiça' recebe o mesmo sentido e conteúdo do Judiciário, portanto são sinônimos 'acesso à justiça' e 'acesso ao judiciário'. No segundo, de conteúdo axiológico de 'justiça', interpreta o acesso a ela como o ingresso a uma determinada ordem de valores e direitos fundamentais para o ser humano. O segundo engloba o primeiro, ou seja, não está restrito ao acesso aos tribunais." (BOCHENEK, Antônio César. *A interação entre tribunais e democracia por meio do acesso aos direitos e à justiça: análise de experiências dos juizados especiais federais cíveis brasileiros*. Brasília: CJF, 2013, p. 203).

Ao longo do Século XX, especialmente, após fim da Segunda Guerra Mundial, em paralelo com o crescimento da importância dos princípios, com o abandono pretensa exatidão e objetividade do positivismo, o acesso à justiça foi ganhando corpo, importância.[42] Documentos internacionais passaram expressamente a adotá-lo,[43] promovendo, além de seu reconhecimento, sua efetiva observância:

- **Declaração Universal dos Direitos Humanos (1948):**

    "Toda a pessoa tem direito a recurso efetivo para as jurisdições nacionais competentes contra os atos que violem os direitos fundamentais reconhecidos pela Constituição ou pela lei." (art. 8)

    "Toda a pessoa tem direito, em plena igualdade, a que a sua causa seja equitativa e publicamente julgada por um tribunal independente e imparcial que decida dos seus direitos e obrigações ou das razões de qualquer acusação em matéria penal que contra ela seja deduzida." (art. 10)

- **Convenção Europeia para a proteção dos Direitos do Homem e das Liberdades Fundamentais (1950):**

---

42. "De fato, a expansão do constitucionalismo e da democracia favoreceu significativamente a ampliação dos canais de acesso à justiça, principalmente em face da irresignação dos sujeitos contra as arbitrariedades, abusos e ofensas aos seus direitos, reveladas pelo incremento de educação, conscientização e informação que não se contentam mais com a subordinação ou complacência. O conhecimento acerca dos direitos acarreta inevitavelmente a reivindicação deles e faz aumentar a procura pelos tribunais. Contudo, ainda, as violações aos direitos e a inacessibilidade cumuladas com a inefetividade da justiça integram um recheado cardápio de opções de investigação.

Na Europa ocidental e nos EUA, a problemática do acesso ao direito e à justiça, em parte, situa-se na questão do acesso das minorias à justiça e ao reconhecimento de direitos, tais quais o direito dos homossexuais, das mulheres, dos estrangeiros, entre outros. Nesses países a questão da acessibilidade à justiça relaciona-se principalmente ao reconhecimento de novos direitos, à expansão da cidadania e sua prática." (BOCHENEK, 2013, p. 208).

43. BOCHENEK, 2013, p. 216.

"Qualquer pessoa tem direito a que a sua causa seja examinada, equitativa e publicamente, num prazo razoável por um tribunal independente e imparcial, estabelecido pela lei, o qual decidirá, quer sobre a determinação dos seus direitos e obrigações de caráter civil, quer sobre o fundamento de qualquer acusação em matéria penal dirigida contra ela. O julgamento deve ser público, mas o acesso à sala de audiências pode ser proibido à imprensa ou ao público durante a totalidade ou parte do processo, quando a bem da moralidade, da ordem pública ou da segurança nacional numa sociedade democrática, quando os interesses de menores ou da proteção da vida privada das partes no processo exigirem, ou, na medida julgada estritamente necessária pelo tribunal, quando, em circunstâncias especiais, a publicidade pudesse ser prejudicial para os interesses da justiça." (art. 6)

- **Convenção Americana sobre Direitos Humanos – Pacto de São José da Costa Rica (1969):**

"Toda a pessoa tem direito a recurso efetivo para as jurisdições nacionais competentes contra os atos que violem os direitos fundamentais reconhecidos pela Constituição ou pela lei." (art. 8)

"Toda a pessoa tem direito, em plena igualdade, a que a sua causa seja equitativa e publicamente julgada por um tribunal independente e imparcial que decida dos seus direitos e obrigações ou das razões de qualquer acusação em matéria penal que contra ela seja deduzida." (art. 10)

- **Carta Mundial do Direito à Cidade (2005):**

"1. As cidades signatárias se comprometem a adotar medidas destinadas a melhorar o acesso de todas as pessoas ao direito e à Justiça. 2. As cidades devem fomentar a resolução dos conflitos civis, penais, administrativos e trabalhistas mediante a implementação de mecanismos públicos de conciliação, transação e mediação. 3. As cidades se obrigam a garantir o acesso ao serviço de justiça estabelecendo políticas especiais em favor dos grupos mais empobrecidos da população e fortalecendo os sistemas de defesa pública gratuita." (art. X. Direito à justiça)

Ainda, ao longo do século XX, conforme assinalado por Cappelletti[44], houve "ondas", procurando solucionar-se o acesso à justiça: (i) apoio judiciário aos cidadãos de menor rendimento; (ii) proteção dos interesses difusos; e (iii) resolução alternativa de conflitos. Em paralelo, com advento e incremento, em especial, dos direitos sociais, houve (e, ainda, estamos sentindo tal ênfase) expansão da gama de direitos postos em discussão, inclusive, com atendimento das variadas minorias (grupos vulneráveis).[45][46]

---

44. CAPPELLETTI, 1988, p. 31 e ss.
45. Ou seja, ainda que quantitativamente, não sejam "minorias", são enquadrados nesta concepção os chamados "grupos vulneráveis".
46. Tal espécie de discussão implica, de regra, a aplicação de princípios às soluções, o que sempre gerou (e continua gerando) críticas e controvérsia. E a maior crítica é contra o exagero do subjetivismo, deixando a cargo dos juízes a aplicação dos princípios:

"Embora seja menos forte no Brasil, há no exterior, especialmente na Alemanha, uma forte vertente crítica contra uma suposta hipertrofia do sopesamento, uma hipertrofia dos princípios. Segundo essa vertente, os direitos fundamentais, compreendidos como princípios, valeriam para qualquer coisa e não teriam nenhum conteúdo determinado. Essa linha de argumentação critica tanto um recurso exagerado aos princípios, quanto um recurso exagerado à ponderação ou ao sopesamento como forma de aplicação do direito. E o principal traço comum entre essas críticas é a referência a uma suposta *subjetividade* e a uma suposta *irracionalidade* do sopesamento.

Na Alemanha, três são os principais autores dessa vertente crítica, que foram depois seguidos por vários outros, seus discípulos ou não. O primeiro deles é Friedrich Müller, que afirma que o sopesamento nada mais seria do que a expressão das pré-compreensões mal explicadas daquele que decide e de suas ligações afetivas com o caso concreto; segundo ele, ponderar seria mais sugestão do que decisão. E Müller utiliza palavras muito semelhantes às usadas por Carlos Ari Sundfeld: o sopesamento seria a expressão de uma certa preguiça em face do trabalho interpretativo.

(...)

O terceiro autor, também nessa mesma linha crítica, é Jürgen Habermas, que afirma que o sopesamento, além de irracional, implica um enorme risco

Pode-se pensar que o Brasil tem conseguido bons resultados com ampliação do acesso ao Judiciário: tanto pelas normas de Assistência Judiciária, ainda, com implementação das Defensorias Públicas (Estaduais e da União); com leis, prevendo dispensa de recolhimento de custas (como sucede com os Juizados Especiais, ao menos, em primeira instância); atuação do Ministério Púbico (mais recentemente, das Defensorias Públicas), além de outras organizações, na defesa de interesses além do meramente individual. Ocorre, contudo, que, verificando a situação concreta da Justiça do país, vê-se nitidamente a fragilidade do sistema de solução de conflitos do Brasil.

5. LIMITAÇÕES – FRAGILIDADES

O direito de qualquer do povo de utilizar-se do Judiciário certamente pode ser visto como um direito positivo,[47] especialmente em contraposição aos direitos individuais.[48] Trata-se de

---

para a garantia dos direitos fundamentais, que perderiam o seu caráter vinculante.9 Segundo ele, os direitos fundamentais perderiam o seu caráter deontológico e passariam a ter um caráter sobretudo axiológico e teleológico. As normas deixariam de veicular o que deve ser, e passariam a ser uma material para se decidir o que é bom ou o que é ruim." (Silva, Virgílio Afonso da. *In* Ronaldo Porto Macedo Jr. & Catarina Helena Cortada Barbieri (orgs.), *Direito e interpretação: racionalidades e instituições*, São Paulo: Direito GV/ Saraiva, 2011: 363-380).

47. Ressalte-se, por oportuno, lição de Gustavo Amaral, lembrando que, em verdade, mais correto seria apontar pretensão negativa ou positiva, tendo em vista que qualquer direito – normalmente tido por positivo ou negativo – traz implicações positivas e negativas, sendo artificial separá-los por completo. Seria o caso de encontrar caráter prevalecente, e não único. (AMARAL, 2001, p. 131).

48. Valiosas as lições de Paulo Bonavides: "Os direitos da primeira geração são os direitos da liberdade, os primeiros a constarem do instrumento normativo constitucional, a saber, os direitos civis e políticos, que em grande parte correspondem, por um prisma histórico, àquela fase inaugural do constitucionalismo do Ocidente." (BONAVIDES, Paulo. *Curso de Direito Constitucional*. 7. ed. São Paulo: Malheiros, 1998, p. 517). Mais adiante, o constitucionalista arremata: "Os direitos de primeira geração ou direitos da

opor característica mais marcante dos direitos sociais[49] frente aos individuais:

> Como corolário dessa visão, os direitos da liberdade seriam sempre eficazes, já que não dependeriam de regulamentação. Conquanto fosse admitida a regulação das liberdades, o gozo das mesmas decorreria da própria Constituição, não do trabalho do legislador inferior. Os direitos sociais, via de regra, voltam-se não a uma abstenção do Estado, mas a uma ação, o que lhes dá a característica de positivos.[50]

Fácil de ver que a escassez de recursos econômicos (com decisões políticas difíceis, muitas vezes, não prestigiando temas

---

liberdade têm por titular o indivíduo, são oponíveis ao Estado, traduzem-se como faculdades ou atributos da pessoa e ostentam uma subjetividade que é seu traço mais característico; enfim, são direitos de resistência ou de oposição perante o Estado."

49. Enquanto os direitos de primeira geração são essencialmente formais (respectiva previsão bastaria), os de segunda geração exigem aparato material: "Os direitos sociais fizeram nascer a consciência de que tão importante quanto salvaguardar o indivíduo, conforme ocorreria na concepção clássica dos direitos da liberdade, era proteger a instituição, uma realidade social muito mais rica e aberta à participação criativa e à valoração da personalidade que o quadro tradicional da solidão individualista, onde se formara o culto liberal do homem abstrato e insulado, sem a densidade dos valores existenciais, aqueles que unicamente o social proporciona em toda a plenitude." (BONAVIDES, 1998, p. 519). Adiante, o jurista completa: "Não se pode deixar de reconhecer aqui o nascimento de um novo conceito de direitos fundamentais, vinculado materialmente a uma liberdade objetivada, atada a vínculos normativos e institucionais, a valores sociais que demandam realização concreta e cujos pressupostos devem ser criados, fazendo assim do Estado um artífice e um agente de suma importância para que se concretizem os direitos fundamentais da segunda geração." (p. 520). A identificação dos direitos sociais como positivos não é absoluta: "Primeiramente, cumpre dizer que a identificação dos direitos sociais como positivos é artificial. Há direitos sociais que são eminentemente negativos, como o direito de sindicalização e o direito de greve, que não demandam qualquer conduta estatal intrinsecamente relacionada." (AMARAL, p. 81). Mesmo, em linhas gerais, é comum atribuir o caráter de prestações positivas aos direitos sociais. Por isso, naturalmente, mais custosos.

50. AMARAL, 2001, p. 57.

de verdadeiro interesse nacional, ao menos, não na visão leiga dos nacionais) é demasiadamente relevante, interferindo na plenitude de promover amplo acesso ao Judiciário.[51] Entretanto, não é fator único e relevante na discussão.

Podem-se discriminar outros:

- **desconhecimento** dos direitos por grande parte da população;
- **intimidação** diante do Poder (Judiciário);
- baixa **educação** (certamente, relacionada com o desconhecimento dos próprios direitos acima mencionada);

---

51. A propósito, não se defende instalação de unidade de todas Justiças (Estadual, Federal ou Trabalhista) em qualquer comunidade ou município. Simplesmente, porque seria inviável economicamente, com possível prejuízo ao atendimento de tantos outros direitos sociais (como saúde e educação, apenas para mencionar os mais imediatos). Na verdade, em contexto evidente de limitação de recursos econômicos, exige-se, sim, maior criatividade dos poderes constituídos. Exemplo a ser seguido e majorado é dos juizados especiais federais itinerantes (previstos expressamente na Lei n. 10.259/01, art. 22, cujo parágrafo único: "O Juiz Federal, quando o exigirem as circunstâncias, poderá determinar o funcionamento do Juizado Especial em caráter itinerante, mediante autorização prévia do Tribunal Regional Federal, com antecedência de dez dias."). A realidade da Justiça Federal, nas cinco Regiões, é bem diversa entre si, justificando – como regra, os itinerantes -, e motivo é evidente: há tantas comunidades distantes entre si e pequenas, que não seria viável implantar Varas. É que se constata, especialmente, nas Primeira e Quinta Regiões: "No que se refere especificamente à penetração territorial dos juizados especiais, os dados indicam grande heterogeneidade entre as regiões da Justiça Federal, com interiorização bastante avançada na 2ª, na 3ª e, especialmente, na 4ª regiões e concentração nos grandes núcleos urbanos da 1ª e da 5ª, onde ainda é necessário percorrer longos trajetos para ter acesso ao juizado. Evidentemente, o processo de interiorização da Justiça Federal ainda está em curso e o seu aprofundamento deverá repercutir na distribuição dos juizados especiais, com foco nas regiões menos assistidas, melhorando as condições de acesso da população residente nos municípios do interior. Cabe ressalvar, contudo, que, no âmbito de uma política institucional clara de garantia de acesso à justiça, além da expansão da rede, os juizados itinerantes e os postos avançados poderiam ser mais amplamente empregados como alternativas para levar os juizados especiais às áreas mais afastadas do país." (IPEA – Instituto de Pesquisa Econômica Aplicada. *Acesso à justiça federal: dez anos de juizados especiais*. Brasília: Conselho da Justiça Federal, Centro de Estudos Judiciários, 2012, p. 172).

- **capacidade econômica** pequena ou inexistente dos jurisdicionados;

- **lentidão**[52] da Justiça gerando, também, desestímulo a soluções alternativas (vez que, lamentavelmente, a demora pode interessar a uma das partes);

- dificuldade na **implementação/efetivação** das decisões, vez que existe evidente excesso de recursos, com patente concentração de poder decisório (inclusive, de suspensão de determinações de instâncias inferiores) em Tribunais Superiores;

- **resistência/descumprimentos** de decisões judiciais tanto por particulares quanto (e especialmente, pois o descrédito gerado na população é notório) pela Administração Pública;

- dificuldades na **execução** em ações coletivas, que, se servem para concentrar discussões de inúmeras ações individuais, não alcançam o mesmo objetivo no momento da concretização (portanto, de cada um do interessado) do direito reconhecido judicialmente;

---

52. Mesmo em Juizados Especiais, o tempo de demora para alcançar-se a sentença (ou seja, sem considerar julgamento de eventual recurso interposto) é demasiado longo: "Contudo, se 624 dias é um tempo médio mais breve que o verificado em outros órgãos do Judiciário, não corresponde exatamente ao que se espera de uma instituição efetivamente célere. Considere-se, ainda que esse tempo dobra quando há recursos, evidenciando que o desempenho no âmbito recursal dos juizados, além de compactar diretamente nos resultados do sistema como um todo, onera sobremaneira a parte autora. Não menos importante, nesse sentido, é ter em conta que os juizados processam basicamente demandas sociais de natureza alimentar: mais de 70% das ações que tramitam nesses órgãos são ações previdenciárias e assistenciais, reforçando a percepção generalizada de que os juizados são um importante meio de acesso à justiça para os cidadãos de baixa renda. Além disso, essas demandas chegam ao Judiciário porque se viram frustradas no âmbito administrativo fundamentalmente em virtude da precariedade ou inexistência de documentação probatória, problema que aparentemente tem sido tratado de modo insuficiente pela administração, requerendo atenção especial da Justiça." (IPEA, p. 175).

- **postura** de alguns juízes[53] que ou não são cientes do papel constitucional, ou, simplesmente, não são vocacionados ao contato com o público e a busca de soluções de conflitos.

6. SUGESTÕES PARA MELHORIA DO ACESSO À JUSTIÇA

Sem qualquer pretensão de verdadeiramente solucionar a questão de dificuldade de acesso à justiça (aos direitos e Judiciário), parece adequado propor ou sintetizar algumas idéias. Bom de assinalar que, a despeito de críticas (as mais variadas), muito se progrediu no país, como destacado um pouco acima[54]. Tanto por isso, mesmo no Brasil, sentiram-se algumas das

---

53. Tanto por isso, ou seja, ciente do papel do Juiz, diz-se da importância do papel desempenhado pelo magistrado: "O Judiciário é um dos atores responsáveis (ônus funcional da magistratura) pela realização das prescrições constitucionais. Assim, superada que já está a idéia de que bastaria proclamar a abertura do Judiciário a todos, impõe-se, adicionalmente, reconhecer que também não basta a efetivação do acesso caso a Justiça, especialmente a Justiça Constitucional, não esteja consciente de seu papel na realização do Estado Constitucional, e, com ela, na implementação do Estado social. Recorde-se, aqui, que no Brasil todo magistrado é um juiz constitucional, carregando em seu cargo o dever mencionado". (TAVARES, André Ramos. *Manual do poder judiciário brasileiro*. São Paulo: Saraiva, 2012, p. 67).

54. Exemplo eloquente no sentido de promoção do acesso à justiça (ao Judiciário, mas, também, à ciência dos próprios direitos, como consequência da divulgação e função pedagógica de parte do Judiciário) veio com a Lei n. 10.259/01, implantando os Juizados Especiais na Justiça Federal. Ao longo dos mais de 10 (dez) anos de funcionamento, sua evolução e alcance a boa parte da população é inquestionável: "Em primeiro lugar, cabe registrar a franca consolidação da Justiça Federal do projeto que impulsionou os juizados especiais. De um lado, o grande volume de ações que passam por esses órgãos a cada ano, com distribuição anual em torno de 1.2 milhão de demandas no período de 2008-2011, equipara-os às varas comuns como 'portas de entrada' da Justiça Federal, com amplo reconhecimento por parte da sociedade. De outro lado, a crescente ampliação e interiorização da rede de juizados ao longo dos últimos dez anos corrobora a tese de que vieram cumprir um papel singular dentro do sistema de justiça, atendendo uma demanda que esteve represada durante muito tempo e se encontra espraiada pelo território nacional." (IPEA, 2012, p. 172).

soluções, destacadas por Cappelletti (e suas observações, com base no "Florence Project").⁵⁵

A propósito do último ponto, destacado dentre as limitações, ou seja, a postura do julgador, o juiz que se espera diante da complexidade após derrocada do positivismo jurídico deve ser sensível a toda gama de direitos após Segunda Guerra Mundial.⁵⁶ Ou seja, o juiz – mesmo ciente de seu papel – não é isento de críticas. Muito pelo contrário: tanto parte da sociedade,

---

55. O jurista, em sua obra já mencionada (*Acesso à justiça*), fez destaque de vários sistemas, dentre os quais: (i) Sistema *Judicare:* assistência judiciária por meio de advogados privados, pagos pelo Estado (Áustria, Inglaterra, Holanda, França e Alemanha); (ii) Variante na França: atendimento acima da linha de pobreza e, às vezes, sem limite, de acordo com o assunto em debate (com crítica de que se limitava a casos individuais, e não discussões sobre grupos); (iii) Advogados remunerados pelos cofres públicos: pequenos escritórios em comunidades pobres, estimulando e difundindo conhecimento sobre direitos (EUA); (iv) Modelos combinados: adv. públicos ou privados (pagamento em função de sucesso, ou não).

56. "Neste sentido, a consagração de direitos fundamentais pelas constituições passou a representar um espaço inacessível aos Parlamentos, porque as diversas declarações que foram sendo incorporadas a um patrimônio cultural da humanidade (na perspectiva ocidental) procuravam assegurar determinados direitos do indivíduo contra eventuais práticas espúrias do Legislador (direitos públicos subjetivos como regras negativas de competência do Estado). Como observou Freeman (1994, p. 189-90) 'por meio de uma carta de direitos, os cidadãos concordam, com efeito, em retirar certos itens da agenda legislativa'. Essa contraposição entre democracia e direitos fundamentais acabaria por legitimar ainda mais uma atuação menos circunstancial do juiz constitucional (e que, posteriormente, vai se expandir para outras áreas além dos direitos fundamentais).

Em síntese, percebe-se que a ampliação do espaço 'tradicional' do juiz constitucional (entre Judiciário e Tribunal Constitucional), na tutela da Constituição e sua supremacia (quer dizer, para além de um mero *legislador negativo*, na expressão cunhada por Kelsen) foi viabilizada, dentre outras ocorrências, pela abertura semântica das constituições, em sua contemplação principiológica do discurso dos direitos humanos, pela supremacia da Constituição, pela vinculação dos legislativos aos direitos fundamentais consagrados, e, sobretudo, pela necessidade de retirar do espaço político certas opções." (TAVARES, André Ramos. *Paradigmas do judicialismo constitucional*. São Paulo: Saraiva, 2012, p. 65-66).

descontente com eventual solução judicial, quanto representantes de outro Poder (como Legislativo, comumente tão omisso no Brasil) mirarão seus discursos agressivos contra o novo juiz. Novo, mas não necessariamente na idade, mas, sim, em seu papel (função) constitucional.

Frise-se que tal crítica em relação ao juiz, a propósito, não é nova. E sempre se repete, especialmente, em face do Judiciário,[57] em casos que causam comoção,[58] atribuindo aos juízes interferência indevida em outros Poderes. Como se observa da lição de Cappelletti – até um pouco antiga – a discussão não é exclusividade do Brasil.

---

57. Nem exclusividade brasileira. Muito pelo contrário: faz parte de debate nos Estados democráticos. Observe-se anotação de Cappelletti:
"As sociedades mais sãs esforçaram-se e se esforçar por encontrar a cura desses desenvolvimentos, potencialmente patológicos. Não é este o lugar para o exame das várias tentativas realizadas e que continuam a se realizar em tal sentido: da descentralização legislativa à participação popular nos procedimentos decisórios da administração. Basta notar que, também para o judiciário, tais desenvolvimentos comportaram consequências importantes, sobretudo o aumento da sua função e responsabilidades. Pelo fato de que o 'terceiro poder' não pode simplesmente ignorar as profundas transformações do mundo real, impôs-se novo e grande desafio aos juízes. A *justiça constitucional*, especialmente na forma do controle judiciário da legitimidade constitucional das leis, constitui um aspecto dessa nova responsabilidade. Como demonstrou a evolução de número crescente de países, no estado moderno o legislador-gigante não poderia mais, sem gravíssimos perigos, ser subtraído a controle. (...) Na verdade, talvez com a só exceção dos Estados Unidos, os tribunais judiciários mostraram-se geralmente relutantes em assumir essas novas e pesadas responsabilidades. Mas a dura realidade da história moderna logo demonstrou que os tribunais – tanto que confrontados pelas duas formas acima mencionadas do gigantismo estatal, o legislativo e o administrativo – não podem fugir de uma inflexível alternativa. Eles devem de fato escolher umas das duas possibilidades seguintes: a) permanecer fiéis, com pertinácia, à concepção tradicional, tipicamente do século XIX, dos limites da função jurisdicional, ou b) elevar-se ao nível dos outros poderes, tornar-se enfim o *terceiro gigante*, capaz de controlar o legislador mastodonte e o leviatanesco administrador." (CAPPELLETTI, Mauro. *Juízes legisladores?* Porto Alegre: Sério Antonio Fabris Editor, 1993, p. 46).
58. Por exemplo, na discussão sobre união homoafetiva, travada no STF, na qual a Corte decidiu à unanimidade seu reconhecimento, conforme a Constituição Federal de 1988: STF, Tribunal Pleno, ADI 4277/DF, RELATOR MIN. AYRES BRITTO, DJe-198 DIVULG 13-10-2011 PUBLIC 14-10-2011.

Pois bem, afora a limitação em razão da escassez de recursos e necessidade de postura mais aberta por parte dos juízes, podem-se destacar algumas sugestões:

- **aumentar/dinamizar meios alternativos** de solução de conflitos (em separado do Poder Judiciário, ou, ao menos, extrajudicialmente[59]), especialmente, autocompositivos (consensuais);

- prever **consequência (econômica)** para ação proposta, após negativa de acordo, se confirmada a pretensão (um "plus" no valor da condenação, aumento de custas para o perdedor, que rejeitou o acordo, por exemplo);

- **desjudicialização,** ou seja, concretização de direitos pela eficiência administrativa (70% de ações no JEF são com INSS)[60];

- incrementar **penalização por descumprimento de decisões judiciais** (tanto criminal quanto civilmente);

- **modificar redação do art. 14, §único, Código de Processo Civil (CPC),** com aumento de multa pessoal (cobrança impulsionada, também, por Ministério Público ou associações civis[61]);

- restringir/limitar o **acesso aos Tribunais Superiores** (PEC

---

59. O Conselho Nacional de Justiça (CNJ) tem estimulado a prática da conciliação em todas as Justiças. Daí, vem sendo rompido o paradigma da indisponibilidade dos recursos públicos, permitindo-se, inclusive, grande volume de recursos em ações nos Juizados Especiais Federais. Ocorre, todavia, que se percebe que muitas ações solucionadas por acordos sequer precisariam ser propostas. Parece evidente necessidade criar estímulos para a prática de acordo, mediante, especialmente, conciliação ou mediação, pelos quais as partes espontaneamente alcançam solução que se mostra satisfatória a elas. A rapidez e certeza do direito alcançado são elementos inerentes a acordos, o que mostra grande vantagem de sua prática.
60. BOCHENEK, 2013, p. 225.
61. Seria uma sugestão à limitação de inscrição da multa na dívida ativa (do Estado ou União), como consta na redação atual, o que, por óbvio, limita o caráter sancionatório em relação a servidores públicos do ente responsável pela cobrança.

15/2011[62], mas em sua concepção original[63], ou seja, alcance

---

62. O mencionado Projeto de Emenda Constitucional (PEC), previa, originalmente, modificação dos artigos 102 e 105, Constituição Federal, com extinção completa dos recursos extraordinário (para o Supremo Tribunal Federal, STF) e especial (para o Superior Tribunal de Justiça, STJ), como seguem:
"Art. 102
I – ....
....
s) a ação rescisória extraordinária;
(...)
§ 3º A ação rescisória extraordinária será ajuizada contra decisões que, em única ou última instância, tenham transitado em julgado, sempre que:
I – contrariarem dispositivo desta Constituição;
II – declararem a inconstitucionalidade de tratado ou lei federal;
III – julgarem válida lei ou ato de governo local contestado em face desta Constituição;
IV – julgarem válida lei local contestada em face de lei federal.
§ 4º Na ação rescisória extraordinária, o autor deverá demonstrar a repercussão geral das questões constitucionais nela discutidas, nos termos da lei, a fim de que o Tribunal examine sua admissibilidade, somente podendo recusá-la, por ausência de repercussão geral, pelo voto de dois terços de seus membros."
"Art. 105..
I – ....
....
j) a ação rescisória especial;
....
§ 1º ....
§ 2º A ação rescisória especial será ajuizada contra decisões dos Tribunais Regionais Federais ou dos tribunais dos Estados, do Distrito Federal e Territórios que, em única ou última instância, tenham transitado em julgado, sempre que:
I – contrariarem tratado ou lei federal, ou negar-lhes vigência;
II – julgarem válido ato de governo local contestado em face de lei federal;
III – derem a lei federal interpretação divergente da que lhe haja atribuído outro tribunal.
§ 3º A lei estabelecerá os casos de inadmissibilidade da ação rescisória especial."
63. Ou seja, a partir o fim dos recursos aos tribunais superiores, as ações – cíveis ou penais – transitariam em julgado após julgamento pelos tribunais de apelação (Tribunais de Justiça ou Tribunais Regionais Federais). Eventual insistência de continuar a discussão implicaria propositura de outra ação

a ações cíveis e penais[64]);

- uso mais amplo de justiças itinerantes (aproveitando experiência bem sucedida dos Juizados Especiais Federais);

- **informatização/digitalização** irrestrita em todas as justiças, tornando menos custosa sua manutenção (menos necessidade de servidores, aumento da celeridade, ausência de gastos com papel, além de prédios e arquivos, com menor necessidade de espaço físico), com possibilidade de aumento de unidades jurisdicionais a partir da economia gerada;

- aumentar e implementar a **Defensoria Pública**.

7. CONSIDERAÇÕES FINAIS

Da evolução da sociedade, separada por castas – em função de tantas variáveis, como cidadania romana (versus estrangeiros); realeza (versus plebeus); religião (versus pagãos ou hereges) – emergiu o fortalecimento do ser humano pela sua simples existência. Para tanto, viu-se às claras uso amplo do princípio da igualdade (evitando discriminações) e observância de mínimo existencial, próprio do ser humano, impondo dever de o Estado garanti-lo.

---

judicial (rescisória extraordinária ou especial). Cediço que a modificação facilitaria quanto execução civil quanto penal (com encarceramento de condenados). A meu ver, restariam desestimuladas as condutas protelatórias.

64. Todavia, no final de 2013, foi divulgado que o Congresso Nacional, pela Comissão de Constituição, Justiça e Cidadania do Senado Federal, modificou a proposta, deixando de promover as alterações nos artigos 102 e 105. A concepção foi restringida tão somente para as causas penais.

E, para tanto, a mencionada Comissão, em 04/12/2013, conforme se lê da página na *internet* (www.senado.gov.br) aprovou parecer do Senador Aloysio Nunes Ferreira, e o projeto adotou proposta de apenas incluir parágrafo único ao artigo 96, da Constituição Federal, com o seguinte texto: "Os órgãos colegiados e tribunais do júri poderão, ao proferirem decisão penal condenatória, expedir o correspondente mandado de prisão, independentemente do cabimento de eventuais recursos."

O reconhecimento em vários escritos acerca da dignidade humana demarca bem no tempo a necessidade de evolução da sociedade, mirando o respeito absoluto ao homem. E tal respeito mostra conteúdo próprio do que se busca pelo direito e justiça (muito embora se reconheça grande dificuldade para seu alcance).

Pertinentes, ao arremate, as observações de Celso Lafer:

> "Em um Estado de Direito a exigência de que as leis sejam gerais e impessoais atende a outro requisito da ordem jurídica como paz: da de garantir, na convivência coletiva, a segurança da certeza do Direito, que afasta a indeterminação do agir discricionário.
>
> Ir além da justiça como legalidade é uma exigência da Teoria da Justiça, porque qualquer ordenamento jurídico não é necessariamente justo. Requer o exame do conteúdo da lei. Neste contexto, na lição de Aristóteles, é a igualdade que norteia a averiguação, cabendo, no entanto, lembrar que existem afinidades entre os conceitos de ordem e igualdade. A igualdade perante a lei é uma expressão desta afinidade porque se contrapõe à desordenada desproporção entre as partes e das partes em relação ao todo. O Supremo Tribunal Federal, no julgamento do 'Mensalão', ao afirmar a igualdade perante a lei, está assegurando justiça ao não diferenciar a conduta dos poderosos da do cidadão comum.
>
> (...) A busca da igualdade dos pontos de partida norteia o critério de justiça das políticas afirmativas. É por esse motivo que o recorrente desafio para a Teoria da Justiça é o da síntese e da conciliação, das várias vertentes da igualdade, voltadas para aperfeiçoar, em uma sociedade, a dimensão do Direito como ordem.
>
> A justiça, em uma sociedade, tende a se completar quando o Direito, como a paz da ordem aperfeiçoada pela igualdade, ensejadora de um viver sem miséria, permite a fruição da liberdade. A liberdade, como a igualdade, tem muitas vertentes, mas é uma aspiração das sociedades contemporâneas que se contrapõe às excludentes dicotomias senhor/escravo, rei/súdito. A justiça, como liberdade, parte da asserção *kantiana* de que a pessoa humana não tem preço,

mas a dignidade de ser um fim em si mesma, não redutível à natureza ou ao todo sociopolítico. Existe a dimensão da liberdade como não impedimento, ou seja, como uma esfera de atividades do ser humano não controlada pelo Estado e pela sociedade, assim, como a liberdade de participação nas deliberações coletivas, que está na raiz da democracia. São desdobramentos da liberdade, por exemplo, a liberdade religiosa, que postula a tolerância, a liberdade de associação, a liberdade de pensamento e de sua expressão não censurada, a liberdade de iniciativa. O direito assegura a justiça como liberdade quando constrói as condições apropriadas para a coexistência das liberdades, ou seja, quando cria a moldura para que a liberdade para de um não se transforme em não liberdade para os outros. É neste sentido que se pode falar em igualdade na liberdade, em uma ordem jurídica alinhada com as aspirações do justo. O mundo não é uma realidade necessária, mas um conjunto de possibilidades. É o que permite afirmar o papel e o valor de uma Teoria da Justiça que integre, de maneira pluralista, no Direito Positivo, a ordem, aperfeiçoada pela igualdade e pela liberdade."[65]

A despeito de avanços inegáveis, muito se mostra necessário a fazer para o fim de promover satisfatoriamente o direito de acesso à justiça, no seu sentido mais amplo: acesso aos direitos e ao próprio Judiciário.

REFERÊNCIAS BIBLIOGRÁFICAS

ALEXY, Robert. *Teoria dos direitos fundamentais.* Tradução de Virgílio Afonso da Silva da 5ª edição alemã. São Paulo: Malheiros Editores, 2012.

AMARAL, Gustavo. *Direito, escassez e escolha*: em busca de critérios jurídicos para lidar com a escassez de recursos e as decisões trágicas. Rio de Janeiro: Renovar, 2001.

---

65. LAFER, Celso. *Variações sobre a justiça. In* Revista Jurídica Consulex – v. 17, n. 385, fev. 2013. Brasília: Consulex, 2013, p. 21.

ARAÚJO, Luiz Alberto David. *A proteção constitucional do transexual.* São Paulo: Saraiva, 2000.

ARENDT, Hannah. *A condição humana.* 10ª Edição. Rio de Janeiro: Forense Universitária, 2007.

ÁVILA, Humberto. *Teoria dos princípios: da definição à aplicação dos princípios jurídicos.* 14ª Edição. São Paulo: Malheiros Editores, 2013.

BARROSO, Luís Roberto. *A dignidade da pessoa humana no direito constitucional contemporâneo: a construção de um conceito jurídico à luz da jurisprudência mundial.* Belo Horizonte: Fórum, 2013.

_____. *O novo direito constitucional brasileiro: contribuições para a construção teórica e prática da jurisdição constitucional no Brasil.* 2ª reimpressão. Belo Horizonte: Fórum, 2013.

BOCHENEK, Antônio César. *A interação entre tribunais e democracia por meio do acesso aos direitos e à justiça: análise de experiências dos juizados especiais federais cíveis brasileiros.* Brasília: CJF, 2013.

BONAVIDES, Paulo. *Curso de Direito Constitucional.* 7. ed. São Paulo: Malheiros, 1998.

CAPPELLETTI, Mauro. *Acesso à justiça.* Tradução de Ellen Gracie Northfleet. Porto Alegre : Fabris, 1988.

_____. *Juízes legisladores?* Porto Alegre: Sérgio Antonio Fabris Editor, 1993.

DWORKIN, Ronald. *Taking rights seriouly.* Cambridge: Harvard University Press, 1978.

IPEA – Instituto de Pesquisa Econômica Aplicada. *Acesso à justiça federal: dez anos de juizados especiais.* Brasília: Conselho da Justiça Federal, Centro de Estudos Judiciários, 2012.

LAFER, Celso. *Variações sobre a justiça. In* Revista Jurídica Consulex – v. 17, n. 385, fev. 2013. Brasília: Consulex, 2013.

NALINI, José Renato. *O juiz e o acesso à Justiça*. São Paulo: Revista dos Tribunais, 1994.

NERY JUNIOR, Nelson e Abboud, Georges. *Noções fundamentais sobre pós-positivismo e direito*. In Revista de Direito Privado, ano 14, vol. 53, Revista dos Tribunais, 2013.

NEVES, Marcelo. *Entre Hidra e Hércules: princípios e regras constitucionais como diferença paradoxal do sistema jurídico*. São Paulo: Editora WMF Martins Fontes, 2013.

PERRY, Michael J. *Morality, politics and law*. New York: Oxford University Press, 1990.

RAO, Vicente, *O direito e a vida dos direitos* – 5ª edição anotada e atualizada por Ovídio Rocha Barros Sandoval – São Paulo: Editora Revista dos Tribunais, 1999.

SHAPIRO, SCOTT J. *The "Hart-Dworkin" debate: a short guide for the perplexed*. Public Law and Legal Theory Working Paper Series, working paper n. 77, March 2007, in http://ssrn.com/abstract=968657.

SILVA, José Afonso da. *O ser das regras, das normas e dos princípios constitucionais*. In: Interesse Público – IP, Belo Horizonte, ano 13, n. 67, maio/jun. 2011. Disponível em: HTTP://www.bidforum.com.br/bid/PDI0006.aspx?pdCntd=73622.

SILVA, Virgílio Afonso da. *Direitos fundamentais: conteúdo essencial, restrições e eficácia*. 2ª edição. São Paulo: Malheiros Editores, 2011.

_____. *In* Ronaldo Porto Macedo Jr. & Catarina Helena Cortada Barbieri (orgs.), *Direito e interpretação: racionalidades e instituições*, São Paulo: Direito GV/Saraiva, 2011: 363-380.

TAVARES, André Ramos. *Paradigmas do judicialismo constitucional*. São Paulo: Saraiva, 2012.

_____. *Manual do poder judiciário brasileiro*. São Paulo: Saraiva, 2012.

VERDADE JUDICIAL, PROVAS E PACIFICAÇÃO SOCIAL

Adriana Delboni Taricco[1]

1. Introdução

Este artigo visa a estudar o que é verdade judicial, se ela existe e como se chega até ela.

Objetiva também analisar a relação entre verdade judicial e ritualização do processo, passando por diversos conceitos de verdade, definindo, por fim, verdade judicial no âmbito deste trabalho, para que serve e se é suficiente para pacificar a vida em sociedade.

Para tanto, entramos no campo das provas, que definimos como fatos jurídicos utilizados pelas partes na tentativa de buscar e de mostrar a verdade em Juízo; analisamos quem deve e quem pode produzi-las em uma ação judicial e em que medida.

Para demonstrar a fragilidade das provas no que tange à busca pela verdade dita real ou substancial, escolhemos um

---

1. Juíza Federal Substituta e Mestranda na PUC/SP.

dos meios processualmente admitidos, a prova testemunhal, e, com base no estudo de Elisabeth Loftus,[2] psicóloga americana que estuda a memória humana, concluímos que não há prova segura capaz de demonstrar a verdade como valor, mas sim como verdade processual construída ao longo do processo.

Firmamos que a ritualização é, portanto, essencial para a segurança jurídica, já que permite ao juiz, que não pode deixar de decidir um caso, aplicar regras postas, públicas, vigentes para todas as partes, escolhidas pelos representantes legais dos cidadãos, com o intuito de findar uma lide, resolvendo o litígio de maneira definitiva e aceita pela sociedade, que se contenta, dessa maneira, com a verdade edificada pelo homem.

2. Conceituar e definir

Conceituar é dar nome a algo. Apenas nominamos o que conhecemos e reputamos útil.

Não é raro atribuirmos o mesmo nome a coisas diversas, tornando, com isso, o vocábulo ambíguo. Comum também a existência de palavras vagas, ou seja, de vocábulos sem limitação posta para o seu uso.

Surge, então, a necessidade de se definir, de se limitar o nome, isto é, de se colocarem fronteiras ao conceito para fins de estudo e de aplicação.

Nesse sentido, observamos que "verdade" é um valor tal como o é a "justiça". Um valor perseguido pelo ser humano. Valor objeto de estudo da Filosofia, e não da Ciência Jurídica, na medida em que faz parte do campo de estudo da Metafísica.

---

2. LOFTUS, Elisabeth. *The fiction of memory*. Disponível em: <http://www.ted.com/talks/elizabeth_loftus_the_fiction_of_memory.html>. Acesso em: 26 nov. 2013.

Houve e há inúmeras correntes para se conceituar a "verdade". Dentre elas, citamos cinco:[3]

A teoria da correspondência, de Aristóteles,[4] define verdade como a adequação de determinada sentença à realidade, como a perfeita identidade entre a proposição e o evento.

No *Dicionário Aurélio*,[5] encontramos vários conceitos de verdade, dentre eles duas definições que vão ao encontro dessa teoria: "conformidade com o real" e "representação fiel de alguma coisa na natureza".

A teoria do fenomenalismo discorda da teoria anterior, na medida em que prega que o homem não tem acesso ao objeto cognoscível "em si", mas à manifestação dele.

Já a teoria pragmática dispõe que um enunciado é verdadeiro se tem efeitos práticos para quem o sustenta. Nesse sentido, Nietzsche:[6] "é verdadeiro o que é apropriado para a conservação da humanidade."

---

3. CASTRO, Carlos Roberto Ibanez. *Verdade judicial e ritualização do processo – a forma é questão menos relevante e subterfúgio para contornar a cláusula de indeclinabilidade da jurisdição?* Disponível em: <http://www.editoramagister.com/doutrina_24325422_VERDADE_JUDICIAL_E_RITUALIZACAO_DO_PROCESSO__A_FORMA_E_QUESTAO_MENOS_RELEVANTE_E_SUBTERFUGIO_PARA_CONTORNAR_A_CLAUSULA_DE_INDECLINABILIDADE_DA_JURISDICAO.aspx>. Acesso em: 26 nov. 2013.
4. Apud CASTRO, Carlos Roberto Ibanez. Ibidem.
5. FERREIRA, Aurélio Buarque de Holanda. *Dicionário da língua portuguesa*. Disponível em: <http://www.dicionariodoaurelio.com/>. Acesso em: 26 nov. 2013.
6. Apud CASTRO, Carlos Roberto Ibanez. *Verdade judicial e ritualização do processo – a forma é questão menos relevante e subterfúgio para contornar a cláusula de indeclinabilidade da jurisdição?* Disponível em: <http://www.editoramagister.com/doutrina_24325422_VERDADE_JUDICIAL_E_RITUALIZACAO_DO_PROCESSO__A_FORMA_E_QUESTAO_MENOS_RELEVANTE_E_SUBTERFUGIO_PARA_CONTORNAR_A_CLAUSULA_DE_INDECLINABILIDADE_DA_JURISDICAO.aspx>. Acesso em: 26 nov. 2013.

A teoria da coerência, por sua vez, prega que a verdade decorre da coesão entre determinado juízo e o sistema de crenças ou verdades anteriormente estabelecidas e evidencia-se diante de um discurso dotado de coerência interna.

Por fim, a teoria consensual prega que a verdade é extraída do consenso entre os indivíduos de determinada comunidade ou cultura, de modo que a ideia que conta com maior credibilidade é verdadeira.

Para fins deste estudo, o conceito verdade judicial será utilizado para definir o produto final das atividades desenvolvidas por todas as partes de um processo, incluindo o juiz, sob a égide de regras processuais previamente estabelecidas.

Dentre as teorias acima citadas, percebe-se que esse conceito ora adotado vai ao encontro da teoria da coerência e da teoria consensual, na medida em que a verdade judicial será manufaturada, construída, fabricada de acordo com o que as pessoas pactuaram previamente como verdade.

Para se chegar a esse produto final em uma ação judicial, há regras procedimentais, os chamados ritos.

Sendo assim, a verdade será sempre formal porque edificada de acordo com as regras preestabelecidas, o que nos afasta de conceitos como verdade real, verdade substancial e verdade verdadeira.

3. Procedimento e verdade

Na busca pela verdade, mesmo que pela verdade judicial tal como posta, as provas são instrumentos essenciais, posto que são o meio de se trazerem aos autos e ao sistema jurídico versões sobre os fatos objeto da lide.

No entanto, não é qualquer prova que pode ser trazida a Juízo, tampouco de qualquer maneira ou em qualquer tempo.

Para disciplinar as atividades probatórias das partes e do juiz, há os ritos processuais legais.

Os procedimentos ou ritos seguidos para se chegar à verdade judicial visam proporcionar segurança jurídica, na medida em que são regras previamente estabelecidas para todas as pessoas que garantem a paridade de armas e buscam a celeridade processual.

No intuito de tentar uniformizar tais regras, em nome da segurança jurídica, por meio da regularidade jurisprudencial, vários Magistrados Federais uniram-se recentemente, em Belo Horizonte – MG, no X Fórum Nacional dos Juizados Especiais Federais (FONAJEF),[7] oportunidade em que aprovaram diversos enunciados. Destacamos, dentre eles, o Enunciado nº 1, do Grupo 1-Turmas Recursais: "1. A Turma Recursal, analisadas as peculiaridades do caso concreto, pode conhecer documentos juntados na fase recursal. Aprovado por maioria".

Fácil notar a importância da busca pela edificação da verdade no processo, a complexidade do tema e a tentativa dos juízes federais de preestabelecer regras referentes às provas, interpretando as leis processuais vigentes.

Importante fazer constar que um procedimento é composto por várias fases. Dentre elas, a fase instrutória é a que mais se envolve com o conceito de verdade judicial, pois a prova não existiria não fosse a intenção do homem de tentar trazer à baila a verdade sobre algo.

Extrai-se do artigo 339[8] do Código de Processo Civil brasileiro a relevância do conceito verdade: "Ninguém se exime do dever de colaborar com o Poder Judiciário para o descobrimento da verdade".

---

7. Disponível em: <http://www.ajufe.org/arquivos/downloads/fonajef-lista-de-enunciados-aprovados-311756.pdf>. Acesso em: 26 nov. 2013.

8. Disponível em: <http://www.planalto.gov.br/ccivil_03/leis/l5869.htm>. Acesso em: 26 nov. 2013.

Sobre a verdade e a prova, Maria Rita Ferragut[9] afirma que:

> A verdade encontra-se ligada à prova, pois é por meio desta que se torna possível afirmar ideias verdadeiras, adquirir a evidência da verdade, ou certificar-se de sua exatidão jurídica. Ao direito somente é possível conhecer a verdade por meio das provas.

Na sua obra clássica,[10] Moacyr Amaral Santos aduz que: "Provar é convencer o espírito da verdade respeitante a alguma coisa".

No *Dicionário Houaiss*, o vocábulo prova é conceituado como: "o que demonstra que uma afirmação ou fato são verdadeiros".[11]

Julio Fabbrini Mirabete explica que:

> Para que o juiz declare a existência da responsabilidade criminal e imponha sanção penal a uma determinada pessoa, é necessário que adquira a certeza de que foi cometido um ilícito penal e que seja ela a autora. Para isso deve convencer-se de que são verdadeiros determinados fatos, chegando à verdade quando a ideia que forma em sua mente se ajusta perfeitamente com a realidade dos fatos. Da apuração dessa verdade trata a instrução [...].[12]

Há regras procedimentais referentes às provas que devem ser seguidas pelas partes autora e ré de uma ação judicial. Conforme dita o artigo 333 do Código de Processo Civil:

---

9. FERRAGUT, Maria Rita. *Presunções no direito tributário*. 2. ed. São Paulo: Quartier Latin, 2005. p. 78.
10. AMARAL SANTOS, Moacyr. *Primeiras linhas de direito processual civil*. 19. ed. São Paulo: Saraiva, 1998, v. 2, p. 327.
11. HOUAISS, Antônio. *Minidicionário da língua portuguesa*. 2. ed. Rio de Janeiro: Objetiva, 2004.
12. MIRABETE, Julio Fabbrini. *Processo penal*. 18. ed. São Paulo: Atlas, 2006, p. 249.

Art. 333. O ônus da prova incumbe:

I – ao autor, quanto ao fato constitutivo de seu direito;

II – ao réu, quanto à existência de fato impeditivo, modificativo ou extintivo do direito do autor.[13]

No caso de uma parte que não se desincumbe de provar o que alega, ou seja, preclusa a oportunidade para a realização do ato, a regra do ônus da prova expressa *supra* é aplicada pelo juiz. Eis um exemplo que demonstra a preocupação com a celeridade processual, que mostra o intuito de se pacificar a sociedade, de se findar o litígio posto em juízo, ainda que em prejuízo da busca daquela verdade que alguns chamam de real, substancial ou verdadeira.

Levando em conta esse ponto de vista, uma decisão com base em uma mentira vale mais do que uma decisão fundamentada na verdade real. A lei não permite que se busque eternamente a verdade.

Também há regras de procedimento acerca de provas que devem ser aplicadas pelo juiz, conforme se extrai, por exemplo, do artigo 130 do Código de Processo Civil: "Caberá ao juiz, de ofício ou a requerimento da parte, determinar as provas necessárias à instrução do processo, indeferindo as diligências inúteis ou meramente protelatórias.

No campo processual penal:

Art. 156. A prova da alegação incumbirá a quem a fizer, sendo, porém, facultado ao juiz de ofício:

I – ordenar, mesmo antes de iniciada a ação penal, a produção antecipada e provas consideradas urgentes e relevantes, observando a necessidade, adequação e proporcionalidade da medida;

---

13. Disponível em: <http://www.planalto.gov.br/ccivil_03/leis/l5869.htm>. Acesso em: 26 nov. 2013.

II – determinar, no curso da instrução, ou antes de proferir sentença, a realização de diligências para dirimir dúvida sobre ponto relevante.[14]

Muitos criticam o juiz que provoca a produção de provas, com receio de que, com isso, um juiz "ativo" saia de sua posição de equidistância em relação às partes e se torne parcial ao se deparar com o resultado do que mandou ser realizado.

Com a devida vênia aos que pensam de modo diverso, acreditamos que o juiz passivo, que se contenta com o que lhe é trazido, não respeita as diretrizes legais que mandam claramente que ele, de ofício, busque a verdade.

O juiz, ao requerer a juntada aos autos de determinado documento necessário para a comprovação de certo fato, não sabe se ele realmente existe; às vezes, tampouco sabe se tal juntada comprovará direitos que beneficiam uma parte ou a outra que compõe o outro polo da ação.

Da mesma forma, ao ouvir alguém como testemunha do juízo, o magistrado não tem como prever o que tal prova demonstrará ou a quem o depoimento beneficiará, uma vez que a testemunha, sob o compromisso de dizer a verdade, responderá a perguntas de todas as partes, dizendo apenas o que lembra e o que sabe. Pouco importa quem a arrolou.

Além disso, depois de produzidas, as provas são compartilhadas nos autos, podendo ser levadas em conta não só pela parte que provocou a sua produção, mas também por todas as outras partes da relação processual.

O processo caminha para a figura do juiz ativo, do juiz que busca a verdade. Prova disso são os inúmeros sistemas de computador confiados aos magistrados, no intuito de que

---

14. Disponível em: <http://www.planalto.gov.br/ccivil_03/leis/l5869.htm>. Acesso em: 26 nov. 2013.

busquem fatos relacionados à causa: BACENJUD, INFOJUD, SIEL, CNIS e PLENUS, RENAJUD etc.

De acordo com a definição do sítio mundial de computadores do Banco Central do Brasil, o BACENJUD:

> [...] é um sistema eletrônico de relacionamento entre o Poder Judiciário e as instituições financeiras, intermediado pelo Banco Central, que possibilita à autoridade judiciária encaminhar requisições de informações e ordens de bloqueio, desbloqueio e transferência de valores bloqueados.[15]

Conforme se extrai do sítio mundial de computadores do Conselho Nacional de Justiça (CNJ):

> Resultado de uma parceria entre o Conselho Nacional de Justiça (CNJ) e a Receita Federal, o Programa Infojud (Sistema de Informações ao Judiciário) é um serviço oferecido unicamente aos magistrados (e servidores por eles autorizados), que tem como objetivo atender às solicitações feitas pelo Poder Judiciário à Receita Federal.[16]

Por seu turno, o RENAJUD:

> Renajud é um sistema *on-line* de restrição judicial de veículos criado pelo Conselho Nacional de Justiça (CNJ), que interliga o Judiciário ao Departamento Nacional de Trânsito (Denatran).
>
> A ferramenta eletrônica permite consultas e envio, em tempo real, à base de dados do Registro Nacional de Veículos Automotores (Renavam), de ordens judiciais de restrições de veículos – inclusive registro de penhora – de pessoas condenadas em ações judiciais.[17]

---

15. Disponível em: <www.bcb.gov.br>. Acesso em: 26 nov. 2013.
16. Disponível em: <www.cnj.jus.br>. Acesso em: 26 nov. 2013.
17. Disponível em: <www.cnj.jus.br>. Acesso em: 26 nov. 2013.

Quanto ao Sistema de Informações Eleitorais (SIEL):

> [...] implantado em agosto de 2010, tem como objetivo atender às solicitações de dados constantes no Cadastro Eleitoral, em substituição aos pedidos formulados por meio de ofício impresso, conforme estabelecido pelo Provimento CRE/SP n. 07/2013 (em formato PDF). O SIEL está disponível exclusivamente às autoridades judiciais e aos membros do Ministério Público, bem como aos servidores por eles autorizados.[18]

No que tange ao Cadastro Nacional de Informações Sociais (CNIS): "é um banco de dados do Governo Federal, que reúne informações dos trabalhadores brasileiros, como recolhimentos à Previdência Social. Os dados são recebidos de diversas fontes".[19]

O juiz também tem acesso ao PLENUS:

> Sistema de benefícios, mantido pela DATAPREV (Empresa de Tecnologia e Informações da Previdência Social) e de acesso restrito, no qual podem ser consultados diversos documentos relativos aos benefícios, como INFBEN e HISCRE, bem como obter informações sobre eventuais revisões ocorridas e simular a concessão de determinados benefícios.[20]

Como se pode notar, são inúmeros os sistemas com que contam os juízes para a busca de fatos relacionados à lide, mas nem todos os magistrados concordam com o uso de tais ferramentas, seja porque entendem que a colheita e a juntada de tais fatos configuram atribuição dos advogados, públicos ou privados, ou do Ministério Público, seja porque consideram que, com isso, estariam contribuindo com apenas uma das partes.

---

18. Disponível em: <www.tre-sp.jus.br>. Acesso em: 26 nov. 2013.
19. Disponível em: <www.expressovirtual pe.gov.br>. Acesso em: 26 nov. 2013.
20. Disponível em: <http://www.jfrs.jus.br/upload/glossario_termos_uteis.pdf>. Acesso em: 26 nov. 2013.

Ousamos discordar, novamente. Ao tentar buscar a verdade, o juiz contribui com toda a sociedade ao devolver uma resposta coerente, aceita e esperada por todos que procuram o Judiciário. Eis o verdadeiro acesso ao Judiciário.

Entender de forma diferente seria aceitar uma ficção em que a parte, não raramente patrocinada por advogado dativo indicado pelo Juízo e pago pelo Judiciário, ingressa com uma ação, não provoca a produção de provas e acaba com uma sentença de mérito fruto de mera aplicação do princípio do ônus da prova insculpida no artigo 333 do Código de Processo Civil.

A tentativa de buscar a verdade real (com provocação de produção de provas pelas partes e pelo juiz) torna a ficção verdade judicial aceita.

Todo ser humano busca a verdade e a justiça como valores: parlamentares, juristas, juízes e partes.

Há também regras de inversão do ônus da prova, o que não será abordado neste estudo, uma vez que tal tema comportaria trilhar outros tantos caminhos por ora não versados.

Não obstante tantas regras, reiteramos que nem sempre as provas conseguem trazer aos autos a fotografia do que ocorreu no mundo fenomênico.

Diríamos que raramente a prova o faz.

Há, na prática, inúmeros obstáculos para que se reproduza um evento em Juízo. Um exemplo de alternativa na construção da verdade processual é o Enunciado do Grupo 2 do X FONAJEF, de novembro de 2013:

> Quando o perito judicial não conseguir fixar a data de início da incapacidade, de forma fundamentada, deve-se considerar para tanto a data da realização da perícia, salvo a existência de outros elementos de convicção. Enunciado aprovado na forma de redação alternativa proposta.[21]

---

21. Disponível em: <http://www.ajufe.org/arquivos/downloads/fonajef-lista-de-enunciados-aprovados-311756.pdf>. Acesso em: 26 nov. 2013.

4. Obstáculos para a obtenção da verdade no processo

Há obstáculos naturais e procedimentais na busca pela verdade dita substancial/real.

Para quem adota a Filosofia como Linguagem, fácil notar que um evento, enquanto alteração no mundo real, não pode ser objeto de conhecimento pelo juiz de maneira fidedigna, pois foi criado por alguém que entrou em contato com o evento e o gerou por meio de sua linguagem, com base no seu sistema de referência.

Tomamos como sistema de referência o conjunto de experiências e de percepções que uma pessoa agrega ao longo de sua existência.

Portanto, um mesmo evento envolvendo um homem forte pegando dinheiro de um homem franzino, presenciado por várias pessoas, pode ter inúmeras interpretações: roubo, furto, assalto, mera prestação de contas, empréstimo de pai para filho, entre outras.

A partir do momento em que alguém vivencia o evento, cria o fato por meio de sua linguagem, em geral, social, e, quando o jurista leva aos autos tal fato, altera, mais uma vez o objeto, na medida em que o interpreta e, recortando-o, cria o fato jurídico.

Eis a função da prova, que depende, para levar um fato (social, político, econômico, religioso etc.) para o processo, da memória da testemunha, do subjetivismo do perito, da interpretação do advogado.

Há também inúmeros obstáculos procedimentais para a busca da verdade dita real. Como exemplo, citamos os artigos 227 do Código Civil e 401 do Código de Processo Civil, que tratam do mesmo objeto:

> Art. 227. Salvo os casos expressos, a prova exclusivamente testemunhal só se admite nos negócios jurídicos cujo valor

não ultrapasse o décuplo do maior salário mínimo vigente no País ao tempo em que foram celebrados.

Art. 401. A prova exclusivamente testemunhal só se admite nos contratos cujo valor não exceda o décuplo do maior salário mínimo vigente no país, ao tempo em que foram celebrados.[22]

Outro exemplo é a prova da propriedade imóvel com valor superior a trinta vezes o salário mínimo vigente apenas por meio de documento público, conforme se extrai do artigo 366 do Código de Processo Civil e do artigo 108 do Código Civil:

> Art. 366. Quando a lei exigir, como da substância do ato, o instrumento público, nenhuma outra prova, por mais essencial que seja, pode suprir-lhe a falta.
>
> Art. 108. Não dispondo a lei em contrário, a escritura pública é essencial à validade dos negócios jurídicos que visem a constituição, transferência, modificação ou renúncia de direitos reais sobre imóveis de valor superior a trinta vezes o maior salário mínimo vigente no País.[23]

Pode acontecer, também, que uma parte junte determinado documento aos autos e a outra parte não lance mão do instituto da arguição de falsidade documental, de modo que poderá existir uma decisão fundada em documento falso, com trânsito em julgado. Tal sentença é válida e protegida pelo ordenamento jurídico vigente, apesar de calcada em uma mentira.

As provas obtidas por meios ilícitos também são inadmissíveis no processo, conforme dispõe o artigo 5º, inciso LXI, da Constituição Federal: "LXI – são inadmissíveis, no processo, as provas obtidas por meios ilícitos".

---

22. Disponível em: <http://www.planalto.gov.br/ccivil_03/leis/2002/l10406.htm>. Acesso em: 26 nov. 2013.

23. Disponível em: <http://www.planalto.gov.br/ccivil_03/leis/2002/l10406.htm>. Acesso em: 26 nov. 2013.

Assim sendo, interceptações telefônicas, violações ao sigilo bancário, ou de correspondência, sem autorização judicial, são provas proibidas porque ilícitas. A coação, o emprego de violência, a grave ameaça, a tortura configuram, por sua vez, meios ilícitos empregados para a demonstração de um fato, o que faz com que a prova produzida por esses meios também não seja aceita.

Há, ainda, a teoria dos frutos da árvore contaminada, adotada pelo Supremo Tribunal Federal, que trata das provas ilícitas por derivação.

Vale lembrar, nesse momento, que a teoria dos frutos da árvore contaminada vem sendo relativizada com base no princípio da proporcionalidade, em situações em que a ilicitude da prova provoca uma ofensa menor ao ordenamento jurídico brasileiro que a ofensa causada no caso de não utilização da prova ilícita.

Nesse sentido, Carlos Roberto Ibanez Castro[24] cita como exemplo de relativização da teoria dos frutos da árvore contaminada a interceptação telefônica sem autorização judicial, mas usada como fundamento de decisão, posto que comprova que a criança é frequentemente espancada e torturada por quem detém a guarda, em ação de modificação de guarda de menor.

5. Obstáculo natural para a obtenção da verdade no processo: a existência de falsas memórias

É interessante notar que o ser humano busca a verdade como um valor absoluto, mas talvez sequer tenha meios pessoais (físicos, psíquicos, psicológicos e biológicos) para alcançá-lo.

---

24. CASTRO, Carlos Roberto Ibanez. *Verdade judicial e ritualização do processo – a forma é questão menos relevante e subterfúgio para contornar a cláusula de indeclinabilidade da jurisdição?* Disponível em: <http://www.editoramagister.com/doutrina_24325422_VERDADE_JUDICIAL_E_RITUALIZACAO_DO_PROCESSO_A_FORMA_E_QUESTAO_MENOS_RELEVANTE_E_SUBTERFUGIO_PARA_CONTORNAR_A_CLAUSULA_DE_INDECLINABILIDADE_DA_JURISDICAO.aspx>. Acesso em: 26 nov. 2013.

Tal reflexão foge do sistema jurídico, mas tem relação muito próxima ao tema aqui tratado, motivo pelo qual lanço mão do estudo realizado por Elisabeth Loftus, psicóloga americana que analisa a memória humana há décadas, mais especificamente as falsas memórias, para concluir pela dificuldade natural de se obter a verdade no processo.

Elisabeth Loftus[25] trabalhou em vários casos judiciais e cita o de Steve Titus como um bom exemplo de condenação penal causado por falsa memória da vítima de um crime sexual.

Steve Titus era um homem comum, o que costumamos chamar de homem médio: trabalhava como gerente de um restaurante, vivia em Seattle, era noivo de Rachel e tinha 31 anos de idade quando saiu, com ela, para jantar fora na noite dos fatos que mudaram a sua vida.

Na volta do jantar para casa, Steve Titus foi parado por um policial porque estava dirigindo um carro parecido com aquele conduzido por um homem que estuprou uma moça naquela noite.

Além disso, Elisabeth Loftus relata que Steve Titus era parecido com o agressor, motivo pelo qual tiraram fotos dele, colocaram-nas ao lado de várias fotografias de outras pessoas e, em ato de reconhecimento fotográfico, a vítima do estupro disse que Steve Titus era o mais parecido com o agressor.

A psicóloga americana conta que, durante a ação penal, a vítima passou a dizer que estava absolutamente convencida e certa de que Steve Titus fora o homem que a violentou.

Diante disso, Titus foi para a prisão, perdeu a fé no sistema judicial, ligou para um jornal local, falou com um jornalista investigativo e este acabou por encontrar o estuprador,

---

25. LOFTUS, Elisabeth. Disponível em:
<http://www.ted.com/talks/elizabeth_loftus_the_fiction_of_memory.html>.
Acesso em: 26 nov. 2013.

que inclusive já havia cometido 50 estupros na mesma área e acabou por confessar que fora o responsável por mais esse crime.

Perante esse novo conjunto probatório, Steve Titus foi solto, mas perdeu a noiva, perdeu o emprego, perdeu todo o dinheiro, motivos pelos quais resolveu ajuizar uma ação contra a polícia e em face de todos aqueles que ele entendia serem responsáveis pelo seu sofrimento.

Elisabeth Loftus ressalta que foi nesse momento que passou a trabalhar no caso, justamente na tentativa de entender como a vítima do estupro passou do "ele é o que mais parece com" para "eu tenho certeza de que ele é o cara".

A pesquisadora ressalta que não estuda a falta de memória, o que por si só já é um obstáculo natural para se obter a verdade em juízo, mas examina a existência de memórias falsas, memórias sobre eventos que não existiram, ou que existiram de maneira bem diferente.

Salienta que o caso de Steve Titus não foi o único com o que se deparou. Cita 300 pessoas condenadas pela Justiça, que passaram 10, 20, 30 anos presas e eram inocentes, e a maioria das condenações ocorreu por conta de falsas memórias das vítimas e das testemunhas.

Informa que a memória não funciona como um gravador ou como uma filmadora, mas como a *Wikipedia*,[26] enciclopédia livre em que as memórias são construídas e reconstruídas não só pela pessoa, mas por qualquer um.

Elisabeth Loftus relata outro experimento, em que mostrou a diversas pessoas fotos com imagens que simulavam batidas de carros. Conta que, ao apresentar a foto do acidente de carro e perguntar em que velocidade os carros trafegavam quando bateram, as pessoas se reportavam a velocidade alta e

---

26. Disponível em: <http://pt.wikipedia.org/wiki/Wikipedia:Pagina_principal>. Acesso em: 26 nov. 2013.

citavam a existência de cacos de vidro no chão que sequer existiam na foto. Por outro lado, ao perguntar sobre a velocidade em que os carros se encontraram, elas diziam uma velocidade menor.

Tudo isso faz crer que até mesmo a maneira de perguntar sobre algo influencia e manipula a resposta, o que torna a prova oral colhida em audiência mais sensível do que parece.

As partes de um processo, bem como o juiz, podem, ainda que inconscientemente, contaminar, distorcer e até mesmo mudar a memória de outra pessoa, seja ela vítima ou testemunha de um crime, seja ela perito, assistente técnico, ou mero informante do juízo.

Elisabeth Loftus afirma que o simples fato de uma testemunha conversar com outra pode contaminar a sua memória, bem como o ato de assistir TV, ler jornal ou revistas. Todos estes atos podem produzir falsas informações, contaminando a memória.

Memória é, portanto, ficção.

A psicóloga esclarece que o fato de uma testemunha ou de uma vítima relatar fatos com segurança, com detalhes e/ou com emoção não significa que se trate de memórias verdadeiras. Conclui que memória e liberdade são coisas frágeis. Diríamos que justiça e verdade também. Por isso, necessário um mínimo de segurança.

O procedimento traz isso: testemunhas impedidas, suspeitas, incomunicabilidade de testemunhas, oitiva separada de testemunhas e de acusados etc.

6. Conclusão

Verdade judicial, portanto, existe e é sinônimo de verdade processual. Ela é sempre formal, uma vez que é construída pelas partes e pelo juiz durante o trâmite processual. A verdade vai sendo moldada.

Interessante a citação de Vicente Greco Filho:

> Disse, com muita propriedade, Adroaldo Furtado Fabrício, em banca de mestrado na Faculdade de Direito da Pontifícia Universidade Católica de Porto Alegre, que o processo é uma sucessão de verdades provisórias: há a verdade da autoridade policial que lavra o flagrante ou instaura o inquérito ou lavra o Termo Circunstanciado; há a verdade provisória do Ministério Público, que forma a *opinio delicti* e oferece a denúncia ou propõe as medidas da Lei n. 9.099/95; há a verdade provisória do juiz quando recebe a denúncia e a verdade da sentença recorrível, sendo a verdade definitiva somente a verdade da sentença transitada em julgado e, em matéria penal, ainda, se for absolutória, porque mesmo o trânsito em julgado da sentença penal condenatória ainda não é definitivo, porque sujeita a revisão criminal e eventualmente *habeas corpus*.[27]

A verdade judicial se afasta de conceitos como verdade real/substancial/verdadeira, seja na esfera do processo civil, seja no âmbito do processo penal.

A ritualização do processo é necessária para gerar segurança jurídica e, por conta de consenso dos cidadãos brasileiros que, por meio de seus representantes legais, escolheram as regras processuais legais, a verdade judicial é suficiente para pacificar a vida em sociedade, posto que serve para fundamentar uma decisão final do Judiciário.

Na busca da verdade judicial, no processo, primeiro as partes devem produzir provas sobre os fatos que alegam; depois, deve o juiz, de ofício, provocar a produção de provas relevantes

---

27. GRECO FILHO, Vicente. *Informativo Interação Magistratura*, Escola Paulista da Magistratura – EPM, n. 89, p. 3, ago. 2007. Disponível em: <http://www.epm.tjsp.jus.brfilefetch.ashx/?id_arquivo=20780>. Acesso em: 26 nov. 2013.

e necessárias ao deslinde da questão posta; por último, se necessário, deve o juiz aplicar a regra do ônus da prova, uma vez que não pode deixar de julgar.

A decisão judicial pautada na verdade processual é o objetivo da jurisdição. Decisão esta que deve ser célere, previsível e fundamentada.

É o que se entende por coerente na sociedade brasileira, ao menos por ora: verdade substancial e justiça são valores a serem perseguidos, mas a finalidade do processo judicial é a decisão judicial pautada na verdade processual.

Referências

ABBAGNANO, Nicola. *Dicionário de filosofia*. 5. ed. São Paulo: Martins Fontes, 2007.

AMARAL SANTOS, Moacyr. *Primeiras linhas de direito processual civil*. 19. ed. São Paulo: Saraiva, 1998, v. 2.

ARENHART, Sérgio Cruz. *A verdade e a prova no processo civil*. Disponível em: <https://ufpr.academia.edu/SergioCruzArenhart>. Acesso em: 26 nov. 2013.

BEDAQUE, José Roberto dos Santos. *Poderes instrutórios do juiz*. 7. ed. São Paulo: RT, 2013.

CASTRO, Carlos Roberto Ibanez. *Verdade judicial e ritualização do processo – a forma é questão menos relevante e subterfúgio para contornar a cláusula de indeclinabilidade da jurisdição?* Disponível em:
<http://www.editoramagister.com/doutrina_24325422_VERDADE_JUDICIAL_E_RITUALIZACAO_DO_PROCESSO__A_FORMA_E_QUESTAO_MENOS_RELEVANTE_E_SUBTERFUGIO_PARA_CONTORNAR_A_CLAUSULA_DE_INDECLINABILIDADE_DA_JURISDICAO.aspx>. Acesso em: 26 nov. 2013.

DIMOULIS, Dimitri; LUNARDI, Soraya. *A verdade e a justiça constituem finalidade do processo judicial?* Disponível em: <http://periodicos.ufsc.br/index.php/sequencia/article/view/15052>. Acesso em: 26 nov. 2013.

FERRAGUT, Maria Rita. *As presunções no direito tributário.* 2. ed. São Paulo: Quartier Latin, 2005.

FERRAZ JR., Tercio Sampaio. *Introdução ao estudo do direito.* 4. ed. São Paulo: Atlas, 2003.

FERREIRA, Aurélio Buarque de Holanda. *Dicionário da língua portuguesa.* Disponível em: <http://www.dicionariodoaurelio.com/>. Acesso em: 26 nov. 2013.

GRECO FILHO, Vicente. *Informativo Interação Magistratura*, Escola Paulista da Magistratura – EPM, n. 89, p. 3, ago. 2007. Disponível em: <http://www.epm.tjsp.jus.brfilefetch.ashx/?id_arquivo=20780>. Acesso em: 26 nov. 2013.

──────. *Manual de processo penal.* 8. ed. rev., atual. e ampl. São Paulo: Saraiva, 2010.

HOUAISS, Antônio. *Minidicionário da língua portuguesa.* 2. ed. Rio de Janeiro: Objetiva, 2004.

LUHMANN, Niklas. *Introducción a la teoría del sistemas.* México: Iberoamericana, 1996.

LOFTUS, Elisabeth. *The fiction of memory.* Disponível em:

<http://www.ted.com/talks/elizabeth_loftus_the_fiction_of_memory.html>. Acesso em: 26 nov. 2013.

MATURANA, Humberto; VARELA, Francisco. *A árvore do conhecimento*: as bases biológicas do conhecimento humano. São Paulo: Palas Athenas, 2004.

MIRABETE, Julio Fabbrini. *Processo penal.* 18. ed. São Paulo: Atlas, 2006.

MOUSSALEM, Tárek Moysés. *As fontes do direito tributário.* São Paulo: Max Limonad, 2001.

―――――. *Revogação em matéria tributária.* São Paulo: Noeses, 2005.

REALE, Miguel. *Filosofia do direito.* 20. ed. São Paulo: Saraiva, 2002.

―――――. *Teoria tridimensional do direito.* 5. ed. São Paulo: Saraiva, 1994.

TARUFFO, Michele. *Uma simples verdade.* O juiz e a construção dos fatos. São Paulo: Marcial Pons, 2012.

―――――. Verdade e processo. *Processo civil comparado*: ensaios. São Paulo: Marcial Pons, 2013.

TOMÉ, Fabiana Del Padre. *A prova no direito tributário.* São Paulo: Noeses, 2005.

WITTGENSTEIN, Ludwig. *Tractatus logico-philosophicus.* São Paulo: Edusp, 1994.

A DEFINIÇÃO DE PESSOA COM DEFICIÊNCIA E O BENEFÍCIO ASSISTENCIAL

Alessandra Pinheiro Rodrigues D'Aquino de Jesus[1]

Índice: 1. Introdução; 2. Benefício Assistencial antes da Convenção Internacional sobre os Direitos das Pessoas com Deficiência; 3. Convenção Internacional sobre os Direitos das Pessoas com Deficiência e seu Protocolo Facultativo; 4. Benefício Assistencial após a Convenção Internacional sobre os Direitos das Pessoas com Deficiência; 4.1. A Classificação Internacional de Funcionalidade, Incapacidade e Saúde (CIF) e 5. Conclusão.

1. Introdução

O objetivo do presente artigo é trazer à baila as importantes alterações que ocorreram no que se refere à definição de pessoa com deficiência e os principais problemas enfrentados pelos operadores do direito que atuam com a concessão do benefício assistencial, para que a legislação seja aplicada corretamente com a garantia do direito social nela previsto.

Com a finalidade de dar efetividade aos objetivos fundamentais da República Federativa do Brasil, notadamente a

---

[1]. Bacharel em Direito pela Universidade Presbiteriana Mackenzie, Juíza Federal Substituta, Mestranda em Jurisdição Federal pela PUC/SP.

erradicação da pobreza e da marginalização (art. 3º, inc. III), a redução das desigualdades sociais (art. 3º, inc. III da Constituição Federal) e a promoção do bem de todos sem qualquer forma de discriminação (art. 3º, inc. IV), a Constituição Federal previu em seu art. 203, inc. V, a garantia de um salário mínimo de benefício mensal à pessoa com deficiência e ao idoso que comprovem não possuir meios de prover à própria manutenção ou de tê-la provida por sua família, conforme dispuser a lei.

Após a Constituição Federal, o grande divisor de águas na legislação brasileira é a ratificação pelo Brasil da Convenção Internacional sobre os direitos da pessoa com deficiência e incorporação ao ordenamento jurídico interno por meio do Decreto n. 6.949/2009.

Por óbvio, os resultados e conclusões inseridos em referida Convenção Internacional não foram conquistados de um dia para o outro, mas em razão de muito trabalho e com a participação das pessoas com deficiência.

Foi por meio dela que houve uma verdadeira instrumentalização da alteração de paradigma no que se refere à definição de pessoa com deficiência no âmbito da ONU e na legislação brasileira.

De conseguinte, para melhor compreensão dessa alteração, importante trazer, ainda que de forma sucinta, os requisitos para a concessão do benefício de amparo assistencial antes de referida Convenção.

2. Benefício Assistencial antes da Convenção Internacional sobre os Direitos das Pessoas com Deficiência

A Constituição Federal de 1988 não define em seu texto pessoa com deficiência, embora tenha conferido à pessoa com deficiência diversos direitos, objetivando a efetiva inclusão social.

No que se refere propriamente ao benefício assistencial, objeto do presente trabalho, a Constituição Federal preceitua em seu art. 203 que *"V – a garantia de um salário mínimo de benefício mensal à pessoa portadora de deficiência e ao idoso que comprovem não possuir meios de prover à própria manutenção ou de tê-la provida por sua família, conforme dispuser a lei".*

Apenas em dezembro de 1993 foi publicada a Lei n. 8.742, que regulamentou o supramencionado dispositivo constitucional, dispondo sobre a organização da Assistência Social, bem como sobre o benefício assistencial, *in verbis*:

> Art. 20. O benefício de prestação continuada é a garantia de 1 (um) salário mínimo mensal à pessoa portadora de deficiência e ao idoso com 70 (setenta) anos {65 anos} ou mais e que comprovem não possuir meios de prover a própria manutenção e nem de tê-la provida por sua família.

Para fins de concessão do benefício, referida Lei definiu pessoa com deficiência da seguinte forma em sua redação original: "*§ 2º Para efeito de concessão deste benefício, a pessoa portadora de deficiência é aquela incapacitada para a vida independente e para o trabalho*".

Não é demais lembrar que, num primeiro momento, entendeu-se que a pessoa precisaria cumprir os dois requisitos (incapacidade para o trabalho e para a vida independente) e, num segundo momento, a jurisprudência se consolidou no sentido de que havendo incapacidade para o trabalho, a incapacidade para a vida independente era dispensada:

> PREVIDENCIÁRIO. PROCESSUAL CIVIL. BENEFÍCIO ASSISTENCIAL. LEI N. 8.742, DE 1993 (LOAS). REQUISITOS LEGAIS. PESSOA PORTADORA DE DEFICIÊNCIA. COMPROVAÇÃO DA IMPOSSIBILIDADE DE PROVER A SUA PRÓPRIA MANUTENÇÃO OU TÊ-LA PROVIDA POR SUA FAMÍLIA. PRINCÍPIO DA DIGNIDADE DA PESSOA HUMANA. HIPOSSUFICIÊNCIA FINANCEIRA. CONDIÇÃO DE MISERABILIDADE. CORREÇÃO MONETÁRIA. JUROS. CUSTAS. ISENÇÃO. TUTELA ANTECIPADA.
>
> (...)

5. A incapacidade para a vida independente deve ser entendida não como falta de condições para as atividades mínimas do dia a dia, mas como a ausência de meios de subsistência, visto sob um aspecto econômico, refletindo na possibilidade de acesso a uma fonte de renda.

(...).

(Processo AC 476720094013306, AC – APELAÇÃO CIVEL – 476720094013306, Relator(a) DESEMBARGADOR FEDERAL FRANCISCO DE ASSIS BETTI, Sigla do órgão TRF1, Órgão julgador SEGUNDA TURMA, Fonte e-DJF1 DATA:30/06/2011 PAGINA:331).

LOAS. BENEFÍCIO ASSISTENCIAL. INCAPACIDADE. TEMPORÁRIA. TRABALHO. VIDA INDEPENDENTE. LEGISLAÇÃO APLICÁVEL. POSSIBILIDADE. 1. "O conceito de incapacidade para os atos da vida independente vai além de a pessoa não necessitar da ajuda de outras para se alimentar, se vestir, fazer a sua higiene pessoal". Precedentes do STJ e do TRF-1ª Região.

(...)

(Processo Processo 997334200840143, RECURSO CONTRA SENTENÇA DO JUIZADO CÍVEL, Relator(a) CLEBERSON JOSÉ ROCHA, Sigla do órgão TR1, Órgão julgador 1ª Turma Recursal – TO, Fonte DJTO 18/05/2009).

Foi por meio do Decreto n. 914, de 6 de setembro de 1993,[2] que regulamentava a Lei n. 7.853, de 24 de outubro de 1989, que houve a primeira definição de pessoa com deficiência:

> Art. 3º Considera-se pessoa portadora de deficiência aquela que apresenta, em caráter permanente, perdas ou anormalidades de sua estrutura ou função psicológica, fisiológica ou anatômica, que gerem incapacidade para o desempenho de atividade, dentro do padrão considerado normal para o ser humano.

Referido Decreto foi revogado pelo Decreto n. 3.298, de 20 de dezembro de 1999, que trouxe as seguintes definições de deficiência, deficiência permanente e incapacidade:

---

2. Revogado pelo Decreto n. 3.298/99.

Art. 3º Para os efeitos deste Decreto, considera-se:

I – deficiência – toda perda ou anormalidade de uma estrutura ou função psicológica, fisiológica ou anatômica que gere **incapacidade** para o desempenho de atividade, dentro do padrão considerado normal para o ser humano;

II – deficiência permanente – aquela que ocorreu ou se estabilizou durante um período de tempo suficiente para não permitir recuperação ou ter probabilidade de que se altere, apesar de novos tratamentos; e

III – incapacidade – uma redução efetiva e acentuada da capacidade de integração social, com necessidade de equipamentos, adaptações, meios ou recursos especiais para que a pessoa portadora de deficiência possa receber ou transmitir informações necessárias ao seu bem-estar pessoal e ao desempenho de função ou atividade a ser exercida. (grifo ausente no original).

Já o art. 4º do supramencionado Decreto trata do conceito da pessoa com deficiência a partir da análise das diversas modalidades de deficiência. Para demonstrar a evolução da definição, permite-se trazer à colação o art. 4º em sua redação atual:

Art. 4º É considerada pessoa portadora de deficiência a que se enquadra nas seguintes categorias:

I – deficiência física – alteração completa ou parcial de um ou mais segmentos do corpo humano, acarretando o comprometimento da função física, apresentando-se sob a forma de paraplegia, paraparesia, monoplegia, monoparesia, tetraplegia, tetraparesia, triplegia, triparesia, hemiplegia, hemiparesia, ostomia, amputação ou ausência de membro, paralisia cerebral, nanismo, membros com deformidade congênita ou adquirida, exceto as deformidades estéticas e as que não produzam dificuldades para o desempenho de funções; (Redação dada pelo Decreto n. 5.296, de 2004).

II – deficiência auditiva – perda bilateral, parcial ou total, de quarenta e um decibéis (dB) ou mais, aferida por audiograma nas frequências de 500HZ, 1.000HZ, 2.000Hz e 3.000Hz; (Redação dada pelo Decreto n. 5.296, de 2004).

III – deficiência visual – cegueira, na qual a acuidade visual é igual ou menor que 0,05 no melhor olho, com a melhor correção óptica; a baixa visão, que significa acuidade visual entre 0,3 e 0,05 no melhor olho, com a melhor correção óptica; os casos nos quais a somatória da medida do campo visual em ambos os olhos for igual ou menor que 60o; ou a ocorrência simultânea de quaisquer das condições anteriores; (Redação dada pelo Decreto n. 5.296, de 2004).

IV – deficiência mental – funcionamento intelectual significativamente inferior à média, com manifestação antes dos dezoito anos e limitações associadas a duas ou mais áreas de habilidades adaptativas, tais como:

a) comunicação;

b) cuidado pessoal;

c) habilidades sociais;

d) utilização dos recursos da comunidade; (Redação dada pelo Decreto n. 5.296, de 2004)

e) saúde e segurança;

f) habilidades acadêmicas;

g) lazer; e

h) trabalho;

V – deficiência múltipla – associação de duas ou mais deficiências.

Em que pese o Decreto ter aprimorado o tratamento dado à matéria, não houve grande evolução pois, segundo Gabriela Azevedo Campos Sales, o Decreto n. 3.298/99 trouxe as definições dos termos deficiência, deficiência permanente e incapacidade, mas não incluiu quaisquer variáveis socioeconômicas nas definições apresentadas. Ademais, manteve a vinculação entre deficiência e "anormalidade" e somente considerou como pessoas com deficiência àquelas incluídas nas categorias do art. 4º.[3]

---

3. SALES, Gabriela Azevedo Campos. "A proteção aos direitos das pessoas com deficiência no Brasil: o diálogo entre o direito interno e o direito

Observa-se que essa primeira definição focava a deficiência a partir de um paralelo com o chamado "padrão normal", bem como a partir do corpo com perdas ou anormalidades permanentes. A deficiência estava na pessoa que não tinha as mesmas condições de estar, agir e interagir em sociedade.

De conseguinte, conferia-se grande importância à perícia médica que poderia constatar alguma das hipóteses do art. 4º do Decreto n. 3.298, de 20 de dezembro de 1999.

Na esfera judicial, a atuação dos Assistentes Sociais ficava limitada à verificação de elementos hábeis para identificar a renda *per capita*. O contexto social, a história e oportunidades de vida, aspectos como a adaptação ou não da residência e da região em que ela está situada, a participação no grupo social, as oportunidades de instrução e trabalho, embora possíveis de serem trazidas para o processo, não ganhava a importância necessária, pois o objeto da perícia restringia-se a verificação da renda *per capita*.

Havia, portanto, uma nítida divisão de tarefas entre o Perito Médico e o Perito Assistente Social, uma vez que competia ao primeiro, dentro do seu conhecimento técnico, traduzir para o juiz e para as partes se aquela pessoa podia ser considerada incapaz para o trabalho (pessoa com deficiência), já à Assistente Social competia, também no âmbito de seu conhecimento, trazer para o juiz e para as partes se a pessoa e a sua família tinham condições de mantê-la e ainda a renda *per capita*.

Por certo, e considerando que o juiz não está vinculado ao laudo, não raras vezes, fatos e elementos informados pela Assistente Social foram levados em consideração para a efetiva

---

internacional". *Revista Direito e Justiça: reflexões sociojurídicas, vinculada ao Curso de Direito da URI* – Campus de Santo Ângelo – RS, v. 11, n. 16 (2011), p. 7. Disponível em: <http://srvapp2s.urisan.tche.br/seer/index.php/direito_e_justica/article/view/703>. Acesso em 02 jun. 2013.

contextualização daquela pessoa na sociedade e melhor conclusão acerca do preenchimento do primeiro requisito (ser pessoa com deficiência), mas esse não era o objeto da perícia socioeconômica. De igual forma, não raras vezes os Peritos Médicos e Assistentes Sociais se valiam de informação constante do trabalho do outro profissional.

Também a relação feita entre deficiência e incapacidade era duramente criticada, pois carregava uma carga preconceituosa de que a pessoa com deficiência era incapaz.

Nesse sentido, o estudo realizado pelo Ministério do Desenvolvimento Social e Combate à Fome e pelo Ministério da Previdência:

> Deficiência nunca será o oposto de eficiência. O oposto de eficiência é ineficiência. A ideia da falta de algo não impede o indivíduo de estar inserido na sociedade e no mercado de trabalho. Ter uma deficiência não significa ser menos capaz do que qualquer outra pessoa.[4]

Passo a tecer as principais considerações acerca das alterações promovidas pela Convenção Internacional sobre os Direitos das Pessoas com Deficiência.

3. A Convenção Internacional sobre os Direitos das Pessoas com Deficiência

O Brasil assinou e ratificou a Convenção Internacional sobre os Direitos das Pessoas com Deficiência e seu Protocolo

---

4. Brasil. Ministério do Desenvolvimento Social e Combate à Fome. *Avaliação das pessoas com deficiência para acesso ao benefício de prestação continuada da assistência social: um novo instrumento baseado na classificação internacional de funcionalidade, incapacidade e saúde*. Ministério do Desenvolvimento Social e Combate à Fome; Ministério da Previdência Social. Brasília, DF, 2007. (Disponível em: <http://www.mpgo.mp.br/portalweb/hp/41/docs/avaliacao_das_pessoas_com_deficiencia_-_bpc.pdf>. Acesso em 18 fev. 2014).

Facultativo, em 30 de março de 2007, com o propósito de promover, proteger e assegurar o exercício pleno e equitativo de todos os direitos humanos e liberdades fundamentais por todas as pessoas com deficiência e promover o respeito pela sua dignidade inerente (art. 1º da Convenção).[5]

Considerando a Emenda Constitucional n. 45, referida Convenção foi aprovada pelo Decreto Legislativo n. 186, de 9 de julho de 2008 em dois turnos de votação e quórum de três quintos dos membros de cada Casa. Posteriormente, a Convenção foi promulgada pelo Decreto n. 6.949/2009, razão pela qual referido tratado foi aprovado com força equivalente à de emenda constitucional.

Para Amita Dhanda, a Convenção representa um marco na alteração dos paradigmas com relação à proteção da pessoa com deficiência, uma vez que:

> Assinalou a mudança da assistência para os direitos; introduziu o idioma da igualdade para conceder o mesmo e o diferente a pessoas com deficiências; reconheceu a autonomia com o apoio para pessoas com deficiência e, sobretudo, tornou a deficiência uma parte da experiência humana.
>
> (...)
>
> A CDPD reconhece que as pessoas com deficiência têm o direito à vida em pé de igualdade com os outros seres humanos. Essa afirmação, em si mesma, contesta a crença de que uma vida com deficiência contribui para a riqueza e a

---

[5]. Foi adotada pela Assembleia Geral no dia 13 de dezembro de 2006 e aberta à assinatura dos Estados-partes em 30 de março de 2007. Eram necessárias vinte ratificações para que a CDPD ganhasse vigência e o último desses instrumentos foi entregue ao Secretariado da ONU em 3 de abril de 2008. Desse modo, ela entrou em vigência no dia 3 de maio de 2008. (DHANDA, Amita. "Construindo um Novo Léxico dos Direitos Humanos: Convenção sobre os Direitos das Pessoas com Deficiência". Tradução Pedro Maia Soares, *SUR Revista Internacional de Direitos Humanos*, Ano 5, Número 8, São Paulo, junho de 2008. Disponível em <http://www.surjournal.org/conteudos/pdf/8/dhanda.pdf>. Acesso em 29 mai. 2013.

diversidade da condição humana e não é um déficit que precisa ser eliminado.⁶

Cumpre ressaltar que a própria Convenção em seu preâmbulo considera a deficiência como um conceito em evolução. A Convenção, ainda, considera que a deficiência resulta da interação entre pessoas com deficiência e as barreiras devidas às atitudes e ao ambiente que impedem a plena e efetiva participação dessas pessoas na sociedade em igualdade de oportunidades com as demais pessoas (letra e do preâmbulo).

Em razão de referida Convenção, portanto, a República Federativa do Brasil passa a ter uma definição constitucional de pessoa com deficiência, uma vez que ela estabelece em seu art. 1º que:

> Pessoas com deficiência são aquelas que têm impedimentos de longo prazo de natureza física, mental, intelectual ou sensorial, os quais, em interação com diversas barreiras, podem obstruir sua participação plena e efetiva na sociedade em igualdades de condições com as demais pessoas.

A nova definição nada mais é do que a consolidação da evolução na mudança de paradigma ao que se entende por deficiência.

Ela, portanto, altera o próprio sentido de deficiência, pois ela deixa de estar intimamente relacionada com a patologia para ser considerada como questão ambiental. Os impedimentos passam a ser considerados como algo inerente à natureza humana.

Segundo Ricardo Tadeu Marques da Fonseca, a Convenção defende a ideia de que os "impedimentos" pessoais de caráter físico, mental, intelectual ou sensorial revelam-se como

---

6. *Idem.*, p. 45/46.

atributos pessoais e são fatores de restrição de acesso aos direitos, não enquanto considerados em si mesmos, mas em consequência das barreiras sociais e atitudinais.[7]

Conforme ensinamentos de Romeu Kazumi Sassaki há a mudança do chamado "modelo médico da deficiência", em que é ressaltado o papel desamparado e passivo do paciente, uma vez que essas pessoas são consideradas dependentes do cuidado de outras pessoas, incapazes de trabalhar, isentos dos deveres normais,[8] para o chamado "modelo social da deficiência" em que se identifica que os problemas da pessoa com deficiência não estão nela tanto quanto estão na sociedade, uma vez que a sociedade cria diversas barreiras que impedem a inclusão da pessoa com deficiência.

De igual forma, para Lais Vanessa C. de Figueirêdo Lopes a base conceitual da Convenção é a mudança de paradigma da perspectiva médica assistencial para a visão social com fundamento nos direitos humanos, uma vez que a deficiência passa a ser considerada parte da diversidade humana, que em si não limita a pessoa, o que incapacita é o meio em que o indivíduo está inserido. Dessarte, uma pessoa pode enfrentar diferentes situações incapacitantes e isso não tem a ver com a patologia, mas sim com o estágio ou lugar de vida em que se encontra.[9]

A deficiência, em outras palavras, é:

> Um conceito que denuncia a relação de desigualdade imposta por ambientes com barreiras a um corpo com

---

7. SAVARIS, José Antonio (coord.). *Curso de perícia judicial previdenciária.* São Paulo: Conceito Editorial, 2011, p. 122.
8. SASSAKI, Romeu Kazumi. *Inclusão. Construindo uma sociedade para todos.* Rio de Janeiro: WVA, 1997, p. 28.
9. LOPES, Lais Vanessa C. de Figueirêdo. "Convenção da ONU sobre os direitos das pessoas com deficiência: nova ferramenta de inclusão – ratificação conforme a EC nº 45/2004 poderá positivar entendimento sobre o *status* constitucional dos tratados de direitos humanos". *Revista do Advogado*, v. 27, n. 95, dez. 2007, Imprenta: São Paulo: AASP, 2007, p. 57/58.

impedimentos. (...) Deficiência não é apenas o que o olhar médico descreve, mas principalmente a restrição à participação plena provocada pelas barreiras sociais.[10]

Isso porque são as barreiras sociais que, *"ao ignorar os corpos com impedimentos, provocam a experiência da desigualdade"*[11] e *"quanto maiores forem as barreiras sociais, maiores serão as restrições de participação impostas aos indivíduos com impedimentos corporais"*.[12]

Trata-se da evolução na compreensão do indivíduo, não a partir da divisão médica estanque de seres normais e anormais e que, portanto, neste último caso, precisa do adequado tratamento médico para ser tratado e "ser normal", mas da compreensão de que os impedimentos existentes são inerentes à condição humana, ficando a questão da deficiência e desigualdade para o âmbito social.

Em nenhum momento, entretanto, a definição da Convenção abandona o critério médico, uma vez que sua utilização é necessária para identificar os impedimentos, sem que a análise se esgote a essa primeira parte, pois o ambiente físico, social e atitudinal também devem ser analisados e, é nessa interação que surge a responsabilidade social para que o outro também possa participar da vida em sociedade.

A inclusão da análise ambiental para a constatação da deficiência, portanto, sem dúvida inova no ordenamento jurídico brasileiro de forma a revogar a legislação anterior, quer para permitir que outras pessoas possam ser enquadradas no

---

10. DINIZ, Debora; BARBOSA, Lívia & SANTOS, Wederson Rufino dos. "Deficiência, Direitos Humanos e Justiça", *SUR Revista Internacional de Direitos Humanos*, Ano 6, Número 11, São Paulo, dezembro de 2009, p. 65/66. Disponível em <http://www.surjournal.org/conteudos/pdf/11/03.pdf>. Acesso em 29 mai. 2013.
11. *Idem.*, p. 67.
12. *Idem.*, p. 67.

conceito, como para excluir outras que assim eram consideradas apenas em razão do critério objetivo de constatação da patologia indicada na Lei ou Resolução.

Por outro lado, o novo conceito descaracteriza o impedimento como sinônimo de deficiência, pois o correto entendimento da deficiência pressupõe a análise do impedimento de forma conjugada com as diversas barreiras sociais.

Para melhor compreensão dessa alteração do paradigma, Ricardo Tadeu Marques da Fonseca, exemplifica da seguinte forma:

> A eliminação de barreiras arquitetônica assegura o direito de ir e vir para as pessoas com deficiências físicas; a criação de meios alternativos de comunicação garante o direito de livre expressão para os surdos e cegos; os métodos de educação especial viabilizam o acesso ao conhecimento para qualquer pessoa com deficiência, mental ou sensorial. Quando essas medidas não são adotadas, excluem-se as pessoas com tais impedimentos, pondo-se a nu a incapacidade social de criar caminhos de acesso à realização plena dos direitos humanos.[13]

Há, portanto, um novo conceito constitucional de pessoa com deficiência que deve ser aplicado de forma ampla e, não, para uma ou outra situação.

4. Benefício Assistencial após a Convenção Internacional sobre os Direitos das Pessoas com Deficiência

Considerando a inserção no ordenamento jurídico brasileiro da definição constitucional de pessoa com deficiência, a Lei n. 8.742/1993 teve importantes alterações a fim de se harmonizar com elas, sob pena de ocorrência de inconstitucionalidade superveniente.

---

13. SAVARIS, José Antonio (coord.). *Op. Cit.*, p. 122/123.

De conseguinte, o art. 20 passou a ter a seguinte redação (redação atual):

> Art. 20. O benefício de prestação continuada é a garantia de um salário-mínimo mensal à pessoa com deficiência e ao idoso com 65 (sessenta e cinco) anos ou mais que comprovem não possuir meios de prover a própria manutenção nem de tê-la provida por sua família. (Redação dada pela Lei n. 12.435, de 2011).
>
> (...)
>
> § 2º Para efeito de concessão deste benefício, considera-se pessoa com deficiência aquela que tem impedimentos de longo prazo de natureza física, mental, intelectual ou sensorial, os quais, em interação com diversas barreiras, podem obstruir sua participação plena e efetiva na sociedade em igualdade de condições com as demais pessoas. (Redação dada pela Lei n. 12.470, de 2011).
>
> (...)
>
> § 6º A concessão do benefício ficará sujeita à avaliação da deficiência e do grau de impedimento de que trata o § 2o, composta por avaliação médica e avaliação social realizadas por médicos peritos e por assistentes sociais do Instituto Nacional de Seguro Social – INSS. (Redação dada pela Lei n. 12.470, de 2011).
>
> (...)
>
> § 10. Considera-se impedimento de longo prazo, para os fins do § 2º deste artigo, aquele que produza efeitos pelo prazo mínimo de 2 (dois) anos. (Incluído pela Lei n. 12.470, de 2011).

O Decreto n. 6.214, de 26 de setembro de 2007,[14] que regulamenta a LOAS, desde sua redação originária estabelece

---

14. Art. 16 da redação original do Decreto n. 6.214, de 26 de setembro de 2007, que Regulamenta o benefício de prestação continuada da assistência social devido à pessoa com deficiência e ao idoso de que trata a Lei no 8.742, de 7 de dezembro de 1993, e a Lei no 10.741, de 1º de outubro de 2003, acresce parágrafo ao art. 162 do Decreto no 3.048, de 6 de maio de 1999, e dá outras providências, *in verbis*: "A concessão do benefício à pessoa com deficiência

em seu art. 16 que a avaliação da deficiência e do grau de impedimento para fins de concessão do benefício de LOAS deverá levar em conta os princípios da Classificação Internacional de Funcionalidades, Incapacidade e Saúde – CIF, estabelecida pela Resolução da Organização Mundial da Saúde n. 54.21, aprovada pela 54ª Assembleia Mundial da Saúde, em 22 de maio de 2001.

Estabelece o art. 16 na redação atual *in verbis*:

> Art. 16. A concessão do benefício à pessoa com deficiência ficará sujeita à avaliação da deficiência e do grau de impedimento, com base nos princípios da Classificação Internacional de Funcionalidades, Incapacidade e Saúde – CIF, estabelecida pela Resolução da Organização Mundial da Saúde n. 54.21, aprovada pela 54ª Assembleia Mundial da Saúde, em 22 de maio de 2001. (Redação dada pelo Decreto n. 7.617, de 2011).
>
> § 1º A avaliação da deficiência e do grau de impedimento será realizada por meio de avaliação social e avaliação médica. (Redação dada pelo Decreto n. 7.617, de 2011).
>
> § 2º A avaliação social considerará os fatores ambientais, sociais e pessoais, a avaliação médica considerará as deficiências nas funções e nas estruturas do corpo, e ambas considerarão a limitação do desempenho de atividades e a restrição da participação social, segundo suas especificidades. (Redação dada pelo Decreto n. 7.617, de 2011).
>
> § 3º As avaliações de que trata o § 1º serão realizadas, respectivamente, pelo serviço social e pela perícia médica do INSS, por meio de instrumentos desenvolvidos especificamente para este fim, instituídos por ato conjunto do Ministério do Desenvolvimento Social e Combate à Fome e do INSS. (Redação dada pelo Decreto n. 7.617, de 2011).

---

ficará sujeita à avaliação da deficiência e do grau de incapacidade, com base nos princípios da Classificação Internacional de Funcionalidades, Incapacidade e Saúde – CIF, estabelecida pela Resolução da Organização Mundial da Saúde n. 54.21, aprovada pela 54ª Assembleia Mundial da Saúde, em 22 de maio de 2001".

§ 4º O Ministério do Desenvolvimento Social e Combate à Fome e o INSS garantirão as condições necessárias para a realização da avaliação social e da avaliação médica para fins de acesso ao Benefício de Prestação Continuada. (Redação dada pelo Decreto n. 7.617, de 2011).

§ 5º A avaliação da deficiência e do grau de impedimento tem por objetivo: (Incluído pelo Decreto n. 7.617, de 2011).

I – comprovar a existência de impedimentos de longo prazo de natureza física, mental, intelectual ou sensorial; e (Incluído pelo Decreto n. 7.617, de 2011).

II – aferir o grau de restrição para a participação plena e efetiva da pessoa com deficiência na sociedade, decorrente da interação dos impedimentos a que se refere o inciso I com barreiras diversas. (Incluído pelo Decreto n. 7.617, de 2011).

§ 6º O benefício poderá ser concedido nos casos em que não seja possível prever a duração dos impedimentos a que se refere o inciso I do § 5º, mas exista a possibilidade de que se estendam por longo prazo. (Incluído pelo Decreto n. 7.617, de 2011).

§ 7º Na hipótese prevista no § 6º, os beneficiários deverão ser prioritariamente submetidos a novas avaliações social e médica, a cada dois anos. (Incluído pelo Decreto n. 7.617, de 2011).

De conseguinte, para fins de constatação do direito ao benefício assistencial, necessário identificar se o requerente possui impedimentos, se existem barreiras e por fim, se em decorrência da existência desses impedimentos conjugados com as barreiras existentes, ele tem uma vida efetiva e plena em comparação com as demais pessoas.

Dessa forma, o olhar médico é ampliado e o olhar do assistente social agora é relevante não somente para fins de apuração da renda *per capita* (um dos requisitos para a concessão do benefício, mas que não é objeto do presente trabalho), mas também para traduzir conceitos de sua área de atuação no que se refere ao preenchimento do requisito pessoa com deficiência.

Nesse mesmo sentido Jean Soares Moreira preleciona que:

> Com efeito, seguindo o modelo biopsicossocial, a perícia médica não deve e não pode mais ficar adstrita apenas e tão somente às considerações acerca do aspecto biológico do municipiando (impedimento de longo prazo de natureza física, mental, intelectual ou sensorial), sendo mister a análise do aspecto sociológico (interação dos impedimentos biológicos com barreiras e a obstrução da participação de forma plena e efetiva na sociedade, em igualdade de condições com os demais membros da sociedade).
>
> A partir da adoção desse novo critério, sobressai a importância do laudo social para a concessão do BPC/PcD, elaborado por assistente social, peça técnica de caráter obrigatório na seara administrativa, a partir do advento da Lei n. 12.435/2011, consoante previsão contida no § 6º do art.20 da Lei 8.742/1993.[15]

A mudança de paradigma para a constatação da deficiência, portanto, sem dúvida inova no ordenamento jurídico brasileiro de forma a revogar a legislação anterior.

Vejamos duas situações hipotéticas que podem ilustrar essa mudança.

Pensemos em duas pessoas com deficiência física que precisam usar cadeiras de roda. Ambas possuem ensino superior em informática. Entretanto, outros fatores devem ser considerados. A primeira pessoa mora sozinha na periferia da capital de São Paulo. Sua rua não é servida por transporte público e também não possui carro. Sua casa fica num "puxadinho" no segundo andar de uma casa e o acesso é feito por escada.

---

[15] "Benefício Assistencial à Pessoa com Deficiência: reflexões acerca das alterações legislativas patrocinadas pelas Leis nºs 12.435/2011 e 12.470/2011". *Juris Plenum Previdenciária*, ano I, n. 3, agosto 2013. Editora Plenum: Caxias do Sul.

Já a segunda pessoa – com a mesma deficiência física – vive com sua esposa e três filhos maiores no bairro de Higienópolis, também na capital de São Paulo. Sua rua é servida por transporte público adaptável e serviço "Atende da Prefeitura". Ela também possui carro adaptado. Sua casa tem uma entrada separada que dá acesso a um escritório, de forma que pode prestar serviços de informática em casa.

Por óbvio esse primeiro exemplo traz duas situações extremas e opostas. Por certo, diversos outros casos limítrofes ocorrerão, mas o objetivo foi demonstrar que mesmo duas pessoas com a mesma deficiência física e com a mesma qualificação – no caso curso superior em informática – podem, diante das condições sociais em que vivem, ter facilitadores ou limitadores de sua atuação e, de conseguinte, uma ser considerada deficiente em razão das barreiras física e outra não para fins de concessão do benefício assistencial.

Nos casos trazidos, portanto, a pessoa que mora na periferia deveria ser considerada pessoa com deficiência e a outra, não. Conforme já mencionado, o Decreto n. 6.214, de 26 de setembro de 2007 estabelece a necessidade de utilização dos fundamentos da Classificação Internacional de Funcionalidades, Incapacidade e Saúde – CIF para fins de análise da deficiência e do grau de impedimento.

Dessa forma, imprescindível para a análise da concessão do benefício assistencial após a Convenção Internacional sobre os Direitos das Pessoas com Deficiência da CIF.

4.1. A Classificação Internacional de Funcionalidade, Incapacidade e Saúde (CIF)

Ao lado da Classificação Estatística Internacional de Doenças e Problemas Relacionados à Saúde (CID-10), a organização Mundial de Saúde (OMS) possui uma segunda classificação de referência para a descrição das condições de saúde dos indivíduos, a Classificação Internacional de Funcionalidade, Incapacidade e Saúde (CIF).

Referidas classificações não são excludentes, mas instrumentos de trabalho que proporcionam a análise da saúde sob diversos prismas e, portanto, elas se complementam. De igual forma é esclarecido na introdução à CIF:

> Nas classificações internacionais da OMS, os estados de saúde (doenças, perturbações, lesões, etc.) são classificados principalmente na CID-10 (abreviatura da Classificação Internacional de Doenças, Décima Revisão), que fornece uma estrutura de base etiológica. A funcionalidade e a incapacidade associados aos estados de saúde são classificados na CIF. Portanto, a CID-10 e a CIF são complementares, e os utilizadores são estimulados a usar em conjunto esses dois membros da família de classificações internacionais da OMS. A CID-10 proporciona um "diagnóstico" de doenças, perturbações ou outras condições de saúde, que é complementado pelas informações adicionais fornecidas pela CIF sobre funcionalidade. Em conjunto, as informações sobre o diagnóstico e sobre a funcionalidade dão uma imagem mais ampla e mais significativa da saúde das pessoas ou da população, que pode ser utilizada em tomadas de decisão.[16]

A CIF foi aprovada em 2001 e é uma classificação de saúde e domínio relacionados à saúde. O objetivo da CIF é proporcionar uma linguagem unificada e padronizada e uma estrutura que descreva a saúde e os estados relacionados à saúde.

Ainda de acordo com a própria OMS, por ser a CIF uma classificação com múltiplas finalidades, seus objetivos específicos podem ser assim resumidos:

---

16. Organização Mundial da Saúde. *Classificação Internacional de Funcionalidade, Incapacidade e Saúde*. Lisboa. 2004, p. 07/08. Tradução e revisão Amélia Leitão. Disponível em: <http://www.inr.pt/uploads/docs/cif/CIF_port_%20 2004.pdf>. Acesso em 31 mai. 2013.

1) proporcionar uma base científica para a compreensão e o estudo dos determinantes da saúde, dos resultados e das condições relacionadas com a saúde;

2) estabelecer uma linguagem comum para a descrição da saúde e dos estados relacionados com a saúde, para melhorar a comunicação entre diferentes utilizadores, tais como, profissionais de saúde, investigadores, políticos e decisores e o público, incluindo pessoas com incapacidades;

3) permitir a comparação de dados entre países, entre disciplinas relacionadas com os cuidados de saúde, entre serviços, e em diferentes momentos ao longo do tempo;

4) proporcionar um esquema de codificação para sistemas de informação de saúde.[17]

Ainda segundo a OMS, a CIF pode ser utilizada não só como ferramentas estatísticas, de investigação, clínica, de política social e pedagógica,[18] mas em diversos outros setores, como seguros, segurança social, trabalho, educação, economia, política social, desenvolvimento de políticas e de legislação em geral e alterações ambientais, uma vez que ela possui uma estrutura conceitual para a informação, aplicável aos cuidados de saúde pessoais, incluindo a prevenção, a promoção da saúde e a melhoria da participação, removendo ou atenuando as barreiras sociais e estimulando a atribuição de apoios e de facilitadores sociais. De igual forma, ela também é útil no estudo dos

---

17. *Idem*, p. 09.
18. 1) Como uma ferramenta estatística – na colheita e registo de dados (e.g. em estudos da população e inquéritos na população ou em sistemas de informação para a gestão); 2) Como uma ferramenta na investigação – para medir resultados, a qualidade de vida ou os factores ambientais; 3) Como uma ferramenta clínica – avaliar necessidades, compatibilizar os tratamentos com as condições específicas, avaliar as aptidões profissionais, a reabilitação e os resultados; 4) Como uma ferramenta de política social – no planeamento de sistemas de segurança social, de sistemas de compensação e nos projectos e no desenvolvimento de políticas; 5) Como uma ferramenta pedagógica – na elaboração de programas educacionais, para aumentar a consciencialização e realizar acções sociais. *Idem.*, p. 09.

sistemas de cuidados de saúde, tanto em termos de avaliação como de formulação de políticas.[19]

A CIF, portanto, é considerada como um instrumento adequado para o desenvolvimento da legislação nacional e internacional também sob o ponto de vista da proteção à pessoa com deficiência, tendo em vista que ela estabelece critérios para mensurar as barreiras e a restrição de participação social.

A CIF, em sendo uma classificação, possui diversas divisões, subdivisões, conceitos e critério de mensuração.

A primeira divisão consubstancia-se em **Parte 1** e **Parte 2**.

A **parte 1**, por sua vez, se subdivide em: **1)** Funções do Corpo (b = Body) e Estruturas do Corpo (s = structure) e **2)** Atividades e Participação (d = domain).

Já a **parte 2** se subdivide em 1) Fatores Ambientais (e = environment) e 2) Fatores pessoais (não codificados).

A classificação Fatores Pessoais é a única que não possui outras subdivisões, uma vez que a CIF não codificou essa subdivisão devido à grande variação social e cultural associada a elas.

Para melhor compreensão da CIF, vale trazer à colação as definições de seus componentes:

> **Funções do corpo** são as funções fisiológicas dos sistemas orgânicos (incluindo as funções psicológicas).
>
> **Estruturas do corpo** são as partes anatómicas do corpo, tais como, órgãos, membros e seus componentes.
>
> **Deficiências** são problemas nas funções ou nas estruturas do corpo, tais como, um desvio importante ou uma perda.
>
> **Actividade** é a execução de uma tarefa ou acção por um indivíduo.

---

19. *Idem.*, p. 09/10.

Participação é o envolvimento de um indivíduo numa situação da vida real.

Limitações da actividade são dificuldades que um indivíduo pode ter na execução de actividades.

Restrições na participação são problemas que um indivíduo pode enfrentar quando está envolvido em situações da vida real

Factores ambientais constituem o ambiente físico, social e atitudinal em que as pessoas vivem e conduzem sua vida.[20]

Ademais, a própria CIF traz uma tabela para proporcionar uma visão geral de seus componentes (Tabela 1. Uma visão geral da CIF):[21]

Componentes	Parte 1: Funcionalidade e Incapacidade		Parte 2: Factores Contextuais	
	Funções e Estruturas do Corpo	Actividades e Participação	Factores Ambientais	Factores Pessoais
Domínios	Funções do Corpo Estruturas do Corpo	Áreas Vitais (tarefas, acções)	Influências externas sobre a funcionalidade e a incapacidade	Influências internas sobre a funcionalidade e a incapacidade
Constructos	Mudança nas funções do corpo (fisiológicas) Mudança nas estruturas do corpo (anatómicas)	Capacidade Execução de tarefas num ambiente padrão Desempenho/Execução de tarefas no ambiente habitual	Impacto facilitador ou limitador das características do mundo físico, social e atitudinal	Impacto dos atributos de uma pessoa
Aspectos positivos	Integridade funcional e estrutural	Actividades Participação	Facilitadores	Não aplicável
	Funcionalidade			
Aspectos negativos	Deficiência	Limitação da actividade Restrição da participação	Barreiras	Não aplicável
	Incapacidade			

De acordo com a CIF, as deficiências correspondem a um desvio ao que é geralmente aceito como estado biomédico normal (padrão) do corpo e das suas funções e sua definição é

---

20. *Idem.*, p. 13.
21. *Idem.*, p. 14.

feita por pessoas com competência para avaliar a funcionalidade física e mental, de acordo com esses padrões.[22] Ademais, embora as deficiências possam ser parte ou uma expressão de uma condição de saúde, não indicam necessariamente a presença de uma doença ou que o indivíduo seja considerado doente.[23]

Já no que diz respeito às atividades e participação, as limitações ou restrições são avaliadas a partir de uma comparação com um padrão populacional aceito. *"O padrão ou a norma com o qual se compara a capacidade ou desempenho de um indivíduo correspondem à capacidade ou desempenho de uma pessoa sem a mesma condição de saúde (doença, perturbação ou lesão, etc.). A limitação ou restrição encontrada mede a discordância entre o desempenho observado e o esperado."*[24]

No que se refere à subdivisão atividade e participação, apenas a título elucidativo e sem qualquer intenção de esgotar o tema, permite-se trazer à colação esquema com algumas subdivisões que a CIF possui de modo a ilustrar a amplitude de sua análise:

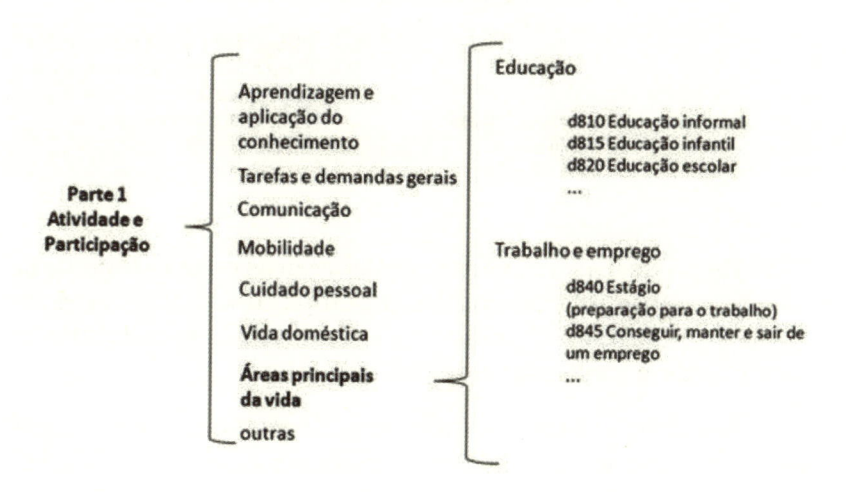

Parte 1 Atividade e Participação	
Aprendizagem e aplicação do conhecimento	
Tarefas e demandas gerais	
Comunicação	
Mobilidade	
Cuidado pessoal	
Vida doméstica	
Áreas principais da vida	
outras	

Educação	
d810 Educação informal	
d815 Educação infantil	
d820 Educação escolar	
...	

Trabalho e emprego	
d840 Estágio (preparação para o trabalho)	
d845 Conseguir, manter e sair de um emprego	
...	

---

22. *Idem.*, p. 15.
23. *Idem.*, p. 15.
24. *Idem.*, p. 18.

Ainda conforme a CIF,[25] os fatores ambientais interagem com os componentes das Funções e Estruturas do Corpo e as Atividades e a Participação de forma que a incapacidade é caracterizada como o resultado de uma relação complexa entre a condição de saúde do indivíduo e os fatores pessoais, com os fatores externos que representam as circunstâncias nas quais o indivíduo vive. Dessa relação é possível verificar que os diferentes ambientes podem ter impactos distintos sobre o mesmo indivíduo com uma determinada condição de saúde.

Também a título elucidativo, segue um esquema de algumas subdivisões que integram os "fatores ambientais":

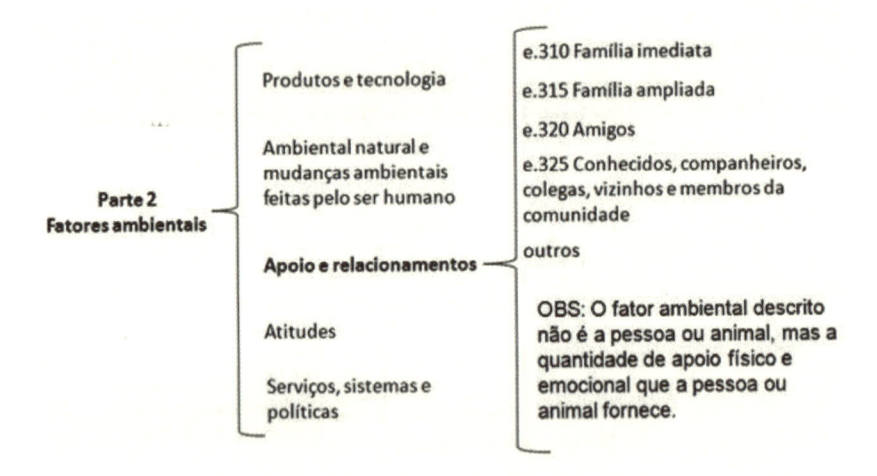

Parte 2 — Fatores ambientais
- Produtos e tecnologia
- Ambiental natural e mudanças ambientais feitas pelo ser humano
- Apoio e relacionamentos
  - e.310 Família imediata
  - e.315 Família ampliada
  - e.320 Amigos
  - e.325 Conhecidos, companheiros, colegas, vizinhos e membros da comunidade
  - outros

  OBS: O fator ambiental descrito não é a pessoa ou animal, mas a quantidade de apoio físico e emocional que a pessoa ou animal fornece.
- Atitudes
- Serviços, sistemas e políticas

Dessarte, um ambiente com barreiras ou sem facilitadores certamente irá restringir o desempenho do indivíduo, ao passo que outros ambientes mais facilitadores, indubitavelmente podem melhorar esse desempenho.

Em outras palavras, é a sociedade que limita o desempenho de um indivíduo ao criar barreiras (e.g., prédios inacessíveis) ou deixar de fornecer facilitadores (e.g. indisponibilidade de dispositivos de auxílio).

---

25. *Idem.*, p. 18.

No tocante aos fatores pessoais, como mencionado anteriormente, embora não tenham sido classificados pela CIF, influenciam os resultados das várias intervenções e a CIF os define como sendo:

> São o histórico particular da vida e do estilo de vida de um indivíduo e englobam as características do indivíduo que não são parte de uma condição de saúde ou de um estado de saúde. Esses factores podem incluir o sexo, raça, idade, outros estados de saúde, condição física, estilo de vida, hábitos, educação recebida, diferentes maneiras de enfrentar problemas, antecedentes sociais, nível de instrução, profissão, experiência passada e presente, (eventos na vida passada e na actual), padrão geral de comportamento, carácter, características psicológicas individuais e outras características, todas ou algumas das quais podem desempenhar um papel na incapacidade em qualquer nível.[26]

A CIF, portanto, objetiva uma integração do modelo médico com o modelo social de deficiência,[27] uma vez que se uti-

---

26. *Idem.*, p. 19.
27. "Esses modelos podem ser expressos numa dialéctica de "modelo médico" versus "modelo social". O *modelo médico* considera a incapacidade como um problema da pessoa, causado directamente pela doença, trauma ou outro problema de saúde, que requer assistência médica sob a forma de tratamento individual por profissionais. Os cuidados em relação à incapacidade têm por objectivo a cura ou a adaptação do indivíduo e mudança de comportamento. A assistência médica é considerada como a questão principal e, a nível político, a principal resposta é a modificação ou reforma da política de saúde. O *modelo social* de incapacidade, por sua vez, considera a questão principalmente como um problema criado pela sociedade e, basicamente, como uma questão de integração plena do indivíduo na sociedade. A incapacidade não é um atributo de um indivíduo, mas sim um conjunto complexo de condições, muitas das quais criadas pelo ambiente social. Assim, a solução do problema requer uma acção social e é da responsabilidade colectiva da sociedade fazer as modificações ambientais necessárias para a participação plena das pessoas com incapacidades em todas as áreas da vida social. Portanto, é uma questão atitudinal ou ideológica que requer mudanças sociais que, a nível político, se transformam numa questão de direitos humanos. De acordo com este modelo, a incapacidade é uma questão política". *Idem*, p. 21/22.

liza de uma abordagem "biopsicossocial", ou seja, biológica, individual e social.

Seu propósito é mais amplo. Ela coloca a noção de "saúde" e "deficiência" sob novas perspectivas. Reconhece que cada ser humano pode experimentar uma diminuição na área da saúde e, assim, experimentar algum grau de deficiência. A deficiência não é algo que só acontece a uma minoria da humanidade.

Nessa perspectiva, a CIF integra a experiência da deficiência e a reconhece como uma experiência humana universal. Ao deslocar o foco da causa para o impacto, ela coloca todas as condições de saúde em pé de igualdade, permitindo-lhes que sejam comparados com uma medida comum – a medida da saúde e da incapacidade. Além disso, a classificação leva em conta os aspectos sociais da deficiência e não vê a deficiência apenas como uma disfunção "médica" ou "biológica". Com a inclusão de fatores contextuais, em que os fatores ambientais são listados, a CIF permite registrar o impacto do ambiente sobre o funcionamento da pessoa.[28]

5. Conclusão

Uma vez operada uma mudança significativa na definição de pessoa com deficiência, tanto no âmbito administrativo,

---

28. "*The ICF puts the notions of 'health' and 'disability' in a new light. It acknowledges that every human being can experience a decrement in health and thereby experience some degree of disability. Disability is not something that only happens to a minority of humanity. The ICF thus 'mainstreams' the experience of disability and recognises it as a universal human experience. By shifting the focus from cause to impact it places all health conditions on an equal footing allowing them to be compared using a common metric – the ruler of health and disability. Furthermore ICF takes into account the social aspects of disability and does not see disability only as a 'medical' or 'biological' dysfunction. By including Contextual Factors, in which environmental factors are listed ICF allows to records the impact of the environment on the person's functioning*". World Health Organization. Disponível em: <http://www.who.int/classifications/icf/en/>. Acesso em 23 jun. 2013.

como no âmbito judicial, essa nova definição deve ser levada em conta, seja pela administração previdenciária (INSS), seja pelos operadores do direito e peritos médicos e assistentes sociais no âmbito do Poder Judiciário.

De conseguinte, todos os envolvidos devem ter em mente que mudanças significativas ocorreram nessa seara e que há necessidade de empenho para fazer valer essas novas regras.

Essa tarefa não é das mais simples, pois a CIF é uma classificação de difícil utilização por profissionais. Não é demais registrar que a melhor qualificação das pessoas envolvidas na aplicação desse instrumento é necessária, bem como a adequação dos quesitos que norteiam perícias administrativas e judiciais, de forma a incorporarem essa nova realidade, propiciando a análise biológica, individual e social de cada caso.

Somente assim será possível efetivar o direito social previsto na Constituição Federal, consubstanciado na concessão do benefício assistencial a quem realmente preencher os requisitos necessários para tanto.

MANDADO DE SEGURANÇA NA JUSTIÇA FEDERAL – FIXAÇÃO DA COMPETÊNCIA TERRITORIAL COM BASE NO § 2º, DO ART. 109 DA CONSTITUIÇÃO DA REPÚBLICA

Raquel Domingues do Amaral[1]

1. Objetivo

Este estudo tem como objetivo suscitar uma releitura das regras de fixação de Competência do mandado de segurança no âmbito da jurisdição da Justiça Comum Federal, tendo em vista os valores adotados pelo Poder Constituinte Originário na regra do § 2º do art. 109, da Constituição da República.

O critério de fixação da competência territorial no domicílio da autoridade coatora tem fundamento na jurisprudência pacífica consolidada ao longo de décadas. Entretanto, com o advento da Constituição de 1988, no âmbito da competência da Justiça Comum Federal, cuja jurisdição é marcadamente

---

1. Mestranda em Direito pela PUC-SP e juíza federal.

de natureza constitucional, parece-me mais consentâneo ao princípio do acesso à justiça, a fixação da competência com base na regra do § 2º art. 109 da Constituição da República.

Tendo em vista que o mandado de segurança é uma modalidade de tutela jurisdicional diferenciada, que ampara direito líquido e certo, foge da coerência sistemática a não aplicação da regra do § 2º do artigo 109, da CF, que faculta ao jurisdicionado demandar a União em seu próprio domicílio, em ações Comuns de Rito Ordinário, ao nosso writ.

Partindo-se da premissa de que o primeiro estágio para o acesso à Justiça é a facilitação do ingresso em juízo, demonstra-se urgente a releitura, á luz da Constituição da República, da regra de competência territorial para o ajuizamento do Mandado de Segurança no âmbito da Justiça Federal, por vários motivos, cujo fundamento comum é a facilitação do acesso. Do ponto de vista pragmático, o deslocamento do impetrante até o domicilio funcional da Autoridade pode representar obstáculo intransponível para a impetração, mormente para os jurisdicionados hipossuficientes que residem em subseções do interior.

Em breve estudo histórico do mandado de segurança, vislumbra-se que a adoção pela jurisprudência da competência geral para o foro não mais atende ao princípio do acesso à justiça, inspirador de todas as reformas processuais das últimas décadas. Veja-se, por exemplo, que o Código de Defesa do Consumidor e Estatuto do Idoso trouxeram exceções à competência geral para o foro, com o evidente propósito de facilitar o acesso à justiça e garantir a isonomia processual.

Os argumentos de natureza jurídica e prática que conferiam razoabilidade à construção jurisprudencial da competência territorial no mandado de segurança, no âmbito da Justiça Federal, não mais se sustentam, em razão da evolução do próprio conceito de jurisdição, influenciado pela prevalência da Constituição, além de outros motivos de ordem pragmática, como a evolução tecnológica e aperfeiçoamento da Administração Pública.

Como ressalta o professor André Ramos Tavares em sua obra Manual do Novo Mandado de Segurança: "O mandado de segurança deve realizar sua grandeza constitucional, e jamais sucumbir a pretensões minimalistas e reducionistas que o legislador eventualmente vier a estabelecer.". Se a doutrina considera que ao legislador não se demonstra legítimo a redução do alcance desse genuíno instrumento de jurisdição, o que se dirá de uma restrição construída a partir da jurisprudência? Nessa ótica, pretendemos suscitar uma reflexão sobre a questão, a partir da interpretação das normas processuais previstas na Constituição.

Breve análise histórica da legislação referente ao mandado de segurança

Tendo em vista a necessidade de revisitar os fatos históricos para melhor compreensão e análise da adequação da atual regra de competência territorial para a impetração do mandado de segurança, iniciaremos nosso estudo com uma breve retrospectiva histórica do writ no ordenamento jurídico brasileiro.

Em seus comentários à Constituição de 1946, Carlos Maximiliano, ao discorrer sobre o artigo 141, parágrafo 24, relata que, nos primeiros anos da proclamação da República, houve uma hipertrofia do Poder Executivo e consequente aumento nos abusos do poder do estado em relação ao cidadão, sendo que inicialmente o Poder Judiciário se manteve reservado e cauteloso, mas em um segundo momento passou a atender a máxima *"where there is a wrong, there is a remedy"*[2] e, nesse

---

2. MAXIMILIANO, Carlos. *Comentários à Constituição Brasileira de 1946*, p. 144.

mister de atender ao clamor do povo brasileiro diante das injustiças perpetradas pelo estado da primeira república, o Supremo Tribunal Federal ampliou o alcance do instituto do habeas corpus, tornando-o uma garantia ampla dos direitos pessoais.

Castro Nunes, por sua vez, pontua que a teoria brasileira do habeas corpus, como um fenômeno da evolução jurisprudencial, foi fato da maior relevância na vida judiciária do Brasil de até então, e a compara ao *détournement du pouvoir*, pelo Conselho de França, bem como ao controle de constitucionalidade construído pela Suprema Corte dos Estados Unidos.[3]

Todavia, conta-nos Maximiliano que restabelecidos o equilíbrio das forças políticas e da plena harmonia dos poderes na República, o habeas corpus deixou de ser o remédio para as pretensões de natureza política e passou a servir como remédio para direito pessoal, certo, líquido e incontestável, de modo que a Revisão Constitucional de 1925 houve por bem disciplinar o instituto do habeas corpus, restringindo o seu alcance ao original papel de amparo à liberdade humana.

Após a reforma de 1926 até a Constituição de 1934, a pessoa humana ficou carecedora do amparo de seus direitos pessoais adquiridos e certos, pois o habeas corpus já não podia ser usado para este fim e, apesar da teoria defendida por Ruy Barbosa[4] para a utilização dos interditos na defesa dos direitos individuais, esse entendimento não prosperou. Apenas os bens materiais corpóreos contavam com a proteção célere dos interditos.

Neste ponto, oportuno é transcrever a belíssima defesa de Ruy Barbosa engendrada a favor da doutrina do *habeas*

---

3. NUNES, Castro. *Do Mandado de Segurança e de outros Meios de Defesa contra Atos do Poder Público*, p.15.
4. COUTINHO SILVA PISTILLI, Ana de Lourdes. *Mandado de Segurança e Coisa Julgada*, p. 52.

corpus e perfeitamente aplicável a defesa dos direitos fundamentais ainda hoje, mormente na interpretação do alcance do mandado de segurança:

> A todos os casos em que um direito nosso, qualquer direito, estiver ameaçado, manietado, impossibilitado no seu exercício pela intervenção de um abuso de poder ou e uma ilegalidade" [...] "nas questões de liberdade, **na inteligência das garantias constitucionais, não cabe a hermenêutica restritiva**. Favorabilia amplianda." [5] (Grifos nossos).

A profícua experiência do habeas corpus nos primeiros anos da República até a Revisão Constitucional de 1925-26 serviu para demonstrar a utilidade e eficiência de um *writ* na proteção dos direitos pessoais. O remédio se demonstrara, além de expedito, eficaz. Tanto que Alberto Torres, em 1914, apresentou projeto de revisão à Constituição de 1891, em cujo art. 73 criava o mandado de segurança com seguinte texto: "*destinado a fazer consagrar, respeitar, manter, ou restaurar, preventivamente, os direitos, individuais ou coletivos, públicos ou privados, lesados por ato do poder público, ou de particular, para os quais não haja outro recurso especial.*"[6]

Infelizmente, o referido projeto não foi aprovado, o que causou grande prejuízo, pois com a reforma de 1926, a defesa dos direitos individuais ficou sem instrumento processual.

Relata Castro Nunes que a ideia de um remédio equivalente ao habeas corpus surgiu no Congresso Jurídico de 1922, que fora presidido pelo Ministro Muniz Barreto, em cuja proposta defendeu a criação do instituto nos seguintes termos: "(...) *Do que necessitamos é de um instituto semelhante ao recurso de amparo, criado no México, com rito, porém, mais sumário*

---

5. MENEZES DIREITO, Carlos Alberto. *Manual do Mandado de Segurança*, p. 8.
6. RAMOS TAVARES, André. *Manual do Novo Mandado de Segurança*, p. 24.

e que compreenda tanto agressão ao direito, partida da autoridade pública, como a proveniente de ato privado."

Sobre os fatos políticos e históricos que precederam o instituto do mandado de segurança, Castro Nunes transcreve o minucioso relatório do Deputado Alcântara Machado, Presidente da Comissão de Constituição e Justiça da Câmara dos Deputados. Neste relatório, Alcântara Machado destaca que, apesar de a Lei n. 221, de 1894 ter instituído a ação especial para a invalidação de atos da administração lesivos de direitos individuais, esse remédio não vingou e explica que o fracasso do referido instituto se deu "ou pela incompreensão dos juízes ou pela inércia dos interessados, ou pela imperfeição do sistema, a verdade é que na prática, a ação especial se mostrou destituída da eficiência reclamada pela própria natureza dos direitos em causa."[7]

Noticia ainda Alcântara Machado que, diante do fracasso da Ação Especial, floresceu a doutrina brasileira do habeas corpus e até a utilização dos interditos possessórios para defesa de direitos individuais. Registra em seu relatório que, apesar de o Supremo Tribunal Federal ter ampliado a aplicação do habeas corpus, nunca decidiu a estendê-lo a todos os direitos individuais de forma indistinta. Que, em verdade, não se chegou a firmar um critério objetivo sobre quais seriam os direitos individuais amparados pelo habeas corpus.

Pontua ainda Alcântara Machado, no mencionado documento, que o Ministro Pedro Lessa balizou o uso do habeas corpus para a defesa da liberdade corpórea ou a direito líquido e incontestável, cujo exercício dependesse da liberdade física; sua doutrina, não obstante, sofreu graves críticas e restrições, tanto por parte daqueles que defendiam a interpretação estrita do habeas corpus, quanto por parte dos que, a exemplo de

---

7. NUNES, Castro. *Do Mandado de Segurança e de Outros Meios de Defesa Contra Atos do Poder Público*, p.18.

Ruy Barbosa, queriam usar o habeas corpus para defesa te todos os direitos individuais.

Outra dificuldade apontada no uso do rito estrito do habeas corpus para defesa de direitos individuais concernia a ações que envolvessem direitos de terceiros, pois esses não eram ouvidos.

Diante desse quadro, narra Alcântara Machado que, ainda no Congresso Jurídico de 1922, Edmundo Muniz Barreto lançou a ideia de um remédio semelhante ao recurso de amparo do México. Na revisão constitucional de 1926, Artur Bernardes e Herculano de Freitas também já propunham a criação de um instituto específico para defesa dos direitos individuais.

Relata, ainda, que após a revisão constitucional, Gudesteu Pires, deputado por Minas Gerais, apresentou o Projeto n. 148, de 1926, que, apesar de inspirado no *writ of mandamus* e o *writ of injunction* do direito anglo-americano, bem como no recurso de amparo mexicano, mantinha muitos elementos do habeas corpus e da ação sumária especial.

Nos anos que se seguiram, conta-nos Alcântara que foram intensos os debates em torno do projeto de Gudesteu Pires, tendo contribuído para a discussão Matos Peixoto, Odilon Braga, Francisco Morato, Clodomir Cardoso, Agamenon Magalhães, Souza Filho, Sérgio Loureto e Berbardes Sobrinho. Todavia, foi a comissão do Itamarati que logrou definir os contornos do mandado de segurança no anteprojeto da constituição de 1934, cujo texto final veio a lume no art. 113, n. 33, com a seguinte redação (apud Nunes, 1967: 18-23):

> ART. 113 – 33- Dar-se-á mandado de segurança para a defesa de direito, certo e incontestável, ameaçado ou violado por ato manifestamente inconstitucional ou ilegal de qualquer autoridade. O processo será o mesmo do *habeas corpus*, devendo ser sempre ouvida a pessoa de Direito Público interessada. O mandado não prejudica as ações petitórias competentes.

Em 1936, foi editada a Lei n. 191, de 16 de janeiro de 1936, que regulamentou o instituto e, posteriormente, o Código de Processo Civil de 1939 dispôs sobre o mandado de segurança nos artigos 319 a 331.

Ao analisar o texto da Lei n. 191, de 16 de janeiro de 1936, releva observar que no artigo primeiro qualifica-se o direito a ser protegido pelo mandado de segurança como certo e incontestável, sendo que no mesmo dispositivo já se previa a possibilidade do exercício do *writ* preventivamente.

Ao tratar da competência para o ajuizamento da medida no art. 5º, inciso I, a referida Lei previu a competência da Justiça Federal em razão do exercício da função da autoridade, no inciso II tratou-se da competência da Justiça Eleitoral, e, por fim, no inciso III dispôs sobre a competência da Justiça Local, sendo que na alínea "a", do inciso III, remeteu a disciplina aos Códigos de Organização Judiciária das Cortes de Apelação para julgarem o *writ* em face de ato praticado por autoridades sob a jurisdição dessas Cortes. Na alínea "b", em caráter residual, remete o julgamento do mandado de segurança ao juiz competente no cível.

O Código de Processo Civil de 1939 dedicou o Título V ao regramento do Mandado de Segurança, igualmente à Lei 191/1936, qualificou o direito a ser amparado como certo e incontestável, previu a possibilidade de mandado de segurança preventivo e derrogou a Lei n. 191/1936, ao afastar do âmbito de incidência do mandado de segurança, atos do Presidente da República, dos Ministros de Estado, Governadores e Interventores. Percebe-se na dicção restritiva do art. 319 do Código de Processo Civil de 1939 a influência do espírito político totalitário do Estado Novo que, com o advento da Constituição 1937, amesquinhou sobremaneira o alcance do mandado de segurança.

Relevante frisar que na redação do art. 8º, parágrafo primeiro, alínea "a" da Lei n. 191/1936 estava prevista a possibilidade de o Juiz mandar citar a autoridade coatora por oficial do juízo ou por precatória.

Veja-se o texto no vernáculo da época:

> Art. 8º A inicial será desde logo indeferida quando não fôr caso de mandado de segurança ou lhe faltar algum dos requisitos desta lei.
>
> § 1º Conhecendo do pedido, o juiz imediatamente:
>
> a) mandará citar o coactor, por official do juizo, ou por **precatoria**, afim de lhe ser entregue a segunda via da petição inicial, com a respectiva copia dos documentos; (grifo nosso)
>
> b) encaminhará, por officio, em mão do official do juizo pelo correio, sob registro, ao representante judicial, ou, na falta, ao representante legal de pessoa juridica de direito publico interno, interessada no caso, a terceira via da petição inicial com a respectiva copia dos documentos.

O fato de a Lei mencionar o uso de Carta Precatória para a citação da Autoridade Coatora demonstra que o mandado de segurança podia ser ajuizado no domicílio do Impetrante.

Já na redação do art. 322 do CPC de 1939, editado sob o influxo do estado autoritário, a citação passa a ter o seguinte regramento:

> Art. 322. Despachando a petição inicial, o juiz mandará:
>
> I – notificar o coator, mediante ofício entregue por oficial de justiça e acompanhado da 3ª via da petição inicial, instruída com as cópias dos documentos, a fim de prestar informações no prazo de dez (10) dias;
>
> II – citar o representante judicial, ou, à falta, o representante legal da pessoa jurídica de direito público interessada na ação.
>
> § 1º Quando a pessoa do coator se confundir com a do representante judicial, ou legal da pessoa jurídica de direito público interessada na causa, a notificação, feita na forma do n. I deste artigo, produzirá também os efeitos da citação.
>
> § 2º O prazo para a contestação será de dez (10) dias.

Constata-se que a disciplina da citação do CPC de 1939 não menciona mais o uso Carta Precatória, donde se infere que o nascimento da jurisprudência no sentido de que o mandado de segurança deveria ser ajuizado no domicílio da autoridade coatora pode ter surgido a partir de então.

Essa inferência é confirmada ao analisarmos o parágrafo primeiro do art. 324 do CPC de 1939, que dispõe o seguinte:

> Art. 324. Findo o prazo para as informações e para a contestação, os autos serão conclusos ao juiz, que decidirá em cinco (5) dias.
>
> § 1ª *Si o juiz verificar que o ato foi ou vai ser praticado por ordem de autoridade não subordinada à sua jurisdição, mandará remeter o processo ao juiz ou Tribunal competente.*

A redação do referido dispositivo demonstra que, a esta altura, a competência quer funcional quer territorial, já era definida com atenção voltada à Autoridade Coatora, levando-se em consideração os seguintes aspectos: i) a vinculação da autoridade a uma pessoa jurídica de direito público interno federal ou estadual; ii) as hipóteses de competência funcional fixada tendo em vista a prerrogativa de foro inerente ao exercício do cargo; iii) e, por último, o critério territorial, fixado no domicílio funcional da autoridade.

De fato, quando a regra diz remessa do processo ao tribunal competente, refere-se a autoridades sujeitas ao foro estabelecido por prerrogativa da função; quando se refere à remessa do processo ao juiz competente, diz respeito ao critério territorial em razão do domicílio funcional da Autoridade.

Com o advento do Estado Novo, a Carta outorgada de 1937 manteve apenas formal e nominalmente o mandado de segurança, pois lhe restringiu o alcance, de forma a torná-lo praticamente inútil. Com efeito, afastou do controle do Mandado de

Segurança os Atos do Presidente da República, Ministros de Estado e Interventores Federais e, ainda, dificultou o acesso ao remédio, ao fixar a competência territorial, com base na sede funcional da Autoridade Coatora, diferentemente da Lei n. 191 de 1936, que permitia o ajuizamento do *writ* no domicílio do impetrante, uma vez que mencionava o uso da Carta Precatória para a citação da Autoridade.

Após a consolidação do Estado Democrático, a Constituição de 1946 restabeleceu plenamente o mandado de segurança, com a seguinte redação:

> Art. 141 ...
>
> § 24. Para proteger direito líquido e certo não amparado por "habeas-corpus", conceder-se-á mandado de segurança, seja qual for a autoridade responsável pela ilegalidade ou abuso de poder.

Depreende-se da leitura do enunciado que, a partir da Constituição de 1946, o direito a ser amparado pelo mandado de segurança deixou de ser nominado de certo e incontestável e passou a ser predicado como líquido e certo; nomenclatura, esta, que prevalece até os dias de hoje.

Em 1951, a Lei n. 1.533 passa a dispor sobre o mandado de segurança, contudo se abstém de regrar a competência territorial para a impetração.

O Código de Processo Civil de 1976 não abrigou no seu texto a disciplina do *writ*. Todavia, a esta altura, já estava consolidado o entendimento, consagrado com base no Código de 1939, de que o mandado de segurança deveria ser ajuizado na sede funcional da Autoridade Coatora.

A Constituição de 1988 albergou o mandado de segurança no capítulo dos direitos fundamentais e ainda conferiu maior força ao instituto, ao trazer para o ordenamento jurídico o mandado de segurança coletivo. Em verdade, a partir da constituição de 1988, o mandado de segurança evoluiu como um instrumento célere de jurisdição constitucional. Todavia, a Lei n. 12.016, de 2009, com a devida vênia, não reconheceu a relevância do instituto, e dentre outros amesquinhamentos, omitiu o estabelecimento de regra de competência territorial para o ajuizamento do mandado de segurança.

Enfim, o Mandado de Segurança, em que pese ter se inspirado nos *writs* americanos, no *juicio de amparo* mexicano e nos interditos possessórios, é uma criação nacional, cujo laboratório foi a doutrina libertária do Habeas Corpus dos primeiros anos da República, sustentada pela genialidade de Rui Barbosa e Pedro Lessa, para combater a hipertrofia do poder estatal sobre os direitos individuais e, como tal, não comporta interpretação restritiva.

2. O regramento da competência para a impetração do mandado de segurança no direito positivo brasileiro

Sabemos que as regras que dispõem sobre a criação de outras regras são classificadas como normas de estrutura. Sobre as regras de estrutura ensina Aurora Tomazini de Carvalho:

> Elas disciplinam os órgãos competentes, a matéria e o procedimento próprio para a produção de novos enunciados jurídicos, possibilitando a dinâmica do sistema. [...] Nem sempre as regras de estrutura (que regulam a aplicação) encontram-se no mesmo suporte físico normativo das regras de conduta a serem aplicadas. Da mesma forma, as proposições que fixam o procedimento, a autoridade competente e estabelecem os requisitos para a criação de novos enunciados podem estar dispersas em diferentes documentos normativos.[8]

---

8. TOMAZINI DE CARALHO, Aurora. *Curso de Teoria Geral do Direito*, p. 449.

O fenômeno acima apresentado pela autora aplica-se perfeitamente ao regramento da competência para o ajuizamento de mandado de segurança, que se encontra disperso em vários documentos normativos: Constituição Federal, Constituições dos Estados Membros, Lei 12.016/2009 e até nos Códigos de Organização Judiciária dos estados federados.

Partindo do topo da pirâmide do ordenamento, constata-se que a Constituição Federal traz regras expressas sobre a competência para o julgamento de mandado de segurança originário no Supremo Tribunal Federal e no Superior Tribunal de Justiça, tendo por base o foro estabelecido em razão da prerrogativa inerente ao cargo exercido pela autoridade coatora.

O art. 109, inciso VIII, da CF/88 fixa a competência dos Juízes Federais para o julgamento de mandado de segurança em face de autoridades federais, excetuadas a competência dos Tribunais Regionais Federais. O art. 108, I, alínea "c" estabelece a competência originária dos Tribunais Regionais Federais para julgar mandado de segurança em face de ato praticado pelo próprio tribunal e por juízes federais. O art. 114, IV, estabelece a competência da Justiça do Trabalho para o julgamento de Mandado de Segurança que envolva matéria sujeita a sua jurisdição.

Como se depreende da análise do regramento constitucional, acima exposto, a Constituição foi expressa ao estabelecer critérios de competência funcional, não obstante, silenciou-se em relação ao critério territorial.

A Lei n. 12.016, de 07 de agosto de 2009, igualmente à antiga Lei n. 1533/51, não trouxe regra expressa sobre a competência territorial para o ajuizamento do mandado de segurança, e, tampouco, fez remissão ao art. 94, do Código de Processo Civil. Importante registrar que quando a Lei n. 12.016/2009 quis aplicar as regras processuais veiculadas no Código de Processo Civil, o fez de forma inequívoca, a exemplo dos enunciados prescritivos dos artigos 6º, §5º, art. 7º, §§ 1º e 5º e art. 24. O referido diploma legal não trouxe uma regra genérica de aplicação subsidiária do Código de Processo Civil, isso significa dizer que as hipóteses de aplicação do CPC foram expressas e taxativas, não havendo outras além das já mencionadas.

Constata-se, assim, que a regra de estrutura que estabelece a competência territorial para o ajuizamento do mandado de segurança na sede funcional da autoridade coatora é despida de suporte físico, de dado material.

Ao se construir o sentido de um texto jurídico, ensina-nos Paulo de Barros Carvalho que se passa por um percurso de quatro planos, a saber: S1 – plano dos enunciados; S2 – plano das proposições; S3 – plano das normas jurídicas; S4 – plano da sistematização.[9]

Na perspectiva do construtivismo lógico-semântico proposto pelo professor Paulo de Barros Carvalho, o plano S1 é o primeiro plano com o qual o intérprete se depara na construção do sentido de uma norma. Este plano é onde o direito se materializa no conjunto de letras, palavras, frases, ou seja, é o dado físico, a base material a partir da qual o intérprete vai construir em sua mente a significação.

Na construção da norma de estrutura que disciplina a competência territorial para o ajuizamento do mandado de segurança no domicílio funcional da Autoridade Coatora não se encontra o plano S1 no sistema, uma vez que nem a Constituição e nem a Lei estipularam regra específica sobre esse ponto.

Como frisado anteriormente, no retrospecto da legislação do mandado de segurança, houve dado material da referida norma de competência no Código de Processo Civil de 1939, que dedicava o Capítulo V ao regramento do writ. Com a revogação do Código de Processo Civil de 1939, a regra de competência

---

9. BARROS CARVALHO, Paulo de. *Curso de Direito Tributário*, p.126-127.

territorial subsistiu no ordenamento jurídico pátrio até os dias atuais, mas baseada apenas no precedente jurisprudencial.

Ainda que se considere possível, em um sistema inspirado na tradição romano-germânica, a existência de uma regra de estrutura sem dado material, sustentada somente na jurisprudência sem atributo vinculante; a referida regra, como se demonstrará, não resiste ao exame no plano S4, definido por Aurora Tomazini de Carvalho nos seguintes termos:

> [...] a norma não pode ser compreendida como um ente isolado, pois ela porta traços de pertinência a certo conjunto normativo, passa então, o interprete para uma nova etapa do percurso gerador do sentido dos textos jurídicos, a fase da sistematização, plano S4 de seu trajeto hermenêutico, instância em que se estabelecerá os vínculos de subordinação e coordenação entre as normas por ele construídas.[10]

Com efeito, a norma de estrutura: **"a competência territorial para julgar mandado de segurança fixa-se na sede funcional da autoridade coatora"**, como se demonstrará no tópico posterior, colide com o princípio constitucional do acesso à justiça, ao qual todas as normas estruturais reguladoras do processo estão jungidas.

3. O reexame dos critérios para a fixação da competência territorial do mandado de segurança na justiça federal

O reexame dos critérios para a fixação da competência territorial para o julgamento do mandado de segurança na Justiça Federal deve ter como referência o modelo processual civil que se adota atualmente, tanto no plano constitucional como no plano infraconstitucional.

---

10. TOMAZINI DE CARVALHO, Aurora. *Curso de Teoria Geral do Direito*, p. 251.

Cândido Rangel Dinamarco ensina que o direito processual constitucional se exterioriza sob dois prismas: i) na tutela constitucional do processo, ou seja, os princípios e garantias albergados na constituição, que disciplinam o processo: devido processo legal, contraditório, juiz natural e outros; ii) e na chamada jurisdição constitucional das liberdades, que se traduz nos meios previstos na Constituição para maior efetividade do processo e dos direitos individuais.[11]

O mandado de segurança figura em nosso sistema dentro do rol dos mecanismos da jurisdição constitucional das liberdades, como uma forma de tutela jurisdicional diferenciada. Neste ponto vale lembrar a precisa lição de Teresa Arruda Alvim Wambier, citada por Ana Lourdes Coutinho Silva Pistilli, no sentido de que o mandado de segurança consubstancia condição de funcionamento do Estado de Direito,[12] na medida em que proporciona à pessoa ou a grupos de pessoas defenderem os seus direitos e garantias, assegurados na Constituição, perante o Estado.

Ao delinear o modelo constitucional do Processo Civil Brasileiro, Cândido Rangel Dinamarco ressalta que a jurisdição constitucional das liberdades é integrada por modos de tutela jurisdicional diferenciada, entre os quais, figura o mandado de segurança, e que são oferecidos em complementação à garantia de acesso à justiça.

No plano infraconstitucional, o Autor aponta que o processo civil evolui na extensão da garantia do controle jurisdicional a setores antes imunes à censura judicial, como, por exemplo, o controle do mérito do ato administrativo, bem assim a universalização da tutela jurisdicional pela criação dos Juizados Especiais, e adoção das ações coletivas, sendo que essas

---

11. RANGEL DINAMARCO, Cândido. *Instituições de Direito Processual Civil*, vol. I, p.53.
12. COUTINHO SILVA PISTILLI, Ana Lourdes. *Mandado de Segurança e Coisa Julgada*, p. 108.

inovações reduziram substancialmente os chamados resíduos conflituosos não jurisdicionalizáveis.[13]

Percebe-se que o eixo axiológico do processo civil brasileiro contemporâneo é o princípio do acesso à justiça, cujo conteúdo transcende ao simples ingresso em juízo, para consubstanciar o acesso ao resultado justo e correto.

Nesta perspectiva, parece-me dissonante da interpretação evolutiva dos princípios e garantias constitucionais que irradiam sobre o processo civil, o entendimento jurisprudencial no sentido de que a competência territorial para a impetração do mandado de segurança é na sede funcional da autoridade coatora.

Ora, se esse entendimento cria obstáculo ao princípio do acesso à justiça em seu estágio mais raso, ou seja, o ingresso em juízo, o regramento da competência territorial para o ajuizamento do writ carece de uma nova interpretação sistemática.

Devemos buscar um norte interpretativo que construa a regra de competência levando-se em consideração a essência do instituto do mandado de segurança como mecanismo de jurisdição constitucional das liberdades na tutela da pessoa humana frente ao Estado.

Nessa ordem de ideias, o instituto do mandado de segurança não pode receber o mesmo regramento processual conferido pelo Código de Direito Processual Civil, no artigo 94, às ações, cujos objetos são direitos pessoais, ou direitos reais fundados sobre bem móvel.

A regra do artigo 94 do CPC incide sobre litígios, cuja relação de direito material subjacente tem os seus titulares em relação jurídica no plano horizontal. No mandado de segurança,

---

13. RANGEL DINAMARCO, Candido. *Instituições de Direito Processual Civil*, vol. I, p. 249.

a relação de direito material é vertical, de um lado temos o ato de autoridade, o poder de império do estado, e do outro, a pessoa humana. Logo, para se garantir a paridade de armas nessa relação processual, o primeiro passo é a facilitação da impetração do writ pela pessoa.

Para assegurar a isonomia processual nessas relações de direito material verticais, o Poder Constituinte Originário, na regra de competência do § 2º do art. 109, da CF/88, facultou à pessoa que pretenda demandar a União, exercer o direito de ação na seção judiciária em que for domiciliada, naquela em que houver ocorrido o ato ou fato que deu origem à demanda, ou onde esteja situada a coisa, ou, ainda, no Distrito Federal.

4. A evolução tecnológica do processo e a prestação de informações no mandado de segurança

A partir do advento da Constituição Federal de 1988, da modernização dos meios de comunicação e de intercâmbio processual, a regra de fixação da competência territorial na sede funcional da autoridade coatora tornou-se obsoleta, não só diante dos valores jurídicos e filosóficos que inspiram o processo, mas também diante da nova realidade fática, revolucionariamente modificada pela Rede Mundial de Computadores, que ensejou o uso processo eletrônico.

Outrora, poder-se-ia alegar que o escopo da fixação da competência na sede funcional da autoridade era a facilitação do levantamento dos dados para as informações; pois, antes do advento da "internet", a autoridade coatora, que fosse demandada em juízo fora de sua sede, poderia alegar certa dificuldade em se dirigir ao juízo para esclarecer o ato apontado como ilegal. Entretanto, sabemos que atualmente os órgãos estatais dispõem dos meios de comunicação mais modernos e de quadro de funcionários altamente profissionalizados, de modo que as autoridades que representam as Pessoas Jurídicas de Direito Público Interno e suas Autarquias podem prestar informações em qualquer região do país, valendo-se dos meios eletrônicos.

Em consideração ao avanço tecnológico, o legislador já modernizou o Código de Processo Civil, pela Lei n. 11.419/2006, que estabeleceu *"O uso de meio eletrônico na tramitação de processos judiciais, comunicação de atos e transmissão de peças processuais será admitido nos termos desta Lei."*

Diante dessa revolução tecnológica, já assimilada pelo Código de Processo Civil no aprimoramento dos institutos processuais e que também é aplicável ao Mandado de Segurança por força do art. 4º, da Lei n. 12.016/2009, não subsiste mais a justificativa de ordem pragmática da necessidade de o *writ* ser impetrado na sede funcional da autoridade, para facilitar a elaboração das informações.

5. A construção de uma norma de competência territorial para o ajuizamento do mandado de segurança na justiça federal partir da interpretação sistemática do art.109, §2º, da CF/88

O Poder Constituinte Originário de 1988, em sintonia com o princípio do acesso à justiça, e com as ondas renovatórias do processo, que na década de 1988 já arejavam os pensadores do processo no Brasil, trouxe várias garantias tendentes à facilitação do acesso ao Poder Judiciário e à universalização da justiça.

Além de princípios genéricos, a Constituição de 1988 trouxe normas de estrutura necessárias para a concretização do princípio do acesso à justiça. Esse é o caso da norma de competência veiculada pelo § 2o. do art. 109, da Constituição. Veja-se:

> Art. 109 ...
>
> § 2º. As causas intentadas contra a União poderão ser aforadas na seção judiciária em que for domiciliado o

autor, naquela onde houver ocorrido o ato ou fato que deu origem à demanda ou onde esteja situada a coisa, ou, ainda, no Distrito Federal.

Constata-se que no intuito de resguardar a paridade de armas, consectário da isonomia e a facilitação do acesso à justiça, o legislador constituinte deu várias opções à pessoa que pretenda demandar em face da União, para que escolha a mais adequada a sua realidade.

Ora, se a União pode ser demandada na Seção Judiciária em que for domiciliado o Autor, em as ações de procedimento comum ordinário, com maior razão deveria ser no mandado de segurança, que se destina à tutela constitucional das liberdades, como um mecanismo de tutela jurisdicional diferenciada.[14]

O Poder Constituinte Originário fez a opção pela facilitação do acesso à justiça, alçado pela doutrina ao patamar de promessa-síntese;[15] logo, toda interpretação das normas estruturais, pertinentes ao exercício da jurisdição, deve ser norteada de modo a dar a máxima efetividade ao acesso em sua acepção completa, sob pena de comprometer a efetividade da própria Constituição.

Neste ponto, demonstra-se oportuna a observação de Guilherme Marinoni: "da essência do processo civil do Estado Constitucional a sua compreensão na perspectiva dos direitos fundamentais."[16]

O mínimo que se pode garantir, em termos de facilitação do acesso à justiça, é proporcionar à pessoa a oportunidade de

---

14. COUTINHO SILVA PISTILLI, Ana de Lourdes. *Mandado de Segurança e Coisa Julgada*, p.10.
15. RANGEL DINAMARCO, Cândido. *Instituições de Direito Processual Civil*, Vl. I, p. 109.
16. MARINONI, Luiz Guilherme; ARENHART, Sérgio Cruz. *Curso de Processo Civil*. 7ª Ed. São Paulo: RT, 2008, vol. 2, p.34.

ingresso em juízo. A norma processual que fixa a competência para a impetração do mandado no domicílio da autoridade coatora pode criar óbice material à impetração.

De fato, a pessoa hipossuficiente, domiciliada em cidade do interior, que pretenda resguardar direito líquido e certo lesionado por ato de autoridade, cuja sede funcional é no Distrito Federal, ou mesmo em uma das capitais dos estados federados, fica impedida de fazer uso de *writ*; não raras vezes, é forçada a recorrer ao procedimento comum de rito ordinário, para satisfazer sua pretensão. Essa distorção processual enseja perversidade não mais tolerável em nosso ordenamento: a imposição, por via oblíqua, de um critério econômico para a utilização de um remédio constitucional destinado a tutelar direito líquido e certo.

Ora, a face mais obvia do princípio do acesso à justiça é assegurar ao jurisdicionado a facilidade de exercer o direito de ação perante o Poder Judiciário. Veja-se, a propósito do tema, a lição de Mauro Cappelletti e Bryant Garth na obra Acesso à Justiça:

> [...] serve para determinar duas finalidades básicas do sistema jurídico – o sistema pelo qual as pessoas podem reivindicar seus direitos e/ou resolver seus litígios sob os auspícios do Estado. Primeiro, o sistema deve ser igualmente acessível a todos; segundo, ele deve produzir resultados que sejam individual e socialmente justos. [...] Uma premissa básica será a de que a justiça social, tal como desejada por nossas sociedades modernas, pressupõe o acesso efetivo.

Observa-se que o significado de acesso à justiça vai além da ideia do Poder Judiciário estar com suas portas abertas, para denotar a eliminação dos obstáculos que o jurisdicionado porventura venha encontrar no trajeto que o deverá levar ao julgamento justo.

Nessa perspectiva, a partir da Constituição de 1988, todas as regras de competência devem ser firmadas sob a luz do acesso à justiça, ou seja, de modo a facilitar o exercício do direito de ação desde o ajuizamento da demanda até se chegar à obtenção do julgamento justo.

As normas garantidoras do amplo acesso ao Poder Judiciário ganham maior importância, quando de um lado tem-se como parte o Estado e do outro, a pessoa humana ou mesmo uma pessoa jurídica de direito privado, tendo em vista que o questionamento judicial dos atos administrativos é a forma mais democrática de controle da Administração Pública.

Além disso, em relações processuais protagonizadas pelo Estado e o particular, como por exemplo, as decorrentes da imposição da Regra Matriz de Incidência Tributária, a observância do acesso à justiça é condição fundamental para se chegar ao julgamento justo, de modo a garantir outros princípios constitucionais como a capacidade contributiva, a anterioridade, a legalidade estrita, a irretroatividade da lei e todos os outros, que estão enfeixados no Estatuto Constitucional do Contribuinte e que podem ser defendidos por intermédio do mandado de segurança.

O mandado de segurança é o remédio, por excelência, contra eventuais abusos da Administração em face do particular, de modo que seu fundamento está no art.5º, inciso LXIX, da CF'88, no rol dos direitos fundamentais. Assim, por uma questão de paralelismo formal, não me parece adequado buscar o critério de competência territorial previsto no art. 94, do CPC, ou seja, em Lei Ordinária, quando a própria Constituição veicula regra de competência territorial para as ações propostas em face da União, no art. 109, § 2º.

A mencionada regra, ao facultar ao jurisdicionado demandar a União na seção judiciária em que for domiciliado, deu efetividade ao princípio da paridade processual, pois facilitou o acesso do particular à Justiça, na medida em que minimizou os custos econômicos do acesso. Intuitivo é que a necessidade de deslocamento do jurisdicionado pode criar óbice de natureza prática, que inviabiliza o acesso ao Poder Judiciário já no nascedouro da demanda.

Desse modo, diante da desigualdade entre o particular e a Administração, o Poder Constituinte Originário, com o objetivo de garantir uma paridade processual mínima, facultou ao jurisdicionado demandar a União em seu domicílio.

Essa escolha do Poder Constituinte Originário decorre da relevância que o acesso à justiça tem para a efetividade de todos outros direitos fundamentais garantidos, explicita ou implicitamente, na Constituição. De fato, se houver empecilho para que o particular exerça o direito de ação, que garante os demais direitos fundamentais, a efetividade das normas constitucionais, que veiculam esses direitos fundamentais estará comprometida. Em uma metáfora bem simples, é como se o Estado disponibilizasse os direitos com uma mão e retirasse com a outra.

Nessa linha, a proposição entoada pela jurisprudência, quase com a sacralidade de um mantra, no sentido de que a competência para julgar mandado de segurança é do juízo do domicílio da autoridade coatora não mais encontra ressonância nos princípios constitucionais que norteiam o Processo Civil, mormente, o da igualdade e o do acesso à justiça.

Se a autoridade coatora, ao prestar as informações, representa a pessoa jurídica de direito público interno, demonstra-se perfeitamente possível a aplicação da regra de competência do §2º do art. 109, da CF'88 ao Mandado de Segurança, não só quando impetrado em face de ato de autoridade coatora que representa a União; mas, também, em casos de autoridades que representam suas autarquias e fundações, por força do princípio previsto no art. 5º, inciso XXXV, da CF/88.

Ao fazer a fazer a interpretação sistemática das proposições dos incisos XXXV e LXIX do art. 5º, combinados com a proposição do § 2º art. 109, todas da CF'88, pode-se construir uma nova norma de competência territorial para a impetração do mandado de segurança no domicílio do Impetrante. Em verdade, com base na regra do art. 109, § 2º, CR'88, faculta-se ao jurisdicionado a escolha de impetrar o remédio constitucional no seu domicílio ou no da autoridade coatora, de acordo com sua capacidade econômica.

Essa é a regra de competência territorial mais harmônica com essência do mandado de segurança. Por isso, no nascedouro do instituto, a antiga Lei n. 191 de 16 de janeiro de 1936, editada sob a vigência da Constituição de 1934, previa a possibilidade do ajuizamento do *writ* no domicílio do impetrante.

Com efeito, esse benfazejo diploma legal veio à tona, ainda, sob os auspícios da doutrina do habeas corpus capitaneada pelos sábios Ruy Barbosa e Pedro Lessa e trouxe em seu texto o mandado de segurança como o genuíno remédio destinado a resguardar a pessoa humana frente às ilegalidades do Estado.

Todavia, com o advento do estado totalitário de 1937, o mandado de segurança foi desfigurado, estrangulado, inclusive no que concerne à competência territorial, tendo em vista que o Código de Processo Civil de 1939 revogou a Lei n. 191/1936, e, desde então, instaurou-se o equivocado dogma da competência territorial na sede funcional da Autoridade Coatora.

Mas como ensina Ovídio Baptista "O esquecimento do passado é a condição do dogma".[17] Logo, a análise da história nos demonstra que este dogma da competência territorial no domicílio da Autoridade Coatora tem sua ancestralidade no autoritarismo do Estado Novo, de modo que não se coaduna com o contemporâneo Estado Democrático de Direito, em cujo centro está o valor da pessoa humana.

---

17. Ovídio A. BAPTISTA DA SILVA, *Processo e Ideologia*, p.19.

REFERÊNCIAS

MAXIMILIANO, Carlos. *Comentários à Constituição Brasileira*. Rio de Janeiro: Livraria Editora Freitas Bastos, 1948.

TAVARES, André Ramos. *Manual do Novo Mandado de Segurança: Lei 12.016/2009*. Rio de Janeiro: Forense, 2009.

MIRANDA, Pontes de. *Comentários à Constituição da República dos E. U do Brasil*. Rio de Janeiro: Editora Guanabara Waissman, Koogan, Ltda.

MIRANDA, Pontes de. *Comentários à Constituição de 1946*. Rio de Janeiro: Henrique Cahen Editor.

SILVA, Ovídio A Baptista. *Processo e Ideologia: o paradigma racionalista*. Rio de Janeiro: Forense, 2004.

DINAMARCO, Cândido Rangel. *Instituições de Direito Processual Civil*. 4ª Ed. São Paulo: Malheiros Editores, 2004. V 1.

CARVALHO, Aurora Tomazini de. *Curso de Teoria Geral do Direito: o construtivismo lógico semântico*. 2ª. Ed. São Paulo: Noeses, 2010.

DIREITO, Carlos Alberto Menezes. *Manual do Mandado de Segurança*. 3ª Ed. Rio de Janeiro: Renovar, 1999.

PISTILLI, Ana de Lourdes Coutinho Silva. *Mandado de Segurança e Coisa Julgada*. São Paulo: Editora Atlas S.A, 2006.

A PRATICABILIDADE E AS GARANTIAS CONSTITUCIONAIS DO CIDADÃO-CONTRIBUINTE

Madja de Sousa Moura Florencio[1]

Resumo

O fenômeno da praticabilidade, tido como instrumento de simplificação das leis, é essencial ao mundo moderno. A temática ganha importância nos dias atuais, com as complexas relações travadas na sociedade de massa, que exigem a utilização de mecanismos cada vez mais modernos para a concretização dos comandos legais. A questão apresenta maior relevância no campo tributário, onde a praticabilidade mostra-se imprescindível para a eficiência do aparelho arrecadatório estatal. O presente trabalho visa apontar, através de pesquisa doutrinária, os limites constitucionalmente impostos para a utilização da praticabilidade, com vistas a demonstrar que este princípio se volta, sobretudo, para o alcance da justiça fiscal e não apenas em prol da simplificação da atividade tributária em favor do Estado.

---

1. Mestranda em Direito pela PUC/SP, Juíza Federal.

1. Introdução

A complexidade do mundo contemporâneo exige a cada dia a simplificação da vida moderna. Os anseios pela concretização das liberdades e igualdades materiais forçam a máquina estatal a empregar técnicas mais eficientes, com a adoção de mecanismos voltados à simplificação do sistema público com um todo, envolvendo medidas de ordem administrativa, legislativa e judicial.

O grande desafio do Direito hoje é a concretização da justiça. Não mais se concebe o Direito compartimentado, isolado em sua própria dogmática, inerte aos reclamos sociais. A sociedade exige um Direito vivo, atento às suas transformações.

A visão positivista de completa separação entre o direito e os valores morais está há muito superada. Nos dizeres de Luís Roberto Barroso (BARROSO, 2009, p. 277):

> A volta aos valores é a marca do pensamento jurídico que se desenvolve a partir da segunda metade do século XX. Foi, em grande parte, consequência da crise moral do positivismo jurídico e da supremacia da lei, após o holocausto e a barbárie totalitária do fascismo e do nazismo. No plano internacional, no contexto da reconstrução da ordem mundial do pós-guerra, foi aprovada a Declaração Universal dos Direitos Humanos, de 1948, na qual se materializou o consenso entre os povos acerca dos direitos e liberdades básicas a serem assegurados a todos os seres humanos. No âmbito interno, diferentes países reconhecem a centralidade da dignidade da pessoa humana e dos direitos fundamentais, que passam a ser protegidos por tribunais constitucionais. Tanto no direito europeu como nos Estados Unidos, diversos desenvolvimentos teóricos marcam a nova época, aí incluídos estudos seminais sobre a teoria da justiça, normatividade dos princípios, argumentação jurídica e racionalidade prática, dando lugar a uma reaproximação entre o Direito e a filosofia. A volta dos valores está no centro da discussão metodológica contemporânea e do pensamento pós-positivista.

É certo que as leis, com a abstração que lhes é característica, não conseguem antever todas as situações da vida. As incertezas das ações dos indivíduos e a dificuldade de se atender todas as suas necessidades, vontades e interesses se apresentam como obstáculos à positivação do sistema jurídico. A frieza das normas não alcança as peculiaridades do caso concreto. A letra da lei é insensível às circunstâncias materiais dos acontecimentos que prescreve.

Diante deste cenário, o presente estudo debruça-se sobre o tema da praticabilidade, conceito inerente ao fenômeno jurídico, por meio do qual se busca a efetiva aplicação das normas jurídicas e a consequente concretização dos valores mais caros à sociedade.

O estudo do tema mostra-se imprescindível, nos dizerem de Misabel Derzi (1988, p. 290-291), uma vez que:

> O emperramento das máquinas administrativa e judicial do Estado são desafios de difícil solução, cada vez mais acentuados em função de fatores como a explosão demográfica brasileira, a conscientização político-jurídica da população, o progresso e as formas e técnicas sofisticadas de tributação [...] tronando prementes as exigências de praticabilidade.

Apesar de o princípio permear todo o sistema jurídico, o presente trabalho foca o tema da praticabilidade tributária, diante do emprego, por vezes equivocado, dos mecanismos de simplificação que acabam por onerar excessivamente o cidadão-contribuinte, sufocando-o com o cumprimento de obrigações acessórias que chegam a superar, em custos, o pagamento das próprias obrigações principais.

2. Os princípios jurídicos

É sempre relevante e extremamente estimulante estudar os princípios, sejam os princípios gerais do direito, os princípios constitucionais, os princípios hermenêuticos e, no que guarda relação direta com este trabalho, os princípios que limitam o poder de tributar do Estado.

Conceituar o vocábulo "princípio" é tarefa das mais árduas. Sua compreensão dependerá do contexto e ambiente onde a palavra é empregada. Mas, pode-se partir da premissa de que princípio encerra a ideia de começo, ponto de partida, fundamento de algo.

Renato Lopes Becho (BECHO: 2011, p. 343) destaca que os princípios são identificados desde os primórdios do conhecimento ocidental, sendo encontrada já em Aristóteles a sistematização das várias acepções do vocábulo princípio:

> Princípio significa (a) a parte de uma coisa a partir da qual pode-se empreender o primeiro movimento [...]; (b) o ponto a partir do qual é possível que cada coisa seja, do melhor modo, originada [...]; (c) aquilo cuja presença determina em primeira instância o surgimento de alguma coisa [...]; (d) aquilo que a partir de que, ainda que não imanente à coisa, algo nasce e de que o movimento e a transformação procedem primordialmente [...]; (e) aquilo em conformidade com cuja escolha deliberada, o que é movido é *movido*, e o que é transformado é *transformado* [...]; (f) as artes também são chamadas de princípios [...]; (g) aquilo a partir de que uma coisa começa a ser compreensível também é chamado de *princípio* da coisa, por exemplo as hipóteses das demonstrações.

O autor destaca, para fins do sistema jurídico, as acepções "b" e "c", pois os princípios podem ser colocados no primeiro ponto a partir do qual seja possível verificar a origem do direito, mas também é possível, a partir dos princípios, construir regras jurídicas.

Nos dizeres de Paulo de Barros Carvalho (2008, p. 174):

> Não é exagero referir que o dado valorativo está presente em toda configuração do jurídico, desde seus aspectos formais

(lógicos), como nos planos semântico e pragmático. Em outras palavras, ali onde houver direito, haverá, certamente, o elemento axiológico. A demonstração desse acerto não é difícil e pode ser feita com singelas lembranças das manifestações jurídicas, em pontos diversos da existência desse fenômeno.

E complementa o autor, em outra obra (2012, p.197):

> Os princípios aparecem como linhas diretivas que iluminam a compreensão de setores normativos, imprimindo-lhes caráter de unidade relativa e servindo de fator de agregação num dado feixe de normas. Exercem eles uma reação centrípeta, atraindo em torno de si regras jurídicas que caem sob seu raio de influência e manifestam a força de sua presença. [...].

Para Roque Carrazza (2012, p. 45), o sentido de princípio compreende "[...] a figura de um patamar privilegiado, que torna mais fácil a compreensão ou a demonstração de algo". Acrescenta o autor que, sob tal perspectiva, o princípio seria a pedra angular de qualquer sistema.

Já Celso Antônio Bandeira de Mello (1999, p. 807-808), que traçou célebre conceito amplamente adotado pela doutrina brasileira, apresenta a seguinte definição:

> Princípio [...] é, por definição, mandamento nuclear de um sistema, verdadeiro alicerce dele, disposição fundamental que se irradia sobre diferentes normas compondo-lhes o espírito e servindo de critério para sua exata compreensão e inteligência exatamente por definir a lógica e a racionalidade do sistema normativo, no que lhe confere a tônica e lhe dá sentido harmônico. [...].

O fato é que, em tempos de proclamada crise no Direito, mostra-se cada vez mais importante o estudo de seus princípios diretores. Isso porque a valorização dos princípios e sua incorporação, implícita ou explícita, pelos textos constitucionais fazem parte do caminho de reaproximação traçado entre o Direito e a Ética.

Acerca do tema, necessário se faz acrescentar a brilhante exposição de Miguel Reale (2002, p. 32):

> [...] não é demais acrescentar, desde logo que, graças às ciências culturais, é-nos possível reconhecer que, em virtude do incessante e multifário processo histórico, o gênero humano veio adquirindo consciência da irrenunciabilidade de determinados valores considerados universais e, como tais atribuíveis a cada um de nós. Correspondem eles ao que denominamos *invariantes axiológicas* ou *valorativas*, como as relativas à dignidade da *pessoa humana*, à salvaguarda da vida individual e coletiva, elevando-se até mesmo a uma visão planetária em termos ecológicos.
>
> Pensamos ter demonstrado, alhures, que esses valores supremos inspiram e legitimam os atos humanos *como se fossem inatos*, ainda que se reconheça sua origem histórica. Pois bem, uma das finalidades do Direito é preservar e garantir tais valores e os que deles defluem – sem os quais não caberia falar em liberdade, igualdade e fraternidade – o que demonstra que a experiência jurídica é uma experiência ética [...].

A doutrina é unânime ao reconhecer a força normativa dos princípios, distinguindo-os das regras. Estas constituem comandos que estabelecem um objetivo a ser alcançado, ao passo que os princípios, por sua vez, não buscam concretizar determinado objetivo, mas sim atender a uma exigência de justiça ou equidade. Eles não impõem uma decisão particular, apenas apontam uma razão que servirá de norte para a tomada de decisão em um determinado sentido.

Nesse contexto, Regina Helena Costa (2007, p. 79) aponta que:

> Os princípios jurídicos são normas de maior hierarquia, autênticas sobrenormas que orientam a interpretação e a

aplicação das demais, sinalizando seu alcance e sentido. Efetivamente, os princípios são normas, a cuja plasticidade devem se amoldar toda a interpretação e aplicação efetuadas no campo do Direito.

Por tal razão, segundo esta autora (2007, p. 78), "não é exagero afirmar que a violação de um princípio representa a transgressão do próprio sistema no qual ele se insere".

Outros critérios como o grau de abstração, o grau de determinabilidade na aplicação do caso concreto e a natureza normogenética também são apontados para distinguir os princípios e regras, não sendo objeto desse trabalho aprofundar suas notas diferenciais, razão pela qual nos deteremos nas diferenças quanto ao modo de sua aplicação.

O conflito entre regras produz uma antinomia jurídica, cuja superação deverá ser apontada pelo próprio ordenamento jurídico, afastando-se uma das regras na solução do caso concreto e mantendo-se a outra. Já quanto aos princípios, o caminho para solucionar a sua colisão parte da compatibilização, prinvilegiando-se um em detrimento de outro, mas ambos permanecerão com igual validade.

Feitas estas breves considerações acerca do significado e papel dos princípios, cumpre-nos apontar, sucintamente, as nuances do princípio da praticabilidade tributária.

3. O princípio da praticabilidade

Como já destacado no início deste trabalho, adverte-se que a crise do Direito relaciona-se à complexidade de sua aplicação, da dificuldade encontrada pelo pensamento jurídico de criar e aplicar soluções eficazes aos casos concretos.

Neste contexto, o estudo da praticabilidade (ou praticidade ou factibilidade) mostra-se relevante, com a finalidade de aclarar o conteúdo e o alcance desse princípio e apontar a desvirtuação em sua aplicação operada por alguns setores públicos.

Apesar de permear todo o sistema do Direito, o princípio da praticabilidade não é encontrado expressamente nas normas jurídicas, mas é apontado por muitos, como "imperativo constitucional implícito", uma vez que as leis são editadas para serem aplicadas e impostas. Nos dizeres de Misabel Derzi, a praticabilidade compreende a denominação que se dá "[...] a todos os meios e técnicas utilizáveis com o objetivo de tornar simples e viável a execução das leis. Como princípio geral de economicidade e exequibilidade inspira o direito de forma global." (DERZI, 2007, p.138-139).

A autora alerta, ainda, para a necessidade de não se restringir o alcance do princípio da praticidade à atividade de regulamentação de atos emanados do Poder Legislativo, papel que se encarta nas atribuições do Executivo, conforme previsão constitucional. Ensina que o princípio possui conotação mais elástica e atua codeterminando o exercício de toda a atividade estatal (DERZI, 2007, p. 139). Na esteira desse raciocínio, cabe anotar que a praticidade:

> [...] tem sido compreendida como um tipo de interpretação ou um desdobramento da tradicional regra teleológica, inspiradora da fixação de inteligência e limites da compreensão das normas jurídicas. Segundo essa regra, deve-se colher o sentido da norma que acarrete aplicação mais cômoda, simples, econômica e funcional.

Em outra passagem, Misabel Derzi[2] atribui à praticabilidade a função de abrandar os princípios da igualdade e da capacidade contributiva, já que por meio daquele princípio

---

2. DERZI, Misabel Abreu Machado. In: BALEEIRO, Aliomar. *Limitações constitucionais ao poder de tributar*. Rio de Janeiro: Forense, 2004, p. 789.

busca-se evitar execuções muito complicadas da lei, especialmente nos casos em que se deve executar a lei em massa. Neste sentido, sinaliza a autora que:

> Os estudos mais aprofundados sobre as técnicas relacionadas à praticidade, que estão voltadas a possibilitarem a execução simplificada, econômica e viável das leis (entre elas a tipificação), foram desenvolvidos pelos juristas alemães, nas últimas décadas. [...] Sem dúvida, a permissão constitucional expressa, ditada em nome da praticidade, representa um abrandamento da igualdade e da capacidade contributiva, embora não represente rompimento algum com a legalidade, ao contrário, poderá exterminar os numerosos casos de instituição de substituição tributária no Imposto sobre Operações de Circulação de Mercadorias e Serviços, sem lei, por meio de norma regulamentar. Caberá ao Poder Judiciário fixar os limites à norma do art. 150, § 7º, e coibir os abusos, que, sob invocação de seu manto protetor, serão tentados pela Administração Fazendária.

Induvidoso que a praticabilidade tem terreno fértil nas relações jurídico-tributárias, que cada vez mais se expandem e reclamam o seu disciplinamento, haja vista o caráter imbricado desse subsistema normativo (o tributário), cuja exequibilidade é permeada de dificuldades. As nuances que cercam este princípio têm forte ligação com o programa estabelecido por nossa Constituição dirigente, sendo certo concluir que a praticabilidade serve aos propósitos da almejada justiça social, à medida que busca concretizar os objetivos da República Federativa do Brasil, insculpidos no art. 3º e incisos do Texto Constitucional.

Há, ainda, quem afirme a natureza técnica da praticabilidade, por entender que o preceito liga-se a uma melhor execução das leis, sendo decorrente, portanto, do princípio da eficiência. Para estes pensadores, a praticabilidade seria não mais que uma técnica, consistente na utilização de mecanismos simplificadores das leis.

Por tudo que até aqui exposto, resta clara a opção desta pesquisadora pela doutrina que situa a praticabilidade no campo dos princípios e não como mera técnica (meio), ou, ainda, como faceta do princípio constitucional da eficiência e isso se dá porque para além da mera instrumentalização de preceitos normativos, a praticabilidade está presente na interpretação constitucional, com especial destaque no contexto do atual constitucionalismo, onde o princípio irá atuar como purificador do sistema, exercendo, assim, uma função estruturante.

Importante registrar, ainda, que esta autora faz opção pelo vocábulo "praticabilidade", qualidade do que é praticável, ao invés de "praticidade", que se relaciona ao que é prático, ou "factibilidade", que indica aquilo que é realizável. A escolha do vocábulo deve-se a uma preferência pessoal, mas também busca evitar a diminuição ou uso pejorativo do termo, já que não se trata de uma escolha do legislador a aplicação das leis da forma que melhor lhe convém, "a mais prática", mas sim da forma que melhor atenda aos cidadãos, sendo "praticável", ou seja, que mostre possível a aplicação da lei, tanto do ponto de vista do administrador quanto do administrado.

4. A praticidade e os princípios que limitam o poder de tributar

Conforme já expressado em linhas anteriores, este trabalho partilha da ideia de que os princípios tributários são vetores que informam toda a estrutura do sistema tributário, sem os quais estaria comprometida a própria relação jurídico--obrigacional que se forma entre o Estado e os particulares.

Todavia, como é de conhecimento basilar em matéria de valores, nenhum princípio pode reinar de maneira absoluta, ao contrário devem, necessariamente, se submeter à ponderação com outros princípios, de modo a que a tributação aconteça pautada no propósito de realizar a justiça possível. E essa perspectiva aponta o princípio da praticidade para o lugar especial de princípio hermenêutico, conquanto sirva de norte para a orientação, a interpretação e a aplicação, em especial, das leis tributárias.

O presente capítulo buscará, limitando-se às singelezas do tema proposto, explicitar os conteúdos dos princípios da segurança jurídica, legalidade estrita, igualdade, capacidade contributiva e a vedação ao confisco, visto que o tratamento do princípio da praticabilidade não pode prescindir da análise inter-relacional dos demais princípios tributários de cunho protetivo, cuja coerência e harmonia, no contexto do Estado Democrático de Direito brasileiro, são, especialmente, asseguradas.

4.1. Segurança jurídica e certeza do direito. Princípio da legalidade estrita

A relação de aproximação que caracteriza a segurança jurídica e o princípio da legalidade torna possível o tratamento desses temas num único tópico.

Segurança Jurídica é um valor transcendente ao ordenamento jurídico, que, aliado à certeza do direito inspira as normas de direito positivo. É um atributo, que convém tanto às normas jurídicas quanto à conduta humana, razão pela qual, em uma visão clássica, é considerado um sobreprincípio. Especificamente no Sistema Constitucional Tributário, a segurança jurídica busca preservar a legalidade, a isonomia e a efetividade da jurisdição tributária, administrativa e judicial. Sendo certo que a fragilização da segurança jurídica dissemina a incerteza.

Nessa linha de considerações, importante assentar a noção de segurança jurídica e seus corolários – certeza do direito, legalidade, tipicidade cerrada.

Geraldo Ataliba aponta a segurança jurídica como essência do próprio Direito (2004, p. 184):

> O Direito é, por excelência, acima de tudo, instrumento de segurança. Ele é que assegura a governantes e governados os recíprocos direitos e deveres, tornando viável a vida social. Quanto mais segura uma sociedade, tanto mais civilizada. Seguras estão as pessoas que têm certeza de que o Direito é objetivamente um e que os comportamentos do Estado ou dos demais cidadãos não discreparão.

Paulo de Barros Carvalho (2012, p. 198-199), por sua vez, traz o princípio da certeza do direito como valor imprescindível do ordenamento, uma vez que tem sua "presença assegurada nos vários subsistemas, nas diversas instituições e no âmago de cada unidade normativa, por mais insignificante que seja". Afirma, ainda, que "o princípio da certeza jurídica é implícito, mas todas as magnas diretrizes do ordenamento operam no sentido de realizá-lo". Alia o conceito de "certeza" ao sentido de "previsibilidade", de modo que seja possível aos destinatários dos comandos jurídicos organizar suas condutas na conformidade das normas existentes.

No tocante ao princípio da segurança jurídica, esclarece o autor (CARVALHO, 2012, P. 199-200) que "não há porque confundir a *certeza do direito* naquela acepção de índole sintática, com o cânone da *segurança jurídica*" (grifos originais). E prossegue traçando a diferença:

> Aquele é o atributo essencial, sem o que não se produz enunciado normativo com *sentido deôntico*; este último é decorrência de fatores sistêmicos que utilizam o primeiro de modo racional e objetivo, mas dirigido à implantação de um valor específico, qual seja o de coordenar o fluxo das interações iter-humanas, no sentido de propagar no seio da comunidade social o sentimento de previsibilidade quando aos efeitos jurídicos da regulação da conduta. Tal sentimento tranquiliza os cidadãos, abrindo espaço para o planejamento de ações

futuras, cuja disciplina conhecem, confiantes que estão no modo pelo qual a aplicação das normas do direito se realiza. [...] Essa bidirecionalidade *passadoo/futuro* é fundamental para que se estabeleça o clima de segurança das relações jurídicas [...]. Quanto ao passado, exige-se um único postulado: o da irretroatividade [...]. No que aponta para o futuro, entretanto, muitos são os expedientes principiológicos necessários para que se possa falar na efetividade do primado da segurança jurídica.

Apregoa, por fim, ser "desnecessário esclarecer que a segurança das relações jurídicas é indissociável do valor justiça, e sua realização concreta se traduz numa conquista paulatinamente perseguida pelos povos cultos".

Já Misabel Derzi (2007, p. 90) ensina que, com a concepção de Estado de Direito, ligada às noções de democracia e vedação ao arbítrio, "a segurança jurídica fica, então hipertrofiada e a lei parece o caminho mais idôneo para alcançá-la. Assim, as ideias de "anterioridade, previsibilidade, irretroatividade, jurisdição, processo devido e especialidade (impropriamente denominada tipicidade) são conceitos por meio dos quais se manifesta um dos fins objetivados no Estado de Direito: a segurança jurídica".

Recortando o nosso tema, importante trazer à baila a posição de Regina Helena Costa (2007, p. 139-140), para quem "a conexão entre a segurança jurídica e a praticabilidade no campo tributário é da essência, visto que os mecanismos implementadores desta visam, exatamente reforçar aquela".

E segue a autora, invocando a lição de Becker, para quem "a praticabilidade e a certeza são requisitos essenciais à juridicidade da regra jurídica e, por conseguinte, a fim de criar a regra jurídica que reúna esses dois requisitos, o legislador trabalha na *redução* e *concentração* do instrumental jurídico".

Destarte, é indiscutível o perfil de sobreprincípio atribuído à segurança jurídica. E isso fica claro a partir do próprio sentido que se pode inferir da expressão segurança jurídica, dispensando quaisquer maiores esforços envidados no propósito de evidenciar o seu alcance. É garantia constitucional, incerta no art. 5º da CF, na medida em que todos os dispositivos que instituem garantias constitucionais buscam, em última análise, assegurar, ou seja, "tornar seguros" os direitos previstos neste artigo.

Corolário do princípio da segurança jurídica, o princípio da legalidade também se apresenta como princípio geral em nosso ordenamento, com especial importância no campo do Direito Tributário.

Nosso ordenamento é composto de leis e outros veículos legislativos que introduzem os textos que buscam regular o funcionamento da sociedade. Por leis, podemos entender aqueles textos que são introduzidos no sistema apenas por produção legislativa. O princípio vem insculpido no art. 5º, II da CF e, especificamente em matéria tributária, no art. 150, I, do mesmo diploma.

Roque Antonio Carraza (2012, p. 420), acrescenta que "quando dizemos 'ninguém será obrigado a fazer ou deixar de fazer coisa alguma senão em virtude de lei', implicitamente estamos proclamando que 'ninguém será obrigado a fazer ou deixar de fazer alguma coisa senão em virtude de lei igualitária', isto é, de lei editada de conformidade com a isonomia".

Apesar de ser tido pela maioria com um princípio fundamental, em uma concepção que o destaca como instrumento de proteção do cidadão, há quem o veja apenas como uma regra. Filiamo-nos à primeira posição e sobre esse sentido focaremos nossos estudos.

Renato Lopes Becho (2011, p. 375), valendo-se do pensamento de Alberto Xavier (1978, p.4) destaca que "[...] o princípio da legalidade é a mais importante de todas as limitações constitucionais ao poder de tributar por suas implicações políticas e jurídicas. Há, nesta assertiva, claro destaque para o caráter de limitação ao poder de tributar, formal e materialmente, o que ganha especial relevo em matéria tributária, onde vige o princípio da legalidade estrita".

Nos dizeres de Paulo de Barros Carvalho (2012, p.208), princípio da legalidade estrita impõe a necessidade de instituição ou aumento de tributos por meio de lei, de modo que:

> O veículo introdutor da regra tributária no ordenamento há de ser sempre a lei (sentido lato), porém o princípio da estrita legalidade diz mais que isso, estabelecendo a necessidade de que a lei adventícia traga no seu bojo os elementos descritores do fato jurídico e os dados proscritores da relação obrigacional. Esse plus caracteriza a tipicidade tributária, que alguns autores tomam como postulado imprescindível ao subsistema de que nos ocupamos, mas que pode, perfeitamente, ser tido como uma decorrência imediata do princípio da estrita legalidade.

Como já demonstrado anteriormente, a praticabilidade é, por excelência, o instrumento de veiculação da lei, o meio pelo qual a lei se concretiza. Neste compasso, temos que a noção de praticabilidade é indissociável da legalidade.

Conforme anota Regina Helena Costa (2007, p. 145), embora o direito positivo demarque as matérias a serem tratadas pela lei tributária, "o legislador ainda assim terá dificuldades na elaboração normativa com vista à praticabilidade, pois, necessariamente, terá de se valer de instrumentos dela viabilizadores, tais como as presunções, abstrações conceituais, padronizações etc".

Assim, podemos concluir que o princípio da praticabilidade opera no sentido de dar exequibilidade às leis fiscais, afastando a necessidade de pormenorização da lei, que pode ser editada com um maior grau de indeterminação, ao tempo que auxilia no combate eficaz à fraude e evasão fiscais.

4.2. Princípio da igualdade. Capacidade contributiva. Proibição de confisco

O princípio da igualdade, previsto no *caput* do art. 5º da Constituição, informa que "todos são iguais perante a lei, sem distinção de qualquer natureza, garantindo-se aos brasileiros e aos estrangeiros residentes no País a inviolabilidade do direito à vida, à liberdade, à igualdade, à segurança e à propriedade [...]".

Da simples leitura se observa tratar-se de princípio amplo e aberto, com elevada densidade semântica, razão pela qual os juristas têm se debruçado sobre o tema, mas ainda há muito a ser estudado. Conforme alerta Paulo de Barros Carvalho (2012, p. 201):

> O conceito de igualdade, porém, não é de fácil determinação. Autores ilustres pretenderam demarcá-lo, encontrando acerbas dificuldades, pois os valores não podem ser objetivados. Em função de sua plasticidade, amolda-se diferentemente aos múltiplos campos de incidência material das regras jurídicas, o que torna penosa a indicação precisa do seu conteúdo.

Especificamente no campo tributário, o princípio da igualdade vem impresso por meio do respeito à capacidade contributiva do contribuinte, assim como no reforço àquele direito fundamental, o princípio constitucional do não confisco.

O princípio da capacidade contributiva, nos dizeres de Renato Lopes Becho (2011, p. 399), "determina que se cobrem tributos apenas de quem pode pagá-los sem sacrifícios desmedidos". Tem decorrência lógica do princípio republicano, bem como do princípio da justiça, figurando como uma proteção ao contribuinte, sendo um direito e uma garantia individual e, ao mesmo tempo, coletiva.

Juntamente com o princípio do não-confisco, o princípio da capacidade contributiva busca alcançar a justiça fiscal. Mas o princípio da capacidade contributiva é um *minus* em relação ao princípio do não confisco. Em outras palavras, o não confisco é para hipóteses exacerbadas em relação à capacidade contributiva.

Paulo de Barros Carvalho (2012, p. 216) atenta para o fato de que a expressão "capacidade contributiva" "tem o condão de denotar dois momentos distintos no direito tributário", de modo que "realizar o princípio pré-jurídico da *capacidade contributiva absoluta* ou *objetiva* retrata a eleição, pela autoridade legislativa competente, de fatos que ostentem signos de riqueza". Por outro lado, quando empregada na acepção *relativa* ou *subjetiva*, a capacidade contributiva deve impor que "os participantes do acontecimento contribuam de acordo com o tamanho econômico do evento", realizando, assim, o princípio da igualdade.

Neste sentido, Renato Lopes Becho (2011, p. 410) aponta com limites para a aplicação do princípio da capacidade contributiva a "progressividade, proporcionalidade e regressividade de alíquota, as isenções e a extrafiscalidade".

Intimamente atrelado ao princípio da capacidade contributiva encontra-se o princípio da vedação à imposição de tributos com efeito confiscatório (art. 150, IV, CF).

Em termos tributários, confisco pode ser visto como "a transferência total ou de parcela exagerada e insuportável do bem objeto da tributação, da propriedade do contribuinte para a do Estado" (BECHO, 2007, p. 418).

A vedação ao confisco por meio da tributação é decorrente do direito à propriedade, sendo garantido, inclusive pela Declaração Universal dos Direitos do Homem (art. 17). E isso se dá por razões óbvias, pois, como uma forma de transferência de riquezas dos particulares para o Estado, a tributação não pode ter o condão de retirar o bem objeto do tributo das mãos do contribuinte ou inviabilizar sua propriedade, sob pena de, ao atuar contra seus próprios "sócios", os partícipes da organização social, venha ele próprio – o Estado – a sucumbir.

É importante destacar que o efeito confiscatório é um conceito indeterminado, sendo necessário perquirir qual é a intensidade da tributação que a torne confiscatória. E essa questão só pode ser respondida em concreto, em cotejo com o princípio da razoabilidade. Entretanto, é possível desde logo afirmar, alinhados com o pensamento de Roque Antonio Carrazza (2012, p. 108) que a confiscação estará presente quando o tributo, de tão gravoso, dificulta sobremodo a exploração das atividades econômicas habituais do contribuinte ou adentra no patrimônio necessário à garantia do seu mínimo vital, ou seja, das necessidades básicas garantidas pela própria Constituição Federal em seus arts. 6º e 7º (alimentação, vestuário, lazer, cultura, saúde, educação, transporte etc).

Para fins de nosso trabalho, importante chamar atenção para o fato de que a oneração do contribuinte por meio da imposição excessiva de obrigações acessórias também pode afetar a capacidade contributiva e, ao extremo, tornar confiscatória a medida, já que pode inviabilizar a própria atividade econômica do contribuinte.

O relevo do tema impede seu adequado tratamento neste artigo, mas o registro se mostra deveras importante e dele não poderíamos nos furtar.

5. Instrumentos de concretização da praticabilidade

Regina Helena Costa (2007, p. 158-210) aponta os instrumentos utilizados para viabilizar a praticabilidade tributária. Segundo anota, tais instrumentos consistem abstrações generalizantes (presunções, ficções, indícios, normas de simplificação, conceitos jurídicos indeterminados, cláusulas gerais e normas em branco) e outros recursos (analogia, privatização da gestão tributária, meios alternativos de solução de conflitos tributários).

Conforme ensina a renomada autora, a praticabilidade, como princípio difuso no ordenamento jurídico, manifesta-se por meio destes diversos instrumentos, que têm por função concretizar a incidência do princípio nas relações jurídicas como um todo, com singular relevância no campo tributário.

5.1. Abstrações generalizantes

As chamadas abstrações generalizantes compreendem uma série de instrumentos que se destinam a possibilitar a aplicação da lei em massa, tornando possível a aplicação da lei tributária.

Tomando de empréstimo os estudos de Engisch (1996), Regina Helena Costa (2007, p.159) anota que "As abstrações generalizantes integram o conjunto de expedientes designados [...] como 'diversos modos de expressão legislativa que são de molde a fazer com que o julgador (o órgão aplicador do Direito) adquira autonomia em face da lei. [...]'."

As abstrações generalizantes podem ser recortadas como exemplos concretos da utilização de tipos (em sentido próprio) no direito tributário, não obstante se tenha consciência de que nesse ramo do direito "[...] a linguagem jurídica empregada faça uso preferencialmente de conceitos especificantes (ou tipos, como os denomina a doutrina clássica) [...]." (COSTA, 2007, p. 160).

5.1.1. Presunções

De acordo com o Dicionário Aurélio, presumir significa "conjeturar, entender, julgar segundo certas probabilidades [...]". A constituição de uma presunção envolve um raciocínio de lógica, pois parte de um fato inicial, cuja existência é certa, para se chegar a um segundo fato, cuja existência é apenas provável em face das circunstâncias empiricamente conhecidas.

Nos dizeres de Roque Antonio Carraza (2012, p. 446-447), "a presunção é um elemento importantíssimo da dialética jurídica, pois torna verdadeiros fatos apenas possíveis, dando maior segurança às relações intersubjetivas". Afirma, ainda, que "quem presume obtém o convencimento antecipado da *verdade provável* sobre um fato conhecido, *a partir de fatos conhecidos a ele conexos*" (grifos no original).

As presunções se justificam em razão da impossibilidade de o aplicador da lei observar todas as circunstâncias do caso isolado, sendo salutar seu uso, especialmente no campo da tributação, já que a aplicação em massa da lei tributária, por meio do exame de cada caso concreto é, por vezes, é impraticável.

No tocante à classificação, as presunções podem ser resultado do raciocínio (simples ou comuns) ou estabelecidas pela lei (legais ou de direito). Estas dividem-se em absolutas ou *juris et de jure*, que não admitem prova em contrário, ou relativas ou *juris tantum*, que admitem prova em contrário.

Regina Helena Costa alerta para o fato de que "o emprego das presunções deve ser efetuado com extrema cautela, para que não resultem vulnerados os princípios de proteção ao contribuinte, especialmente os da segurança jurídica e da legalidade, tanto no que tange à instituição de tributos quanto no que se refere à aplicação de sanções" (COSTA, 2007, p.164).

Mais adiante, consigna a autora que, pelo fato de não admitirem prova em contrário, as presunções absolutas não têm acolhida em matéria tributária "[...] para efeito de determinar o nascimento de obrigações tributárias, a teor dos princípios da verdade ou realidade material, da capacidade contributiva e da discriminação constitucional de competências." (COSTA, 2007, p.167).

5.1.2. Ficções

A segunda categoria de abstração generalizante objeto de nosso estudo é a ficção. Originária do Latim *ficcio*, significa "ato ou efeito de fingir", "transformar", "figurar", "criar".

Carraza afirma ser a ficção "um artifício do legislador que transforma uma impossibilidade material numa possibilidade de natureza jurídica", diferente da presunção, que parte da análise da realidade experimentada e probabilisticamente factível, a ficção "é uma criação do legislador, que faz nascer uma verdade jurídica diferente da verdade real".

Tem-se aí logo o traço que difere a presunção da ficção, enquanto aquela consiste na relação de um fato conhecido e outro desconhecido, mas provável, esta nada mais é que uma autêntica invenção do direito, já que nas ficções esta relação é improvável ou até mesmo inexistente.

De acordo com Leonardo Sperb de Paola, citado por Regina Helena Costa (COSTA, 2007, p. 168), "a ficção é, em suma, um procedimento de técnica legislativa que amplia em relação a determinados fatos o regime jurídico previsto para outros".[3]

Diante de tais considerações, Regina Helena Costa (2007, p.169) afirma que:

> [...] prestigiando o direito tributário os princípios da realidade ou verdade material e da capacidade contributiva, inviável torna-se o emprego, pelo legislador, de ficções, nessa seara, para a criação de obrigações. Em outras palavras,

---

3. COSTA, Leonardo Sperb de Paola. *Presunções e Ficções no Direito Tributário*, p. 78.

pensamos que, justamente por sua absoluta falta de conexão com a realidade – já que se refere a fato improvável ou, mesmo, inexistente –, a ficção não pode ser empregada para tal fim.

Acertado o pensamento da autora, com o qual de plano concordamos, ao concluir que as ficções são inadimissíveis para efeito de instituição de obrigações tributárias.

5.1.3. Indícios

O indício pode ser definido como um "sinal aparente que revela alguma coisa de uma maneira muito provável".[4] É um vestígio, uma indicação, que pode levar, por meio de raciocínio indutivo, ao conhecimento de um fato não diretamente conhecido.

Para Roque Carrazza (2012, p.451), "[...] é próprio do indício não concluir certamente, mas apenas inferir, conjecturar. Ele sempre deixa no ar um clima de incerteza." E pondera:

> [...]. O indício isolado – ainda mais quando vago – não tem força jurídica bastante para chegar a uma conclusão certa, até porque possui, invariavelmente, várias explicações ou significados, conforme as circunstâncias que o cercam e as conexões que guarda com o conjunto probatório.

Ante a sua fragilidade probatória, o indício não pode ser considerado isoladamente, devendo ser corroborado por outros meios de prova. Constituem meros "começos de prova", o que leva Regina Helena Costa (COSTA, 2007, p. 171) a concluir que "se trata de elemento probatório passível de ser empregado no plano tributário, mas que há de ser corroborado por meio de outras provas".

---

4. Cf. Dicionário Aurélio.

5.1.4. Normas de simplificação

Como se depreende da própria expressão, as normas de simplificação, que englobam as "padronizações, esquemas, quantificações, somatórios", prestam-se a simplificar o sistema tributário, "mediante renúncia ao gravame da verdadeira manifestação de capacidade econômica que constitui o objeto de um determinado tributo" (COSTA, 2007, p.262).

O recurso é bastante utilizado nos mais diversos sistemas tributários, ante a objetividade que confere à tributação. Mas deve ser relativizado, sob pena de afronta ao princípio da capacidade contributiva.

É neste sentido que Regina Helena Costa alerta que:

> [...] a adoção de normas de simplificação tributária pelo direito positivo há de ser sopesada à vista dos benefícios que poderá acarretar ao sistema como um todo, uma vez que, necessariamente, tais normas desconsideram a capacidade contributiva efetiva do sujeito passivo, constituindo mais uma atenuação autorizada a essa diretriz, operada pelo princípio da praticabilidade.

5.1.5. Conceitos jurídicos indeterminados

A simplicidade deste trabalho não permite enfrentar (com profundidade) a disciplina dos conceitos jurídicos indeterminados, contentando-se, nesse sentido, em discorrer, com brevidade, acerca do seu uso como expedientes que propiciam a concretização da praticabilidade.

Indeterminado significa "não determinado", "não fixo", "indefinido, indistinto", "irresoluto, hesitante".[5]

---

[5]. Cf. Dicionário Aurélio.

Valendo-se dos estudos de Karl Engisch (1996), Regina Helena Costa (2007, p.176) aduz que, em se tratando da ciência jurídica "[...] deve-se entender por 'conceitos indeterminados' aqueles cuja realidade a que se referem não aparece bem definida, cujo conteúdo e extensão são em larga medida incertos."

A vagueza dos conceitos, entretanto, não autoriza o abuso na interpretação, muito embora deva se admitir que aqueles não estejam imunes aos subjetivismos decorrentes da hermenêutica.

Outrossim, conforme aduz Regina Helena Costa (2007, p. 176):

> Nem sempre se deve considerar a indeterminação dos conceitos como uma imperfeição ou vício de linguagem cotidiana, senão como uma de suas propriedades que permite cumprir a função de expressar e valorar condutas, relações e objetos materiais, bem como de ensejar a mutação evolutiva do Direito.

Quanto à estrutura dos conceitos jurídicos indeterminados, fala-se em "núcleo fixo" ou "zona de certeza", onde situam-se os dados fixos, seguros, e "zona de dúvida", região que rodeia o núcleo, onde há dúvida, ou seja, não existe uma certeza prévia.

A partir daí é possível traçar dois limites para o conceito: o "limite de certeza positiva" e o "limite de certeza negativa", cujos limites vão acabar por definir o conceito (COSTA, 2007, p. 177).

Importante também traçar uma linha divisória entre *conceitos jurídicos indeterminados* e *discricionariedade*. A discricionariedade ocorre quando há a possibilidade de escolha por parte do aplicador da lei, que pode optar, diante de várias opções, por aquela que melhor atenda ao caso concreto, conforme sua margem de subjetividade. Já os conceitos jurídicos indeterminados comportam uma única decisão juridicamente admissível, que será alcançada por meio da interpretação.

Por tal razão, conclui Regina Helena Costa (2007, p. 183), que "a utilização de conceitos jurídicos indeterminados pode traduzir a praticabilidade no âmbito tributário, na medida em que tais conceitos, por sua elasticidade, habilitam a lei, mediante uma única hipótese, a comportar múltiplas situações".

5.1.6. Cláusulas gerais

Pode-se compreender as cláusulas gerais como formulações dotadas de alto grau de abstração e elasticidade, capazes de abranger um número indefinido de situações, sem a presença de qualquer lacuna jurídica.

Karl Engisch concebe as cláusulas gerais em perspectiva de elevado grau de abstração, definindo-as como 'formulação de hipótese legal que, em termos de grande generalidade, abrange e submete a tratamento jurídico todo um domínio de casos.' (ENGISCH, 1996 apud COSTA, 2007, p.183).

As cláusulas gerais diferem dos conceitos jurídicos indeterminados apenas quanto ao grau de abstração e justifica-se ante a impossibilidade de o legislador exaurir todo o disciplinamento da matéria tributária.

Partilhamos da posição de Regina Helena Costa (2007, p. 185-186), para quem "não há, efetivamente, fundamento jurídico que imponha ao legislador a indicação pormenorizada e exauriente de todas as situações a serem enquadradas nos conceitos legais", de modo que a utilização das cláusulas gerais pode consistir em "[...] importante mecanismo com vistas a evitar o casuísmo legislativo – sempre perigoso. [...]." (COSTA, 2007, p.185).

5.1.7. Normas em branco

Instrumento comumente utilizado no direito penal, podem ser definidas, nos dizeres de Guilherme de Souza

Nucci[6], como "aquelas cujo preceito primário é indeterminado quanto a seu conteúdo, mas o preceito sancionador é determinado".

Ressalta o autor (2002, p. 40-41) que tais normas não ofendem ao princípio da legalidade, "porque se pode encontrar o complemento da lei penal em outra fonte legislativa, previamente determinada e conhecida". Além disso, aponta que "o complemento da lei em branco é, via de regra, de natureza intermitente, feito para durar apenas por um determinado período".

A favor da utilização da lei penal em branco em sede tributário advoga Leandro Paulsen (2004, p. 185), para quem "não há impedimento à utilização de conceitos jurídicos indeterminados [...] e de normas penais em branco na instituição de tributos", desde tais instrumentos sejam compatibilizados com a legalidade estrita.

No mesmo sentido é o pensamento de Regina Helena Costa (2007, p. 188):

> Em nossa opinião, conquanto não usual, não é possível afastar o emprego de normas em branco na seara tributária, de modo absoluto. E isso por duas razões.
>
> A uma, por fundamento reiteradamente usado em nosso discurso: a impossibilidade de a lei consignar normas com grau de concreção, em comprometimento a um dos atributos próprios de suas normas – qual seja, a abstração [...].
>
> E, a duas, diante do reconhecimento de que certas situações fáticas, frequentemente mutáveis, demandam a revisão periódica de sua disciplina, inviabilizando, desse modo, um regramento legal exaustivo, que comprometeria a aplicação do Direito.

5.2. Outros mecanismos veiculadores de praticidade

Traçadas as principais nuances dos expedientes que conformam as denominadas abstrações generalizantes, importante

---

6. NUCCI, Guilherme de Souza. *Código Penal Comentado*, p. 40-41.

analisar as outras formas de materialização da praticabilidade, precisamente a analogia e a privatização da gestão tributária. Para fins desse trabalho, opta-se em não abordar os meios alternativos para a solução de conflitos tributários, já que seu estudo foge aos objetivos dessa sucinta pesquisa.

5.2.1. Analogia

De acordo com o Código Tributário Nacional, à falta de exposição expressa, pode a autoridade competente utilizar, na sequência que indica, a analogia como meio de integração da legislação tributária, vedada a cobrança de tributo não previsto em lei, em decorrência do recurso a tal instituto (art. 108, inc. I, § 1º).

Nos dizeres de Paulo de Barros Carvalho (2012, p. 135), tem-se por analogia "o expediente de que se serve o aplicador da lei, ao colher em norma que incide em caso semelhante a disciplina jurídica que o sistema positivo não mencionou expressamente". Ou seja, silente o ordenamento jurídico é lícito, em princípio, ao aplicador da norma, mediante o emprego da analogia, buscar prescrição normativa em caso similar, para solução do caso.

Para aplicação do argumento analógico é preciso constatar a existência de lacuna, a similitude dos casos ou identidade de razão de decidir e a inexistência de vedação legal.

Quanto à aplicação da analogia no campo tributário, desde que não compreenda as normas típicas de tributação, Regina Helena Costa (2007, p.194), abalizada no pensamento de tributaristas de renome como Paulo de Barros Carvalho e Heleno Tôrres, manifesta-se pela possibilidade, desde que observados alguns requisitos:

> [...] pensamos seja cabível o emprego de analogia no campo tributário, desde que tal não afete o próprio aperfeiçoamento

das relações jurídicas obrigacionais e não-obrigacionais, nem se revele prejudicial ao contribuinte.

Consequentemente, o uso de analogia – cercado das devidas cautelas – serva à praticabilidade tributária, na medida em que, como meio de integração da legislação tributária, permite suprir as lacunas do ordenamento, que poderiam causar dificuldades tanto no exercício de direitos pelo contribuinte quanto na fiscalização e arrecadação de tributos.

5.2.2. *Privatização da gestão tributária*

Importante, ainda, tecer breves considerações acerca do que se convencionou chamar "privatização da gestão tributária", também inserido no rol de mecanismos destinados a conferir concretude à praticabilidade.

Trata-se de situação fática e jurídica que pode ser definida como "[...] fenômeno de imposição de um maior número de deveres ao contribuinte, com vistas à adequada satisfação de suas obrigações tributárias, mediante a transferência de encargos que, originalmente, caberiam ao próprio Estado." (COSTA, 2007, p.194).

Não é objetivo deste trabalho apresentar um estudo detalhado sobre o tema, mas é importante sinalizar, desde logo, o problema enfrentado atualmente pelos contribuintes com o uso exacerbado desse mecanismo.

É certo que a convocação do Estado para a participação do contribuinte na gestão de uma atividade de interesse público facilita a arrecadação tributária, mas tal "participação particular" em uma atividade tipicamente estatal tem que se adequar à razoabilidade, especialmente quando dita "participação" acaba por onerar significativamente o contribuinte.

Isso porque, conforme adverte Regina Helena Costa, a privatização da gestão tributária, se empregada em demasia em sem mecanismos eficientes de controle dos atos praticados pelos particulares, também apresenta seu risco, já que pode "fomentar o deficiente cumprimento das obrigações e deveres tributários, conduzindo a uma elevação da evasão fiscal" (COSTA, 2007, p. 196).

Apenas com uma análise superficial da legislação tributária – do lançamento por homologação aos programas de parcelamento –, é possível observar que os mecanismos de privatização da gestão tributária estão sendo utilizados de modo a onerar excessivamente o contribuinte, impondo-lhes obrigações acessórias que ultrapassam, muitas vezes, o custo das obrigações principais.

Além disso, ao contrário do processo desburocratizante que a sociedade moderna requer, a descentralização das atividades tributárias que caberiam precipuamente à Administração tem forçado os contribuintes a manterem em sua estrutura profissionais qualificados para tratar das minúcias que a legislação tributária apresenta, com elevação substancial em seus custos financeiros.

De há muito, a questão já foi aventada por José Souto Maior Borges (2001, p.214), como é possível inferir do trecho a seguir:

> [...] hoje as obrigações acessórias assumem um vulto colossal, delegando-se aos administrados, por mera comodidade administrativa, numerosíssimas atribuições no âmbito dessas obrigações, que seriam a rigor próprias do Estado. Assim, por exemplo, o dever de retenção do tributo na fonte, para transferência posterior aos cofres do Estado. Os contribuintes são obrigados a manter uma estrutura administrativa meramente instrumental com relação ao pagamento dos tributos, que acaba por gravemente onerá-los (por exemplo: funcionários contábeis, escrita fiscal complicada etc.) [...].

Ressalvamos apenas a posição de que a transferência de encargos originalmente inseridos nas atividades da Administração

Fazendária é atribuída aos administrados por mera comodidade do Estado Fiscal, pois comungamos da perspectiva de que a transferência de parte das atividades fiscais coaduna-se a ótica da Democracia Participativa, que permeia nossa Constituição, mas nos é exigido reconhecer que o que hoje se vê é o desmonte da estrutura arrecadatória tributária, que é repassada ao contribuinte sem que lhe sejam apresentados os instrumentos e a educação fiscal necessária à efetiva participação democrática.

A situação denota a desvirtuação de um mecanismo que busca concretizar a praticabilidade, razão pela qual corroboramos o pensamento de Regina Helena Costa (2007, p. 197), para quem "tais deveres devem contribuir para a adequada e eficiente arrecadação tributária – e, portanto, deve o legislador regrar sua imposição atentando para a não-oneração demasiada do sujeito passivo".

Conclusão

A praticabilidade é uma exigência do mundo pós-moderno, onde as relações de "massa" apresentam-se como uma realidade irreversível, o que, aliado às complexidades cada vez maiores, exige a utilização de mecanismos que simplifiquem e garantam a efetiva execução das leis tributárias. Mas a implementação deste princípio deve observar as garantias constitucionais do contribuinte e os demais princípios constitucionais.

A eficiência do Estado pode ser resumida como a busca da realização de seus fins últimos ao menor custo possível, mas este custo não pode ser medido apenas pelo critério da economicidade, antes de tudo é preciso garantir o respeito ao leque de princípios que traduzem garantias do contribuinte em face do Estado.

O Estado é autorizado a fazer uso da praticabilidade para tornar mais cômoda e economicamente viável a execução das leis tributárias, mas não pode utilizá-la em detrimento de outros valores e princípios caros ao ordenamento jurídico, como a segurança jurídica, a legalidade e a capacidade contributiva.

REFERÊNCIAS

AMARO, Luciano. **Direito Tributário Brasileiro**. 13ª ed. São Paulo: Saraiva, 2007.

ATALIBA, Geraldo. **República e Constituição**. 2ª ed., 3ª tir. São Paulo: Malheiros, 2004.

BALEEIRO, Aliomar. **Limitações Constitucionais ao Poder de Tributar**. 6ª ed. ver. e atual. por Flávio Bauer Novelli. Rio de Janeiro: Forense, 1985; 7ª ed. atual. por Misabel Abreu Machado Derzi. Rio de Janeiro: Forense, 1997.

BARROSO, Luís Roberto. **Curso de Direito Constitucional Contemporâneo: os conceitos fundamentais e a construção do novo modelo**. São Paulo: Saraiva, 2009.

BECHO, Renato Lopes. **Lições de Direito Tributário – Teoria Geral e Constitucional**. 1ª ed. São Paulo: Saraiva, 2011.

BORGES, José Souto Maior. "Direitos Humanos e tributação". **Revista Tributária e Finanças Públicas** 40/188-224. Ano 9. São Paulo: RT, setembro-outubro/2001.

CARRAZZA, Roque Antonio. **Curso de Direito Constitucional Tributário**. 28ª ed. São Paulo: Malheiros, 2012.

CARVALHO, Aurora Tomazini de. **Curso de Teoria Geral de Direito: o construtivismo lógico-semântico**. São Paulo: Noeses, 2013.

CARVALHO, Paulo de Barros. **Curso de Direito Tributário**. 24ª ed. São Paulo: Saraiva, 2012.

CARVALHO, Paulo de Barros. **Direito Tributário, Linguagem e Método**. 2ª ed. São Paulo: Noeses, 2008.

CARVALHO, Pedro Jorge da Rocha. **O Princípio da Praticidade e a Privatização da Gestão Tributária**. Dissertação (mestrado) – Universidade de Fortaleza, 2009.

CARVALHO FILHO, José dos Santos. **Manual de Direito Administrativo**. 17ª ed. Rio de Janeiro: Lúmen Júris, 2007.

CÔELHO, Sacha Calmon Navarro. **Curso de Direito Tributário Brasileiro**. Rio de Janeiro: Forense, 2001.

COSTA, Regina Helena. **Praticabilidade e Justiça Tributária**. São Paulo: Malheiros, 2007.

DELGADO, Maurício Godinho. **Curso de Direito do Trabalho**. 2ª ed. São Paulo: LTr, 2003.

DERZI, Misabel de Abreu Machado. **Direito Tributário, Direito Penal e Tipo**. 2ª ed. rev. atual. e ampl. São Paulo: Revista dos Tribunais, 2007.

_____. "Mutações, complexidade, tipo e conceito, sob o signo da segurança e da proteção da confiança". In: TORRES, Heleno Taveira (Coord.). **Tratado de Direito Constitucional Tributário**. São Paulo: Saraiva, 2005.

_____. "Praticidade. ICMS. Substituição tributária progressiva, 'para frente'". In: DERZI, Misabel de Abreu Machado (Coord.). **Construindo o Direito Tributário na Constituição**. Belo Horizonte: Del Rey, 2004, p.169-190.

_____. "A fiscalização tributária em um estado democrático de direito". In: **SEMINÁRIO FISCALIZAÇÃO TRIBUTÁRIA**. Belo Horizonte, out. 1999. Disponível em: <http://www.fazenda.gov.br/ucp/pnafe/cst/arquivos/Fisc-Democ-Misabel.doc>. Acesso em: 29 jan. 2014.

DI PIETRO, Maria Sylvia Zanella. **Parceiras na Administração Pública. Concessão, permissão, franquia, terceirização e outras formas**. 2ª ed. São Paulo: Atlas, 1997.

FERRAZ JÚNIOR, Tercio Sampaio. **Estudos de Filosofia do Direito: reflexões sobre o poder, a liberdade, a justiça e o direito**. 3ª ed. São Paulo: Atlas, 2009.

FERRAZ JÚNIOR, Tercio Sampaio. **Teoria da Norma Jurídica: ensaio de Pragmática da Comunicação Normativa**. 4ª ed. Rio de Janeiro: Forense, 2009.

GRAU, Eros Roberto. **Por que tenho medo dos Juízes**. 6ª ed. refundida do ensaio e discurso sobre a interpretação/aplicação do direito. São Paulo: Malheiros, 2013.

MACHADO, Hugo de Brito. **Curso de Direito Tributário**. 27ª ed., rev. e atual. São Paulo: Malheiros, 2006.

MELLO, Celso Antonio Bandeira. **Curso de Direito Administrativo**. 12ª ed. São Paulo: Malheiros, 1999.

MIOLA, César. **A Terceirização no Serviço Público**. Artigos do Tribunal de Contas do Estado do Rio Grande do Sul. Disponível em: http://www.tce.rs.gov.br/artigos. Acesso em: 20/02/2010.

NUCCI, Guilherme de Souza. **Código Penal Comentado**. São Paulo: RT, 2002.

PAULSEN, Leandro. **Direito Tributário – Constituição e Código Tributário à Luz da Doutrina e da Jurisprudência**. 6ª ed. Porto Alegre: Livraria do Advogado, 2004.

REALE, Miguel. **Lições Preliminares de Direito**. 26ª ed. rev. e atual. São Paulo: Saraiva, 2002.

SOUZA, Carlos Aurélio Mota de. "Direito alternativo e equidade". **Cadernos de Direito Tributário e Finanças Públicas**. São Paulo, v. 4, n. 15, p. 21-31, abr./jun. 1996.

TÁCITO, Caio. Interpretação da norma administrativa – métodos – analogia – equidade. In: **Temas de Direito Público**: estudos e pareceres. Rio de Janeiro: Renovar, 1997, v. 1, p. 497-506.

TAVARES, André Ramos. **Manual do Poder Judiciário Brasileiro**. São Paulo: Saraiva, 2012.

TAVARES, André Ramos. **Paradigmas do Judicialismo Constitucional**. São Paulo: Saraiva, 2012.

VILLEY, Michel. **A Formação do Pensamento Jurídico Moderno**. Texto estabelecido, revisto e apresentado por Stéphane Rials; notas revistas por Eric Desmons; tradução Cláudia Berliner; revisão técnica Gildo Sá Leitão Rios. São Paulo: Martins Fontes, 2005.

MEIOS DE IMPUGNAÇÃO DA COISA JULGADA NOS JUIZADOS ESPECIAIS

Gustavo Brum[1]

1. Introdução

A regra do art. 59 da Lei n. 9.099/95 veda o cabimento de ação rescisória nas causas sujeitas ao procedimento especial. Todavia, a função jurisdicional não se resume à sua prestação simplificada, pois a justiça da decisão remanesce como essência ontológica da atuação do Poder Judiciário. Portanto, é preciso que remanesçam mecanismos de impugnação à coisa julgada, que não devem ser obliterados em nome da simplificação procedimental. Todavia, ao mesmo passo, a coisa julgada não deve ser francamente desconsiderada.

O conflito valorativo entre a segurança jurídica, decorrente da estabilização definitiva dos conflitos judiciais, e a justiça da decisão, que deve ser resgatada quando estiverem presentes os vícios rescisórios, pode ser potencializado em razão da simplificação procedimental dos Juizados Especiais, de tal modo a justificar, se utilizada para justificar, de um lado,

---

1. Juiz Federal Substituto na 8ª Vara Previdenciária de São Paulo.

a manutenção de sentença injusta, e de outro lado, se utilizada para justificar a excessiva flexibilização da coisa julgada material.

Pretende-se chegar ao ponto de equilíbrio entre a necessidade de rescisão da sentença contaminada por vício rescisório e a necessidade de estabilização dos conflitos judiciais, atentando-se aos princípios procedimentais simplificados dos Juizados Especiais.

2. Coisa julgada

Na prestação jurisdicional, efetivam-se garantias de direitos fundamentais previstas nos incisos XXXV e XXVI do art. 5º da Constituição Federal, em face das quais se busca assegurar o acesso à jurisdição e, ao mesmo passo, a estabilização da solução judicial dada ao conflito.

A nota característica que distingue os juizados especiais da jurisdição ordinária é apenas a simplificação dos seus procedimentos, cuja finalidade é justamente ampliar o acesso à jurisdição por meio do microssistema processual orientado pelos princípios da oralidade, simplicidade, informalidade, economia processual e celeridade. Todavia, os princípios informadores do procedimento especial não comprometem a cognição exauriente, mantendo inalterada a vocação das sentenças de mérito à autoridade da coisa julgada, traço característico essencial e inexpugnável da prestação jurisdicional.

Na essência da coisa julgada, reside o princípio da preclusão cuja função é evitar a eternização do conflito judicial, podendo ser constatado no transcurso do tempo (preclusão temporal ou caducidade), ou na prática de ato incompatível com seu exercício (preclusão lógica) ou na perda de faculdade ou poder processual (preclusão consumativa).[2]

---

2. DIDIER, *Curso*..., vol. 1, p. 277.

Na preclusão máxima, no entanto, há o desprendimento da relação intestina processual, passando a coisa julgada a compor elemento do suporte fático[3] da situação jurídica definida na sentença, em face da qual já não se admite a rediscussão da questão já decidida em nenhum outro grau ou instância, ou ainda em nova relação jurídica. Portanto, a função coisa julgada é a estabilização dos conflitos sociais, impedindo a eternização do litígio, bem como a vedação da rediscussão da questão já decidida.

Segundo BARBOSA MOREIRA: *"Mais exato parece dizer que a coisa julgada é uma situação jurídica: precisamente a situação em que se forma no momento em que a sentença se converte de instável a estável. É a essa estabilidade, característica da nova situação jurídica, que a linguagem jurídica se refere, segundo pensamos, quando fala da "autoridade da coisa julgada".*[4]

Coaduna-se com o disposto no inciso XXXVI do art. 5º da Constituição Federal, como sendo a *"eficácia, que torna imutável e indiscutível a sentença, não mais sujeita a recurso ordinário ou extraordinário"* (art. 467 do CPC), não sendo passível de ser alterada nem mesmo por lei superveniente.

Em suma, o instituto da preclusão máxima é elemento essencial ao exercício da jurisdição, indispensável à estabilização das decisões judiciais e à segurança jurídica das relações jurídicas, na medida em que não só veda a rediscussão da questão decidida, como repele todos os argumentos que a parte poderia ter esgrimido no curso da litispendência.

3. Meios de impugnação da coisa julgada material

Em razão da importância da coisa julgada material, somente em casos excepcionais admite-se a sua desconstituição.

---

3. Idem.
4. MOREIRA, *Temas...*, p. 113.

O instrumento vocacionado para impugnação da coisa julgada é ação rescisória, cuja previsão do seu cabimento está contida em *numerus clausulus* nos incisos do art. 485 do CPC.[5]

A ação rescisória é por excelência o mecanismo de revisão da coisa julgada, pois acumula o *iudicium rescindens* e o *iudicium rescissorium*, permitindo os juízos de rescisão da sentença (desconstituição) e de prolação de novo julgamento da causa.

Apesar de não se destinarem precipuamente a esta finalidade, há outros instrumentos capazes desconstituir a coisa julgada material, os quais identificamos como sendo os seguintes: (a) a impugnação ao cumprimento de sentença (art. 475-L, inc. I e §1º do CPC), (b) embargos à execução contra Fazenda Pública (art. 741, inc. I, e seu parágrafo único, do CPC), (c) ação anulatória (art. 486 do CPC) e (d) "querela nulitatis insanabilis" (ação declaratória).

Na impugnação ao cumprimento da sentença e nos embargos da Fazenda Pública, verifica-se a inexigibilidade da sentença com trânsito em julgado, quando fundada em lei ou ato normativo declarado inconstitucional pelo Supremo Tribunal Federal, mesmo após a formação da coisa julgada material.

Em relação à declaração de inconstitucionalidade superveniente, verifica-se a desconsideração da coisa julgada, com

---

5. I – se verificar que foi dada por prevaricação, concussão ou corrupção do juiz; II – proferida por juiz impedido ou absolutamente incompetente; III – resultar de dolo da parte vencedora em detrimento da parte vencida, ou de colusão entre as partes, a fim de fraudar a lei; IV – ofender a coisa julgada; V – violar literal disposição de lei; VI – se fundar em prova, cuja falsidade tenha sido apurada em processo criminal ou seja provada na própria ação rescisória; VII – depois da sentença, o autor obtiver documento novo, cuja existência ignorava, ou de que não pôde fazer uso, capaz, por si só, de lhe assegurar pronunciamento favorável; VIII – houver fundamento para invalidar confissão, desistência ou transação, em que se baseou a sentença; IX – fundada em erro de fato.

fulcro em expressa previsão legal, pois retira-se a eficácia executiva do título judicial. Antes da inovação legislativa, essa linha de orientação vinha sendo defendida pela doutrina, com base no movimento de relativização da coisa julgada.. A previsão legislativa foi inserida pela Lei n. 11.232/05, autorizando expressamente a desconsideração da coisa julgada, não propriamente mediante juízo rescisório, mas em razão da ineficácia do título executivo, por força de superveniente decisão do Supremo Tribunal Federal reconhecendo a inconstitucionalidade do ato normativo no qual estava embasada a sentença de mérito. Todavia, trata-se de meios de exceção da pretensão executiva, com prazos preclusivos para a sua interposição, de 15 dias para a impugnação e de 30 dias para os embargos da Fazenda Pública.

Na impugnação e nos embargos, especialmente no que concerne a matéria atinente aos inc. I e §1º do art. 475-L e inc. I e parágrafo único do art. 730 ambos do CPC, podem ainda serem tratadas as seguintes questões: "falta ou nulidade da citação"[6] e coisa julgada inconstitucional.

Antes da reforma de 2005, em que os embargos à execução passaram a integrar o processo de conhecimento, a impugnação passou a ser mero incidente processual. Distintamente, os embargos da Fazenda Pública, ainda hoje, ostentam a natureza jurídica de ação autônoma, em face da incompatibilidade funcional de convivência desses instrumentos no procedimento de execução.

A despeito da distinção atual, permanece ainda válida a observação de ARAKEN DE ASSIS[7], no que concerne à incompatibilidade funcional destes meios de exceção com o "processo de execução", atribuindo por conta disso natureza de ação autônoma aos embargos.

---

6. SANTOS, p. 164.
7. ARAKEN DE ASSIS, *Manual...*, p. 1080.

Em relação à ação anulatória do art. 486 do CPC, constata-se que não se presta à anulação de coisa julgada material, mas tão somente de ato processual ou sentença homologatória, não configurando meio próprio de impugnação da sentença de mérito com trânsito em julgado.[8]

A querela "nulitatis insanabilis" é ação de desconstituição da situação jurídica acobertada pela autoridade da coisa julgada material. Ataca a sentença que, em razão do gravíssimo vício de procedimento verificado em face da ausência ou nulidade da citação, eiva a relação processual de nulidade de pleno direito. Por não ter sido obtida por meio legítimo, a situação jurídica nela reconhecida é considerada inexistente, devido à inexistência da própria relação processual, maculando por vício insanável a situação jurídica desconstituída. Considerado vício transrescisório, admite-se a sua interposição além do prazo da ação rescisória.[9]

No âmbito dos Juizados Especiais, conforme se apontou inicialmente, é vedada a propositura da ação rescisória,[10] porém não há vedação expressa em relação aos demais meios de impugnação anteriormente mencionados.

Diante da inexistência de instrumento jurídico específico para determinar a desconstituição da sentença com autoridade

---

8. DIDIER, *Curso...*, vol. 3, p. 457.
9. STF, RE 96.374, Relator Min. Moreira Alves, Segunda Turma, julgado em 30/08/1983, DJ 11-11-1983. PP-07542, EMENT VOL-01316-04. PP-00658. RTJ VOL-00110-01. PP-00210.
10. "A nosso ver, a intenção do legislador foi a de propiciar o recurso apenas das decisões que ponham fim ao processo, com julgamento do mérito. É que somente nessa hipótese – de julgamento de mérito – é que se pode considerar que a lide teve solução dada pela sentença, que faz coisa julgada material, impedindo seja reaberta a questão em ação posterior." (...) "O mesmo não ocorre com as sentenças que extinguem o processo sem julgamento do mérito, porque, além de não darem solução à lide, não fazem coisa julgada material e propiciam, conforme o caso, o ajuizamento de nova demanda com o mesmo pedido". SANTOS e CHIMENTI, pp. 165-6.

de coisa julgada material, ter-se-ia exceção à regra geral do processo civil de impugnabilidade da sentença em virtude de vício rescisório, resultando na ausência de instrumento para rescisão de sentença contaminada com vício desta natureza.

Neste sentido, colhe-se do precedente em cuja ementa assim ficou definido, *in verbis*:

> Ação Anulatória – Recurso Impróprio – Inexistência de previsão legal em sede de Juizados Especiais – Em princípio, das decisões proferidas pelos Juizados Especiais, somente são cabíveis os recursos previstos nos artigos 41 e 48, da Lei n. 9.099/95 – Não conhecimento da ação. Acordam os Exmos. Srs. Juízes que integram a 2ª Turma Recursal Cível e Criminal dos Juizados Especiais, por unanimidade de votos, não conhecer da ação anulatória por absoluta falta de previsão legal" (Ac. 082/00, 2ª Turma Recursal do TJ do Pará, rel. C. A. Montalvão das Neves, Boletim dos Juizados Especiais do Pará).[11]

Nesta primeira análise, os meios de impugnação da coisa julgada no âmbito dos Juizados Especiais, portanto, estariam limitados à impugnação ao cumprimento de sentença e aos embargos da Fazenda Pública, no caso de sentença fundada em norma declarada inconstitucional pelo Supremo Tribunal Federal, bem como à "querela nullitatis", os quais, todavia, não abrangem os vícios rescisórios.

4. Coisa julgada, segurança jurídica *versus* justiça da decisão

Até o presente momento, desenvolveu-se a questão visando traçar um panorama das possibilidades de impugnação da sentença de mérito com trânsito em julgado prolatada em juizado especial. No entanto, apesar dos outros meios de impugnação

---

11. Apud SANTOS, p. 164.

mencionados, é necessário observar que não se poderia admitir a flexibilização da coisa julgada material, no âmbito dos Juizados Especiais apenas com base apenas nos princípios da informalidade e da celeridade.

A imutabilidade da coisa julgada é direito fundamental do jurisdicionado, prestando-se como argamassa da pacificação dos conflitos sociais. Os instrumentos referidos anteriormente possuem natureza de ações autônomas e não são instrumentos vocacionados para rescisão da coisa julgada. A admissão pura e simples desses meios de impugnação resultaria, utilizando-os como sucedâneos da ação rescisória, na banalização do instituto da coisa julgada.

A segurança esperada da decisão judicial exige que não se renove a discussão, pois uma vez reconhecido o direito nem mesmo lei posterior teria força jurídica para modificá-lo. A imutabilidade e a indiscutibilidade são da essência da jurisdição, a despeito do sentimento de injustiça eventualmente experimentado por uma das partes. Nessa esteira, por intermédio da ação rescisória não se admite a "correção" de divergência jurisprudencial, de tal maneira que certo grau de "injustiça", como se poderia deduzir a partir das viradas jurisprudenciais conhecidas, não é causa de obliteração da coesão social.

De outro laudo, há que se ponderar ainda da possibilidade de alteração do julgador, com repercussão na adoção de outra carga axiológica definidora do critério de "justiça da decisão", gerando com isso instabilidade das relações jurídicas, pois resultaria em intermináveis rediscussões passíveis de serem geradas a cada alteração de membro integrante do juízo competente. Em suma, não se tratam de instrumentos destinados a erradicar o sentimento de injustiça presente em face de determinada interpretação judicial.

No entanto, a rescisão da coisa julgada abrange casos que vão além da violação de expressa disposição de lei, a qual poderia nos conduzir à discussão dos limites da interpretação judicial. Abrangem casos de falhas procedimentais gravíssimas como a prolação de sentença por juiz corrompido, colusão entre as partes, prova falsificada, documento ignorado pela parte autora, erro de fato dentre outros. Veja-se, portanto, que estão abrangidas situações em que a justiça da decisão ultrapassa o sentimento de injustiça fruto da interpretação judicial do caso concreto.

Atentando-se a essas peculiaridades, a necessidade de ponderação entre o valor segurança jurídica e o valor justiça deve ser avaliada de acordo com as circunstâncias presentes naquele caso específico, como se pode constatar da interessante situação que está sendo analisada nas Cortes Superiores[12]

---

12. "PROCESSO CIVIL. INVESTIGAÇÃO DE PATERNIDADE. Coisa julgada decorrente de ação anterior, ajuizada mais de trinta anos antes da nova ação, esta reclamando a utilização de meios modernos de prova (exame de DNA) para apurar a paternidade alegada; preservação da coisa julgada. Recurso especial conhecido e provido." (REsp 706.987/SP, Rel. Ministro Humberto Gomes de Barros, Rel. p/ Acórdão Ministro Ari Pargendler, Segunda Seção, julgado em 14/05/2008, DJe 10/10/2008).

No mesmo sentido: AgRg no REsp 899.981/MG, Rel. Ministro Vasco Della Giustina (Desembargador convocado do TJ/RS), Terceira Turma, julgado em 24/08/2010, DJe 01/09/2010, AgRg no REsp 895.545/MG, Rel. Ministro Sidnei Beneti, Terceira Turma, julgado em 18/05/2010, DJe 07/06/2010, AgRg no REsp 363.558/DF, Rel. Ministro Luis Felipe Salomão, Quarta Turma, julgado em 04/02/2010, DJe 22/02/2010 e AgRg no REsp 646.140/SP, Rel. Ministro João Otávio de Noronha, Quarta Turma, julgado em 03/09/2009, DJe 14/09/2009.

Em sentido contrário: "RECURSO EXTRAORDINÁRIO. DIREITO PROCESSUAL CIVIL E CONSTITUCIONAL. REPERCUSSÃO GERAL RECONHECIDA. AÇÃO DE INVESTIGAÇÃO DE PATERNIDADE DECLARADA EXTINTA, COM FUNDAMENTO EM COISA JULGADA, EM RAZÃO DA EXISTÊNCIA DE ANTERIOR DEMANDA EM QUE NÃO FOI POSSÍVEL A REALIZAÇÃO DE EXAME DE DNA, POR SER O AUTOR BENEFICIÁRIO DA JUSTIÇA GRATUITA E POR NÃO TER O ESTADO PROVIDENCIADO A SUA REALIZAÇÃO. REPROPOSITURA DA AÇÃO. POSSIBILIDADE, EM RESPEITO À PREVALÊNCIA DO DIREITO FUNDAMENTAL À BUSCA DA IDENTIDADE GENÉTICA DO SER, COMO EMANAÇÃO DE SEU DIREITO DE PERSONALIDADE. 1. É dotada de repercussão geral a matéria atinente à possibilidade da repropositura de ação de investigação de paternidade, quando anterior demanda idêntica, entre as mesmas partes, foi julgada improcedente, por falta de provas, em razão da parte interessada não acerca da possibilidade de relativização da coisa julgada em razão da evolução científica e acessibilidade ao teste de DNA, dado o seu altíssimo grau confiabilidade. Com efeito, discute-se da possibilidade relativização da coisa julgada para que se analise novamente a questão a luz dos resultados do referido exame. A questão é tormentosa e existem decisões em sentidos contrários. Porém afigura-se inafastável a possibilidade de desconsideração da coisa julgada, a partir do sopesamentos dos princípios imbrincados na pretensão.

A partir desta linha de raciocínio, a relativização da coisa julgada estaria autorizada com fundamento na aplicação do postulado da proporcionalidade, em que o valor justiça preponderaria sobre o valor segurança jurídica, a depender das circunstâncias do caso concreto. De todo modo, importante destacar a inexistência *a priori* da preponderância de determinado princípios, dependendo do juízo de sopesamento no caso concreto.

5. Ação Rescisória nos Juizados Especiais

A questão central é solucionar o problema da sentença com autoridade de coisa julgada material que contenha vício

---

dispor de condições econômicas para realizar o exame de DNA e o Estado não ter custeado a produção dessa prova. 2. Deve ser relativizada a coisa julgada estabelecida em ações de investigação de paternidade em que não foi possível determinar-se a efetiva existência de vínculo genético a unir as partes, em decorrência da não realização do exame de DNA, meio de prova que pode fornecer segurança quase absoluta quanto à existência de tal vínculo. 3. Não devem ser impostos óbices de natureza processual ao exercício do direito fundamental à busca da identidade genética, como natural emanação do direito de personalidade de um ser, de forma a tornar-se igualmente efetivo o direito à igualdade entre os filhos, inclusive de qualificações, bem assim o princípio da paternidade responsável. 4. Hipótese em que não há disputa de paternidade de cunho biológico, em confronto com outra, de cunho afetivo. Busca-se o reconhecimento de paternidade com relação a pessoa identificada. 5. Recursos extraordinários conhecidos e providos." (RE 363889, Relator(a): Min. Dias Toffoli, Tribunal Pleno, julgado em 02/06/2011, Acórdão Eletrônico Repercussão Geral – Mérito. DJe-238. Divulg 15-12-2011. Public 16-12-2011).

rescisório previsto no art. 485 do CPC, em face dos quais não autorizam o cabimento da ação rescisória perante os Juizados Especiais, nos termos do art. 59 da Lei n. 9.099/1995.[13]

As alternativas a serem seguidas são: aceitar a imutabilidade absoluta da coisa julgada material, ressalvadas as hipóteses de impugnação e embargos da Fazenda Pública, além da "querela nullitatis insalabilis", ou admitir a utilização da ação rescisória contra texto literal de lei; ou, ainda, admitir a flexibilização da coisa julgada, suprimindo a eficácia executória do título judicial, independente de qualquer meio específico de impugnação.

A compatibilização dos meios de impugnação pode ser potencializada pelos princípios de simplificação e desburocratização que orientam os Juizados Especiais, podendo gerar, como se disse de início, ou a vedação absoluta da rescisão da sentença eivada de vício rescisório, ou a flexibilização excessiva da coisa julgada.

De início, em tese, não se pode refutar a possibilidade de desconsideração ou rescindibilidade da coisa julgada no âmbito dos Juizados Especiais, quando presentes grave vícios rescisórios. Aceitando-se, portanto, o seu cabimento nessas situações, antecipam-se dificuldades procedimentais tais como a competência para o processamento e julgamento, sobretudo quando a sentença rescindenda tiver sido prolatada por órgão colegiado como as Turmas Recursais, Turmas Regionais de Uniformização ou Turma Nacional de Uniformização, quiçá

---

13. Nesse sentido, foi emitido o Enunciado n. 44 do FONAJEF: *"Não cabe ação rescisória no JEF. O artigo 59 da Lei n. 9.099/95 está em consonância com os princípios do sistema processual dos Juizados Especiais, aplicando-se também aos Juizados Especiais Federais."*
Veja-se, ainda, não ter sido levado em consideração as ponderações da magistratura federal, por intermédio do Esboço do Anteprojeto da Ajufe, quando do advento do Projeto de Lei n. 3.999/2001, em que constava a ação rescisória como instrumento para rescisão de sentenças dos Juizados Especiais Federais.

julgada pelo Superior Tribunal de Justiça ou pelo Supremo Tribunal Federal, em sede de reclamação ou recurso extraordinário.

Em relação às decisões prolatadas em sede de recurso extraordinário pelo Supremo Tribunal Federal, a ação rescisória tem sido recebida pela Corte Suprema, sob a justificada de que contra os seus julgados é cabível a ação rescisória não prevalecendo a vedação da Lei n. 9.099/1995.[14]

Não há óbice para que o mesmo raciocínio seja aplicado ao Superior Tribunal de Justiça, pois apesar do não cabimento de recurso especial de decisão dos Juizados Especiais, remanesce a possibilidade de apreciação de reclamação na hipótese de sentença de juizado especial que contrarie precedente daquela Corte Superior, uma vez presentes os requisitos da Res/STJ n. 129/2009.[15]

Quanto à aceitação da ação rescisória no âmbito dos Juizados Especiais, seria necessário reconhecer a inconstitucionalidade do art. 59 da Lei n. 9.099/95. No entanto, observa-se que em relação aos Juizados Especiais Federais, seria possível aventar a superação da limitação do cabimento da ação rescisória, sob o fundamento da sua não aplicabilidade perante os Juizados Especiais, devido à inexistência de vedação específica na Lei n. 10.256/01, somada ao fato de que eventual vício rescisório da sentença redundaria em prejuízo à Fazenda Pública.

Não se afigura a melhor solução, pois não se constata de plano qualquer inconstitucionalidade na vedação da ação rescisória no âmbito dos Juizados Especiais, em face da sua

---

14. STF, AR 1974 MC, Relator(a): Min. Gilmar Mendes, julgado em 29/05/2007, publicado em DJ 22/06/2007 PP-00073.
15. STJ, Rcl 4.858/RS, Rel. Ministro Paulo de Tarso Sanseverino, Rel. p/ Acórdão Ministra Nancy Andrighi, Segunda Seção, julgado em 23/11/2011, REPDJe 01/02/2012, DJe 30/11/2011 e STJ, AgRg na Rcl 6.995/MG, Rel. Ministro Teori Albino Zavascki, Primeira Seção, julgado em 23/11/2011, DJe 02/12/2011).

adequação aos princípios da celeridade e simplificação, ao mesmo passo, há não razoabilidade em se admitir a ação rescisória somente em face da indisponibilidade decorrente do interesse público secundário.

A discussão está ligada à justiça e segurança jurídica da decisão envolvendo questões de natureza de interesse público primário, a ser aplicada de modo uniforme a todos, independente da sua natureza jurídica de direito público ou não.

No que se trata de sentença prolatada por juiz de juizado absolutamente incompetente, há posição[16] sustentando que a sentenças prolatadas, naquilo que desbordar da competência absoluta do prolator, estaria eivada de ineficácia (art. 39 da Lei n. 9.099/95), por usurpar jurisdição de outro órgão do Poder Judiciário. Portanto, não precisaria sequer ser declarada em ação rescisória, justamente em razão da vedação, como no caso de uma sentença de divórcio prolatada em juizado especial. A adoção desta orientação, todavia, resultaria na fragilização da confiabilidade da sentença emanada dos juizados especiais, pois resultaria no desprezo da coisa julgada material.

Além dos casos de sentença prolatada por juízo absolutamente incompetente, há outras situações concretas[17] que

---

16. ALVIM, *Comentários...*, 2006, p. 246.

17. Casos concretos exemplificativos: (a) pedido de revisão de benefício previdenciário julgado procedente, porém, no momento de liquidação, verifica-se que a parte autora, em verdade, detinha pensão alimentícia, portanto, não era titular do benefício, ostentando apenas um número de benefício utilizada pelo INSS para mero controle no desconto em folha do benefício do efetivo titular do benefício (inc. V); (b) denegação da concessão de benefício previdenciário por falta de tempo de serviço, porém a parte autora, após o trânsito em julgado, encontra o documento, tal como carteira do trabalho, dando conta do período necessário à concessão do benefício pleiteado (inc. VII); (c) sentença de procedência de benefício previdenciário fundada em documento falsificado, posteriormente verificado em ação criminal (inc. VI); (d) sentença de procedência de benefício previdenciário fundada em sentença prolatada na Justiça do Trabalho, posteriormente reconhecida como fruto de conluio entre as partes (inc. III).

causariam perplexidade em não se admitindo a rescisão da coisa julgada material, como na decisão lastreada em prova falsa.

Considerando determinadas situações previstas nos incisos do art. 485 do CPC, é inequívoca a necessidade de se admitir algum mecanismo de rescisão da coisa julgada material sem se perder de vista a necessidade de manter a trava procedimental da ação rescisória representa, a fim de preservar a autoridade da coisa julgada com a intangibilidade resguardada.

A primeira solução seria a admissão da ampliação das hipóteses de ação constitutiva negativa, o que implicaria numa ampliação das hipóteses de "querela nullitatis". Haveria a preservação do mesmo rito procedimental que deu origem à sentença anterior, restando preservado os princípios do contraditório e da ampla defesa. No entanto, haveria a ampliação excessiva das matérias que poderiam ser abordadas com essa alternativa, revelando que a vedação da ação rescisória tornaria os Juizados Especiais ainda mais vulneráveis a demandas tendentes a anular sentenças anteriores. Tal alternativa, portanto, é atentatória aos princípios que informam os Juizados Especiais, não sendo viável a sua assunção.

Além disso, haveria conflitos de competência insolúveis, pois não há qualquer previsão de competência originária para demandas das Turmas Recursais, ensejando com isso a competência dos juízes de primeiro grau para revisão de acórdãos das Turmas, situação de manifesta ruptura do escalonamento de competências desenhada nos arts. 108 e 109 da Constituição Federal.

O mandado de segurança poderia ser admitido, em se tratando de sentença teratológica, o que serviria como filtro para o recebimento de demandas desta natureza. A sentença com autoridade de coisa julgada também tenderia a ser aceita somente quando esgotados os prazos de impugnação da execução ou embargos do devedor, uma vez que não é cabível *mandamus* contra decisão judicial recorrível.

No entanto, não haveria a possibilidade de manifestação da parte contrária, com as mesmas garantias processuais com as quais o procedimento da sentença rescindenda fora produzido, haja vista o procedimento abreviado em que somente a autoridade coatora apresenta suas informações. A parte prejudicada, por sua vez, somente teria o direito de apresentar recurso de apelação, deste modo, após a prolação da sentença, revelando-se com isso a situação de perplexidade de ter sido suprimido direito com *status* de coisa julgada, sem que lhe fosse permitido influir na formação do *"iudicium rescindens"*.

Sobretudo, é vedada a utilização do mandado de segurança nos Juizados Especiais Federais (art. 3º, inc. I, da Lei n. 10.259/01), gerando, no mínimo, nova polêmica quanto à competência, se dos Tribunais Regionais ou da própria Turma Recursal.

A alternativa que entendemos viável e tecnicamente aceitável seria a interpretação conforme à Constituição do art. 59 da Lei n. 9.099/95, mediante juízo de ponderação no qual a ação rescisória poderia ser admitida pelas Turmas Recursais ou pela Turma Nacional, quando da sentença prolatada no âmbito dos Juizados Especiais ofendesse princípio constitucional prevalente ao princípio de "segurança jurídica" imante à autoridade da coisa julgada, dependendo do conflito subjacente extraído do caso concreto.

Haveria, de início, a preservação do âmbito restrito de cabimento da ação rescisória às hipóteses previstas nos incisos do art. 485 do CPC, acrescida ainda do ônus argumentativo da parte autora em demonstrar a necessidade da rescisão da sentença com autoridade de coisa julgada, ante o malferimento de princípio constitucional prevalente à segurança jurídica. Resguardar-se-ia com isso a intenção do legislador de estabilizar as decisões dos Juizados Especiais Cíveis da repropositura de novas demandas, mantendo-se a economia e celeridade processual esperadas dos Juizados Especiais. De outro lado, poder-se-ia excepcionalmente admitir que sentenças teratológicas representativas de ofensa a princípios prevalentes à coisa julgada fossem "reapreciadas".

Ademais, restaria preservado o princípio do contraditório e da ampla defesa, assim como restaria autorizado o "iudicium recissorium", forma de julgamento própria da ação rescisória, que não se limita apenas a rescindir a sentença, mas também autoriza no bojo da mesma ação prolatar nova sentença no lugar da rescindida, tornando desnecessária nova demanda para rediscutir a lide desconstituída, como seria de se esperar caso buscada a simples anulação da sentença, como no caso da "querela nullitatis".

6. Considerações finais

Conclui-se ser necessária a utilização da ação rescisória no âmbito dos Juizados Especiais, mediante interpretação conforme à Constituição, deixando-se de aplicar episodicamente a vedação do art. 59 da Lei n. 9.099/95 em casos de preponderância de valor superior à segurança jurídica, mediante juízo de ponderação, no qual a parte detém o ônus argumentativos de demonstrar a presença não apenas de uma das causas do "iudicium rescindens" constantes dos incisos do art. 485 do CPC, mas também de ofensa a princípio constitucional prevalente que torne igualmente necessário o "iudicium recissorium".

7. Referências bibliográficas

ARAÚJO, Luiz Henrique Diniz. *Revista Dialética de Direito Processual (RDDP) n. 54*, setembro de 2007, p. 107-114.

ARMELIN, Donaldo. Observância à coisa julgada e enriquecimento ilícito – postura ética e jurídica dos magistrados e advogados. *Série Cadernos do CEJ*, 23, p. 290-309.

ASSIS, Araken de. *Manual do processo de execução.* 7ª ed. São Paulo: RT, 2001.

DIDIER JR. Fredie. *Curso de direito processual civil.* Vol. 2, 2ª ed., Bahia: JusPodivm, 2008.

DIDIER JR. Fredie. *Curso de direito processual civil.* Vol. 3, 7ª ed., Bahia: JusPodivm, 2009.

DIDIER JR. Fredie. *Leituras Complementares de Processo Civil.* 8ª ed. rev. ampl. e atual, organizador Fredie Didier Jr., Bahia: JusPodivm, 2010.

DIDIER, Fredie Jr. *Curso de Direito Processual Civil: Teoria geral do processo e processo de conhecimento.* Vol. 1, 9ª ed. Bahia: JusPodivm, 2008.

GOMES, Alexandre Gir. *Revista Dialética de Direito Processual (RDDP) n. 12,* março de 2004, p. 9-20.

MARINONI, Luiz Guilherme e ARENHART, Sérgio Cruz. *Manual do Processo de Conhecimento.* 5ª ed. rev. atual e amp. São Paulo; RT, 2006.

MARIONI, Luiz Guilherme. *Teoria Geral do Processo.* V. 1, São Paulo: RT, 2006.

MARIONI, Luiz Guilherme. *Coisa Julgada Inconstitucional.* 2ª ed. São Paulo: RT, 2010.

MENDES, Gilmar Ferreira, COELHO, Inocêncio Mártires e BRANCO, Paulo Gustavo Gonet. *Curso de Direito Constitucional.* São Paulo: Saraiva, 2007.

MOREIRA, José Carlos Barbosa. *Temas de Direto Processual.* 3ª Série, São Paulo: Saraiva, 1984.

MOURÃO, Luiz Eduardo. *Coisa julgada.* Belo Horizonte: Fórum, 2008.

SANTOS, Marisa Ferreira dos e CHIMENTI, Ricardo Cunha,

Juizados Especiais Cíveis e Criminais Federais e Estaduais. 8ª ed. Vol. 15, tomo II, São Paulo: Saraiva, 2010.

WAMBIER, Tereza Arruda Alvim. *Flexibilização ou relativização da coisa julgada*. Informativo Jurídico Consulex XIX, n. 4, janeiro de 2005.

CUNHA, Leonardo José Carneiro da. *A Fazenda Pública em Juízo*. 8ª ed. rev. amp. e atual. São Paulo: Dialética, 2010.

TOURINHO NETO, Fernando da Costa e FIGUEIRA JR., Joel Dias. *Juizados Especiais Federais Cíveis e Criminais*. 3ª ed. São Paulo : RT, 2010.

DINAMARCO, Cândido Rangel. *Manual dos Juizados Cíveis*. São Paulo: Malheiros, 2001.

CHIMENTI, Ricardo Cunha. *Teoria e prática dos Juizados Especiais Cíveis e Estaduais e Federais*. 12ªed. São Paulo: Saraiva, 2010.

A CORREÇÃO DOS DEPÓSITOS DO FUNDO DE GARANTIA DO TEMPO DE SERVIÇO

Djalma Moreira Gomes[1]

1. INTRODUÇÃO

Dentre as demandas de massa que têm surgido ultimamente na Justiça Federal em todo país, uma se destaca pela abrangência dos interessados, considerando-se o gigantismo do universo de possíveis legitimados e pela repercussão econômica de suas consequências. Refiro-me à questão relativa aos índices que deve(ria)m ser aplicados para correção das contas vinculadas do Fundo de Garantia do Tempo de Serviço – FGTS.

Sustenta-se a inconstitucionalidade do dispositivo legal que estabelece a correção dos saldos das contas FGTS pela Taxa Referencial (TR), ante a inaptidão desse índice econômico para cumprir o desiderato de recompor o valor aquisitivo da moeda, tanto que durante anos não experimentou qualquer

---

1. Mestrando em Direito pela PUC/SP. Juiz Federal em São Paulo.

variação, conquanto a inflação oficial medida no mesmo período tenha sido expressiva.

A controvérsia já chegou ao E. STJ,[2] que suspendeu o curso das ações em todo o país e ao C. STF,[3] cujo Ministro Relator, Roberto Barroso, determinou a adoção do rito abreviado no trâmite da ADI, solicitou informações ao Congresso Nacional e à Presidência da República, responsáveis pela edição das normas questionadas, e admitiu o Banco Central do Brasil na qualidade de *amicus curiae*, diante da relevância do tema e do papel do BACEN como órgão competente para calcular a TR.

Embora judicializada, cabendo a última palavra ao órgão máximo de controle de constitucionalidade – tarefa que, em nosso ordenamento, toca ao C. Supremo Tribunal Federal – a questão não está fechada a contribuições; antes as reclama.

Nesse intuito, aqui se expenderá análise, do ponto de vista acadêmico, tendente a concluir se há direito subjetivo à correção do valor do saldo das respectivas contas do FGTS vinculadas aos trabalhadores; se há direito a um determinado índice de correção desse valor ou a uma categoria de índices, ou ainda se o legislador pode escolher livremente o parâmetro que lhe aprouver, cumpra ele ou não o papel de recomposição do valor da moeda.

2. CONQUISTA DE DIREITOS TRABALHISTAS

Como se sabe, a definição de direitos dos trabalhadores e garantias de efetividade deles é matéria recente na história do constitucionalismo. A exemplo de tantos outros, os direitos

---

2. RECURSO ESPECIAL N. 1.381.683 – PE (2013/0128946-0), Rel. Min. BENEDITO GONÇALVES (demanda afetada pelo rito do artigo 543-C do CPC).
3. ADI- Ação Direta de Inconstitucionalidade 5.090, em que o Partido Solidariedade questiona dispositivos das Leis 8.036/1990 (artigo 13) e 8.177/1991 (artigo 17).

trabalhistas representam conquistas que resultaram de longas e árduas batalhas.

Embora não se contasse com a velocidade instantânea das comunicações atuais, em que um evento ocorrido no oriente torna-se disponível imediatamente ao ocidente, a Revolução Industrial iniciada na Inglaterra no século XVIII também se expandiu pelo mundo. Paulatinamente, mas de modo profundo, foram se alterando as relações sociais e econômicas do meio urbano, bem como as condições de vida dos trabalhadores. A industrialização, por provocar intensos deslocamentos de massas humanas para o meio urbano, acarretou excesso de mão de obra e consequente desemprego.

O esgarçamento das condições de trabalho, a multiplicação do número de acidentes em razão da precariedade ou da ausência dos equipamentos de segurança, assomou-se às insatisfações, captadas por movimentos socialistas, que levaram a muitas discussões, resultando na positivação de direitos trabalhistas nos ordenamentos legais.

Essas conquistas passaram a ser refletidas nas legislações de todo o mundo ocidental, inclusive na América, onde se sobressaiu altaneira a Constituição do México de 1917. A Carta mexicana, que consagrou vários direitos trabalhistas, foi a primeira na história das constituições a limitar a jornada diária de trabalho a oito horas, a regulamentar o trabalho da mulher e do menor, a prever o direito a férias remuneradas e a proteção da maternidade, entre outros. Logo depois, a partir de 1919 (Constituição de Weimar), diversas constituições europeias passaram a consagrar vários direitos trabalhistas, merecendo destaque a proteção contra a despedida injustificada.

3. EVOLUÇÃO DOS DIREITOS TRABALHISTAS NO BRASIL

No Brasil, a conquista de direitos trabalhistas sempre foi lenta e penosa. Vencida a vergonha da escravidão, que oficialmente vivenciamos por 388 anos,[4] período em que o grosso da atividade econômica era realizado por escravos, as condições de trabalho sempre foram ruis, ao passo que afiguravam-se parcos os direitos consagrados pela legislação.

Somente na década de 30 do século XX é que uma Constituição Brasileira – a efêmera Constituição de 1934 – tratou de direitos trabalhistas, tais como o da liberdade sindical, do salário mínimo, da jornada de oito diárias, do repouso semanal remunerado, das férias anuais remuneradas e da proteção ao trabalho infantil e da mulher. Sob o signo da Constituição de 1937, em cuja vigência o país viveu um tenebroso período ditatorial, foi editada a Consolidação das Leis do Trabalho,[5] que entre outros direitos, previa a indenização em razão da despedida injustificada.

O desenvolvimento industrial levou a um forte incremento do número da chamada classe operária, que praticamente duplicou seu contingente entre os anos 1940 e 1953. Esse fenômeno concorreu para o fortalecimento de sindicatos, que tiveram atuação marcante na história recente do país, tanto na derrocada, no início dos anos 60, de um governo legitimamente instituído, como na derrubada do regime de exceção que lhe sucedeu. Especialmente a partir da década de 1950, multiplicaram-se os sindicatos entre os quais vários rurais, entidades de classe que foram objeto de grande repressão no período dos governos militares, contra os quais lutaram, concorrendo para a normalização democrática do país, cujo clímax foi a Constituição de 1988, a qual consagrou, em seu texto, inúmeros direitos sociais e trabalhistas, conquistas advindas das lutas dos trabalhadores e de suas entidades sindicais.

Nessa marcha de conquistas, a vetusta CLT, embora concebida num momento institucional de trevas, contemplava importantes direitos trabalhistas, tais como o da estabilidade

---

4. A escravidão foi abolida pela Lei Imperial n. 3.353, de 13 de maio de 1888.
5. A CLT foi aprovada pelo Decreto-lei 5.452, de 1º de maio de 1943, quando o Brasil vivia a Ditadura Vargas.

decenal e para os casos de dispensa antes da obtenção da estabilidade, o da indenização por dispensa sem justa causa.

Os artigos 477 e 478 da CLT, na redação originária, asseguravam ao empregado demitido sem justa causa o direito de haver do empregador uma indenização, paga na base da maior remuneração que houvesse percebido, correspondente a um mês de remuneração por ano de serviço efetivo ou fração igual ou superior a seis meses.

Vale dizer, segundo a legislação do período ditatorial, o trabalhador demitido sem justa causa recebia (do empregador) uma indenização, com base na maior remuneração que houvesse percebido, correspondente a um mês de remuneração por ano de trabalho efetivo.

4. O QUE É O FUNDO DE GARANTIA DO TEMPO DE SERVIÇO

Para que se possa obviar o tratamento a ser dispensado ao FGTS, insta que se faça uma verificação, ainda que breve, acerca do que seja o Fundo de Garantia do Tempo de Serviço, sua natureza jurídica e suas características.

O Fundo de Garantia do Tempo de Serviço – FGTS é o conjunto de recursos constituído basicamente pelas contribuições dos empregadores, incidentes sobre as remunerações pagas aos trabalhadores, distribuídos em contas individuais a esses vinculadas, instituído pela Lei 5.107, de 13 de setembro de 1966, em substituição ao regime previsto na CLT, administrado pela Caixa Econômica Federal.

Atualmente regido pela Lei 8.036/90, o FGTS vigora há 23 anos, cumprindo um razoável papel, permitindo sua movimentação em situações especiais estabelecidas em lei, entre elas no caso de despedida injustificada ou para aquisição de imóvel de moradia própria.

Para o trabalhador, o FGTS constitui patrimônio realizável em situações estabelecidas em lei ou a ele entregue ao fim da vida laborativa. Para a sociedade, o FGTS é fonte de recursos para o financiamento da habitação popular, do saneamento básico e de obras de infraestrutura.

Vê-se, portanto, que o FGTS tem natureza de Fundo Público, que ao tempo que ampara o trabalhador, também beneficia a sociedade como um todo, sendo possível se extrair dessa última característica a conclusão de que o FGTS não se tratar de ativo especulativo, em que o titular faria investimento com fins de auferir lucro, mas de fundo de natureza social, voltado para a realização de projetos de interesse sociais – além de proteger o trabalhador. Reveste-se, pois, de função social.

Ainda que com esse nítido perfil social, a substituição do regime da estabilidade decenal pela nova sistemática fundiária não pretendia aniquilar, subtrair, nem mesmo reduzir direitos dos trabalhadores. Ao contrário, acenava-se como um regime mais vantajoso, tanto assim que inicialmente foi apresentado ao trabalhador como opção. Se não desejasse, se não lhe fosse ou parecesse vantajoso, o obreiro não precisaria a ele aderir. O trabalhador não estava obrigado a aderir ao FGTS, mas foi a isso estimulado (inicialmente), ante às decantadas vantagens da nova sistemática.

Segundo o novo regime, o empregador depositaria mensalmente, em conta do FGTS vinculada ao trabalhador, importância correspondente a 8% (oito por cento) da remuneração mensal do obreiro, com o que a soma dos depósitos realizados durante o ano, computando-se o abono anual (13º salário), perfaria um montante correspondente ao valor de um mês da remuneração mensal,[6] cujo montante sempre se mantinha paritário com a maior remuneração percebida (como na sistemática anterior), por conta da regra de atualização estabelecida pelo art. 3.º da Lei 5.107/66, que, além de assegurar a capitalização de

---

6. Lei 5.107/66, art. 2º.

juros, determinava que atualização deveria se dar segundo "forma e critérios adotados pelo Sistema Financeiro da Habitação".[7]

Os juros, conquanto capitalizados, eram modestos (3% ao ano, progressivos em determinado período), nisso residindo também a natureza social do Fundo. Vale dizer, porque remunerados abaixo da prática de mercado, os recursos do Fundo possibilitavam o financiamento da moradia popular e das obras de saneamento e de infraestrutura, cumprindo a destinação legal do Fundo.

Portanto, do ponto de vista do trabalhador, ele assegurava um patrimônio formado com contribuições que representavam seu salário atualizado – portanto monetariamente corrigido – o qual, além disso, recebia uma remuneração (juros), ainda que modesta. Do ponto de vista da sociedade, ela contava com recursos captados a "baixas taxas" (juros reduzidos), o que permitia ao Estado, em seu nome (da sociedade) a realização de obras de interesse social, como as de saneamento e as de infraestrutura.

Essa era a sistemática que vigorava quando veio a lume a Constituição Democrática de 1988, a qual, de fato, revelava-se mais vantajosa ao trabalhador, vez que, além de proporcionar-lhe o sucedâneo de uma indenização no caso de dispensa imotivada e lhe socorria em alguns infortúnios, também lhe assegurava um patrimônio que, passível de liberação em certas hipóteses legalmente previstas, render-lhe-ia uma espécie de pecúlio quando encerrada sua vida produtiva.

5. EVOLUÇÃO DA LEGISLAÇÃO DO FGTS QUANTO À ATUALIZAÇÃO DOS DEPÓSITOS

Todos os diplomas legais que desde o início regularam o

---

7. Art. 3º. Os depósitos efetuados de acôrdo com o artigo 2º são sujeitos à correção monetária na forma e pelos critérios adotados pelo Sistema Financeiros da Habitação e capitalizarão juros segundo o disposto no artigo 4º. (Redação dada pelo Decreto Lei n. 20, de 1966).

FGTS dispunham que os depósitos realizados nas contas vinculadas seriam corrigidos monetariamente. A Lei 5.107/66 dispunha que os depósitos estavam sujeitos à correção monetária, de acordo com a legislação específica (art. 3º); a Lei 7.839/89, a primeira a regular o FGTS depois da promulgação da CF/88, quando o regime fundiário deixou de ser opcional para se tornar de obrigatória adesão por todos os trabalhadores assalariados, também dispunha que os depósitos seriam corrigidos monetariamente, com base nos parâmetros fixados para atualização dos saldos dos depósitos de poupança (art. 11). Idêntica é disciplina atual, dada pela Lei 8.036/90 (art. 13).

Como se vê, a legislação fundiária superveniente à lei instituidora sempre assegurou a correção monetária dos depósitos, a fim de que fosse preservado o poder aquisitivo da moeda, mantendo-se, portanto, o patamar de direitos trabalhistas já alcançado. Paralelamente, a legislação impôs ao administrador do Fundo parâmetros para a aplicação dos recursos do Fundo, a fim de que fosse assegurada sua capacidade (do Fundo) para a realização da correção monetária dos depósitos.

Vale dizer, o legislador impôs a necessidade de correção monetária dos depósitos e, para assegurá-la, carreou deveres ao gestor quanto à aplicação dos recursos, que deveria ser de modo seguro e rentável o suficiente para suportar os encargos da correção monetária e dos juros.

E isso era mesmo de rigor, ante à ausência de liberdade do trabalhador em administrar ou interferir na administração desse seu patrimônio. É dizer, bem administrado ou mal administrado, bem remunerado ou mal remunerado, o patrimônio do trabalhador formado pelo FGTS não tinha outra sorte, ou outro destino que não a que lhe indicava a lei.

A legislação, então, até por uma questão de lealdade do Estado-Gestor desse patrimônio esmerava-se em garantir a preservação do valor real desse patrimônio.

Assim, a Lei 7.839, de 12 de outubro de 1989, que revogou a Lei 5.107/66, estabeleceu correção monetária "com base nos parâmetros fixados para atualização dos saldos dos depósitos de poupança",[8] além de juros que, embora de 3%, eram capitalizados. Regra idêntica foi mantida pela Lei 8.036/90, art. 13.[9]

Aqui cabe uma observação: a caderneta de poupança sempre foi o porto seguro do poupador brasileiro conservador, sendo objeto do primeiro grande abalo nacional quando do famigerado e de triste memória "Plano Collor". Até então, a caderneta de poupança era praticamente uma das instituições nacionais, de ampla credibilidade, porque, além de sempre garantida, representava meio inquestionável de preservação do valor aquisitivo da moeda.

E o Fundo de Garantia sempre teve esse mesmo perfil, diferenciando-se daquela somente quanto aos juros, que neste eram na modesta ordem de 3%, enquanto na poupança alcançavam patamares maiores que a qualificavam como modalidade de investimento (enquanto o FGTS era fundo de natureza social, recorde-se).

6. FGTS: UM DIREITO SOCIAL ASSEGURADO PELA CF/88

Com o advento da Constituição de 1988,[10] o texto maior, além de introduzir vários direitos novos em favor dos trabalhadores, assegurou-lhes outros já conferidos pela legislação

---

8. Art. 11. Os depósitos efetuados nas contas vinculadas serão corrigidos monetariamente, com base nos parâmetros fixados para atualização dos saldos dos depósitos de poupança, e capitalizarão juros de 3% a.a.

9. Art. 13. Os depósitos efetuados nas contas vinculadas serão corrigidos monetariamente com base nos parâmetros fixados para atualização dos saldos dos depósitos de poupança e capitalização juros de (três) por cento ao ano.

10. Cuja Carta foi cognominada pelo então Deputado Ulisses Guimarães, Presidente da Assembleia Nacional Constituinte de 1987/1988, de "Constituição Cidadã", em referência à plêiade de direitos por ela consagrados.

ordinária, conferindo-lhes, assim, *status* constitucional. Vale dizer, direitos legais tornaram-se direitos constitucionais. Isso ocorreu com o FGTS.

Diz a Carta Magna:

> Art. 7º. São direitos dos trabalhadores urbanos e rurais, além de outros que visem à melhoria de sua condição social:
> III – fundo de garantia do tempo de serviço.

Por óbvio, esse direito agora "constitucionalizado" outro não era senão aquele que conferia ao trabalhador demitido sem justa causa a percepção de importância em dinheiro que correspondesse a um mês de remuneração por ano de trabalho efetivo, de modo que essa remuneração, mercê dos critérios de atualização por lei preconizados, correspondesse sempre à remuneração atualizada percebida pelo trabalhador quando de sua despedida injustificada – ou quando do encerramento de sua jornada produtiva.

Nada mais, nada menos que isso!

E aqui estamos diante da Lei Maior.

É ela que assim determina.

E, como é consabido, a ela devem obediência todas as normas inferiores.

Noutro dizer, a norma legal que estabeleça critérios de atualização monetária dos depósitos do FGTS deve se ater a essa regra constitucional – ou assim ser interpretada –, sob pena de se incorrer em inconstitucionalidade. Ao legislador cabe definir um índice que realize a correção monetária dos depósitos e ao aplicador da norma estabelecida pelo legislador cabe interpretá-la de modo a dar efetividade ao comando constitucional. Fora disso, incorrerá em inconstitucionalidade.

Numa era em que a Constituição deixou de ser um repositório de meras intenções, muitas das quais vazias e insinceras, como entre nós ocorreu amiúde, máxime durante os longos e recorrentes períodos de regimes excepcionais que vivemos, para afirmar-se como documento normativo por excelência, a conferir validade a todo o ordenamento, seria inaceitável que o legislador adotasse – no caso de que tratamos, o a atualização dos depósitos do FGTS – um parâmetro incapaz de realizar a tarefa a que se propôs e que o órgão responsável pelo controle de constitucionalidade – o Poder Judiciário – não o repudiasse.

Examinemos, pois, o comando da norma legal que estabelece a correção dos depósitos do FGTS e como ela deve ser interpretada à luz da Carta Magna.

Diz a norma legal atual (Lei 8.036/90, art. 13) que os depósitos serão, a um tempo, "corrigidos monetariamente" e, de outro lado, com base nos parâmetros fixados para atualização dos saldos dos depósitos de poupança. A lei estabelece um objetivo a ser alcançado e indica o meio para que a meta seja atingida.

Noutro dizer, a norma legal traz dois comandos relativos à atualização do valor dos depósitos realizados na conta vinculada do trabalhador no FGTS, um no sentido de que os depósitos deve(ria)m ser "corrigidos monetariamente"; outro de que a atualização se daria "com base nos parâmetros fixados para atualização dos saldos dos depósitos de poupança".

E de logo se observa que tal como colocadas essas diretrizes legais elas podem se revelar contraditórias e até mais do que isso: mutuamente exclusivas. Ou noutro dizer: embora os dois comandos legais tenham sido formulados para uma atuação harmônica (aplica-se um dos comandos como meio de consecução do objetivo colimado), eles, porque manipulados, se tornaram em algum momento incompatíveis.

E por que os comandos legais revelam-se mutuamente exclusivos? Porque nem sempre (atualmente, nunca) que aplicados os parâmetros utilizados para a poupança se obterá a correção monetária (que, como adiante veremos, é um termo revestido de significado próprio); e se, realizada a correção monetária, não o será através da aplicação "dos parâmetros fixados para atualização dos saldos dos depósitos de poupança". Uma coisa exclui a outra.

7. SIGNIFICADO DO TERMO "CORREÇÃO MONETÁRIA"

Os termos legais têm acepções apropriadas. Mútuo, fiança, prescrição, decadência, lançamento, domínio, faturamento, receita, usucapião entre tantos outros têm, quando utilizados pelo legislador ordinário, as suas acepções próprias, que muitas vezes nada têm a ver com o sentido vulgar do mesmo termo.

Se, por exemplo, ao vulgo é permitido tomar receita por faturamento, nessa impropriedade não pode incorrer o legislador, como se pretendeu, no caso da Lei 9.718/98, em que dizendo que as contribuições (PIS e COFINS) incidiriam sobre o faturamento "esclareceu" o sentido deste como equivalente à "receita bruta da pessoa jurídica". Lógico que – para ficar no exemplo – os conceitos de "faturamento" e de "receita bruta" não coincidam, por mais que o legislador o pretenda. São realidades diversas.

Isso vale como regra geral, calhando à fiveleta ao tema que tratamos.

A expressão "correção monetária" possui significado técnico próprio.

Significa exatamente o restabelecimento, a recomposição do valor da moeda para que ela mantenha, preserve, seu valor aquisitivo originário. Corresponde à ação de trazer para a atualidade uma expressão monetária antiga de modo a que a expressão atual tenha exatamente o mesmo valor aquisitivo da originária.

Consiste na operação pela qual se obterá a neutralização dos efeitos da inflação no período considerado.

No caso do FGTS, significa a neutralização dos efeitos da inflação sobre a verba devida ao trabalhador despedido sem justa causa ou que tenha encerrado sua vida produtiva.

Qualquer operação econômico-financeira da qual não resulte essa neutralização do processo inflacionário – e proporcione uma recomposição do valor originário – não significará correção monetária. Poderá ser outra coisa, mas nunca será "correção monetária", esta desejada pela lei.

Segundo o *Novíssimo Dicionário de Economia*, 1999, com organização e supervisão de Paulo Sandroni, correção monetária se obtém mediante a aplicação de índices, calculados de acordo com a taxa oficial de inflação, tendo por objetivo compensar a desvalorização da moeda. Lê-se no verbete:

> CORREÇÃO MONETÁRIA. Mecanismo financeiro criado em 1964 pelo governo Castelo Branco. Consiste na aplicação de um índice oficial para o reajustamento periódico do valor nominal de títulos de dívida pública (Obrigações Reajustáveis do Tesouro Nacional) e privados (letras de câmbio, depósitos a prazo fixo e depósitos de poupança), ativos financeiros institucionais (FGTS, PIS, Pasep), créditos fiscais e ativos patrimoniais das empresas. Os índices de correção monetária são calculados de acordo com a taxa oficial de inflação, tendo por objetivo compensar a desvalorização da moeda. Com a decretação do Plano Cruzado, em fevereiro de 1986, e a criação da Obrigação do Tesouro Nacional (OTN) em substituição à ORTN, a correção monetária foi eliminada, sendo reintroduzida a partir de 1987, quando a inflação retornou a níveis muito elevados. Novamente, em 1991, em decorrência do Plano Collor 2, a correção monetária foi oficialmente abolida com a extinção do Bônus do Tesouro Nacional (BTN). Com o recrudescimento da inflação, a correção monetária volta a ser praticada até a adoção do Plano Real (1º/7/1994), quando é outra vez desativada.

Portanto, significando "correção monetária" a recomposição do valor de compra da moeda corroída pelo processo inflacionário, tem-se que a lei – tal qual o impõe a Carta Magna, porque assim recepcionou o FGTS – determina que os depósitos do Fundo sejam objeto de correção monetária – isto é, sejam objeto de recomposição do valor de compra da moeda.

8. HARMONIZAÇÃO DOS COMANDOS LEGAIS

Como vimos, o segundo comando legal determina que a atualização dos depósitos deve se dar "com base nos parâmetros fixados para atualização dos saldos dos depósitos de poupança". E porque os meios (parâmetros) não combinam com o objetivo (obtenção da correção monetária dos depósitos, esta constitucionalmente pretendida, a partir da recepção constitucional do Fundo com essa configuração), cabe ao intérprete (ou, ao órgão de controle de constitucionalidade) harmonizá-los, conferindo-lhe uma interpretação conforme a Constituição.

Noutro dizer, há que se interpretar a norma legal, harmonizando-se seus comandos, de modo a que o segundo comando (parâmetros) se harmonize com a primeira determinação – no sentido de se realizar a correção monetária – essa sim uma exigência de índole constitucional.

Vale dizer, o legislador – que tanto quanto o juiz está sujeito às determinações constitucionais – somente pode escolher um índice, um critério econômico, um parâmetro, que seja capaz de realizar a primeira determinação, ou seja, apto a realizar a correção monetária dos depósitos do FGTS.

Se, no caso do FGTS, o índice escolhido pelo legislador não se revela capaz de realizar a correção monetária dos depósitos – isto é, se não for capaz de recuperar o valor aquisitivo da moeda – esse índice é inconstitucional. E, portanto, imprestável. Deve ser desprezado e substituído por outro capaz de cumprir o desiderato constitucional.

É o que ocorre com a legislação que elegeu a Taxa Referencial (TR) como índice de atualização dos depósitos do FGTS.

Tendo a Lei 8.036/90 (art. 13) estabelecido que os depósitos do FGTS seriam "corrigidos" com base nos parâmetros fixados para atualização dos saldos dos depósitos da poupança, relegou ela (a lei 8.036) a outros dispositivos legais ou mesmo regulamentares a definição do índice a ser praticado – cuja baliza, por óbvio, somente seria válida se apta a cumprir o papel de realizar a correção monetária dos depósitos.

Essa disciplina legal abriu caminho para que a Lei 8.177, de 1 de março de 1991, elegesse a TR como índice de atualização dos saldos da poupança – e, por decorrência, do FGTS –, ao dispor em seu artigo 12 que em cada período de rendimento, os depósitos de poupança teriam a TRD como taxa básica de remuneração, dispondo em seu artigo 17 que a partir de fevereiro de 1991, os saldos das contas do Fundo de Garantia por Tempo de Serviço (FGTS) passam a ser remunerados pela taxa aplicável à remuneração básica dos depósitos de poupança com data de aniversário no dia 1º, observada a periodicidade mensal para remuneração.

9. INAPTIDÃO DA TR PARA REALIZAÇÃO DA CORREÇÃO MONETÁRIA

Ao se examinar o perfil da TR, o que ela representa e como é apurada, facilmente se observa que esse índice não se presta a cumprir o desiderato constitucional de conferir correção monetária aos depósitos do FGTS.

Estabelece o art. 1º da Lei 8.177/91 que "o Banco Central do Brasil divulgará Taxa Referencial (TR), calculada a partir da remuneração mensal média líquida de impostos, dos depósitos a prazo fixo captados nos bancos comerciais, bancos de investimentos, bancos múltiplos com carteira comercial ou de investimentos, caixas econômicas, ou dos títulos públicos federais, estaduais e municipais, de acordo com metodologia a ser aprovada pelo Conselho Monetário Nacional, no prazo de sessenta dias, e enviada ao conhecimento do Senado Federal", dispondo ainda, o parágrafo terceiro desse dispositivo, que "enquanto não aprovada a metodologia de cálculo de que trata este artigo, o Banco Central do Brasil fixará a TR".

Ora, a toda evidência, um índice calculado "a partir da remuneração mensal média líquida de impostos, dos depósitos a prazo fixo captados nos bancos comerciais, bancos de investimentos, bancos múltiplos com carteira comercial ou de investimentos, caixas econômicas, ou dos títulos públicos federais, estaduais e municipais, de acordo com metodologia a ser aprovada pelo Conselho Monetário Nacional" nada tem a ver com a recomposição da inflação.

Não bastasse, todos nós assistimos ao rearranjo da TR, patrocinado pelo BACEN e pela CVM, para permitir nova sistemática de remuneração da caderneta de poupança à vista da gradual redução da taxa básica de juros (Selic) que vinha sendo empreendida até há pouco tempo.

Mas mesmo que isso não tivesse ocorrido, a TR, ainda que sem essa manipulação, jamais revestia a vocação de indicador da inflação apurada. Não se revelava, portanto, índice apto a realizar a desejada (constitucionalmente desejada) correção monetária dos depósitos do FGTS, situação que ficou evidente a partir de janeiro de 1999, quando o BACEN, com o nobre objetivo de não perpetuar a inflação, a passou a calcular a TR exatamente de molde a não refleti-la (a inflação).

Ocorre que no exato momento em que a TR deixou de refletir a inflação, por óbvio que esse índice perdeu, de modo inexorável, a aptidão de realizar a correção monetária – que, como vimos, consiste exatamente em recompor a expressão da moeda para neutralizar os efeitos da inflação.

10. INCONSTITUCIONALIDADE DA UTILIZAÇÃO DA TR COMO ÍNDICE DE ATUALIZAÇÃO DOS DEPÓSITOS DO FGTS

Como vimos, o índice indicado pela norma legal (TR) revela-se imprestável, por completa inaptidão, ao fim constitucionalmente desejado. Impõe-se, pois, que esse índice seja, inexoravelmente, desprezado e substituído por outro que se preste à finalidade pretendida, qual seja, no caso – repito – a de realizar a correção monetária dos depósitos do FGTS.

Nesse passo, reconheço, a solução da questão abordada poderia restar inviabilizada ao Poder Judiciário se este não dispusesse de índice oficial capaz de realizar a vontade idealizada e expressa na Constituição (que recepcionou, repito, o FGTS corrigível monetariamente). Ainda que vivenciemos época de ativismo, tenho que o Judiciário iria muito além de sua tarefa controladora se se aventurasse a criar e a aplicar índices a seu alvedrio.

Porém, no caso da correção dos depósitos do FGTS, a solução se apresenta factível porque o próprio Estado, através de uma de suas mais respeitáveis fundações, o IBGE,[11] apura e disponibiliza índice capaz de cumprir a imposição da Carta Magna.

Vale dizer, o Poder Judiciário – que não poderia criar/aplicar indicadores a seu alvedrio, insisto – dispõe de índices que, sendo oficiais, prestam-se a realizar exatamente aquilo que a Carta Magna pretende: a correção monetária dos depósitos do FGTS. Isso porque o próprio Estado calcula e disponibiliza índices que expressam a inflação verificada na economia. Logo, o próprio Estado apura e fornece os parâmetros capazes de realizar a correção monetária.

---

11. O IBGE é uma entidade da administração pública federal, constituído na forma de fundação pública pelo Decreto-lei n. 161, de 13 de fevereiro de 1967.

No caso, tenho que esse índice é o INPC – Índice Nacional de Preços ao Consumidor calculado pelo IBGE.

Conforme esclarece o próprio IBGE em seu sítio eletrônico na rede mundial de computadores (INTERNET), "o INPC/IBGE foi criado inicialmente com o objetivo de orientar os reajustes de salários dos trabalhadores".

Vale dizer, o INPC é um índice que se presta, exatamente, a orientar os reajustes da massa salarial e de benefícios previdenciários para preservar-lhes o valor aquisitivo. Nada tem a ver, portanto, com ganho real (ou aumento real), cuja obtenção demanda negociação entre as diversas categorias profissionais e os seus empregadores. Isso, contudo (aumento real, que vai além do INPC), não se confundem com o índice de reposição salarial – ou de correção monetária dos salários – o mesmo índice a ser aplicado para obtenção da correção monetária do FGTS.

A esse propósito, colhe-se do referido sítio eletrônico a seguinte explicação:

> O Sistema Nacional de Preços ao Consumidor – SNIPC efetua a produção contínua e sistemática de índices de preços ao consumidor tendo como unidade de coleta estabelecimentos comerciais e de prestação de serviços, concessionária de serviços públicos e domicílios (para levantamento de aluguel e condomínio). A população-objetivo do INPC abrange as famílias com rendimentos mensais compreendidos entre 1 (hum) e 5 (cinco) salários-mínimos (aproximadamente 50% das famílias brasileiras), cujo chefe é assalariado em sua ocupação principal e residente nas áreas urbanas das regiões, qualquer que seja a fonte de rendimentos, e demais residentes nas áreas urbanas das regiões metropolitanas abrangidas.

Aliás, em cumprimento ao que dispõe a Lei 12.382, de 25 de fevereiro de 2011, é exatamente esse índice – o INPC – que vem sendo utilizado para a recomposição do salário mínimo, conforme o estabelece no parágrafo primeiro de seu art. 2º que "os reajustes para a preservação do poder aquisitivo do salário mínimo corresponderão à variação do Índice Nacional de Preços ao Consumidor – INPC, calculado e divulgado pela Fundação Instituto Brasileiro de Geografia e Estatística – IBGE, acumulada nos doze meses anteriores ao mês do reajuste".

Dúvida, portanto, não resta de que sendo o INPC o índice que realiza a "correção monetária" dos salários e dos benefícios previdenciários, salvando-os dos efeitos deletérios da inflação, também deve ser o índice praticado para a mesma finalidade relativamente aos depósitos do FGTS.

Dessa sorte, é o INPC que deve ser aplicado para obtenção da correção monetária dos depósitos do FGTS.

11. ARGUMENTOS METAJURÍDICOS APRESENTADOS PARA MANUTENÇÃO DA TR COMO ÍNDICE A SER APLICADO AOS DEPÓSITOS DO FGTS

Ao sustentar a manutenção da TR como índice de "correção" (as aspas cabem porque de correção monetária não se trata) a instituição legalmente indicada como Agente Operador do FGTS costuma agregar argumentos meta-jurídicos tais como o de que "a desvinculação da correção monetária dos índices de preços visa ao combate da chamada 'inflação inercial'", ou que "escolhido o índice pelo legislador, não pode ele ser substituído *contra legem* (pelo Poder Judiciário)". Tais argumentos, contudo, além de falaciosos, são superficiais.

Isso porque, em primeiro lugar, não cabe ao Poder Público, por mais nobre que seja sua intenção, ao realizar políticas públicas, deixar de cumprir normas constitucionais. Não pode pretender que "primeiro o bolo cresça" – como se ouvia outrora – para depois distribuí-lo, quando a erradicação da pobreza, por exemplo, é imperativo constitucional. Portanto, desindexar a economia para combater a inflação inercial não dispensa a correção monetária dos depósitos do FGTS.

Em segundo lugar, não se trata de substituição do legislador pelo Judiciário. Afigura-se o controle de constitucionalidade conferida a este pela Carta Magna.

Em terceiro e último lugar, também não se trata de deixar de lado um índice escolhido pelo legislador, que tinha a incumbência de determiná-lo, para adoção de outro, "contra legem". É que uma vez constatada a presença de mácula de constitucionalidade na lei, seu afastamento é medida inexorável, porque intolerável sua subsistência em desarmonia com o texto maior. Ao Judiciário, no mister de controle da constitucionalidade, cabe o dever de extirpá-la do ordenamento.

É o que entendo deva ocorrer com o comando legal que determina a aplicação da TR como índice de atualização dos depósitos do FGTS.

CONCLUSÃO

De arremate, verifica-se que o FGTS é um direito social garantido pela Carta de 1988, que o acolheu como um patrimônio do trabalhador que deve ser bem administrado pelo Poder Público, empregado em habitação popular, obras de saneamento básico e de infraestrutura e com retorno tal que assegure a correção monetária dos depósitos, expressão esta que significa a recomposição do valor de compra dos valores depositados, papel que há muito não vem sendo cumprido pela TR, cujo índice deve ser, por isso mesmo, desprezado e substituído por outro que, calculado por órgão do próprio estado para refletir a inflação, tenha a aptidão de cumprir o desiderato constitucional. Esse índice é o INPC.

A RAZOÁVEL DURAÇÃO DO PROCESSO E A INFORMATIZAÇÃO DO PROCESSO JUDICIAL

Marisa Claudia Gonçalves Cucio[1]

Índice: 1. Introdução. 2. A reforma do Poder Judiciário. 3. A garantia da razoável duração do processo. 4. Evolução normativa do processo eletrônico na esfera da jurisdição federal comum. 5. Conclusões.

Resumo

O presente trabalho tem por objetivo demonstrar como a informatização do processo judicial poderá servir de importante ferramenta para a realização da garantia constitucional da razoável duração do processo, buscando uma análise deste comando incluído no rol dos direitos e garantias individuais e a evolução normativa do processo eletrônico no âmbito da Justiça Federal comum.

---

[1]. Juíza Federal da 3ª Região. Mestre em Direito das Relações Sociais e Doutoranda pela Pontifícia Universidade Católica de São Paulo.

1. Introdução

A função jurisdicional, cuja principal finalidade é a composição de conflitos litigiosos, foi abarcada entre as atribuições de Estado na grande maioria das nações. No Brasil, a escolha do constituinte não foi diferente e o Estado abarcou para si a obrigação de pacificação social no sentido de compor os conflitos litigiosos, dentro de seu campo de competências, atribuindo, na divisão de poderes, a função jurisdicional ao Poder Judiciário.

Através dos seus órgãos, o Poder Judiciário se dedica, primordialmente, a compor conflitos de interesses de pessoas físicas ou jurídicas, de direito público ou privado, nacionais ou estrangeiras, buscando a solução de cada caso concreto, dentro do que se chama de jurisdição.[2] Para obter a norma individual e concreta representada por uma decisão judicial, a jurisdição se realiza por meio de um processo judicial, o qual é regulado por lei, a qual estabelece prazos, procedimentos, realização de atos, até que seja feita a entrega efetiva do provimento judicial almejado.

A despeito da possibilidade de utilização de outros meios para a solução de conflitos previstos em lei, tais como a arbitragem, mediação e conciliação, e, conseqüentemente, alcançar por outros caminhos a tão desejada pacificação social, a verdade é que a maioria dos casos de conflitos de interesses é entregue ao Poder Judiciário e o reconhecimento somente se realiza mediante a entrega da decisão judicial transitada em julgado, cuja execução muitas vezes é prejudicada.

Na teoria, o processo judicial, com todas as suas garantias constitucionais, deve uma resposta àquele que submete sua causa. No entanto, no final do século XX, houve uma grande

---

2. SILVA, José Afonso. *Curso de Direito Constitucional Positivo*. 18ª ed. Malheiros, 2000, p. 553.

manifestação de litigiosidade na sociedade deflagrada pela promulgação da Constituição de 1988, que trouxe no seu âmbito o reconhecimento em nível constitucional de direitos civis e sociais. Outro aspecto para a explosão litigiosa foi decorrente da própria evolução das relações sociais que hoje compõe uma sociedade de massa, com revolução dos costumes sociais e culturais, com novas estruturas familiares, relações de consumo, globalização da economia, desenvolvimento das redes sociais, entre outros. Esta nova sociedade, ciente dos seus direitos e protagonista de milhares de relações jurídicas estabelecidas no campo do mundo real e virtual, busca, o reconhecimento de seus direitos nos órgãos do Poder Judiciário, mas não encontra uma resposta rápida e eficiente.[3]

Para a solução estatal dos conflitos, o acesso à justiça instaura o processo judicial que se desencadeia em um conjunto de atos sucessivos e burocráticos, até a conclusão final do processo, com o cumprimento da obrigação estipulada no título executivo. A sociedade anseia por uma solução rápida, não necessariamente instantânea, mas decididamente efetiva.

A realidade é que os órgãos do Poder Judiciário adentraram o século XXI sem o devido aparelhamento tecnológico, recursos humanos e financeiros aptos para dar uma resposta condizente com a evolução e velocidade em que relações sociais são vividas atualmente.

Interessante consignar as palavras de ALEXANDRE CUNHA, que afirma que:

> O Estado-Juiz, ao assumir o monopólio da jurisdição, tem por poder-dever produzir decisões que dirimam os conflitos intersubjetivos. Porém, não lhe cabe produzir qualquer decisão, senão aquela que solucione, de forma justa, as lides

---

3. MANCUSO, Rodolfo de Camargo, *Acesso à Justiça: condicionantes legítimas e ilegítimas*. São Paulo: Revista dos Tribunais, 2012.

postas ao seu crivo. Em suma, o que se pretende reafirmar é a necessidade de aperfeiçoamento do sistema processual, dotando-lhe de mecanismos inibitórios da sobrevida desnecessária das demandas judiciais. Porém, objetiva-se igualmente trazer à reflexão como isso está se produzindo entre nós, de modo a minimizar os efeitos deletérios que o bom mote, que indubitavelmente é o da celeridade, quando e se usado para servir a objetivos menos claros e nobres, desvirtue a própria razão de ser do sistema estatal de solução de conflitos, deixando o tema da justiça relegado ao papel de coadjuvante.[4]

Assim, pode-se afirmar com toda a certeza que a principal crítica, não a única evidentemente, que se dirige ao Poder Judiciário diz respeito à demora ou morosidade da entrega da prestação jurisdicional. A morosidade é o principal problema apontado pela jurisdicionados, que passaram a exigir do Estado uma solução a fim de garantir que as lides não se perpetuem como um entrave ao exercício de um direito, de modo que a busca de alternativas para a agilização do trâmite processual tem sido uma constante preocupação dos envolvidos no processo judicial, em todos os níveis, dentro e fora da estrutura do Poder Judiciário, tais como os órgãos de classe da advocacia, dos cientistas do direito, no sentido de desenvolver mecanismos de gestão que culmine com a garantia constitucional da razoável duração do processo.

Nesta busca, parece consenso que um dos caminhos para a redução do tempo no trâmite do processo judicial passa pela informatização, deixando os autos de existir em meio físico papel para ser concebido dentro dos sistemas eletrônicos, permitindo uma série de práticas de atos procedimentos processados para cumprimento de fases meramente burocráticas, mas que consomem uma enormidade de energia e tempo dos serventuários da justiça. Nesse sentido, citamos, como exemplos

---

4. CUNHA, Alexandre T. *A duração razoável do processo, a celeridade e a relação que tem com a Justiça.*

a juntadas de documentos (os mais variados possíveis, de petições a avisos de recebimento emitidos pelos correios e telégrafos), contagem de prazos, carga de autos, remessas para órgãos, transporte em veículos, colocação e retirada dos autos em prateleiras para vista em balcão.

A crise do Poder Judiciário, permeada primordialmente pela demora da prestação judicial, desencadeou a reforma em âmbito constitucional. FREDERICO AUGUSTO LEOPOLDINO KOEHLER explica que, por ocasião da assinatura do pacto de Estado em favor de um judiciário mais rápido, ficou evidente que *"poucos problemas nacionais possuem tanto consenso no tocante aos diagnósticos quanto a questão judiciária. A morosidade dos processos judiciais e a baixa eficácia de suas decisões retardam o desenvolvimento nacional, desestimulam investimentos, propiciam a inadimplência, geram impunidade e solapam a crença dos cidadãos no regime democrático."*[5] Prossegue o autor afirmando que a imagem negativa que o jurisdicionado tem em relação ao Poder Judiciário é especialmente influenciada pela morosidade do trâmite processual, desencadeando uma sensível perda de confiança que o cidadão deposita na justiça. A demora ou morosidade social traz seus nefastos impactos em prejuízo daqueles que não podem aguardar porque não tem condições econômicas e sociais. O problema, então não se localiza propriamente no acesso à justiça[6], mas sim na morosidade do desenrolar do processo, na sua conclusão com a entrega da efetiva prestação jurisdicional.

É evidente que a morosidade do processo judicial não é o único problema que enfrenta o Poder Judiciário, mas neste trabalho nos ateremos tão somente a este aspecto, confrontando e buscando na informatização do processo um dos aspectos para a contribuir para a celeridade processual.

---

5. *A razoável duração do processo*, 2ª ed. ver. atual. amp. Ed. JusPodivm, p. 24.
6. Ibidem, p. 25.

2. A reforma do Poder Judiciário

As respostas às críticas e anseios sociais se traduziram na promulgação da Emenda Constitucional n. 45, de 30 de dezembro de 2004, que introduziu importantes alterações na estrutura do Poder Judiciário, ficando conhecida como a emenda da Reforma.

A mencionada emenda criou novos órgãos que passaram a integrar o Poder Judiciário brasileiro, como o Conselho Nacional de Justiça e alterou competências dos órgãos jurisdicionais já existentes, além de introduzir, no nível constitucional, outros deveres e direitos dos membros da magistratura. Os impactos sofridos não se sentiram tão somente no capítulo destinado à organização do Poder Judiciário, seus órgãos, competências e deveres dos seus membros, mas principalmente, na esfera dos direitos e garantias individuais, com a inclusão no rol do art. 5º da Constituição Federal, do comando que assegura a todos, no âmbito judicial e administrativo, a razoável duração do processo e os meios para garantir a celeridade da sua tramitação.

Vê-se que o combate à morosidade foi erigido à categoria de direitos e garantias protegidos constitucionalmente, como cláusula pétrea, passando assim a ser um comando a ser seguido não só pelo Poder Judiciário, mas também pelo Poder Executivo. Com tal alargamento do rol do artigo 5º, incluindo naquele capítulo destinado às categorias de direitos e garantias individuais, o antigo e principal questionamento contra os órgãos do Poder Judiciário pelos seus jurisdicionados, qual seja, a demora na prestação jurisdicional para a resposta do Poder Judiciário a pacificação social, passa a ser passível de exigência, uma vez que o destinatário da garantia constitucional é o administrador público.

O legislador constitucional derivado consciente do problema que aflige aqueles que são partes em processo judicial ou administrativo, inseriu no capítulo das garantias individuais, listadas no capítulo 5º da Constituição Federal de 5 de outubro de 1988, o inciso LXXVIII, para inserir a garantia a todos, no âmbito judicial e administrativo, são assegurados a razoável duração do processo e os meios que garantam a celeridade de sua tramitação. Com esse destaque, a duração razoável do processo passa a ser um direito fundamental, assumindo posição de destaque na ordem jurídica.

É importante ressaltar que o fato do comando da razoável duração do processo ter sido incluído no rol das garantias individuais somente com a edição da Emenda Constitucional n. 45, não implica dizer que essa diretriz não estava prevista no arcabouço jurídico de proteção individual. A doutrina pátria é uníssona em afirmar que o princípio da razoável duração do processo já havia sido introduzido no ordenamento jurídico brasileiro pela Convenção Americana sobre Direitos Humanos (Pacto de São Jose da Costa Rica), internalizada por meio do Decreto n. 6781998, (que assegurou a) o direito, no processo penal, ao julgamento em um prazo razoável por um órgão judicial competente, independente, imparcial e previamente criado por lei (art. 8º I). Portanto, desde 9 de novembro de 1992, a razoável duração do processo tem *status* constitucional, com fundamento no art. 5º, parágrafo 2º da Constituição Federal que preconiza que os direitos e garantias expressos nesta constituição não excluem os decorrentes do regime e dos princípios por ela adotados ou dos tratados internacionais em que a Republica Federativa do Brasil seja parte.[7]

Por outro lado, temos que o comando da duração razoável também foi previsto no Pacto Internacional sobre Direitos Civis e Políticos da ONU, integrado ao ordenamento jurídico brasileiro em 7 de julho de 1992 (Decreto 592/1992) garantindo em seu Art. 14 o direito a um julgamento sem dilações indevidas no

---

7. CARDOSO, ob. cit., p. 102.

processo penal. A Convenção Europeia dos Direitos Humanos (Convenção sobre a Proteção dos Direitos Humanos do Homem e das Liberdades Fundamentais), de 1950, insere o julgamento do processo em um prazo razoável dentro do conteúdo mínimo do direito ao processo equitativo, previsto no art. 61. De modo similar, o art. 47 da Carta de Direitos Fundamentais da União Europeia, de 2000, garante o direito ao julgamento em um prazo razoável. [8]

Da leitura acima podemos destacar que a preocupação com a morosidade do processo não é apenas uma questão nacional, sendo que os instrumentos de defesa dos direitos humanos suso citados trazem esta preocupação, em especial, no âmbito do processo criminal de que os acusados sejam julgados no menor espaço de tempo possível, garantindo um julgamento em tempo razoável e necessário para a defesa.

3. A garantia da razoável duração do processo

Antes de prosseguirmos, importante destacar a questão dos princípios no ordenamento jurídico. Ao integrar o rol das garantias individuais, pode-se concluir que a razoável duração do processo se eleva à condição de princípio constitucional.

Mas qual será o significado e alcance dos "princípios" no ordenamento jurídico. Nas palavras de JOSÉ AFONSO DA SILVA *os princípios são ordenações que se irradiam e emantam os sistemas de normas*, citando Gomes Canotilho e Vital Moreira, completa que *os princípios constituem núcleo de condensações, nos quais confluem valores e bens constitucionais*. Para os mesmos autores citados por Silva, *os princípios começam por ser a base de normas jurídicas, podem estar positivamente incorporados, transformando-se em normas-princípio e constituindo preceitos básicos da organização constitucional*. E prossegue

---

8. Ibidem, p. 102.

o autor: "*Há no entanto, quem concebe regras e princípios como espécies de normas, de modo que a distinção entre as regras e princípios constitui numa distinção entre duas espécies de normas, A compreensão dessa doutrina exige conceituação precisa de normas e regras, inclusive para estabelecer a distinção entre ambas, o que os expositores da doutrina têm feito, deixando assim obscuro seus ensinamento*".[9]

NELSON NERY JÚNIOR, ao redigir o capítulo introdutório de sua obra *Princípios do Processo na Constituição Federal*, após apresentar um breve panorama sobre as recentes teorias e seus autores que tratam do tema relacionados com a distinção entre princípios e normas jurídicas conclui que não há uniformidade no entendimento a respeito dos de normas, princípios, regra direito e garantia. Interessante que aponta que a maior dificuldade da doutrina moderna de tratar o assunto seja o fato de misturar as teorias que utilizam "critérios e parâmetros distintos uns dos outros. Por esse motivo, é que o autor processualista expressamente deixa de adotar uma corrente de pensamento acerca do conceito de princípio, porque entende que todas as doutrinas que procuram explicar e distinguir o conceito e as diferença tem méritos e falhas na construção das doutrinas. E diante da grande polêmica que envolve o tema, decide que"*a eleição dos princípios do processo na Constituição Federal, constante de nossa exposição deve-se a seu caráter didático para o aprendizado do direito processual, motivo pelo qual, conseqüentemente, o conceito de princípio que foi adotado por nós é fundado na dogmática corrente do mesmo direito processual.*" [10]

Considerando que o presente estudo não se propõe a comparar as diversas linhas filosóficas que procuram esmiuçar

---

9. *Curso de Direito Constitucional Positivo*. 18ª ed. Malheiros Editora, 2000, p. 96.
10. NERY JR., Nelson. *Princípios do Processo na Constituição Federal*.10ª. ed. revista e atual. Revista dos Tribunais, 2010.

o conteúdo e alcance dos princípios na Ciência Jurídica, não vamos nos ater em estabelecer um debate, contudo, já se averigua que o tema é bem tormentoso, e poucos se propuseram a buscar uma definição para o tema.

Neste momento, é fundamental trazer os ensinamentos de **PAULO DE BARROS CARVALHO**. Este doutrinador de escol, dedicado inicialmente aos estudos do direito tributário, tem contribuído muito para o desenvolvimento da teoria geral do direito, especialmente, porque exige a necessidade de consistência do saber jurídico coerente com o modelo filosófico eleito pelo cientista, mesmo porque afirma que não há proposições científicas desprovidas de críticas, que se sustentam sem um regime de interação com a concepção do pensamento humano. Assim afirma que o progresso da pesquisa científica depende do apoio da filosofia, de modo que há anos se propõe a estudar e propagar o movimento conhecido como giro-linguístico, e posteriormente o construtivismo lógico-semântico, buscando uma metodologia alicerçada na preocupação com a linguagem jurídica normativa e a dimensão lógico-semântica do texto prescritivo, com analise rigoroso de inteireza conceitual, como unidade mínima irredutível da mensagem deôntica portadora de sentido completo.[11]

AURORA TOMAZINI DE CARVALHO explica que o giro-linguístico é o resultado de uma mudança da concepção filosófica, que alterou o foco da investigação científica, de modo que a "filosofia da linguagem" substituiu a "filosofia da consciência".[12] Por essa nova concepção filosófica, a linguagem passa a ser a condição para a constituição do próprio conhecimento. Citando **DARDO SCAVINO**, a autora explica que a linguagem não mais se situa entre o sujeito e a realidade, mas se torna um *"léxico capaz de criar tanto o sujeito como a realidade."*[13]

---

11. *Direito Tributário Linguagem e método*. 5ª ed. Noeses, 2013, p. 6.
12. *Curso de Teoria Geral do Direito. O construtivismo lógico-semântico.* 3ª ed. Noeses, 2013.
13. Ibidem, p. 15.

Neste contexto, esclarece que o mundo real não é dependente da linguagem, mas tudo que nele está encontra pode ser expresso nas organizações lingüísticas, sendo o homem o pólo central da construção da realidade jurídica ou não jurídica elaborada a partir do contexto físico material. O Estudo do Direito analisa o próprio conhecimento, observando-o e redigindo proposições. A linguagem não sobrevive sem o conhecimento das estruturas de consciências e dos objetos e das estruturas lógico-abstratas.

É importante buscar a conceituação de princípio por esta nova concepção filosófica, que se aprofunda na lógica, parte da Filosofia que trata do conhecimento, exteriorizado pelas figuras do termo, da proposição e do argumento e embasa a perquirição científica, a fim de que, sob este novo aspecto, possamos extrair o significado da expressão "razoável duração do processo", que foi inserida pelo legislador constituinte derivado no capítulo das garantias individuais.

Retomando a questão dos princípios no ordenamento jurídico, vamos buscar nas lições de Paulo de Barros Carvalho, o conceito de "princípio" para o Direito. Para o autor, *"o vocábulo 'princípio' porta, em si, uma infinidade de acepções, que podem variar segundo os valores da sociedade num dado intervalo de sua história. No direito, ele nada mais é do que uma linguagem que traduz para o mundo jurídico – prescritivo, não o real, mas o ponto de vista sobre o real, caracterizado segundo os padrões de calores daquele que o interpreta".*[14]

Para que se construa uma definição de "princípio" para o ordenamento jurídico, sob o ponto de vista do constructivismo lógico-semântico, será necessário considerar o conjunto em que ele é tomado retirando o significado do texto (princípio) dentro do contexto. Partiremos então para a análise, seguindo as instruções do mestre tributarista, que sugere *"o estudo do*

---

14. *Direito Tributário, Linguagem e Método*. 5ª ed. Noeses, 2013, p. 159.

direito, sob o ponto de vista dogmático, a partir das estruturas normativas existentes aqui e agora, que se projetam sobre a realidade social para ordená-la, no que tange às relações interpessoais que nela se estabelecem, canalizando o fluxo das condutas em direção a certos valores que a sociedade quer implantados", a fim de verificar em qual contexto se insere a expressão "razoável duração do processo".

Inicialmente, pode-se afirmar que o *fenômeno jurídico* é complexo, recebendo influências de diversas áreas, resultando em um processo de grande interação. Descarta-se assim, a análise ontológica do direito, passando à análise da sua linguagem dos, sem deixar de considerar que, *"onde houver regulação jurídica haverá, inexoravelmente, proposições normativas que, escritas ou não escritas, hão de manifestar-se em linguagem"*. [15]

O resultado deste isolamento será a identificação de que o ordenamento jurídico é um objeto uniforme (somente normas jurídicas), composto na mesma organização sintática, de forma que, para a dogmática jurídica, o *"direito positivo é um conjunto finito, mas indeterminado de normas jurídicas, nas quais atos jurídicos e relações jurídicas"*, e prossegue, *"associadas por um ato de vontade de quem pôs as regras no sistema"*. [16]

Então, sob o ponto de vista da ciência jurídica, não há importância o aspecto psicológico do ato que impulsiona o legislador, porque este não é o objeto do estudo da Ciência do Direito, mas tão somente, as *estruturas normativas existentes, que se projetam sobre a realidade social para ordenação*. Neste aspecto, a doutrina positivista destaca a importância da contribuição de HANS KELSEN, considerada por PAULO DE BARROS CARVALHO, como *singela porém genial:* "a norma fundamental", não posta, mas pressuposta", fechando o sistema.

---

15. Ibidem, p. 260.
16. Ibidem, p. 260.

Desta simples análise do que se expôs, poderíamos concluir que, para o direito positivo, formado unicamente de normas jurídicas, não existe a possibilidade de existir entidades distintas, chamados no caso de "princípios". E, então, qual seria a configuração lógica que assumiriam estes comandos, que introduzem valores relevantes para o sistema, com importante orientação à ordem jurídica.[17]

Para esta resposta, retomamos a perquirição e verificamos que esta não é a posição de PAULO DE BARROS CARVALHO sobre o tema, que reconhece *que a significação carregada de grande força enaltece o caráter axiológico da palavra "princípio"*. Pressupondo que o legislador ao editar uma norma o faz pressupondo um ato de valoração, depositando uma carga axiológica, destarte, precisamos de outro corte metodológico para se chegar ao primado que alicerça o sistema jurídico.[18]

Parte-se assim, da afirmação que os princípios jurídicos estão em todos os setores da investigação do direito e são fortemente carregados de valor. Porém, em algumas situações, os enunciados apontam diretrizes que fixam importantes critérios objetivos.

Novamente partimos do ser humano, com sua capacidade criar através da linguagem que domina, na conformidade de seus interesses e de suas necessidades atribuindo valores em consonância à sociedade em que vive, num determinado espaço de tempo, e nos encontramos com uma a sociedade ávida por uma resposta rápida e eficiente do Poder Judiciário, exigindo que a garantia de que este poder deve entregar celeremente uma resposta aos pleitos que lhes são entregues, seja incluída no texto constitucional.

Obviamente que tal princípio é posto em termos vagos e excessivamente genéricos e, caberá ao intérprete do texto

---

17. Ibidem, p. 261.
18. Ibidem, p. 259.

prescritivo alcançar o sentido e desvendar o alcance das palavras do enunciado.

PAULO DE BARROS CARVALHO insiste que:

> Princípio é a palavra que freqüenta com intensidade o discurso filosófico, expressando o "início", o "ponto de origem", o "ponto de partida", a "hipótese-limite" escolhida como proposta de trabalho. Exprime também as formas de síntese com que as meditações filosóficas ("ser", "não ser", e "dever ser") além do que tem presença obrigatória ali onde qualquer teoria nutrir pretensões científicas, pois toda ciência repousa em um ou mais axiomas (postulados). Cada "princípio" seja ele um simples termo ou um enunciado mais complexo, é sempre suscetível de expressão em forma proposicional, descritiva ou prescritiva. Agora, o símbolo lingüístico que mais se aproxima desse vocábulo, na ordem das significações é "lei.[19]

Explica ainda que toda prescrição normativa, em razão da própria natureza cultural do direito, tem, em si, um conteúdo valorativo, e a intensidade pode ser maior ou menor, de acordo com a capacidade de influenciar as diretrizes do ordenamento jurídico, tornando-se verdadeiros vetores. Então, a estes chamados princípios, podemos atribuir quatro usos: *a) de norma jurídica de posição privilegiada e portadora de valor expressivo; b) como norma jurídica de posição privilegiada que estipula limites objetivos; c) como os valores inseridos em regras jurídicas de posição privilegiada, mas considerado independentemente das estruturas normativas; e d) como limite objetivo estipulado em regra de forte hierarquia, tomado, porém, sem levar em conta a estrutura da norma. Nos dois primeiros, temos princípio como norma, nos dois últimos, princípio como valor.*[20]

A partir desta digressão, podemos antever que a expressão que expressa como um valor, inserto em regra jurídica de

---

19. Ibidem, p. 265.
20. Ibidem, p. 266.

posição privilegiada, mas considerado independentemente das estruturas normativas.

Conceituado o princípio, passamos agora a buscar o seu alcance. Erigido a categoria de princípio, porque constitui um valor, o constituinte reconheceu um direito subjetivo a todos de ter um processo célere, com duração razoável. Constitui-se, então, um valor a ser perseguido pelos órgãos estatais para que adotem medidas destubadas a realizar a finalidade imposta pelo valor. Para CARDOSO:

> A introdução desta garantia constitucional obriga e instiga a busca de mecanismos que permitam a implementação de redução do tempo de tramitação processual, sem que se descuide das demais garantias diretamente relacionadas aos processos judiciais e administrativos, tais como: o devido processo legal; o juiz natural; o contraditório e ampla defesa; a inafastabilidade da jurisdição; entre outros, que se conformam com os princípios próprios do processo como o direito de ação, de inércia judicante, da imparcialidade do juiz, da igualdade de tratamento das partes, da lealdade processual, da instrumentalidade das formas e economia processual, da publicidade, da fundamentação das decisões e do duplo grau de jurisdição.[21]
>
> Este princípio procura então afastar a concretização da ideia de que justiça lenta é justiça negada (*justice delayed is justice denied*), ou da famosa frase de Rui Barbosa na Oração aos Moços (mas a justiça atrasada não é justiça, senão injustiça qualificada e manifesta). Por essa razão, Jose Rogerio Cruz e Tucci menciona a existência de um tempo justo do processo.[22]

Por outro lado, exprime a ideia da garantia de um processo sem dilações indevidas, da prestação da tutela jurisdicional, em um lapso temporal razoável e útil, no sentido de que solucionar o conflito, resolvendo a controvérsia.

---

21. CARDOSO, Oscar Valente. "Direitos Fundamentais do Processo". *Revista Dialética de Direito Processual*, p. 109.
22. Ibidem, p. 111.

A duração razoável do processo deve ser avaliada em cada caso, a partir de determinados elementos prévios: a) a complexidade da causa; b) o comportamento das partes; c) o comportamento dos julgadores e do legislador; e d) a relevância do direito pretendido. Assim, conclui-se que nem todos os processos deverão ter o mesmo tempo de duração, caso a caso, dependendo das características da causa e dos agentes envolvidos, um processo poderá ter um trâmite em tempos distintos, sem que isso maior que o

Aliado ao princípio da razoável duração do processo, mas diferente dele, encontra-se o princípio da celeridade. A celeridade implica na maior agilidade da prestação jurisdicional associando-se a simplicidade, informalidade e concentração de atos processuais. A celeridade tem por objetivo realizar o maior resultado possível com o mínimo de atividade jurisdicional.

É importante destacar que a informatização do processo judicial não busca reduzir o trâmite processual com vista à celeridade, na busca de concentrar atos ou torná-los mais simplificado. Pode-se até ser este o resultado alcançado, mas sem prejuízo do devido processo legal, quando a formalidade e a não simplicidade assim o exigem.

É possível identificar um ponto comum entre a celeridade e a razoável duração, porém ambas não se confundem. A despeito de considerar que estes dois comandos dizem respeito ao procedimento e ao seu tempo de duração, mas são institutos que não se confundem.

É importante que se destaque que o primado da razoável duração do processo não é atingida apenas por meio da prática acelerada ou da redução de atos processuais, mas sim, de forma ampla, com a otimização do prazo de conclusão do processo, tanto ate a decisão final, quanto em sua efetivação. Em, outras palavras, o processo tem duração razoável quando atinge seus escopos no tempo necessário para a prestação judicial efetiva, com respeito aos demais direitos fundamentais do processo.[23]

NERY JUNIOR, destaca que:

> O princípio da duração razoável possui dupla função porque, de um lado, respeita ao tempo do processo em sentido estrito e vale dizer, considerando-se a duração que o processo tem desde o seu início até o final, com o trânsito em julgado judicial ou administrativo e, de outro, tem a ver com a adoção de meios alternativos de solução de conflito, de sorte a aliviar a carga de trabalho da justiça ordinária, o que, sem dúvida, viria a contribuir para abreviar a duração média do processo.[24]

Mesmo considerando que o tempo é de vital importância, em especial com a informatização dos meios de comunicação, que o legislador constituinte derivado acolha os anseios dos jurisdicionados, mas "*a busca da celeridade e razoável duração do processo não pode ser feita a esmo, de qualquer jeito, a qualquer preço, desrespeitando outros valores constitucional e processuais caros e indispensáveis ao estado democrático do direito.*"[25] O poder judiciário não pode oferecer uma justiça fulminante, mas deve almejar todos os instrumentos e aparatos para que realize o valor para uma justiça mais célere. Um dos caminhos, inexoravelmente, será a informatização do processo judicial.

4. Evolução normativa do processo eletrônico na esfera da jurisdição federal comum

A fim de dar efetividade à garantia constitucional da razoável duração do processo, foi editada pelo Congresso Nacional,

---

23. NERY JUNIOR, ob. cit., p. 319.
24. Ibidem, p. 319.
25. Ibidem, p. 322.

mediante apresentação do projeto de lei de iniciativa do Conselho Nacional de Justiça, a Lei n. 11.419, de 19 de dezembro de 2006, que regulamentou o Processo Judicial Eletrônico. O novel processo foi previsto com o intuito de modernizar o judiciário brasileiro, permitindo a prática de todos os atos processuais por meio eletrônico, implementando assim os anseios da emenda constitucional e permitindo a persecução da celeridade e razoável duração do processo.

Permitiu-se assim, com a edição deste importante instrumento legislativo que o procedimento judicial tenha as suas fases virtualmente dispostas, adaptando o judiciário à nova realidade informatizada. Esta lei surge em um contexto posterior a promulgação da emenda Constitucional, momento no qual ainda é notória a imensa demanda processual e a ineficácia dos mecanismos utilizados até então para as soluções dos conflitos, em face de longa espera da resposta jurisdicional.

Por isso, torna-se imprescindível a revisão do modo como as operações judiciais são realizadas, sem que se abandonem os princípios constitucionais do contraditório e da ampla defesa, buscando a redução do tempo necessário para se chegar às decisões.

No entanto, não deixamos de registrar que antes mesmo da edição da Lei 11.419/2006, os tribunais tomaram a iniciativa de criar processos judiciais virtualizados. Neste aspecto registramos que, em 2001, quando foram criados os Juizados Especiais Federais, com o advento da Lei n. 10.259/2001, já havia sido permitida a prática dos atos processuais informatizados no microssistema dos Juizados Especiais Federais, sendo a informatização dos Juizados Especiais Federais o primeiro experimento relevante no caminho para a modernização do judiciário federal.

A experiência dos Juizados Especiais Federais possibilitará prever os desafios para a implantação do Processo Judicial eletrônico de forma mais abrangente, antecipando questões ainda não pacificadas no que se refere aos princípios da publicidade e da intimidade, em pauta ainda hoje.

No mesmo ano, com a Lei n. 10.358/2001, a segurança na transmissão de dados e a preservação da identidade dos usuários tomaram um papel central no contexto do judiciário virtual. Embora a segurança fosse uma das prioridades, a maior atenção a ela cedida implicaria na decisão entre a uniformização dos padrões técnicos de cada Tribunal, ou a liberalidade de cada um desenvolver seu próprio sistema de certificação eletrônica, tomando como determinante suas particularidades e modos de operação.

No interregno entre a edição da Lei 10.259 e 11.419, alguns tribunais implementaram processos eletrônicos no âmbito da jurisdição competente, citamos como exemplo de processos judiciais eletrônicos que já operam há alguns anos com bastante aceitação dos jurisdicionados, os que foram instalados pelos Tribunais Regionais Federais da 4ª e 5ª Região.

Com a edição da Resolução 2002, o Conselho da Justiça Federal (CJF) formalizou a adesão da Justiça Federal ao projeto nacional do Sistema Processo Judicial Eletrônico – PJe, sob a coordenação do Conselho Nacional de Justiça – CNJ, consubstanciado no Acordo de Cooperação Técnica n. 73, de 15 de setembro de 2009, firmado pelo Conselho da Justiça Federal – CJF, tribunais regionais federais e o CNJ.

No dia 18 de dezembro de 2013, o Conselho Nacional de Justiça – CNJ, editou a Resolução 185, a qual instituiu o Sistema Processo Judicial Eletrônico (PJe) como sistema de processamento de informações e prática de atos processuais nos órgãos da Poder Judiciário. Em seus 49 artigos, a Resolução institui para todos os órgãos do Poder previstos no art. 92, incisos I-A a VII, da Constituição Federal Processo Judicial Informatizado previsto estabelece os critérios para utilização, acesso, prática de atos, estabelecendo, como principais aspectos, os parâmetros para sua implementação e funcionamento.

O principal objetivo do PJe é a criação de um sistema processual informatizado único para todos os tribunais, estaduais e federais, da jurisdição comum ou especializada. Nesse contexto, a racionalização de recursos humanos e financeiros é a principal meta a ser alcançada, contudo, não deixa de ser uma grandiosa tarefa assumida pelo CNJ, uma vez que não basta vencer tão somente a resistência dos seus usuários, internos e externos, mas também toda a gama de diversidade econômica, social, tecnológica existente no Brasil.

A mencionada resolução estabelece, outrossim, a democratização da gestão da implantação do processo eletrônico, determinando às Presidências dos Tribunais a constituição de Comitê Gestor para adotar as providências necessárias à implantação do PJe, estipulando a criação de plano e cronograma a serem previamente submetidos e aprovados pela Presidência do CNJ, após a oitiva do Comitê Gestor Nacional.

Em linhas gerais, dentre os pressupostos para a criação do Sistema Processo Judicial Eletrônico – PJe, estão, além das diretrizes contidas na Lei n. 11.419, de 19 de dezembro de 2006, que dispõe sobre a informatização do processo judicial, os benefícios advindos da substituição da tramitação de autos em meio físico pelo meio eletrônico, como instrumento de celeridade e qualidade da prestação jurisdicional; a racionalização da utilização dos recursos orçamentários pelos órgãos do Poder Judiciário, sem deixar de considerar o compatível o funcionamento do Poder Judiciário aos princípios da proteção ambiental.

No âmbito da Justiça Federal, cumprindo os já estabelecidos compromissos assumidos na Resolução 202/2012, a implantação do Sistema Processo Judicial Eletrônico – PJe no âmbito do Conselho e da Justiça Federal de primeiro e segundo graus, está prevista para respeitar o cronograma previsto na Resolução 185.

Nos termos do art. 34 da mencionada Resolução 185, os Tribunais deverão submeter a criação dos comitês gestor e o cronograma da instalação, ainda no primeiro semestre de 2014, e até o final deste ano, os tribunais deverão implantar o processo eletrônico PJe em 10% dos processos e até 2018, 100% dos processos em trâmite nos tribunais que aderiram, devem tramitar pelo PJe.

O Sistema Processual do PJe tem recebido a adesão de outros tribunais, como do Tribunal Superior Eleitoral, que através da Resolução n. 23.393/2013, de 10 de setembro de 2013, regulamentou o Processo Judicial Eletrônico – PJe na Justiça Eleitoral e a sua implantação.

Sem pretender discutir neste trabalho as vantagens (ou desvantagens) tecnológicas do PJe em relação a outros sistemas processuais eletrônicos já existentes em alguns órgãos do Poder Judiciário, na justiça comum ou especializada, mas tão somente analisar a instituição do PJe como um mecanismo para dar efetividade ao princípio da razoável duração do processo. No entanto, é certo que o CNJ concedeu a oportunidade dos tribunais que já se encontram com a integralidade de seus processos em meio eletrônico, que possam submeter seus pleitos àquele órgão para flexibilizar as regras previstas pelo CNJ.

5. Conclusões

O reconhecimento do direito subjetivo a um processo célere, com duração razoável, é o fundamento para que os órgãos estatais adotem medidas destinadas a realizar este fim. A introdução desta nova garantia constitucional obriga e instiga a busca de mecanismos que permitam a implementação de redução do tempo de tramitação processual, sem que se descuide das demais garantias diretamente relacionadas aos processos judiciais e administrativos, tais como: o devido processo legal; o juiz natural; o contraditório e ampla defesa; a inafastabilidade da jurisdição; entre outros, que se conformam com os princípios próprios do processo como o direito de ação, de inércia judicante, da imparcialidade do juiz, da igualdade de tratamento das partes, da lealdade processual, da instrumentalidade das formas e economia processual, da publicidade, da fundamentação das decisões e do duplo grau de jurisdição.

Neste contexto, a informática surge como uma importante ferramenta para agilização do processo judicial. Em plena era da Internet, na qual os usuários utilizam seus microcomputadores, notebooks, tablets, e até o seu telefone celular para a compra de bens duráveis ou não, para acesso às suas contas bancárias, fazem pagamentos e movimentações financeiras, entregam sua declaração de imposto de renda, não há sentido obrigar a presença física do advogado para tomar conhecimento de uma decisão proferida nos autos. Nessa linha de raciocínio, não é raros encontrarmos na Justica Federal secretarias, varas e tribunais que já se transformaram em unidades totalmente informatizadas, deixando no passado a imagem das serventias, que ainda habitam o imaginário de todos aqueles envolvidos no universo do processo judicial, como uma velha fotografia, na qual os servidores são sufocadas por pilhas de processos, entre carimbos e prateleiras empoeiradas, processos desaparecidos e atividades repetidas. Esta é ainda a realidade em algumas unidades jurisdicionais, mas certamente está com os seus dias contados.

Assim, a implantação de recursos tecnológicos visa a celeridade judicial, para promover a tramitação eletrônica dos processos, não mais de forma linear, mas possibilitando amplo acesso a diversos usuários dos processos simultaneamente, independente de sua fase processual. Tal ferramenta traz importantes impactos especialmente na economia de tempo, uma vez que os acessos remotos autorizam os advogados e partes envolvidos a visualização a todos os processos e suas fases processuais, permite o peticionamento eletrônico, dispensando a presença física destes agentes nos cartórios e secretarias.

Por outro lado, a realização de tarefas como juntadas e movimentações de processos são automatizadas, permitindo que os servidores sejam direcionados para as atividades fins, já que não mais necessitam remeter carrinhos e malotes de processos, evitando perdas e extravio de autos e petições.

Assim, diante dos exemplos acima citados é possível concluir que a economia de tempo não é só aproveitada pelos servidores e magistrados, mas também beneficiar os que desse Poder utilizam, permitindo que os advogados, seus colaboradores e as partes deixem de se locomover até as unidades jurisdicionais para tomar ciência de decisões, receber intimações ou tão somente informem-se sobre o andamento das causas.

Ainda para os advogados, o processo eletrônico permite maior flexibilidade de seu horário de trabalho, o que decorre da extensão do limite de às 24h do dia para a prática dos atos processuais, que poderá ser realizada de qualquer lugar no qual esteja instalado um computador pessoal e um link para acesso a internet, independente da localização física dos autos.

Do outro lado, a realização automatizada pelo sistema processual, permitem que os serventuários da Justiça se ocupem da prática de atos tendentes a agilização do processo judicial, com a prestação mais célere, e um tempo menor. Acrescente-se que o menor fluxo de interessados que se encaminham aos cartórios permite maior disponibilidade de tempo para que se movimentem os processos com o impulso necessário aos processos antigos, os quais poderão ou não ser migrados para o novo sistema. Dessa forma, com a destinação de um número maior de servidores para a atividade fim, seja na pesquisa, ou na prática de atos processuais, é possível a acelerar o fluxo daqueles que estão em trâmite, buscando uma crescente atenção aos que ingressam no procedimento virtual.

Quantos aos juízes e seus auxiliares, será possível, com a implantação das ferramentas corretas do próprio sistema processual, identificar os processos que não receberam movimentações, impedindo que autos sejam esquecidos nos escaninhos.

Há de se mencionar as alterações em relação ao meio-ambiente: quanto ao papel, seu uso será drasticamente reduzido, sendo substituído pelo armazenamento digital dos autos. Além de se prezar pela preservação natural, o fator econômico é lembrado, nesse sentido. Os gastos com papéis apresentam a mesma drástica redução, o que se reflete na diminuição do custo em torno desse sistema. A substituição dos autos físicos para os virtuais, ademais, facilita o manuseio processual.

Dessa forma, o PJe seria responsável pela potencialidade da redução do tempo para se chegar a decisões e, consequentemente, eliminaria a visão errônea que relaciona a morosidade ao Judiciário brasileiro. Ademais, haveria a maior praticidade para o desenrolar do processo, facilitando o acesso dos interessados ao conteúdo, estando esse de melhor forma organizado. Uma vez impulsionada a atrofia dos cartórios e secretarias, aos só caberia lidar com os antigos processos, a força de trabalho remanescente seria direcionada ao seu objetivo fundamental – a celeridade das decisões.

Mas engana-se quem acredita que o Processo Judicial Eletrônico não encontra seus entraves. Em 2007, a Ordem dos Advogados do Brasil se posiciona contra o projeto em curso de implementação do Processo Judicial eletrônico, e propõe a Ação Direta de Inconstitucionalidade em face da lei n. 11.419 de 2006. Essa ADin foi impulsionada pelo aparente desejo do Poder Judiciário de tomar para si a função característica da Ordem dos Advogados do Brasil, qual seja o registro e identificação dos advogados.

Na atualidade, a Ordem dos Advogados do Brasil, embora favorável a implantação do processo eletrônico, ainda se opõe a instalação de processos eletrônicos, atacando a implantação diante da infra-estrutura deficiente da Internet em grande parte dos municípios brasileiros; as dificuldades de acessibilidade; os problemas nos sistemas de processo eletrônico; a necessidade de melhorias na utilização do sistema; e a falta de unificação dos sistemas de processo eletrônico.

Tais problemas representam entraves à implantação do processo eletrônico, ao lado da relutância dos profissionais da área que temem a sua exclusão diante de um mercado competitivo e de uma crescente informatização da sociedade, originando uma nova classe de excluídos do direito que a justiça representa: os "desconectados".

É preciso que temor de criação de um abismo entre o povo e a justiça não impeça a modernização dos procedimentos judiciais. É fato que uma parcela da sociedade não tem acesso à Internet, e esse é apenas uma faceta da desigualdade social que ainda persiste no país. A fim de solucionar esse ponto, destaca-se a promoção da inclusão digital como um dever do Estado, relacionando o não acesso ao mundo *online* com a situação social do indivíduo.

Quanto aos cartórios e secretarias, estas estruturas poderão gradativamente sofrer um atrofiamento, conforme os antigos processos se extinguirem, mas uma política de melhora da prestação jurisdicional poderá ofertar mais unidades judiciárias.

Discute-se também que com a informatização judicial haverá mais suscetibilidade à perda de privacidade das partes envolvidas nos processos judiciais. Com o sistema virtual, o acesso aos processos será demasiadamente facilitado, tornando-se cada vez mais fácil e prático seu manuseio.

A fim de dar efetividade à garantia constitucional inserida no rol do art. 5º da Constituição Federal, foi enviada ao Congresso Nacional, o projeto de lei de iniciativa do Conselho Nacional de Justiça, que originou a Lei n. 11.419, de 19 de dezembro de 2006, que regulamentou o Processo Judicial Eletrônico, previsto com o intuito de modernizar o judiciário brasileiro, permitindo a prática de todos os atos processuais por meio eletrônico, implementando assim os anseios da emenda constitucional e permitindo a persecução da celeridade e razoável duração do processo.

Permite-se assim, com a edição deste importante instrumento legislativo que o procedimento judicial tenha as suas fases virtualmente dispostas, adaptando o judiciário à nova realidade informatizada.

Instituir o Sistema Processo Judicial Eletrônico – PJe como sistema informatizado de processo judicial no âmbito do Poder Judiciário e estabelecer os parâmetros para o seu funcionamento, na forma a seguir:

A proposta surgiu em um contexto posterior a promulgação da emenda Constitucional, momento no qual é notória a imensa demanda processual e a ineficácia dos mecanismos utilizados até então para as soluções dos conflitos, mas, ao revés, impondo a sua perpetuação em face à longa espera da resposta jurisdicional.

Por isso, torna-se imprescindível a revisão do modo como as operações judiciais são realizadas, sem que se abandonem os princípios constitucionais já tratados, buscando a redução do tempo necessário para se chegar às decisões.

No entanto, registramos que em 2001, quando foram criados os Juizados Especiais Federais, com o advento da Lei n.. 10.259/2001, foi autorizada a prática dos atos processuais por meio eletrônico no âmbito dos Juizados Especiais Federais, sendo o primeiro experimento relevante no caminho para a modernização do judiciário federal.

A experiência dos Juizados Especiais Federais possibilitou prever os desafios para a implantação do processo eletrônico de forma mais abrangente, antecipando questões ainda não pacificadas no que se refere aos princípios da publicidade e da intimidade, em pauta ainda hoje.

No mesmo ano, com a Lei n. 10.358/2001, a segurança na transmissão de dados e a preservação da identidade dos usuários tomaram um papel central no contexto do judiciário virtual.

Embora a segurança fosse uma das prioridades, a maior atenção a ela cedida implicaria na decisão entre a uniformização dos padrões técnicos de cada Tribunal, ou a liberalidade de cada um desenvolver seu próprio sistema de certificação eletrônica, tomando como determinante suas particularidades e modos de operação.

BIBLIOGRAFIA

ABRÃO, Carlos Henrique. *Processo Eletrônico (Lei n. 11.419, de 19.12.2006*. São Paulo: Juarez de Oliveira, 2009.

ADORNO JÚNIOR, Helcio Luiz. "Processo judicial eletrônico, acesso à justiça e inclusão digital: os desafios do uso da tecnologia na prestação jurisdicional". In: *Revista de Direito do Trabalho*, v. 39, n. 151, p. 187-206, maio./jun. 2013.

ALMEIDA FILHO, José Carlos de Araújo. *Processo Eletrônico e Teoria Geral do Processo Eletrônico. (A informatização no Brasil)*. Rio de Janeiro: Forense, 2011.

ATHENIENSE, Alexandre. *Processo eletrônico: avanços e entraves do sistema de informatização*. In: Consulex, v. 15, n. 338, p. 32-35, fev. 2011.

BOCHENEK, Antônio César. "A litigiosidade cível e o acesso à justiça federal brasileira". *In: A interação entre tribunais e democracia por meio do acesso aos direitos e à justiça: análise de experiências dos juizados especiais federais cíveis brasileiros*. Brasília: Conselho da Justiça Federal, 2013, p. 243-282.

CAPPELLETTI, Mauro. *"O acesso à justiça como programa de reformas e método de pensamento"*. Traduzido por Hermes Zaneti Júnior. In: *Revista Forense*, v. 104, n. 395, p. 209-224, jan./fev. 2008.

CARVALHO, Aurora Tomazini de. *Curso de Teoria Geral do Direito (O Contructivismo Lógico-Semântico)*. 3ª ed. São Paulo: Noeses, 2013.

CARVALHO, Paulo de Barros. *Direito Tributário, Linguagem e Método*. 5ª ed. São Paulo: Noeses, 2013.

FLUSSER. Enrique R., VILLANOVA, José e RAFFO, Julio. *Introducion al Derecho*. Buenos Aires: Abeledo-Perrot, 1988.

GAMA, Tácio Lacerda. *Competência tributária. Fundamentos para uma teoria da nulidade*. São Paulo: Noeses, 2011.

GUASTINI, Ricardo. *Distingueiendo. Estúdios de Teoria e Metateoria del Derecho*. Barcelona: Gedisa Editorial, 1999.

HART, H.L.A. *O Conceito do Direito*. São Paulo: Martins Fontes, 2012.

HESSEN, Johannes. *Filosofia dos Valores*. Coimbra, Almedina, 2001.

KELLER, Albert. *Teoria Geral do Conhecimento*. Editora Loyola.

KELSEN, Hans. *Teoria Pura do Direito*. São Paulo: Martins Fontes, 2000.

LINS, Robson Maia. *O Supremo Tribunal Federal e a Norma Jurídica: Aproximações com o Constructivismo Lógico Semântico*. In: *Vilém Flusser e Juristas*. São Paulo: Noeses, 2009.

MANCUSO, Rodolfo de Camargo. *Acesso à Justiça: condicionantes legítimas e ilegítimas*. São Paulo: Revista dos Tribunais, 2012.

MAZZILLI, Hugo Nigro. *O Acesso à Justiça e o Ministério Público*. São Paulo: Saraiva, 2013.

MORAES, Alexandre de. *Direito Constitucional*. São Paulo: Atlas, 1998.

NERY Junior, Nelson. *Princípios do Processo na Constituição Federal*. 10ª ed. revista e atual. Revista dos Tribunais, São Paulo, 2010.

REALE, Miguel. *Fundamentos do Direito*. São Paulo: Revista dos Tribunais, 1988.

SILVA, José Afonso da. *Curso de Direito Constitucional Positivo*. São Paulo: Malheiros, 2000.

SILVA, Marco Antonio Marques da. "O Acesso à Justiça como Efetividade da Cidadania." In: *Revista Latino-Americana de Estudos Constitucionais*, n. 12, p. 613-639, nov. 2011.

SCAVINO, Dardo. *La Filosofia Actual: pensar sin certezas*. Santiago Del Esterro: Paidós Postales, 1999.

TOMÉ, Fabiana Del Padre. *A Prova no Direito Tributário*. São Paulo: Noeses, 2005.

Sites

http://www.ambito-juridico.com.br/site/?n_link=revista_artigos_leitura&artigo_id=11799

http://www.oab.org.br/noticia/9429/oab-nacional-ajuiza-adin-contra-lei-do-processo-eletronico

http://www.oab.org.br/noticia/25217/oab-aponta-os-cinco-maiores-problemas-do-processo-judicial-eletronico

http://jus.com.br/revista/texto/21933/processo-judicial-eletronico-uma-analise-principiologica

http://www.unipress.blog.br/oab-discute-a-implantacao-do--processo-judicial-eletronico/

http://jus.com.br/revista/texto/22247/processo-judicial-eletronico-e-sua-implantacao-no-poder-judiciario-brasileiro

http://tcconline.utp.br/wp-content/uploads/2012/04/ASPECTOS-POLEMICOS-DO-PROCESSO-ELETRONICO.pdf

http://www.conjur.com.br/2009-set-21/processo-eletronico-merece-avaliacoes-aspectos-controvertidos

Capítulo IV
TRIBUTOS FEDERAIS E QUESTÕES CORRELATAS

EFEITOS DA DECISÃO DO STF EM MATÉRIA TRIBUTÁRIA NO REGIME DO ART. 543-B DO CÓDIGO DE PROCESSO CIVIL E O LIMITE DO ART. 170-A DO CÓDIGO TRIBUTÁRIO NACIONAL

Robson Maia Lins[1]

1. Introdução

Tenho por propósito no presente artigo submeter à crítica a exigência do art. 170-A do Código Tributário Nacional que prescreve ser admissível o pedido de compensação formulado pelo contribuinte com fundamento na existência de crédito "objeto de contestação judicial" antes do respectivo trânsito em julgado, ante o regime do art. 543-B que confere efeitos

---

1. Professor de direito tributário dos cursos de graduação, mestrado, doutorado e especialização da PUC-SP. Mestre e doutor em direito tributário pela PUC-SP. Professor do Instituto Brasileiro de Estudos Tributários – IBET. Advogado.

extrapartes às decisões do Supremo Tribunal Federal sobre recursos com fundamento em idêntica controvérsia.

A dinâmica conferida pela legislação ao trâmite e efeitos das decisões das mais altas cortes do país por meio dos arts. 543-B e 543-C, certamente contribui para a uniformização dos entendimentos jurisprudenciais e oferece mais segurança – naquela acepção de certeza sobre o direito – aos jurisdicionados, que passam a dispor de mecanismos capazes de orientar sua conduta em alinho ao entendimento dos tribunais, reduzindo assim a necessidade de apelo ao judiciário para a satisfação de suas demandas.

Conquanto essas inovações venham sendo acompanhadas por várias medidas da administração fiscal no sentido de aproximar a conduta de seus órgãos ao teor das decisões tomadas nos novos regimes processuais, persistem certos obstáculos em meio à legislação que dificultam o pronto atendimento da pretensão judicial ainda quando reconhecida como a adequada ao caso por ambas as partes, e até mesmo pelos tribunais. É justamente a exposição destes entraves que pretendo fazer, por meio da descrição crítica das relações do art. 170-A do Código Tributário Nacional e os efeitos da decisão do Supremo Tribunal Federal proferida com fundamento no art. 543-B do Código de Processo Civil.

Para bem cumprir esse desígnio, dividirei esta breve exposição em três blocos: tratando no primeiro deles de generalidades do procedimento de compensação tributária formulado ante a administração fiscal federal e destinando ainda algumas linhas ao esclarecimento da função do art. 170-A do Código Tributário Nacional; a segunda parte do escrito tratará do regime de repercussão geral e dos efeitos prescritos no art. 543-B, deixando fora dos limites especulativos deste texto o regime de "recursos repetitivos", instituído no âmbito do Superior Tribunal de Justiça, pelo art. 543-C, ainda que muito do que aqui for afirmado também se pudesse aplicar àquele procedimento;

no terceiro bloco, formarei alguns cenários hipotéticos para que, por meio da combinatória dos caminhos processualmente abertos ao Fisco e ao contribuinte, possamos diagnosticar os entraves que se poderiam apresentar à compensação tributária dada a exigência de que o crédito em questão tenha transitado em julgado para que se possa deferir o pedido formulado em PER/DCOMP.

Essas notas têm o propósito de fomentar o debate, chamando a atenção do interlocutor para a existência de entraves no processo de positivação das normas jurídicas em seu nível individual e concreto, ali *"onde o direito passa mais rente à vida"*, na feliz expressão de Pontes de Miranda. Vale-se da descritividade do discurso científico para expor as fraturas de um sistema em transição: por em evidência os obstáculos para sensibilizar os estudiosos e estimular os sujeitos competentes à busca de alternativas que possam mitigar os efeitos nocivos e aproximar a interpretação das normas jurídicas dos valores que se pretendeu prestigiar com as inovações trazidas por essas recentes alterações legislativas.

2. Algumas palavras sobre a compensação tributária

Chama-se compensação tributária ao procedimento pelo qual o contribuinte, titular de crédito contra a Fazenda, opõe seu direito subjetivo à pretensão do Fisco de ver satisfeito um determinado crédito tributário, extinguindo-os reciprocamente por meio da norma compensatória. Dessa singela definição sobressaem importantes três importantes notas: (a) trata-se de um procedimento cuja iniciativa cabe ao contribuinte; (b) pressupõe a formação de três normas jurídicas: uma do crédito do Fisco, outra do direito do contribuinte e uma terceira, que opera esse "encontro de contas", extinguindo os créditos do contribuinte e do Fisco; (c) depende de previsão normativa que institua tal procedimento, somente podendo haver a compensação de tributos nos limites circunscritos pelos marcos legais.

No âmbito federal, tal modo de extinguir o crédito tributário tem previsão no arts. 73 e 74 da Lei 9.430 de 1996 que estabeleceu as etapas necessárias para a restituição e compensação de tributos administrados pela Secretaria da Receita Federal do Brasil. Posteriormente, sobreveio a publicação das Instruções Normativas da Receita Federal do Brasil n. 1.253/2012 e n. 1.300/2012, que regulamentando a lei, estabeleceram que a iniciativa do contribuinte deveria ser feita por meio do Pedido de Restituição, Ressarcimento ou Reembolso e Declaração de Compensação, mais conhecido pela sigla PER/DCOMP.

Tal pedido é formulado, pelo contribuinte, por meio de *software* distribuído pela Receita Federal no qual se deve discriminar os créditos por ele havidos e devidos, uma vez preenchidos os campos do requerimento, este será processado pela Receita Federal que poderá homologá-lo ou rechaçá-lo, impondo até mesmo gravosas multas caso as informações prestadas pelo contribuinte se mostrem inidôneas. A respeito da PER/DCOMP não-homologada, convém ainda salientar que os créditos tributários ali relatados constituem, no entendimento das autoridades fazendárias, *confissão de dívida e instrumento hábil e suficiente para a exigência dos débitos indevidamente compensados* (art. 41, §4º, da IN 1.300/2012). Colocando entre parênteses metódicos as críticas que se poderia tecer a este dispositivo e sua possível inconstitucionalidade, convém reter a informação: atribui-se à PER/DCOMP o papel de *iniciar* o procedimento de compensação, não coincidindo tal documento com a norma individual e concreta de compensação que, no caso, somente seria exarada com a homologação do pedido compensatório.

2.1. O art. 170-A do Código Tributário Nacional

Pois bem, vimos de ver que a compensação é operada com dois créditos: um titularizado pelo contribuinte, outro pelo

Fisco que, por meio d'uma terceira norma, são extintos. Vimos ainda que, no entendimento fazendário, o crédito tributário pode ser formado por meio da simples "confissão" do contribuinte em PER/DCOMP, ao passo que o crédito por este titularizado pode ser formado pelo reconhecimento pela via administrativa ou, como ocorre frequentemente, pela via judicial.

Para os fins do presente trabalho, e a respeito dos procedimentos de constituição do crédito do contribuinte, especial relevância tem a apreciação do teor do art. 170-A do Código Tributário Nacional. Referido dispositivo do *códex* tributário limita o procedimento de compensação aos créditos do contribuinte que, sendo objeto de discussão judicial, tenham sido já definitivamente julgados, isto é, tenham sobre si o manto da coisa julgada.

Tal dispositivo, inserido no Código pela Lei Complementar n. 104/2001, tinha por objetivo coibir iniciativas judiciais que, antecipando a tutela, permitissem ao contribuinte compensar créditos tributários sem que sobre a contenda tivesse ainda o Poder Judiciário se manifestado com o timbre da definitividade. Considerado pelo prisma jurídico, seu propósito é o de evitar a instabilidade do sistema, não permitindo a compensação d'um crédito que, por ato judicial, poderia ainda ser considerado inexistente.

Essa noção – de que a finalidade do dispositivo é o de garantir a estabilidade em meio à dinâmica de positivação dos créditos, do contribuinte e do fisco, no direito positivo brasileiro – é sobremaneira importante para a compreensão crítica do assunto. Pois a consecução – ou não – desse objetivo, conquanto não seja ela suficiente para servir de critério de validade a norma, serve de parâmetro para a formação do juízo crítico sobre o tema e, assim, instigar a mente daqueles que travem contato com o texto para a sugestão de ulteriores medidas que possam atenuar as inconsistências que derivam de tal comando ante a presente configuração do nosso sistema jurídico processual.

3. Notas sobre o regime de repercussão geral e o regime do art. 543-B

Com o advento da Lei n. 11.418 de 2006 e o acréscimo dos arts. 543-A e 543-B ao texto do Código de Processo Civil, criou-se no direito brasileiro o mecanismo da repercussão geral para lidar com a enorme quantidade de demandas que, por meio de recursos extraordinários repetitivos, levavam o Supremo Tribunal Federal a decidir repetidamente o mesmo assunto.

Tal repetição, sobre desgastar a Corte e seus ministros obstruindo a pauta do mais alto tribunal na hierarquia do país, apresentava importante obstáculo à uniformização do entendimento jurisprudencial e à estabilização das expectativas normativas nos vários setores da conduta intersubjetiva. Com os novos dispositivos procurou-se estipular dois expedientes: (a) uma "cláusula de barreira", triando as demandas que chegam ao STF para que apenas as discussões cuja relevância *"do ponto de vista econômico, político, social ou jurídico, que ultrapassem os interesses subjetivos da causa"* (art. 543-A, §1º) e (b) um regime que permitiria ao Tribunal, ante o elevado número de recursos fundados em idêntica controvérsia, escolher um ou mais como *representativos da controvérsia* para, julgando-os, resolver o mérito da questão não apenas para estes, mas para todos os demais recursos sobre o assunto que deveriam ser sobrestados na origem.

Percebe-se aqui também o cuidado do legislador em positivar preceitos capazes de objetivar o valor segurança jurídica, mais precisamente com atenção à estabilidade dos comandos judiciais e com a isonomia, uma vez que esse mesmo entendimento seria aplicável a todos.

Oportuno anotar que o teor da decisão em repercussão geral do Supremo Tribunal Federal vem sendo utilizada em outros documentos jurídicos como índice da solução definitiva de uma controvérsia, como se verá com maior detalhe no exemplo da Lei 12.844/2003 ou mesmo na recente alteração do regimento do CARF que determinou o sobrestamento dos feitos que versarem sobre matéria pendente de julgamento, com repercussão geral, da Suprema Corte.

3.1. Efeitos da decisão do Supremo Tribunal Federal, no regime do art. 543-B, sobre outros feitos levados ao Poder Judiciário

Com o propósito de estabelecer os contornos dos efeitos que irradiam da decisão do Supremo Tribunal Federal que julgando recursos fundados em idêntica controvérsia pelo regime da repercussão geral, convém examinar mais atentamente os parágrafos do art. 543-B:

> Art. 543-B. Quando houver multiplicidade de recursos com fundamento em idêntica controvérsia, a análise da repercussão geral será processada nos termos do Regimento Interno do Supremo Tribunal Federal, observado o disposto neste artigo.
>
> § 1º Caberá ao Tribunal de origem selecionar um ou mais recursos representativos da controvérsia e encaminhá-los ao Supremo Tribunal Federal, sobrestando os demais até o pronunciamento definitivo da Corte.
>
> § 2º Negada a existência de repercussão geral, os recursos sobrestados considerar-se-ão automaticamente não admitidos.
>
> § 3º Julgado o mérito do recurso extraordinário, os recursos sobrestados serão apreciados pelos Tribunais, Turmas de Uniformização ou Turmas Recursais, que poderão declará--los prejudicados ou retratar-se.
>
> § 4º Mantida a decisão e admitido o recurso, poderá o Supremo Tribunal Federal, nos termos do Regimento Interno, cassar ou reformar, liminarmente, o acórdão contrário à orientação firmada.

Dentro da proposta esboçada na introdução deste texto, tem especial relevância o comando positivado no §3º do dispositivo do

Código. Como ele prescreve-se que o julgamento de mérito do recurso extraordinário que, com fundamento na decisão do Supremo Tribunal Federal, *poderão declará-los prejudicados ou retratar-se*. Tal comando permite ao tribunal de origem decidir sobre o recurso de maneira mais célere, repetindo a orientação adotada pela Suprema Corte, e assim, negando seguimento ao recurso, se a decisão colegiada for conforme o decidido pelo STF ou retratando-se para acompanhar o posicionamento daquele Tribunal.

Caso ainda assim decida o tribunal de origem pela manutenção da decisão recorrida e pela admissão do recurso, o §4º trata de credenciar o Tribunal para, liminarmente, cassar o acórdão recorrido se estiver ele contrário à decisão tomada no regime de repercussão geral.

Da conjugação desses dispositivos fica evidente a vocação que têm as decisões submetidas ao regime do art. 543-B para irradiar seus efeitos para além das demandas escolhidas como representativas de controvérsia, representando decisivo passo na estabilização das relações jurídicas que pudessem suscitar igual controvérsia e favorecendo a igualdade entre os sujeitos na medida em que garante a todos o mesmo resultado da decisão recursal.

3.2. Das alterações promovidas pela Lei 12.844/2003 e a dispensa de recurso da Procuradoria da Fazenda Nacional

Dentre outras disposições, a Lei 12.844/2013 determinou a inserção de dois incisos no corpo do art. 19 da Lei 10.522/2002. Os referidos dispositivos dizem respeito às situações em que a Procuradoria fica dispensada de contestar, recorrer e autorizada a desistir de feitos cuja discussão se dê em torno de matéria decidida de maneira desfavorável à Fazenda Nacional seja pelo Supremo Tribunal Federal no regime do art. 543-B do Código de Processo Civil, seja pelo Superior Tribunal de

Justiça, no modo do art. 543-C do mesmo diploma processual, excluindo apenas aquelas que possam ser de alguma forma reformadas por ulterior decisão do Supremo Tribunal Federal. *In verbis*:

> Art. 19. Fica a Procuradoria-Geral da Fazenda Nacional autorizada a não contestar, a não interpor recurso ou a desistir do que tenha sido interposto, desde que inexista outro fundamento relevante, na hipótese de a decisão versar sobre:
>
> [...]
>
> IV – matérias decididas de modo desfavorável à Fazenda Nacional pelo Supremo Tribunal Federal, em sede de julgamento realizado nos termos do art. 543-B da Lei no 5.869, de 11 de janeiro de 1973 – Código de Processo Civil;
>
> V – matérias decididas de modo desfavorável à Fazenda Nacional pelo Superior Tribunal de Justiça, em sede de julgamento realizado nos termos dos art. 543-C da Lei no 5.869, de 11 de janeiro de 1973 – Código de Processo Civil, com exceção daquelas que ainda possam ser objeto de apreciação pelo Supremo Tribunal Federal.

Vimos de ver que a decisão no regime do art. 543-B do Supremo Tribunal Federal tem vocação para produzir seus efeitos para além dos limites subjetivos da demanda, configurando orientação para as demais instâncias judiciais. As prescrições da Lei 12.844/2013 inserem-se em meio a outras tantas que têm atribuído àquelas decisões relevância também no âmbito administrativo, alinhando os procedimentos dos órgãos da administração fiscal, como é o caso da Procuradoria da Fazenda Nacional, aos mesmos valores tomados como razão de ser dos arts. 543-B e 543-C do Código de Processo Civil, permitindo maior uniformidade, celeridade e estabilidade das querelas judiciais por meio de uma participação em juízo da Fazenda Nacional em coerência com as decisões das cortes de jurisdição especial.

Uma tal medida legislativa serve bem ao propósito de afirmar que à administração fiscal, em todas as instâncias, deve interessar, mais que a só arrecadação dos tributos, a adequada aplicação das disposições jurídicas e a estabilidade das relações de direito, proporcionando a todos os envolvidos, Fisco e contribuintes, maior previsibilidade e segurança na apuração dos tributos devidos.

4. Possíveis cenários e a crítica ao limite instituído no art. 170-A ante o atual contexto processual brasileiro

Firmada a rede conceptual básica, poderemos tecer a relação entre essas noções com a estipulação de alguns cenários hipotéticos de possível ocorrência na dinâmica processual de construção judicial do crédito do contribuinte que servirá como uma das normas necessárias ao procedimento de compensação.

Considerando a particularidade de que o crédito do contribuinte seria constituído pela via judicial, deixando fora do campo especulativo a possibilidade deste ter buscado a via administrativa para o reconhecimento do débito, os cenários levam em consideração diferentes etapas do procedimento judicial como marco temporal no qual se verificasse a produção de decisão do STF no regime do art. 543-B do Código de Processo Civil. Desse modo, interessará saber: (a) se houve, ou não, decisão em primeira instância; (b) se houve a interposição de recurso, voluntário ou de ofício, desta decisão; (c) se é cabível a desistência do feito.

Deve-se afastar da composição dos quadros hipotéticos a interposição de recurso especial ou extraordinário, mesmo porque partimos da premissa de que há decisão proferida pelo Supremo Tribunal Federal fundada em idêntica controvérsia, de modo que se fossem interpostos tais recursos, teriam eles seu seguimento negado pelos tribunais de origem ou, se admitidos, seriam eles liminarmente indeferidos na forma do §4º do art. 543-B.

Dito isto, resumirei minhas observações a cinco hipóteses em que sobreviesse a decisão do Supremo Tribunal Federal quando: (a) já ajuizada a ação pelo contribuinte, antes porém da decisão em 1ª instância; (b) quando favorável for a decisão em 1ª instância ao contribuinte e não tenha ainda havido o julgamento da remessa necessária; (c) ajuizado o pedido do contribuinte, tenha este tido decisão desfavorável em primeira instância, mas esteja ainda no aguardo da decisão do tribunal sobre o mérito de sua apelação; (d) se ante a decisão contrária ao contribuinte, este pede desistência do recurso após tomar conhecimento da decisão do Supremo Tribunal Federal; e (e) proferida a decisão desfavorável ao contribuinte, não tenha este apresentado recurso no prazo devido.

Passo a examinar essas hipóteses, inspirado por aqueles mesmos valores que animaram a edição das leis até aqui citadas, quais sejam, a uniformidade do entendimento jurisprudencial, o rápido deslinde da querela jurídica e o encurtamento do intervalo estabelecido entre o pedido e o provimento jurisdicional. Dessa maneira, procurarei entrever quais dentre as opções procedimentais abertas para o desfecho do problema contribuem para a realização desses valores e como, em alguns casos, a existência da prescrição do art. 170-A do Código Tributário Nacional mostra-se obstáculo à satisfação dessas preferências no que diz respeito à compensação tributária solicitada administrativamente, pode meio de PER/DCOMP, a partir de um crédito do contribuinte reconhecido judicialmente.

4.1. Ação ajuizada pelo contribuinte, todavia sem decisão

Nessa situação, observa-se que não houve ainda nenhum provimento jurisdicional no sentido de afirmar a existência do crédito do contribuinte, nem de infirmá-la com proposição individual e concreta. De fato, nesses casos, é desejável que o comando genérico da decisão do Supremo Tribunal Federal seja apontado como a norma aplicável ao caso, evitando a produção de juízo dissidente que poderia vir do exame da questão por um novo magistrado.

Porque não houve ainda sentença, poderia assim o contribuinte: (1) dar *seguimento ao processo judicial*, procurando ver reconhecida sua situação pelo Poder Judiciário o que, considerando que seria decisão proferida desfavoravelmente à União, Estado, Distrito Federal ou Município, requereria a remessa necessária dos autos para o Tribunal que deveria confirmá-la em segunda instância (art. 475, I, CPC). Tal opção, desde logo, não se afigura a mais coerente para com os valores supracitados dada a demora que inevitavelmente se estabeleceria para que a solução judicial fosse produzida, confirmada pelo tribunal e pudesse produzir seus efeitos. Mais alinhada às preferências do sistema jurídico processual brasileiro parece estar a alternativa em que, uma vez proferida a decisão do STF antes da produção da sentença, (2) o contribuinte solicitaria a *desistência do feito*, sendo nisso acompanhado pela anuência da Procuradoria da Fazenda que, com fundamento na disposição do art. 19 da Lei 10.522/2002, na redação dada pela Lei 12.844/2013, anuiria com tal agir, para solicitar administrativamente o reconhecimento deste indébito e a compensação destes valores, procedimento que deve ser facilitado pela administração fiscal, haja vista a existência de decisão do STF pelo regime do art. 543-B do Código Processual.

4.2. Decisão favorável ao contribuinte, sem julgamento da remessa necessária

Vale notar aqui que a remessa necessária de que trata o art. 475, I, do Código de Processo Civil não tem natureza de recurso, sendo considerada condição indispensável para que a decisão judicial ganhe a definitividade que dela se espera e possa produzir seus efeitos em desfavor das pessoas jurídicas de direito público.

Justamente porque não é recurso, carecendo da manifestação volitiva da procuradoria correspondente para sua interposição e processamento, deve a remessa necessária passar ao exame do tribunal, mesmo que as partes concordem quanto ao decidido, pois, simplesmente, não há espaço para que se documente a resignação da Fazenda neste proceder e, ainda que assim o fosse, tal condição é irrelevante para o processamento da remessa. Muito ao contrário, já foi até mesmo objeto de enunciado de Súmula do STF, o de n. 423, que a ausência da remessa necessária prejudicaria o trânsito em julgado da decisão, impedindo a produção de seus efeitos.

Caso tenha sido publicada decisão do STF no regime do art. 543-B do Código após a sentença em primeira instância, ainda que esta seja favorável ao contribuinte, não se poderia, desse modo, cogitar de seus efeitos antes de decidido o feito pela segunda instância. Desse modo, não haveria como cogitar de desistência por parte da Fazenda, porque esta não tem a faculdade de fazê-lo nos casos de remessa necessária, restando ao contribuinte apenas a alternativa de aguardar a decisão do tribunal que confirme o decidido em primeira instância, pois antes dele, como a sentença não pode produzir seus efeitos segundo a prescrição legal, não pode constituir o crédito para que o contribuinte possa exercer administrativamente seu direito à compensação.

Do ponto de vista da compensação e do limite imposto pelo art. 170-A do Código Tributário Nacional, que exige o trânsito em julgado para que se proceda ao pedido administrativo de encontro de contas, é curioso notar a flagrante diferença que se instalaria entre o conjunto dos contribuintes que ingressaram com a ação para ver constituído judicialmente e aquele que aguardou o posicionamento do STF sem ingressar com suas ações: aqueles que buscaram a satisfação judicial teriam de aguardar até que fosse proferida a decisão de segunda instância para poder levar à administração seu pedido de compensação; os segundos, não.

Sobre admoestar aqueles que buscam o reconhecimento judicial de seus direitos, impondo-lhes situação mais gravosa do que àqueles que não tomaram a via judicial, tal situação somente incrementa a demora do provimento judicial e contribui ainda mais para o aumento do já excessivo número de feitos levados ao apreço dos tribunais sobre idêntica matéria. Tem-se uma situação em que as partes concordam com a existência de crédito do contribuinte, sendo certo o teor desfecho, mas que a lentidão do processo judicial se interpõe como obstáculo intransponível à satisfação do direito. Eis aqui uma primeira crítica à função desempenhada art. 170-A do Código Tributário Nacional ante a presente configuração do direito processual brasileiro.

4.3. Decisão desfavorável ao contribuinte, sem julgamento de recurso proposto por este e eventual pedido de desistência

Se invertermos o sinal da decisão de primeira instância, colocando-a desfavorável ao pleito formulado pelo contribuinte e levarmos ainda em conta que, ao tempo da publicação do acórdão do STF que tratou do tema no regime do art. 543-B, não havia ainda sido proferida decisão de segunda instância a respeito do recurso ajuizado pelo contribuinte, mais uma vez presenciamos curiosa deformidade no sistema.

Considerando que a eventual desistência do recursal levaria à manutenção da decisão anterior, contrária à constituição do crédito do contribuinte e à orientação firmada pelo STF, este não teria outra opção senão aguardar o desfecho do julgamento do recurso, ainda que saiba de antemão que tal decisão será favorável a ele e disso não discorde o Fisco.

Dada, porém, a vedação do art. 170-A, ao contrário daquele sujeito que em situação materialmente idêntica tenha desprezado a via judicial, não poderá ele compensar seu indébito antes da superveniência da decisão de segunda instância:

essa que todos já sabem qual será e que ninguém discutirá, mas que todos também concordam que demorará. Mais uma vez, comparece o obstáculo à compensação do tributo.

4.4. Decisão desfavorável ao contribuinte, não apresentação de recurso

A não apresentação, no prazo devido, de recurso pelo contribuinte ante a decisão de primeira instância que lhe fosse desfavorável no reconhecimento da existência de seu crédito culminaria na formação de coisa julgada sobre essa decisão. Com a superveniência da decisão do Supremo, poderíamos afirmar que se estaria caracterizada a chamada *coisa julgada inconstitucional*.

Vem sendo bem discutida a possibilidade do ajuizamento de ações rescisórias das decisões de mérito que, transitadas em julgado, contrariem as decisões do Supremo Tribunal Federal que seja por meio de ação direta de inconstitucionalidade, seja pela produção de súmula vinculante ou pela decisão no regime do art. 543-B, reconheçam com efeitos *extrapartes* a inconstitucionalidade d'uma relação jurídica tributária. Como, aliás, vem defendendo José Augusto Delgado, homenageado desta obra.

Dado porém, que o cabimento da ação rescisória nestes casos não é amplamente aceito em meio a nossas cortes, ter-se-ia aí mais um obstáculo à compensação do indébito pelo contribuinte. Dessa vez, no entanto, não se poderia atribuir tal situação à existência do art. 170-A, mas a falta de mecanismo expressamente habilitado – vez que a situação não estaria expressamente elencada na relação do art. 485 do Código de Processo Civil, que trata das hipóteses de cabimento da ação rescisória[2] – para rescindir a decisão judicial contrária à interpretação constitucional vigente.

---

2. Os defensores da possibilidade do cabimento de ação rescisória nesses casos costumam fundar-se no art. 485, V (*"violar literal disposição de lei"*),

5. Síntese conclusiva

As recentes alterações legislativas processuais têm mostrado que nosso ordenamento caminha em apressada marcha na direção dos valores de celeridade, uniformidade e estabilidade dos precedentes judiciais para casos que sejam fundados em idêntica controvérsia: fez-se isso em 2006 com a Lei 11.418 e a criação do regime do art. 543-B no âmbito do Supremo Tribunal Federal e, novamente, em 2008, com a Lei 11.672 e a criação do regime de recursos repetitivos na seara do Superior Tribunal de Justiça. Colocando entre parênteses as críticas quanto ao processamento e manejo de tais expedientes, é inegável que sua instituição contribui para a estabilização das expectativas de Fisco e contribuintes a respeito da legislação tributária e possibilita um ambiente de maior certeza sobre a conduta que a lei prescreve a cada um deles sendo, por isso, bem-vindas inovações legislativas.

É também elogiável o esforço das instâncias administrativas para esses entendimentos fixados pelos novos regimes e também pela Súmula Vinculante do Supremo Tribunal Federal, moldarem também suas decisões. Tais iniciativas mostram a preferência pela estabilidade e segurança jurídica nas relações entre os contribuintes e a Fazenda, preterindo-se o mero interesse arrecadatório em desfavor da decisão condizente com a orientação estabelecida pelas altas cortes do país.

Se observados os efeitos dessas decisões e dos procedimentos até então adotados no âmbito da administração e do processo judicial no que diz respeito à compensação tributária, percebe-se a presença de alguns obstáculos à satisfação recíproca dos créditos de Fisco e contribuinte. Notadamente, compareçam como centro das preocupações mais imediatas a prescrição do art. 170-A que restringe a compensação de créditos

---

no entanto, como adverti, a tese não tem encontrado ampla guarida em meio às cortes pátrias que têm privilegiado o respeito à coisa julgada nesses casos.

do contribuinte constituídos pela via judicial até o trânsito em julgado da decisão que os documente.

Esse dispositivo do Código Tributário quando combinado aos institutos da remessa necessária – que vedaria o pedido de desistência de recurso autorizado à Procuradoria da Fazenda Nacional pela Lei 12.844/2013 – e da coisa julgada – que poderia cair sobre decisão em desacordo com a orientação do Supremo –, produz situações de incontornável demora na prestação jurisdicional que prejudicam a dinâmica da repetição do precedente fixado nos procedimentos dos arts. 543-B e 543-C do Código de Processo Civil e, desse modo, afastam o provimento jurisdicional dos valores de celeridade e uniformidade que tanto se buscou prestigiar com a edição das recentes leis sobre a matéria.

EXTRAFISCALIDADE TRIBUTÁRIA: ESTRUTURA E FUNÇÃO INSTRUMENTALIZADORA DE POLÍTICAS PÚBLICAS

Fabiana Del Padre Tomé[1]

1. Considerações introdutórias

O direito positivo, na qualidade de objeto cultural (Edmund Husserl), apresenta elevado grau de complexidade, nele se conjugando elementos estruturais e axiológicos. Por isso mesmo, o tema do "fato jurídico" comporta diversas perspectivas de observação. O método eleito, portanto, há de ser aquele apto para solucionar os problemas concretos, verificados na realidade jurídica brasileira.

Nessa linha de raciocínio é que se insere o trabalho analítico-hermenêutico, desenvolvido em duas etapas: uma primeira etapa, consistente na redução de complexidades, mediante

---

[1]. Doutora em Direito do Estado pela PUC/SP; Professora no curso de pós-graduação *stricto sensu* da PUC/SP; assistente da coordenação e professora no curso de especialização em direito tributário da PUC/SP; advogada.

decomposição analítica (é o que Paulo de Barros Carvalho fez ao edificar a teoria da regra-matriz de incidência tributária); e uma segunda etapa, em que se procede à retomada da visão integral do fenômeno jurídico. Tudo isso, é preciso deixar bem claro, considerando que o intérprete exerce atividade construtiva de sentido, o que lhe dá o toque do pragmatismo. Abandona-se, assim, a ideia de uma Ciência meramente descritiva, ingenuamente imparcial e não valorativa.

O dialogismo, entendido como processo de interação de textos e, por assim dizer, de interlocutores, está sempre presente (Mikhail Bakhtin). Tal ordem de considerações já permite entrever a inadmissibilidade de examinar os "fatos jurídicos" (ou qualquer outra figura jurídica) com suporte na literalidade textual. Esse há de ser apenas o ponto de partida: inicia-se o estudo pelo ângulo sintático (relação dos signos entre si), indo, porém, em direção aos aspectos semântico (conteúdo atribuído aos signos) e pragmático (modo de utilização dos signos). Essas três perspectivas são indissociáveis, até mesmo porque não há como atribuir conteúdo a um vocábulo sem que se tenha em conta o momento social vivido (contexto). Os horizontes da cultura, vistos por Miguel Reale como as circunstâncias que recuperam e contextualizam o ser humano na sociedade, possibilitam essa visão integral e dinâmica do sistema do direito positivo. A título ilustrativo, porém sem fazer juízo de admissibilidade quanto à correção interpretativa, podemos citar a discussão travada nos autos da ADI-MC n. 1.945, no Supremo Tribunal Federal, em que a Colenda Corte manifestou-se pela incidência do ICMS sobre *softwares* adquiridos por transferência eletrônica. Para tanto, considerou existir uma abertura semântica dos termos empregados pela Constituição, possibilitando sua adaptação aos novos tempos. Nessa esteira, a "mercadoria" não seria restrita a "bem corpóreo", também preenchendo tal requisito aquele de natureza "incorpórea", como um programa de computador. Não há, pois, forma sem conteúdo, nem conteúdo sem forma; inexiste, pois, estrutura sem função ou função sem estrutura.

É com suporte nessas premissas que desenvolveremos anotações sobre a extrafiscalidade tributária, valendo lembrar que sua delimitação começa na Constituição da República, indo em direção ao efetivo exercício da competência, mediante edição de normas gerais e abstratas (como as introduzidas por lei), para, existindo tal prescrição, ter-se a concretude dos objetivos configurada factualmente no mundo do direito.

2. Anotações sobre a estrutura e função das normas jurídicas

Todo enunciado linguístico apresenta forma e função. Orientar a atenção para as *formas da linguagem* significa ingressar no âmbito gramatical do idioma, mais especificamente em sua sintaxe, entendida como parte da gramática que examina as possíveis opções no que concerne à combinação das palavras na frase. As funções dos enunciados, entretanto, não se encontram presas à forma pela qual estes se exteriorizam. Como acentua Irving M. Copi,[2] as estruturas gramaticais oferecem apenas precários indícios a respeito da função, sendo lícito ao emissor utilizar uma determinada forma para expressar diferentes funções, conforme o contexto. O art. 3º do Código Tributário Nacional, por exemplo, *define* o conceito de tributo, dispondo que "Tributo é toda prestação pecuniária compulsória, em moeda ou cujo valor nela se possa exprimir, que não constitua sanção de ato ilícito, instituída em lei e cobrada mediante atividade administrativa plenamente vinculada". Não obstante a forma declarativa desse enunciado, sua função é prescritiva, encerrando a ordem de que, ao ser instituído tributo, este deve apresentar determinados caracteres.

Para identificar a função linguística, necessário se faz que o intérprete abandone a significação de base inerente a toda palavra, buscando a compreensão do discurso dentro da amplitude

---

2. *Introdução à lógica*, p. 55.

contextual em que se encontra,³ examinando-o segundo os propósitos do emissor da mensagem (plano pragmático).

É preciso deixar bem claro que nenhuma manifestação de linguagem exerce uma única função. Há, sempre, uma função dominante e diversas outras que a ela se agregam no enredo comunicacional, tornando difícil a missão de classificá-las. Para superar esse obstáculo, sugere Alf Ross⁴ que tomemos o *efeito imediato* como critério classificatório: "A função de qualquer ferramenta deve ser determinada por seu efeito próprio, isto é, o efeito imediato a cuja produção a ferramenta está diretamente adaptada. São irrelevantes quaisquer outros efeitos ulteriores na cadeia causal subsequente".

Partindo do critério do *efeito imediato* ou *função dominante*, podemos classificar as linguagens com base no *animus* que move o emissor da mensagem, identificando as seguintes funções: (i) descritiva; (ii) expressiva de situações subjetivas; (iii) prescritiva de condutas; (iv) interrogativa; (v) operativa; (vi) fáctica; (vii) persuasiva; (viii) afásica; (ix) fabuladora; e (x) metalinguística. Interessa-nos, por ora, analisar os caracteres predominantes da função linguística prescritiva de condutas.

A linguagem prescritiva, inerente ao direito positivo, presta-se à expedição de ordens, comandos dirigidos ao comportamento humano, intersubjetivo ou intra-subjetivo. É a função linguística predominante nas proposições jurídico-positivas, que se direciona às condutas intersubjetivas para alterá-las. Norberto Bobbio,⁵ esclarecendo a distinção entre forma gramatical, entendida como o modo pelo qual a proposição é expressa, e sua função, consistente no fim a que se propõe alcançar aquele que a pronuncia, conclui ser a função prescritiva própria da linguagem normativa, consistente em "dar comandos,

---

3. Luis Alberto Warat, *O direito e sua linguagem*, p. 65-68.
4. *Lógica de las normas*, p. 28 (tradução livre).
5. *Teoria da norma jurídica*, p. 77-78.

conselhos, recomendações, advertências, influenciar o comportamento alheio e modificá-lo". Lourival Vilanova,[6] enfatizando essa finalidade, leciona: "Altera-se o mundo físico mediante o trabalho e a tecnologia, que o potencia em resultados. E altera-se o mundo social mediante a linguagem das normas, uma classe da qual é a linguagem das normas do Direito".

Essas são perspectivas funcionais do direito, muito enaltecidas na atualidade. A despeito disso, é preciso sempre considerar que não há como examinar a função do ordenamento sem considerar seu aspecto estrutural. Do mesmo modo que Paulo de Barros Carvalho[7] anuncia a impossibilidade lógica de segregar-se "forma" e "conteúdo", também não se separam "estrutura" e "função" normativas. É o que pontua Mario Losano, em prefácio à edição brasileira da obra "Da estrutura à função", de Norberto Bobbio:

> Aceitar a função como elemento essencial do direito não implica, contudo, a rejeição de uma visão estrutural do direito. Trata-se, não de um repúdio, mas sim de um completamento: a explicação estrutural do direito conserva intacta a sua força heurística, mas deve ser completada com uma explicação funcional do direito, ausente em Kelsen porque este último seguira com rigor a escolha metodológica de concentrar-se no aspecto estrutural do direito, e não no aspecto funcional.

Estrutura e função se complementam e só podem ser compreendidas se consideradas em seu conjunto. Afinal, a função do direito, consistente genericamente e disciplinar as condutas intersubjetivas para realizar os valores desejados pela sociedade, só pode ser implementada mediante a expedição de enunciados prescritivos que, tomados em sua estrutura lógica,

---

6. *As estruturas lógicas e o sistema do direito positivo*, p. 3-4.
7. *Entre a forma e o conteúdo na desconstituição dos negócios jurídicos simulados*, Revista de Direito Tributário n. 113.

desencadeiem um juízo hipotético-condicional, enlaçando, no consequente, dois sujeitos de direito.

3. A estrutura lógica das normas jurídicas

A norma jurídica, unidade irredutível de manifestação do deôntico, é, nos dizeres de Lourival Vilanova, "uma estrutura lógico-sintática de significação".[8] É a significação construída na mente do intérprete, resultante da leitura dos textos do direito positivo, apresentando a forma de um juízo hipotético.

Como, porém, o revestimento verbal das normas jurídicas não obedece a padrão algum, haja vista as peculiaridades de cada idioma e as variadas estruturas gramaticais, necessário se faz reduzir as múltiplas modalidades verbais à estrutura formalizada da linguagem lógica, pois apenas por meio da linguagem formal obtém-se precisão e finura na análise.

Para alcançarmos as formas lógicas, precisamos abstraí-las da linguagem natural que as reveste, desprezando a *matéria* que as cobre, ou seja, as significações determinadas das palavras, e substituindo-as por variáveis lógicas. Uma estrutura formal é composta por variáveis e constantes, símbolos substituíveis por nomes de objetos e símbolos que exercem funções operatórias fixas, respectivamente. Nada diz, porém, de específico.

A estrutura reduzida da norma jurídica é uma proposição condicional, que determina a relação de implicação entre hipótese e consequência: a hipótese descreve os critérios identificadores de um fato e funciona como implicante da consequência; a consequência prescreve o regramento de uma conduta intersubjetiva. O legislador pode combinar uma só hipótese a uma só consequência, várias hipóteses a uma só consequência,

---

8. *Norma jurídica – proposição jurídica (significação semiótica)*, p. 16.

várias hipóteses a várias consequências ou uma só hipótese a várias consequências, não lhe sendo permitido, porém, deixar de respeitar a estrutura condicional acima referida.

A norma jurídica, portanto, apresenta estrutura lógica específica composta por uma hipótese, também denominada antecedente, suposto, prótase ou descritor, e por uma consequência, que pode igualmente receber o nome de consequente, mandamento, estatuição, apódose ou prescritor. E, para que se configure a "causalidade jurídica", onde a hipótese implica deonticamente a consequência, existem dois operadores chamados functor-de-functor e functor implicacional, perfazendo a seguinte estrutura lógica:

$$D (H \to C)$$

Onde D é o functor-de-functor, H é a hipótese, $\to$ é o functor implicacional e C é a consequência.

Expliquemos cada um desses elementos.

a) Functor-de-functor

O functor-de-functor é indicador da operação deôntica incidente sobre o liame de implicação interproposicional (deve-ser o vínculo implicacional); é ele que constitui o nexo jurídico das proposições normativas (hipótese e consequência), distinguindo a causalidade física da jurídica. Pontifica Lourival Vilanova que "tanto a causalidade natural como a causalidade jurídica encontram na proposição implicacional sua adequada forma sintática"[9]. A diferença entre esses dois tipos de causalidade não reside no functor de implicação, mas em um functor que afeta a proposição implicacional em seu conjunto: o functor-de-functor.

No plano da causalidade física, relativa aos fenômenos da natureza ou aos fenômenos sociais, há relações de implicação

---

9. *Causalidade e relação no direito*, p. 47.

exprimindo um nexo formalmente necessário entre os fatos naturais ou sociais e seus efeitos. Já no universo jurídico, inexiste necessidade lógica ou factualmente fundada de a hipótese implicar a consequência, sendo a própria norma quem estatui o vínculo implicacional, por meio do "dever-ser".

Enquanto na lei da causalidade natural a relação entre hipótese e consequência é descritiva, na lei de causalidade jurídica é o sistema jurídico positivo que determina, dentre as possíveis hipóteses e consequências, as relações que devem se estabelecer. É o ato de vontade da autoridade que legisla, expresso por um "dever-ser" neutro, isto é, que não aparece modalizado nas formas "proibido", "permitido" e "obrigatório", o responsável pela conexão deôntica entre hipótese e consequência.

Com efeito, a incidência do functor-de-functor é sobre a relação implicacional, que inexistiria sem este, e não apenas sobre a proposição consequente. Esse o motivo porque a estrutura lógica da norma jurídica expressa-se pela fórmula $D (H \to C)$, e não $H \to D (C)$.

b) Hipótese normativa

Hipótese é a parte da norma que tem a função de descrever uma situação objetiva de possível ocorrência, descrição esta feita mediante a indicação de notas (conotação) que, coincidentes com os caracteres apresentados em determinados fatos, permite seu ingresso no universo jurídico. "O fato se torna fato jurídico porque ingressa no universo do direito através da porta aberta que é a hipótese".[10]

A realidade social, porém, é manifestamente mais rica que a realidade jurídica, sendo impossível cogitar de uma descrição capaz de captar o fato em seus infinitos predicados.[11]

---

10. Lourival Vilanova, *As estruturas lógicas e o sistema do direito positivo*, p. 89.
11. Paulo de Barros Carvalho, *Curso de direito tributário*, p. 179.

A hipótese, como todo conceito, é seletora de propriedades, operando como redutora das complexidades inerentes aos acontecimentos por ela recolhidos. E, a referida seleção de propriedades apresenta caráter eminentemente axiológico, sendo efetuada segundo o ato de valoração que preside a feitura da hipótese da norma. Em consequência, apenas alguns aspectos do fato social de possível ocorrência são acolhidos pela hipótese normativa, passando a fazer parte da realidade jurídica. Como conclui Lourival Vilanova, "a hipótese, que é proposição descritiva de situação objetiva possível, é construção valorativamente tecida, com dados-de-fato, incidente na realidade e não coincidente com a realidade".[12]

O fato descrito na hipótese normativa é escolhido segundo a vontade daquele que a elabora, devendo, porém respeitar o limite ontológico da possibilidade, ou seja, necessário se faz que a escolha recaia sobre acontecimentos pertencentes ao campo do possível. Não se pode descrever na hipótese fatos de impossível ocorrência, pois nesse caso a consequência nunca se verificará, tornando-se inoperante para a regulação das condutas intersubjetivas. O lado semântico da hipótese ficaria comprometido, resultando em um sem-sentido deôntico.

Cuida ressaltar, também, que a hipótese normativa não determina que a situação factual por ela descrita necessariamente ocorra, nem estabelece que deve ocorrer. Por isso, cumpre a função de um descritor: "descreve uma possível ocorrência, de fato ou de conduta, à qual liga, por uma implicação, uma estrutura relacional".[13]

Sendo a hipótese normativa descritora de uma possível ocorrência, poder-se-ia imaginar ser ela suscetível da valoração típica das proposições teoréticas, quais sejam: verdade e

---

12. *As estruturas lógicas e o sistema do direito positivo*, p. 90.
13. Lourival Vilanova, *Norma jurídica – proposição jurídica (significação semiótica)*, p. 25.

falsidade. Tal situação, porém, não ocorre. A hipótese normativa, conforme acima mencionado, não é coincidente com a realidade, motivo pelo qual lhe falta o *status* semântico de enunciado veritativo. A hipótese é válida antes mesmo da ocorrência do fato por ela descrito, permanecendo como tal ainda que nunca venha a verificar-se, ou que, ocorrendo, não se cumpra o preceituado na consequência. Ambas as partes da proposição normativa – hipótese e consequência – sujeitam-se às valências "validade" e "não-validade", e, com isso, mantém-se a homogeneidade estrutural do sistema do direito positivo.

c) Functor implicacional

O functor implicacional simboliza o nexo de implicação existente entre a hipótese e a consequência, ou seja, entre a proposição implicante e a implicada. Trata-se de um operador lógico indicador da forma sintática que une as duas proposições componentes da norma jurídica.

Sendo a hipótese e a consequência normativas ligadas entre si por meio do functor implicacional, é impossível a ocorrência da primeira sem a instauração da segunda. Ocorrido o fato descrito na hipótese, necessariamente instaura-se a relação jurídica prescrita na consequência.

Conforme mencionado anteriormente, o functor implicacional, por si só, não indica a existência de causalidade normativa, pois tanto nesta como na causalidade física existe o conectivo condicional (implicação) atrelando a hipótese à consequência. Esse o motivo por que se faz necessária a presença de um functor-de-functor incidindo sobre a relação implicacional, atribuindo-lhe caráter normativo.

d) Consequência normativa

Consequência é a parte da norma que tem por função prescrever condutas intersubjetivas, apresentando-se como uma proposição relacional que enlaça dois ou mais sujeitos de direito em torno de uma conduta regulada como proibida, permitida ou obrigatória.

Para melhor análise da composição interna da consequência normativa, podemos desdobrar a estrutura lógica da norma jurídica expressa pela fórmula D (H →C), perfazendo a estrutura D [H →R(S',S")], onde D é o functor-de-functor, H é a hipótese, → é o functor implicacional, R é o relacional deôntico, S' e S" são sujeitos de direito.

Essa fórmula revela que os sujeitos de direito integrantes da consequência normativa encontram-se conectados por um dever-ser intraproposicional, que se apresenta necessariamente modalizado em obrigatório (O), permitido (P) e proibido (V). R, portanto, é uma variável functoral, cujos valores substituintes são as constantes deônticas "obrigação", "permissão" e "proibição".

No que concerne ao aspecto semântico, a consequência da norma jurídica, igualmente ao que se verifica na hipótese normativa, assenta-se no modo ontológico da possibilidade. Se a norma prescrever uma conduta impossível ou uma conduta necessária, carecerá de sentido deôntico, pois só haverá sentido em proibir, permitir ou obrigar a prática de determinada ação se existirem dois ou mais comportamentos possíveis. Trata-se de um limite semântico, restringindo os conteúdos normativos àquilo que seja factualmente possível e que não seja factualmente necessário.

Com tais explanações, temos uma visão geral acerca da norma jurídica, tomada em sua estrutura lógica. E a importância dessa análise estrutural permanece, ainda que se pretenda examinar a função promocional do direito, como esclarece Norberto Bobbio[14]: "Aquilo que Kelsen disse com relação à

---

14. *Struttura e funzione in Kelsen*, p. 215, *apud* Norberto Bobbio, *Da estrutura à função*, p. XLIII.

estrutura do ordenamento resta perfeitamente válido mesmo depois dos desenvolvimentos mais recentes da análise funcional". Nem poderia ser diferente, pois se o direito volta-se, funcionalmente, para regular as condutas intersubjetivas, há de fazê-lo por intermédio de determinada forma, estipulando hipóteses normativas que desencadeiem obrigações, proibições ou permissões nos laços entre sujeitos de direito.

4. Sobre o sistema comunicacional do direito

A teoria comunicacional propõe-se a entender o direito como um fenômeno de comunicação. Qualificando-se como sistema comunicativo, o direito se manifesta como linguagem, ou, nas palavras de Gregório Robles Morchon[15], "o direito é texto". Concordamos com essa assertiva. O direito é composto por linguagem, que cria sua própria realidade. Portanto, "direito é texto". Não estamos nos referindo ao texto em sentido estrito, ou seja, ao mero suporte físico, como é o caso das marcas de tinta sobre o papel. A equiparação do direito ao texto exige que tomemos o vocábulo "texto" em seu sentido lato, no qual se identifica a relação triádica inerente aos signos: suporte físico, significado e significação.

Como sabemos, não há texto sem contexto: só podemos falar em *texto* quando verificada a união do plano de conteúdo ao plano de expressão. Todavia, esclarece José Luiz Fiorin[16], a diferenciação entre a imanência (plano de conteúdo) e a manifestação (união do conteúdo com a expressão) mostra-se metodologicamente necessária, já que um mesmo conteúdo pode ser expresso por diferentes planos de expressão e vice-versa. Ter consciência dessa distinção e, ao mesmo tempo, da

---

15. *O direito como texto: quatro estudos de teoria comunicacional do direito*, p. 19.
16. *Elementos de análise do discurso*, p. 32.

relação intrínseca entre os planos da linguagem, é imprescindível para a construção de sentido normativo.

Tomamos o direito positivo como o plexo de normas jurídicas válidas em determinadas coordenadas de espaço e tempo, apresentando-se em linguagem na função prescritiva de condutas intersubjetivas. Desse modo, o direito é texto, implicando específica rede comunicativa.

O direito configura um sistema autopoiético, produzindo seus componentes a partir dos próprios elementos que o integram, fazendo-o por meio de operações internas. As informações advindas do ambiente são processadas no interior do sistema, só ingressando no universo jurídico porque ele assim determina e na forma por ele estabelecida. A pluralidade de discursos do ambiente é processada internamente pelo sistema do direito, funcionando o código e o programa como mecanismos de seleção, assegurando que as expectativas normativas sejam tratadas segundo o código lícito/ilícito, de modo que os fatores externos só influam na reprodução do sistema jurídico se e quando submetidos a uma comutação discursiva de acordo com aquela codificação e com os programas jurídicos.

A autorreferencialidade também se apresenta como pressuposto da autoprodução do sistema, pois, para que este possa autogerar-se, isto é, substituir seus componentes por outros, é necessário que haja elementos que tratem de elementos. No caso do sistema social, atos comunicativos cujo conteúdo seja a geração de outros atos comunicativos; em relação ao sistema jurídico, normas que prescrevam a produção de outras normas jurídicas. Para tanto, o sistema tem de olhar para si próprio, precisa falar sobre si mesmo, nessa citada autorreferencialidade. A clausura organizacional, caracterizadora da autopoiese do sistema, decorre exatamente do fato de que a informação advinda do ambiente é processada no interior do sistema, só ingressando neste porque ele assim determina e na forma por ele estabelecida. A clausura não significa, portanto, que o sistema seja isolado do ambiente, mas que seja *autônomo*, que as mensagens enviadas pelo ambiente só ingressem no sistema quando processadas por ele, segundo seus critérios. Por isso, são abertos cognitivamente.

Em relação ao sistema atuam as mais diversas determinações do ambiente, mas elas só são inseridas quando este, de acordo com seus próprios critérios, atribui-lhes forma. Conquanto Gregório Robles Morchon[17] afirme categoricamente que "o texto jurídico é um texto aberto", está se referindo à abertura semântica (cognitiva), mediante a qual o sistema tem seus conteúdos modificados. A despeito disso, reconhece que essa *regeneração* dá-se por mecanismos autopoiéticos, os quais autorizam e regulam as decisões ponentes de novos elementos no sistema normativo. Por esse mecanismo, o sistema jurídico mantém sua identidade em relação ao ambiente, como exemplifica o citado autor: "o próprio texto *cria* as ações que podem ser qualificadas como jurídicas, e o fato de regular a ação não significa que a ação *jurídica* exista antes do texto, mas sim que é o texto que a constitui. Por estranho que possa parecer, o homicídio como ação jurídica só existe depois que o texto jurídico prescreve o que é que se deve entender por homicídio".[18] Só aí tal ação ingressa no sistema do direito positivo.

Com efeito, o direito qualifica-se como um subsistema composto por comunicações diferenciadas, também inseridas na rede de comunicações que é o sistema social. Todavia, o direito apresenta-se como um conjunto comunicacional peculiar e com função específica, sendo inadmissível transitar livremente entre o sistema jurídico e os demais sistemas verificados no interior do macrossistema da sociedade, como o econômico, o político e o religioso. Observa Celso Fernandes Campilongo[19] que, "na rede de comunicações da sociedade, o direito se

---

17. *O direito como texto: quatro estudos de teoria comunicacional do direito*, p. 29.
18. *Ibidem*, p. 29 (grifos no original).
19. *O direito na sociedade complexa*, p. 162.

especializa na produção de um tipo particular de comunicação que procura garantir expectativas de comportamentos assentadas em normas jurídicas".

É o sistema do direito que estabelece quais fatos são jurídicos e quais não são apreendidos pela juridicidade, quer dizer, os fatos que desencadeiam consequências jurídicas e os que são juridicamente irrelevantes. Com isso, pretende-se despertar determinadas atitudes nos destinatários normativos.

5. As políticas públicas no plano normativo

Denominam-se "políticas públicas" os programas, ações e atividades desenvolvidas pelo Estado, objetivando assegurar direitos aos cidadãos, quer no âmbito social, cultural, econômico, dentre outros. São decisões políticas definidoras de um específico agir estatal.

Em vista disso, o implemento das políticas públicas depende de instrumentos para sua materialização. Daí porque Maria Paula Dallari Bucci[20] relaciona intrinsecamente a figura das "políticas públicas", em si consideradas, com os meios de sua concretização. Nos seus dizeres, "as políticas públicas são instrumentos de ação dos governos". Flávia Souza Dantas Pinto,[21] por seu turno, conclui:

> Políticas públicas são decisões coletivamente vinculantes eletivas de prioridades que direcionam e coordenam as atividades públicas e privadas envolvidas nas medidas adotadas para sua implementação com a finalidade de universalização das possibilidades de inclusão nos subsistemas sociais e mediante o estímulo à inclusão individual e de terceiros, a remoção de obstáculos ao gozo de direitos

---

20. *O conceito de política pública em direito*, p. 252.
21. *Tributos, tribunos, tribunais e policies: uma análise sistêmica da participação estratégica dos tributos nas políticas públicas*, p. 489 (destacamos).

> fundamentais e, portanto, por intermédio da recomposição de mecanismos subsistêmicos deficientes ou insuficientes para o cumprimento deste mister, **medidas essas instrumentalizadas e controladas pelo sistema jurídico**, financiadas (com recursos públicos e/ou privados) e avaliadas pelo sistema econômico e que comportam aferição de legitimidade pelo aspecto democrático de sua concepção, pela legalidade da vinculação e da **adequação entre meios e fins (constatável do ponto de vista normativo)** e pela eficiência, eficácia e efetividade das respostas dadas a esse específico problema social.

Como se vê, as políticas públicas podem ser examinadas por diversas perspectivas, tais como política, sociológica e econômica. Interessa-nos, porém, para os fins deste estudo, sua análise pelo ângulo normativo, como instrumento imprescindível para a concretização das políticas públicas.

Assim é que, por exemplo, educação e saúde, são direitos assegurados constitucionalmente, exigindo que o Estado desempenhe as atribuições necessárias para concretizá-los. Além disso, ingressando especificamente na seara do direito tributário, há específicas disposições normativas que objetivam a obtenção de recursos para custear tais políticas públicas. É o que se verifica nos arts. 198, § 2º e 212, da Constituição, os quais determinam percentual de impostos a serem aplicados nas ações e serviços públicos de saúde e do ensino. Ainda, os art. 149 e 195 conferem competência à União para instituir contribuições destinadas à esfera social (incluindo saúde, previdência e assistência social), ao interesse de categorias profissionais e econômicas, e à intervenção sobre o domínio econômico.

Vale citar, também, a Lei n. 9.433/97, que dispõe sobre a Política Nacional de Recursos Hídricos. Considerando que a água é bem de uso comum, optou-se editar normas voltadas a protegê-la e regular seu uso, instituindo, também, cobrança pela utilização de recursos hídricos.

Do mesmo modo, Aires F. Barreto[22] consigna que o IPTU pode servir de valioso subsídio para o regular e ordenando crescimento da cidade, o que há de ser feito mediante a fixação de alíquotas. Conclui, nessa esteira, que "a modulação das alíquotas só tem sentido a partir de um preciso delineamento dos objetivos pretendidos. Vale dizer, só após a fixação dos rumos definidos no plano diretor que se pretenda alcançados é que cabe cogitar da estipulação de alíquotas que possam dar suporte à realização eficaz dos objetivos colimados".

Percebe-se, desde logo, o papel instrumental do direito, como forma de implantação das políticas públicas, cabendo ressaltar, também, sua relevância por propiciar meios de controle do regular exercício dessas ações governamentais. As normas jurídicas estipulam, portanto, os direitos a serem concretizados, assim como os meios de fazê-lo.

Nesse ponto, assume relevo o direito tributário, como instrumento para concretização de políticas públicas, quer mediante obtenção de recursos para implementar as finalidades almejadas, quer pela veiculação de normas que estimulem ações do particular voltadas a auxiliar o Estado na implantação de tais políticas.

6. A atividade financeira do Estado: a tributação como forma de obter recursos destinados a implantar políticas públicas

Para que o Estado atue é necessário que exista uma atividade financeira consistente na obtenção de recursos, na sua gestão e, ao final, na sua aplicação. É a atividade financeira do Estado que torna possível o exercício de todas as suas outras atividades, proporcionando meios para satisfazer às necessidades públicas inerentes à ordem social e econômica, tais como educação, previdência, saúde, segurança, dentre outras. Como

---

22. *Curso de direito tributário municipal*, p. 274.

essas atividades têm um custo, o Estado precisa angariar recursos e, para tanto, utiliza métodos que envolvem a prática de atos coercitivos, o que os diferencia da atividade financeira de uma entidade privada. Captados esses recursos, também os gastos estatais estão sujeitos a regras próprias e diferentes daquelas aplicadas aos particulares.

Sendo a atividade financeira do Estado marcada pela realização de uma receita, pela administração do produto arrecadado ou, ainda, pela realização de um dispêndio ou investimento[23], podemos dizer que ela abrange a atividade de ingresso de recursos e realização de gastos, apresentando as seguintes características: (i) presença constante de uma pessoa jurídica de direito público; (ii) conteúdo monetário; e (iii) instrumentalidade.

Voltemos nossa atenção à *instrumentalidade*. Esse atributo significa que a atividade financeira não é fim último do Estado, mas é um meio para atingir tais fins, que seriam aqueles previstos na Constituição e que não se realizam sem um suporte financeiro. É necessário que o Estado pratique atividades destinadas a arrecadar os meios financeiros e os direcione para a concretização dos referidos fins. O caráter instrumental da atividade financeira dá-se porque é por intermédio dela que o Estado pode custear suas metas.

Em breve síntese, a atividade financeira começa no momento em que o Estado retira valores monetários da economia privada, os administra e gere, fixando-os para o atingimento de determinados fins. Essa atividade tem seu auge no instante em que o Estado emprega ou gasta os ingressos obtidos, fazendo-o mediante aquisição de bens ou prestação de serviços que objetivam satisfazer às necessidades coletivas.

Com base em tais premissas, podemos afirmar que a atividade financeira relaciona-se com os próprios fins do

---

23. Celso Ribeiro Bastos, *Curso de direito financeiro e de direito tributário*, *passim*.

Estado. Por tratar-se de uma parcela da atuação estatal, não pode ser isolada das demais funções estatais, sendo condicionada pela própria noção das funções do Estado.

A atividade financeira pode ser estudada por várias ciências, com ênfase nos seus aspectos econômicos, sociológicos ou políticos. Interessa-nos, porém, a análise dos elementos jurídicos, isto é, das normas concernentes à obtenção, gestão e aplicação de recursos. Nesse âmbito, convém destacar o direito financeiro e o direito tributário, deixando registrado que as ramificações do direito dão-se tão somente para fins didáticos.[24] Sendo o sistema do direito uno e indecomponível, não há como fazer uma separação absoluta entre os chamados "ramos do direito", devendo a divisão entre direito financeiro e direito tributário ser feita com cautela.

O direito financeiro tem por núcleo de regulação as atividades dos entes públicos consistentes na obtenção de meios econômicos para financiar os gastos públicos, bem como a correta aplicação dos referidos recursos. Para atingir suas finalidades, há um regime jurídico próprio ao direito financeiro, ou seja, um conjunto de normas que se voltam especificamente para regular a atuação estatal nesse setor. A tal atividade aplicam-se as regras de direito público, ficando bem demarcada a distinção entre as finanças do Estado e a dos particulares.

Como visto, o direito financeiro abrange as normas jurídicas disciplinadoras da obtenção, administração e aplicação das receitas públicas. Dentre as modalidades de receitas, importa discorrer, nesta oportunidade, sobre a receita derivada, composta pelos recursos que provêm do constrangimento sobre o patrimônio do particular. É nessa classe que se enquadram as receitas tributárias.

Receita pública, segundo Aliomar Baleeiro[25], "é a entrada que, integrando-se no patrimônio sem quaisquer reservas,

---

24. Paulo de Barros Carvalho, *Curso de direito tributário*, p. 13 e ss.
25. *Uma introdução à ciência das finanças*, p. 126.

condições ou correspondência no passivo, vem acrescer o seu vulto, como elemento novo e positivo". A própria legislação (Lei n. 4.320/64 e Lei Complementar n. 101/2000), ao empregar o vocábulo "receita", relaciona-o com entrada de dinheiro nos cofres públicos. Segundo os citados Diplomas Normativos, receitas correntes são as receitas tributárias, de contribuições, patrimonial, agropecuária, industrial, de serviços e outras, todas originadas de obrigação social dos cidadãos de contribuírem para a manutenção da coisa pública. Ademais, o art. 2º, § 3º da Lei Complementar n. 101/2000 prescreve que "A receita corrente líquida será apurada somando-se as receitas *arrecadadas* no mês em referência e nos onze anteriores, excluídas as duplicidades" (destaquei). Logo, só é suscetível de contabilização como "receita corrente" o *quantum* da efetiva arrecadação tributária, quer dizer, o conteúdo monetário que ingressou nos cofres públicos, com consequente aumento do ativo da pessoa política.

Considerado o teor desses Textos Legais, não há como pretender separar, de forma estanque, o direito tributário e o direito financeiro. Inadmissível considerar o tributo como algo dissociado do conceito de receita tributária, bem como da disciplina jurídica a ela aplicável.

Exemplo do que dissemos pode ser observado no problema inerente ao destino do produto da arrecadação das contribuições.

Ao examinar a figura das contribuições, notamos a existência de finalidades específicas, em relação às quais elas servem de instrumentos, configurando requisitos constitucionais à sua regular instituição. Enquanto proíbe a vinculação da receita de impostos (art. 167, IV), a Constituição, nos arts. 149 e 195, coloca a destinação do produto arrecadado como *pressuposto* essencial à instituição de contribuições sociais, de intervenção no domínio econômico e de interesse das categorias profissionais e econômicas. Por via de consequência, tendo a

Carta Magna vedado a vinculação da receita com relação a alguns tributos (impostos) e exigido a referida vinculação em outros (empréstimos compulsórios e contribuições), não deve esse fator distintivo ser desprezado. O destino do produto da arrecadação dos tributos é critério relevante para aferir sua constitucionalidade[26], conforme se depreende do art. 149, *caput*, do Texto Maior:

> Art. 149. Compete exclusivamente à União instituir contribuições sociais, de intervenção no domínio econômico e de interesse das categorias profissionais ou econômicas, **como instrumento de sua atuação nas respectivas áreas**, observado o disposto nos arts. 146, III, e 150, I e III, e sem prejuízo do previsto no art. 195, § 6º, relativamente às contribuições a que alude o dispositivo. (Grifamos).

Ao identificar as espécies de contribuições, o constituinte relaciona suas finalidades, quais sejam: social, de intervenção no domínio econômico e de interesse de categorias profissionais ou econômicas. Mas não é só isso. O constituinte também prescreve, expressamente, que referidas contribuições hão de servir como instrumento de atuação da União nas respectivas áreas. Quer dizer que não basta a instituição da contribuição pretendendo alcançar um dos fins constitucionalmente previstos; é imprescindível que haja a efetiva destinação desses tributos, de modo que instrumentalizem a atuação

---

26. Na obra *Contribuições para a seguridade social à luz da Constituição Federal* afirmamos que o destino do produto da arrecadação relevante para fins de identificação da espécie tributária não seria aquela destinação ocorrida no mundo fenomênico, após já extinta a relação jurídica tributária. Naquela ocasião, interessava-nos tão-somente a "destinação legal", ou seja, a destinação prescrita pelo direito positivo, mais especificamente pelas normas constitucionais de produção normativa tributária (normas de competência), já que utilizamos esse critério para traçar a classificação das espécies tributárias. Agora, entretanto, voltamos nossa atenção também à efetiva destinação do produto arrecadado, a fim de verificar se a exigência tributária está sendo feita para atingir as finalidades constitucionalmente prescritas.

estatal para a consecução da mencionada finalidade, ou seja, para a implementação das políticas públicas que deram ensejo à instituição do tributo.

Como anota Régis Fernandes de Oliveira[27], "ao tempo em que a Constituição assegurou um amplo elenco de direitos sociais, criou o recurso material necessário à concretização de tais direitos, vinculando as contribuições sociais à área social. As contribuições foram concebidas como 'instrumento', mas **devem ser compreendidas como meios para alcançar algum fim ou objetivo**, porque não tem sentido conceber algo como instrumento em si mesmo. Nessa linha de raciocínio, as contribuições sociais somente podem ser instituídas para atender às finalidades já consagradas pelos direitos sociais positivados em nossa Constituição Federal atual". Por esse motivo, considerando o caráter *instrumental* das contribuições, entendemos que tanto o legislador como o administrador público hão de observar suas finalidades constitucionais, que só é implementada mediante (i) previsão legal de destinação do produto arrecadado, conjugada à (ii) efetiva aplicação dos recursos assim obtidos. No mesmo sentido, conclui José Eduardo Soares de Melo[28] que "o art. 149 exige o exercício da atividade do Poder Legislativo, que ao instituir a contribuição deve estipular o seu destino, demandando, ainda, a atuação do Executivo, consistente na aplicação daqueles recursos".

Diante disso, Eurico Marcos Diniz de Santi e Vanessa Rahal Canado[29] identificam duas regras-matrizes distintas, porém relacionadas de forma indissociável: (i) a regra-matriz do tributo e (ii) a regra-matriz da destinação, motivo pelo qual o controle de constitucionalidade das contribuições deve ser feito considerando ambas as normas. Nessa linha de raciocínio,

---

27. *Contribuições sociais e desvio de finalidade*, p. 547-548 (destaquei).
28. *Contribuições sociais no sistema tributário*, p. 35.
29. *Direito tributário e direito financeiro: reconstruindo o conceito de tributo e resgatando o controle da destinação*, p. 622.

a destinação legal justifica a competência material para instituir contribuições, ao passo que a destinação efetiva realiza concretamente esse diferencial específico. Firmados em tais premissas, concluem esses autores que "a inexistência de possibilidade de controle da destinação efetiva, seja pela obscuridade das regras orçamentárias, seja pela falta de transparência nos gastos públicos, desqualifica a necessidade da destinação legal e compromete a própria existência das chamadas contribuições".[30]

É imprescindível, portanto, o controle do destino do produto da arrecadação de contribuições, tanto no que diz respeito à destinação legal como à destinação efetiva, já que se trata de requisitos para a constitucionalidade da exação. Como anota Paulo Ayres Barreto,[31] sem a possibilidade desse controle, "estaríamos diante de uma condicionante que, verdadeiramente, nada condicionaria; de um pretenso limite jurídico que não serviria a nenhum propósito; de um controle de legalidade que nada controlaria".

Sobre o assunto, esclarece Misabel Derzi[32] que, "diferentemente da solidariedade difusa ao pagamento do imposto, a Constituição prevê a solidariedade do contribuinte no pagamento de contribuições e empréstimos compulsórios e a consequente faculdade outorgada à União de instituí-los, de forma direcionada e vinculada a certas ações. Inexistente o gasto ou desviado o produto arrecadado para outras finalidades não autorizadas na Constituição, cai a competência do ente tributante para legislar e arrecadar". Por conseguinte, se pago o tributo, mas identificada a tredestinação ou a não-aplicação dos recursos arrecadados, estaremos diante de um tributo sem fundamento constitucional, já que inexistente a "causa" da sua instituição e arrecadação, sendo devida a restituição do indébito.

---

30. *Ibidem*, p. 625.
31. *Contribuições: regime jurídico, destinação e controle*, p. 167.
32. *A causa final e a regra-matriz das contribuições*, p. 631.

Por essas razões, entendemos que o contribuinte pode opor-se à cobrança de contribuição que não seja destinada, no plano normativo ou no fático, ao custeio das atividades constitucionalmente prescritas. Assim, caso o legislador não vincule o produto da contribuição a certa finalidade, nos termos prescritos pela Constituição, cabe ao contribuinte insurgir-se contra a constitucionalidade da instituição desse tributo, por verificar incompatibilidade entre as regras-matrizes de incidência e de destinação em relação à norma de competência, que lhes dá fundamento de validade.

Além disso, caso o contribuinte já tenha efetuado o recolhimento da contribuição, pode pleitear a restituição dos valores pagos. Isso porque, para que se tenha a regular instituição de uma contribuição, não basta que sua criação se dê por meio de lei, nem que esta prescreva certo destino para os recursos arrecadados. É necessário que tais valores sejam efetivamente aplicados para alcançar os respectivos fins, pois só assim servirão como instrumento de atuação da União nas áreas constitucional e legalmente indicadas, auxiliando na implantação das políticas públicas a que se destinam.

7. A extrafiscalidade no sistema tributário brasileiro

Consistindo no conjunto de normas jurídicas válidas, o direito positivo tem por escopo a regulação das condutas intersubjetivas. Concretiza essa providência ao estipular que, acontecido determinado fato (previsto na hipótese normativa), instala-se relação jurídica obrigacional, proibitiva ou permissiva, envolvendo dois sujeitos de direito (conforme consequente normativo).

Ocorre que, além dessa forma imediata de regulação, as normas jurídicas prestam-se para estimular ou desestimular certos atos do particular. Desse modo, é perfeitamente possível o emprego de disposições normativas para promover ações desejadas pela sociedade. Como pontua Tércio Sampaio Ferraz Júnior[33], as normas jurídicas "estabelecem assim controles, isto é, pré-decisões, cuja função é determinar outras decisões". São escolhas a que o destinatário normativo pode proceder, consideradas as hipóteses de incidência e as prescrições delas decorrentes.

No âmbito tributário, empregam-se os termos *fiscalidade* e *extrafiscalidade* para indicar essas funções normativas. Fala-se em "fiscalidade" quando as disposições normativas inerentes a determinado tributo denunciem a preponderância da finalidade arrecadatória. Por outro lado, verificando-se que há prevalência de objetivos diversos, como sociais, políticos ou econômicos, atribui-se o nome "extraficalidade".

Fazemos questão de enaltecer que essa distinção é feita com suporte na função que sobressai, quando examinado o gravame. Todo tributo apresenta feição fiscal, visto que abastece os cofres públicos, e, simultaneamente, apresenta algum caráter de extrafiscalidade, pois, como fundamento de sua instituição, há objetivos a serem implantados, ainda que sejam genéricos, como a partilha das despesas estatais para manter a operatividade de certo ente público.

Dirigindo nossa atenção aos tributos extrafiscais, verificamos que são diversas as situações em que se veem prestigiadas as finalidades sociais, políticas ou econômicas, consideradas valiosas pelo legislador. Podemos citar, a título exemplificativo, o Imposto Territorial Rural (ITR), incidente de maneira mais onerosa no caso dos imóveis inexplorados ou de baixa produtividade, buscando atender, desse modo, à função social da propriedade e desestimulando latifúndios improdutivos. No âmbito do Imposto sobre a Renda, há permissões de abatimento de verbas gastas em determinados investimentos, tidos como de interesse social ou econômico, como é o caso do reflorestamento.

---

33. *Teoria da norma jurídica*, p. 49.

Quanto ao Imposto sobre Produtos Industrializados, há preceito constitucional prescrevendo que suas alíquotas sejam seletivas em função da essencialidade dos produtos (art. 153, § 3º, I). Os Impostos de Importação e de Exportação, por sua vez, têm suas alíquotas elevadas ou reduzidas, conforme a política econômica adotada.

Em resumo, são regras tributárias de caráter extrafiscal as que perseguem objetivos alheios aos meramente arrecadatórios. E essa finalidade pode dar-se até mesmo pelo mecanismo dos *benefícios fiscais*, para fomentar as grandes iniciativas de interesse público e incrementar a produção, o comércio e o consumo, quando necessário para promover o desenvolvimento socioeconômico.

Ao discorrer sobre os incentivos fiscais, Geraldo Ataliba e José Artur Lima Gonçalves[34] anotam que seu "fim último é, sempre, o de impulsionar ou atrair os particulares para a prática das atividades que o Estado elege como prioritárias, tornando, por assim dizer, os particulares em participantes e colaboradores das metas postas como desejáveis ao desenvolvimento econômico e social por meio da adoção do comportamento ao qual são condicionados".

Outra forma de atuação extrafiscal dá-se pelo desestímulo, como se verifica na Lei n. 9.433/97 que, ao instituir cobrança pelo uso de recursos hídricos, considera o volume de água retirado, bem como a quantia de lançamento e toxidade dos esgotos e demais resíduos líquidos ou gasosos emitidos. Com isso, pretende o legislador induzir o particular a diminuir as captações e extrações de água, bem como a tomar providências para amenizar a toxidade dos resíduos lançados.

Por meio das disposições normativas tributárias, instrumentalizam-se as políticas públicas, desencorajando práticas

---

34. *Crédito-prêmio de IPI – direito adquirido – recebimento em dinheiro*. Revista de Direito Tributário n. 55, p. 167.

que, embora lícitas, sejam indesejadas, e incentivando condutas almejadas pela sociedade.

8. Conclusões

A função predominante nas proposições jurídico-normativas é aquela direcionada às condutas intersubjetivas, com o escopo de discipliná-las e de alterá-las. Para atingir tal escopo, as normas jurídicas estruturam-se sintaticamente de modo homogêneo: apresentam-se nos moldes de um juízo hipotético-condicional, em que determinada previsão fática implica deonticamente uma relação jurídica entre dois sujeitos de direito, modalizada de forma permissiva, obrigatória ou proibitiva.

Por outro lado, a heterogeneidade semântica salta aos olhos. Podem ser escolhidos diversos fatos, a eles atrelando-se relações jurídicas de conteúdos variados, conforme os valores que o legislador pretenda positivar, e, pelo instrumental jurídico, concretizar.

O direito positivo, com suas particularidades, implica específica rede de comunicação, em que o emissor transmite mensagens deônticas ao receptor para, por esse meio, alterar as condutas deste último, estimulando-o ou desencorajando-o a praticar certos atos.

Uma das formas de se empregar o direito tributário como instrumento para a concretização de políticas públicas dá-se mediante a obtenção de recursos, destinados a finalidades juridicizadas constitucionalmente. É o que ocorre com as contribuições, cuja instituição é justificada por necessidades sociais ou econômicas, e devendo o produto de sua arrecadação ser aplicado naquelas áreas.

Mas não é somente pelo abastecimento dos cofres públicos e pela aplicação dos recursos nas finalidades previstas que atua o instrumental tributário em relação às políticas públicas.

A concretização dos programas e das ações estatais pode contar com a participação direta dos contribuintes que, para fazerem jus a determinados benefícios fiscais, ou, ainda, para não se verem onerados por cargas tributárias mais elevadas, mudam seu modo de agir. Por meio da extrafiscalidade, as normas jurídicas incentivam ou desestimulam certas práticas, servindo, assim, como importante instrumento voltado à promoção das políticas públicas.

Referências bibliográficas

ATALIBA, Geraldo; LIMA GONÇALVES, José Artur. *Crédito-prêmio de IPI – direito adquirido – recebimento em dinheiro*. Revista de Direito Tributário n. 55.

BALEEIRO, Aliomar. *Uma introdução à ciência das finanças*. 15ª ed. Atualizado por Dejalma de Campos. Rio de Janeiro: Forense, 1997.

BARRETO, Aires F. *Curso de direito tributário municipal*. São Paulo: Saraiva, 2009.

BARRETO, Paulo Ayres. *Contribuições: regime jurídico, destinação e controle*. São Paulo: Noeses, 2006.

BASTOS, Celso Ribeiro. *Curso de direito financeiro e de direito tributário*. 9ª ed. São Paulo: Celso Bastos Editor, 2002.

BOBBIO, Norberto. *Teoria da norma jurídica*. Tradução de Fernando Pavan Baptista e Ariani Bueno Sudatti, São Paulo/Bauru: Edipro, 2001.

BUCCI, Maria Paulo Dallari. O conceito de política pública em direito. In: *Políticas públicas: reflexões sobre o conceito jurídico*. São Paulo: Saraiva, 2006.

CAMPILONGO, Celso Fernandes. *O direito na sociedade complexa*, São Paulo: Max Limonad, 2000.

CARVALHO, Paulo de Barros Carvalho. *Curso de direito tributário*. 22ª ed. São Paulo: Saraiva, 2010.

_____. *Entre a forma e o conteúdo na desconstituição dos negócios jurídicos simulados*. Revista de Direito Tributário n. 113, São Paulo: Malheiros, 2011.

COPI, Irving M. *Introdução à lógica*. Tradução de Álvaro Cabral, São Paulo: Mestre Jou, 1974.

DERZI, Misabel Abreu Machado. *A causa final e a regra-matriz das contribuições*. In: SANTI, Eurico Marcos Diniz de (Coord.). "Curso de direito tributário e finanças públicas – do fato à norma, da realidade ao conceito jurídico". São Paulo: Saraiva, 2008.

FERRAZ JÚNIOR, Tercio Sampaio. *Teoria da norma jurídica*. 3ª ed. Rio de Janeiro: Forense, 1999.

FIORIN, José Luiz. *Elementos de análise do discurso*, São Paulo: Contexto/EDUSP, 1989.

MELO, José Eduardo Soares de. *Contribuições sociais no sistema tributário*. São Paulo: Malheiros, 2003.

OLIVEIRA, Regis Fernandes. *Contribuições sociais e desvio de finalidade*. In: SCHOUERI, Luís Eduardo. "Direito tributário: homenagem a Paulo de Barros Carvalho". São Paulo: Quartier Latin, 2008.

PINTO, Flávia Souza Dantas. *Tributos, tribunos, tribunais e policies: uma análise sistêmica da participação estratégica dos tributos nas políticas públicas*. Tese de doutoramento. São Paulo: PUC/SP, 2010.

ROBLES MORCHÓN, Gregorio. *O direito como texto: quatro estudos de teoria comunicacional do direito*. Tradução de Roberto Barbosa Alves, Barueri: Manole, 2005.

ROSS, Alf. *Lógica de las normas*, Madrid: Tecnos, 1971.

SANTI, Eurico Marcos Diniz de; CANADO, Vanessa Rahal. *Direito tributário e direito financeiro: reconstruindo o conceito de tributo e resgatando o controle da destinação.* In: SANTI, Eurico Marcos Diniz de (Coord.). "Curso de direito tributário e finanças públicas – do fato à norma, da realidade ao conceito jurídico". São Paulo: Saraiva, 2008.

TOMÉ, Fabiana Del Padre. *Contribuições para a seguridade social à luz da Constituição Federal.* 5ª tiragem. Curitiba: Juruá, 2006.

VILANOVA, Lourival. *As estruturas lógicas e o sistema do direito positivo.* São Paulo: Noeses, 2005.

_____. *Causalidade e relação no direito.* 4ª ed. São Paulo: Revista dos Tribunais, 2000.

_____. Norma jurídica – proposição jurídica (significação semiótica). *Revista de Direito Público.* São Paulo: Revista dos Tribunais, 61:12-33, 1982.

WARAT, Luis Alberto. *O direito e sua linguagem.* 2ª ed. Porto Alegre: Fabris, 1995.

ANÁLISE DA INCIDÊNCIA DO ARTIGO 135 DO CÓDIGO TRIBUTÁRIO NACIONAL

Ana Lya Ferraz da Gama Ferreira[1]

Índice: Considerações iniciais; 1 – Do sujeito passivo na obrigação tributária; 1.1- Da responsabilidade tributária; 1.2- Da responsabilidade do artigo 135 do CTN; 2- Da necessidade de constituição do crédito tributário em face do responsável; 3- Dissolução irregular da empresa; 4-Considerações finais e 5-Bibliografia.

CONSIDERAÇÕES INICIAIS

O presente trabalho busca a abordagem de um tema muito recorrente nos processos de execução fiscal, qual seja, a análise da ocorrência de uma das hipóteses previstas no artigo 135 do Código Tributário Nacional para que haja o redirecionamento da execução em face de pessoas físicas responsáveis pelos débitos da empresa.

Estudar as hipóteses de responsabilidade tributária requer como início a análise da regra-matriz de incidência

---

1. Juíza Federal. Mestranda em Direito pela PUC-SP.

tributária, com enfoque na relação jurídica constante em seu consequente.

> Regra-matriz de incidência tributária é uma norma jurídica, definida por nós como sendo a significação organizada numa estrutura lógica hipotético condicional (juízo implicacional, construída pelo intérprete a partir do direito positivo, seu suporte físico. Tem como função regular condutas intersubjetivas.[2]

Sua estrutura lógica (formal), considerada pelo autor como um desdobramento aplicativo do "constructivismo lógico-semântico", compõe-se de hipótese (antecedente,) e tese (consequente ou descritor), unidas pelo dever-ser (o deôntico), A hipótese é descrição abstrata de um fato de "possível ocorrência no mundo real"; composta pelos critérios material (verbo + complemento), temporal e espacial, possibilita a identificação de tal fato no tempo e no espaço, de forma que a sua ocorrência implica uma relação jurídico-tributária.

O consequente é a descrição de uma conduta determinada (obrigatória, permitida ou proibida), prescrita pela relação jurídica decorrente da concretização de tal fato no mundo real (devidamente vertida em linguagem competente), entre determinados sujeitos; composto pelo critério pessoal (sujeito ativo e passivo) e quantitativo (base de cálculo e alíquota) permite determinar os sujeitos desta relação, bem como o vínculo abstrato entre tais sujeitos. Assim, uma vez ocorrido o fato jurídico tributário (evento, no mundo real, descrito hipoteticamente na norma, ou seja, vertido em linguagem competente), instalar-se-á a relação jurídico-tributária (vínculo obrigacional entre os sujeitos de direito).

A regra-matriz de direito tributário tem natureza de ser uma norma de comportamento, também conhecidas como

---

2. *Responsabilidade Tributária e o Código Civil de 2002*, p. 25.

normas de conduta. Ou seja, são normas que regulam as condutas intersubjetivas. Não são fontes de direito tributário haja vista que o direito não se auto reproduz; elas são o próprio direito tributário quando regulam condutas intersubjetivas relacionadas a este assunto.

O direito tributário rege-se, dentre outros, pelos princípios da estrita legalidade e tipicidade tributária, de modo que a obrigação tem nascimento tão somente se verificado através de linguagem competente o fato descrito conotativamente no antecedente da regra-matriz.[3] Assim, a função da regra-matriz, dentre outras, é viabilizar o nascimento de uma obrigação tributária, prevendo em seu antecedente o fato em abstrato que, quando verificado no mundo social, dará ensejo à aplicação do consequente, fazendo nascer a relação em que um sujeito de direito "S" tem uma proibição, obrigação ou permissão perante outro sujeito "S".

No caso, as normas de responsabilidade regulam a conduta para que haja a cobrança do crédito tributário não somente do contribuinte, mas também do responsável tributário. Apresentam assim, em seu antecedente uma hipótese composta pela descrição de um fato ilícito, e em seu consequente, a obrigação de pagar o tributo por pessoa diversa do contribuinte.

O corte metodológico realizado neste trabalho é a análise da sujeição passiva na relação jurídica tributária, nas hipóteses de responsabilidade de terceiros prevista no artigo 135 do CTN. Abordar-se-á a possibilidade do responsável ser sujeito passivo na ação de execução fiscal finalizando com o estudo das questões em sede jurisprudencial.

Em razão do corte metodológico mencionado, ressalta-se o critério pessoal do consequente normativo, em especial o sujeito passivo da relação jurídica sob a perspectiva do constructivismo lógico-semântico.

---

3. *A Prova no Direito Tributário*, p.33.

O constructivismo lógico-semântico é método de trabalho hermenêutico, o qual, no Brasil, foi desenvolvido por Lourival Vilanova. O termo constructivismo é empregado para denominar teorias que defendem a ideia de que há sempre intervenção do sujeito na formação do objeto, contrapondo-se à corrente descritivista que defende a ideia de que o conhecimento se limita a um processo de assimilação de formas. Através do constructivismo, o cientista do direito não se limita a contemplar o texto da lei, mas efetivamente constrói os sentidos normativos, buscando-se sempre amarrar as ideias. Essa amarração, por sua vez, opera-se no plano lógico e no plano semântico. A utilização deste método para estudo do direito positivo tem a finalidade de identificar instrumentos teóricos que permitam melhor compreensão e operacionalização da experiência jurídica, buscando sempre a intersecção entre a teoria e a prática.

Entretanto, desde já adverte-se que o assunto é rodeado de controvérsias doutrinárias e jurisprudenciais, havendo muitas divergências dentre as várias questões que envolvem o tema. Ademais, importante ressaltar que a posição defendida nestas linhas é minoritária na doutrina e na jurisprudência, em especial por tornar mais técnica e dificultosa a possibilidade de redirecionamento da execução fiscal.

1. DO SUJEITO PASSIVO NA OBRIGAÇÃO TRIBUTÁRIA

O direito é produzido pelo homem para obter determinado fim, qual seja, de disciplinar condutas sociais. Isso implica reconhecê-lo como produto cultural, ou seja, o direito é um instrumento constituído pelo homem com a finalidade de regular condutas intersubjetivas, canalizando-as em direção a certos valores que a sociedade deseja ver realizados. Assim, a linguagem do direito positivo tem como objeto a prescrição de condutas, uma linguagem normativa com força cogente. Influencia diretamente a linguagem social haja vista que as pessoas devem, na sua vida social, se comportar, agir e pensar conforme o direito, para que possamos viver em paz e sociedade.

No direito positivo, temos acesso a nada mais do que um conjunto de palavras, signos estruturados na forma de textos, onde o destinatário deve voltar-se a construir o sentido destas palavras a fim de compreender a mensagem legislada.

A comunicação se dá através um conjunto estruturado, organizado de símbolos, chamado de linguagem. Por isso, possível dizer que o direito positivo se manifesta em linguagem, pois se apresenta fisicamente na forma idiomática escrita. Toda manifestação jurídica no Brasil é necessariamente escrita, ou seja, materializada em forma de texto.

A realidade surge a partir de um sujeito e uma linguagem que a cria.

Vilém Flusser abandona o conceito de realidade como conjunto de dados brutos, optando por entender que os dados brutos se realizam somente quando articulados em palavras. Assim, não seria correto falar-se na existência de dados brutos, pois a essência das coisas não tem existência para o ser congnoscente. É real apenas aquilo que se insere nos limites da linguagem humana.

Sob este raciocínio, de que a realidade só existe a partir de algo que a nomeie, é possível dizer que a realidade é um texto, considerando este um conjunto de símbolos utilizados para interpretar aquilo que foi apreendido pelos sentidos. A realidade é criada a partir da linguagem (manifestada também em forma de língua). Só se conhece algo porque o homem o constrói por meio de sua linguagem. O direito positivo é constituído pela linguagem, sendo a norma jurídica construída a partir do texto através da interpretação de seu destinatário.

A regulação das condutas humanas, por sua vez, advém do surgimento de direitos e deveres correlatos entre os sujeitos, os quais, unidos por um vínculo ideal compõem a relação jurídica.

A relação jurídica, por sua vez, decorre da aplicação de uma norma jurídica, e consequentemente da construção de sentido da norma pelo intérprete. A interpretação do documento normativo é pressuposto para construção da norma jurídica e, consequentemente, para sua aplicação. Trata-se de uma sequencia de atos necessária para que haja a aplicação da norma; primeiro interpreta-se o direito através de um ato mental onde se atribui significado a uma disposição normativa para após, aplicar a norma ao caso concreto.

A incidência normativa é um processo de aproximação da linguagem jurídica, ao plano social que o direito pretende modificar.

Há duas grandes teorias que buscam explicar o fenômeno da incidência:

a) **Teoria tradicional**: esta teoria, defendida por Miguel Reale e Pontes de Miranda, entende que a incidência é automática e infalível no plano factual. O sistema jurídico é visto como um fenômeno social, produto da atividade do homem de tornar controlável as relações em sociedade. É tido como um fato social e como tal é analisado e estudado. Assim, não há distinção entre os planos do direito positivo e realidade social.

Nesta ótica, a incidência é um fenômeno no mundo social. A norma projeta-se sobre os acontecimentos sociais, juridicializando-os. A norma incide sozinha sobre os fatos sociais assim que eles ocorrem, fazendo-os propagar consequências jurídicas. Assim, os direitos e deveres são constituídos no momento da ocorrência tomada como suposto por normas jurídicas.

De acordo com este posicionamento, a incidência e a aplicação são coisas distintas e ocorrem em momentos diversos. Também por esta corrente, é possível dizer que a incidência normativa é automática e infalível, uma vez que, ocorrido um fato descrito na hipótese normativa, automaticamente há a incidência desta norma, o que não se confunde com sua aplicação, que pode ou não acontecer em um momento posterior.

b) **Teoria do constructivismo**: esta teoria, defendida por Paulo de Barros Carvalho, entende que os planos do direito positivo e da realidade social são diversos e não se confundem. O plano do direito positivo é sintaticamente fechado, constitui-se em uma linguagem própria, somente permitindo o ingresso de elementos exteriores (fatos sociais) quando estes estejam relatados em linguagem competente. Assim, um fato ocorrido no mundo social, não necessariamente será jurídico. É imprescindível que integre o sistema do direito positivo através da linguagem adequada.

De acordo com esta teoria a incidência não é automática nem infalível à ocorrência do evento, pois ela depende da produção de uma linguagem competente que atribua juridicidade ao fato, imputando-lhe efeitos na ordem jurídica. Nada do direito acontece de forma automática, não havendo como se conceber a ideia de que as normas são criadas ou modificadas como se tivessem vida própria. É preciso a ação humana (e a linguagem competente) para que os eventos sejam trazidos para o mundo do direito positivo e consequentemente, para que haja a incidência da norma jurídica. Assim, é possível dizer que a incidência é automática e infalível quanto ao fato jurídico (já relatado em linguagem competente), pois uma vez fato jurídico, instauram-se os efeitos jurídicos a ele correspondentes de forma automática e infalível.

Neste aspecto, não há diferença entre incidência e aplicação. Para incidir, a norma tem que ser aplicada, de modo que incidência e aplicação se confundem. A incidência da norma jurídica se dá no momento em que o evento é relatado em linguagem competente, o que ocorre com o ato de sua aplicação.

O direito não dispõe de normas individuais e concretas para regular cada caso específico. Há sim, um aparato de normas gerais e abstratas, as quais não atuam diretamente sobre as condutas intersubjetivas em razão de sua generalidade e abstração. Logo, o sistema pressupõe que a partir das normas gerais e abstratas, sejam criadas normas individuais e concretas diretamente voltadas a regular os comportamentos dos indivíduos, de forma a atuar diretamente em cada caso concreto.

Assim, a despeito de haver inúmeras normas gerais e abstratas, elas não tem o condão de sozinhas, atingir a conduta dos indivíduos e modificá-las. É preciso a ação do homem, através do relato do evento em linguagem competente e a consequente imputação dos efeitos jurídicos que lhe são próprios (previstos no consequente da norma geral e abstrata). Este ato de aplicação da norma jurídica implica a criação de uma norma individual e concreta para aquele caso específico.

O aplicador do direito, ao verificar que um acontecimento concreto relatado em linguagem competente, inclui-se na classe delimitada pelos critérios da hipótese da norma geral e abstrata, realiza a subsunção do fato à norma. Essa subsunção é um dos aspectos sintáticos da incidência. Em razão da causalidade (imputação deôntica) o intérprete imputa a relação jurídica definida de acordo com os critérios estabelecidos no consequente daquela mesma norma geral e abstrata, realizando agora a subsunção da outra parte da norma jurídica.

Nesse sentido, Paulo de Barros Carvalho discorre:

> Para a Teoria Geral do Direito, relação jurídica é definida como o vínculo abstrato, segundo o qual, <u>por força da imputação normativa</u>, uma pessoa, chamada sujeito ativo, tem o direito subjetivo de exigir de outra, denominada sujeito passivo, o cumprimento de certa prestação.[4]

O conteúdo da relação jurídica é o fato de ser uma amparada pelo direito, composta por dois polos subjetivos, em torno de um objeto. Nas situações em que este objeto apresenta

---

4. *Curso de Direito Tributário*, p. 354.

conteúdo patrimonial, temos a figura da obrigação. Não se trata de conceito unânime, havendo muitos que contestam analisar a obrigação como relação jurídica de cunho patrimonial.

Levando estes conceitos ao âmbito do direito tributário, identifica-se os dois tipos de relação jurídica, as patrimoniais e as não patrimoniais. As primeiras são comumente conhecidas como obrigações principais e as segundas, como obrigações acessórias.

A estrutura do vínculo obrigacional é composta pelo critério pessoal da relação (que identifica os sujeitos ativo e passivo) e pelo critério quantitativo, o qual identifica os fatores que, conjugados, exprimem o valor pecuniário da dívida (base de cálculo e alíquota).

Conforme exposto, objetiva-se a análise do aspecto pessoal, em especial da sujeição passiva da obrigação tributária.

A definição de sujeito passivo pode ser dada a partir das lições de Paulo de Barros Carvalho, como sendo a *"pessoa física ou jurídica, privada ou pública, de quem se exige o cumprimento da prestação: pecuniária, nos nexos obrigacionais; e insuscetível de avaliação patrimonial, nas relações que veiculam meros deveres instrumentais ou formais"*.[5]

Paulo Ayres Barreto[6] traz a seguinte definição:

> Sujeito passivo é o devedor da obrigação tributária, ou seja, é a pessoa que tem o dever de prestar, ao credor ou sujeito ativo, o objeto da obrigação. Como as obrigações, em função do objeto, foram classificadas pelo Código Tributário Nacional como principais ou acessórias, esse diploma, embora não tenha dado um conceito genérico de sujeito passivo, definiu o sujeito passivo da obrigação principal e o sujeito passivo da obrigação tributária acessória.

---

5. Op. Cit., p. 372.
6. *Imposto sobre a Renda e Preços de Transferência*, p. 86.

Renato Lopes Becho[7] assim define o instituto:

> Extraímos do critério pessoal os sujeitos passivos da obrigação tributária que, nos tributos discriminados na Constituição, serão necessariamente aquelas pessoas que realizarem inquestionavelmente, a materialidade prevista na norma constitucional tributária. Nos tributos não discriminados, serão aquelas pessoas que realizarem as condutas descritas em dita materialidade. Os sujeitos passivos tributários, estão, portanto, umbilicalmente relacionados com a materialidade descrita na norma.

Verifica-se, com o breve exposto, divergências doutrinárias já no conceito de sujeito passivo. A diferente linha de abordagem deste conceito traz diversas consequências para o estudo da responsabilidade tributária. Este trabalho se aterá ao estudo da responsabilidade de acordo com o conceito de sujeito passivo trazido pelo professor Paulo de Barros Carvalho, que traz como ponto fundamental o fato de o sujeito passivo ser aquele que se encontra no polo passivo da relação jurídica tributária e não aquele que apresenta aptidão para suportar o ônus fiscal.

A questão é regulada pelo artigo 121 do CTN que elege duas espécies de sujeitos passivos para a relação jurídica tributária: o contribuinte, identificado como sendo a pessoa que tem relação direta e pessoal com o fato gerador, e o responsável, como sendo a pessoa que, embora não tendo relação direta e pessoal com o fato, é indicada pela lei para satisfazer a obrigação tributária.

Assim, uma vez presente no polo passivo da obrigação tributária, mas não tendo realizado o fato jurídico tributário, haverá somente a responsabilidade. Para ser contribuinte, é preciso que o sujeito realize o fato previsto no antecedente da

---

7. *Sujeição Passiva e Responsabilidade Tributária*, p.190.

norma jurídica tributária. E que figure no polo passivo da relação obrigacional.

Passa-se assim, ao breve estudo da responsabilidade tributária, espécie de sujeição passiva, justificativa do Fisco para inclusão dos sócios no polo passivo das execuções fiscais.

1.1. DA RESPONSABILIDADE TRIBUTÁRIA

As hipóteses de responsabilidade tributária estão previstas no Capítulo V do título III do CTN. O artigo 128 trouxe algumas noções gerais sobre o tema:

> Art. 128. Sem prejuízo do disposto neste capítulo, a lei pode atribuir de modo expresso a responsabilidade pelo crédito tributário a terceira pessoa, vinculada ao fato gerador da respectiva obrigação, excluindo a responsabilidade do contribuinte ou atribuindo-a a este em caráter supletivo do cumprimento total ou parcial da referida obrigação.

Na relação de responsabilidade, importante a ressalva de alguns comentários gerais. O responsável pode ser qualquer um que não seja o contribuinte, ou seja, qualquer pessoa, salvo aquela que tenha relação direta com o fato gerador do tributo.

A Constituição, ao prever as competências tributárias, não indica sobre quem deve recair as exações lá previstas. Contudo, apresenta alguns indicativos relacionados com o fato gerador do tributo que, em conformidade com o artigo 121 do CTN devem ser considerados pelo legislador no momento em que define o contribuinte de uma relação jurídica tributária.

Pois bem. Ocorre que por vezes, outras pessoas participam do acontecimento descrito como hipótese de incidência, mantendo uma proximidade apenas indireta com o ponto de referência em volta do qual foi formada uma situação jurídica. Compete ao legislador, dentre esses sujeitos, a escolha daquele que será o responsável tributário.

A essência da responsabilidade tributária é essa, apresentar como responsável alguém que saia da compostura interna do fato tributário ocorrido. Deve haver um vínculo indireto entre o responsável e o fato gerador.

Ocorre que o responsável pode ser qualquer um que não tenha relação direta com o fato tributário. Não exige o CTN essa relação indireta que acabamos de expor. Paulo de Barros Carvalho entende que o vínculo tributário analisado em seu sentido estrito, entre o responsável e a relação obrigacional somente ocorre nos casos onde haja aquela relação indireta entre eles.

> Não sucede o mesmo quando o legislador deixa os limites factuais, indo à procura de uma pessoa estranha àquele acontecimento do mundo, para fazer dele o responsável pela prestação tributária, quer de forma supletiva, quer na condição de sujeito passivo exclusivo. Não é demasia repetir que a obrigação tributária só se instaura com o sujeito passivo que integre a ocorrência típica, seja direta ou indiretamente unido ao núcleo objetivo da situação tributada.[8]

Prossegue: *"Nosso entendimento é no sentido de que as relações jurídicas integradas por sujeitos passivos alheios ao fato tributado apresentam a natureza de sanções administrativas"*.[9]

A despeito desta posição não ser a majoritária na doutrina, dela compartilho entendimento, no sentido de entender que o cerne das hipóteses de responsabilidade tributária previstas no artigo 130 e seguintes do CTN recai sobre a natureza de serem sanções administrativas, não apresentando a existência de vínculo tributário *strito sensu* entre o responsável e o fato gerador do tributo.

---

8. *Curso de Direito Tributário*, p. 392.
9. Op. Cit., p. 393.

Apresentadas tais premissas, passa-se à análise das hipóteses de responsabilidade tributária previstas no artigo 135 do CTN.

1.2. DA RESPONSABILIDADE DO ARTIGO 135

Como proposição prescritiva, responsabilidade tributária é norma jurídica incompleta de conduta pois requer um fato jurídico tributário previsto em outra norma para que se encaixe um sujeito não realizador do antecedente previsto na hipótese de incidência tributária como sujeito passivo da obrigação.

O artigo 135 do CTN prevê:

> Art. 135. São pessoalmente responsáveis pelos créditos correspondentes a obrigações tributárias resultantes de atos praticados com excesso de poderes ou infração de lei, contrato social ou estatutos:
>
> I – as pessoas referidas no artigo anterior;
>
> II – os mandatários, prepostos e empregados;
>
> III – os diretores, gerentes ou representantes de pessoas jurídicas de direito privado.

Nos casos em que a Fazenda alega que o sócio deva ser sujeito passivo da execução fiscal, há a tentativa de enquadrá-lo na responsabilidade advinda de norma primária sancionadora. Para tanto seria necessário que o sócio não tivesse praticado o descrito no fato jurídico tributário (pois se assim fosse seria contribuinte direto) bem como tivesse cometido ilícito tipificado em lei como apto para gerar a responsabilidade tributária.

Há limitações para que uma pessoa figure como responsável tributário. Não basta que a Fazenda ao seu livre arbítrio "ache" que certa pessoa deva ser sujeito passivo de uma obrigação tributária e assim o encaixe, desprovido de qualquer amparo legal. É certo que a certidão de dívida ativa tem presunção de legitimidade e veracidade, contudo sua constituição deve decorrer da exata obediência aos limites impostos por lei.

O administrador público deve apenas fazer aquilo que a lei o permite, não ultrapassando os limites impostos. Trata-se do princípio da legalidade, previsto no caput do artigo 37 da Constituição Federal como um dos pilares que orientam a atividade administrativa.

Estes limites fundamentam-se na Constituição Federal e são aplicáveis com a finalidade de assegurar que a cobrança do tributo não seja decorrente de confisco e obedeça à capacidade contributiva. Do contrário, se não houvesse qualquer previsão legal instituindo delimitações aos que possam ser considerados sujeitos passivos em uma obrigação tributária, a cobrança do tributo poderia incidir sobre o patrimônio do obrigado e não sobre a manifestação de riqueza diretamente vinculada ao fato constitucionalmente previsto.

A responsabilidade decorre assim, da lei que considera o vínculo existente entre os sujeitos, contribuinte e o responsável.

Dentre as normas que disciplinam o assunto, cabível citar também a lei de execuções fiscais:

> Art. 4º. A execução fiscal poderá ser promovida contra:
>
> I – o devedor;
>
> II – o fiador;
>
> III – o espólio;
>
> IV – a massa;
>
> V – o responsável, nos termos da lei, por dívidas, tributárias ou não, de pessoas físicas ou pessoas jurídicas de direito privado; e
>
> VI – os sucessores a qualquer título.

A lei mencionada no inciso V é o Código Tributário Nacional que dispõe sobre a matéria em seu Capítulo V.

Conforme exposto, este trabalho restringe-se à análise do artigo 135 do CTN.

Em regra, a Fazenda Pública pede a inclusão dos sócios no polo passivo da execução fiscal com fulcro no artigo 135 do CTN.

O ponto mais relevante no artigo supramencionado é de que ele trata da responsabilidade decorrente de créditos tributários correspondentes a obrigações resultantes de atos ilícitos.

Para que haja responsabilidade fundada no artigo 135 é preciso que a infração praticada pelo administrador tenha como consequência o nascimento da obrigação tributária, o que não ocorre com o mero inadimplemento da obrigação, pois o pagamento é um dever da empresa mediante a ocorrência do fato gerador previsto na norma primária.

Entendo, ao contrário de grande parte da doutrina, que o artigo 135 traz a responsabilidade pessoal dos sócios de forma solidária com a empresa. Trata-se de situação diversa da prevista no artigo 134, onde as pessoas elencadas respondem apenas subsidiariamente pelos débitos tributários.

Apenas a título ilustrativo, considerando que em sede de responsabilidade tributária apenas lei complementar pode dispor sobre o assunto, a portaria 150/2010 PGFN trouxe expressamente que as hipóteses do artigo 135 do CTN são consideradas como situações de solidariedade.

Como a portaria não pode inovar no ordenamento, a mesma apenas esclareceu aquilo que o artigo 135 não dispôs de forma expressa.

O texto legal prevê a nomenclatura "solidária" apenas no artigo 134 do CTN. Contudo, após breve análise do dispositivo mencionado, possível concluir que a responsabilidade prevista é a subsidiária, uma vez que o texto do caput estipula que as pessoas elencadas em seus incisos somente serão responsabilizadas quando da impossibilidade de cumprimento da obrigação principal pelo contribuinte. Não cabendo a cobrança concomitante de todos os codevedores não há que se falar em solidariedade, mas sim em subsidiariedade em razão do benefício de ordem previsto no próprio artigo.

Acerca da questão da solidariedade, Maria Rita Ferragut diverge do exposto:

> Ser pessoalmente responsável significa que a responsabilidade é pessoal, solidária ou subsidiária? Não temos dúvida em afirmar que ela é pessoal. O terceiro responsável assume individualmente as consequências advindas do ato ilícito por ele praticado, ou em relação ao qual seja partícipe ou mandante, eximindo a pessoa jurídica, realizadora do fato tributário, de qualquer obrigação. O sujeito que realizou o evento nem sequer chega a participar da relação jurídica tributária.[10]

Ouso divergir da ilustre doutrinadora. Entendo que a responsabilidade prevista no artigo 135 do CTN é solidária, o que, por si só, não gera a aplicação direta e imediata do instituto da solidariedade, sem observância dos requisitos previstos no próprio artigo.

Explica-se.

Responsabilidade solidária passiva, em breves palavras é aquela onde todos os codevedores são responsáveis pelo pagamento integral da dívida, não comportando benefício de ordem. A responsabilidade decorre da lei ou da vontade das partes. Após análise e verificação prévia dos requisitos do artigo 135 há que se falar em responsabilidade solidária entre os administradores e a pessoa jurídica.

---

10. *Responsabilidade Tributária e o Código Civil de 2002*, p.118.

Nesse sentido:

> PROCESSO CIVIL E TRIBUTÁRIO – EXECUÇÃO FISCAL – OFENSA AO ART. 535, II DO CPC – INOCORRÊNCIA – DISSOLUÇÃO IRREGULAR – SÓCIO-GERENTE – REDIRECIONAMENTO – INTERPRETAÇÃO DO ART. 135, INCISO III, DO CTN.
>
> 1. Não viola o art. 535, II do CPC, tampouco nega a prestação jurisdicional, o acórdão que, embora rejeitando os embargos de declaração, examina motivadamente todas as questões pertinentes.
>
> 2. É pacífica a jurisprudência desta Corte no sentido de que o simples inadimplemento da obrigação tributária não caracteriza infração à lei, de modo a ensejar a redirecionamento da execução para a pessoa dos sócios.
>
> 3. Em matéria de responsabilidade dos sócios de sociedade limitada, é necessário fazer a distinção entre empresa que se dissolve irregularmente daquela que continua a funcionar.
>
> 4. Em se tratando de sociedade que se extingue irregularmente, impõe-se a responsabilidade tributária do sócio-gerente, autorizando-se o redirecionamento, cabendo ao sócio-gerente provar não ter agido com dolo, culpa, fraude ou excesso de poder.
>
> 5. A empresa que deixa de funcionar no endereço indicado no contrato social arquivado na junta comercial, desaparecendo sem deixar nova direção, é presumivelmente considerada como desativada ou irregularmente extinta.
>
> **6. Imposição da responsabilidade solidária.**
>
> 7. Recurso especial parcialmente provido. (REsp 1017732/RS, Rel. Ministra ELIANA CALMON, SEGUNDA TURMA, julgado em 25/03/2008, DJe 07/04/2008).

Para a aplicação da solidariedade entre os administradores e a pessoa jurídica, de forma a possibilitar o redirecionamento da execução com fundamento no artigo 135 do CTN, é preciso que o ato praticado decorra de excesso de poderes, infração à lei, ao contrato social ou estatuto e que tenha sido praticado por quem tenha de poderes de gestão na empresa à época do fato gerador.

Disso decorrem algumas conclusões:

a) Não basta ser sócio para que a pessoa possa ser sujeito passivo em um redirecionamento ocorrido na execução fiscal. É indispensável que o sócio tenha poderes de gestão à época do fato gerador.

b) É preciso que a conduta do administrador que infringiu a lei, o contrato social ou o estatuto seja eivada de dolo.

O elemento subjetivo aqui significa que a responsabilidade nasce somente se o administrador agir intencionalmente com o *animus* de praticar a conduta típica, sabendo que o ordenamento jurídico proíbe tal comportamento.

> A separação das personalidades e a necessidade e gerir sociedades economicamente estáveis e instáveis, somadas ao direito constitucional à propriedade e ao princípio da não utilização do tributo com efeitos confiscatórios, vedam que o administrador seja responsável por ato não doloso. A intenção de fraudar, de agir de má-fé, de prejudicar terceiros é fundamental.[11]

Assim, para que se reconheça a recepção do artigo 135 pela ordem constitucional de 1988, é indispensável a aplicação de seu preceito em harmonia com a necessidade de presença do elemento subjetivo dolo na conduta, de modo que a responsabilidade pessoal atinja tão somente aqueles que cometeram dolosamente o fato típico.

Evidencia-se assim que, além da obrigação tributária objeto da execução fiscal ser resultado de infração de acordo com o *caput* do artigo 135 deve haver comprovante de conduta

---

11. *Responsabilidade Tributária e o Código Civil de 2002*, p.121.

dolosa da pessoa física no processo administrativo que deu origem a CDA. Importante ressaltar que, por muitas vezes, a Fazenda não traz as pessoas físicas ao processo administrativo, requerendo apenas judicialmente a inclusão como codevedoras do débito. Nessas situações, não há como se falar de conduta dolosa se não houve oportunidade de defesa no processo administrativo.

A prova da conduta dolosa para que ocorra o redirecionamento é matéria muito controvertida na doutrina e na jurisprudência. A jurisprudência do STJ tem mantido uma regularidade em suas decisões no seguinte sentido:

a) Se o sócio estiver previsto na CDA desde a propositura da ação, há a presunção de que houve a ocorrência dos atos dolosos. Isso porque para que o sócio conste na CDA é preciso lançamento/processo administrativo em face dele, de onde se presume que foi discutida a questão. Neste caso, cabe ao sócio produzir a prova negativa de que não incorreu na conduta dolosa.

b) Se o sócio não fazia parte da CDA no momento da propositura da ação, sendo incluído na mesma ao longo da execução fiscal, a Fazenda, requerendo o redirecionamento deverá fazer prova da conduta dolosa do sócio. Não provando, não será cabível o redirecionamento, haja vista que um redirecionamento sem prova da conduta dolosa viola de forma inconteste o principio da segurança jurídica, basilar na Constituição Federal.

2. DA NECESSIDADE DE CONSTITUIÇÃO DO CRÉDITO EM FACE DA PESSOA FÍSICA

Esse ponto merece uma nova atenção pois sua aplicação prática implica na análise da possibilidade do Fisco substituir a Certidão de Dívida Ativa ao longo da execução fiscal incluindo aquele que entende ser o real devedor da obrigação tributária.

É certo que a CDA é ato administrativo que tem como atributos a presunção de legitimidade e legalidade. Em tese, por uma análise superficial destas características, caberia ao sujeito que foi incluído na CDA a produção de prova de que não é responsável pelo débito em questão.

Esta premissa procede desde que a indicação do sujeito passivo na CDA decorra do regular procedimento para sua constituição.

Explica-se.

A CDA decorre de um procedimento administrativo que a antecede, culminando na constituição definitiva do crédito tributário com a identificação do sujeito ativo, sujeito passivo, fato gerador, valor do tributo a ser pago e multa. Assim, qualquer substituição destes elementos que a compõem implica na necessidade de novo contraditório sobre a alteração efetuada.

O processo administrativo é o meio através do qual se materializa em linguagem competente os fatos jurídicos previstos no antecedente da norma de responsabilidade, ou seja a prática do ilícito que autoriza a cobrança do crédito do responsável. Sem a constituição do crédito tributário decorrente de um procedimento em que se observe o contraditório e a ampla defesa, resta inexistente para o direito a ocorrência do ilícito.

Isso porque é indispensável que o fato ilícito seja trazido aos autos através de linguagem competente a formar o convencimento do administrador para o lançamento tributário.

Não basta a alteração unilateral por parte da Fazenda, incluindo ou excluindo o elemento que lhe for conveniente. Se a CDA é precedida de processo administrativo que garanta o contraditório e a ampla defesa, o mesmo deve acontecer no que tange a qualquer alteração que seja efetuada neste título haja vista ser este o meio adequado para a prova do ilícito presente no antecedente da norma de responsabilidade. Se na CDA constar o nome do sócio responsável após o regular processo administrativo, caberá a ele o ônus de produzir a prova contrária à sua responsabilidade ao longo do processo judicial, independentemente se a ação executiva foi proposta contra a pessoa jurídica e contra o sócio ou somente contra a empresa, tendo em vista que a CDA regularmente constituída goza de presunção relativa de liquidez e certeza, nos termos do art. 204 do CTN c/c o art. 3º da Lei n. 6.830/80.

Nesse último caso, bastará que a Fazenda peça o redirecionamento dentro do prazo prescricional, para que seja feita a inclusão do responsável no polo passivo da execução pois houve a constituição do crédito tributário em face do mesmo. Havendo a constituição do crédito, de forma fundamentada o Fisco poderá requerer a inclusão do nome do administrador na CDA e, consequentemente o redirecionamento da execução.

O problema ocorre quando não há prévio lançamento em face da pessoa física e a Fazenda, ao longo da execução fiscal entende por requerer a inclusão do administrador no polo passivo da lide.

Nesse caso, tendo havido lançamento somente em face da pessoa jurídica, não é possível a inclusão do administrador no polo passivo sem que haja constituição do crédito em face deste.

Explica-se.

O lançamento é ato administrativo que apresenta, no entendimento do Professor Paulo de Barros Carvalho, natureza dúplice: declara a obrigação tributária ocorrida e constitui o crédito. Através dele, materializa-se em linguagem jurídica competente o fato gerador ocorrido.

Assim, incabível falar em redirecionamento da execução fiscal sem prévio lançamento em face do responsável tributário.

Isso porque o artigo 135 do CTN apresenta alguns requisitos necessários para que se constate a responsabilidade do administrador, os quais são apurados no procedimento administrativo. A responsabilidade não decorre por si só, da previsão legal. É preciso apurar a presença de alguns requisitos, alguns de cunho subjetivo, para que se figure a responsabilidade do artigo 135.

Assim, indispensável o lançamento, obedecendo o prazo decadencial do artigo 173 do CTN para que seja possível o redirecionamento da execução fiscal.

> PROCESSUAL CIVIL E TRIBUTÁRIO. IPTU. EXECUÇÃO FISCAL. INEXISTÊNCIA DE OFENSA AO ART. 557, CAPUT, DO CPC. ALIENAÇÃO DO IMÓVEL. REDIRECIONAMENTO DO FEITO EXECUTÓRIO PARA O ATUAL PROPRIETÁRIO. IMPOSSIBILIDADE. NULIDADE DA CDA.
>
> 1. A recorrente demonstra mero inconformismo em seu agravo regimental que não se mostra capaz de alterar os fundamentos da decisão agravada.
>
> 2. Segundo art. 557, caput, do CPC, é facultado ao relator decidir monocraticamente o recurso quando entendê-lo manifestamente improcedente, ou contrário a súmula ou entendimento já pacificado pela jurisprudência daquele Tribunal, ou de Cortes Superiores, em atenção à economia e celeridade processuais.
>
> 3. **A substituição da CDA até a sentença só é possível em se tratando de erro material ou formal. A alteração do polo passivo, porém, configura modificação do lançamento, não sendo permitida no curso da execução fiscal.** Tal posicionamento foi reafirmado no julgamento do REsp 1.045.472/BA, Rel. Ministro Luiz Fux, DJe 18/12/2009, submetido ao Colegiado pelo regime da Lei n. 11.672/08 (Lei dos Recursos Repetitivos), que introduziu o art. 543-C do CPC.
>
> 4. Agravo regimental não provido. (AgRg no REsp 838.380/SP, Rel. Ministro MAURO CAMPBELL MARQUES, SEGUNDA TURMA, julgado em 18/03/2010, DJe 30/03/2010.

O ato judicial, determinando a inclusão do responsável no polo passivo da execução fiscal, mesmo diante da demonstração, pela Fazenda dos requisitos do artigo 135 do CTN, não é meio hábil a constituir o crédito tributário em face do responsável. Estar-se-á suprimindo a instância administrativa e, consequentemente, violando as regras de estrutura que disciplinam o modo como deve ser constituído o crédito tributário. A decisão judicial que incluía o responsável diretamente no polo passivo da obrigação é norma eivada de vício e que não deve prevalecer no ordenamento.

Contudo, é oportuno ressaltar que o STJ oscila nas decisões sobre a matéria, se manifestando também no sentido contrário, aceitando a possibilidade da inclusão do administrador como sujeito passivo da execução fiscal independentemente de ter participado do processo que deu origem à CDA.

3. DISSOLUÇÃO IRREGULAR DA EMPRESA

Outra questão que merece ser trazida é se a dissolução irregular da empresa é ou não fato apto a, por si só, legitimar o redirecionamento da execução fiscal.

Nos termos da posição dominante da doutrina e da jurisprudência, a ocorrência da dissolução irregular da empresa é por si só, considerada meio apto a legitimar o redirecionamento. Presume-se que o ato decorreu de condutas decorrentes de infração à lei ou excesso de poderes por parte dos administradores, de forma a incluí-los no polo passivo da execução fiscal.

Nesse sentido o STJ editou a súmula 435 nos seguintes termos:

> *Presume-se dissolvida irregularmente a empresa que deixar de funcionar no seu domicílio fiscal, sem comunicação aos órgãos competentes, legitimando o redirecionamento da execução fiscal para o sócio-gerente.*

Não basta haver súmula para que se esgotem as controvérsias sobre o assunto. O problema neste caso recai sobre quem pode ser considerado responsável, se o administrador da época da ocorrência do fato gerador ou se aquele da época da dissolução irregular.

Esse caso diverge dos demais estudados anteriormente pelo fato de que a obrigação tributária precede a ocorrência do ilícito nas hipóteses de dissolução irregular, ao contrário das demais hipóteses abordadas, onde o ilícito precede a obrigação tributária.

O parágrafo único do artigo 2º da Portaria PGFN 150/2010 dispõe da seguinte maneira:

> Parágrafo único. Na hipótese de dissolução irregular da pessoa jurídica, os sócios-gerentes e os terceiros não sócios com poderes de gerência à época da dissolução, bem como do fato gerador, deverão ser considerados responsáveis solidário.

Não concordamos com o disposto no referido artigo. Voltando ao início deste trabalho, quando adotamos o conceito de sujeito passivo e responsabilidade nas linhas do professor Paulo de Barros Carvalho, entendemos que as normas que disciplinam a responsabilidade tributária são normas sancionadoras que pressupõem a violação de um dever de conduta para que sejam aplicadas. Neste raciocínio, incabível aceitar a hipótese de aplicação do parágrafo único da referida portaria incluindo o administrador da época da ocorrência do fato gerador como responsável. Neste momento não houve qualquer ilícito, já que a dissolução irregular se deu em momento posterior.

Maria Rita Ferragut se manifesta no mesmo sentido:

> O sócio responsável deve ser aquele que era sócio á época do desaparecimento, não à época da prática do fato gerador em que esses débitos foram declarados, ou mesmo que fosse auto

de infração, mas que a empresa foi localizada. A infração é única e refere-se unicamente ao desaparecimento.¹²

O STJ oscila na jurisprudência sobre o assunto, por vezes exigindo que o sócio, para ser responsabilizado esteja na administração à época da dissolução irregular, por outras vezes exigindo esta situação OU que estivesse na administração no momento da ocorrência do fato gerador:

> PROCESSUAL CIVIL E TRIBUTÁRIO. AGRAVO REGIMENTAL NO AGRAVO DE INSTRUMENTO. EXECUÇÃO FISCAL. REDIRECIONAMENTO. DISSOLUÇÃO IRREGULAR. SÓCIOS QUE NÃO CONSTAM DA CERTIDÃO DE DÍVIDA ATIVA E QUE SE RETIRARAM DA SOCIEDADE EMPRESÁRIA ANTERIORMENTE À DISSOLUÇÃO IRREGULAR. JURISPRUDÊNCIA PACÍFICA. SÚMULA N. 83 DO STJ.
>
> (omissis).
>
> 4. **A presunção de dissolução irregular da sociedade empresária, conquanto fato autorizador do redirecionamento da execução fiscal à luz do preceitua a Súmula n. 435 do STJ, não serve para alcançar ex-sócios, que não mais compunham o quadro social à época da dissolução irregular e que não constam como corresponsáveis da certidão de dívida ativa, salvo se comprovada sua responsabilidade, à época do fato gerador do débito exequendo, decorrente de excesso de poderes, infração à lei ou contra o estatuto, conforme dispõe o art. 135 do CTN.** Precedentes: EREsp 100739/SP, Rel. Ministro José Delgado, Primeira Seção, DJ 28/02/2000; EAg 1.105.993/RJ, Rel. Ministro Hamilton Carvalhido, Primeira Seção, DJe 01/02/2011; REsp 1.217.467/RS, Rel. Ministro Mauro Campbell Marques, Segunda Turma, DJe 03/02/2011; REsp 824.503/RS, Rel. Min. Eliana Calmon, Segunda Turma, DJe de 13.8.2008; REsp 728.461/SP, Rel. Ministro Teori Albino Zavascki, Primeira Turma, DJ 19/12/2005.

---

12. *Revista Acadêmica da Escola dos Magistrados da 3ª região*. Nº 3, ano II. Janeiro-Julho de 2011, p. 180-181.

5. Agravo regimental não provido. (AgRg no Ag 1346462/RJ, Rel. Ministro BENEDITO GONÇALVES, PRIMEIRA TURMA, julgado em 17/05/2011, DJe 24/05/2011)

Em outro sentido:

> PROCESSUAL CIVIL. REDIRECIONAMENTO DA EXECUÇÃO FISCAL. NÃO COMPROVAÇÃO DE QUE O SÓCIO EXERCIA CARGO DE GERÊNCIA OU ADMINISTRAÇÃO DA SOCIEDADE. FUNDAMENTO DO ACÓRDÃO RECORRIDO NÃO IMPUGNADO NAS RAZÕES DO RECURSO ESPECIAL. INCIDÊNCIA DAS SÚMULAS N. 283 DO STF E 7 DESTA CORTE.
>
> 1. É cediço nesta Corte que, a despeito da possibilidade de redirecionar a execução fiscal contra o sócio gerente **em caso de dissolução irregular da sociedade**, faz-se necessária a comprovação, por parte do Fisco, que o sócio alvo do redirecionamento **tenha exercido, ao tempo da ocorrência do fato gerador, da constituição do crédito tributário, do inadimplemento ou da dissolução irregular, o cargo de gerência ou administração da pessoa jurídica**. Nesse sentido: AgRg no Ag 1.229.438/RS, Primeira Turma, DJe 20/04/2010;EDcl no REsp 703.073/SE, Segunda Turma, DJe 18/02/2010; AgRg no REsp 1.153.339/SP, Primeira Turma, DJe 02/02/2010; AgRg no REsp 1.060.594/SC, Primeira Turma, DJe 04/05/2009.
>
> (omissis).
>
> 4. Recurso especial não conhecido. (REsp 1244667/GO, Rel. Ministro MAURO CAMPBELL MARQUES, SEGUNDA TURMA, julgado em 26/04/2011, DJe 05/05/2011).

A despeito da oscilação na abordagem da matéria, a tendência é que os tribunais superiores apenas apliquem o disposto na súmula 435 do STJ de forma a responsabilizar os administradores que figurem no quadro societário da empresa no momento da dissolução irregular, abrangendo aqueles presentes no momento do fato gerador apenas quando a responsabilidade se justifique por motivo outro presente no artigo 135, que não somente a dissolução irregular.

4. CONSIDERAÇÕES FINAIS

A princípio, importante ressaltar que este trabalho não teve a mínima pretensão de esgotar o tema, tão discutido e eivado de divergências doutrinárias e jurisprudenciais.

A doutrina majoritária entende que a responsabilidade tributária segue as mesmas linhas da responsabilidade civil, onde o responsável não se confunde com a figura do devedor, sendo incluído no polo passivo da obrigação através de mera disposição legal.

Ocorre que, em matéria tributária, há varias correntes que explicam o fenômeno jurídico da sujeição passiva, e, desenvolvemos este trabalho na linha do Professor Paulo de Barros Carvalho, amplamente difundida pela professora Maria Rita Ferragut no sentido de que a previsão legal do artigo 135 do CTN não é suficiente para a inclusão direta e imediata do administrador como sujeito passivo na CDA.

Isso porque a obrigação, em direito civil, nasce do vinculo jurídico formado por credor e devedor. Trata-se de vínculo ideal que dispensa maiores formalidades. No direito tributário, a obrigação somente pode ser exigida após a constituição do crédito tributário, formalizada através do ato de lançamento.

Assim, é indispensável que o responsável participe do processo administrativo fiscal para que ele possa ser cobrado pela obrigação tributária decorrente do ilícito perpetrado e, consequentemente, ter a execução fiscal redirecionada contra si.

Nesse sentido, a jurisprudência do STJ vem se manifestando e a própria Fazenda, através da edição da Portaria 150/2010 PGFN se curvou um pouco ao assunto.

Contudo, são pequenos passos. Pequenos passos, pois curvar-se ao entendimento defendido neste trabalho, implica em uma grande perda ao erário, haja vista a necessidade de constituição do crédito em face do administrador obedecendo o prazo decadencial para que se legitime o redirecionamento da execução em face destes.

É certo que há muita sonegação fiscal em nosso país. É certo que também que todos devemos trabalhar para que esses números sejam diminuídos. Contudo, a obediência ao devido processo legal, abrangendo o contraditório e a ampla defesa, é garantia constitucional que não pode ser deixada de lado com justificativas meramente arrecadatórias.

5. BIBLIOGRAFIA

ATALIBA, Geraldo. *Sistema Constitucional Tributário Brasileiro*. São Paulo: Editora Revista dos Tribunais, 1968.

ÁVILA, Humberto. *Sistema Constitucional Tributário*. 4ª ed. São Paulo: Saraiva, 2010.

_____. *Teoria dos Princípios*. São Paulo: Malheiros, 2004.

BARRETO, Paulo Ayres. *O Imposto sobre a Renda e Preços de Transferência*. São Paulo: Dialética, 2001.

BECHO, Renato Lopes. *Sujeição Passiva e Responsabilidade Tributária*. São Paulo: Dialética, 2000.

CARRAZZA, Roque Antonio. *Curso de Direito Constitucional Tributário*. 29ª ed. São Paulo: Malheiros, 2013.

CARVALHO, Paulo de Barros. *Curso de Direito Tributário*. 23ª ed. São Paulo: Saraiva, 2011.

CUNHA, Leonardo Carneiro da. *A Fazenda Pública em Juízo*. 9ª ed. São Paulo: Dialética, 2011.

FERRAGUT, Maria Rita. *Responsabilidade Tributária e o Código Civil de 2002*. 1ª ed. São Paulo: Noeses, 2005.

PEREIRA, Caio Mario da Silva. *Instituições de Direito Civil.* Vol. I. 24ª ed. Rio de janeiro: Editora Forense, 2011.

Revista Acadêmica da Escola de Magistrados da Justiça Federal da 3ª Região. Ano II. Janeiro-Junho 2011.

IPI E IMPORTAÇÃO DE PRODUTOS INDUSTRIALIZADOS À LUZ DA REGRA-MATRIZ DE INCIDÊNCIA TRIBUTÁRIA

Diogo Ricardo Goes Oliveira[1]

Resumo: Trata-se de artigo destinado a fomentar o debate acerca da possibilidade de incidência do imposto sobre produtos industrializados na hipótese de importação de produtos estrangeiros. Recorreu-se à pesquisa doutrinária e análise jurisprudencial de precedentes oriundos do Superior Tribunal de Justiça e Supremo Tribunal Federal com o desiderato de demonstrar, com espeque na regra-matriz de incidência tributária, a impossibilidade de cobrança do IPI sobre a importação de produtos estrangeiros industrializados.

Índice: 1. Introdução; 2. Imposto sobre Produtos Industrializados na Constituição Federal; 2.1 Seletividade; 2.2 Não-cumulatividade; 3. Legislação infraconstitucional acerca do tema; 4. Estrutura da norma jurídica; 4.1 Regra-Matriz de Incidência Tributária; 4.1.1 Antecedente Normativo; 4.1.1.1 Critério Material; 4.1.1.1.1 Critério Material do artigo 46, inciso I, do CTN e do Artigo 2º, I, da Lei n. 4520/64; 4.1.1.2

---

[1]. Juiz Federal Substituto da 2ª Vara Federal de Bauru/SP, Graduado pela Universidade Federal de Sergipe, Mestre em Direito Previdenciário pela PUC/SP e Doutorando pela PUC/SP.

Critério Temporal; 4.1.1.3 Critério Espacial; 4.1.2 Consequente Normativo; 4.1.2.1 Critério Pessoal; 4.1.2.1.1 Sujeito Ativo; 4.1.2.1.2 Sujeito Passivo; 4.1.2.2 Critério Quantitativo; 5. Posicionamentos do Superior Tribunal de Justiça acerca da incidência do IPI na importação de mercadorias estrangeiras; 6. Posição do Supremo Tribunal Federal acerca da incidência de IPI na importação de produtos industrializados; 7. Conclusões e 8. Bibliografia.

1. Introdução

O presente artigo tem como tema central a possibilidade de cobrança do imposto incidente sobre produtos industrializados, o chamado IPI, sobre a importação de produtos estrangeiros.

Doutrina e jurisprudência divergem sobre a viabilidade da cobrança daquele tributo, na vertente citada, sob diversos fundamentos, a exemplo de bitributação, "bis in idem", qualidade do sujeito passivo da relação jurídica, ofensa à base econômica constitucionalmente estabelecida para a exação, entre outros.

Por meio da regra matriz de incidência tributária serão destrinchados o antecedente e o consequente normativo do IPI, na modalidade importar mercadoria estrangeira industrializada, com o intento de delimitar seu critério material e sua adequação às limitações constitucionais ao poder de tributar consagradas na Carta Magna de 1988, com o desígnio de apresentar soluções aos conflitos de idéias mencionados anteriormente.

Para a realização deste estudo foram consultados precedentes judiciais das cortes superiores e estudos doutrinários.

2. Imposto sobre Produtos Industrializados na Constituição Federal

A Constituição Federal de 1988, em seu artigo 153, inciso IV, atribuiu à União a competência para instituição do imposto sobre produtos industrializados.

Em seu §1º, o artigo 153 da Carta Magna outorgou ao Poder Executivo a faculdade de alterar as alíquotas desse imposto, desde que atendidos os limites e condições estabelecidas na lei.

Logo depois, o §3º do dispositivo retromencionado conferiu ao imposto sobre produtos industrializados as características de não-cumulatividade, seletividade, não incidência sobre produtos industrializados destinados ao exterior e redução do seu impacto sobre a aquisição de bens de capital pelo contribuinte do imposto.

Esse tributo tem natureza fiscal e extra-fiscal, porque constitui uma das grandes fontes de receita que permitem ao Estado financiar seus projetos e objetivos, como também, é instrumento de regulação do mercado, pelo Poder Executivo, por meio da elevação ou redução de suas alíquotas com o intuito de conter o consumo ou incentivá-lo, pode também ser utilizado como mecanismo de fomento à produção industrial, proteger o mercado interno, dentre outras funções.

Das características susomencionadas, interessam a este estudo a seletividade e a não-cumulatividade.

2.1. A seletividade

Como citado, o artigo 153, §3º, inciso I, da Constituição Federal atribuiu ao imposto sobre produtos industrializados a característica da seletividade subordinada à essencialidade do produto.

Trata-se de comando destinado ao legislador infraconstitucional para limitar o critério quantitativo do tributo, por conduto do estabelecimento de alíquotas, em razão da espécie de produto, com o intuito de tributar de forma mais branda os gêneros essenciais e de forma mais rigorosa os produtos consumidos pelas classes mais abastadas, chamados supérfluos.

Para Aliomar Baleeiro, a essencialidade do produto:

> (...) refere-se à adequação do produto à vida do maior número dos habitantes do país. As mercadorias essenciais à existência civilizada devem ser tratadas mais suavemente ao passo que as maiores alíquotas devem ser reservadas aos produtos de consumo restrito, isto é, o supérfluo das classes de maior poder aquisitivo.[2]

No mesmo sentido Hugo de Brito Machado: "As alíquotas devem ser inversamente proporcionais à essencialidade do produto".[3]

Segundo Harada:

> A seletividade do IPI em função da essencialidade do produto não é algo sujeito a variações conjunturais a não ser em casos excepcionalíssimos em que haja repentina e excessiva demanda por determinado produto. Só que nessa hipótese a variação da alíquota deveria ser para menos, nunca para mais. A única hipótese de majoração do IPI por Decreto é o caso em que algo que era considerado essencial passe a ser supérfluo. Isso explica, também, a sua submissão integral ao princípio da nonagesimidade, ao contrário de outros três impostos regulatórios.[4]

Dessa forma, a Carta Magna limitou o poder estatal de tributar ao determinar que as alíquotas do imposto sobre produtos industrializados devem guardar proporcionalidade

---

2. BALEEIRO, Aliomar. *Direito Tributário Brasileiro*. 10ª ed. Rio de Janeiro: Forense, 1996, p. 206.
3. MACHADO, Hugo de Brito. *Curso de Direito Tributário*. 33ª ed. São Paulo: Malheiros, 2012, p. 337.
4. HARADA, Kiyoshi. "O caráter seletivo do IPI a impedir a majoração imotivada sobre veículos importados". *Jus Navigandi*, Teresina, ano 16 (revista/edições/2011), n. 3010 (revista/edições/2011/9/28), 28 (revista/edições/2011/9/28) set. (revista/edições/2011/9) 2011 (revista/edições/2011). Disponível em: <http://jus.com.br/artigos/20086>. Acesso em: 30 jan. 2014.

com a manutenção da subsistência dos cidadãos. Assim, produtos de primeira necessidade devem ter alíquotas mais brandas, enquanto os produtos supérfluos terão alíquotas mais gravosas.

Portanto, por meio da tributação dos produtos não essenciais de forma mais rigorosa, o imposto em apreço constitui corolário do princípio da igualdade ao tratar os desiguais de forma desigual e de acordo com sua capacidade contributiva.

2.2. Não-cumulatividade

Segundo a Carta Política de 1988, em seu artigo 153, §3º, inciso II, o imposto sobre produtos industrializados será não-cumulativo, compensando-se o que for devido em cada operação com o montante cobrado nas anteriores.

Como bem ensina Paulo de Barros Carvalho, trata-se de princípio constitucional tributário da espécie limite objetivo, ou seja, destina-se a estabelecer limites ao poder de tributar do legislador infraconstitucional. Ainda conforme aquele autor, não-cumulatividade é:

> (...) técnica segundo a qual o valor do tributo devido em cada operação será compensado com a quantia incidente sobre as anteriores, mas preordena-se à concretização de valores como o da justiça da tributação, respeito à capacidade contributiva e uniformidade na distribuição da carga tributária sobre as etapas de circulação e de industrialização dos produtos.[5]

Trata-se de instrumento que visa a evitar a reincidência de imposto sobre o mesmo imposto pago em operação anterior. Nessa esteira, o contribuinte terá o direito de abater o imposto

---

5. CARVALHO, Paulo de Barros. *Curso de Direito Tributário*. 21ª ed. São Paulo: Saraiva, 2009, pp. 185 e 186.

prestado pelos componentes envolvidos na industrialização do produto final.

De acordo com José Eduardo Soares de Melo, a não-cumulatividade é um direito público subjetivo do contribuinte, oponível à União, de creditar-se dos valores devidos a título do tributo em exame decorrentes da aquisição dos bens necessários e utilizáveis pelo industrial, direta ou indiretamente, na fabricação do produto, compensando-o com o débito decorrente da realização de negócio jurídico que tenha como objeto produto industrializado pelo próprio contribuinte.[6]

Destarte, se uma empresa adquire insumos que foram tributados pelo imposto sobre produtos industrializados ao deixarem o estabelecimento do fornecedor, mesmo que consumidos no processo de industrialização, gerarão o direito de crédito a ser abatido do imposto sobre produtos industrializados incidente sobre a saída do estabelecimento.

Pretendeu a Constituição resguardar o contribuinte indireto ou real dessa exação, que é o consumidor final, evitando que o mesmo tributo incida diversas vezes onerando de forma excessiva o produto final.

Portanto, trata-se de limite objetivo ao poder de tributar estatal e direito público subjetivo do contribuinte destinado a evitar a incidência reiterada do imposto sobre produto industrializado sobre o mesmo imposto onerando de forma excessiva o produto final do processo de industrialização.

3. Legislação infraconstitucional acerca do tema

O imposto incidente sobre produtos industrializados atualmente está disciplinado pelo Código Tributário Nacional em seus artigos 46 a 51.

---

6. MELO, José Soares de. *Curso de Direito Tributário*. Coordenador Ives Gandra da Silva Martins. 14ª ed. São Paulo: Saraiva, 2013, pp. 677 e 678.

No artigo 46, *caput*, do Código Tributário Nacional, foi estabelecido que compete à União instituir o imposto sobre produtos industrializados, tendo como fato gerador, no inciso I, seu desembaraço aduaneiro quando de procedência estrangeira, e, no inciso II, a sua saída dos estabelecimentos a que se refere o parágrafo único, do artigo 51, do CTN. Quanto ao inciso III, do artigo 46, do CTN, não será objeto de nosso estudo.

A lei do antigo imposto incidente sobre o consumo, Lei n. 4502/64, foi recepcionada pela ordem constitucional em vigor e continua a reger o IPI.

Com o desiderato de examinar o direito posto acerca de tema tão importante para os contribuintes, necessária a análise da estrutura da norma jurídica, mais precisamente, a técnica do estudo da regra-matriz de incidência tributária.

4. Estrutura da norma jurídica

As normas jurídicas são regras positivadas, cujo objetivo é regular a convivência coletiva para se manter a paz social.

Em sentido estrito, as normas jurídicas podem ser de natureza organizacional ou de conduta, enquanto a primeira destina-se a estruturar o Estado e estabelecer as formas de produção das demais normas jurídicas, a segunda visa regular o comportamento das pessoas.

Em decorrência do objetivo deste trabalho, serão abordadas nesse capítulo as normas de conduta.

Lourival Vilanova dissecou a estrutura da norma jurídica:[7]

> Seguimos a teoria da estrutura dual da norma jurídica: consta de duas partes, que se denominam de norma primária

---

[7]. VILANOVA, Lourival. *As Estruturas Lógicas e o Sistema do Direito Positivo*. 4ª ed. São Paulo: Noeses, 2010, p. 73.

e norma secundária. Naquela, estatuem-se as relações deônticas direitos/deveres, como consequência da verificação de pressupostos, fixados na proposição descritiva de situações fácticas ou situações já juridicamente qualificadas; nesta, preceituam-se as consequências sancionadoras, no pressuposto do não-cumprimento do estatuído na norma determinante da conduta juridicamente devida.

Segundo Eurico Marcos Diniz de Santi,[8] que reconhece a bimembridade constitutiva da norma:

> A norma primária vincula deonticamente a ocorrência de dado fato a uma prescrição (relação jurídica); a norma secundária conecta-se sintaticamente à primeira, prescrevendo: se o fato de a não ocorrência da prescrição da norma primária se verificar, então deve ser uma relação jurídica que assegure o cumprimento daquela primeira, ou seja, dada a não observância de uma prestação jurídica, deve ser a sanção.

Ao comentar sobre a dualidade da norma jurídica, Sylvio César Afonso[9] esclarece:

> No primeiro membro, a norma primária, sua hipótese compreende a descrição de um evento ou eventos de possível ocorrência na realidade, cuja constatação implica num consequente, que prescreve um determinado efeito, uma relação de direitos e deveres entre os dois sujeitos de direito. O segundo membro, a norma secundária, possui na hipótese a descrição da inobservância dos deveres prescritos na norma primária, implicando uma relação angular entre os sujeitos de direito e o Estado, no exercício da função jurisdicional.

---

8. SANTI, Eurico Marcos Diniz de. *Lançamento Tributário*. 3ª ed. São Paulo: Saraiva, 2010, p. 36.
9. AFONSO, Sylvio César. "Hipóteses de Incidência, regra-matriz de incidência, base e materialidade". *Revista Tributária e de Finanças Públicas* – Ano 16, n. 81, jul-ago/2008, p. 172.

Nessa esteira, cabe à norma primária descrever abstratamente fatos que, uma vez concretizados, darão causa às consequências de natureza jurídica, consubstanciadas na geração de direitos e deveres para o sujeito ativo e passivo da relação jurídica formada. A norma secundária tem o papel de garantir a obediência àquele vínculo jurídico estabelecido na norma primária, por meio da previsão de sanção compreendida como a atuação do órgão estatal para seu cumprimento.

Compulsada a norma, encontramos a mesma estrutura base, qual seja, um fato abstrato que ao se concretizar terá uma resposta do ordenamento jurídico previamente prevista na lei, condicionada pelo tempo e espaço.

Portanto, o direito posto estabeleceu que as normas jurídicas de conduta são compostas por um descritor que prevê abstratamente a ocorrência de um evento, o qual, uma vez verificado, gera consequências previstas no prescritor.

4.1. Regra-Matriz de Incidência Tributária

Todavia, aquela divisão normativa não é suficiente para a completa compreensão da estrutura da norma. Já que, a regra primária pode não apenas dispor de atividades permitidas ou toleradas, como também pode versar sobre condutas proibidas e as sancionar, apesar disso, tais normas não possuem eficácia punitiva, característica das normas secundárias.

Dispõe Eurico Marcos Diniz de Santi[10]:

> Tem-se, portanto, normas primárias estabelecedoras de regras de direito material, decorrentes de (i) ato ou fato lícito e (ii) de ato ou fato ilícito. A que tem como pressuposto antijurídico, denominamos norma primária sancionadora,

---

10. SANTI. Eurico Marcos Diniz de. *Lançamento Tributário*. 3ª ed. São Paulo: Saraiva, 2010, p. 38.

pois veicula uma sanção – no sentido de obrigação advinda do não cumprimento de um dever jurídico -, enquanto que a outra, por não apresentar conteúdo sancionatório convencionamos chamar de norma dispositiva.

Sejam as normas primárias dispositivas ou sancionadoras de direito material, possuem a mesma estrutura, composta pelo antecedente e consequente normativo. A doutrina apresenta como ferramenta para sua compreensão mais profunda a técnica de análise da regra matriz de incidência.

Paulo de Barros Carvalho[11] definiu regra-matriz de incidência como: "instrumento metódico que organiza o texto bruto do direito positivo, propondo a compreensão da mensagem legislada num contexto comunicacional bem concebido e racionalmente estruturado".

Cristiano Carvalho[12] observou que a análise da regra de incidência deve ser feita em dois momentos:

> O descritor é o antecedente da norma jurídica. Tem como função descrever um fato possível do mundo social ao qual o direito julgou relevante.
>
> (...)
>
> Ao prescritor, como o nome indica, prescrever uma relação jurídica entre os sujeitos-de-direito, dado o fato "F" descrito na hipótese da norma – (...).

Trata-se de instrumento de análise da norma jurídica, por meio do qual o intérprete disseca seus dois componentes, o antecedente e o consequente, com o fim de esclarecer a formação da relação jurídica e os reflexos dela decorrentes.

---

11. CARVALHO, Paulo de Barros. *Direito Tributário, Linguagem e Método*. 2ª ed. São Paulo: Noeses, 2008, p. 146.
12. CARVALHO, Cristiano. "Estrutura Lógica da Norma Jurídica Tributária". *Revista de Direito Tributário* 90. São Paulo: Malheiros, pp. 210 e 211.

4.1.1. Antecedente Normativo

Retomando o estudo da norma jurídica, aplicado ao objeto deste trabalho, passamos ao exame da norma primária.

Essa norma é composta pelo antecedente normativo ou hipótese de incidência e pelo consequente normativo.

O antecedente normativo é um fato descrito abstratamente de relevância para o direito que, uma vez ocorrido, gera vínculo jurídico, condicionado pelos fatores tempo e lugar.

Esse fenômeno jurídico foi chamado por Geraldo Ataliba[13] de Hipótese de Incidência:

> A h. i. é primeiramente a descrição legal de um fato: é a forma hipotética, prévia e genérica, contida na lei, de um fato (é o espelho do fato, a imagem conceitual de um fato; é seu desenho).
>
> É, portanto, mero conceito, necessariamente abstrato. É formulado pelo legislador fazendo abstração de qualquer fato concreto. Por isso é mera "previsão legal" (a lei é, por definição, abstrata, impessoal e geral).

Paulo de Barros Carvalho[14] entendeu que hipótese de incidência: "Há de significar, sempre, a descrição normativa de um evento que, concretizado no nível das realidades materiais e relatado no antecedente da norma individual e concreta, fará irromper o vínculo abstrato que o legislador estipulou na consequência."

Ensina Carvalho que da mesma forma que o legislador estabelece o fato que dará inicio à relação jurídica, também delimitou as propriedades que o caracterizam. Consequentemente,

---

13. ATALIBA, Geraldo. *Hipótese de Incidência Tributária*. 6ª ed. São Paulo: Malheiros, 2008, p. 58.
14. CARVALHO, Paulo de Barros. *Curso de Direito Tributário*. 21ª ed. São Paulo: Saraiva, 2009, p. 278.

o conceito legal daquele fato torna possível dele extrair critérios – material, espacial e temporal – que nos permitem reconhecê-lo toda vez que ocorra.[15]

No caso do tributo em tela, o artigo 46 do CTN previu mais de um fato, em abstrato, como capaz de desencadear a relação jurídico-tributária entre o sujeito ativo e passivo, a primeira decorrente do desembaraço aduaneiro da mercadoria, desde que se trate de produto industrializado, assim entendido aquele submetido à operação que lhe modifique a natureza ou a finalidade, ou o aperfeiçoe para o consumo, nos termos do artigo 46, parágrafo único, do CTN.

4.1.1.1. *Critério Material*

O critério material é o núcleo do comando legal, compõe-se do verbo que traduza um comportamento e seu complemento.

Segundo Fabio Batista de Medeiros,[16] na concepção do direito tributário, o critério material é: "a parte central da hipótese de incidência, pois faz referência ao comportamento de determinada pessoa que representará o fato imponível ou fato jurídico".

Paulo de Barros Carvalho[17] ensina que não são todas as categorias de verbos que servem à formação do núcleo da hipótese de incidência. Nessa esteira, devem ser utilizados verbos pessoais de predicação incompleta, aí incluídos os verbos de ação e de estado, ou seja, aqueles que exprimem comportamento, excluídos naturalmente os impessoais e os sem sujeito que dificultariam ou impossibilitariam o alcance na norma.

---

15. CARVALHO, Paulo de Barros. *Curso de Direito Tributário*. 21ª ed. São Paulo: Saraiva, 2009, p 287.
16. MEDEIROS, Fabio Batista de. *O Custeio da Aposentadoria Especial e dos Benefícios Previdenciários decorrentes de Acidente do Trabalho*. Dissertação de Mestrado apresentada à PUC-SP, 2009, p. 94.
17. CARVALHO, Paulo de Barros. *Curso de Direito Tributário*. 21ª ed. São Paulo: Saraiva, 2009, pp. 289 e 290.

4.1.1.1.1. Critério Material do artigo 46, inciso I, do CTN e do Artigo 2º, I, da Lei n. 4520/64

O critério material do imposto sobre produtos industrializados, previsto no artigo 46, inciso I, do CTN e do Artigo 2º, I, da Lei n. 4520/64, é o ato de desembaraçar produto industrializado de procedência estrangeira.

Entende-se desembaraçar mercadoria estrangeira como o ato pelo qual é registrada a conclusão da conferência aduaneira, nos termos do artigo 571 do Regulamento Aduaneiro, ou seja, o imposto sobre produtos industrializados incide sobre a importação de produto que tenha sofrido processo de industrialização.

Dessarte, o acontecimento concreto, capaz de deflagrar a relação jurídica, é o ato de desembaraçar produto industrializado de procedência estrangeira e não o ato de industrializar o produto.

Nessa esteira entende Harada: "O fato gerador do IPI não é o ato de industrialização, mas a simples existência de produto industrializado, o que autoriza a sua incidência sobre produtos importados".[18]

Edvaldo Brito, com escora no critério espacial do fato gerador, entende que não seria devido o IPI incidente sobre o ato industrial praticado em território em que não se aplica a legislação brasileira.[19]

Defende a mesma ideia José Eduardo Soares de Melo, segundo esse autor:

---

18. HARADA, Kiyoshi. "É devido o IPI na importação?" *Jus Navigandi*, Teresina, ano 17 (revista/edições/2012), n. 3240 (revista/edições/2012/5/15), 15 (/revista/edições/2012/5/15), maio (revista/edições/2012/5), 2012 (revista/edições/2012). Disponível em: <http://jus.com.br/artigos/21767>. Acesso em: 30 jan. 2014.
19. BRITO, Edvaldo. *Comentários ao Código Tributário Nacional*. Coord. Ives Gandra da Silva Martins. São Paulo: Saraiva, 1998, VI, p. 379.

Além disso – em razão do princípio da territorialidade -, somente os fato atos e negócios, realizados dentro do País é que podem ser objeto de tributação, salvo os casos excepcionais contemplados na CF (Imposto de Renda, art. 153, III e §2º; ICMS, art. 155, II e §2º, IX, a; Imposto de Importação, artigo 153, I; ITCMD, art. 155, §1º, III, b; PIS-COFINS, art. 149, §2º, II, e art. 195, IV).[20]

Não obstante, *data maxima venia*, o critério material do tributo em exame é o ato de desembaraço de mercadoria industrializada e não o ato de industrializar o produto. Assim, não há ofensa à territorialidade, já que o tributo incide sobre a importação do produto fruto da industrialização no momento em que é desembaraçado na repartição alfandegária brasileira.

Paulo de Barros Carvalho entende que no caso de IPI incidente sobre importação de produtos industrializados do exterior, o critério material é composto pelo verbo importar e o complemento é produto industrializado do exterior.[21]

Portanto, o critério material do antecedente normativo do imposto sobre produtos industrializados, na hipótese do inciso I, do artigo 46 do CTN, consiste no ato de importar ou desembaraçar produto estrangeiro industrializado.

4.1.1.2. *Critério Temporal*

Trata-se do momento em que surge o direito subjetivo de o sujeito ativo exigir o objeto da relação jurídica do sujeito passivo.

No caso da importação de mercadoria de procedência estrangeira industrializada, surge o direito de cobrar o tributo no momento do desembaraço aduaneiro.

---

20. MELO, José Eduardo Soares de. *Comentários ao Código Tributário Nacional*. Coord. Ives Gandra da Silva Martins. São Paulo: Saraiva, 1998, VI, p. 673.
21. CARVALHO, Paulo de Barros. *Direito Tributário, Linguagem e Método*. São Paulo: Noeses, 2008, p. 608.

4.1.1.3. Critério Espacial

Trata-se da delimitação geográfica da incidência da norma e dos seus efeitos.

Geraldo Ataliba[22] conceituou aspecto espacial: "Designa-se por aspecto espacial a indicação de circunstâncias de lugar, contidas explícita ou implicitamente na h.i., relevantes para a configuração do fato imponível".

No caso do tributo em apreço, será a repartição alfandegária pela qual adentrar o produto estrangeiro no país.

4.1.2. Consequente Normativo

Uma vez ocorrido o fato descrito no prescritor, a própria norma fornece os critérios identificadores da relação jurídica, o critério pessoal e o quantitativo.

No critério pessoal, dividido em sujeito ativo e passivo, pode-se definir aqueles que devem cumprir uma obrigação e aqueles que podem exigir seu cumprimento. Enquanto no critério quantitativo, a norma apresenta a forma de se precisar a prestação capaz de adimplir a obrigação.

Ensina Paulo de Barros Carvalho[23]:

> O consequente como prescritor nos dá, também, critérios para a identificação do vínculo que nasce, facultando-nos saber quem é o sujeito portador do direito subjetivo; a quem foi cometido o dever jurídico de cumprir certa prestação; e seu objeto, vale dizer, o comportamento que a ordem jurídica espera do sujeito passivo e que satisfaz, a um só tempo,

---

22. ATALIBA, Geraldo. *Hipótese de Incidência Tributária*. 6ª ed. São Paulo: Malheiros, 2008, p. 104.
23. CARVALHO, Paulo de Barros. *Curso de Direito Tributário*. 21ª ed. São Paulo: Saraiva, 2009, p. 316.

o dever que lhe fora atribuído e o direito subjetivo de que era titular o sujeito pretensor.

Passemos à análise dos critérios pessoal e quantitativo.

4.1.2.1. Critério Pessoal

Diante da complexidade das interações humanas e da necessidade de as regular, a norma passou a emprestar sua força para garantir a estabilidade das relações sociais. Dessarte, a relação jurídica é eminentemente uma relação entre pessoas.

Nesse sentido, a norma estabelece quem é o sujeito titular do direito de exigir o cumprimento da obrigação e aquele que está obrigado a prestá-la.

Constata-se que são dois os polos da relação jurídica, divididos em sujeito ativo e sujeito passivo, o contribuinte e a União.

4.1.2.1.1. Sujeito Ativo

É aquele a quem a lei atribuiu o direito subjetivo de exigir do sujeito passivo o cumprimento da obrigação objeto da relação jurídica.

Tiago Faeda Pellizzari[24] definiu sujeito ativo como: "aquele que pode exigir de outrem o cumprimento (coercitivo) de certa obrigação, pois, conforme visto foram preenchidos todos os critérios do antecedente normativo ou descritor. É o credor".

Como já visto, a Constituição Federal de 1988 atribuiu à União a competência para instituir e cobrar o imposto em tela.

---

24. PELLIZZARI, Tiago Faeda. *O Auxílio-doença no Regime Geral de Previdência Social*. Dissertação de Mestrado. São Paulo: PUC-SP, p. 93.

4.1.2.1.2. Sujeito Passivo

É aquele que tem a obrigação legal de prestar o objeto da relação jurídica ao sujeito ativo.

Geraldo Ataliba[25] conceituou sujeito passivo da relação jurídica: "É a pessoa que fica na contingência legal de ter o comportamento objeto da obrigação, em detrimento do próprio patrimônio e em favor do sujeito ativo".

O sujeito passivo do tributo em questão, conforme o artigo 51, inciso I, do Código Tributário Nacional, é o importador ou quem a lei a ele equiparar.

O importador pode ser pessoa física consumidor final, pessoa jurídica consumidora final ou pessoa jurídica chamado de contribuinte pelo Decreto n. 6707/08, em seu artigo 11, inciso I, e o responsável pelo tributo chamado de atacadista ou varejista, no inciso II.

Não obstante, a qualidade de contribuinte ou responsável tributário relacionada ao IPI não é um tema pacífico, deflagrando diversas controvérsias a serem solucionadas pela Justiça Federal.

4.1.2.2. Critério Quantitativo

É o meio legal de se precisar o valor do objeto da relação jurídica, constitui a maneira de se calcular o valor devido ao segurado.

Na seara tributária, Paulo de Barros Carvalho[26] ensina: "É no critério quantitativo que encontraremos referências às

---

25. ATALIBA, Geraldo. *Hipótese de Incidência Tributária*. 6ª ed. São Paulo: Malheiros, 2008, p. 86.
26. CARVALHO, Paulo de Barros. *Curso de Direito Tributário*. 21ª ed. São Paulo: Saraiva, 2009, p. 316.

grandezas mediante as quais o legislador pretendeu dimensionar o fato jurídico tributário, para efeito de definir a quantia a ser paga pelo sujeito passivo, a título de tributo".

Sylvio César Afonso ao explicar a estrutura da norma jurídico-tributária esclarece: "O outro critério do consequente é o critério quantitativo, que nada mais é do que o correspondente do critério material da hipótese de incidência tributária".

Geraldo Ataliba[27] designou base de cálculo como: "Base imponível é uma perspectiva dimensível do aspecto material da h.i. que a lei qualifica, com a finalidade de fixar critério para a determinação, em cada obrigação tributária concreta, do *quantum debeatur*".

A base de cálculo do IPI incidente sobre a importação de produto industrializado estrangeiro, segundo o artigo 47, I, do CTN, é formado pelo preço normal do produto, assim entendido o preço que o produto alcançaria em uma venda em condições de livre concorrência na época em que foi importado, acrescido do imposto sobre importação, das taxas exigidas para entrada do produto no país e dos encargos cambiais efetivamente pagos pelo importador ou dele exigíveis.

Não obstante, para precisar o valor da obrigação a ser prestada ao segurado, deverá incidir sobre a base de cálculo a alíquota, que nada mais é a quota ou fração da base de cálculo.

Recorremos, mais uma vez, a Ataliba: "Deve receber a designação de alíquota só esse termo que se consubstancia na fixação de um critério indicativo de uma parte, fração – sob a forma de percentual, ou outra – da base imponível".

Para o IPI, as alíquotas incidentes sobre sua base de cálculo estão estabelecidas na Tabela de Incidência de Produtos

---

27. ATALIBA, Geraldo. *Hipótese de Incidência Tributária*. 6ª ed. São Paulo: Malheiros, 2008, p. 108.

Industrializados – TIPI –, prevista no Decreto n. 7660/2011, baseada na nomenclatura comum do Mercosul – NCM.

Aplicada a alíquota sobre a base de cálculo é possível precisar o montante devido a fim de saldar a obrigação tributária nascida da ocorrência do critério material do antecedente normativo.

Diante da seletividade, as alíquotas do IPI podem oscilar entre 0% a 365,63%, reafirmando o caráter extra-fiscal da presente exação.

Por conseguinte, o critério quantitativo é a forma apresentada pelo legislador para mensurar a obrigação devida pelo sujeito passivo ao ativo decorrente da materialização da situação descrita no critério material.

5. Posicionamentos do Superior Tribunal de Justiça Acerca da Incidência do IPI na Importação de Mercadorias Estrangeiras

Na jurisprudência do Superior Tribunal de Justiça, formou-se divergência acerca da incidência do imposto sobre produtos industrializados na hipótese de sua importação e sua nova incidência na saída do estabelecimento importador.

A Primeira Turma do Superior Tribunal de Justiça tem, reiteradamente, entendido, a exemplo no decidido no RESP 841.269, que a permissão da incidência do IPI tanto na importação como na saída da mercadoria do estabelecimento importador configuraria bitributação, feriria o princípio da isonomia e da competência tributária, constitui-se em oneração ilegal do importador que já sofreria "bis in idem" ao suportar, na entrada da mercadoria, o recolhimento do imposto de importação e do IPI.

A Segunda Turma do Superior Tribunal de Justiça entende que é devido o imposto sobre produtos industrializados tanto na importação da mercadoria quanto na sua saída do estabelecimento importador, porque as duas operações citadas constituem fatos geradores diversos, conforme o RESP 1247788/SC, a Relatora do recurso, Ministra Eliana Calmon, entendeu que a não há "bis in idem", já que há dois fatos geradores distintos, quais sejam, a importação de produto industrializado e a saída do produto industrializado do estabelecimento importador. Além disso, confirmou a inexistência de ilegalidade na incidência do IPI sobre a saída de produto industrializado do estabelecimento importador, porque o importador foi equiparado ao industrial pelo art. 4º, I, da Lei n. 4.502/64, com a permissão dada pelo art. 51, II, do CTN. Finalmente, declarou que essa incidência não configura oneração excessiva da cadeia tributária, sob o fundamento de que a empresa importadora abateria o débito do tributo incidente sobre a saída da mercadoria com o crédito decorrente da incidência do IPI sobre a importação.

Pois bem, realmente, não se trata de bitributação, porque tal fenômeno ocorre quando mais de um sujeito ativo da relação tributária exige do contribuinte um ou mais tributos, cujos fatos geradores são idênticos.

Com espeque na regra matriz de incidência tributária, constata-se, de pronto, que não há "bis in idem" na incidência do IPI na modalidade importação de mercadoria e saída do produto do estabelecimento importador, já que estamos diante de impostos diferentes, com hipóteses de incidência e base de cálculo diversas, apesar da mesma denominação.

Primeiro, há diversidade do critério material do antecedente normativo, enquanto o imposto previsto no inciso I, do artigo 46, do CTN, requer a importação como causa da relação jurídico-tributária, o estabelecido no inciso II, do artigo 46, do CTN, exige a saída do produto do estabelecimento. Em segundo lugar, a base de cálculo da relação surgida da importação do produto industrializado corresponde ao preço normal do produto acrescido do imposto de importação, taxas aduaneiras e encargos cambiais, já a base de cálculo do IPI na modalidade saída do produto é o preço da operação da saída do produto.

Paulo de Barros Carvalho defende a idéia de que o artigo 46, inciso I e II, do CTN, tratam de impostos diversos: "O binômio hipótese de incidência/base de cálculo indicam que se tratam de impostos diferentes, sob a mesma denominação – IPI. As grandezas escolhidas para dimensionar a materialidade de ambos os fatos são compatíveis, pelo que confirmam o critério material enunciado na lei."[28]

Outrossim, o IPI incidente na importação e o relativo à saída do estabelecimento possuem critério espacial diverso, no primeiro em qualquer lugar do país e no segundo na repartição aduaneira. Por fim, há divergência no critério temporal, uma vez que o IPI importação incide no momento do desembaraço aduaneiro, enquanto na outra modalidade no momento da saída do produto do estabelecimento.

Destarte, foi respeitado o comando previsto no artigo 154, I, da Constituição Federal que proíbe a União de instituir impostos com a mesma base de cálculo e o mesmo fato gerador.

Isso posto, não se pode falar em "bis in idem" do IPI importação e do relativo à saída da mercadoria do estabelecimento importador.

6. Posição do Supremo Tribunal Federal acerca da incidência de IPI na importação de produtos industrializados

Passa-se a analisar a possibilidade de reconhecimento de "bis in idem" na incidência do imposto de importação e do IPI, na modalidade desembaraço aduaneiro.

---

28. CARVALHO, Paulo de Barros. *Direito Tributário, Linguagem e Método*. 2ª ed. São Paulo: Noeses, 2008, p. 610.

A Suprema Corte tem rejeitado a tese de que haveria "bis in idem" na incidência conjunta do imposto de importação e o imposto sobre produtos industrializados sob o fundamento de que esses tributos têm hipótese de incidência diversa RE 604551/PR.

Não obstante, o Supremo Tribunal Federal tem, reiteradamente, decidido pela não incidência do IPI nas hipóteses de importação de veículo por pessoa física, sem fim comercial, e na importação de produtos por sociedade civil prestadora de serviços.

No Agravo Regimental no Recurso Extraordinário 643.525/RS, Primeira Turma, decisão unânime, em seu voto, o Ministro Relator Dias Toffoli explanou que não é possível a incidência do IPI nas operações de importação perpetradas por pessoa física ou jurídica não contribuinte habitual do imposto, semelhante à disciplina do ICMS até o advento da Emenda Constitucional n. 33/01.

Segundo o citado Ministro: "A jurisprudência vem evoluindo para entender que o critério material de incidência do IPI não pode decorrer da mera entrada de um produto no país, na medida em que o tributo não é um imposto próprio do comércio exterior. Conforme assevera a doutrina, de forma uníssona, o IPI é um imposto sobre a produção".[29]

Destarte, para o STF, a incidência aduaneira do IPI não guarda correspondência com a base econômica para ele definida pela Carta Constitucional. Nesse diapasão, para que o IPI pudesse adquirir caráter aduaneiro, seria necessária a criação de disposição constitucional específica, semelhante à conferida ao ICMS pela Emenda Constitucional n. 33/01, que alterou a redação da alínea "a", do inciso IX, do art. 155 da CF.

Conforme a Corte Constitucional, a incidência do IPI está associada à qualidade de contribuinte habitual do imposto, ou

---

29. Agravo Regimental no Recurso Extraordinário 643.525/RS.

seja, aqueles que realizam negócios jurídicos que tenham por objeto bem submetido a processo de industrialização por um dos contratantes.

Por fim, o STF entendeu que o IPI estaria incidindo sem relação direta com a base econômica definida pela Carta Política, associando-se, apenas, de forma equivocada o critério material ao ingresso de produto no país.

Por conseguinte, para o Supremo Tribunal Federal, o critério material do antecedente normativo do IPI, na modalidade importar mercadoria estrangeira, deve guardar relação direta com a base econômica do IPI, isto é, deve incidir nos negócios jurídicos que tenham por objeto bem fruto de processo de industrialização por um dos contratantes e que sejam contribuintes habituais do imposto.

Do exposto, segundo a Suprema Corte, não há "bis in idem" na incidência do IPI e do imposto de importação sobre a mesma mercadoria e que não seria possível a incidência de IPI nas importações realizadas por pessoas físicas ou jurídicas que não sejam contribuintes habituais do imposto, ou melhor, não realizem negócios jurídicos com os bens industrializados.

Todavia, *data venia*, analisado o art. 153, inciso IV e § 3º, inciso II, da Constituição Federal, sob o prisma da regra matriz de incidência, constata-se que o Poder Constituinte conferiu ao legislador a atribuição de instituir imposto sobre produtos industrializados. Nesse caso, aparentemente, a Constituição Federal limitou o legislador, tão somente, no complemento do critério material do antecedente normativo, qual seja, objeto submetido a processo de industrialização. Entretanto, não foram indicadas as condutas a serem representadas pelo verbo componente do critério material, logo, não houve limitação constitucional à chamada base econômica constitucionalmente definida.

No mesmo sentido Paulo de Barros Carvalho: "De ver está, o constituinte não determinou a conduta ligada a produtos industrializados, o legislador infraconstitucional, exercendo a competência que lhe fora deferida, escolheu três tipos de ação: industrializar produtos, importar produtos industrializados e arrematar em leilões produtos industrializados".[30]

Em nenhum momento o Poder Constituinte atrelou a incidência do imposto sobre produtos industrializados ao processo de industrialização, por isso, não se pode falar que sua base econômica é o processo industrial.

Apesar disso, adotada a posição da Suprema Corte, segundo a qual o imposto sobre produtos industrializados deve guardar relação direta e imediata com a produção, de que não é um imposto próprio do comércio exterior, ao ser instituído, pelo legislador infraconstitucional, para onerar as importações, foi criado novo imposto, de base econômica diversa, falsamente cognominado IPI, com o mesmo fato gerador do imposto de importação, fato que representa violação explícita da vedação prevista no artigo 154, inciso I, da Constituição Federal.

Recorde-se que o fato gerador do imposto sobre importações é importar mercadoria, o mesmo fato gerador do IPI, nos termos do artigo 46, inciso I, do CTN, embora o primeiro tributo reporte-se a qualquer mercadoria, ressalvadas as isenções legais, o segundo refere-se à mercadoria industrializada. Portanto, o trata-se de nítida relação de continente e conteúdo que não desconfigura a identidade do fato gerador da obrigação tributária.

Conclui-se que há violação expressa à proibição prevista no artigo 154, inciso I, da Carta Política, ao criar o legislador infraconstitucional imposto com o mesmo fato gerador do imposto de importação.

---

30. CARVALHO, Paulo de Barros. *Direito Tributário, Linguagem e Método*. 2ª ed. São Paulo: Noeses, 2008, p. 146.

7. Conclusões

O critério material do antecedente normativo do imposto sobre produtos industrializados, na hipótese do inciso I, do artigo 46 do CTN, consiste no ato de importar ou desembaraçar produto estrangeiro industrializado.

A Carta Magna não limitou o legislador infraconstitucional na escolha das condutas a serem representadas pelo verbo componente do critério material. Houve, na verdade, limitação do complemento do critério material do antecedente normativo. Definiu-se que o complemento do critério material seria produto industrializado, embora a Carta Política não mencione o processo de industrialização como hipótese de incidência desta exação.

Apesar disso, para o Supremo Tribunal Federal, o critério material do antecedente normativo do IPI, na modalidade importar mercadoria estrangeira, deve guardar relação direta com a base econômica do IPI, isto é, deve incidir nos negócios jurídicos que tenham por objeto bem fruto de processo de industrialização por um dos contratantes e que sejam contribuintes habituais do imposto.

A incidência de IPI, tanto na importação de mercadoria estrangeira quanto na sua saída do estabelecimento importador, apesar de tema divergente no Superior Tribunal de Justiça, não configura bitributação, uma vez que tal fenômeno ocorre quando mais de um sujeito ativo da relação tributária exige do contribuinte um ou mais tributos, de fatos geradores idênticos.

Tampouco, pode-se falar em "bis in idem" na incidência do IPI, tanto na importação de mercadoria quanto na sua saída do estabelecimento, porque se está diante de impostos com critérios materiais diversos e bases de cálculo diferentes, em estrita obediência ao disposto no artigo 154, inciso I, da Constituição Federal.

Não obstante a Suprema Corte repudiar o reconhecimento do "bis in idem" na hipótese de incidência conjunta do imposto de importação e do IPI na modalidade de importação, reconhece-se ofensa ao artigo 154, inciso I, da Constituição Federal, já que são impostos que esposam, mesmo que parcialmente, o mesmo critério material, tanto o verbo importar quanto o complemento mercadoria estrangeira industrializada.

8. Bibliografia

AFONSO, Sylvio César. "Hipóteses de incidência, regra-matriz de incidência, base e materialidade". *Revista Tributária e de Finanças Públicas* – Ano 16, n. 81, jul-ago/2008.

ATALIBA, Geraldo. *Hipótese de Incidência Tributária*. 6ª ed. São Paulo: Malheiros: 2008.

BALEEIRO, Aliomar. *Direito Tributário Brasileiro*. 10ª ed. Rio de Janeiro: Forense, 1996.

BRITO, Edvaldo. *Comentários ao Código Tributário Nacional*. Coord. Ives Gandra da Silva Martins. São Paulo: Saraiva, 1998, VI.

CARVALHO, Cristiano. "Estrutura lógica da norma jurídica tributária". *Revista de Direito Tributário* 90. São Paulo: Malheiros.

CARVALHO, Paulo de Barros. *Curso de Direito Tributário*. 21ª ed. São Paulo: Saraiva, 2009.

CARVALHO, Paulo de Barros. *Direito Tributário, Linguagem e Método*. 2ª ed. São Paulo: Noeses, 2008.

HARADA, Kiyoshi. *"É devido o IPI na importação?" Jus Navigandi*, Teresina, ano 17 (revista/edições/2012), n. 3240 (revista/edições/2012/5/15), 15 (revista/edições/2012/5/15), maio (revista/edições/2012/5), 2012 (revista/edições/2012). Disponível em:<http://jus.com.br/artigos/21767>. Acesso em: 30 jan. 2014.

HARADA, Kiyoshi. "O caráter seletivo do IPI a impedir a majoração imotivada sobre veículos importados". *Jus Navigandi*, Teresina, ano 16 (revista/edições/2011), n. 3010 (revista/edições/2011/9/28), 28 (revista/edições/2011/9/28), set. (revista/edições/2011/9), 2011 (revista/edições/2011). Disponível em: <http://jus.com.br/artigos/20086>. Acesso em: 30 jan. 2014.

MACHADO, Hugo de Brito. *Curso de Direito Tributário*. 33ª ed. São Paulo: Malheiros, 2012.

MEDEIROS, Fabio Batista de. *O Custeio da Aposentadoria Especial e dos Benefícios Previdenciários decorrentes de Acidente do Trabalho*. Dissertação de Mestrado apresentada à PUC-SP, 2009.

MELO, José Eduardo Soares de. *Comentários ao Código Tributário Nacional*. Coord. Ives Gandra da Silva Martins. São Paulo: Saraiva, 1998, VI.

MELO, José Soares de. *Curso de Direito Tributário*. Coordenador Ives Gandra da Silva Martins. 14ª ed. São Paulo: Saraiva, 2013.

PELLIZZARI, Tiago Faeda. *O Auxílio-doença no Regime Geral de Previdência Social*. Dissertação de Mestrado. São Paulo: PUC-SP.

SANTI, Eurico Marcos Diniz de. *Lançamento Tributário*. 3ª ed. São Paulo: Saraiva, 2010.

VILANOVA, Lourival. *As Estruturas Lógicas e o Sistema do Direito Positivo*. 4ª ed. São Paulo: Noeses, 2010.

A INTERPRETAÇÃO DA ADMINISTRAÇÃO TRIBUTÁRIA DO CRITÉRIO QUANTITATIVO ("VALOR ADUANEIRO") DAS CONTRIBUIÇÕES PARA O PIS/PASEP E COFINS NAS OPERAÇÕES DE IMPORTAÇÃO DE MERCADORIAS ESTRANGEIRAS

Samuel de Castro Barbosa Melo[1]

1. CONSIDERAÇÕES INICIAIS

O presente artigo tem por objeto realizar uma pesquisa teórica, que consiste numa metodologia de caráter inventariante e descritiva da produção doutrinária acerca do conceito jurídico de "valor aduaneiro", que constitui a base de cálculo das contribuições sociais para o PIS/PASEP-importação e COFINS-importação, cujo fato gerador é a internalização de produtos estrangeiros em território nacional.

---

1. Juiz Federal. Mestrando em Direito pela PUC-SP.

Inicialmente, far-se-á uma análise da influência da Filosofia da Linguagem e da Teoria do Constructivismo Lógico-Semântico na concepção da estrutura da norma jurídica, bem como, no âmbito do Direito Tributário, dos aspectos da regra-matriz de incidência. Após, far-se-á uma revisão da literatura existente sobre o tema proposto, trazendo, suscintamente, as principais posições doutrinárias que tratam direta ou indiretamente desse tema. E, ao final, será realizada uma breve investigação do repositório de jurisprudência dos Tribunais Regionais Federais e do Supremo Tribunal Federal voltado para esse tema, sem, contudo, perscrutá-lo.

O exame do tema ora proposto dar-se-á sob três principais enfoques: a construção da linguagem normativa; as normas constitucionais e infraconstitucionais que tratam dos conceitos, fatos geradores e base de cálculo das obrigações tributárias decorrentes do desembaraço e importação de mercadorias estrangeiras sujeitas ao recolhimento das contribuições sociais para o PIS/PASEP-importação e COFINS-importação; e o novo paradigma conferido pela Corte Suprema no julgamento do RE 559.937/RS.

A análise desses enfoques dar-se-á não somente pelo prisma do racionalismo descritivo, mas também sob uma meditação crítica, com enfoque numa Filosofia da Linguagem, de modo a conferir maior atenção à linguagem jurídico-normativa e às dimensões lógico-semânticas do texto prescritivo.

2. FUNDAMENTAÇÃO TEÓRICA

2.1. A Influência da Filosofia da Linguagem e do Constructivismo Lógico-Semântico na Concepção da Estrutura Normativa

A Filosofia da Linguagem considera a linguagem como algo independente do mundo da experiência, sendo que a própria compreensão das coisas se dá pela preexistência da linguagem. Assim, a linguagem deixa de ser simplesmente o instrumento que liga o sujeito ao objeto.

    O direito positivo está inserido num contexto comunicacional, o qual compreende um sistema de mensagens produzidas pelo homem e por ele utilizadas com a finalidade de canalizar o comportamento inter-humano em direção a valores que a sociedade almeja realizar. O sistema social é constituído por atos de comunicação, e as pessoas só se relacionam entre si quando entre elas existe um sistema de signos que assegure esta interação. Com efeito, sob essa perspectiva, a linguagem normativa (linguagem do direito) deve ser vista como a linguagem própria para impor formas normativas ao comportamento social, que implicará, por último, a modificação do mundo social.

    A corrente do giro linguístico compreende a linguagem como criadora do mundo das coisas – a realidade construída pelo intérprete – e não como mero conector entre o ser cognoscente e a realidade empírica. A linguagem passou a ser, então, uma categoria autônoma, de onde exsurgem os léxicos capazes de criar o objeto e o sujeito cognoscente, os quais somente têm existência no plano da linguagem construída.

    Aludida corrente fundamenta-se, sobretudo, no princípio da autorreferencialidade da linguagem, ou seja, o mundo exterior só existirá para o sujeito cognoscente se houver uma linguagem que o constitua, uma vez que os signos se autossustentam, mantendo uma independência em relação aos objetos que visam representar.

    O direito positivo tem como suporte físico os enunciados prescritivos que o compõem materialmente, sendo que tais enunciados reportam-se às condutas humanas e às relações intersubjetivas (significado), suscitando na mente daqueles que o interpretam a construção de normas jurídicas (significação).

Dentro desse sistema comunicacional, as normas jurídicas aparecem como unidades linguísticas. À luz da Filosofia da Linguagem, o estudo da norma jurídica deve perpassar pelos planos sintático; semântico, que se preocupa com o conteúdo da norma jurídica; lógico e semântico, que estudam a regra-matriz de incidência; e pragmático, que trata da aplicação e incidência da norma jurídica.

Nos dizeres do jurista Paulo de Barros Carvalho:

> A norma é exatamente o juízo que a leitura do texto provoca em nosso espírito, isso é a significação que obtemos a partir da leitura dos textos do direito positivo. Trata-se de algo que se produz em nossa mente, como resultado da percepção do mundo exterior, mais especificamente, como resultado da compreensão dos textos legislados.

Com efeito, os enunciados linguísticos constituem as proposições que descrevem as coisas postas no mundo fenomênico. Neste passo, a linguagem passa a ter as funções de interpretar e constituir a coisa (ato intelectivo), criando a realidade objetiva do ser cognoscente. As proposições descritivas da linguagem são, por sua vez, o conteúdo de um enunciado descritivo (declarativo, indicativo ou teorético), atuando como suporte linguístico que traduz os juízos pessoais.

No âmbito das normas jurídicas, as proposições são prescritivas, ou seja, dirigem-se ao comportamento inter-humano. As normas jurídicas são significações construídas a partir dos textos positivados e estruturadas consoante a forma lógica dos juízos condicionais, compostos pela associação de duas ou mais proposições prescritivas. A norma constitui, portanto, um significado prescritivo de formulações linguísticas, e para construí-la deve o intérprete tomar os sentidos de enunciados prescritos no contexto do sistema em que se encontram inseridos.

O jurista Paulo de Barros Carvalho diferencia as normas jurídicas em sentido amplo das normas jurídicas em sentido estrito: as primeiras designam as frases, o suporte físico do direito posto, e os conteúdos significativos isolados dos textos de lei; as segundas aludem à composição articulada das significações, construídas a partir dos enunciados do direito positivo, na forma hipotético-condicional, de tal sorte que produza "mensagens com sentido deôntico-jurídico completo".

A estrutura normativa é composta por duas proposições: hipótese, pressuposto ou antecedente, cuja função é descrever uma situação de possível ocorrência (fato social), que funciona como causa para o efeito jurídico almejado pelo legislador; e consequente ou tese, cuja função é delimitar um vínculo relacional que se estabelece entre dois sujeitos.

O liame entre a causa (relação prescrita) e o efeito (consequente normativo) é estabelecido por um conectivo condicional, também denominado vínculo implicacional. É o vínculo implicacional, também denominado de sincategorema na linguagem da Lógica, que corresponde semanticamente à imposição do "dever-ser" instituído por ato de vontade do legislador. O "dever-ser" assume duas posições dentro dessa estrutura normativa: operador deôntico interproposicional, cuja função é conectar a hipótese ao consequente; e operador deôntico intraproposiconal, que, inserido no consequente da norma, impõe uma relação entre dois sujeitos em torno de uma previsão obrigatória (proibido, permitido ou obrigado). Diz-se que o operador deôntico interproposional é neutro, ao passo que o intraproposicional é modalizado como "obrigatório", "proibido" ou "permitido".

A mensagem deôntica portadora de sentido pressupõe, segundo o jurista Paulo de Barros Carvalho, uma proposição antecedente, descritiva de possível evento no mundo social, na condição de suposto normativo, implicando uma proposição-tese de caráter relacional, no tópico do consequente ("Se o antecedente, então dever-ser o consequente"). A regra tem, portanto, uma feição dual, uma vez que as proposições implicante e implicadas estão unidas por um ato de vontade da autoridade competente que legisla, que se expressa por um "dever-ser neutro", no sentido de que não aparece mobilizado nas formas "proibido", "permitido" e "obrigatório".

A proposição antecedente descreve um evento de possível ocorrência no mundo empírico, sem que isso implique submetê-la ao critério da verificação de veracidade ou falsidade. A hipótese (proposição-hipótese) pressupõe-se como válida antes mesmo que os fatos ocorreram, no entanto, não se dirige aos acontecimentos do mundo com o fim de regrá-los, mas sim para descrever um fato de possível ocorrência no contexto social. Por fim, a consequência normativa apresenta-se como uma proposição relacional, enlaçando dois ou mais sujeitos de direito em torno de uma conduta regulada como "proibida", "permitida" ou "obrigatória". Ao contrário do antecedente da norma que se assenta no modo ontológico da possibilidade, o consequente assenta-se no modo deontológico, prescrevendo condutas intersubjetivas.

As normas jurídicas têm a organização interna das proposições condicionais, em que se enlaça determinada consequência à realização de um fato. Neste contexto, a hipótese (descritor) refere-se a um fato de possível ocorrência, ao passo que o consequente (prescritor) prescreve a relação jurídica que se vai instaurar, onde e quando acontecer o fato cogitado no suposto normativo.

Em suma, a mensagem deôntica portadora de sentido completo pressupõe uma proposição antecedente, descritiva de possível ocorrência social, na condição de hipótese normativa implicando uma proposição-tese, de caráter relacional, no tópico do consequente, por força de um ato de vontade da autoridade que legisla.

2.2. A Regra-Matriz de Incidência Tributária

A norma jurídica compreende uma estrutura lógica de um juízo hipotético (suposto, pressuposto, hipótese, descritor, antecedente ou prótase), no qual o legislador estabelece uma consequência jurídica (relação deôntica entre dois ou mais sujeitos), desde que sobrevenha o fato previsto no antecedente. A regulação da conduta se dá com a aplicação dos modais deônticos ("proibido", "permitido" e "obrigatório"), mas sempre na dependência do acontecimento previsto na hipótese.

No âmbito do Direito Tributário, o legislador formula conceitos sobre os fatos do mundo real, elegendo aqueles que ostentem os denominados signos presuntivos de riqueza. O legislador seleciona os caracteres e indicia os meios de identificação do fato que quer juridicizar, o qual aparecerá como recorte daquilo que seria o fato bruto da realidade social. Em outras palavras, o legislador seleciona os critérios de identificação de um evento social e descreve-o por meio de notas conceituais que transmitam a ideia aos interlocutores.

Descrever um fato social é consignar o critério material (verbo e complemento), o critério espacial e o critério temporal. O critério material é o núcleo do conceito mencionado na hipótese normativa, o qual faz referência a um comportamento de pessoas naturais ou jurídicas, condicionado por circunstâncias de espaço e tempo para a realização do evento. O critério espacial é o plexo de indicações que assinalam o lugar preciso em que a ação há de acontecer. Por fim, o critério temporal oferece elementos para definir o momento em que ocorre o fato descrito acontecerá.

A investigação dos conteúdos de significação da regra-matriz de incidência dá-se por meio da enunciação dos fatos jurídicos, ou seja, pela transformação dos fatos sociais em linguagem deôntico-jurídica. Assim, concretizado o evento hipoteticamente descrito no suposto da norma de incidência, instaura-se uma relação deôntica entre dois ou mais sujeitos, prevista no consequente normativo. Pode-se dizer que a hipótese implica a consequência, e o fato jurídico implica a relação jurídica, que se estabelece entre dois sujeitos deonticamente atrelados. Vê-se que a estrutura da obrigação tributária, não obstante fundada em regime jurídico próprio, não se difere estruturalmente da obrigação civil, haja vista a presença dos elementos subjetivos (sujeitos ativo e passivo) e objetivos (prestação e vínculo jurídico).

O prescritor da regra-matriz de incidência contém, por sua vez, os critérios pessoal (sujeito ativo e passivo) e o quantitativo (base de cálculo e alíquota). Este último que mais interessa ao objeto do presente artigo, o qual será adiante detidamente analisado.

A incidência da regra-matriz faz nascer o vínculo entre sujeitos de direito, titulares de direitos subjetivos e deveres correlatos, por força da imputação normativa. No Direito Tributário, adota-se, para esse evento, a terminologia fato gerador concreto, ou seja, a obrigação tributária – o sujeito ativo fica investido do direito subjetivo de exigir do sujeito passivo o cumprimento da prestação pecuniária.

Importante trazer à baila o entendimento de Geraldo Ataliba, no sentido de que a expressão "fato gerador" designa duas realidades distintas, a descrição hipotética – que se refere à previsão abstrata da norma – e a concreta verificação – que se refere àquilo observado no mundo fenomênico, cuja concretização do fato hipotético dá origem a uma obrigação tributária. Para o jurista, existem dois momentos lógicos e cronológicos que identificam o fato gerador: a lei descreve um fato capaz de dar ensejo ao nascimento de uma obrigação (antecedente da regra-matriz), e, após consumado o fato, sobre o qual as regras jurídicas incidirão e lhes darão "colorido de juridicidade", tem-se a ocorrência do fato jurídico tributário, com o condão de irradiar efeitos de direito (suporte fático concreto).

A crítica acerca da incidência imediata, infalível e automática da norma jurídica sobre os fatos sociais sem que se tenha um produto da vontade do homem é trazida por Paulo de Barros Carvalho, segundo o qual o direito é objeto da atividade humana. Para o jurista, "não se dará a incidência se não houver um ser humano fazendo a subsunção e promovendo a implicação que o preceito normativo tinha".

2.3. A Interpretação do Critério Quantitativo ("valor aduaneiro") do Prescritor da Regra-Matriz de Incidência das Contribuições Sociais para o PIS/PASEP e COFINS sobre operações de comércio exterior de importação de mercadorias estrangeiras

Antes de passar ao exame das normas constitucionais e infraconstitucionais que estabelecem a base de cálculo das contribuições sociais para o PIS/PASEP-importação e COFINS-importação incidentes sobre a internalização de mercadorias estrangeiras em território nacional – mormente no que tange à inclusão do II (imposto de importação) e IPI (imposto sobre produtos industrializados) em sua base de cálculo -, necessário trazer à baila os ensinamentos do jurista Paulo de Barros Carvalho acerca da importância do exame da regra-matriz de incidência para a compreensão deste fenômeno jurídico-tributário:

> A construção da regra matriz de incidência, como instrumento metódico que organiza o texto bruto do direito positivo, propondo a compreensão da mensagem legislada num contexto comunicacional bem concedido e racionalmente estruturado, é um subproduto da teoria da norma jurídica, o que significa reconhecer tratar-se de contribuição efetiva da Teoria Geral e da Filosofia do Direito, expandindo as fronteiras do território científico. É claro que neste percurso vai um reposicionamento do agente do saber jurídico que assume uma cosmo-visão situada, declaradamente, no âmbito do chamado 'giro-linguístico'. De qualquer modo, o esquema da regra-matriz é um desdobramento aplicativo do Constructivismo Lógico-Semântico sugerido com tanta precisão na obra e no pensamento de Lourival Vilanova.

O fundamento constitucional das contribuições sociais para o PIS/PASEP e COFINS importação está previsto nos arts. 149, inciso II, e 195, inciso IV, da CR/88, sendo que a EC n. 42/03, ao alterar o inciso II do §2º do art. 149 da CR/88, estabeleceu, como base de cálculo, para a contribuição social no caso de importação, o "valor aduaneiro".

O art. 7º, inciso I, da Lei n. 10.865/04, que dispõe sobre a contribuição para o PIS e COFINS incidentes sobre a importação de bens e serviços, estabelece o seguinte:

> Art. 7º. A base de cálculo será:
>
> I – o valor aduaneiro, assim entendido, para os efeitos desta Lei, o valor que servir ou que serviria de base para o cálculo do imposto de importação, acrescido do valor do Imposto sobre Operações Relativas à Circulação de Mercadorias e sobre Prestação de Serviços de Transporte Interestadual e Intermunicipal e de Comunicação – ICMS incidente no desembaraço aduaneiro e do valor das próprias contribuições, na hipótese do inciso I do caput do art. 3º desta Lei (...)

O art. 110 do CTN é claro ao dispor que não podem ser deturpados nem estendidos pelo legislador ordinário os conceitos, institutos e formas de direito privado, tampouco quaisquer palavras empregadas pelo Poder Constituinte, sob pena de extrapolar as normas de competência impostas pela Carta Magna. Aludida norma tributária busca preservar a rigidez do sistema de repartição de competências tributárias entre os entes políticos, valendo-se dos conceitos de direito privado já sedimentados juridicamente. Pode-se dizer, portanto, que o Código Tributário Nacional estabelece a inalterabilidade dos conceitos, institutos, formas e definições de direito privado – civil ou comercial – para resguardar a competência tributária manifestada constitucionalmente.

O campo de atuação da lei tributária é delimitado pela própria Constituição, porquanto os conceitos de direito privado das regras-matriz de incidência já são por elas definidos, o que impede a modificação da competência tributária pelo legislador infraconstitucional.

Assim, o conceito de "valor aduaneiro" deve ser analisado à luz das diretrizes do Acordo sobre a Implementação do art. VIII do Código de Valoração Aduaneira do GATT, que foi promulgado pelo Decreto Presidencial n. 92.930/86. Por esse Acordo, estabeleceram-se seis métodos sucessivos para identificação do "valor aduaneiro", quais sejam:

I) valor da transação da mercadoria importada (valor efetivo da transação); II) valor da transação de mercadoria importada idêntica à mercadoria objeto do despacho (a base de cálculo será o valor de mercadoria similar anteriormente submetida a despacho); III) valor de transação de mercadoria importada similar à mercadoria objeto do despacho (a base de cálculo será o valor de mercadoria similar anteriormente submetida a despacho); IV) valor de revenda de mercadoria importada (a base de cálculo será o valor utilizado para revenda de mercadoria idêntica ou similar à importada); V) valor computado de mercadoria importada, que consiste na soma do valor de materiais e o custo de fabricação ou de outras operações necessárias à produção da mercadoria importada; um valor a título de lucro e despesas gerais, correspondente ao usualmente contabilizado por produtores, no país de exportação em vendas para o Brasil, de mercadorias da mesma classe ou espécie daquele objeto da valoração; e os valores correspondentes às despesas de frete, encargo e seguro, relativos ao transporte da mercadoria até o local de descarga ou entrada no país; e VI) valor baseado em critérios razoáveis, condizentes com os princípios e disposições gerais do Acordo de Valoração Aduaneira e com o art. VIII do GATT.

O Acordo sobre a Implementação do Artigo VII do Acordo Geral sobre Tarifas e comércio 1994 – GATT, introduzido no ordenamento jurídico nacional pelo Decreto Presidencial n. 1.355/94, também definiu no seu artigo 1º, que "o valor aduaneiro de mercadorias importadas será o valor de transação, isto é, o preço efetivamente pago ou a pagar pelas mercadorias, em uma venda para exportação para o país de importação".

A Emenda Constitucional n. 33, que acresceu o inciso III ao artigo 149 da CR/88, entrou em vigor no ano de 2001, o que permite inferir que o conceito de "valor aduaneiro" adotado pela Carta Magna é o conceito veiculado no Acordo Geral sobre Tarifas Aduaneiras e Comércio – GATT. Por sua vez, os Decretos n. 4.543/2002 e 6.759/2009, que disciplinam o regulamento aduaneiro, estabelecem que o conceito de "valor aduaneiro" é aquele previsto nas normas do Artigo VII do Acordo Geral sobre Tarifas e Comércio – GATT.

O "valor aduaneiro" constitui, no caso de alíquota *ad valorem*, também a base de cálculo do Imposto de Importação. Nos termos do art. 2º, inciso II, do Decreto-Lei n. 2.472/88 e art. 20, inciso II, do CTN, o critério principal que define o valor aduaneiro das mercadorias importadas é o "valor de transação", qual seja, "o preço normal que o produto, ou seu similar, alcançaria, ao tempo da importação, em uma venda em condições de livre concorrência, para entrega no porto ou lugar de entrada do produto no país".

Outrossim, de acordo com o artigo 75 do Regulamento Aduaneiro, a base de cálculo do Imposto de Importação deve ser estabelecida da seguinte forma: a) quando a alíquota for *ad valorem*, o valor aduaneiro será apurado segundo as normas do Artigo VII do Acordo Geral sobre Tarifas e Comércio – GATT/1994; e b) quando a alíquota for específica, a quantidade de mercadoria expressa na unidade de medida estabelecida. O art. 77 do Regulamento, também reproduzindo aquilo que já firmado no GATT, estabelece que integram o valor aduaneiro, independente do método de valoração utilizado, os custos de transporte da mercadoria importada até o local onde devam ser cumpridas as formalidades de entrada no território aduaneiro; os gastos relativos à carga, à descarga e ao manuseio da mercadoria importada até a chegada ao território aduaneiro; e o custo de seguro da mercadoria durante as operações de transporte e a elas associadas.

O critério do "valor aduaneiro" é também empregado na quantificação da base de cálculo do IPI incidente sobre o desembaraço aduaneiro de mercadoria estrangeira, uma vez que, nos termos do art. 47, inciso I, do CTN, "o preço normal do produto em condições de livre concorrência para entrega no porto ou lugar de entrada do produto no país", acrescido do valor do Imposto de Importação, das taxas exigidas para entrada do produto no país, e dos encargos cambiais pagos ou exigíveis do importador compõem o *quantum* da base imponível do tributo.

O fato gerador da obrigação tributária, assim entendida a situação definida em lei como necessária e suficiente para que surja o dever de pagar o tributo (art. 114 do CTN), aparece, no caso dessas contribuições sociais (PIS/PASEP-Importação e COFINS-Importação), como resultado de uma atividade qualquer do contribuinte, *in casu*, o "valor aduaneiro". Por sua vez, a base de cálculo deve se ater, estritamente, aos parâmetros constitucionais e ao fato imponível, não podendo o legislador ordinário, ao seu alvedrio, quantificá-lo como melhor lhe aprouver.

A Instrução Normativa SRF n. 572, de 22/11/2005, com intuito de dar concreção e clareza ao art. 7º da Lei n. 10.865/04, traz os seguintes critérios para a quantificação do valor do tributo a ser recolhido a título de PIS/PASEP e COFINS importação, a saber:

> Art. 1º Os valores a serem pagos relativamente à Contribuição para o PIS/Pasep-Importação e à Contribuição para o Financiamento da Seguridade Social (Cofins-Importação) serão obtidos pela aplicação das seguintes fórmulas, exceto quando a alíquota do Imposto sobre Produtos Industrializados (IPI) for específica:

I – na importação de bens:

$$Cofins_{IMPORTAÇÃO} = d \times (VA \times X)$$

$$Pis_{IMPORTAÇÃO} = c \times (VA \times X)$$

onde,

$$X = \left[\frac{1 + e \times [a + b \times (1+a)]}{(1-c-d) \times (1-e)}\right]$$

VA = Valor Aduaneiro

a = alíquota do Imposto de Importação (II)

b = alíquota do Imposto sobre Produtos Industrializados (IPI)

c = alíquota da Contribuição para o PIS/Pasep-Importação

d = alíquota da Cofins-Importação

e = alíquota do imposto sobre operações relativas à circulação de mercadorias e sobre prestação de serviços de transporte interestadual e intermunicipal e de comunicação (ICMS).

Nos termos da IN SRF n. 572/2005, a alíquota do PIS/PASEP e COFINS importação incidirá sobre o "valor aduaneiro", acrescido das alíquotas do Imposto de Importação (II), do Imposto sobre Produtos Industrializados (IPI), da própria alíquota da Contribuição para o PIS/Pasep-Importação, da própria alíquota da Cofins-Importação, e da alíquota do imposto sobre operações relativas à circulação de mercadorias e sobre prestação de serviços de transporte interestadual e intermunicipal e de comunicação (ICMS). Em exame à fórmula matemática posta nesse ato normativo torna-se claro que a Administração Pública, por meio de ato administrativo derivado e subordinando à lei, extrapolou os limites fixados pelo próprio legislador ordinário na quantificação da base imponível das contribuições sociais para o PIS/PASEP e COFINS importação, porquanto ao "valor aduaneiro" da operação econômica acresceu as alíquotas do IPI e II, incidentes sobre o fato gerador (desembaraço aduaneiro).

Resta claro também que a legislação ordinária (art. 7º, inciso I, da Lei n. 10.865/2004) extrapolou os limites da regra matriz constitucional que elegeu apenas o "valor aduaneiro" – este correspondente ao valor que servir ou serviria de base para o cálculo do imposto de importação – como parâmetro à base imponível do tributo, o que implica a inconstitucionalidade parcial com redução de texto da norma.

A definição da base de cálculo do PIS e da COFINS sobre as operações de importações de bens e serviços provenientes do exterior foi submetida a apreciação e julgamento, em sede de Arguição de Inconstitucionalidade (AC 2004.72.05.003314-1, Relator Desembargador Federal Antônio Albino Ramos de Oliveira, DJU de 14.03.2007), pela Corte Especial do Tribunal Regional Federal da 4ª Região, que declarou a inconstitucionalidade da expressão *"acrescido do valor do Imposto sobre Operações relativas à Circulação de Mercadorias e sobre Prestação de Serviços de Transporte Interestadual e Intermunicipal e de Comunicação – ICMS incidente no desembaraço aduaneiro e do valor das próprias contribuições"*, mencionada no inciso I do artigo 7º da Lei n. 10.865/04, ao argumento de que os limites do conceito de valor aduaneiro, tal como disciplinado nos Decreto-Lei n. 37/66 e Decreto 4.543/2002, viola o disposto no artigo 149, § 2º, inciso III, "a", da CR/88. Eis a ementa do julgado:

> INCIDENTE DE ARGUIÇÃO DE INCONSTITUCIONALIDADE – PIS E COFINS – IMPORTAÇÃO – ART. 7º, I, DA LEI N. 10.865/2004.
>
> 1 – A Constituição, no seu art. 149, § 2º, III, "a", autorizou a criação de contribuições sociais e de intervenção no domínio econômico sobre a importação de bens ou serviços, com alíquotas ad valorem sobre o valor aduaneiro.
>
> 2 – Valor aduaneiro é expressão técnica cujo conceito encontra-se definido nos arts. 75 a 83 do Decreto n. 4.543, de 26 de dezembro de 2002, que instituiu o novo Regulamento Aduaneiro.
>
> 3 – A expressão "acrescido do valor do Imposto sobre Operações Relativas à Circulação de Mercadorias e sobre Prestação

de Serviços de Transporte Interestadual e Intermunicipal e de Comunicação – ICMS incidente no desembaraço aduaneiro e do valor das próprias contribuições", contida no inc. I do art. 7º da Lei n. 10.865/2004, desbordou do conceito corrente de valor aduaneiro, como tal considerado aquele empregado para o cálculo do imposto de importação, violando o art. 149, § 2º, III, "a", da Constituição.

Recentemente, no julgamento do RE n. 559.937/RS, DJU de 16/10/2013, a Corte Suprema, alinhavando o mesmo entendimento já adotado pelo Tribunal Regional Federal da 4ª Região, assentou que o art. 7º da Lei n. 10.865/04, ao fixar a base de cálculo dessas exações fiscais, extrapolou o conceito de valor aduaneiro, definindo-o como se pudesse abranger, também, na importação de bens, o ICMS devido na importação e o montante das próprias contribuições sociais (PIS/PASEP-importação e COFINS-importação). Nesse sentido, transcreve-se abaixo trecho do voto-vista proferido pelo Relator Ministro Dias Tofolli, *in verbis*:

> Cuida-se de recurso extraordinário interposto contra acórdão do Egrégio Tribunal Regional Federal da 4ª Região mediante o qual se considerou inconstitucional o art. 7º, inciso I, da Lei 10.865/04 na parte em que se define a base de cálculo do PIS e da COFINS incidentes sobre a importação como sendo "o valor que servir ou que serviria de base para o cálculo do imposto de importação, acrescido do valor do Imposto sobre Operações Relativas à Circulação de Mercadorias e sobre Prestação de Serviços de Transporte Interestadual e Intermunicipal e de Comunicação – ICMS incidente no desembaraço aduaneiro e do valor das próprias contribuições, na hipótese do inciso I do caput do art. 3º desta Lei.
>
> (...)
>
> Portanto, é perfeitamente constitucional a instituição da COFINS-Importação e do PIS/PASEP-Importação mediante lei ordinária, pois o art. 195, § 4º, da Constituição Federal, que subordina a instituição de novas fontes de custeio à edição de lei complementar (art. 154, I, CF) está a se referir

às hipóteses de novas contribuições, isto é, àquelas que não estão previstas no texto constitucional vigente, o que não ocorre com as contribuições em apreço, as quais foram, prévia e expressamente, previstas nos já citados arts. 149, § 2º, II; e 194, IV, da Carta Magna.

(...)

Sobre o conceito de valor aduaneiro, registro que, quando da edição da já citada EC n. 33/01, que, combinada com a EC n. 42/03, passaram a permitir a incidência do PIS/COFINS sobre a importação, o referido conceito já estava definido no art. 2º do Decreto-Lei n. 37/66, que dispõe sobre a base de cálculo do imposto de importação e remete, nos casos de alíquota ad valorem (inciso II), ao conceito de valor aduaneiro "apurado segundo as normas do art. 7º do Acordo Geral sobre Tarifas Aduaneiras e Comércio – GATT".

(...)

Portanto, na ausência de estipulação expressa do conteúdo semântico da expressão 'valor aduaneiro' pela EC n. 42/03, há de se concluir que o sentido pressuposto, e incorporado pela Constituição Federal, quando da utilização do termo para conferir competência legislativa tributária à União, remete àquele já praticado no discurso jurídico-positivo preexistente à sua edição.

Nessa linha, a simples leitura das normas contidas no art. 7º da Lei n. 10.865/04, objeto de questionamento, já permite constatar que a base de cálculo das contribuições sociais sobre a importação de bens e serviços extrapolou o aspecto quantitativo da incidência delimitado na Constituição Federal, ao acrescer ao valor aduaneiro o valor dos tributos incidentes, inclusive o das próprias contribuições. Importa deixar claro, na esteira do que já exposto, que a Lei n. 10.865/04 não alterou ou inovou o conceito de 'valor aduaneiro', base de cálculo do Imposto de Importação, tal como pactuado no Acordo de Valoração Aduaneira, de modo a abranger, para fins de apuração das contribuições para o PIS/PASEP-Importação e COFINS-importação, outras grandezas nele não contidas. Como bem ressaltou a Ilustre Relatora, "o que fez, sim, foi desconsiderar a imposição constitucional de que as contribuições sociais sobre a importação, quando tenham alíquota ad valorem, sejam calculadas com base no valor aduaneiro. Extrapolando a

> norma do art. 149, § 2º, III, a, da Constituição Federal, determinou que as contribuições fossem calculadas não apenas sobre o valor aduaneiro, mas, também, sobre o valor do ICMS-Importação e sobre o valor das próprias contribuições instituídas".
>
> (...)
>
> Ante o exposto, reconhecendo a inconstitucionalidade da parte do art. 7º, inciso I, da Lei n. 10.865/04 que acresce à base de cálculo da denominada PIS/COFINS-Importação o valor do ICMS incidente no desembaraço aduaneiro e o das próprias contribuições, acompanho a Ilustre Relatora, negando provimento ao recurso extraordinário.
>
> RE 559.937/RS, Relator: Min. Ellen Gracie, Data de Julgamento: 20/03/2013, Data de Publicação: D.J. 04/04/2013).

Nesse julgado, restou clara a posição do Ministro Relator no sentido de que a Constituição Federal utilizou termos técnicos inequívocos, circunscrevendo a tais bases a respectiva competência tributária, não cabendo à lei que instituiu as exações fiscais ampliar o conceito de "valor aduaneiro" utilizado no art. 149, III, "a", da CR/88, para acrescer à base de cálculo dessas contribuições o valor do ICMS-importação e das próprias contribuições (tributo por dentro).

Da simples leitura dos artigos acima mencionados, salta aos olhos a ilegalidade da inclusão na base de cálculo dessas contribuições o valor do Imposto de Importação (II) e do Imposto Sobre Produtos Industrializados (IPI).

No caso do art. 1º, inciso I, da IN SRF n. 572/2005, a Administração Pública, além de inovar o conceito de "valor aduaneiro", o qual já é traçado pela legislação tributária, e ampliar a base econômica imponível do tributo, extrapolou os próprios limites fixados pela Lei n. 10.865/04, que, em nenhum momento, acresceu a alíquota do II e IPI incidentes sobre o desembaraço aduaneiro à base de cálculo do PIS/PASEP-importação e COFINS-importação. Com efeito, ainda que o legislador ordinário tivesse previsto tal imposição, teríamos a mesma hipótese de inconstitucionalidade do acréscimo do ICMS-importação ao "valor aduaneiro".

Nesse diapasão, a IN SRF n. 572/2005 tem um vício de ilegalidade e inconstitucionalidade que a inquina no que pertine à ampliação da base de cálculo da contribuição social para o PIS/PASEP-Importação e COFINS-Importação.

Nesse sentido os seguintes precedentes do Tribunal Regional Federal da 4ª Região, na parte que trata da ilegalidade da inclusão do IPI e do II na base de cálculo das aludidas contribuições sociais por meio de Instrução Normativa:

> TRIBUTÁRIO. PIS/PASEP-IMPORTAÇÃO. COFINS-IMPORTAÇÃO. ART. 7º, I, D LEI N. 10.865/2004. BASE-DE-CÁLCULO. INCLUSÃO DO ICMS E DAS PRÓPRIAS CONTRIBUIÇÕES. INCONSTITUCIONALIDADE. INSTRUÇÃO NORMATIVA. INCLUSÃO DO IPI E DO IMPOSTO SOBRE IMPORTAÇÕES. ILEGALIDADE.
>
> 1. A base de cálculo do PIS-COFINS-importação está restrita ao sentido técnico de valor aduaneiro, neste não incluídos o ICMS e o valor das próprias contribuições.
>
> 2. Exclusão determinada no Incidente de Arguição de Inconstitucionalidade na AC n. 2004.72.05.003314-1, julgado pela Corte Especial deste Regional.
>
> **3. São também indevidas as inclusões do IPI e do Imposto de Importação na base de cálculo das contribuições discutidas por meio de Instrução Normativa. Se não pode a lei incluir na base do tributo o que não autorizado constitucionalmente, tanto menos poderia o ato administrativo incluir aquilo que sequer consta da lei de regência.**
>
> 4. Limitação da base de cálculo que não ofende a isonomia entre produtores nacionais e estrangeiros. (TRF 4ª Região, 2ª Turma, vu. AMS Processo: 200671080124880 UF: RS. J. 22/01/2008, D.E. 13/02/2008, Rel. VÂNIA HACK DE ALMEIDA).

> TRIBUTÁRIO. MANDADO DE SEGURANÇA. CONTRIBUIÇÕES AO PIS E À COFINS. IMPORTAÇÃO. EXIGIBILIDADE. BASE DE CÁLCULO. VALOR ADUANEIRO.

ACRÉSCIMOS CONFERIDOS PELA LEI N. 10.865/2004. IMPOSSIBILIDADE. IN/SRF N. 572/2005. 1. Vindo o alargamento das hipóteses de incidência das exações em comento talhado através de emenda constitucional (EC 42/2003), não há alegar o contribuinte a ofensa ao § 4º, do artigo 195, da CF. E com efeito, quando a regra constitucional menciona a possibilidade de "manutenção" e "expansão" da seguridade social, via instituição de novas fontes de receita, assim o faz tendo em mente acaso se fizessem tais inovações no plano legislativo ordinário, o que não foi o caso, posto que fixada a regra matriz no próprio texto magno. 2. A E. Corte Especial deste Tribunal, em julgamento da Arguição de Inconstitucionalidade na AC 2004.72.05.003314-1, em 22.02.2007 (DJU: 14.03.2007), sob a relatoria do eminente Desembargador Federal Antônio Albino Ramos de Oliveira, rematou a controvérsia relativa à apuração da base de cálculo do PIS e da COFINS sobre importações de bens ou serviços, declarando a inconstitucionalidade da expressão "acrescido do valor do Imposto sobre Operações relativas à Circulação de Mercadorias e sobre Prestação de Serviços de Transporte Interestadual e Intermunicipal e de Comunicação – ICMS incidente no desembaraço aduaneiro e do valor das próprias contribuições" trazida na parte final do inciso I do artigo 7º da Lei n. 10.865/04, por ter ultrapassado os limites do conceito de valor aduaneiro, tal como disciplinado nos Decreto-Lei n. 37/66 e Decreto 4.543/2002, em afronta ao disposto no artigo 149, § 2º, III, a, da Constituição Federal. 3. Deve ser afastada a inclusão dos valores de II e IPI na base de incidência do PIS e da COFINS sobre importação trazida pela IN/SRF n. 572/2005, por ausência de previsão legal que autorizasse tal providência. 4. Apelação e remessa oficial desprovidas. (TRF4, APELREEX 0006469-17.2009.404.7108, Primeira Turma, Relator Eduardo Vandré Oliveira Lema Garcia, D.E. 20/10/2010).

Ora, o conceito de "valor aduaneiro" utilizado pela Constituição é aquele estabelecido nas normas do Artigo VII do Acordo Geral sobre Tarifas e Comércio – GATT/1994. Dentro do sistema normativo do direito, devem-se respeitar os aspectos sintático e semântico que se apresentam na articulação entre as normas da Constituição e as normas ordinárias. A atividade cognoscente, que tem por papel principal a construção da norma a partir dos textos prescritivos do direito posto, não pode se imiscuir da racionalidade lógica sistemática de interpretar e construir a linguagem normativa a partir dos traços e caracteres, materiais e formais, contidos na Lei Maior, sob pena de violar a unidade e homogeneidade que se visam a conferir a esta multiplicidade de normas.

4. CONSIDERAÇÕES FINAIS

O Constructivismo Lógico-Semântico, sob influência da Filosofia da Linguagem, provocou uma ruptura do paradigma do objeto do conhecimento e do sujeito cognoscente, de modo a conferir autonomia à linguagem e maior importância à atividade intelectiva e construtora realizada pelo intérprete.

O processo de constituição da norma jurídica em sentido estrito perpassa pelos planos da linguagem, os quais abrangem o suporte físico (enunciados prescritivos), o significado (representação individualizada do suporte físico) e a significação (a ideia que resulta da interpretação da coisa). A interpretação conforme a Constituição, realizado pela Corte Suprema, deve ser realizada de forma sistemática, compatibilizando-a com a norma superior e com as demais normas inseridas no ordenamento jurídico (relação de coordenação e subordinação).

A Corte Suprema, ao colocar uma pá de cal sobre o assunto da inclusão do ICMS e das próprias contribuições na base de cálculo do PIS/PASEP-Importação e COFINS-Importação, diante de uma pluralidade de significações atribuídas à norma inserta no art. 7º, inciso I, da Lei n. 10.865/04, conferiu a interpretação que melhor se compatibiliza com o conteúdo material das normas constitucionais contidas no art. 149, II, e 195, IV, da CR/88.

Não se pode olvidar que o juízo *decidendi* constitui norma jurídica dotada de significação que atingirá todas as demais normas que tenham o mesmo antecedente e consequente da norma contaminada pelo vício de inconstitucionalidade. No caso a Instrução Normativa SRF n. 572, de 22/11/2005, ainda que se trate de ato normativo secundário que se sujeita ao controle, em regra, de legalidade, e não constitucionalidade, por não ter o seu fundamento de validade imediatamente vinculado à Constituição, é também atingida pela norma portadora de significação produzida pela Corte Suprema, a qual se extrai das razões de decidir do julgado, que declarou a inconstitucionalidade da norma infraconstitucional da qual deriva, embora não tenha sido objeto de apreciação especificamente a inclusão do II e IPI na base de cálculo das contribuições para o PIS/PASEP e COFINS-Importação.

Com efeito, a ampliação da base de cálculo desses tributos, cujas regras-matrizes são estabelecidas previamente pela Lei Maior, implica violação direta aos princípios da legalidade estrita, da taxatividade (a norma tributária que cria uma obrigação pecuniária deve conter todos os elementos necessários para identificar a ocorrência do fato gerador, tais como, os aspectos temporal, especial, pessoal, material e quantitativo), da segurança jurídica (seja sob o prisma da certeza e proteção da confiança do contribuinte, seja sob o prisma do respeito à anterioridade e ao prazo nonagesimal para exigência do tributo), o que fragiliza a estrutura normativa constitucional sob a qual se amoldam toda a legislação tributária.

5. REFERÊNCIAS BIBLIOGRÁFICAS

CARVALHO, Aurora Tomazini de. *Curso de Teoria Geral do Direito*. 3ª ed. São Paulo: Noeses, 2013.

CARVALHO, Paulo de Barros. *Direito Tributário, Linguagem e Método*. São Paulo: Noeses, 2008.

CARRAZZA, Roque Antonio. *Curso de Direito Constitucional Tributário*. 29ª ed. São Paulo: Malheiros, 2013.

COÊLHO, Sacha Calmon Navarro. *Curso de Direito Tributário Brasileiro*. 11ª ed. Rio de Janeiro: Forense, 2010.

COSTA, Regina Helena. *Curso de Direito Tributário*. 3ª ed. São Paulo: Saraiva, 2013.

HARADA, Kiyoshi. *Temas de Direito Tributário*. 13ª ed. São Paulo: Editora Juarez de Oliveira, 2000.

MARTINS, Ives Gandra da Silva. *Curso de Direito Tributário*. São Paulo: Editora Saraiva, 2011.

PANTZIER, Helge Detlev. *Direito Tributário. Princípios e Conceitos*. São Paulo: Juruá Editora, 2002.

PAULSEN, Leandro. Direito Tributário. *Constituição e Código Tributário à luz da Doutrina e da Jurisprudência*. Livraria do Advogado, 11ª ed., 2009.

SEGUNDO, Hugo de Brito Machado. *Direito Tributário nas Súmulas do STF e do STJ*. 1ª ed. São Paulo: Editora Atlas, 2010.

SCHOUERI, Luís Eduardo. *Direito Tributário*. 3ª ed. São Paulo: Saraiva, 2013.

TOMÉ, Fabiana Del Padre. *A Prova no Direito Tributário*. 3ª ed. São Paulo: Editora Noeses, 2011.

Capítulo V
CRIMES FEDERAIS E PROCESSO PENAL

DOLO EVENTUAL E DOLO DIRETO: EFEITOS EQUIVALENTES COMO MEDIDA DE PRESERVAÇÃO DO DOLO

Renata Andrade Lotufo[1]

1. Introdução

Dentro dos estudos do Direito Penal talvez um dos temas mais palpitantes seja justamente o que hoje se denomina como os *elementos subjetivos do tipo*: o dolo e a culpa.

Precisamente porque o dolo e a culpa abarcam os mistérios da mente humana, até hoje muito estudados e pouco mapeados. Dolo e culpa envolvem condutas humanas: desde as mais sórdidas e cruéis, como também aquelas infelizes, com nenhuma ou pouca maldade.

Conforme os ensinamentos de Basileu Garcia,[2] já houve uma época em que o conceito de dolo era associado à ideia de *perversividade*. Segundo ele, o *dolus malus* foi afastado, pois

---

1. Juíza Federal Titular da 4ª Vara Criminal Federal de São Paulo/SP.
2. GARCIA, Basileu. *Instituições de Direito Penal*. Vol. I, Tomo I. 4ª ed. São Paulo: Max Limonad, 1975, p. 250.

nem sempre o *animus* é ligado à maldade, como no caso da eutanásia em que o móvel seria elevado e "até generoso".

Hoje, uma fonte de conhecimento acessível a todos, o próprio Dicionário Michaelis define o dolo como sendo a *ação praticada com a intenção de violar o direito alheio*.

Mas esta *intenção* tem algumas ponderações, e o dolo eventual é definido como sendo o caso em que o agente não tenha diretamente desejado o resultado, mas o aceitou, o assumiu.

Diferenciar situações em que ocorre o dolo eventual ou a culpa consciente (entendida como a situação em que o agente assumiu o resultado, mas não o queria e acreditava piamente que ele não ocorreria) é caminhar sobre o gelo fino. Além de casuísta, oferece um desafio praticamente intransponível ao operador do direito: embrenhar no fundo da alma humana.

Notamos, porém, que atualmente existe outro confronto do dolo eventual, além da já repetida diferenciação com a culpa consciente: sua comparação com o próprio dolo direto.

Apesar de nos parecer clara a nítida equiparação dos efeitos de ambos os dolos, o Anteprojeto do Código Penal oferece, a nosso ver, uma sutil e perigosa mitigação do dolo eventual.

Assim, pretendemos neste trabalho confrontá-lo com o próprio dolo direto, aferir se há diferenças de graus entre ambos e investigar no caso concreto, sem a contribuição e confissão do agente, como o dolo eventual é percebido.

2. Dolo no conceito de crime e a definição adotada pelo Código Penal Brasileiro

Cabe à doutrina examinar analiticamente o conceito de crime. Considerando a teoria tripartida do crime, a saber, como sendo o crime um fato típico, antijurídico e culpável, dividem-se os finalistas e os causalistas quanto à fase e localização do dolo e da culpa nesta análise.

O estudo do crime é, portanto, fracionado ou estratificado no dizer de Zaffaroni e Pierangeli.[3] Isso porque, a partir de um raciocínio lógico o intérprete constrói a subsunção do fato à norma. Em outras palavras, para aferir se um determinado fato constitui crime, primeiro verifica-se minuciosamente se é fato típico, depois antijurídico e, ao final, culpável.

A diferença, então, ao se adotar a teoria causalista ou finalista para o processo de averiguação do crime é aferir a ocorrência do dolo no final com a culpabilidade (causalismo), ou no começo do exercício analítico com o fato típico (finalismo).

Paulo José da Costa Jr.,[4] causalista, critica a visão finalista que insere o dolo no tipo penal, já que define o dolo como sendo a *"forma mais grave que poderá revestir-se a culpabilidade"*. E, ainda, sustenta que acolheu recentemente contribuição da teoria finalista relacionada com a análise do dolo no tipo. Referindo-se à Fiandaca e Musco, leciona que *"são duas as funções do dolo no processo de imputação penal:*

> 1ª) O dolo como elemento constitutivo do fato típico: é o conteúdo do dolo que indica a direção lesiva da ação, contribuindo para a definição do perfil da tipicidade. É a análise do dolo no tipo, breve e superficial, que permitirá, desde logo, distinguir entre uma simples mentira, o estelionato, e a difamação, por exemplo, conforme a orientação da vontade criminosa.
>
> 2ª) O dolo como forma mais grave de culpabilidade: quem age, movido pelo dolo, agride o bem jurídico tutelado de forma mais intensa do que quem age com culpa.

---

3. ZAFFARONI, Eugenio Raúl e PIERANGELI, José Henrique. *Manual de Direito Penal*, V. 1 – Parte Geral. 9ª ed. São Paulo: RT, 2011, pp. 337-340.
4. COSTA JR., Paulo José. *Código Penal Comentado*. 9ª ed. São Paulo: DPJ Editora, 2007, pp. 68-69.

> (...) A análise exaustiva do dolo só se realizará na culpabilidade.
>
> O dolo possui dupla função no processo de imputação penal, impondo-se a sua análise em dois momentos distintos: no tipo e na culpabilidade.
>
> A adoção do dolo finalista, exclusivamente no tipo, pelas legislações penais, pode trazer efeitos incompatíveis com o moderno Estado de Direito, e o desconhecimento técnico da matéria pode conduzir à errônea conclusão de que a lei penal autoriza a presunção do dolo, com a finalidade de iniciar-se a ação penal.

Segundo esta visão, mesmo sendo causalista, como o Brasil adota o modelo finalista, não há como deixar de verificar a presença ou não do dolo quando for examinado o elemento subjetivo do tipo penal.

Ao transferir o dolo e a culpa para o fato típico, segundo Assis Toledo[5], passou-se a considerá-los " *(...) elementos característicos e inseparáveis do comportamento ilícito.*

E continua:

> Com isso revalorizou-se a conhecida distinção de Graf zu Dohna entre 'objeto da valoração' e 'valoração do objeto'. O dolo como parte da ação e, por isso mesmo, elemento do tipo (o tipo é a descrição abstrata da ação) está no objeto da valoração, ao passo que a culpabilidade, como censurabilidade, é o especial juízo de valoração (juízo de censura) que irá recair sobre aquele 'objeto', isto é, a ação ilícita e obviamente o seu agente.

O Código Penal, segundo Ariel Dotti, na sua reforma de 1984 trouxe a definição de crime doloso em seu artigo 18, adotando expressamente a teoria finalista[6], pois conceituou o dolo como

---

5. TOLEDO, Francisco de Assis. *Princípios Básicos de Direito Penal*. 5ª ed. São Paulo: Saraiva, 1994, p. 88.
6. Cf. DOTTI, René Ariel. *Curso de Direito Penal – Parte Geral*. 3ª ed. São Paulo: RT, 2010, p. 393.

aquela situação em que o agente **quis** o resultado ou **assumiu** o risco de produzi-lo. Ousamos discordar apenas no ponto em que o artigo 18 não foi uma inovação da Reforma de 1984, já que a redação original de 1940 do antigo artigo 15 do CP é *idêntica* ao atual artigo 18.

De acordo com a visão finalista do atual código, o dolo é natural, ou seja, inclui o *conhecimento* e a *vontade* de concretização da situação objetiva descrita no tipo penal e não prevê mais como preceituava o causalismo, que o agente tenha a *consciência* de que tal realização é antijurídica.[7]

A Teoria da Vontade, citada por boa parte dos doutrinadores como exposta na obra de Carrara (causalista), dispunha que *"dolo é a intenção mais ou menos perfeita de praticar um fato que se conhece contrário à lei"*. Damásio resumiu como requisitos dessa teoria dois pontos básicos: que o agente tenha a *consciência do fato* e a *vontade de causar o resultado*.[8]

Na aferição do dolo, a representação do resultado não precisa ser detalhada, nem prever todos os detalhes. De acordo com Franz Von Liszt:[9]

> O agente deve conhecer em geral os anéis da cadeia causal a que por um acto de vontade deu impulso ou cujo movimento não impediu, dominar com a vista a seu desenvolvimento, representar-se o seu efeito. A representação do resultado deve ser determinada nos traços característicos para que, como tal, se distinga do desejo e da esperança.

---

7. Cf. MIR PUIG, Santiago. *Direito Penal. Fundamentos e Teoria do Delito*. São Paulo: RT, 2007, p. 210 (Tradução de Cláudia Viana Garcia e José Carlos Nobre Porciúncula Neto).
8. JESUS, Damásio Evangelista. *Direito Penal. 1º Volume – Parte Geral*. 14ª ed. São Paulo: Saraiva, 1990, pp. 245-246.
9. VON LISZT, Franz. *Tratado do Direito Penal Alemão*. Vol. 1. Rio de Janeiro: F. Briguiet & C. Editores, 1899, p. 275 (tradução de José Hygino Duarte Pereira). Republicado pelo Senado Federal e Superior Tribunal de Justiça em fevereiro de 2009, Vol. 9 da Coleção *História do Direito Brasileiro*.

De acordo com Teoria da Representação ou da Previsão, para configurar o dolo, bastaria a mera previsão do resultado. Ao ter o prognóstico de um resultado lesivo, automaticamente o agente estaria agindo com dolo.

E, por fim, a Teoria do Assentimento dispõe, na mesma linha da Teoria da Vontade, que o agente tenha a *consciência* ou *previsão* do fato, mas que ainda que ele não queira alcançá-lo (já que o ato seria doloso) que ele *consinta* caso ocorra o resultado.[10]

Assim, infere-se que o Código Penal Brasileiro, em seu artigo 18 adotou expressamente, em sua primeira parte, a Teoria da Vontade e, ao final, a Teoria do Assentimento. Ambas a teorias teriam por fim estipular cabível o dolo direto e o dolo eventual.

Rogério Grecco[11] acrescenta uma quarta teoria do dolo, a Teoria da Probabilidade. Citando José Cerezo Mir, explica que é a teoria que prevê o dolo eventual, já que se o agente considerasse o resultado *provável* se configuraria o *dolo eventual,* e, pensando no resultado como algo *meramente possível,* a culpa consciente. Para ele, "*a teoria da probabilidade trabalha com dados estatísticos, ou seja, se de acordo com determinado comportamento praticado pelo agente, estatisticamente, houvesse grande probabilidade de ocorrência do resultado, estaríamos diante do dolo eventual*".

Esta teoria além de restringir a aquinhoar o dolo eventual, ao prever *probabilidades,* torna-se imprecisa e por demais subjetiva, fazendo com que a lacuna seja preenchida pelo intérprete do Direito com menor precisão técnica.

Vale lembrar que segundo Juarez Cirino dos Santos,[12] a doutrina penal mais moderna diferencia três tipos de dolo: a) dolo

---

10. Cf. TELES, Ney Moura. *Direito Penal – Parte Geral.* 2ª ed. São Paulo: Atlas, 2006, p. 147.
11. GRECCO, Rogério. *Curso de Direito Penal. Parte Geral.* 15ª. ed. Niterói: Ed. Impetus, 2013, pp. 188-189.
12. "*Essa tríplice configuração do dolo constitui avanço da ciência do Direito*

de intenção, ou seja, a pretensão do autor (*dolus directus de 1º grau*), b) dolo de propósito direto, que seriam "*as consequências típicas previstas como certas e necessárias*" (*dolo directus de 2º grau*) e, c) dolo eventual ou de propósito condicionado, hipótese em que o agente aceita ou se conforma com a possível consequência da conduta típica.

Essa digressão do dolo de 1º e de 2º grau, na prática serviria apenas para aferir no caso concreto até onde e como o agente pretendia chegar. Se para fraudar o seguro o agente explodiu o navio,[13] certamente responderia por mais de um crime, já que, por vontade própria, praticou mais de um fato típico ciente de tudo o que fazia durante toda a execução do *iter criminis*.

Não há dúvida que o dolo de 2º grau pode ser entendido como um dolo mais específico ou mais abrangente em relação ao dolo de 1º grau. Seja porque o agente tinha maiores pretensões, ou porque praticou mais de um crime, ou em situações que o legislador elegeu como mais graves (qualificadoras ou causas de aumento de pena).

Penal, porque permite agrupar diferentes conteúdos da consciência e da vontade em distintas categorias dogmáticas, conforme variações de intensidade dos elementos intelectual e volitivo do dolo e, portanto, de comprometimento subjetivo do autor com o tipo de crime respectivo; além disso, representa desejável e necessária integração da teoria do tipo com a teoria da ação, cuja dimensão subjetiva compreende esses diferentes conteúdos do dolo como distintos objetos da vontade consciente do fim. O fundamento metodológico dessa sistematização do dolo nos crimes comissivos parece ser o modelo final de ação, cuja estrutura destaca a base real daquelas categorias dogmáticas: a proposição do fim, *como vontade consciente que dirige a ação;* a escolha dos meios para realizar o fim, *como fatores necessários determinados pelo fim; e* os efeitos secundários *representados como* necessários *ou como* possíveis *em face dos meios empregados ou do fim proposto – eis o substrato ontológico das categorias do dolo direto de 1º grau, dolo direto de 2º grau e dolo eventual."* – SANTOS, Juarez Cirino. *A Moderna Teoria do Fato Punível.* 4ª ed. Curitiba: Lúmen Juris Editora, 2005, pp. 66-67.

13. Citação do "caso Thomas" (Alemanha, 1975) por Juarez Cirino dos Santos, *in A Moderna Teoria do Fato Punível* (p. 69).

Mas, quando se compara o dolo direto com o dolo eventual, vem a questão: trata-se de tipos diversos de dolo, ou o dolo eventual pode ser considerado como um estágio anterior do dolo direto? A resposta desta indagação poderá gerar diferenças práticas como veremos a seguir.

3. Dolo eventual e Culpa consciente

Vejamos os ensinamentos de Paulo José da Costa Jr.:

> No dolo eventual, previsto na parte final do artigo ora analisado, o agente assume o risco na realização do evento. Ao representar mentalmente o evento, o autor aquiesce, tendo uma antevisão duvidosa de sua realização.
>
> A expressão *dolus eventualis* foi introduzida por Böhmer, no direito penal intermediário. Nele, o agente, ao prever como possível a realização do evento, não se detém. Age, mesmo à custa de realizar o evento previsto como possível.
>
> Para Frank, que se aprofundou no assunto, haverá dolo eventual (e não culpa consciente) quando se possa provar que o agente teria igualmente operado mesmo que tivesse previsto o evento como consequência certa de sua conduta. A fórmula adotada por Frank, do consentimento hipotético, indicativa do dolo eventual, é esta: 'Seja como for, der no que der, não deixo de agir'. Assume o agente, portanto, o risco que é algo mais do que ter consciência de correr o risco: é consentir previamente no resultado, caso este venha a ocorrer.[14]

A doutrina discute há muito tempo o caráter fronteiriço entre o dolo e a culpa. E essa zona cinzenta fica justamente entre o dolo eventual e a culpa consciente.

Para Frederico Marques[15]:

---

14. *Ob. Cit.*, p. 70.
15. MARQUES, José Frederico. *Tratado de Direito Penal- Volume II* (Edição

O dolo eventual está nos limites em que o dolo se confina com a culpa; por isso, muita semelhança e pontos de contato existem entre o dolo eventual – ponto extremo do dolo na degradação volitiva – e culpa consciente – forma avançada da culpa na graduação da previsibilidade. O dolo eventual – diz COSTA E SILVA – é 'o terreno em que entestam o dolo e a culpa'.

Fabio Bittencourt da Rosa[16] afirma que há sempre uma *"vadiação no uso de critérios para diferenciar o dolo indireto* [dolo eventual] *da chamada culpa com previsão"*.

O termo "vadiação" pode parecer forte em um primeiro momento, mas como as diferenças práticas nos crimes dolosos – mormente homicídios e lesões corporais – são enormes, a palavra é bem empregada, pois, o que se vê nos tribunais é um esforço hercúleo das defesas para conseguir o reconhecimento da culpa consciente, ao passo que as acusações (compreendidos aí o Ministério Público e os assistentes da acusação) entendem que a constatação do dolo eventual em muitos casos é o único meio que atende o conclamo popular pela justiça.

Os delitos de trânsito, somados à embriaguez no volante, têm gerado leis mais severas, com multas e recrudescimento notório ao motorista ébrio.

Muitos tentam estabelecer critérios norteadores[17], e criticam o fato de que a culpa deveria ter uma digressão ao invés

---

revista, atualizada e amplamente reformulada por Antônio Cláudio Mariz de Oliveira, Guilherme de Souza Nucci e Eduardo Mendonça de Alvarenga). Campinas: Millennium Editora, 2002, p. 229.

16. ROSA, Fábio Bittencourt da Rosa. *Dolo Eventual e Culpa Consciente*. RT 473/1975 – mar. 1975 e Doutrinas Essenciais do Direito Penal, Vol. II, Edições Especiais RT 100 Anos (Org. Alberto Silva Franco e Guilherme de Souza Nucci), p. 1211.

17. *"Com efeito, não é possível afirmar, como querem alguns aplicadores do Direito, da conduta daquele que se embriaga, dirige em velocidade elevada e fere ou mata mais de uma pessoa, que estaria agindo com dolo eventual, visto*

de tentar aplicar o dolo eventual para justificar a chamada "culpa gravíssima". Mas, a solução sempre fica para o juiz no caso concreto.

Fábio Bittencourt da Rosa propôs três critérios: 1) valorização do resultado (crer mais no resultado lícito ou ilícito), 2) credibilidade do evento criminoso (grau de proximidade de um objetivo, segundo uma capacidade média; *"quanto mais eu tenho certeza de que o dano ocorrerá, mais obrigação terei de me privar da conduta que a isso pode conduzir"*); e, por fim, 3) seriedade do dano (*"cotejar valorativamente o propósito lícito e a possível consequência ilícita do ato"*).

Os parâmetros ajudam o intérprete, principalmente o juiz já que no caso real ele age semelhantemente ao historiador que reconstrói os fatos pretéritos. O magistrado segue o mesmo caminho: restaura todos os acontecimentos ainda que apenas mentalmente. Só depois decidirá.

---

que em tal conduta não há uma manifestação de vontade do agente em relação ao resultado. Não se pode afirmar que os fatores descritos (embriaguez e velocidade) sejam vistos como consentimento do agente para o resultado.
Parece correta a doutrina, agora predominante, de que existe dolo eventual, quando o autor não se tenha deixado dissuadir da execução do fato pela possibilidade próxima da ocorrência do resultado e sua conduta justifique a assertiva de que ele, por causa do fim pretendido, se tenha conformado com o risco da realização do tipo, antes até concordando com a concorrência do evento do que renunciando a prática da ação." (p. 148).
Assim a solução é clara dentro do nosso sistema penal vigente e está com o próprio juiz que julgará o processo. Esclarecemos. O nosso Direito Penal é o da culpabilidade e culpabilidade nada mais é do que censurabilidade, reprovabilidade, juízo de pura censura e reprovação sobre a conduta do réu. Então, quanto mais censurável for a conduta do réu (embriaguez, excesso de velocidade, número de vítimas), maior poderá ser a reprimenda penal imposta pelo juiz ao aplicar a pena, dentro do delito culposo, ou seja, se a conduta do réu for extremamente censurável, aplica-se a pena máxima do delito culposo, não se falando, nesse caso, em dolo eventual. A pena aplicada é a do delito culposo, devendo ser dosada de acordo com a culpabilidade do acusado." (p. 151).
CALLEGARI, André Luís. *Dolo eventual e crime de trânsito* em *Direito Penal Contemporâneo – Questões Controvertidas*. Coord. Gilmar Ferreira Mendes, Pierpaolo Cruz Bottini e Eugênio Pacelli. São Paulo: Ed. Saraiva, 2011.

Porém, para nós, o dolo eventual guarda uma distância razoável da culpa. O caráter doloso da conduta geralmente é analisado pela conjunção de fatores e dificilmente pela própria confissão do acusado ou por uma testemunha chave. E nesta construção lógica ao se aferir pela presença de **no mínimo** dolo eventual, os elementos da culpa não estão sequer presentes.

Neste ponto, foi Roxin[18] foi preciso quando afirmou que:

> (...) as aparências iludem, pois o conceito de dolo, tal como está concebido, é determinado quanto ao seu conteúdo pela teoria ontológica da acção. Por conseguinte, não se pode admitir no seu seio pontos de vista de culpa; mais ainda, como mero objecto de valoração, nem sequer deve admiti-lo.

4. Dolo eventual e Dolo Direto

Traduzindo para o português coloquial, ocorre o dolo eventual quando o agente pensa: "dane-se".

Mas, no mundo do Direito não é tão simples assim.

Nelson Hungria[19] citou Logoz e Frank para auxiliar no exame da ocorrência do dolo eventual. *Logoz,* ao comentar o Código Penal Suíço afirmou já em 1939 que a pergunta chave era: por que no dolo eventual ou na culpa consciente:

> A previsão das consequências possíveis não impediu o inculpado de agir"? (...) "no caso de dolo eventual, foi por egoísmo que o inculpado se decidiu a agir, custasse o que custasse. Ao contrário, no caso de culpa consciente, é por leviandade, antes que por egoísmo, que o inculpado age, ainda que tivesse tido consciência do resultado maléfico que seu ato poderia acarretar.

---

18. ROXIN, Claus. *Problemas Fundamentais de Direito Penal*. Lisboa: Ed. Vega, 1986, p. 131.
19. HUNGRIA, Nélson. *Comentários ao Código Penal*. Vol. I – Arts. 1 a 27. Rio de Janeiro: Ed. Forense, 1949, pp. 288-290.

Esta indagação não é suficiente, e, talvez daí o motivo pelo qual Hungria, tal como a maior parte da doutrina examinada, cita-se para o deslinde da questão *as fórmulas de Frank*. O penalista alemão já no início do século passado teria formulado: 1) a <u>teoria hipotética do consentimento</u>, ou seja: analisando o possível resultado observado pelo agente, na hipótese desse resultado ser certo, ele se deteria? E, após, acrescentou: 2) <u>a teoria positiva do conhecimento</u>, a saber: ocorre o dolo eventual se o agente disser a si mesmo: *"seja como for, dê no que der, em qualquer caso não deixo de agir"*.

E conclui Hungria que:

> *Ambas essas fórmulas deverão servir de orientação par o juiz, mas é óbvio que, para sua aplicação aos casos concretos, terá ele de guiar-se pelo conhecimento das circunstâncias do fato, para retraçar os motivos do agente.*

Essa frase lapidar resume tudo. Nos casos concretos, via de regra, o agente não confessa o que tinha em mente. Não ao menos na fase judicial, depois de ter melhor refletido com o tempo e se aconselhado juridicamente.

Caberá ao juiz investigar através dos elementos do processo que evidenciem suas intenções, para só então chegar à conclusão de que o agente teve sim o dolo eventual.

Assim, é razoavelmente comum, diante das circunstâncias, utilizar-se de fatos esparsos e construir uma fundamentação no estilo "colcha de retalhos", unindo peças e concatenando indícios e vestígios. Diante disso, é plausível que o magistrado fique em dúvida se o agente no caso examinado agiu com dolo eventual ou dolo direto, mas com certeza tenha agido **no mínimo** com dolo eventual.

Isso é o que basta para concluir que o agente agiu dolosamente, sem qualquer efeito maior em sua penalização, pois, segundo Nucci,[20] "*a lei não faz distinção entre o dolo direto e o eventual para fins de tipificação e de aplicação da pena. Por isso o juiz poderá fixar a mesma pena para quem agiu com dolo direto e para quem atuou com dolo eventual.*"

Os efeitos de ambos os dolos direto e eventual são iguais, conforme Bitencourt[21]:

> Sinteticamente, procura-se distinguir o dolo direto do eventual, afirmando-se que 'o primeiro é a vontade por causa do resultado; o segundo é a vontade apesar do resultado'. No entanto, nosso Código equiparou-os quanto aos seus efeitos, nos precisos termos da Exposição de Motivos do Código Penal de 1940, da lavra do Ministro Francisco Campos, in verbis: 'O dolo eventual é, assim, plenamente equiparado ao dolo direto. É inegável que arriscar-se conscientemente a produzir um evento vale tanto quanto querê-lo: ainda que sem interesse nele, o agente o ratifica ex ante, presta anuência ao seu advento.

Tal afirmação em um primeiro momento pode parecer óbvia, pois já que a reprovabilidade do dolo é a mesma, o dolo eventual seria um tipo de dolo diferente do dolo direto, mas não menor ou inferior.

Porém, vê-se que as lições de Bitencourt e Nucci são importantes, talvez nem tanto para os dias atuais, mas, porventura para dias futuros, onde o Direito Penal pode mudar e, infelizmente, para pior.

Atualmente está tramitando no Congresso Nacional um Anteprojeto de Código Penal, cuja comissão de juristas foi criada pelo Requerimento n. 756/2011 do Senador Pedro Taques.

---

20. NUCCI, Guilherme de Souza. *Manual de Direito Penal. Parte Geral Parte Especial*. 7ª ed. São Paulo: RT, 2011, p. 237.
21. BITENCOURT, Cezar Roberto. *Tratado de Direito Penal. Parte Geral*. 13ª ed. São Paulo: Saraiva, 2008, p. 274.

O anteprojeto tem sofrido duras críticas da sociedade científica[22]. Especificamente em relação ao dolo, entendemos que não andou bem o anteprojeto.

Dispõe o Anteprojeto do Código Penal[23] em seu artigo 18 que o crime é doloso *"quando o agente quis realizar o tipo penal ou assumiu o risco de realizá-lo, consentindo ou aceitando de modo indiferente o resultado"*.

Até aí tudo bem. O novo código quis ser mais preciso e abarcar no conceito os crimes de mera conduta como lembrou Flávio Monteiro de Barros:[24] *"O certo é que o nosso Código, ao vincular o dolo à vontade de se produzir o resultado, abraçou a ideia de que não há crime sem resultado, fenômeno explicável apenas se adotarmos a concepção jurídica do evento, que foi, aliás, o que fez o Código. (...) A noção de resultado, como já vimos, deve ser analisada do ponto de vista naturalístico, no sentido de modificação do mundo exterior produzida pela conduta. Sob o prisma naturalístico, nem todo crime tem resultado. Por isso sugerimos a seguinte definição: 'Diz-se o crime doloso, quando o agente quis a conduta, ou o resultado, ou assumiu o risco de produzi-lo"*.

Talvez um pequeno preciosismo, já que até agora não se vê dificuldade em aplicar o dolo em figuras de mera conduta. O dolo é, afinal de contas, aferido na conduta do agente.

Mas o problema se coloca em seu novo artigo 20. Ele dispõe sobre a "redução da pena no dolo eventual" nos seguintes

---

22. Disponível em: <http://www12.senado.gov.br/noticias/jornal/edicoes/2013/03/01/projeto-de-codigo-penal-gera-criticas-e-defesa>, <http://oglobo.globo.com/pais/oab-critica-anteprojeto-do-codigo-penal-apresentado-por-juristas-5854258> e <http://www.conjur.com.br/2012-ago-30/ibccrim-suspensao-projeto-lei-codigo-penal>. Acessos em 10/06/2013.

23. Íntegra do Anteprojeto disponível em: <http://www12.senado.gov.br/mwg-internal/de5fs23hu73ds/progress?id=oZGSQ6seev&dl> Acesso em: 14/06/2013.

24. BARROS, Flávio Augusto Monteiro de. *Direito Penal. Parte Geral*. V. 1. 4ª ed. São Paulo: Saraiva, 2004, p. 217.

termos: *"O juiz, considerando as circunstâncias, poderá reduzir a pena até um sexto, quando o fato for praticado com dolo eventual".*

Até agora há pouco material doutrinário sobre o tema, talvez porque muitos críticos da sociedade jurídica esperam com ardor que o Anteprojeto não vingue. Em pesquisa na *Internet*, Dotti[25] defendeu a nova redação do Anteprojeto diante da distorção do conceito de dolo eventual, principalmente nos delitos de trânsito.

Porém, a indagação que se coloca é: se o Anteprojeto se preocupou em bem ou mal resolver a questão do crime de trânsito nos §§ 4º ao 6º do artigo 121,[26] por que então alterar o conceito do dolo eventual na Parte Geral do Código e diminuir sua importância tornando-o um *dolo menor*?

Não vemos a causa de diminuição como inofensiva ou ainda como garantia de mera faculdade do juiz. É bem possível que essa inovação, se aprovada, gere um novo entendimento jurisprudencial de verdadeiro direito público subjetivo do acusado, portanto, aplicação obrigatória ao juiz. E aí, neste caso, consolidar-se-ia de vez o divórcio do dolo eventual e do dolo direto, diminuindo e amesquinhando o dolo indireto.

---

25. Disponível em: <http://www.migalhas.com.br/dePeso/16,MI151307,21048-Nova+definicao+legal+do+dolo+eventual>. Acesso em 13/06/2013.

26. Anteprojeto – "Art. 121 (...)
Modalidade culposa
§ 4º Se o homicídio é culposo: Pena – prisão, de um a quatro anos.
Culpa gravíssima
§ 5º Se as circunstâncias do fato demonstrarem que o agente não quis o resultado morte, nem assumiu o risco de produzi-lo, mas agiu com excepcional temeridade, a pena será de quatro a oito anos de prisão.
§ 6º Inclui-se entre as hipóteses do parágrafo anterior a causação da morte na condução de embarcação, aeronave ou veículo automotor sob a influência de álcool ou substância de efeitos análogos, ou mediante participação em via pública, de corrida, disputa ou competição automobilística não autorizada pela autoridade competente.".

A punição do dolo deve ser igual porque dolo é dolo e não é culpa. Parece até tolo afirmar isso, mas não há como diminuí-lo. O que pode ocorrer são os casos em que o tipo penal pede o chamado dolo específico, ou como já dissemos, verifica-se a presença de outros delitos dolosos em concurso ou com qualificadoras.

Mas é importante ressalvar que, tanto no dolo eventual como no direto, o agente quer praticar a conduta dolosa. A diferença é sobre o que ele deseja em relação ao resultado.

Utilizando-se como exemplo os tão debatidos crimes de trânsito, é de se considerar que uma conduta com dolo eventual pode ser mais perigosa do que uma conduta com dolo direto. Explicamos. O agente que dirige irresponsavelmente porque simplesmente não se importa ou considera muito pouco a vida humana pode ser muito mais perigoso do que aquele que quer atropelar um desafeto específico.

Há de se ressaltar também que no dolo eventual o agente tem a vontade livre e consciente do *agir errado*, porém se ilude ou despreza o resultado. Estas ilusões podem ser da mente consciente ou também da mente *inconsciente*. E ainda hoje, em pleno século XXI a ciência ainda engatinha nesse assunto, apenas com a certeza de que a mente inconsciente[27] é muito maior, mais traiçoeira e complexa do que imaginamos.

---

27. Cfr. MLODINOW, Leonard. *SUBLIMINAR – Como o inconsciente influencia nossas vidas.* Rio de Janeiro: Ed. Zahar, 2012, p. 244. Trecho: *"A PARTE CONSCIENTE DA MENTE não é trouxa. Por isso, quando a parte inconsciente distorce a realidade de alguma forma canhestra e óbvia, nós percebemos e não engolimos. O raciocínio motivado não funciona quando se leva a credibilidade longe demais, pois nossa mente consciente começa a duvidar, e isso é o fim do jogo da autoilusão. É de crucial importância haver limites para o raciocínio motivado, pois uma coisa é ter uma visão inflada de nossa perícia ao preparar uma lasanha, outra bem diferente é acreditar que se pode passar de um prédio a outro com um salto. A fim de que sua autoimagem inflada cumpra o seu papel, para que isso resulte em benefícios na sobrevivência, ela deve estar inflada na medida certa, não mais que isso. Psicólogos definem esse equilíbrio dizendo que a distorção resultante deve manter a 'ilusão de objetividade'. O talento*

Observa-se ainda, por fim, também para insuflar o debate – mas sem qualquer pretensão de adentrar nesse no vasto e movediço terreno da criminologia, sociologia criminal e psiquiatria – que se considerarmos a *psicopatia* em maior ou menor grau como um transtorno de personalidade, ela poderá ser encontrada em vários casos típicos de atuação com dolo eventual.[28] O desprezo e a indiferença pelo resultado danoso. Isso seria menos doloso do que desejá-lo?

Pensamos que não. E boa parte dessas valorações são feitas pelo magistrado tanto na análise dos tipos penais afetados como também na dosimetria da pena, entendendo-se aí a culpabilidade com seu conceito ético: juízo de censurabilidade.

5. A prova do dolo

Exceto nas raras hipóteses em que o próprio agente confessa seu dolo (direto ou eventual) ou ainda alguma testemunha essencial tenha presenciado frase do autor do delito que demonstre sua conduta dolosa, nos casos concretos a

---

com que fomos aquinhoados a esse respeito é a capacidade de justificar nossa imagem cor-de-rosa de nós mesmos lançando mão de argumentos críveis, de uma forma que não vá para o espaço diante de fatos óbvios. Quais instrumentos nossa mente inconsciente usa para moldar a experiência enevoada e ambígua numa visão distintamente positiva do eu que desejamos ver?"

28. "Psicopatia é, tal como demonstrada pelos estudos abordados, um tipo de personalidade que tem como principais características a falta acentuada de culpa, remorso e preocupação empática com os outros. Psicopatas parecem carecer de emoções, não se importando com o sofrimento alheio. Além disso, eles são superficialmente encantadores, manipuladores, egocêntricos e têm um senso de grandiosidade exacerbado. **Tendem a ser impulsivos, costumam assumir riscos e não planejar o futuro.** Como já mencionado, eles demonstram ter um comportamento antissocial e tem um controle comportamental muito pouco desenvolvido." (grifamos). Por OLIVEIRA, Alexandra Carvalho Lopes. *A Responsabilidade Penal dos Psicopatas*. Monografia de Alexandra Carvalho Lopes de Oliveira. Faculdade de Direito da PUC – Rio de Janeiro, p. 51. Disponível em: <http://www.maxwell.lambda.ele.puc-rio.br/21158/21158.PDF>. Acesso em: 13/06/2013.

prova do dolo tem de ser feita pelo cotejo de todos os elementos presentes no processo.

Conforme os ensinamentos de Nucci[29]:

> O rico universo da prova envolve a sensibilidade e a valoração da mente e do espírito humano, razão pela qual demanda lógica, concatenação, abundância de elementos e, acima de tudo, ética. (...) A prova é a demonstração lógica da realidade, no processo, por meio dos instrumentos legalmente previstos, buscando gerar, no espírito do julgador, a certeza em relação aos fatos alegados e, por consequência, gerando a convicção objetivada para o deslinde da demanda.

Cabe ao magistrado montar o quebra-cabeça, reunir todos os atos praticados pelo acusado e valorá-los. Só assim, poderá concluir pela ocorrência do dolo.

É justamente este exercício que foi descrito no voto da apelação criminal 48780, da lavra do Des. Cotrim Guimarães no Tribunal Regional Federal da Terceira Região no julgamento de um caso em que o acusado respondia pelo crime de moeda falsa:

> (...) Evidentemente, exceto quando há admissão do dolo pelo acusado, o elemento volitivo do tipo penal em comento se evidencia pelo cotejo das circunstâncias em que os fatos foram praticados, uma vez que é impossível ao julgador penetrar na consciência do réu.[30]

Este é também um dos motivos pelo qual se faz imprescindível a equiparação entre o dolo eventual e o dolo direto.

---

29. NUCCI, Guilherme de Souza. *Provas no Processo Penal*. 2ª ed. São Paulo: RT, 2011, p. 17.
30. ACR 48780, 2a Turma, Data do Julgamento: 11/09/2012, Fonte: e-DJF3 Judicial 1 de 20/09/2012. Disponível em:< http://www.trf3.jus.br/NXT/Gateway.dll?f=templates&fn=default.htm&vid=trf3e:trf3ve >. Acesso em 14/06.2013.

Exatamente por esta impossibilidade natural de embrenhar na consciência do agente, não há como aferir se o acusado agiu com dolo eventual ou direto, mas há a certeza, após a análise racional do processo que houve dolo, pelo menos eventual.

6. Conclusões

As discussões acerca do estreito limite entre o dolo eventual e a culpa consciente não podem chegar a ponto de mitigar ou violentar o próprio conceito do dolo.

As novas legislações devem regular os atuais reclamos da sociedade, graduar a culpa, verificar as novas formas de criminalidade culposa, porém sem mudar o sentido do dolo eventual. Sem diminuí-lo ou corrompê-lo. O dolo apresentado na conduta não pode ser conspurcado, já que na mente do agente ele sabe que está praticando algo grave.

O dolo eventual existe, é grave, e é importante. Dolo e culpa tem conceitos jurídicos diversos para resolver hipóteses distintas. E por isso, deve continuar tendo os mesmos efeitos do dolo direto, porque, ao contrário do que muitos defendem, dolo ainda é dolo e culpa é culpa.

7. REFERÊNCIAS

BARROS, Flávio Augusto Monteiro de. *Direito Penal. Parte Geral.* V. 1. 4ª ed. São Paulo: Saraiva, 2004.

BITENCOURT, Cezar Roberto. *Tratado de Direito Penal. Parte Geral.* 13ª ed. São Paulo: Saraiva, 2008.

CALLEGARI, André Luís. *Dolo eventual e crime de trânsito* em *Direito Penal Contemporâneo – Questões Controvertidas.* Coord. Gilmar Ferreira Mendes, Pierpaolo Cruz Bottini e Eugênio Pacelli. São Paulo: Ed. Saraiva, 2011.

COSTA JR., Paulo José. *Código Penal Comentado*. 9ª ed. São Paulo: DPJ Editora, 2007.

DOTTI, René Ariel. *Curso de Direito Penal – Parte Geral*. 3ª ed. São Paulo: RT, 2010.

GARCIA, Basileu. *Instituições de Direito Penal*. Vol. I, Tomo I. 4ª ed. São Paulo: Max Limonad, 1975.

GRECCO, Rogério. *Curso de Direito Penal. Parte Geral*. 15ª ed. Niterói: Ed. Impetus, 2013.

HUNGRIA, Nélson. *Comentários ao Código Penal*. Vol. I – Arts. 1 a 27. Rio de Janeiro: Ed. Forense, 1949.

MARQUES, José Frederico. *Tratado de Direito Penal- Volume II* (Edição revista, atualizada e amplamente reformulada por Antônio Cláudio Mariz de Oliveira, Guilherme de Souza Nucci e Eduardo Mendonça de Alvarenga). Campinas: Millennium Editora, 2002.

MIR PUIG, Santiago. *Direito Penal. Fundamentos e Teoria do Delito*. São Paulo: RT, 2007, p. 210 (Tradução de Cláudia Viana Garcia e José Carlos Nobre Porciúncula Neto).

MLODINOW, Leonard. *SUBLIMINAR – Como o inconsciente influencia nossas vidas*. Rio de Janeiro: Ed. Zahar, 2012.

NUCCI, Guilherme de Souza. *Manual de Direito Penal. Parte Geral Parte Especial*. 7ª ed. São Paulo: RT, 2011.

_____. *Provas no Processo Penal*. 2ª ed. São Paulo: RT, 2011.

ROSA, Fábio Bittencourt da Rosa. *Dolo Eventual e Culpa Consciente*. RT 473/1975 – mar. 1975 e Doutrinas Essenciais do Direito Penal, Vol. II, Edições Especiais RT 100 Anos (Org. Alberto Silva Franco e Guilherme de Souza Nucci).

ROXIN, Claus. *Problemas Fundamentais de Direito Penal*. Lisboa: Ed. Vega, 1986.

TELES, Ney Moura. *Direito Penal – Parte Geral*. 2ª ed. São Paulo: Atlas, 2006.

TOLEDO, Francisco de Assis. *Princípios Básicos de Direito Penal*. 5ª ed. São Paulo: Saraiva.

VON LISZT, Franz. *Tratado do Direito Penal Alemão*. Vol. 1. Rio de Janeiro: F. Briguiet & C. Editores, 1899 (tradução de José Hygino Duarte Pereira). Republicado pelo Senado Federal e Superior Tribunal de Justiça em fevereiro de 2009, Vol. 9 da Coleção *História do Direito Brasileiro*.

A VALORAÇÃO DA PROVA INDICIÁRIA NO SISTEMA DA PERSUASÃO RACIONAL DIANTE DA CRIMINALIDADE TRANSINDIVIDUAL

Raecler Baldresca[1]

1. Introdução

Historicamente o direito processual penal e o direito processual civil surgiram para disciplinar formas de solução de conflitos de interesses relacionados apenas com o Estado ou com o indivíduo.

Essa concepção de natureza individual, que sempre foi a marca para os dois ramos do direito, sofreu modificações ao longo do tempo. Com a Revolução Industrial e o advento de uma nova realidade socioeconômica, evidenciada pelo fenômeno da moderna sociedade de massas, a concepção individual deixou de ser satisfatória para o direito processual civil, havendo a necessidade de uma adequação, no sentido de se tutelarem

---

[1]. Juíza Federal em São Paulo. Mestre em Direito das Relações Sociais pela PUC/SP. Doutoranda pela PUC/SP.

também os interesses que não pertencem nem ao Estado, nem tampouco ao indivíduo, isoladamente.

Surge uma nova forma de condução do processo para disciplinar as relações coletivas e difusas existentes na sociedade contemporânea de produção, troca e consumo de massa, na qual os conflitos e as violações também assumem um caráter coletivo. Essa modificação ocorreu fundamentalmente quanto a uma nova forma de ver a produção e a valoração da prova.

Da mesma forma, a realidade atual exige que o direito processual penal percorra caminho semelhante. O surgimento de uma criminalidade metaindividual impõe uma nova forma de apreciação da prova, mas com um desafio ainda maior, que é o de preservar mais intensamente os direitos e garantias que tão dolorosamente foram conquistados pela humanidade.

De fato, o modelo de direito penal/direito processual penal estabelecido desde o direito romano – que irradiou efeitos para todos os sistemas jurídicos europeus e também alcançou o direito brasileiro – sempre foi dirigido para o combate e prevenção à criminalidade individual. Esta conclusão é corroborada com uma simples leitura do Código Penal Brasileiro para se constatar que, salvo raras exceções, nosso ordenamento jurídico foi construído a partir de uma concepção individualista de agente criminoso e de prática delitiva.

Entretanto, a globalização e a revolução tecnológica, especialmente no campo das telecomunicações, formaram um campo fértil para a criminalidade organizada se desenvolver e aplicar métodos mais sofisticados em sua atuação. Em razão disso, nas últimas décadas surgiu uma legislação criminal mais voltada ao combate dessa criminalidade metaindividual, com a previsão de novos tipos penais, instrumentos de investigação e coleta de provas, muitos dos quais também beneficiários dos novos elementos da tecnologia.

A análise da prova e o processo de formação do convencimento do magistrado passaram a ser assunto de maior discussão na medida em que as provas chamadas diretas deixaram de ser suficientes para a busca da verdade e novas teorias surgiram para suprir essa lacuna.

Especialmente no campo probatório a questão será saber como esses instrumentos de investigação serão utilizados para combater a criminalidade organizada a partir do sistema da persuasão racional, e como conciliar a apreciação da prova pelo juiz com a preservação dos direitos e garantias previstos na Constituição da República.

Antes, porém, é importante compreender o processo de interpretação e a forma pela qual o julgador constrói sua convicção. O objetivo deste artigo é desvendar esse processo, sobretudo no campo da valoração da prova, enfrentando a questão da influência dos valores pessoais do julgador nas decisões judiciais e discutir as formas de controle dessa atividade pela sociedade democrática dos tempos atuais.

2. A formação da convicção do juiz: provas indiciárias

Sob o ponto de vista das partes que atuam no processo penal, a prova pode ser vista como o meio pelo qual se pretende demonstrar suas alegações e convencer o juiz sobre suas versões a respeito de determinada realidade. Portanto, a mesma prova será objeto de diferentes interpretações que iniciarão a relação dialética do processo.

De outro lado, sob a ótica do julgador, a prova é o meio pelo qual se busca alcançar a verdade e se aproximar ao máximo das circunstâncias em que a atividade criminosa efetivamente ocorreu. As provas são os únicos mecanismos que o magistrado possui para tentar voltar no tempo e observar a reconstrução do que de fato aconteceu.

Sobre a verdade no processo penal, confira-se José Paulo Baltazar Júnior:

> As provas constituem, então, os meios para a descoberta da verdade, buscando-se, no processo, a reconstituição dos fatos, a fim de alcançar a certeza sobre o ocorrido. A doutrina distingue duas concepções sobre o conceito de prova, a saber: moderna e clássica. A primeira (...) pretendendo atribuir caráter científico ao direito, vale-se dos métodos das ciências naturais, reduzindo o raciocínio judicial ao silogismo, figurando o fato como premissa menor, provado o qual será aplicável a solução jurídica prevista na lei, com rígida separação entre questão de fato e questão de direito, admitindo que se alcance a verdade, mediante demonstração do acerto da prova dos fatos. Na segunda (...) ganham relevo a possibilidade do erro e a falibilidade humana, não havendo separação rígida entre questões de fato e de direito, não se admitindo a demonstração de uma verdade absoluta ou inquestionável, abrindo-se espaço para a persuasão, que busca demonstrar a verdade provável, também chamada de verdade judicial ou instrumental.[2]

Esse processo de apuração e descoberta da verdade possível ocorre a partir de duas operações distintas: a investigação e a instrução processual. Na fase investigativa são coletados os dados e informações importantes para exame, pesquisa e posterior judicialização na instrução processual. Sobre esse processo, ensina Frederico Marques que:

> Embora destinada apenas à preparação da ação penal, a investigação colhe, desde logo, elementos probatórios que podem servir posteriormente como dado instrutório definitivo para o julgamento da pretensão punitiva. É o que sucede com as provas ali obtidas em que predomina o aspecto técnico da pesquisa. Mas quando existe a participação imediata e direta da própria autoridade policial, na produção

---

2. BALTAZAR JUNIOR, José Paulo. *Crime Organizado e Proibição de Insuficiência*. 1ª ed. Porto Alegre: Livraria do Advogado Editora, 2010, p. 167-168.

da prova, o caráter inquisitivo, que tem a investigação, torna imprescindível a judicialização ulterior do ato probatório para que a instrução ali contida se apresente com o valor de prova, ao ter o juiz de decidir a causa penal.³

A partir dos elementos coletados e desenvolvidos na fase investigativa e na fase judicial, o magistrado formará sua convicção e deverá explicitar os motivos de seu convencimento em face do Sistema da Persuasão Racional, que foi adotado em regra pelo processo penal brasileiro. É em razão desse sistema que o julgador avalia o conjunto probatório, isto é, todos os elementos trazidos ao processo que permitam reconstituir o passado e aproximá-lo da verdade.

Tradicionalmente, o ponto de partida para o início da fase decisória é o mergulho na prova produzida para se constatar se é ou não suficiente para demonstrar a materialidade delitiva e a autoria, além das consequências e circunstâncias do crime. Embora não exista hierarquia entre as provas, não há dúvidas de que há uma certa predileção em relação às chamadas provas diretas, ou seja, aquelas que se referem ao delito propriamente dito e seus elementos, em detrimento das indiretas, especialmente dos indícios, ou seja, aquilo que se refere a algo diferente do delito, mas do qual *"por um esforço da razão se passa ao delito"*, nos dizeres de Malatesta.⁴

Isso porque nas provas diretas há a possibilidade de verificação direta de um fato a partir da percepção sensorial, seja pela oitiva de uma testemunha ou pela leitura de um documento por exemplo, o que confere uma falsa sensação de maior segurança jurídica, como veremos adiante. Já o indício, chamado de "prova crítica" por José Frederico Marques, é a circunstância

---

3. MARQUES, José Frederico. *Elementos de Direito Processual Penal*. Vol. 2. 1ª ed. 2ª tiragem. Campinas, SP: Editora Bookseller, 1998, p. 258.
4. MALATESTA, Nicola Framarino dei. *A Lógica das Provas em Matéria Criminal*. 1ª ed. Campinas, SP: Servanda Editora, 2009, p. 173 (Tradução para o português: J. Alves de Sá).

conhecida e provada que, tendo relação com o fato, autoriza, por indução, concluir-se pela existência de outra ou de outras circunstâncias, conforme dispõe o Código de Processo Penal. Em outras palavras, o indício tem como ponto de partida um fato provado a partir do qual se alcança, por meio do raciocínio lógico e da reflexão apurada, a certeza sobre a ocorrência do fato criminoso e suas circunstâncias.

Sobre a distinção entre a prova direta e a prova crítica, valem as palavras de José Frederico Marques:

> Como o resultado da prova direta e o da prova crítica se apresentam perfeitamente idênticos, diferença substancial sob esse prisma, não existe entre ambos. Pelos indícios ou pela prova direta chega-se, de igual modo, à declaração e afirmativa da existência de um fato ou acontecimento histórico relevante para ordem jurídico-penal. O que os distingue fundamentalmente é o modo ou forma de revelarem esse fato ou acontecimento: enquanto na prova histórica há a revelação direta do *factum probandum*, nos indícios essa representação é indireta e só adquire corpo através de construção lógico-crítica.[5]

Assim, de um lado o exame da prova direta exige que o juiz apenas realize um juízo de credibilidade ou aceitação da prova em si, ao passo que quando se vale de indícios ou presunções, além de executar esta operação, deve também, mediante o raciocínio, induzir a existência do *factum probandum* que não foi explicitado diretamente, mas que está contido na prova e dela pode ser extraído mediante uma operação mental.

Apenas com o objetivo de estabelecer as bases de nosso pensamento, anoto não haver dúvidas de que o indício é uma das espécies de prova. O próprio Código de Processo Penal, sem qualquer indicação de hierarquia, elenca alguns dos meios

---

5. MARQUES, José Frederico. *Elementos de Direito Processual Penal*. Vol. 2. 1ª ed. 2ª tiragem. Campinas, SP: Editora Bookseller, 1998, p. 345.

de prova que podem ser utilizados para auxiliar o magistrado na reconstrução do fato delituoso. Nesse sentido aponta em seu Título VII: a) o exame de corpo de delito e as perícias em geral; b) o interrogatório do acusado; c) a confissão; d) a palavra do ofendido; e) as testemunhas; f) o reconhecimento de pessoas e coisas; g) a acareação; h) os documentos; i) os indícios; e j) a busca e apreensão. Ao lado desses, outros meios de prova são também admitidos, seja porque o rol previsto no Código de Processo Penal não é exaustivo, acolhendo quaisquer outros elementos desde que não contrariem o ordenamento jurídico, seja em razão da legislação especial que trouxe novas possibilidades, tais como a interceptação telefônica e telemática, a escuta ambiental, a infiltração de agentes e a delação premiada.

Não há como se ignorar, contudo, as recentes discussões acerca da validade dos indícios e presunções, bem como da utilização dessas espécies de provas para ensejar uma condenação criminal. As críticas surgiram para defender a insuficiência das provas indiretas para se alcançar um juízo de certeza em razão da carga de subjetividade que ostentam.

Ocorre que, ao contrário do que alguns cientistas defendem, o exame de toda a prova, seja direta ou indireta, real ou pessoal, exige um trabalho lógico-dedutivo do julgador, havendo variação apenas no grau de complexidade desta operação. Com efeito, todo elemento produzido no processo e destinado a demonstrar determinado fato é submetido a uma análise de credibilidade, de causalidade e de probabilidade, além de ser confrontado com outras provas. Nesse sentido, é bastante possível que o depoimento de uma testemunha ocular do crime – prova direta – seja absolutamente descartado após a comprovação de vários outros fatos particulares indiretos, mas a partir dos quais seja possível se conhecer a verdade sobre o delito.

Ainda que seja viável se sustentar que do ponto de vista da avaliação objetiva da prova exista grande diferença entre prova direta e prova indireta, é certo que esta avaliação sempre será precedida de uma análise subjetiva, que deve ponderar a credibilidade e a veracidade da prova produzida qualquer que seja ela.

Tanto é assim, que até a prova pericial, recentemente alçada à categoria de prova incontestável, pode ser afrontada por outra prova que coloque em dúvida, por exemplo, o procedimento utilizado na sua produção ou as credenciais do expert. E o mesmo ocorre com as demais provas: testemunhal, documental e os indícios. De fato, é possível que a partir de um raciocínio lógico-dedutivo elaborado sobre vários elementos trazidos ao processo, o julgador conclua pela impossibilidade de que o fato tenha ocorrido como afirmado por determinada testemunha ou apontado por certa prova pericial. Da mesma forma, a construção lógico-crítica é inerente às provas indiretas em que se parte de um fato provado para se alcançar um fato que se pretende provar.

A verdade é que por mais que se pretenda vincular o julgador e afastar qualquer carga valorativa no exame da prova, a subjetividade é inerente à atividade jurisdicional e existe desde o momento da interpretação das normas até a avaliação dos fatos e das provas apresentadas. Isso porque o valor não está nos textos, nas coisas, nas provas, nos fatos, mas sim no homem, no julgador, que explicita sua preferência e dita a conduta a ser tomada.

Trata-se de um processo de escolha em que o julgador, a partir de suas vivências, de suas preferências, de sua história, de sua cultura, constrói as normas individuais e concretas, dando maior ou menor relevância aos elementos trazidos ao processo e expondo sua convicção sobre determinado acontecimento.

Sobre este processo, Fabiana Del Padre Tomé destaca:

> É inegável (...) que todo e qualquer julgador orienta suas decisões com base em valores pessoais, que ingressam no

âmbito da atividade interpretativa. O aplicador do direito não tem como desprezar as influências recebidas em sua formação, tais como educação familiar, convivência em sociedade e experiências da vida profissional, o que faz da neutralidade do direito um mito. Os valores são ferramentas importantíssimas de convencimento e persuasão, influenciando, decisivamente, a fixação do conteúdo da norma jurídica a ser emitida.

A ideologia, entendida como o conjunto de ideias, convicções e crenças de um indivíduo, é determinante no processo gerativo de sentido. Desse modo, sendo o valor inerente aos sujeitos, e não aos objetos, a apreciação das provas depende das experiências do intérprete: este constrói o fato jurídico em sentido estrito com base nas provas a que tem acesso, mas o faz orientado por seus próprios valores.[6]

Vale ressaltar que a interferência da subjetividade ocorre na apreciação de qualquer prova, seja direta ou indireta. Engana-se quem pensa que a prova direta é garantia de imparcialidade e de que o raciocínio elaborado quando da análise da prova indiciária, por não decorrer da mera análise sensorial, compromete a neutralidade do julgador. Este, aliás, é um mito que precisa ser desvendado.

Ao contrário, nas provas diretas, como a valoração no mais das vezes decorre da percepção sensorial, considera-se ser menor a necessidade de explicitar todo o raciocínio elaborado pelo julgador, de modo que aquela carga subjetiva fica sem qualquer indicação. Nas provas indiretas, de outro lado, essa necessidade é essencial para a própria compreensão da decisão, de modo que o indício ou a presunção exigem, por sua própria natureza, que se demonstre o caminho trilhado para se alcançar determinada conclusão.

No caso das provas indiretas, em que se parte de um fato provado para se chegar a um fato que se pretende provar, é

---

6. TOMÉ, Fabiana Del Padre. *A Prova no Direito Tributário*, 1ª ed. São Paulo: Noeses, 2005, p. 256.

imprescindível que a demonstração do fato provado seja evidente, ganhando maior importância a fundamentação do processo lógico-dedutivo desenvolvido pelo juiz. A explicação sobre os elementos que levaram o magistrado a concluir como provado determinado fato é ainda mais indispensável porque constitui o único modo de controle do processo intelectual desenvolvido.

O mesmo ocorre com as presunções, em que o juiz, a partir da sua experiência vivencial, entende que um fato constitui causa ou efeito de outro, de modo que conhecida a existência de um dos dois elementos, presume a ocorrência do outro. Nesses casos, deve o julgador demonstrar os pressupostos por ele utilizados para justificar "a ordem normal" por ele constatada e motivar a relação de causa e efeito, bem como a existência de um dos elementos provados.

A motivação é, pois, o único modo de acompanhar o raciocínio judicial na reconstrução dos fatos trazidos em discussão.

A análise da prova direta, justamente por não exigir grandes explicações, não raras vezes é recebida como verdade absoluta, sendo comum as decisões se referirem ao conjunto probatório quando na realidade há apenas uma frágil prova testemunhal aliada a um laudo padronizado e burocrático. Esta armadilha jurídica não funciona no caso da prova indiciária que, por sua essência, demanda uma grande fundamentação sobre os motivos que levaram o julgador a alcançar determinada conclusão. Note-se que não é suficiente, a título exemplificativo, que a sentença aponte apenas o fato de ter o réu sido mencionado em conversas telefônicas mantidas por criminosos, ou ainda a ausência de justificativa do réu para valores depositados em sua conta bancária, para ensejar uma condenação.

Entretanto, quando o juiz consegue conectar tais circunstâncias a outros fatos e a partir deste processo é capaz de convencer-se da prática delitiva e de suas circunstâncias, todo o caminho por ele trilhado deve estar detalhadamente explicitado em sua decisão final, sob pena de ofensa ao princípio da persuasão racional.

Assim, o árduo caminho da análise das provas pelo sistema da persuasão racional deve ser todo posto a termo, demonstrado em palavras para que se saiba, indubitavelmente, como a reconstrução daquele quadro se operou para o juiz em determinado momento histórico.

3. O Sistema da Persuasão Racional e a Hierarquia Axiológica Móvel

Registre-se que é justamente a motivação o traço marcante que distingue os diversos sistemas de apreciação da prova que surgiram ao longo da história. De fato, nas sociedades primitivas "a busca da verdade" se dava a partir da sujeição do indivíduo a diversas provações cruéis que, caso suportadas, implicavam na absolvição. De outro lado, no Direito Romano vigorava o sistema da íntima convicção, a partir do qual o julgador não estava obrigado a exteriorizar as razões de seu julgamento, devendo todos a ele se submeter. Em sentido oposto é o sistema das provas legais ou tarifadas que vigorou durante a Idade Média, segundo o qual não havia qualquer liberdade do julgador na busca da realidade dos fatos, eis que a lei estabelecia quais provas eram necessárias para demonstrar a culpa do acusado. Havia a substituição da certeza moral do juiz pela certeza legal (do legislador).

Observe-se que apenas no sistema da livre convicção ou da persuasão racional, que vigora em nosso ordenamento jurídico como regra, é que se traz a ideia de que o juiz deve avaliar a prova livremente e formar seu convencimento em relação ao conteúdo da norma jurídica a ser emitida, exigindo-se, porém, a fundamentação de sua decisão com os elementos colhidos nos autos a fim de persuadir as partes do processo e a sociedade de um modo geral.

Em que pese a discussão acerca da existência de uma hierarquia legal das provas, é certo que a liberdade na formação do convencimento do magistrado aumenta a relevância da fundamentação no processo penal como instrumento para o controle das decisões judiciais, posto que *"o direito, como objeto cultural que é, exige inevitável tomada de posição daquele que o interpreta, não havendo como dele se aproximar na condição de sujeito puro, despojado de atitudes axiológicas"*.[7] Daí se dizer que a análise do conjunto probatório em cada caso concreto exige a manifestação da preferência do julgador por determinada prova em detrimento de outra, havendo, portanto, uma hierarquia axiológica móvel eis que, embora a legislação não aponte uma gradação hierárquica entre as provas jurídicas, certamente há uma valoração do intérprete que varia conforme o caso concreto.

Ao tratar da coexistência de princípios em conflito e do fenômeno da hierarquia axiológica móvel, Canotilho esclarece que *"Hierarquia, porque se trata de estabelecer 'peso' ou 'valor' maior ou menor entre princípios. Móvel, porque se trata de uma relação de valor instável, que é válida para um caso concreto, podendo essa relação inverter-se noutro caso."*[8]

Tomando por empréstimo o fenômeno da ponderação, utilizado pelos juízes para solucionar conflitos entre princípios constitucionais, também é possível estabelecer entre as provas judiciais uma hierarquia axiológica móvel.

A hierarquia axiológica é uma relação de valor criada pelo julgador a partir de um juízo de valor comparativo, atribuindo importância diferente aos objetos examinados.[9] Trata-se

---

7. TOMÉ, Fabiana Del Padre. *A Prova no Direito Tributário*, 1ª ed. São Paulo: Noeses, 2005, p. 252.
8. CANOTILHO, J. J. Gomes. *Direito Constitucional e Teoria da Constituição*. 7ª ed. Coimbra, Portugal: Almedina, 2003, p. 1241.
9. GUASTINI, Riccardo. Teoria e Ideologia da Interpretação Constitucional.

de um processo de escolha em que o julgador opta por valorar com maior vigor um elemento de prova em detrimento de outro.

O fato de se falar em hierarquia axiológica móvel significa que a relação de valor estabelecida é mutável e varia de acordo com o caso concreto. Sobre esse processo, esclarece Guastini:

> O fato é que, para determinar a hierarquia em questão, o juiz não avalia o 'valor' dos dois princípios 'em abstrato', em definitivo. Não institui, entre os dois princípios, uma hierarquia fixa ou permanente. Nem ao menos aplica – como também, querendo, poderia – o critério *lex specialis*, decidindo que um dos dois princípios faça exceção ao outro sempre, em todas as circunstâncias. O juiz se limita a avaliar a 'justiça' das consequências da aplicação de um ou de outro princípio ao caso concreto.
>
> O conflito, portanto, não está resolvido definitivamente: toda solução só vale para uma controvérsia particular, de modo que ninguém pode prever a solução do mesmo conflito em outras controvérsias futuras.[10]

Nesse sentido, registre-se que sempre cada processo será único. Por mais que o ponto controvertido ou as partes sejam semelhantes entre processos diversos, a apreciação da prova deve ser individualizada em cada um deles, não se admitindo no processo penal a pasteurização do exame da prova.

E o mesmo raciocínio de Guastini quanto aos princípios constitucionais pode e deve ser utilizado quanto à apreciação das provas. Na análise do conjunto probatório o magistrado impõe maior ou menor importância a determinada prova e assim age de acordo com os valores de sua preferência.

A hierarquia axiológica móvel das provas judiciais também se revela pela existência de maior ou menor valor conforme

---

Interesse Público. Belo Horizonte: Minas Gerais, v.8, n. 40, p. 250, nov/dez 2006.
10. Ibid, mesma página.

o tipo de infração penal sob exame. Não há dúvidas de que há determinados crimes que são apurados a partir da prova documental, sem a qual sequer há como se identificar a própria materialidade delitiva. É o caso das falsidades documentais e crimes tributários. De outra face, há crimes em que a prova testemunhal é a mais importante porque envolvem condutas físicas presenciadas por outras pessoas. Por fim, há outras em que há a necessidade de captação de informações a partir da interceptação telefônica, telemática ou escuta ambiental.

Daí a imprescindibilidade da motivação, que torna possível a fiscalização da sociedade e o controle da magistratura superior, na hipótese de vários graus de jurisdição.[11] Com efeito, a fundamentação deficiente pode fazer com que esta operação discricionária seja feita de forma abusiva diante da dificuldade de se compreender quais os valores preponderantes em determinada decisão e a quais provas foi conferido *status* superior em relação a outras.

O magistrado, nunca é demais lembrar, representa e se manifesta em nome do Estado Democrático de Direito. Nele, a fundamentação das decisões se revela como um dos mecanismos, talvez o mais importante deles, para evitar o arbítrio e a tirania que sempre permearam a história da humanidade. Daí que o conhecimento sobre os motivos pelos quais o Estado entendeu por bem punir criminalmente determinado cidadão é um de seus pilares fundamentais.

4. O exame da prova nos crimes transindividuais

A questão ganha complexidade quando se trata dos chamados crimes transindividuais, sobretudo aqueles praticados por organizações criminosas, em que é bastante difícil, quase impossível, a obtenção de provas diretas para identificação dos

---

[11]. MALATESTA, Nicola Framarino dei, op. cit., p. 123.

seus autores. Com efeito, a própria definição de organização criminosa trazida pela Lei 12.850/2013, exige a associação de quatro ou mais pessoas estruturalmente ordenada e caracterizada pela divisão de tarefas, ainda que informalmente, com o objetivo de obter, direta ou indiretamente, vantagem de qualquer natureza, mediante a prática de infrações penais cujas penas máximas sejam superiores a quatro anos, ou que tenham caráter transnacional.

Tratando-se de um método de prática de crimes, as organizações criminosas caracterizam-se pela pluralidade de agentes que atuam com certa estabilidade, de forma organizada e estruturada hierarquicamente. Há divisão de tarefas e uma cadeia de comando que afasta o chefe da organização de qualquer contato com o executor do ato criminoso, o que funciona como uma forma clara de proteção dos indivíduos responsáveis pelas decisões do grupo. Demonstrar todos esses requisitos não é das atividades mais fáceis.

Registre-se que a proteção dos líderes é atributo de todos os modelos de organização criminosa; seja o tipo mafioso – caracterizado por laços de lealdade, domínio territorial e exercício de monopólio sobre determinados mercados ilegais – seja a organização em rede – em que há o entrelaçamento de grupos ou agentes criminosos, predominando a ideia de cooperação e relações mais instáveis entre os integrantes, que buscam essencialmente finalidade econômica – seja ainda o tipo empresarial, marcado por uma camuflagem de licitude, mas que atua no mercado ilícito, fornecendo bens e serviços proibidos pela lei.

É certo que tanto em sua concepção vertical quanto nas estruturas horizontalizadas, as organizações criminosas têm como prioridade a proteção de seus líderes, o que é conquistado não apenas a partir da infiltração em órgãos estatais e corrupção de agentes públicos, mas substancialmente na desvinculação entre esses líderes e os membros de menor escalão.

Tais características demonstram a importância de se valer de indícios e presunções em face da ausência de provas diretas que apontem a autoria do fato aos chefes das organizações. Nesses casos, até em razão da natureza dos crimes transindividuais, é fundamental que o julgador examine as provas (testemunhal, documental, pericial, interceptações telefônicas, escuta ambiental, etc.) e a partir de um raciocínio lógico-dedutivo e da reflexão sobre os indícios e as presunções, perceba o alcance da organização criminosa e a participação individualizada de seus agentes.

Isso significa que um líder de organização criminosa de narcotraficantes, por exemplo, dificilmente será flagrado em posse da substância entorpecente que comercializa ou produz. Ele apenas será alcançado pelo direito de punir do Estado se houver uma construção lógico-crítica que permita conectá-lo a alguns elementos diretos de prova referentes a outros criminosos, utilizando-se, pois, os indícios e as presunções. Exige-se um verdadeiro trabalho de costura de condutas e formação de conexões entre todos os envolvidos.

Trata-se de uma revolução no campo da apreciação das provas, sobretudo para aqueles mais acostumados com a repressão à criminalidade individual. Isso porque, nos casos envolvendo organizações criminosas, não bastará a simples indicação das palavras de uma testemunha ou de informações contidas em laudos ou outros documentos. Não será possível compreender a relação processual envolvendo os membros da organização criminosa da mesma forma com que se entende o processo penal movido contra um indivíduo apenas. Será necessário se observar todo o conjunto probatório para dele extrair a autoria do crime, elencando todos os pontos de ligação entre os agentes e os líderes da organização, além dos motivos pelos quais foi estendida a responsabilidade criminosa a todos eles.

Assim, tanto no campo da apreciação das provas, os desafios serão: a obtenção de provas indiciárias robustas e a costura adequada de todo esse processo por meio da fundamentação das decisões judiciais.

5. Conclusão

É incontestável que nosso direito penal e processual penal foi fundado para proteger o cidadão da sombra do Estado violador e tirano. A História da humanidade é recheada de exemplos que confirmam a necessidade da supremacia das garantias fundamentais sobre o *jus puniendi*.

Entretanto, é preciso reconhecer que não há hipossuficiência do cidadão quando se está diante de organizações criminosas ou de crimes transindividuais de um modo geral. Nesses casos, o que se constata é a falência do Estado na repressão e na prevenção dos crimes. A fragilidade da estrutura estatal é confrontada diariamente com o poder político, financeiro e estratégico da criminalidade atual. E é absolutamente impossível combatê-la com a utilização dos mesmos métodos de investigação, produção e avaliação da prova aplicáveis ao criminoso individual.

Ao juiz cabe ser um homem de seu tempo, que conhece sua realidade e a partir dela toma decisões. Se no passado a prova indiciária era mais uma daquelas colocadas à disposição para formação de sua convicção, atualmente se trata, muitas vezes, da única possível para construir a colcha de retalhos que forma o conjunto probatório. Nessa tarefa, assim como na apreciação de qualquer espécie de prova, não há dúvidas de que a decisão do juiz será resultado de suas experiências, valores, princípios, enfim, de sua vivência.

Cumpre notar, porém, que a atuação do magistrado não pode ser arbitrária e tampouco deve ser pautada pelo senso de justiça pessoal e individual de cada julgador. Em outras palavras, não pode o julgador decidir conforme sua consciência apenas como se lhe tivesse sido atribuída vocação divina para realizar a justiça.

Não se deve confundir a influência que os valores exercem sobre a decisão – porque o julgador interpreta as alegações das partes, as provas e os dispositivos legais dentro dos limites de sua cultura – com um julgamento exclusivamente baseado em seu conhecimento pessoal. O liame existente entre esses dois aspectos fica delimitado pela exposição clara do raciocínio utilizado pelo juiz.

Nesse sentido, o dever de motivação das decisões judiciais, que tem sido muito pouco valorizado na atualidade, é um poderoso instrumento de fiscalização da atividade jurisdicional colocado à disposição das partes e da sociedade de um modo geral pela Constituição da República.

Certamente, quanto maior a carga de subjetividade do juiz, maior a fundamentação que se exige de suas decisões, alcançando desde a justificativa sobre a interpretação das normas até a avaliação dos fatos. Especificamente quanto à apreciação das provas é fundamental que a motivação alcance todo o conjunto probatório produzido, ou seja, a decisão não deve apenas envolver os motivos pelos quais determinadas provas foram escolhidas pelo julgador como preponderantes em relação a outras, mas deve relacionar também os motivos pelos quais outras provas não mereceram o mesmo tratamento.

Em outras palavras, diante da hierarquia axiológica móvel reconhecida entre as provas, não pode o juiz elencar somente os elementos probatórios que adotou para formar seu convencimento. Deve também indicar as razões pelas quais não considerou outras provas ou lhes deu menor valoração. Na demonstração escrita da análise probatória, seja a prova direta ou indireta, deve ser possível identificar a preferência exercida pelo magistrado, sobretudo por ser variável a relação de valor existente em cada caso concreto. Este é o caminho para se evitar a tirania e a arbitrariedade no enfrentamento da criminalidade atual.

6. Referências

BALTAZAR JUNIOR, José Paulo. *Crime Organizado e Proibição de Insuficiência*. Porto Alegre: Livraria do Advogado, 2010.

_____. *Crimes Federais*. 2ª ed. Porto Alegre: Livraria do Advogado, 2007.

CANOTILHO, J. J. Gomes. *Direito Constitucional e Teoria da Constituição*. 7ª ed. Coimbra, Portugal: Almedina, 2003.

CARNELUTTI, Francesco. *Lições sobre Processo Penal*. Traduzido por Francisco José Galvão Bruno. Vol. 1. 1ª ed. Campinas/SP: Bookseller Editora, 2004.

FLORENCE, Haret. *Teoria e Prática das Presunções no Direito Tributário*. 1ª ed. São Paulo: Noeses, 2010.

GOMES, Rodrigo Carneiro. *O Crime Organizado na Visão da Convenção de Palermo*. 2ª ed. Belo Horizonte: Del Rey Editora, 2009.

GUASTINI, Riccardo. *Teoria e Ideologia da Interpretação Constitucional. Interesse Público*. Belo Horizonte, v.8, n. 40, nov/dez 2006.

_____. *Das Fontes às Normas*. Tradução Edson Bini. São Paulo: Quartier Latin, 2005.

MALATESTA, Nicola Framarino dei. *A Lógica das Provas em Matéria Criminal*. Tradução J. Alves de Sá. 1ª ed. Campinas, SP: Servanda Editora, 2009.

MARQUES, José Frederico. *Elementos de Direito Processual Penal*. Vol. 2. 1ª ed., 2ª tiragem. Campinas, SP: Editora Bookseller, 1998.

MITTERMAIER, C.J.A. *Tratado da Prova em Matéria Criminal*. Tradução da 3ª edição de 1848 por Herbert Wüntzel Heinrich. 2ª tiragem. Campinas/SP: Bookseller Editora. 1997.

NUCCI, Guilherme de Souza. *Provas no Processo Penal*. 2ª ed. São Paulo: Editora Revista dos Tribunais. 2011.

SILVA, Eduardo Araújo da. *Crime Organizado: procedimento probatório*. 1ª ed. São Paulo: Atlas, 2003.

TOMÉ, Fabiana Del Padre. A *Prova no Direito Tributário*. 1ª ed. São Paulo: Noeses, 2005.

INDICIAMENTO E PERSECUÇÃO PENAL DAS ORGANIZAÇÕES CRIMINOSAS: LIMITES CONCEITUAIS À INCIDÊNCIA DAS NORMAS

Rosmar Antonni Rodrigues Cavalcanti de Alencar[1]

Índice: 1 Introdução. 2 Indiciamento como elemento constitutivo da incidência de normas processuais penais restritivas. 2.1 Notas conceituais de indiciamento. 2.2 Definição de indiciamento. 2.3 Estrutura normativa do indiciamento. 2.4 Limites ao indiciamento. 2.5 Invalidação do indiciamento. 3 Distinção de classes: organização e associação criminosas. 3.1 Elementos formadores dos conceitos de organizações criminosas e de associação criminosa. 3.2 Definições de organização criminosa, de associação criminosa e a lógica das classes. 3.3 Consequentes da norma definidora de organizações criminosas. 3.4 Estrutura normativa das associações criminosas: antecedente e consequente. 4 Conclusões. 5 Referências.

1. INTRODUÇÃO

O direito processual penal é sistema filiado aos direitos

---

1. Doutorando em Direito (PUC/SP). Mestre em Direito (UFBA). Especialista em Direito Processual Penal (FESMP/RN). Professor de Direito Processual Penal (FITS, CESMAC e IESC). Juiz Federal em Alagoas.

de primeira geração. A Constituição do Brasil traz, em seu art. 5º, o núcleo dos enunciados normativos que constituem o sistema processual penal brasileiro, de índole garantista. Os direitos de primeira geração protegem a liberdade do indivíduo contra o arbítrio estatal. Os enunciados das leis processuais penais haurem seu fundamento de validade nos enunciados da Constituição.

Nesse contexto, ingressam as expressões muito em voga no direito processual penal: indiciamento e organização criminosa. São geralmente utilizadas para salientar o aspecto restritivo, punitivo, limitador da persecução penal estatal. Buscando fundamentos nas ideias de Paulo de Barros de Carvalho,[2] as linhas que se seguem tendem a esclarecer, através de delimitação dos contornos conceituais desses vocábulos, que o direito processual penal visa, antes da atuação do direito penal objetivo, a tutela da liberdade.

As previsões convencionais de nomes como indiciamento e organização criminosa devem contar com precisos limites conceituais a título de pressupostos necessários à incidência de outras normas limitativas de direitos. São como escudos que precisam ser transpostos, através de preenchimento dos requisitos que lhes conformam, para que seja viável deflagrar providências que afetam gravemente o *status dignitatis* do indivíduo.

O texto se desenvolve em duas partes. A primeira aborda a questão do indiciamento como elemento constitutivo da incidência de normas processuais penais restritivas. Seu desenvolvimento discorre sobre as notas conceituais, a definição, a estrutura normativa, os limites e a invalidação do indiciamento.

A segunda parte da pesquisa enfrenta a persecução penal das organizações criminosas, a partir da distinção das classes

---

2. CARVALHO, Paulo de Barros. *Direito tributário*: linguagem e método. 5. ed. São Paulo: Noeses, 2013, p. 5-526.

"organização criminosa" e "associação criminosa". Com a finalidade de realçar o perfil garantista das normas processuais penais que regulam tais fenômenos, expõe analiticamente os elementos formadores dos seus conceitos, as definições e as respectivas estruturas lógicas (antecedentes e consequentes normativos).

A pesquisa segue método positivista e argumentação analítica, lastreando-se nas bases do constructivismo lógico-semântico. De tal modo, examina os conceitos de indiciamento e de organização criminosa como formadores de estruturas normativas que constituem premissas à criação de outras normas, de cunho limitador de garantias individuais. Compreendendo dessa maneira, propõe-se o manejo desses termos como requisitos que precisam ser atendidos para que haja imposição válida de certas medidas cautelares (patrimoniais, pessoais e cerceadoras da liberdade), bem como para que seja possível a persecução penal de crimes que constituem norma penal em branco e que, por tal razão, depende da definição legal de organização criminosa.

2. INDICIAMENTO COMO ELEMENTO CONSTITUTIVO DA INCIDÊNCIA DE NORMAS PROCESSUAIS PENAIS RESTRITIVAS

Indiciamento é vocábulo que pode assumir conotações diversas. Sob o aspecto sintático, indiciamento é o produto da atividade levada a efeito pelo delegado de polícia. Semanticamente, indiciamento é a condição formal de apontado pela prática de um delito. Pelo prisma pragmático, indiciamento é o estado negativo de investigado, a partir do qual decorrem consequências gravosas.

O § 6º, do art. 2º, da Lei n. 12.830/2013, prevê que o indiciamento é: (1) ato administrativo privativo do delegado de polícia, cujo exercício se dá no âmbito de seu poder discricionário;

(2) sua forma deve se revestir de fundamentação consistente; e (3) seu conteúdo deve se compor de análise técnico-jurídica do fato, indicando autoria, materialidade e suas circunstâncias.

Para produzir o indiciamento, o delegado de polícia deve reunir elementos de informação que constituam indícios. A aferição é eminentemente empírica, fundada na observação das coincidências dos elementos carreados no sentido de, indutivamente, atribuir a alguém a prática do ato delitivo. Consequências mais ou menos negativas decorrem da conclusão desse ato. De forma exemplificativa, têm-se as seguintes:

(1) Para conferir maior plausibilidade jurídica para a imposição de prisão temporária: o art. 1º, inciso II, da Lei n. 7.960/1989, alude à condição de indiciado como um dos fundamentos para a decretação da cautela prisional temporária, notadamente quando aquele não tiver residência fixa ou não fornecer elementos para a sua identidade;

(2) Para decretação de medida assecuratória de sequestro (medida cautelar patrimonial), o art. 125, do Código de Processo Penal, impõe, pelo menos, a condição de indiciado;

(3) Para ser viável a aplicação de redução de pena nos delitos de tráfico de entorpecentes, o art. 41, da Lei n. 11.343/2006 alude ao indiciado ou acusado que colaborar voluntariamente com a investigação ou com o processo penal, com o intuito de identificar co-autores ou partícipes e recuperar total ou parcialmente o produto da infração (delação premiada);

(4) Para possibilitar a decretação de medidas cautelares pessoais (art. 319, do Código de Processo Penal), o art. 282, do Código, refere a indiciado ou acusado, em seu inciso II;

(5) Para a aplicação de prisão domiciliar, o CPP, em seu art. 317, requer a condição de indiciado ou acusado do sujeito passivo da segregação;

(6) Para, nos casos de indiciamento em crimes de lavagem de capitais previstos na Lei n. 9.613/1998, impor o afastamento de servidor público das funções, sem prejuízo de sua remuneração e dos demais direitos previstos em lei. A medida prevista é de natureza cautelar e, por se referir à persecução penal, só deve ser aplicada pelo juiz, embora o art. 17-D só faça menção à necessidade de intervenção do juiz competente para que se dê o retorno às funções, fazendo cessar a medida restritiva, conforme redação dada pela Lei 12.683/2012.

Note-se que, conquanto não faça menção expressa ao vocábulo "indiciado", as disposições da Lei n. 12.850/2013, que tratam das novas regras aplicáveis aos delitos que envolvam organizações criminosas, levarão em conta a qualidade de indiciado declarada formalmente pelo delegado de polícia para incidência de suas regras. No entanto, é possível a aplicação de suas disposições às situações nela previstas, mesmo antes da produção de ato de indiciamento, quando haja justificativa fundada em juízo de proporcionalidade, cujas razões devem ser expressamente motivadas, indicando a necessidade e a adequação da medida em momento antecipado.

2.1. Notas conceituais de indiciamento

Não raras vezes, depara-se com a produção de atos normativos individuais e concretos que visam compelir a autoridade policial a produzir norma individual e concreta de indiciamento de pessoa investigada ou acusada de ter cometido uma infração penal. Tal proceder consiste nos atos de magistrados que ordenam ou de membros do Ministério Público que requisitam aos delegados de polícia que indiciem determinada pessoa, investigada em inquérito policial ou até mesmo acusada em processo penal.

Em boa hora, o Supremo Tribunal Federal apreciou caso concreto descrito nos autos do *Habeas Corpus* n. 115.015/SP, julgado pela sua 2ª Turma, em 27 de agosto de 2013, e relatado pelo Ministro Teori Zavaski. A decisão levou em consideração, inclusive, o enunciado do § 6º, do art. 2º, da Lei n. 12.830/2013, de 20 de junho de 2013, que dispõe sobre a investigação criminal conduzida pelo delegado de polícia. No bojo da decisão, a Suprema Corte deixou assentado que:

> Sendo o ato de indiciamento de atribuição exclusiva da autoridade policial, não existe fundamento jurídico que autorize o magistrado, após receber a denúncia, requisitar ao Delegado de Polícia o indiciamento de determinada pessoa. A rigor, requisição dessa natureza é incompatível com o sistema acusatório, que impõe a separação orgânica das funções concernentes à persecução penal, de modo a impedir que o juiz adote qualquer postura inerente à função investigatória. Doutrina. Lei 12.830/2013.[3]

No inteiro teor do acórdão, há o relato de que a impetração visou combater decisão do juiz de primeiro grau que, após ter recebido denúncia oferecida contra os acusados, ordenou à autoridade policial a edição do respectivo ato de indiciamento formal. O *writ* foi movido, diretamente no STF, em virtude de ter por objeto decisão de Ministro Relator do STJ que denegou a liminar em outro *habeas corpus*.

Afastou-se, no caso examinado, a aplicação do enunciado n. 691, da Súmula do STF, que preconiza não competir à Suprema Corte conhecer de *habeas corpus* impetrado contra decisão do relator que, em *habeas corpus* requerido a tribunal superior, indefere a liminar, sob pena de indevida supressão de instância. Isso porque se reconheceu flagrante constrangimento ilegal com o indiciamento dos agentes, seja porque ordenado por juiz, seja porque já instaurado o processo e, naturalmente, encerradas as investigações.

---

3. STF – Segunda Turma – HC 115.015/SP – Rel. Min. Teori Zavaski, DJ 27/8/2013.

Para examinar a questão a partir de construção lógico-semântica[4] e das conquistas a partir do fenômeno conhecido como giro linguístico (a linguagem como o centro da filosofia e da hermenêutica), o estudo partirá da análise da definição do indiciamento tomando como parâmetro as notas legais do § 6º, do art. 2º, da Lei n. 12.830/2013, seguindo com a descrição da norma que constitui a atribuição para o ato do indiciamento, delimitação dos seus contornos diante do sistema acusatório e a constituição da linguagem da anulação do indiciamento.

2.2. Definição de indiciamento

Indiciamento é o ato-produto decorrente do procedimento de atribuição exclusiva da autoridade de polícia judiciária (delegado de polícia), consistente na atribuição da autoria do delito à pessoa investigada, com descrição da materialidade e de suas circunstâncias. O indiciamento é constituído por linguagem reconhecida pelo sistema jurídico, devendo ter por conteúdo fundamentação que descreva os elementos de informação coligidos na investigação preliminar (inquérito policial) que representem indícios suficientes de autoria relativamente à perpetração de infração penal pela pessoa investigada[5].

O indiciamento é norma individual e concreta. Com linguagem constitutiva competente, sua estrutura normativa é formada:

(1) pelo seu antecedente normativo ou prótese que, por seu turno, se compõe de: (a) descrição da norma geral e abstrata que atribui à autoridade policial o poder de expor juízo de valor sobre a imputação delitiva (premissa maior); (b) descrição dos elementos de informação de infração penal que, atribuídas

---

4. CARVALHO, Paulo de Barros. *Direito tributário*: linguagem e método. 5. ed. São Paulo: Noeses, 2013, p. 5.
5. TÁVORA, Nestor; ALENCAR, Rosmar Rodrigues de. *Curso de direito processual penal*. 9. ed. Salvador: Juspodivm, 2014, p. 145-146.

ao investigado, são aptos à subsunção ao conceito de indiciamento (premissa menor);

(2) Pelo seu consequente ou apódose normativa, consistente na produção de ato normativo individual e concreto que: (a) declara o indiciamento da pessoa investigada; (b) sujeita essa pessoa a um vínculo que se acomoda ao modal "obrigatório", com a carga negativa que dele decorre, inerente à persecução penal, a exemplo de ser elemento que pode ser agregado à fundamentação da decretação de prisão temporária (art. 1º, II, da Lei n. 7.960/1989), à identificação criminal quando presentes os requisitos legais (Lei n. 12.037/2009) e à imposição de medidas cautelares (art. 282, CPP).

Em termos lógicos – referencial teórico tomado para explicar a estrutura do indiciamento – a proposição-hipótese (outra denominação para o antecedente normativo) descreve fato de possível ocorrência na realidade social. Já a proposição-tese (o consequente da estrutura da norma) prescreve condutas intersubjetivas. Cabe afirmar, com Paulo de Barros Carvalho, que:

> A consequência normativa apresenta-se, invariavelmente, como uma proposição relacional, enlaçando dois ou mais sujeitos de direito em torno de uma conduta regulada como proibida, permitida ou obrigatória. O antecedente da norma, salientamos, assenta-se no modo ontológico da possibilidade, devendo a escolha do legislador recair sobre fatos de possível ocorrência no plano dos acontecimentos sociais. [...] Ao disciplinar condutas intersubjetivas, o legislador opera no pressuposto da possibilidade. Ali onde houver duas ou mais condutas possíveis, existirá sentido em proibir, permitir ou obrigar certo comportamento perante outrem.[6]

A partir da norma geral e abstrata, produz-se a norma individual e concreta. Não há indiciamento sem um dizer do

---

6. CARVALHO, Paulo de Barros. *Direito tributário*: linguagem e método. 5. ed. São Paulo: Noeses, 2013, p.133-134.

delegado de polícia a respeito[7], autoridade que tem a atribuição de emitir a norma concreta correspondente. Conquanto o indiciamento não vincule o membro do Ministério Público quanto à providência a ser adotada, nem muito menos o juiz, trata-se de um dos atos normativos individuais e concretos da persecução penal que caracterizam o que se convencionou chamar de *streptus judicii* (escândalo causado pela divulgação do fato que poderá vir a ser objeto de processo criminal), afetando seriamente o *status dignitatis* da pessoa investigada.

No corpo do voto do Ministro Relator consignado no inteiro teor do acórdão já referido, nota-se que a fundamentação se lastreia em critérios lógicos que evidenciam que por mais de um motivo, o indiciamento não tinha lugar, seja sob a ótica do sistema acusatório, seja pelos contornos da sua definição, seja em virtude da fase da persecução penal (constituída por etapas bem distintas: investigação preliminar e processo penal). Deixou assentado o Ministro Teori Zavaski:

> Não obstante a legislação processual penal seja silente a respeito, a doutrina penal define o indiciamento como sendo o ato de formalização da convicção, por parte da autoridade policial, que os elementos indiciários até então colhidos na investigação indiquem ser uma pessoa autora do crime (cf. MIRABETE, Julio Fabbrini, Código de Processo Penal Interpretado, 11ª ed., São Paulo, Ed. Atlas, 2006. p. 105; NUCCI, Guilherme de Souza. Código de Processo Penal Comentado. 10ª ed. São Paulo, 2011 Editora Revista dos Tribunais, p. 95). Por essa razão, não parece razoável o magistrado, após receber a denúncia, requisitar ao Delegado de Polícia o indiciamento formal de determinada pessoa. A rigor, requisição dessa natureza é incompatível com o sistema acusatório. Este, contemplado em nosso ordenamento jurídico, impõe a separação orgânica das funções concernentes à persecução penal, de modo a impedir que o juiz adote qualquer postura tipicamente inerente à função

---

7. IVO, Gabriel. *Norma jurídica*: produção e controle. São Paulo: Noeses, 2006, p. 41-42.

investigatória (cf. HC 95009/SP, Tribunal Pleno, Min. Eros Grau, DJe de 19/12/2008). Ao impor à autoridade responsável pelas investigações quem ela deve considerar como autor do crime, o órgão Judiciário se sobrepõe, em tese, as suas conclusões, sendo essa, a toda evidência, atribuição estranha à atividade jurisdicional e que não se coaduna com o sistema acusatório imposto pela Constituição de 1988.[8]

Para destrinçar o descabimento da requisição do juiz para o fim de requisitar providência do delegado de polícia cuja natureza ínsita ao ato é discricionária, cabe cotejar a jurisprudência, com a norma que decorre do enunciado que traz as notas do conceito de atribuição para a edição do ato do indiciamento.

2.3. Estrutura normativa do indiciamento

A Lei n. 12.830/2009 disciplinou as linhas gerais da investigação criminal conduzida pelo delegado de polícia. O seu art. 2º, *caput* e § 6º, contém os seguintes enunciados, que são os parâmetros à interpretação para a construção da norma de atribuição para o ato de indiciamento:

> Art. 2º As funções de polícia judiciária e a apuração de infrações penais exercidas pelo delegado de polícia são de natureza jurídica, essenciais e exclusivas de Estado.
>
> [...]
>
> § 6º O indiciamento, privativo do delegado de polícia, dar-se-á por ato fundamentado, mediante análise técnico-jurídica do fato, que deverá indicar a autoria, materialidade e suas circunstâncias.

Segue-se a ideia de que texto não se confunde com norma,[9] bem como a de que a incidência da norma não se dá sem

---

8. STF – Segunda Turma – HC 115.015/SP – Rel. Min. Teori Zavaski, DJ 27/8/2013.
9. CAMPILONGO, Celso Fernandes. *Interpretação do direito e movimentos*

a participação de um sujeito, que deve ser aquele apontado pelo enunciado legislativo. O referencial adotado encontra respaldo na concepção interacional (dialógica) da língua, narrada por Koch, que explica que a compreensão (para a construção normativa) é:

> [...] uma atividade interativa altamente complexa de produção de sentidos, que se realiza, evidentemente, com base nos elementos linguísticos presentes na superfície textual e na sua forma de organização, mas que requer a mobilização de um vasto conjunto de saberes (enciclopédia) e sua reconstrução do interior do evento comunicativo.[10]

O delegado de polícia é a autoridade administrativa indicada para exercer funções de polícia judiciária e, mormente, para apurar infrações penais. São atividades que compõem porção da persecução penal estatal. A persecução penal estatal é desenvolvida por uma investigação preliminar (o delegado de polícia preside inquérito policial, que é espécie, subclasse, daquela classe normativa[11]) e, seguidamente, por um processo penal condenatório (iniciado com a dedução de pretensão punitiva estatal em juízo, mediante oferecimento de ação penal, processada perante o magistrado competente). O indiciamento é ato administrativo de atribuição privativa do delegado de polícia, cujo momento de sua produção se cinge à fase de investigação preliminar.[12]

A promulgação da Lei n. 12.830/2009 significou o exercício de competência legislativa que estabeleceu enunciados que contêm as notas conceituais para a construção da norma geral e abstrata de atribuição do ato normativo de indiciamento a

---

sociais: hermenêutica do sistema jurídico e da sociedade. Rio de Janeiro: Elsevier, 2012, p. 163.

10. KOCH, Ingedore G. *Desvendando os segredos do texto*. São Paulo: Cortez, 2002, p. 17.

11. MOUSSALLEM, Tárek Moysés. *Revogação em matéria tributária*. São Paulo: Noeses, 2005, p. 44.

12. TÁVORA, Nestor; ALENCAR, Rosmar Rodrigues de. *Curso de direito processual penal*. 9. ed. Salvador: Juspodivm, 2014, p.146-147.

quem seja delegado de polícia. Presentes os requisitos legais, existirão as condições para o exercício da atribuição para incidir a norma diante do caso concreto,[13] indiciando pessoa investigada por infração penal. Para tanto, a autoridade policial deve descrever formalizadamente o indiciamento, com a estrutura normativa necessária referida no tópico anterior.

Com essas considerações, é possível esposar a norma de atribuição para a edição do ato normativo concreto do indiciamento, com a presença dos seguintes elementos, no âmbito da hipótese normativa, seguindo as bases da teoria de Paulo de Barros Carvalho:[14]

(1) Critério pessoal: (a) o sujeito ativo do indiciamento só pode ser o delegado de polícia, autoridade policial federal ou estadual conforme o caso; (b) o sujeito passivo é o investigado, ou seja, a pessoa física maior de 18 (dezoito) anos ou a pessoa jurídica, nos crimes que admitem tal espécie de autoria (Lei n. 9.605/1998), que sentirão os efeitos negativos do indiciamento;

(2) Critério material: trata-se da estrutura sintática composta (a) pelo verbo "indiciar" e (b) pelo complemento predicativo "pessoa investigada". Cuida-se do núcleo do acontecimento que, revestido em linguagem competente, é alçado ao patamar de fato jurídico, decorrendo dele as consequências gravosas do indiciamento;

(3) Critério espacial: a aplicação da norma de indiciamento obedece às regras de divisão de atribuições das diversas autoridades policiais que compõem a estrutura de polícia judiciária, isto é, o indiciamento terá incidência na respectiva circunscrição do delegado de polícia com atribuição para investigar a infração penal;

---

13. GAMA, Tácio Lacerda. *Competência tributária*: fundamentos para uma teoria da nulidade. 2. ed. São Paulo: Noeses, 2011, p.262.
14. CARVALHO, Paulo de Barros. *Direito tributário*: fundamentos jurídicos da incidência. 9. ed. São Paulo: Saraiva, 2012, p. 210.

(4) Critério temporal: o indiciamento recai sobre pessoa investigada, durante o curso de investigação preliminar de atribuição de delegado de polícia. Exaurida a fase do inquérito policial, não é possível a produção normativa concreta da norma de indiciamento.

Com a formalização do indiciamento, decorrerão consequências múltiplas, em razão da carga valorativa negativa a ele inerente, que podem ser também representadas pelos elementos nominados aqui como:

(1) Critério pessoal: (a) o sujeito ativo das relações jurídicas que defluem do indiciamento pode ser, notadamente, o Ministério Público (que, embora não vinculado a *opinio juris* do delegado, baseará sua denúncia nos elementos de informação colhidos na investigação preliminar e que, também, serão fundamentos do indiciamento) ou o juiz que, como juiz garantidor dos direitos individuais, apreciará requerimentos de medidas cautelares que pressupõem a condição de indiciado do investigado (art. 282, CPP); (b) o sujeito passivo será a pessoa física ou jurídica indiciada fundamentadamente (apontada no ato normativo concreto de indiciamento);

(2) Critério de sujeição: em processo penal, as consequências são variadas, retratadas de forma tríplice: (a) privativa de liberdade (tal como a prisão temporária do indiciado que não apresenta elementos de sua identidade ou não possui residência fixa); (b) restritiva de direito (a exemplo das medidas cautelares diversas da prisão, a teor do art. 319, CPP); e (c) patrimonial (o indiciado pode se sujeitar ao sequestro de bens imóveis requerido pela pessoa ofendida, pelo ministério público ou mediante representação da autoridade policial).

2.4. Limites ao indiciamento

Com supedâneo nos critérios para a emissão de norma de atribuição para a produção do ato de indiciamento, cabe sublinhar que os seus contornos são compatíveis com o sistema acusatório, que pressupõe divisão de tarefas, funções bem ordenadas juridicamente, com o objetivo precípuo de preservar a imparcialidade do juiz.

O indiciamento é privativo do delegado de polícia, autoridade administrativa que preside as investigações policiais (preliminares). O § 1º, do art. 2º, da Lei 12.830/2013, destaca que cabe ao delegado de polícia (autoridade policial), a condução da investigação criminal por meio de inquérito policial ou outro procedimento previsto em lei, cujo objetivo seja a apuração das circunstâncias, da materialidade e da autoria das infrações penais. Para assegurar os fins da investigação preliminar, o § 2º, do mesmo artigo, outorga os meios ao delegado de polícia, conferindo-lhe poderes de requisição de perícia, informações, documentos e dados que interessem à apuração dos fatos.

Como se depreende, são providências inerentes à fase anterior à instauração do processo penal. Inaugurado o processo penal, que se arrima no suporte probatório mínimo oferecido pelos elementos de investigação, torna-se sem sentido a continuidade de investigações preliminares por parte do delegado de polícia, salvo diligências pendentes, com natureza probatória, que interesse ao processo.

A qualidade de acusado ao sujeito processado suplanta a necessidade de indiciamento. Ora, se: (1) de um lado, o indiciamento dar-se-á por ato fundamentado do delegado de polícia, mediante análise técnico-jurídica do fato, que deverá indicar a autoria, materialidade e suas circunstâncias; e (2) de outro, o oferecimento de ação penal depende da petição inicial conter a exposição do fato criminoso, com todas as suas circunstâncias, a qualificação do acusado ou esclarecimentos pelos quais se possa identificá-lo, a classificação do crime e, quando necessário, o rol das testemunhas; logicamente, a produção de indiciamento em momento posterior à deflagração do processo penal representa um *plus* à exposição do indiciado, um maior constrangimento, desnecessário e ilegal.

Ademais, o ato de indiciamento é inerente ao poder discricionário do delegado de polícia, dentro do espaço de conformação de sua atribuição na condução do inquérito policial. Como o não-indiciamento não representa óbice ao agir do Ministério Público, é de todo irrelevante, via de regra, a requisição formulada à autoridade policial para formalizar o indiciamento.

Quanto à requisição de indiciamento expedida pela autoridade judiciária, tal fato é eivado de ilegalidade e inconstitucionalidade. Ilegalidade porque não é poder incluído na esfera de competência dos juízes, mas, de forma privativa, é atribuição do delegado de polícia. Inconstitucionalidade porque não se coaduna com o modelo constitucional acusatório adotado pelo núcleo de processo penal estabelecido no art. 5º, da Constituição do Brasil. Viola a divisão de funções e retrata um ativismo judicial incompatível com o princípio da imparcialidade que permeia atividade jurisdicional.

No ponto, o voto do Ministro Teori Zavaski, no caso supra-aludido, é preciso:[15]

> Ressalte-se, ainda, que a decisão de recebimento da denúncia faz com que o então suspeito deixe de ser objeto das investigações e passe a figurar como réu na ação penal, o que demonstra a incompatibilidade entre o ato de recebimento da denúncia, que já pressupõe a existência de indícios mínimos de autoria, e a posterior determinação de indiciamento, ato que atribui a alguém no curso do inquérito a suposta autoria delitiva e que visa a subsidiar o oferecimento da peça acusatória. A esse propósito, cumpre referir as lições de Guilherme de Souza Nucci:

---

15. TÁVORA, Nestor; ALENCAR, Rosmar Rodrigues de. *Curso de direito processual penal*. 9. ed. Salvador: Juspodivm, 2014, p.148-150.

"Requisição de indiciamento: cuida-se de procedimento equivocado, pois indiciamento é ato exclusivo da autoridade policial, que forma o seu convencimento sobre a autoria do crime, elegendo, formalmente, o suspeito de sua prática. Assim, não cabe ao promotor ou ao juiz exigir, através de requisição, que alguém seja indiciado pela autoridade policial, porque seria o mesmo que demandar à força que o presidente do inquérito conclua ser aquele o autor do delito. Ora, querendo, pode o promotor denunciar qualquer suspeito envolvido na investigação criminal, cabendo-lhe, apenas, requisitar do delegado a 'qualificação formal, a identificação criminal e o relatório sobre vida pregressa'" (cf. Maurício Henrique Guimarães Pereira, Habeas corpus e polícia judiciária, p. 227).

(NUCCI, Guilherme de Souza. *Código de Processo Penal Comentado*. 10ª ed. Editora Revista dos Tribunais, 2011, p. 96).[16]

2.5. Invalidação do indiciamento

O julgado do STF analisado produziu norma jurídica concreta que expulsou do sistema a norma concreta de indiciamento. A nulidade para produzir efeitos no processo precisa ser reconhecida judicialmente. A rigor, é necessário que o órgão jurisdicional:

(1) Reconheça que o ato normativo de indiciamento foi produzido em violação à regra de atribuição de sua feitura; e

(2) Sancione o vício com a sanção de nulidade, por intermédio de linguagem competente que tenha o efeito produzir norma com a força de alijar do sistema a norma individual e concreta de indiciamento causadora de constrangimento ilegal à pessoa acusada.

---

16. STF – Segunda Turma – HC 115.015/SP – Rel. Min. Teori Zavaski, DJ 27/8/2013.

A anulação deve seguir o paradigma linguístico adotado para que tenha existência no mundo jurídico. A documentação do enunciado individual e concreto (nulidade do indiciamento) envolve a produção de um ato, evidenciado a aplicação de uma norma individual e concreta (a anulação averbada pelo STF). No antecedente do documento normativo que evidencia a aplicação, tem-se o enunciado protocolar denotativo (constituindo o fato jurídico pelo relato do evento) e o enunciado protocolar denotativo relacional, instaurando o liame jurídico obrigatório, permitido ou proibido entre dois sujeitos determinados.[17]

Ao final do voto do Relator, Ministro Teori Zavaski, observa-se que fez constar a sanção retratada na norma concreta de nulificação, ao avivar, expressamente:

> Nessa perspectiva, e considerando que são muitas as consequências jurídicas e morais decorrentes do indiciamento formal (cf. LOPES JÚNIOR, Aury. Sistemas de Investigação Preliminar no Processo Penal. 2ª ed., Editora Lumen Juris, Rio de Janeiro, 2003. p. 303), impõe-se o reconhecimento da nulidade do ato de indiciamento dos pacientes.[18]

3. DISTINÇÃO DE CLASSES: ORGANIZAÇÃO E ASSOCIAÇÃO CRIMINOSAS

Visto o indiciamento, como conceito e como constitutivo de estrutura normativa que serve de pressuposto à construção de outras normas restritivas, sendo, aliás, autêntico limite à aplicação de determinadas medidas cautelares patrimoniais, pessoais e cerceadoras da liberdade, outras noções se revelam importantes para o desencadeamento de consequências jurídicas, notadamente no âmbito de infrações penais atribuídas a organizações criminosas.

---

17. CARVALHO, Aurora Tomazini de. *Curso de teoria geral do direito*: o construtivismo lógico-semântico. 3. ed. São Paulo: Noeses, 2013, p.526.
18. STF – Segunda Turma – HC 115.015/SP – Rel. Min. Teori Zavaski, DJ: 27/8/2013.

Com efeito, os conceitos de associação criminosa e de organização criminosa foram apartados pela Lei n. 12.850/2013, com a relevância de repercutir, a um só tempo:

(1) Na tipificação penal disposta no art. 288, do CPP: foi modificado o *nomen juris* do vetusto crime de "quadrilha ou bando", passando a denominar-se "associação criminosa", bem como os elementos normativos do tipo penal foram alterados, sendo necessária agora a co-autoria de apenas três pessoas, com o fim específico de cometer crimes (não mais quatro pessoas, como na descrição anterior), constituindo-se lei mais gravosa no ponto (*lex gravior*);

(2) No conceito de organização criminosa: após anos sem definição precisa do que seria organização criminosa sob a égide da Lei n. 9.034/1995, a Lei n. 12.850/2013 trouxe nova definição que modificou a que há pouco tinha sido dada pela Lei n. 12.694/2012 (que instituiu a possibilidade de formação de colegiado de primeiro grau de jurisdição na esfera criminal). Desse modo, três critérios conceituais sucessivos no ordenamento jurídico brasileiro passaram a servir de norte à definição de organização criminosa:

(a) Lei n. 9.034/1995: organização criminosa não era definida por este diploma que regulava a prevenção e repressão às suas ações, razão pela qual era a jurisprudência do Supremo Tribunal Federal o parâmetro para dar as suas balizas conceituais. Embora alguns julgados da Suprema Corte, de forma não uniforme, tenham procurado dizer negativamente o que não constituía organização criminosa, bem como declarava os elementos que seriam de sua essência – tal como a divisão de tarefas e, por vezes, assimilando organização criminosa a alguns dos elementos normativos da antiga redação do crime de "quadrilha ou bando" (art. 288, do Código Penal[19]) – o STF, ao

---

19. STF – Segunda Turma – HC 94739 – Relatora: Min. Ellen Gracie, Segunda Turma, DJ: 14/11/2008.

decidir o HC 96007/SP em 12/6/2012, resolveu, por unanimidade, declarar a inexistência, à época, de um conceito legal de organização criminosa. Ao assim se pronunciar, o Supremo assentou a impossibilidade de se punir crime de lavagem de capitais disposto na Lei n. 9.613/1998, que tivesse por pressuposto delito de organização criminosa, em respeito à tipicidade estrita;[20]

(b) Art. 2º, da Lei n. 12.694/2012: organização criminosa entendida como a associação, de três ou mais pessoas, estruturalmente ordenada e caracterizada pela divisão de tarefas, ainda que informalmente, com objetivo de obter, direta ou indiretamente, vantagem de qualquer natureza, mediante a prática de crimes cuja pena máxima seja igual ou superior a quatro anos ou que sejam de caráter transnacional;

(c) § 1º, do art. 1º, da Lei n. 12.850/2013: organização criminosa considerada como a associação de quatro ou mais pessoas estruturalmente ordenada e caracterizada pela divisão de tarefas, ainda que informalmente, com objetivo de obter, direta ou indiretamente, vantagem de qualquer natureza, mediante a prática de infrações penais cujas penas máximas sejam superiores a quatro anos, ou que sejam de caráter transnacional.

(3) Na própria tipificação penal de uma infração penal autônoma de "organização criminosa": não havia, antes da Lei n. 12.850/2013, um tipo penal autônomo que pudesse ser subsumido à noção de "organização criminosa". O delito era de quadrilha ou bando e a noção de organização criminosa era útil como elemento constitutivo do antecedente de outras normas jurídicas aplicáveis à persecução penal de crimes atribuídos à "organização criminosa". Passou, portanto, a ser crime, punido com pena de três a oito anos de reclusão, e multa (sem

---

20. STF – Primeira Turma – HC 96007 – Relator: Min. Marco Aurélio, DJ: 08/02/2013.

prejuízo das penas correspondentes às demais infrações penais praticadas), a conduta de "promover, constituir, financiar ou integrar, pessoalmente ou por interposta pessoa, organização criminosa" (art. 2, *caput*, da Lei n. 12.850/2013).

3.1. Elementos formadores dos conceitos de organizações criminosas e de associação criminosa

A lógica das classes guarda importância para delimitar os pressupostos para a incidência de regras penais. Seus conceitos auxiliam na atividade de subsunção dos fatos. A teoria é definidora dos limites dos termos que constituem a estrutura interna dos enunciados normativos, otimizando a percepção da exclusão ou da inclusão de situações fáticas no campo de incidência da norma. Agregando a teoria das classes com a lógica dos predicados (dos termos), torna-se mais nítido o corte jurídico que pode validamente ser feito sobre o fato social, com resultado positivo para a boa compreensão da subsunção que ocorre entre os fatos jurídicos e as normas jurídicas.

Seguindo a teoria exposta por Tárek Moysés Moussallem, e ajustando-se às noções de organização e associação criminosa, classe é o campo de aplicabilidade (*field of applicability*), isto é, a extensão de determinado conceito. Não é encontrada na realidade física, sendo, ao revés, construção intelectiva. Não se vêem classes, elas são criadas linguisticamente[21].

Temos, então, nitidamente a distinção das classes – associação criminosa ou organização criminosa –, com a indicação de seus elementos:

(1) Associação criminosa:

---

21. MOUSSALLEM, Tárek Moysés. *Revogação em matéria tributária*. São Paulo: Noeses, 2005, p. 41.

(a) crime tipificado no art. 288, do CP, com redação dada pela Lei n. 12.850/2013;

(b) associação de três ou mais pessoas, isto é, pelo menos três coautores;

(c) necessidade de dolo específico, descrito na parte final do dispositivo, ao dizer que a associação deve ter o "fim específico de cometer crimes", não de cometer contravenções.

(2) Organização criminosa:

(a) Conceito disposto no § 1º, do art. 1º, da Lei n. 12.850/2013, com finalidades:

(a.1) penais (quando serve para colmatar norma penal em branco que carece de sua definição, a exemplo do art. 1º, § 4º, da Lei n. 9.613/1998 ou mesmo do tipo penal autônomo de "organização criminosa" tipificado no art. 2º, *caput*, da própria Lei n. 12.850/2013). Ao descrever como crime a conduta de compor "organização criminosa", esse dispositivo se apresenta como uma norma penal em branco, eis que é necessária complementação do seu conceito mediante busca em outra fonte de cognição (outro enunciado). Na hipótese, trata-se de norma penal em branco imprópria (também chamada de norma penal em branco em sentido amplo, homóloga ou homogênea, em virtude de advir da mesma fonte de produção legislativa: o Congresso Nacional) e univitelina (porque é integrada por artigo que está situado na mesma Lei n. 12.850/2013); ou

(a.2) processuais penais (para a aplicação de medidas de persecução penal disposta nessa lei ou em outras, tal como a Lei n. 12.694/2012, que disciplina a instauração de juízo colegiado de primeiro grau de jurisdição);

(b) associação de quatro ou mais pessoas, ou seja, pelo menos quatro agentes;

(c) deve estar estruturalmente ordenada e caracterizada pela divisão de tarefas, ainda que informalmente;

(d) exige-se o fito de obter, direta ou indiretamente, vantagem de qualquer natureza, por meio da prática de infrações penais (crimes ou contravenções penais), cujas penas máximas sejam superiores a quatro anos, ou que sejam de caráter transnacional (quando existir elemento de internacionalidade, o delito pode ter pena igual ou mesmo inferior a quatro anos).

3.2. Definições de organização criminosa, de associação criminosa e a lógica das classes

Conceito e definição não se misturam. Conceito é noção de natureza axiológica seletora de propriedades dos predicados (termos) que a ocorrência deve ter para fazer parte da descrição típica. É a unidade primeira do conhecimento para viabilizar sua comunicação. Tem natureza mais geral e visa estabelecer uma classificação. O conceito é mais abrangente que a definição.

Por sua vez, a definição tende a estabelecer limites, dar contornos ao conceito, impor diferenciações e assim agregar mais conotação a este, estabelecendo classes. Definir é, desse modo:

> [...] operação lógica demarcatória dos limites, das fronteiras, dos lindes que isolam o campo de irradiação semântica de uma ideia, noção ou conceito. Com a definição, outorgamos à ideia sua identidade, que há de ser respeitada do início ao fim do discurso.[22]

Apesar de haver elementos coincidentes entre os conceitos de associação criminosa e organização criminosa, fato é que não se confundem quando se passa ao exame de seus contornos, isto é, de suas definições. Não há relação de pertinência entre associação criminosa e organização criminosa, malgrado possa

---

22. CARVALHO, Paulo de Barros. *Direito tributário*: linguagem e método. 5. ed. São Paulo: Noeses, 2013, p. 120.

existir entre eles, sob o ponto de vista criminal e quando concretizada a conduta, uma relação de *minus* a *plus*:

(a) a depender de outros caracteres, o fato pode não se configurar delito de associação criminosa, mas tipificar-se como organização criminosa quando, sendo cometido por pelo menos quatro pessoas, tratar-se de crime punido com mais de quatro anos ou, quando punido com menos de quatro anos existir o caráter transnacional;

(b) para se ter crime de organização criminosa, deve restar comprovada a estruturação ordenada e caracterizada pela divisão de tarefas, ainda que informalmente. Para precisar tal estrutura ordenada e divisão de tarefa informal, sobrará um campo aberto para a construção semântica de sentido pela jurisprudência.

De outro lado, é possível haver crime de organização criminosa, sem que haja subsidiariedade do delito de associação criminosa, porquanto:

(a) o crime de associação criminosa exige dolo específico de cometer crimes (e somente crimes, não estando abarcadas pelo conceito as contravenções penais);

(b) o crime de organização criminosa permite, em tese, sua tipificação a partir de qualquer infração penal (crime ou contravenção penal), sendo necessário observar o critério quantitativo da pena (maior que quatro anos) ou o critério da transnacionalidade (como pode se dar com a prática da contravenção de jogo do bicho gizado no art. 58, da Lei das Contravenções Penais, com elementos de internacionalidade evidenciado pelo *iter criminis* que transita do Brasil para o exterior ou vice-versa).

Entre os conceitos de associação criminosa e organização criminosa, vistos sob o prisma da teoria das classes, há o que se chama de "intersecção de classes", em virtude do que, para aplicá-los ao caso concreto será indispensável análise detida de seus elementos, a fim de que não haja equívoco quanto aos respectivos âmbitos de aplicação, mutuamente excludentes.

Com efeito, ocorre na hipótese examinada a "intersecção de classes", que consiste no fenômeno das classes cruzadas. Duas classes se cruzam, se interseccionam, se interceptam, se sobrepõem (*overlap*) quando possuem ao menos um elemento comum e se, a um só tempo, cada uma contiver elementos não contidos na outra. Tomando o exemplo de Tárek Moysés Moussallem, que segue as lições de Alfred Tarski, "pelo ponto de vista semântico, são classes cruzadas as normas morais e as normas jurídicas (veja-se a norma que prescreve: "não matarás").[23]

3.3. Consequentes da norma definidora de organizações criminosas

A diferença entre as classes "organização criminosa" e "associação criminosa" têm relevo para definir seus âmbitos de aplicabilidade. Afinal, é caro ao sistema de garantias delimitar o que seja organização criminosa, pois a partir da constatação de que o suporte fático se acomoda aos elementos do seu conceito, defluem consequências relevantes, também de natureza normativa, tais como as descritas a seguir.

(1) Constatar o preenchimento dos requisitos à incidência do conceito de organização criminosa é um dos pressupostos para a formação de colegiado de primeiro grau de jurisdição nos termos do art. 1º, da Lei n. 12.694/2012. Para tanto, é necessária decisão fundamentada do juiz natural da causa, quando, presentes as demais condições exigidas naquela lei, tratar-se de processo ou procedimento que tenha por objeto infração penal imputada à suposta organização criminosa. A instauração

---

23. MOUSSALLEM, Tárek Moysés. *Revogação em matéria tributária*. São Paulo: Noeses, 2005, p. 47.

do colegiado colima precaver o magistrado natural contra riscos a sua segurança, podendo tal decisão ter por objeto a prática de qualquer ato processual, notadamente: (a) a decretação de prisão ou de medidas assecuratórias; (b) concessão de liberdade provisória ou revogação de prisão; (c) sentença; (d) progressão ou regressão de regime de cumprimento de pena; (e) concessão de liberdade condicional; (f) transferência de preso para estabelecimento prisional de segurança máxima; e (g) inclusão do preso no regime disciplinar diferenciado.

Como explicado acima, a Lei n. 12.694/2012 foi a que primeiro previu, em seu art. 2º, o conceito de organização criminosa. A Lei n. 12.850/2013, que a sucedeu, trouxe novos elementos conceituais para organização criminosa no § 1º, do seu art. 1º. Não houve revogação expressa do dispositivo da Lei que instituiu a possibilidade de formação de colegiado de primeiro grau. Diante da omissão, deve-se entender que houve o fenômeno da revogação tácita do primeiro conceito de organização criminosa pelo segundo, mais recente.

No entanto, tal conclusão se dá no "plano da interpretação", não no "plano da expressão". O enunciado do art. 2º, da Lei n. 12.694/2012 persiste no ordenamento jurídico, compondo a matéria bruta que serve de baliza para a construção do sistema jurídico. Sob o ponto de vista sistemático, é que se pode anuir que o novo enunciado, por regular inteiramente a matéria que dá as notas do conceito de organização criminosa, possibilita a construção de norma revogadora, com esteio no princípio de que *lex posteriori revogat priori*.

Daí que são possíveis duas posições sobre a aplicação normativa do conceito de organização criminosa, considerando os dois conceitos que estão no ordenamento jurídico, no plano da expressão: (a) o primeiro entendimento, adotado nesse estudo, é o de que só se deve aplicar o novo conceito de organização criminosa (definido no § 6º, do art. 1º, da Lei n. 12.850/2013), para todo e qualquer fim, inclusive como parâmetro para a instauração de colegiado de primeiro grau, haja vista não ser coerente dar o mesmo nome de "organização criminosa" para fenômenos associativos diversos, de acordo com a finalidade casuística de cada texto de lei; (b) a segunda corrente é a de que os enunciados devem ser objeto de aplicações distintas, isto é, tratando-se de formação de colegiado de primeiro grau, o conceito de organização criminosa é o do art. 2º, da Lei n. 12.694/2012, enquanto para os demais casos legais, aplica-se o do § 6º, do art. 1º, da Lei n. 12.850/2013.[24]

Na verdade, a "revogação tácita" é uma denominação imprópria de solução de conflitos aparentes de normas.[25] Não há revogação do enunciado (texto). A figura da revogação tácita gera, à primeira vista, o equívoco de fazer parecer que a revogação é função de norma (produto da interpretação do enunciado), quando é função do próprio enunciado prescritivo. Tárek Moysés Moussallem – aludindo a Riccardo Gaustini e a Paulo de Barros Carvalho –, explica que, na hipótese de se valer da distinção entre enunciado e norma, é possível se falar em revogação de enunciados (expressa ou *nominata*) e revogação de normas (tácita ou *innominata*). Decerto, "a revogação expressa opera no subsistema da literalidade textual (S1) e a revogação tácita ocorre no altiplano das significações isoladas (S2) e da norma jurídica (S3)".[26]

(2) Deflagrada a incidência da norma definidora de organização criminosa, a Lei n. 12.850/2013 prevê a possibilidade de medidas restritivas tendentes a tornar mais eficaz a persecução penal das infrações penais atribuídas a pessoas

---

24. MOREIRA, Rômulo de Andrade. *A nova lei de organização criminosa*: Lei n. 12.850/2013. Disponível em: <http://atualidadesdodireito.com.br/romulomoreira/2013/08/12/a-nova-lei-de-organizacao-criminosa-lei-no-12-8502013/>. Acesso em: 31 jan. 2014.
25. IVO, Gabriel. *Norma jurídica*: produção e controle. São Paulo: Noeses, 2006, p.166.
26. MOUSSALLEM, Tárek Moysés. *Revogação em matéria tributária*. São Paulo: Noeses, 2005, p. 208.

que constituam dita organização. O art. 3º da nova Lei dispõe que suas disposições são também aplicáveis às infrações penais previstas em tratado ou convenção internacional quando, iniciada a execução no Brasil, o resultado tenha ou devesse ter ocorrido no estrangeiro, ou reciprocamente (elemento de transnacionalidade). Da mesma forma, cabe fazer incidir as normas da Lei n. 12.850/2013 quando se tratar de envolvimento de organizações terroristas internacionais, reconhecidas segundo as normas de direito internacional, por foro do qual o Brasil faça parte, cujos atos de suporte ao terrorismo, bem como os atos preparatórios ou de execução de atos terroristas ocorram ou possam ocorrer em território nacional.

Definido esse campo de incidência das normas constituídas a partir dos enunciados dispostos na Lei n. 12.850/2013, haverá possibilidade de construção de normas restritivas a direitos fundamentais, atinentes à investigação e aos meios de obtenção de prova. O conceito de organização criminosa se cuida de escudo/filtro à investigação que, por sua vez, é providência refratária ao *status dignitatis* do indivíduo. Deveras, investigação é vocábulo que designa o sentido de pesquisar, buscar, perquirir, procurar, sendo próprio para a fase preliminar que pode servir de lastro a uma futura ação penal (inquérito policial ou procedimentos congêneres).

A investigação é adequada para se colher "elementos de informação". De outro lado, fala-se em "meios de obtenção de prova" quando se tende a utilizar dos meios regidos pelo contraditório na fase processual, de forma a dar corpo à instrução processual. A instrução é apropriada a dar conhecimento ao juiz dos fatos narrados na inicial através da prova constituída pela linguagem competente, especialmente sob o crivo do contraditório. A investigação oferece "elementos de informação", cujo destinatário principal é o Ministério Público (crimes de ação penal pública). A instrução aporta "provas", cujo destinatário direto é o juiz.

Diferenciado os termos que justificam a distinção adotada pelo legislador, cabe enumerar as possibilidades limitativas de direito previstas no art. 3º, da Lei n. 12.850/2013, que podem ser impostas, naturalmente, em qualquer fase da persecução penal estatal, inclusive como medida preliminar à instauração de inquérito policial (ou seja, ainda que este não tenha sido formalmente aberto, mas existam indícios que justifiquem a medida, baseando-se, para tanto, em juízo de proporcionalidade[27]): (a) colaboração premiada; (b) captação ambiental de sinais eletromagnéticos, ópticos ou acústicos; (c) ação controlada; (d) acesso a registros de ligações telefônicas e telemáticas, a dados cadastrais constantes de bancos de dados públicos ou privados e a informações eleitorais ou comerciais; (e) interceptação de comunicações telefônicas e telemáticas, nos termos da legislação específica; (f) afastamento dos sigilos financeiro, bancário e fiscal, nos termos da legislação específica; (g) infiltração, por policiais, em atividade de investigação; e (h) cooperação entre instituições e órgãos federais, distritais, estaduais e municipais na busca de provas e informações de interesse da investigação ou da instrução criminal.

Eis os enunciados são parâmetros para a aplicação do consequente normativo, que também é norma jurídica que desencadeia providências estatais, isto é, justifica o dever do funcionário da administração com atribuição legal para concretizar seus comandos. Trata-se de fenômeno que pode ser assimilado a uma relação entre normas: relações intranormativas. De enunciados gerais e abstratos, formam-se outros enunciados, que podem ser individuais e concretos, ou seja, dirigido a sujeito determinado e com produção de efeitos.

---

27. STF – Segunda Turma – HC 114321 – Relatora: Min. Cármen Lúcia, DJ: 19/12/2013. Na ementa desse julgado, ficou anotado: "É dispensável prévia instauração de inquérito para a autorização de interceptação telefônica, bastando que existam indícios razoáveis de autoria ou participação do acusado em infração penal. Precedentes".

Para explicar tal ponto de vista, fundamenta-se nos ensinamentos de Paulo de Barros de Carvalho. O autor explica que, no plano da regra geral e abstrata (regra aplicável indistintamente a todos e que não foi ainda objeto de incidência a uma determinada hipótese concreta), não se tem ainda os fatos devidamente configurados, porém apenas previstos como classes (ou conjuntos), isto é, encontram-se ainda com previsão "em tese". Os enunciados factuais surgem no domínio jurídico com a emissão de norma individual e concreta, compondo o território da chamada "facticidade jurídica". Nesse âmbito, haverá tanto fatos jurídicos em sentido estrito quanto fatos jurídicos relacionais. Fatos jurídicos relacionais são relações jurídicas que pertencem ao domínio do concreto, vale dizer: provêm de fatos (localizados no tempo-espaço) e o fato é elemento necessário para o processo eficacial da efetivação da relação jurídica.[28]

Melhor explicando o fenômeno, desenvolvido em etapas, descritas linguisticamente, os fatos jurídicos serão apresentados como: (a) enunciados protocolares, denotativos, compostos segundo a previsão dos antecedentes de normas gerais e abstratas; e (b) os fatos relacionais, igualmente enunciados protocolares, denotativos e constituídos na conformidade das previsões dos consequentes de normas gerais e abstratas.[29]

Sendo forma predicativa monádica (possibilidade única), o fato jurídico em sentido estrito se apresenta no modo de enunciado descritivo, declarando um evento que ocorreu no pretérito, ou seja, volta-se ao pretérito, com efeitos claramente declaratórios. O fato jurídico relacional, que se reveste da forma dos predicativos poliádicos (possibilidade múltipla), projeta-se para o futuro, para o devir, estatuindo que, com base

---

28. CARVALHO, Paulo de Barros. *Direito tributário*: fundamentos jurídicos da incidência. 9. ed. São Paulo: Saraiva, 2012, p. 204.
29. CARVALHO, Paulo de Barros. *Direito tributário*: fundamentos jurídicos da incidência. 9. ed. São Paulo: Saraiva, 2012, p. 204-205.

na unidade de tempo nele fixada, uma conduta será devida deonticamente por um sujeito diante de outro sujeito de direito. No primeiro caso, temos função declarativa, enquanto no segundo se dá uma função constitutiva. Paulo de Barros Carvalho destaca que tais relações são as intranormativas (não as efectuais), isto é, são relações "contidas no consequente de normas individuais e concretas. As relações efectuais, por outro lado, estariam ligadas ao acontecimento do evento, sem descrição em linguagem jurídica".[30]

Exemplificando as relações intranormativas no contexto dos limites conferidos pela legislação que dispõe sobre a persecução de crimes atribuídos à organização criminosa, haverá a seguinte descrição, a partir da narrativa deduzida em juízo em requerimento do Ministério Público ou da representação da autoridade policial:

(a) Deve ser descrita situação concreta que se amolde a uma das hipóteses do art. 3º, da Lei n. 12.850/2013. Suponha-se que se peça ao juiz a providência gizada no inciso VII, do referido dispositivo, que se trata da providência de infiltração de agentes. O pleito deve estar alicerçado na demonstração da necessidade da medida, no alcance das tarefas dos agentes e, quando viável, os nomes ou apelidos das pessoas investigadas e o local da infiltração, a teor do que reza o art. 11, dessa legislação;

(b) Como se cuida de medida investigativa excepcional e prevista na legislação que regula a repressão a crimes atribuídos à organização criminosa, é necessário que estejam presentes os seus elementos conceituais. Abstraindo os demais casos em que também é possível a incidência do regime jurídico da Lei n. 12.850/2013 (a exemplo das hipóteses de crimes praticados por organização terrorista e de crimes com caráter transnacional

---

30. CARVALHO, Paulo de Barros. *Direito tributário*: fundamentos jurídicos da incidência. 9. ed. São Paulo: Saraiva, 2012, p. 205.

reprimidos conforme tratado internacional), o juiz deve aferir se a descrição contida no pedido ministerial ou na representação da autoridade policial, satisfaz, ainda que *in status assertionis* (em tese, em estado de asserção, de afirmação), as condições para se ter concretizada a norma jurídica que define organização criminosa e que tem o condão de permitir a deflagração da construção da norma restritiva investigativa (infiltração de agentes). Note-se que tal procedimento funciona como autêntico limite ao arbítrio estatal. A medida é gravosa aos direitos fundamentais, notadamente ao direito à intimidade, mas, para ser imposta, necessita de observância estrita aos pressupostos legais;

(c) Verificada a plausibilidade de fazer incidir o § 1º, do art. 1º, da Lei n. 12.850/2013 (que prevê que para ser considerada organização criminosa, a associação de pessoas deve ser em número de quatro ou mais, estruturalmente ordenada e caracterizada pela divisão de tarefas, ainda que informalmente, com objetivo de obter, direta ou indiretamente, vantagem de qualquer natureza, mediante a prática de infrações penais cujas penas máximas sejam superiores a quatro anos, ou que sejam de caráter transnacional), o juiz deve partir para a verificação empírica dos elementos de informação apresentados com o pedido de infiltração de agentes. Deve ser apresentado com o pedido um mínimo de indícios que justifiquem a restrição, na forma exigida pelo art. 11, da supradita lei;

(d) para que haja a produção da norma individual e concreta que ordene a infiltração de agentes, deve o magistrado ficar convencido, com base em juízo de possibilidade do cometimento da infração penal narrada (como não é momento condenatório, mas probatório, não é o caso de juízo de certeza do fato). Para a aplicação de tal norma que tem a força de desencadear uma série de providências estatais, com a produção de outras normas individuais e concretas por parte de seus agentes, o magistrado adotará procedimento análogo ao exposto por Aurora Tomazini de Carvalho:

A eficácia probatória exige que, primeiramente, se alegue o fato, para depois comprová-lo com o emprego das provas. As alegações das partes (constantes da petição inicial e da contestação) e as provas que as afirmam ou infirmam, constituem a única realidade que o aplicador tem como base para produzir a norma individual e concreta resolutiva do conflito, que constitui o fato jurídico (em sentido estrito) e a relação jurídica dele decorrente.[31]

(3) A Lei n. 9.613/1998, que regula a persecução penal de crimes de lavagem de capitais, contém enunciado que depende do dispositivo que traz as notas conceituais de organização criminosa (§ 1º, do art. 1º, da Lei n. 12.850/2013). Trata-se do § 4º, do art. 1º, desse diploma legal, com redação dada pela Lei n. 12.683/2012, que reza que a pena das condutas que constituem crime de lavagem de capitais, descritas nesse dispositivo, será aumentada de um a dois terços, se seu cometimento for reiterado ou por intermédio de organização criminosa. Como se depreende, o preenchimento dos elementos legais definidos na Lei n. 12.850/2013 que conceitua organização criminosa, é indispensável à incidência da majorante, com arrimo na parte final do § 4º mencionado, sem prejuízo da necessidade de atendimento de outros requisitos alusivos ao crime antecedente. Sob a égide a redação originária do art. 1º, da Lei n. 9.613/2013, o Supremo Tribunal Federal declarou que não existia, até então, definição legal de organização criminosa ou de tipo penal que a considerasse infração penal, razão pela qual concedeu *habeas corpus* para trancar ação penal que imputava delito de lavagem de dinheiro cujo crime antecedente teria sido supostamente praticado por organização criminosa.[32]

(4) O Código de Processo Penal passou a dispor, a partir da alteração promovida pela Lei n. 11.900/2009, sobre a possi-

---

31. CARVALHO, Aurora Tomazini de. *Curso de teoria geral do direito*: o construtivismo lógico-semântico. 3. ed. São Paulo: Noeses, 2013, p.558.
32. STF – Primeira Turma – HC 96007 – Relator: Min. Marco Aurélio, DJ: 08/02/2013.

bilidade, excepcional, de tomada de interrogatório do acusado por videoconferência, conforme prevê seu art. 185. Para tanto, há necessidade de preenchimento de requisitos legais que justifiquem a medida que, via de regra, deve ser tomada de forma pessoal, evitando-se o meio virtual. Para os objetivos deste trabalho, interessa o exame do § 2º, inciso I, do artigo citado, que refere ao conceito de organização criminosa como permissivo para a realização do interrogatório com o uso dessa tecnologia:

> § 2º. Excepcionalmente, o juiz, por decisão fundamentada, de ofício ou a requerimento das partes, poderá realizar o interrogatório do réu preso por sistema de videoconferência ou outro recurso tecnológico de transmissão de sons e imagens em tempo real, desde que a medida seja necessária para atender a uma das seguintes finalidades:
>
> I – prevenir risco à segurança pública, quando exista fundada suspeita de que o preso integre organização criminosa ou de que, por outra razão, possa fugir durante o deslocamento.

Haverá, nesse contexto, relação intranormativa entre o inciso I, do § 2º, do art. 185, do CPP, e o § 1º, do art. 1º, da Lei n. 12.850/2013. Para a incidência daquela disposição, é necessária "fundada suspeita" – ou seja, baseada em provas que acompanhem o processo e não em meras suposições – de que o acusado faça parte de "organização criminosa". Não é necessário que esteja sendo acusado formalmente pelo crime de constituir organização criminosa (art. 2º, da Lei n. 12.850/2013), no processo objeto do interrogatório, porém deve haver justificação empírica suficiente para determinar o interrogatório por videoconferência quando o fundamento da decisão tiver por finalidade "prevenir risco à segurança pública, quando exista fundada suspeita de que o preso integre organização criminosa". A fundada suspeita dessa qualidade deve portanto ser retratada por: (a) investigações preliminares em andamento, com indícios que apontem que o acusado faz parte de organização criminosa; (b) processos penais condenatórios em tramitação, apurando crime de organização criminosa ou que contenha elementos que se subsumam a esse conceito; (c) execução penal que seja fundada em crime de organização criminosa ou cuja condenação seja integrada por esse conceito.

Caso não estejam presentes elementos que completem o conceito de organização criminosa, a videoconferência não poderá ser ordenada com base nesse argumento. Evidentemente que, se presente outra justificativa, também excepcional, disposta nas hipóteses do § 2º, do art. 185, do CPP, será possível o interrogatório do acusado por esse meio eletrônico, tais como: (a) risco concreto de fuga durante deslocamento; (b) dificuldade para comparecimento em juízo em face de enfermidade ou outra circunstância pessoal do acusado; (c) risco de influência do réu no ânimo de testemunha ou de vítima, quando o depoimento destas não seja possível por videoconferência; ou (d) gravíssima questão de ordem pública.

(5) Outro enunciado que requer ter seu sentido completado com o conceito de organização criminosa é o que dispõe sobre a redução de pena do crime de tráfico de entorpecentes, qual seja, o § 4º, do art. 33, da Lei n. 11.343/2006. Dispõe o texto que nos delitos definidos no *caput* e no § 1º desse artigo, poderá haver diminuição das penas na proporção de um sexto a dois terços, desde que o agente: (a) seja primário; (b) de bons antecedentes; (c) não se dedique às atividades criminosas; e (d) não integre organização criminosa. Como se depreende, se de um lado integrar organização criminosa é impedimento para a redução da pena aludida quando também presentes os outros elementos legais, fato é que o conceito de organização criminosa do § 1º, do art. 1º, da Lei n. 12.850/2013 também funciona como limite para que não haja óbice à diminuição da pena quando o suporte fático não se ajuste a todas às notas que formam a definição legal de organização criminosa. Nesse sentido, o conceito de organização criminosa, hoje delito tipificado, é uma garantia individual fundamental quando interpretado a

contrario sensu. Como baliza para sua incidência, deverá ser manejado o princípio do *nullum crimen nulla poena sine praevia lege*, ou seja, o conceito de organização criminosa só será motivo para impedir a redução de pena para os delitos de tráfico em relação aos crimes que tenham ocorrido posteriormente à existência de sua definição, por lei estrita, no ordenamento jurídico brasileiro, isto é, após a vigência da Lei n. 12.850/2013. Como o conceito dado pela Lei n. 12.694/2012, ora revogado tacitamente, tinha esfera de imponibilidade restrita à formação de colegiado de primeiro grau de jurisdição, não era ele apto a integrar a norma penal punitiva do § 4º, do art. 33, da Lei n. 11.343/2006.

3.4. Estrutura normativa das associações criminosas: antecedente e consequente

Acima, procurou-se deixar bem vincada a distinção das classes "organização criminosa" e "associação criminosa". Antes da existência de um conceito legal de organizações criminosas, a jurisprudência usava por vezes, como parâmetro, o conceito do então denominado crime de "quadrilha ou bando", disciplinado na antiga redação do art. 288, do Código Penal. A inconveniência de tal solução era, por outro lado, preocupação dos próprios tribunais, que passaram a construir semanticamente o sentido de "organização criminosa", salientando que não existia identificação com a definição do delito de "quadrilha ou bando" e que haveria necessidade de previsão específica em lei[33].

A Lei n. 12.850/2013 resolveu a questão, colocando limites para apartar bem os conceitos de "organização criminosa" e

---

33. STF – Primeira Turma – HC 96007 – Relator: Min. Marco Aurélio, DJ: 08/02/2013. Na ementa desse julgado se vê: "O crime de quadrilha não se confunde com o de organização criminosa, até hoje sem definição na legislação pátria".

de "associação criminosa". Com a adoção dessa última expressão, o legislador baniu do ordenamento o vetusto *nomen juris* do crime do art. 288, do Código Penal, até então denominado de "quadrilha ou bando". Comparativamente, a legislação nova é mais gravosa quanto à possibilidade de consumação, e menos gravosa quando se cuida de uso de armas. É também *lex gravior* se considerado o agravamento da metade quando houver participação de criança ou adolescente, o que não era previsto na redação anterior. Vale sintetizar.

(1) Antes do advento da Lei n. 12.850/2013: (a) o crime do art. 288, do Código Penal, era denominado de "quadrilha ou bando"; (b) a tipicidade do delito consistia em "associarem-se mais de três pessoas, em quadrilha ou bando, para o fim de cometer crimes"; (c) a pena prevista era de reclusão, de um a três anos; (d) em caso de quadrilha ou bando "armado", a pena era aplicada em dobro (redação anterior do art. 288, parágrafo único, do Código Penal).

(2) Com a vigência da Lei n. 12.850/2013: (a) o crime do art. 288, do Código Penal passou a ser chamado de "associação criminosa"; (b) a descrição típica dessa infração penal é a conduta de "associarem-se 3 (três) ou mais pessoas, para o fim específico de cometer crimes"; (c) embora a configuração do crime exija número menor de pessoas, a pena prevista continuou a ser de um a três anos de reclusão; (d) o enunciado do parágrafo único do dispositivo preconiza que a pena será aumentada até a metade se a associação é armada ou se houver a participação de criança ou adolescente.

A estrutura do art. 288, do Código Penal, com a redação dada pela Lei 12.850/2013, retrata um enunciado que serve de base para a construção de relação intranormativa: (a) norma que constitui o antecedente; (b) norma que descreve o consequente. A primeira é a previsão da conduta que está, em tese, proibida pelo ordenamento jurídico e retrata a prótese normativa. A segunda é a norma consequente que aplica a sanção (apódose). Ambas regulam condutas. A norma antecedente serve, em tese, de vetor de orientação cujos destinatários são as pessoas sujeitas à sua incidência, autorizando o juiz a descrever a norma individual e concreta que, a partir da subsunção dos fatos constatados empiricamente à norma abstrata geral, permite a deflagração da incidência do consequente normativo. A norma consequente, em abstrato, dirige-se ao juiz que, com base em critérios fixados legalmente, deve dosar a pena segundo os elementos empíricos que o caso concreto contiver. A construção do consequente normativo é norma individual e concreta emitida pelo juiz que tem como destinatários funcionários do Estado que devem cumprir seu comando.

Seguindo as ideias de Paulo de Barros de Carvalho, é possível clarificar a estrutura lógica da hipótese normativa do art. 288, do Código Penal. O suposto normativo do tipo (o antecedente descrito no *caput*) opera como redutor das complexidades dos acontecimentos recolhidos valorativamente (seletor de propriedades). O enunciado pressupõe, a título de mensagem deôntica portadora de sentido completo:

> [...] uma proposição-antecedente, descritiva de possível evento do mundo social, na condição de suposto normativo, implicando uma proposição-tese de caráter relacional, no tópico do consequente.[34]

O autor explica ainda que o antecedente se arrima no modo ontológico da possibilidade, isto é, os eventos da realidade tangível insertos naquele devem pertencer ao campo do possível, sendo sem sentido prever o impossível. Diferentemente da proposição-hipótese (o antecedente que descreve fato de possível ocorrência na realidade social), a proposição-tese prescreve condutas intersubjetivas, vale dizer:

---

34. CARVALHO, Paulo de Barros. *Direito tributário*: linguagem e método. 5. ed. São Paulo: Noeses, 2013, p. 131.

> A consequência normativa apresenta-se, invariavelmente, como uma proposição relacional, enlaçando dois ou mais sujeitos de direito em torno de uma conduta regulada como proibida, permitida ou obrigatória.
>
> O antecedente da norma, salientamos, assenta-se no modo ontológico da possibilidade, devendo a escolha do legislador recair sobre fatos de possível ocorrência no plano dos acontecimentos sociais. [...] Ao disciplinar condutas intersubjetivas, o legislador opera no pressuposto da possibilidade. Ali onde houver duas ou mais condutas possíveis, existirá sentido em proibir, permitir ou obrigar certo comportamento perante outrem.[35]

A doutrina exposta por Paulo de Barros Carvalho comprova a premissa que foi ponto de partida deste ensaio: enunciado não se confunde com norma. Aquele é matéria bruta, enquanto o segundo termo é fruto da atividade interpretativa. O enunciado do art. 288, do Código Penal, com redação conferida pela Lei n. 12.850/2013, é o suporte jurídico para a construção de várias normas que se interpenetram e que estão ligadas por força de relações intranormativas.

4. CONCLUSÕES

Baseando-se nos fundamentos do constructivismo lógico-semântico, algumas conclusões podem ser alinhadas.

a) A expressão indiciamento pode ser definida a partir de vários aspectos: sintaticamente, indiciamento é o produto de atividade discricionária do delegado de polícia; semanticamente, é a condição formal de alguém indicado como sujeito ativo de um delito; pragmaticamente, é a carga negativa assumida pelo investigado, a partir do qual decorrem consequências gravosas (exposição pública ou *streptus judicii*).

---

35. CARVALHO, Paulo de Barros. *Direito tributário*: linguagem e método. 5. ed. São Paulo: Noeses, 2013, p.133-134.

a.1) O indiciamento é o ato-produto decorrente do procedimento de atribuição exclusiva da autoridade de polícia judiciária (delegado de polícia), consistente na atribuição da autoria do delito à pessoa investigada, com descrição da materialidade e de suas circunstâncias.

a.2) Para produzir efeitos no plano jurídico, o indiciamento deve ser constituído por linguagem reconhecida pelo sistema jurídico, com fundamentação que descreva os elementos de informação coligidos na investigação preliminar (inquérito policial) que representem indícios suficientes de autoria relativamente à perpetração de infração penal pela pessoa investigada. Nesse sentido, o indiciamento dá maior plausibilidade a pedidos restritivos contra aquele que foi apontado como autor do crime, facilitando a decretação de medidas limitativas pessoais, prisionais e patrimoniais. Como requer fundamentação, o indiciamento é, *a contrario sensu*, garantia de que só a partir dele poderá ser adotada providência que requeira a condição de indiciado.

a.3) O indiciamento é ato administrativo de atribuição privativa do delegado de polícia, cujo momento de sua produção se cinge à fase de investigação preliminar. A autoridade policial deve descrever formalizadamente o indiciamento, com a estrutura normativa necessária referida no tópico anterior.

a.4) A qualidade de acusado ao sujeito processado suplanta a necessidade de indiciamento. O ato de indiciamento é inerente ao poder discricionário do delegado de polícia, dentro do espaço de conformação de sua atribuição na condução do inquérito policial. Como o não-indiciamento não representa óbice ao agir do Ministério Público, é de todo irrelevante requisição formulada à autoridade policial para formalizar o indiciamento, mormente quando já oferecida denúncia (iniciado o processo).

a.5) A anulação do ato de indiciamento deve seguir o paradigma linguístico adotado que pressuponha sua existência no mundo jurídico. A documentação do enunciado individual e concreto (nulidade do indiciamento) envolve a produção de um ato, evidenciado a aplicação de uma norma individual e concreta (a anulação averbada pelo Poder Judiciário).

b) O ordenamento jurídico brasileiro contou sucessivamente com três diplomas legislativos que dispuseram sobre o conceito de organização criminosa: a Lei n. 9.034/1995, cujo texto não definia organização criminosa, mas traçava os meios para condução de investigação de crimes relacionados a esse tipo de atividade ilícita; a Lei n. 12.694/2012, com regramento sobre a possibilidade de formação de colegiado de primeiro grau, trazendo, em seu bojo, definição específica de organização criminosa; a Lei n. 12.850/2013, revogando a Lei n. 9.034/1995, dispondo sobre os meios investigativos para apurar crimes imputados a organização criminosa, conceituando-a e tipificando como crime a conduta de constituir dita organização.

b.1) A distinção entre associação criminosa e organização criminosa, com a indicação dos elementos respectivos, pode ser feito a partir da teoria das classes, delimitando os pressupostos para a incidência de regras penais. Com isso, evita-se equívoco na aplicação de normas jurídicas, deixando bem separadas as definições de cada uma, elucidando os seus campos de aplicabilidade e maximizando garantias individuais. Em outras palavras, os conceitos da lógica das classes são relevantes para a correta subsunção dos fatos. A teoria é definidora dos limites dos termos que constituem a estrutura interna dos enunciados normativos, otimizando a percepção da exclusão ou da inclusão de situações fáticas no campo de incidência da norma.

b.2) Embora existam elementos coincidentes entre os conceitos de associação criminosa e organização criminosa, fato é que não se confundem quando se passa ao exame de seus contornos, isto é, de suas definições. Não há relação de pertinência entre associação criminosa e organização criminosa, malgrado possa existir entre eles, sob o ponto de vista criminal e quando concretizada a conduta, uma relação de *minus* a *plus*. Entre os conceitos de associação criminosa e organização criminosa, ocorre "intersecção de classes", pelo que, para aplicá-los ao caso concreto será indispensável análise detida de seus elementos, com o objetivo de que não haja equívoco quanto aos respectivos âmbitos de aplicação, mutuamente excludentes.

b.3) As classes "organização criminosa" e "associação criminosa" precisam ter seus elementos bem definidos para delimitação de seus correspondentes âmbitos de incidência. Afinal, é fundamental ao sistema de garantias traçar os lindes do que seja organização criminosa, porquanto, a partir da constatação de que o suporte fático se acomoda às notas do seu conceito, decorrem consequências relevantes, também de natureza normativa. Com efeito, conferir o preenchimento dos requisitos à aplicação do conceito de organização criminosa (§ 6º, do art. 1º, da Lei n. 12.850/2013) é um dos pressupostos para ser possível, notadamente: a formação de colegiado de primeiro grau de jurisdição nos termos do art. 1º, da Lei n. 12.694/2012; a possibilidade de aplicação de medidas restritivas previstas na própria Lei n. 12.850/2013, tendentes a tornar mais eficaz a persecução penal das infrações penais atribuídas a pessoas que constituam dita organização; e a aplicação da majorante de pena das condutas que constituem crime de lavagem de capitais, descritas no § 4º, do art. 1º, da Lei n. 9.613/1996, com redação dada pela Lei n. 12.683/2012.

b.4) A Lei n. 12.850/2013 colocou fim ao uso da previsão do crime de "quadrilha ou bando" para explicar o fenômeno "organização criminosa", estabelecendo limites para apartar bem os conceitos de "organização criminosa" e de "associação criminosa". Com a adoção dessa última expressão, o legislador baniu do ordenamento o vetusto *nomen juris* do crime do art. 288, do Código Penal, até então denominado de "quadrilha ou bando". O enunciado do art. 288, do Código Penal, com redação conferida pela Lei n. 12.850/2013, que descreve o novel crime de associação criminosa, calha como supedâneo para a construção de várias normas que se interpenetram por meio de relações intranormativas, na função estatal de aplicação do *ius puniendi* para quem venha a figurar na sua seara de imposição.

5. REFERÊNCIAS

CAMPILONGO, Celso Fernandes. *Interpretação do direito e movimentos sociais*: hermenêutica do sistema jurídico e da sociedade. Rio de Janeiro: Elsevier, 2012.

CARVALHO, Aurora Tomazini de. *Curso de teoria geral do direito*: o construtivismo lógico-semântico. 3. ed. São Paulo: Noeses, 2013.

CARVALHO, Paulo de Barros. *Direito tributário*: linguagem e método. 5. ed. São Paulo: Noeses, 2013.

CARVALHO, Paulo de Barros. *Direito tributário*: fundamentos jurídicos da incidência. 9. ed. São Paulo: Saraiva, 2012.

GAMA, Tácio Lacerda. *Competência tributária*: fundamentos para uma teoria da nulidade. 2. ed. São Paulo: Noeses, 2011.

IVO, Gabriel. *Norma jurídica*: produção e controle. São Paulo: Noeses, 2006.

KOCH, Ingedore G. *Desvendando os segredos do texto*. São Paulo: Cortez, 2002.

MOREIRA, Rômulo de Andrade. *A nova lei de organização criminosa*: Lei n. 12.850/2013. Disponível em: <http://atualidadesdodireito.com.br/romulomoreira/2013/08/12/a-nova-lei-de-organizacao-criminosa-lei-no-12-8502013/>. Acesso em: 31 jan. 2014.

MOUSSALLEM, Tárek Moysés. *Revogação em matéria tributária*. São Paulo: Noeses, 2005.

TÁVORA, Nestor; ALENCAR, Rosmar Rodrigues de. *Curso de direito processual penal*. 9. ed. Salvador: Juspodivm, 2014.

O PODER GERAL DE CAUTELA NO PROCESSO PENAL: CONSIDERAÇÕES À LUZ DAS ALTERAÇÕES INTRODUZIDAS PELA LEI 12.403/2011

Flavia Serizawa e Silva[1]

INTRODUÇÃO

Muita controvérsia existe a respeito da existência de um poder geral de cautela no processo penal. Tal discussão se renovou e ganhou novas proporções após a promulgação da Lei 12.403/11, que alterou o Código de Processo Penal no Título IX, referente à prisão, medidas cautelares e liberdade provisória e introduziu um leque de medidas provisórias no artigo 319 e 320 do referido diploma.

A inédita sistematização das medidas cautelares pessoais no Código de Processo Penal motivou muitos doutrinadores afirmarem a inexistência de um poder geral de cautela no âmbito do processo penal, sob pena de violação à legalidade e à liberdade, dentre outros direitos fundamentais.

---

1. Juíza Federal Substituta, Mestranda em Jurisdição Federal pela Pontifícia Universidade Católica de São Paulo.

Contudo, aqueles que trabalham com o Direito Penal cotidianamente se deparam com questões que não encontram solução pronta apenas com a aplicação das normas postas em nosso ordenamento jurídico, de onde se conclui que a questão merece análise mais profunda.

Nessa problemática, torna-se imprescindível a análise das medidas cautelares no processo penal, da existência de um poder geral de cautela do juiz no processo criminal, especialmente após as inovações introduzidas pela Lei 12.403/11, bem como quais os contornos e limites da atuação do magistrado nesse âmbito.

Finalmente, far-se-ão breves apontamentos sobre um requerimento que tem sido corriqueiramente formulado pela polícia e pelo Ministério Público: o requerimento de condução coercitiva, para fins de condução de determinada pessoa ao departamento de polícia para prestação de depoimento, com sua posterior liberação, a fim de verificar se referido requerimento possui respaldo constitucional e legal.

I – MEDIDAS CAUTELARES

Como é cediço, constitui direito fundamental do indivíduo o devido processo legal, conforme preconizado pela Constituição Federal em seu artigo 5º, LV. Por devido processo legal, entenda-se *"o conjunto de garantias constitucionais que, de um lado, asseguram às partes o exercício de suas faculdades e poderes processuais e, do outro, são indispensáveis ao correto exercício da jurisdição. Garantias que não servem apenas aos interesses das partes, como direitos públicos subjetivos (ou poderes e faculdades processuais) destas, mas que configuram, antes de mais nada, a salvaguarda do próprio processo, objetivamente considerado, como fator legitimante do exercício da jurisdição"*.[2]

---

2. CINTRA, Antônio Carlos de Araújo; GRINOVER, Ada Pellegrini e

A fim de assegurar a observância do devido processo legal é que se estabelece um determinado procedimento, um conjunto ordenado e cronológico de atos processuais que possibilitarão ao julgador uma cognição exauriente, apta a conferir uma solução justa ao caso concreto.

A existência de um procedimento certo e delineado vai ao encontro do princípio da tipicidade das formas processuais, garantindo a previsibilidade e ausência de surpresa ao cidadão, garantindo ainda a liberdade do réu contra eventual arbítrio estatal e evitando-se, ainda, a surpresa.[3]

Contudo, a observância de tal procedimento implica o desenrolar do processo ao longo do tempo, o que pode culminar com o perecimento de direitos e até mesmo com a perda da utilidade ou eficácia do provimento final emanado pelo Poder Judiciário.[4]

DINAMARCO, Cândido Rangel, *Teoria Geral do Processo*, 22ª. Ed., São Paulo, Malheiros, 2006, p. 88.

3. Quanto ao ponto, Luiz Guilherme Marinoni e Sérgio Cruz Arenhart bem observam que "*a definição do procedimento ou da técnica processual que poderia ser utilizada pelo autor e pelo juiz garantiria a liberdade do réu contra a ameaça de arbítrio estatal. O réu não poderia ser pego de surpresa, tendo a sua esfera jurídica invadida de por forma processual não expressamente delineada pelo legislador*". MARINONI, Luiz Guilherme, e ARENHART, Sérgio Cruz. *Curso de Processo Civil*, vol. 4, 2ª ed., São Paulo RT, 2010, pp. 99-100.

4. Quanto ao ponto, Antônio Magalhães Gomes Filho afirma que "*o processo é atividade que reclama necessariamente um desenvolvimento temporal. Na sua essência, constitui uma seqüência de atos que antecedem a servem à preparação de um provimento final, com a participação dos interessados em contraditório. Isso exige tempo e também traz o risco de que, no momento final da decisão, o estado das coisas tenha sofrido alterações substanciais capazes de tornar absolutamente ineficaz a intervenção estatal para a solução do conflito. Por isso, a técnica processual serve-se das medidas cautelares como instrumento para superar esse risco inerente à própria estrutura processual, possibilitando a antecipação dos efeitos de um futuro provimento, exatamente com o objetivo de assegurar os meios para que a decisão definitiva seja alcançada e, ao mesmo tempo, possa ser eficaz*". *Medidas Cautelares no Processo Penal. Prisões e suas alternativas: comentários à Lei 12.403, de 04/05/2011*. ANTÔNIO MAGALHÃES GOMES FILHO [et al]. São Paulo, RT, 2011, p. 16.

Em virtude de tal constatação, além das tutelas referentes ao processo de conhecimento e de execução, também se estabeleceu a tutela cautelar, que visa substancialmente assegurar a eficácia e utilidade do processo ou, melhor ainda, assegurar a *"viabilidade da obtenção da tutela do direito ou para assegurar uma situação jurídica tutelável, conforme o caso"*.[5]

No processo penal, prevalece o entendimento de que o processo cautelar não existiria de forma autônoma.[6] No entanto, a fim de assegurar os direitos da vítima, evitar o perecimento de bens jurídicos no tempo, bem como evitar que o próprio acusado os possa prejudicar deliberadamente, previram-se medidas cautelares em nosso ordenamento.

I.I Características das Medidas Cautelares

De acordo com a doutrina, as medidas cautelares possuem algumas características que as diferenciam das demais medidas jurisdicionais. São elas[7]:

---

5. Marinoni e Arenhart. Referidos autores, em uma visão mais moderna do processo, afirmam ainda que *"o direito à tutela cautelar não advém do processo. A tutela cautelar não se destina a garantir a efetividade da ação e, por isto mesmo, não pode ser pensada como uma mera técnica processual necessária a lhe outorgar efetividade. O direito à tutela cautelar está situado no plano do direito material, assim como o direito às tutelas inibitória e ressarcitória. O titular do direito à tutela do direito – por exemplo, a ressarcitória- também possui direito à tutela de segurança (cautelar) do direito à tutela do direito"*.
6. A esse respeito, Vicente Greco Filho assevera que *"inexiste ação ou processo cautelar. Há decisões ou medidas cautelares, como a prisão preventiva, o seqüestro, e outras, mas sem que se promova uma ação ou se instaure um processo cautelar diferente da ação ou processo de conhecimento. As providências cautelares são determinadas como incidentes no processo de conhecimento"* Manual de Direito Processual. São Paulo, Saraiva, 1999, p. 115.
7. MENDONÇA, Andrey Borges de. *Prisão e outras Medidas Cautelares Pessoais*, São Paulo: Método, 2011.

(i) **Instrumentalidade**: as medidas cautelares não são um fim em si próprias, mas sim se destinam a assegurar o provimento jurisdicional do processo principal.

(ii) **Acessoriedade**: as medidas cautelares dependem sempre da existência de um processo principal, devendo sempre com este guardar relação de pertinência.

(iii) **Provisoriedade**: as medidas cautelares são, por sua própria natureza e finalidade, delimitadas a um certo limite temporal, o necessário a assegurar a eficácia do provimento jurisdicional no processo principal. Podem inclusive ser revogadas, uma vez mais não se verificando a presença de seus requisitos, ou tornada definitiva, caso seja confirmada no processo principal.

(iv) **Sumariedade**: o magistrado, ao conhecer das medidas cautelares, o fará em cognição sumária, e não exauriente. É justamente em razão de não dispor dos elementos necessários à cognição exauriente que se faz necessária a decretação da medida cautelar.

(v) **Homogeneidade**: as medidas cautelares no processo penal não podem ser mais gravosas que o próprio provimento principal, sob pena de violação da proporcionalidade.

(vi) **Variabilidade**: diz respeito à possibilidade de alteração de uma medida cautelar, de acordo com as necessidades do caso concreto. A necessidade de imposição de uma medida cautelar deve sempre ser analisada à luz da necessidade x adequação, conforme preconizado pelo próprio artigo 282 do Código de Processo Penal. Prescreve ainda o §5º do artigo 282 que o juiz igualmente pode revogar, substituir ou voltar a decretar uma medida cautelar.

I.II Requisitos da decretação de Medidas Cautelares

Os requisitos gerais para a decretação de toda e qualquer medida cautelar são o *fumus boni iuris* e o *periculum in mora*.

O *fumus boni iuris* diz respeito à verossimilhança do direito afirmado. Já o *periculum in mora* se refere à urgência e a possibilidade de perigo a um bem jurídico relevante caso não determinada a medida pleiteada.

No processo penal, ambos os requisitos ganham contornos específicos, sendo por tal motivo conhecido como *fumus commissi delicti* e *periculum libertatis*.

O *fumus commissi delicti* caracteriza-se pela probabilidade do cometimento de um fato típico penal, desdobrando-se em prova da materialidade de indícios de autoria.[8]

Por sua vez, o *periculum libertatis* constitui a situação de risco decorrente da própria manutenção do acusado em liberdade, risco esse deliberadamente por ele criado ou não.[9]

I.III Princípios das Medidas Cautelares no processo penal

(i) Presunção de inocência: por esse princípio, previsto no artigo 5º, LVII, da Constituição Federal, proíbe-se a antecipação dos efeitos de uma eventual condenação criminal. Nessa perspectiva, a imposição de qualquer medida cautelar não poderia constituir antecipação de pena, sendo necessária apenas como medida processual, cautelar;

---

8. Como bem observa Andrey Borges de Mendonça, o juízo probabilidade não se confunde com o juízo de possibilidade: "*o juízo do provável é coisa diversa: é um juízo aneutral, em que há mais elementos em uma direção que em outra. Quando se afirma que algo é provável, há mais indicadores em um sentido (da ocorrência) que em sentido contrário (da não ocorrência), embora a dúvida ainda possa persistir*". Op. cit., p. 30.

9. O mesmo autor, citando Fábio Bechara, observa que, após a edição da Lei 12.403/11, "*o legislador deixou bastante claro que somente é possível a decretação de toda e qualquer medida cautelar se se buscar a neutralização de algum dos riscos indicados no art. 282, inc. I. É no próprio periculum libertatis, portanto, que se verificam as exigências relativas à tutela da eficiência do processo penal*".

(ii) Liberdade e excepcionalidade das medidas cautelares: pode ser extraídos dos incisos LXI, LXV e LXI, de onde se depreende que a liberdade é a regra e a prisão a exceção, devendo para tanto ser efetuada em flagrante delito ou por ordem escrita e fundamentada de autoridade judiciária competente, salvo em caso de transgressão disciplinar e crime militar, bem como que a prisão ilegal será imediatamente relaxada pela autoridade judiciária. Assim, qualquer restrição à liberdade deve ser devidamente justificada.

(iii) Proporcionalidade: possui fundamento constitucional, advindo do devido processo legal substancial (artigo 5º., LIV), desdobrando-se em necessidade (imprescindibilidade da medida para a proteção do bem jurídico tutelado), adequação (idoneidade a atingir os fins propostos) e princípio da proporcionalidade em sentido estrito (proporcionalidade da medida cautelar em relação à eventual pena imposta, em caso de condenação).[10]

(iv) Motivação: a decretação de toda medida cautelar, assim como toda decisão judicial, deve estar devidamente fundamentada.

---

10. A respeito de tal princípio, Antônio Scarance Fernandes elucida que "*o primeiro requisito intrínseco é o da adequação, ou da idoneidade. A restrição, imposta pela lei ou por ato de agente ou órgão de Estado, é adequada se apta a realizar o fim por ela visado. (...) O segundo requisito, ou subprincípio, é o da necessidade, também denominado 'de intervenção mínima', 'de alternativa menos gravosa' ou de 'subsidiariedade'. Não basta a adequação do meio ao fim. Além de ser o meio mais idôneo, deve causar a menor restrição possível. (...) Para impor uma restrição ao indivíduo, colocam-se, a quem exerce o poder, várias possibilidades de atuação, devendo ser escolhida a menos gravosa. (...) O terceiro subprincípio, a da proporcionalidade em sentido estrito, aponta para a imprescindibilidade de constatar. Entre os valores em conflito – o que impele a medida restritiva e o que protege o direito individual a ser violado – qual deve prevalecer. Haverá observância do princípio da proporcionalidade se predominar o valor de maio relevância, evitando-se, assim, que se imponham restrições desmedidas a direitos fundamentais, se comparadas com o objetivo a ser alcançado*" (Processo Penal Constitucional, pp. 53-54).

(v) Provisoriedade: as medidas cautelares são sempre provisórias, podendo tornar-se definitivas ou serem revogadas posteriormente. Devem igualmente ser reanalisadas caso haja mudança das circunstâncias que ensejaram sua decretação, seja para agravamento, seja para abrandamento. Também deve ser observado prazo razoável para sua manutenção, na medida em que implicam, em grau maior ou menor, restrição a algum direito do acusado.

(vi) Contraditório: a lei 12.403/11 estabeleceu ainda que, sempre que possível, a imposição de medida cautelar será previamente exposta ao contraditório. O contraditório está inserido no devido processo legal, direito fundamental. No entanto, é evidente que tal regra somente poderá ser observada caso não implique frustração da própria medida cautelar imposta. Nesses casos, o contraditório também existirá, ainda que diferido.

(vii) Legalidade: a legalidade o dever de observância ao procedimento estabelecido para cada medida cautelar típica. Existem ainda autores que entendem o princípio da legalidade como a necessidade de previsão legal de cada medida cautelar, isto é, sua tipificação no ordenamento. No entanto, não compartilho de tal entendimento, consoante será oportunamente demonstrado.

I.IV Tipos de Medidas Cautelares no processo penal

O Código de Processo Penal traz três tipos de medidas cautelares (i) patrimoniais; (ii) relacionadas à prova e (iii) pessoais.[11]

---

11. Existem autores, como Antônio Scarance Fernandes, que classificam as medidas cautelares em (i) medidas cautelares pessoais; (ii) medidas cautelares de natureza civil ou reais; e (iii) medidas cautelares relativas à prova. No entanto, para o presente trabalho foi considerada a classificação feita

As medidas cautelares patrimoniais possuem como objetivo principal garantir à vítima ou seus sucessores a reparação dos danos decorrentes da prática da infração penal. Como medidas patrimoniais típicas, o Código de Processo Penal prevê em seu Capítulo VI o arresto, seqüestro e especialização e registro da hipoteca.

As medidas cautelares relacionadas à prova dizem respeito à obtenção de provas da própria materialidade e indícios de autoria fora da fase instrutória, que podem ocorrer antes mesmo da instauração da própria ação penal. Não encontram sistematização na legislação processual penal. Como exemplo, podem ser citados as interceptações telefônicas e a antecipação de prova testemunhal.

Finalmente, têm-se as medidas cautelares pessoais, que se impõe sobre a pessoa do acusado e tem como finalidade assegurar a aplicação a lei penal, o desenrolar regular do processo ou a garantia da ordem pública, nela incluída a ordem econômica. Referidas finalidades constituem, inclusive, pré-requisito para a sua decretação, nos termos do artigo 312 do Código de Processo Penal.

A Lei 12.403/11 veio justamente sistematizar as medidas cautelares pessoais, conforme passará a ser analisado.

II – MEDIDAS CAUTELARES TÍPICAS DA LEI 12.403/11

Como muito noticiado, a Lei 12.403/11 teve como escopo aumentar as possibilidades de que dispõe o magistrado na imposição de medidas alternativas à prisão, que se mostrem eficazes no afastamento das circunstâncias previstas no artigo 312

---

por BIANCHINI, Alice [et al], coordenação Luiz Flávio Gomes, Ivan Luís Marques. *Prisão e Medidas Cautelares: comentários à Lei 12.403/ de 4 de maio de 2011*, São Paulo, RT, 2011.

do Código de Processo Penal. Nesse sentido é a lição de Eugênio Pacelli de Oliveira:[12]

> É que, agora, a regra deverá ser a imposição preferencial das medidas cautelares, deixando a prisão preventiva para casos de maior gravidade, cujas circunstâncias sejam indicativas de maior risco à efetividade do processo ou à reiteração criminosa. Esta, que, em princípio, deve ser evitada, passa a ocupar o último degrau das preocupações com o processo, somente tendo cabimento quando inadequadas ou descumpridas aquelas (as outras medidas cautelares). Essa é, sem dúvida, a nova orientação da legislação processual, que, no ponto, vem se alinhar com a portuguesa e com a italiana, conforme ainda teremos oportunidade de referir.

Note-se que a prisão, até como decorrência da regra presunção de inocência prevista constitucionalmente como garantia fundamental (artigo 5º, LVII), já era considerada a *ultima ratio*. No entanto, o nosso sistema processual penal sempre foi caracterizado pela bipolaridade, ou seja, não havia meio-termo entre prisão e liberdade.

Tal sistema, que não dava mecanismos ao juiz além da prisão, na visão de muitos acabou por banalizar a sua decretação, com o encarceramento demasiado de acusados cautelarmente,[13] isto é, ainda durante a formação do juízo de culpa.[14]

---

12. Atualização do Processo Penal. Lei 12.403 de 05 de maio de 2011, adendo ao *Curso de Processo Penal*, pp. 13/14.
13. Quanto ao ponto, a superlotação de nossos presídios é fato notório, sendo noticiada cotidianamente nos meios de comunicação. Assim, a lei 12.403/11 também vai ao encontro de uma política criminal de descarcerização. Nesse sentido a nota de Luís Flávio Gomes e Ivan Luís Marques, ao afirmar que "*ainda que superficialmente, ao nos aproximarmos da 'realidade penitenciária' brasileira, caótica, desumana e medieval, logo percebemos o quanto é importante implantar um programa sério e abrangente de desprisionização cautelar. Temos hoje (maio de 2011) mais de 200 mil presos cautelares no Brasil*". *Prisão e Medidas Cautelares: comentários à lei 12.403, de 04 de maio de 2011*, São Paulo, RT, 2011, p. 32.
14. A esse respeito, Antônio Magalhães Gomes Filho observa que "*a prisão preventiva como única opção do magistrado diante do periculum libertatis*

A Lei 12.403/11, ao estabelecer um rol de medidas cautelares, nos termos do artigo 319 do Código de Processo Penal, e ainda quais os critérios que devem nortear a sua aplicação, quais sejam o da necessidade e adequação (conforme estabelecido pelo artigo 282 do mesmo diploma legal), introduziu diversas medidas cautelares pessoais típicas além da prisão, consistentes em (i) comparecimento periódico em juízo; (ii) proibição de acesso ou frequência a determinados lugares; (iii) proibição de manter contato com pessoa determinada; (iv) proibição de ausentar-se da comarca; (v) recolhimento domiciliar no período noturno e dias de folga; (vi) suspensão do exercício de função pública ou atividade de natureza econômica ou financeira; (vii) internação provisória; (viii) fiança; (ix) monitoração eletrônica.

Observe-se que o artigo 320 também traz a proibição de ausentar-se do país, não prevista nos incisos do artigo 319, devendo o acusado entregar seu passaporte em Juízo.

Não se mostra necessário, para o enfrentamento da questão proposta, o detalhamento de cada uma dessas medidas cautelares, até porque já bastante explorados pela doutrina. No entanto, deve-se responder a uma questão central: o juiz somente pode utilizar-se das medidas cautelares expressamente previstas no ordenamento ou existe um poder geral de cautela no processo penal?

Ou seja, as medidas alternativas precisam ser típicas? E mais: o rol do artigo 319 (e 320) do Código de Processo

---

poderia atender, quando muito, ao sistema punitivo previsto no Código Penal de 1940, no qual a imposição da pena de reclusão importava no recolhimento carcerário. Mas, a partir da reforma penal de 1984, com a previsão dos regimes diferenciados de cumprimento da pena privativa de liberdade – fechado, semiaberto e aberto – e, ainda, da introdução das penas restritivas de direitos, substitutivas da prisão, passou a ser paradoxal que, antes da condenação – e considerado inocente pela Constituição –, o acusado estivesse sujeito à privação completa da liberdade e, depois de condenado por sentença irrecorrível, viesse a ser punido com pena em regime aberto ou semiaberto ou com pena restritiva de direitos". Op. Cit., pp. 39-40.

Penal é exaustivo? São essas as questões a serem enfrentadas no item seguinte.

III – PODER GERAL DE CAUTELA DO JUIZ NO PROCESSO PENAL

No âmbito do processo civil, existe previsão expressa a respeito do poder geral de cautela do juiz, no artigo 798 do Código de Processo Civil, que disciplina que *"além dos procedimentos cautelares específicos, que este Código regula no Capítulo II deste livro, poderá o juiz determinar as medidas provisórias que julgar adequadas, quando houver fundado receio de que uma parte, antes do julgamento da lide, cause do direito da outra lesão grave e de difícil reparação"*. Em complemento, o artigo 799 determina que *"no caso do artigo anterior, poderá o juiz, para evitar o dano, autorizar ou vedar a prática de determinados atos, ordenar a guarda oficial de pessoas e depósito de bens e impor a prestação de caução"*.

Referidas normas constituem verdadeiras "cláusulas abertas", em franco reconhecimento do legislador a respeito da impossibilidade de prever e normatizar todos os instrumentos necessários às mais variadas situações da vida concreta, e que exigem imediata atuação do Poder Judiciário sob pena de perecimento do próprio direito material.

A esse respeito, Marinoni e Arenhart afirmam que *"evidencia-se, mediante estas normas, não apenas que o legislador não pode instituir tantos procedimentos quantas são as necessidades de segurança, mas, sobretudo, que estas necessidades variam conforme as particularidades concretas e, assim, que não há alternativa a não ser deixar uma válvula de escape para a utilização da técnica processual adequada à situação concreta"*.[15]

---

15. Op. Cit, p. 98-100. E afirmam ainda que *"a previsão dos arts. 798 e 799 é advinda da constatação de que a prévia definição das formas é uma garantia*

Contudo, no que diz respeito ao processo penal, a maioria da doutrina sustenta a inexistência de um poder geral de cautela.[16] Quanto ao ponto, sustenta-se que, como as medidas cautelares no âmbito do processo penal atingem os direitos fundamentais dos acusados, tais como a liberdade e a dignidade, não seria possível ao juiz a decretação de medidas cautelares não previstas no ordenamento, sob pena de violação, inclusive, do próprio princípio da legalidade.

Em decorrência da suposta inexistência de um poder geral de cautelar, somente seria possível a decretação de medidas cautelares típicas e, como consequência, o rol previsto no artigo 319 (e 320) do Código de Processo Penal seria exaustivo.

Nesse sentido a opinião de Antônio Magalhães Gomes Filho,[17] para quem *"no processo penal muitas vezes essas medidas*

---

menos relevante do que a garantia de tutela cautelar adequada. O direito à tutela cautelar adequada, obviamente decorrente do direito fundamental de ação, levou à instituição das normas dos arts. 798 e 799, dando origem ao direito ao direito à ação cautelar inominada. Inominada exatamente porque não nominada, ou melhor, não expressamente prevista pelo legislador como procedimento especial".

16. A respeito dos principais argumentos utilizados para sustentar a inexistência do poder geral de cautela no processo penal, Andrey Borges de Mendonça sistematiza a questão: *"Os autores em geral afirmam que em matéria criminal não se poderia aceitar o poder geral de cautela, pois se trata de restrição à liberdade do indivíduo, de sorte que somente nas hipóteses legalmente previstas poderiam ser admitidas as medidas cautelares. Seria aplicável, no caso, o princípio da legalidade, estabelecido no artigo 5, inc. II, da CF. Outros ainda argumentam que a restrição à liberdade de locomoção, nos termos do art. 5º., inc. XV, da CF, somente se pode dar por dispositivo previsto especificamente em lei, sob pena de se permitir o arbítrio. Por fim, poder-se-á argumentar que a nova redação do art. 282, caput, dada pela Lei 12.403/11 teria adotado implicitamente o princípio da legalidade, ao estabelecer, em seu caput, que as "medidas cautelares previstas neste Título deverão ser aplicadas observando-se (...)".*

17. Op. Cit., pp. 17-18. No mesmo sentido Luiz Flávio Gomes e Ivan Luís Marques, para quem *"não existe no processo penal o famoso poder de cautela geral do juiz. Todas as medidas cautelares são típicas. Não temos (não podemos ter) medidas cautelares atípicas no processo penal. Não se pode confundir o processo com o processo civil. O nível de intervenção do poder*

cautelares atingem a própria pessoa acusada, afetando-lhe direitos fundamentais como a liberdade e a dignidade, razão pela qual a disciplina dessa atividade deve ser muito mais limitada do que no processo civil, onde geralmente a antecipação indevida pode vir a ser depois reparada pecuniariamente. Assim, em primeiro lugar, não se pode cogitar em matéria criminal de um poder geral de cautela, em virtude do qual o juiz possa impor ao acusado restrições não previstas expressamente pelo legislador, como sucede no âmbito da jurisdição civil. Tratando-se, sobretudo, de limitação da liberdade, é indispensável expressa permissão legal para tanto, pois o princípio da legalidade dos delitos e das penas não diz respeito apenas ao momento da cominação, mas à legalidade da inteira repressão, que põe em jogo a liberdade da pessoa desde os momentos iniciais do processo até a execução da pena imposta".

Também esta a opinião de Aury Lopes Júnior, para quem *"como todas as medidas cautelares (pessoais ou patrimoniais) implicam severas restrições na esfera dos direitos fundamentais do imputado, também exige estrita observância do princípio da legalidade e da tipicidade do ato processual por consequência"*.

Assim, por implicar coação ao indivíduo, toda medida cautelar precisaria estar prevista legalmente (ou seja, somente existiriam medidas cautelares típicas), de modo que não existiria no processo penal o poder geral de cautela do juiz.

Acrescente-se ainda o argumento trazido por Gustavo Badaró, para quem, levando-se de consideração que artigos 319 e 320 são medidas *alternativas* à prisão, e não *substitutivas*, não procederia o argumento de que a adoção de uma medida cautelar atípica ocorreria em benefício do acusado, para evitar uma prisão que seria excessiva e mais gravosa do que a situação exigia.

---

público nos direitos fundamentais do indivíduo, no âmbito do processo penal, é muito mais contundente que no processo civil".

Assim, levando-se em consideração o princípio da legalidade, aliado ao direito fundamental de liberdade, vedaria ao magistrado a possibilidade de imposição de qualquer medida cautelar não expressamente prevista no ordenamento.

Contudo, referidos argumentos cedem quando se procede a uma leitura moderna do direito processual, aliado às normas processuais gerais do processo e específicas do processo penal.

Em primeiro lugar, em relação ao princípio da legalidade, Andrey Borges de Mendonça bem observa que *"o princípio da legalidade nas medidas cautelares pode ser entendido ao menos em dois sentidos. Para um primeiro sentido, deve-se observar a forma estabelecida para cada medida cautelar. Neste aspecto, não há dúvidas de que o princípio da legalidade se aplica às medidas cautelares pessoais. (...) Outro sentido do princípio da legalidade, mais comumente tratado, seria a necessidade de que todas as medidas cautelares estejam previstas em lei, ou seja, que a sua decretação somente seja admissível nas hipóteses expressamente previstas em lei. Neste sentido, fala-se que haveria verdadeira tipicidade das medidas cautelares penais. Em diversos ordenamentos jurídicos há dispositivos legais expressamente indicando a tipicidade ou legalidade das medidas cautelares. Assim, por exemplo, o art. 191, parágrafo 1º., do CPP português, e no art. 272 do CPP italiano. Porém, na legislação brasileira, mesmo após a reforma levada a cabo pela Lei 12.403/2011, isto não restou expressamente determinado"*.[18]

Na esteira do quanto observado pelo autor, verifica-se, em primeiro lugar, a ausência de vedação legal em nosso ordenamento quanto ao poder geral de cautela do juiz no processo penal o que, inclusive, poderia ter sido inserido pelo legislador nas reformas da Lei 12.403/11.

---

18. Op. cit., p. 79.

Mais do que a inexistência de vedação legal, tem-se que o problema da legalidade é efetivamente superado ao se analisar conjuntamente o artigo 3º. do Código de Processo Penal e os artigos 798 e 799 do Código de Processo Civil.

Com efeito, o próprio artigo 3º do Código de Processo Penal prescreve que "*a lei processual penal admitirá interpretação extensiva e aplicação analógica, bem como suplemento dos princípios gerais do direito*". A respeito do dispositivo em questão, precisa é a lição de Guilherme de Souza Nucci[19] ao afirmar que "*o Código de Processo Penal admite, expressamente, que haja interpretação extensiva, **pouco importando se para beneficiar ou prejudicar o réu, o mesmo valendo no tocante à analogia***".

Assim, levando-se em consideração que o próprio Código de Processo Penal remete, de forma genérica, à possibilidade de interpretação extensiva, aplicação analógica e princípios gerais do direito, verifica-se que há permissivo legal expresso que possibilita a aplicação do poder geral de cautela, com fundamento nos artigos 798 e 799 do Código de Processo Civil, ao processo penal.

Assim, evidencia-se a expressa permissão para a adoção de institutos próprios do direito processual que não tenham encontrado disciplina específica no Código. Mais do que isso, verifica-se a existência de previsão legal que permite, ainda que de forma genérica, a aplicação do poder geral de cautela no âmbito processual, motivo pelo qual não se vislumbra violação ao princípio da legalidade no âmbito do processo penal.

No que diz respeito ainda à legalidade, não se pode conceber a necessidade de tipificação de toda e qualquer medida cautelar em nosso ordenamento.

Isso porque a impossibilidade do legislador prever todas as situações da vida concreta é perene. É certo que, ao se analisar,

---

19. *Código de Processo Penal Comentado*, 11ª ed., São Paulo, RT, 2011, p. 74.

de forma abstrata, a necessidade de imposição de medidas atípicas à luz de legislação recente, que introduziu um leque de medidas cautelares, torna-se difícil imaginar a necessidade de imposição de medidas não previstas pelo legislador.

Contudo, àqueles que não ficam apenas no plano teórico, enfrentando diariamente situações concretas que demonstram as mais variadas necessidades de atuação do magistrado comprometido com a tutela jurisdicional efetiva, a inadequação de medidas previstas passa a ser crescente com o passar do tempo, reivindicando a tomada de medidas com base em cláusulas genéricas, de acordo com o direito reclamado.

A propósito, com base nesse mesmo entendimento, antes mesmo da promulgação da Lei 12.403/11, tanto a doutrina como a jurisprudência admitiam a existência do poder geral de cautela no âmbito do processo penal. Tanto é assim que, com base no referido fundamento, passou a ser amplamente praticada a retenção de passaporte em substituição à prisão cautelar.[20]

---

20. PROCESSUAL PENAL. IMPOSIÇÃO DE CONDIÇÕES JUDICIAIS (ALTERNATIVAS À PRISÃO PROCESSUAL). POSSIBILIDADE. PODER GERAL DE CAUTELA. PONDERAÇÃO DE INTERESSES. ART. 798, CPC; ART. 3º, CPC. 1. A questão jurídica debatida neste habeas corpus consiste na possibilidade (ou não) da imposição de condições ao paciente com a revogação da decisão que decretou sua prisão preventiva 2. Houve a observância dos princípios e regras constitucionais aplicáveis à matéria na decisão que condicionou a revogação do decreto prisional ao cumprimento de certas condições judiciais. 3. Não há direito absoluto à liberdade de ir e vir (CF, art. 5º, XV) e, portanto, existem situações em que se faz necessária a ponderação dos interesses em conflito na apreciação do caso concreto. 4. A medida adotada na decisão impugnada tem clara natureza acautelatória, inserindo-se no poder geral de cautela (CPC, art. 798; CPP, art. 3º). 5. As condições impostas não maculam o princípio constitucional da não-culpabilidade, como também não o fazem as prisões cautelares (ou processuais). 6. Cuida-se de medida adotada com base no poder geral de cautela, perfeitamente inserido no Direito brasileiro, não havendo violação ao princípio da independência dos poderes (CF, art. 2º), tampouco malferimento à regra de competência privativa da União para legislar sobre direito processual (CF, art. 22, I). 7. Ordem denegada.

Observe-se que a reiteração de decisões nesse sentido culminou, inclusive, com a previsão expressa da Lei 12.403/11 dessa possibilidade no artigo 320 do Código de Processo Penal.[21]

Dessa forma, verifica-se que o princípio da legalidade não constituía óbice à imposição de medidas cautelares atípicas à luz da necessidade de tutela efetiva dos direitos em questão, o que, além de encontrar amparo em nosso ordenamento jurídico, mostra-se necessário, dependendo das necessidades do caso concreto.[22]

Para além de a legalidade não constituir óbice à imposição de medidas cautelares atípicas, o fato é que uma leitura moderna dos institutos processuais também nos conduz necessariamente à conclusão da necessidade de reconheci-

---

21. O próprio Antônio Magalhães Gomes Filho afirma que *"o contrassenso inerente a esse modelo levou a jurisprudência a admitir, em certas situações e até mesmo contra legem, a adoção de soluções alternativas que visavam acautelar os interesses da persecução, sem chegar ao extremo da prisão preventiva. Exemplos disso são a concessão de habeas corpus pelo STJ para substituir a prisão preventiva pela liberdade provisória com fiança e, ainda, os diversos casos em que os tribunais brasileiros determinaram a soltura de pacientes presos preventivamente, com a condição de entrega do passaporte, meio apto a afastar o perigo de fuga"*. Op. Cit., p. 40.

22. Em relação ao princípio da legalidade, observe-se ainda que, assim como qualquer princípio, não é absoluto. A esse respeito, Marinoni e Arenhart, comentando a criação do Estado Liberal e a exacerbação do princípio da legalidade, observam que *"como o direito foi resumido à lei e a sua validade conectada exclusivamente com a autoridade da fonte de sua produção, restou impossível controlar os abusos da legislação. Se a lei vale em razão da autoridade que a edita, independentemente da sua correlação com os princípios de justiça, não há como direcionar a produção do direito aos reais valores da sociedade. Daí se ter como certo que a teoria de Montesquieu, embora se voltando contra os abusos do ancien regime, lançou as sementes da tirania do legislativo"* (pp. 28-29). Acrescentam ainda que, atualmente, *"não se pense que o princípio da legalidade simplesmente sofreu um desenvolvimento, trocando as leis pelas normas constitucionais, ou expressa uma mera 'continuação' do princípio da legalidade formal, característico do Estado legislativo. Na verdade, o princípio da legalidade substancial significa uma 'transformação' que afeta as próprias concepções de direito e de jurisdição e, assim, representa uma queda de paradigma"* (p. 23).

mento do poder geral de cautela do magistrado no âmbito do processo penal.

Nesse sentido, observe-se que, desde a concepção do Estado Liberal, permeado dos valores de igualdade formal, liberdade individual, separação dos poderes e não interferência do Estado diante dos indivíduos, o processo tinha como objetivo a tutela das relações privadas, mais especificamente a reparação de danos em caso de não observância das normas positivas.

Tal entendimento foi superado por Giuseppe Chiovenda, ao afirmar que o objetivo do processo, na realidade, é a atuação da vontade concreta da lei, ou seja, a aplicação da norma geral ao caso concreto. Além disso, também desvinculou o direito processual do direito material, superando a concepção privatista do processo e lhe atribuindo sua natureza publicista.

A importância dos estudos desenvolvidos pelo mestre italiano para a ciência do processo é indubitável. Contudo, é importante ressaltar que, atualmente, à luz da nova hermenêutica constitucional, a lei, incluídas as normas processuais, devem ter sempre uma leitura à luz dos direitos positivados na Constituição Federal.

Nesse contexto, recorde-se que o artigo 5º., XXXV, enumera como direito fundamental que "a *lei* não excluirá da apreciação do Poder Judiciário lesão ou ameaça a direito".[23]

Depreende-se que, para a efetivação do direito fundamental em questão, não basta ao Estado-juiz somente aplicar a lei ao caso concreto, mas sim conceder a tutela *efetiva e adequada* ao caso concreto.[24]

---

23. Assim, ainda que a própria Lei 12.403/11 vedasse se forma expressa a aplicação de medidas cautelares atípicas (o que não é verdade), a constitucionalidade de referido dispositivo seria questionável, tendo em vista o quanto disposto no artigo 5º, XXXV.

24. Marinoni e Arenhart: "A ação, diante dos seus desdobramentos concretos, constitui um complexo de posições jurídicas e técnicas processuais que

Quanto ao ponto, Marinoni[25] aponta que "*a sentença (compreendida como medida processual) e a execução adequada são óbvios corolários do direito de ação, impondo a conclusão de que o direito de ação, muito mais do que o direito ao julgamento do pedido, é o direito à efetiva tutela jurisdicional. Isso porque, por efetiva tutela jurisdicional, deve-se entender a efetiva proteção do direito material, para a qual são imprescindíveis a sentença e o meio executivo adequados*".

E continua afirmando que "*o direito de ação, além de exigir o julgamento do mérito, requer uma espécie de sentença que, ao reconhecer o direito material, deve permitir, ao de lado de modalidades executivas adequadas, a efetividade da tutela jurisdicional, ou seja, a realização concreta da proteção estatal por meio do juiz. Mas, além de tudo isso, a ação ainda exige a técnica antecipatória, a tutela cautelar a o procedimento adequado à tutela jurisdicional pretendida no plano do direito material, o que também sempre foi ignorado pelas teorias da ação. (...) Isso quer dizer, em poucas palavras, que do direito de ação decorrem, como conseqüência lógica, os direitos à antecipação e à segurança da tutela do direito material, eventualmente ameaçados de lesão no curso do processo*".[26]

Para tanto, torna-se necessário que o magistrado possa utilizar, dentro de determinadas balizas, os mecanismos mais adequados para o caso concreto o que, a toda evidência, não serão previstos integralmente pelo legislador, conforme já referido.

Nesse contexto, conclui-se que o reconhecimento do poder geral de cautela do juiz no processo penal, com a possibilidade de imposição de medidas cautelares atípicas, não somente é possível como se mostra um imperativo para a própria efetivação da inafastabilidade do Poder Judiciário.

---

objetivam a tutela jurisdicional efetiva, constituindo, em abstrato, o direito fundamental à tutela jurisdicional efetiva" (p. 225).

25. *Teoria Geral do Processo*, pp. 220-221.

26. *Teoria Geral do Processo*, p. 222.

Diante de cada caso concreto, cabe ao magistrado aplicar a medida cautelar mais adequada à sua tutela efetiva, o que somente é possível admitindo-se a existência de uma cláusula aberta, ainda que balizada por limites, consistente precisamente no poder geral de cautela.

Assim, vedar aprioristicamente o poder geral de cautela do magistrado no processo penal implicaria violar o direito fundamental da inafastabilidade do Poder Judiciário à lesão ou ameaça a direito, bem como o direito à tutela efetiva e adequada, o que não é dado ao legislador infraconstitucional, tampouco ao intérprete, invocando para tanto o princípio da legalidade.

Dessa forma, conclui-se que, além de o princípio da legalidade não constituir óbice ao reconhecimento do poder geral de cautela no processo penal, de acordo com as normas postas, interpretação nesse sentido violaria o artigo 5º, XXXV, da Constituição Federal, negando a tutela efetiva e adequada ao caso concreto.

IV – LIMITES AO PODER GERAL DE CAUTELA NO PROCESSO PENAL

Embora seja absolutamente necessário reconhecer a existência de um poder geral de cautela no processo penal, pelos motivos já expostos anteriormente, é igualmente necessário delinear os contornos e limites que devem ser observados pelo magistrado.

Em primeiro lugar, as prisões cautelares, assim como demais hipóteses que impliquem restrição ao direito de ir e vir, não encontram margem para a inovação do magistrado, sob pena de violação à liberdade de ir e vir e coação ilegal. Assim, qualquer modalidade de prisão cautelar deve obedecer rigorosamente os requisitos estabelecidos pela legislação.

No mais, em relação às medidas típicas, deve ser respeitado o procedimento previsto pela legislação, sob pena de violação do devido processo legal.

No que diz respeito às medidas cautelares atípicas, deve-se observar que a própria legislação indicou as balizas a que o magistrado deve ficar adstrito em seu artigo 282 do Código de Processo Penal, quais sejam (i) a necessidade para a aplicação da lei penal, para a investigação ou a instrução criminal e para evitar a prática de infrações penais; e (ii) adequação da medida à gravidade do crime, circunstâncias do fato e condições pessoais do indiciado ou acusado.

Além disso, deve-se sempre observar os princípios gerais que regem as medidas cautelares no processo penal, já citados anteriormente, bem como as normas gerais estabelecidas pelo próprio Código de Processo Penal a respeito das medidas cautelares.

Na lição de Antônio Scarance Fernandes,[27] *"três são os requisitos intrínsecos que justificam e autorizam uma restrição aos direitos individuais: a sua necessidade, a sua adequação e a prevalência do valor protegido na ponderação dos interesses em confronto. Além dos requisitos intrínsecos, são exigidos os requisitos extrínsecos da judicialidade e da motivação, ou seja, a necessidade de que as medidas restritivas sejam impostas por juiz e mediante decisão motivada"*.

Observando-se todos os limites citados, conciliam-se as garantias do acusado, dentre elas o devido processo legal e o direito de ir e vir e não sofrer coação ilegal, com o direito fundamental de tutela efetiva e adequada ao caso concreto.

Contudo, é de se ressaltar que o poder geral de cautela não será utilizado tão somente em favor do acusado, ou seja, a fim de impor medida menos gravosa do que a legalmente

---

27. *Processo Penal Constitucional*, p. 53.

prevista, mas sim a medida adequada ao caso concreto e à sua efetiva tutela, seja em seu favor, seja em seu prejuízo, respeitados os limites acima delineados.

V – BREVES APONTAMENTOS A RESPEITO DO REQUERIMENTO DE CONDUÇÃO COERCITIVA

Muitos requerimentos de condução coercitiva têm sido formulados por parte da polícia e do Ministério Público, especialmente quando da deflagração de operações. Por condução coercitiva, entenda-se o requerimento de que determinada pessoa seja conduzida à sede da polícia, no âmbito da investigação criminal, a fim de prestar depoimento, sendo posteriormente liberada.

Inicialmente, importante consignar que a medida em questão não se confunde com as hipóteses de condução coercitiva previstas legalmente no Código de Processo Penal.

Com efeito, o artigo 201, §1º trata da condução do ofendido em audiência de instrução. O artigo 218 prevê a possibilidade de o juiz determinar a condução coercitiva da testemunha faltante, assim como o artigo 461, §1º, especificamente no que diz respeito Tribunal do Júri.

O artigo 260, parágrafo único, disciplina a condução do *acusado*, pressupondo, portanto, a existência de ação penal instaurada. Da mesma forma, o artigo 457, §2º, trata da condução do acusado preso à audiência no Tribunal do Júri.

Por sua vez, o artigo 278 prevê a condução do perito à audiência de instrução. Da mesma forma, os artigos 411, §7º e 535 disciplinam a possibilidade de o juiz determinar a condução coercitiva daqueles que devam comparecer à audiência de instrução e julgamento, no rito do Tribunal do Júri e no processo sumário, respectivamente.

Dessa breve análise dos dispositivos legais que tratam a respeito do tema, verifica-se que todos se dão no âmbito da instrução criminal, pressupondo, portanto, a existência de ação criminal já instaurada, não dizendo respeito ao período de investigação.

Dessa forma, conclui-se que a medida em questão não guarda relação com as medidas previstas expressamente pelo Código de Processo Penal, devendo ser considerada uma medida atípica. Isso porque a condução coercitiva visa somente à condução de determinadas pessoas (às vezes investigadas, às vezes não) ao departamento policial, no bojo da investigação feita durante o inquérito policial, para prestar depoimento e posteriormente ser liberada.

Consoante apontado anteriormente, o fato de se tratar de medida atípica não impede o seu deferimento, devendo tal pleito ser analisado à luz dos limites ao poder geral de cautela do juiz no âmbito do processo penal, conforme exposto anteriormente.

Nessa perspectiva, contudo, há de se verificar que a condução coercitiva implica privação da liberdade, ainda que de forma temporária. Com efeito, a pessoa é conduzida ainda que à sua revelia ao departamento de polícia, sendo mantida em tal condição até prestar depoimento, o que indubitavelmente implica cerceamento na sua liberdade de ir e vir.

Assim sendo, por implicar restrição à liberdade, tem-se que a condução coercitiva não encontra respaldo no poder geral de cautela do magistrado do processo penal de forma indiscriminada, mas tão somente quando presentes os requisitos para medida cautelar mais gravosa, qual seja a própria prisão cautelar.

Com isso se está dizendo que a condução coercitiva, por implicar restrição na liberdade de ir e vir, somente terá cabimento contra o investigado (e não contra possíveis testemunhas ou terceiros não ligados diretamente à investigação).

Além disso, também deve ser observado que a condução coercitiva somente encontrará respaldo constitucional e legal quando caracterizar medida menos gravosa que a própria prisão. Ou seja, como a condução coercitiva implica cerceamento na liberdade de ir e vir, ainda que por limitado período de tempo, somente poderá ser deferida caso presentes os requisitos para a prisão cautelar.

Assim, havendo sido cumpridos os requisitos para prisão cautelar do investigado, medida mais gravosa, terá cabimento o deferimento de condução coercitiva, medida menos gravosa.

Portanto, não são cabíveis a condução coercitiva de testemunhas, terceiros não relacionados diretamente com a investigação ou ainda de investigados contra os quais não seja cabível a própria prisão cautelar, uma vez que a restrição à sua liberdade de ir e vir não encontra respaldo constitucional.

Somente sob essa perspectiva se entende cabível a aplicação da referida medida cautelar atípica, dentro de uma leitura constitucional, tendo em vista que implica restrição à liberdade de ir e vir do investigado.

VI – CONCLUSÃO

De tudo que foi exposto, conclui-se que o poder geral de cautela no processo penal não somente encontra amparo legal (artigo 3º do Código de Processo Penal cumulado com os artigos 798 e 799 do Código de Processo Civil) como já era anteriormente à Lei 12.403/11 reconhecido pela doutrina e jurisprudência.

Também é decorrência lógica da constatação inexorável acerca da impossibilidade do legislador prever todas as situações da vida concreta é perene, a demandar as mais diferentes medidas para a tutela devida da situação concreta.

Além disso, não se pode vedar, de forma apriorística, o poder geral de cautela do magistrado no âmbito do processo penal, sob pena de violação ao direito fundamental de inafastabilidade do Poder Judiciário à lesão ou ameaça a direito, bem como o direito à tutela efetiva e adequada (artigo 5º, XXXV, da Constituição Federal).

No entanto, é evidente que o exercício de referido poder deve obedecer os contornos e limites trazidos pelo próprio ordenamento, não se aplicando a casos que impliquem restrição ao direito de ir e vir, aos procedimentos legais estabelecidos para as medidas cautelares típicas, aos princípios que regem as medidas cautelares e, finalmente, as normas gerais estabelecidas pelo próprio Código de Processo Penal a respeito das medidas cautelares.

Observando-se todos os limites citados, conciliam-se as garantias do acusado, dentre elas o devido processo legal e o direito de ir e vir e não sofrer coação ilegal, com o direito fundamental de tutela efetiva e adequada ao caso concreto.

Finalmente, no que diz respeito ao requerimento de condução coercitiva, à luz da Constituição Federal, tem-se que somente será cabível contra a pessoa do investigado, e desde que presentes os requisitos para a própria prisão cautelar, ou seja, deve ser deferida quando representar medida menos gravosa que esta.

BIBLIOGRAFIA

BIANCHINI, Alice [et al], coordenação Luiz Flávio Gomes e Ivan Luís Marques. *Prisões e Medidas Cautelares: comentários à Lei 12.403, de 4 de maio de 2011*. São Paulo, RT, 2011.

CINTRA, Antônio Carlos de Araújo; GRINOVER, Ada Pellegrini e DINAMARCO, Cândido Rangel. *Teoria Geral do Processo*. 22ª ed. São Paulo, Malheiros, 2006.

FERNANDES, Antônio Scarance. *Processo Penal Constitucional*, 6ª ed. São Paulo, RT, 2010.

GOMES FILHO, Antônio Magalhães [et al], coordenação Og Fernandes. *Medidas Cautelares no Processo Penal: prisões e suas alternativas: comentários à Lei 12.403, de 04.05.2011*. São Paulo, RT, 2011.

GRECO FILHO, Vicente. *Manual de Direito Processual*. São Paulo, Saraiva, 1999.

MARINONI, Luiz Guilherme. *Teoria Geral do Processo*. 4ª ed. São Paulo, RT, 2010.

MARINONI, Luiz Guilherme e ARENHART, Sérgio Cruz. *Processo Cautelar*. 2ª ed. São Paulo, RT, 2010.

MENDONÇA, Andrey Borges de. *Prisão e outras medidas cautelares pessoais*. São Paulo, Método, 2011.

NUCCI, Guilherme de Souza. *Código de Processo Penal Comentado*, 11ª ed. São Paulo, RT, 2012.

OLIVEIRA, Eugênio Pacelli. Atualização do Processo Penal. Lei 12.403 de 05 de maio de 2011, adendo ao *Curso de Processo Penal*, pp. 13/14.

TUCCI, Rogério Lauria. *Direito e Garantias Individuais no Processo Penal Brasileiro*. 3ª ed. São Paulo, RT, 2009.

PRISÃO PREVENTIVA: ESTRITA LEGALIDADE OU USO DE PRECEDENTES

José Magno Linhares Moraes[1]

1. Introdução

A escolha do tema prisão preventiva não objetiva qualquer discussão sobre as vantagens ou desvantagens de sua utilização no sistema processual penal brasileiro, muito menos debater, de modo analítico, cada hipótese prevista em lei como modelo para sua decretação. Na realidade, o tema foi eleito para evidenciar, a partir da prática forense, duas circunstâncias que a doutrina tradicional busca ignorar com a invocação do princípio da legalidade: o poder criativo do Judiciário, mesmo diante do direito posto pelo legislador, e a aproximação, em alguns pontos, do nosso sistema jurídico com o sistema jurídico dos precedentes.

O cabimento, ou não, da prisão preventiva é um tema diariamente debatido em todos os tribunais do país. Praticamente

---

1. Juiz Federal. Mestrando em Direito pela PUC-SP.

impossível não se encontrar em nossas unidades jurisdicionais criminais um único pedido de liberdade ou de prisão cautelar em andamento sempre com a mesma argumentação de que o julgador deve cumprir, independentemente da parte interessada, o que está escrito na lei, como se o arcabouço normativo oferecesse, de fato, ao julgador uma referência completa e segura para uma interpretação "correta" – entendida como aquela única opção apresentada pelo legislador. O pressuposto dessa argumentação parte da falsa ideia de que no ato de interpretar o direito posto existe para o julgador a possibilidade de extrair do texto bruto o significado perfeito de seu conteúdo, através de uma atividade meramente declaratória, e não de construção.

Os requisitos da prisão preventiva, entretanto, são indeterminados, "abertos", sujeito à múltipla abordagem interpretativa e, consequentemente, capaz de ensejar resultados diversos igualmente "corretos", máxime nos dias atuais onde a sociedade se torna cada vez mais complexa e diferenciada.

Portanto, o que se propõe é uma análise sobre o momento decisório tendo o princípio da legalidade como cenário de fundo, funcionando o tema prisão apenas como mero reagente a evidenciar a força criativa do Judiciário e sua necessária contenção através dos primados da segurança jurídica e da isonomia. Se nessa ocasião, não vislumbramos uma atividade técnica, mecânica do julgador, com certeza não pretendemos conferir a ele os poderes inaceitáveis de um déspota. Evidentemente, não desconsideramos a importância, em si, do princípio da legalidade, como princípio fundante do nosso sistema, porém, defendemos a ideia de que tal princípio é absolutamente incapaz de vedar a participação subjetiva do julgador no enfretamento de qualquer enunciado legislativo, e que, em alguns temas, como a prisão preventiva, cede maior espaço à criação do Judiciário muito próximo do que ocorre no sistema dos precedentes, ocasionando uma área de convergência entre os dois grandes de sistemas jurídicos ocidentais.

2. Controvérsias sobre os requisitos básicos para a Prisão Preventiva

O grande desafio do direito processual, de um modo geral, é garantir a prática dos atos processuais à sombra da legislação posta pelo Estado. Nesse sentido, a precisão e a clareza nos comandos normativos assumem lugar de destaque na atividade do legislador, pois inconcebível exigir-se do aplicador do direito respeito à legalidade sem que haja parâmetros normativos minimamente cognoscíveis. O desenvolvimento da ideia da "estrita legalidade", compreendida como absoluta vinculação das atividades das partes e do juiz aos limites e formas previstas em lei, passa necessariamente pela existência de um arcabouço normativo que possibilite o controle passo a passo das iniciativas daqueles que participam da relação processual, que por sua vez, segundo a doutrina tradicional, deveria reverenciar o texto da lei como única opção para a preservação da segurança jurídica.

Atento a essa diretriz, o nosso legislador, no delicado tema prisão preventiva, oferece alguns parâmetros a serem seguidos. Diz o art. 312 do Código de Processo Penal que, havendo prova da existência do crime e indício suficiente de autoria, a prisão preventiva poderá ser decretada como garantia da ordem pública, da ordem econômica, por conveniência da instrução criminal ou para assegurar a aplicação da lei penal.

Diante desse dispositivo, a doutrina brasileira, à luz da presunção de inocência e da dignidade da pessoa, tem enfatizado, praticamente à unanimidade, que é absolutamente inaceitável o uso da prisão preventiva como medida antecipatória da pena definitiva, pois somente com o trânsito em julgados de eventual condenação tem-se certeza da culpabilidade do denunciado, não sendo compatível com a moderna estrutura do Estado Democrático de Direito, inverte-se a lógica do sistema penal em condenar-se para investigar, quando o inverso é o que se exige a regra básica de convivência em sociedade: se investigar para depois haver condenação.

De imediato, se observa na abordagem do tema a presença de diversos princípios previstos expressamente no texto da Constituição Federal como norteadores da interpretação do aludido dispositivo infraconstitucional: princípio da dignidade da pessoa humana (art. 1º, inciso III) e princípio de presunção de inocência (art. 5º, inciso LVII). Além de tais princípios, a Carta Magna também fixa como objetivos fundamentais da nossa República em seu art. 3º, a construção de "uma sociedade livre, justa e solidária" e a promoção do "bem de todos" (incisos I e IV), sem olvidar a "defesa da paz", inclusive no âmbito internacional (art.4º, inciso VI). Esse conjunto de normas-princípios serve como medida de calibração da atividade interpretativa, devendo ser observado em todo procedimento de concretização da norma processual penal, não havendo espaço para se eleger permanente um deles em desfavor de outros, como se houvesse uma suposta hierarquia entre tais princípios.

A doutrina, todavia, há muito tempo consolidou o entendimento de que o princípio da presunção de inocência, em virtude de sua densidade constitucional, goza de certa primazia no trato da matéria, a ponto de motivar, segundo diversos processualistas, a inconstitucionalidade de duas das hipóteses de prisão (garantia da ordem pública e da ordem econômica) por não possuírem caráter cautelar, mas natureza de antecipar o mérito. É o que nos alerta o renomado Fernando da Costa Tourinho Filho numa linguagem propositiva: "deve o juiz tendo em conta a Magna Carta o princípio da presunção de inocência, consonar e harmonizar a norma processual ao texto da Lei Maior, fazendo abstração das duas circunstâncias (garantia da ordem pública e da ordem econômica), vale dizer, somente decretar a medida extrema quando ela tiver, realmente, indisfarçável caráter cautelar, arredando-se de uma jurisprudência desajustada da realidade.[2] Esse entendimento vincula a prisão

---

2. *Código de Processo Penal Comentado*, p. 818.

preventiva a uma necessidade única e exclusiva de guarnecer o regular andamento da ação penal, um instrumento a serviço do instrumento processo, e nada mais.

O Poder Judiciário, por sua vez, por meio de seus tribunais superiores tem oscilado no enfretamento da questão, ora adotando o entendimento sustentado pela maioria da doutrina no sentido de que a liberdade das pessoas só pode ser limitada em função de exigências processuais de natureza cautelar, ora aderindo à tese de que o perigo em razão da natureza e das circunstâncias do crime ou da personalidade pode ensejar a prisão preventiva.[3] O Supremo Tribunal Federal vislumbrou no julgamento do RHC 71.954/ PA,[4] uma "visão punitiva da prisão processual" na decisão do Superior Tribunal de Justiça que manteve decisão de prisão, citando como precedente o RHC 68.631/DF, onde consta o argumento de que "a gravidade do crime imputado não basta à justificação da prisão preventiva, que tem natureza cautelar, no interesse do desenvolvimento e resultado do processo". Entretanto, mais recentemente, no julgamento do RHC 119.733/AL, decidiu que a gravidade *in concreto* do delito, ante o *modus operandi* empregado e a periculosidade social do paciente "justificam o decreto de prisão cautelar pela presença dos requisitos autorizadores elencados no art. 312 do CPP, em especial para garantia da ordem pública",[5] tendo o eminente relator ressaltado que nesse sentido haveria "farta jurisprudência de ambas as Turmas" daquele tribunal. Entretanto, independentemente de

---

3. Antonio Magalhães Gomes ao tratar da presunção de inocência aponta verdadeiro contradição no código processual penal português que, apesar de submeter a limitação das liberdades a provimento cautelares, permite a prisão preventiva no caso de "perigo, em razão da natureza e das circunstâncias do crime ou da personalidade do arguido, de perturbação da ordem e da tranquilidade pública ou de continuação da atividade criminosa" (art.204, c). In: *Presunção de inocência e prisão cautelar*, p. 29.
4. 1ª Turma, Relator Ministro Sepúlveda Pertence, julgado em 15/12/1994.
5. 2ª Turma, Relator Ministro Ricardo Lewandowski, julgado em 10/12/2013.

tal dissenso há um pensamento comum de que existe a "necessidade da verificação concreta, em cada caso, da imprescindibilidade da adoção da medida extraordinária".

Além da incidência de diversos princípios constitucionais e da divergência entre doutrina e jurisprudência sobre o alcance dos requisitos da prisão preventiva, observa-se nos dias atuais ainda relativo paradoxo entre a exigência de obediência à "estrita legalidade" e a largueza cognitiva dos termos utilizados pelo legislador (garantia da ordem pública, da ordem econômica, por conveniência da instrução criminal e assegurar a aplicação da lei penal).

Com efeito, a doutrina tem utilizado a retórica de que a decretação da prisão preventiva deve ser rigorosamente fundamentada nas hipóteses previstas em lei, partindo do pressuposto de que se trata, como bem leciona a Professora Ada Pellegrini Grinover, de "medida extraordinária e excepcional, cuja adoção deve estar sempre subordinada a parâmetros de legalidade estrita".[6]

A deferência à legalidade como esteio e razão de existir do decreto prisional, erigindo-a como autêntico parâmetro puramente objetivo em nosso sistema jurídico, já é tradição em nosso direito processual penal, tanto que o Professor José Frederico Marques em seus ensinamentos já dizia como muita ênfase que "a Constituição subordinou a prisão, de maneira inflexível e rigorosa, ao princípio da legalidade".[7]

Nesse mesmo sentido, e mais recentemente, Aury Lopes Jr em obra sobre as prisões cautelares salienta que "todas as medidas cautelares (pessoais ou patrimoniais) implicam severas restrições dos direitos fundamentais do imputado, exigem estrita observância do princípio da legalidade e da tipicidade

---

6. *O processo em evolução*, p. 89.
7. *Elementos de direito processual penal*, p. 43.

do ato processual por consequência". E conclui dizendo, "toda e qualquer medida cautelar no processo penal somente pode ser utilizada quando prevista em lei (legalidade estrita) e observados seus requisitos legais no caso concreto".[8]

A referência ao disposto no art. 312 e seguintes do CPP leva à suposição de que as hipóteses fáticas ali previstas configuram certa "tipicidade processual" necessária e suficiente ao controle do ato do julgador, limitando-o a uma atividade de subsunção, ou seja, de enquadramento de uma conduta humana a uma categoria normativa com base na valorização dedutiva. Justifica-se tal retórica com a necessidade de evitar qualquer espécie de subjetividade do aplicador do direito no momento decisório, tida por alguns como absolutamente indesejável por funcionar como verdadeira porta de acesso ao cometimento de arbitrariedades. Entretanto, o disposto na legislação processual penal apresenta apenas parâmetros abrangentes, com possibilidade de atingir diversas condutas, à semelhança daquelas hipóteses em que o legislador recorre ao Judiciário e ao administrador para complementar sua atividade exatamente por não ter mecanismo de identificar e informar todas as hipóteses fáticas que motivariam em tese a consequência legal.

Observa-se, assim, um grande esforço tanto da doutrina quanto da jurisprudência de preservar o tradicional entendimento de que a legalidade permeia efetivamente, e de maneira exclusiva, todo o momento decisório sobre a prisão preventiva sem qualquer ingerência, mesmo mínima, do poder criativo do julgador. Reafirmam tal postulado com a firme convicção segunda a qual a lei, além de validar todos os atos do nosso sistema penal e o direito processual penal, é o único antídoto contra eventuais abusos e desmandos do julgador.

Em síntese, é possível apontar em torno do tema prisão preventiva: a existência de elevada "abertura" do texto de lei;

---

8. *Prisões cautelares*, p. 30.

um feixe de princípios constitucionais (presunção de inocência, dignidade da pessoa humana, solidariedade humana, direito à paz, ao bem-estar e ao exercício da liberdade); forte dissenso na abordagem do tema; e, a necessidade urgente de se construir critérios que evitem a superação do ordenamento jurídico por eventuais desigualdades, imoralidades e arbítrio por parte dos julgadores.

Para se combater a indesejável arbitrariedade, não basta, todavia, a insistente e vaga invocação de obediência à "estrita legalidade". Muito menos, desqualificar a interferência subjetiva de qualquer intérprete diante do texto de lei. Afigura-se mais correto o estabelecimento de mecanismos de contenção de excessos na interpretação/aplicação do que manter-se a abordagem do tema à moda legalista, que ainda hoje persiste, às vezes involuntariamente, na mente de boa parte dos intérpretes.

3. As ilusões da tradição legalista

A tradição legalista formou-se a partir do pensamento iluminista que propagou, entusiasticamente, uma confiança decidida na razão humana. Somente a razão, como denominador comum do humano, seria o instrumento revelador de conhecimentos, capazes de orientar, como uma verdadeira bússola, a espécie humana. Esse modo de pensar instala-se no mundo político, através do ideário rousseauniano de *vontade geral*, e, no mundo jurídico, com a defesa do fenômeno da codificação como forma de resguardar as conquistas políticas e sociais do regime inaugurado com a Revolução Francesa.

Sem dúvida a codificação, a pretexto de combater a incognoscibilidade e a incerteza do direito, elevou a lei à condição de instrumento indispensável para a positivação dos ideais revolucionários de segurança jurídica, de igualdade e de liberdade, dentro de um sistema que deveria ser considerado completo e isento de lacunas, cuja estrutura aceitava e disseminava a visão de Hobbes no sentido de que o Estado (criado pelo contrato social) teria a função de limitar as liberdades ilimitadas, tornando efetivos os direitos subjetivos, com base na força pública.

O legalismo, então, estabelece suas bases fundamentalmente na figura da lei como expressão da "vontade geral", e, a partir de daí, firma-se a ideia de que ela, a lei, é criada para proteger os cidadãos contra o direito divino dos reis, que assegurava privilégios feudais da aristocracia contidos nas regras costumeiras e unilaterais do antigo regime. Em nome dessa proteção anuncia-se, tanto para os detentores do poder, quanto para o próprio cidadão, a regra segunda a qual, nenhum direito, nenhuma obrigação ou restrições a direito seriam reconhecidas sem lei, vale dizer, sem a participação do povo ou de seus representantes.

Assim, diante do direito positivado, o juiz, em nome da legalidade e da manutenção da "vontade do legislador", vale dizer, da "vontade geral" expressada no parlamento, deveria adotar uma postura passiva e mecânica, de absoluta sujeição ao texto da lei. O legalismo vale-se da codificação como sistema completo, coerente e isento de lacunas, que deveria ser elaborada com uma linguagem concisa e clara, o que lhe daria a capacidade de proporcionar pleno conhecimento e aceitação por todos, evitando a prática de qualquer contextualização ou de interpretação.

Tais ideias não tardaram a se revelar como inusitada ficção. Isso porque o dinamismo das relações humanas não poderia jamais se conformar a um disciplinamento concebido para ser estático, essencialmente imóvel. Constatou-se que a construção de ordenamentos jurídicos produz grande déficit normativo diante da realidade social, que por sua vez, geram antinomias, imprecisões, lacunas que precisam da intervenção do intérprete para lhe dar coerência sistêmica e aplicação razoável. Na atualidade é inconcebível o regramento específico e detalhado de todas as formas de relacionamento humano, e, mesmo aqueles regramentos que estão positivados em texto de lei, não conseguem atingir a realidade social sem a participação construtiva do aplicador. Ademais, a decisão judicial deve ser vista como atividade de construção de sentido de maneira coletiva e não como resultado de uma interpretação e/ou argumentação de cunho estritamente pessoal do aplicador do direito.

A tradição legalista, mesmo refutada atualmente pela doutrina mais conservadora, ainda teima nos nossos dias, sem qualquer justificativa, em condicionar, às vezes com certa evidência, às vezes veladamente, o modo de pensar de grande parte dos juristas, máxime no âmbito do direito penal e do direito processual, sendo praticamente imperdoável, por conta da segurança jurídica, se admitir a possibilidade do juiz produzir significados a partir do texto de lei.

A deferência exagerada a uma legalidade estática, única e universal, se mantém na mentalidade de alguns doutrinadores da atualidade basicamente pela crença de que ser possível o desenvolvimento da ciência jurídica com base no postulado da "verdade por correspondência", inicialmente desenvolvida por Aristóteles ao defender o emprego dos sentidos como forma de captar a realidade. Hoje, é absolutamente impróprio afirmar-se que a verdade no mundo científico estaria livre de qualquer manifestação subjetiva do sujeito cognoscente e apenas refletiria o dado empírico colhido no âmbito da investigação. Mais inadmissível ainda imaginar que a ciência teria por objetivo revelar os fenômenos da natureza tal como eles se apresentam.

Logo, a pretensão do legalismo em negar a interferência subjetiva do julgador no momento decisório, se apresenta absolutamente inaceitável, não somente porque as leis contenham deficiências normativas, incoerências ou "textos abertos", mas porque, como autêntico sistema comunicacional, o direito vale-se necessariamente de uma linguagem interacional criadora.

4. A "abertura" do texto e a atividade do julgador

A eventual arbitrariedade do julgador, segundo a concepção iluminista, deveria ser combatida com toda veemência através da edição de textos de lei claros, precisos e inquestionavelmente coerentes, que pudessem ser conhecidos e aceitos por todos, de modo a ensejar uma interpretação sem hesitações e sem flutuações.

Todavia, o elevado grau de complexidade das relações sociais, cada vez mais intenso no mundo atual, tem ensejado reiteradamente a utilização por parte do legislador de termos e expressões sujeitas ao juízo de vagueza, ambiguidade e porosidade,[9] como estratégia para cobrir o máximo possível todas as situações fáticas onde o conteúdo disciplinado possa aflorar.

É o que tem ocorrido em relação à prisão preventiva quando o legislador, sentindo sua incapacidade de esgotar previamente todas as situações fáticas motivadoras de sua decretação, prefere o uso dos termos "ordem pública", "ordem econômica", "conveniência da instrução criminal" e "aplicação da lei penal". Note-se mesmo que em tema de prisão preventiva tem-se entendimento de que eventual taxatividade de situações causadoras da medida restritiva de liberdade seria contraproducente, pois, além de agredir o postulado da presunção de inocência, configuraria indesejável quebra da razoabilidade ditada pela singularidade de cada conjunto de circunstâncias que gravitam em torno de uma ação delituosa.

---

9. João Maurício Adeodato explica que "um significante é vago por imprecisões quanto a seus âmbitos de descrição ou alcance, denotação, referência, extensão; e é ambíguo por indeterminação quanto a seus âmbitos de significado ou sentido, conotação, conteúdo, intensão. Metonimicamente, porém "significado" pode ser usado como gênero, que compreende o sentido e o alcance", enquanto a porosidade diz respeito à evolução da vagueza e da ambiguidade relação com o tempo. Cf. *Uma teoria retórica da norma jurídica e do direito subjetivo*, p.272/273.

Mesmo assim, não caberia o silêncio do legislador em tema tão caro ao direito processual penal, e seria imperdoável ausência de qualquer referência a um critério ainda que fosse por ser edificado pelos partícipes da comunidade dos intérpretes como uma verdadeira construção coletiva.

De qualquer modo, é possível afirmar que por mais precisa e coerente que possa se apresentar um texto de lei sempre haverá possibilidade de se exercitar a sua contextualização, pois como bem pondera Hans Gadamer toda vez que alguém se aproxima de um objeto a interpretação já se faz presente, pois na produção do conhecimento "não há hermenêutica alheia ao homem e não há homem alheio à hermenêutica".[10]

À luz de uma visão ontológica, consoante tradicional doutrina, a imprecisão dos termos contidos nos textos de lei, no primeiro momento, foi a grande responsável pela identificação da discricionariedade judicial, como se verifica no pensamento de Hans Kelsen e Herbert Hart.

4.1. A discricionariedade na visão de Hans Kelsen

Para Hans Kelsen, expoente do que se pode chamar de positivismo jurídico da Europa Continental, em sua célebre "Teoria Pura do Direito" define o Direito como um sistema de normas positivadas, no qual as normas gerais, oriundas do processo legislativo, funcionam apenas como condutoras e orientadoras da atividade do julgador na elaboração da norma jurídica individual advinda no momento da decisão, cabendo, a este, a tarefa da interpretação. Diz ele, "por aplicação da Constituição, opera-se a criação das normas jurídicas gerais através da legislação e do costume; e em aplicação destas normas gerais, realiza-se a criação das normas individuais através

---

10. *Hermenêutica plural*, p.183.

das decisões judiciais e das resoluções administrativas".[11] Daí concluir que "toda aplicação do direito é simultaneamente produção do Direito".[12]

A adoção de tal concepção não impediu o próprio Hans Kelsen de identificar e valorizar a interpretação do julgador na hipótese de deficiência normativa ao afirmar que "a norma do escalão superior não pode vincular em todas as direções (e sob todos os aspectos) o ato através do qual é aplicada. Tem sempre de ficar uma margem, ora maior ora menor, de livre apreciação, de tal forma que a norma do escalão superior tem sempre, em relação ao ato de produção normativa ou de execução que a aplica, o caráter de um quadro ou moldura a preencher por este ato".[13]

Esse elevado poder criativo do julgador levou Thomas da Rosa de Bustamante a ponderar que o normativismo kelsiniano não se apresenta tão distante das teses do realismo jurídico (em voga nos Estados Unidos e na Inglaterra), pois ambos compartilham "um forte decisionismo judicial, de modo que as diferenças entre as teorias jurídicas positivistas que se desenvolveram na *commom law* e no Direito continental europeu são menos radicais do que parece à primeira vista".[14]

Sem dúvida, o próprio Kelsen comparando os sistemas jurídico do *common law* com o da Europa Continental, chega à ilação de que o poder criativo dos tribunais não seria permitido pelo primeiro e vedado pelo segundo, e sim que haveria uma espécie de zona de convergência entre ambos onde reinaria tal criatividade. É o que se verifica na seguinte afirmação: "A teoria, nascida no terreno da *common law* anglo-americana,

---

11. *Teoria Pura do Direito*, p. 261.
12. *Teoria Pura do Direito*, p. 260.
13. *Teoria Pura do Direito*, p. 388.
14. *Teoria do Precedente Judicial: a justificação e a aplicação de regras jurisprudenciais*, p. 96.

1017

segundo a qual somente os tribunais criam Direito, é tão unilateral como a teoria, nascida no terreno do Direito legislado da Europa Continental, segunda a qual os tribunais não criam de forma alguma Direito mas apenas aplicam Direito já criado. Esta teoria implica a ideia de que só há normas jurídicas gerais, aquela implica a de que só há normas jurídicas individuais. A verdade está no meio".[15] Em outras palavras, sustenta que os tribunais criam, sim, Direito, porém "aplicando o Direito geral já de antemão criado pela lei ou pelo costume".[16] E arremata: "A decisão judicial é continuação, não começo, do processo de criação jurídica".[17]

Tal concepção foi melhor desenvolvida na década de 1940, após a chegada de Kelsen nos Estados Unidos. O seu contato mais íntimo com o sistema da *common law* o fez formular novamente pensamentos e ideias anteriormente expostos, como bem deixou registrado no prólogo da Teoria Geral do Direito e do Estado, de 1945, escrita após dois anos de trabalho na Universidade de Harvard.[18]

Além de admitir o poder criativo do julgador de primeira instância ao produzir a norma individual em sua decisão, como forma de dirigir a um certo indivíduo uma determinada sanção, Kelsen eleva ainda mais tal poder de criação para os tribunais de última instância, entendido como aquele cuja decisão não ensejaria mais recurso. Diz ele: "o tribunal de última instância tem poder para criar quer uma norma jurídica individual cujo conteúdo se encontre predeterminado numa norma geral criada por via legislativa ou consuetudinária, quer uma norma jurídica individual cujo conteúdo não se ache deste jeito

---

15. *Teoria Pura do Direito*, p. 283.
16. *Teoria Pura do Direito*, p. 283.
17. *Teoria Pura do Direito*, p. 283.
18. Cf. Afonso, Elza Maria Miranda. "Passos da teoria de Kelsen rumo à construção da teoria do direito". In: KELSEN, Hans. *Teoria jurídica e política*. Rio de Janeiro, Forense Universitária, 2013, p. 43.

predeterminado, mas que vai ser fixado pelo próprio tribunal de última instância".[19]

Coerente com seu pensamento positivista, Kelsen desenvolve sua teoria partindo do pressuposto de que o aplicador, com seu poder criativo de conteúdo mitigado, limita-se ao conteúdo daquilo que foi dito pelo legislador, sendo sua principal referência, acreditando na possibilidade do intérprete ter acesso direto ao texto da lei. De certo modo, a atividade criativa do julgador seria complementar e não da essência do ato interpretativo.

4.2. A discricionariedade em Herbert Hart

A aproximação da "legislação" com o "precedente" em termos de discricionariedade também foi identificado por Hart ao ponderar que as incertezas dos precedentes e as certezas produzidas pela legislação são "muito menos sólida do que sugere essa contraposição ingênua".[20]

Sustenta que a linguagem tem um limite para expressar a mensagem. Diz ele: "não apenas no terreno das normas, mas em todos os campos da existência, há um limite, inerente à natureza da linguagem, para a orientação que a linguagem geral (da legislação) pode oferecer".[21] Assim, haveria "casos claros", "simples", também considerados "fáceis", e "casos difíceis" para o aplicador. Aqueles, os casos simples, são "casos familiares que reaparecem continuamente em contextos semelhantes, a respeito dos quais existe um juízo consensual quanto à aplicabilidade dos termos classificatórios".[22] Já os casos difíceis surgem quando "a linguagem geral em que a norma se

---

19. *Teoria Pura do Direito*, p. 298.
20. *O conceito de direito*, p.163.
21. *O conceito de direito*, p.164.
22. *O conceito de direito*, p.164.

expressa não pode fornecer senão uma orientação incerta, como faria um exemplo igualmente dotado de autoridade".[23] Em outras palavras, quer dizer que a linguagem geral em que a norma se expressa destina-se ao caso evidente, familiar, já que, a limitação imposta por essa linguagem impede que o legislador mentalize previamente todas as possíveis combinações que o futuro possa trazer de modo a oferecer ao aplicador uma legislação tão detalhada que não haveria espaço para opções de escolha para o intérprete, como, aliás, chegou a pensar os primeiros iluministas. Assim, entre os extremos do lícito e o ilícito estaria a zona duvidosa sobre a força normativa do ato estatal, desafiando a obediência da chamada "estrita legalidade".

O emprego, então, pelo legislador de uma linguagem com algumas imprecisões semânticas quanto ao alcance, ou seja, com *textura aberta*, decorre, assim, da incapacidade do homem de prever o futuro. Como afirma Hart, "a incerteza nas zonas limítrofes é o preço a pagar pelo uso de termos classificatórios gerais em qualquer forma de comunicações referente a questões factuais".[24] E nessas zonas de limítrofes estariam presente os casos difíceis, onde não haveria um consenso sobre a opção correta entre aquelas que se apresentam ao julgador. Segundo Hart "a necessidade de uma escolha nos é imposta porque somos homens, e não deuses",[25] e nesse sentido o ser humano lida inexoravelmente com duas desvantagens ao tentar regular antecipadamente e sem ambiguidade algum comportamento por meio de um padrão geral: a nossa ignorância dos fatos e a imprecisão de nosso objetivo (com a edição do padrão geral).

Hart ao defender o poder da "escolha" nos casos difíceis, aponta que uma forma inadequada de combater tal poder é

---

23. *O conceito de direito*, p.165.
24. *O conceito de direito*, p.166.
25. *O conceito de direito*, p.166.

"congelar o sentido da norma" de tal maneira que seus termos gerais passam a ser compreendidos com um único sentido em todos os casos que se debate sua aplicação. Isso, segundo ele, traria uma enorme incoerência por forçar o aplicador a incluir na norma jurídica casos que gostaria de excluir e vice-versa, o que não ocorreria se a linguagem da norma permitisse uma textura aberta.

E finalmente, ressalta que mesmo no sistema onde vigora o princípio do *stare decisis* também existe uma forte resistência ao poder criativo dos juízes com o uso de uma retórica institucionalizada segundo a qual a interpretação jurídica e o manejo dos precedentes para a devida resolução dos conflitos sociais buscam necessariamente uma referência a um direito já anteriormente posto. É o que se observa na seguinte advertência: "Na Inglaterra esse fato (o poder criativo dos juízes) é obscurecido pelo formalismo verbal, pois os tribunais frequentemente desmentem essa função criadora e insistem em que a função adequada da interpretação jurídica e do uso do precedente são, respectivamente, buscar a intenção do legislador e fazer referência ao direito já existente".[26]

4.3. Limites do positivismo de Kelsen e de Hart

A textura aberta da linguagem de Herbert Hart e a indeterminação não intencional de Hans Kelsen, todavia, depositam na ambiguidade, na vagueza e na porosidade dos textos de lei a origem de todo déficit normativo. Para ambos os juristas o fenômeno da generalidade seria a origem primeira do poder de escolha do aplicador do direito diante das diversas possibilidades que a interpretação do texto de lei apresenta na ocorrência de um caso inédito, ou, por outro lado, aceitam a possibilidade do aplicador em submeter-se inteiramente ao texto de

---

26. *O conceito de direito*, p.176.

lei, praticando a "estrita legalidade" como se pretende em temas processuais como nas hipóteses de prisão preventiva, desde que tal generalidade inexista. Como, então, justificar a ampliação do alcance de conceitos jurídicos nos dias atuais (o ser "pai", a compreensão de "casamento", etc.) sem qualquer mudança de redação do mesmo texto de lei? O limite do sentido foi estabelecido pelo legislador ou foram as relações sociais, com a exigência de nova contextualização, que provocaram a superação do velho sentido? Tais indagações levam ao debate recorrente sobre a controvérsia relativa ao falso paradoxo entre segurança jurídica e o subjetivismo judicial, como se fossem polos opostos dentro do sistema jurídico incapazes de produzirem estabilidade por meio de simultânea fixação e mudança de sentido por meio da linguagem.

Kelsen e Hart têm, em comum, a adoção da postura ontológica na abordagem do fenômeno jurídico. Acreditam que a lei, como um ser posto na realidade, consubstancia verdades que desafiam, em estilo provocante, o intérprete a desvendá-las. Nesse sentido o art. 312, CPP, conteria verdades que seriam possíveis de desvendá-las com emprego do método adequado e uma aproximação precisa, cujo resultado levaria a uma harmoniosa legalidade, entendida como submissão de tudo e de todos aos ditames do legislador através da lei.

A noção de legalidade, desse modo, surge no mundo do positivismo como verdadeira justificativa universal e atemporal para tentar uniformizar linearmente a interpretação da lei. Sucede que, lançando uma visão panorâmica em nosso sistema jurídico é fácil observar que o próprio conteúdo da legalidade varia em face dos diversos ramos do direito. Trata-se, na realidade, de árdua construção da doutrina e do Judiciário a partir dos direitos e interesses tutelados pelo ordenamento jurídico para viabilizar uma sistematização adequada e coerente de todo tecido normativo, à luz de outros princípios como os da igualdade, razoabilidade e da segurança jurídica.

Não poderia ser diferente a existência desses diversos aspectos da legalidade, que antes de contestar ou enclausurar o poder criativo do Judiciário, pelo contrário, revela de forma clara o caráter dinâmico da legalidade em se adaptar permanente aos novos paradigmas sociais. Ao contrário do que o legalismo jurídico possa convencer, tem-se hoje, em pleno século XXI, que é seguramente mais aceitável o argumento de que a realidade social seja capaz de ajustar a interpretação aos fins do direito, do que a norma jurídica, com sua força imperativa característica, seja aplicada apenas com exclusivo rigor lógico.

Diante da permanente mudança das relações sociais, o que seria, então, obediência à estrita legalidade? Por ser também um conceito construído pelo intérprete, a legalidade nada mais significa do que uma referência criada para justificar uma conclusão na interpretação posterior, sendo, portanto, mero instrumento retórico para legitimar um posicionamento jurídico que a doutrina e Judiciário, às vezes isoladamente, às vezes em consenso, consideram mais razoável em face dos valores reinantes em determinado momento histórico.

Apenas um breve exemplo da mais alta Corte Judiciária do país. Por largo período de tempo o "remédio heroico" do habeas corpus foi utilizado de maneira ilimitada inclusive com nítido caráter substitutivo do recurso cabível na espécie. Todavia, recentemente o Supremo Tribunal Federal,[27] fazendo nova leitura sobre a legalidade de tal prática jurídica decidiu por alterá-la, taxando-a de incompatível com o ordenamento jurídico e, por tanto, com a constituição federal, expressando desse modo um comando segundo o qual o "fazer" do impetrante não estaria, a partir da nova análise do tema, amparado

---

27. No *Habeas Corpus* n. 109.956, Relator Ministro Marco Aurélio, Supremo Tribunal Federal, ao interpretar a alínea a do inciso II do art. 102, da Constituição Federal de 1988, entendeu que não é admissível impetração de *habeas corpus*, substitutivo do recurso ordinário.

pelo princípio da legalidade, o que, de fato, reduz o seu alcance no âmbito do processo penal.

No Superior Tribunal de Justiça a mudança anunciada no STF, recebeu interessante justificativa que merece algumas ponderações. Na ementa do HC 243756, colhe-se o seguinte argumento: "A jurisprudência do Superior Tribunal de Justiça, buscando a racionalidade do ordenamento jurídico e a funcionalidade do sistema recursal, já vinha se firmando, mais recentemente, no sentido de ser imperiosa a restrição do cabimento do remédio constitucional às hipóteses previstas a Constituição Federal e no Código de Processo Penal. Louvando o entendimento de que o Direito é dinâmico, sendo que a definição do alcance de institutos previstos na Constituição Federal há de fazer-se de modo integrativo, de acordo com as mudanças de relevo que se verificam na tábua de valores sociais, esta Corte passou a entender ser necessário amoldar a abrangência do *habeas corpus* a um novo espírito, visando restabelecer a eficácia de remédio constitucional tão caro ao Estado Democrático de Direito".[28]

Observa-se, assim, que a conformação do novo entendimento sobre o *habeas corpus* à legalidade estrita se justifica basicamente em nome da "racionalidade" e da "funcionalidade" do sistema recursal ante a mudança de "tábua de valores sociais". O abandono da "antiga legalidade", como se constata, não se deu via legislativa – e nem precisava – pois a dinâmica do direito, exige que o intérprete seja eficiente e zeloso na abordagem do texto legal, sendo-lhe reconhecida faculdade de produzir novos conceitos em nome da "dinâmica do direito". E tal retórica pode ser invocada também no presente ou no futuro por aqueles que não concordam com a restrição ao uso do *habeas corpus*, de forma que nesse confronto de "legalidades", o fazer ou não fazer em virtude de lei, se afigura extremamente

---

28. 5ª Turma, Relator Ministro Marco Aurélio Bellizze, julgado em 25/09/2012.

inconsistente como referencial para o julgador, demonstrando que a leitura de um texto de lei é capaz de desenvolver um processo de recursividade, que da ensejo a uma operação que produz e reproduz a unidade do sistema jurídico.

Por tanto, ainda que o legislador tivesse a sublime capacidade de produzir um ordenamento jurídico completo e altamente detalho em todo seu alcance, extensão e conteúdo haveria, sem dúvida, margem suficiente para o desenvolvimento do poder construtivo do julgador. Afinal, a filosofia da linguagem[29] passou a demonstrar, desde o século passado, que a linguagem não reflete as coisas como elas são, ao contrário, a linguagem interfere na abordagem do objeto do conhecimento, constituindo-o para o aplicador.

5. A contribuição do Construtivismo lógico-semântico

O Construtivismo lógico-semântico, com base na filosofia da linguagem, abandona a verdade por correspondência. Como expoente dessa inovadora linha de pensamento, o ilustre Professor Paulo de Barros Carvalho, assim leciona: "não é correta a proposição segunda a qual, extraímos o conteúdo, o sentido e o alcance dos comandos jurídicos. Impossível seria retirar conteúdos de significações de entidades meramente físicas. De tais enunciados partimos, isto sim, para a construção das significações, dos sentidos, no processo conhecido por interpretação".[30] O ato de interpretar para o renomado jurista nada mais é do que "atribuir valores aos símbolos, isto é, adjudicar-lhes significações e, por meio dessas, referências a objetos".[31] Assim afirma porque entende que "o direito positivo se apresenta aos olhos como objeto cultural

---

29. A filosofia da linguagem tem como ponto de partida a obra "Tractatus logico-philosophicus" de Ludwig Wittgenstein.
30. *Direito tributário: linguagem e método*, p. 191.
31. *Direito tributário: fundamentos jurídicos da incidência*, p. 105.

por excelência, plasmado numa linguagem que porta, necessariamente, conteúdos axiológicos".[32]

O direito positivo, compreendido como enunciados prescritivos postos pelo legislador, se apresenta como um corpo de linguagem, cujo discurso passa a ser examinado em seus âmbitos sintático (estrutural), semântico (significativo) e pragmático (prática/uso). A heterogeneidade semântica de tais enunciados cria um ambiente favorável à construção de significados sobre o texto bruto, ou seja, constitui-se em zona cognitiva específica onde as diferenças interpretativas ganham diversos coloridos, surgindo a possibilidade de interpretações distintas igualmente ajustadas ao texto de lei, ainda que o legislador seja o mais conciso e claro possível. E isso ocorre porque o ser humano encontra-se inserido no "cerco inapelável da linguagem",[33] através da qual mantém contato com o mundo, sem, entretanto, esgotá-lo completamente.[34]

Entre as virtudes do Constructivismo lógico-semântico destacamos três com as quais concordamos plenamente, a saber: (i) a norma jurídica não se confunde com o texto da lei; aquela resultada de um trabalho mental, interpretativo de construção e estruturação de significações,[35] no dizer de Aurora Tomazini; (ii) o direito se concretiza por meio de um sistema

---

32. *Direito tributário: linguagem e método*, p. 181.
33. Como bem ressalta o renomado Professor Lourival Villanova: "É um traço de toda linguagem o poder ela dizer algo de-si-mesma. Mas nesse retro referir-se, move-se no universo fechado: a palavra, que figura como objeto, serve-se de outra palavra que fala a cerca dela, e nunca é possível sair-se desse conjunto infinito e indeterminável de elementos-palavras: estaremos sempre no interior do universo-do-discurso". (**Analítica do dever ser**. *In Escritos Jurídicos e Filosóficos*. Vol. II, p. 45).
34. A filosofia da linguagem é inaugurada com o "Tractatus logico-philosophicus" de Ludwig Wittgenstein. A linguagem deixa de vista como meio de descrição do mundo, convertendo-se em algo capaz de criar a própria realidade. Tal revolução no processo de conhecimento foi cognominada de "giro-linguístico".
35. *Curso de teoria geral do direito*, p. 287.

de comunicação, da linguagem.[36] Esse sistema comunicacional, por seu turno, exige de quem o interpreta também faça o uso da linguagem "na construção de sentidos adequados para compreender o sistema do direito posto";[37] e (iii) que é totalmente impossível, máxime no Direito, a obtenção da verdade única, absoluta e universal. Logo, não há que se falar em literalidade do texto da lei, advinda de uma operação lógica, pois a lei não revela ou dissemina qualquer sentido, que só é produzido pelo ato de interpretar.

Em síntese, o grande legado do Construtivismo Lógico é constatar, de modo inteligente e inovador, que o texto do direito positivo, ou seja, o chamado texto bruto, é apenas o início do processo interpretativo e sobre ele é que o julgador desenvolve o conteúdo normativo, oriundo das significações construídas com base na "linguagem natural", na "linguagem técnica" e na linguagem científica utilizada pela ciência do direito. Daí, a precisão das palavras de Lourival Vilanova ao identificar "a linguagem do direito positivo elaborada pelo legislador e pelos órgãos judiciais e não-judiciais" como colaboradores no processo de formação de normas.[38]

Note-se ainda, por oportuno, que a negação da verdade absoluta, sobre a qual a doutrina tradicional edifica suas proposições, não acarreta um vazio conceitual capaz de levar à destruição da ciência jurídica por ausência de lógica e coerência do discurso jurídico a ser produzido. Com muita propriedade o Professor Paulo de Barros, assim, alerta:

---

36. O Professor Paulo de Barros Carvalho ensina que o direito tomado como "um grande fato comunicacional" tem seu marco na filosofia da linguagem. Assim qualquer abordagem do direito exige que se identifique a norma jurídica "enquanto mensagens produzidas por autoridade competente e dirigida aos integrantes da comunidade social. Cf. *Direito tributário: linguagem e método*, p. 164.
37. *Direito tributário: linguagem e método*, p. 162.
38. **Analítica do dever-ser**. In: *Escritos jurídicos e filosóficos*. Vol. II, p. 46.

> O abandono puro e simples puro e simples da matriz convencional de recorte cartesiano poderia resvalar para um relativismo exacerbado, representando perigo de nos movermos em direção ao anarquismo metodológico, sem perspectivas austeras para o projeto científico. Nada obstante, a Filosofia das Ciências continua sua trajetória, cogitando de recursos compatíveis com a produção de paradigmas novos, nos quais se estabeleçam conhecimentos rigorosos, desvencilhados do referencial implacável da "verdade absoluta", mas habilitados a manter de pé o prestígio do discurso científico nos domínios do saber.[39]

Sem dúvida, apesar de a ciência jurídica tentar operar com a "verdade absoluta", "com a correta interpretação", não consegue, todavia, olvidar que o "direito é dinâmico", e, por isso, precisa amoldar-se às realidades históricas. É próprio do direito superar a si mesmo em busca de uma "melhor racionalidade do sistema jurídico", e, mesmo com essa característica própria de mutação, os doutrinadores de maior envergadura teimam, felizmente, em "manter de pé o prestígio do discurso científico nos domínios do saber" com base numa suposta verdade única.

Eis a grande importância do construtivismo lógico em romper com um imaginário ao defender a ideia da indeterminalidade da verdade e da inesgotabilidade interpretativa. Como bem ressalta Philipe André Rocha Gail:

> Uma das principais consequências do giro linguístico foi a mudança do critério de verdade. Esta passa a ser uma construção linguística. A prova disso está no fato de que os objetos não se insurgem contra as teorias que os descrevem. A afirmação ou negação de uma tese é feita por outra tese. Por isso, a verdade não se dá pela correspondência entre a proposição e o objeto a ser interpretado, mas sim pelo consenso de verdade entre aqueles que lidam com a teoria.[40]

---

39. *Direito tributário: linguagem e método*, p.160.
40. *Vilém Flusser e juristas*, p. 660.

Portanto, a invocação à obediência da "legalidade estrita" como forma de balizar a atividade do Judiciário e ao desenvolvimento de ideias no âmbito da doutrina pouco, ou quase nada, representa como referência de segurança jurídica nos termos em que pretendiam os revolucionários iluministas e o pensamento legalista.

Isso, porém, não significa o declínio do "império do direito" ou da negação da importância da lei, como ponto de referência no disciplinamento das condutas, pois, sem dúvida, é em torno dela que há gravitar todas as opções interpretativas desenvolvidas pela ciência jurídica e pelo Judiciário. Acontece que o texto da lei não pode ser visto como fonte reveladora do seu próprio sentido, pressupondo alguém que seja habilitada adequadamente dela extrair a "verdade", apontando, de maneira cabal, o seu sentido.

Essa teoria, de neutralidade do juiz diante da referência normativa, não é exclusiva no mundo da codificação. No antigo direito inglês já se pregava com veemência o entendimento de que os precedentes se formavam exclusivamente dos costumes sem a participação criativa do julgador, tendo como adeptos dessa teoria diversos juristas daquela época. Entretanto, foi Jeremy Bentham que, por não acreditar na neutralidade da postura do julgador, negou valor à teoria declaratória, tida por ele como uma "ficção infantil", igualando-a a um embuste para encobrir a participação dos julgadores na formação dos precedentes.[41]

Todavia, no Brasil ainda há quem vislumbre o poder criativa do julgador, inerente ao processo de interpretação, com bastante reserva. Alega-se que a indeterminabilidade da verdade jurídica ensejaria a discricionariedade judicial, e esta, por sua vez, abriria uma porta aberta para a arbitrariedade dos

---

41. Cf. *Teoria do Precedente Judicial: a justificação e a aplicação de regras jurisprudenciais*, p. 89.

julgadores, e que ambos os fenômenos têm um "problema" em comum: "a falta de controle conteudístico".[42] Porém, a determinabilidade da verdade, se fosse admitida, não afastaria o argumento de ser fruto também das ideologias, dos valores de quem a proclama, não havendo assim como se estabelecer o desejado controle de conteúdo.

6. Uma aproximação com os precedentes e a busca de critérios objetivos

Não só o legislador, mas a própria doutrina é surpreendida pela impossibilidade de se construir um critério objetivo e seguro, que ignore a subjetividade do julgador, para o acolhimento ou não da adoção da medida excepcional da prisão preventiva. Evidentemente, que a compreensão de termos como "garantia da ordem pública", "garantia da ordem econômica", "conveniência da instrução criminal" e "assegurar a aplicação da lei penal" nem sempre enseja grave crise interpretativa, pois existem situações extremas que não se exige muito esforço mental para identificação de sua ocorrência, ou não. Aliás, a doutrina tem feito costumeiramente a menção a situações fáticas onde se tem elevado consenso (como fuga do distrito da culpa, ameaças a testemunhas, e outros), como forma de emprestar ao texto da lei maior concretude e densidade no cenário normativo. Ocorre que, é exatamente naquelas situações fáticas onde não há o consenso acerca do alcance semântico da hipótese normativa, que se vislumbra a maioria dos casos onde o julgador há construir sua interpretação colaborando com o legislador para definição dos limites do texto da lei.

A Sexta Turma do nosso Superior Tribunal de Justiça não vislumbrou a ocorrência de ilegalidade na prisão preventiva, para garantia da ordem pública, com base na periculosidade do

---

42. *Verdade e consenso*, p. 47.

acusado que teria sido encontrado com "grande quantidade de entorpecentes apreendidos, a saber, 28.619,89 gramas de maconha e 225,4 gramas de cocaína".[43] Esse julgamento, inclusive, fez menção a precedente onde havia referência enfática à existência de "vasta jurisprudência" daquela Corte no sentido de que a ordem pública teria sido seriamente afetada com "a significativa quantidade de entorpecentes apreendida" (30 gramas de cocaína e 155 gramas de maconha), indicando maior reprovabilidade do comportamento irrogado ao paciente".[44] Sem grande esforço, se verifica que o nosso tribunal responsável pela uniformização do direito federal se inclinou claramente para a adoção de uma técnica de ponderação entre dois valores altamente relevantes: a defesa da sociedade e a defesa do indivíduo, deixando de lado a análise das finalidades cautelares que boa parte da doutrina entende como única justificativa possível para a prisão preventiva diante do princípio da presunção de inocência.

Independentemente da eventual divergência desses entendimentos com boa parte da doutrina processual penal, que defende a inconstitucionalidade da prisão preventiva com a justificativa de garantia da ordem pública e não aceita a gravidade do delito como razão da decretação da medida restritiva da liberdade, muito menos transformar tal medida em antecipação de futura condenação, observa-se claramente que a atividade interpretativa do Judiciário é fundamental para a devida compreensão do enunciado legal, apontando, ainda que casuisticamente, o alcance dos conceitos utilizados pelo legislador. Tem-se, assim, a demonstração em toda sua completude, do exercício da atividade judicial como reforço e complemento da atividade do legislador na busca de critérios para a promoção da integridade do ordenamento jurídico em disciplinar as condutas de todos.

---

43. HC 275567/SC. Relator Ministro Sebastião Reis Júnior, julgado em 05/12/2013.
44. HC 242.891/RS. Relatora Ministra Maria Thereza de Assis Moura, julgado em 16/08/2012.

Evidentemente, que esse poder dos juízes em dizer o que deveria dizer o legislador gera profunda perplexidade na comunidade jurídica, independentemente da corrente de pensamento, afinal o fato de os magistrados não serem eleitos para a formulação de leis, poderia ensejar grave violação e destruição de um pilar indispensável ao Estado Democrático: a separação de poderes. Mais ainda, a casuística utilizada pelo Judiciário na construção dos conceitos jurídicos, despreza a ideia básica da codificação que é a segurança jurídica, ao deixar de fornecer de maneira prévia o modelo de conduta que se deseja na convivência em sociedade.

Mais ainda, a utilização de termos como "significativa quantidade de entorpecentes" não transmite a palavra definitiva na precisão do termo "ordem pública" em relação à prática de tráfico ilícito de entorpecente, pois além de ensejar nova imprecisão semântica, não indica a outra face do conceito fixando o limite preciso do que seria média ou pequena quantidade. Assim, estar-se-ia adotando uma postura do sistema do precedente judicial? Teria razão Kelsen no momento em que aponta na teoria das normas uma zona de confluência entre os grandes sistemas ocidentais, um que pretende negar o poder criativo com base na legislação e outro que julga com base no princípio da *stare decisis*?

O que se tem nitidamente é o desenvolvimento de uma linguagem pelo Judiciário – seja adotando a teoria do risco, seja adotando a natureza cautelar da prisão preventiva – que justifique a ocorrência dos requisitos fixados em lei para a decretação da medida extrema através de recurso retórico externo ao texto da lei ao fazer uso dos termos "conforme vasta jurisprudência" ou "segundo os padrões que a jurisprudência já firmou na matéria em análise" aplicador percebe claramente que o texto de lei não lhe apresenta as condições para referência, por isso se socorre de decisões anteriores para evitar a contaminação do seu julgado pela própria subjetividade, identificada no caso como mensageira de uma indevida arbitrariedade. Porém, tal atitude se afigura assaz insuficiente para fixar uma estabilidade de interpretação e de segurança sobre a efetiva predominância sobre a corrente de pensamento no enfretamento da matéria como se ponderou anteriormente ao se registrar algumas decisões do Supremo Tribunal Federal (RHC 71.954/PA e RHC 119.733/AL).

Contribui decisivamente para essa colisão interpretativa a ausência de uma convicção firme de que na espécie se está operando em campo reservado aos precedentes e não no âmbito da estrita legalidade (com a falsa ideia de uma subsunção do fato ao texto). Assim, o primeiro passo em busca de uma relativa segurança no sistema jurídico está em reconhecer a importância das decisões superiores para todo o ordenamento jurídico atribuindo a elas uma consistência articulada de modo a tratar os casos semelhantes do mesmo modo, refutando-se a prática de se tomar decisões, em nome do caso concreto, como se fossem isoladas sem qualquer relação de pertinência, verdadeiro fruto de uma decisão intuicionista e casual. As decisões anteriores devem existir não como decisões do passado, mas nutrida com força gravitacional para favorecer a igualdade e o desenvolvimento de um argumento racional e equânime.

Deve-se, ainda, manter o zelo pela aplicação do precedente com o intuito garantir a força normativa de toda cadeia evolutiva dos julgamentos a ponto de consolidar em determinado momento histórico a convicção sobre a incidência, ou não, de uma das hipóteses de prisão preventiva. Além disso, como parte integrante da motivação da decisão, que deve ser considerada como momento culminante do precedente, a razoabilidade deve ser enfrentada à exaustão pelo julgador como de orientar o sentido do texto da lei.

A postura em se vislumbrar a "estrita legalidade" como a causa, a fonte das decisões, e, por consequência, das contradições e incoerências, em matéria de prisão preventiva, deixando ao largo o compromisso de cada julgador com a igualdade e com a segurança jurídica no mundo da casuística, certamente favorecerá o argumento de que é imprescindível colocar-se o julgamento à sombra da legislação, mas também, com segurança, teremos a justiça castigada ao sol do meio-dia.

Isso, todavia, não resolve por completo a instabilidade interpretativa que hoje existe e impede o julgador, principalmente das instâncias inferiores, em identificar os critérios para um julgamento que prestigie os valores da igualdade, da equidade e da segurança jurídica, porém uma maior uniformização de interpretação com base na correlação do mínimo jurídico existente em cada caso concreto contribuiria decisivamente para aperfeiçoamento do nosso sistema jurídico, e, consequentemente, para a melhoria da segurança jurídica em nossa sociedade. Afinal, valorar sem se utilizar da própria ideologia, pensar sem emitir juízos, ver o mundo e suas regras sem criticá-las, só é possível de imaginar para um ser mitológico desprovido da essência humana: o "juiz hércules", personagem mentalizada por Dworkin como modelo ideal de julgador, dotado de habilidades, aprendizagem, paciência e agudeza intelectual sobre-humanas, que teria capacidade de conhecer integralmente o ordenamento jurídico por completo, que, por sua vez, seria composto por um esquema de princípios abstratos e concretos, sem lacunas, com força suficiente para dar coerência a todas regras e julgamentos diante com uma suposta única solução correta.

7. Conclusão

O art. 312 do Código de Processual Penal não oferece ao magistrado parâmetros suficientes para identificar na prática forense o momento exato para a decretação da prisão preventiva. A doutrina e a jurisprudência, por sua vez, não estão em harmonia. É possível identificar-se julgados em posições antagônicas quanto admissão da prisão preventiva levando em consideração a gravidade do delito e a periculosidade do agente, enquanto outros julgados rejeitam tal possibilidade diante da natureza cautelar da medida. Tal cenário gera perplexidade na comunidade jurídica.

O argumento de que essa discrepância é causada pela desobediência à estrita legalidade não convence. É que, na espécie, o tema desafia uma postura interpretativa semelhante àquela desempenhada pelos julgadores do mundo dos precedentes e não de uma subsunção do fato ao texto de lei. Isso fica evidenciado pela linguagem desenvolvida pelos nossos tribunais que, de modo geral, invocam seus precedentes para justificar, ou não, no caso concreto, a prisão preventiva sem qualquer apelo ao texto de lei como efetivo parâmetro da decisão.

A estrita legalidade surge como simples instrumento de retórica para manter as aparências da rejeição do poder criativo do Judiciário na abordagem da matéria. Relação entre o intérprete e o Direito não mais se consubstancia num ato declaratório, numa atitude de passividade dele diante do enunciado prescritivo. É que a concepção legalista já não mais tem espaço na modernidade. Mesmo o positivismo fundado nos pensamentos de Hans Kelsen e de Herbert Hart aceita, sem qualquer hesitação, o poder criativo do julgador, ao aplicar os preceitos legais postos pelo legislador. Evidentemente, de modo mitigado em face do fenômeno da generalidade do texto de lei. Por outro lado, o Constructivismo lógico-semântico, negando a "verdade por correspondência", refuta tal postura positivista ao defender a possibilidade de infinitas interpretações, já que a linguagem que trata da realidade é inesgotável.

A estrita legalidade não conduz ou orienta o momento decisório na espécie. O que se verifica é um forte apelo à existência de precedentes judiciais como critério de julgamento para a decretação, ou não, da medida restritiva, sendo necessário o desenvolvimento de uma prática jurídica que, sem debelar essa verdadeira "circularidade construtiva, seja paradigma para uma prestação jurisdicional que repudie decisões intuicionistas e valorize as decisões produtoras de igualdade e segurança jurídica.

REFERÊNCIAS

ADEODATO, João Maurício. **Uma teoria retórica da norma jurídica e do direito subjetivo**. São Paulo: Noeses, 2011.

BARCELLOS, Ana Paula de. **Ponderação, Racionalidade e Atividade Jurisdicional**. Rio de Janeiro: Renovar, 2005.

BOUCAULT, Carlos E. de Abreu (Org.); RODRIGUEZ, José Rodrigo (Org.). **Hermenêutica Plural**: possibilidades jusfilosóficas em contextos imperfeitos. São Paulo: Martins Fontes, 2002.

BUSTAMANTE, Thomas da Rosa de. **Teoria do Precedente Judicial**: a justificação e a aplicação de regras jurisprudenciais. São Paulo: Noeses, 2012.

CARVALHO, Aurora Tomazini de. **Curso de teoria geral do Direito** (O Constructivismo Lógico-Semântico). São Paulo: Noeses, 2012.

CARVALHO, Paulo de Barros. **Direito tributário: linguagem e método**. 4ª ed. São Paulo: Noeses, 2011.

CARVALHO, Paulo de Barros. **Direito Tributário:** Fundamentos Jurídicos da Incidência. 9ª. Ed. São Paulo: Saraiva, 2012.

CHILD, William. **Wittgenstein.** Tradução: Roberto Hofmeister Pich. Revisão técnica: Maria Carolina dos Santos Rocha. Porto Alegre: Penso, 2013.

GOMES FILHO, Antonio Magalhães. **Presunção de Inocência e Prisão Cautelar**. São Paulo, Saraiva: 1991.

GRINOVER. Ada Pelegrini. **O Processo em Evolução**. Rio de Janeiro: Forense Universitária, 1996.

HARET, Florence (Coord.); CARNEIRO, Jerson (Coord.). **Vilém Flusser e juristas:** comemoração dos 25 anos do grupo de estudos de Paulo de Barros Carvalho. São Paulo: Noeses, 2009.

HART, H. L. A. **O Conceito do Direito.** São Paulo: Martins Fontes, 2012.

KELSEN, Hans. **Teoria Jurídica e Política.** Organizadores: Júlio Aguiar Oliveira e Alexandre Travessoni Gomes Trivissono. Rio de Janeiro: Forense, 2013.

KELSEN, Hans. **Teoria Pura do Direito.** 8ª ed. São Paulo: Martins Fontes, 2009.

LOPES JR., Aury. **Prisões Cautelares.** 4ª ed. São Paulo: Saraiva, 2013.

MARQUES, José Frederico. **Elementos de Direito Processual Penal.** Vol. IV. Campinas: Bookseller, 1997.

SOUZA, Luiz Sérgio Fernandes de. **O papel da ideologia no preenchimento das lacunas do Direito.** 2ª ed. São Paulo: Revista dos Tribunais, 2005.

STRECK. Lenio Luiz. **Verdade e Consenso.** 4ª ed. São Paulo: Saraiva, 2012.

TAKOI, Sérgio Massaru. **Reclamação Constitucional.** São Paulo: Saraiva, 2013.

TOURINHO FILHO, Fernando da Costa. **Código de Processo Penal Comentado.** Vol. I. 12ª ed. São Paulo: Saraiva, 2009.

VILLANOVA, Lourival. **Analítica do dever ser.** *In Escritos Jurídicos e Filosóficos.* São Paulo: AXIS MVNDI / IBET, 2003.

O DILEMA DA GRADUAÇÃO DA CAUSA DE DIMINUIÇÃO DA LEI DE DROGAS E O *BIS IN IDEM* VEDADO. A NECESSÁRIA INTERPRETAÇÃO CONFORME A CONSTITUIÇÃO DO PARÁGRAFO 4º DO ARTIGO 33, DA LEI 11.343/2006, PARA VIABILIZAR A DOSIMETRIA DA CAUSA DE DIMINUIÇÃO

Louise V.L. Filgueiras Borer[1]

Resumo: O presente artigo pretende tratar do problema da graduação da causa de diminuição prevista no parágrafo 4º do artigo 33 da lei 11.343/06, que dispõe sobre a política nacional antidrogas e sobre relacionados. Discute a impossibilidade de efetuar-se a graduação sem ferir princípios constitucionais e propõe uma solução pela técnica da interpretação conforme.

---

1. Juíza Federal.

I. Introdução

De início, é preciso esclarecer o problema que vamos enfrentar.

Desde que a lei 11.343/06 foi promulgada, em 23/08/2006, a comunidade jurídica se vê às voltas com intermináveis discussões sobre a aplicação desse curioso parágrafo quarto da lei 11.343/06, que vou tratar doravante somente por "parágrafo quarto". A polêmica tem sido grande, tanto a respeito de sua aplicabilidade ou não aos casos de transportadores de drogas ("mulas"), quanto no que concerne ao conceito de "integrar organização criminosa" ou "dedicar-se a atividades criminosas" que a lei introduz, e tanto mais quanto à graduação das causas de aumento e diminuição de pena que prevê. Não pretendo discutir todos esses aspectos, o que caberia a um trabalho bem mais extenso. Aqui me deterei a analisar o impasse diante do qual fomos colocados pelo legislador, especialmente nós juízes, quando nos delegou a graduação da causa de diminuição que previu neste parágrafo 4º do artigo 33 da lei de drogas, induzindo-nos à aplicação de critérios discricionários na fixação da pena e à prática de inconstitucional *bis in idem*.

II. A dosimetria da pena na lei de drogas e a causa de diminuição

Transcrevo de início, os dispositivos penais analisados para dar à questão melhor clareza:

> Art. 33. Importar, exportar, remeter, preparar, produzir, fabricar, adquirir, vender, expor à venda, oferecer, ter em depósito, transportar, trazer consigo, guardar, prescrever, ministrar, entregar a consumo ou fornecer drogas, ainda que gratuitamente, sem autorização ou em desacordo com determinação legal ou regulamentar:
>
> Pena – reclusão de 5 (cinco) a 15 (quinze) anos e pagamento de 500 (quinhentos) a 1.500 (mil e quinhentos) dias-multa.

§ 1º Nas mesmas penas incorre quem:

I – importa, exporta, remete, produz, fabrica, adquire, vende, expõe à venda, oferece, fornece, tem em depósito, transporta, traz consigo ou guarda, ainda que gratuitamente, sem autorização ou em desacordo com determinação legal ou regulamentar, matéria-prima, insumo ou produto químico destinado à preparação de drogas;

II – semeia, cultiva ou faz a colheita, sem autorização ou em desacordo com determinação legal ou regulamentar, de plantas que se constituam em matéria-prima para a preparação de drogas;

III – utiliza local ou bem de qualquer natureza de que tem a propriedade, posse, administração, guarda ou vigilância, ou consente que outrem dele se utilize, ainda que gratuitamente, sem autorização ou em desacordo com determinação legal ou regulamentar, para o tráfico ilícito de drogas.

(...)

§ 4º Nos delitos definidos no caput e no § 1º deste artigo, as penas poderão ser reduzidas de um sexto a dois terços, desde que o agente seja primário, de bons antecedentes, não se dedique às atividades criminosas nem integre organização criminosa. (Grifei).

O objeto de nossa análise é a dosimetria dessa causa de diminuição, se e quando aplicável. Como sabemos, a dosimetria da pena no Direito Penal obedece ao critério trifásico: em primeiro lugar, a pena base fixada no tipo penal deve ser graduada entre seu mínimo e máximo, levando em consideração as circunstâncias descritas no artigo 59 do CP, as chamadas circunstâncias judiciais. Feito isso, partimos para as agravantes e atenuantes e por fim, para as causas de aumento e diminuição de pena, incidindo umas sobre as outras, isto é o percentual aplicável incide sobre o resultado do cálculo anterior.

O critério está descrito no Código Penal Brasileiro, artigo 68, *verbis*:

Art. 68 – A pena-base será fixada atendendo-se ao critério do art. 59 deste Código; em seguida serão consideradas as circunstâncias atenuantes e agravantes; por último, as causas de diminuição e de aumento. (Redação dada pela Lei n. 7.209, de 11.7.1984) Parágrafo único – No concurso de causas de aumento ou de diminuição previstas na parte especial, pode o juiz limitar-se a um só aumento ou a uma só diminuição, prevalecendo, todavia, a causa que mais aumente ou diminua. (Redação dada pela Lei n. 7.209, de 11.7.1984).

Portanto, durante a primeira fase, devemos avaliar as circunstâncias judiciais do artigo 59 do Código Penal, quais sejam: culpabilidade, antecedentes, conduta social, personalidade do agente, motivos, circunstâncias e consequências do crime e comportamento da vítima. No caso específico do tráfico, temos que levar em consideração a quantidade e qualidade da droga na graduação da pena base, nos termos do artigo 42 da lei 11.343/06, além das demais circunstâncias judiciais do artigo 59.

A avaliação dessas circunstâncias é própria dessa fase e não há discricionariedade judicial para avaliá-las, nem nessa nem muito menos em outra fase, nas quais a lei não previu sua análise, sob pena de ofensa ao princípio da reserva legal. Nesta fase gradua-se a pena *motivadamente*, com base nesses parâmetros postos pelo legislador, determinando-se a elevação da pena, ou a sua manutenção no mínimo legal, caso todas aquelas circunstâncias sejam favoráveis ao agente.

A pena fica então balizada entre esses limites e a sua elevação, obedece a um processo racional de avaliação, que se identifica no estabelecimento das quantidades de aumento para cada uma dessas circunstâncias avaliadas, feito de forma a eliminar ao máximo o subjetivismo do juiz. A análise dessas circunstâncias deve ser feita nessa fase, sem que se possa *exportar, transferir* parâmetros aqui utilizados para outras fases da dosimetria. Trata-se de direito fundamental garantia individual, segundo a qual a pena deve ser prévia, certa e clara: trata-se de obedecer ao princípio da reserva legal, em suma.

A fundamentação da decisão deve ser lógica e clara, apoiada naqueles parâmetros, sob pena de violação do princípio e indevida incursão em subjetivismo discricionário, inadmissível, tanto mais em direito penal, quanto o que se discute é a restrição do direito à liberdade.

Após, devemos computar as atenuantes e agravantes previstas em lei, atendendo ao rol previamente e discriminado pelo legislador, sem utilizar jamais a mesma circunstância para agravar a pena. Em seguida, partimos para o rol de causas de aumento e diminuição de pena, também na forma da lei, atentos sempre ao perigo da dupla graduação, que não pode ocorrer em detrimento do direito de liberdade.

Em relação ao tráfico de drogas temos especiais causas de aumento previstas em lei, especificamente no artigo 40 da lei 11.343/06:

> Art. 40. As penas previstas nos arts. 33 a 37 desta Lei são aumentadas de um sexto a dois terços, se:
>
> I – a natureza, a procedência da substância ou do produto apreendido e as circunstâncias do fato evidenciarem a transnacionalidade do delito;
>
> II – o agente praticar o crime prevalecendo-se de função pública ou no desempenho de missão de educação, poder familiar, guarda ou vigilância;
>
> III – a infração tiver sido cometida nas dependências ou imediações de estabelecimentos prisionais, de ensino ou hospitalares, de sedes de entidades estudantis, sociais, culturais, recreativas, esportivas, ou beneficentes, de locais de trabalho coletivo, de recintos onde se realizem espetáculos ou diversões de qualquer natureza, de serviços de tratamento de dependentes de drogas ou de reinserção social, de unidades militares ou policiais ou em transportes públicos;
>
> IV – o crime tiver sido praticado com violência, grave ameaça, emprego de arma de fogo, ou qualquer processo de intimidação difusa ou coletiva;

V – caracterizado o tráfico entre Estados da Federação ou entre estes e o Distrito Federal;

VI – sua prática envolver ou visar a atingir criança ou adolescente ou a quem tenha, por qualquer motivo, diminuída ou suprimida a capacidade de entendimento e determinação;

VII – o agente financiar ou custear a prática do crime.

Portanto, são 7 (sete) as possíveis causas de aumento e a possibilidade de graduação é de 1/6 a 2/3. Neste caso, é possível aumentar a pena graduando-a em percentuais, entre o mínimo e o máximo, pois o legislador previu as causas que reputa devam incidir como agravamento na terceira fase da pena, e deu ao juiz fundamentos possíveis para a graduação, dentro do espectro da norma. Aqui há balizas claras para a decisão jurisdicional fundamentada.

Pois bem, até aqui, não há dilemas difíceis. Tudo se resolve com cuidado, atenção, razoabilidade e principalmente fundamentação baseada em fatos e argumentos claros e lógicos. Mas o problema se coloca ao final dessas etapas: ao tratar da causa de diminuição do parágrafo 4º do artigo 33, o legislador se utilizou outra técnica, de difícil aplicação e que resvala em inconstitucionalidade.

III. O *bis in idem* vedado

Relembremos: segundo a lei, caso preenchidos determinados requisitos cumulativos pelo agente, o juiz deve aplicar um percentual sobre a pena calculada até então, segundo o critério trifásico, diminuindo-a, no mínimo em 1/6 e no máximo em 2/3. Repito aqui a letra da lei:

> (...) § 4º- Nos delitos definidos no caput e no § 1o deste artigo, as penas poderão ser reduzidas de um sexto a dois terços, desde que o agente seja primário, de bons antecedentes, não se dedique às atividades criminosas nem integre organização criminosa.

Portanto, o legislador fixou requisitos *cumulativos* que se preenchidos, dão direito à diminuição, naqueles termos. Em não havendo prova da ausência desses requisitos, quais sejam: ser primário, de bons antecedentes, não se dedicar a atividades criminosas e não ser membro de organização criminosa, devida será a diminuição, em um percentual "X", variável entre 1/6 e 2/3, a critério do Juiz. E aí reside o problema.

Pergunto: como graduar a diminuição?

A quantidade e qualidade da droga apreendida, muitas vezes utilizada aqui, é critério aferível no momento de se avaliar as circunstâncias judiciais do artigo 59 do Código Penal, dizendo a lei textualmente que:

> Art. 42. O juiz, na fixação das penas, considerará, com preponderância sobre o previsto no art. 59 do Código Penal, a natureza e a quantidade da substância ou do produto, a personalidade e a conduta social do agente.

O artigo expressamente se refere às circunstâncias do artigo 59, indicando ao intérprete, quais as preponderantes dentre aquelas ali previstas, portanto, nos termos do artigo 68 do Código Penal – dentre aquelas aplicáveis na dosagem da pena base.

Ademais, há que se apontar que o legislador, ao inserir o artigo 42 na lei 11.343/06, nada mais fez que didaticamente ressaltar que a quantidade da droga deveria ser levada em consideração na graduação da pena base; *ressaltar*, por que a título de consequência do crime e de motivos tais circunstâncias já constavam implicitamente do rol do artigo 59. Fácil perceber que quanto mais droga, maior o lucro visado e mais deletérias as consequências potenciais da conduta. Assim, mesmo antes de a lei assim dispor, poderiam *e deveriam ser* avaliadas nesta fase, como motivos e consequências do crime.

Preocupou-se, quiçá, o legislador, em evitar o costume de fixação de pena mínima, mesmo diante da maior reprovabilidade da conduta. E em sendo mais reprovável tal conduta, percebe-se que a quantidade e qualidade da droga se relacionam também com a culpabilidade do agente, circunstância judicial, a ser avaliada na primeira fase da dosimetria, na forma do artigo 68 do Código Penal.

Portanto, dosar a diminuição entre mínimo e máximo levando em consideração a quantidade ou qualidade da droga transportada ou quaisquer das circunstâncias judiciais do artigo 59 seria evidente *bis in idem*, o que já foi reconhecido pelo E. Supremo Tribunal Federal, em acórdão de relatoria do E. Ministro Gilmar Mendes. (RHC 111.440/DF):

> Recurso ordinário em habeas corpus. 2. Tráfico de entorpecentes. 3. Pedido de aplicação da causa especial de diminuição de pena (Lei n. 11.343/2006, art. 33, § 4º). **Quantidade e qualidade da droga apreendida é circunstância que deve ser sopesada na primeira fase de individualização da pena, nos termos do art. 42 da Lei 11.343/2006, sendo impróprio invocá-la por ocasião de escolha do fator de redução previsto no § 4º do art. 33, sob pena de bis in idem.** 4. Recurso não provido. Ordem de habeas corpus concedida, de ofício, para determinar que se proceda a nova individualização da pena e, esta fixada, delibere-se sobre o regime inicial de cumprimento de pena, bem como a possibilidade de conversão da pena privativa de liberdade em restritiva de direito, segundo os requisitos previstos no art. 44 do CP. (grifei)
>
> Decisão
>
> A Turma, por votação unânime, negou provimento ao recurso ordinário, mas, de ofício, concedeu a ordem de habeas corpus para determinar ao Tribunal de Justiça do Estado do Rio de Janeiro que proceda à nova individualização da pena, atentando-se para a adequada motivação do fator de redução oriundo da causa especial de diminuição da pena, previsto no art. 33, § 4º, da Lei n. 11.343/2006. Determinado, ainda, que, fixada a individualização da pena, deverá o Tribunal deliberar sobre o regime inicial de cumprimento, bem como sobre a possibilidade de conversão da pena privativa de liberdade em restritiva de direito, segundo os

requisitos previstos no art. 44 do CP, nos termos do voto do Relator. Ausente, justificadamente, o Senhor Ministro Joaquim Barbosa. 2ª Turma, 24.04.2012.

Não olvido, porém, que há jurisprudência em contrário, a polêmica como já anunciei tem sido grande.

Com efeito, há muitas decisões fixando patamares de diminuição nos termos do parágrafo quarto, diversos, a depender da avaliação judicial do caso concreto, e algumas expressamente considerando que não haveria *bis in idem* nessa avaliação. Basta para verificá-lo uma pesquisa simples em *sites* de jurisprudência.

Contudo, observa-se desses acórdãos que a questão não é tratada, com a máxima vênia, com a devida profundidade. Representam, junto a tantas outras, a vitória do pragmatismo sobre o garantismo. É que muitos se apóiam na formula mágica da discricionariedade judicial na fixação da pena, de acordo com critério de proporcionalidade razoável, que parece solucionar com facilidade problemas difíceis. Com efeito, a regra aplicada com bom senso não causa grandes perplexidades, em um exame perfunctório do tema.

Mas é aí que o solipsismo, a filosofia da consciência, *decisionismo* e até mesmo o arbítrio podem se esconder. Nesses dizeres vagos, os fundamentos da decisão não são expostos e por isso deixam de ser questionados pelo que realmente expressam.

Sobre isso, vale aqui inserir o comentário de Lênio Streck sobre esse tipo de decisão:[2]

---

2. STRECK, Lênio, *O que é isso – decido conforme minha consciência?* Ed Revista do advogado, 4ª ed, 2013, p. 27. O autor refere-se em várias passagens de sua obra ao que denomina *solipsismo judicial*. Em filosofia o solipsismo é doutrina segundo a qual o sujeito interpreta a realidade somente a partir da própria realidade. Lênio questiona as decisões produzidas pelo juiz

> Consciência, subjetividade, sistema inquisitório e poder discricionário passam a ser variações de um mesmo tema. Observe-se a importância dessa questão nos casos de delimitação da pena no seguinte julgamento, em que o Tribunal justifica o **solipsismo judicial**, ao sustentar que compete ao juiz "examinadas as circunstâncias judiciais, estabelecer, conforme necessário e suficiente, 'a quantidade da pena aplicável, dentro dos limites previstos'. A **avaliação é subjetiva** e o juiz lança o quanto entenda **necessário sua consciência**.[3]

Sim, pois não há como definir o que seja "bom senso", e mais ainda, o bom senso de uns contra o bom senso de outros pode significar alguns anos a mais de prisão para o réu. Essa situação é absolutamente indesejável em uma sociedade que se mova por um ideal de equidade, de segurança jurídica, de vedação ao abuso de poder ao arbítrio. A ideia de proporcionalidade na aplicação da pena é um princípio essencial e imprescindível, a ser considerado na dosimetria e trataremos disso mais adiante. Porém, não pode ser utilizado isoladamente, desmotivadamente, *solipsisticamente*, como se consistisse em carta branca ao arbítrio judicial.

Não pode ser fundamento por si só, desacompanhado de outros parâmetros, desprezando-se outros princípios e normas, principalmente as de garantia. É considerando as regras de garantia, como essa que veda a avaliação dupla de uma mesma circunstância para aplicar a reprimenda, (o *ne bis in idem*), que se poderá exercer um juízo de proporcionalidade legítimo, fundamentado e afastado de quaisquer subjetivismos ou *solipsismos*.

'para si mesmo', descoladas de parâmetros legais e "segundo a consciência do julgador", baseadas tão somente em seu "livre convencimento", puro e simples, não suficientemente motivado. Para se ter uma noção básica do que é solipsismo em filosofia vale consultar a página http://www.escribacafe.com/solipsismo-a-esquizofrenia-filosofica/.
3. O autor se refere ao acórdão proferido pelo TJPR Acrim 135.719-5/PR, CJ 05/08/1999, grifos conforme o original.

Algumas decisões que graduam a causa de diminuição se apoiam na ideia de que, em se tratando de diminuição da pena, não haveria que se falar em *bis in idem*. Porém, o argumento, com o maior respeito aos que assim pensam, não nos convence. Não há como fugir do fato de que diminuir menos quanto a lei autoriza diminuir mais, é agravar.

Com efeito, ao se decidir que determinada pessoa se enquadra nos requisitos legais para ter sua pena diminuída, se elabora o seguinte raciocínio: 1) neste caso, por que não cabe a diminuição máxima? Quais as razões que impedem a concessão do benefício no máximo? Quais razões me levam a acreditar que a diminuição deve ser fixada em 1/6 (mínimo legal) ou em patamar diverso para esse caso concreto? É preciso então fundamentar, motivar explicar porque não se defere a diminuição máxima prevista na lei, *pois essa graduação para menos que 2/3 agravará a pena final.*

É preciso sim *demonstrar* a proporcionalidade razoável desse aumento, com base em *autorizações legais existentes* e o juiz *não pode usar nesta fase nada que foi objeto das anteriores, ou que deveria ter sido* objeto *de análise em fase anterior.* Caso o faça violará o princípio da reserva legal, seja ao dosar a pena fora das hipóteses em que a lei prévia o estatuiu, seja por realizar dupla valoração e incidir em *bis in idem.*

Sobre reserva legal e individualização da pena, vale aqui me socorrer dos ensinamentos dos renomados professores Ada Pelegrini Grinover, Antonio Scarance Fernandes e Antonio de Magalhães Gomes Filho em sua notória obra *As Nulidades do Processo Penal:*[4]

> A individualização da pena opera em dois planos: o legal e o judicial. Representa, em qualquer deles, a aceitação do

---

4. GRINOVER, Ada Pelegrini, Fernandes, Antonio Scarance e Gomes Filho, Antonio de Magalhães, *As Nulidades do Processo Penal.* Malheiros. 2ª ed., p. 163/164: grifos nossos.

princípio da isonomia, na justiça distributiva, segundo o qual devem os homens ser tratados desigualmente na justa medida de suas desigualdades, ou seja, segundo uma igualdade proporcional. Cabe ao legislador, no plano abstrato, estabelecer margens mínimas e máximas de penas aos diversos crimes e permitir agravamentos ou atenuações quando acompanhados, na concretização de determinadas circunstâncias, ao juiz incumbe, no caso concreto, buscar a reprimenda adequada, dentro dos limites previamente estabelecidos para cada crime e em face das agravantes e atenuantes genéricas ou especiais existentes. A Constituição dirige-se ao legislador e ao juiz. Ao legislador diz que deverá realizar a individualização da pena (art. 5º. XLVI) **e ao juiz impõe a necessidade de motivar todas as suas decisões, incluídas aí as decisões sobre a pena** (art. 95, IX) (...) O Código Penal, na reforma de 1984, adotou o critério trifásico de Nélson Hungria (art. 68 do Código Penal) em Relação à aplicação da pena privativa de liberdade. **O STF vem anulando sentenças que não seguiram o critério trifásico da lei (RTJ 117/589, 118/483, RT 606/420, 606/396, Lex Jur STF 91/360. mesma orientação encontra-se também no Tribunal de justiça de são Paulo RJTJSP, Lex v. 109/402, 117/455, 118/526.** Na primeira fase, será fixada a pena base, com fundamento nas circunstâncias do artigo 59, caput. Serão consideradas na segunda etapa, as circunstâncias atenuantes e agravantes dos arts 61 a 67 do Código Penal (...) **Sob pena de nulidade, não pode uma circunstância, que serviu como qualificadora ou possibilitou a desclassificação para um tipo privilegiado ser usada também para agravar ou atenuar a pena. Seria ela utilizada duas vezes.**

Note-se que os autores afirmam a impossibilidade de avaliação dupla de circunstância própria de fases distintas, tanto para agravar como para atenuar a pena, e logo de início, nos alertam de que o princípio da individualização da pena decorre do princípio da isonomia.

Portanto, não é demasiado concluir que a preservação do critério trifásico e a vedação ao *bis in idem* são normas de garantia, que pretendem assegurar que indivíduos em situação semelhante não venham a ser tratados diferentemente, ou que indivíduos em situação desigual sejam tratados da mesma forma, *em função da apreciação subjetiva* de circunstâncias por parte do Poder Judiciário.

O princípio do *ne bis in idem* decorre também, logicamente, do princípio da reserva legal, pois realiza a sua aplicação nas diversas fases da dosimetria da pena, exigindo do julgador que puna mais, ou puna menos, pela circunstância fática prevista previamente em lei, de acordo com a sanção previamente estatuída para aquele fato: o que não ocorrerá se for aplicada a sanção duplamente, pelo mesmo fato. Sobre o princípio da reserva legal, vale uma incursão nas palavras sempre atuais de Aníbal Bruno:

> (...) Traçando o círculo fechado do ilícito penal, dentro do qual, em princípio, ninguém pode penetrar sem incorrer em pena e fora do qual ninguém pode sofrer a imposição penal, a lei punitiva não só promove a defesa pela proteção que confere, por meio dos rigores de sua sanção, às condições existenciais da sociedade, nos termos em que ela se acha constituída, mas assegura e delimita o campo de ação do Estado na repressão e prevenção direta da delinquência, e com essa delimitação garante as liberdades individuais em geral e os direitos fundamentais que subsistem no próprio delinquente. **O princípio nullum crimen, nulla poena sine lege** O rigor dessa limitação e a força dessas garantias estão no princípio que faz da lei penal a fonte exclusiva de declaração dos crimes e das penas, o princípio da absoluta legalidade do direito punitivo, que exige a anterioridade de uma lei penal, para que determinado fato, por ela definido e sancionado, seja julgado e punido como crime. Esse princípio, tradicionalmente expresso na regra *nullum crimen, nulla poena sine lege* e geralmente consagrado nos dispositivos de abertura dos Códigos penais modernos, tem raízes na Magna carta, da Inglaterra (1215), e nas Petition os Rights, norte-americanas, mas foi formulado em termos precisos na Declaração dos Direitos do Homem, na Revolução Francesa: ninguém pode ser punido senão em virtude de uma lei estabelecida e promulgada anteriormente ao delito e legalmente aplicada (art. 8º) Na doutrina, encon-

tram-se antecedentes em Montesquieu e Beccaria, mas quem forneceu os próprios termos da regra latina em que hoje é enunciado foi Feuerbach. No nosso Código está consagrado no artigo 7º " não há crime sem lei anterior que o defina. Não há pena sem prévia cominação legal" e Além disso, é um dispositivo da nossa Constituição, onde aliás, continua uma tradição constante em todas as cartas constitucionais. No decurso de sua evolução, a partir da Magna Carta, dos documentos norte americanos e da Revolução Francesa, o princípio da legalidade foi dissociando do seu contexto as várias funções de garantia que hoje apresenta: não há crime nem pena sem lei anterior, e então o princípio se opõe á retroatividade da norma penal incriminadora, trazendo a necessária precisão e segurança ao direito; não há crime nem pena sem lei escrita, o que importa negar ao direito costumeiro função criadora ou agravante de tipos ou sanções penais; não há crime nem pena sem lei estrita, com que se impõe uma limitação à aplicação da lei e se torna defeso, do domínio das normas incriminadoras, o emprego da analogia. Esse princípio, que é uma das características dos regimes democráticos nascidos das ideias liberais do século XVIII, do liberalismo e do individualismo das correntes filosóficas e políticas que então se desenvolveram, tem sido posto modernamente em discussão e vem sendo abolido mesmo em algumas legislações, ou como expressão de um regime de hipertrofia estatal, em que a defesa de um sistema político, de um partido, de uma classe social, exige uma ordem penal que se tem chamado autoritária, em condição de atuar sem a limitação daquele princípio liberal, ou como forma de transição entre um direito penal de normas incriminadoras tipificadas e em direito penal sem parte Especial e sem dosimetria das penas. São, em geral, sinais e exigências da crise social e política do nosso tempo. Note-se que já era assim na Roma do império com os seus juízes decidindo ad exemplum legis. Modernamente, a Rússia excluiu este princípio do seu sistema jurídico-penal, designando o crime pelo conceito elástico de ação socialmente perigosa (refere-se o autor ao Código Penal soviético, como explica em nota de rodapé). Do mesmo modo a Alemanha do Nacional-socialismo, correndo ao "são sentimento do povo" desembaraçou-se do princípio legalista. Outras vezes razões de doutrina ou de técnica, ou simplesmente de tradição legislativa têm influído para o abandono do princípio da legalidade. Um exemplo é o Código Penal da Dinamarca. **Não são modelos que mereçam ser seguidos. O caráter punitivo da sanção anticriminal, com a grave restrição de bens jurídicos fundamentais imposta ao criminoso, como ainda hoje se apresenta, o seu sentido retributivo-expiatório, eleva aquela máxima à posição de garantia imprescindível à liberdade do homem.**[5]

Nesse sentido ainda, a doutrina de Assis Toledo:

> Função de garantia da lei penal. Princípio da legalidade ou da reserva legal. Estudada a técnica da elaboração dos tipos, resta ver-se como esta se projeta no plano político e constitucional para erigir-se em um dos mais importantes princípios do direito penal dos últimos tempos. Uma breve digressão histórica contribuirá para demonstrar essa afirmação. Em 1935, no auge do regime nazista, Dahm, percebendo nos tipos legais de crime uma incômoda limitação ao poder estatal, proclamou a necessidade de atenuação ou de aniquilamento de um velho princípio – o *nullum crimen, nulla poena sine lege* – afirmando que os crimes mais graves, principalmente políticos, não se deixam conter em tipos legais nem se deixam circunscrever por meio de normas abstratas (National sozialistisches um faschistisches Strafrechts, Berlin, 1935). Daí a necessidade de superar-se, ao ver do autor citado, esse princípio, que se constituía em verdadeiro obstáculo à atuação do juiz, na aplicação da pena criminal a fatos danosos não totalmente ajustados às previsões legais. A novidade criticável dessa doutrina está na conclusão que adota, não na constatação, realmente correta, de que os tipos legais de crime, à luz do princípio da legalidade que iremos examinar, constituem concreta limitação ao poder estatal. Franz Von Liszt percebera isso, muito antes, quando em 1905, com propósitos diferentes, afirmava ser o código penal a magna carta do delinquente, isto é, a garantia, para os que se rebelam contra o Estado e a sociedade, de uma punição segundo certos pressupostos e dentro de precisos limites legais. E aqui se revela um

---

5. BRUNO, Aníbal. *Direito Penal.* 1978, p. 206/207, grifei.

dúplice aspecto do ordenamento jurídico penal, enfatizado por Roxin serve, simultaneamente, para limitar o poder de intervenção estatal na esfera dos direitos individuais e também para combater o crime. Protege tanto o indivíduo contra os abusos da autoridade quanto a sociedade e seus membros contra os abusos dos indivíduos' Somente pois, em um Estado de direito, muito diferente daquele a que servia Dahm, será possível identificar-se, em toda a sua inteireza, o princípio da legalidade e dele extraírem-se lógicas consequências. É que este princípio deita raízes longínquas no liberalismo, com suas ideias jus naturalistas e contratualistas incompatíveis com as que orientam um estado totalitário' (...) O *nullum crimen, nulla poena sine lege* tem sua longa história, por vezes acidentada, com fluxos e refluxos. Por isso já foi objeto de muitas interpretações, conforme acentua Maurach, cada uma delas desempenhando papel político de realce, antes que se chegasse à concepção atual, mais ou menos cristalizada na doutrina. Presentemente, essa concepção é obtida na no quadro da denominada "função de garantia da lei penal" e para a atuação da justiça criminal em um estado de direito, essa função de garantia provoca o desdobramento do princípio em exame em quatro ouros princípios, a saber: a) *nullum crimen, nulla poena sine lege PRAEVIA*; b) *nullum crimen, nulla poena sine lege SCRIPTA*; c) *nullum crimen, nulla poena sine lege STRICTA*; d) *nullum crimen, nulla poena sine lege CERTA*. *Lex praevia* significa proibição de leis retroativas que fundamentem ou agravem a punibilidade. *Lex scripta*, a proibição da fundamentação ou do agravamento da punibilidade pelo direito consuetudinário. **Lex stricta, a proibição da fundamentação ou do agravamento da punibilidade pela analogia (analogia in malam partem). Lex certa, a proibição de leis penais indeterminadas (grifei).**[6]

Nesse passo, observa-se que o § 4º do artigo 33 da Lei de Drogas traz possibilidade de agravamento incerto, a critério do órgão julgador. Incide por isso em violação ao princípio da reserva legal, pois não traça nenhum critério para a graduação da benesse.

---

6. TOLEDO, Francisco de Assis. *Princípios Básicos do Direito Penal*, 1994, Saraiva, p. 22.

Mais ainda: se admitíssemos que o juiz possa *criar*, discricionariamente, meios de graduação, violando-se o princípio da lei estrita, ao realizar essa *criação*, forçosamente, incidiria em *bis in idem*, pois teria que se utilizar das circunstâncias do crime, motivos, quantidade e qualidade da droga, conduta social, internacionalidade, ou outras circunstâncias, já previstas em lei. Nem criativamente, se fosse possível, se escaparia dessa sina. Não consigo imaginar uma circunstância que já não esteja prevista nas fases anteriores. A decisão recai, portanto, inevitavelmente, em *bis in idem* vedado.

Ocorre que em matéria penal, principalmente, não se admite discricionariedade judicial. O princípio da reserva legal e da tipicidade, segundo os quais ninguém será punido sem lei prévia que o estabeleça, lei prévia que descreva a conduta punível de forma clara, precisa e a pena que será aplicada na hipótese, não permitem que o juiz aplique a pena ao seu alvitre, sem fundar-se em motivos legais pré-determinados para agravá-la. Em direito penal, é a liberdade que restringimos, bem maior do ser humano depois da própria vida. Nesta seara, é fundamental que se evite qualquer subjetivismo, decisionismo, solipsismo[7] ou moralismo individualista do julgador na majoração de reprimendas.

Diante desses inarredáveis princípios que vedam a dupla imputação, temos um impasse na dosimetria do tráfico, como posta pelo legislador de 2006: *não é possível negar a diminuição da lei a quem faz jus, mas também não é possível aplicar o parágrafo como está sem incidir em* bis in idem, *concluo*.

Ora, nesse cenário, desde que devida a redução, seria aplicável apenas o percentual máximo de 2/3, pois seria, em tese, o único consentâneo com o princípio da reserva legal, da

---

7. Refiro-me aqui a termos usados por Lênio Streck em sua obra "oque é isso – decido conforme minha consciência" em que o autor faz crítica veemente a posturas judiciais ativistas.

vedação ao *bis in idem* e presunção de inocência, que indicam que na dúvida, no impasse, a solução deve ser em favor do direito de liberdade. Poder-se-ia parar a discussão nesse ponto. Mas a solução ainda deixa a desejar do ponto de vista da repressão ao tráfico de drogas, desejada pelo Constituinte originário.

IV. O tratamento constitucional do crime de tráfico e o problema da aplicação do parágrafo quarto da lei 11.343/06: a interpretação conforme a Constituição

Como dizíamos, esta parece ser uma solução de fria e estrita técnica penal, que evita a prática do *bis in idem*. Menos mal se a adotarmos, pois se houver algum excesso decorrente das dificuldade de aplicação de uma norma penal que seja em favor do direito de liberdade, nunca contra. Adotei essa postura em muitos casos de início, por entender que ao menos assim, não seria violada norma de garantia.

Porém, o efeito prático dessa postura no cálculo da pena, também traz problemas e não nos convence como solução, resultado desejado pelo ordenamento jurídico-penal. De fato, se adotada essa solução, esbarraremos, a partir de seus efeitos, em outro óbice, de ordem constitucional: o tratamento de crime hediondo dado ao tráfico de drogas pela Constituição Federal.

O problema que se apresenta a partir daí é o seguinte: na prática, a aplicação do redutor de 2/3 acaba por ser excessivo e aniquila o intuito punitivo da norma, torna a pena final incompatível com a gravidade da conduta que é tida por hedionda pela ordem constitucional, o que torna essa solução também contrária ao Direito.

O afastamento da graduação com aplicação em dois terços da diminuição em todos os casos faria resultar a pena evidentemente desproporcional à gravidade do delito e obrigaria o juiz a praticar um excesso na dosimetria ao solapar, por exemplo, uma grave pena de seis anos de reclusão a apenas dois, muitas vezes, pena inferior àquela que resulta de muitos crimes de gravidade infinitamente menor que o tráfico.

A pena mínima, de cinco anos, com o redutor de 2/3, cairia para 1 ano e 8 meses, patamar incompatível com o caráter hediondo do crime. Mesmo para as condutas menos relevantes, de mulas e aviõezinhos, jovens cooptados, poucas quantidades, qualidade de risco à saúde menor, e demais situações que conjuguem circunstâncias em que uma pena de 5 anos de reclusão não seria adequada, uma pena de 1 ano e 8 meses é inexpressiva, do ponto de vista da repressão que pretendeu realizar o Estado Brasileiro, ao erigir ao patamar de hediondo esse crime.

Uma grave pena que alcance o patamar de 10 anos, pela consideração de circunstâncias desfavoráveis na pena base, como quantidade de droga e qualidade, por exemplo, aliada às causas de aumento porventura aplicáveis, seria solapada a 3 anos 4 meses, nessa hipótese de ser reduzida em 2/3, levando, quando então seria de rigor, muitas vezes a substituição por restritivas de direitos.

Não que seja incabível essa conversão, em certos casos, mas é de notar-se que, se a pena base foi graduada acima do mínimo, com motivos suficientes para atingir aquele patamar, é muito difícil que a repressão da específica conduta seja compatível com uma pena restritiva de direitos.

Não me reporto aqui ao problema da incompatibilidade da conversão da pena privativa de liberdade em restritivas de direitos em virtude da gravidade ínsita ao tráfico, pois esse não é motivo para afastar-se a conversão, algo que já se pacificou na jurisprudência.

Na verdade o argumento levantado aqui, em relação à quantidade da pena resultante da operação de diminuição de

2/3 é apenas para se demonstrar como o redutor derruba uma grave reprimenda aquilatada no caso concreto, nas fases anteriores da dosimetria, a patamares considerados adequados à repressão de condutas mais brandas.

Nessa linha, mesmo que não se autorizasse a conversão, por incompatibilidade com as circunstâncias o artigo 59 do CP, considerando-se também a aplicação da regra da progressão de regime, a diminuição máxima ainda tornaria a reprimenda efetiva incompatível com crime que é considerado hediondo, e que tenha sido valorado com acréscimos da pena base no caso concreto, o que se traduz também em ofensa à Constituição Federal. Esse é um dilema real na busca de uma resposta penal adequada ao crime de tráfico.

Portanto, aplicar os 2/3 nos leva, na prática, à impunidade do tráfico. Mesmo em se considerando as condutas de tráfico menos graves, em que aumentos nas três fases da dosimetria são indevidos, pois nesse caso, teríamos reprimenda compatível com crimes de menor potencial ofensivo.

Não se olvida que o legislador quis privilegiar a primariedade, (lato senso) isso sem dúvida. Porém, não a ponto de equiparar o tráfico de drogas a uma infração de menor potencial ofensivo, às quais a lei comina pena máxima de dois anos de reclusão, ainda que para o agente que pratica a conduta pela primeira vez, mesmo que sem vínculo com grupo criminoso organizado.

Desconsiderar absolutamente a gravidade da conduta em nome da primariedade, aniquilando uma grave pena, graduada para um crime equiparado a hediondo, pela redução de 2/3 é de fato praticar o excesso, em favor do réu, o que a lei não poderia fazer, nem pretendeu fazer, pois fixou um redutor variável – ainda que de tormentosa aplicação.

O princípio da *proibição do excesso*, que informa o legislador e o juiz, deve ser aplicado tanto em favor da sociedade, quanto em favor do réu.

> Este princípio, atrás considerado como um subprincípio densificador do Estado de direito democrático (cfr. supra, Parte IV, Cap. 1, A) significa, no âmbito específico das leis restritivas de direitos, liberdades e garantias, que qualquer limitação, feita por lei ou com base na lei, deve ser adequada (apropriada), necessária (exigível) e proporcional (com justa medida). (...)
>
> A Constituição, ao autorizar a lei a restringir direitos, liberdades e garantias, de forma a permitir ao legislador a realização de uma tarefa de concordância prática justificada pela defesa de outros bens ou direitos constitucionalmente protegidos, impõe uma clara vinculação ao exercício dos poderes discricionários do legislador. Em primeiro lugar, entre o fim da autorização constitucional para uma emanação de leis restritivas e o exercício do poder discricionário por parte do legislador ao realizar esse fim deve existir uma inequívoca conexão material de meios e fins. Em segundo lugar, no exercício do seu poder ou liberdade de conformação dos pressupostos das restrições de direitos, liberdades e garantias, o legislador está vinculado ao princípio material da proibição do excesso. (...)
>
> A liberdade de conformação do legislador exige das entidades judiciais de controlo uma relativa prudência quanto à aplicação do princípio da proibição do excesso, mas elas não poderão abdicar de dar uma específica aplicação a este princípio, sobretudo quando está em jogo a apreciação de medidas especialmente restritivas (ex.: do exercício dos direitos de expressão, reunião, manifestação, associação, petição colectiva e a capacidade eleitoral nos termos do art. 270.). O princípio da proporcionalidade terá ainda interesse para o eventual controlo preventivo da constitucionalidade da lei geral restritiva. A relevância prática do princípio da proibição do excesso pode ser ilustrada através de alguns casos decididos pelo TC (Ver Acs TC 4/84, 703/84, 23/84, 225/88, 282/86).[8]

---

8. CANOTILHO, José Joaquim Gomes. *Direito Constitucional*. Coimbra, 1973, Ed Almedina, p. 617/618.

Vê-se do exposto, que nada impede que a doutrina acima se aplique também em favor da sociedade, quando se afirma que as punições devem ser proporcionais e razoáveis.

Na verdade, o Estado é titular do direito de punir, limitado pela lei, porém esse direito se traduz também num dever, o dever de punir as condutas contrárias a ordem vigente. Não se olvida que o Estado Brasileiro se propôs a punir efetivamente o tráfico de drogas, já que consta da lei maior que *"XLIII – a lei considerará crimes inafiançáveis e insuscetíveis de graça ou anistia a prática da tortura, o tráfico ilícito de entorpecentes e drogas afins, o terrorismo e os definidos como crimes hediondos, por eles respondendo os mandantes, os executores e os que, podendo evitá-los, se omitirem."*

Há que se atentar também que o juiz não pode criar reprimenda onde não existe lei para punir, com base no excesso em favor do direito de liberdade, pois não é possível ao Judiciário criar preceito normativo, mas é função jurisdicional adequar uma reprimenda existente a limites proporcionais, com base na Constituição Federal.

Portanto, é dever constitucional do legislador punir adequadamente tais condutas. Nesse sentido, Manuel Pedro Pimentel, *verbis*:

> Estamos convencidos de que o Estado não é titular de um direito subjetivo de punir. Segundo se extrai dos ensinamentos de Santi Romano, o que existe realmente, é um poder dever de punir. O Estado tem o poder de punir, que é atributo de sua soberania, mas ao mesmo tempo, tem o dever de punir, imposto pela exigência de realização de uma das suas finalidades. Não há, portanto, o direito de punir (jus puniendi), mas um poder-dever de punir, que mais convém ao caráter público do Direito Penal. (...) [9]

---

9. PIMENTEL, Manoel Pedro. *Direito Penal Econômico*, 1973, RT, p.88.

É preciso realizar o intento da norma, que é efetivamente punir o delinquente, o que não ocorrerá se a pena fracassar em quaisquer de suas funções, repressivas, intimidatórias ou de reinserção social e prevenção, geral e especial: a resposta penal precisa ser adequada ao delito praticado.

Desbordaria os limites da discricionariedade do legislador abrandar de tal maneira o tratamento de um delito hediondo, assim considerado pela Constituição de modo que a pena restasse inócua para os fins a que se destina, assim como não poderia agravar de forma evidentemente excessiva a reprimenda de delito de gravidade notadamente inferior. O patamar, pelo exposto, também não pode ser o máximo.

Na verdade, a falta de técnica do legislador, ao prever diminuição em patamar elástico e sem critérios para o seu estabelecimento, não deve levar o julgador a resultado evidentemente desproporcional em face da conduta já dosada nas fases anteriores e do sistema repressivo como um todo. Portanto, uma interpretação conforme a Constituição Federal desse inquietante parágrafo 4º da lei 11.343/06, deve afastar a impossível graduação, evitando-se o *bis in idem*, e fixar o redutor em patamar fixo, sempre que presentes os requisitos cumulativos da causa de diminuição, sob pena de negar-se vigência ao dispositivo, que não é de ser declarado inconstitucional por esse defeito, mas interpretado conforme os princípios constitucionais. Há que se buscar uma interpretação conforme a Constituição, conjugando princípios e leis.

Segundo nos esclarece Paulo Bonavides[10], o princípio da interpretação conforme a Constituição:

> Em rigor não seria um princípio de interpretação da Constituição, mas de um princípio da lei ordinária de acordo com

---

10. BONAVIDES, Paulo. *Curso de Direito Constitucional.* 28ª edição. Malheiros, p.534.

a Constituição. Método especial de interpretação, floresceu basicamente durante os últimos tempos à sombra dos arestos da corte constitucional de Karlsruhe, na Alemanha, que o perfilhou decididamente, sem embargo das contradições de sua jurisprudência a respeito. A Verfassunsgsconforme Auslegung, consoante decorre de explicitação feita por aquele tribunal, significa na essência que nenhuma lei será declarada inconstitucional quando comportar interpretação "em harmonia com a Constituição" e, ao ser assim interpretada, conservar seu sentido e significado.

Uma norma pode admitir várias interpretações. Destas algumas conduzem ao reconhecimento da inconstitucionalidade, outras, porém consentem torná-la compatível com a Constituição. O intérprete, adotando o método ora proposto, há de inclinar-se por esta última saída ou via de solução. A norma, interpretada "conforme a Constituição", será portanto, considerada constitucional. Evita-se por esse caminho a anulação da lei em razão de normas dúbias nela contidas, desde naturalmente que haja a possibilidade de compatibilizá-las com a Constituição.

Interpretação conforme, nesse caso, só se realiza se o patamar for médio e fixo, médio para ser equânime, do ponto de vista de realizar devida redução, que se deve fazer para emprestar sentido à norma, mas afastando-se o indevido *bis in idem*, e do respeito à necessidade de punição compatível com a gravidade, hediondez, posta na Constituição como característica desse crime. A redução de pena lei, interpretada de outra forma, incidiria em inconstitucionalidade, visto o sistema, o conjunto dos princípios constitucionais que incidem na hipótese.

Nesse sentido, ainda com Paulo Bonavides[11]:

> A aplicação desse método parte, por conseguinte, da presunção de que toda lei é constitucional, adotando-se ao mesmo passo o princípio de que em caso de dúvida e lei

---

11. BONAVIDES, Paulo, ob cit, p. 534/535. Grifos nossos.

será interpretada "conforme a Constituição" <u>deriva outrossim do emprego de tal método a consideração de que não se deve interpretar isoladamente uma norma constitucional, uma vez que do conteúdo geral da Constituição procedem princípios elementares da ordem constitucional, bem como decisões fundamentais do constituinte, que não podem ficar ignorados, cumprindo levá-los na devida conta por ensejo da operação interpretativa, de modo a fazer a regra que se vai interpretar adequada e esses princípios e decisões.</u> **Daqui resulta que o intérprete não perderá de vista o fato de que a Constituição representa um todo ou uma unidade e, mais do que isso, um sistema de valor".**

A alocação do tráfico de drogas junto aos crimes do artigo 5º inciso XLIII[12], dentre aqueles inafiançáveis e insuscetíveis de graça ou anistia, como a prática da tortura, o terrorismo e os definidos como crimes hediondos, significa que o Estado Brasileiro se propõe a punir esses crimes com maior rigor em relação aos demais. Esse é um axioma contido no sistema constitucional, do qual não podemos fazer tábula rasa, ainda que discordemos dele. É um comando dirigido ao legislador e ao juiz, do qual não podem – ambos- se afastar no exercício de suas funções típicas.

Segundo ainda J. J. Gomes Canotilho, o princípio da interpretação conforme "é fundamentalmente um princípio de controlo (tem como função assegurar a constitucionalidade da interpretação) e ganha relevância autónoma quando a utilização dos vários elementos interpretativos não permite a obtenção de um sentido inequívoco dentre os vários significados da norma. Daí sua formulação básica: no caso de normas polissêmicas ou plurissignificativas deve dar-se preferência ao sentido em conformidade com a constituição. Essa formulação

---

12. Art. 5º, inciso XLIII, CF/88: *A lei considerará crimes inafiançáveis e insuscetíveis de graça ou anistia a prática da tortura, o tráfico ilícito de entorpecentes e drogas afins, o terrorismo e os definidos como crimes hediondos, por eles respondendo os mandantes, os executores e os que, podendo evitá-los, se omitirem.*

comporta várias dimensões: (1) o princípio da prevalência da Constituição impõe que, dentre as várias possibilidades de interpretação, só deve escolher-se uma interpretação não contrária ao texto e ao programa da norma ou normas constitucionais; (2) o princípio da conservação de normas afirma que uma norma não deve ser declarada inconstitucional quando, observados os fins da norma, ela pode ser interpretada em conformidade com a constituição; (3) o princípio da exclusão da interpretação conforme a Constituição, mas "contra legem" impõe que o aplicador de uma norma não pode contrariar a letra e o sentido dessa norma através de uma interpretação conforme a Constituição, mesmo através desta interpretação consiga uma concordância entre a norma infraconstitucional e as normas constitucionais". [13]

Prossegue o autor dizendo que interpretação conforme só será legítima quando houver espaço de decisão ou espaço de interpretação, o que se nos afigura ser o caso, em que é até mesmo demasiado o espaço de interpretação – aliás, isso é parte do nosso problema. Nesses caso a interpretação conforme deve ser *preferida* pelo julgador, segundo o autor.[14]

Acrescentamos, nesse ponto, que dadas as características dos princípios constitucionais que regem a seara penal, no caso, não se trata de preferência, mas de dever do juiz procurar a interpretação que não lhes fira.

Além disso, anota o renomado constitucionalista português que a interpretação conforme só será possível quando a interpretação a que se visa não for "contra legem', caso em que o juiz deverá declarar a inconstitucionalidade da lei, sendo impossível uma interpretação conforme. Além disso, aponta que deve ser afastada a interpretação conforme quando em

---

13. CANOTILHO, Joaquim José Gomes. *Direito Constitucional*. Coimbra, 1995, Ed. Almedina, p. 229/230.
14. Ob. cit., p. 230, destaquei.

lugar da lei posta pelo legislador, através dessa técnica se obtém outra norma nova e distinta em contradição com o sentido literal ou sentido claramente recognoscível da lei ou em manifesta dissintonia com os objetivos pretendidos pelo legislador.[15]

Ao que se vê, não é esse o caso. A interpretação conforme preserva o sentido de privilegiar o agente primário, de bons antecedentes, que não faz do crime sua atividade habitual, que não integra uma organização criminosa voltada ao tráfico, pois confere-lhe tratamento diverso, mais brando.

Mas nesse último tópico, é preciso um esclarecimento. O afastamento da possibilidade de graduação da causa de diminuição, dá-se justamente em respeito às regras legais de dosimetria, previstas no Código Penal *que se tornam incompatíveis com a nova regra trazida com a lei de drogas*. Não se pretende aqui legislar, criar norma jurídica, mas interpretar de forma a resolver um problema gerado pela impossibilidade de aplicação da lei como está sem ferir princípios e normas constitucionais.

Na verdade, é possível dizer que temos aqui um caso de aparente antinomia, que não se resolve pela técnica da especialidade: a norma que prevê o critério trifásico, ou as prescrições do artigo 59 e outras que tratam da dosimetria das penas no Código Penal não foram revogados pelo parágrafo quarto, nem expressa nem tacitamente, já que este se limitou a criar causa especial de diminuição de pena, com graduação entre 1/6 e 2/3, o que em tese preserva os demais critérios, sem revogá-los. Não indica qualquer parâmetro para essa graduação, se o fizesse poder-se-ia argumentar que em casos de tráfico, determinado critério, antes próprio de outra fase da dosimetria, teria passado a informar essa graduação, o que não ocorre.

Porém o conflito se dissolve se aplicada a técnica da interpretação conforme, procurando-se preservar a vigência de

---

15. Ob. cit., p. 230.

ambas as normas, sem ferir princípios. Não se está a criar nova norma, ao estatuir-se patamar fixo de diminuição, pois o percentual se contém na norma analisada, mas de preservar a regra de diminuição pretendida pelo legislador e aniquilada pela sua falta de apego à Constituição.

O patamar médio é aquele que não resvala ao excesso, por ser equidistante dos interesses em conflito e estar contido na previsão legislativa que se pretende aqui preservar.

Portanto, para evitar o *bis in idem*, evitando-se afastar a aplicação da norma por inconstitucionalidade, por ser essa solução mais gravosa ao réu, até mesmo que o *bis in idem* vedado; e não havendo outra que essa solução a não ser aquela que nos empurra à impunidade em termos constitucionais, concluo que a diminuição não deve ser móvel, graduável. Se devida, que seja aplicada em um patamar fixo e médio, sob pena de inconstitucionalidade.

Portanto, para atender, dentro da medida do possível a *mens legis*, é dizer, procurando situar o julgamento mais próximo da vontade do legislador, sem incidir em *bis in idem*, nem em excesso permissivo, impõe-se a média da diminuição pretendida pelo legislador. A média vem a ser 5/12 (fração média entre 1/6 e 2/3), fração de incomum aplicação na prática jurídica, porém, a expressão do caminho do meio, a viabilizar a aplicação da diminuição sem macular princípios.

A individualização da pena, por sua vez, terá sido garantida em todas as etapas da dosimetria, e inclusive nesta, quando se reconhece a incidência dos requisitos da diminuição sem valorar duas vezes nenhuma circunstância negativa.

Poder-se-á reconhecer a primariedade, bons antecedentes, a ausência de vínculo com organização criminosa e a cláusula genérica do "não se dedicar a atividades criminosas", que sob a ótica da presunção de inocência, contém as demais, como causa de diminuição de forma harmônica ao sistema penal constitucional, de modo a dar um tratamento adequado àquele que apenas tenha se iniciado na sina desse insidioso crime, sem dar azo à impunidade.

Por fim, sem pretender esgotar a discussão e sim fomentá-la, é que espero, otimista, que um dia o próprio legislador corrija esse equívoco, que torna tão tormentosa uma análise mais detida do tema.

Confesso alguma nostalgia dos tempos da lei 6.368/76, diploma que em clareza e simplicidade foi muito superior aos seus sucessores, e que contava ao tempo de sua revogação com jurisprudência sedimentada. Clareza e simplicidade, são atributos que permitem certa congruência e uniformidade na interpretação e trazem segurança jurídica à sociedade, aquela que tanto almejamos atingir e temos cada vez mais perdido de vista.

Espero ainda, ainda mais otimista, que um dia a política nacional antidrogas não se baseie só em proposições demagógicas, mas em efetivo trabalho de conscientização da população, em políticas de prevenção e recuperação. Em uma política que se realize para além da repressão, que tem se mostrado absolutamente ineficaz em sua proposta de reduzir o comércio da *mercadoria* ilícita, tão atrativa às castas mais economicamente bem providas, tanto quanto aos desprovidos da sorte, atirados ao crack.

É preciso, contudo, do ponto de vista da repressão, que o mero transportador, o mula, o aviãozinho seja visto em seu contexto social, evitando-se uma demonização moralista dessas pessoas, que não são as que obtêm o maior proveito com o crime, e por isso não devem ser equiparados aos donos da droga. Por outro lado, é preciso também que e o usuário, o consumidor, não seja infantilizado, vitimizado pela lei, pois está ciente da conduta que pratica, voluntariamente, ao menos até sucumbir ao vício, e sabe que financia e sustenta o tráfico e toda a violência a ele associada, para obter prazer e diversão. Mas esses são outros problemas.

Conclusão

Em brevíssima síntese do que foi exposto, o parágrafo 4º do artigo 33 da lei de drogas traz técnica de graduação de causa de diminuição que obriga o juiz, ao fundamentá-la, a realizar o *bis in idem* vedado pelos princípios da isonomia e reserva legal. A Constituição Federal equipara o tráfico de drogas aos crimes hediondos e a redução da pena ao final da dosimetria em seu patamar máximo (2/3), como forma de evitar o *bis in idem*, na prática nos leva a um resultado incompatível com o tratamento exigido para o crime pelo constituinte originário.

Para aplicar a redução, portanto, é necessário realizar a interpretação da lei conforme a Constituição Federal, situando o patamar de diminuição na média daquele previsto pelo legislador, sem o que incidiríamos, ou em inadmissível *bis in idem* vedado pela Constituição Federal como decorrência do princípio da reserva legal, ou em excesso permissivo, que aniquilaria a pretensão de punir o crime hediondo com o rigor exigido pela Constituição Federal.

A interpretação conforme a Constituição se mostra a melhor solução para a hipótese, na medida em que permite a preservação da validade e eficácia da norma, sem ferir a unidade do sistema constitucional.

BIBLIOGRAFIA

BONAVIDES, Paulo. *Curso de Direito Constitucional*. 28ª edição. Malheiros.

BRUNO, Aníbal. *Direito Penal*, 1978.

CANOTILHO, Joaquim José Gomes. *Direito Constitucional*, Coimbra, 1995, Ed. Almedina.

GRINOVER, Ada Pelegrini, FERNANDES, Antonio Scarance

e GOMES FILHO, Antonio de Magalhães. *As Nulidades do Processo Penal*. Malheiros. 2ª ed.

PIMENTEL, Manoel Pedro. *Direito Penal Econômico*, 1973, Ed. Revista dos Tribunais.

STRECK, Lênio. *O que é isso – decido conforme minha consciência?* Ed. Revista do advogado, 4ª ed, 2013.

TOLEDO, Francisco de Assis. Princípios Básicos do Direito Penal, 1994, Saraiva.

O CRIME DE IMPORTAÇÃO DE MEDICAMENTOS SEM REGISTRO NO ÓRGÃO NACIONAL DE VIGILÂNCIA SANITÁRIA COMPETENTE E O EXCESSO NO EXERCÍCIO DA DISCRICIONARIEDADE LEGISLATIVA

Louise V.L. Filgueiras Borer[1]

Resumo: O artigo discute a inconstitucionalidade da pena fixada para o crime de importação de medicamento não registrado no órgão sanitário competente sob a perspectiva dos limites da discricionariedade legislativa.

INTRODUÇÃO

A questão que aqui se põe tem gerado discussões e até alguma perplexidade no meio jurídico. Diz respeito à fixação de pena *mínima* de dez anos para o crime de importação de medicamento utilizado regularmente em outros países, mas

---

1. Juíza Federal.

que não possui registro na ANVISA. A conduta consta do rol dos parágrafos e incisos do crime do artigo 273 do Código Penal Brasileiro, (art. 273, 1º-B, I) que tipifica importantes condutas violadoras da saúde pública, como aquela de comercializar medicamentos falsificados, aplicando-lhes penas graves.

O presente artigo discute a discrepância dessa específica conduta da gravidade das demais e propõe a solução para a punibilidade tecnicamente adequada do crime, do ponto de vista da proporcionalidade-razoável que deve nortear a atividade legislativa. Acreditamos que a conduta possui gravidade penalmente relevante, mas requer tratamento diverso das condutas às quais o legislador a equiparou em termos de resposta penal.

Os motivos do legislador e as condutas previstas no artigo 273 do Código Penal: As condutas incriminadas via do artigo 273 do Código Penal, com as alterações promovidas pela lei 9.677/1998 são de fato gravíssimas. É o engodo que mata, um tipo de estelionato que atenta contra a saúde e a vida, na medida em que o agente obtém sua ilícita vantagem mediante a fraude consistente em adulterar produto medicinal, destinado a fins terapêuticos. O doente acredita que está se tratando e a doença progride. Pessoas perdem suas vidas pela ganância dos falsários. Não seria absurdo falar em homicídio por dolo eventual.

Muito se falou sobre a máfia dos remédios falsificados, nos idos de 1998, quando muitas denúncias surgiram. Confira-se a matéria publicada na revista Veja de 08/07/1998 sobre o tema, em http://veja.abril.com.br/080798/p_040.html, texto cujo excerto trago a título de esclarecimento do tema:

O paraíso dos remédios falsificados

Como opera a máfia que transformou o Brasil num dos campeões da fraude de medicamentos

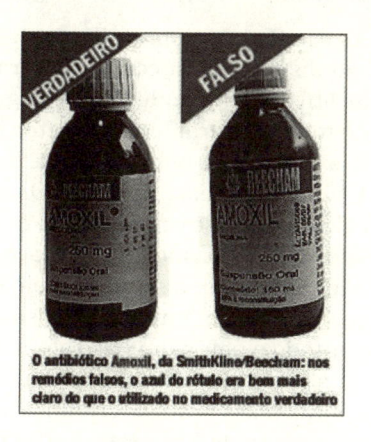

O antibiótico Amoxil, da SmithKline/Beecham: nos remédios falsos, o azul do rótulo era bem mais claro do que o utilizado no medicamento verdadeiro

É um dos piores crimes que se podem cometer. As vítimas são homens, mulheres e crianças doentes – presas fáceis, capturadas na esperança de recuperar a saúde perdida. A máfia dos medicamentos falsos é mais cruel do que as quadrilhas de narcotraficantes. Quando alguém decide cheirar cocaína, tem absoluta consciência do que coloca corpo adentro. Às vítimas dos que falsificam remédios não é dada oportunidade de escolha. Para o doente, o remédio é compulsório. Ou ele toma o que o médico lhe receitou ou passará a correr risco de piorar ou até morrer. Nunca como hoje os brasileiros entraram numa farmácia com tanta reserva. No passado, os falsificadores vendiam uísque feito com álcool e corante no Paraguai, empurravam relógios e canetas falsas por intermédio de camelôs, até roupas de grifes famosas eram cortadas em oficinas de fundo de quintal. Nos últimos anos, os falsificadores descobriram o filão muito mais lucrativo do medicamento. Começaram timidamente. Hoje, o Brasil é um dos campeões mundiais da falsificação de remédios. Vendem-se aqui até drogas falsas para câncer, doenças do coração e infecções graves, como a meningite. "Ninguém sabe os números exatos, mas o Brasil está entre os países mais atingidos por essa máfia dos remédios", diz o médico e professor da Universidade de São Paulo Antônio Carlos Zanini, consultor da Organização

Mundial de Saúde. Quem pode estar seguro numa situação como esta, em que comprimidos, pílulas, xaropes ou injeções podem ser feitos com água, sal e algum pó sem nenhuma utilidade? "Ninguém está seguro", afirma Zanini.

As estatísticas sobre o tamanho da indústria das fraudes são disparatadas, como em geral acontece nas avaliações de atividades clandestinas e ilegais. Zanini estima que 10% de todo o faturamento do setor farmacêutico no Brasil esteja indo para o bolso da máfia. Isso representaria algo como 1 bilhão de reais por ano. Os técnicos mais pessimistas calculam que se vendam vinte medicamentos falsos em cada lote de 100. Mesmo que a situação seja menos dramática – e não parece ser, a se julgar pelo número de casos que aparecem diariamente na televisão –, há vítimas espalhadas por todo o país e um risco efetivo para quem está em busca de alívio para um mal qualquer. "Temos de denunciar e apurar essas práticas criminosas", diz o biólogo Oscar Berro, diretor do Laboratório Nacional Noel Nutels, um dos mais respeitados na análise de drogas fraudadas.

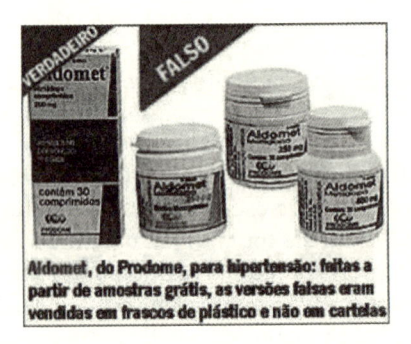

Aldomet, do Prodome, para hipertensão: feitas a partir de amostras grátis, as versões falsas eram vendidas em frascos de plástico e não em cartelas

(...) *Por Karina Pastore,* Revista Veja, 08/07/1998.

A reportagem é bem mais extensa que o excerto acima e vale a pena seguir o *link* para consultá-la em sua inteireza. Porém, importa aqui ressaltar que nesse contexto de inúmeras denúncias de fatos graves, que já vinham sendo expostos à época pela imprensa, o Congresso Nacional editou a lei 9.677 de 2 de julho de 1998 e agravou substancialmente a pena por este crime, incluindo a conduta dentre o rol dos Crimes Hediondos, assim como outros crimes contra a saúde pública.

A pena base do delito de alteração de substância medicinal ou destina das a fins terapêuticos, pela modificação da qualidade que reduzisse seu valor nutritivo ou terapêutico ou pela supressão de qualquer elemento de sua composição normal ou substituição por outro de qualidade inferior, situada no intervalo de 1 a 3 anos, e multa, saltou para 5 a 10 anos, e multa, acrescidas ao preceito ainda outras condutas típicas.

O *caput* do artigo 273 hoje em vigor discrimina as seguintes condutas: "Falsificar, corromper, adulterar ou alterar produto destinado a fins terapêuticos ou medicinais". Mas o preceito secundário ainda se aplica às seguintes condutas: importar, vender, expor à venda, ter em depósito para vender ou, de qualquer forma, distribuir ou entregar a consumo o produto falsificado, corrompido, adulterado ou alterado (parágrafo 1º). O parágrafo 1º 1-A do referido artigo ainda explicita que: *Incluem-se entre os produtos a que se refere este artigo os medicamentos, as matérias-primas, os insumos farmacêuticos, os cosméticos, os saneantes e os de uso em diagnóstico.*

Em seguida, dispõe o parágrafo 1º-B, que se sujeita às mesmas penas quem pratica as ações previstas no § 1º, importar, vender, expor à venda, ter em depósito para vender ou, de qualquer forma, distribuir ou entregar a consumo o produto sem registro, quando exigível, no órgão de vigilância sanitária competente; em desacordo com a fórmula constante do registro previsto no inciso anterior; sem as características de identidade e qualidade admitidas para a sua comercialização; com redução de seu valor terapêutico ou de sua atividade; de procedência ignorada ou adquiridos de estabelecimento sem licença da autoridade sanitária competente.

Ainda prevê a lei uma modalidade culposa para todas as condutas, cuja pena estabelece em 1 (um) a 3 (três) anos de detenção, e multa.

Feito esse introito, para que se entenda basicamente o problema, passo a tratar do tema aqui proposto, a conduta do artigo 273, 1º-A inciso I.

Pois bem. O tipo penal objeto de nossa análise não é a gravíssima conduta de comercializar de expor a venda de fornecer medicamento adulterado, modificado, falsificado. Queremos nos ater à conduta de importar, vender, expor à venda <u>medicamento verdadeiro</u>, existente no mercado de outros países, portanto em conformidade com a fórmula original, mas proibido em território nacional, por falta de registro na ANVISA, isto é, sem a chancela do órgão estatal competente no Brasil para o controle sanitário.

De forma consolidada para essa conduta, o tipo penal vem assim descrito:

> Art. 273 – Falsificar, corromper, adulterar ou alterar produto destinado a fins terapêuticos ou medicinais: (Redação dada pela Lei n. 9.677, de 2.7.1998).
>
> Pena – reclusão, de 10 (dez) a 15 (quinze) anos, e multa. (Redação dada pela Lei n. 9.677, de 2.7.1998).
>
> § 1º – Nas mesmas penas incorre quem importa, vende, expõe à venda, tem em depósito para vender ou, de qualquer forma, distribui ou entrega a consumo o produto falsificado, corrompido, adulterado ou alterado. (Redação dada pela Lei n. 9.677, de 2.7.1998).
>
> (...)
>
> § 1º-B – Está sujeito às penas deste artigo quem pratica as ações previstas no § 1º em relação a produtos em qualquer das seguintes condições: (Incluído pela Lei n. 9.677, de 2.7.1998).
>
> I – sem registro, quando exigível, no órgão de vigilância sanitária competente; (Incluído pela Lei n. 9.677, de 2.7.1998).

Como sabemos a pena mínima cominada ao crime do artigo 273, parágrafo 1º-B, I, é de 10 anos de reclusão, podendo chegar a 15 anos de reclusão (pena máxima).

Portanto, aquele que importa medicamento verdadeiro, de uso comum em outros países, mas que aqui não obteve o registro da ANVISA autorizando a comercialização em território nacional, seja por razões afetas à burocracia ou à discricionariedade do órgão, é punido da mesma forma que aquele que engana o consumidor fornecendo medicamento falso, capaz de levar à morte.

A punição assume contornos de reforço à política sanitária, já que há controvérsias sobre os efetivos riscos à saúde desses medicamentos comercializados no exterior.

De fato, certos fármacos são proibidos em um país e liberados em outros. Por exemplo: nos EUA a FDA não permite, a venda de Dipirona, proibição que é oriunda da constatação de que esse medicamento pode causar um a doença chamada Agranulocitose, caracterizada pela redução da quantidade de glóbulos brancos no sangue.

No Brasil a Dipirona é comercializada em farmácias, sem restrições. Muitos analgésicos no Brasil são feitos a base de Dipirona e não há qualquer proibição, a despeito de haver críticas veementes quanto a essa livre comercialização.

Não se discute que a falta de registro no órgão sanitário de um medicamento, ainda que *verdadeiro*, aquele que realmente contém o princípio ativo especificado em sua formulação e que pode ser prescrito por profissionais de saúde fora do Brasil, é ato ilícito, pois o registro é um ato de controle interno importante para o resguardo da saúde pública da população brasileira.

A conduta é reprovável por retirar a comercialização do fármaco da esfera de controle da União Federal e assim expor a perigo abstrato a saúde pública. Mas é conduta de gravidade infinitamente menor que a de fornecer placebos a casos de enfermidades diagnosticadas, ou substâncias tóxicas ao invés de medicamentos.

Sobre o processo de aprovação de um medicamento novo da ANVISA, vale consultar o site da Agência, e se constatará que pode ser demorado e o resultado, sujeito a certo subjetivismo dos técnicos encarregados de analisar e interpretar os dados das pesquisas científicas realizadas sobre o assunto. A título ilustrativo, para melhor compreensão do afirmado acima, trago excertos de artigos publicados no site oficial da ANVISA:

> A utilização off-label de um medicamento aprovado não difere substancialmente da utilização de um medicamento existente, comercializado no exterior mas não aprovado no Brasil, por divergência de entendimento dos técnicos da ANVISA ou por demora pura e simples no processo de aprovação, que pode ser ocasionada por diversos motivos.

Com efeito, o processo de aprovação de um medicamento considerado novo, sem registro no país, deve cumprir diversas etapas, e como a própria ANVISA declara:

> A avaliação de um dossiê de registro costuma ser dividida em três partes: análise farmacotécnica, análise de eficácia, e análise de segurança. A análise farmacotécnica inclui a verificação de todas as etapas da fabricação do medicamento desde aquisição dos materiais, produção, controle de qualidade, liberação, estocagem, expedição de produtos terminados e os controles relacionados. Essa análise é feita por técnicos da própria Anvisa, em geral farmacêuticos, sendo rara a solicitação de pareceres a consultores ad hoc.
>
> O mesmo não ocorre quanto às avaliações de eficácia e segurança, feitas por meio da análise de estudos pré-clínicos (ou não-clínicos) e clínicos, estes subdivididos em fases I, II, III e, eventualmente, IV, nos casos de medicamentos já registrados em outros países para os quais dados de farmacovigilância pós-mercado já são disponíveis.
>
> Por razões históricas que precedem a criação da Anvisa, tais avaliações sempre dependeram de consultores externos, em geral organizados em câmaras técnicas. O papel de técnicos da Anvisa nessas avaliações sempre foi, e ainda é, limitado, e esta Agência continua a depender de ajuda externa, muito embora desde meados de 2003 a forma de encaminhamento dos pedidos de pareceres e de tomada de

decisão tenha sofrido modificações.

Análise farmacotécnica

Pode ser dividida em duas etapas, a primeira delas consistindo em se conferir se toda a documentação exigida para o registro consta no processo. A segunda etapa é a análise propriamente dita do dossiê de registro, que é composto:

a) Por uma parte documental, composta por: formulários de petição de registro, comprovante de recolhimento da taxa de fiscalização, Licença de Funcionamento da empresa, Certificado de Responsabilidade Técnica, notificação da produção de lotes-piloto (para produtos nacionais), Certificado de Boas Práticas de Fabricação e Controle (BPFC) emitido pela Anvisa.

b) Pelo Relatório Técnico, que deve conter todas as informações referentes aos estudos clínicos e a parte farmacotécnica. É na análise farmacotécnica que são avaliadas a bula (quanto à sua estrutura), a estabilidade do produto, as informações técnicas do(s) princípio(s) ativo(s), a farmacodinâmica, a farmacocinética, toda a produção do medicamento e todo o controle de qualidade do produto.

Análise de eficácia e segurança

As avaliações de eficácia e segurança foram, durante vários anos, feitas por câmaras técnicas constituídas por um número variável de especialistas, em geral médicos e professores universitários de reconhecida experiência em diversas áreas da Medicina, que se reuniam periodicamente para discutir os processos de registro de novos medicamentos, assim como de inclusões e alterações pós-registro.

[...]

As avaliações de eficácia e segurança de medicamentos novos passaram a ser encaminhadas quase que exclusivamente a consultores ad hoc, seja de forma direta ou por meio de associações médicas, as quais selecionam entre seus afiliados profissionais que possuam conhecimento e experiência no assunto e que não tenham conflitos de interesse para emitir pareceres sobre os produtos. Avaliações de pedidos de registro de medicamentos novos são encaminhadas para dois consultores, enquanto que, em geral, um único consultor é acionado para avaliação de inclusões e alterações pós-registro.

Essa forma de encaminhamento tem, de fato, se mostrado mais ágil que a anterior. É importante lembrar que se requer agilidade da Anvisa por ela ter prazo, definido legalmente (Decreto n. 79.094, de 5 de janeiro de 1977, que regulamenta a Lei n. 6.360, de 23 de setembro de 1976), para emissão de seus pareceres. O desafio é ter agilidade mantendo a qualidade da análise.

A experiência de avaliação por consultores ad hoc tem mostrado que os pareceres são, com algumas exceções, bastante detalhados, e deixam claros os porquês das recomendações dadas. Como isso muitas vezes não ocorria quando a avaliação era feita pela CATEME, a transparência dos critérios adotados para as tomadas de decisão tem sido muito maior com o modelo atual.

Padronização de critérios, consistência e transparência

A padronização de critérios utilizados para tomadas de decisão tem sido útil para evitar a inconsistência de decisões em casos análogos. A sua divulgação por meio do site da Anvisa tem também contribuído para aumentar a transparência dos processos de análise. Um bom exemplo, nesse sentido, foi a divulgação do texto "Esclarecimento sobre a posição da Anvisa quanto ao registro de medicamentos antineoplásicos novos", que deixa clara a posição da Agência quanto aos critérios que adota para avaliar o registro de tais medicamentos no Brasil e fornece os argumentos que subsidiam tal posicionamento. Outro exemplo a ser apontado é o do "Posicionamento da Anvisa quanto ao registro de medicamentos novos considerados como me-toos", que também tem se mostrado útil tanto para esclarecimento do setor regulado como para orientação de consultores *ad hoc*.

Independência da Anvisa em relação a seus consultores

A GEPEC não é no momento auto-suficiente para avaliar a eficácia e segurança dos medicamentos novos a ela submetidos para registro. O papel hoje desempenhado pelos consultores ad hoc é imprescindível. Não obstante esse fato, é importante que a deliberação quanto à concessão ou não de um registro seja feita pela Agência, que tem essa responsabilidade, e que esta mantenha sua independência em relação aos seus consultores.

A GEPEC tem avaliado os pareceres de seus consultores e, muito embora frequentemente os tenha acatado, isso nem sempre acontece, em parte porque pareceres de dois consultores diferentes sobre um mesmo produto nem sempre são concordantes e, em casos mais raros, por discordar do(s) parecer(es). Quando a Agência tem parecer diverso do de seus consultores, a divergência fica documentada no processo. Respaldando ou não as recomendações de seus consultores, a Anvisa explicita em seus pareceres os motivos das tomadas de decisão, contribuindo, pois, para a transparência do processo.[2] [...]

Como se vê, além do complexo processo de aprovação, pode haver divergências técnicas sobre os riscos de determinados medicamentos, pois a aprovação pela ANVISA vai depender de pareceres técnicos e de consultores *ad hoc*, que naturalmente emitem opiniões decorrentes de suas interpretações de dados científicos. Na forma do exposto acima, as conclusões podem contrariar tanto as análises dos técnicos *ad hoc* contratados pela própria ANVISA quanto os pareceres de agências estrangeiras, já que a função da GEPEC pressupõe a sua autonomia para isso. Pensamos até que não poderia ser diferente, pois a medicina e a biologia não são ciências exatas, comportam interpretações divergentes que geram diferentes opiniões sobre os mesmos fatos.

Nesse diapasão, observe-se o que a ANVISA tem declarado sobre o uso de medicamentos para especificações *off label*, conduta de certa forma similar ao uso de medicamento não aprovado pela ausência de autorização governamental para o uso específico: o uso *off label*, ou seja, para fins diversos daqueles para os quais o medicamento é aprovado, é situação que a própria ANVISA admite, e não entende incorreta. Confira-se:

> Uma vez comercializado o medicamento, enquanto as novas indicações não são aprovadas, seja porque as evidências para tal ainda não estão completas, ou porque a agência

---

2.Disponível em: http://www.anvisa.gov.br/medicamentos/registro/registro_novos.htm.

> reguladora ainda as está avaliando, é possível que um médico já queira prescrever o medicamento para um seu paciente que tenha uma delas. Podem também ocorrer situações de um médico querer tratar pacientes que tenham uma certa condição que, por analogia com outra semelhante, ou por base fisiopatológica, ele acredite possam vir a se beneficiar de um determinado medicamento não aprovado para ela.
>
> (...)
>
> O que é uso *off label* hoje pode vir a ser uso aprovado amanhã, mas nem sempre isso ocorrerá. O que é *off label* hoje, no Brasil, pode já ser uso aprovado em outro país. Não necessariamente o medicamento virá a ser aprovado aqui, embora frequentemente isso vá ocorrer, já que os critérios de aprovação estão cada vez mais harmonizados internacionalmente.
>
> A aprovação no Brasil, porém, pode demorar, por vários motivos, entre os quais o de que o pedido de registro pode ser feito muito mais tarde aqui do que em outros países. Também pode ocorrer que o medicamento receba aprovação acelerada em outro país, baseada na apresentação de estudos preliminares ou incompletos, o que, via de regra, não é aceito pela Anvisa. Por fim, um uso autorizado no Brasil pode ser uso *off label* em outros países.
>
> A classificação de uma indicação como *off label* pode, pois, variar temporalmente e de lugar para lugar. O uso *off label* é, por definição, não autorizado por uma agência reguladora, mas isso não implica que seja incorreto.[3]

Portanto, a presunção de perigo à saúde decorrente de submeter um paciente a tratamento com medicamento aprovado no exterior, mas não aprovado no Brasil, é infinitamente menor que o de submeter esse mesmo paciente ao tratamento com um remédio falsificado, seja placebo, seja tóxico.

Não se compara a gravidade da conduta. A pena não pode ser a mesma.Contudo, a sanção cominada à conduta deste

---

3. Disponível em: http://www.anvisa.gov.br/medicamentos/registro/registro_offlabel.htm.

inciso I é a mesma. É dizer: trata-se de sanção evidentemente desproporcional, seja em relação à conduta do *caput*, de falsificar adulterar ou corromper medicamento, seja em relação a outras condutas tipificadas e sancionadas pelo Direto Penal, como o tráfico de drogas ilícitas, homicídio, estupro, roubo qualificado pela lesão grave e extorsão mediante sequestro.

Salta aos olhos, a ponto de causar uma certa indignação, tanto ao técnico quanto ao leigo, o excesso cometido pelo legislador ao cominar 10 anos de pena mínima para essa conduta, pelo extremo e desproporcional, rigor punitivo.

Como se extrai do voto do E. Desembargador Federal Márcio Moraes em sede de arguição de inconstitucionalidade:

> Assim, por qualquer ângulo que se visualize a matéria, não há fugir à conclusão de que, **em determinados casos**, de menor gravidade, a pena mínima contida no preceito secundário do artigo 273 do CP é assaz aberrante e adversa ao texto constitucional, posto que desproporcional ao delito cometido. A propósito, merece lida a ensinança de Guilherme de Souza Nucci (*in Código Penal Comentado*, 11ª ed., Ed. RT, p. 1.063):
>
> *Pena desproporcional: noticiou-se uma onda de eventos, trazendo à tona alguns problemas relativos à falsificação e adulteração de remédios, em particular, no contexto das pílulas anticoncepcionais. Por conta disso, em função da explosiva carga da mídia, o Legislativo, mais uma vez, editou lei penal, alterando o tipo penal do art. 273, bem como sua faixa de penas.* **Para um delito de perigo abstrato, criou-se a impressionante cominação de 10 a 15 anos de reclusão, algo equivalente a um homicídio qualificado. Há condutas tipificáveis nesse artigo, que são nitidamente pobres em ofensividade, razão pela qual jamais poderiam atingir tais reprimendas.**
>
> *O outro oposto seria considerar bagatela a falsificação, corrupção, adulteração ou alteração de remédios e similares, bem como outras condutas previstas nos §§ do art. 273. Exagero, por certo. Há relevância jurídica em punir tais atitudes, mas o ponto fulcral é a absurda penalidade inventada pelo legislador, sem qualquer critério* (...).

É o que parece, de resto, suceder na presente espécie.

É certo que o judiciário não deve se imiscuir na função legislativa, o que seria afronta ao princípio da tripartição dos poderes. Cabe-lhe interpretar a norma jurídica e aplicá-la no caso concreto.

Porém, cabe-lhe a interpretação harmônica do sistema e a interpretação de princípios, e inclui-se nessa função, que lhe foi conferida pela própria Constituição democraticamente promulgada, está a de controlar a constitucionalidade das normas jurídicas. É dever do juiz, portanto, afastar a aplicação dos preceitos que se encontrem em confronto com as normas e princípios constitucionais, isto é, que não encontram fundamento de validade na Lei Maior.

O princípio da proibição do excesso, da proporcionalidade razoável está implícito em nossa Constituição e rege a atividade discricionária, quer do administrador público, quer do legislador positivo. Decorre do princípio do devido processo legal em seu aspecto material e na seara penal, também do princípio da individualização da pena, expressos na Constituição.

Significa que no exercício de sua discricionariedade regrada o poder público, por meio de seus agentes não está autorizado pela Constituição Federal, a agir com excesso ao restringir direitos individuais em prol do interesse público, além do suficiente e necessário para a defesa dos interesses públicos. O excesso torna ilegal a atividade administrativa, ainda que a pretexto do exercício do poder discricionário. Da mesma maneira torna inconstitucional a atividade legislativa, pois evidencia o desbordar dos limites da discricionariedade conferida a esses agentes pela lei e pela Constituição.

Segundo Gilmar Mendes, "(...) a doutrina constitucional mais moderna enfatiza que, em se tratando de imposição de restrições a determinados direitos, deve-se indagar não apenas sobre a admissibilidade constitucional da restrição eventualmente fixada (reserva legal), mas também sobre a compatibilidade das restrições estabelecidas com o *princípio da proporcionalidade*". E prossegue o autor citando Schlink e Pieroth: "Essa orientação, que permitiu converter o princípio da reserva legal (*Gesetzesvorbehalt*) no *princípio da reserva legal proporcional* (*Vorbehalt dês verhältnismässigen Gesetzes*), pressupõe não só a legitimidade dos meios utilizados e dos fins perseguidos pelo legislador, mas também a *adequação* desses meios para consecução dos objetivos pretendidos (*Geeignetheit*) e a *necessidade* de sua utilização (*Notwendigkeit oder Erforderlichkeit*) (...)".[4]

Sobre o princípio da proibição do excesso, e a necessidade de controle judicial da discricionariedade legislativa, já discorreu o renomado José Joaquim Gomes Canotilho, (1995, p. 617/618). A doutrina, elaborada com base na análise da Constituição Portuguesa, é planamente aplicável ao nosso ordenamento jurídico, que consagra, da mesma forma, o princípio da proporcionalidade, como vimos. Confira-se:

> 2.5. O princípio da proibição do excesso (art. 18, o/2)
>
> Este princípio, atrás considerado como um subprincípio densificador do Estado de direito democrático (cfr. supra, Parte IV, Cap. 1, A). Significa, no âmbito específico das leis restritivas de direitos, liberdades e garantias, que qualquer limitação, feita por lei ou com base na lei, deve ser adequada (apropriada), necessária (exigível) e proporcional (com justa medida). A exigência da adequação aponta para a necessidade de a medida restritiva ser apropriada para a prossecução dos fins invocados pela lei (conformidade com os fins). A exigência da necessidade pretende evitar a adopção de medidas restritivas de direitos, liberdades e garantias

---

4. PIEROTH/SCHLINK, *Grundrechte – Staatsrecht II*, Heidelberg, 1998, p. 63, 66, apud MENDES, Gilmar. O princípio da proporcionalidade na jurisprudência do Supremo Tribunal Federal: novas leituras, 2001, *Revista Diálogo Jurídico*, Ano I – Vol. I – N. 5 – agosto de 2001 – Salvador – Bahia – Brasil, disponível em: http://www.direitopublico.com.br/pdf_5/DIALOGO-JURIDICO-05-AGOSTO-2001-GILMAR-MENDES.pdf, consultada em 19/06/2013.

que, embora adequadas, não são necessárias para se obterem os fins de protecção visados pela Constituição ou a lei. Uma medida será então exigível ou necessária quando não for possível escolher outro meio igualmente eficaz, mas menos, relativamente aos direitos restringidos. O princípio da proporcionalidade em sentido restrito (= princípio da) significa que uma lei restritiva, mesmo adequada e necessária, pode ser inconstitucional, quando adopte cargas coactivas de direitos, liberdades e garantias, ou em relação aos resultados obtidos.

O princípio da proibição do excesso (ou da proporcionalidade em sentido amplo), consagrado na parte final do art. 18.o/2, constitui um limite constitucional à liberdade de conformação do legislador. A Constituição, ao autorizar a lei a restringir direitos, liberdades e garantias, de forma a permitir ao legislador a realização de uma tarefa de concordância prática justificada pela defesa de outros bens ou direitos constitucionalmente protegidos, impõe uma clara vinculação ao exercício dos poderes discricionários do legislador. Em primeiro lugar, entre o fim da autorização constitucional para uma emanação de leis restritivas e o exercício do poder discricionário por parte do legislador ao realizar esse fim deve existir uma inequívoca conexão material de meios e fins. Em segundo lugar, no exercício do seu poder ou liberdade de conformação dos pressupostos das restrições de direitos, liberdades e garantias, o legislador está vinculado ao princípio material da proibição do excesso.

(...)

A liberdade de conformação do legislador exige das entidades judiciais de controlo uma relativa prudência quanto à aplicação do princípio da proibição do excesso, mas elas não poderão abdicar de dar uma específica aplicação a este princípio, sobretudo quando está em jogo a apreciação de medidas especialmente restritivas (ex.: do exercício dos direitos de expressão, reunião, manifestação, associação, petição colectiva e a capacidade eleitoral nos termos do art. 270.). O princípio da proporcionalidade terá ainda interesse para o eventual controlo preventivo da constitucionalidade da lei geral restritiva.

A tese obteve reflexo no seguinte julgado do Supremo Tribunal Federal, em matéria diversa. Reconheceu o plenário do STF a possibilidade de declaração de inconstitucionalidade por excesso legislativo. Nos termos do que importa aqui trazer da ementa:

> Princípio da razoabilidade. Restrição legislativa. A aprovação de norma municipal que estabelece a composição da Câmara de Vereadores sem observância da relação cogente de proporção com a respectiva população configura excesso do poder de legislar, não encontrando eco no sistema constitucional vigente. (RE 197917/SP – São Paulo, Relator Min. Maurício Corrêa, Julgamento: 06/06/2002, Tribunal Pleno, publicação DJ 07-05-2004).

Não se olvida que, recentemente, o Egrégio Tribunal Regional Federal da 3ª Região, por maioria, declarou a constitucionalidade de referida norma, com argumentos contrários a essa tese. Assim restou redigida a ementa do julgamento:[5]

> **DIREITO PENAL. ARTIGO 273, § 1º-B, DO CÓDIGO PENAL. PENA PRIVATIVA DE LIBERDADE COMINADA EM ABSTRATO (PRECEITO SECUNDÁRIO DA NORMA). INCIDENTE DE ARGUIÇÃO DE INCONSTITUCIONALIDADE. OFENSA À PROPORCIONALIDADE E À RAZOABILIDADE. INEXISTÊNCIA. ARGUIÇÃO DE INCONSTITUCIONALIDADE REJEITADA.**
>
> – Incidente de Arguição de Inconstitucionalidade criminal suscitado pela Quinta Turma deste Tribunal em sede de apelação criminal (proc. n. 0000793 60.2009.4.03.6124/SP), versando sobre a desarmonia do preceito secundário do art. 273, § 1º-B, do Código Penal com a Constituição Federal, por ausência de proporcionalidade e razoabilidade.
>
> – Inexistente o aventado vício de inconstitucionalidade da pena fixada em abstrato pela norma secundária do art. 273, § 1º-B, do Estatuto Repressivo, pois o seu rigor decorre da própria natureza do bem jurídico tutelado, qual seja, a

---

5. Arguição de inconstitucionalidade criminal n. 0000793-60.2009.4.03.6124/SP, Relator Desembargador Federal Márcio Moraes, data do julgamento, 14/08/2013, data de publicação 26/08/2013.

saúde pública, e da elevada potencialidade lesiva da conduta tipificada, devidamente sopesadas pelo legislador.

– Inadmissível a aplicação analógica de penas previstas para outros delitos, preconizada em razão das pretensas desproporcionalidade e ausência de razoabilidade, eis que atentatória aos princípios da separação dos poderes e da reserva legal, não cabendo ao julgador, no exercício da sua função jurisdicional, realizar o prévio juízo de proporcionalidade entre a pena abstratamente imposta no preceito secundário da norma com o bem jurídico valorado pelo legislador e alçado à condição de elemento do tipo penal, por se tratar de função típica do Poder Legislativo e opção política, não sujeita, portanto, ao controle judicial. Precedente do Tribunal Regional Federal da 2ª Região sobre a mesma questão (ARGINC n. 47 – processo 201051014901540, Rel. Des. Federal Guilherme Couto de Castro, Plenário, j. 22.08.2011, E-DJF2R 08.09.2011).

– O próprio Supremo Tribunal Federal, em mais de uma oportunidade, já reconheceu a impossibilidade de o Poder Judiciário, na ausência de lacuna da lei, se arrogar função legiferante e criar por via oblíqua, ao argumento da inadequação da sanção penal estabelecida pelo Legislativo, uma terceira norma, invadindo a esfera de atribuições do Poder competente (v.g., HC n. 109676/RJ, Rel. Min. Luiz Fux, 1ª Turma, DJe 14.08.2013; RE n. 443388/SP, Relª. Minª. Ellen Gracie, 2ª Turma, DJe 11.09.2009). Precedentes, na mesma linha, do E. STJ.

– Habeas corpus a ser concedido de ofício que não se conhece, por se tratar de medida de competência da Turma julgadora da apelação criminal que deu origem ao incidente, eis que cabe àquele Órgão fracionário conhecer das questões de fato relativas ao caso concreto.

– Arguição de Inconstitucionalidade rejeitada. Habeas Corpus ex officio não conhecido.

É bastante relevante colocar luzes sobre a controvérsia enfrentada pelo E. Tribunal Regional Federal da 3ª Região, estampadas no voto vencido do E. Relator, Des Federal Márcio Moraes, e no voto condutor seu voto condutor, a Desembargadora Federal Relatora para o acórdão, Dra. Diva Malerbi, pois disso resulta uma compreensão mais ampla sobre os argumentos a favor e contrários à tese que se pretende aqui demonstrar. Vejamos o quanto declinado no voto vencedor:

> Com efeito, o bem jurídico tutelado pela norma penal de que aqui se trata, a saber, a saúde pública, é de suma importância, não se podendo sob qualquer pretexto descurar das desastrosas consequências em regra advindas da sua violação.
>
> Sendo o direito à vida saudável um bem difuso, a todos comum, o delito que o ofende é classificado como formal e de perigo abstrato, presumido, donde o caráter marcadamente preventivo da norma penal incriminadora, destinada a dissuadir e coibir a prática dos comportamentos ofensivos, diante do seu alto potencial de dano para a coletividade.
>
> Não por outra razão, considerando sua expressiva reprovabilidade, houve por bem o legislador qualificar o crime como hediondo (art. 1º, VII-B, da Lei n. 8.072/1990) e impor-lhe a severa reprimenda aqui questionada, consoante, aliás, já foi reconhecido em precedentes das Turmas desta Corte, v.g., ACR n. 2009.61.16.001346-3, que, a propósito, trago à colação:
>
> **PENAL E PROCESSO PENAL. ART. 273, §1º-B, I, DO CÓDIGO PENAL. IMPORTAÇÃO DE MEDICAMENTO SEM REGISTRO NO ÓRGÃO DE VIGILÂNCIA SANITÁRIA COMPETENTE. PROCEDÊNCIA ESTRANGEIRA DO MEDICAMENTO E PARTICIPAÇÃO DO RÉU EM SUA INTERNAÇÃO EM TERRITÓRIO NACIONAL COMPROVADAS. CONSTITUCIONALIDADE DO PRECEITO SECUNDÁRIO DA NORMA.**
>
> 1. Denúncia que narra a prática dos crimes definidos no art. 33, c/c o art. 40, I, ambos da Lei n. 11.343/2006, e do art. 273, §1º-B, I, do Código Penal.
>
> (...)
>
> 4. Não merece prevalecer a alegação de ser desproporcional a pena abstratamente imposta ao crime do art. 273 do Código Penal, sendo inconstitucional o preceito secundário dessa norma.
>
> 5. A elevada nocividade da conduta se infere da própria elementar do tipo, consistente na "falta de registro no órgão

de vigilância sanitária competente", fato que revela se tratarem de medicamentos que não têm sua segurança reconhecida pela agência federal de controle sanitário, de forma que seus efeitos podem acarretar sério risco a saúde da população e à própria vida daqueles que o consumirem, daí a opção do legislador pelo especial rigor na repressão e no apenamento do delito, bem como sua classificação no rol de crimes hediondos (art. 1º, VII,-B da Lei n. 8.072/90).

6. Não há nisso qualquer exagero por parte do legislador. Quem adquire substância entorpecente o faz sabendo de sua natureza, de seus malefícios e de seu caráter ilícito, e mesmo assim já se considera o seu tráfico ilícito um crime hediondo. Assim, com mais forte razão merece intenso repúdio e severa repressão a conduta de importar ou comercializar medicamento irregular, porque quem o consome não necessariamente tem conhecimento dessa ilicitude e certamente pensa que o faz em benefício de sua saúde, normalmente deixando de se submeter ao tratamento adequado, arriscando-se inconscientemente tanto pelos efeitos nocivos da substância como pela falta de outra recomendada por seu médico e autorizada pela agência federal.

7. Por tal razão, não caberia ao julgador, como pressuposto do exercício de sua função jurisdicional, realizar o prévio juízo de proporcionalidade entre a pena abstratamente imposta no preceito secundário da norma com o bem jurídico valorado pelo legislador e alçado à condição de tipo na norma penal, função esta típica do poder legislativo e opção política não sujeita ao controle judicial.

9. Apelação a que se nega provimento, para manter a condenação do réu pela prática do delito previsto no art. 273, §1º-B, I, do CP em 10 (dez) anos e 6 (seis) meses de reclusão, em regime inicial fechado, e ao pagamento de 30 (trinta) dias-multa, cada um fixado no valor unitário mínimo.

(ACR n. 2009.61.16.001346-3/SP, Rel. Des. Federal Henrique Herkenhoff, 2ª Turma, j. 26.10.2010, DE 19.11.2010).

Não há que se falar, assim, em vício de inconstitucionalidade, por desproporcionalidade ou falta de razoabilidade, da pena fixada em abstrato pelo preceito secundário do art. 273, § 1º-B, do Estatuto Repressivo, pois o seu rigor decorre da própria natureza do bem jurídico protegido e da elevada potencialidade lesiva da conduta tipificada, devidamente sopesadas pelo legislador.

De outra parte, tenho por inadmissível a aplicação analógica de penas previstas para outros delitos, que se quer preconizar em razão das pretensas desproporcionalidade e ausência de razoabilidade, eis que atentatória aos princípios da separação dos poderes e da reserva legal.

Entendo, nessa seara, que não cabe ao julgador, como pressuposto do exercício da sua função jurisdicional, realizar o prévio juízo de proporcionalidade entre a pena abstratamente imposta no preceito secundário da norma com o bem jurídico valorado pelo legislador e alçado à condição de elemento do tipo penal, por se tratar de função típica do Poder Legislativo e opção política, não sujeita, portanto, ao controle judicial.

Nesse sentido, já decidiu o E. Tribunal Regional Federal da 2ª Região, também em sede de arguição de inconstitucionalidade, ao examinar a questão ora em debate, consoante acórdão assim ementado:

ARGUIÇÃO DE INCONSTITUCIONALIDADE. ART. 273 DO CÓDIGO PENAL. PROPORCIONALIDADE DA PENA. REJEIÇÃO. NULLUN CRIME, NULA POENA SINE PRAEVIA LEGE.

Não se pode inquinar de inconstitucional a sanção prevista para o crime de falsificação, corrupção, adulteração ou alteração de produto destinado a fins medicinais ou terapêuticos, apenas por se reputá-la desproporcional comparativamente a crimes considerados mais graves. Pretender aplicar analogicamente a pena de crime diverso (tráfico de drogas, art. 33 da Lei n. 11.343/2006) atenta contra o artigo 5º, XXXIX, da Lei Maior. A fixação em abstrato da pena correspondente é opção legislativa infensa à invasão judicial (questão política). Arguição de inconstitucionalidade rejeitada."

(ARGINC n. 47 – processo 201051014901540 -, Rel. Des. Federal Guilherme Couto de Castro, Plenário, j. 22.08.2011, E-DJF2R 08.09.2011).

Colho do voto condutor do aresto acima citado os seguintes fundamentos, aqui adotados como razões de decidir:

(...)

A mera comparação de penas e de crimes, de acordo com o critério subjetivo de cada julgador sobre qual deles seria o mais grave, ou importaria lesão mais severa ao bem jurídico, para daí considerar inconstitucional a sanção, levaria ao completo caos. Tal ponderação é atribuição legislativa, que, de acordo com as circunstâncias da época e os critérios de mérito legislativo (questão política infensa à invasão judicial), considera certa conduta penalmente mais relevante do que outra, e fixa a pena correspondente. O exame da excepcional inconstitucionalidade das normas não pode se basear na simples comparação de delitos diversos, que tutelam bens jurídicos igualmente diversos, ainda que a pretexto de proporcionalidade Ademais, o principal, no caso dos autos, é que nunca, jamais e em tempo algum a conclusão de inconstitucionalidade (se existisse) poderia servir a permitir ao Poder Judiciário, no intuito de interpretação e aplicação concreta das normas, a tarefa de substituir o legislador, aplicando penalidades por analogia. Se a pena fosse de todo inconstitucional, o próprio tipo cairia, pois *nullun crime, nula poena sine praevia lege*.

Mesmo que abstraído esse insuperável argumento técnico, soa destoante pretender aplicar penas diversas daquelas previstas expressamente em lei, toda vez que o magistrado se deparar com algo que considere desproporcional ou excessivo. Somente inconsistências graves, verificadas na comparação de delitos verdadeiramente assemelhados, poderiam levar a tal extremo, e com a necessária aplicação de institutos correlatos, mas não a inconstitucionalidade da pena, pois não se autoriza aplicar outra pena por analogia. Já não seria a analogia a bem da parte, pois se a pena existente é inconstitucional, aplicar outra é piorar a situação da parte, já que não haveria pena válida, no mundo jurídico.*

(...)

A adoção de pena aplicada para crime diverso, ademais, levaria à inevitável dúvida de qual crime escolher para tanto, e se o crime de tráfico de drogas seria mesmo o mais apropriado. Poder-se-ia, por exemplo, pretender aplicar a pena de outros delitos previstos no mesmo capítulo dos crimes contra a saúde pública (...), como o de falsificação de produtos alimentícios (art. 272), com pena de 4 a 8 anos de reclusão e multa. E tal escolha, evidentemente, será sempre subjetiva e discricionária, e aí sim haveria grave ofensa à Lei Maior, pois não pode haver crime sem clara definição de sua pena (artigo 5º, XXXIX, da Lei Maior). Pior, definir o Judiciário a pena abstrata agride a lógica, pois sua função é, ponderando todos os elementos, definir a pena concreta.

A opção do legislador, portanto, ainda que por motivos e em circunstâncias quiçá reprováveis sob o ponto de vista da boa prática legislativa (...), foi pela punição mais severa do crime de falsificação de produtos com fins terapêuticos ou medicinais. Talvez o tenha feito em atenção, (...), à potencial vítima que procura o medicamento para obter cura ou tratamento, que mereceria, ao ver do legislador, proteção mais contundente que o potencial usuário de drogas. Basta considerar, por exemplo, o risco potencial oriundo da venda de fármaco adulterado ou não fiscalizado, a um número indeterminado de pessoas, danificando-lhes severamente a saúde e comprometendo a confiabilidade dos médicos, da indústria farmacêutica e do sistema de saúde como um todo. O legislador, evidentemente, considerou mais reprovável tal conduta do que outras, e apenas isso não é motivo para inquinar de inconstitucional a pena aplicada.

(...)

Quem quiser solução alternativa, ainda que convencido da desproporcionalidade da pena, deve buscá-la em outros subsídios, tal como a admissão de que as circunstâncias atenuantes, excepcionalmente, possam abaixar a pena para aquém do mínimo legal, ao contrário do esposado na súmula n. 231 do STJ. Ou tal como a tese de ser possível a aplicação, por analogia, de causa de diminuição da pena base, prevista para outro tipo.

(...)"

O próprio Supremo Tribunal Federal, em mais de uma oportunidade, também já reconheceu a impossibilidade de o Poder Judiciário, na ausência de lacuna da lei, se arrogar função legiferante e criar por via oblíqua, ao argumento da inadequação da sanção penal estabelecida pelo Legislativo, uma terceira norma, invadindo a esfera de atribuições do Poder competente.

Confira-se, a esse respeito:

HABEAS CORPUS. PENAL. PROCESSUAL PENAL. DIREITO CONSTITUCIONAL. CRIME DE INJÚRIA QUALIFICADA. ALEGAÇÃO DE INCONSTITUCIONALIDADE DA PENA PREVISTA NO TIPO, POR OFENSA

AO PRINCIPIO DA PROPORCIONALIDADE, E PRETENSÃO DE VER ESTABELECIDO PELO SUPREMO TRIBUNAL FEDERAL NOVO PARÂMETRO PARA A SANÇÃO. CRIAÇÃO DE TERCEIRA LEI. IMPOSSIBILIDADE. SUPOSTA ATIPICIDADE DA CONDUTA E PLEITO DE DESCLASSIFICAÇÃO DO DELITO PARA INJÚRIA SIMPLES. REVOLVIMENTO DE MATÉRIA FÁTICO-PROBATÓRIA NA VIA DO WRIT. IMPOSSIBILIDADE. HABEAS CORPUS DENEGADO.

1. A Lei n. 9.459/97 acrescentou o § 3º ao artigo 140 do Código Penal, dispondo sobre o tipo qualificado de injúria, que tem como escopo a proteção do indivíduo contra a exposição a ofensas ou humilhações, pois não seria possível acolher a liberdade que fira direito alheio, mormente a honra subjetiva. 2. O legislador ordinário atentou para a necessidade de assegurar a prevalência dos princípios da igualdade, da inviolabilidade da honra e da imagem das pessoas para, considerados os limites da liberdade de expressão, coibir qualquer manifestação preconceituosa e discriminatória que atinja valores da sociedade brasileira, como o da harmonia inter-racial, com repúdio ao discurso de ódio. 3. O writ veicula a arguição de inconstitucionalidade do § 3º do artigo 140 do Código Penal, que disciplina o crime de injúria qualificada, sob o argumento de que a sanção penal nele prevista – pena de um a três anos de reclusão – afronta o princípio da proporcionalidade, assentando-se a sugestão de ser estabelecida para o tipo sanção penal não superior a um ano de reclusão, considerando-se a distinção entre injúria qualificada e a prática de racismo a que se refere o artigo 5º, inciso XLII, da Constituição Federal. 3.1 – O impetrante alega inconstitucional a criminalização da conduta, porém sem demonstrar a inadequação ou a excessiva proibição do direito de liberdade de expressão e manifestação de pensamento em face da garantia de proteção à honra e de repulsa à prática de atos discriminatórios.

4. **A pretensão de ser alterada por meio de provimento desta Corte a sanção penal prevista em lei para o tipo de injúria qualificada implicaria a formação de uma terceira lei, o que, via de regra, é vedado ao Judiciário.** Precedentes: REn. 196.590/AL, relator Ministro Moreira Alves, DJ de 14.11.96; ADI 1822/DF, relator Ministro Moreira

Alves, DJ de 10.12.99; AI (Agr) 360.461/MG, relator Ministro Celso de Mello, DJe de 06.12.2005; RE (Agr) 493.234/RS, relator Ricardo Lewandowski, julgado em 27 de novembro de 2007. (...) 7. Ordem de habeas corpus denegada." (destaque nosso) (HC n. 109676/RJ, Rel. Min. Luiz Fux, 1ª Turma, j. 11.06.2013, DJe 14.08.2013).

DIREITO PENAL. RECURSO EXTRAORDINÁRIO. ALEGAÇÃO DE INCONSTITUCIONALIDADE. ART. 180, § 1º, CP. PRINCÍPIOS DA PROPORCIONALIDADE E DA INDIVIDUALIZAÇÃO DA PENA. DOLO DIRETO E EVENTUAL. MÉTODOS E CRITÉRIOS DE INTERPRETAÇÃO. CONSTITUCIONALIDADE DA NORMA PENAL. IMPROVIMENTO. 1. A questão de direito de que trata o recurso extraordinário diz respeito à alegada inconstitucionalidade do art. 180, § 1º, do Código Penal, relativamente ao seu preceito secundário (pena de reclusão de 3 a 8 anos), por suposta violação aos princípios constitucionais da proporcionalidade e da individualização da pena. 2. Trata-se de aparente contradição que é resolvida pelos critérios e métodos de interpretação jurídica. 3. Não há dúvida acerca do objetivo da criação da figura típica da receptação qualificada que, inclusive, é crime próprio relacionado à pessoa do comerciante ou do industrial. A ideia é exatamente a de apenar mais severamente aquele que, em razão do exercício de sua atividade comercial ou industrial, pratica alguma das condutas descritas no referido § 1º, valendo-se de sua maior facilidade para tanto devido à infra-estrutura que lhe favorece. 4. A lei expressamente pretendeu também punir o agente que, ao praticar qualquer uma das ações típicas contempladas no § 1º, do art. 180, agiu com dolo eventual, mas tal medida não exclui, por óbvio, as hipóteses em que o agente agiu com dolo direto (e não apenas eventual). Trata-se de crime de receptação qualificada pela condição do agente que, por sua atividade profissional, deve ser mais severamente punido com base na maior reprovabilidade de sua conduta. 5. Não há proibição de, com base nos critérios e métodos interpretativos, ser alcançada a conclusão acerca da presença do elemento subjetivo representado pelo dolo direto no tipo do § 1º, do art. 180, do Código Penal, não havendo violação ao princípio da reserva absoluta de lei com a conclusão acima referida. 6. Inocorrência de violação aos princípios constitucionais da proporcionalidade e da individualização da pena. Cuida-se de opção político-legislativa na apenação com maior severidade aos sujeitos ativos das condutas elencadas na norma penal incriminadora e, consequentemente, falece competência ao Poder Judiciário interferir nas escolhas feitas pelo Poder Legislativo na edição da referida norma. 7. Recurso extraordinário improvido.

(RE n. 443388/SP, Relª. Minª. Ellen Gracie, 2ª Turma, j. 18.08.2009, DJe 11.09.2009).

Ressalto, ainda, a existência de julgados do E. Superior Tribunal de Justiça em que sufragado, com relação à utilização da analogia para aplicação de penas de outros crimes, o mesmo entendimento aqui perfilhado, conforme se constata das ementas ora transcritas:

PENAL. IMPORTAÇÃO ILEGAL DE MEDICAMENTOS. ART. 273, § 1º-B, INCISOS I, V E VI, DO CÓDIGO PENAL. SENTENÇA CONDENATÓRIA QUE APLICOU AO RÉU A PENA PREVISTA NO CRIME DE CONTRABANDO. PRINCÍPIO DA PROPORCIONALIDADE. CORTE REGIONAL QUE IMPÔS A REPRIMENDA DO TRÁFICO DE ENTORPECENTES. IMPOSSIBILIDADE.

1. Não é dado ao juiz, em razão do princípio da proporcionalidade, aplicar ao réu condenado a determinado tipo penal sanção diversa daquela legalmente prevista (preceito secundário da norma).

2. In casu, a aplicação, pelo Juiz sentenciante, da reprimenda prevista para o delito de contrabando (art. 334, caput, do CP) ao réu condenado pelo crime tipificado art. 273, § 1º- B, incs. I, V e VI, do CP) foi incorreta, do mesmo modo a aplicação da pena do tráfico de drogas realizado pelo Tribunal a quo.

(...)

5. Recurso especial do Parquet a que se nega provimento e o da Defesa provido para restabelecer a sentença condenatória.

(REsp n. 10508890/PR, Rel. Min. Jorge Mussi, 5ª Turma, j. 13.12.2011, DJe 02.02.2012).

HABEAS CORPUS. PACIENTES DENUNCIADOS POR IMPORTAÇÃO E VENDA DE PRODUTO FARMACÊUTICO ADULTERADO, SEM REGISTRO NO ÓRGÃO DE

VIGILÂNCIA COMPETENTE (ART. 273, §§ 1º E §1º-B DO CPB). PEDIDO DE INCONSTITUCIONALIDADE DO TIPO PENAL. INCOMPATIBILIDADE DO INCIDENTE PREVISTO NO ART. 97 DA CF (RESERVA DE PLENÁRIO) COM O RITO CÉLERE DO WRIT. PRETENSÃO DE RECONHECIMENTO DE FLAGRANTE PREPARADO. INADMISSIBILIDADE, NA VIA ELEITA, DE INCURSÃO PROFUNDA NO CONJUNTO PROBATÓRIO. ACÓRDÃO DEVIDAMENTE MOTIVADO. TIPO QUE PREVÊ DIVERSOS NÚCLEOS PARA A CONSUMAÇÃO DO DELITO (IMPORTAR, VENDER, EXPOR À VENDA, TER EM DEPÓSITO PARA VENDA, DISTRIBUIR OU ENTREGAR O PARA CONSUMO O PRODUTO ADULTERADO). NÃO INCIDÊNCIA, NA ESPÉCIE, DO PRINCÍPIO DA INSIGNIFICÂNCIA. ALTO GRAU DE REPROVABILIDADE DO COMPORTAMENTO CRIMINOSO E EXPRESSIVIDADE DA LESÃO JURÍDICA CAUSADA À COMUNIDADE. ANALOGIA. NÃO CABE AO JULGADOR APLICAR UMA NORMA, POR SEMELHANÇA, EM SUBSTITUIÇÃO A OUTRA JÁ EXISTENTE. PARECER DO MPF PELA DENEGAÇÃO DA ORDEM. HABEAS CORPUS PARCIALMENTE CONHECIDO E, NA EXTENSÃO, ORDEM DENEGADA.

1. Dentro do sistema difuso, se deduzida a pretensão de inconstitucionalidade de forma principal – isto é, sendo o pedido feito pela parte, para que o Juiz declare a inconstitucionalidade, no caso concreto, de uma determinada lei, deixando, conseguintemente, de aplicá-la, prevê o art. 97 da Constituição Federal a chamada cláusula de reserva de plenário.

(...)

5. Não cabe ao Julgador aplicar uma norma, por semelhança, em substituição a outra já existente, como se dá na espécie, simplesmente por entender que o legislador deveria tê-la tipificado de forma diversa; não pode a analogia ser utilizada para criar pena que o sistema não haja determinado. Estar-se-ia ferindo o princípio da reserva legal, aplicável também aos preceitos secundários das normas definidoras de condutas puníveis.

6. Parecer do MPF pela denegação da ordem.

7. Habeas Corpus parcialmente conhecido e, na extensão, ordem denegada.
(HC n. 93870/RJ, Rel. Min. Napoleão Nunes Maia Filho, 5ª Turma, j. 29.10.2009, DJe 23.11.2009).

Dos excertos do voto acima transcritos, percebem-se dois argumentos importantes, em contrário à tese aqui defendida: a gravidade do delito contra a saúde pública que tornaria razoável a pena mínima imposta ao delito e a deferência diante da opção política do legislador, (*self-restraint*) em função do princípio da tripartição dos poderes.

Em relação a isso, há que se tecer alguns argumentos, com a máxima vênia.

Primeiramente, quanto à gravidade da conduta de importar, expor à venda ou vender medicamento *irregular*, não há controvérsia. A conduta é grave- tanto assim que se a criminaliza, não há que se falar em aplicação do princípio da insignificância. Porém, não é isso que se discute, mas sim a proporção entre gravidade e pena, de equidade em relação a outras condutas mais graves, de justiça, em última análise.

Não se olvida que as mesmas condutas, praticadas em relação a medicamentos *falsificados* é gravíssima, e estamos de pleno acordo em reputá-las até mesmo mais graves que o tráfico de drogas, como em muitos julgados se aponta. De fato, o consumidor de drogas está ciente dos riscos de sua conduta, o de remédios falsificados não está.

Mas não se trata aqui de medicamentos falsos, essa é a diferença que se aponta e que para os que se filiam a tese prevalecente neste julgado parece ser uma diferença de pouca relevância. Reputamos, contudo, essa circunstância reveladora de uma gravidade infinitamente menor que a de vender, importar, etc... *remédios falsos*, placebos, venenos disfarçados.

Trata-se aqui de conduta que visa a contornar proibições comerciais ou ultrapassar óbices burocráticos, não visa a causar dano a saúde, e ainda que o controle estatal fundamente suas proibições nessa razão. De fato, é possível que dessa importação e/ou venda de medicamentos resulte danos à saúde pública, mas o perigo é muito menor, em se tratando de medicamentos verdadeiros. O perigo abstrato resulta da burla ao controle sanitário brasileiro, considerando-se, em última análise, que o órgão nacional competente pode ser, em tese, mais rigoroso no controle de medicamentos que aqueles semelhantes órgãos de outros países, que liberaram a comercialização do fármaco em seus territórios.

Desse perigo apenas abstrato e de certa forma remoto, de dano à saúde, vem, ao nosso ver, a evidente desproporção entre a gravidade dessa conduta em face das demais tipificadas no artigo 273, sobre as quais, anote-se, não há qualquer polêmica.

Quanto ao argumento de indevida interferência em decisão política do legislador, não colhe, em nosso entender melhor sorte, nessa hipótese.

Conforme a análise de lição de Mauro Capeletti[6] da tripartição dos poderes e do sistema de freios e contrapesos:

> (...) é difícil imaginar que algum sistema eficaz de controles e contrapesos possa hoje ser criado sem o crescimento e fragmentação do poder judiciário como acima se falou.
>
> Desejo insistir nessa última assertiva, porque entendo tratar-se de ponto de vital importância para a própria sobrevivência para a própria sobrevivência da liberdade nas sociedades modernas. Em realidade, estou profundamente convicto de que não existe qualquer probabilidade de tal sobrevivência, a menos que se assegure e mantenha um sistema equilibrado de controles recíprocos. Como escreveu com penetrante perspicácia Alessandro Pekelis,[7] uma ativi-

---

6. CAPPELLETTI, Mauro. *Juízes Legisladores*, Ed. Sergio Antonio Fabris Editor, Porto Alegre, 1993, reimpressão 1999, trad. Prof. Carlos Alberto Álvaro de Oliveira, p. 53.

7. PEKELIS, Alessandro. *Law and Social Action, Selected Essays of Alexan-*

dade legislativa ou administrativa eficaz de modo algum é incompatível com o controlo judiciário da própria atividade, (...) antes a coexistência equilibrada de tal atividade e de seu controle representa a essência mesma do regime constitucional.

Ademais disso, a constitucionalização dos direitos, que ganhou impulso no mundo principalmente após a II Guerra Mundial,[8] trouxe ao Judiciário a tarefa de interpretar e aplicar princípios e conceitos indeterminados que implica em um inarredável papel de interferência em na esfera da tradicional discricionariedade política. Como aponta Luís Roberto Barroso:[9] *"A Constituição faz a interface entre o universo político e jurídico, portanto sua interpretação terá sempre alguma dimensão política"*.

E vai mais longe a análise de Zafaroni:[10]

> **Não se concebe um ramo do governo que não seja político, justamente porque seja governo.** O sistema de *checks and*

---

der Pekelis, *The case for a Jurisprudence of Welfare*, Ed. MR Konvitz, Ithaca and New York, Cornell University Press, 1950 (republicação, New York, da capo press, 1970), p. 13, apud CAPPELLETTI, Mauro, ob cit, p. 53.

8. TAVARES, André Ramos. *Paradigmas do Judicialismo Constitucional*, São Paulo, Saraiva, 2012, p. 65. Confira-se: "Realmente não se pode olvidar que o aparecimento e o florescimento da Justiça Constitucional acabam ocorrendo como uma alternativa ao modelo legalista, que entra em crise no início do Séc. XX, e como uma resposta aos abusos ocorridos especialmente após a II Grande Guerra Mundial (...) Nesse sentido, a consagração de direitos fundamentais pelas constituições passou a representar um espaço inacessível aos Parlamentos, porque as diversas declarações que foram sendo incorporadas a um patrimônio cultural da humanidade (na perspectiva ocidental) procuravam assegurar determinados direitos do indivíduo contra eventuais práticas espúrias do legislador (direitos públicos subjetivos como regras negativas de competência do Estado) (...).

9. BARROSO, Luis Roberto. *Judicialização, Ativismo e Legitimidade Democrática*, disponível em: http://www.oab.org.br/editora/revista/users/revista/1235066670174218181901.pdf, página consultada em 31/10/2013.

10. ZAFFARONI, Eugênio Raúl. *Poder Judiciário, Crise, Acertos e Desacertos*, Ed. Revista dos Tribunais, p. 93.

balances entre os poderes – ou funções, se se preferir – nada mais é do que uma distribuição do poder político. Cada sentença é um serviço que se presta aos cidadãos, mas também é um ato de poder e, portanto, um ato de governo, que cumpre a importante função de prover a paz interior mediante a decisão judicial dos conflitos. A participação judicial no governo não é um acidente, mas é da essência da função judiciária: falar de um poder do Estado que não seja político é um contra-senso. Por conseguinte, não seria possível "despolitizar" o judiciário no sentido amplo da função essencialmente política que ele cumpre.

Nessa esteira, percebe-se que algum sentido político sempre haverá na decisão do juiz constitucional. A assepsia pretendida entre os poderes não é viável, nem desejável em nosso sistema constitucional. Não é viável pois a Constituição prevê a interferência entre os poderes como pressuposto do sistema de freios e contrapesos. Não é desejável, pois esse sistema existe e foi idealizado para permitir um equilíbrio dinâmico entre os poderes. De outra parte, não se pode afirmar, nem mesmo historicamente que o sistema de tripartição de poderes tenha sido concebido com divisões estanques entre a funções do Estado.

Nesse sentido, tomo de empréstimo a análise de Luiz Manuel Fonseca Pires:[11]

> A teoria da separação dos poderes ao longo dos séculos nunca se apresentou, tanto em sua proposição filosófica quanto em sua positivação jurídica, com um caráter absoluto. Aristóteles apenas identifico as diferentes funções do Estado – deliberativa executiva e judicial – sem sugeria e sua distribuição a distintos e independentes órgãos, tal como no século II propôs Políbio, com o chamado "governo misto" e Cícero, ainda um século adiante, ao defender a combinação da monarquia, aristocracia e democracia. Se foi John

---

11. PIRES, Luiz Manuel Fonseca. *Controle Judicial da Atividade Administrativa*, Ed. Elsevier, 2009, p. 289/290.

Locke, em 1690, como segundo tratado sobre o governo civil, que formulou a outorga das diversas funções a órgãos distintos, o Legislativo, como vimos com Leonardo Paixão, deveria ter uma convocação temporária e periódica, e mesmo o mais famigerado de todos esses pensadores quanto à divisão das funções, Montesquieu, a função jurisdicional deveria ser exercida por apenas certo período do ano por um tribunal formado por pessoas do povo, o que em nada se aproxima do que se elaborou nos estados Unidos da América com a atribuição à suprema corte, e não à câmara alta do legislativo, da solução de conflitos entre os Poderes e ainda com a possibilidade de controle das leis. Em suma a divisão das funções e a distribuição destas aos diferentes poderes nunca foi absoluta e estanque, e mesmo ao se partir da realidade positiva de nosso sistema jurídico, a independência entre os poderes reclama, em igual passo, a harmonia entre si (art. 2º da Constituição Federal) o que caracteriza, nos moldes delineados pela ordem constitucional, a realização do sistema de freios e contrapesos – isto é e em análise do presente tema, a indiscutível possibilidade, o dever, de o Judiciário intervir para recompor a ordem jurídica toda vez que esta for violada por ação ou omissão do Executivo.

O citado autor trata, em valiosa obra, do controle judicial da atividade administrativa, razão pela qual conclui seu texto a legitimar a intervenção em determinadas políticas do Executivo, o que não é o objeto do presente trabalho. Porém, nesse tópico em que trata do sistema de tripartição de poderes, seu discurso em tudo se aplica à questão da discricionariedade da função Legislativa.

Com efeito, na medida em que a Constituição Federal outorga ao Judiciário o papel de seu guardião, o controle jurisdicional da atividade legislativa, passa ser mais que uma prerrogativa, torna-se um dever constitucional da magistratura, atividade, função, inerente ao seu papel constitucional.

Esse poder de corrigir a atuação dos demais poderes também emana do povo, assim como o poder de legislar emana da vontade popular que elegeu democraticamente representantes para a elaboração da constituinte que resultou na Constituição de 1988.

Nas palavras de Aires Brito:[12]

> ... uma coisa é governar (o que o Judiciário não pode fazer). Outra coisa é impedir o desgoverno (que o judiciário pode e tem que fazer). É como falar: o judiciário não tem do governo a função, mas tem do governo a força. A força de impedir o desgoverno, que será tanto pior quanto resultante do desrespeito à Constituição.

Portanto, em relação à argumentação trazida no julgado do TRF 2ª Região, adotado como razão de decidir pelo TRF 3ª Região, há que se fazer também algumas ressalvas, relativas ao tema aqui proposto, especialmente no que se refere ao argumento de invasão da esfera de atuação legislativa.

Além disso, ao contrário do que se aponta naquela decisão, não se trata de inquinar de inconstitucionalidade o crime de falsificar medicamento. A questão debatida é a de importação de medicamento verdadeiro, fórmula que contém o princípio ativo do medicamento em questão.

Já quanto à solução prática da incriminação da conduta, após a declaração da inconstitucionalidade da norma, estamos particularmente de acordo que a analogia ao crime de tráfico de drogas não é a solução mais adequada, ainda que haja vozes abalizadíssimas nesse sentido, como por exemplo, a de Guilherme Souza Nucci e nesse julgamento específico, a do E. Relator, Desembargador Federal Márcio Moraes.

A solução me parece de proporcional justiça, e vem tecida com respeitáveis argumentos, os quais não deixarei de expor

---

12. BRITO, Carlos Ayres, *O humanismo como categoria constitucional*, apud PIRES, Luiz Manuel Fonseca, ob. cit, p. 291.

aqui, mas, em meu entender, não contém a melhor técnica. É sem dúvida um caminho mais equitativo a seguir que o adotado pelo legislador, mas entendo que a solução de melhor técnica seria outra, como discorrerei adiante, não sem antes declinar os fundamentos do voto vencido no citado julgamento, com os quais me alinho, salvo em relação à analogia pretendida.

O E. Desembargador Relator Márcio Moraes julgava aduzindo a seguinte:

> A origem da Lei n. 9.677/98, que alterou o art. 273 do Código Penal, é, reconhecidamente, conturbada, resultando de intensa pressão midiática sobre os legisladores quanto à edição de norma aparentemente capaz de conferir uma resposta rápida e rígida aos criminosos que falsificavam medicamentos.
>
> É, antes de tudo, fruto da adoção, entre nós, de uma política criminal extremamente punitivista, no âmbito da qual se enxerga o direito penal como meio simplista de controle das mais variadas formas de criminalidade, convergindo para a edição de leis modificativas que ora fomentam as penas, ora limitam benefícios aos acusados, sem maiores preocupações com os cânones constitucionais, e com as relevantes questões sociais e políticas que germinam a violência em nosso País, de molde a fascinar uma expressiva camada da população atribulada com o recrudescimento da violência.
>
> Ao tempo da edição da sobredita Lei, grassava na sociedade intensa quantidade de medicamentos falsificados – notícias da época, mencionadas por Antonio Lopes Monteiro na obra "Crimes Hediondos" (7ª. ed., SP, Ed. Saraiva, 2000), davam conta da descoberta de 138 pretensos fármacos nessa situação – vale dizer, desprovidos do princípio ativo da droga original, do que, inclusive, decorreram óbitos. Cite-se, à guisa de ilustração, a falsificação ocorrida no medicamento Androcur, propenso ao tratamento de câncer de próstata, de contornos desastrosos, considerando que a maioria dos usuários do pretenso medicamento era formada por pessoas idosas, algumas das quais chegaram a falecer à míngua do princípio ativo do remédio.
>
> Nesse cenário é que o legislador, à vista do clamor popular, intensificado na mídia em forma de espetáculo, editou tanto

a Lei n. 9.677/98, que alterou o tipo previsto no artigo 273 do diploma substantivo penal, como a Lei n. 9.695/98, categorizando como hediondo tal delito.

A propósito, merece lida a doutrina de Guilherme de Souza Nucci:

> "Para um delito de perigo abstrato, criou-se a impressionante cominação de 10 a 15 anos de reclusão, algo equivalente a um homicídio qualificado. Há condutas tipificáveis nesse artigo, que são nitidamente pobres em ofensividade, razão pela qual jamais poderiam atingir tais reprimendas. (...) Há relevância jurídica em punir tais atitudes, mas o ponto fulcral é a absurda penalidade inventada pelo legislador sem qualquer critério. Diante disso, em homenagem ao princípio da proporcionalidade, muitos julgados têm optado por soluções alternativas: alguns absolvem, alegando falta de provas (quando elas, na verdade, estão presentes); outros preferem usar a analogia *in bonam partem*, aplicando a pena do tráfico de drogas – o que me parece a mais sensata; terceiros, ainda, simplesmente, ignoram a pena e punem tal como prevê a lei (...)".
>
> ("Código Penal Comentado", Guilherme de Souza Nucci, 11ª ed., SP, Ed. RT, 2012).

À sua vez, leciona Miguel Reale Junior:

> "A aberrante desproporção entre a gravidade do fato de vender remédio, cosmético ou saneante sem registro e a gravidade da sanção cominada impõe que se reconheça como inafastável a inconstitucionalidade da norma penal do art. 273, § 1º-B, do CP, introduzido pela Lei n. 9.677/98 e do art. 1º da Lei n. 9.695/98, em virtude de lesão a valores e princípios fundamentais da Constituição".
>
> ("A Inconstitucionalidade da Lei dos Remédios", Miguel Reale Junior, RT 763/415 in "Código Penal Comentado", Celso Delmanto, 8ª ed., Ed. Saraiva, 2010).

Em seguida, traça importante panorama jurisprudencial da questão, de relevante transcrição para o âmbito desse trabalho:

O E. Tribunal Regional Federal da 2ª Região, apreciando a Arguição de Inconstitucionalidade n. 0490154-78.2010.4.02.5101 (julgada em 22/08/2011), posicionou-se pela constitucionalidade da sanção prevista para o crime do artigo 273 do Código Penal, argumentando, em síntese, que a aplicação analógica da pena de crime diverso atentaria contra o princípio da legalidade penal, insculpido no inciso XXXIX do artigo 5º da CF/88, bem assim que não cabe ao Judiciário, e sim ao Legislativo, fixar a pena em abstrato para determinado tipo. Entendimento parecido tem o E. Tribunal Regional Federal da 5ª Região, conforme podemos aquilatar no julgamento, realizado em 30/04/2013, da Apelação Criminal n. 2005.81.00.018293-4 – Rel. Desembargadora Federal Joana Carolina Lins Pereira, daquela Corte Regional.

De seu turno, o E. Tribunal Regional Federal da 4ª Região firmou posicionamento no sentido de que, apesar de não haver inconstitucionalidade nas penas do artigo 273 do Código Penal, as mesmas mostram-se desproporcionais, devendo, assim, serem substituídas por aquelas previstas para o crime de tráfico de entorpecentes, com fundamento, essencialmente, na aplicação da analogia *in bonam partem* (cf., nesse sentido, AC n. 0006405-68.2008.404.7002, Rel. Des. Fed. Álvaro Eduardo Junqueira, j. 02/04/2013). Cuida-se, aliás, de entendimento já adotado no âmbito do c. Superior Tribunal de Justiça, segundo o qual a pena prevista para o aludido dispositivo mostra-se excessiva, desproporcional, tocando ao Judiciário promover o ajuste da norma, conforme princípios constitucionais (v. REsp n. 915442/SC, Rel. Ministra Maria Thereza de Assis Moura, j. 14/12/2010, DJe. 01/02/2011 e, no mesmo sentido, HC n. 265912, Rel. Ministro Marco Aurélio Bellizze, j. 08/03/2013, DJe 12/03/2013).

No âmbito das Cortes Estaduais de Justiça, a questão também é tormentosa. O E. Tribunal de Justiça do Estado de São Paulo, no julgamento do Incidente de Inconstitucionalidade n. 9301787-57.2008.8.26.0000, de relatoria do E. Desembargador Walter de Almeida Guilherme, realizado em 27/05/2009, entendeu que o dispositivo em comento não ofendeu a Constituição Federal, à míngua de malferimento ao princípio da proporcionalidade. Da mesma forma e, pelo mesmo fundamento, pronunciou-se o E. Tribunal de Justiça do Estado do Rio de Janeiro, nos autos da Arguição de

Inconstitucionalidade n. 0057406-57.2012.8.19.0000, julgada em 04/03/2013.

Outra solução, porém, foi dada pelo E. Tribunal de Justiça do Estado de Minas Gerais, que na Arguição de Inconstitucionalidade n. 0845009-23.2006.8.13.0480, declarou inconstitucional tanto o artigo 273 como o artigo 272 do Código Penal, na redação dada pela Lei n. 9.677/98, por ofensa ao princípio constitucional da individualização da pena. Já no âmbito do E. Tribunal de Justiça do Estado do Rio Grande do Sul existem julgados em sentidos diversos.

Alguns, embora não declarem a inconstitucionalidade do preceito em comento, aplicam, conforme o caso concreto, as penas cominadas na Lei de Drogas (Apelação Crime n. 70049650203, Rel. Desembargador Marco Antônio Ribeiro de Oliveira, j. 08/11/2012), enquanto outros apregoam a impossibilidade de tal substituição, por inadequação típica (Apelação Crime n. 70036729143, Rel. Desembargador Gaspar Marques Batista, j. 25/11/2010). Esse, portanto, é, em síntese, o cenário jurisprudencial no tocante ao tema.

E sobre o argumento de indevida incursão na discricionariedade legislativa, acrescentou:

> Deveras, a proporcionalidade, na seara penal, tem grande espectro, controlando a atividade do legislador, do magistrado e do juiz da execução. Concentremo-nos no aspecto legiferante, e, aí, veremos que, nesse campo, é fecunda a incidência do cânone em testilha, zelando-se pela correlação lógica entre o comportamento descrito e a penalização que lhe é prevista; entre as várias penas cominadas aos demais delitos integrantes do código e das legislações especiais; e, finalmente, entre as penas atribuídas aos delitos de resultado e os de mera conduta. *Em outros dizeres: o legislador, ao contrário do que se pode crer num primeiro momento, não é absolutamente livre para instituir delitos e penas como melhor lhe aprouver, devendo, sempre, se pautar pelo princípio da proporcionalidade, dentre outros a obtemperar-lhe o arbítrio.* (Grifei).

Na festejada obra "Doutrinas Essenciais – Direito Penal", organizada por Alberto Silva Franco e Guilherme de Souza

Nucci, São Paulo, Ed. Revista dos Tribunais, 2010, deparamo-nos com excelentes noções acerca do princípio da proporcionalidade, gizadas pelo Professor Pierpaolo Cruz Bottini, as quais seguem transcritas:

"(...) **A proporcionalidade – para o injusto culpável – caracteriza-se como o princípio que qualifica a pena aplicada de acordo com gravidade do comportamento ou de seu resultado.** Sua relação com a dignidade humana é patente porque a aplicação da pena de forma desproporcional determina a restrição exagerada do campo de liberdade, e desequilibra a dialética da política criminal em favor de seus aspectos repressivos.

(...)

A ideia de proporcionalidade entre injusto e pena tem origem nas concepções retribucionistas da pena, que negam seu caráter utilitário social e fixam sua medida na gravidade do resultado.

(...) **a pena não tem o escopo de ameaçar – prevenção geral negativa – mas de criar na comunidade a expectativa de que determinado valores/bens são objeto de proteção e, por isso, os demais abster-se-ão da prática de comportamentos que possam afetá-los.**

(...)

Esta expectativa será alcançada – no Estado Democrático de Direito – se a aplicação da pena mostrar a preocupação com a dignidade do apenado. O exagero, a violência excessiva, o exacerbamento na aplicação da pena, ao contrário de fortalecer o sentimento de segurança social, acabam por mitigá-lo vez que se constata plasticamente que o próprio Poder Público afronta expressamente a dignidade daqueles submetidos a seu controle. Do contrário, a aplicação da pena com respeito à autonomia, com escopo de oferecer novas oportunidades de convívio social, acaba por restabelecer a sensação de estabilidade, de respeito aos valores mesmo diante daquele que afetou bens tutelados pelo direito penal.

(...)

A proporcionalidade atua em três momentos distintos. Em primeiro lugar, no plano da previsão abstrata. No

momento da criação do tipo penal, cabe ao legislador avaliar a importância do bem jurídico protegido, o desvalor social do comportamento, a intensidade da lesão ou do perigo, e apontar a pena cabível, que guarde relação de proporcionalidade com o crime e com as penas atribuídas a outros comportamentos previstos no ordenamento. A eficácia da prevenção positiva depende da compreensão social das ponderações de valores, comportamentos e penas, que conformem um sistema harmônico e lógico, que faça sentido para o cidadão comum.

(...)

Ainda que seja difícil – ou mesmo impossível – estabelecer critérios para a proporção absoluta entre crime e pena, é possível estabelecer critérios gerais relativos que ao menos tornem coerente o ordenamento do ponto de vista da proporcionalidade. Esta coerência – ao menos dentro do Estado Democrático de Direito que se pauta pela proteção das expectativas de dignidade – exige a intensificação da pena quanto mais importante o bem jurídico tutelado, quanto mais próxima a lesão a este mesmo bem, e quanto mais reprovável o elemento subjetivo da conduta." (Destaques do Relator).

Arremata o ilustrado tratadista por concluir que normas exorbitantes e desprovidas de razoabilidade, porque evidentemente desproporcionais, entrarão em rota de conflito com o princípio do devido processo legal, a justificar a respectiva sanação por meio do controle jurisdicional.

Dessarte, observa o citado autor, assiste ao Judiciário um exercício de fiscalização de normas sob o manto da proporcionalidade, que ultrapassem o legítimo espaço de discricionariedade do legislativo, destacando que o E. STF assim tem agido em diversas oportunidades. (Grifei).

E prossegue o Desembargador Relator, a citar a doutrina, que não podemos deixar de emprestar em apoio a nossa posição:

A respeito da proporcionalidade na província penal, leciona Alberto Silva Franco:

"O princípio da proporcionalidade, em sentido estrito, obriga a ponderar a gravidade da conduta, o objeto da tutela e a consequência jurídica. Trata-se, para empregar expressões próprias da análise econômica do Direito, de não aplicar um preço excessivo para obter um benefício inferior: se se trata de obter o máximo de liberdade, não poderão ser cominadas penas que resultem desproporcionadas com a gravidade da conduta" (Alberto Silva Franco, *Crimes Hediondos*. São Paulo: RT, 2005, p. 364).

Dentro dessa linha de raciocínio, não se há de conceber, a princípio, que delitos de mera conduta sejam punidos mais gravosamente que os de resultado.

Pontifica, a contexto, Miguel Reale Júnior:

"O princípio da proporcionalidade decorrente do mandado de proibição de excessos e o princípio da ofensividade foram claramente afrontados na Lei n. 9677 de 02.07.1998, bem como pela 9695 de 20.08.1998. Regras aí contidas concretizam graves distorções entre os fatos inócuos descritos e sua criminalização. Isto porque não se exige no modelo de conduta típica a ocorrência de resultado consistente em perigo ou lesão ao bem jurídico que se pretende tutelar, vale dizer, à saúde pública" (Miguel Reale Júnior, *A inconstitucionalidade da Lei dos Remédios*, RT 763, São Paulo: RT, 1999).

Na mesma senda, a doutrina de Pierpaolo Cruz Bottini, explanada na obra retromencionada:

"(...) os crimes de perigo abstrato devem apresentar pena mais branda do que os crimes de lesão, os crimes que afetam bens mais relevantes – como a vida ou liberdade sexual – devem acarretar consequências mais rigorosas do que aqueles que lesionem ou coloquem em risco bens menos relevantes ou mais distantes da afetação individual, bem como os delitos culposos devem ser reprimidos com sanções mais leves do que os dolosos."

Não é outro o entendimento que se extrai da clássica e vetusta obra "Dos Delitos e das Penas" de Cesare Beccaria, conforme se extrai do seguinte excerto:

"O interesse geral não se funda apenas em que sejam praticados poucos crimes, porém ainda que os crimes mais prejudiciais à sociedade sejam os menos comuns. Os meios de que se utiliza a legislação para obstar os crimes devem, portanto, ser mais fortes à proporção que o crime é mais contrário ao bem público e pode tornar-se mais frequente. Deve, portanto, haver proporção entre os crimes e os castigos." (11ª ed., p. 61).

Arremata a questão, com supedâneo nessas respeitáveis obras de ilustres autores:

> Vê-se, pois, que a doutrina é fecunda ao apregoar a necessidade do legislador observar o princípio da proporcionalidade, de matiz constitucional, sob pena de incorrer em afronta ao Texto Excelso, contrastável na via judicial. **Não se discute, assim, a adoção desta ou daquela política legislativa, que se encerra na margem de discricionariedade franqueada aos representantes do povo, mas sim a obrigatoriedade dessa atuação pautar-se nos termos constitucionais** – muito embora seja forçoso reconhecer que as respostas açodadas do Parlamento aos anseios da sociedade, quase sempre divulgados pelos meios de comunicação a seu talante, venham esbarrando, não raro, na Carta Magna, por exasperada que sejam.

Demonstra ainda em seu voto a evidente desproporção dessa sanção em relação a outras penas previstas no ordenamento brasileiro, a crimes evidentemente mais graves, anotando que o E. Supremo Tribunal Federal ingressou na seara de discricionariedade legislativa ao analisar a aplicação do princípio da proporcionalidade a caso referente a crime de receptação. Em seguida, traça um valioso esquema comparativo entre sanções penais cominadas a diversas condutas incriminadas em nosso ordenamento, que evidencia a desproporção dessa pena mínima de 10 anos para a conduta em debate, *verbis:*

> A jurisprudência, aliás, não discrepa dos entendimentos acima expostos, merecendo atenção decisão liminar proferida, em 31/03/2008, no âmbito do E. STF, pelo Ministro Celso de Mello, nos autos do HC n. 92525, em que se discutia a desproporcionalidade entre as penas previstas no *caput*

e no § 1º do artigo 180 do Código Penal, na redação da Lei n. 9.426/96 (receptação simples e receptação qualificada, respectivamente), a punir, de forma mais gravosa, o comerciante que devia saber que a coisa era produto de crime (dolo eventual), do que aquele que tinha pleno conhecimento de sua origem criminosa (dolo direto).

Confira-se a ementa do aludido julgado:

> RECEPTAÇÃO SIMPLES (DOLO DIRETO) E RECEPTAÇÃO QUALIFICADA (DOLO INDIRETO EVENTUAL). **COMINAÇÃO DE PENA MAIS LEVE PARA O CRIME MAIS GRAVE (CP, ART. 180, "CAPUT") E DE PENA MAIS SEVERA PARA O CRIME MENOS GRAVE (CP, ART. 180, § 1º). TRANSGRESSÃO, PELO LEGISLADOR, DOS PRINCÍPIOS CONSTITUCIONAIS DA PROPORCIONALIDADE E DA INDIVIDUALIZAÇÃO "IN ABSTRACTO" DA PENA. LIMITAÇÕES MATERIAIS QUE SE IMPÕEM À OBSERVÂNCIA DO ESTADO, QUANDO DA ELABORAÇÃO DAS LEIS.** A POSIÇÃO DE ALBERTO SILVA FRANCO, DAMÁSIO E. JESUS E DE CELSO, ROBERTO, ROBERTO JÚNIOR E FÁBIO DELMANTO. A PROPORCIONALIDADE COMO POSTULADO BÁSICO DE CONTENÇÃO DOS EXCESSOS DO PODER PÚBLICO. O "DUE PROCESS OF LAW" EM SUA DIMENSÃO SUBSTANTIVA (CF, ART. 5º, INCISO LIV). DOUTRINA. PRECEDENTES. A QUESTÃO DAS ANTINOMIAS (APARENTES E REAIS). CRITÉRIOS DE SUPERAÇÃO. INTERPRETAÇÃO ABROGANTE. EXCEPCIONALIDADE. UTILIZAÇÃO, SEMPRE QUE POSSÍVEL, PELO PODER JUDICIÁRIO, DA INTERPRETAÇÃO CORRETIVA, AINDA QUE DESTA RESULTE PEQUENA MODIFICAÇÃO NO TEXTO DA LEI. PRECEDENTE DO SUPREMO TRIBUNAL FEDERAL. MEDIDA CAUTELAR DEFERIDA". (Destaquei).

Tal o cenário, **para os casos em que a potencialidade ofensiva não se mostra concreta**, bem se vê a aberração encetada pela legislação em discussão, no que tange à pena mínima contida no preceito secundário cominado, mormente se considerarmos que o delito de que se cuida é de perigo abstrato. **E, a um crime desse naipe, é atribuída pena mínima assaz superior às irrogadas a severos crimes de dano.**

Para bem se ilustrar a distorção contemplada pelo artigo 273 do Código Penal, à guisa de parâmetro, é válido incursionar no preceito secundário de alguns dos mais graves crimes categorizados em nossa ordem positiva. A desproporção em certas situações se afigura aberrante.

Assim é que, para o **homicídio doloso simples**, insculpido no artigo 121, caput, do CP, o legislador houve por estatuir pena de **reclusão de 06 a 20 anos**, é dizer, a pena mínima é quase a metade da pena mínima instituída para o delito do artigo 273.

No que diz com o **homicídio culposo** (artigo 121, § 3º, do CP), giza-se pena de **DETENÇÃO de 01 a 03 anos**, ou seja, a pena mínima fixada ao crime do artigo 273 é três vezes superior à máxima fixada para este crime.

Com pertinência ao **aborto provocado por terceiro sem consentimento da gestante** (artigo 125 do CP), consigna-se pena de **reclusão de 03 a 10 anos**, ou seja, a máxima equivale à mínima registrada à figura penal ora tratada. No que tange à **lesão corporal seguida de morte** (artigo 129, § 3º, do CP), é assentada pena de **reclusão de 04 a 12 anos**: mínima e máxima substancialmente inferiores às categorizadas para o crime a respeito do qual gravita esta arguição de inconstitucionalidade.

Por fim, no que concerne ao **roubo** (artigo 157, caput, do CP), prescreve-se pena de **reclusão de 04 a 10 anos e multa**, importando dizer que a pena mínima cominada é menos da metade da irrogada ao crime do artigo 273, e mais, a pena máxima prevista para o roubo corresponde à mínima consagrada para o do artigo 273.

Alguns entendem serem inválidas tais comparações, fulcrados no argumento de que o crime do artigo 273 do Código Penal tem por objetividade jurídica a saúde pública, é dizer, visa à proteção de toda a sociedade, ao passo que os demais delitos cotejados têm objetos jurídicos diversos, mirando a proteção de pessoa determinada. Com a devida vênia dos que compartilham desse entendimento, temos esse raciocínio por indevido, pois o crime do artigo 273 do CP é crime formal, em ordem a inexigir, para sua consumação, a ocorrência de resultado naturalístico, enfeixado na efetiva existência do resultado danoso. É, sim, tipo de perigo abstrato, ao passo que, nos outros delitos que enumeramos exemplificativamente, a efetiva lesão há de existir, motivo pelo qual, pensamos, devem ser apenados, em linha de princípio, de forma mais severa.

Ao demais disso, aos que não concordam com tal entendimento, destaco que existe uma figura bem parelha à ora examinada, a atingir, de igual, toda a coletividade e para a qual se comina pena mínima substancialmente inferior à atribuída ao delito em causa. Estamos a falar do tipo definido no artigo 272 do Código Penal, que versa a respeito de **falsificação, corrupção, adulteração ou alteração de substância ou produto alimentício**, para cujo cometimento está estipulada sanção de **reclusão de 04 a 08 anos e multa**.

De igual modo, o crime de **tráfico ilícito de drogas** – artigo 33 da Lei n. 11.343/2006 -, que tal qual o crime do artigo 273 do Código Penal, é de perigo abstrato e tem como objetividade jurídica a saúde pública, afetando um número indeterminado de pessoas, além de ser, igualmente, hediondo. Nada obstante, é apenado com pena de **reclusão de 05 (cinco) a 15 (quinze) anos, além do pagamento de 500 a 1.500 dias-multa**. Nesse cenário, difícil sustentar a diferenciação de pena mínima estipulada entre um e outro delito. A ilustrar tal distorção de tratamento, imagine-se a seguinte situação hipotética: Voltando de viagem ao Paraguai, "José" foi preso por autoridades brasileiras em razão de ter adquirido, no comércio local daquele país, dado que mais baratos, medicamentos destinados ao tratamento de doença crônica do seu genitor. Tais medicamentos, sabe-se, são legítimos, sendo vendido, aqui no Brasil, produto similar. Na mesma ocasião também restou preso "Paulo", que trazia, em sua bagagem, certa quantidade de cocaína para revenda. "José" foi enquadrado no § 1º-B do artigo 273 do codex penal, enquanto "Paulo" restou incurso no artigo 33 da Lei n. 11.343/2006. As circunstâncias judiciais e as condições pessoais dos acusados não recomendam a apenação acima do mínimo legal, além de inexistirem, nos tipos, causas de aumento de pena. Nesse contexto, pergunta-se: Mostra-se razoável impor pena de 10 (dez) anos a "José" – que buscava o tratamento do seu genitor de forma menos custosa – e de 05 (cinco) anos a "Paulo" – traficante de drogas? Essa situação repugnante ao senso mínimo de justiça levaria ao absurdo de apenar-se mais gravemente o tráfico de drogas lícitas que as ilícitas. O que se busca aqui é evidenciar a desproporção da pena mínima estabelecida para o tipo do artigo 273 do Código Penal em face de outros delitos, igualmente, ou até mais gravosos à sociedade, mediante a demonstração da impropriedade da imposição de tão grave reprimenda – pena mínima de 10 (dez) anos – **àquelas hipóteses em que a conduta do agente pouca ou nenhuma ofensividade causou à sociedade.** (...).

Prossegue em outra passagem, o E. Desembargador a ilustrar situações anômalas geradas pela aplicação dessa norma penal:

> Mais uma vez, para bem ilustrar a situação, imagine-se o seguinte fato: houve a prisão, pelo delito tipificado no § 1º-B do artigo 273 do CP, de uma dona de casa que, voltando de viagem de turismo ao exterior, trouxe, para familiares, cosméticos (batons, xampus, etc.), alguns dos quais, soube-se depois, necessitavam de registros no órgão de vigilância sanitária competente. Assim, pergunta-se: qual a ofensividade dessa conduta? Qual a razoabilidade em impor pena de 10 (dez) anos a essa pessoa? A resposta, para ambos os questionamentos, é uma só: nenhuma!

> Destaque-se, outrossim, que os limites estipulados para a pena do artigo 273 do Código Penal – reclusão, de 10 (dez) a 15 (quinze) anos – ofendem, além do princípio da proporcionalidade, o preceito constitucional da individualização da pena, ante a larga diversidade de condutas previstas no tipo e a nenhuma margem que o julgador possui para fixação mais atenuada da reprimenda. Por esse princípio, previsto no inciso XLVI do artigo 5º da CF/88, a pena imposta ao infrator deve ser personalizada e particularizada, levando-se em conta a natureza e as circunstâncias dos delitos, bem assim as características pessoais do infrator, impedindo-se, desse modo, a padronização de sanções penais. Ora, frente a duas infrações ao artigo 273 do CP, uma de pouquíssima gravidade (a dona de casa do conto acima que "importou" cosméticos) e outra gravíssima (o falsificador contumaz de medicamentos destinados à cura de doenças graves), a permanecer a atual redação do preceito secundário do referido dispositivo, o julgador se verá na contingência de estabelecer pena de 10 anos à conduta menos gravosa e não mais que 15 anos àquela de muito

maior gravidade, o que, convenhamos, ofende tanto o princípio da individualização da pena, como o da proporcionalidade, a que tanto nos referimos.

Cumpre ainda ressaltar essa passagem do voto, em que o E. Desembargador Márcio Moraes se reporta à doutrina de Guilherme de Souza Nucci, sobre a presente questão:

> Assim, por qualquer ângulo que se visualize a matéria, não há fugir à conclusão de que, **em determinados casos**, de menor gravidade, a pena mínima contida no preceito secundário do artigo 273 do CP é assaz aberrante e adversa ao texto constitucional, posto que desproporcional ao delito cometido. A propósito, merece lida a ensinança de Guilherme de Souza Nucci (in *Código Penal Comentado*, 11ª ed., Ed. RT, pág. 1.063):
>
> Pena desproporcional: noticiou-se uma onda de eventos, trazendo à tona alguns problemas relativos à falsificação e adulteração de remédios, em particular, no contexto das pílulas anticoncepcionais. Por conta disso, em função da explosiva carga da mídia, o Legislativo, mais uma vez, editou lei penal, alterando o tipo penal do art. 273, bem como sua faixa de penas. **Para um delito de perigo abstrato, criou-se a impressionante cominação de 10 a 15 anos de reclusão, algo equivalente a um homicídio qualificado. Há condutas tipificáveis nesse artigo, que são nitidamente pobres em ofensividade, razão pela qual jamais poderiam atingir tais reprimendas.**
>
> O outro oposto seria considerar bagatela a falsificação, corrupção, adulteração ou alteração de remédios e similares, bem como outras condutas previstas nos §§ do art. 273. Exagero, por certo. Há relevância jurídica em punir tais atitudes, mas o ponto fulcral é a absurda penalidade inventada pelo legislador, sem qualquer critério (...)
>
> É o que parece, de resto, suceder na presente espécie.
>
> (...)

Com efeito, me alinho a esse pensamento, e considero que nesse caso específico o legislador desbordou de forma tão gritante dos limites de sua discricionariedade que é curial a incursão do judiciário com vistas à correção dessa decisão política, o que só excepcionalmente se admite, porém se constitui em função do Juiz Constitucional, inserida que está a atividade em hipótese de justiça corretiva e não distributiva própria do legislador.

Na hipótese aqui tratada a desproporção é tão evidente que mais do que legitimar a incursão da função jurisdicional nesse juízo de proporcionalidade, faz exigir correção pelo judiciário, que *deve* agir nos termos e nos limites de sua função constitucional, afastando a aplicação dessa norma de iniquidade gritante.

Fixada essa premissa, é preciso arrematar a questão analisando quais seriam as reais consequências jurídicas dessa declaração no caso concreto, no que tange a repressão da conduta analisada.

Primeiramente, cumpre anotar, como se deixou antever, que a conduta nos parece passível de tutela pelo Direito Penal, já que dela se pode presumir um perigo abstrato à saúde pública. Não é o caso de chegar-se a imputá-la materialmente atípica pela insignificância ou adequação social, pois contém o perigo abstrato, hipotético, de causar dano à saúde pública.

Portanto, não há dúvida de que o legislador, ao criminalizar a conduta, agiu dentro dos limites de sua função discricionária de estabelecer, fragmentariamente, dentre os interesses tuteláveis pelo direito, os mais graves, pinçando-os para a tutela penal.

A inconstitucionalidade da norma, contudo – considerado para esse fim incindível o conjunto da conduta proibida e da sanção, os preceitos primário e secundário – não resulta em impunidade desse ilícito.

O ordenamento jurídico penal prevê para a conduta sanção compatível à gravidade em termos da gradação proporcional contida no próprio ordenamento.

Na verdade, a norma do artigo 273, § 1º-B, I, é especial em relação à outra norma, a do artigo 334 do Código Penal, que dispõe:

> Art. 334. Importar ou exportar mercadoria proibida ou iludir, no todo ou em parte, o pagamento de direito ou imposto devido pela entrada, pela saída ou pelo consumo de mercadoria.
>
> Pena – Reclusão, de 1 (um) a 4 (quatro) anos.
>
> Parágrafo 1º incorre na mesma pena quem:
>
> (...)
>
> c) vende, expõe à venda, mantém em depósito ou, de qualquer forma, utiliza em proveito próprio ou alheio, no exercício de atividade comercial ou industrial, mercadoria de procedência estrangeira que introduziu clandestinamente no País ou importou fraudulentamente ou que sabe ser produto de introdução clandestina no território nacional ou de importação fraudulenta por parte de outrem.

Ao excluir-se a aplicação do artigo 273, § 1º e § 1º-B, inciso I, por inconstitucionalidade, a conduta não cai no vazio da impunidade, pois há tipo penal incriminador vigente para a hipótese: a conduta aqui comprovada permanece típica, pois se subsume ao artigo 334 do Código Penal, que consiste em importar mercadoria proibida de qualquer tipo, comercializá-la, ou expô-la à venda.

Aqui faço um aparte para abordar uma outra vertente que tem surgido na jurisprudência, a analogia com o tráfico de drogas, tese à qual filou-se o voto acima transcrito, basicamente, por não ser vedada uma analogia que em última análise, viria em benefício do réu. Seria talvez uma analogia *in bonam partem* indireta, eis que o resultado da decisão que a aplica é benéfico, ainda que na raiz, não o seja. Explicarei em seguida.

Como defendeu o E. Desembargador Márcio Moraes no voto acima citado:

> Deveras, o entendimento segundo o qual a aplicação da analogia *in bonam partem* encontra óbice no princípio da estrita reserva legal é, a nosso sentir, incoerente. Porquanto a estrita legalidade é garantia constitucional outorgada ao acusado, salvaguardando-o da atuação do Estado, carecendo de sentido invocá-la para inibir interpretações que lhe sejam favoráveis.

Com efeito, em que pese parecer solução razoável no sentido de se cominar uma sanção dentro de um rigor mais próximo do proporcional, não acintosamente desmedido e ainda adequado até do ponto de vista do bem jurídico tutelado por ambos os preceitos, a saúde pública – implicaria, na verdade, tecnicamente, em analogia *in malam partem*, vedada – e nesse passo, acabaria resvalando para o exercício indevido da atividade legislativa pelo Judiciário.

Isso porque retirada a norma do sistema por inconstitucionalidade a conduta não restaria tipificada. Abstraindo-se aqui, por amor à argumentação, a tese de aplicação do artigo 334 do CP, subsumi-la ao tráfico de drogas, na hipótese, significaria a incriminação de uma conduta *atípica* por *equiparação* e nesse sentido, uma "analogia in malam partem".

Isso porque a norma inconstitucional é aquela que não encontra fundamento de validade no ordenamento jurídico, por incompatibilidade hierárquica. A conduta descrita e apenada *em norma inválida*, cuja inconstitucionalidade se reconhece, *seria por consequência, lícita*. Portanto, seria vedada a analogia para incriminá-la, em virtude de outro princípio, o da reserva legal: *nullum crimen, nula poena sine praevia lege*.

Daí que equiparar essa conduta ao tráfico de drogas, norma especial, dirigida a incriminar o comércio das substâncias tidas por entorpecentes por portaria do ministério da saúde, é realizar a analogia incriminadora, vedada.

Feito esse parêntesis, e voltando já exposto, a conduta se subsume perfeitamente ao crime do artigo 334, de contornos mais genéricos para as importações proibidas (contrabando) ou desacompanhadas da documentação de regularidade fiscal (descaminho) e ao comércio respectivo.

Retirada a conduta prevista no artigo 273 parágrafo 1º 1-B, I, norma especial em relação a importação e comércio dos medicamentos aqui tratados no território nacional, a conduta continua incriminada pelo ordenamento jurídico, subsumindo-se perfeitamente à descrição típica feita pelo artigo 334 do Código Penal.

Aplicável, portanto, em meu entender, o artigo 334 do Código Penal à conduta praticada, por adequada a subsunção à norma válida perante a Constituição.

Feito o enquadramento da conduta no artigo 334 do CP, em meu entender, nada impede que se gradue a pena base levando em consideração a gravidade especial dessa forma de contrabando, na análise das circunstâncias judiciais do artigo 59. Nessa fase, poder-se-ia analisar com mais especificidade o desvalor particular da conduta, ou as consequências potenciais daquele crime, tendo em mente o bem jurídico protegido: *a higidez e segurança do sistema sanitário*.

CONCLUSÃO

Em resumo, o excesso praticado pelo legislador na hipótese é tão evidente que legitima a incursão do Poder Judiciário em um juízo de constitucionalidade do tipo penal, em virtude da sanção aplicável, de modo a declará-lo incompatível com a Constituição Federal.

Dito isso, ainda que o tipo seja inválido por inconstitucionalidade, a conduta permanece tipificada no Código Penal em virtude do princípio *lex specialis non derrogat generalis*: plenamente vigente, o artigo 334 do Código Penal abarca a conduta e consiste em instrumento adequado para a punição deste crime com o devido rigor, especialmente se considerados eventuais aspectos relativos à saúde pública na primeira fase da dosimetria da pena.

A analogia com o tráfico de drogas não seria a melhor solução por consistir, tecnicamente, em analogia *in malam partem*.

BIBLIOGRAFIA

Gerência de Medicamentos Novos, Pesquisa e Ensaios Clínicos – GEPEC, Como a Anvisa avalia o registro de medicamentos novos no Brasil, *Brasília, 20 de janeiro de 2005,* em: http://www.anvisa.gov.br/medicamentos/registro/registro_novos.htm – consultada em 19/06/2013.

Gerência de Medicamentos Novos, Pesquisa e Ensaios Clínicos – GEPEC, Como a Anvisa vê o uso *off label* de medicamentos, *Brasília, 23 de maio de 2005,* em: http://www.anvisa.gov.br/medicamentos/registro/registro_offlabel.htm – consultada em 19/06/2013

Karina Pastore, Revista Veja, 08/07/1998, em: http://veja.abril.com.br/080798/p_040.html – consultada em 19/06/2013.

CANOTILHO, José Joaquim Gomes. *Direito Constitucional,* 1995, Ed. Livraria Almedina, Coimbra, p. 617/618.

Mendes, Gilmar. O princípio da proporcionalidade na jurisprudência do Supremo Tribunal Federal: novas leituras, 2001, *Revista Diálogo Jurídico,* Ano I – Vol. I – N. 5 – agosto de 2001 – Salvador – Bahia – Brasil, disponível em: http://www.direitopublico.com.br/pdf_5/DIALOGO-JURIDICO-05-AGOSTO-2001-GILMAR-MENDES.pdf, consultada em 19/06/2013.

PIRES, Luiz Manuel Fonseca. *Controle Judicial da Atividade Administrativa,* Ed. Elsevier, 2009, p. 289/290.

Brito, Carlos Ayres, O *Humanismo como Categoria Constitucional*, apud PIRES, Luiz Manuel Fonseca, ob. cit, p. 291.

Arguição de inconstitucionalidade criminal n. 0000793-60.2009.4.03.6124/SP, Relator Desembargador Federal Márcio Moraes, data do julgamento 14/08/2013, data de publicação 26/08/2013.

CAPPELLETTI, Mauro. *Juízes Legisladores*, Ed. Sergio Antonio Fabris Editor, Porto Alegre, 1993, reimpressão 1999, trad. Prof. Carlos Alberto Álvaro de Oliveira, p. 53.

PEKELIS, Alessandro. *Law and Social Action, Selected Essays of Alexander Pekelis, The case for a Jurisprudence of Welfare*, Ed. MR Konvitz, Ithaca and New York, Cornell University Press, 1950 (republicação, New York, da capo press, 1970), p. 13, apud CAPPELLETTI, Mauro, ob. Cit., p. 53.

TAVARES, André Ramos. *Paradigmas do Judicialismo Constitucional*, São Paulo, Saraiva, 2012, p. 65.

BARROSO, Luis Roberto. *Judicialização, Ativismo e Legitimidade Democrática*, disponível em: http://www.oab.org.br/editora/revista/users/revista/1235066670174218181901.pdf, página consultada em 31/10/2013.

ZAFFARONI, Eugênio Raúl. *Poder Judiciário, Crise, Acertos e Desacertos*, Ed. Revista dos Tribunais, p. 93.

markpress
BRASIL

Tel.: (11) 2225-8383
www.markpress.com.br